ISBN 978-0-266-64821-5
PIBN 10997291

Forgotten Books is a registered trademark of FB &c Ltd.
Copyright © 2018 FB &c Ltd.
FB &c Ltd, Dalton House, 60 Windsor Avenue, London, SW19 2RR.
Company number 08720141. Registered in England and Wales.

For support please visit www.forgottenbooks.com

English
Français
Deutsche
Italiano
Español
Português

www.forgottenbooks.com

Mythology Photography **Fiction**
Fishing Christianity **Art** Cooking
Essays Buddhism Freemasonry
Medicine **Biology** Music **Ancient**
Egypt Evolution Carpentry Physics
Dance Geology **Mathematics** Fitness
Shakespeare **Folklore** Yoga Marketing
Confidence Immortality Biographies
Poetry **Psychology** Witchcraft
Electronics Chemistry History **Law**
Accounting **Philosophy** Anthropology
Alchemy Drama Quantum Mechanics
Atheism Sexual Health **Ancient History**
Entrepreneurship Languages Sport
Paleontology Needlework Islam
Metaphysics Investment Archaeology
Parenting Statistics Criminology
Motivational

Musikalische Didaktik

oder

die Kunst des Unterrichts in der Musik.

Ein

nothwendiges Hand= und Hülfsbuch

für

alle Lehrer und Lernende der Musik, Erzieher, Schulvorsteher, Organisten, Volksschullehrer ꝛc.

von

Gustav Schilling,

Doctor der Philosophie und Musik, Hochf Hoh. Hofrath, Vorsteher einer musikalischen Lehranstalt, der Königl. Schwedischen Academie der Musik ordentliches, des Niederländischen Ver-
eins zur Beförderung der Tonkunst correspondirendes, des Preßburger Kirchenmusikvereins
Ehren- und mehrerer anderer gelehrter und künstlerischer Vereine Mitglied, Inhaber der Königlich Preußischen und Königlich Belgischen großen goldenen Medaille für Künste und
Wissenschaften ꝛc.

Eisleben.

Verlag von Ferdinand Kuhnt.

1851.

Seiner Hoheit

dem Herzoge und Herrn Herrn

 Ernst,

regierendem Herzoge von Sachsen-Coburg-Gotha
etc. etc. etc.

als erhabenem Beschützer und Beförderer der schönen Kunst
der Töne

in tiefster Ehrfurcht

geweiht

von dem Verfasser.

Vorwort.

Es ist dies der erste Versuch einer ausschließlich musikalischen Pädagogik; wenigstens ist mir aus dem gesammten Bereiche unsrer Literatur noch kein ähnliches Werk bekannt. Ich habe darin die Resultate einer mehr als dreißigjährigen eigenen fleißigen Lehrarbeit, Lehrerfahrung und Lehrforschung niedergelegt; nichtsdestoweniger möchte ich bitten, dem Buche wenigstens diejenige Nachsicht angedeihen zu lassen, auf die ein jeder erster Versuch, zumal im Gebiete der Kunst und Wissenschaft, ein unbestreitbares heiliges Anrecht hat. Ob es übrigens auch Zeit war, den Versuch zu wagen? — Ich richte die Frage an die Verständigen und Erfahrnen unter meinen Herren Collegen. Mein Glaube wenigstens ist, daß, was den Betrieb des Unterrichts anbelangt, es in keiner Schule so traurig aussieht als gerade in der musikalischen. Nirgends weniger pädagogische Kunst und so wenig wahrhaft didaktisches Wissen. Für alle anderen Zweige des Unterrichts werden die Lehrer von Staats wegen zu Lehrern erzogen oder man ist ihnen doch schon längst auf dem Wege der Literatur zu Hülfe gekommen, sich diejenigen besondern Geschicklichkeiten zu erwerben, die zum Lehrberufe unerläßlich nothwendig sind. Zum Musikunterrichte glaubte sich bis daher ein Jeder befähigt

und berufen, der nur im Besitze irgend welcher praktischer
Fertigkeit war, an das wirkliche Lehrenkönnen, was himmelweit verschieden ist von dem Machen=, Selbstsingen= und
Selbstspielenkönnen, so wie himmelweit verschieden von dem
bloßen Wissen in und von den musikalischen Lehrdingen, ward
von den Wenigsten gedacht. Der sittlichste Vater kann die
unsittlichsten und umgekehrt der unsittlichste die sittlichsten
Kinder erziehen: das ist Sache seiner pädagogischen Kunst
und Einsicht. Zudem — legen wir das von der Schule gebotene wirkliche Maaß einmal an die ganze Vorrathssumme
jenes Wissens und Könnens! — Was die Folge? — daß
Tausende von Talenten untergehen, ohne sich auch nur einmal der Erhebung bewußt zu werden, zu welcher der gütige
Gott so reiche, kräftige Hebel in sie gelegt; daß überall nur
sparsam, so gar sparsam die Früchte gedeihen, die
der Musikunterricht für Cultur und Civilisation, für
Veredlung der Menschheit zu tragen vermag und
um derer willen ihm die Erziehungswissenschaft
eigentlich auch nur einen unveräußerlichen Platz
endlich auf allen Lehrplanen eingeräumt hat;
daß von den Eltern und Erziehern Tausende, Millionen ausgegeben werden, ohne auch nur ein hundertstel Procent Zinsen aus dem oft sauer ersparten Capitale zu ziehen, — das
Alles wird meist lediglich von der Art des Unterrichts verschuldet.
Wohl hätte der Staat den Beruf, die Aufgabe, die Pflicht,
dem Unwesen zu steuern, und warum sollte er das nicht können? warum sollte er nicht auch hier die Lehrgerechtsame an
gleiche Bedingungen der Lehrbefähigung und Lehrgeschicklichkeit knüpfen können und knüpfen dürfen, wie in allen andern
Fächern des Unterrichts? — Wäre die Kunst drum weni-

ger frei? die Gesellschaft weniger selbstständig? — Warum sind die Wissenschaften dies, ungeachtet jener Begränzung der Lehrbefugniß in ihrem Gebiete nicht? — Hätte die Staatspädagogik dort weniger Sorglichkeit als hier nothwendig? — O, daß man endlich doch begreifen möchte, wie dem Musikunterrichte eine weit sittlichendere Kraft innewohnt als jedem andern Unterrichte, daß seine Elemente gerade und unmittelbar dorthin gerichtet sind, wohin die Elemente jedes andern Unterrichts nicht zu reichen vermögen und wo gleichwohl die höchste Gewalt über alles menschliche Thun und Lassen, das eigentliche, vor Allem zuerst und zumeist leitende Princip desselben wurzelt! daß man endlich doch begreifen möchte, wie alle Erziehung und Bildung ein bloßes Hoffnungswerk bleibt und ist, eine auf gut Glück unternommene Speculation, richtet sie nicht mit gleichmäßig, harmonisch entwickelnder Kraft sich auf Verstand und Gefühl! — Der eine wie der andere ist und bleibt für die Gesellschaft gefährlich, der bloße Verstandes= wie der bloße Gefühlsmensch. So lange der Staat nicht auch den Musikunterricht, und zwar in seinem ganzen Umfange, in die Hand nimmt, bleiben seine Bürgschaften für die sittlichen Zustände in dieser nur halbe, precäre. Nun, bis dahin, meinte ich, hätte wenigstens der erfahrne und denkende Lehrer die Pflicht, zu versuchen, durch Veröffentlichung seiner Schulerlebnisse und der Resultate seiner Schulforschungen mehr Ordnung, mehr Willen, mehr Bedeutung, mehr System und somit auch mehr wahre Fruchtbarkeit auch in diesen Theil der allgemeinen Erziehung zu bringen. Freilich, ob ich auch der dazu hinreichend erfahrne und denkende, so wie denkfähige Lehrer bin? — Nun, man prüfe das Buch: sollte man sich auch nicht zu einem meisterlichen Lehrer in der schönen und pädagogisch so weit greifenden Kunst der Töne dadurch heranbilden können, ohne eine tiefere, folgenreiche Anregung wird es, hoffe ich, gleichwohl kein Lehrer, und ohne auf Dinge in der gewichtigen Aufgabe der Erziehung ernstlichst aufmerksam gemacht worden zu sein, an die er wohl noch nie gedacht, kein Vater, kein Erzieher, kein Schulvorsteher, auch kein Schüler aus der Hand legen.

Stuttgart, im Juli 1851.

Der Verfasser.

Inhalt.

die Theorie des Unterrichts in der Musik
oder eigentliche musikalische Didaktik.

———

die Praxis des mufikalischen Unterrichts
oder eigentliche mufikalische Methodologie.

Druckfehler-Verzeichniß.

In Folge der weiten Entfernung des Druckorts vom Wohnorte des Verfassers konnte dieser nicht selbst eine Correctur besorgen: so haben sich zu unserm größten Bedauern eine Menge mehr und minder sinnstörender Druckfehler in das Werk eingeschlichen, von denen wir wenigstens folgende vor dem Lesen zu verbessern bitten:

Seite 24 Zeile 7 von oben lies worden statt werden.
„ 30 „ 6 v. o. ergänze hinter „Wirkungen" zu beurtheilen.
„ 32 „ 1 v. o. fehlt hinter „worden" sein.
„ 35 „ 3 v. u. muß das „crotamatische" ganz weg.
„ 36 „ 20 v. u. lies allgemeiner oder statt obschon.
„ 38 „ 7 v. u. ergänze hinter „tragen," sie bedingt.
„ 41 „ 5 v. u. lies eben st. aber.
„ 43 „ 5 v. o. ergänze hinter „sondern" benützt.
„ 46 „ 8 v. u. ergänze vor dem „zugleich" nicht nur.
„ 48 „ 4 v. u. l. hinauf st. herauf.
„ 48 „ 17 v. o. fehlt hinter „Instrumente" erstehen.
„ 57 „ 9 v. o. lies Weg statt Sieg.
„ 61 „ 10 v. u. l. nach statt noch.
„ 62 „ 14 v. u. l. denselben st. derf.
„ 62 „ 13 v. u. l. engern st. regern.
„ 63 „ 12 v. o. ergänze hinter „praktische" Ausführung.
„ 66 „ 1 v. u. l. deren st. diese.
„ 67 „ 22 v. u. l. denen st. deren.
„ 67 „ 14 v. u. l. dieser st. diese.
„ 81 „ 19 v. u. l. derjenige statt denjenigen.
„ 90 „ 9 v. o. lies erachte statt machte.
„ 93 „ 2 v. u. hinter „bald" noch er.
„ 93 „ 1 v. u. l. geworden st. zu hart.
„ 96 „ 18 v. o. ergänze hinter „auch" nicht.
„ 96 „ 20 v. u. l. dennoch st. demnach.
„ 105 „ 10 v. u. fehlt hinter „ist" es.
„ 118 „ 6 v. o. l. Chiroplast statt Chierplaft.
„ 122 „ 8 v. o. lies Spieler statt Schüler.
„ 130 „ 16 v. o. l. Aller st. Aber.

Seite 144 Zeile 13 v. u. fehlt vor „um" sich.
„ 147 wiederholt l. catechisiren st. catechisiren.
„ 147 Zeile 3 v. u. vor „uns" man.
„ 152 „ 3 v. u. nun st. um.
„ 152 „ 2 v. u. Dargestellte st. darzustellen.
„ 158 „ 9 von oben ergänze hinter „Weise" anfange.
„ 161 „ 15 v. o. l. nur st. nie.
„ 164 „ 17 v. u. sorgt st. sondern.
„ 173 „ 8 v. o. Weihe st. Weise.
„ 178 „ 18 v. u. fehlt hinter „ihnen" nie.
„ 198 „ 7 v. u. fehlt hinter „vergleichen" Gedanken.
„ 203 „ 16 v. u. ergänze vor „als" innere.
„ 208 „ 15 v. u. l. Leser st. Lehrer.
„ 208 „ 6 v. u. l. das st. das.
„ 214 „ 16 v. o. fehlt hinter „Unterricht" sein.
„ 229 „ 14 v. o. wie st. nie.
„ 231 „ 7 v. u. darin st. dann.
„ 232 „ 7 und Zeile 1 v. u. das st. daß.
„ 234 „ 9 v. o. nach „Spielmittel" heißen.
„ 237 „ 1 v. o. der st. die.
„ 238 „ 8 v. u. Schwelltone statt Schnelltone.
„ 244 „ 16 v. u. moderne statt andere.
„ 256 „ 3 v. u. ihr st. so.
„ 260 „ 17 v. u. cantabler st. comt.
„ 263 „ 11 v. o. Bereiche st. Beweise.
„ 272 „ 6 v. o. nach „diejenigen" Töne.
„ 283 „ 14 v. o. erstreben statt erstreken.
„ 286 „ 7 v. o. Schwellton statt Schnellton.
„ 300 „ 8 v. u. nach „noch" nicht.
„ 300 „ 1 v. u. die st. der.
„ 303 „ 3 v. o. wenn er st. wer.
„ 305 „ 8 v. o. vor st. von.

Seite 308 Zeile 18 von oben nach „einzelnen" Töne.

,, 308 ,, 10 v. u. Lesen st. Lehre.

,, 330 ,, 2 v. o. nach „floß" Alles.

,, 332 ,, 7 v. u nur st. nun

,, 351 ,, 2 v. u. nach „Unterricht" nicht.

,, 361 ,, 19 v. u. Declimax st. Docl.

,, 372 ,, 17 v. o. Leser st. Lehrer.

,, 378 ,, 14 v. u. den st dem

,, 401 ,, 14 v. o. Verkehrungen statt Vorkehrungen.

,, 410 ,, 11 v. u. letztern st. erstern.

,, 422 ,, 7 v. u. daß, st. das ohne

,, 436 ,, 15 v. u. nach „Unterrichts" nehme.

,, 441 ,, 13 v. u wir st. wie

,, 451 ,, 3 v. u. das er, weg.

,, 473 ,, 7 v. o. anatomischen st. miatomischen.

,, 476 ,, 3 v. u. Griffbrett st. Griff.

,, 488 ,, 20 v. u. nicht nach „Beginn."

,, 499 ,, 2 v. o. Schwell· st. Schnell

,, 499 ,, 17 v. o. tenuto st. tenuto.

,, 509 ,, 11 v. u. des Unterrichts vor „nenne."

,, 535 ,, 17 v. u. zu vor „fruchten."

Seite 541 Zeile 2 v. u Grundsatz v. „fast."

,, 513 ,, 7 v. o. mechanischen st harmonischen

,, 511 ,, 19 v. o. Schüler nach „der"

,, 534 ,, 20 v u. und st. in.

,, 538 ,, 7 v. o. den st. der.

,, 538 ,, 18 v. o. der st. den.

,, 570 ,, 3 v. u. anderer Lehrer st. anderen Leser.

,, 572 ,, 18 v. u. begriffen st. Begriffen.

,, 577 ,, 18 v. o. nicht vor „frei."

,, 577 ,, 10 v. u. nicht vor „auf."

,, 582 ,, 15 v. o. aus vor „welcher."

,, 583 ,, 11 v. u. reinen st. einen.

,, 583 ,, 2 v. u. willen vor „desto."

,, 591 ,, 9 v. u. diejenigen statt die jenen.

,, 591 ,, 7 v. u Nun st. Nur.

,, 594 ,, 1 v. u. nach „Entwickelung" beruht.

,, 595 ,, 7 v. o. nach „müssen" den Schüler.

,, 598 ,, 3 v. u. nach „bald" wir.

,, 602 ,, 5 v. u. der st. den.

,, 614 ,, 9 v. u. nach der Parenthese hat der Schüler

,, 618 ,, 11 v. o. Das st. Daß.

Muſikaliſche Didaktik.

Einleitung.

1. Muſik, ein weſentliches Bildungsmittel.

Heute noch den Beweis führen zu wollen, daß die Muſik einen weſentlichen Einfluß auf die Bildung des Menſchen zu üben im Stande iſt, und ſomit keinen der letzten Plätze in der Reihe der Mittel einnimmt, durch welche Cultur, Civiliſation ꝛc. gefördert werden, dürfte kaum weniger, als, mindeſtens geſagt, überflüſſig erſcheinen, denn Gottlob ſteht die Ueberzeugung davon jetzt, heute, ziemlich allgemein und unter den Einſichtsvollern jedenfalls ganz allgemein und vollkommen feſt. Uebrigens iſt es doch auch noch gar nicht ſo lange her, daß die Eltern und Erzieher für Pflicht halten, den Kindern und Zöglingen auch Muſikunterricht ertheilen zu laſſen, und daß ſomit unſere ſchöne Kunſt, wenn auch nur in ſehr einſeitiger Richtung und in gar eng gehaltenen Gränzen, einen integrirenden Theil aller guten Erziehung, alles Unterrichts ausmacht, auf den Lectionsplanen ziemlich aller guten Schulen als nicht zu umgehender Lehrgegenſtand figurirt. Vor Baſedow nämlich, und auch noch ziemlich geraume Zeit nach ihm, war in unſerm Deutſchland, dieſem Lande des Wiſſens, Forſchens und Könnens, wenig oder gar keine Rede von Erziehung als eigentlicher Bildung der Menſchheit. Außer den alten Sprachen lehrte man in den Schulen wie zu Hauſe nur noch etwas Geſchichte, Geographie, Mathematik ꝛc. und zudem jene meiſt nur als Gedächtnißwerk, dieſe um des bürgerlichen Lebens willen, ohne Rückſicht auf die Entwickelung allgemeiner Naturanlagen. An äſthetiſche Bildung und deren Nothwendigkeit zur vollſtändigen Entfaltung des eigentlich Menſchlichen in dem Menſchen ward nicht gedacht, ſo unbegreiflich dies auch bei dem Eifer, womit man das Studium der alten ſogenannt claſſiſchen Sprachen betrieb, erſcheint, da das Leſen der alten namentlich grie-

1

chischen Dichter und Philosophen schon hätte wenigstens zum Denken
über den hohen Werth führen müssen, den diese den Künsten und
speciell unserer schönen Kunst der Töne in Beziehung auf Cultur,
auf Geist- und Seelenbildung beilegen. Erst in dem Philanthropin
zu Dessau, in der Volksschule zu Rekan und in dem Seminar zu
Hannover ward Musik, wenn auch nur erst in ihrer Gesangsform,
als Bildungsmittel angeordnet, und nun erst, als man sich von
dem segensreichen Erfolge des Unternehmens überzeugte, ahmten
auch andere Institute der Art den Vorgang und zwar nach und
nach in einer Allgemeinheit und mit einem Eifer nach, daß seit
etwa 30 Jahren wohl keine Schule, selbst nicht die geringste Dorfschule mehr existirt, in der nicht wenigstens auch Gesang gelehrt,
und seit den letzten Paar Decennien auch wohl kaum noch ein gebildetes Haus, in welchem nicht zugleich auch, auf irgend welche
Weise, Instrumentalmusik geübt wird.

So neu auch demnach noch die Erscheinung, Thatsache ist gleichwohl, daß die Musik heute bereits zu dem Rechte ihrer Geltung
gelangt ist, daß sie gilt heute schon allgemein als eine unartikulirte
Sprache, die wesentlich dazu beiträgt, Geist und Gemüth zu entfalten. Kein Verständiger mehr, der nicht überzeugt wäre, daß zur
Leitung und Entwickelung angestammter Triebe, zur Erhaltung und
Verschönerung weder das blos Menschliche noch das Göttliche allein
die Bedürfnisse des Menschen befriedigt; der nicht einsähe, daß nicht
allein das Thätige des bürgerlichen Lebens oder die Praxis des
Verstandes und der Vernunft, nicht allein Sprachfertigkeit, Wissenschaft und bürgerliche Geschicklichkeit den Menschen veredeln, sondern
auch der Geschmack, und somit namentlich die Künste den innigsten
Antheil daran nehmen; der nicht begriffe, daß nicht blos das Genießen das Dasein erhält, sondern auch die geistige Thätigkeit und
die Mittheilung sympathetischer Gefühle; und der nicht in sich selbst
fühlte, daß nicht blos vernünftige Sittlichkeit, Frömmigkeit und Re-
ligion den Menschen beseligen, sondern auch der edle sinnliche Genuß
des irdischen Lebens, der Kunst, Phantasie und des veredelten Vergnügens, denn nur aus der Mannigfaltigkeit — und das weiß ja
Jedermann jetzt — nur aus der Mannigfaltigkeit der menschlichen
Entwickelungsfähigkeit der körperlichen und geistigen Kräfte, nicht
aus armseliger Einseitigkeit, tritt das Ideal der Menschheit, die
Humanität, als Vergöttlichung hervor, die Bestimmung des Lebens,
alleiniges Ziel unsers Daseins ist.

In der That also kann das Unterfangen, Wahrheiten solcher

Art zu predigen, und wie ich doch müßte, wollte ich mich auf eine vollständige Auseinandersetzung oder Darlegung des Werthes einlassen, den die Musik als wesentliches Bildungsmittel hat, heute kaum weniger noch als überflüssig erscheinen; nichtsdestoweniger verlangt der eigentliche Gegenstand unsers Buchs, demselben auch wenigstens einige Worte über diese Bedeutung unserer Kunst voranzuschicken, und so sei es, jedoch nur in Beziehung auf die Verschiedenheit der Ansichten, welche über die Richtung des Einflusses, den die Musik auf die Bildung des Menschen unwiderlegbar übt, hie und da noch zum Vorschein kommen.

Die herrschendste dieser Ansichten ist, daß die Musik doch vorzugsweise nur zur Entfaltung, Verschönerung, Bereicherung, Verfeinerung der Gemüthswelt beitrage, und daß sie somit, da wahre Bildung des Menschen eine gleichmäßige Entwickelung aller Kräfte der drei verschiedenen Vermögen des menschlichen Geistes, des Denk-, Gefühls- und Begehrungsvermögens, erfordere, immerhin eine nur untergeordnete Stelle unter den Erziehungsmitteln einnehmen. Im ersten Augenblicke — in der That — scheint diese Behauptung viel Wahres zu enthalten, doch bei näherer Prüfung muß die Einseitigkeit der Begriffe, worauf sie beruht, und somit ihre ganze Unrichtigkeit oder vielmehr enger Gesichtskreis auch ebenso klar einleuchten. Nicht zu gedenken nämlich der innigen regen Wechselwirkung, in welcher die drei verschiedenen Vermögen des menschlichen Geistes zu einander stehen, wornach das, was das eine Vermögen anregt, wenigstens mittelbar durch dieses auch auf die beiden übrigen einen gleichmäßigen, oder doch jener Wechselwirkung entsprechenden Einfluß übt und üben muß, empfängt auch nicht einmal blos das Gefühlsvermögen, sondern eben so sehr und eben so unmittelbar das Denk- und Begehrungsvermögen Eindrücke von unsrer Kunst, so daß die Wirkungen derselben unmittelbar und gleichzeitig auf alle drei Vermögen des menschlichen Geistes gerichtet sind, und da dies bei keinem andern Erziehungs- oder Bildungsmittel so sehr, in so hohem Grade der Fall ist, wie hier, so dürfte gerade die entgegenstehende Ansicht, welche der Musik einen der ersten Plätze in der Reihe jener Mittel anweist, die ungleich richtigere sein. Der Beweis hiefür wird am sichersten, überzeugendsten vom Standpunkte des Unterrichts aus geführt. Jeder andere Lehrer hat es fast ausschließlich nur mit Einem jener drei Vermögen des Geistes seines Schülers zu thun, meist nur mit dem Denkvermögen, und sein Einfluß auf die Entwickelung der beiden andern ist, ihn blos als Lehrer ins

Auge gefaßt, selten ein anderer, als eben nur der, den er in Folge der genannten Wechselwirkung, in welcher die drei Vermögen zu einander stehen, mittelst dieses unmittelbar beschäftigten Vermögens auch mittelbar darauf üben muß; des Musiklehrers Wirken aber ist sowohl durch den Unterricht an und für sich auf das Denk-, als eben so unmittelbar durch die Gegenstände seines Unterrichts, Ton und Rhythmus, auch auf das Gefühls- und Begehrungsvermögen seines Schülers gerichtet, und eben daher meine schon längst aus-gesprochene und sich immer fester gestaltende Ueberzeugung, daß unter allen Lehrern keiner solch' unmittelbaren und allseitigen Antheil an der Erziehung unserer Kinder überhaupt nimmt, als eben der Musik-lehrer, und daß daher in der Wahl dieses ungleich mehr Vorsicht angewendet werden muß, als in der Wahl des Lehrers für jeden andern Unterrichtszweig. Nirgends bestraft sich ein Vergreifen här-terer, dauernder als hier. Dem Musiklehrer meiner Kinder vertraue ich Alles an denselben, ihr ganzes Sein, ihr ganzes geistiges Le-ben, ihren Charakter, ihr ganzes Seelenheil an; nicht dem Schreib-, Rechnen-, Geschichts- oder Sprachlehrer. Aber auch von dem Standpunkte der vollendeten Ausübung der Musik aus ist der Beweis, daß ihre Wirkungen nicht vorzugsweise blos auf das Gefühlsver-mögen gerichtet sind, leicht geführt. Hier nämlich sind es der Ele-mente drei, deren Gewalten unsere Kunst in sich vereinigt: Melodie, Harmonie, Rhythmus, und während die erstere allerdings vorzugs-weise die Sprache der Seele, des Herzens redet, beschäftigt die zweite, jene erläuternd, erklärend, bestimmend, beredter machend, den Geist, die Gedanken, und ruft der dritte alle Leidenschaften des Geistes wach. Es entspricht dies auch vollkommen der Universalität des Sinnes, durch welchen die Musik ihre Wirkungen und Einflüsse dem Geiste zuführt. Während wir sehen nur mit den Augen, rie-chen nur mit der Nase, schmecken nur mit der Zunge und dem Gaumen, hören und fühlen wir mit dem ganzen Körper. Die Behauptung scheint kühn und dennoch ist sie wahr, richtig. Man nehme eine Uhr zwischen die Zähne, oder trete mit dem Fuße darauf, und man wird ihre Schläge stärker vernehmen, als hält man sie frei in gleicher Entfernung von sich.

In einem noch größeren Irrthume aber sind die Anhänger je-ner Ansicht begriffen, wenn sie — wie schon geschehen — von ihrem Standpunkte aus weiter schließen: „ist die Wirkung der Musik aber vorzugsweise auf das Gemüth, das Gefühlsvermögen gerichtet, so kann sie eben sowohl auch eine verderbliche als heilsame sein, denn

das, was ein Vermögen besitzt, das Gemüth zu ergreifen, muß
nothwendig es eben sowohl herabziehen und erniedrigen, als erheben können;" denn vor allen Dingen muß die logische Unrichtigkeit des Schlusses, möchte ihn auch selbst ein Jacobs in seiner
Rede „Ueber Erziehung der Großen zur Sittlichkeit" aufgestellt haben, in die Augen fallen, wenigstens sehe ich keine Nothwendigkeit
von der Folge ab, daß das, was die Kraft hat zu heben, zugleich
auch die Kraft haben müsse, zu erniedrigen; mag der Verein hie
und da zutreffen, als Regel wird ihn kein Verständiger anerkennen;
dann aber kann die Musik an sich auch nie unsittlich sein und somit nie entsittlichend wirken, — eine Thatsache, die ihr abermals
einen Vorrang unter allen Erziehungs- und Bildungsmitteln, insbesondere aber vor allen verwandten einräumt.   Die Musik kann,
z. B. im Gesange oder beim Tanze, in Verbindung mit Unsittlich-
keiten auftreten, aber sie selbst, sie an und für sich, vermag nie
unsittlich zu sein. Allerdings schöpft sie ihre Darstellungsgegen-
stände aus der gesammten Innerlichkeit des Menschen und vorzugsweise aus der gesammten Gemüthswelt; alle Gefühle, deren der
Mensch fähig ist, vermögen dem Tone zum Vorwurf des Ausdrucks
zu dienen; aber die Musik faßt dieselben immer doch nur von ihrer
edelsten Seite auf.   Sie kann sich bis zur Darstellung des Bourles-
ken erniedrigen, aber daß sie auch hier nur die engsten Gränzen
des Ethischen überschritte, will mir, weil der innern und äußern
Natur des musikalischen Darstellungsstoffes zuwider, gar nicht einmal möglich erscheinen.   Jede andere Kunst, Poesie, Malerei,
Bildnerei, vermag sich in dem Gemeinsten wie in dem Erhabensten zu bewegen und kann somit unsittlich wirken, nur die Musik
nicht, ihr Darstellungsstoff ist dazu zu rein geistiger Natur.   Die
geistigste, seelischste aller Künste ist sie.   Gebe ich auch zu, daß die
wirbelnden Rhythmen, bacchantischen Melodien, namentlich mancher
neueren Tänze, dem gereizten Seelenauge auch eine Aussicht in weitere Ferne, über die Gränzen des ethischen Bewußtseins weit hinaus zu eröffnen vermögen, so verletzen oder untergraben sie dieses
selbst doch noch keineswegs, sondern lassen es nur eine Umgebung
ahnen, von der es sich aber selbst streng abgeschieden weiß.   Wenn
der Musik in dieser Beziehung ein Vorwurf gemacht werden soll
und darf, so ist es nur der, daß ihre Wirkung auf das Seelen-
und überhaupt innere, geistige Leben eine einförmige zu sein und
daher das Gemüth eben so sehr zu stärken, zu erheben, als es zu
schwächen, zu verweichlichen, empfindsamer, reizbarer zu machen ver-

mag. Dies ist richtig und wußten schon die alten Griechen, wenn z. B. Plato eben deshalb die weichliche lydische Tonart aus seiner Republik verbannt haben wollte, damit das Volk derselben dadurch nicht gleich dem lydischen Stamme „verweibt" werde. Dem Gemüthe immer, oder doch wenigstens vorzugsweise ein und dieselbe, so zu sagen, musikalische Nahrung gegeben, muß dasselbe nach und nach auch ein gleiches charakteristisches Gepräge bekommen, als durch welches diese Nahrung sich auszeichnet. Es ist dies so gewiß, als es erfahrungsgemäß wahr ist, daß ein Körper, von meist lauter weichlichen Speisen genährt, nach und nach selbst verweichlicht, entkräftet wird, während im andern Falle derselbe immer mehr erstarkt, elastisch, biegsam, dauerhaft sich gestaltet. Aber die Schuld von solchen weniger glücklichen Folgen trägt wiederum eigentlich nicht die Musik, unsere Kunst, sondern mehr nur die Art ihrer Cultur. Giebt man z. B. unsern Musik treibenden Kindern immer nur jene sentimentalen, süßlichen und in weichen gereizten, krankhaften Empfindeleien sich ergehenden Compositionen zur Uebung in die Hand, wie sie namentlich die Bellinische Epoche zu tausenden ins Leben gefördert, so muß ihr Gemüth nach und nach erschlafft, ihre Empfindungsweise reizbarer, krankhafter gestimmt werden; aber ist es die Musik, unsere Kunst, welche die Schuld von diesen schlimmen, beklagenswerthen Folgen ihres bildenden Einflusses trägt? — Nein, ohnleugbar mehr die Schuld derer, welchen sowohl die Erziehung und Bildung der Jugend überhaupt, als dieser Theil derselben insbesondere anvertraut ist. Der Geschmack also kann wohl durch das Mittel der Musik verbildet, das Gemüth reizbarer, das Denk- und Begehrungsvermögen sinnlicher gestimmt werden, aber einen entsittlichenden Einfluß vermag dasselbe nie zu üben, und auch jene Wirkung hat ihre Ursache weniger in der Natur des Mittels selbst, als vielmehr in der Art und Weise der Ver- und Anwendung desselben: eine Thatsache so unleugbar, daß ich wieder dadurch auf die Bemerkung zurückgeführt werden muß, wie nothwendig es für alle Eltern und Erzieher ist, vorsichtig in der Wahl der Musiklehrer für ihre Kinder und Zöglinge zu verfahren, sowie zugleich anticipando auf den Gedanken von der unerläßlichen Nothwendigkeit für Alle, die sich mit Musikunterricht beschäftigen oder beschäftigen wollen, kein Mittel und keine Gelegenheit zu verabsäumen, die dazu beizutragen vermögen, sich zu wahrhaft tüchtigen, einsichtsvollen Lehrern heranbilden zu können.

Eine andere, ebenfalls gar vielfach gehegte Ansicht von dem

bildenden Einfluſſe der Muſik geht dahin, daß die Muſik doch ei=
gentlich nur ein Gegenſtand der Erholung nach vollbrachter Arbeit,
eine ergötzliche Beſchäftigung in freien Stunden ſei, die wohl nrben=
bei auch dazu dienen könne, durch ihre mannigfachen Reize das
Gemüth, etwa wie ein Geſellſchaftsſpiel, nur zarter und inniger,
anzuregen, doch dies nicht eigentlich bezwecke, nicht gerade Bildung
zu ihrem ausſchließlichen Endziele habe. Nun, es mag ſein, daß
Biele Muſik treiben oder lernen, lediglich um ein unſchuldiges „er=
götzliches" Mittel mehr gegen die Langeweile zu haben; den Wir=
kungen aber, welche die Muſik, auch blos zu ſolchem Zwecke erlernt
und getrieben, unmittelbar auf Geiſt und Seele des Menſchen
übt, können ſie ſich gleichwohl nicht entziehen, und dieſe Wirkungen
ſind ſo wohlthätiger Art, daß jeder naturgetreue, vernünftige Er=
zieher ſchon dadurch beſtimmt werden muß, die Muſik von ſeinen
Arbeitsmitteln nicht nur nicht auszuſchließen, ſondern ſie vielmehr
zu den erſten unter dieſelben zu zählen, nach denen er greift, wenn
und wo es heißt, ſein Werk zu vollenden, vollſtändig zu vollbrin=
gen. Unmittelbar nämlich und unwiderſtehlich wird durch die
Erlernung der Muſik, mag die ſpätere Ausübung und Cultur die=
ſer dann auch geſchehen, einerlei zu welchem Zwecke, ob zu dem
eigentlich höheren, wirklich bildenden, Geiſt und Seele nährenden,
ſtärkenden, oder zu dem untergeordneten, blos wohlgefälliger Unter=
haltung, angenehmer, ergötzlicher Erholung, — unmittelbar und
unwiderſtehlich wird durch ihr Erlernen die zarte Seele der Jugend
harmoniſch geſtimmt; das Taktgefühl wird zur Regel angeregt; der
Gehörſinn wird zum Gehörmaße des Raumes, der Tiefe und Höhe, der
Länge und Kürze der Zeit geübt, ſo daß die beiden edelſten Sinne ſich
wechſelſeitig die gewonnenen Begriffe verdeutlichen helfen können; das
Empfindungsvermögen wird geſchärft, empfänglicher gemacht für alle
Eindrücke; die Einbildungskraft reger, lebendiger gemacht; die Thier=
natur in dem Menſchen veredelt, eigentlich vermenſchlicht; das
Gemüth zur Mäßigung der Leidenſchaften geleitet und die Phy=
ſiognomie als Spiegel der innern Vergeiſtigung ſelbſt verſchönt.
Und ſind das nicht Vortheile, welche tauſendfach die Mühe und
Zeit lohnen, deren Aufwand eine muſikaliſche Erziehung und Aus=
bildung fordert? — Sind es aber nicht auch Vortheile, die ſich
durch kein anderes Mittel der Bildung erzielen laſſen, und die
ſomit zur Pflicht, zur heiligen Pflicht für Jeden machen, dem es
zu Gebote ſteht, dieſes Mittel zu verwenden? — Ihr Herren
Lehrer und Erzieher, vergleichet doch nur diejenigen unter Euren

Schülern und Zöglingen, welche zugleich, d. h. guten, zweckmäßigen musikalischen Unterricht genießen und bereits eine hinreichende Zeit hindurch genossen haben, mit denen, die nicht Musik zugleich treiben, wäget ihre Eigenschaften sorgfältig gegen einander ab: welche ungleich regere, leichtere Empfänglichkeit für alles Schöne, Edle, Gute, Erhabene, welche weit lebhaftere Einbildungskraft, schärfere Auffassungsgabe, kühnere, schnellere Denkweise, anziehendere, reizendere, harmonische Seelenstimmung dort, als bei sonst völlig gleichen Naturanlagen hier! — Mein Sohn, der in den verschiedensten Richtungen Musik treibt und überhaupt auch in der Musik sorgfältig erzogen wurde, — Alles, was er thut, schreibt, spricht, meine ich, hat nach Außen wie nach Innen einen ungleich höheren Reiz, Etwas, was unwiderstehlich dafür einnimmt, als das, was von seinem Bruder ausgeht, dem keine musikalische Bildung zu Theil geworden, so gewiß dieser an geistiger, tiefer Befähigung ihn noch überragt. Ueberall zeigt sich dieser als scharfer, tiefer Denker, gründlicher Kenner alles dessen, was er gelernt; aber überall auch begegnet man einer gewissen Einseitigkeit, Trockenheit, Härte, die bis an Zartlosigkeit streifen kann, oder Ungemessenheit, wodurch jener, bei dem sich überall eine gewisse Harmonie in den Thätigkeiten der geistigen Vermögen kund giebt, niemals beleidigt. Nur der zugleich musikalisch Gebildete kann und wird im Stande sein, die hohe gesellschaftliche Lebensaufgabe zu lösen, neben dem tiefsten Denken zugleich innig zu empfinden und mitten im höchsten Sturme der Leidenschaften auch noch zart zu denken. Ja, ich gehe noch weiter in meinen Behauptungen und habe die wichtigsten Gründe, von ihrer Richtigkeit, Wahrheit überzeugt zu sein: nur der musikalisch Gebildete vermag zugleich einer wahrhaft, ächt religiösen Weihe theilhaftig zu werden, denn gab Gott dem Menschen das Wort, sich mitzutheilen der Welt und zu genießen diese, so gab er ihm den Ton, daß er sich auch zu ihm selbst wieder aufschwingen könne und erheben in den Himmel, bis zu welchem weder Begriffe, noch Farben, noch Feder, noch Meißel, oder was sonst reichen.

Und dazu noch die außerordentlich großen äußern Vortheile, welche die Kunst der Töne gewährt! — Singen z. B. macht die Kehlen glatter und geschmeidiger, befördert den Wohlklang der Sprache, kräftigt, wie das Blasen mancher Instrumente, die Lunge, erweitert die Brust, reinigt den Athem, so wie das Spiel vieler, ja fast aller Saiteninstrumente dem Körper die heilsamste Motion gewährt; und in gesellschaftlicher Beziehung — — das beste Em-

pfehlungsschreiben ist hier die Musik. Keine Kunst, keine Wissenschaft, kein gewerbliches Geschäft, keinerlei Art Handel oder Beruf
verbindet allezeit und die selbst bis dahin sich fremdesten Herzen leichter und zugleich inniger als sie. Wer die Sprache redet, die von
einem Ende der Erde bis zum andern, vom äußersten Osten bis
zum äußersten Süden verstanden wird, hat Zutritt überall und findet
Freunde, eine Heimath, selbst in der weitesten Ferne und in den
fremdesten Kreisen. Vor Nichts nämlich auch fallen die gesellschaftlichen Scheidewände augenblicklicher nieder als vor unsrer Kunst,
vor ihr, die, wie sie die Erde mit dem Himmel vermählt, so auch
unter den Menschen blos das Menschliche kennt, alles Andere, was
Verhältnisse im Leben der Welt erzeugt, vergessen macht. Ich selbst
habe dies vielfach erfahren. Einst, weit entfernt von der geliebten
Heimath, in einem Lande, dessen Sprache und Sitten mir gänzlich
fremd, unter Menschen, die mir völlig unbekannt, bereitete sie, die
Musik, mir bald befreundete Kreise, in denen ich Tage und Wochen meiner Jugend verlebte, die sich nie vergessen lassen. Reisen-
der in einem Gasthause saß ich gleich einem Verlassenen, indem
ich von Allem, was die anwesende Gesellschaft sprach, nicht ein
Wort verstand; da erblicke ich in einem Nebenzimmer ein Clavier
und nachdem die Mahlzeit vollendet, gehe ich, weil Wind und
Wetter mich abhalten, die Stadt zu beschauen, hinein, um mich
mit mir selbst an dem lieben Instrumente zu unterhalten. Bald
sammelt sich die ganze Tischgesellschaft um mich, und Leute werden
geholt, die meine Sprache reden, Führer finde ich, Freunde,
kein Haus ist mehr für mich verschlossen, selbst in die höchsten
Zirkel werde ich gezogen, und, ein junger Mann von 20 Jahren,
wird mir Gelegenheit, Monate in einem Lande zu verweilen und
es vollständigst kennen zu lernen, in das mich nur viel gerühmte
Naturschönheiten auf Tage gezogen.

2. Nothwendigkeit musikalischer Erziehung.

Ist aber die Musik demnach ein so sehr wesentliches Bildungsmittel, so bedarf auch die Nothwendigkeit, daß wir unsere Jugend musikalisch erziehen, sie in dieser Kunst unterrichten oder
unterrichten lassen, daß wir Musik lernen und auf irgend eine
Weise treiben, gar keines Nachweises mehr; denn sind wir —
wie wir nicht anders sein können — darüber einig, daß Veredlung
der Menschheit und des Daseins überhaupt, wie der Zweck aller
Künste und Wissenschaften, so insbesondere auch der der schönen

Kunst der Töne ist, so folgt von selbst, daß wir uns zugleich von der größten Wichtigkeit derselben in rein pädagogischer Hinsicht überzeugt halten müssen; und in der That hat sich diese Ansicht lebendiger als vieles Andere in der Kunst und Pädagogik von den ersten Anfängen ihrer Geschichte an, bis auf unsere Tage, stets weitere, allgemeinere, größere Geltung gewinnend, erhalten. „Die Harmonie — sagte schon der alte Hellseher Plato — welche mit den Bahnen unserer Seele verwandte Bewegungen hat, scheinen die der Muse sinnig sich Hingebenden nicht zum unvernünftigen Vergnügen, wie man jetzt wohl glaubt, sondern zur Ordnung und zum Einklang der Dissonanzen in unseren Seelenregungen empfangen zu haben, so wie den Rhythmus, damit er den unmäßigen und der Anmuth beraubten innern Zustand ordnen helfe, und so ist denn auch für die Erziehung die Musik, die überhaupt die Seele des Menschen ausbilden soll, von der allerhöchsten Bedeutung, ja sie bildet eigentlich den zweiten Hauptbestandtheil aller Erziehung, da sie sich auf alle Seiten des Innern erstreckt, nicht allein die Kräfte der Seele in Künsten für sich, sondern auch in Wissenschaften ausbildend, so daß sie am Ende eben sowohl die Liebe zum Guten als zum Schönen erzeugt." Und in allen Epochen der Geschichte begegnen wir gleichen Urtheilen, gefällt von den anerkannt einsichtsvollsten Pädagogen, Volkserziehern, Staatsmännern und Philosophen. Selbst in den Zeiten der Stürme, wo so mancher politischer oder anderer Orkan entblüthend und entblätternd über die Pfleggärten und Pflanzschulen der Künste hinwegwehte, hat sie daher auch, unsere Kunst, die schöne Kunst der Töne, wenigstens dieses ihr Bestes, daß sie einen wesentlichen Theil guter Erziehung bildet, unveräußerlich bewahrt. Keine Zeit, wo nicht wenigstens die Verständigen und Gebildeten in festester Uebereinstimmung dem Glauben gehuldigt, daß Erlernung der Musik zur vollendeten Erziehung eines jeden civilisirten Bürgers gehört. Die Fürsten und größeren Städte hielten daher von jeher eigene Capellen, die gewissermaßen als die Hochschulen angesehen werden müssen, in denen die musikalische Volkserziehung ihre Vollendung erhält, und auf denen die weiter, höher gediehene, tiefer in das Wesen der Kunst eindringende Ausbildung, wie sie meist nur in den gebildeteren Klassen der Gesellschaft sich zeigt, noch Nahrung und Stoff zur Fortentwickelung empfängt. Ebenso wie ehedem, zum Theil auch noch jetzt. Die Kirchenoberen, die Bischöfe, diese besonders für ihre Kirchen, um die Herzen der Gemeinden mehr an dieselben und überhaupt an den religiösen Cultus

zu fesseln. An den Cathedralen waren ganze Conservatorien errichtet, um den Meßgesang angenehmer, denn harmonischer und melodischer, und somit wirksamer, erhebender, erbaulicher zu machen.
An den Schulen protestantischer Kirchen bestanden und bestehen
zum Theil jetzt noch Singchöre, und in den kleineren Städten werden Stadtmusikanten von den Magistraten besoldet, die, auf einer
so niedern Stufe von Kunstbildung sie in der Regel stehen, doch
eins der wirksamsten Mittel sind, wenigstens den Sinn für die
Musik und damit zugleich ihre Cultur unter den niederen Klassen
der Gesellschaft, unter dem eigentlichen großen Haufen des Volks
allgemeiner rege und wach zu erhalten. Selbst in den bekannten
Zeiten der französischen Conduite, wo Tanzen, Reiten, Fechten die
beliebtesten unter allen Kunstübungen waren, wurden doch die Kinder der Vornehmen und Reichen wenigstens so weit auf einzelnen
Instrumenten und im Singen unterrichtet, als man glaubte, daß
Stand und galante Lebensweise nicht ohne alle musikalische Bildung bestehen könnten. Und als die französische Revolution endlich, nämlich jene gegen Ende des vorigen Jahrhunderts, auch die
Kunst aus den Kastenfesseln, in welchen sie wie so vieles andere
Können, Wissen, Dürfen und Vermögen bis dahin gefangen gehalten worden war, befreite und eine humanere Ansicht von der
menschlichen Bildung unter den Völkern verbreitete, alsdann durch
die Säcularisation die Thore so vieler Klöster, Stifter aufgethan
wurden und die daraus hervorströmenden Massen von Künstlern und Kunstinsassen fortan durch Unterricht und Concertegeben ihr
Brod zu verdienen suchen mußten, wie beeilte da sich Jedermann,
des Segens theilhaftig zu werden, den unsere Kunst, die nun erst
volles Eigenthum des Volkes, gemeinschaftliches Erbe aller Klassen
der Gesellschaft geworden war, auf Bildung und Erziehung in Familien, Häusern, Hütten und Palästen ausgoß! Wie bereits oben
gesagt: seitdem kaum eine Dorfschule noch, in der nicht in irgend
einer Weise auch Musik gelehrt würde, kaum ein — wie man zu
sagen pflegt — anständiges Haus noch, in dem nicht gesungen
oder das eine oder andere Instrument geübt würde, da seitdem,
was früher nur Glaube der Klügsten, Weisesten, Erfahrensten gewesen, der Glaube an die unerläßliche Nothwendigkeit musikalischer Erziehung, allgemeiner Glaube, auch
Glaube des Volks geworden.

Doch — hört man hie und da wohl sagen — doch dürfte gerathen sein, nur denen Unterricht in der Musik zu ertheilen oder

ertheilen zu laſſen, welche wirklich Talent dazu haben, denn nur
bei Solchen läßt ſich doch wohl hoffen und erwarten, daß der ge=
ſtreute Saamen jene heilſamen Früchte trägt, die wir uns von einer
muſikaliſchen Erziehung verſprechen. — Ich habe darauf Folgendes
zu erwiedern, und es ſei mir gleich hier vergönnt, zu bemerken, daß
ich aus einer längern denn breißigjährigen Erfahrung rede. —
Allerdings, auf Felſen wächſt kein Weizen und an den Polen blühen
keine Mandeln, ſo wird auch der ſo ſegensreiche, heilſame Einfluß,
den eine muſikaliſche Erziehung auf die ganze Bildung des Menſchen
übt, hauptſächlich nur bei denen ſich bemerkbar machen und zur vol=
len Geltung kommen, welchen die Natur zugleich — wie man ſich
auszudrücken pflegt — Talent zur Muſik verliehen hat; aber eben
das Urtheil über dieſes Talent, das Urtheil darüber, ob Jemand
überhaupt oder wie viel und wie wenig Talent zur Muſik beſitzt,
was eigentlich jenes Talent iſt, beruht oft auf ſolch falſchen Vor=
ausſetzungen oder lehnt ſich an ſo viele unrichtige Anhaltspunkte an,
daß dennoch jenem Einwurfe keine unbedingte Richtigkeit zugetheilt
werden kann, noch darf. Ein Beiſpiel aus der Geſchichte meines
eigenen Lehrerlebens ſei mir geſtattet anzuführen. Es mag nun
ohngefähr zwanzig Jahre her ſein, als eine Mutter hier in Stutt=
gart, die jetzt verſtorbene Gattin eines noch lebenden Königl. Hof=
beamten, eine ſehr verſtändige, ſehr gebildete Dame, mir eine ihrer
Töchter, ein junges Mädchen damals von elf Jahren, mit dem Be=
merken zuführte, das Kind ſei in der hier unter dem Namen „König=
liches Catharinen=Inſtitut" (weil von der verſtorbenen Königin Ca=
tharina geſtiftet) exiſtirenden und in jeder Beziehung ausgezeichneten,
ja berühmten höheren Töchterſchule als „völlig unmuſikaliſch"
von dem Geſangsunterrichte ausgeſchloſſen worden, gleichwohl wün=
ſche ſie, daß alle ihre Kinder wenigſtens etwas Muſik lernen und
erſuche mich ſonach, mit dem Kinde doch einmal in meiner (aus=
ſchließlich muſikaliſchen) Lehranſtalt, in der damals praktiſch haupt=
ſächlich Singen und Clavierſpielen gelehrt wurde, einen Verſuch zu
machen. Ich prüfte das Kind und fand wirklich, daß das Kind
keinen Ton, viel weniger ein Intervall mit ſeiner Stimme richtig
treffen, ja daß es nicht einmal acht in völlig zeitgleichmäßigen Schlä=
gen zählen konnte, daß es alſo in Wahrheit weder das, was
man gewöhnlich muſikaliſches Gehör nennt, noch Taktgefühl hatte.
Gleichwohl nahm ich das Kind in meine Anſtalt auf, ſchenkte ihm
— ich muß das bekennen — beſondere Aufmerkſamkeit, indem ich
es nicht, wie alle ſonſtigen angehende Schüler, den unteren Claſſen

der Anstalt, in denen Hülfslehrer den praktischen Unterricht ertheilten, zutheilte, sondern für den Anfang selbst unterrichtete, und —
kaum zu glauben! — nach wenigen Jahren gehörte das Mädchen
zu den besseren Spielern der ganzen Anstalt, nach drei Jahren Unterricht trug sie z. B. das Concertstück „Oberons Zauberhorn", bekannte Fantasie von Hummel, mit Orchesterbegleitung vor einer zahl-
reichen Gesellschaft in einem Privatconcerte zu Aller Bewunderung
vor, lernte auch singen, obschon es nie darin zu solcher Auszeich-
nung, solcher Fertigkeit gelangte, als im Clavierspielen, gewann
vortreffliche theoretische Kenntnisse, und in diesem Augenblicke lebt
die Dame in England als Erzieherin und selbst sehr geschätzte Lehrerin der Musik in den angenehmsten, ja glänzendsten Verhältnissen!
— Noch ein Beispiel und zwar ein solches, das zugleich einen hellen
Blick in die seelisch bildende Kraft der Musik gestattet. — Namen
darf ich freilich nicht nennen, aber wenn Jemand an der Wahrheit
dessen, was ich erzähle, zweifelt, so bin ich gern bereit, ihm zum
Beweise derselben die Adressen von noch lebenden Zeugen mitzutheilen.
Vor Jahren lebte hier ein hoher Staatsbeamter, ein wahrer sogenannter Stock-Jurist, dessen Bibel das corpus juris, dessen Gesang-
buch die Pandekten, dessen Katechismus das Regierungsblatt, und
dessen Welt die Canzlei, ein eingefleischter Bureaukrat. Derselbe
hatte vier Söhne und eine Tochter. Von jenen war der älteste
Mediciner, der zweite ebenfalls Jurist, der dritte Theolog und der
vierte, damals schon dreizehn Jahre alt, wiederum zum Juristen bestimmt. Die Tochter besuchte meine Anstalt, brachte es aber, weil
körperlich sehr leidend und auch geistig schwach, in keiner Beziehung
zu irgend einer sonderlichen Fertigkeit. Da kommt eines Tags die
Mutter dieser, die Gattin jenes Mannes, zu mir; die Eltern mochten an ihren ältesten drei Söhnen, wenn dieselben auch in ihrem
Berufe nicht zurückstanden, doch sonst nicht gar viele Freude erlebt
haben; wenigstens deutete die Frau dies deutlich genug an, wenn
sie zu mir in ihrer Herzens-Güte und Einfalt darüber sprach, „welch'
Unglück es sei, wenn die jungen Leute in ihren Freistunden keine
andere Beschäftigung hätten, als sich auf den Straßen herum zu
treiben oder in Wirthshäusern zu sitzen 2c., namentlich sei dies auf
der Universität, wie sie sich ausdrückte, so sehr gefährlich, die Klippe,
an der die meisten Charaktere zu Grunde gingen. Dem Uebel wenigstens in Beziehung auf ihren jüngsten Sohn abzuhelfen, wünsche
sie nun gar sehr, daß derselbe auch Musik lerne; aber ihr Mann
wolle dies nicht zugeben; der meine, was brauchten Männer, die

sie nicht zu ihrem Broderwerb treiben wollten, Musik zu lernen,
und zumal Juristen; er sei auch Jurist und jetzt alt und grau, habe
sein gutes Auskommen, was es ihm nützen würde, wenn er in seiner Jugend auch Musik gelernt hätte. Für Mädchen sei das noch
etwas Anderes. Ueberdies aber, meine er, hätten seine Kinder auch
gar kein Talent zur Musik, das sehe man ja an der Tochter, die
es leider wenig weit genug bringen werde ꝛc. Was da zu machen
— meinte die Frau — sie wünsche, daß auch der Knabe Musik lerne
und ihr Mann wolle es durchaus nicht haben?! — Wir kamen
überein, daß der Knabe ohne Wissen des Vaters meine Anstalt besuchen solle, und finde ich, daß er kein Talent habe, so solle der
Unterricht alsbald wieder aufhören, ohne dem Vater auch nur Etwas von dem gemachten Versuche zu sagen, andernfalls aber solle
ich es unternehmen, den Vater damit auszusöhnen. Der Knabe besucht mehrere Jahre meine Anstalt, ohne daß der Vater Etwas davon weiß; weil dieser ziemlich den ganzen Tag über auf seiner
Canzlei am bethürmten Aktentische zu sitzen hat, so ist es ein Leichtes, Uebung und Lection vor ihm geheim zu halten; ein aufgeweckter Kopf faßte der Knabe Alles leicht, schnell, und dazu ein eiserner
Fleiß; ein vortrefflicher Clavierspieler wird er. Nun veranstaltete
ich, daß er in einem der großen Concerte, die unsere Königl. Hofcapelle allwinterlich giebt, öffentlich und zwar ein und dasselbe Concertstück, mit dem Kalkbrenner, der ein Paar Monate vorher hier
gewesen, so großes Aufsehen erregt hatte, spielen durfte; Tochter
und Mutter wußten den Vater zu bewegen, mit ihnen das Concert
zu besuchen; da tritt in der zweiten Abtheilung auf einmal sein
kaum siebenzehn Lenze zählender August vor, verneigt sich und setzt
sich an den Flügel; der musikfeindliche Papa traut seinen Augen
kaum, schaut und schaut, schaut auf Frau und Tochter, helle Thränen perlen diesen in den Augen, schaut wieder auf den Sohn; ein
Räthsel, ein Traum dünkt ihm Alles; dieser beginnt, der erste Satz
des Concerts ist glänzend vorüber, ein Sturm von Beifall bricht
in dem überfüllten Saale los, der Vater kann sich nicht mehr halten, stürzt zur Thüre hinaus nach Haus, und — am andern Morgen, kaum aufgestanden, erhalte ich ein Billet, worin er mich ersucht, seinem August doch auch „einen solch' schönen Flügel zu kaufen, als der sei, auf welchem derselbe den Abend vorher gespielt,
der Flügel müsse aber bis Ostern fertig sein, denn dann beziehe sein
Sohn August die Universität Tübingen, und dorthin solle er das
Instrument mitnehmen." Weiter hörte und sah ich übrigens für

jetzt von dem Manne noch Nichts. Was Sohn und Tochter und Mutter mir erzählten, kann nicht wohl hier Platz finden. Nach ohngefähr einem Jahre indeß entstanden in Tübingen Unruhen unter den Studenten, in Folge deren Militär dorthin verlegt werden mußte, Untersuchungen und Strafen aller Art verhängt, auch viele von jenen zum größten Kummer ihrer Eltern religirt und für immer von allem Staatsdienste ausgeschlossen wurden. Kaum ein Paar Tage später klopft es an meiner Thür: „Herein!" — wer erscheint? jener Mann; jetzt erst ist er ganz ausgesöhnt mit der Musik und fühlt er sich gedrungen, mir zu danken! Der Studentencrawall nämlich war gerade in der Gesellschaft ausgebrochen, von der sein August Mitglied, aber weil dieser zu jener Abendzeit immer seine musikalischen Uebungen anzustellen pflegte, so war er auch nicht bei dem Spektakel gewesen, in dem er andern Falls bei der Lebhaftigkeit seines Temperaments ohne Zweifel eine bedeutende Rolle gespielt haben würde, und so hatte denn also auch nur die „Musik ihn gerettet", um mit den eigenen Worten des Mannes zu reden, der weiter unter herzlichstem Händedruck hinzusetzte: „gestehe ich aber auch offen, noch keiner meiner Söhne hat mir so viele Freude bereitet als dieser mein August; in den Häusern aller Professoren ist er der Liebling, und wenn ich noch ein Dutzend Kinder hätte, sie müßten alle von jetzt an Musik lernen." Der Mann ist längst todt; sein August ward auch der Erbe seiner Lebenscarriere, nur daß er auf dieser bereits da angelangt ist, wo der Vater das Zeitliche quittirte, und somit die Aussicht hat, noch ein weit höheres Ziel zu erreichen.

Ich lebe der festen Ueberzeugung, daß, wie die Musik unstreitbar so alt ist als die Welt selbst, so auch kein Mensch auf diese Welt kommt ohne alle Anlagen zur Musik. Der Mensch wird mit Musik geboren! — Denn was ist Musik? — als Kunst ein ausschließliches Eigenthum der Menschheit, geschenkt und verliehen ihr vom Himmel von des ewigen Vaters allgroßer Güte und Weisheit; in der Allgemeinheit ihrer Idee erfaßt aber ein Gesetz der Weltordnung, das überall wirkt in der Natur und dessen Folgen überall zu Wahrnehmung kommen. Was der Ton, dieser erste und wesentlichste Stoff aller musikalischen Gestaltung? ein Himmelsbote, auf dessen Zephirflügeln die menschliche Seele sich hinüber schwingt in ihre erste ewige Heimath, wenn der Begriff des Wortes sie festzuhalten und zu fesseln droht an diese Erde. In jeden Menschen hat Gott ein Gefühl gelegt, das ihn ahnen läßt, von wannen er gekommen und wohin er wieder geht, das Gefühl seiner Sendung und Bestimmung, seiner Gottnatur, — so hat er ihm aber ohnmöglich auch das Mittel versagen können, diesem Gefühle Ausdruck, Gestaltung zu verleihen, und dieses Mittel ist allein der Ton, das erste Element der Musik als Kunst. Nun, wo waren je Elemente, ohne daß sich auch ihre Kräfte hätten in Wirksamkeit setzen lassen? — Wo Feuer, das nicht brennte, wenn es entzündet wird? wo Erde, Luft und Wasser, die nicht nährten, erzeugten und wieder zerstörten, wenn sie in Bewegung gesetzt werden? — Völlige Desorganisation ausgenommen (und diese kann nie eine Regel im Leben abgeben) kein Mensch ohne alle Anlagen, ohne alles Talent zur Musik! — Nur kommt es darauf an, daß es gehörig geweckt, genährt und genau in jener Richtung weiter entwickelt wird, die ihm die Natur angewiesen hat. Das aber ist Sache des Unterrichts, der Erziehung, und der unmittelbare Uebergang zu dem eigentlichen Gegenstande meines Buchs bildet sich von selbst, denn wer von meinen verehrten Lesern ahnte jetzt, jenen Gedanken festgehalten, nicht schon die Nothwendigkeit pädagogischer Durchbildung auch für den bloßen Musiklehrer und damit die Nothwendigkeit eines Mittels für denselben, sich solche wo möglich zu erwerben? — Ich komme auf meinen ersten Satz zurück: auf Felsen wächst kein Weizen und an den Polen blühen keine Mandeln; aber fruchtbar ist dennoch die gesammte Erde; überall Leben und Bewegung, ein Werden und Vergehen und Wiedererstehen in der Natur; Weizen nicht, doch Moos, Pilse und Anderes wächst auf Felsen, und blühen auch keine Mandeln an den Polen, so offenbart sich dort doch ein anderes Leben. Nichts Unfruchtbares in der Welt, nur fordert jede Frucht auch ihren besondern Acker und ihre besondere Pflege, auf welchem und durch welche sie gedeihen kann. So und nicht anders betreff unseres Gegenstandes. Kein Mensch ohne alle Anlage zur Musik, wie kein Mensch ohne alle Aulage zur Sprache, jener natürlichsten aller Musikarten: nur kommt es darauf an, daß die rechten Mittel angewendet werden, dieselbe fruchtbar zu machen, und daß dies auch zur rechten Zeit und in der gehörigen Richtung geschieht. Bei dem Einen wird es schneller von Statten gehen, bei dem Andern langsamer; bei dem Einen wird man früher damit anfangen können, bei dem Andern erst später; bei dem Einen wird die musikalische Erziehung diese, bei dem Andern jene Richtung nehmen müssen, wie auf dem einen Acker diese, auf dem andern wieder jene Frucht besser gedeiht. Allerdings freilich,

wie der eine Acker fruchtbarer ist als der andere, Früchte in reicherer
Fülle, größerer Vortrefflichkeit und schnellerer Zeit hervorbringt als
der andere, so sind auch die musikalischen Anlagen, wie alle Fähigkeiten unter den Menschen in verschiedenem Maße vertheilt: der Eine hat
mehr, der Andere weniger davon empfangen, und der geschickteste, pädagogisch durchbildetste Lehrer wird bei dem Einen seiner Schüler ein
weit glänzenderes Ziel und dies zwar auch in ungleich kürzerer Zeit als
bei dem Andern erreichen; aber das thut eben so wenig der allgemeinen Regel, wornach kein Mensch ohne alles Talent zur Musik gedacht werden darf, als der Nothwendigkeit für Jeden, der die Mittel und Gelegenheiten dazu hat, auch den Unterricht in der Musik
einen integrirenden Theil seines Erziehungs- und Bildungswerks
werden zu lassen, irgend welchen Eintrag, oder würde man andernfalls mit eben so großem Rechte behaupten können, daß,
weil nicht alle Menschen ausgezeichnete Kalligraphen und geschickte
Rechenmeister zu werden vermögen, auch nur denen Unterricht im
Rechnen und Schreiben ertheilt zu werden brauche, welche vorzüg-
liche Anlagen dazu an den Tag legen, und wäre das nicht eine
Behauptung, vor deren Unsinn alle Welt zurückschaudert, obschon
es heute noch und selbst unter den civilisirtesten und cultivirtesten
Völkern tausend und abertausend Menschen giebt, die weder zu
lesen, noch zu schreiben, noch zu rechnen verstehen? — Wir alle-
sammt tragen ein hohes himmlisches Gottbild in uns, aber meistens schlummert es eingesargt im dichten irdischen Stoff, so daß
kein verbebender Himmelston, kein Geisterruf des Dichters, noch das
erhebende Wort der Kirche es zu wecken vermag: sollen nun, weil
Millionen hinwegfliegen aus dieser umdunkelnden Verpuppung,
ohne auch nur eine einzige helle Minute darin gehabt zu haben,
weil nur Einigen es bereits auch hier schon von Zeit zu Zeit im innersten Leben aufdämmert und ganz Wenige blos, heller erwacht, darin
umherschauen mit einer Seele voll schöner Gesichte und Klänge, —
sollen nun deshalb Kirche und Schule aufhören, allem Volke Reli-
gion zu predigen und es zu belehren zu suchen über Sendung und
Bestimmung der Menschheit? — Nein! — und warum nicht? —
weil nichtsdestoweniger Segen daraus über alles Volk sich ergießt.
Nun so kann auch nicht folgen, daß, weil blos Einige in Folge
ihrer vorzüglichen Anlagen zur Musik es zu ausgezeichneter Geschicklichkeit und umfassenderen Kenntnissen darin bringen, nur Diesen und
Solchen blos Unterricht darin zu ertheilen sei; haben wir vielmehr
die Musik erkannt als eines der wesentlichsten Bildungsmittel, und

2

ift es eine unbeftreitbare Thatfache, daß diefes Mittel bei jedem
Menfchen zur Anwendung kommen kann, fo wird nothwendig auch
zur Pflicht, es bei jeder Erziehung wenigftens fo weit zur Anwendung zu bringen, als es fich derfelben zur Verfügung ftellt. Jeder,
der nur irgend kann, foll und muß neben und mit allem Anderen
auch Mufik lernen und treiben, und Jedem wird dann auch fein
Theil von dem Segen werden, den diefe Himmelstochter von ihren
ewigen, unfterblichen Höhen herabgebracht hat auf die Erde, freilich
aber Jedem auch nur in dem Maße, in welchem ihm gemeffen wird
von denen, die feine mufikalifche Erziehung leiten, alfo Jedem im
vollen Maße, wenn der Unterricht ein rechter ift, fo wie Jeder voll-
auf der Segnungen, der unendlich großen Vortheile des Schreiben-
und Rechnenkönnens theilhaftig wird, wenn es ihm ordentlich gelehrt wird, mag er mehr oder weniger mechanifche Fertigkeit darin
befiten.   Daher ift dann aber auch Jeder, der Mufik lernt, befugt,
von denen, die fie ihm lehren, zu fordern, daß fie ihm, feiner
ganzen geiftigen und leiblichen Individualität, dabei vollkommen
gerecht werden, fo wie diefe die Verpflichtung haben, Alles aufzubieten, mit allen Eigenfchaften, Kenntniffen und Fähigkeiten fich
auszurüften, die es möglich machen, jener vollbegründeten Forderung
nachzukommen. — Dies Buch will den Verfuch wagen, ihnen
Gelegenheit dazu zu geben. Es ift das erftemal, daß ein folcher
Verfuch gemacht wird: alle Anfänge haben Anfprüche auf nachfichts-
volle Beurtheilung.

Erster

allgemeiner Theil,

enthaltend

die Theorie des Unterrichts in der Musik

oder

die eigentliche musikalische Didaktik.

Erstes Capitel.

Vom Unterrichte in der Musik überhaupt.

1. Begriff des musikalischen Unterrichts.

In der Regel pflegen unsere Herren Pädagogen die Begriffe Unterricht und Erziehung von einander zu trennen und unter jenem insbesondere die absichtliche und planmäßige Mittheilung gewisser Kenntnisse und Fertigkeiten an Andere zu verstehen. Die Erziehung — sagen sie — beschäftigt sich mehr mit der Entwickelung der vorhandenen Kräfte durch sich selbst, der Unterricht dagegen führt der Seele Begriffe von Außen zu; Erziehung bezieht sich auf alle physischen und geistigen Vermögen, Unterricht dagegen nur oder doch hauptsächlich nur auf das Erkenntnißvermögen. Und so lange es sich blos um die einfachen Begriffe der Wörter handelt, läßt sich dieser Distinction auch Nichts entgegenstellen; doch nur einen Gedanken weiter darüber hinaus den Unterricht in seiner eigentlichen Wesenheit erfaßt, drängt sich sofort die Ueberzeugung auf, daß, wie es keine, wenigstens keine gute Erziehung ohne Unterricht geben kann, so auch kein guter Unterricht sich denken läßt, der nicht zugleich Erziehung wäre oder wenigstens auf die Absichten dieser unmittelbar lossteuerte. Sind nämlich die Wirkungen des Unterrichts überhaupt zunächst auch nur auf das Erkenntnißvermögen gerichtet, so schließt das gleichwohl nicht aus, daß er zugleich auch auf die übrigen geistigen Vermögen hinwirkte, geschähe dies selbst nur mittelst des Verstandes. Ja gerade, indem jeder Unterricht eine Art von wissenschaftlicher Verstandesbildung ist, unterliegt er in unabweislicher Folge auch den Gesetzen wenigstens der intellectuellen Erziehung. Jedenfalls hieße es den Begriff des Unterrichts viel zu eng gefaßt, wollte man die Entwickelung irgend eines geistigen Vermögens davon ausschließen. Die Gesammtentwickelung des Menschen ist vielmehr eben sowohl sein Zweck als der Zweck der Erziehung. Der Unterschied zwischen beiden besteht blos in den Mitteln, welche sie zur Erreichung dieses ihres einigen Zwecks anwenden. Die Erziehung schlägt den Funken aus der Seele, der Unterricht reicht den Brennstoff dazu, damit das Feuer weiter um sich greifen und über den ganzen Menschen verbreiten kann. Käme es beim Unterricht blos auf das Hereinbringen fremder Ideen in die Seele des Lehrlings an, so würden Rousseau und Genossen Recht haben, wenn sie behaupten, daß man vor seinem zwölften Jahre bei keinem Kinde den Unterricht beginnen solle; aber ist Gesammtentwickelung des Menschen gerade die allerwichtigste Bestimmung alles Unterrichts, so bleibt auch das ewig Wahre, daß jeder gute Unterricht zugleich erziehend sein muß, oder daß kein Unterricht die Idee der Erziehung von sich ausschließen darf.

Nun kommt beim Musikunterricht insbesondere noch dazu, daß — wie wir aus der Einleitung wissen — die Wirkungen, die von dem Objekte desselben, der Musik, ausgehen, vorzugsweise zunächst auf die beiden geistigen Vermögen des Begehrens und Empfindens gerichtet sind, so wie daß — wie wir ebenfalls dort schon erfahren haben — durch die Ausübung der Musik zugleich ein großer Theil der physischen Kräfte des Lehrlings angeregt wird, und so ergiebt sich von selbst, daß der Musikunterricht insbesondere noch mehr als jeder andere Unterricht den Begriff der Erziehung in sich zu schließen hat, ja in Folge des wesentlichen Einflusses, den die Musik auf die gesammte Bildung des Menschen übt, nicht einmal blos den Begriff der intellectuellen, sondern selbst auch den Begriff der ästhetischen und moralischen Erziehung.

2. Zweck des Musikunterrichts.

Zweck des Musikunterrichts ist also nicht blos, den Schüler auszurüsten mit einem möglichst großen Reichthume praktischer Fertigkeit, Geschicklichkeit und Gewandtheit, und seinen Kopf anzufüllen mit einem Schatze speciell musikalischer Kunstkenntnisse, sondern es soll derselbe in gleichem Maße, wie er ihn sonach intellectuell und physisch erziehen, d. h. ausbilden und entwickeln hilft, ihn auch ästhetisch und moralisch erziehen helfen. Ja unter Umständen und in gewissen Verhältnissen kann der Musikunterricht fast das einzige Mittel sein, durch welches diese so höchst wesentlichen Aufgaben aller Erziehung ihre Lösung erhalten, und leben nun die Musiklehrer meist fern von dem häuslichen Kreise ihrer Zöglinge, sind der Fälle, wo ihnen die Zustände der Erziehung dieser näher bekanut sind, nur wenige, so leuchtet ein, wie dieselben gerade auf dieses Ziel ihrer Arbeit besonders, vor allem Andern, loszusteuern haben. Die Frage, wie dies geschieht oder zu geschehen hat? überhaupt die Frage, wie die Zwecke des Musikunterrichts zu erreichen sind? kommt in einem der folgenden Capitel zur Beantwortung; hier haben wir es vorerst nur mit Bezeichnung jener selbst zu thun, und sie sind die angegebenen. Damit soll aber keineswegs gesagt sein, als habe der Entwickelung des Gefühls- und Begehrungsvermögens die Entwickelung des Erkenntnißvermögens und der physischen Kräfte beim Musikunterrichte nachzustehen; vielmehr bleibt diese allerdings immer dessen nächstes, erstes, unmittelbarstes Ziel, doch müssen die Mittel, durch welche dasselbe erreicht wird, auch immer so gewählt, und muß die Anwendung derselben immer so geordnet sein, daß unmittelbar dadurch zugleich der zweite nicht minder wesentliche Zweck der Entwickelung des Gefühls- und Begehrungsvermögens und zwar um so gewisser erreicht wird, als es möglich ist, daß derselbe in der übrigen Erziehung des Lehrlings nachsteht, wenn nicht in Folge von Umständen gar ganz aus den Augen gelassen werden muß.

Die hohen Anforderungen, welche sich aus dieser Unveräußerlichkeit des zugleich ästhetischen und moralischen Erziehungszwecks alles wahrhaft guten Musikunterrichts an die Ertheiler desselben, alle Musiklehrer ergeben, leuchten ein, springen von selbst in die Augen; doch habe ich davon erst weiter unten zu reden, nur sei auch gleich hier bemerkt, wie eben diese Aufgabe die Klippe ist, an welcher ein wahrhaft glücklicher, ganzer Erfolg des Unterrichts meistens scheitert. Blicken wir hellen Auges um uns: es singen und spielen Viele, bald mit mehr, bald mit weniger Fertigkeit, aber der wahrhaft musikalisch Gebildeten sind doch nur wenige von ihnen, und noch weniger, die allerwenigsten sind die, welche zugleich der Wohlthat der sittlichen und ästhetischen Erhebung theilhaftig wurden, deren der Musikunterricht nicht allein fähig, sondern deren Erweisung er sogar gewiß ist, wenn er recht ertheilt wird, und die Ursache von diesen Uebeln liegt lediglich in dem Mißverstehen oder Vergreifen des eigentlichen Zwecks des Unterrichts auf Seiten der Lehrer, das erste Uebel nämlich in einer zu engen Begränzung des ersten intellectuellen und physischen, das zweite in einem Uebersehen oder Ausschließen des zweiten ästhetischen und moralischen Theils oder vielmehr Zwecks der musikalischen Erziehung. Wo sich der

Lehrer jene zu Schulden kommen läßt, vergeht er sich meist auch in letzterer Hinsicht; doch ist dieses Zusammentreffen keine nothwendige Folge. Mir wenigstens sind in meinem Leben der Fälle eben so viele bekannt geworden, wo bei vollständigster Erreichung des ästhetischen und moralischen Zwecks des Unterrichts dennoch der erste intellectuelle und physische desselben gänzlich vernachlässigt oder falsch aufgefaßt werden zu sein erschien, als der umgekehrten, wo bei vollkommen praktischer und intellectueller Ausbildung alle moralische und ästhetische verfehlt war, und der dritten, wo beide Mängel Hand in Hand gingen.

Das führt auf den Umfang, in welchem der Zweck des Musikunterrichts gedacht werden muß; doch was in dieser Beziehung den ersten oder intellectuellen und physischen Theil desselben betrifft, so wird davon passender im gleich nächstfolgenden zweiten Capitel die Rede sein, indem hier sowohl alle diejenigen Gegenstände zur Betrachtung kommen, über welche der Musikunterricht überhaupt, als alle diejenigen, über welche er sich blos in gewissen annehmbaren Fällen auszudehnen hat; und den zweiten oder ästhetischen und moralischen Theil seines Zwecks anlangend, so versteht sich wohl von selbst, daß derselbe keinen Ausschluß kennt, denn wie alle diesseitige Erziehung die Entwickelung bis zum möglich höchsten Guten und Schönen zur Aufgabe hat, so auch der Musikunterricht in diesem Theile seines Zwecks, und was die Lehre von den Mitteln anlangt, wodurch derselbe dieses Ziel zu erreichen im Stande ist, so fällt dieselbe zusammen mit der Lehre von der beim Unterrichte anzuwendenden Lehrart, die einen Abschnitt des dritten Capitels dieses Theils unseres Buchs ausfüllen wird.

Was hier festzustellen war, ist festgestellt worden, nämlich, daß zu Folge des Begriffs von Unterricht überhaupt und der Wesenheit des Objekts des Musikunterrichts insbesondere der ganze Zweck dieses nicht etwa ein blos intellectueller und physischer (Mittheilung aller nöthigen musikalischen Kunstkenntnisse und Ausrüstung mit einem zulänglichen Maße mechanischer Kunstfertigkeit), sondern zugleich auch ein ästhetischer und moralischer (Bildung des Gefühls- und Bildung des Begehrungsvermögens), kurz ein vollkommen erziehender ist, und daß somit dem Musikunterrichte neben seiner besondern Aufgabe praktisch musikalischer Ausbildung nicht etwa blos, wie vielleicht jedem andern Unterrichte, die Gesetze der intellectuellen, sondern auch die der ästhetischen und sittlichen Erziehung zum Grunde liegen.

3. Unterrichtswissenschaft und Unterrichtskunst.

Welche Aufgabe!? — von welcher Größe unt Wichtigkeit!? — Ist aller Unterricht an sich schon eine unschätzbare Wohlthat für die Menschheit, so ist der Musikunterricht eine solche noch insbesondere, denn seine Wirkungen sind nicht wie die jedes andern Unterrichts auf die Entwickelung blos des einen oder andern Theils unsers Daseins gerichtet, sondern auf die Entwickelung der Gesammtheit desselben, auf die gleichmäßige Ausbildung von Kopf, Herz und Leib, ungerechnet die Ausrüstung mit einer besondern, in allen Beziehungen so höchst vortheilhaften Kunstfertigkeit, welche er zwar in erster Linie, jedoch immer nur als Mittel zur Erreichung seines ganzen großen Zwecks erzielt! — Einen großen Theil des gesammten geistigen und leiblichen Wohls ihrer Kinder und Zöglinge legen die Eltern und Erzieher, überhaupt alle die, welche Musikunterricht ertheilen lassen, in die Hände dessen, der diesen ertheilt! — Aufforderung genug, meine Herren und Damen! daß wir über unsern Beruf nachdenken, uns seine ganze Größe und Wichtigkeit in jedem Augenblicke zu vergegenwärtigen suchen, sie begreifen, und uns dann auch mit allen den Mitteln auszurüsten streben, welche nur irgend dazu beizutragen vermögen, den hohen, schweren Verpflichtungen nachkommen zu können, welche dieser unser — ja heiliger — Beruf uns auferlegt, seine Schuld zu erfüllen.

Unterrichten — zwar sagt man — ist eine Kunst, und der Künstler wird geboren, muß geboren werden! Nun ja, „die Kunst bleibt Kunst, aber wer sie nicht recht durchgedacht, der darf sich keinen Künstler nennen." Allerdings ist Unterrichten, und zumal gut Unterrichten eine Kunst, d. h. eine Aufgabe, deren vollständige Lösung von einem gewissen natürlichen Talente bedingt wird, welches sich durch kein Studium, keine Wissenschaft, keine Theorie ersetzen oder gar erwerben läßt; es ist wahr, daß außerdem Uebung und Erfahrung eine Menge Kunstgriffe an die Hand und allein auch die Gewandtheit geben, die zum vollständigen Gelingen der Arbeit durchaus nöthig ist und gleichwohl von bloßen Regeln immer vergebens gehofft wird; es ist ferner wahr, daß alle zu ängstlichen methodischen Lehrnormen dem Lehrer Fesseln anlegen, die ihn in Anwendung eigener Kräfte hindern und so diese nur noch weit weniger nutzbar machen müssen; und es ist endlich wahr, daß Alles, was von Gleichförmigkeit in der Lehrart einen Werth haben soll, sich blos auf das Allgemeinere beziehen darf, ohne die nothwendigen Modificationen, welche Beschaffenheit und Bedürfnisse der Lehrlinge bestimmen, auszuschließen; aber eben so wahr ist auch, daß sich nichtsdestoweniger, wie für jede Kunst, so auch für die Kunst des Unterrichts und eben an der Hand der Uebung und Erfahrung wie an der Hand der Speculation allgemeine Regeln ausfindig machen lassen, die dabei nothwendig befolgt werden müssen, wenn das Werk, das Unterrichtswerk, gelingen soll; eben so wahr ist, daß, wie jede Kunst, so auch die sogenannte Unterrichtskunst zwar ein Etwas hat, das sich nicht lehren läßt, sondern von der Natur gegeben worden sein muß, doch eben so viel und fast noch mehr eine rein wissenschaftliche Wesenheit in sich birgt, die nicht blos gelehrt werden kann, sondern die sogar lediglich nur durch Nachdenken und Studium gewonnen werden muß, also die sich auch auf ganz bestimmte, wenn auch nur allgemeine, eines Theils aus der Natur des menschlichen Erkenntnißvermögens, andern Theils aus der Natur oder Beschaffenheit des Objekts des Unterrichts herzuleitende Regeln zurückführen läßt. Und der Inbegriff dieser Regeln oder die eigentliche Theorie des Unterrichts heißt die Didaktik oder die Lehr- und Unterrichtswissenschaft, so wie der Inbegriff aller jener, von einem gewissen natürlichen Talent getragenen Fertigkeiten, die zur Ausübung oder Anwendung dieser Theorie erfordert werden, die eigentliche Lehrkunst oder Lehrgeschicklichkeit genannt wird, das donum didacticum, wie die alten Lateiner sagten, das didaktische Geschenk, weil eben und hauptsächlich nur hier, in der Anwendung oder Ausübung der didaktischen Regeln, jene natürlichen Lehranlagen sich geltend machen, auf welche der Begriff des Unterrichts als Kunst sich basirt. Ist doch gerade deshalb auch die Unterrichtswissenschaft fast eben so alt als die Unterrichtskunst, ja vielleicht eben so alt, als wirklich förmlicher Unterricht in Diesem oder Jenem ertheilt worden ist. Wenigstens liegen Beweise in Menge vor, daß man schon in den frühesten Zeiten unter den cultivirten Völkern über die Gesetze einer guten Lehrart nachdachte. Von den alten Griechen und Römern z. B. besitzen wir noch mehrere ganze Bücher, die sich lediglich mit der Aufsuchung und Darlegung dieser und solcher Gesetze beschäftigen; und was ist nachher in den christlichen Zeiten für Verbesserung der Lehrart z. B. von einem Luther, Melanchthon, Erasmus, Vives, Sturm, Amos Comenius, Caselius, Hößlin, Gesner, Ernesti, in neueren Zeiten von Basedow, Felbiger, Rochow, Campe, Schütz, ▓▓▓▓ und in den neuesten von Niemeyer, Schwarz, Diesterweg

u. A. geschehen! — Nur in unserer gesammten musikalischen Literatur finde und weiß ich kein Buch, das die Darstellung einer Unterrichtswissenschaft zum Gegenstande hätte. Für alle andere Bereiche des Wissens und Könnens, bis zum Lesen und Schreiben herab, haben wir sogenannte Pädagogiken, Didaktiken oder Methodologien, d. h. Anweisungen, wie der Unterricht darin ertheilt werden soll und muß, wenn er gelingen, ganze Früchte tragen können soll, nur nicht für die Musik, und doch erscheint hier eine solche Anweisung fast nothwendiger noch, denn — wenigstens heutigen Tags — in allen andern Künsten und Wissenschaften, so gewiß diese ihre wesentlichste Förderung, nach Innen wie nach Außen, wohl nur dadurch erhalten haben.

4. Werth und Nothwendigkeit einer Theorie des musikalischen Unterrichts oder musikalischen Didaktik.

Dem Beweise für die Richtigkeit dieser meiner Behauptung möge zunächst Einiges über den Werth und Nutzen aller Unterrichtswissenschaft, der Didaktik überhaupt, vorausgeschickt werden.

Es ist derselbe kein anderer, als welcher auch der Erziehungswissenschaft oder eigentlich Pädagogik eigenthümlich; denn selbst, wenn in allen andern Punkten auseinandergehend, so fallen Erziehung und Unterricht, Pädagogik und Didaktik, hier in Eins zusammen.

Alle Erziehungskunst beruht auf Erziehungswissenschaft. Zwar lehrt die Erfahrung, daß viele Menschen glücklich erziehen, ohne je auch nur einmal ernstlichst über die allgemeinen Principien dieses ihres Werks nachgedacht oder gar dieselben in ein System gebracht zu haben; allein das beweist Nichts gegen unsern Satz, entweder war solchen Leuten dann das, was man Zufall zu nennen pflegt, günstig, oder es lagen ihrem Verfahren doch gewisse psychologische Prämissen, die ihr gesunder Menschenverstand aus der Erfahrung und aus der Natur des Menschen, besonders aus dem Kinderumgange abstrahirt hatte, zum Grunde, und sie wendeten dieselben an, selbst ohne sich dessen eigentlich deutlich bewußt zu sein. Unwiderlegbar ist, daß, je vollständiger und richtiger ein Erzieher die Theorie seiner Kunst kennt, er auch desto vollendetere, vollkommenere Werke in dieser hervorbringt, und wenn gleichwohl vorkommt, daß selbst die Theoretiker, ja oft sogar bei ihren eigenen Kindern, nicht am glücklichsten in ihren praktischen Leistungen sind, so beweist dies blos, daß es denselben, bei aller Kenntniß der Gesetze ihrer Kunst, doch entweder an dem guten Willen, auch darnach zu handeln, oder an dem rechten Urtheil und der Klugheit, allgemeine Regeln auf specielle Fälle anzuwenden, fehlt, oder auch an einer tieferen Kenntniß der eigenthümlichen geistigen und leiblichen Beschaffenheit ihrer Zöglinge, an Beobachtungsgeist, dem keine Modification der natürlichen Anlagen und Kräfte dieser entgeht.

Ebenso betreff der Unterrichtskunst: ohne gute Methode kann kein Unterricht gedeihen, eine gute Lehrmethode aber hängt nicht von dem Reichthume des bloßen Selbstwissens und Selbstkönnens ab, sondern ihre Hauptbedingung ist die Fertigkeit, aus dem Vorrathe des eigenen Wissens und Könnens auch das jedesmal Zweckmäßigste und dieses wieder auf die dem Lehrling angemessenste Art mittheilen zu können, und diese Fertigkeit wird lediglich durch ein fleißiges Studium der Theorie der Unterrichtskunst gewonnen, die daneben auf Hauptmomente aufmerksam macht, vor Fehlern warnt, Versuche, die zudem meist nur auf Unkosten des Schülers gemacht werden, erspart, und besonders dem Ungeübten die ersten Versuche erleichtert. Alle Unterrichtskunst beruht demnach ebenfalls lediglich auf Unterrichtswissenschaft. Zwar kann auch vorkommen, daß Dieser oder Jener in Diesem oder Jenem mit Glück unterrichtet, ohne je auch einen Augenblick über die eigentlichen Principien der Unterrichtskunst nachgedacht oder sich mit den Gesetzen dieser Kunst vertraut gemacht zu haben; doch immer werden dies nur Leute sein von sonst wissenschaftlicher Ausbildung, deren geschärfter Geist daher von selbst die richtigen Wege zum Ziele findet oder doch vermag, aus der Erfahrung und aus der Natur seines Lehrgegenstandes wie aus der geistigen und körperlichen Beschaffenheit seines Schülers sich ein Urtheil über den Weg zu bilden, der einzuschlagen ist, um das vorgesteckte Ziel glücklich zu erreichen; oder auch besitzen die Eltern des Schülers eine solche Bildung und eine solche Einsicht sowohl in die Natur des Lehrgegenstandes selbst als in die eigenthümliche Beschaffenheit ihrer Kinder, um dem Lehrer derselben mit Winken an die Hand gehen zu können, die ihm bei seinem Werke als richtig und sicher leitende Sterne dienen müssen. Und unwiderlegbar bleibt demnach auch hier, daß diejenigen stets den besten und glücklichsten Unterricht ertheilen werden, welche neben der vollständigsten Kenntniß des Lehrgegenstandes zugleich die Kunst des Unterrichts förmlich studirt haben. Kommt ebenfalls vor, daß auch die besten Theoretiker unglücklich in der Ausübung dieser ihrer Kunst sind, so liegt die Ursache davon gleichfalls nur da, wo sie zu suchen und allein zu finden war, wenn selbst die besten Theoretiker in der Erziehungs-kunst keine sonderlichen oder gar die allerschlechtesten Leistungen als Erzieher hervorbrachten.

Jetzt übrigens seien wir ehrlich, meine Herren! wie Viele unter uns Musiklehrern sind, bei denen sich solche günstige Zustände an-nehmen lassen, wie dort bei dem nicht theoretisch gebildeten Erzieher zusammenwirkten, um ihr Werk nicht gänzlich verunglücken oder es im Gegentheil sogar noch glücklich ausfallen zu lassen!? Wie Viele unter uns sind, die sonst wissenschaftlich und namentlich psy-chologisch genug gebildet sind, um aus der Erfahrung, aus der Natur der einzelnen Kunstlehrgegenstände und aus der geistigen und leiblichen Beschaffenheit eines jeden der Schüler sich eine Richtschnur ziehen zu können, die es möglich macht, auch ohne wirklich erzo-gener Lehrer zu sein, wenn keine anderen überaus glücklichen, aber eben deshalb auch sehr seltenen Umstände dabei influiren, dennoch sicher das einzige und ganze Ziel des Unterrichts zu erreichen?! — Wie Viele sind, die Beobachtungsgeist genug haben, jede, auch die kleinste Modification der natürlichen Anlagen und Kräfte der Zög-linge zu bemerken, dann Scharfsinn, Klugheit genug, darnach auch das Verfahren beim Unterrichte wieder zu modificiren, und wieder Beurtheilungskraft genug, sowohl Fähigkeit und Charakter der Schü-ler für die Lehrart zugänglich, als diese denselben angemessen zu machen!? — Seien wir ehrlich und gestehen: die Wenigsten von uns sind kaum Musiker, d. h. solche, die unsere Kunst in ihrem ganzen Umfange verstehen, kennen, durchdrungen und begriffen ha-ben, und wie viel wenigere noch dürften ganze Lehrer sein?! — Seien wir aber auch ehrlich und gestehen, daß ebenso unter den Eltern, Erziehern und Schulvorstehern, die ihren Kindern und Zög-lingen Musikunterricht ertheilen lassen, tausend- und aber tausend-mal weniger sind, welche die Fähigkeit besitzen, diesen Unterricht zu überwachen und nöthigenfalls zu leiten, als deren, die jeden andern Unterricht in der zweckmäßigsten Bahn zu erhalten vermögen. — Wie ungleich nothwendiger daher für uns überhaupt noch eine Un-terrichtswissenschaft oder Theorie der Unterrichtskunst als für die Lehrer vieler anderer Dinge, z. B. Sprachen, Geschichte, Geogra-phie, Rechnen, Schreiben!? — aber um so nothwendiger und wich-tiger, als wir uns ja schon mehr denn andere Lehrer erkannt haben und erkennen mußten als unmittelbare, innigere Theilnehmer an dem gesammten Erziehungswerke unserer Schüler, und daß für den Er-

zieher eine wissenschaftliche Weihe seiner Kunst wichtig, unentbehrlich, — wer möchte heute noch dagegen streiten?! —

Allerdings ist der Werth einer Wissenschaft nun aber auch nicht blos
absolut, d. h. nach ihrem Gegenstande und ihrem Zwecke an und
für sich, sondern auch relativ, d. h. nach ihrer Brauchbarkeit und
den Wirkungen, die sie entweder schon hervorgebracht hat oder doch
— was hier allein zutrifft, da bis heute meines Wissens noch keine
Theorie, kein wissenschaftliches System für die Kunst des musikalischen Unterrichts aufgestellt wurde — hervorzubringen im Stande
ist. Sind wir daher auch in ersterer Beziehung über unsern Gegenstand einig, oder darf ich wenigstens als allgemein eingestanden
annehmen, daß eine Wissenschaft, die die edelsten aller uns bekannten Naturen zum Gegenstande und die Veredlung dieser Natur durch
das umfassendste, eingreifendste Mittel zum Zwecke hat, an innerm
Werthe wie an Nothwendigkeit nicht nur keiner andern nachsteht,
sondern die meisten andern sogar noch an Rang übertrifft (denn
da es erfahrungsmäßig und von den weisesten Menschen aller Zeiten und aller Nationen anerkannt ist, nicht blos, daß die Musik eines
der allerwesentlichsten Bildungsmittel für die Menschheit ist, sondern
daß zu dem Ende unendlich Viel davon abhängt, ob und wie die
allen Menschen zu Theil gewordenen natürlichen Anlagen dazu entwickelt, in welchem Grade und auf welche Weise die vorhandenen
Vermögen des Körpers sowohl als der Seele genährt und erhöht
werden, so müßte man unstreitig die, welche die beste Anweisung
dazu geben und die bewährtesten Grundsätze dafür aufstellen — und
das ist Aufgabe unsrer Wissenschaft — unter die größten Wohl-
thäter des menschlichen Geschlechts zählen), — sind wir also auch
über den absoluten Werth unsrer Wissenschaft einverstanden, so bleibt
doch noch die Frage zu beantworten übrig, ob der relative Werth
derselben auch ein, wenn nicht gleich großer, doch eben so gewisser
und bestimmter sein wird, mit andern Worten: ob sich auch eine
hinlängliche praktische Brauchbarkeit, eine die Mühe ihres Studiums
hinlänglich lohnende praktische Wirkung von derselben versprechen
läßt? — Ich stehe nicht an, sofort und zwar aus des Herzens tief-
stem Grunde ein volles Ja darauf zu antworten, und nehme meinen Beweis dafür nicht etwa vom Standpunkte der Pädagogik und
Didaktik überhaupt her, so gewiß ich dort Stoff genug dazu vor-
finden würde, sondern, weil es sich hier um Gründung einer ganz
neuen Wissenschaft handelt, im speciellen Hinblick auf unsern eigentlichen Gegenstand, die Nothwendigkeit und den Werth einer Theorie

des musikalischen Unterrichts oder einer musikalischen Didaktik insbesondere, aus der Erfahrung und dem Urtheile, das demnach jeder gesunde Menschenverstand fällen muß.

Wer sind und waren die Musiklehrer, aus deren Schulen die durchbildetsten und edelsten Künstler hervorgingen? — Lauter Männer, deren frühere Bestimmung entweder ihnen auch das Studium der pädagogischen und didaktischen Wissenschaften zur Pflicht machte, oder deren geistige Begabung, deren Hellblick sie doch die Nothwendigkeit erkennen ließ, sich auch, obschon blos Musiklehrer, mit diesen Wissenschaften noch nachträglich vertraut zu machen. Namen zu nennen geziemt sich nicht, sagt ein altes Sprichwort, gleichwohl drängt es mich z. B. nur den kürzlich erst verstorbenen Tomaschek zu Prag und Carl Czerny in Wien als Beispiele für beide Cathegorien anzuführen. Woher kommt es, daß noch keine Musiklehrerin irgend einen wahrhaft musikalisch gebildeten Schüler erzog? — Blos fertige Spieler oder Sänger, die wohl schon durch weibliche Leitung erstanden, sind nicht dahin zu zählen. „Indeß — wird man sagen — hat man doch auch Beispiele, ebensowohl, daß aus der besten Schule entweder total Ungebildete oder wenigstens doch nur Halbgebildete hervorgingen, als umgekehrt, daß sogar wahrhaft große Künstler bei sehr mangelhafter Leitung erstanden." Das Eine wie das Andere ist richtig und den ersten Einwurf betreffend habe ich selbst dergleichen schon erlebt; aber gestehe ich auch, daß der vorgebliche Mangel an Talent, ja sogar Unfleiß und Unfolgsamkeit, selbst körperliche und geistige Gebrechen mir nie ein Hinderniß waren, immerhin noch ein entsprechend erkleckliches Ziel zu erreichen; sie zu besiegen, giebt es Mittel genug; wo alle Mühe und Sorgfalt vergeblich waren, da lag die Schuld einzig in einem mangelhaften oder gar ganz entgegenwirkenden Beistande von Seiten der Eltern oder Erzieher. Jedes Kind hat seine Launen, besondere Reigungen, und wo dieselben nun dem eigentlichen Zwecke des Musikunterrichts und der Natur seiner Mittel widerstreben, da müssen Eltern und Lehrer gemeinschaftlich sie zu bekämpfen suchen, sonst knickt alle Frucht des Letztern vor der Reife zusammen. Und den zweiten Einwurf betreffend, so giebt es allerdings sogenannte Genie's, die unter allen Umständen zum Durchbruche gelangen und so durch sich selbst ergänzen und verbessern, was die Schule versäumt oder verkehrt gemacht hat. Ein Liszt z. B., so wie er ein großer Künstler geworden sein würde, möchte er Maler, Bildhauer, Dichter, oder was sonst der Art zu seinem Berufe gewählt haben, eben so würde er geworden, wer er ist, hätte er auch weder einen Czerny noch sonst einen tüchtigen Claviermeister zum Lehrer gehabt. Aber auch „dem tüchtigsten Genie wird's kaum einmal gelingen, sich durch Natur und Instinkt allein zum Ungemeinen aufzuschwingen; die Kunst bleibt Kunst" und tausend=, millionenmal größer, deutlicher, sichtbarer und allgemeiner würden die Beweise von dem Segen, den sie für die Menschheit in sich birgt, vor uns daliegen, wären alle Die, die berufen sind, Unterricht darin zu ertheilen, sie dem Volke zu vermählen, wirklich auch didaktisch und pädagogisch gründlich gebildete Lehrer. „Nun, wer guten und gründlichen Unterricht erhalten hat, aus einer vorzüglichen Schule hervorgegangen ist, der wird doch auch wieder solchen zu ertheilen wissen." O nein, sage ich; der Schluß ist eben so unrichtig, als es unrichtig wäre zu folgern, weil g die Quinte von c ist, so muß auch c die Quinte von g sein. Auch ein solcher wird unter hundert Malen kaum zehnmal Glückliches als Lehrer leisten, wenn er nicht die Kunst des Unterrichts förmlich studirt hat. Ich will nur auf einen Fehler aufmerksam machen, den sich in der Regel auch die sonst als vorzüglich geltenden, kurz die meisten Lehrer zu Schulden kommen lassen, auf den Fehler der Gleichförmigkeit in der Behandlung der Lehrlinge: wer wüßte nicht, wie sehr verschieden diese an Fassungskraft, Charakter, kurz an Allem sind, was auf den Erfolg des Unterrichts von Einfluß, und wie muß da nicht eben das, was bei dem Einen das Lernen fördert, bei dem Andern dies geradezu ohnmöglich machen? — Die Didaktik allein schützt gegen solche Mißgriffe, deren statt tausend anderer nur noch einer namhaft gemacht werden mag. Ein Musiklehrer, der aus einer vortrefflichen Schule hervorgegangen ist, wird in derselben zweifelsohne auch gelernt haben, wie Musikunterricht ertheilt werden muß; gut, er verfährt dabei genau nach derselben Methode, aber seine Schüler leben unter ganz anderen Menschen, in ganz anderen Umständen, als er lebte, wie er noch in die Schule ging, und diese wirken von allen Seiten auf jene ein, während sein Unterricht nur von einer Seite her influirt, und indem er dies Mißverhältniß nicht bei seiner Arbeit in Berechnung zieht, ist alle Mühe derselben verloren. Hätte er Didaktik studirt, so würde er gelernt haben, auch auf diese scheinbaren Neben= und doch für das ganze Gelingen seines Werks so sehr wichtigen Dinge bei seinem Unterrichte Rücksicht zu nehmen. „Viele unserer vortrefflichsten Musiker haben ihre Schule früher blos bei ganz gewöhnlichen Stadt= oder Amtsmusikanten gemacht, und diese waren gewiß keine didaktisch gebildeten Leute:" wo aber der Beweis daß sie nicht noch weit ausgezeichnetere Künstler geworden wären, wäre Letzteres der Fall gewesen." — „Meine Töchter spielen für die Zeit, seit welcher sie Unterricht genießen, recht hübsch Clavier und ich bin mit ihrem Lehrer daher sehr zufrieden:" aber, verehrter Vater oder Mutter, haben Sie auch die Ueberzeugung, daß die Bildung der Seele ihrer Töchter, die von der Musik und allein von dieser ausgeht, auch gleichen Schritt gehalten hat mit der so gar leicht bestechlichen Fingerfertigkeit, welche dieselben bereits gewonnen? Ist ihr Lehrer didaktisch durchbildet, so kann das nicht fehlen. „Ich kenne eine Dorfschule, wo die Kinder in Wahrheit Bewundernswerthes im Gesange leisten, sie singen nach Noten, zwei-, dreistimmig, und treffen jedes Lied, das man an die Tafel schreibt:" aber wird neben dieser allerdings sehr erfreulichen technischen Ausbildung der Unterricht auch so ertheilt, daß dadurch der Sinn für alles Schöne, Edle und Gute und zwar auf dem wirksamsten aller und doch hauptsächlich nur der Kunst der Töne zugänglichen Wege dermaßen geweckt wird, daß sich vortheilhaft von daher auf den künftigen sittlichen Zustand der Bevölkerung jenes Dorfes schließen läßt? Verfährt der Lehrer nach den Gesetzen der Unterrichtswissenschaft, so ist dies sicherlich der Fall.

Damit übrigens genug des Beweises: jedenfalls kann demnach auch relativ betrachtet der hohe Werth und die gebieterische Nothwendigkeit einer Theorie des Unterrichts in der Musik, und nicht etwa blos für Alle, die berufen sind, solchen Unterricht zu ertheilen, sondern selbst auch für alle Jene, welche denselben ertheilen lassen, indem dadurch allein ihnen die Möglichkeit gegeben wird, auch diesen Theil des Erziehungswerks ihrer Zöglinge gehörig zu überwachen, ja mittelbar sogar für die gesammte zu bildende Menschheit, keinerlei Zweifel mehr unterliegen, und es kommt also, indem ich mich unterfange, eine solche Theorie hier aufzustellen, kurz, ein Gesetzbuch für die musikalische Unterrichtskunst zu verfassen, nur darauf an, ob ich auch die nöthige Kraft und Befähigung dazu besitze, ob ich wirklich vermag, ein solch großes, schweres Werk zu vollbringen: — nun, es geschieht wenigstens im festen Vertrauen auf den Beistand meines allgütigen Gottes, klaren Auges auf eine reiche Lehrer-Vergangenheit und mit dem aufrichtigen Bestreben, dieselbe so sorgfältig zu benutzen, daß auch die allgemeinsten Folgerungen und daraus entstehenden Principien deutlich genug für Jeden sein werden, sie auf das Einzelne anwenden zu können.

5. Die verschiedenen Richtungen und Zweige des musikalischen Unterrichts.

Was sich zu dem Ende zunächst einer nähern Erwägung aufdrängt, sind die verschiedenen Richtungen und Zweige, die der Musikunterricht zu nehmen, oder in welche er sich zu theilen im Stande ist. Je nach seinem Objecte nämlich, wie nach seinem Subjecte, dann auch wieder je nach seiner Form wie nach dem Orte, wo er ertheilt wird, kann derselbe ein anderer sein, und nicht blos, daß bei seiner Beurtheilung, soll dieselbe eine richtige sein, auf alle diese vier Dinge Rücksicht genommen werden muß, da nur von daher der einzig wahre Standpunkt für jene gewonnen werden kann, sondern auch eine Didaktik, wie hier beabsichtigt, ein Lehrbuch der musikalischen Unterrichtskunst kann und darf alle jene vier verschiedenen Arten und Bestimmungen des Unterrichts nicht aus den Augen lassen, wenn anders es die ihm gestellte Aufgabe lösen können, d. h. wenn es sich in allen Fällen für seine Interessenten als ein brauchbarer, nützlicher Wegweiser erweisen soll.

Je nach dem Objecte kann der Musikunterricht bald ein blos theoretischer, bald auch ein blos praktischer sein, d. h. er kann bald blos die Lehre der Musikkunst als solcher, bald auch die zu ihrer Ausübung nöthigen praktischen Fertigkeiten zum Gegenstande haben. Schon im nächsten Capitel werden wir erfahren, daß weder ein blos theoretischer, noch ein blos praktischer Unterricht den eigentlichen und ganzen Zweck, den der Musikunterricht als solcher hat, zu erreichen im Stande ist. Wenn überall, so läßt sich hier, um dieses Zweckes willen, die Theorie nicht von der Praxis trennen; doch unterliegt diese Verbindung, sowohl was ihre Innigkeit, als was ihre äußere Anordnung betrifft, wieder gewissen Bedingungen, die aber von der Bestimmung des Unterrichts überhaupt hergeleitet und daher gleichfalls von der Didaktik, wie auch gleich im folgenden Capitel der Hauptsache nach geschehen wird, näher erörtert werden müssen.

Theoretisch kann der Unterricht wieder insbesondere ein solcher sein, der entweder blos das, was man die allgemeine Ton- oder Musiklehre, oder auch ein solcher, der noch mehr, also etwa die Kunst der harmonischen Verbindung der Töne, des harmonischen Satzes, oder gar die Kunst der Composition und mit dieser oder auch blos insbesondere alle jene Dinge, wie z. B. die Lehre von den verschiedenen musikalischen Dichtungsformen, von den verschie-

benen muſikaliſchen Organen ꝛc., oder auch nur die Geſchichte der
Kunſt zum Gegenſtande hat; und praktiſch ein ſolcher, der entweder Singen oder das Spiel irgend eines Inſtrumentes bezweckt.
Ich wiederhole, ohne dieſen praktiſchen Unterricht läßt ſich jener
theoretiſche faſt in keiner ſeiner mancherlei ſpeciellen Richtungen mit
Vortheil ertheilen, da ſich kein Ding, wenn auch wohl be- und
umſchreibe, doch wahrhaft kennen lehren läßt, ohne es zugleich zu
wirklicher Anſchauung zu bringen. Der praktiſche Unterricht bildet
daher die Grundlage all' und jedes wahrhaft bildenden Muſikunterrichts, doch vermag er an und für ſich ebenfalls noch nicht, den
eigentlichen und ganzen Zweck dieſes zu erreichen, vielmehr hat er
ſich zu dem Ende immer mit dem theoretiſchen Unterrichte zu vereinen und dies bis zu dem Grade und in dem Maße, in dem Umfange, wie ſowohl ſeine beſondere Beſtimmung für ſich als auch
die Beſtimmung, kurz, die ganze Individualität des Subjects vor-
ſchreibt, dem der Unterricht ertheilt wird.

In Betracht dieſes, des Subjects nämlich, kann der Unterricht
ſein entweder ein Unterricht blos für Anfänger, alſo Elementar-Unterricht, oder ein Unterricht für Geübte, alſo ein höherer wirklich künſtleriſcher oder kunſtwiſſenſchaftlicher,
oder auch ein bloßer Volksunterricht, d. h. ein Unterricht,
wie er Allen, ſelbſt den Lehrlingen aus den ärmeren und ärmſten
Volksklaſſen zu Theil werden muß, oder endlich ein durchbil-
bend erer, ein Unterricht, wie er Schülern, die den gebildeteren
Ständen angehören oder doch denſelben bereinſt angehören ſollen
und werden, ertheilt werden muß. Jede dieſer verſchiedenen Arten
und Richtungen des Unterrichts influirt ſowohl auf die Geſtaltung
und Art des theoretiſchen und practiſchen Unterrichts an und für
ſich, als auf die Geſtaltung und Art der nöthigen Verbindung dieſer beiden, wenn der Unterricht überhaupt in aller Weiſe eben ſowohl ſeinen nächſten ſpeciellen Zweck des Könnens und Wiſſens
als ſeinen letzten allgemeinen Endzweck der Bildung und Veredlung von Geiſt, Seele und Leib erreichen ſoll. Wie geſagt, indeß
bietet erſt das nächſte Capitel Gelegenheit, näher beſtimmende Betrachtungen in dieſer Beziehung anzuſtellen.

Nach Maßgabe der Form, worin der Unterricht ertheilt wird,
kann derſelbe ſein ein dialogtiſcher, katechetiſcher, ſogenannter ſocratiſcher, erotematiſcher oder auch ein afroamati-
ſcher. Im letzien Capitel dieſes unſers erſten allgemeinen Theils,
wo von der Form der Mittheilung beim Unterrichte die Rede ſein

wird, werden wir erfahren, sowohl was unter dialogischer (katechetischer ꝛc.) und akroamatischer Lehrform überhaupt zu verstehen, als welche von beiden Formen nach meinem Dafürhalten für
den Musikunterricht und zwar unter welchen Bedingungen und in
welchen besondern Fällen die bessere, beste, wirksamste und daher
zweckmäßigste ist.

Je nach dem Orte, wo der Unterricht ertheilt wird, kann derselbe sein ein häuslicher, Privat-Unterricht, oder ein öffentlicher, gemeinschaftlicher, Schulunterricht, oder auch ein (wenigstens findet hier diese Art des Unterrichts wohl ihre passendste
Classificirung) Selbstunterricht. Von allen diesen drei Arten oder
Richtungen wird noch in gegenwärtigem Capitel, weil sie unter die
Lehre vom Unterrichte in der Musik überhaupt fallen, das Nähere
die Rede sein.

6. Erfordernisse zum Unterrichte in der Musik.

Welcher Art nun aber der Unterricht sein, welche besondere
Richtung er verfolgen mag, sei er ein theoretischer oder praktischer
und dieser wie jener in obschon specieller Weise, sei er bloßer Elementarunterricht oder ein höherer, künstlerischer, wissenschaftlicher,
bloßer Volksunterricht oder durchbildenderer, umfassenderer, dialogischer oder akroamatischer, Privatunterricht, Schulunterricht oder
Selbstunterricht, immer hängt sein ganzer glücklicher Erfolg von
der Erfüllung oder dem Vorhandensein gewisser allgemeiner Bedingungen oder Erfordernisse ab, und zwar sowohl auf Seiten des
Lehrers oder dessen, der da den Unterricht ertheilt, als des Schülers oder dessen, dem der Unterricht ertheilt wird.

a) Auf Seiten des Lehrers.

Bei der Wahl keines andern Lehrers wird von den Eltern
und Erziehern gemeiniglich so viele und so große Gleichgültigkeit
an den Tag gelegt, als bei der Wahl des Musiklehrers für ihre
Kinder und Zöglinge, und doch — haben wir gesehen — vermag
dieser unter allen seinen Collegen den meisten Einfluß zu üben auf
Bildung von Herz und Kopf, Seele und Leib der letztern! — Wenn
er nur das Instrument, auf dem oder vielmehr in dessen Spiel er
unterrichten soll, selbst gut zu behandeln versteht, überhaupt wenn
er nur das selbst ordentlich kann, was er lehren soll, so — meint
man — ist das genug, um sich seinerseits gute Früchte von dem

Unterrichte verfprechen zu dürfen. Und doch lehrt die tägliche Erfahrung, daß oft die größeften Virtuofen und gelehrteften Theoretifer die allerfchlechteften, und umgekehrt die am wenigften gefchickten practifchen Meifter und nur halbwegs durchbildeten Theoretifer die allergefchickteften, beften, glücklichften Lehrer waren und find, ohne zu gedenken noch des wefentlichen Antheils, den der Mufiklehrer unmittelbar auch an der eigentlichen Erziehung feines Schülers nimmt. Mißgriffe in diefer Beziehung haben fchon vielfach theuer bezahlt werden müffen, und die Reue — ja, fie ift gekommen, immer, aber meift zu fpät, wenn Geld, Zeit aufgewendet und die Anlagen des Schülers ruinirt gewefen, und jedenfalls bis heute noch nicht früh genug, um vor der Wiederkehr des Unheils zu fchützen. — Allerdings ift die erfte Forderung, die man wie an jeden Lehrer fo auch an den Mufiklehrer zu ftellen hat, die, daß er das Lehrgefchäft nicht unternimmt, bevor er fich deffen, was er thut und was er zu erreichen fich beftreben foll, aufs deutlichfte bewußt geworden ift und bevor er fich felbft in den Befitz aller derjenigen Kenntniffe und Fertigkeiten, wenigftens bis zu dem Grade, der für die Bildung feiner jedesmaligen Lehrlinge hinreichend ift, gefetzt hat, die nöthig find, dem letztern lehren zu können, was diefe bei und von ihm lernen follen; aber das ift auch nur die erfte und allgemeinfte Forderung: des Lehrers Kenntniffe follen in den Schüler übergehen, durch feine Fertigkeiten foll der Schüler zu gewiffen Fertigkeiten gebracht werden, dazu aber bedarf es der Vermittlung des Lehrers und Vorthuns durch Wort und Beifpiel, damit der Schüler lerne, indem er hört und auffaßt, gefchickt und tüchtig werde, indem er abfieht und nachthut, und ift, dies zu erreichen, neben dem Wiffen und Können, nothwendig auch Mittheilungsgabe, Geübtheit im Reden und Haudeln erforderlich, fo folgt auch unmittelbar fchon zu der erften die zweite ebenfo unerläßliche Bedingung, daß der Lehrer zugleich die fchwere Kunft zu unterrichten verftehe, jene Kunft, die eben fowohl gelernt und ftudirt fein will und abermals gewiffe geiftige und leibliche Situationen unerläßlich vorausfetzt als ihr Objekt felbft. Wie wenig wird das von Unzähligen bedacht, fowohl Solchen, die als Lehrer auftreten, als Solchen, die Mufiklehrer berufen? — Und fchwer ift doch fchon von Unzähligen dies gebüßt worden! — Die erfte unter den letztern Situationen ift die, daß der Lehrer, neben allem Selbftkönnen und Selbftwiffen und neben der größten Fertigkeit in der Lehrkunft, auch vollkommen durchdrungen ift von der ganzen Größe und

Wichtigkeit seines Berufs, wie von dem innersten Wesen und dem letzten lediglich bildenden, veredelnden Endzwecke seiner Kunst. Das Vorhandensein dieses Erfordernisses thut sich gemeiniglich am deutlichsten durch die Art und Weise dar, wie der Lehrer bei seinem Schüler Lust zum Lernen und wie er denselben für sich selbst zu gewinnen weiß. Bloße praktische Fertigkeit, so wie auch Gewandtheit und Lebendigkeit in der Mittheilung reichen dazu nie aus, sondern es gehört dazu ein völliges, inniges Hingeben dem Schüler, ein Erfassen desselben in seiner ganzen Subjektivität, und da die Lehrlinge meist noch Kinder oder doch junge Leute sind, so ein Sichversetzen in die Anschauungsweise der Jugend, ohne indeß sich der Würde des reifern Alters zugleich zu entschlagen. Leuchtet nicht ein, daß hiezu, zum Erfüllen dieser unerläßlichen Bedingung, sogar psychologische Bildung nothwendig ist? und nun frage ich weiter, wie Viele sind unter uns, die in Wahrheit den Namen Lehrer der Musik verdienen? — Am wenigsten offenbar unsere weiblichen Collegen, so gewiß diese von Mutter Natur schon mit einer Gabe ausgestattet zu sein pflegen, die jenes Hingeben an die Jugend bedeutend erleichtert, befördert, und die wir Männer nur selten besitzen, nämlich mit der Gabe zu spielen mit den Spielenden. Aber sie besitzen selten oder nie den lediglich auf wissenschaftlichem Wege zu gewinnenden Scharfblick, auch das Herz der Jugend, ihre ganze geistige und leibliche Individualität durchschauen, und demnach Muth und Geschick genug, hiernach ihr „Spiel" modificiren zu können, daß es theilnehmend und zugleich leitend erscheint. Sie spielen mit den Spielenden immer auf eine, nämlich ihre Weise, nicht in der Weise des Spielenden. — Aber wir sollen auch nicht blos Lehrer, sondern zugleich Erzieher sein: was folgt? daß wir uns nicht weniger durch einen vollkommen sittlichen Charakter als durch Lehrgeschicklichkeit auszeichnen müssen. Ich sehe bei dieser Forderung ab sogar von der Bestimmtheit, womit die nöthige Achtung schon, die der Schüler vor dem Lehrer haben muß, soll das Verhältniß zwischen Beiden, auch bei Erfüllung aller sonstigen Obliegenheiten, wahrhaft gute Früchte tragen, und halte mich zu ihrer Begründung lediglich an den Gegenstand unserer Kunst selbst: wir haben in der Einleitung gesehen, welchen bedeutenden Einfluß dieselbe auf die gesammte geistige und moralische Bildung zu üben im Stande ist; wenn derselbe nun bei uns selbst schon ein verderblicher war, wie wird er bei unserm Unterrichte ein anderer sein können? — Das Gepräge der strengsten

Sittlichkeit muß die ganze Erscheinung des Lehrers, jedes seiner Worte, jede seiner Bewegungen, jeder seiner Blicke tragen. Doch vermeide er auch alle Pedanterie; sie hält den Schüler zu fern, wie ein Sich ganz gehen lassen entweder total abstößt oder zu vertraulich macht, welch' Letzterem Achtungslosigkeit auf dem Fuße folgt. Hand in Hand mit der sittlichen Bildung des Charakters gehen Festigkeit desselben, Sanftmuth, Bescheidenheit, Pflichtgefühl, Amtstreue und edler Geschmack, so gewiß, daß keine dieser Tugenden kaum ohne die andere gedacht werden kann. Die Bescheidenheit insbesondere anlangend, darf dieselbe übrigens auch die Grenzen, innerhalb welcher sich der Lehrer seines Werthes und seiner Bedeutung bewußt ist und dieses Bewußtsein auch äußert, nicht überschreiten, so wie die Sanftmuth keineswegs den Ernst, ja nöthigenfalls selbst die Strenge von sich ausschließt, die der Beruf erfordert. Alles Geckenhafte, Dünkelhafte, künstlerisch Hochmüthige, schulmeisterlich Prahlende muß dem Musiklehrer eben so fern sein, als alles Kriechende, Unterwürfige, und alles Pedantische, ebenso wie alles Ungenirte, Unordentliche, Unpünktliche. Uebrigens schützt wahre Sittenreinheit auch von selbst schon vor jedem Zuviel auf irgend einer der beiden Seiten, und werde ich im Verlaufe dieses Buchs Gelegenheit genug haben, meine Ansichten überhaupt darüber zu äußern, wie ich meine, daß wir Lehrer den hier an uns als so unerläßlich nothwendig gestellten Anforderungen zu genügen vermögen.

b) Auf Seiten des Schülers.

Doch, das schönste Waizenkorn, in den Sand geworfen, muß es verdorren, auf den Weg, wird es vertreten, und unter Unkraut, muß es ersticken. Jeder Samen, von dem wir Früchte fordern, verlangt seinen Acker, der fähig, geeignet ist, seine innere Lebenskraft zu entwickeln und zur Reife kommen zu lassen. Also setzt ein glückliches Gelingen des Musikunterrichts auch auf Seiten des Schülers das Vorhandensein gewisser Erfordernisse voraus, und das erste unter diesen ist nach der allgemeinen Ansicht Talent. Wer kein Talent zur Musik hat, sagt man, der lasse sie, ihm wird kein, auch nicht der beste Unterricht darin Etwas nützen. Aber wir kommen damit auf einen Gegenstand zu reden, den ich schon einmal, in der Einleitung, zu berühren Gelegenheit hatte. Nach meinem festen Dafürhalten giebt es keinen Menschen und kann es keinen Menschen ohne alles musikalische Talent, ohne alle Anlage zur Musik geben.

Die Musik ist nicht durch, nicht von, sondern in und mit dem Menschen entstanden, ist verwachsen mit seinem ganzen lebendigen Dasein, seinem Ich, wie ein unveräußerliches Erbtheil der Natur, ist daher auch die populärste, verbreitetste aller Künste, so sehr, daß sie sich, wenigstens in ihren ersten Elementen, bei jedem lebendigen Wesen findet, und sollte nun möglich sein, daß ein Mensch zu einer Kunst, zu welcher schon von Natur aus der Trieb so tief in ihm vergraben liegt, gar kein Talent, gar keine Anlagen besäße?! — Glaube und begreife das, wer da will und mag, ich nicht, auch selbst dann noch nicht, wenn wir hier zugleich an eine höhere, wahrhaft künstlerischere Ausübung der Musik denken. Gott legte in uns den Trieb, durch Musik, durch Töne unser Innerstes zu offenbaren, nun so gab er uns sicher auch die Anlage, das Vermögen dazu, und fassen wir dabei die Musik auch nur in ihrem allerersten, elementarischen, natürlichsten Zustande auf, wo sie noch keineswegs als Kunst begriffen werden kann, so wird es doch nur auf eine gehörige Pflege, Leitung, Entwickelung, Ausbildung jenes Vermögens, jener Naturanlage ankommen, um eben so gewiß dieselbe für die eigentliche Kunst der Töne fruchtbar zu machen, als diese auf nichts Anderm beruht, auf keinem andern Acker groß und reif geworden ist, als jenem der Naturmusik, die eine nothwendige Bedingung unsers ganzen Daseins ausmacht. Allerdings wie bei dem einen Menschen jener Trieb eine größere Regsamkeit, Kräftigkeit, Heftigkeit haben kann und wirklich auch hat, als bei dem andern, so hat natürlich auch dies Vermögen, dies Talent bei dem einen Menschen mehr Kraft, Energie, Lebendigkeit als bei dem andern und wird und muß bei Jenem daher seine Entwickelung, Ausbildung weit schneller von Statten gehen und zu einer ungleich reicheren Vollendung führen als bei Diesem; aber ohne alles Talent zur Musik — behaupte ich noch einmal — ist kein Mensch, kann kein Mensch sein, und wenn bei Jemand der Musikunterricht nicht wenigstens so viele und so gute Früchte trägt, daß von daher ein wohlthätiger wesentlicher Einfluß auf seine Bildung überhaupt erwartet werden darf, so trägt nichts Anderes als der Unterricht selbst die Schuld, indem derselbe das in jenem Schüler schlummernde musikalische Talent entweder gar nicht oder doch nicht rechtzeitig zu wecken, oder indem er nicht verstand, Diesem jene besondere Richtung abzulauschen, in welcher es seinem Naturell gemäß sich fruchtbar und am fruchtbarsten zu entwickeln im Stande gewesen sein würde. Ich habe schon in der Einleitung ein Beispiel er-

zählt, wo eine meiner besten Schülerinnen einst von einem andern
Lehrer als „völlig unmusikalisch" von dem Gesangunterrichte, der
in ihrer Schule ertheilt wird, ausgeschlossen wurde: ich könnte dem
noch mehrere andere ähnliche anreihen. Jedenfalls beruht meine
Behauptung zugleich auch auf einer reichen Erfahrung. Allerdings
— der Künstler, der eigentliche, muß geboren werden, d. h. muß
von Mutter Natur bei Austheilung ihrer musikalischen Gaben besonders bevorzugt worden sein, aber der Musiker und zumal der
blos musikalisch Gebildete läßt sich auch lediglich auf dem Wege
und durch das Mittel der Erziehung und immerhin, in allen Fällen
zwar bis zu dem Grade gewinnen, wo der Segen, den jene Bildung auf das ganze Sein des Menschen auszugießen im Stande
ist, nicht ausbleiben kann; sei nur der Unterricht der rechte, d. h.
hier besondere, verstehe nur der Lehrer oder lerne er noch durch
pädagogisch-didaktische Studien, das Talent der Schüler gehörig
zu wecken, rege zu erhalten und es auf die von der Natur ihm
vorzugsweise bestimmte Bahn zu leiten. — Eben so wie mit dem
Talent verhält es sich nach meinem Dafürhalten mit der Forderung, die man gewöhnlich gleich nach jener ersten an unsere Schüler stellt, daß sie musikalisches Gehör haben. Wie nicht ohne alles
musikalische Talent kann ich mir auch nicht ohne alles sogenannte
musikalische Gehör irgend einen Menschen denken. Auch hier kommt
es nur darauf an, daß dasselbe gehörig und rechtzeitig geweckt und
dann zweckmäßig weiter ausgebildet und verfeinert wird. Rhyth-
misches Gefühl hat jeder Mensch, auch der roheste Natursohn.
Unsere Soldaten beweisen das, indem wohl noch keiner vorgekommen sein dürfte, der nicht richtig marschiren gelernt hätte und der
nicht nach den blos rhythmischen Schlägen der Trommel weit lieber, leichter, ausdauernder marschirte als ohne alle taktische Regelung seiner Schritte; mit dem rhythmischen Gefühl aber ist das sogenannte musikalische Gehör unzertrennlich verbunden. Ich habe
Schüler in meine Anstalt bekommen, die keinen Ton zu unterscheiden vermochten, und nach Jahr und Tag schon wurden sie eben
so empfindlich von nur wenig verstimmten Instrumenten berührt,
als alle jene, welche gleich von vorn herein eine vortreffliche Organisation jenes Gehörs documentirten. Jetzt aber habe ich wieder
eine Schülerin, welche vor nur anderthalb Jahren von ihren Eltern mit dem Bemerken in meine Anstalt gebracht wurde, daß sie
„es versuchen wollten mit dem Kinde, obschon dasselbe gar kein
musikalisches Gehör zu haben scheine," und wirklich auch vermochte das

damals schon elfjährige Mädchen kaum einen Ton von dem an=
dern zu unterscheiden, aber man prüfe es heute und es wird jedes,
auch das schwierigste Intervall genau anzugeben wissen. Durch
welche Mittel eine solche Weckung und Ausbildung des Gehörs
nach meinem Dafürhalten am sichersten geschieht, werden wir seiner
Zeit erfahren. — Auch Lust und Liebe zur Sache lassen sich, wo
sie fehlen, lediglich durch den Unterricht, seine Form und Art, seine
Methode, erwecken, und Trägheit, Unachtsamkeit, Leichtsinn oder
Gleichgültigkeit gegen die Lehre können noch weniger ein Hinderniß
für denselben abgeben, so gewiß hier und besonders hier von den
Eltern oder Erziehern der Schüler dem Lehrer keine Schwierigkei=
ten hinsichtlich der Mittel, die er zu deren Beseitigung anzuwenden
hat, wenn sie rechter Art sind (was übrigens nie der Fall sein
wird, wenn sie, einzelne besondere mögliche Vorkommnisse ausge=
nommen, in Gewalt oder auch nur in pedantischer Strenge bestehen),
gemacht werden dürfen. — So bleiben als einzige Forderungen,
welche der Musiklehrer an seine Schüler zu stellen ein Recht hat, um
eines glücklichen Erfolgs seines Unterrichts gewiß zu sein, blos noch
physische Befähigung und Auffassungsvermögen übrig. Die erstere,
die physische Befähigung betreffend, versteht es sich nun zwar von
selbst, daß, wer z. B. verkrüppelte Finger oder Hände hat, nicht
Clavier oder Harfe spielen, wer — wie man sagt — keine Stimme
hat, wessen Sprach= oder Singorgane nicht gehörig gebildet sind,
nicht singen, wer an Engbrüstigkeit oder dergl. leidet, nicht Flöte,
Oboe, Clarinette oder dergleichen Instrumente blasen lernen kann ꝛc.,
eben so selbstverstanden nicht, als Niemand tanzen lernen kann,
der an Krücken gehen muß. Physisch befähigt dazu muß Jeder
sein, der Musik erlernen und treiben will. Allein wem diese Be=
fähigung in der einen Weise abgeht, besitzt sie vielleicht in der andern.
Ich habe einen Sohn, der in seiner frühesten Jugend das Unglück
hatte, sich die mittleren beiden Finger der rechten Hand an einem
Kellerladen fast bis zur Hälfte abzuklemmen: ordentlich Clavier=
oder Harfenspielen kann er also nie lernen; aber der Daumen,
Zeige= und kleine Finger der Hand ist noch so gesund wie sämmt=
liche Finger der linken Hand und da der Bogen hauptsächlich nur
mit jenen Fingern geführt wird, so lernt er Violinspielen und vom
Clavier nebenbei nur so Viel, als zur Grundlage seiner theoretischen
Ausbildung nöthig ist. Einen jungen Mann kenne ich, der un=
gewöhnlich große, breite Hände und lange Finger hat: die Eltern
hielten ihn daher besonders geschickt zum Clavierspiel, zumal sie auch

von der albernen Mähr gehört hatten, daß Liszt seine Tasten-
wunder hauptsächlich nur seinen großen langen Händen und Fingern verdanke. Der Knabe aber hatte keine Lust zum Clavierspiel,
und sich in seiner Hände- und Fingerkraft gefallend, greift er nicht
allein stets über die Intervalle hinaus, sondern dies „unwillkührliche Danebentatschen, für daß er Nichts könne," auch dazu jene
seine eigentliche Unlust zu bemänteln. Ich rieth den Eltern, ihm
lieber Violoncell spielen lernen zu lassen, da er hierbei mehr dem
Vergnügen, das er an seinen großen Händen finde, gerecht zu werden vermöge und so auch wohl mehr Freude an der Musik finden
werde. - Es geschah und jetzt spielt der junge Mann in allen
Quartettvereinen mit und ist einer' der eifrigsten Musikliebhaber.
So unterliegt also auch die physische Befähigung immerhin noch
einem erfahrnen Urtheile, und hat der Lehrer auch darauf sein prü-
fendes Auge zu richten, zumal selbst hier durch kluge Methode Vieles
ergänzt und in Vielem nachgeholfen werden kann, was die Natur
nicht gegeben oder doch nur mangelhaft gegeben zu haben scheint.
Am häufigsten kommt dies beim Gesangsunterrichte vor, wo lediglich durch die Methode häufig sogar organische Schwierigkeiten
überwunden, anscheinend natürliche Krankheiten der Stimme, wie
Rauheit, Heiserkeit ꝛc. gehoben, ein vermeintlich kurzer Athem erweitert und welche der physischen Uebel mehr beseitigt werden. Und das
letzte Erforderniß, die Fassungskraft, anlangend, unterliegt es wohl
keinem Zweifel, daß, wer Schreiben und Rechnen und Lesen lernen
kann, auch in irgend einer Weise Musik zu lernen im Stande ist,
und somit, da sich das Vermögen zu jenen Fertigkeiten und Kenntnissen wohl bei jedem geistig gesunden Menschen voraussetzen läßt,
auch von dieser Seite her ein solcher dem Musikunterrichte keinerlei
Hinderniß in den Weg legt, wenn nur der Lehrer dem Schüler
Nichts zu fassen zumuthet, was noch den Grad der gewonnenen
Ausbildung seines Fassungsvermögens übersteigt, ein Fehler, den
sich übrigens ebenfalls kein didaktisch gebildeter Lehrer zu Schulden
kommen lassen wird und gegen den daher auch dieses Buch gehörigen Orts den geeigneten Schutz zu bieten hat; indeß folgt aus
jener Forderung hinreichender Fassungskraft unmittelbar auch noch
eine andere Frage, und da sich zu deren Beantwortung wohl im
ganzen Verlaufe unsers Buchs nie wieder eine solch schickliche Gelegenheit finden dürfte, so mag dieselbe, nämlich die Frage, wann
wohl, in welchem Alter sich bei einem Kinde so viel Fassungskraft
voraussetzen läßt, daß angenommen werden darf, es könne nun auch sein

muſikaliſcher Unterricht mit Vortheil beginnen? kurz die Frage nach
der rechten Zeit des Anfangs im Muſiklernen, auch ſofort noch
hierorts ihre Erledigung finden. Die Antwort, die ſelbſt unſere
erfahrenſten und einſichtsvollſten Pädagogen und Lehrer auf dieſe
Frage ertheilen, lautet ſehr verſchieden. Viele glauben nicht früh
genug mit dem Muſikunterrichte anfangen zu können, und beginnen
denſelben bereits, wenn das Kind kaum das vierte Jahr erreicht
hat. Sie ſagen und anſcheinend nicht mit Unrecht, jede muſikaliſche Bildung ſetzt eine gewiſſe praktiſche Fertigkeit voraus, dieſe aber
wird zum großen Theile nur auf mechaniſche Weiſe gewonnen und
bedingt eine Gewandtheit gewiſſer Körpertheile, die ſich eben ſowohl
am ſicherſten in der früheſten Jugend erzielen oder doch vorbereiten
läßt, wo dieſe Körpertheile noch die meiſte Biegſamkeit haben, als
ſich der mechaniſche Theil jeder Erziehung vorzugsweiſe nur für
ſolche eignet; iſt das Kind reifer, ſo widerſtehen ihm bald die mechaniſchen „Spielereien,“ die unerläßlich mit den erſten Anfängen
einer Kunſt wie die unſere verbunden ſind, es wird mißmuthig, verliert die Luſt, und zudem ſind die Anforderungen, welche man heutigen Tags an die praktiſche Fertigkeit eines muſikaliſch Gebildeten
ſtellt und ſtellen muß, ſo groß, daß man nicht früh genug mit der
Unterweiſung darin anfangen kann, wenn bis dahin, wo der
Menſch gewöhnlich aller eigentlichen Erziehung und allem wirklichen Unterrichte entwächst, ſchou ein genügendes Ziel erreicht haben
will. Wie geſagt, hat dieſe Anſicht von der Sache auf den erſten
Blick Vieles für ſich, und — bekenne ich — ich ſelbſt gehörte
einſt zu denen, die ihr huldigten; reichere Erfahrung und
reiferes Nachdenken aber haben mich eines Andern, und wie
ich jetzt feſt glaube, auch Richtigeren belehrt. Aus einem
falſchen Zuſpät folgt noch keineswegs, daß ein Zufrüh richtiger,
oder umgekehrt. Geſteht, was habt Ihr, die Ihr ſchon Eure
kaum vierjährigen Kinder aus der Puppenſtube an das Clavier oder
vor das Geigenpult rieſet und mit ihnen hier allerhand Uebungen
vornahmt, meiſt, ja faſt durchweg erlebt? — daſſelbe, wenn nicht
noch Schlimmeres als Jene, welche glaubten, den Muſikunterricht
erſt anfangen zu müſſen, wenn jeder andere Unterricht vorüber.
Nach ein Paar Jahren hatte die mechaniſche Ausbildung Eurer
Kinder die Faſſungskraft derſelben überflügelt, wenn nicht gänzlich
erſtickt, und da ſie nicht vom Anfang an zugleich Denken bei dem
Unterrichte gelernt hatten, ſo blieben ſie Maſchinen, die immer in
Bewegung geſetzt werden mußten, wenn ſie thätig ſein ſollten, nie

eine Selbstthätigkeit, eigenes Leben offenbaren konnten; oder widerstand ihnen dieses blos mechanische Abrichten, dessen Gründe sie
nicht begriffen, noch weit früher und hartnäckiger als jenen ältern
Kindern, die blos mechanische Uebung, und während hier doch noch
kluge Vorstellung von der Nothwendigkeit den Widerwillen beseitigen konnte, mußtet Ihr Gewalt brauchen, eine Gewalt aber, die
nun den Widerwillen gegen die Sache nur noch tiefer und fester
wurzeln ließ. Zudem, welche selbst mechanische Ausbildung geht
wohl am schnellsten von Statten, gelangt am schnellsten zum Ziele,
die, bei welcher dem Schüler zugleich Gelegenheit zum Denken über
das, was er treibt, gegeben wird und die also wirklich mit Nachdenken betrieben wird, oder jene, die in einem bloßen Abrichten
bestehen kann?—Ich meine doch wohl und jeder Verständige mit
mir die erstere. Ein Paar Jahre machen hier auf der einen Seite
Nichts und auf der andern doch Viel, sehr Viel aus. Fange man
den Unterricht an, wenn das Kind vorher durch andere Unterweisung wenigstens schon Etwas an Selbstdenken gewöhnt worden ist,
nicht eher, doch auch nicht später, denn wie er nun, recht betrieben,
ungleich rascher von Statten gehen wird und muß, als wenn schon
früher damit begonnen wurde, so treten bei einem spätern Anfange
gar leicht alle jene Uebel ein, welche die Freunde des Kleinkinder-
unterrichts meinen zum hinlänglichen Beweise für die Richtigkeit
ihres Systems anführen zu müssen. Aber wann wird das sein?
—etwa im siebenten oder achten Jahre, wenn das Kind schon
ziemlich fertig lesen, schreiben und rechnen kann. Ein früherer
Beginn kommt mir wie eine Treibhauszucht vor; allen durch diese
gewonnenen Pflanzen und Früchten entgeht die eigentliche Lebenskraft; an die frische Luft gebracht verdorren, faulen, welken sie
augenblicklich; nie können sie sich selbst überlassen werden. Alles
hat seine Zeit; Nichts zu früh, aber auch Nichts zu spät; wie
dort ein zu schnelles Verwelken, weil es an Kraft und Saft gebricht, so hier nie eine volle Reife, weil die Sonne des Lebens
ihr nicht mehr scheint. Natürlich spreche ich hier aber nur von
dem allerersten Anfange des Unterrichts; ist dieser anderer, höherer Art, hat er etwa eine vorzugsweise theoretische, wissenschaftliche oder schon mehr künstlerische Richtung zu nehmen (s. oben 5),
so erweitert sich auch die Forderung voller Fassungskraft an den
Schüler, schließt dieselbe zugleich die Bedingung in sich, daß der
Schüler bereits alle diejenigen musikalischen Kenntnisse und Fertigkeit sich zu eigen gemacht hat, welche nothwendig schon vorhan-

ten sein müssen, wenn ein solch' artiger Unterricht soll mit Vortheil betrieben werden können. Wer z. B. Unterricht in der Kunst
der Composition erhalten soll, muß schon eine Menge anderer Kenntnisse und Fertigkeiten, sowohl ausschließlich musikalischer als allgemein wissenschaftlicher Natur besitzen, wenn von ihm soll angenommen
werden können, daß er Fassungskraft genug für diese Art von Unterricht habe. In dieser Beziehung aber eine auch nur annähernd
genaue Zeitlinie für dieselbe dergestalt zu ziehen, daß dieselbe zur
Norm für alle vorkommende Fälle dienen könnte, ist ohnmöglich. Der
Eine ist früher, der Andere später reif für einen solchen Unterricht,
und der Lehrer muß selbst beurtheilen, und zu beurtheilen verstehen, ob der Schüler bereits diejenige sonstige sowohl musikalische,
als allgemeine Vorbildung besitzt, die nöthig ist, um ihm auch diesen Unterricht schon mit Vortheil, mit Aussicht auf Gelingen ertheilen zu können, so gewiß jeder rechte Unterricht von vorn herein
nach Inhalt wie nach Form von selbst den Acker so bebaut, daß
die Zeit, wo er zugleich eine höhere künstlerische Richtung zu nehmen, also den eigentlichen Elementarkreis zu verlassen hat, dem
ersten Anfange gar nicht so ferne liegt, wenigstens habe ich in
meiner Anstalt bei den meisten Schülern den höheren künstlerischen
Unterricht, der zugleich die Unterweisung in der Composition, ge-
schichtliche und ästhetische Vorträge in sich schließt, schon nach drei,
allerhöchstens vier Jahren Elementar-Unterricht beginnen können,
so daß sie der Mehrzahl nach mit dem sechsten Jahre völlig absolvirt waren und getrost der eigenen weiteren Forthülfe überlassen werden
konnten. Wie das möglich? — Einmal, weil ich den Elementar-Unterricht nicht zu früh anfange, sondern erst dann damit beginne, wenn das Kind denken gelernt hat; denn weil ich auch beim
bloßen Elementar-Unterrichte vom ersten Anfange an und in allen
Beziehungen die Theorie mit der Praxis Hand in Hand gehen lasse,
so weit, daß die Schüler — um nur eine von jenen Beziehungen
namhaft zu machen — z. B. beim Clavierspiel, indem ihnen die
Applicatur gezeigt wird, zugleich die prinzipiellen Regeln dieser erfahren, um danach bald selbst bestimmen zu können, welche, und
wie sie die Finger bei diesen oder jenen Sätzen zu nehmen haben,
sondern daß sie sofort auch sogar verstehen lernen, was sie spielen,
bis zur Harmonie herauf. Ja, man frage die Kinder, die kaum
zwei Jahre meine Anstalt besuchen, ob sie nicht auch schon die
Accorde, die Harmonie kennen, die sie da zu greifen oder zu denen
sie zu singen oder zu spielen haben. Sie können noch mehr: man

gebe ihnen eine beliebige Melodie, und binnen wenigen Minuten wird man dieselbe von ihnen auf zwei, drei verschiedene Weise in Harmonie gebracht wieder erhalten. Daß die Praxis und was damit in Verbindung steht, selbst wieder wesentlich dadurch gefördert wird, wer wäre, der das bezweifeln möchte?

7. Selbstunterricht.

Unter 5 oben erfuhren wir, daß je nach dem Orte, wo der Unterricht ertheilt wird, derselbe im Allgemeinen oder überhaupt zerfällt in Selbstunterricht, Privatunterricht und gemeinschaftlichen oder öffentlichen Unterricht. Es sind dies eigentlich nichts Anderes als gewisse allgemeine Arten oder Gattungen der äußeren Unterrichtsform, über deren Werth und Bedeutung schon vielfach gestritten worden ist.

Der erstere, der Selbstunterricht, ist diejenige Unterrichtsweise, wo die Bildung durch sich selbst erfolgt, ohne fremde Hülfe (Autodidaxie), wo also der Lernende durch sich sein eigener Lehrer ist (Autodidakt). Es frägt sich, ob dies in der Musik überhaupt nur möglich ist? — In gewissen besondern Beziehungen glaube ich ja, und habe das Beispiel mehrerer ausgezeichneter Künstler für mich, aber im Allgemeinen muß ich auch eben so entschieden nein darauf antworten. Daß man mich recht versteht: unter jenen gewissen besondern Beziehungen verstehe ich einzelne Branchen der musikalischen Kunstbildung und unter diesem Allgemeinen Musik überhaupt, ich gebrauchte die Wörter also blos in objektivem, und nicht zugleich in subjektivem Sinne. Wir haben der Beispiele mehrere, wo große Componisten oder Contrapunktisten diese lediglich durch sich selbst, durch Selbstunterricht geworden sind; ja wir haben sogar auch der Beispiele, wo große Virtuosen auf dem einen oder andern Instrumente ganz und gar aus eigener Unterweisung hervorgingen; indeß ist mir wenigstens kein Beispiel bekannt, wo selbst diese ausgezeichneten Künstler nicht vorher, ehe sie den eigentlichen Kreis ihres nachherigen Wirkens und Schaffens abgrenzten, wenigstens einigen Unterricht in der Musik überhaupt auch von Andern empfangen hätten. Eine ausschließliche Autodidaxie halte ich in der Musik für unmöglich; in jeder andern Kunst und Wissenschaft mag sie gedacht werden können, in der Musik nicht. Alles musikalische Wirken haftet zu sehr, zu unzertrennlich an einer gewissen, künstlerischen Praxis und diese beruht wieder so sehr, so unablösbar, auf gewissen,

lediglich durch die Erfahrung gewonnenen und nur durch die lebendige Anschauung mitzutheilen möglichen Gesetzen, daß auch die
äußersten autobidaktischen Anstrengungen hier nothwendig ohne Erfolg sein müssen. Daß Jemand, der z. B. vorher guten praktischen
Unterricht auf dem Claviere oder welchem anderen Instrumente genossen hat, sich nachher lediglich durch sich selbst zu einem tüchtigen
Theoretiker, ja selbst bis zum Tonsetzer hinauf, heranbildet, ist
möglich: er sieht sich nach Lehrbüchern der Tonsetzkunst um, horcht
auf Musik, trägt überall zusammen, prüft und ordnet die gewonnenen Materialien nach seiner Einsicht, liest und vergleicht andere
Tonwerke, schöpft daun aus seinem eigenen Innern den Vorrath
seiner Ideen, verarbeitet in seinem Geiste Alles, was ihm Zufall
oder Gelegenheit von Außen an Musik zuführen, fängt dann selbst
an zu schaffen, prüft dessen Wirkung, verbessert, verarbeitet aber-
mais, und siehe da, nach vielleicht vielen vergeblichen Versuchen
wird er doch endlich noch ein tüchtiger, ja großer, berühmter Componist.
Ebenso können große Virtuosen auf diesem oder jenem Instrumente,
die vorher durch Unterricht auf einem andern sich wenigstens ein
Bürgerrecht im Staate der Tonkunst erworben, und namentlich ist
dies bei Orgelspielern häufig der Fall, die vorher Clavierunterricht
genossen ꝛc. Aber eine völlige Autobidarie, eine musikalische Bildung ganz und gar, vom ersten Beginn an, durch sich selbst, halte
ich für ohnmöglich. Fälle, wo der Eine oder Andere blos durch Nachmachen ein wenig Clavier oder welches andere Instrument spielen lernt,
oder der Gesang, den Mutter Natur allen Menschen in Brust und
Kehle gelegt hat, sind nicht dahin zu rechnen, denn sie sind keine
Beweise, keine Aeußerungen wirklich musikalischer Bildung. Gleichwohl giebt es Leute, welche, bestochen durch jene wenigen, glänzenden Erscheinungen in einzelnen Branchen unserer Kunst, sich
schon haben zu der Behauptung hinreißen lassen, daß, wie überhaupt, so auch in der Musik der Selbstunterricht unbedingt dem
Lernen von Andern vorzuziehen sei, und warum? weil, — sagen
sie — der Selbstunterricht die Thätigkeit ungleich mehr anspanne
und weil er, was doch in der Kunst eine Hauptsache mit sei, die
Originalität weit mehr fördere, indem er die Gefahr, vielleicht immer
am Gängelbande fremder Ansichten und Kunstanschauungen gehen zu
müssen, ganz und gar beseitige. Allerdings — geben sie zu —
werde auf dem Wege des Selbstunterrichts das eine oder andere
Mal vielleicht weniger gelernt, aber — behaupten sie dann auch
sogleich wieder — dies Wenige desto besser, rechter. Indeß lehrt

doch eben so gewiß auch die Erfahrung, aus welcher diese Leute den Beweis für ihre Behauptung holen, daß es immer nur nicht blos einzelne, sondern seltene Erscheinungen waren und sind, wo Jemand auf diesem Wege zum Ziele gelangte, und daß dieser Jemand immer nur ein ausgezeichneter, genialer und gewissermaßen von der Natur selbst dazu bestimmter Kopf war und sein konnte, und nicht nur, daß aller Beweis noch fehlt, ob dieser Jemand nicht noch ungleich Größeres in seinem Fache geleistet haben würde, wenn er ordentlichen Unterricht von anderen erfahrenen und durchbildeten Lehrern darin empfangen hätte, sondern wer und was bürgt auch dafür, daß selbst jeder gleich geniale Kopf das Glück hat, seiner Bestimmung, seines Berufs, seiner Sendung sich so deutlich und und so zeitig bewußt zu werden, als jener Jemand, ungedenk der zahllosen Masse von minder begabten Menschen, die, weil sie auf dem Wege des Selbstunterrichts zu Nichts gelangen würden, nun all' und jeden Segens künstlerischer Bildung entbehren müßten, wenn aus jenen einzeln seltenen Fällen eine Regel für den Selbst-unterricht und gegen den Unterricht durch Andere abstrahirt werden wollte. Dazu kommt, daß alle Autodidakten, auch die glücklichsten, immer nur auf den weitesten Umwegen zu ihrem Ziele gelangten und daher der Selbstunterricht einen Zeit- und Kraftaufwand er-fordert, wie kein anderer, ohne zugleich einen Ersatz dafür in grö-ßerem Umfange oder Vielseitigkeit zu gewinnen, vielmehr zugleich auch in dieser Beziehung jedem andern Unterrichte noch bedeutend nachsteht. Das führt auf den letzten großen Nachtheil, den der Selbstunterricht, auch in dem glücklichsten, glänzendsten Falle fast immer hat und haben muß. Es giebt, und namentlich in unserer Kunst, keine einseitigeren Menschen, als die Autodidakten, und diese Einseitigkeit ist in der Regel mit einer solch großen, hartnäckigen Partheilichkeit zugleich verbunden, daß jedes gesunde Kunsturtheil darunter ersticken, daher die eigentliche Bildung, Veredlung des Geschmacks und Gefühls, welche doch alle musikalische Erziehung namentlich zum Zwecke haben soll, unverhinderlich dabei leiden muß; denn die Autodidakten besitzen in der Regel auch den größten, un-überwindlichsten Eigendünkel, den man sich denken kann. Es hat ihnen viele Mühe gemacht, das zu lernen, was sie können; sie haben durch sich selbst gelernt, was Tausende um ihnen nicht können und nicht einmal mit der besten Hülfe lernen können: es kann nicht fehlen, sie müssen sich für sogenannte Genie's halten, diesen aber erscheint Alles neu und wichtig, was von ihnen ausgeht, wenn es

4

auch schon hundertmal dagewesen, oder bei näherer Prüfung sogar
total falsch oder fehlerhaft ist. Drum weg mit der Autobidarie,
wenigstens in unserer Kunst, und bestreben wir, die wir berufen
sind, Unterricht in dieser zu ertheilen, uns lieber, uns zu tüchtigen,
wahren Lehrern heranzubilden, der Vortheil für die lernende Menschheit und von da für diese überhaupt wird und muß ein unberechen-
bar größerer sein. Dem wahren Genie entgeht nie sein Recht.

8. Gemeinschaftlicher oder öffentlicher und Privat-Unterricht.

Mehr gestritten noch ist schon über die Frage worden, was
zweckmäßiger, vortheilhafter für den Schüler, wie die eigentliche
Unterrichts-Aufgabe angemessener, entsprechender, auch den Musikunterricht gleich jedem andern Schulunterrichte einen gemeinschaftlichen (öffentlich) oder ihn einen ausschließlich privaten sein zu lassen?
Und in der That ist die Frage so wichtig, daß es nothwendig erscheint, sie — was gleichwohl bis heute noch nie und nirgends
geschehen — einmal der sorgfältigsten und allseitigsten Erwägung
zu unterstellen.

Die gemeinschaftliche wie die ausschließlich private Unterrichtsweise hat ihre geschwornen Anhänger, die unbedingt über die Gegner absprechen, rücksichtslos den Stab über deren Werk brechen.
Wir wollen das nicht thun, wollen vielmehr die Sache prüfen,
eben so ernstlich als ruhig prüfen, sie beschauen von allen Seiten,
und möchten jene Herren doch die Binde abnehmen, die Umstände
oder Verhältnisse welcher Art ihnen vor die Augen gelegt, und
uns folgen dann in unsrer Betrachtung. Daß sie mit völliger
Blindheit geschlagen, kann ich ja nicht annehmen, und daß sie
partheiisch, eigensinnig partheiisch, mag ich nicht glauben. Zwar
scheine ich nicht ganz unbefangen in der Sache. Meine werthen
Leser nämlich wissen bereits, daß ich einer öffentlichen musikalischen
Lehranstalt vorstehe; und daß der Unterricht darin ein gemeinschaftlicher ist, ja nur sein kann, liegt so nahe, daß nun leicht
auch der Verdacht entstehen kann und muß, ich werde aus beruf-
licher Vorliebe schon für die gemeinschaftliche Unterrichtsweise in die
Schranken treten. Nun, man folge nur meiner Betrachtung; sie kann
am besten zeigen, wo Befangenheit und wo Unbefangenheit. Aber
daß mir, der ich jetzt seit länger als dreißig Jahren neben manchem Andern hauptsächlich Musik lehre, und nicht etwa blos in
Schule oder blos in Haus, sondern in Schule und Haus, —

daß mir, einem Solchen, ein Urtheil über die Sache zusteht, das glaube ich als ein Recht ansprechen zu dürfen, das Tausende unter meinen Collegen nicht besitzen.

a) Vorzüge und Nachtheile des Privatunterrichts.

Der Grad des Gelingens alles Kunst- und so insbesondere auch des Musikunterrichts hängt mehr als der jedes andern Unterrichts von ganz besondern Befähigungen des Schülers ab. Während aller andere Unterricht, z. B. der im Lesen und Schreiben, in Geschichte und Geographie ꝛc. mehr nur eine allgemeine Auffassungsgabe auf Seiten des Schülers voraussetzt, um eines guten Erfolgs gewiß zu sein, fordert der Musikunterricht zu dem Ende noch insbesondere Empfänglichkeit für seine Gegenstände. Solche besondern Anlagen sind nie ganz gleichmäßig bei mehreren Schülern vorhanden, wenigstens wird ihre Entwickelung bei dem einen immer schneller von Statten gehen als bei dem andern, und darf nur bei allem Unterrichte diese Entwickelung nie auf irgend eine Weise aufgehalten, sondern muß ihr vielmehr von Stunde zu Stunde immer mehr und immer neue Nahrung gegeben werden. Kann das aber gleichmäßig bei mehreren Schülern wohl bei einem Unterrichte geschehen, der sich mehr nur auf eine allgemeine geistige Befähigung stützt, als bei einem Unterrichte, dessen größere oder geringere Erfolge auf ganz besondern Anlagen dazu beruhen, so scheint fast durchaus ohnmöglich, den Musikunterricht mehreren Schülern zugleich ertheilen zu können, ohne daß zugleich gegen jene namentliche Aufgabe alles Unterrichts gefehlt würde, also ohne auf Kosten entweder der Befähigteren oder der Unbefähigteren unter den Schülern; denn nur bei dem Privat- oder Einzelunterrichte vermag ein Lehrer auf solche besondere Anlagen eines Schülers auch besondere Rücksicht zu nehmen und je nach dem Grade ihrer Regsamkeit in lebendiger Entwickelung zu erhalten. Dazu ist die Musik, wenigstens in ihrem praktischen Theile, zugleich, wie die Schauspielkunst, eine meist blos nachbildende Kunst, die nur dazu dient, bereits Erfundenes wieder zu geben, wieder zu erfinden, ins Leben zu fördern, zur lebendigen Anschauung, Wahrnehmung zu bringen, und welch innigen Antheil die ganze geistige Individualität des Spielers oder Sängers an dieser Wiederdarstellung, an dieser äußern Offenbarung von schon gegebenen Ideen und geistigen Bildern nimmt und zu nehmen hat, wenn seine Leistung nicht unter den Begriff aller eigentlichen Kunst herabsinken soll, weiß Jeder, der nur einmal einen hellen

4 *

Blick tiefer gethan, und auch diesem allgemeinen Kunsterfordernisse jener Individualität vermag der Musikunterricht gewiß nur dann gerecht zu werden, wenn er privatim, d. h. jedem Einzelnen für sich ertheilt wird. Wie kein Schauspieler sich für jedes Rollenfach eignet, sondern jeder nur in dem, welches seiner Individualität entspricht, Vorzügliches zu leisten im Stande ist, so wird auch bei Jedem, der Musik treibt, eine seiner Individualität entsprechende Hinneigung zu einer gewissen Form oder Gattung von Tonpoesie vorwalten, die bei seiner Ausbildung, mag diese sonst noch so allgemein gehalten werden und gehalten werden müssen, doch ihre stete und sorgsame Berücksichtigung zu fordern ein Recht hat, wenn überhaupt diese zu einem erklecklichen Ziele bei ihm führen soll, und bei welcher andern Art von Unterrichte kann dieser gerechten Forderung vollständiger genügt werden als bei dem Einzelunterrichte? — Geschichte, Geographie, Lesen, Schreiben, Rechnen, alle Wissenschaften lassen sich mit Vortheil lehren, ohne auf diese individuellen Geistessituationen der einzelnen Schüler irgend welche Rücksicht zu nehmen, und lassen sich daher einer ganzen großen Versammlung von Schülern vortragen, nicht aber Kunst und am allerwenigsten die Musikkunst. — Das in Kürze die wesentlichsten Vortheile des Privat- oder Einzelunterrichts: er vermag mehr als der gemeinschaftliche Unterricht Rücksicht auf die Stadien des Talent-Entwickelungsprozesses zu nehmen, der bei jedem Einzelnen ein besonderer hinsichtlich seines Verlaufs ist, um der individuellen Kunstanschauungsweise gerecht zu werden. Doch fragen wir nun auch nach seinen Mängeln. — Der erste und größeste unter diesen ist, daß ihm jenes Förderungsmittel abgeht, welches von allen erfahrnen Pädagogen und Didaktikern noch als das wirksamste erkannt worden ist: der Wetteifer, der nur beim Unterrichte mehrerer Schüler zugleich seine gehörige Nahrung finden kann und dessen Wirkungen nach allen Seiten solch' tief eingreifende sind, daß sie sich gar nicht berechnen lassen. Dem zunächst kommt der Mangel all' und jedes wirklich anregenden Vorbilds. Bei dem Einzelunterrichte ist das einzige Vorbild, das der Schüler vor sich hat, der Lehrer; bei diesem aber denkt jener stets nur an das Können, nie an das Gelernt haben und Wie gelernt haben; ganz anders wirkt auf ihn das Vorbild eines gleichzeitigen Schülers und zwar von demselben Lehrer, indem bei diesem sein Gedanke unwillkührlich zunächst auf das Gelernt haben und das Wie gelernt haben und dann erst auf das Können gerichtet ist. Der dritte und große Nachtheil des Einzelunterrichts ist, daß er immer und auch besten Falls an einer gewissen Einseitigkeit leiden wird und muß, die nie eine vollkommene musikalische Ausbildung zur unmittelbaren Folge haben kann, sondern diese fast stets erst spätern Zufälligkeiten des Lebens und gesellschaftlichen Verkehrs überlassen muß. Ein vierter nicht minder großer Mangel ist, daß dem Einzelunterrichte selten oder nie ein wahrhaft reiflich überlegter Lehrplan zum Grunde liegt; der Lehrer überläßt sich hier meist dem Augenblicke, was er bei einem förmlichen Schulunterrichte nie kann, hier muß er planmäßig verfahren, wenn er nur halbwegs gewissenhaft sein Amt verwaltet, und während somit bei dem Einzelunterrichte hunderte von Lectionen nutzlos für den Schüler vorüber gehen, weil der Lehrer von einer widerstrebenden momentanen Stimmung beherrscht wird, kann dies bei dem gemeinschaftlichen Unterrichte fast nie der Fall sein, indem die gespanntere Aufmerksamkeit, die der Lehrer hier auf mehrere Schüler zugleich zu richten hat, seinen Geist so beschäftigt und so sehr in Anspruch nimmt, daß jeder andere ablenkende Gedanke kaum noch Raum daneben zu finden vermag. Und ein fünfter, wahrlich gar folgenreicher Nachtheil des Einzelunterrichts ist, daß ihm unbedingt all' jenes rege, bewegte Leben abgeht, welches die Aufmerksamkeit jedes Schülers unwillkührlich ohne alle weitere Mittel stets wach erhält, ihm auch die Mühen des Lernens weit leichter überwinden hilft als jedes andere Mittel, und das bei einem gemeinschaftlichen Unterrichte nie fehlen kann, vieler anderer weniger wesentlicher Uebel nicht zu gedenken.

b) Vorzüge und Nachtheile des gemeinschaftlichen Unterrichts.

Damit kennen wir nun aber zugleich auch schon die Vorzüge und Nachtheile des gemeinschaftlichen Unterrichts; denn was dort dem Einzelunterrichte als Nachtheil angerechnet werden mußte, gilt hier als Vortheil, und was bei jenem Vortheilhaftes anerkannt wurde, geht diesem ab. Führe ich daher nur noch den Beweis von dem Gesagten und zwar aus eigener Erfahrung. Ich beschränke mich dabei jedoch auf blos wenige Punkte, da nicht wohl angenommen werden darf, daß die gemachte Vertheilung von Gut und Nichtgut von irgend einer verständigen Seite her Widerspruch erfahren wird. Bei dem Einzelunterrichte, sagte ich zuletzt, kann nie jenes rege, bewegte Leben statt haben, das unwillkürlich die Aufmerksamkeit des Schülers wach erhält und ihm selbst die Mühe des Lernens so sehr erleichtert: schon oft kam vor, daß Eltern aus die-

sen oder jenen Gründen ihre Kinder aus meiner Anstalt nahmen
und sie fortan zu Hause einzeln unterrichten ließen; aber was war
die Folge? nicht lange, so hatten die Kinder alle Lust an dem Unterrichte verloren, weil er ihnen zu „langweilig“ vorkam, ihnen
eine Qual wurde, und doch brauchten die Kinder zu Hause nur
eine Stunde vor dem Instrumente oder an dem Tische zu sitzen,
während sie in meiner Anstalt jedesmal zwei Stunden nach einander Unterricht erhielten; eben so oft brachten nach kaum einem
halben Jahre dieselben Eltern ihre Kinder wieder. Ueber die bedeutende Wirksamkeit der Förderungsmittel des Wetteifers, Vorbilds und der größern Planmäßigkeit, die allein der gemeinschaftliche Unterricht darbietet, kein Wort mehr. Die Vielseitigkeit der
Aussicht aber, welche diese Unterrichtsweise und nur sie zugleich
dem musikalischen Seelenauge des Schülers öffnet: welch gewichtigen Hebel muß darin die Gesammtbildung desselben überhaupt finden?!— Hier, aber auch nur hier, in einer förmlichen Musikschule, nicht beim Einzelunterrichte, steht der Schüler mitten inne
in einem musikalischen Leben, Alles um ihn ist Musik oder hat
doch Bezug darauf; was er sieht, was er hört, ist oder betrifft
Musik, — muß da nicht seine Bildung weit schneller von Statten
gehen und zu einem weit vollkommeneren, höheren, umfassenderen
Ziele führen?! — So viele Schüler gleichzeitig unterrichtet werden, so viele verschiedene Herzen und Köpfe; ihr verschiedenes Thun
und Lassen, Denken und Fühlen und dessen Aeußere giebt dem
Lehrer Gelegenheit zu tausend mannigfaltigeren Bemerkungen und
Erklärungen, als bei dem Einzelunterrichte der Fall sein kann, und
Alles wirkt darauf hin, das eigentliche vorgesteckte Ziel um desto
sicherer und vollkommener zu erreichen. Viele Seiten, wo der
Schüler der wesentlichsten Nachhülfe bedarf, werden bei dem Einzelunterrichte dem Lehrer gar nicht offenbar, bei dem gemeinschaftlichen Unterrichte führen oft Geringfügigkeiten auf solche Ergän-
zungen, die von den wichtigsten Folgen sein können. Bei dem
Einzelunterrichte erklärt der Lehrer dem Einen das Eine und schreitet weiter vor; ob er verstanden worden, erfährt er erst später, und
muß er wiederholen, so tritt auf beiden Seiten Ermüdung ein;
bei dem gemeinschaftlichen Unterrichte wird von selbst fast jedes
Wort mit einem Male so viele Male gesprochen, als Schüler gegenwärtig sind, die Unterweisung des Einen ist zugleich Unterweisung des Andern oder dient demselben zur nützlichen Wiederholung, zur Befestigung des schon Gelernten, die um so lieber

angenommen wird, als sie das Bewußtsein eines bereits Voraus-
habens vor dem Mitschüler rege macht. Der Eine lernt, während
der Andere belehrt wird und dieser macht, was der Erste gemacht
hat, um so sorgfältiger. Vom Lehrer nicht blos, auch vom Mitschüler wird gelernt: es ist Alles Unterricht, Alles Thätigkeit, und
noch nie habe ich daher auch bei dem gemeinschaftlichen Unterrichte
bei selbst doppelt so großer Zeitdauer seiner einzelnen Lectionen eine
Ermüdung auf Seiten des Schülers wahrgenommen, wie sie beim
Einzelunterrichte wenigstens die Anfänger gegen Ende der Stunde
fast immer an den Tag legen, und besitzt der Lehrer noch so viel
Gewandtheit. Der gemeinschaftliche Unterricht ist an sich weit unterhaltender als der Einzelunterricht, und nicht blos Belehrung,
sondern auch Unterhaltung fordert jede kluge Pädagogik von jedem
Unterrichte, denn diese gewinnt und stimmt für jene.

c) Schluß.

So wird es, um zu einem richtigen Urtheile darüber zu gelangen, welche von den beiden Unterrichtsweisen, die gemeinschaftliche oder die private, die zweckmäßigste, fördernste, kurz, sowohl
subjektiv als objektiv die beste ist, nur auf eine genaue Abwä-
gung der beiderseitigen Vor- und Nachtheile ankommen. Solche
beginnend, scheinen auf den ersten Blick die Vortheile des gemeinschaftlichen Unterrichts so überwiegend, daß man unbedingt glaubt,
diesem den Preis zusprechen zu müssen. Indeß ist die größere
Schwere dieser Vortheile doch auch nur mehr extensiver Natur;
intensiv fallen die Vortheile des Einzelunterrichts eben so schwer
und vielleicht noch schwerer ins Gewicht, und was und so viel jene
an pädagogischem Werthe voraus haben, besitzen diese und um
eben so viel mehr an künstlerischem. Nun so wird — kurz gesagt — wohl der Unterricht der beste sein, der die Vorzüge beider,
die des gemeinschaftlichen wie die des privaten, in sich vereinigt?
— Gewiß! — der Privatunterricht für sich, behaupte ich nach viel-
jähriger Erfahrung, kann nie' den eigentlichen Zweck alles Musikunterrichts so vollständig und schnell und allgemein erreichen, als
der gemeinschaftliche, aber dieser vermag eben so wenig auch für
sich allein die Bedingungen so vollständig zu erfüllen, welche sowohl
von Seiten der Kunst als solcher, wie von Seiten der Pädagogik
jenem Unterricht gestellt werden müssen. Zum ganzen Werke gehören beide Arten des Unterrichts. Aber wie ist diese und eine
solche Verbindung möglich? — Bei manchen einzelnen Gegenstän-

ben ober Richtungen des Unterrichts, wie z. B. bei blos theore=
tischem Unterrichte, Unterrichte in der Composition, Harmonie, Ge=
schichte 2c., auch beim Unterrichte im Gesange oder wo er blos
eine die allgemeine Menschenbildung fördernde Orientirung in der
Ton= und Musiklehre zum Zwecke, also hauptsächlich nur Rhyth=
mik, Melodik, Formenlehre, Terminologie 2c. zum Gegenstande hat,
sehr leicht; aber wo und sobald er eine höhere, mehr künstlerische
Gestalt annimmt, also namentlich beim Instrumentalunterrichte,
meint man gewöhnlich nein, und glaubt, weil die Vorzüge des
Einzelunterrichts mehr künstlerischer Natur, von mehr künstlerischer
Bedeutung sind, hier diesem den Vorrang vor dem gemeinschaftli=
chen Unterrichte einräumen zu müssen. Ich aber sage: ja, auch
hier, bei dem Instrumentalunterrichte, und bis zur Vollendung
des ganzen Bildungswerks ist eine solche Verbindung nicht
nur möglich, sondern sogar nothwendig, wenn das Ziel jener
Vollendung sowohl in der möglich kürzesten Frist, als in seinem
ganzen Umfange erreicht werden soll, und warum? eben weil
aller Musikunterricht nur dann der beste, ein vollkommener ist
und sein kann, wenn er die Vorzüge des Einzel= wie des ge=
meinschaftlichen Unterrichts in sich vereinigt. Logier war nicht der
Erste, der den Gedanken verwirklichte: wie dieser selbst schon frü=
her und bei allen einsichtsvollen Lehrern zur Geltung gekommen
war, so hatte man auch bereits vor Logier wiederholte Versuche
angestellt, ihn zu realisiren; aber Logier war der Erste, der ihn in
seiner ganzen Ausdehnung erfaßte und den überzeugendsten Beweis
von der Möglichkeit seiner Verwirklichung in allen Beziehungen
lieferte. Jedermann ist bekannt, welches ungemeine Aufsehen sein
damals als ganz neu geltendes Unterrichtssystem erregte, und welche
überraschend große, ja merkwürdige Resultate er damit erzielte.
Die anerkannt größten Virtuosen und tüchtigsten Musiklehrer konn=
ten nicht anders als ihm ihre volle Bewunderung zollen. Gleich=
wohl litt das System, wie jeder Anfang in großen Dingen, noch
an bedeutenden Mängeln, und bestanden diese vorzugsweise darin,
daß das System weder den unveräußerlichen und oben näher be=
zeichneten Rechten des Einzelunterrichts, noch den Rechten des ei=
gentlichen Erziehungsprinzips, das wie bei allem so und insbe=
sondere auch beim Musik=Unterrichte seine Geltung behalten muß,
die volle, ihnen gebührende Rechnung trug, so kam es nur darauf
an, hier mehr zu geben und dagegen lieber dort, wo Logier das ganze
Gewicht seiner Kunst gelegt, etwas nachzulassen, um auf seiner

Grundlage sofort ein System für den Musik-Unterricht aufzubauen, das, wo äußere Umstände und Verhältnisse gestatten, es in Anwendung zu bringen, nicht blos allen pädagogischen und didaktischen Anforderungen vollkommen entsprechen, sondern eben deshalb auch zu Resultaten in unserer Kunst führen muß, wie keiner andern Lehrweise möglich. Man nenne mich nicht unbescheiden, wenn ich glaube, bei meinem eigenen Unterrichte endlich, nach vielem Forschen, Prüfen, Versuchen, das Glück gehabt zu haben, den Sieg zu finden, auf dem sich dieses große Ziel der vollständigsten Vereinigung der Vortheile sowohl des Einzel- als des gemeinschaftlichen Unterrichts sicher erreichen läßt; nur ist hier nicht Raum genug dazu, auch eine eben so sicher leitende Beschreibung des Wegs zu geben, einen allgemeinen kundigen Führer für denselben aufzustellen. Dazu wäre der Umfang eines eignen ganzen und neuen Buchs nothwendig. Vielleicht daß ich mich aber später noch einmal, wenn der liebe Gott mir noch so lange Leben und Gesundheit schenkt, entschließe, ein solches Buch abzufassen, und habe ich doch dagegen auch in diesem meinem Lehrbuche überall gleichmäßige Rücksicht sowohl auf den Einzel- als den gemeinschaftlichen Unterricht genommen, wenn gleich jener bis heute noch der bei weitem vorwaltende ist, da nicht überall und nur in Städten oder in größeren Schulanstalten die gewichtigen äußeren Erfordernisse vorhanden sein können, durch welche die Einführung eines solchen so höchst fruchtbaren förmlichen Schulunterrichts für all' und jede Richtung, jeden Zweig auch des Musikunterrichts (s. oben 5) unumgänglich bedingt wird. Das Bedürfniß dieser Einführung spricht sich in den sogenannten Conservatorien aus, deren überall von Jahr zu Jahr mehre erstehen, so wie hierdurch zugleich der Beweis geführt wird, daß die Ueberzeugung von der Richtigkeit meiner oben über die nothwendige Verbindung des Einzelunterrichts mit dem gemeinschaftlichen (wenn der Musikunterricht überhaupt ein vollkommener sein soll) ausgesprochenen Ansicht nachgerade zu einer immer allgemeineren sich gestaltet.

Zweites Capitel.

Gegenstände des musikalischen Unterrichts.

1. Aufgabe.

Unsere Aufgabe kann hier natürlich nur in einer Aufzäh=
lung der Gegenstände des Musikunterrichts überhaupt mit beiläu=
figer Erklärung derselben, sowie in einer Bezeichnung des
Umfangs und der Verbindung bestehen, in welchem und in
welcher dieselben je nach der besondern Richtung oder nach dem be=
sondern Zwecke (s. erstes Capitel 5), die in jedem einzelnen Falle
der Unterricht zu nehmen oder den er zu verfolgen hat, gelehrt
werden müssen, wenn neben dieser speciellen Absicht auch noch jener
schon früher angegebene, allgemein bildende, veredelnde Zweck des
Musikunterrichts überhaupt dadurch erreicht werden soll, jener Zweck,
der damit erreicht werden muß, weil er eine unerläßliche Aufgabe des
letztern ist. Eine Unterweisung darin, wie die einzelnen Gegen=
stände dann auch gelehrt werden müssen, wenn man der Erreichung
dieser beiderlei Zwecke gewiß sein will, kann erst im zweiten be=
sondern Theile unsers Buchs folgen, weil dieser erst die eigentliche
musikalische Methodologie enthalten wird, während der gegenwärtige
erste Theil nur eine allgemeine Theorie der musikalischen Unterrichts=
kunst oder die musikalische Didaktik im engeren Sinne des Worts
zu geben hat.

2. Praktische oder mechanische Fertigkeit.

Der erste von jenen Gegenständen ist nun unter allen Umstän=
den eine gewisse mechanische oder praktische Fertigkeit, d. h. Ge=
wandtheit in der Behandlung irgend eines musikalischen Instruments,
wozu hier auch die menschliche Stimme gerechnet werden muß, oder
die Geschicklichkeit, auf irgend einem solchen Instrumente Musik —
wie man sich auszudrücken pflegt — machen, durch dasselbe musika=
lische Kunstwerke zur äußern Wahrnehmung bringen zu können.
Schon im ersten Capitel hatte ich Gelegenheit zu bemerken, daß
bei allem Musikunterrichte die Praxis mit der Theorie Hand in
Hand zu gehen hat, eng verbunden ist, und in der That läßt sich
keinerlei Art von Musikunterricht denken, der nicht zugleich auch die
praktische Ausübung der Kunst in irgend einer Weise zum Gegen=
stande hätte oder doch seine Lehren unmittelbar daran knüpfte. Es

liegt das im Wesen der Musik selbst, indem dieselbe eben sowohl eine unmittelbar erzeugende, als zugleich nachbildende Kunst ist, mit andern Worten: indem ihre Erfindung zugleich auch noch der äußern Darstellung, ihre Poesie des Vortrags bedarf, wenn überhaupt Musik, ein lebendiges, wirkungsfähiges musikalisches Kunstwerk erstehen soll. So bildet denn aber die praktische oder mechanische Fertigkeit, bestehe sie nun im Singen oder im Spiele irgend eines oder mehrerer Instrumente, auch den ersten Gegenstand alles Musikunterrichts, jenen, an welchem alle andere Gegenstände desselben sich als das erste Glied, als der Ring ihrer Kette anknüpfen, die Grundlage des ganzen Lehrgebäudes, und hat dieser, der Unterricht die unerläßliche Aufgabe, alle Mittel aufzubieten, die dazu dienen können, jene, die praktische oder mechanische Fertigkeit, bis zum höchstmöglich vollkommensten Grade der Ausbildung dem Schüler zu eigen zu machen. Jeder nämlich, der Musik treibt, auf irgend eine Weise, d. h. einerlei mit welchem oder durch welche Instrumente Musik macht, darf nicht etwa blos so viele Fertigkeit darin besitzen, als gerade zur praktischen Ausführung des eben Vorgetragenen oder Vorzutragenden benöthigt ist, sondern die Vollendung des Vortrags, von der die rechte Wirkung der Musik so wesentlich abhängt, fordert, daß er immer noch größeren Vorrath davon besitzt, damit die Ausführung stets den wohlthuenden Schein der Leichtigkeit sich bewahrt und nicht den beklemmenden Eindruck der Arbeit macht, und überdem fordert der ganze Erfolg der musikalischen Erziehung, daß ein jeder Solcher sich in allen Formen der Tondichtung wenigstens zu bewegen vermag, und da diese auch nach Außen hin, was blos die Technik der Kunst anbelangt, nach Seiten ihres Tonreichthums sehr verschieden von einander sind, so wird auch von da her dem Unterrichte geboten, den Schüler mit dem höchstmöglichen Grade praktischer Fertigkeit auszurüsten. Anders kann er seine eigentliche Aufgabe nie vollständig lösen. Allerdings kann keinem Lehrer das bei allen Schülern in gleichem Maße gelingen; immer wird, auch bei dem verständigsten und bei ein und demselben Lehrer, der eine von diesen es zu einem höhern Grade von Fertigkeit bringen als der andere; es kommt dabei viel auf die geistigen und körperlichen Fähigkeiten, auf Fleiß und guten Willen an; allein bis zu dem Grade, der von der allgemeinen wohlthätigen musikalischen Durchbildung bedingt wird, ist es doch und selbst bei den sogenannten schwächsten Schülern möglich, wenn auch nur durch einen größern Zeitaufwand. Die Erfahrung hat mich zu dieser Ueberzeugung gebracht, so gewiß ich selbst früher mich nicht zu derselben bekennen mochte. Habe der Lehrer nur eine gute Methode, unterrichte er gut, und Jeder ist im Stande, je nach seiner geistigen und leiblichen Situation, der Eine auf dem Claviere, der Andere auf der Violine, der Dritte auf der Flöte, der Vierte im Gesange ꝛc. es bis zu einem Grade praktischer Fertigkeit zu bringen, die genügend ist, zur Grundlage vollkommen musikalischer Durchbildung zu dienen und so ihn des ganzen Segeus musikalischer Erziehung theilhaftig werden zu lassen.

3. Allgemeine Ton- oder Musiklehre.

Der zweite Gegenstand und zwar alles Musikunterrichts ist die allgemeine Ton= oder Musiklehre, d. h. der Inbegriff aller jener Kenntnisse von den verschiedenen Tonverhältnissen und deren sämmtlichen hör= wie sichtbaren Darstellungen, welche nothwendig sind, um nach Maßgabe des Standpunkts, den die Musik einmal als Kunst eingenommen hat, überhaupt Musik treiben zu können, der Inbegriff alles jenes Wissens, das sich zu der praktischen Fertigkeit zu gesellen hat, nicht allein um diese sich aneignen, sondern auch um sie, mag sie gewonnen sein auf welchem besondern Gebiete, auf welchem besondern Organe der Kunst, dann wirklich zu wirksamer Anwendung bringen zu können, ja noch mehr: der Inbegriff alles jenes Wissens, das mit der praktischen Fertigkeit zugleich und nicht etwa blos neben, sondern mit und in dieser die Grundlage jeder nur einigermaßen vollständigen musikalischen Bildung ausmacht. Die allgemeine Musiklehre ist die eigentliche Elementarschule des ganzen musikalischen Bildungswerks, die Jeder durchmachen muß, bei dem auf irgend eine Weise dieses vollbracht werden soll. Sie ist die Schule, aus der der Eine nur als bloßer Praktiker, der Andere als bloßer Theoretiker, der Eine als Virtuos, der Andere als Componist, Tondichter oder Lehrer je nach Neigung, Talent oder äußerer Bestimmung hervorgehen kann, die aber von Allen absolvirt werden muß, bevor sie überhaupt Mitglieder der musikalischen Lebensgesellschaft werden können. Ihre besondere Aufgabe ist daher die Mittheilung aller derjenigen Kenntnisse, die neben der praktischen Fertigkeit zur Musik als solcher überhaupt und zu deren Begreifen und Verstehen im Allgemeinen gehören, und so zerfällt sie also:

a. **in die Lehre von dem Tonſyſtem oder die Tonlehre im engeren Sinne des Worts.**

Dieſe iſt die Lehre einmal von dem, was wir überhaupt unter Ton oder dem verſtehen, welches der Muſik als der elementariſche Stoff dient, aus dem ſie ihre Werke geſtaltet; dann von der Größe oder Maſſe dieſes Stoffs, oder die Lehre von der ganzen Summe der Töne, die unſere Kunſt vorräthig hat, um je nach Bedürfniß daraus zu ihren Geſtaltungen wählen zu können; von der Eintheilung derſelben in einzelne Stufen oder leichter überſichtlichen Gruppen und deren Entfernung von einander und Größe, alſo die Lehre von den Octaven und überhaupt von den Intervallen; hiernach auch die Lehre von den geſchlechtlich verſchiedenen Arten der Folge dieſer Tonſtufen auf einander und deren Darſtellung auf jeder einzelnen Tonſtufe, alſo die Lehre von den einzelnen Tongeſchlechtern, Tonleitern und Tonarten; und endlich auch die Lehre von der ſichtbaren Darſtellung der einzelnen Töne und aller Tonverhältniſſe, alſo die Lehre von der Notenſchrift und den dazu gehörenden einzelnen Zeichen oder was wir die Semiotik heißen.

b. Rhythmik.

Dieſe iſt die Lehre von den verſchiedenen möglichen und in der Kunſt zur Anwendung kommenden Bewegungen der Töne in der Zeit. Sie ſchließt alſo einmal die Lehre von den verſchiedenen Zeitgrößen, welche die Töne mit ihrem Klange oder die dafür ſubſtituirten Schweigezeichen durchdauern können, alſo die Lehre von der verſchiedenen Geltung (Zeitdauer) der Töne und Pauſen; dann die Lehre von der abſoluten Zumeſſung der Zeit dieſer Geltung oder von der größeren und geringeren Geſchwindigkeit, in welcher ſich die einzelnen Töne neben jener ihrer verſchiedenen Geltung nach fortbewegen können, alſo die Lehre von dem Tempo; hiernach die Lehre von der Meſſung dieſer Fortbewegung nach gewiſſen regelmäßig wiederkehrenden Zeitabſchnitten, alſo die Lehre von dem Takte, den verſchiedenen Taktarten, Takteintheilungen, Taktfüllungen oder intenſiven wie ertenſiven Ton- und Taktaccenten, und endlich auch die Lehre von der Bewegung ganzer, größerer, ein nach Inhalt und Form in ſich abgeſchloſſenes Ganzes bildenden Gruppen ſolcher einzelner Zeitabſchnitte oder die Lehre von den rhythmiſchen Accenten ganzer Tonſätze in ſich, ohne zu gedenken der Lehre von den Zeichen, welche der Tonschrift dazu dienen, auch diese verschiedenen Tonbewegungsarten für das Auge sichtbar zu machen.

c. Melodik und Harmonik.

Diese, welche sich unmittelbar an die vorhergehende anschließt, so sehr, daß sie vielfach sogar sich mit derselben verschmilzt, ist im Allgemeinen die Lehre von der Bewegung, welche die Töne nun entweder in einzelner Reihenfolge (melodisch) oder auch in gleichzeitiger Verbindung mit noch andern Tönen (harmonisch), ncben der Bewegung in der Zeit auch im Raume machen. Wo sie diese räumliche Bewegung blos einer einzelnen Tonreihe betrifft, also als Melodik, umfaßt sie daher insbesondere die Lehre von verschiedenen möglichen einzelnen Tonfolgen, den sogenannten melodischen Motiven, Gängen, die Lehre von den verschiedenen Sätzen und Perioden und auch die Lehre von den verschiedenen einzelnen melodischen Figuren und Manieren, kurz die ganze Lehre von dem Wesen und von den verschiedenen Formen der Melodie; und wo sie jene räumliche Bewegung zweier oder mehrerer gleichzeitig miteinander fortschreitender Tonreihen betrifft, also als Harmonik, umfaßt sie daher die Lehre von den verschiedenen Stimmen und deren Verhältniß zu einander, sonach insbesondere die Lehre von dem Bau der Accorde im Allgemeinen, von den verschiedenen Arten der Fortschreitung der einzelnen Stimmen in derselben, deren Erweiterung, Vervielfältigung oder regern Begränzung, Verminderung an Zahl, deren Versetzung und sogenannte Umkehrung, deren verschiedenen Lage oder der Größe ihres Abstandes von einander (weite und enge Harmonie), deren Verbindung sowohl an und für sich als auch nach Maßgabe der verschiedenen Tonarten (Modulation, Ausweichung), sowie auch die Lehre von den Vorhalten, Anticipationen, Nachhalten, und endlich auch die Lehre von dem harmonischen Bau und namentlich harmonischen Schlußformen der einzelnen Sätze und Perioden.

d. Dynamik.

Diese ist die Lehre von dem Vortrage und hat also die Aufgabe, dem Schüler zu lehren und zu zeigen, nicht allein wie

jeber einzelne Ton sowohl an und für sich als in allen seinen je
nach Maßgabe des beabsichtigten Ausdrucks verschiedenen Nüancirungen oder sogenannten Färbungen auf oder mit dem eben vorhandenen Organe hervorgebracht wird und erzeugt werden muß,
sondern auch wie derselbe in allen seinen verschiedenen Combinationen und taktischen, überhaupt rhythmischen, wie melodischen und
harmonischen Stellungen nach den Regeln der Kunst auszuführen
ist. Die Dynamik schließt sich demnach einerseits unmittelbar dem
mechanischen Theile des Unterrichts oder der Lehre der praktischen
Fertigkeit an, und anderntheils greift sie schon in die eigentliche höhere
Kunstlehre über, indem sie aus dieser den Maßstab herleitet, nach
welchem sie ihre Regeln für die praktische aller melodischen und
harmonischen, rhythmischen und sonstigen Tongestaltungen ordnet.
Sie ist — so zu sagen — die eigentliche Diätik der Kunst, indem
sie die Gesetze aufgestellt, durch deren Befolgung allein wahres,
gesundes Leben, ergreifende, hinreißende Bewegung in die Musik
gebracht werden kann. Sie vermag daher auch nie eigentlich einen
eigenen, für sich abgeschlossenen Theil des Unterrichts auszumachen,
sondern verknüpft sich bei jedem guten Unterrichte unmittelbar mit
allen bisher genannten Gegenständen desselben, so wie sie es denn
auch ist, die der Lehre dieser die mechanische Trockenheit, den wenig
anregenden Handwerkston nimmt, indem sie, recht vorgetragen,
derselben vielmehr die eigentliche künstlerische Weihe verleiht, welche
das Interesse des Schülers so sehr steigert, da sich der wahrhaft
richtige Vortrag fast nicht einmal eines einzigen Tones, wie viel
weniger einer ganzen mehr oder weniger combinirten Tonreihe zeigen und darthun läßt, ohne zugleich auf den ästhetischen Inhalt,
den eigentlich seelischen oder psychischen Charakter der verschiedenen
rhythmischen, melodischen, harmonischen rc. Tonformen, z. B. der
Tongeschlechte, Tonarten, Tonschlüsse, Manieren, Verzierungen,
Taktarten, Tempi rc. Rücksicht zu nehmen.

Kein Sänger oder Spieler aber wird je ein Tonstück gut vortragen lernen, so wie Niemand überhaupt etwas auch nur Erträgliches in der Musik leisten kann, bestehe es auch nur in einem
Urtheile über dieselbe, wenn er nicht zugleich genaue Kenntniß von
dem innern wie äußern Charakter, der eigentlich ästhetischen Bedeutung wie der äußern Gliederung derjenigen Formen besitzt, in
welchen unsere Kunst ihre Werke zu gestalten, alle die Ideen, Gefühle und Leidenschaften, die, kurz alles innere Leben, das sie zur
äußern Wahrnehmung bringen will, wirklich zu solch' äußern Dar-

ſtellung zu bringen pflegt, ſo ſchließt ferner auch die allgemeine
Muſiklehre noch in ſich:

e. Die Formenlehre,

d. h. die Lehre ſowohl von dem inneren, eigentlich ſeliſchen, poe=
tiſchen Charakter als der äußeren Beſchaffenheit, Gliederung, Ge=
ſtaltung der verſchiedenen einzelnen und ſowohl durch altes Her=
kommen normirten als durch Erfindung noch möglichen Kunſt= oder
vielmehr Tonrichtungsformen. Die Formenlehre beſchreibt alſo
alle einzelnen Tonſtücke oder vielmehr die verſchiedenen Arten der=
ſelben nach ihrer innern wie nach ihrer äußern Beſchaffenheit, un=
terweiſt nicht blos darin, welchen dichteriſchen Sinn, welche ideale
Bedeutung ein Tonſtück hat, ſondern auch darin, wie es nun die=
ſem Sinne und dieſer Bedeutung gemäß äußerlich conſtruirt, zu=
ſammengeſetzt iſt und ſein muß. Sie iſt demnach in der Muſik
daſſelbe, was in der Dichtkunſt die Poetik, und hat ſomit auch
wie dieſe bei ihren Erklärungen nicht etwa blos bei den allgemei=
nen Grundformen zu beharren, ſondern muß zugleich auf die ver=
ſchiedenen möglichen Unterarten und Abweichungen bis ins Ein=
zelnſte, ſelbſt bis dahin Rückſicht nehmen, wo der künſtleriſchen Er=
findung noch Freiheit zur Geſtaltung ganz neuer Formen gelaſſen iſt.

Endlich umfaßt die Allgemeine Muſiklehre auch noch:

f. Die Terminologie,

d. h. die Erklärung aller jener theils ſchon wirklich techniſch ge=
wordenen, theils möglicherweiſe vorkommenden Kunſtausdrücke, de=
ren die Muſik ſich theils zur Bezeichnung ihrer einzelnen Darſtel=
lungsmittel und Gegenſtände, theils zur näheren Beſtimmung der
Behandlung derſelben bei ihrer Ausführung, damit in dieſer we=
nigſtens keine gar zu groben Fehler gegen ihren eigentlichen Sinn
und Charakter begangen werden, bedient, und deren Bedeutung
daher ebenfalls Jeder genau kennen muß, der auf irgend eine
Weiſe Muſik treibt oder ſich für dieſelbe intereſſirt.

4. Organologie.

Ein dritter Gegenſtand des muſikaliſchen Unterrichts iſt die
Organologie oder die Lehre von dem Baue, der innern und
äußern Einrichtung (Conſtruktion) der verſchiedenen muſikaliſchen
Organe oder Inſtrumente (wozu — wie bereits geſagt — auch die
menſchliche Stimme gehört), ihrer Productivität (Tonfähigkeit),

ihrem Tonumfange, auch dem ästhetischen Charakter ihrer Tonerzeugnisse, der Art ihrer Behandlung, um die Töne, deren sie fähig sind,
darauf hervorbringen zu können, und ihrer eigentlichen Bedeutung
im Bereiche der Gesammtmasse musikalischer Kunstorgane.

Dieselbe zerfällt in eine allgemeine und eine besondere.

a) Allgemeine Instrumentenlehre.

Die allgemeine Organologie oder Instrumentenlehre ist, genau
betrachtet, eine Art praktischer Akustik. Sie basirt nämlich auf dem
allgemeinen Tonerzeugungsprozeß, lehrt, von welchen Bedingungen
überhaupt die Erscheinung eines musikalischen Tones abhängt, wie,
durch welche Mittel derselbe erzeugt wird, wie daher die Körper
beschaffen sein müssen, durch welche sowohl überhaupt als besonders
nach Höhe und Tiefe oder auch nach Klangfarben charakteristisch
bestimmte Töne hervorgebracht werden sollen, und macht dann
von da aus ihre Folgerungen sowohl auf die naturgemäße Entstehung der schon vorhandenen Instrumente, als auch auf Möglichkeit, noch andere außer diesen unter gewissen Bedingungen, die
sie feststellt, zu bilden. Außerdem ordnet sie den ganzen Vorrath
von Instrumenten, sowohl die wir bereits haben, als der sich nach
jenen ihren allgemeinen akustischen Grundsätzen noch erwarten ließe,
nach gewissen Gattungen oder Classen und nimmt das Princip dafür eben aus jener ihrer Lehre über die Bedingungen, von denen
jede Tonerscheinung abhängt, oder aus der über die verschiedene
Art und Weise der Erfüllung derselben, oder auch aus der über
die Beschaffenheit der die Tonerscheinung vermittelnden Körper her.
So theilt sie z. B. unser gesammtes Orchester, je nach der Art und
Weise, wie die Töne auf den einzelnen Instrumenten desselben erzeugt werden, in Streich= (Bogen=), Blas= und Schlag=
(krustische) Instrumente, oder nach Beschaffenheit der Körper,
durch welche die Tonerscheinung auf denselben vermittelt wird, in
Holz=, Saiten= und Blechinstrumente, und läßt dann wieder, nach denselben akustischen Prinzipien diese allgemeinen Gattungen in verschiedene Unterarten zerfallen, z. B. die Saiteninstrumente in Tasten= und Bogeninstrumente, die Blasinstrumente
in Rohr= und Blechinstrumente c., die je nach der Schärfe
und Spitzfindigkeit der Auffassung jener Prinzipien oft bis zu solcher Genauigkeit getrieben werden, daß fast jedes einzelne Instrument auch eine eigene Unterart beschreibt. Und endlich lehrt die
allgemeine Organologie, aus denselben Grundsätzen folgernd, auch

5

die Bedingungen, unter welchen die Töne jedes einzelnen Instruments hinsichtlich ihres Klanges modificirt werden können. Hat
sie nämlich z. B. bei ihrer Darlegung des ganzen Tonerzeugungs-
prozesses gefunden, daß die Dicke und Fülle der Töne hauptsächlich von der Massenhaftigkeit der Körper abhängt, durch welche dieselben stoßend, reibend, schwingend hervorgebracht werden, so lehrt
sie nun unter Andern auch: daß ein dickerer Saitenbezug bei Geigen, stärkere Wände bei Blasinstrumenten rc. einen weit dickern
und vollern Ton bewirken als die Gegentheile; hat sie dort gefunden, daß die Stärke, Helle und Dauer der Töne abhängt hauptsächlich von der Heftigkeit, Weite und Dauer der Schwingungen
der sie erzeugenden Körper, so lehrt sie unter Andern nun, daß je
heftiger und anhaltender der Schlag, Stoß oder die Reibung, wodurch diese Schwingungen bewirkt werden, desto stärker, heller, dauernder auch der Klang; hat sie dort gefunden, daß die Höhe und
Tiefe der Töne hauptsächlich abhängt von der Länge und Geschwin-
digkeit der Schwingungen der sie erzeugenden Körper, so lehrt sie
unter Andern nun, daß je größer der schwingende Körper ist und
je langsamer seine Schwingungen geschehen, auch seine Töne desto
tiefer sein werden, und umgekehrt, und daß, je mehr ein Instrument zu sowohl langsamen und langen als schnellen und kurzen
Schwingungen und zwar durch alle möglichen Abstufungen hindurch
befähigt ist, desto größer auch sein Tonumfang sein muß, und umgekehrt, u. s. w. — dieses, hoffe ich, reicht hin zu einer nähern Bezeichnung des Inhalts und der Aufgabe der allgemeinen Instrumentenlehre.

b) Specielle Instrumentenlehre.

Wo solche dann aufhört, da beginnt die besondere oder spe-
zielle Organologie. Sie hat es mit der Beschreibung der einzelnen
Instrumente zu thun, wie diese sind; erklärt ihren Bau, benamt
ihre einzelnen Theile und belehrt zugleich über die größere oder
mindere Wichtigkeit der Stellung, welche dieselben in jenem einnehmen, über den Antheil, den dieselben an der Klangfähigkeit
und Tonerzeugung des ganzen Instruments haben, und somit auch
über den wesentlichen Einfluß, den ihre Beschaffenheit auf die Beschaffenheit der Töne und deren Klänge übt, welche auf dem Instrumente hervorgebracht werden können. Daneben lehrt sie die
Behandlung und Pflege des ganzen Instruments sowohl, als seiner einzelnen Theile, wenn diese Beschaffenheit immer die möglich

beſte ſein ſoll, und unterrichtet über die beſte Art der baulichen
Einrichtung des Inſtruments, wobei ſie auch wohl die Meiſter
namhaft macht, welche die vorzüglichſten dieſerartigen Inſtrumente
verfertigt haben oder noch verfertigen, unter Anführung der
Vorzüge, durch welche deren Arbeiten ſich auszeichnen. Hiernach
zeigt ſie dem Schüler die Art und Weiſe, wie alle die Töne,
deren das Inſtrument fähig iſt, auf demſelben auch wirklich
hervorgebracht werden und hervorgebracht werden können, und
macht ihn mit allen den Mitteln bekannt, die ihm je nach Natur
und Beſchaffenheit der eigentlichen tonerzeugenden Theile des Inſtruments zu Gebote ſtehen, den erzeugten einzelnen Tönen die be-
nöthigte oder doch verlangte, gewollte Klangmodification zu geben;
lehrt und zeigt ihm den ganzen Tonumfang des Inſtruments, was
auf demſelben hervorgebracht werden kann und was nicht, oder
was ſeiner Natur angemeſſener, was unangemeſſener iſt, alſo was
ſich leicht und was nicht leicht darauf hervorbringen läßt, ſowie
die Kunſtgriffe und Mittel, die am zweckmäßigſten angewendet werden, ihm auch diejenigen Töne und Tonmodificationen noch abzugewinnen, deren ſeine Natur mehr oder weniger widerſtrebt. Und
endlich geht die ſpecielle Organologie auch zu der Belehrung über
das eigentlich künſtleriſche Verhältniß über, in welchem das einzelne
Inſtrument zu allen übrigen vorhandenen Inſtrumenten, und dieſe
ſowohl in ihrer Geſammtheit als wieder blos einzeln betrachtet,
ſteht; zeigt die Stellung und Bedeutung, welche das Inſtrument
in dem geſammten Orcheſter einnimmt, was ſeine eigentliche Kunſt-
beſtimmung, welch' ſein eigentlicher Wirkungskreis, auch in welcher
Zuſammenſtellung mit andern Inſtrumenten dieſe ſich erweitert oder
verengert, vielleicht auch wohl ganz ſchließt u. ſ. w.

Die Wichtigkeit und Nothwendigkeit des Gegenſtandes für allen
Muſikunterricht leuchtet ein; Niemand, der mit Vortheil Muſik treiben
oder auch nur dieſelbe genießen will, kann die Kenntniſſe, die hier
mitgetheilt werden, entbehren; bis zu einem gewiſſen Umfange und
Grade ſind ſie jedem Solchen bedürftig, ſo gewiß, als jeder Hand-
werker ſein Werkzeug durch und durch, nach Innen wie nach Außen kennen muß, wenn er etwas Ordentliches damit leiſten können
will; aber was die Beſtimmung über jene Verſchiedenheit des Umfangs und Grades betrifft, in welchem dieſer Unterricht unter Umſtänden zu ertheilen iſt, ſo kann dieſelbe noch nicht hier einen Gegenſtand der Unterſuchung abgeben, ſondern wird erſt nachgehends,
in der letzten Abtheilung des gegenwärtigen Capitels uno noch

5 *

specieller im zweiten Theile bei Darlegung der eigentlichen musikalischen Methodologie zur Sprache zu bringen sein.

5. Compositionslehre.

Erst mit seinem vierten Gegenstande gelangen wir auf ein Gebiet des musikalischen Unterrichts, das seine Thore zwar Niemandem verschließt, in welchem jedoch nicht Alle, die da Musik lernen,
heimisch zu werden brauchen, ohne deshalb auch nur die geringsten von den Vortheilen zu verlieren, die wir uns von einer guten
vollständigen musikalischen Erziehung versprechen. Ich meine den Unterricht in der Kunst der Composition. Allerdings ist es gut, auch in ihren
Räumen sich wenigstens für einige Augenblicke hellen Auges um-
geschaut zu haben, so wie es z. B. für jeden Freund und Kenner
der bildenden Künste gut ist, wenn er auch einmal Gelegenheit
hatte, eine Herz und Sinn belebende Wanderung durch Latiums
und Campaniens Fluren, unter den redenden Denkmalen der Vor-
welt in jenen alten Landen des Schönen anzustellen; aber nothwendig ist es nicht, um gleichwohl in vollen Zügen den Nektar
trinken zu können, den in goldenen Bechern uns die Muse der
heiligen Tonkunst darreicht, wenn wir nur sonst diese für uns mit Liebe zu
gewinnen streben. Die Compositionslehre nämlich hat den Zweck,
den Schüler mit allen denjenigen Kenntnissen und Fertigkeiten auszurüsten, welche nöthig sind, um selbst schaffend im Gebiete der
erzeugenden Kunst wirken zu können; sie hat den Zweck, Baumeister
für die Kunst der Töne zu erziehen. Wirklicher Baumeister aber
braucht man eben so wenig zu sein, um ein Urtheil über die Schönheit, Zweckmäßigkeit und Bequemlichkeit eines Gebäudes fällen zu
können, als um bei den Vortheilen nicht leer auszugehen, welche
ein Gebäude allen denen bietet, die es besitzen, so gewiß es für
beide Zwecke gut ist, wenn man auch von den Regeln der Construktion des Gebäudes und dem ganzen innern und äußern Mechanismus seiner Aufrichtung wenigstens einige nähere Kenntnisse
hat, und für die Bauwerke unserer Kunst theilt diese Kenntnisse in
ihrem ganzen Umfange, von den allgemeinsten und wichtigsten, bis
zu den einzelnsten und geringfügigsten, eben die Compositionslehre
mit, so wie dieselbe, wenn sie wirklich ist was sie sein soll, daneben dann auch noch den Schüler nicht allein in jene idealische Welt
führt, aus welcher allein unsere Kunst die Objekte und Stoffe ihrer Darstellung zu holen hat, und ihn mit derselben vollkommen
vertraut macht, sondern ihm nun zugleich auch lehrt, wie dies in

feinem Gefühlsleben angeregte Idealische in einer bestimmten musikalischen Form, die von der produktiven Phantasie zum Dasein
gerufen wird, seine vollendete Versinnlichung finden kann, und wie
dieselbe endlich auch nicht verfehlt, dem Schüler den Entwickelungsprozeß zu offenbaren, den diese Form und alle übrigen ihrer Schwestern
von ihrem ersten Entstehen, ihrer ersten Geburt an durchzumachen hatten,
und was Alles damit, daneben und dazu zu geschehen hatte, bis
sie zu der heutigen größern oder geringern Vollkommenheit der tonischen Verkörperung jener idealen Phantasiegebilde gelangten, also
ihn auch in die Geschichte unserer Kunst einzuweihen.

Die vollständige Compositionslehre zerfällt demnach in drei
ihrem nächsten Zwecke wie ihrem Inhalte nach von einander gesonderte
Theile: einen praktischen, theoretischen oder poetischen und einen historischen Theil. Die Voranstellung des praktischen Theils vor
dem theoretischen dürfte auf den ersten Blick auffallen; indeß trifft
hier dasselbe schon gebrauchte Gleichniß zu: Jeder, der ein Baumeister werden will, hat zunächst die Stoffe kennen zu lernen, mit
und aus denen er einst zu bauen gedenkt, und die Regeln der Zu-
sammenfügung dieser Stoffe zu irgend welchem Zwecke; erst dann
vermag er auch dahin gebracht zu werden, vernünftige Pläne für
die Anwendung der dadurch gewonnenen Fertigkeiten und Kenntnisse zu entwerfen.

a) Die praktische Compositionslehre.

Diese hat zum besondern Zwecke, dem Schüler zu zeigen, wie
aus den drei ersten Elementen aller unsrer Tonschöpfungen, der
Melodie, Harmonie und des Rhythmus, sich nach und nach, von
der ersten einfachsten Zusammensetzung an bis zu der äußersten combinirtesten, weitesten, umfangreichsten, großartigsten, und in steter
Folgerichtigkeit alle möglichen musikalischen Gestaltungen entwickeln
und endlich durch das zuletzt noch hinzutretende und wegen der
Verschiedenheit seiner Färbung auf die Wirkung des Ganzen so
wesentlich einwirkende Element des Klanges (Instrumentalmusik),
so wie durch das in die Musik aufgenommene Wort (Vocalmusik)
zu einem Ganzen, einer vielgegliederten Einheit auferbauen und
vollenden. Das Erste, was sie demnach abzuhandeln hat, ist die
Lehre von der Melodie und von dem Verhältnisse derselben zur
Harmonie (Melodik), auch nicht etwa blos in den Grenzen, in
welchen die allgemeine Musiklehre (s. oben 3) dieselbe schon vorträgt, sondern wie die Compositionslehre überhaupt alle diejenigen

Kenntniſſe und Fertigkeiten ſchon vorausſetzt, welche durch die allgemeine Ton- oder Muſiklehre und das, was damit in Verbindung
ſteht, gewonnen werde, ſo faßt ſie auch die Lehre von der Melodie
insbeſondere von einem ungleich höheren künſtleriſchen Standpunkte
auf, dringt tiefer in das Weſen derſelben ein und zeigt neben ihren verſchiedenen äußern Formen zugleich auch, ſo weit als dies
möglich, die Art der Erfindung dieſer, indem ſie die Ausdrucks-
und Darſtellungsfähigkeit einer jeder derſelben und ihre durch die
Einrichtung unſers ganzen Tonſyſtems möglich werdenden Nüancirungen entwickelt. Von der Melodik dann ſchreitet ſie zu der Lehre
von dem harmoniſchen Satze (Harmonik) fort, indem ſie zeigt,
daß nun auch mehrere ſolche Melodien unter gewiſſen Bedingungen
gleichzeitig neben einander wirken können, beginnt dabei mit den
einfachſten Toncombinationen, lehrt die in der Natur des Klanges
begründeten Geſetze und Regeln, wonach ſich dieſe immer mehr zu
erweitern, zu verbinden, in einander zu verſchlingen vermögen, und
fährt damit fort, bis ſich ganze Melodien, in einzelnen Stimmen
perſonificirt und bald in geringerer, bald in größerer Zahl, ſo wie
bald in dieſer, bald in jener Weiſe und Entfernung von einander
nach ganz beſtimmten Regeln neben einander fortbewegen, und ſo
die ganze Lehre in der Entwickelung der verſchiedenen möglichen
contrapunktiſchen Formen ausgeht. Alle dieſe mannigfaltigen
melodiſchen, einfach harmoniſchen oder auch ſchon wirklich contrapunktiſchen Tonbewegungen können aber nun zugleich auch innerhalb gewiſſer Zeitverhältniſſe als wirkſam gedacht und geordnet
werden, und ſo greift die praktiſche Compoſitionslehre ebenfalls
wieder zurück zur Rhythmik, nur daß ſie ſich dabei nicht mehr,
wie die allgemeine Muſiklehre, mit der Lehre von den verſchiedenen
Taktarten, Tempi's, Accenten ꝛc. beſchäftigt, ſondern mehr mit der
Beſchaffenheit des Ausdrucks aller dieſer verſchiedenen Tonbewegungsarten und dem Verhältniſſe derſelben zu jenen mannigfaltigen
melodiſchen und harmoniſchen Toncombinationen, indem die richtige Anwendungs- und Conſtructionsweiſe dieſer weſentlich auch
von den taktiſchen und periodiſchen Zeitmomenten abhängt, in denen
ſie auftreten, ſo wie umgekehrt der Bau der einzelnen Sätze und Perioden weſentlich bedingt wird von der Art und Weiſe jener Combinationen. — Hat die praktiſche Compoſitionslehre die bis daher
namhaft gemachten drei, vier Aufgaben gelöſt, ſo nimmt ſie nun
endlich auch die Formenlehre, die wir oben unter 3, c. bereits
kennen lernten, wieder in ſich auf, aber ſie trägt dieſelbe aber-

mais in einem ungleich weiteren, mehr künstlerischen Umfange vor, indem sie mit der Gliederung und dem poetischen Charakter der einzelnen Formen nicht allein zeigt, wie alle jene mannigfachen rhythmisch-melodischen und harmonischen Combinationen sich zur Gestaltung derselben nach und nach herauszubilden und zu entwickeln vermögen, sondern auch auf das wirksamste Colorit derselben Rücksicht nimmt und durch die Lehre von der Instrumentation (Instrumentirung, Partiturkenntniß) und von dem sogenannten Vocalsatze zeigt, wie den bis dahin blos ihrer plastischen Gestalt nach erkannten Kunstgebilten sich zugleich die schönste, wirksamste Färbung geben läßt, oder mit welcher Färbung dieselben die höchstmögliche Wirkung hervorbringen, so wie welche Wirkung jeder Art von solcher Färbung eigen, auch wie dabei die verschiedenen Parthien von Licht und Schatten vertheilt sein müssen, wenn die einmal beabsichtigte Wirkung wahrhaft erreicht werden soll. Daß dieser Lehre, die ich wohl nicht mit Unrecht die Lehre von der musikalischen Colorirungskunst nenne, die vollständigste, gründlichste Organologie, wenigstens in ihrem speciellen Theile, vorauszugehen hat (s. oben 4), versteht sich wohl von selbst.

b) Die theoretische Compositionslehre (Tonpoetik).

Hat nun der Jünger durch Fleiß und Studium, Uebung und Erkenntniß gelernt, den ganzen Apparat, den ihm unsere Kunst zur Gestaltung wirklicher, förmlicher Werke auf ihrem Gebiete darreicht, mit Gewandtheit, Sicherheit, Energie so zu handhaben, daß er im Stande ist, für und durch sich selbst dergleichen Werke zu schaffen, so verläßt die Compositionslehre ihren bisherigen blos praktischen Boden und tritt auf jenen mehr theoretischen, poetischen, wo sie ihn erfaßt lediglich in seiner Eigenschaft als berufener, zukünftiger Künstler, weiht ihn ein in das eigentliche innerste Wesen der Kunst, offenbart ihm deren heilige hohe Bestimmung, erschließt ihm die Zwecke, zu welchen jener gewonnene, unendlich große Mittelreichthum einzig und allein zu gebrauchen, wenn nicht die Schuld strafbarer Vergeudung die Folge sein soll, zeigt ihm die Wege, auf welchen diese Zwecke zu erreichen, führt ihn an die Quelle, aus welcher er den Stoff für seine Gebilde zu schöpfen, lehrt ihn den unmittelbaren Zusammenhang dieses Stoffes mit den bereits zu seinem Eigenthum gewordenen Mitteln, erhellt ihm das Mysterium des Ausdrucks, das an diesem ihm bisher noch zu haften schien, kurz wird zur eigentlichen Kunstwissenschaft im höheren Sinne des Worts. Der Lehr-

stuhl in der Arbeits- oder Schulstube wird ihr zu eng, zu niedrig,
sie nimmt Platz jetzt unmittelbar auf der obersten Stufe vor der
offenen Pforte des geheiligten Tempels der Musen, und hat sie
bisher zugleich darnach gestrebt, dem Jünger die Kraft zu verleihen,
jene Höhen zu erklimmen, was ihr, recht ertheilt, ein Leichtes, so
ist dieser ihr auch willig dahin gefolgt. Dort zeigt sie ihm dann
die Schöne in ihrer ganzen strahlenden Gestalt, erklärt ihm deren
innerstes und äußeres Wesen, und während er schwelgt im ent-
zückenden Schaun, vergißt sie nicht ihn mit den Bedingungen bekannt zu machen, unter welchen allein nur dieselbe zur Erscheinung
kommen kann, so wie mit den verschiedenen Eigenthümlichkeiten oder
Verwandlungen, mit oder in denen sie herabzusteigen vermag von ihren Himmelshöhen auf die sinnliche Erde, — wird zur Aesthetik.
Hiernach geht sie über zu dem Unterricht über die Vorwürfe, welche
unsere Kunst, um jener Eigenthümlichkeiten der Schönheit willen,
die sie zu gestalten hat, allein nur zu ihren Darstellungen wählen
darf, lehrt somit die Beziehungen unserer Kunst zu der gesammten Geistigkeit des Menschen, denn Gedanken, Ideen, Gefühle,
Leidenschaften, Seelenbilder sind nur jene Vorwürfe, entwickelt ihm
das ganze rhythmische und organische Leben dieser, — wird zur
Psychologie, und hat sie auch diese ihre Aufgabe gelöst, so zeigt
sie nun dem Schüler endlich auch die Beziehungen der einzelnen
melodischen, harmonischen und rhythmischen Darstellungsmittel und
der gesammten musikalischen Darstellungsformen und Organe zu
jener erhabensten Schöne und Charis wie zu dieser Psyche, damit
er zu jeder Zeit die rechtesten unter denselben wähle für seine Objekte, belehrt ihn also über die expressive Natur derselben, aller jener
Formen, Organe und Mittel, und offenbart so ihm das ganze Geheimniß nicht nur der musikalischen Erfindungs-, sondern auch der
schönen Darstellungskunst und sowohl dieser überhaupt, als der
musikalischen insbesondere, — wird zur eigentlichen Tonpoetik
oder speciell musikalischen Aesthetik. Daß die Fruchtbarkeit,
das ganze Gedeihen dieses Unterrichts freilich auf sehr wesentlichen,
unerläßlichen Bedingungen auf Seiten des Schülers beruht, —
wer möchte daran zweifeln? indeß können solche erst im zweiten
Theile unseres Buchs, bei der eigentlichen Methodologie des Unterrichts in Erwägung gezogen werden.

c) Die historische Compositionslehre.

Aber daß der Schüler blos die eben gegenwärtigen Anschauungsweisen und Formationen der Kunst kennt, genügt nicht, wenn gleich er als eigentlicher Componist lediglich seiner Zeit angehört, lediglich vom Standpunkte dieser aus schafft. Oft und vielfach kann er in die Lage kommen, wo er sich zurück zu versetzen hat in eine mehr oder weniger lang vergangene Vorzeit, nicht blos um seinen Werken den Typus dieser aufzudrücken, sondern auch um die Erzeugnisse dieser in die Gegenwart hervorzurufen. Ich erinnere z. B. nur an die mannigfaltigen Stellungen, welche ein Tonsetzer bei der Composition einer Oper oder als Leiter einer größeren Musikaufführung in dieser Beziehung einzunehmen gezwungen sein kann; zehnmal für einmal kann er dabei in den Fall kommen, daß er sein ganzes eigentliches Ich aufzugeben und sich zu versetzen hat in den Charakter, in die Kunstanschauungs und Darstellungsweise einer längst vergangenen Vorzeit, wenn seine Leistung eine rechte, nur einigermaßen vollkommene sein soll. Dazu kommt, daß er die Uebung und Erfahrung, welche ihm zum Selbstschaffen so unerläßlich nothwendig ist, nur durch das Studium von Werken gewinnen kann, die ebenfalls alle bereits der Vergangenheit angehören. Wie nun aber wird sowohl das letztere ein wahrhaft fruchtbares als die Lösung der erstern Aufgabe ihm möglich sein können, wenn er nicht schon weiß, z. B. welche Kunstansichten in dieser, der Vergangenheit, die herrschenden zu sein und als die richtigen zu gelten pflegten, welche Organe und in welchem Zustande diese derselben zur Darstellung vorlagen, wie die einzelnen Tondichtungsformen normaliter in ihr beschaffen waren ꝛc. ꝛc.? So liegt also einer vollständigen Compositionslehre auch noch ob, die Geschichte unsrer Kunst in den Kreis ihres Unterrichts zu ziehen, und diese auch nicht etwa zu beschränken auf blos einzelne Theile derselben, sondern zu lehren in ihrer ganzen Ausdehnung. Doch davon, über die Methode des Unterrichts, erst im zweiten Theile unseres Buchs.

6. Vertheilung der Gegenstände.

Damit nun — glaube ich — haben wir alle Gegenstände kennen gelernt, über welche sich der Musikunterricht als solcher auszudehnen hat, auch bereits den Umfang, in welchem dieser dieselben zu erfassen und zu lehren hat. Nicht minder aber erfuhren wir be

reits im Verlaufe der Betrachtung derselben, daß wohl einige da=
von all' und jedem Unterrichte unausschließlich angehören, doch an=
dere dagegen nur je nach der besondern Richtung, die er hat, zu
seinem Vorwurfe werden müssen oder zu werden brauchen; ebenso
daß diese Richtung zugleich einen wesentlichen Einfluß auch auf
jenen Umfang übt, in welchem jedesmal die einzelnen Gegenstände
abgehandelt, kurz gelehrt werden müssen; und somit haben wir,
bevor wir das gegenwärtige Capitel schließen, auch noch darnach
zu fragen, wie sich alle die genannten Gegenstände je nach Maß=
gabe oder der besondern Richtung des Unterrichts vertheilen?
— mit andern Worten: welche von den genannten Gegenständen
überhaupt nun auch in jedem einzelnen Falle oder je nach dem
besondern Zwecke des Unterrichts zu dessen besondern Gegenständen
werden? —

Am sichersten wohl beantworten wir die Frage, wenn wir uns
auf den Standpunkt der Aufgabe stellen, welche der Musikunterricht
als Bildungswerk insbesondere zu lösen haben kann, also den be=
sondern bildenden Zweck desselben ins Auge fassen. Dieser Zweck
kann ein dreifach verschiedener sein. Entweder nämlich sollen durch
den Unterricht wirkliche Künstler oder Musiker von Beruf, oder
sollen durch ihn bloße sogenannte Dilettanten herangebildet werden,
oder hat er endlich auch nur die Bestimmung, die allgemeine Men=
schenbildung, sittliche und ästhetische Erziehung des Schülers zu
fördern. Und je nach diesem seinem dreifach verschiedenen Zwecke
vertheilen sich für ihn auch alle jene Gegenstände, sowie der Um=
fang, in welchem dieselben zu lehren sind, sich darnach verschieden
modificirt.

a) Gegenstände des Unterrichts für den Künstler oder Musiker
von Beruf.

Sollen durch den Unterricht wieder wirkliche Künstler oder
Musiker von Beruf, einerlei welcher Art, herangebildet werden, so
muß derselbe begreiflich immer der umfassendste und gründlichste
sein, gehören ihm alle oben genannte Gegenstände so unaus=
schließlich an, daß ich nicht einen davon wüßte, der übergangen
oder auch nur ausgesetzt bleiben könnte. Zudem müssen dieselben
in diesem Falle immer aufs vollständigste, so durchdringend gelehrt
werden, daß von dem Schüler Alles bis auf seinen letzten Grund
deutlich erkannt und verstanden, so wie Alles aufs vollkommenste
ausgeführt wird. Hier hat also der Unterricht von seinem ersten

Anfange eine Art kunstwissenschaftliche Tendenz zu nehmen, indem er selbst bei der Unterweisung in der praktischen Fertigkeit dem Schüler nicht blos zeigt oder sagt, wie die Sachen gemacht werden, sondern ihm auch lehrt, warum sie so gemacht werden und gemacht werden müssen. Auch nach Seiten seines Umfangs kennt dieser Unterricht keine Grenzen, und hat der Lehrer, der hier zugleich ebensowohl der kunstfertigste als vielseitigste und kunstwissenschaftlich durchbildetste sein muß, bei allem strengen Innehalten eines klugen methodischen Verfahrens doch nichts zurück zu behalten in der Schatzkammer seines Wissens und Könnens, dieselbe vielmehr zu öffnen auf und von allen Seiten. Die einzige Modification, der in dieser Beziehung, in Beziehung auf den Umfang der Lehrgegenstände, Statt gegeben werden darf, ergiebt sich aus der besondern Richtung, welche der Schüler bei seiner künftigen künstlerischen Wirksamkeit vorzugsweise zu verfolgen entweder berufen, aus irgend einem Grunde bestimmt oder entschlossen ist, ob er nämlich überhaupt nur Theoretiker, oder ob er wirklicher Componist, oder ob er blos praktischer Musiker (Virtuos), oder ob er neben dem Einen oder Andern zugleich auch wieder Lehrer werden will. — Im erstern Falle mag der Unterricht der praktischen oder methodischen Fertigkeit keine so hohe Wichtigkeit beilegen als der Allgemeinen Musiklehre und ihren einzelnen Theilen, der Organologie und Compositionslehre, doch darf er jenen ersten Gegenstand gleichwohl nicht ganz darüber vernachläßigen, indem er aller musikalischen Bildung zur einzig sichern Grundlage dient, so hat er diese übrigen Gegenstände um so tiefer dafür zu erfassen, um so umfangreicher, ja selbst bis zur Speculation wissenschaftlicher vorzutragen und dies in demselben Verhältnisse, in welchem die Vorneigung des Schülers nach der einen oder andern Seite des Kunstwissens eine mehr oder weniger herrschende Richtung nimmt, bei der Compositionslehre z. B. mit besonderem Gewichte hinsichtlich ihres historischen Theils, wenn der Schüler vorzugsweise ein Historiker oder gar Antiquar, bei der Organologie hauptsächlich bei der allgemeinen Instrumentenlehre, wenn derselbe ein Akustiker zu werden verspricht rc. — Im zweiten Falle, wo der Schüler zum Componisten bestimmt ist, der in der Regel auch das Amt eines Dirigenten zu bekleiden hat, gewinnt der Gegenstand der praktischen Fertigkeit wieder an Bedeutung, aber es ist derselbe nicht etwa in einer einzelnen, besonders abgeschlossenen Richtung zu halten, sondern wie ein Componist und Dirigent jedes Instrument unsers Orchesters nach Innen wie nach Außen genau kennen muß,

so ist ihm auch Bedürfniß, in der praktischen Behandlung wenigstens der hauptsächlichsten, wesentlichsten unter denselben einige Fertigkeit zu besitzen. Componisten und Dirigenten, denen diese abgeht, kommen tausendmal für einmal in die Gefahr, die Obliegenheiten ihres Berufs nur mangelhaft, wenn nicht ganz fehlerhaft zu
erfüllen. Zum mindesten soll ein Componist und Dirigent diejenigen Instrumente neben der gründlichsten Kenntniß aller übrigen auch
mit einiger praktischen Fertigkeit behandeln können, welche als die
eigentliche Pulsader in dem Körperleben des Orchesters gelten.
Er braucht nicht nothwendig Virtuos darauf zu sein, auf keinem
Instrumente, so gewiß er es auf dem einen oder andern bis zu
einem gewissen Grade in der Regel sein wird, aber sie dürfen auch
nicht verstummen müssen, wenn er sie in die Hand nimmt oder das
eine oder andere Bedürfniß sie ihm in die Hand giebt. Und daß
an allen übrigen Gegenständen ihm nicht allein keine erlassen werden,
sondern ihm dieselben auch aufs vollständigste gelehrt werden müssen,
leuchtet ein, nur hat der Unterricht hier wohl mehr gleichmäßiger
dabei zu verfahren als bei Bildung des künftigen Theoretikers, und
kann er etwa bei dem historischen Theile der Compositionslehre
weniger speculativ verfahren, wogegen er indeß bei dem praktischen
Theile derselben desto tiefer zu greifen hat, beziehungsweise hauptsächlich bei Gelegenheit der Kunst der Instrumentation und der
Partiturkenntniß. — Im dritten Falle, wo der Schüler zum künftigen praktischen Musiker bestimmt ist, gewinnt unter allen Gegenständen die mechanische Fertigkeit den Vorrang. Er soll und muß
wenigstens bis zu einem gewissen Grade Virtuos auf irgend einem
Instrumente oder im Gesange sein, und hat auch der Unterricht dies
nie aus den Augen zu verlieren und Alles anzuwenden, was die
möglichst vollständigste Erreichung dieses Ziels fördern kann. Dazu
gehört neben den entsprechenden mechanischen und eigentlichen praktischen Mitteln die vollständigste und gründlichste Kenntniß aller
derjenigen Dinge, welche die Allgemeine Musiklehre lehrt, und aus
der Organologie hauptsächlich die specielle Instrumentenlehre oder
diese wenigstens so weit, als sie das Instrument, (die Stimme)
betrifft, auf welchem der Schüler Virtuos werden soll. Componist
braucht der praktische Musiker an sich nicht nothwendig zu sein.
Wir haben eine Menge Virtuosen kennen gelernt, welche das Ausgezeichnetste, Bewundernswertheste in ihrer Kunst leisteten, ohne
auch nur zwei, drei Accorde correct zusammenstellen zu können;
aber Musiker waren sie gewiß, die Dogmen der allgemeinen Mu-

stlehre und Organologie, hatten sie gewiß inne und mußten sie
inne haben. Gleichwohl ist es gut, weil es die Auffassung des
Geistes der vorzutragenden Tonstücke, kurz die virtuose Leistung erleichtert und vollenden hilft, wenn auch jeder zum blos praktischen
Musiker bestimmte Schüler wenigstens einen Ueberblick über die
Regeln der Kunst der Composition erhält, ihm die Geheimnisse derselben wenigstens so weit offenbart werden, daß ihm keine Haupt-
sachen mehr als fremd begegnen, und namentlich ihm der theoretische Theil derselben wenigstens so weit erschlossen wird, daß er bei
etwa erstehendem innerem Drange oder sich darbietenden äußeren
Gelegenheit sich weiter darin zu ergehen im Stande ist, ohne noch
eines andern Führers als eigenes Nachdenken und Empfinden zu
bedürfen. — Und will der Eine oder Andere von den Genannten
auch zugleich noch Lehrer in seinem Fache werden, so ergeben die
Forderungen, welche der Beruf an diesen stellt (s. erstes Capitel 6, a.),
von selbst, einmal sowohl die Gegenstände überhaupt, welche demselben gelehrt werden müssen, als dann auch den Umfang, in welchem sie ihm gelehrt werden müssen. Wählt er doch einen Beruf,
in welchem ihm immer noch mehr zu können und zu wissen nothwendig ist, als er eben wieder Andere zu lehren hat!

b. Gegenstände des Unterrichts für den sogenannten bloßen Dilettanten.

Unter Dilettant verstehen wir jeden Liebhaber unserer Kunst,
der dieselbe nicht aus Beruf (ex professo), sondern blos zum Vergnügen treibt, entweder nur um sich an ihren Werken zu ergötzen,
Erholung von des eigentlichen Berufslebens Last und Sorgen an
und in ihnen zu finden, oder um wirklich sich auch nach derjenigen
Seite dadurch weiter auszubilden, mit der sein eigentliches Berufs-
leben in keiner nähern Berührung steht. So giebt es eben so
viele und mannigfaltige Arten von Dilettanten und Dilettantismus,
als es Fälle, innere und äußere, als es Gemüthsanlagen und Lebens-
verhältnisse giebt, vermöge welcher der Mensch sich unter den Einfluß unserer Kunst, der Musik, stellen kann. Indeß lassen sich alle
diese Fälle doch füglich auf zwei Hauptarten reduciren, indem das
Letztere geschehen kann einerseits empfangend, betrachtend, genießend,
und andererseits gebend, ausübend, mittheilend. Die gesellschaftlichen
Verhältnisse des Lebens bringen es mit sich, daß sich Beides, das
Empfangen und Geben, gewöhnlich in einem Acte vereinigt, wie
in der Gegenseitigkeit geselliger Kunstleistungen, ja selbst bei dem

Einzelnen trifft das zu, indem derselbe, während er blos zu geben meint, doch zugleich auch empfängt, von sich selbst empfängt (der Spielende z. B., indem er selbst hört, was er spielt, genießt er auch, was er mittheilt, ja genießt es doppelt, indem er auch das Mitgetheilte zuvor empfangen mußte). Gleichwohl kann hier nur von der zweiten Art Dilettanten, den ausübenden, die Rede sein, da die erste Art, die blos genießenden, mit allen jenen Personen zusammenfallen, die blos um der allgemeinen Menschenbildung, ihrer um so vollkommneren moralischen und ästhetischen Erziehung willen, Musikunterricht erhalten.

Dilettanten solcher Art nun, wie hier in Betrachtung kommen, sind die ungleich größere Mehrzahl unserer Schüler; man mag sich daher einen Begriff machen von der Größe des Verderbnisses, welches jener weit und breit und viel geltende, aber durchaus falsche Grundsatz zur Folge haben muß, der Unterricht für solche Dilettanten bedürfe ungleich weniger Gründlichkeit und brauche sich über bei weitem nicht so viele Gegenstände zu erstrecken, als der Unterricht wirklicher Musiker! — Aller herrschende Ungeschmack, alle Verflachung, daß der meiste Musikunterricht von gar keinen überhaupt bildenden Früchten, keinem erziehenden Einflusse begleitet ist, daß so viele Väter, Mütter, Pfleger Unsummen Geldes für Musikunterricht ausgeben, ohne auch nur ein Zeichen der Veredlung wahrzunehmen, die sie sich davon für ihre Kinder und Zöglinge versprachen, — hier hat es seinen Grund, seine Ursache, seine Wurzel. Was die Gründlichkeit betrifft, so kann davon erst im folgenden Capitel die Rede sein, im Augenblicke haben wir es lediglich mit den Gegenständen des Unterrichts und mit dem Umfange zu thun, in welchem dieselben gelehrt werden müssen, und in dieser Beziehung kann und darf kein anderer Unterschied zwischen dem Unterrichte des Künstlers von Beruf, insbesondere des praktischen Musikers, und dem des Dilettanten sein, als daß letzterer früher als der erstere, auf einer gewissen Stufe der Ausbildung angekommen, das Weiterhinaufsteigen, das Fortschreiten aufgiebt, weil er nun seine ganze Kraft zunächst einer andern Aufgabe zu widmen hat, und daß er auch bis zu diesem Momente nicht, wie der Künstler von Beruf, seine vornehmste Thätigkeit der Musik zuzuwenden im Stande ist, mithin auch sein Vorschreiten wohl etwas langsamer als das jenes von Statten geht. Im Uebrigen bleibt der Unterricht sich gleich, sind jedenfalls die Gegenstände desselben dieselben, ja eben weil der Dilettant früher als der Musiker von Beruf den Unter-

richt absolvirt, muß dieser so schnell und so eifrig als möglich
darnach streben, den Schüler mit allen denjenigen Kenntnissen und
Fertigkeiten auszurüsten, die dazu gehören, nicht allein die erhaltene
musikalische Erziehung wahrhaft fruchtbar zu machen, sondern auch
eine gewisse musikalische Selbstständigkeit zu begründen, die den
Schüler befähigt, nach absolvirtem Unterrichte die Früchte desselben
mit eigener Hand, ohne alle weitere fremde Leitung ernbten, kurz
in allen vorkommenden Fällen sich selbst weiter forthelfen zu können.
Das aber wird nicht erreicht durch bloß ein wenig, selbst nicht die
glänzendste dilettantische Fertigkeit, sondern auch die Kenntniß, die
gründlichste Kenntniß aller jener Dinge, welche die allgemeine
Musiklehre, Organologie und auch die Compositionslehre wenigstens
in ihrem theoretischen Theile vorzutragen hat, also die gründlichste
Kenntniß der Tonlehre im engeren Sinne des Worts, der Rhyth=
mik, Melodik, Harmonik, Dynamik, Formenlehre, Terminologie,
der (wenigstens) speciellen Instrumentenlehre und der theoretischen,
auch ein wenig historischen Compositionslehre ist dazu unerläßlich
nothwendig.   Hier in meiner Nähe lebt eine Dame höheren Stan=
des, welche für eine vortreffliche Clavierspielerin gilt und auch zu
gelten verdient; sie besitzt so große, ausgebildete technische Fertig=
keit und so vielen feinen Geschmack im Vortrage, wie mancher
Virtuos von Beruf nicht; gleichwohl mußte sie, wie und wann
sie sich eine neue Erscheinung in der Claviercomposition zu eigen
machen wollte, sich an einen Leiter wenden, und ihr Schülerleben
hatte somit nie ein eigentliches Ende, bis sie auf meinen Rath als
längst verheirathete Frau, als Mutter von einem Paar liebens=
würdigen Kinderchen, Unterricht auch noch in allen jenen Gegen=
ständen nahm, die ihre früher erhaltene Unterweisung bei deren aus=
schließlichem Lossteuern auf bloß mechanische Kunstfertigkeiten, auch
wohl weil der Lehrer es nicht besser verstanden, gänzlich übergan=
gen hatte.   Natürlich war der Unterricht bei den bereits durch Ue=
bung gewonnenen Vorkenntnissen bald vollendet, aber nun auch
erst vermochte die Dame vollkommner selbstständig in ihren Uebun=
gen zu verfahren, und ob nicht, was sie nun leistet, auch ein weit
Vollendeteres ist, will ich nicht unterscheiden.   Jedenfalls giebt sie,
was sie giebt, nun aus sich selbst, und keine fremde Farbe, die mit
ihrer Anschauungs= und Empfindungsweise nicht harmonirt, mischt
sich in ihre Gebilde.   Daß doch auch meine Herren Collegen sich
nur einmal überzeugen möchten davon, wie selbst der bloß prakti=
sche Unterricht, der Unterricht in der praktischen Fertigkeit ungleich

schneller von Statten geht, wenn er sich unmittelbar mit der Unter=
weisung und zwar gründlichsten Unterweisung in den genannten
Dingen, natürlich in methodischer Folge verbindet! — Wie un=
gemein z. B. wird das Notenlesen durch die Harmonik und Me=
lodik gefördert! wie ungemein der Vortrag durch genaue Kenntniß
des Instruments! — Allerdings ist praktische Fertigkeit einer der
Hauptgegenstände bei dem Dilettanten=Unterrichte, aber damit kann
noch keineswegs gesagt sein, daß sie auch mit ein wenig Tonlehre
und Rhythmik der einzige Gegenstand desselben wäre. Lieber dann
gar keinen Unterricht, weil sein eigentlicher Zweck unverhinderlich
verfehlt werden würde, weil er Nichts erzielte, als eine mechanische
Abrichtung, deren Vortheile zudem unsere Söhne und Töchter, so=
bald sie ein gewisses Alter erreicht und eine gewisse selbstständige
Stellung in der Gesellschaft eingenommen haben, meist gänzlich
vernachläßigen. Der bildende Einfluß des musikalischen Unterrichts
muß sich durch das ganze Leben hindurch und in allen Beziehungen,
in Allem, was der Mensch denkt, thut, treibt, fühlt, spricht, be=
merklich machen: das aber wird und kann er nur, wenn er sich
über alle diejenigen Gegenstände und zwar in ihrer vollsten gründ=
lichsten Erfassung erstreckt, die hier als seine Vorwürfe benannt
werden. — Das Einzige, wornach es sich demnach hier noch fra=
gen kann, ist, welches wohl für den praktischen Dilettanten=Unter=
richt das passendste Instrument? — Beim Musiker vom Fach
kam diese Frage nicht in Betracht, weil ihm hier nach Neigung
und Verhältnissen freie Wahl gelassen werden kann, da er fort und
fort inmitten der eigentlichen musikalischen Welt steht, sich immer,
mag er spielen, welches Instrument er will, als ein nothwendiges
Glied des ganzen Körpers fühlt; der Dilettant aber bewegt sich
in seinem Leben meist außerhalb jener Welt, er kennt und fühlt
sich nicht als einen Bürger derselben, muß daher für seine praktische
Musikübung wo möglich ein Instrument haben, das ihm diese Welt
in ihrem ganzen Umfange wenigstens vergegenwärtigt. Dieses
Instrument ist unter allen bis jetzt bestehenden das Clavier. In
der That repräsentirt dies die gesammte organische musikalische
Welt; es ist ein vorzügliches und sehr bequemes Surrogat für das
ganze gegenwärtige Orchester, zu jeder Musikübung tauglich, und
zugleich auch dasjenige Instrument, an dem sich jeder theoretische
Unterricht am anschaulichsten ertheilen läßt. Das Clavier einzig
und allein vermag die sichtbare Grundlage einer vollständigen mu=
sikalischen Ausbildung zu sein, als Organ für sich eben so selbst=

ständig als geeignet, sich auch noch mit andern Organen zu gemeinschaftlicher Production zu verbinden. Kein Instrument vereinigt
diese Vorzüge so sehr in sich als das Clavier. Daher sollte denn
jeder Dilettant, wenn anders er die physische Befähigung dazu besitzt, Clavierspielen lernen, ohne damit sagen zu wollen, als eig-
neten sich nicht auch andere Instrumente für ihn eben sowohl,
als für den Musiker von Beruf. Hegt er eine besondere Vorliebe
für Harfe, Flöte, Violine oder welches andere Instrument, oder besitzt er mehr Befähigung für diese, so mache er seine praktischen
Studien auf dem einen oder andern von ihnen, aber sein musikalischer Cultus gehört vorzugsweise dem Hause an, und ist das
Clavier anerkannt und erweislich das eigentliche, das vollkommenste
Hausinstrument, das eigentlichste Instrument der Hausmusik, so
gebührt ihm hierorts der Vorzug, zuerst vor allen andern Instrumenten genannt zu werden. Daß jeder Dilettant zugleich so viel
als möglich singen lerne, versteht sich von selbst, denn —

c. Gegenstände des zur allgemeinen Menschenbildung und zu
aller guten Erziehung gehörigen Musikunterrichts.

Singen ist diejenige praktische Fertigkeit, welche, wenn Umstände und Verhältnisse eine noch andere versagen, wenigstens
schon denjenigen Unterricht zum Gegenstande hat und haben muß,
den die allgemeine Menschenbildung und alle gute Erziehung auch
in der Musik erhalten zu haben, unerläßlich fordert. Gesangsunterricht ist daher der eigentliche Volksmusikunterricht. Kann er
sich zugleich noch über andere Organe erstrecken, also noch weiter
ausdehnen, so ist es gut, und ist dies möglichst zu erstreben, wo
nicht, muß wenigstens bis zum Gesange aller Volksunterricht, alle
Erziehung den Musikunterricht in ihre Plane einschließen, der Gesang ist die einem jeden Menschen eigne, die wahre, eine recht
eigentliche Menschenmusik; die Stimme, das uns angeborne, unser
eigenstes Instrument, ist ja das lebendige sympathetische und unmittelbare Organ unsrer Seele. Was sich nur regt in dem Innersten
des Menschen, was er fühlt, lebt, denkt, das verkörpert, verlautbart
sich in seiner Stimme. Im Gesange vermählen sich die beiden
schönsten geistigsten Künste, die Poesie und Musik, zu gemeinschaftlicher, nun aber auch um so wunderbarerer Wirkung. Zu ihrem
heimathlichen Eden wird die Seele auf seinen Schwingen getragen. Wenn jeder Mensch, wo und wie nur immer möglich, um
seines eignen, geistigen und leiblichen Wohls willen, Musik lernen

6

soll und muß, so muß zum mindesten jeder Mensch singen lernen. Dies kann er aber nicht, wenn er nicht zugleich auch wenigstens über Natur und Wesenheit der Töne und Klänge belehrt, also sein Gehör ausgebildet, wenn nicht sein Taktgefühl zugleich geweckt, wenn nicht sein Fassungsvermögen für melodische und harmonische Tonfolgen rege gemacht und sein Gefühl für alles Schöne, Edle und Gute empfänglich gestimmt wird, wenn ihm nicht also ebenfalls aus der allgemeinen Musik-, Instrumenten- und Kunstlehre diejenigen Begriffe und Kenntnisse beigebracht werden, die nöthig sind, um jene Vermählung von Poesie und Musik in ihrer ganzen Innigkeit vor sich gehen lassen zu können. Selbst wo der Musikunterricht nur einen Theil des allgemeinen Volksunterrichts bildet, muß dies geschehen, wie viel mehr, wo er zugleich Stütze einer höheren, geistigen und moralischen Ausbildung sein soll, wie z. B. in den Schulen für die höheren, gebildeteren Classen der Gesellschaft! — Man verbessere in dieser Beziehung einmal den Musikunterricht in unseren Volksschulen und der heilsame Einfluß von daher auf die sittlichen Zustände des Volks werden sich bald bemerklich machen. Durch ein directes Lossteuern auf Moralien, indem man jenen hauptsächlich nur im Absingen und Singenlernen von Chorälen und frommen Volksliedern bestehen läßt, wird dieser nicht erreicht, sondern nur dadurch, daß der Unterricht nicht versäumt, alle diejenigen Gegenstände in sein Bereich zu ziehen, die ihm um seines eigentlichen Zweckes willen angehören, und dann dieselben auch in dem zweckmäßigsten Umfange zu lehren. Wie die richtig geleiteten praktischen Singübungen die Kehle reinigen, die Stimmorgane geschmeidiger, und so selbst die Redeweise des Menschen angenehmer, wohlklingender, kräftiger machen, so reinigt, veredelt der damit verbundene gute allgemeine Musikunterricht das Gemüth, die Sinnes- und Denkungsweise; aber gut ist er auch nur, wenn er enthält, was angegeben, und kann wirklich bis heute der jedem Menschen zu seiner Erziehung gebührende allgemeine Musikunterricht sich nur an den Gesangunterricht anknüpfen, indem die Gesangsstimme das einzige Instrument ist, das alle Menschen besitzen, so mögen unsere Volksschullehrer und die Musiklehrer in den höhern Unterrichtsanstalten die Wichtigkeit ihrer Aufgabe in dieser Beziehung wohl erwägen. Dabei kann ich eine Bemerkung nicht unterdrücken: wir haben sogenannte Singlehrbücher und auch Volksgesanglehrbücher in Menge, d. h. Lehrbücher, welche die Aufstellung einer guten und wo möglich der besten Singlehrmethode bezwecken; aber eine eigentliche, eine wahre Volksmusiklehre haben wir noch nicht; ebenso: wir haben sächsische, steierische, baierische, schwäbische 2c. Volks- liederbücher in Menge, auch allgemeine Liederbücher für höhere Bürger-, Töchter- und Gelehrten-Schulen, aber ein eigentlich deutsches Volksliederbuch besitzen wir noch nicht, — welch' un- endlichen, unberechenbaren Segen vermöchten zwei solche Bücher zu stiften, wenn sie verständig abgefaßt und dann auch allgemein in den Schulen eingeführt würden!? — Einen Segen, unendlich, und auch nicht etwa blos ethischer und ästhetischer, sondern selbst politischer, nationaler Natur! —

Drittes Capitel.

Beschaffenheit des musikalischen Unterrichts.

Vorbemerkung. Wenn wir in dem vorhergehenden zweiten Capitel nicht nur die Gegenstände namhaft machten, welche der Musikunterricht sowohl überhaupt als in jeder seiner denkbar mög- lichen besonderen Richtung (ob Unterricht für einen künftigen Künst- ler oder für einen bloßen Dilettanten 2c.) zu behandeln, sondern auch den Umfang andeuteten, in welchem derselbe jene und zwar in allen diesen seinen möglich verschiedenen Richtungen zu lehren hat, so haben wir damit eine Hauptfrage, die wir von dem Stand- punkte der Aufgabe des gegenwärtigen ersten Theils unsers Buchs aus an uns richten mußten, beantwortet; nun aber fordert diese nothwendig auch noch die Beantwortung einer zweiten und zwar ungleich wichtigeren Frage, nämlich: wie überhaupt der mu- sikalische Unterricht beschaffen sein muß, wenn er seinen bereits früher erkannten, sowohl speciellen als allgemein bilden- den Zweck erreichen soll? — Zur Beantwortung auch dieser Frage fortschreitend haben wir es also mit den allgemeinen Regeln und Gesetzen eines wahrhaft guten Musikunterrichts zu thun, ohne Rücksicht noch auf die eigentliche methodische Behand- lung der einzelnen Gegenstände desselben, deren Darlegung erst Aufgabe des folgenden zweiten oder besondern Theils unseres Buchs ist. Jene Gesetze und Regeln können sich nur beziehen ein- mal auf die Wahl des Lehrstoffs, zweitens auf die Lehr- art, und endlich drittens auf die Form der Mittheilung.

6*

Aller Unterricht nämlich bietet nur von diesen drei Seiten her einen sichern Anhaltspunkt für seine allgemeine Beurtheilung, seine Prüfung dar, und so muß auch unsere Untersuchung hier in diese drei Abschnitte verfallen.

1. Wahl des Lehrstoffs.

Die Wahl des Lehrstoffes anlangend ist die erste Regel:

a. **Nimm jederzeit, in Allem, was du zeigst oder lehrst, Rücksicht auf Alter und Fähigkeit deines Schülers,**

und es ist dies eine Regel, die unter allen Lehrern keinem mehr und stetiger als dem Musiklehrer vor Augen gehalten werden sollte. Jeder, der durch Unterricht Nutzen stiften will, hat zuvörderst zu prüfen, ob auch das, was er lehrt, seinen Lehrlingen schon von Vortheil sein werde, merkwürdigerweise aber fehlt Niemand mehr gegen dieses Gesetz alles Unterrichts als der Musiklehrer, denkt Niemand weniger an die verschiedenen natürlichen Entwicklungsstufen des Menschen als er. Warum? ich will die Ursachen nicht genauer untersuchen, aber die häufigste ist, weil er die Nützlichkeit gewisser Kenntnisse und Fertigkeiten an sich mit ihrer relativen und subjektiven Nützlichkeit verwechselt. Bei dem Kinde äußert sich die geistige Empfänglichkeit immer nur als Sinnenthätigkeit, als Lust zu Anschauungen, als Neugierde. Das dauert etwa bis zum neunten Jahre, und bis dahin also darf auch nur das gelehrt werden, was vorzugsweise mit den Sinnen erfaßt wird, nur alles Anschauliche, und dieses wirklich anschaulich. Die Selbstthätigkeit des Geistes ist hier noch bloß ein freies Spiel der Einbildungskraft. Daher die Lust an leicht faßlichen, ins Gehör fallenden Melodien, verbunden mit inniger Klangfülle. Erst allmälig verläuft sich diese Periode in die Fähigkeit der kräftigen Aneignung und des gedächtnißmäßigen Behaltens, in die Fähigkeit und Lust zum eigentlichen Lernen, etwa bis zum vierzehnten Jahre. Hat also in jener Periode der Lehrer seinen Unterricht mehr auf das Machen beschränkt, auf den Zeiger der und zwar gefälligsten Dinge, auf die Aneignung technischer Fertigkeiten, so dürfen jetzt auch schon Erklärungen hinzutreten, zumal jetzt auch schon, namentlich in gut begabten Köpfen, das Vermögen des Verstehens, Begreifens, Denkens, die Fähigkeit, aus besondern allgemeinen Wahrheiten zu entwickeln, zu erwachen und hervorzutreten pflegt. Nach dem vierzehnten Jahre beginnt mehr und mehr die Periode des Verstandes, sich in die Anfänge

des Vernunftgebrauchs nach und nach verlaufend, die in der Bildung der Ideale hervortreten. Hier also auch erst darf der Lehrer
zu den eigentlichen Kunststoffen greifen, zu dem Mechanischen, blos
Sinnlichen, Gefälligen das Verständige, Kunstwissenschaftliche gesellen, denn das Lernen geschieht jetzt, aber auch erst jetzt mit klarem Bewußtsein, mit deutlichster Erkenntniß der Gesetze und Regeln.
Die theoretischen Mittheilungen werden zu Kunstanschauungen, diese
bilden den Kunstcharakter und verleihen ihm Energie. Das Denken und Können wird Eins. Das die Stadien der Entwickelung, die
bei allem Unterrichte fest im Auge zu halten sind, besonders hinsichtlich der Wahl des Lehrstoffs. Darf der Lehrer dem Schüler Nichts
lehren, was ihm später Nichts mehr ist, muß er also die Dinge
immer so wählen, daß der Schüler auch später und immer noch
die Wichtigkeit derselben begreift, so darf er ihm doch auch Nichts
lehren, was ihm dann, wann es gelehrt wird, noch Nichts ist,
was er noch nicht begreift. Der Unterricht muß dem Standpunkte
des Schülers, der ihn empfängt, gemäß sein, und zwar dem eben
gegenwärtigen Standpunkte, nicht etwa dem möglich künftigen. Es
darf Nichts verfrüht werden, so gewiß auch Nichts verspätet werden darf. Wird durch den ersten Satz der Regel dem augenblicklichen, so wird durch den zweiten einem spätern, in der Nachwir-
kung oft unauslöschlichen Widerwillen gegen den Unterricht und
seine Sache vorgebeugt. Es ist der schlimmste Dienst, den ein
Musiklehrer seinem Schüler erweisen kann, wenn er glaubt, demselben Alles, was er an oder von einer Sache wissenswürdig hält,
auch auf einmal bei dem ersten Vortrage oder Zeigen der Sache
sagen, zeigen und lehren zu müssen. Da geschieht es, daß die Seele
des Schülers mit einer Masse unbrauchbarer Ideen angefüllt, seinen
physischen Fähigkeiten ihm ganz und gar unmöglich scheinende Leistungen zugemuthet werden, aber so auch das nöthige Interesse an
der Sache bei ihm unwiderbringlich und am allerersten untergraben wird. Man lehre dem Schüler nie mehr von einer Sache und
auf einmal, wäre jene an sich auch noch so wichtig, als sein Geist,
seine Fähigkeit und seine vorangegangene allgemeine Bildung und
bereits gewonnene praktische Fertigkeit vertragen und in sich aufnehmen können; aber auch niemals weniger, weil Nichtbefriedigung
zu demselben Resultate führt, wie Uebersättigung. Daher dürfen,
so lange der Schüler sich noch in den Jahren der Sinnlichkeit befindet, niemals andere Darstellungen der musikalischen Verhältnisse
gewählt werden, als sich seinem äußern oder innern Sinne deut-

lich oder anschaulich machen laſſen. Was nützt es z. B. einem Kinde, dem wir die Tonleitern, Tonarten und deren Vorzeichnungen lehren, wenn wir ihm das Verhältniß der beiden Halbtöne in einer Leiter aus der Natur der Leittöne oder der Zuſammenſtellung der Tonleiter aus zwei Urleitern, die jede aus den aliquoten Theilen eines beſondern Grundtones herſtammen, erklären? — Nichts, denn es verſteht uns nicht, kann die Sache noch nicht faſſen. Sagen wir ihm aber, daß in den beiden Haupttonarten und deren Leitern das Verhältniß der Töne ſo ſei und daher auch in den übrigen Tonleitern ſo ſein müſſe, weil alle Tonleitern ſich hinſichtlich ihrer Tonfortſchreitung gleich ſein müſſen und nur hinſichtlich ihres Anfangstones von einander unterſcheiden; woher auch die Bee und Kreuze in der Vorzeichnung kommen, ſo verſteht es das; findet Intereſſe an der Sache, faßt ſie eben deshalb bald auf, und behält auch das Intereſſe ſpäter noch, wo wir nun zu der mehr kunſtwiſſenſchaftlichen Erklärung dieſer Tonverhältniſſe fortſchreiten, die Sache bleibt ihm vom Anfang bis ans Ende wichtig. Im kommenden zweiten Theile wird man erfahren, daß ich aus Grundſatz gegen alles zu frühe Leiter- und ſogenannte Stubenſpiel bin: warum? — weil das Kind den Vortheil davon noch nicht einſieht und daher darüber im Ganzen ermüdet, die Luſt an dem Ganzen verliert. Das Kind will Früchte von ſeiner Arbeit ſehen und zwar Früchte, die ihm Freude machen, ſonſt verliert es die Luſt am Arbeiten. So laſſe es denn der Lehrer ſeine techniſchen Uebungen nur an Dingen machen, die dieſem pädagogiſchen Grundſatze entſprechen; ſie können doch ſo beſchaffen ſein, daß die Hauptſache nicht minder dadurch gefördert wird. Das Kind hat hauptſächlich nur Freude an demjenigen Lernen, das zugleich ſeine Sinne ergötzt, alſo auch nur an demjenigen Muſiklernen, wodurch es zugleich ſein Ohr vergnügt; es verſteht ſeine eigenen Leiſtungen, das macht ihm Luſt, treibt es zu immer größerer Anſtrengung an; bei dem Erwachſenern, Denkendern geſellt ſich zu dieſer Freude zugleich ein Stolz, Schwierigkeiten beſiegen zu können, und er läßt ſich die Mühe nicht verdrießen, ſich die Kräfte anzueignen, ſolche Siege erringen, und damit jenes ſtolze Verlangen befriedigen zu können. Danach wähle man ſowohl die Vorwürfe für die praktiſchen Uebungen als für die theoretiſche Unterweiſung. Auf dem Wege der Faßlichkeit und Ausführbarkeit dem Schüler einen Ideenvorrath und eine entſprechende Summe techniſcher Fertigkeiten zuzuführen und dann den Verſtand wie das phyſiſche Vermögen gewiſſermaßen ebn

Probe daran machen zu laſſen, auch dem Gedächtniſſe und der
Einbildungskraft keinen andern Stoff zu geben, genügt und ſei
das einzige Bemühen bei Anfängern. Wo, wann und ob man
weiter gehen darf, zeigt ſich dann bald von ſelbſt; meiſt ſpricht der
Schüler ſelbſt ſein Verlangen nach dieſem oder jenem weiteren Wiſſen und Können aus, wenn die zunehmende Vollkommenheit ſeines Erkenntnißvermögens und ſeiner praktiſchen Fertigkeit
ihn eines Unterrichts empfänglicher macht, der mehr Nachdenken
und Verallgemeinerung der Begriffe, ſo wie mehr körperliche Anſtrengung erfordert. Dann erfolge ein ſolcher Unterricht aber auch
in ſeinem ganzen Umfange, werde wiſſenſchaftlich, werde künſtleriſch im ganzen wahren Sinne des Worts. Daneben aber trage der
Lehrer und zwar von dem erſten Anfange ſeines Unterrichts an bis
zu deſſen Vollendung auch Nichts vor, zeige ihm Nichts, aus dem
der Schüler nicht noch ein Höheres ahnte. Er muß bei jedem
neuen Gegenſtande fühlen, daß das lange noch nicht Alles iſt, was
er da lernt, ſonſt überdünkt er ſich gar leicht und entgeht ihm der
nöthige Reiz des Weiterſtrebens. Der Geiſt hat die Natur des
Magens, was er nicht gleich zu verdauen anfängt, verdaut er gar
nicht, aber eben weil er dieſe Natur hat, will er auch immer ge-
rezt ſein nach ſtets kräftigerer Speiſe. Ein Beweis zugleich für
den großen Reichthum an gründlichem Wiſſen und Können, womit auch der Muſiklehrer und namentlich in der ihm eigens angehörigen Unterrichtskunſt, wie an allgemeiner Bildung, ſeine Schüler auf allen Stufen weit überragen muß. Es iſt keine ſeltene
Erſcheinung, daß Erwachſene und zwar wohlgeſinnte, verſtändige,
ſittliche und edle Erwachſene mit einer Art Verachtung auf ihre
frühern Muſiklehrer herabſchauen, herabzuſchauen ſich nicht euthal-
ten können: woher kommt das? — meiſt aus dem Inhalte des
Unterrichts, ſeiner Form hier noch nicht zu gedenken; mochte dieſelbe auch den Kinderjahren angemeſſen ſein, er befand ſich doch
ſtets unter dem Standpunkte des gereiften Mannes. Nehmen wir
uns in Acht, meine Herren Collegen, die Kinder nehmen Alles auf
Treue und Glauben an, aber nachgehends! — Es kommt immer
an den Tag, ob wir Dummköpfe geweſen ſind. Heute noch habe
ich eine Schülerin; ihre Mutter, deren Schweſtern vor Jahren
meine Anſtalt beſuchten, meinte den erſten Unterricht derſelben zu
Hauſe von einem andern Lehrer beſorgen laſſen zu können; auch
dieſer ſcheint von der Nothwendigkeit überzeugt zu ſein, die Harmonik einen Gegenſtand des Muſikunterrichts ſein zu laſſen, und

hatte so bem jungen Mädchen Mancherlei von Accorden 2c. gesagt; als sie nun in diejenige Classe meiner Anstalt kommt, wo der dahin gehörige Unterricht ertheilt wird, erzählt sie das, aber bekennt zugleich, „daß sie gleichwohl Nichts von Harmonie wisse, da sie die Sache nie habe begreifen können, werde auch wohl nie Etwas davon lernen." Der Unterricht schreitet voran und einmal höre ich, wie sie ihrer Nebenschülerin zuflüstert: „ich weiß gar nicht, der Herr *** muß selbst Nichts davon verstanden haben, denn warum wird mir denn jetzt Alles so leicht?" — Ja, ich habe gar kezerische Gedanken: viele der Musiklectionen sind wahre Verdummungsstunden, Dressirübungen. Die Schüler verlassen sie meist geistig mehr geschwächt als gestärkt, jedenfalls körperlich ermüdet. Das kommt von dem Anlehren des Unverstandenen, von dem Aufnöthigen eines Unverständlichen, aber auch von der Ungesalzenheit der gereichten Speise. Das Lehren darin ist meist nur ein Bepacken und Belasten, ein Abrichten, statt, wie es sein soll, ein Befreien, ein Anregen zum Erhaschen, Selbstforschen. Daher: wähle und vertheile den Lehrstoff immer nach dem Standpunkte der Ausbildung und den Entwickelungsgesetzen des Schülers, verweile hauptsächlich bei den Elementen und gehe bei der Begründung abgeleiteter Sätze häufig auf die ersten Grundvorstellungen zurück und leite jene aus dieser ab, aber deute auf jeder Stufe der Entwickelung auch einzelne Theile der folgenden an, ja führe selbst Einzelnes aus, ohne jedoch die dadurch blos angeregte Wißbegierde des Schülers ganz zu befriedigen, und wähle, vertheile und ordne den Stoff immer so, daß auf der folgenden Stufe in dem Neuen das Bisherige immer wieder vorkommt. „Ich weiß nicht — sagte einmal eben jene meine Schülerin in ihrer liebenswürdigen Naivität — ich weiß nicht, Herr Schilling! bei Ihnen da folgt so Alles, das Eine aus dem Andern, daß ich immer meine, es kann gar nicht anders sein; es ist so natürlich, so klar; es kommt mir gar nicht mehr so schwer vor, wofür ich das Musiklernen immer gehalten habe." Eigene Worte eines Kindes von 13 Jahren. Ich danke, mein Kind! Ein Lehrer ist ein Baumeister, und Du weißt doch, wie dieser es machen muß, wenn er ein Haus baut, hast schon ein Haus bauen sehen und wußtest immer, wann und wo noch Etwas fehlte, wenn Du es auch nicht nennen konntest, bis das Ganze fertig war, das aus tausend und

abertausend Einzelnheiten besteht und doch nur Eins ist, so eng
hängen alle diese einzelnen Dinge zusammen und so genau fügen
sie sich nach Zeit und Ort in einander.

Die zweite Regel betreff der Wahl des Lehrstoffs ist:

b. Nimm allezeit dabei Rücksicht auf die künftige Bestimmung
des Schülers, bedenke also, ob er die Kunst dereinst als Beruf
oder blos zu seinem Vergnügen, kurz als Dilettant
treiben wird.

Der erste Zweck alles Musikunterrichts ist, das Menschliche in
dem Menschen zu veredeln, weiter auszubilden. Die unendliche
Wichtigkeit dieser Aufgabe darf nie aus den Augen verloren werden,
und wer und welcher der Schüler auch sei, es darf Nichts verabsäumt, Nichts von dem Unterrichte ausgeschlossen werden, dessen
Können oder Wissen zur Lösung dieser Aufgabe beizutragen im Stande
ist. Daher auch der große Reichthum von Gegenständen, über
welche sich der musikalische Unterricht in allen Fällen zu erstrecken
hat (s. das vorhergehende Capitel). Gleichwohl können und müssen
auch in dieser Beziehung, jedoch ohne Beeinträchtigung sowohl jenes
allgemeinen bildenden Zweckes als der speciellen gründlichen und
vollständigen Musiklerlernung, die künftigen Standesverhältnisse der
Schüler berücksichtigt werden, ob sie die Kunst zu ihrem Beruf oder
ob sie dieselbe blos zu ihrem Vergnügen, um jenes allgemeinen
bildenden Zweckes willen lernen, also ob sie dieselbe in Zukunft
als wirkliche Künstler oder als bloße Dilettanten treiben werden.
Ist Ersteres der Fall, so — sagt man gewöhnlich — muß der
Unterricht immer ein gründlicherer sein, als wenn das Letztere der
Fall ist. Der Ausdruck aber ist falsch, wie ich schon im vorhergehenden Capitel unter 5, b. andeutete. Hinsichtlich der Gründlichkeit kann und darf kein Unterschied gemacht werden, sei der Schüler künftiger Dilettant oder wirklicher Künstler. Aller Nachlaß hier
hat eine Beschränkung jenes ersten und allgemeinen Zwecks alles
Unterrichts zur Folge und geschieht somit auf Kosten des Schülers.
Umfassender und theoretischer dagegen kann und muß der Unterricht
und zwar von seinem ersten Beginn an sein, wenn Ersteres, als
wenn Letzteres der Fall ist, d. h. er muß seine Stoffe immer in
ihrem möglichst ganzen Umfange erfassen und hat sie also nicht etwa
blos von einer, ihrer äußern oder innern Seite, sondern stets von
beiden Seiten zugleich darzuthun und dies allezeit bis auf den letzten Grund der Dinge. Im letztern Falle dürfen sich seine Vor-

würfe stets einfacher gestalten, denn hier darf er seine praktische Richtung nie verleugnen, während er dort zugleich auch wenigstens den Schein einer ausschließlich speculativen Richtung annehmen kann. Verstehe man mich übrigens auch hier nur recht. Unter praktischer Richtung verstehe man hier nicht ein Beschränken des Unterrichts blos auf die praktischen Gegenstände, vielmehr haben wir im vorhergehenden Capitel hinlänglich erfahren, welche auch theoretische Gegenstände ich selbst für den bloßen Dilettanten=Unterricht als unerläßlich nothwendig machte; auch verstehe ich darunter nicht einmal die unausgesetzte Berücksichtigung des künftigen unmittelbaren Bedarfs im engen Lebenskreise, also daß man etwa dem künftigen Geistlichen hauptsächlich blos mit der religiösen Musik vertraut machte, dem künftigen praktischen Musiker blos das lehrte, was zu seinem Instrumente gehört ꝛc., sondern ich verstehe darunter diejenige Art des Unterrichts, wonach dieser dem Schüler Nichts giebt, ihn zu Nichts anleitet, was weder für die Erhellung seines Kopfes, noch für die Erwärmung seines Gemüths, noch für die Stärkung seiner technischen Kraft von Bedeutung ist, wornach dieselbe aber dem Schüler auch Alles bietet, Nichts verabsäumt, was eine solche Bedeutung an sich trägt oder auch nur an sich tragen kann. Alles, was der Schüler lernt, muß unmittelbar entweder auf den menschlichen Geist oder im menschlichen Leben anwendbar sein, dann ist der Unterricht ein praktischer im edelsten Sinne des Wortes. Wollte der Unterricht blos die praktischen Gegenstände zu seinen Stoffen wählen oder hiebei unmittelbar und ausschließlich blos die künftigen Bedürfnisse des Schülers berücksichtigen, so wäre er kein praktischer, sondern ein praktikantischer, der Lehrer ein Praktikant, vor dem Niemand Respekt haben kann, während auch der bloße Praktiker, wenn er gut, verständig, gewandt verfährt, alle Achtung verdient. Praktisch verfahren heißt aber — ich wiederhole es — nicht: ungründlich verfahren. Ein Beispiel wird Alles deutlicher machen. Wenn ich in meinem Unterricht bei der Lehre von den Intervallen angekommen bin, so sage ich den künftigen Dilettanten, daß man, nach Vergleichung zweier Töne mit einander hinsichtlich ihrer Höhe, Tiefe, Reinheit ꝛc., hinsichtlich der größern und mindern Befriedigung, welche sie dem Ohre gewähren, alle Intervalle eintheilt in Con= und Dissonanzen, nenne ihnen dieselben, oder lasse sie von ihnen selbst aufsuchen, lasse nun die verschiedenen Con= und die verschiedenen Dissonanzen für sich wieder mit einander vergleichen: es ergiebt sich, daß die einen mehr, die andern weniger confoniren, so wie die einen schärfer, die andern weniger scharf dissoniren und so sage ich ihnen hier noch ferner, daß man darnach die Consonanzen wieder eintheilt in vollkomne und unvollkomne 2c., nenne ihnen die zu beiden Hauptgattungen gehörigen Intervalle 2c., ja sage ihnen auch wohl den Grund davon, z. B. warum Octave und reine Quinte die einzigen vollkommnen Consonanzen sind, denn das Alles ist von praktischer Wichtigkeit für sie oder kann es doch dereinst werden, gehört auch zur Gründlichkeit des Unterrichts, aber die Darlegung des arithmetischen Verhältnisses der einzelnen verschiedenen Intervalle und der verschiedenen Gestaltung desselben, je nachdem diese in ihrer ursprünglichen Größe oder nach Maßgabe unsers temperirten Tonsystems ausgeübt werden, so wie den akustischen Beweis dafür lasse ich außer dem Bereich des Unterrichts, da alles das keine praktische Bedeutung mehr für den Schüler hat, während ich es übrigens aus umgekehrten Grunde nicht verabsäume, sobald ich künftige Künstler oder Musiker ex professo unterrichte, weil diese vor allen Dingen auch den allerletzten Grund kennen müssen. Noch ein Beispiel: lehren wir aus unserm Ton- und Tonschreibsystem die verschiedene Eintheilung der Noten, Pausen 2c. hinsichtlich ihres Zeitwerthes, so ist es für den künftigen Dilettanten genug, wenn wir ihn mit allen Arten und Formen der jetzt im Gebrauch stehenden Tonzeichen nach und nach bekannt machen, nur gelegentlich kann nebenbei auch wohl bemerkt werden, daß man nicht von jeher nach diesen Zeichen sang oder spielte, sondern die Noten, Schlüssel 2c. früher eine andere, nämlich diese und jene Gestaltung, Geltung und Bedeutung hatten. Dem künftigen Künstler aber ist auch diese Kenntniß bis zu vollkommen fertiger Gewandtheit darin von Wichtigkeit und wir müssen ihn daher zugleich auch mit allen früher üblichen, selbst längst veralteten Tonschriftzeichen, wo möglich bis zu den Neumen herab, bekannt machen, denn seine künftige Stellung läßt sich eben so wenig genau voraus bemessen, als wir wissen können, ob diese Stellung nicht eine derartige Kenntniß und Fertigkeit nothwendig erheischt, und der spätern eigenen Nachholung von beim ersten Unterricht Versäumten sorglos Etwas überlassen, darf das ein gewissenhafter Lehrer? — Allerdings bleibt, was die rechte Wahl des Lehrstoffes in dieser Beziehung betrifft, dem Urtheile, dem Scharfblicke des Lehrers hinsichtlich der richtigen, zweckmäßigsten Abgrenzung der einzelnen Gegenstände, immer ein weites, freies Feld: aber eben deshalb wähle man auch keinen Lehrer, vertraue man die Schüler keinem Lehrer an, der nicht diese nöthige Urtheilskraft, diesen Scharfblick besitzt.

Die dritte Regel ist:

c. schreite immer vom Nahen zum Entfernten, vom Einfachen zum Zusammengesetzten, vom Leichteren zum Schwereren, vom Bekannten zum Unbekannten fort, und thue dies auch, ohne je irgend wo eine Lücke entstehen zu lassen.

Vom Nahen zum Entfernten! — Das ist die Regel aller Entwickelung in allen Bereichen der Natur, bei dem Kinde von der Wiege und dem Wohnzimmer bis zur Kenntniß des Hauses, des Wohnorts, der Umgegend, des Kreises, Landes, Erdtheils, endlich des Universums, bis dahin, wo der Mensch zu „enge findet die unendliche Welt." Uebrigens darf die Regel hier doch auch nicht so räumlich verstanden werden. Dem innern Leben des Gei= stes und der davon abhängigen äußern Thätigkeit liegt oft Etwas sehr nahe, was von einem andern Standpunkte aus betrachtet sehr fern zu liegen scheint. Durch den Grundsatz „vom Nahen zum Ent= fernten" wird z. B. nicht verlangt, daß der Schüler im Clavier= spiele sich mit seinem ganzen Instrumente und dem gesammten Ton= systeme bekannt zu machen habe, bevor er lernt, Stückchen auf jenem zu spielen, oder früher mit der Eintheilung des Tonsystems überhaupt als mit der Eintheilung der Tastatur, obschon Musik machen, Töne erzeugen ihm das Nächste zu sein scheint. Der Grundsatz muß mit den übrigen unmittelbar daran gereihten Grundsätzen zusammen= gehalten werden, wenn er richtig verstanden, nicht gemißbraucht wer= den soll; aber jedenfalls ist immer das Concrete, Anschauliche das Nahe, das Abstrakte, weniger Anschauliche das Ferne. Also weil anschaulich, darum vom Nahen zum Entferntern! — Vom Ein= fachen zum Zusammengesetzten, vom Leichtern zum Schwerern! Gewöhnlich ist das Einfache auch das Leichtere, das Zusammengesetzte das Schwerere. Wenigstens trifft dies fast immer in Dingen der praktischen Fertigkeit zu. Eine Reihe von blos fünf Tönen lernt jedes Kind immer leichter spielen als jede andere größere Reihe, weil diese, da wir nur fünf Finger an der Hand haben, immer eine zusammengesetztere Applicatur erfordert, und von diesem einen Beispiele ist der Schluß auf jedes andere Vorkommniß leicht gemacht. Aber oft auch kann das Einfachste gerade das Schwerste sein. So beginnt z. B. der sich entwickelnde Geist mit der Auffassung von Einzelwesen, die eine große Mannig= faltigkeit von Merkmalen enthalten, wenn er auch nicht gerade alle zugleich denkt, es sei unter andern nur der Ton überhaupt genannt, und erhebt sich erst später zu einfacheren Vorstellungen, zu allgemeinern und höhern, zu Begriffen und so fort, bis endlich zu den allgemeinsten und einfachsten Vorstellungen. Hier liegt also das Zusammengesetzte dem kindlichen Geiste, überhaupt der Fassungskraft des Lernenden, näher, als das allgemeine Einfache. Jenes muß daher auch diesem vorausgehen. Den Ton c z. B. lernt der Schüler leichter kennen, als er begreift, was überhaupt ein Ton ist, und doch ist der Begriff dieses ein weit einfacherer und allgemeinerer als der von dem Tone c, wenn er vollständig gegeben wird. Der ganze hier in Betracht kommende Entwickelungsprozeß verhält sich demnach eigentlich so: zuerst faßt der erwachende oder für musikalische Begriffe angeregte Geist des Schülers in sogenannten Empfindungen ganz einfache Merkmale der sinnlichen ·Gegenstände, z. B. den Klang des Tones oder die Lage einer gewissen Taste in der Claviatur und Nichts weiter auf; nach und nach erst bemächtigt er sich auch der übrigen Merkmale dieses Tones im Vergleich zu andern Tönen und verknüpft sie zu einer Gesammtheit, zur Anschauung nicht mehr blos des Tones c, d, e 2c., sondern des Tones als eines solchen überhaupt, der eine unendliche Menge von Merkmalen in sich schließt. Die verschiedenen einzelnen Töne werden miteinander verglichen, es bildet sich der Begriff von Ton überhaupt, eine schon weit einfachere Vorstellung im Verhältniß zu der Vorstellung von dem einen bestimmten Tone; durch die Vergleichung entsteht der Begriff von Tiefe und Höhe, der Größe und Weite des Abstandes, des Intervalles, des Klanges, womit der Geist zurück zu einer ganz einfachen Vorstellung gelangt ist, die nur ein Merkmal mehr enthält und daher auch nicht weiter mehr zergliedert oder verallgemeinert zu werden braucht. An dem Anfangspunkte der Reihe lag freilich auch eine für sich ganz einfache Vorstellung, aber sie war sinnlicher Art, während die einfache Vorstellung des Endes abstrakter Natur ist. So liegt also das Zusammengesetzte immer in der Mitte zwischen einem einfachen Ausgangspunkte und einem einfachen Ende, nur bildet jener stets das sinnlich Einfache, die Empfindung, dieser das abstrakt Einfache, den allgemeinsten Begriff, und die Regel trifft zu, wir mögen sie anwenden auf welchen Gegenstand wir wollen. Doch trifft sie auch nur zu, so lange der Musikunterricht ein blos elementarischer ist, so bald zu einem höheren, wahrhaft künstlerischen zu hart, muß er die umgekehrte Regel befolgen, denn die Wissen-

schaft schlägt gewöhnlich den der natürlichen menschlichen Entwickelung entgegengesetzten Weg ein, und künstlerisch und wissenschaftlich
sind hier in einander fallende Begriffe. Nun geht der Unterricht
vom Allgemeinen aus und ordnet demselben das Besondere, Concrete unter. So z. B. die Lehre vom Vortrage: diese entwickelt
zunächst die Begriffe der Vortragskunst überhaupt, zeigt die verschiedenen Vortragsmodificationen, welche von dem Charakter der musikalischen Dichtungsformen bedingt werden, und geht dann erst
nach und nach auch zu den Regeln für den Vortrag der einzelnen
rhythmischen, melodischen oder harmonischen Toncombinationen
über. Ebenso die Formenlehre, die Harmonik, Melodik ꝛc. Der
Grundsatz „vom Einfachen zum Zusammengesetzten" muß also
richtig aufgefaßt werden. Bevor ich die gesammte Eintheilung unsers Tonsystems und die Theile seiner Theile ꝛc. auffassen lasse,
stelle ich es in seiner Gesammtheit der Betrachtung voraus und lasse
zuerst die sinnlich einfachsten Theile auffassen; bevor ich lehre, was
die Takttheile, Taktglieder ꝛc. sind, zeige ich überhaupt, was Takt
ist. Das Einfachste, Einzelnste, Concreteste nämlich ist mit Nichten überall der Anfangspunkt, das Erste, sondern nur bei den ausschließlich mechanischen Lehrgegenständen; bei allen andern diesen
Gegenständen bildet jener Ausgangspunkt blos das Concrete, und
zwar das Individuelle, nirgends das Abstrakte. Bei der Rhythmik
z. B. ist nicht mit den Taktgliedern, dem einzelnen Accente, als
dem Concretesten, aber auch nicht mit dem Begriffe von Rhythmus
überhaupt, als dem Abstrakten, anzufangen, sondern mit der Lehre
vom Takte, als dem Concreten, Individuellen, und von da aus dann
die Lehre zu entwickeln nach beiden Seiten. Umgekehrt bei dem
höheren kunstwissenschaftlichen Unterrichte, z. B. bei der Formenlehre, gehe ich von dem Allgemeinen aus und kehre von da zu dem
Einzelnsten zurück, denn hier ist Form überhaupt der allgemeinste
und daher scheinbar einfachste Begriff, das Concrete, während die
Begriffe von Sonate, Sinfonie, Variation, obschon an sich die
einfacheren doch die zusammengesetzteren erscheinen, die concretesten
sind. Daß die Regel „vom Leichtern zum Schwerern" richtig ist,
bedarf keines Beweises. Alle Menschenkraft wächst und reift erst
allmälig. Doch soll damit nicht gesagt, noch verlangt sein, daß
in einer nachfolgenden Lection nicht auch leichtere Aufgaben vorkommen könnten und dürften, als in einer vorangegangenen. Im
Gegentheil, so wie es fast ganz und gar unmöglich ist, solches
immer zu vermeiden, scheint es sogar völlig unnöthig und unrath-

sam. Der geregelte Unterricht gleicht einer mit Plan angelegten
Reise, durch die man Geist und Körper zu stärken und zu erfrischen
beabsichtigt. Kein Mensch wird dieselbe mit Ersteigung der Alpen
oder Pyrenäen anfangen, aber kein Mensch auch wird alle kleineren Berge ersteigen, ohne sich mittlerweile auch einmal an
einen höheren zu wagen. Die Abwechselung: eben und uneben,
bergauf, bergab, jetzt schwer, dann einmal wieder leicht ꝛc. erfrischt,
kräftigt, ermuthigt, während Einförmigkeit ermüdet, ein ewiges fort-
währendes Steigen erschlafft. Jede Art ist gut, sagt ein französi-
sches Sprüchwort, mit Ausnahme der langweiligen Art. Abwechselung liebt Jedermann, am meisten der Schüler. Ich zweifle
nicht, daß die Leser mich verstehen. Allerdings, leicht und
schwer sind sehr relative Begriffe und nirgends tritt dies mehr
hervor als in Beziehung auf unsere Kunst; aber kein Lehrer wird
einen Fehlgriff thun, wenn er bedenkt, daß alles Sinnliche leichter
zu fassen ist als alles Abstrakte, daß Alles, was innerhalb des
Gesichtskreises der Schüler liegt, mit ihren vorräthigen Ideen eine
Aehnlichkeit hat, sich an ihre Empfindungen anschließt, auch weit
leichter von ihnen gefaßt und behalten, weit lieber von ihnen
gelernt wird als das Gegentheil, und daß endlich auch allemal
das am leichtesten ist, was den vorhandenen Grad von praktischer
Fertigkeit und den bereits gewonnenen Vorrath von Kenntnissen
nicht zu weit übersteigt. Behält er dies stets im Auge, so kann
ihm nicht schwer fallen, die gegenwärtige Regel genau zu befolgen.
Junge Clavierspieler spielen lieber Sachen von Clementi, Czerny,
Cramer, Hünten ꝛc. als von Beethoven, Hummel ꝛc., mögen diese
bisweilen auch ungleich weniger praktische Fertigkeit erfordern als
jene, warum? weil der Inhalt jener dem Ideenkreise und der Empfindungsweise jugendlicher Personen weit näher liegt als der Inhalt der letztern; nun so sei der Lehrer vor der Zeit auch sparsam
mit dem Vorlegen solcher Werke, lasse er hie und da nur die Kraft
des Schülers sich versuchen am Bergsteigen, bis dieselbe so erstarkt
ist, daß er getrost mit ihm eine Wanderung über die Alpen unternehmen kann. Angestellt müssen solche Versuche hie und da und
in jeder Beziehung werden, aber nach der Anstrengung muß auch
wieder Erholung folgen, zumal diese zugleich Lust bringt zu neuern
und noch größern Anstrengungen, denn — heißt es zugleich — vom
Bekannten zum Unbekannten! — und dies ist ein Theil
von unserer gegenwärtigen Regel, der alle ihm vorangegangenen
Theile beherrscht, d. h. vor allen beachtet sein will, wo er mit

dieser in Conflikt gerathen sollte. Besonders gilt dies vom ersten und zweiten Theile, mit dem so eben betrachteten dritten stimmt er gewöhnlich überein, da das Bekannte meist auch das Leichtere und das Unbekannte das Schwerere zu sein pflegt. Wenn also das Entferntere oder das Zusammengesetztere als bekannter angenommen werden darf, denn das Nähere oder Einfachere, so muß mit Jenem, nicht mit Diesem begonnen und muß von Jenem zu Diesem fort-geschritten werden, denn es liegt ganz in dem Entwickelungsgange des menschlichen Geistes, daß man überall und immer das Unbe-kannte an das Bekannte anreiht, mit diesem vergleicht und zusam-menhält, um sich auch seiner zu bemächtigen und es zu einem Be-kannten zu machen. Einen andern Weg giebt es für keine Bil-dung, also auch nicht für die musikalische. Zugleich ist das Be-kannte immer das Klare, das Unbekannte das Dunkle. Mit die-sem daher anfangen und zu jenem fortschreiten wollen, hieße, das Dunklere zuerst setzen, um durch die Finsterniß das Licht zu erhel-len: ein absurder Widerspruch. Wir können also unsern Schülern keinen Gegenstand unserer Kunst lehren ohne durch Hülfe eines ihnen schon bekannten, wir können z. B. keinen theoretischen Un-terricht ertheilen, ohne denselben an einen praktischen anzuknüpfen; wir können sie nicht in der Kunst des harmonischen Satzes oder der Composition unterweisen ohne mit Hülfe der ihnen schon eige-nen Kenntnisse, welche die Musiklehre mittheilt und auch ohne Hülfe der ihnen schon eigenen Fertigkeit in Behandlung eines har-monischer Spielweise fähigen Instruments, sonst hieße es, ein Dunkles durch ein noch Dunkleres anschaulich machen wollen. Ja, wir haben gar kein anderes Mittel, den Schüler mit dem ihm noch Unbekannten vertraut zu machen, als das ihm schon Be-kannte. Darum schreiten wir z. B. vom melodischen Spiel zum harmonischen fort, nicht umgekehrt, weil das Wesen der Harmonie uns nicht unmittelbar bekannt ist, sondern nur durch Vergleichung zweier oder mehrerer melodisch schon bekannter Töne aufgefaßt werden kann; von der Notenkenntniß zur Taktkenntniß, nicht um-gekehrt ꝛc. Was also nicht mit bekannten, schon anschaulich aufgefaß-ten Vorstellungen und bereits gewonnenen Fertigkeiten in Verbin-dung gebracht werden kann, lasse der Lehrer noch weg, es ist und bleibt ein X für den Schüler, und sein Unterricht ist sonst kein bildender, kein gleichmäßiger. Ich habe, es ist noch gar nicht so lange her, einen Singlehrer in einer öffentlichen Schule einmal den Schülern von Accorden, dem Quartsexten-, Septen- ꝛc.

Accorbe vorsprechen hören, womit er die Melodien, die Skalen, welche die Schüler sangen, begleitete; die Schüler wußten noch Nichts von Musik, als die einfachen einstimmigen Weisen, die sie sangen, — wozu das, was soll das? — Böhmische Dörfer, von denen träumend die Schüler einschlafen. Unmittelbare Anschauung, mit dem Erklären ein Zeigen der Dinge, und wo das nicht möglich, Veranschaulichung des Fremden, Unbekannten durch Bekanntes ꝛc., sonst ist aller Unterricht unnütz. Selbst der höchste, kunstwissenschaftlichste Unterricht bleibt bei aller Vortrefflichkeit an sich unfruchtbar, wenn er zu früh angefangen wird, wenn der Schüler noch nicht vermag, das Allgemeine, Unbekannte stets und überall mit Speciellem, Bekanntem zusammenzuhalten, Jenes durch Dieses zu erläutern. Daher das Mißlingen so manches an sich trefflichen Unterrichts in der Harmonie oder Composition, weil den Schülern noch die Kraft fehlte, dessen abstrakte Höhen mit ihrem concreten Standpunkte zu verbinden, oder weil der Lehrer gleichwohl nicht verstand, seinen Aufbau unmittelbar auf diesen zu beginnen, sondern damit anfing, wo der Gegenstand an sich seinen eigentlichen Anfangspunkt hat. — Aber bei allem genau gemessenen Fortschreiten vom Nahen zum Entfernten nirgends auch eine Lücke! Nun, wenn das Fortschreiten wirklich genau gemessen, so kann von selbst nirgends wohl eine Lücke entstehen. Nichts desto weniger fordert auch dieser Theil der Regel noch eine nähere Erörterung. Es hat derselbe nämlich nicht blos seine objektive, sondern auch seine subjektive Seite. Wir haben gelernt, daß der Standpunkt des Schülers der Ausgangspunkt alles Unterrichts sein muß; deshalb ist denn auch dieser Standpunkt vor Allem zu erforschen, und da die Entwickelung des Geistes an das Gesetz der Stetigkeit gebunden ist, so hat der Unterricht auch hier dieses Gesetz zu befolgen. Er muß lückenlos sein, aber lückenlos nicht blos in Beziehung auf das Objekt, auf den Lehrgegenstand, sondern auch in Beziehung auf das Subjekt, den Schüler. Was für den einen Schüler lückenlos ist, kann für den andern lückenvoll sein, denn der Eine hat Zwerg=, der Andere Riesenbeine, der Eine macht Mücken=, der Andere Elephantenschritte, wenn der liebe Gott auch Keinem von Allen Siebenmeilenstiefeln gegeben hat. Wirklich lückenlos ist also derjenige Unterricht, der nicht blos in genau gemessenen Schritten von dem einen Gegenstande zum andern und so immer weiter von dem einen zum andern übergeht, ohne auch nur den geringsten zu vergessen, sondern der auch zugleich den Schüler befähigt, jede neue

7

Stufe mit demjenigen Grade der Selbstthätigkeit zu betreten, der von seinem Alter und von der Natur des Gegenstandes gefordert werden muß, wenn der Gesammtzweck des Unterrichts, Entwickelung der Selbstthätigkeit und vollständiges Wissen wie vollständiges Können der Dinge erreicht werden soll. Eine praktische Anwendung der Regel ergiebt sich von selbst, kann Jeder leicht selbst machen. Gleichwohl sei wenigstens ein Fingerzeig dazu gegeben. Ich habe dem Schüler die beiden verschiedenen Tongeschlechte, Dur und Moll, gelehrt; er kennt die unterscheidenden Merkmale derselben; jetzt lehre und zeige ich ihm, daß durch die Darstellung der beiden Geschlechter auf irgend einer beliebigen Tonstufe nun die Tonarten entstehen, und daß, da wir innerhalb jeder Octave nur zwölf verschiedene Tonstufen besitzen, jede folgende Octave aber nur eine Wiederholung der vorhergehenden in doppelt hoher Klangpotenz ist, somit auch nur zwölf verschiedene Dur- und eben so viele verschiedene Molltonarten haben können. Schreite ich von da zu der Lehre von den Vorzeichnungen der verschiedenen Tonarten, von den Paralleltonarten ꝛc. oder zum Spiel der Tonleitern fort, so habe ich mir objektiv keine Lücke im Unterrichte zu Schulden kommen lassen, und demnach kann subjektiv eine solche im größten Umfange vorhanden sein. Aufgabe ist zunächst, dem Schüler auch die Darstellung der beiden Tongeschlechte auf den verschiedenen Tonstufen vornehmen zu lassen, einerlei am Instrumente oder mit der Feder in der Hand vor einem Notenschreibheftchen, jedenfalls aber durch Selbstthätigkeit. Hier wird sich zeigen, ob der Schüler den Lehrsatz begriffen hat. Die eigene Anwendung macht ihn zu seinem Herrn. Bei dem Einen wird das schneller von Statten gehen, bei dem Andern langsamer, immer aber wird er erst dann bei der folgenden Lehre wieder selbstthätig sein und somit dieselbe mit Vortheil anfassen können, wenn bei ihm selbst keine Lücke mehr betreff der ersten Lehre oder Fertigkeit vorhanden ist. Drum —

d) schreite immer auch nur sparsam, mit weisem Maße fort, lehre möglichst wenig.

Lehre möglichst wenig! — Die Alten befolgten meist den umgekehrten Satz. Man kann es noch an ihren Lehrbüchern der Musik, namentlich an ihren Clavierschulen und sogenannten Generalbaßschulen sehen. Sie lehrten möglichst Viel auf einmal, trugen möglichst Viel auf einmal vor, häuften den Stoff, so weit es nur immer gehen wollte. Vielleicht, daß sie meinten, dadurch nur um so gründlicher zu verfahren, oder der Ansicht waren, es könne nichts schaden, der Schüler trage nicht schwer an dem Gelernten und man könne nicht wissen, wo und wie es ihm einmal nütze. Nichts ist verderblicher, und sie kommen leider noch heute häufig vor in der Praxis, diese falschen, verkehrten Ansichten. Oder wird nicht noch heute oft darauf los docirt und gezeigt, daß die Schüler vielfach gar Manches zur Unzeit, wo sie es nicht nur noch nicht brauchen können, sondern wo es die Auffassung des Nothwendigen, den gesammten Fortschritt, alle Lust und Freudigkeit am Unterrichte sogar stört, lernen und todt in das Gedächtniß niederlegen müssen, wo es, weil es nicht angewandt wird, verschimmelt und verdirbt? — Lehre nicht zu wenig, aber auch nicht zu viel auf einmal; lehre möglichst wenig! Was nicht sofort angewandt wird, ·nicht nothwendig zum Fortschritte gehört, lehre nicht! Beschäftige den Schüler immer nur mit dem Wesentlichen, mit der Hauptsache, dann kannst Du immer auch um so gründlicher sein, kannst Alles unverlierbar einüben, und der Schüler gewinnt schnell das freudige, anspornende Gefühl und Bewußtsein, daß er Etwas wisse und könne, lernt gründlicher. Am allermeisten sündigen junge und die wirklich Viel wissenden Lehrer gegen diese Regel. O, daß sie doch den besondern Werth des Unterrichts nicht in die Menge, sondern in die zweckmäßige Auswahl der Gegenstände setzen möchten! daß sie doch immer so wenig als möglich für's künftige Vergessen lehren möchten! daß sie doch vor allen Dingen sich hüten möchten, von ihrer eigenen Neigung oder Vorliebe für gewisse Kenntnisse verleitet zu werden, Alles, was sie davon wissen, den Schülern mitzutheilen, und, je nachdem sie mehr oder weniger Materialien gesammelt haben, weitläufiger ·oder kürzer zu sein! — Nur zu häufig werden andere, für den Augenblick weit nützlichere Dinge darüber verabsäumt. Wenn der Geschichtsfreund mit dem Knaben, indem er ihm die Noten lehrt, von den alten Neumen, Mensuralnoten 2c. spricht; der Literaturfreund, indem er demselben vielleicht Unterricht in der Harmonie ertheilt, alle möglichen Büchertitel aus der alten Zeit hercitirt; der Kritiker, wenn er das Kind ein Stückchen singen oder spielen lehren soll, seine Weisheit über die verschiedenen Style kleiner und großer Componisten auskramt; der Geiger beim Clavierunterrichte von der Schwierigkeit seines Instruments 2c. spricht; der sogenannte Generalbassist, während er eben blos singen, geigen oder Clavierspielen lehren soll, den harmonischen Bau der Accorde declarirt und dgl. mehr, so

7*

sind das lauter Dinge, die für den Augenblick ohne allen Zweck. Eben so wenig aber, als man der eigenen Neigung und Vorliebe zu viele Rechte bei dem Unterrichte einräumen darf, gehe man dabei auch — wie schon angedeutet — nicht auf eine gar zu große Vollständigkeit aus, und bedenke, daß solche für den eigentlichen Zweck des Unterrichts, wie für den Schüler insbesondere gar keinen Werth hat, und daß eine augenblickliche Ueberladung mit Kenntnissen und Fertigkeiten das sicherste Mittel ist, Brauchbares über dem Unbrauchbaren zu vergessen und dem Schüler die Lust am Lernen zu verleiden. Theoretiker wie Praktiker machen diesen Fehler. Ich will nur ein Beispiel aus den allererften Anfängen des Unterrichts anführen. Die Meisten beginnen denselben damit, daß sie dem Schüler die Töne lehren und dann ihm die Schlüssel und sämmtliche Noten aufschreiben, damit er sie auswendig lerne. Nichts ist verkehrter, denn das ist Viel zu Viel für den Augenblick. Der Schüler braucht noch nicht alle Noten, bringt sie noch nicht zur Anwendung, und wozu das Gedächtniß mit Dingen plagen, wovon der Schüler keinen Nutzen absieht? Das ist das beste Mittel, denselben von vorn herein von dem ganzen Werke abzuschrecken. Es ist genug, wenn der Schüler nur erst Töne auf seinem Instrumente angeben, also die Organe, womit dies geschieht, ordentlich bewegen lernt. Da hat er die Ueberzeugung, daß er wohl fähig, „Musik auf dem Instrumente zu machen." Das freut ihn, und er will dies nun auch gerne lernen. Dann — wie viele Töne braucht man ohngefähr, um eine dem Kindes-Ohre wohlgefällige Melodie zu gestalten? — höchstens fünf; nun, so braucht er Anfangs auch nicht mehr Noten zu kennen und man lehre sie anschaulich, d. h. indem er sie spielt, nicht als leeren Gedächtnißkram. Spielt er dann ein Stückchen, das ihm so wenig Mühe gemacht, so ist seine Freude noch größer, und in jeder ferneren Lection faßt er gerne eine Note weiter auf, die ihm gezeigt wird. Notenwerth wie Notennamen — Alles muß dem Schüler gelehrt werden, während er die Noten selbst spielt, und nie mehr, als er eben bedarf, um das danach eingerichtete Stückchen spielen zu können. Das hier das rechte Maß, und der Schluß von dem einen Beispiele auf alle sonstigen Fälle und Gegenstände ergiebt sich von selbst. Endlich gehört auch die Bemerkung noch hierher, daß der Lehrer sich, wenn gleich die eigene Neigung des Schülers die Arbeit des Unterrichts bedeutend erleichtert, doch nicht verleiten lassen darf, ihn durch eine ganz unzweckmäßige Ausführlichkeit bei einer Sache unnöthig aufzuhalten, dagegen in andern Kenntnissen und Fertigkeiten zu vernachlässigen, denn nicht allein, daß jene Neigung von gar zufälligen Umständen abhängen kann, sondern Nichts ist auch veränderlicher als die Neigung junger Leute und diese sind doch meistens die Musikzöglinge. Ich hatte einmal einen Schüler, er steht jetzt als Officier in königl. preußischen Diensten, dessen ganze Musiklust schien erst zu erwachen, als der Unterricht in der Harmonie mit anfing. Nirgend war er so aufmerksam als hier, nirgend so fleißig, und überraschend auch waren die Fortschritte, die er machte. Bald merkte ich den Grund, er lernte Accorde bauen, in Accorden sich auf dem Claviere herumzutummeln, und das ganze Instrument in Bewegung setzen zu können, ob gut, ob schlecht, einerlei, das war seine Lust, die Fanfare und Trommelwirbel schon damals seine beste Musik. Wohlan, so benutzte ich nun auch bei dem praktischen Clavierunterrichte fortan solche vollstimmige Werke, und war es mir früher immer sehr schwer gefallen, ihn dahin zu bringen, eine melodische Figur bis zum reinen deutlichen Vortrage einzuüben, so that er es jetzt gern von selbst, weil er ja sonst das ganze seiner Vorliebe für lärmende Musik so sehr fröhnende Stück nicht hätte spielen lernen können. Ich erreichte meinen Zweck, seiner Neigung ward genügt, aber indem ich dieser nur solchen Stoff bot, durch welchen zugleich auch seine praktische Fertigkeit entwickelt werden mußte, ward er immerhin ein ziemlich fertiger Clavierspieler, der — wie er mir wiederholt geschrieben — schon manchen hübschen Marsch für das Musikcorps seines Regiments componirt oder arrangirt hat. Am häufigsten ist jene Vorliebe der Schüler auf das Neue gerichtet. Sie wollen immer etwas Neues. Kaum können sie ein Stück halbwegs, nur noch stotternd spielen oder singen, so wollen sie schon wieder etwas Neues. So wenig ich rathen möchte, da immer nachzugeben, so muß ich doch auch ernstlich warnen, diese Neigung ganz, mit Gewalt zu unterdrücken und in solchen Fällen durchaus bis zur höchsten Präcision des Vortrags bei ein und demselben Stücke verweilen zu wollen. Das ist zu viel, führt doch nicht zum Ziele und ermüdet, erdrückt die Lernlust. Gebe der Lehrer nach, aber wähle er immer ein solch neues Uebungsstück, in dem dasselbe wieder vorkommt, worin die praktische Fertigkeit des Schülers oder sein Wissen eben noch besonderer Uebung, Erklärung ꝛc. bedarf. So wird jener Neigung genügt und doch auch der Zweck nicht verfehlt; man hat den Schein für sich, zu etwas Neuem fortgeschritten zu sein, und bleibt doch beim Alten stehen. Das sind

praktische Beispiele, es wird nicht nöthig sein, ihnen auch noch
das eine oder andere aus dem Bereiche des theoretischen Unterrichts zuzufügen, um gleichwohl in der Hauptsache verstanden zu
werden.

2. Lehrart.

Hier ist die erste Regel:

a) suche bei Allem und immer eine harmonische Ausbildung der
geistigen und leiblichen Kräfte des Schülers zu finden.

Nun aber entwickeln sich, wie wir schon wissen, die Seelenkräfte nur stufenweise, einige mehr im Kindes-, andere mehr im
Knaben-, noch andere mehr im Jünglingsalter, insofern nämlich
das Kind fast ganz aus Sinnlichkeit, und der ältere Knabe oder
das ältere Mädchen aus Sinnlichkeit und Verstand besteht, wozu
im reifern Alter sich noch die Vernunft gesellt, und es kommt hier
also zugleich auch darauf an, in jedem Alter vorzüglich diejenigen
Kräfte in Thätigkeit zu setzen, die demselben gleichsam eigenthümlich sind, folglich nicht zu der Vernunft zu reden, wo man nur
noch durch die Sinnlichkeit, und nicht mehr zu den Sinnen allein,
wo man schon von dem Verstande begriffen wird, denn die Methode, die Lehrart, ist gleichsam die Form, nach welcher die zu lernende Masse abgetheilt und gebildet werden soll, um sie der jedesmaligen Fassungskraft des Schülers darzustellen, und diese damit
zu beschäftigen. Eine andere Methode erfordern daher jüngere
Kinder als das mittlere und reifere Alter, und dieses wieder eine
andere als jene, nämlich einen kunstwissenschaftlicheren, systemati-
scheren Unterricht, dessen jene unzugänglich sind. Je mehr, was
das Kind lernen soll, durch sinnliche Bilder, durch Beschäftigung
der Einbildungskraft, durch Verbindung mit seinen Lieblingsnei-
gungen und Beschäftigungen ihm beigebracht werden kann, desto
besser geht der Unterricht von Statten und desto lieber ist ihm der
Unterricht. Der Unterricht des Kindes muß spielend sein, ohne
daß er deshalb auch den strengsten Forderungen eines Theoretikers
Etwas zu vergeben brauchte; wird er zur Folterkammer, dann wehe
wegen der Folgen. Hat aber erst einmal der Verstand die Ober-
hand über die Sinnlichkeit und Phantasie gewonnen, dann muß
sofort auch der spielende Unterricht aufhören, oder wehe ebenfalls
wegen der Folgen. Das reifere Alter fühlt sich dadurch beleidigt
in einem Grade, den es nie verzeiht. Es spricht eine gewisse Würde

an, eine Achtung seiner Jahre, die sich nur in einer wissenschaft-
lichern, künstlerischern Haltung der Methode zu offenbaren vermag,
und wo das Recht dieser Forderung verletzt wird, straft es sofort
durch einen Stolz, der aller Wirkung des Unterrichts Thür und
Thor verschließt. Als ich des Versuchs halber mit meiner Tochter
schon in ihrem sechsten Jahre den Clavierunterricht anfing und ihr
den verschiedenen Zeitwerth der Töne und Noten erklären wollte,
zerschnitt ich einen Apfel in 32 Stücke: sie begriff augenblicklich,
daß, wenn sie den ganzen Apfel haben solle, ich ihr auch alle 32
Stücke geben müsse, für die Hälfte nur 16, für ein Viertel nur
8 u. s. w. Die Anwendung auf die Noten war bald gemacht und
das Kind brachte heiter und froh eine ganze Stunde mit Apfel-
schnitten und Noten hin. Ebenso brachte ich ihm durch lustige
Verschen, allerhand Vergleichungen, bei denen selbst die Puppe
nicht fehlte rc. manche wichtige Regel über Verhältnisse in der Musik, als Tonarten rc. auf eine für das Kind ebenso angenehme als für
mich leichte Weise und in kürzester Frist bei. Ward doch an der
Sache selbst Nichts dadurch geändert; diese wußte es so gut, als
jeder ältere systematische oder gar wissenschaftlich unterrichtete
Schüler; nur die Form der Darstellung war eine andere, weil das
Kind die Gegenstände in einer andern Form noch nicht begriffen
und aufgefaßt haben würde. Aber hätte ich so verfahren dürfen,
wäre das Kind etwa schon acht, ja zehn Jahre alt gewesen? —
Gewiß nicht und so gewiß nicht, als sein Rechnenlehrer würde mit
großen Augen von ihm angeschaut worden sein, hätte er in dieser
Zeit noch mit Strichen an der Tafel ihm begreiflich machen wollen,
daß zwei mal zwei vier ist. Doch jene stufenweise Entwickelung
der Seelenkräfte geschieht auch nicht bei allen Schülern in gleichem
Maße oder gar unter sich in gleichen Zeitabschnitten. Der Eine ist
mehr dem Begriffe, der Andere mehr der Anschauung zugänglich,
ein Dritter faßt eine Lehre mehr in einem Bilde oder in einer
Geschichte auf, und der Eine verläßt früher, der Andere später die
verschiedenen Entwickelungsstufen. Es giebt theoretische und praktische Köpfe. So hat die Methode hier also auch die Individualität der Schüler jederzeit wohl zu berücksichtigen, und nicht blos
hinsichtlich der Quantität, sondern auch hinsichtlich der Qualität
der Lehrgegenstände. Zu fordern, daß alle Schüler in ein und
demselben Gegenstande gleiche Fortschritte machen, wäre ungerecht,
aber eben so ungerecht wäre auch, bei demselben Gegenstande auf
gleiche Weise bei allen Schülern zu verfahren. Das eine Kind

hat ein stärkeres Gedächtniß als das andere, jenem kann also auf
diesem Wege mehr beigebracht werden, was diesem nur durch Anschauung gelehrt werden muß. Der Eine hat mehr praktische, der
Andere mehr theoretische Anlagen. Gleichwohl kann die Methode
auch so eingerichtet werden, daß sie in allen Fällen auf eine harmonische, d. h. gleichzeitige Ausbildung aller Seelen-, und ich setze
ausdrücklich hier hinzu: auch Körperkräfte abzielt, und die Methode
beim Musikunterricht muß so eingerichtet sein. Sie wird es, sobald sie nur nie das Zeichen von der Sache trennt und zwar nicht
vom Zeichen zu der Sache, sondern von der Sache zum Zeichen
übergeht. Mache ich mich deutlicher. Ein Beharren blos beim
Zeichen ist Nichts als ein Abrichten, dem widerstrebt selbst die Natur des kleinsten Kindes. Auch bei der bloßen Anschauung will
es denken, denn es will wissen, verstehen, was es treibt, nur denkt
es in seiner Weise, in seinen kindlichen Formen. Also bei allen
Zeichen auch die Sache, d. h. Vorstellungen, Begriffe rc. Richtet
der Lehrer überall seine Aufmerksamkeit darauf, so wird er nie verfehlen, das Denkvermögen der Schüler in Thätigkeit zu setzen;
aber auch keine Sache ohne Zeichen, d. h. ohne die jene veran-
schaulichenden Tonformen, Tonbilder, und die übrigen Vermögen
sind ebenfalls angeregt; und endlich gehe den Zeichen immer die
Sache voran, so geht die gesammte Thätigkeit unmittelbar von dem
eigentlich Menschlichen in dem Menschen aus, und es kann nicht
fehlen, daß bei allem möglichen Vorwalten der einen oder andern
Seite, des einen oder andern geistigen Vermögens, doch die gesammten Seelenkräfte stets in einer harmonischen Entwickelung gehalten werden. Es ist dies so gewiß, als es gewiß ist, daß ich
auf jede Frage, die mit einem Zeitwort anfängt, nur Ja oder Nein
antworten kann. Nun fordert das Anschauen (um den Ausdruck
beizubehalten) der (musikalischen) Zeichen und Bilder von den musikalischen Vorstellungen und Begriffen in der Regel auch eine körperliche Thätigkeit von Seiten der Schüler: so halte nur der Lehrer
fest darauf, daß auch diese Thätigkeit stets nicht blos den Anstands-,
sondern zugleich den Sanitätsgesetzen entspricht, und wie er dort
die harmonische Entwickelung des Denk- und Empfindungsvermögens,
so fördert er hier die Entwickelung der körperlichen Kräfte. Ich
muß mich noch etwas weiter darüber auslassen. Allerdings dürfen
wir bei unserm Unterrichte eben so wenig die Individualität des
Schülers als den Standpunkt desselben, d. h. die Entwickelungsstufe, auf welcher er sich befindet, je aus den Augen lassen: von

da aus wird, die ganze Art und Weise, wie wir zu unterrichten
haben, näher bestimmt und wir müssen daher alle Aufmerksamkeit
darauf verwenden, zunächst sowohl jenen individuellen Charakter
als diesen Standpunkt zu erfassen. Können wir darnach bei dem
Einen unsere Zwecke eher durch Anschauungen, sinnliche Bilder,
bei dem Andern eher durch Vorstellungen ꝛc. erreichen, so schlagen
wir diese Wege ein. Aber nichts destoweniger haben wir vom ersten
Anfange des Unterrichts an bis zu seiner Vollendung stets auch
darauf zu sehen, daß nicht blos das eine oder andere seelische oder
körperliche Vermögen etwa, sondern je nach Verhältniß alle diese
Vermögen gleichzeitig dadurch angeregt, beschäftigt und somit ausgebildet werden, und wir erreichen dieses Ziel, wenn wir niemals
einen Lehrgegenstand, sei er, welcher er wolle, blos zeigen oder
blos erklären, sondern wenn wir ihn erklären und zeigen zugleich,
d. h. wenn wir mit der nöthigen Vorstellung, dem ansprechenden
Begriffe davon den Gegenstand selbst zur wirklichen Anschauung
bringen, und wenn wir ihn auch nicht etwa zuerst zeigen und dann
erklären, sondern wenn wir ihn immer zuerst erklären und dann
zeigen. Ein bloßes Zeigen wäre abrichten und kein unterrichten;
es würde blos auf die Ausbildung eines gewissen Gefühlssinnes
ausgehen, den wir bei den Thieren Instinct nennen und der sich
beim Menschen nur in einem veredelten Maße wiederfindet. Es
läßt sich nicht leugnen, daß schon mancher Unterricht ein bewundernswerthes Ziel auf diese Weise erreicht hat, aber es war doch
immer auch nur rein mechanischer Natur. Blos fertige Spieler
oder Sänger und bloße Gefühlsmenschen würden dadurch herangebildet, und das ist die allergefährlichste Einseitigkeit. Ein bloßes
Erklären ist übrigens auch nicht viel was Besseres; es füllt den Kopf
an mit einer Masse von Kenntnissen, ohne daß irgend ein anderer
Vortheil davon abgesehen werden kann, als das Bewußtsein des
Wissens. Wenn Viel erreicht wird, so ist eine gewisse Art von Pedanterie, jedenfalls eine Einseitigkeit, die, wenn auch weniger gefährlich als
die erste, doch nicht minder zweckwidrig. Also zeigen und erklären,
aber immer auch erst erklären und dann zeigen! warum? weil
das Erklären unmittelbar auf Anregung jener Seelenkräfte gerichtet
ist, die, unter allen lebenden Wesen blos dem Menschen eigenthümlich, so auch das eigentlich Menschliche in dem Menschen ausmachen, demnach den ersten Ausgangspunkt wie das Ende des gesammten geistigen Organismus bilden und in Folge dessen ihre
Thätigkeit auch der Ausgangspunkt aller geistigen Entwickelung

sein muß. Man unterrichte einmal so, wie ich hier fördere, und man wird sehen, wie bald mit dem Licht im Kopfe auch die Gluth im Herzen zunimmt und wie beide Feuer stets in gleichem Verhältniß immer weiter um sich greifen werden. Ferner: wir vermögen keine Musik zu lehren ohne an dem einen oder andern Instrumente; die Behandlung jedes Instruments aber, wozu ich hier auch den Gesang oder vielmehr die menschliche Stimme zähle, erfordert eine gewisse körperliche Thätigkeit, die oft von so bedeutender Einwirkung auf die ganze leibliche Ausbildung des Spielers und Sängers ist oder sein kann, daß sie nicht minder unsere stete Aufmerksamkeit in Anspruch nehmen muß. Es ist nicht genug, daß wir darauf halten, daß die Schüler beim Spielen oder Singen anständig und dem nächsten Lehrzwecke gemäß sitzen, stehen, sich bewegen, so gewiß dies eine sehr wichtige Obliegenheit für uns bildet, sondern wir müssen auch darauf halten, daß diese Bewegungen mit der harmonischen Ausbildung und Entwickelung wenigstens derjenigen Organe und Körpertheile übereinstimmen, welche zunächst daran Theil nehmen. Meistentheils aber erstrecken sich jene Bewegungen über den ganzen Körper, wenn auch nur mittelbar, wie z. B. beim Clavierspiel, bei dem nur die Finger, höchstens noch Hände und Arme sich zu bewegen scheinen, und gleichwohl durch diese der ganze Körper in oft solch' lebhafte Bewegung gesetzt wird, daß eine Stunde Spiel die wirksamste, erschöpfendste Motion für denselben sein kann.

Uebrigens

b) sorge auch immer und in allen Fällen dafür, daß die harmonische Ausbildung der geistigen und leiblichen Kräfte des Schülers stets eine veredelnde Richtung behält.

Es ist nicht genug, daß wir den Kopf mit einer Menge von Kenntnissen anfüllen und durch die Art und Weise, wie wir dies thun, die Denkkraft des Schülers stärken; noch weniger ist genug, daß wir seinen Leib mit einer Masse, zudem meist nur sehr mühsam angelernten Fertigkeiten ausrüsten und so ihn gewissermaßen zu einer anstaunenswerthen, ebenso kunstfertigen als künstlichen Maschine umgestalten; und auch ist es nicht genug, daß wir mittelst der Uebung des allgemeinsten äußeren Sinnes sein Empfindungsvermögen schärfen, empfänglicher für alle Arten von Eindrücken, es regsamer machen, seine Einbildungskraft beleben, seinen ganzen Gesichts- und Gefühlskreis erweitern; sondern indem wir dies Alles und zwar in möglichst harmonischem Gleichmaße thun, müssen wir auch sorglich darauf halten, daß zugleich seine Moralität dadurch

gefördert, seine Lebensanschauung erhöht, veredelt, kurz das eigentliche Göttliche in ihm geweckt und in Wirksamkeit gesetzt wird, und
hier ist es, wo der Musikunterricht, jeden andern Unterricht weit
hinter sich lassend, über die Grenzen der blos intellectuellen Erziehung hinaustritt und unmittelbar im Bereich auch der moralischen
Erziehung seine ordnende, leitende Fahne aufpflanzt. Ich sage:
„jeden andern Unterricht weit hinter sich lassend," weil kein anderer
so sehr Gelegenheit und die nöthigen Mittel hat, ihm hieher zu
folgen. Zwar ist dies auch betreff des Musikunterrichts schon vielfach bezweifelt worden, gleichwohl lehrt die Erfahrung das Gegentheil und im glänzendsten Maße. Nur wird jenes Ziel nicht etwa
erreicht durch ein ewiges Philosophiren, Predigen, Ermahnen und
dergl.; das kann jeder Schwätzer und macht nur wieder Schwätzer,
gründliches Wissen und Können, tiefes, reines Empfinden darüber
vernachlässigend, und verfehlt doch ein directes Lossteuern auf Moralien immer und überall seinen Zweck; sondern es wird erreicht
durch eine solche Darstellung der Lehrgegenstände, durch eine solche
Methode, die entweder unmittelbar auf das moralische und ästhetische Gefühl einwirkt, oder die doch durch verwandte Ideen dieses
Vermögen der Seele anregt. Man hat dagegen schon einzuwenden
gesucht, daß die meisten Lehrgegenstände der Musik zu wenig Beziehung
haben zum praktischen Leben, als daß ihr Unterricht eine solche
Methode wirksam zu befolgen möchte; aber mit Unrecht. Ich frage:
was fördert z. B. das religiöse Gefühl mehr als feierliche Melodien? — Nicht einmal der confessionelle Unterricht unserer Geistlichen, der die Kinder zwingt, an gewissen Glaubenssätzen festzuhalten, unbekümmert, ob der später erwachende selbstständige Gedanke, die später zum Bewußtsein kommende Empfindung damit
übereinstimmt oder nicht, und nur Ruhe und seligen Frieden oder
unseligen Zweifel in die Seele bringt, vermag so sehr, so fest, so
tief, so klar, ein eigentliches Gottgefühl in die Herzen der Jugend
zu legen als der fromme Ton. Was vermag mehr zur Festigung
des Charakters und zu einer gewissen Gemessenheit im Betragen
beizutragen als eine durchdachte zweckmäßige Ausbildung des Taktgefühls? — Kein Ermahnen, kein Empfehlen, kein Beispiel wirkt
hier so sehr als der über Leib und Seele sich erstreckende rhythmische
Sinn. Was überhaupt verfeinert, schärft, ordnet den ganzen physischen und psychischen Organismus des Menschen mehr als das
Spiel, das Singen der bestimmt gemessenen Töne? — bringt zu-
verlässigere, vollkommnere Ordnung in die ganze Lebensweise, als

ihr ſinnliches Bild — die muſikaliſche Harmonie? — Beiſpiele
vom Gegentheile zeigen nicht gegen dieſe Regel. Man ſehe den
Leuten, den Künſtlern, die als ſolche Beiſpiele angeführt werden,
nur genau auf den Leib, in das Herz, ſie ſind immer nur einſeitig
ausgebildete Muſiker, bei denen der Unterricht gegen obige erſte
Regel für die Lehrart fehlte, entweder bloße Mechaniker und Ge-
fühlsmenſchen, oder bloße Wiſſer. Eine Manifeſtation der Weltordnung, ſagt ein großer Dichter, iſt die Muſik, und ich ſetze hinzu: eine Beſtätigung, Befeſtigung der Lebensordnung iſt der Unterricht darin, wenn er nur den allgemein bildenden Einfluß, den
ſeine Kunſt auf das ganze Sein des Menſchen zu üben im Stande
iſt, ſtets und feſt im Auge behält. Ja die ganze Manier des Lehrers, als Ausdruck eines achtungswürdigen, leidenſchaftsloſen Charakters, ſeine Art, Schüler zu behandeln, gelegentliche Aeußerungen
über dieſe und jene Materie können den Sinn für Wahrheit und
Tugend, beſonders Selbſtbeherrſchung, Wohlwollen ꝛc. in dem Schüler wecken, und da dem Muſiklehrer insbeſondere noch Gelegenheit
gegeben iſt, auch die Schönheit und zwar die ideale Schönheit in
dies Bereich zu ziehen, ſo vermag er dies mehr noch als jeder andere Lehrer. Ebenſo können ſeine Zurechtweiſungen, der geringere
Werth, den er auf bloßes Merken oder Behalten, der größere, den
er dagegen auf Aeußerungen geſunder Urtheile, praktiſchen Ver-
ſtandes, reinen Gefühls-, Wahrheits- und Schönheitsſinnes legt,
in jeder Beziehung, auch ſittlich, höchſt bildend für den Schüler
werden.

  Drum ſei
c) auch ſtets und überall auf Begründung edler Kunſtanſichten
   und eines feſten Kunſtcharakters bedacht,

denn davon hauptſächlich hängt der veredelnde Erfolg, wie die Erreichung des ganzen eigentlichen Zwecks deines Unterrichts ab. Wir
kommen damit auf das, was unſere gelehrten Herren Pädagogen
und Didaktiker unter dem Verbot des „ad hoc Erziehens“ begreifen.
Ueberall, ſagen ſie, muß zunächſt von einer allgemeinen Bildung,
nicht von der Bildung zu ſpeciellen Berufsgeſchäften, von dieſen
immer erſt zuletzt die Rede ſein. Zuerſt alſo wahre allgemeine
Kunſtbildung, dann erſt Bildung zum Künſtler oder Dilettanten.
Erſt der Menſch, dann der Bürger und Berufsgenoſſe, nicht umgekehrt. Einen Beweis für die Richtigkeit dieſer Regel liefert die
Entwickelung aller Naturkörper, der Kryſtalle, Pflanzen und Thiere,
ſo wie der Weltkörper aus unbeſtimmten Zuſtänden und Maſſen zu

immer bestimmteren Daseinsformen; auch die **Entwickelung der**
Sprachen. Habe daher bei allem Unterricht vorerst nur die Aufgabe, die Bestimmung, die heilige Sendung der Kunst überhaupt
im Auge. Auf dieses Ziel müssen alle deine Bestrebungen zunächst
gerichtet sein, und so wird auch die Entwickelung des Schülers eine
gleiche Richtung nehmen. Ob er die Kunst dann später als Musiker von Beruf oder als bloßer Dilettant ausüben wird, ist einerlei: von jener allgemeinen Grundlage aus, auf und aus welcher
sich die determinirten Zustände und Bildungsformen erheben, bringt
er eine bestimmte edle Kunstansicht, einen festen Kunstcharakter mit
ins selbstständige Leben, der ihn von jeder Verirrung bewahrt. In
den Irrthum, daß ich damit wieder das kunstwissenschaftlich Allgemeine, das Abstrakte auch für den ersten Unterricht verlange, kann
der nicht mehr verfallen, der alles bisher schon Gesagte gefaßt hat,
so wenig als in den Irrthum, als wollte ich damit wieder die
nöthige Rücksicht auf den künftigen Beruf des Schülers ausschließen.
Es ist hier nicht mehr von den Lehrgegenständen, sondern von der
Lehrart die Rede. Von dieser Seite angeschaut, hat es unser
Unterricht nur mit der allgemeinen Kunstbildung zu thun, und diese
ist in allem Wesentlichen immer dieselbe. Unser Unterricht muß
Grund legend für jede Art specielleren Kunstlebens, nicht eine Ausbildung zu diesem selbst sein. Wir müssen dabei streben, unsere
Schüler zu musikalisch freien Wesen heranzubilden, und wir erreichen
dieses Ziel, wenn wir den Unterricht niemals und bei keinem Gegenstande auf blos positive Anweisungen und Lehren beschränken,
sondern die ganze Kunst dabei stets im Auge haben und diese stets auf
ihrem edelsten Standpunkte anschauen. Musik muß in Allem sein,
was wir thun, in unsrer Disciplin wie in unsern Doctrinen, in
unserm Leben wie in unsern Lehren, so wird auch der Schüler
später bei allen seinen Musikübungen, sei er Künstler oder Dilettant,
blos das Eine wollen, die heilige Kunst der Töne. Drücke ich
mich deutlicher aus. Nicht blos Geiger, Clavierspieler, Sänger ꝛc.
sollen wir bilden, das wäre ein „ad hoc Erziehen," welches jede
welse Pädagogik verbietet; sondern der Geigen-, Clavier-, Singunterricht ꝛc. soll nur das Mittel sein, Kunstgeweihete zu bilden.
Das schließt nicht aus, daß wir bedacht sind, dem Schüler dieses
Mittel in seiner ganzen Ausdehnung und größtmöglichsten Vollkommenheit anzueignen; der Schüler muß vielmehr Geiger, Clavierspieler, Sänger oder was sonst im möglichst fertigsten, vollendetsten
Grade sein, um die Kunst als solche üben und all' ihrer Vortheile

gewiß sein zu können; aber es bedingt, daß wir unſern Unterricht
ſtets ſo ertheilen, daß der Schüler dadurch vollkommen künſtleriſch
cultivirt wird, und wir werden das, einmal wenn wir ſelbſt von
dem Weſen der Kunſt vollkommen durchdrungen ſind und wenn
wir dann auch dem Schüler daſſelbe ſtets vor Augen halten. So
erweitert ſich zugleich ſein muſikaliſcher Geſichtskreis, wird ſein
muſikaliſcher Glaube ein heiligerer, ſein muſikaliſcher Cultus ein
gereinigterer, und er tritt, ausgerüſtet mit jenem Mittel, dereinſt
vollkommen muſikaliſch durchbildet, mit einem beſtimmten edlen
muſikaliſchen Kunſtcharakter ins ſelbſtwirkende, thätige Leben. Ein
Beiſpiel: ich lehre meinem Schüler ein Stück ſpielen; längſt hat
er erfahren, daß unſere Kunſt nicht blos dazu iſt, durch wohlgefällig geordnete Töne das Ohr zu ergötzen, ſondern dazu, eine
Sprache der Seele zu ſein, Gefühle und Ideen in möglichſt ſchön-
ſter Form zu ſinnlicher Wahrnehmung zu bringen, und daß ſie
jenes Ohrergötzen nur als Mittel gebraucht, für dieſe Wahrnehmung
zu reizen; hat er nun den Mechanismus der Compoſition überwunden, ſo ſage ich, welche Gefühle, Ideen ꝛc. durch dieſelbe haben zur Anſchauung gebracht werden ſollen, belehre ihn über die
Natur derſelben, und gehe zum demgemäßen richtigen Vortrage
über. Unwillkührlich wird der Schüler veranlaßt, ſich in die Situation dieſer Gefühle und Ideen zu verſetzen, ſie ſelbſt zu hegen,
darnach ſeinen Vortrag zu ordnen, und unwillkührlich lernt er dadurch nicht allein von jedem Stücke, das er in Zukunft ſpielt, einen
geiſtigen Inhalt zu fordern, ſondern bei freier Wahl auch immer
denen Compoſitionen den Vorzug zu geben, deren Inhalt mit
ſeiner jedesmaligen Gemüthsſtimmung am meiſten übereinſtimmt,
alſo immer wahre Muſik zu treiben. Er gewöhnt ſich, wirkliche
Kunſtwerke von bloßen Tonſpielereien zu unterſcheiden, und je nach
der Grundſtimmung ſeiner Seele bildet ſich in ihm eine eigene,
aus freier Ueberzeugung hervorgegangene Kunſtanſicht, die ihm das
Glück der erhaltenen muſikaliſchen Erziehung deſto tiefer empfinden
läßt. Er gelangt zu einem Selbſturtheil, weil er gelernt hat, die
Sprache zu verſtehen, die er redet, und wenn er auch lieber liebelt,
tändelt, ſcherzt, als betet, ſo beugt er ſich doch ehrfurchtsvollſt, wo
die Töne eine Seele ſich aufſchwingen laſſen zu dem Allerhöchſten,
und freut ſich mit den Fröhlichen, wenn ſich ſein Geiſt auch lieber
verſenkt in die Bewunderung des Weltalls. Er iſt ein Kunſt-
geweiheter, ob Muſiker oder Dilettant, ob Clavierſpieler, Geiger,

Sänger, Harfenist oder was sonst. Die merkwürdigsten Erfahrungen stehen mir in dieser Beziehung zur Seite.

Aber das Alles wirst du durch deinen Unterricht auch nur vermögen, wenn du

d. denselben zugleich interessant zu machen weißt, wenn du verstehst, die Aufmerksamkeit des Schülers sowohl für Kunstgegenstände überhaupt, als den eben gegenwärtigen Gegenstand insbesondere stets wach zu erhalten,

denn nur mit dem Interessanten beschäftigt sich ein Schüler gern, da seine Lustgefühle eine Steigerung des innern Lebensspiels lieben; nur der interessante Unterricht hat jenen höheren, freien, reinern Reiz, der an und für sich schon zur Bildung beiträgt, und erzeugt ein wahrhaft freies Wohlgefallen an dem Wahren, Schönen, Guten. Trachten wir daher darnach, sowohl durch unsere Persönlichkeit, als durch die Art und Weise, wie wir unsere Lehrgegenstände behandeln, unseren Unterricht interessant zu machen. Wie vermögen wir das? — Durch Wechsel, durch Lebendigkeit, und durch unser ganzes übriges persönliches Verfahren. Variatio delectat, „der Wechsel ist die Würze des Lebens," ist schon ein altes Sprichwort; warum sollte es nicht ein Bedürfniß der Jugend sein, denselben Lehrstoff in mannigfaltigen Formen und Gestalten erscheinen zu sehen? — In der Mannigfaltigkeit der Stoffe selbst kann und darf der Lehrer in der Regel die Abwechselung nicht suchen, sondern in der Form der Behandlung, der Manier; läßt sich eine neue, unerwartete, fruchtbare Vorstellung damit verbinden, um so besser, sie gewährt doppeltes Vergnügen. Man bedenke, ehe ein Kind eine Melodie, ein Stückchen ordentlich spielen kann, muß es sie wohl hundert-, ja tausendmal spielen; ehe es einen Accord ordentlich behandeln und gebrauchen lernt, muß es ihn wohl tausendmal schreiben und spielen! — Bedenken wir, was das heißt, und denken wir auf Mannigfaltigkeit, Wechsel, Veränderung, suchen wir mit jeder Wiederholung etwas Neues zu bringen. Nicht genug aber, wir selbst auch müssen durch Erregtheit, Lebendigkeit, Frische, eine gewisse Lust und Freude am Lehren, an der Beschäftigung mit der Jugend, an dem Gelingen schwacher Versuche 2c. an den Tag legen, nicht Unwillen, Ungeduld, Zwang, wenn nicht gleich alles geht. Unterrichten heißt nicht blos mittheilen, zeigen, vormachen, sondern erregen, wecken, beleben. Wie können wir das, wenn wir selbst nicht erregt sind, wenn wir schlafen, ohne Leben handeln? — Nur Leben erzeugt wieder Leben. Eig-

nen wir uns darum frische Lebendigkeit an. Diese besteht aber
nicht in äußerer Hast, unruhigem Fechten mit den Armen und Händen, in Mienen und Grimassen, auch nicht in vielem Schwatzen;
sondern sie ist das Leben des Geistes, das sich freilich auch in dem
Gesicht, in der Haltung unsers Körpers und in der Bewegung
unsrer Glieder, aber noch mehr in der Art unsers Unterrichtes kund
thut. Hier ist es, wo Viele von uns von der Natur bevorzugt
worden sind, aber wo Alle sich doch auch Vieles, was die Natur
ihnen versagt zu haben scheint, aneignen können. Der redliche
Wille vermag da Bedeutendes, und der Wille muß da sein, denn
wo die Langweiligkeit im Unterrichte beginnt, da hört die Aufmerksamkeit und mit dieser alle Bildung auf. Ja, mit dem Antheil
verliert sich sogar das Gedächtniß. Unsere eigene Freude und Lust
an der Sache geht dagegen unmittelbar auf den Schüler über.
Unterrichten wir daher gern. Setzen wir auch beim Schüler Lust
und Liebe zum Lernen voraus: ein solches Vertrauen stärkt und ermuthigt ihn, treibt ihn an. Behandeln wir dann alle Gegenstände
wahrhaft didaktisch, vergegenwärtigen dem Schüler den großen Nutzen von seinem Lernen, suchen wir stets seine äußern und innern
Sinne zugleich zu beschäftigen, treiben wir ihn zur Nacheiferung
2c. — Das Alles sind Mittel, das Interesse an dem Unterrichte rege
zu erhalten, nicht Zwang oder verheißener Lohn, denn was diese
bezwecken, ist ein Werk der Furcht oder Hoffnung und nur das Interesse,
welches vom Unterrichte selbst ausgeht, wirkt wahrhaft bildend,
und bei keinem Unterrichte schadet die bloße Strenge mehr als beim
Musikunterrichte. Noch ein Mittel: man sage dem Kinde, wenn
es die Lust z. B. ein Stück spielen zu lernen zu verlieren scheint,
welchen großen Vortheil es davon haben wird, wenn es einmal
das Stück ordentlich spielen kann, wie es dann um seines unterhaltenden Talentes willen in allen Gesellschaften wohl gelitten und
gern gesehen sei, wie es dann sich „hören lassen" könne, zeige ihm
andere Zöglinge, wie fertig und schön dieselben spielen, wie sie darum geschätzt und geliebt von Jedermann seien, kurz mache einen
gewissen kindlichen Stolz, einen Ehrgeiz rege; und hat der Schüler
seine Schuldigkeit gethan, so vergesse man auch nicht, ihm das
Gefühl und Bewußtsein einzupflanzen, daß er schon Etwas weiß
und kann, daß er schon weiter gekommen. Dies freudige Bewußtsein nimmt ihn aufs fruchtbarste ein für allen noch folgenden Unterricht, so wie jener Stolz, jener Ehrgeiz ihn mächtig aufstachelt.
„Aber dadurch machen wir ja die Schüler hochmüthig!" — O, ihr

Kleinmeister, ihr großen Menschen- und Jugendkenner! Was ihr Erwachsenen zum freudigen Wirken, rüstigen Fortschreiten und heitern Daseins- und Lebensgenuß nimmer entbehren könnt: Anerkennung und Gewißheit des Vorwärtskommens, darauf soll ein Kind, ein junges Mädchen, ein Knabe, eine Jungfrau, ein Jüngling verzichten!? — Er, der Unreife, der eigentlich noch gar nicht weiß, wozu die Sachen nützen, die er da lernen muß; er, der von unendlicher Lust zu freier Bewegung im Leben gestachelt wird, soll auf den stärksten Trieb verzichten und sich während den schönsten Stunden seines jungen Lebens, die nie wiederkehren, auf den harten Lernstuhl pfropfen, ohne das entschädigende Gefühl des Weiterkommens, des erworbenen Besitzthums an Wissen und Können, des Geschätzt- und Geliebtwerdens wegen angeeigneter Kenntnisse und Fertigkeiten?! — Wer Solches verlangt und darnach thut, kennt die Menschennatur nicht, ist kein Lehrer, sondern ein Zwinger, ein Barbar. Der wahrhaft gute Lehrer macht dem Schüler Lust zum Lernen. Darum kehrt er bei allem Neuen immer wieder zu dem schon Gelernten zurück, übt es immer wieder ein, wendet das auf früheren Stufen Erlernte immer wieder auf den folgenden an, verschafft dem Schüler an jeder neuen Station einen Ueberblick über die bereits durchwanderten Stationen, und es ist ihm dies wichtiger als das Lernen des neuen, denn es bewirkt jenes erhebende, ermuthigende Bewußtsein, ja sorgt auch dafür, daß dem Schüler Anerkennung von andrer Seite her werde für den bis daher bewiesenen Fleiß, denn es wird jener fruchtbare Stolz dadurch rege gemacht, das belebende Gefühl gewonnener Kraft, das, einmal verspürt, jeden andern Antrieb zum Fleiße überflüssig macht. Wer anders verfahren will, thue es, und er wird auch seine Früchte bald ernten. Es giebt keinen größern Feind des Unterrichts und zumal des Musikunterrichts als den Stock oder alles Stockähnliche. Ich lasse meine Schüler von Zeit zu Zeit sogar öffentlich Beweise von ihren gewonnenen Fertigkeiten und Kenntnissen ablegen; es geschieht unter dem Namen „Prüfung", damit die eigentliche Absicht dem Schüler verdeckt bleibe: man sehe nur den Eifer, den sie kurz vor einer solchen Prüfung an den Tag legen, und rechne von da aus weiter. Hier Etwas gelten, wollen sie, und Nichts gegolten zu haben, ist eine Strafe, schwerer, bitterer, als man sie nur immer auferlegen könnte, aber zugleich auch fruchtbarer als jede andere, denn sie wirkt, wie der Stolz, das beseligende Gefühl, Etwas gegolten zu haben.

8

Einem dieserartigen Interessantmachen des Unterrichts widerstrebt auch nicht die weitere Regel:

c. Lehre Alles gründlich,

ein Begriff übrigens, der an sich schon relativ ist. Etwas Anderes
bedeutet er, wenn von Menschen von gereiftem Verstande, und wieder etwas Anderes, wenn von jungen Schülern die Rede ist. Im
ersten Falle verbindet man gewöhnlich die Idee einer wissenschaftlichen Form, eines tiefen Eindringens in die ersten Grundbegriffe
und Grundformen, eines systematischen Ueberblicks der ganzen Wissenschaft oder Kunst damit, und im zweiten Falle kann gründliches
Lernen blos bedeuten, das Gelernte recht wissen und recht können, deutliche Vorstellungen davon, sichere Kenntniß und Fertigkeit darin haben, und steht dann dem blos oberflächlichen, seich-
ten, unsichern, sogenannten Halbwissen und Halbkönnen entgegen.
Daß die erste Art von Gründlichkeit schlechterdings nicht in das
Bereich des eigentlichen Unterrichts, sondern in das des höhern,
wirklich gelehrten oder künstlerischen Studiums gehört, leuchtet ein.
Was viele und mannigfaltige Vorkenntnisse, schon bedeutende andere Fertigkeiten und dann noch einen bereits gereiften Verstand
voraussetzt, was erst unter der Bedingung eines Studiums ex
professo nützlich wird und nützlich ist, kann nicht Sache unsers
Unterrichts sein. In den Fehler einer solchen so zu sagen gelehrten, aber höchst unzweckmäßigen Gründlichkeit verfallen gewöhnlich
jüngere Lehrer, die in irgend einem Theile der Kunst sich einen
schönen Schatz von Kenntnissen und Fertigkeiten erworben haben,
aber auch noch unter der Ruthe der Eitelkeit stehen. Sie sind es,
die da meistens glauben, Alles vor dem Schüler auskramen zu
müssen, was sie wissen und können; dieser soll sie anstaunen, damit er sie respectire, und er thut es auch, aber lernt Nichts oder
im Grunde doch nur blutwenig dabei. Die rechte Gründlichkeit
beim Unterrichte eilt langsam voran; scheint Zeit zu verlieren und
gewinnt sie; schreitet nicht eher von einem Gegenstande zum andern
fort, bis der Schüler seiner vollkommen gewiß ist; lehrt auch Wenig auf einmal und fordert Wenig, nimmt es mit diesem Wenigen
aber recht genau, und macht es zum unverlierbaren Eigenthume
des Zöglings, sorgt also mit allen möglichen Mitteln dafür, daß
der Schüler nicht wieder vergißt oder verlernt, was er einmal gelernt hat. Anhalten des Schülers, von Allem Grund und Rechenschaft zu geben; häufiges Wiederholen dessen, was schon dagewesen;

stetes Anschließen des Unbekannten an das Bekannte; nicht eher
ruhen, bis der Schüler Alles, was er lernt, wär' es auch die
scheinbar unbedeutendste Kleinigkeit, vollkommen sicher, präcis kann
und weiß, — das ist eine wahrhaft gründliche Methode. Nur einmal dem Schüler, besonders im Anfange des Unterrichts, Unor-
dentlichkeiten und Halbwissereien hingehen lassen, und er ist für
sein ganzes Leben in der Sache verloren. Doch wird auch diese
rechte Gründlichkeit häufig noch mißverstanden. Sie verlangt nicht,
daß man bei einem Gegenstande so lange verweilen soll, bis an
demselben dem Schüler gar Nichts mehr unbekannt, bis derselbe
ganz erschöpft ist, er ihn vollkommen fertig kann. Das wäre wieder das Grab für den Unterricht. Es giebt keinen größern Feind
der Gründlichkeit, sagt einer unsrer anerkannt ausgezeichnetsten Didaktiker und Schulmänner, als Gründlichkeit zur Unzeit, und der
Satz trifft, wenn irgendwo, so hauptsächlich beim Musikunterrichte zu.
Wer z. B. bei der Lehre von den Intervallen so lange stehen bleiben
wollte, bis der Schüler nicht allein alle Arten von Intervallen,
die consonirenden wie die dissonirenden, die kleinen wie die großen,
die halben wie die ganzen und die kleinen halben wie die großen
halben und ganzen, die übermäßigen wie die verminderten 2c. 2c.
genau kennen gelernt und auch die Gewandtheit gewonnen hätte,
sofort zu bestimmen, in welche jener verschiedenen Cathegorien jedes
beliebig angegebene Intervall gehört; oder wer bei der Lehre des
Trillers angekommen nun nicht davon abgehen wollte, bis der
Schüler alle Arten von Trillern vollkommen fertig auszuführen gelernt hätte, der würde zwar gründlich, aber doch sehr ungründlich,
sehr falsch verfahren. Die rechte Gründlichkeit verlangt nur,
daß der Schüler nicht eher weiter geführt werde, bis er die
Kraft erlangt hat, die folgende Stufe mit Selbstständigkeit zu ersteigen, so daß die Leistungen des Schülers überall seiner Entwickelungsstufe und dem Anspruche an genügende Leistungen entsprechen.
Bei der Lehre des Trillers angekommen z. B. genügt es, wenn der
Schüler weiß, überhaupt was ein Triller ist und wie derselbe ausgeführt wird, dann auch die einfachste Art desselben so weit auszuführen lernt, als seine bereits gewonnene mechanische Fertigkeit zuläßt. Werden ihm doch noch viele und vielerlei Triller bei seinen
Uebungen vorkommen und hat dann der Gelegenheit genug, immer
wieder Neues zu der ersten Lehre hinzu zu thun. Kein Gegenstand
darf auf irgend welcher Stufe des Unterrichts sofort bei seinem ersten Vorkommen erschöpft werden. Das will die Gründlichkeit nicht,

8*

sondern sie verlangt dann nur eine sorgfältige, sichere Grundlegung
für den künftigen Auf= und Ausbau der betreffenden Lehre, denn
nicht nur, daß die wahre Bildung ein öfteres Zurückkehren zu
wichtigen Gegenständen fordert, sondern eine wiederholte Beschäf=
tigung mit schwierigen Dingen zu verschiedenen Zeiten und in
dem Besitz verschiedener Grade von Fertigkeit und Kenntniß ist
es allein auch nur, die den Strebenden allmählig sicher zu dem
ganzen freien Besitze vollkommener Ausbildung führt. Der falsch
verstandene Grundsatz der Gründlichkeit hat daher auch schon viele
Lehrer zu einer unendlichen Zersplitterung der Gegenstände in
tausend Uebungen und Stufen verführt, was ebenso widersinnig
ist. Man halte diese Regel mit allen übrigen in diesem Capitel
enthaltenen Regeln über die Beschaffenheit des Unterrichts zu=
sammen und man wird weniger dagegen fehlen. Ueberhaupt
aber setzt die rechte Gründlichkeit, so einfach ihre Aufgabe scheint,
immer den tüchtigsten und zugleich verständigsten Lehrer voraus.
Nicht allein, daß er um ihretwillen selbst der Sache, die er lehrt,
vollkommen mächtig sein muß, sondern um ihretwillen muß er auch
jedes Wort, das er zum Schüler spricht, wohl überlegen, damit
für den Augenblick nicht zu viel, aber auch nicht zu wenig ge=
sagt und gezeigt wird. Um ihretwillen muß er jederzeit selbst Rechen=
schaft zu geben vermögen von dem Wege, den er zum Ziele wan=
dert. Ihre rechte Behandlung signirt den eigentlichen, den rechten
Lehrmeister auf untrügliche Weise. Ohne sie wird Viel geschwatzt
und gemacht, aber wenig genützt. Nur immer forteilen von Ei=
nem zum Andern, nur immer sich declamiren und dociren hören,
statt der Elemente hohe Weisheit zu Markte zu tragen, um mit
seinem armen, verwahrlosten Schüler bald Parade machen zu können,
bringt zum Höchsten einen schimmernden Flitter zu Wege, der, wie
falsches Gold, in dem nächsten Augenblicke schon sich verdunkelt,
wo er Probe halten soll für's Leben.

Ungeachtet aller Gründlichkeit nämlich

f) darfst und sollst du sowohl dir als dem Schüler den Unterricht
auch erleichtern.

Ich darf und soll sowohl mir als meinem Schüler
den Unterricht erleichtern! — Wie weit und womit? —
Man darf dies Erleichtern des Unterrichts nicht so verstehen,
als dürften um seiner Absicht willen alle Schwierigkeiten und so=
wohl dem Lehrer als dem Schüler alle Anstrengungen erspart wer=
den. Damit ginge die durchaus nöthige Selbstthätigkeit des Schü=

lers, von welcher weiter unten die Rede sein wird, verloren, so
wie dem Lehrer die Gelegenheit, eine gehörige, so sehr anregende
Lebendigkeit zu entwickeln. Auch besteht jenes Erleichtern nicht etwa
in dem Weglassen aller allgemeinen Regeln. Im Gegentheil
können diese sehr häufig sogar das beste Erleichterungsmittel sein, wie
z. B. bei der Lehre von den verschiedenen Applicaturen auf diesem
oder jenem Instrumente. Die Erleichterung des Lernens durch die
Art des Unterrichts ist vielmehr dasjenige Verfahren, wornach man
Nichts von dem Schüler fordert, was noch über seine bereits gewonnenen Kräfte hinausgeht oder diese doch unverhältnißmäßig an-
spannen würde; wornach man ferner ihm alle solche Schwierigkeiten
noch erläßt, bei denen er Gefahr laufen könnte, den Muth und die
Lust zu verlieren; wornach man seinem Fleiße durch gleichen Eifer
zu Hülfe kommt, und, wenn er einmal von der rechten Bahn abweicht, ihn mit Zuvorkommenheit, Liebe und Güte und Klugheit
wieder auf dieselbe zurückführt; wornach man, je ungeübter er noch
ist, desto mehr seine eigenen Beschäftigungen und selbst häuslichen
Uebungen leitet, ihm Hülfsmittel dazu an die Hand giebt, statt
ihn solche selbst suchen und vielleicht gerade die untauglichsten wählen zu lassen; wornach man auf praktische Mittel sinnt, wie besonders das, was ihm noch fehlt oder bei fehlerhaften oder schwachen Naturanlagen zu lernen schwer wird, ihm etwas leichter zu
fassen oder zu bilden gemacht werden kann; wornach man daher
vorzüglich auch seine geistigen und leiblichen Kräfte übt, ohne deren
Stärkung und Ausbildung alles weitere Lernen unendlich schwer
werden muß; und wornach man endlich selbst durch Aufmunterun-
gen ihm Muth und dadurch selbst das Schwerste scheinbar leicht
macht. Und daß mit einer solchen Erleichterung des Lernens zugleich eine Erleichterung des Lehrens Hand in Hand geht, daß der
Lehrer, während er dem Schüler die Arbeit, den Unterricht erleichtert, auch sich selbst dieselbe leichter macht, — wer wäre, der daran
zweifelt? — Nenne ich darum beispielsweise wenigstens einige jener
praktischen Mittel, durch die sich der Unterricht, das Lernen und
Lehren auf solch' zulässige Weise erleichtern läßt. Beim theoretischen
Unterrichte haben sich als solche hauptsächlich Tabellen sehr zweckmäßig erwiesen; auch daß der Lehrer seine künstlerische Anschauungs-
und Ausdrucksweise aufgiebt und sich mehr darin nach der gewöhnten
Betrachtungs- und Sprachweise des Schülers richtet. Die Zeit, wo er
zu jener wieder zurückkehren kann und darf, bleibt nicht aus. Faßt
der Schüler z. B. leichter, wenn ich die Intervalle mit erster,

zweiter, dritter ꝛc. Stufe bezeichne, als wenn ich sage: Secunde, Terz, Quarte, Quinte ꝛc., warum denn nicht? Auch das Einkleiben dieser oder jener Regel in passende Reime, Verschen, — wie oft wird damit dem Gedächtnisse glücklicherweise zu Hülfe gekommen? — Beim praktischen Unterrichte gehören daher allerhand Sinnbilder, bis zu den Maschinen herauf hierher. Logier's Chieroplast, Herz's Dactylion, Kalkbrenner's Handleiter sind nichts Anderes, als solche Erleichterungsmittel, die Claviaturtabellen, die Quinten= und Quartenzirkel, Guido's Hand nichts Anderes; Zahlen statt der Noten, so weit und wo sie zulässig, nichts Anderes; das Unterstellen aller besondern Vorkommnisse, z. B. in der Lehre von den Vorzeichnungen, von den Applicaturen ꝛc., unter allgemeine Regeln nichts Anderes ꝛc. — Was sage ich aber? — alle gute Methode soll ja eigentlich das bezwecken, den Unterricht, das Lehren und Lernen, so leicht als nur immer möglich, d. h. so weit als der Gründlichkeit und allen übrigen nothwendigen Eigenschaften eines guten, zweckmäßigen Unterrichts nicht dadurch geschadet wird, zu machen, und so wird und muß ja auch der folgende zweite Theil, der die eigentliche Methodologie unserer Kunst enthalten soll, wohl von selbst alle die Mittel angeben, von den ich glaube, daß dadurch dies Ziel erreicht werden kann.

g. Ziele immer auf noch etwas Weiteres bei Deinem Unterrichte ab; mit andern Worten: verbinde und verfolge immer mehrere Zwecke zugleich bei demselben, errege den Schüler durch einen und denselben Gegenstand möglichst vielseitig, vereinige zu dem Ende auch sachlich verwandte Gegenstände mit einander, und betrachte dieselben nicht blos von einer, sondern von allen Seiten.

Ich habe diese Regeln und Grundsätze zusammengestellt, weil sie alle nah verwandt mit einander sind, wenn gleich sie sich auf der einen oder andern Seite wieder genau von einander abgränzen. — Aller Unterricht, so auch der musikalische, kann eine doppelte Tendenz haben, entweder nämlich will er den Schüler mit einem bestimmten Lehrmaterial bekannt machen, ihm ein Wissen oder eine bestimmte Fertigkeit aneignen, oder will er überhaupt nur die geistigen oder leiblichen Kräfte desselben ausbilden. Im ersteren Falle verfolgt der Unterricht einen materialen, im andern einen formalen Zweck. Welcher von beiden ist der wichtigere, muß vorwalten? — Es ist darüber schon viel gestritten worden, und selbst unter den Eltern und Erziehern herrscht darüber in einzeln Fällen eine ganz verschiedene Ansicht. Die Einen wollen, daß ihre Kinder so bald, so schnell als möglich, so fertig als möglich Clavier, Violine zc. spielen oder singen lernen, unbekümmert um den eigentlichen formalen Zweck des Unterrichts; die Andern lassen ihren Kindern nur Musikunterricht ertheilen, damit er „den Kopf und das Herz ausputzen helfe, denn später treiben sie doch keine Musik." Mir selbst sind schon mit dergleichen Bemerkungen Schüler zugeführt worden. Beide Ansichten aber sind offenbar durchaus falsch. Es mag sein, daß jeder andere Unterricht einseitig den einen oder andern der beiden genannten Zwecke verfolgen kann und darf, ja daß namentlich der Unterricht in den sogenannten Elementarschulen vorzugsweise nur ein formaler sein muß, bei dem Musikunterrichte, welcher Art er sei, darf das nie geschehen. Hier nämlich gehört überall zu einem tüchtigen Unterrichte ein Zweifaches: das Wissen der Sache und das Können derselben, und das Erstere darf auch nicht etwa ein leidendes Aufnehmen derselben oder gar blos ihrer Wortbezeichnungen, sondern es muß ein selbstthätiges Erfassen derselben sein, und in diesem Ausdrucke schon liegt die Wahrheit, daß beim Musikunterricht die formale Bildung mit dem rechten Lernen des positiven Stoffes gegeben, nicht etwas davon Getrenntes ist, und daß sich also zu dem rechten Wissen immer auch das rechte Können, d. h. die Gewandtheit und Fertigkeit in der Handhabung und Anwendung desselben gesellen muß. So kann also beim guten Musikunterrichte nirgends von einer eigentlichen Trennung des formalen und materialen Gesichtspunktes im vernünftigen Sinne die Rede sein. Alle mechanische Uebung muß hier zugleich zu einer Beschäftigung des Verstandes und Gefühls gemacht und umgekehrt mit jeder Doctrin, jeder scheinbar bloßen Beschäftigung des Verstandes und Gefühls zugleich die mechanische Uebung, die praktische Ausführung verbunden werden. Immer also gehe Theorie und Praxis mit einander Hand in Hand und dies von den ersten Anfängen des Unterrichts an bis an sein Ende. Das Kind lernt z. B., indem es die Töne spielt oder singt, deren Notenzeichen viel leichter, schneller und auf eine dauerndere Weise, als wenn man die Namen und Bedeutungen dieser zu einem bloßen Gedächtnißkrame macht, und dann läßt sich durch eine solche Methode auch sofort die Lehre von der Eintheilung unsers Tonsystems in verschiedene Octaven zc. damit verbinden, während man anders bei jeder einzelnen Sache auch wieder von vorn anfangen muß. Dies eine Beispiel aber trägt seine Anwendung auf alle weitern Gegenstände von selbst in sich. Auch wird jener doppelte Zweck durch den Unterricht erreicht, wenn man, indem man gewisse Hülfskenntnisse dem Schüler beibringt oder blos mechanische Uebungen mit ihm vornimmt, zugleich den Zweck, zu dem dieselben künftig dienen sollen, mit befördert. Dieser Punkt ist vorzüglich betreff des Spielens und Singens sogenannter Etuden und Exercitien von Wichtigkeit. Nichts ist dem Schüler, bevor er selbst zu tieferer Einsicht, wie man zu sagen pflegt, zu Verstand und Vernunft gekommen ist, also wo er noch meist der Sinnlichkeit lebt, langweiliger und mühsamer, abschreckender, als solche blos den Mechanismus fördernde Uebungen vorzunehmen; aber man zeige ihm, wie diese oder jene Notenfigur, dieser oder jener schwere Lauf 2c., die er da übt, in diesem oder jenem von ihm besonders geliebten Tonstücke vorkommt, wie er dann, wenn er die Sachen hier recht gut eingeübt habe, um so leichter und schneller und besser auch jenes Tonstück zu spielen oder zu singen vermöge, und er wird mit weit mehr Lust, Freudigkeit, Fleiß, ja Ausdauer den sonst so trockenen Uebungen obliegen. Bei dem Unterrichte in der Harmonie, der selten ein junges Gemüth anspricht, sage und zeige man dem Schüler nur, wie alle Musik blos aus solchen Accorden, wie er da lernt, zusammengesetzt ist, führe den Beweis durch praktische Anwendung, die geschehen kann entweder durch Reduction einzelner Stellen eines Musikstücks auf ihren einfachen accordischen Inhalt oder durch Zergliederung der so eben gebauten Accorde zu melodisch-harmonischen Passagen, und sage, beweise ihm praktisch, wie er, wenn er auch kein Componist werden wolle, durch die Kenntniß der Harmonie doch viel leichter und fertiger vom Blatt singen oder spielen, andere Werke beurtheilen 2c. können werde, und er treibt das Studium alsobald mit ungleich größerem Eifer. Die Jugend will nicht blos die Sachen wissen und können, sondern sie will auch zugleich wissen, wozu sie sich dieses Wissen und Können aneignet, aneignen soll; will, daß ihr der Nutzen und Zweck davon klar sei, sonst hält sie das Lernen, besonders der Musik, die ihr in den meisten Fällen so wenig Werth für das praktische Leben zu haben scheint, für unnöthig, namentlich wenn Schwierigkeiten damit verbunden sind und Alles sich nicht auch so spielend machen läßt, als es sich spielend anhört. Dabei, bei diesen Beispielen angekommen, muß übrigens auch noch bemerkt werden, daß beim praktischen Musikunterrichte unter dem erwähnten positiven Stoffe des Lernens nicht etwa blos das eben einzuübende Musikstück verstanden werden darf, sondern

auch blos der eigentliche Lehrgegenstand, wie solcher im vorherge=
henden Capitel namhaft gemacht worden, und seine einzelnen Glie=
der. Wird jenes Musikstück darunter verstanden, so hat man
Recht, wenn man den formalen Zweck über den materialen setzt,
wenn man nicht zuvörderst auf den Stoff, sondern auf die durch die
Verarbeitung und Einübung desselben gewonnene Kraft im Wissen
und Können den Accent legt, wenn man sagt: der Stoff kann
vergessen werden, wenn nur die Erlernung desselben die Kraft bil=
dete. Ueberhaupt darf man auch in dieser Beziehung den Satz
nicht zu weit treiben, denn einmal ist es nicht wahr, daß ein
Schüler ein recht gelerntes, recht einstudirtes Musikstück so bald und
ganz und gar wieder vergißt, verlernt, und dann haftet auch an
diesem Stücke für sich die Bildung, damit dem unordentlichen,
oberflächlichen Erlernen und Einüben desselben niemals die Kraft,
das musikalische Wissen und Können überhaupt gefördert werden
kann, und da jedes Musikstück für sich neue Gelegenheiten und
Seiten solcher Förderung öffnet. Immer ist es ein gewonnenes
Capital, im Geiste das, was im Leibe das Blut. Verlieren wir
das Capital oder setzen wir es nicht ordentlich um, so ver=
lieren wir zugleich die Zinsen, wie mit dem Blute das Leben, die
Energie. Es giebt kein allbefähigendes Tonstück; die verschiedenen
einzelnen Kräfte unsrer Schüler können nur gebildet werden durch
ihre Beschäftigung mit geeigneten Stoffen. Eben darum gehört
eine Mehrheit von verschiedenartigem Material zur Erzielung wahr=
haft musikalischer Durchbildung, und dieses muß erhalten werden.
Ohne dasselbe kann man wohl in Diesem oder Jenem einen Grad
von Gewandtheit, Fertigkeit, Routine ꝛc. erlangen, aber nie eine
vollständige musikalische Bildung, denn diese existirt nicht ohne
den Besitz des allseitigsten Stoffes. Die Beobachtung bestätigt
diese Wahrheit. Wir haben eine Menge fertiger Clavierspie=
ler, Sänger ꝛc., aber doch nur Wenige, welche mit fertigem,
freien Gebrauche der Sache zugleich auch eine vollkommene Kennt=
niß derselben verbinden. Ja selbst bis in die Einzelnheit er=
streckt sich die Regel. Wir haben eine Menge Sänger, die
ein Lied hübsch vorzutragen wissen, aber Stümper sind, sobald
sie eine andere Composition, eine Arie, eine Scene, ein Recitativ,
ein Duett ꝛc. in die Hand bekommen; eine Menge Clavierspieler,
die Variationen, Fantasien, und wie dergleichen Unterhaltungs=,
Salonstücke alle heißen, ganz herrlich vortragen, aber eine Sonate
nur klimpern. Drum rege den Schüler immer auch mög=

lichst vielseitig an. Einseitigkeit darf nie das Ziel unseres
Strebens sein. Allerdings sprechen da Talent, Vorliebe, äußere
Umstände immer ein bedeutendes, ja selbst entscheidendes Wort mit.
Immer werden wir Schüler haben, die es in Folge dessen nur in
irgend einem Stücke zu einem bedeutenden Grade von Tüchtigkeit
bringen können, und so haben wir unsere Kraft dann vorzugsweise
auch auf Erstrebung dieses Einen zu legen. Wir werden Schüler haben, die nur tüchtige praktische Schüler und Sänger werden können, und
nie zugleich auch gute, gewandte Harmoniker, überhaupt Theoretiker,
und umgekehrt; werden wieder Schüler haben, die nur im Vortrage
froher, kräftiger, heiterer, wilder, leidenschaftsvoller Tonstücke Vorzügliches leisten können, und nicht auch im Vortrage elegischer,
sentimentaler, religiöser ꝛc. Tonwerke, und umgekehrt; werden Schüler haben, die hauptsächlich nur im harmonischen Ausbau einer gegebenen Melodie, bis zu allen Künsten des Contrapunkts herauf Ausgezeichnetes zu leisten vermögen, aber nie auch
in der Erfindung und Bildung von nur der einfachsten Melo-
bien ꝛc., und umgekehrt und so haben wir denn unser Augenmerk auch besonders darauf zu richten, daß diese Schüler dasjenige
Ziel in möglichst vollkommenem Maße erreichen, welches ihnen
so Umstände oder Natur vorzugsweise als das Ziel ihrer Bildung
angewiesen haben. Nichts destoweniger muß unser Streben zugleich
darauf gerichtet sein, daß wir sie, abgesehen von der nöthigen allgemeinen musikalischen Bildung überhaupt, auch innerhalb dieses
besondern Kreises möglichst vielseitig ausbilden, und sie so nicht
einer geistbeschränkenden Einseitigkeit anheim fallen lassen. Es erheischt dies schon das Gesetz der Gründlichkeit, weit mehr aber
noch die Aufgabe der Erziehung, welche unser Unterricht zugleich
zu lösen hat. Jeden Gegenstand, den wir lehren, müssen wir daher von möglichst vielen Seiten, in möglichst vielen Beziehungen
betrachten, möglichst vielseitige Uebungen damit anstellen lassen,
denn die Vielseitigkeit ist nicht in der Vielheit und Mannigfaltigkeit der Gegenstände, nicht in der Masse der Aufgaben, sondern in
der Vielheit und Mannigfaltigkeit der Behandlungsweise der
einmal vorgeschriebenen und unabänderlichen Gegenstände zu suchen. Man übe daher durch einen Erkenntnißgegenstand nicht
blos den Verstand, sondern auch das Anschauungsvermögen
und das Gedächtniß, und umgekehrt, was noch wichtiger ist,
damit nichts Unverstandenes oder gar Unverständliches gelernt
werde; man errege zugleich, wenn und wo es nur irgend die

Natur des Gegenstandes zuläßt, die Gemüthskraft, wirke durch den Gedanken auf den Willen und mache die gewonnene Erkenntniß zu einem Gegenstande praktischer Uebung. Der wahre Unterricht ergreift den ganzen Menschen. Es fruchtet mehr, einen und denselben Gegenstand von zehn Seiten anschauen zu lassen, als zehn verschiedene Gegenstände von nur einer Seite, und dieser Grundsatz behält seine Geltung in dem gesammten Unterrichte, von seinem höchsten bis herab zu seinem niedersten Gegenstande, der mechanischen Ausführung der geringsten Tonfigur. Wir lassen die Skalen spielen gewöhnlich immer mit ein und derselben Applicatur. Das ist falsch. Derlei Läufe kommen in allen Tonstücken vor, aber was sie umgiebt, kann nöthig machen, daß sie hier bald mit dieser bald mit jener Applicatur gespielt werden müssen! Also abgesehen selbst davon, daß die gleichmäßige Ausbildung der spielenden Organe, eine Abwechselung darin nöthig macht, wird diese sogar von dem praktischen Nutzen geboten, und indem ich dies dem Schüler bei der Aufgabe zugleich auseinander setze, wird auch sein Erkenntnißvermögen wie sein Gedächtniß geübt. Ich lehre dem Schüler, was ein Doppelschlag, ein Triller 2c. ist; er weiß es jetzt; ich lasse ihm die Figuren aber nicht blos auf eine Weise; sondern in jeder möglichen Weise ausführen, und lasse ihn dann dergleichen Figuren auch in vorhandenen Notenwerken aufsuchen. Das übt zugleich sein Anschauungsvermögen. Ich lehre dem Schüler, was eine Cadenz ist, aber zeige ihm dieselbe nicht blos in einer Form, sondern in allen Formen, lasse ihn nun die Cadenzen der einzelnen Perioden und Sätze in den gespielten Tonstücken aufsuchen, mir ihre verschiedene Wirkung von ihm angeben — er denkt, behält, faßt, unterscheidet, empfindet, sein ganzes Ich ist in Thätigkeit. So verfahre ich in und bei Allem, und meine Schüler mögen einschlagen welche Hauptrichtung sie wollen, was sie lernen, können und verstehen sie vollkommen, in jeder Beziehung, und daneben sind sie bestimmt auch allgemein musikalisch gebildet. Man prüfe sie. In der Summe, Masse und Mannigfaltigkeit liegt die Bildung nicht, sondern in der vollständigen Durchschauung und fertigen Handhabung alles dessen, was man lernt, und was zu diesem Einen zu lernen nöthig ist. Es kann jemand der durchbildetste Musiker sein, ohne je mehr als nur ein Instrument und zwar das beschränkteste spielen gelernt zu haben. Und hier ist es, wo gerade der höchste Vorzug des gemeinschaftlichen von dem Einzel-Unterrichte sich begründet. Die Ver-

schiedenheit der Köpfe und Leiber macht bei ihm nothwendig, jeden
Gegenstand von allen Seiten zu betrachten, wenn man die Gewißheit haben will, daß er erkernt ist, und die praktische Anwendung des Erlernten, welche von dieser allseitigen Betrachtung zugleich geboten wird, läßt hier ebenfalls weit weniger vernachlässigen, so wie hier, was nicht minder unsere Regel fordert, kaum je
von dem Erlernten zu einem Neuen fortgeschritten werden kann,
bis es dem Schüler ganz zu eigen geworden. Nirgends wird und
kann weniger gegen die große Weisheitsregel aller Unterrichtskunst
„Eile mit Weile" gefehlt werden, als bei dem gemeinschaftlichen
Unterrichte. Nichts ist trübseliger, als wenn dem Schüler eine
Menge technischer Fertigkeit angelernt wird, ohne daß er zugleich
auch die Bedeutung, die künstlerische Bedeutung der Dinge kennt;
aber eben so trübselig ist auch, den Kopf desselben mit einer Menge
von Kenntnissen anzufüllen, ohne ihn zugleich mit der praktischen
Anwendung derselben vertraut zu machen. Dort kann er Etwas
und weiß Nichts, er ist eine Maschine; hier weiß er Viel, und
kann Nichts, ist ein todtes Buch. Allseitige Anregung bei jedem Lehrgegenstande verhütet das Unglück nach beiden Seiten.
Aber bloßes Vormachen und zugleich Vorsagen thut es dabei auch
nicht, sondern nur ein Ueben und zwar ein Ueben in allen Beziehungen und Richtungen, dann darf unter Wissen nicht blos verstanden werden, daß der Schüler ein ihm Vorgesagtes behalten,
sondern daß er es auch begriffen, erkannt und gefühlt hat, so darf
man unter Können auch nicht blos die äußerliche sichtbare Fertigkeit in der Ausführung gewisser musikalischer Dinge, sondern überhaupt nur die Fertigkeit in Anwendung des Erlernten auf alle
Vorkommnisse, Verhältnisse und Beziehungen im musikalischen Leben
verstehen. — Am wenigsten wird man gegen die so eben aufgestellte und ausgeführte Regel verfehlen, wenn man immer sachlich verwandte Gegenstände mit einander verbindet.
Aber der Grundsatz darf auch nicht mißverstanden werden. Vor
Allem möchte ich warnen, ihn nach Jacototscher Manier aufzufassen.
Diese nämlich findet nicht nur Alles in Allem, sondern will auch
immer Alles mit Einem, zu gleicher Zeit, lehren. Dabei kann
nie etwas Ordentliches herauskommen. Näher schon gelangt man
der Wahrheit, wenn man verschiedene Gegenstände neben und in
einander schiebt. Ich will damit sagen, daß man bei der Lehre jedes
Gegenstandes zugleich auch auf die nächst verwandten Gegenstände
Rücksicht nehmen muß. Das fördert die allseitige Anschauung und somit

auch die klare, deutliche Erkenntniß des eben gegenwärtigen. Ein Beispiel. Zum erstenmale begegne ich bei dem praktischen Unterrichte mit meinem Schüler einer Triole. Ich bin nun genöthigt, ihm nicht allein den Vortrag, die Ausführung derselben zu zeigen und zu lehren, sondern ich muß ihm überhaupt auch sagen, was eine Triole ist. Da sage ich ihm nun nicht etwa, wie ich schon oft von Andern gehört habe, daß das drei Noten oder Töne seien, über denen eine 3 stehe und die zusammengehören, und was des Zeugs mehr ist, sondern ich sage ihm, daß eine Triole eine Noten- oder Tonfigur sei, in welcher drei Töne nur so viel gelten als sonst gewöhnlich zwei gleicher Gaitung; da unsrer Notenzeitwerth nämlich nur ein solcher sei, der sich durch 2 theilen lasse also ein geradtheiliger, so habe man sich, wo man eines ungeradtheiligen bedürftig, sich dadurch heifen müssen, daß man Notenfiguren gebildet, in denen die einzelnen Noten je nach Verhältniß der Größe und des Umfanges der Figuren Etwas von ihrem eigentlich gewöhnlichen Werthe verlieren. Jetzt muß ich ihm auch schon sagen, was man überhaupt unter einer „Figur" hier versteht, muß ihm vergleichsweise auch andere solche Figuren (Septole, Quintole 2c.) nennen, erklären, auch wohl Etwas über den Unterschied der Figuren von den sogenannten Manieren zufügen, und siehe da, indem ich so mehrere sachlich verwandte Gegenstände mit einander verbinde, wird ihm das Verständniß des eigentlich vorliegenden Gegenstandes in allen seinen Theilen und Beziehungen um so leichter. In der Harmonielehre bin ich bei der Lehre von der Umkehrung der Accorde angekommen. Ich lasse nun dem Schüler dieselbe nicht blos mechanisch einüben und zeige ihm darnach die Eintheilung in weite und enge Harmonie, sondern ich lasse ihn, um der vorhin angeführten Unterrichtsregeln willen, nun auch solche verschiedene Accordformen in irgend einem Notenwerke aufsuchen, die verschiedene Wirkung derselben prüfen, aber sofort auch werfe ich einen Seitenblick auf die Lehre von dem Contrapunkt und Satzformen (allgemeiner und Männer-Chor), indem ich ihm zeige, daß auf dieser Verkehrung der Intervalle eigentlich die ganze Kunst des Contrapunkts beruht, und daß der Notenschrift nach Manches zwar weite Harmonie sein könne, was gleichwohl der Wirkung, der Klanggröße nach nur enge Harmonie sei, und siehe da, mit dem Blicke in die Weite erhellt sich der Blick in die Nähe, durch den entfernteren, doch sachlich verwandten Gegenstand wird ihm der nächst vorliegende um so deutlicher, ja Alles in und an ihm beschäftigt sich nun um so gleichzeitiger damit, so wie später, wenn wir erst einmal an den ferner liegenden Gegenstand kommen, ihm auch die Auffassung dieses um so leichter werden wird und muß, als er ihm in Folge jener Verbindung keineswegs mehr wie ein durchaus fremder erscheint. So muß überall und immer das Eine, was schon gelehrt und gelernt worden, das Andere was eben gelehrt und gelernt wird, beleuchten und ergänzen, und der Grundsatz gilt, mag der Gegenstand des Unterrichts sein, welcher er will, und mag dieser gleichviel welche Richtung haben, ein blos theoretischer oder blos praktischer, ein theoretisch-praktisch, elementarer, kunstwissenschaftlicher, ein Unterricht für Künstler oder Dilettanten sein. — Endlich sagte ich: betrachte die Gegenstände auch nicht blos von einer, sondern von allen Seiten. Die Regel fällt ziemlich mit der zweiten hier gegebenen zusammen, wornach wir den Schüler durch ein und denselben Gegenstand möglichst vielseitig anregen müssen. Indeß meine ich doch etwas anderes damit, und was ich meine, wird klar an einem Beispiele aus der Intervallenlehre, zumal wenn ich hinzusetze, daß diese Unterrichtsregel vorzüglich von denjenigen Theilen unsrer Lehrgegenstände gilt, die mit denselben Sinnen und Vermögen aufgefaßt werden, womit man auch Rechnen, überhaupt mathematische Verhältnisse auffassen lernt. Die Intervalle ordnet man nach den Begriffen der Größe, Klangfarbe 2c. oder man betrachtet sie als Theile einer harmonischen Combination und untersucht nun alle unterscheidlichen Merkmale, die sie als solche an sich tragen. Das Letztere ist, was ich will, denn hat man es dort nur mit der Einheit, mit Begriffen zu thun, so beschäftigt man sich hier wirklich mit dem Gegenstande, und lediglich dieser vermag einen Stoff zur allseitigen Anregung des Schülers abzugeben, kann bewirken, daß er nicht blos merkt, sondern denkt, fühlt, handelt 2c. zugleich. C—es z. B. ist eine kleine Terz; der bloße Begriff des Intervalls ordnet es unter die unvollkommenen Consonanzen; damit wäre die Lehre abgethan, und der Schüler hätte Nichts zu thun, als sie seinem Gedächtnisse einzuprägen; setze ich indeß hinzu, oder lehre ich vielmehr zunächst, daß dieses Intervall blos einen Theil einer vollständigen harmonischen Toncombination bildet und diese sein kann eben sowohl der Molldreiklang von C, als der Durdreiklang von as, oder der Hauptseptimenaccord über f, oder welcher noch andere Accord und lasse nun dasselbe in allen diesen Zusammensetzungen anschauen und prüfen, so wird der Schüler vielfach angeregt, um so mehr als er nun auch die verschiedene Wirkung des Intervalls in diesen seinen verschiedenen Zusammensetzungen wahrnimmt. An ein und derselben Sache hat man also alle möglichen Operationen zu vollziehen, sie mit den übrigen zu vergleichen, mit einander zu messen. So bringt man dieselben, wenn nicht in alle möglichen, doch in alle wesentlichen Beziehungen. Später erst, wenn die einzelnen Dinge eines Lehrgegenstandes so allseitig betrachtet worden sind, bringt man die verwandten unter bestimmte Einheiten und Begriffe, kurz verfährt man systematisch; aber dieses ist auch erst dann zuträglich, wenn man bestimmte Regeln einüben darf, also jedenfalls nicht, so lange der Unterricht noch ein blos anschaulicher sein muß. Soll ich meinem hiermit empfohlenen Verfahren einen Namen geben, so dürfte orga= nisch wohl der passendste sein: organische Lehrart, diejenige, welche die Gegenstände so behandelt, daß der Fortschritt des Stoffes zu= sammenfällt mit der Entfaltung des jugendlichen Geistes, und daß jede folgende Stufe für das Objekt wie für das Subjekt des Un= terrichts sich mit Nothwendigkeit aus dem vorhergehenden entwickelt. Also nicht so, daß der Lehrer dem Schüler vorangeht und dieser jenem folgt, sondern so, daß der Fortschritt in der Sache selbst liegt, der Schüler ihn fühlt, sich seiner bewußt wird, ihn construiren kann. Bei der Lehre von den Modulationen z. B. halte ich es für durchaus falsch, dieselben in der bisher meist allgemein üblichen Weise dahin zu erklären, daß sie durch die Dominante und die Harmonie über dieser geschehen, sondern gewiß ist es organischer, diese Lehre unmittelbar an die Lehre von den Leittönen anzuknüpfen und wird es dadurch den Schülern zugleich klar, warum in der Modulation jede Dominantenharmonie eine Durharmonie sein muß, und so fühlen sie nicht allein den Zusammenhang der Lehre, son= dern es wird diese ihnen auch nach allen Seiten deutlicher. Sie merken nicht blos, sondern sie erkennen, erfassen.

Und verfährst du immer so, wie bisher angegeben, so wirst du endlich, was ebenfalls unerläßlich nothwendig ist,

h. den Schüler auch in steter Selbstthätigkeit erhalten, und dies nicht blos während, sondern selbst außerhalb des Unterrichts.

Es ist nämlich nicht genug, daß der Schüler aufmerksam ist, daß er den Lehrstoff aufnimmt, ihn behält und wiedergeben kann, daß er machen kann, was man ihm zeigt oder lehrt, die Dinge begreift, erkennt und richtig ausführt: er muß während dieses Be= greifens, Erkennens, Machens auch arbeiten, selbstthätig arbeiten.

Richten wir daher unsere Lehrweise stets so ein, daß unsere Schüler gar nicht anders wissen, als daß sie selbst mit eigener Kraft sich alle die Sachen aneignen, daß sie selbst denken, selbst suchen, sich selbst an den Stoffen versuchen, ihre schlummernden Kräfte herausarbeiten, sich zu ausgeprägten Spielern, Sängern oder Theoretikern herausbilden müssen, denn junge Leute werden in allen Sphären nur Etwas durch Anstrengung ihrer Kräfte, und die oberste Aufgabe aller Erzieher und Lehrer ist daher, die Zöglinge zur Herausbildung ihres Selbst zu veranlassen. Nicht nur die Ungeneigtheit zur Thätigkeit, das Widerstreben gegen dieselbe muß überwunden, sondern auch alles passive Verhalten des Schülers, alles mit mehr oder weniger Passivität verbundene sogenannte Lernen muß vermieden werden. Nicht bloß daß wir dem Schüler Lust zum Lernen machen, sondern wir müssen überall auch seine Kräfte in Anspruch nehmen, ihn bethätigen, ihn so behandeln, daß er gar nicht auf den Gedanken kommen kann, als besuche er unsere Lectionen in irgend einer andern Absicht, als darin zu arbeiten. Freilich gehört dazu, daß wir selbst Meister in der Arbeit sind, unsere Lehrstoffe vollkommen beherrschen, sie je nach dem Bedürfnisse unsrer Schüler auszuwählen und bearbeiten und diese nun zum rüstigen Mitarbeiten zu veranlassen wissen; aber das Erstere vorausgesetzt werden wir das Letztere, wenn wir überall die Schüler zum Selbstdenken, Selbsturtheilen und Prüfen veranlassen, und so, je nachdem der Gegenstand zu Diesem oder Jenem mehr Gelegenheit bietet, ihre Urtheilskraft, ihren Scharfsinn und ihre Empfindung üben; wenn wir ihnen Nichts eigentlich vorsagen oder vormachen, sondern ihnen nur die Regel angeben und sie nun dieselbe selbst zur Anwendung bringen lassen, dabei nur auf begangene Fehler aufmerksam machen, die Verbesserung derselben ihnen aber wieder selbst überlassen. Das stählt und rüstet die Schüler zugleich mit den zur baldigen Selbsthülfe nöthigen Kräften aus. Alles bloße Vorsagen und Vormachen taugt nicht; der Schüler nämlich kann sich dabei nur passiv verhalten, gleicht einer bloßen Maschine, der alle Tage ein Glied mehr angesetzt wird, und doch, wenn sie auch endlich fertig ist, nie gehen wird, ohne von Außen angetrieben zu werden. Während der Schüler da mit den Händen auf dem Instrumente arbeitet, muß er auch mit der Zunge und mit dem Kopfe arbeiten. Nöthigen wir ihn daher durch unsere Methode, daß er die Lehrstoffe in sich verarbeitet und sich dieses so sehr zur Gewohnheit macht, daß er es gar nicht anders weiß, daß er unruhig wird, wenn er keine Gelegenheit dazu hat, daß er es dann in und für sich selbst vollzieht. Wie kein Anderer für ihn, d. h. zu seinem Vortheil, essen und trinken kann, so auch kein Anderer für ihn denken, für ihn lernen. Er ist er selbst. Fragen wir ihn daher über Gelerntes, lassen wir ihn sprechen, lassen wir es wieder uns von ihm lehren, lassen wir Schlüsse daraus ziehen, Folgerungen machen ꝛc. Was er nicht selbst erwirbt, erarbeitet, das hat er nicht. Das sind Wahrheiten so klar wie das Sonnenlicht, und daß wir dennoch tausende, namentlich aber unter den Musiklehrern daran erinnern müssen! — daß man auch außerhalb des Unterrichts die Selbstthätigkeit des Schülers fördern könne, ist schon mehrfach in Zweifel gezogen worden, weil es hier nur durch Vorbereiten und Wiederholen geschehen kann, die Vorbereitung auf eine Musiklection aber Viele für unmöglich halten. Nichts ist möglicher und zugleich vortheilhafter. Man veranlasse den Schüler nur, z. B. den Anfang des Erlernens neuer Musikstücke nicht auf die Unterrichtsstunde zu verschieben, sondern denselben schon für sich zu machen. Wie Vieles kommt ihm dabei vor, über das er nachdenken muß, über das er Aufklärung erwartet! — Der Lehrer findet ihn stets vollkommen und nach allen Seiten vorbereitet für seine Unterweisung. Zudem erleichtert diese Art des Vorbereitens auf beiden Seiten die Arbeit, das Lehren wie das Lernen. Es ist falsch, einem Schüler ein Musikstück vorzulegen, das ihm noch völlig unbekannt ist, und sofort den Unterricht darnach zu beginnen. Die Unterrichtsstunde wird dadurch meist zu einer bloßen Uebungsstunde und verliert ihren eigentlichen Werth. Ist der Unterricht ein blos theoretischer, so lasse man zur Wiederholung und Vorbereitung Auszüge aus dem Mitgetheilten machen, lasse es niederschreiben und praktisch verwenden. Der Schüler wird dadurch genöthigt, über die Sachen und Regeln noch einmal nachzudenken, und so gewissermaßen sein eigener Lehrmeister außerhalb der Stunde zu werden. Praktische Uebungen müssen sich durch ein gewisses Resultat ergeben, in welchem sich die vorangegangene Unterweisung ausspricht. Indeß greife ich damit schon zu tief in die kommende eigentliche Methodologie ein, und schließe ich daher die allgemeine Lehr-Regel.

Daß

i. die Lehrweise sich jederzeit nach dem Standpunkte zu richten hat, den die Kunst oder der eben gegenwärtige Lehrgegenstand sowohl in wissenschaftlicher als ausschließlich künstlerischer Beziehung einmal eingenommen,

versteht sich von selbst und unterlasse ich daher auch in nähere Erwägung zu ziehen. Zwar hat schon einmal ein Königl. Preußischer Schulrath vorgeschlagen, den Unterricht auch in dieser Beziehung immer historisch zu ertheilen, also z. B. bei dem Religionsunterrichte die Schüler immer erst zur Kenntniß des Heidenthums, dann zu der des Judenthums und hiernach erst zu der des Christenthums zu führen; indeß das total Irrige eines solchen Verfahrens liegt auf der Hand. Wollten wir darnach handeln, so hätten wir also unsern Schülern z. B. das Tonsystem Anfangs nur so weit zu lehren, als dasselbe bei Beginn unserer Kuust beschaffen war, und von da alle Epochen seiner Entwickelung durchzumachen. Wie verkehrt! Aber Unterricht muß auch hinsichtlich seiner Methode dem eben gegenwärtigen Standpunkte, Entwickelungsgrade seines Gegenstandes entsprechen. Nicht einmal dürfen wir uns z. B. beim Clavierunterrichte in dieser Beziehung mehr auf dem Standpunkte bewegen, der die Clavierspielkunst zu Zeiten Clementis oder Mozarts einnahm, sondern müssen alle Regeln und Lehren so fassen, wie die heutige Ausbildung jener Kunst erfordert. Damals — um nur ein Beispiel anzuführen, konnte unter andern die Regel allgemeine Geltung haben, daß man die Applicatur immer so einzurichten habe, daß der kleine Finger und Daumen nicht auf die Obertasten zu stehen kommen; aber heute — ! — wir müssen im Gebrauch auch dieser Finger auf den Obertasten eben so viele Gewandtheit und Sicherheit haben, als in dem Gebrauch jedes andern Fingers, und wir Lehrer haben daher auch darnach unsere Methode beim Unterrichte in der Mechanik des Clavierspiels einzurichten. Das eine Beispiel ist hinreichend für viele. Ueberhaupt ist der Grundsatz einleuchtend, und ich führte ihn daher auch nur anhangsweise an. Wir Menschen leben in der Gegenwart, somit komme bei unsrer Ausbildung auch immer erst das Jetzt, und dann erst gelegentlich, weil es das Erkenntniß des Jetzt fördert, das Ehedem.

3. Form der Mittheilung beim Unterrichte.

Die Form der Mittheilung beim Unterrichte, welche den letzten Gegenstand unserer Betrachtung über die allgemeine Beschaffenheit des Unterrichts ausmacht, anlangend, sind es zunächst zwei Formen, die sich einer nähern Erwägung unterstellen: die sogenannte dialogische oder katechetische und die sogenannte akroamatische. Machen wir uns, bevor wir wählen, mit der Natur und Wesenheit beider Formen bekannt.

a. Die dialogische oder katechetische Lehrform.

Diese ist diejenige Form, bei welcher der Lehrer gesprächsweise mit dem Schüler verfährt, seine Lehren in Fragen einkleidet, auf welche der Schüler antworten muß, wobei also Fragen und Antworten mit einander abwechseln. Die Sache ist so einleuchtend und bekannt, daß sie keiner Auseinandersetzung bedarf. Besteht doch unser ganzer gesellschaftlicher Verkehr in dieser Beziehung in Nichts als in Fragen und Antworten. Weniger bekannt aber dürfte sein, worauf es dabei hauptsächlich ankommt. Alles läuft hier auf die Kunst zu fragen, und auf die Kunst hinaus, die Antworten der Schüler gehörig zu behandeln und dadurch das ganze Gespräch zweckmäßig zu leiten. Das Fragen nämlich muß hier so beschaffen sein, daß darin immer, wenn auch noch verdeckt, ein Lehrsatz enthalten ist, und die Antwort muß stets so zu neuen Fragen benutzt werden, daß der Schüler endlich, durch das ganze Gespräch, selbst zur Entdeckung dieses Lehrsatzes, der Wahrheit geführt wird, und das im Kleinen, wie im Großen. Alle Didaktiker sind darüber einig, daß sich dies nur durch Uebung erlernen läßt; gleichwohl giebt es gewisse Grundsätze, nach welchen verfahren werden muß, wenn selbst die fleißigste Uebung zu einer fruchtbaren Fertigkeit führen soll. So sorge man vor allen Dingen dafür, daß die Fragen stets deutlich und bestimmt gehalten sind. Eine unterrichtende Frage muß von allem Schmuck und allen bildlichen Redensarten entblößt und stets so gefaßt sein, daß kaum eine andere, als richtige Antwort darauf erfolgen kann. Alles Allgemeine und Doppelsinnige schließt sie von sich aus. Dann muß sie auch so kurz, als nur immer die Deutlichkeit zuläßt, gefaßt und dermaßen eingerichtet sein, daß der Schüler immer dadurch zum Denken, Urtheilen, Prüfen, Empfinden angeregt wird. Am wenigsten ist dies der Fall, wenn der Schüler Nichts als ein bloßes Ja oder Nein darauf zu antworten hat, und das trifft jedesmal zu, wenn die Frage mit einem Zeitworte anfängt. Frage ich z. B. den Schüler, wenn ich ihm den Unterschied der Tongeschlechte lehre: hat die Durtonart die große Terz in der Leiter? — so kann er nur antworten: ja und hat fast gar keinen Anlaß zu weiterem

9 *

Deulen; lehre ich aber die Frage um, so daß das Zeitwort vorn
weg fällt, und sage: welche Terz enthält die Leiter der Durtonart?
oder: welche Terz charakterisirt das Durgeschlecht? — so muß er
schon mehr nachdenken über den Unterschied der beiden Terzen, wenn
er eine richtige Antwort geben will, muß mehr sprechen. „Sprich,
damit ich Dich sehe." Zum Sprechen müssen wir den Schüler veranlassen, dann lernen wir ihn kennen, fördern wir sein Denken.
Wenn er eine Note falsch singt oder spielt, so sage man ihm nicht
allein die richtige Note nicht vor, sondern frage auch nicht: heißt
die Note, welche so und so auf dem Liniensystem und hinter diesem
oder jenem Schlüssel geschrieben steht, so oder so? frage vielmehr:
wie heißt die Note ꝛc.? — So die Frage eingekleidet, muß er
denken, ehe er darauf antwortet, und Denken ist Selbstthätigkeit.
Dann hinsichtlich der Antworten muß, wenn gar keine Antwort
erfolgt, und zwar nicht aus bloßer Unachtsamkeit, die Frage abge-
ändert, umstellt werden, daß sie dem Schüler deutlicher wird, oder
müssen ihr noch andere deutlichere Fragen vorangeschickt werden,
die ihr Verständniß erleichtern. Ist die Antwort richtig, so lohne
man des Schülers Aufmerksamkeit und Nachdenken durch eine zudem aufmunternde Billigung; ist sie aber falsch oder mindestens
doch nicht ganz richtig, so sei man nicht gleich mit der Berichtigung
bei der Hand, was ebenfalls dem Schüler allen Anlaß zur Selbstthätigkeit, zum Selbstdenken nehmen würde, sondern suche durch
andere Fragen, die leichter gestellt sind, und sich an schon längst
bekannte Dinge anknüpfen, und durch kluge Benutzung der darauf
erfolgten Antworten den Schüler nach und nach auf den rechten
Punkt zu führen, wo die richtige Antwort auf die erste Frage erfolgen muß. Klarer, begreiflicher wird ihm Alles dadurch. Auch
muß man ihn bei durchaus falschen Antworten selbst erst beurtheilen lassen, ob dieselben wohl richtig sein können, auf die Frage
passen, ehe man berichtigt. Am besten geschieht das durch Zusam-
menziehen der Frage und Antwort in einen Satz. Und endlich
sorge man dafür, daß die Antworten im Gegensatz zu den Fragen,
immer so weitläuftig und umfassend als möglich gegeben werden,
damit der Schüler den Gegenstand stets in seinem ganzen Umfange
anschaut und auffaßt. So ist z. B. auf die Frage: wodurch unterscheidet sich die Molltonart hauptsächlich und zunächst von der Durtonart? die Antwort: die Molltonart unterscheidet sich von der Durtonart hauptsächlich durch die kleine Terz in ihrer Leiter, in welcher die Durtonart stets die große Terz hat, — immer weit besser

als die kurze, allerdings nicht weniger an sich richtige Antwort: durch die kleine Terz, und warum? weil jene Antwort dem Schüler gewissermaßen den ganzen Lehrsatz gegenwärtig erhält.

b. Die akroamatische Lehrform.

Die akroamatische Lehrform ist die ausschließlich docirende, jene, welche lediglich mittelst zusammenhängender Vorträge ihre Materien dem Schüler mittheilt und in diese Vorträge Alles einkleidet, was sie zur Darstellung der Sache für nöthig erachtet. Während der Schüler also bei der katechetischen Form selbstthätig mitwirkt, verhält er sich hier bei dem Unterrichte, äußerlich wenigstens, ganz passiv, nur der Lehrer ist thätig. Solche Vorträge dürfen nie zu lange dauern. Junge Leute nämlich sind selten eines anhaltenden Nachdenkens und Verfolgens einer Rede fähig, versinken gar leicht in Gedankenlosigkeit oder Zerstreuung. Außerdem müssen sie sich vorzüglich durch Deutlichkeit und Ordnung in Darstellung der Lehrgegenstände auszeichnen. Es ist dies wichtiger als aller Schmuck, alle Blüthe der Sprache, die zumal der Deutlichkeit sehr hinderlich werden können. Ferner muß dabei, besonders wenn der Unterricht ein privativer ist, dem Schüler oder Zuhörer auch erlaubt sein, hie und da, wo er Etwas nicht genau oder nicht recht verstanden hat, bescheidene Fragen zu stellen, ja der Lehrer muß selbst sogar Anlaß dazu geben, oder durch eigene sogenannte Scheinfragen sich auf den Standpunkt des Schülers stellen und dessen mögliche Gedanken, Ansichten, Einwürfe darlegen, wo der Gegenstand ein so wichtiger und wesentlicher ist, daß ihm Alles daran liegen muß, verstanden, nicht einmal mißverstanden zu werden. Endlich darf der Lehrer hier auch nicht sparsam mit Wiederholungen sein, indem sie ihm das einzige Mittel bieten, sich eines bleibenden Eindrucks zu vergewissern. Special- und Generalrepetitionen müssen statt haben, jene in jeder Stunde, bei jedem neuen Vortrage, diese am Ende gewisser Hauptabschnitte des ganzen Unterrichts, wo sich ein Ueberblick über den bis dahin zurückgelegten Weg schicklich geben läßt.

c Welche von beiden genannten Lehrformen nun ist die bessere für unsern, den musikalischen Unterricht? — Jedenfalls unterrichte elementarisch.

Welche von beiden Lehrformen ist nun aber die bessere für unsere Zwecke? — die dialogische oder die akroamatische? — Die Frage ist schon eben so vielfach aufgeworfen als verschieden beantwortet worden. Die gewöhnlichste Ansicht geht dahin, daß den Be-

dürfniſſen des jungen Schülers immer die erſtere Form, die dialogi=
ſche, die angemeſſenere ſei, dagegen der akroamatiſche oder blos
docirende, zuſammenhängende Vortrag nur den erwachſeneren Schülern,
jenen von bereits ausgebildeterem Verſtande, angehöre; denn —
ſagt man — der Unterricht, den wir Kindern und überhaupt jün=
gern Schülern ertheilen, iſt in der Regel bloßer Elementarunter=
richt, und ſolcher muß allemal ein beſtändiges Geſpräch, darf nie=
mals eine förmliche, am allerwenigſten eine künſtlich geordnete Rede
ſein, der Unterricht aber, den wir erwachſeneren, verſtändigeren
Perſonen ertheilen, iſt in der Regel ein höherer, künſtleriſcherer,
kunſtwiſſenſchaftlicherer, und nicht allein, daß ſich für die Gegen=
ſtände eines ſolchen Unterrichts die akroamatiſche Lehrform mehr
eignet, ſondern erwachſenere Perſonen, junge Damen und Männer,
fühlen ſich auch gar leicht unangenehm berührt durch eine andere
Form, indem ſie ſich dadurch in eine längſt durchlebte Kindheit
zurückverſetzt meinen und ſo mit der Form zugleich auch gegen den
Inhalt des Unterrichts einen Widerwillen faſſen. Die Anſicht hat
auf den erſten Blick Vieles für ſich, ob ſie aber die richtigere iſt?
— ich zweifle, wenigſtens habe ich ihre letztere Begründung in
meiner langjährigen Praxis nie bewahrheitet gefunden, und doch
ward meine Unterrichtsanſtalt ſchon von Damen und Herren jedes
Alters und jedes Standes beſucht. Ich hatte einſt eine Claſſe,
in welcher lauter achtzehn= und zwanzigjährige Gräfinnen und Ba=
rone, etwa zwölf zuſammen, Unterricht in der Harmonie erhielten,
— weit entfernt blos akroamatiſch zu verfahren, habe ich auch bei
keinem dieſer Schüler irgend welchen Widerwillen gegen meine Unter=
richtsform bemerkt. Eine andere Anſicht geht dahin, daß beim Mu=
ſikunterichte die katechetiſche und akroamatiſche Lehrform ſtets mit
einander verbunden ſein müſſe, und wenn ich mich früher ebenfalls
zu dieſer Anſicht bekannte, ſo waren meine Gründe folgende. Bei
einer ausſchließlich katechetiſchen Lehrform kann der Unterricht nicht
anders als immer blos von einer gewiſſen Einheit, einem durch=
weg einheitlichen Begriffe ausgehen und von da aus dann den gan=
zen Gegenſtand, den er lehren will, nach und nach entwickeln. Das
iſt wohl bei dem Religionsunterrichte möglich, nicht aber bei dem
Muſikunterrichte. Dieſer betrifft eine Kunſt, eine Wiſſenſchaft, die
als ſelbſtſtändiges Object nicht ſo entſtanden iſt, als wie wir ſie
da aufzuſtellen haben. Immer drängen ſich hier gewiſſe, bereits
abgemachte Lehrſätze auf, die ſich nicht auf katechetiſche Weiſe aus
dem Schüler heraus demonſtriren laſſen, ſondern die ihm ſo zu ſo=

gen octroyirt werden müssen wie ein confessionelles Dogma und das kann nur auf akroamatische Weise geschehen. Doch bei blos akroamatischer Lehrform sündigen wir wieder zu sehr gegen viele andere Lehrregeln, als daß wir ihr das Wort reden können. Namentlich fördern wir dadurch die unerläßlich nothwendige Selbstthätigkeit des Schülers nicht genug, haben nie genügende Gewißheit, ob der Schüler auch das verstanden und behalten, was wir ihm vorgetragen, und daß Beides der Fall sei, muß der Lehrer in jedem Augenblicke, bei jedem Schritte sorgen und wissen. Also immer katechetisch und akroamatisch zugleich: das in allen Fällen das Beste, und wo das Eine mehr, das Andere weniger, ergiebt stets Subject und Object des Unterrichts. So dachte ich früher und wo ich die Ansicht aussprach und meine Gründe dafür darlegte, fand sie Beifall. Mittlerweile habe ich weiter über die Sache nachgedacht und heute sage ich: immer katechetisch und akroamatisch zugleich, auch immer von der akroamatischen Lehrform unmittelbar zu der katechetischen, aber jedenfalls und unter allen Umständen elementarisch! — Wie verstehe ich das? und warum so? — Wir sollen durch unsern Unterricht, sei er ein blos praktischer oder blos theoretischer oder sei er beides zugleich und bewege er sich einerlei in welcher Sphäre, — immer sollen und wollen wir dadurch bilden, entwickeln; der naturgemäße Gang aller Entwickelung aber ist der Anfang vom Einzelnen, Speciellen und Individuellen und der Fortschritt von da zum Allgemeinen, und so hat denn auch jeder wahrhaft bildende Unterricht nur diesen Weg einzuschlagen, der, eben weil auf demselben die Anlagen in ihrem Grundwesen ergriffen und entwickelt werden, kein anderer ist als der elementarische. Es gehört nicht viel Uebung dazu, sofort zu erkennen, daß diese elementarische Lehrform ebensowohl der akroamatischen als der ausschließlich katechetischen schnurstracks entgegengesetzt ist und doch beide zugleich in sich schließt. Das scheint ein Widerspruch und ist keiner. Der bloß akroamatische Lehrer trägt vor, zeigt, docirt, giebt, lehrt dogmatisch. Kommt hie und da auch einmal eine Frage vor, so legt er auf ihre Beantwortung keinen Werth, benutzt dieselbe nicht, sondern fährt in dem einmal ge- und erdachten Zusammenhange fort. Das Fragen ist ihm ein bloßes Scheinfragen. Der Schüler ist bei ihm überall blos auf das Hinnehmen, Empfangen, Lernen, Nachmachen, Nachschreiben, Nachdenken hingewiesen. Er, der Lehrer, macht die Wissenschaft, die er vorträgt, oder sich selbst, da er der allein Darstellende ist, zum Mittelpunkte

der Bewegung oder des Stillstandes. Anders der elementarische Lehrer, selbst bei dem höheren, künstlerischeren, kunstwissenschaftlicheren
Unterrichte. Er erfaßt den Schüler auf dem Standpunkte, auf
welchem derselbe steht, setzt ihn durch Fragen, die an sein Können
und Wissen anknüpfen, in Bewegung, weckt dadurch seine Selbstthätigkeit und leitet ihn durch fortwährende Erregung zur Auffindung und Erzeugung neuer Gedanken und Erkenntnisse an; er
macht so den Schüler zum Mittelpunkte der Bewegung, betrachtet
sich selbst nur als das Mittel, durch welches die Erregung und
Leitung geschehen soll, macht sich zum dienenden Werkzeuge der
Thätigkeit und befolgt, obschon er nicht wie der bloße Katechet seinen Unterricht an aus dem Schüler heraus geholte Sätze, sondern
wie der Akroamat, an gegebene Sätze anbindet, alle bereits oben
genannten didaktischen Grundsätze. Das ist ein elementarischer Unterricht, der, weder ein katechetischer noch ein akroamatischer, wie wir
sahen, doch zugleich ein solcher, der die akroamatische und katechetische Lehrform auch nicht von sich ausschließt; aber der, wie
der naturgemäßeste, bildendste, so auch in unserer Kunst der einzig
möglich beste Unterricht. Wir mögen unterrichten worin wir wollen,
in Composition, Geschichte, Harmonie, Aesthetik, Dynamik oder
auch bloß in der Technik, so müssen wir unterrichten elementarisch.
Allerdings ist diese Form die schwierigste, daher auch diejenige,
welche am seltensten zur Anwendung kommt, aber sie ist die beste
weil sie die Kenntnisse und Fertigkeiten dem Schüler nicht eigentlich giebt, wie die akroamatische, sondern, gleich der katechetischen
ihn veranlaßt, dieselben selbst zu finden, sich zu erwerben, sich durch
Selbstthätigkeit ihrer zu bemächtigen, obschon sie wieder in akroamatischer Weise ihm den Weg zeigt, auf welchem er sicher zu diesem
Ziele zu gelangen im Stande ist. Bloßes Vorsagen, Vormachen,
Ablesen, Diktiren, ist leichtes Kinderspiel, kann Jeder, der etwas
weiß und kann, aber taugt Nichts und nirgends, ist kein Unterrichten. Uebrigens mißverstehe man mich auch nicht: elementarisch
unterrichten heißt nicht etwa, sich bloß mit den Elementen unsrer
Kunst und ihrer Wissenschaft beschäftigen. Ich sollte meinen, das
Bisherige genügte, den Sinn zu verdeutlichen, den ich dem Begriffe elementarischer Methode hier unterlege. Sie gehört überall
hin, wo Etwas gelernt werden soll. Ich will zugeben, daß der
eine oder der andere Lehrer Schüler haben kann, bei denen er sich
aus Rücksicht auf Alter, Stand, Geschlecht oder sonstige Umstände
nicht wohl des direkten Fragens bedienen darf, gleichwohl kann er

auch hier, in diesem Falle elementarisch unterrichten, indem er den Schülern einen lebendigen Denkprozeß vorführt, also bloß die äußere Form der Methode ändert, im Uebrigen aber nicht deducirend, synthetisch, progressiv, dialektisch, dogmatisch, sondern induktiv oder inducirend, analytisch, regressiv, heuristisch verfährt. Ich hatte einmal eine von jungen Herren und Damen gemischte Klasse, in der ich Compositionsunterricht ertheilte; bald merkte ich, daß von einigen der Letztern keine Antwort auf an sie gestellte Fragen zu erlangen war; „sie geniren sich der Herren wegen" vertraute mir bei andrer Gelegenheit eine derselben; nun so unterließ ich das Fragen, verfuhr aber gleichwohl nicht eigentlich akroamatisch, sondern blieb nichts destoweniger elementarisch, und gaben mir die schriftlichen Arbeiten Gelegenheit genug, zu beobachten, wo noch länger zu verweilen, so hatte ich am Ende des Unterrichts auch die Freude, bei Allen die besten Früchte von meiner Unterweisung zu bemerken. Uebrigens kommt es häufig auch nur auf die conventionelle Art und Weise des Fragens an, um gegen kein Alter noch Geschlecht noch irgend welchen Stand damit anzustoßen. Meine erwachsenen erlauchten, hoch- und hochwohlgebornen Schüler und Schülerinnen antworteu mir eben so lebhaft und gern, als die bloß wohlgebornen oder gar nur hochedelgebornen, und die Kinder — sie verlangen keinen Unterschied, wollen alle nur mit gleicher Liebe und Freundlichkeit behandelt sein. Bei der elementarischen Lehrform geschieht die Bewegung nicht von oben nach unten, sondern von unten nach oben; sie fängt nicht bei der Spitze an, um von da aus endlich die Grundlage zu gewinnen, sondern sie beginnt auf der Grundlage, d. h. der auf welcher der Schüler steht, und steigt von da auf bis zum Endpunkte der Spitze. Jede andere Methode ist dogmatisch-oktroyirend, die elementarische bei allem Geben von Wahrheiten (bestehenden Lehrsätzen, Kunstregeln) immer entwickelnd. Keine Frage also, welche Methode die bessere, die menschenwürdigere, naturgemäßere.

b. Immer übrigens richte dich bei der Lehrform auch nach der Natur des Lehrgegenstandes.

Damit haben wir erfahren, daß es äußerlich eigentlich nur zwei Lehrformen giebt: die eine, welche den Schülern den Stoff vorträgt, mittheilt, giebt; die andere, welche denselben von ihnen produciren läßt oder ihn mit ihnen producirt. Jene nannten wir die ausschließlich akroamatische, dogmatische, diese die entwickelnde, elementarische. Die erste ist in der Regel bloß vortragend, diese dialogisch. Wendet man jene an, so spricht man den Schülern die Sachen vor und überläßt ihnen, sie mehr oder weniger fest ihrem Gedächtnisse einzuprägen; wendet man diese an, so bewegt sich der Unterricht in Fragen und Antworten. Nur bei Anwendung dieser Form herrscht Leben, geistiges Leben in dem Unterrichte, und dies um so mehr, wenn die Fragen auch nicht bloß vom Lehrer, sondern hin und wieder, ja so oft als möglich, auch vom Schüler ausgehen. Zugleich aber lernten wir auch, daß der Fragunterricht als solcher und an und für sich noch keineswegs der eigentlich entwickelnde ist. Die Fragen können sich eben sowohl auf schon Erlerntes beziehen, also lediglich examinirend sein, als auch auf noch Neues, das erst aus dem Geiste des Schülers entwickelt werden soll. Im erstern Falle ist der Fragunterricht katechetisch im weiteren Sinne des Worts, im letzteren Falle katechetisch elementarisch. Bereits sagte ich, daß die elementarische Lehrform überall und immer die bessere sei, setzte indeß auch hinzu, daß sie beim Musikunterrichte stets die akroamatische (vortragende) und allgemein katechetische Form in Folge der Natur unserer Lehrgegenstände in sich schließen müsse. Damit schon war angedeutet, daß, obschon unser Unterricht immer elementarisch sein soll, wir Lehrer doch in den Fall kommen können, das einemal dabei mehr akroamatisch, das anderemal mehr katechetisch im engeren Sinne des Worts verfahren zu müssen. Das hängt von der Natur und Beschaffenheit des Gegenstandes ab, den wir eben lehren oder zu lehren haben. Alle Gegenstände unsers Unterrichts, mögen wir sie betrachten, wie und in welchem Umfange wir wollen, zerfallen in dieser Beziehung in zwei Gruppen: in historische und rationelle. Zu jenen gehören alle diejenigen, deren Inhalt ein gegebener ist, also z. B. außer der Geschichte unserer Kunst Alles, was sich auf technische Fertigkeit, unser Tonsystem, Terminologie, Organologie, Formenlehre ꝛc. bezieht. Zu diesen gehören alle diejenigen, deren Inhalt aus der unveränderlichen Natur des Menschen stammt, von jedem denkenden und fühlenden Menschen erzeugt wird, also Rhythmik, Melodik, Harmonik, Dynamik und Alles was zur Kunst der musikalischen Composition gehört. Eine dritte Gruppe entsteht durch Mischung jener beiden, wie Akustik, musikalische Poesie, und Aesthetik im engern Sinne des Worts ꝛc. Es leuchtet ein, daß alles Historische, weil selbst ein Gegebenes, Empirisches, natürlicher Weise nur gegeben, mitgetheilt, nicht eigentlich entwickelt werden kann. Hier, bei die sen Gegenständen, hat also auch die elementarischeste Lehrweise vorzugsweise nur vortragend, akroamatisch, zu verfahren, und die katechetische Lehrform hauptsächlich nur so weit im Unterrichte Platz greifen zu lassen, als nöthig ist, dafür zu sorgen, daß Alles richtig verstanden, gut behalten, richtig wiedergegeben und eben so richtig angewandt werde. Obschon also die Kraft des Schülers, die hier besonders in Anspruch genommen wird, seine Empfänglichkeit, Receptivität ist, so muß dieselbe doch bethätigt, zur Selbstthätigkeit gesteigert werden, und das geschieht hauptsächlich durch Mitanwendung der katechetischen Lehrform, so weit, daß man sich die Sachen sogar vom Schüler wieder vortragen läßt. Es ist dies tausendmal besser, als das ewige Sprechen des Lehrers. Ja, nicht blos in der Erziehung, sondern auch im Unterricht ist der einsilbige Lehrer immer der bessere, wenn unter zwei in dieser Beziehung entgegengesetzten und sonst gleich qualificirten gewählt werden soll, d. h. den Satz recht verstanden. Die rationellen Gegenstände dagegen dürfen nicht wie die empirischen behandelt werden, denn ist ihr Inhalt so beschaffen, daß er eine weit bildendere Kraft an sich trägt, als der Inhalt der historischen Gegenstände, und von selbst schon die Selbstthätigkeit der Schüler erregt, so muß er auch entwickelt, muß bei ihrer Lehre auch mehr katechetisch und zwar katechetisch-elementarisch verfahren werden. Das geht langsam, aber ist unerläßlich, weil der Unterricht sonst nicht eigentlich musikalisch bildend ist. Alle wahre Bildung kommt nur langsam. In der Art der Behandlung dieser Gegenstände zeigt sich daher eigentlich auch die Meisterschaft oder Stümperhaftigkeit des Lehrers. Ein bloßes Vortragen, Vormachen oder Vorsagen hier ist ein Abrichten, Anlehren, kein Unterrichten, Entwickeln, Entfalten. Alle Lehre hat sich hier hauptsächlich in dialogischer Form zu bewegen. In dieser Form schon muß daher der Lehrer über sie denken, alle ihre einzelnen Vorwürfe in Fragen und Antworten auflösen und im Gebrauch derselben sich eine hinreichende Gewandtheit aneignen. Einzelnes davon muß allerdings dem Schüler auch wieder vorgetragen werden, aber es geschiehet nur, um sofort ein entwickelndes Gespräch daran zu knüfen. Eben dadurch, durch dieses ununterbrochene Entwickeln wird auch immer wieder neues Material gewonnen, während hier das bloße Vortragen solches stets ausgehen läßt, wenigstens nach dem Gefühl des Schülers. — Für die gemischten Gegenstände formirt sich hiernach unsere Regel von selbst. Jedenfalls steht fest, daß auch die bloße Lehrform nicht etwa ein Mantel ist, der sich nach

Belieben jedem Gegenstande anhängen läßt. Elementarisch überall, aber das einemal mehr akroamatisch, das anderemal mehr katechetisch, wie die Natur des Lehrgegenstandes es eben erfordert. Aus dieser Natur muß sich die Form des Unterrichts herausbilden; die Methode muß das Wesen des Gegenstandes selbst sein, die Natur der Sache, und ist sie dieses, so wird sie auch das lernende Individuum ansprechen, denn zwischen Objekt und Subjekt giebt es hier gar keinen Zwiespalt. Richten wir Lehrer daher, um die rechte Form für unsere Mittheilungen zu finden, unser Augenmerk immer nur auf das, was wir eben mittheilen, lehren wollen, so wie auf den Schüler, dem wir es lehren wollen. Ihre Natur ist das allein bestimmende hier, aber sobald sie erkannt, wird man auch, bei nur sonstigem didaktischen Verfahren, nie einen Fehlgriff thun. Die Form der Lehre muß sich nach der Quelle oder nach dem Princip ihres Gegenstandes bilden, muß prinzipgemäß sein. Immer elementarisch, aber das Historische hauptsächlich historisch, das Rationelle rationell, dort akroamatisch-katechetisch, hier katechetisch-elementarisch. Die Mischung macht sich von selbst. Anders ist die Form ein von Außen herangebrachtes, willführliches Verfahren. Das mag sie überall sein dürfen, nicht in der Kunst des Unterrichts, hier muß sie aus der Natur des Gegenstandes erwachsen, wie die Form des Erziehens sich nach dem gegebenen Modell construirt. Man sagt: der Mensch in dem Lehrer ist seine Methode; richtiger ist: seine Sache ist dem guten, verständigen Lehrer die Methode. Fertigkeiten aller Art bis zur äußersten Virtuosität können sich unsere Schüler wohl erwerben, wenn wir blos zeigen, sagen, dociren; aber niemals Kenntnisse, ein Kunstwissen aus Gründen und im Zusammenhange. Hier haben wir unsere Lehrschätze ihnen also auf eine andere Weise, in einer andern Form beizubringen. Nichts aber werden sie werden, weder Virtuosen noch Kunstwisser, wenn wir nicht elementarisch verfahren. Drehen wir sonach den Satz, immer bleibt er richtig: obschon immer elementarisch entwickelnd, so doch dies je nach der Natur des eben vorliegenden Gegenstandes bald mehr in akroamatischer, bald mehr katechetischer, dialogischer Weise; und: obschon hinsichtlich der Form der Mittheilung sich immer nach der Natur des Lehrgegenstandes richtend, so doch stets elementarisch, entwickelnd, sonst unterrichten wir nicht, ist alle Mühe vergebens.

e. Daneben, einerlei in welcher Form du dich eben bewegst, unterrichte stets mit Lebendigkeit und Kraft.

In welcher Form, lebhaft und kräftig muß der Guß geschehen, wenn er gelingen soll. Aber Kraft und Lebhaftigkeit — dazu gehören Heiterkeit des Geistes, Munterkeit, gute Laune, und diese lassen sich weder durch Kunst noch Studium erreichen, sondern müssen von der Natur gegeben sein. Ja und Nein! — allerdings haben natürliche Anlagen einen großen Antheil daran, aber Viel, unendlich Viel läßt sich hier auch lediglich durch den Willen erreichen. Ich fordere nämlich nicht jene blos äußere Kraft und Lebendigkeit, die sich im lauten Sprechen, heftigen Gestikuliren und dergleichen mehr kund thut, sondern die innere Lebhaftigkeit und Kraft des Geistes, die stets nur eine Frucht der Energie und Entschiedenheit des Willens, der Kräftigkeit des Charakters ist. Und daß diese nothwendig, unerläßlich nothwendig — wer möchte daran zweifeln? Unentschiedenheit, Unfestigkeit, Unmannhaftigkeit ꝛc. haben noch in keinem Stücke Etwas geleistet, was der Aufmerksamkeit der Zeitgenossen würdig wäre, wie würden wir, meine Herren Collegen, uns daher täuschen, wenn wir glauben wollten, mit schwankenden Ansichten, unbestimmten Gefühlen, mit Kraftlosigkeit des Willens die Dummheit unsrer Schüler in Gescheitheit, ihre Ungeschicklichkeit in Geschicklichkeit, ihre Flüchtigkeit in Aufmerksamkeit, ihre natürliche Wildheit in Bildung umwandeln zu können?! — Freilich die Kraft des Charakters muß angeboren sein, läßt sich durch Nichts ersetzen, aber wer sie nicht besitzt, wähle auch lieber nicht den Beruf eines Lehrers. Ich will kein Donnern, Herumfahren mit Kopf und Armen, aber die Stimme darf nicht matt, nicht schläfrig, das ganze Wesen des Lehrers darf nicht mürrisch, ängstlich, verzagt, sein Auge nicht stets auf einen Fleck gerichtet sein. Ein gutes Gehör muß er besitzen, dann kann er auch eine äußere Lebendigkeit entwickeln. Nirgends zeige sich bei ihm Ermatten, überall Kraft, Gewandtheit und Lust, Alles so lange zu drehen, zu wenden und zu zeigen, bis der Schüler es versteht, es machen kann. Bei Wichtigerem habe er einen besondern Nachdruck zur Hand. Auch fehle es ihm am rechten Orte nicht an witzigen Einfällen, launigen Anmerkungen. Es offenbare sich durch sein ganzes Wesen, daß er seiner Sache in allen Stücken vollkommen gewiß ist und daß er Alles am rechten Flecke anzugreifen versteht. Dabei unterscheide er in seinem Benehmen die Schüler nach Alter und Geschlecht. Mit den Kindern sei er Kind, mit den Jünglingen

Jüngling; mit den Knaben verfahre er ernster, derber, mit den Mädchen zarter, sanfter, gewissenhafter in Anstand und Manieren. Das die rechte Lebhaftigkeit und Kraft. Auch zornig darf er werden, nur muß sein Zorn ein Liebeszorn sein, und fühlen lassen, daß er nicht in übler Laune oder egoistischen Gefühlen seine Quelle hat, sondern in dem reinen Interesse für das geistige und moralische Wohl der Schüler und in seiner Ungeduld, sie möglichst rasch ihrem Ziele entgegenzuführen. „Je geistreicher ein Lehrer, sagte schon ein alter Didaktiker, desto jähzorniger ist er beim Unterricht, und ein neuerer, aber tiefer Denker über unsern Gegenstand setzt hinzu: je theilnehmender, desto jähzorniger. „Jähzorn" — nein, um Alles, werden viele Eltern und Erzieher hier ausrufen, um Alles keinen zornigen, ja gar jähzornigen Lehrer und zumal in der Musik! — Nun, ich habe schon gesagt, welchen Zorn ich meine, und Euch, die Ihr den sogenannt sanftmüthigen, milden und stillen Lehrern, welche da kommen wie Beter und gehen wie Beter, den Vorzug gebt, Euch fordere ich auf, zu kommen und zu hören, was die Schüler leisten, denen mit Kraft und Energie, mit Leben und Beweglichkeit der Unterricht ertheilt wurde, die bisweilen den Lehrer sogar aufbrausen sahen in hellen Zorn und immer eine Erregtheit bei ihm bemerkten. Seht, welche Aufmerksamkeit in Blick und Haltung, hört, wie energisch, geistreich bewegt ihr Vortrag, wie lebhaft, fest und bestimmt ihre Antworten! — Sind das etwa Eigenschaften, welche der entbehren kann, der wahrhaften Nutzen aus seinen Kunstübungen ziehen will? — Woher stammen sie? — Vergleicht diese Schüler mit andern, die auf andere Weise, von andern Lehrern unterrichtet wurden. Kraft, Energie, Lebendigkeit sind Eigenschaften eines Lehrers, die allein ausreichen, sind Disciplinarmittel, die viele hundert und hunderterlei didaktische Künste und Künsteleien unnöthig machen. Nur der entschiedene, charakterfeste, energische, kräftige, lebendige Lehrer, der da weiß, was er will, warum er das will, was er will, und welche Mittel die Ausführung seines Willens sichern, nur ein solcher bildet tüchtige, geistreiche Spieler oder Sänger und Kunstkenner.

l. Mache aber Alles, was du deinen Schülern zeigst oder lehrst, denselben auch — wie man sich im gewöhnlichen Leben auszudrücken pflegt — mundrecht,

b. h. trage ihnen Alles so, in der Form vor, und zeige ihnen Alles so, daß sie es zu verstehen und nachzumachen vermögen, nimm also auch bei der Form deines Unterrichts kluge Rücksicht auf die ganze innere und äußere Individualität deines Schülers. Die Regel kommt hier, weil ihre Befolgung Niemand schwieriger wird, als dem raschen, kräftigen, lebendigen, feurigen Lehrer. Ich hätte mich kürzer fassen und sagen können: sei bei aller Kraft und Lebendigkeit immer deutlich. Die Deutlichkeit nämlich ist hier ein sehr relativer Begriff. Dem Einen ist vollkommen deutlich, was dem Andern noch sehr undeutlich erscheint. Es kommt beim Unterrichte da sehr auf die Form des Ausdrucks, auf die Art und Weise des Zeigens an. Der eine meiner Schüler versteht mich besser und leichter in dieser, der andere in jener Form. Meine Kraft, Lebendigkeit und mein Feuer dürfen mich nie vergessen lassen, auch darauf Rücksicht zu nehmen. Ich lehre — um nur das erste beste Beispiel, das mir einfällt, anzuführen — meinen Schülern die Intervalle: der Eine begreift mich sofort, wenn ich von Prime, Secunde, Terz 2c. spreche, denn er besucht zugleich eine lateinische Schule und hat dort gelernt, was primus, secundus, tertius etc. tonus bedeuten; dem Andern dagegen muß ich noch sagen, was diese Namen bedeuten, woher sie rühren, daß sie übereinstimmen mit den Stufen, welche die Tonzeichen auf dem Liniensysteme einnehmen 2c. Es drängt mich, wieder einen Blick zurück auf den gemeinschaftlichen Unterricht zu werfen. Hier nämlich ist es, wo derselbe abermals einen bedeutenden Vorzug vor dem Einzelunterrichte bewahrt. Bei dem gemeinschaftlichen Unterrichte sind wir gezwungen, alle Gegenstände in so vielen verschiedenen Formen zu lehren und zu zeigen, daß sie Allen gleich sehr faßlich, Allen mundrecht erscheinen, denn nie werden wir dabei Köpfe von gleicher Fassungskraft und Anschauungsweise bei einander haben. In diesem Augenblicke gebe ich in einer Klasse Klavierunterricht, die von sechs Knaben besucht wird; alle sechs stehen in ziemlich gleichem Alter und alle sechs gehen in ein und dieselbe Schule, das Gymnasium, ja sitzen dort sogar in ein und derselben Classe; gleichwohl bin ich genöthigt, dem Einen die Dinge so, dem Andern so zu erklären, wenn ich gewiß sein will, daß er sie verstanden, begriffen hat, aber diese wiederholentliche Erklärung ein und derselben Sache, in jedesmal nur anderer Form, anderer Ausdrucksweise, hat auch den großen wesentlichen Vortheil, daß jeder Schüler sie vollkommen auffaßt. Gestern noch lehrte und zeigte ich in der Classe den Vortrag eines arpeggio: Der eine Knabe hatte mich sogleich verstanden, als ich sagte, das sei das Spiel nach Harfenart, da auf der

Harfe nämlich die Saiten mit den Flugern geriffen werden, weiter auś-
einander liegen und auch die Finger nicht alle gleich lange seien, so folgten
dort bei Afforden die einzelnen Töne meist nacheinander, nicht genau
zu gleicher Zeit, und dies je nach dem Tempo bald mehr bald weniger.
Für den andern mußte ich mich anderer Ausdrücke bedienen, mußte
den Vortrag sogar wiederholt zeigen. Ihm war die erste Erklärung noch nicht mundrecht genug. Schadete das dem Erfteren? —
mit nichten, vielmehr hatte es für ihn den sehr wesentlichen Vortheil, daß er nun die Sache nur um so vollkommener aufgefaßt hatte,
und um so sicherer das Gelernte zur Anwendung bringen konnte,
so wie der zweite dadurch die verschiedene gleich vortheilhafte Erklärungsweise ein und derselben Sache erfuhr. Alle sechs Schüler
konnten wir jetzt genau wieder sagen, was ein arpeggio ist, wußten es zu machen; alle sechs verließen die Lection geschickt, nöthigenfalls auch Andern wieder die Sache zu erklären. Ja, dies ift
der Prüfstein, ob wir auch mundrecht bei unserm Unterricht verfahren: der Schüler muß das Gelernte wieder erklären, muß es wieder
mündlich mit seinen eigenen Worten darstellen können. Nur das weiß
ein Schüler recht und hat ein Schüler recht gelernt, was er ordentlich zu sagen weiß; aber so wie er auch nur das ordentlich
lernt, worüber er angehalten wird, sich auszusprechen, so verfährt
auch nur derjenige Lehrer recht, deffen Schüler sich über das von
ihm Gelehrte wieder klar und deutlich aussprechen können. Es ift
ein Beweis, daß er die sehr wichtige Regel des mundrechten Vortrags zu befolgen versteht. Viel Sprechen, Reden und Zeigen gehört dazu nicht, so wenig als die rechte Kraft und Lebendigkeit sich
dadurch offenbaren. Im Gegentheil wie die besten Erzieher —
und ich habe das schon einmal angedeutet — da, wo es um das
rechte Thun des Zöglings handelt, in der Regel einsilbig sind,
so auch die besten Lehrer wenn nicht einsilbig, so gewiß doch noch
weit weniger redselig, sprechluftig. Die an Sprechsucht leiden, sind
die allerschlechtesten Lehrer. Es ift eine unselige Gewohnheit, den
Schüler mehr zuhören und zuschauen als selbst sprechen und selbst
handeln zu laffen. Der Lehrer hat das schwierigere Geschäft der
Selbstentäußerung, der Aufopferung, der Mittheilung übernommen:
er muß es erfüllen und es ift dies nichts Leichtes, Niemand wohl weiß
es beffer als ich; aber kommen die Schüler weiter, wenn er fort
und fort diesem Geschäfte und zwar streng dem Wortsinn seiner
Aufgabe nach) obliegt? nein! — Wir können unsern Schülern nicht
unsere Gedanken und Gefühle eintrichtern und dürfen dies daher

auch gar nicht einmal wollen, sondern wir haben nur unserer Schüler Gedanken und Gefühle zu wecken, und müssen daher für Alles, was wir thun und sprechen, eine Form wählen, die unsere Schüler wähnen läßt, als seien alles das, was sie thun und treiben, nicht unsere, sondern ihre Gedanken und Gefühle. Wir müssen hie und da, natürlich immer am rechten Orte, auch inne halten in unsrer Selbstentäußerung, damit der Schüler Zeit und Raum gewinne, das dadurch Empfangene in und durch sich zu verarbeiten: aber wiederum ein Grundsatz, welcher bedingt, daß dem Schüler alle die Sachen, die geistigen Speisen, auch auf eine Weise zubereitet gereicht werden, die möglich macht, daß sie von ihm, so zu sagen, verdaut werden können, und es schließt diese Bedingung weder den blos praktischen noch den blos theoretischen Unterricht von sich aus. Bei einer andern Gelegenheit schon erzählte ich, daß mein jüngster Sohn ein Paar verkrüppelte Finger an der rechten Hand hat: ich kann ihm die Ausführung mancher Spielfiguren auf dem Claviere, die Haltung des Violinbogens nicht so zeigen und lehren, als ich sie andern Schülern, deren Finger anders gebaut sind, zeigen und lehren muß, — das wäre ihm nicht „mundrecht", während diesen Andern wieder nicht „mundrecht" sein würde, wollte ich ihnen jene Dinge zeigen und lehren, wie ihm, meinem Sohne. Der Lehrer muß sich herablassen zu seinem Schüler, ihn, nicht sich im Auge haben.

g. Stehe nie still.

Inne halten, sagte ich so eben, müssen wir hie und da mit unsern Selbstentäußerungen; gleichwohl sage ich jetzt wieder: stehe nie still! — Ich meine: in deiner eigenen Bildung, denn dies, ein hier Nichtstillstehn ist das beste Mittel, auch deinen Unterricht stets zu heben, die sicherste Bürgschaft, daß du stets die vollkommenste, beste Form für denselben wählst. Wir können nicht Menschen veredeln oder verderben, sagt eine kluge Dame, ohne uns mit ihnen zu veredeln oder zu verderben; ich kehre mit diesem Rechte den Satz um und sage: wir können nicht andere veredeln, wenn wir uns nicht selbst veredeln, können niemals gut unterrichten, wenn wir nicht stets zugleich darauf bedacht, uns selbst weiter und zwar in den Lehrgegenständen fortzubilden. Rastlos vorwärts mußt du streben singt unser deutscher Dichter-Großmeister, nie ermüdet stille steh'n, willst du die Vollendung seh'n! — Die Bildung ist nie und nirgends etwas Fertiges und Gemachtes, sondern ein Werdendes, Lebendiges, das ohne Thätigkeit, Bewegung, Wachsthum gar nicht

gedacht werden kann. Nirgends mehr aber als in der Kunst, namentlich unserer Musikkunst und in unsrer Unterrichtskunst trifft der
Satz zu. Wie nun können wir wähnen, je etwas Vorzügliches
als Lehrer zu leisten, wenn wir selbst nicht stets vorwärtsschreiten
in alle dem, was wir treiben. Man sage nicht: wenn wir uns
die größeste Zeit des Tages hindurch abgearbeitet haben mit Lehren,
wo da noch Zeit und Lust zum Selbststudium! Docendo discimus,
durch Lehren lernen wir! ein altes Sprichwort. Die Bildung Anderer, einerlei durch welches Mittel, besteht hauptsächlich in deren
Erregung, diese Erregung aber hängt von der Selbstthätigkeit des
Erregenden ab, somit muß unser Unterricht zugleich eine Schule unserer Selbstbildung im besten und höchsten Sinne des Worts werden. Kein Musiker kann es so leicht immer weiter in seiner Kunstbildung bringen, als der, welcher zugleich Unterricht in der Musik
ertheilt, einerlei in welcher Weise oder Richtung, aber kein Musiklehrer auch wird so vortrefflichen und immer vortrefflicheren Unterricht ertheilen, als der, welcher zugleich sich selbst immer mehr auszubilden strebt. Wer dies unterläßt, mit dessen Unterricht wird und
muß es schlecht bestellt sein, besonders aber was die Form der Mittheilung bei demselben betrifft. Arbeiten wir drum stets an unsrer
eigenen Bildung, sowohl im Allgemeinen als an unsrer Lehrbildung
insbesondere. Da lernen wir den Schüler behandeln, lernen, was
es heißt, unterrichten, als auch wie dies am besten geschieht. Vertrauen wir nicht allein der Erfahrung; sie thut Viel, aber bei Weitem
noch nicht Alles. Nachdenken, reifes Nachdenken, Studium erfordert unser Beruf. Wir können unsere auf solche Weise errungene
Virtuosität in diesem nicht zur glänzenden Schau ausstellen, wie
etwa unsere Virtuosität auf irgend einem Instrumente oder unsere
geniale Kraft als Componisten; dennoch wird man uns „an unsern
Früchten erkennen." Zu ganzer genialer Virtuosität darin werden
es zwar immer nur die sogenannten gebornen Lehrer bringen, und
auch diese stets nur unter den glücklichsten, seltensten Umständen;
gleichwohl darf man von den andern wenigstens erwarten, daß sie,
was sie sind und wollen, mit und aus Charakter sind und wollen,
und daß sie somit darnach ringen, sich das zu erwerben, was dazu
gehört, dies wollen zu können. Dies Buch — ja es ist zum großen Theile eine Frucht reicher Erfahrung, aber das reichste Nachdenken, das sorgfältigste Prüfen liegt ihm dennoch hauptsächlich zum
Grunde. Man schelte mich nicht Egoist: es giebt Augenblicke und
Gegenstände, wo und bei denen man von sich reden, sich in den

Vordergrund stellen muß. Als ich während meiner theologischen Studien zu Göttingen Catechetik bei dem seligen Generalsuperinten=denten Trefurt hörte und im zweiten Semester der Vorlesung, wo ich das unter seiner Leitung stehende catechetische Seminar be=suchte, die Reihe der praktischen Uebung im Catechesiren an mich kam, verließ der greise Altmeister in dieser Kunst, kurz nachdem ich angefangen, auf einmal den Catheder und stellte sich mir gerade gegenüber, meinen Entwurf in der Hand, mich stark firirend; wäh=rend er bei allen meinen Vorgängern fort und fort einzufallen, zu leiten und zu verbessern pflegte, sprach er meine ganze Catechisation hindurch kein Wort; als ich geendet und mit dem gewöhnlichen Büd=ling an meinen Platz wieder gehen wollte, redete er mich erst an: je mehr ich Sie firire, finde ich eine Aehnlichkeit mit einem gewissen Schilling, der vor so und so vielen Jahren im Seminar zu Han=nover war, als ich an demselben die Stelle eines Inspectors be=kleidete; sind Sie vielleicht verwandt mit demselben?" — „Er ist mein Vater, Hochwürden! ebenfalls noch ein Schüler von Ihnen." — „Nun weiß ich, woher Sie catechesiren können," fiel er, auf mich zueilend und mir die Hand reichend, rasch ein, und wieder den Catheder besteigend war sein nächstes Wort: „ja, meine Herren! der Herr Vater dieses Ihres Herrn Comilitonen besaß ein solch' ausgezeichnetes seltenes Lehrertalent, daß ich seine ganze Erschei=nung nie vergessen kann." Was er weiter bemerkte und mir noch später in meine academischen Zeugnisse geschrieben, gehört nicht da=her; erinnern aber mußte ich mich an jenen Vorgang, wo ich mit dem Gedanken schließen will, daß die wichtigste Erscheinung, der lehrreichste Gegenstand der Anschauung bei allem Unterrichte, das lebendigste Beispiel für den Schüler immer der Lehrer selbst sein muß, die wahre personificirte Lehrmethode, das ganze Unterrichts=princip. Darnach also streben, und in diesem Streben nie stille stehen, und wir werden auch eine gute Form der Mittheilung haben. Die Bürgschaft für unsere Macht, unser Ansehen, unsern Einfluß, unsere Kraft inmitten unsrer Schüler müssen wir in uns selbst tra=gen, in unsrer ganzen Persönlichkeit. „Zeige mir deine Schüler, damit ich dich sehe!" ist ein alter didaktischer Satz. Ueberall ist unser Unterricht gerade so viel werth, als wir selbst werth sind, und wie uns genauer und gründlicher kennen gelernt hat, als selbst durch die umständlichste Beschreibung möglich, wenn man jenen kennt, so kann jener auch nur ein vortrefflicher sein, wenn wir selbst nach

Vortrefflichkeit in allen Dingen, wenigstens in denen, die uns als Lehrer angehen, streben.

b. Endlich verfahre in Allem und überall auch planmäßig.

Was heißt das? — lehre dem Schüler alle Dinge in einer gewissen Ordnung, nach einem bestimmten Plane, und lasse das leitende Princip bei dem Entwurfe dieses stets die Natur der Sache wie die eigenthümliche geistige und körperliche Beschaffenheit deines Schülers sein. — Planlosigkeit hat immer nur Verwirrung und Oberflächlichkeit zur Folge: drum planmäßig überall und in allen Dingen auch hinsichtlich der bloßen Form der Mittheilung, denn den eigentlichen Lehrstoff anlangend haben wir davon schon früher gesprochen. Planmäßig auch betreff der Form der Mittheilung! — darunter kann nur die Folge der mitzutheilenden Lehrgegenstände und ihre Vertheilung während der Unterrichtszeit gemeint sein. — Die erstere, die Folge der mitzutheilenden Gegenstände betreffend, hat der musikalische Unterricht den großen und wesentlichen Vorzug vor jedem andern Unterrichte, daß man in Wahrheit bei ihm nicht zu Vielerlei auf einmal zu treiben genöthigt ist, sondern wirklich vollkommen successive zu Werke gehen kann. Es fördert das sowohl die Gründlichkeit des Lehrens als das Interesse am Lernen, so wie es uns zugleich die an sich sehr schwere Aufgabe, allen didaktischen Anforderungen zu genügen, wesentlich erleichtert. In der That, kein Lehrer hat so genügende Gelegenheit, seine didaktische Virtuosität im glänzendsten Lichte zu entwickeln, als der Musiklehrer. Warum? sowohl der Acker, den er bebaut, ist der weiteste, als das Material, das ihm zu solchem Bau zur Hand liegt, das reichste. Eröffnet sich ihm dort das größeste Bereich der Wirksamkeit, so daß er Freiheit genug hat, zu wählen, welchen Weg er einschlagen will, es nach allen seinen Seiten fruchtbar zu machen, so legt ihm dieses nirgends Fesseln an, auch die besten, immer zweckmäßigsten Mittel zu solcher Cultivirung anzuwenden. Welcher andere Lehrer vermag sich einer solchen Unbeschränktheit zu rühmen? — Keiner! aber für welchen andern Lehrer dann auch so viel Aufforderung, so große, dringende Nöthigung, die Freiheit in der Bewegung, die ihm Object und Subject gestatten, nur klug und weise zu benützen?! — Drücke ich mich anders aus: eben weil dem Musiklehrer so große, unbeschränkte Freiheit in der Bewegung gelassen ist, hindert ihn Nichts, mehr als jeder andere Lehrer vollkommen didaktisch bei seiner Arbeit zu verfahren. Alle bisher dafür aufgestellten Grund-

säße vermag er in Anwendung zu bringen, zu befolgen. Auch
planmäßiger noch vermag er zu verfahren, als jeder andere Lehrer,
eben weil er, wie gesagt, ungeachtet der nöthigen Vielseitigkeit seiner Darstellungen doch nicht mit zu Vielem auf einmal sich zu beschäftigen braucht. Für die Folge der Gegenstände zeigt ihm hier
sogar die Natur selbst den Weg. Alles entwickelt sich nur stufenweise, aber von Innen her erhält alles äußere Leben auch erst seine
belebende Kraft. So weist eine wirklich planmäßige Entwickelung,
planmäßige Bildung zunächst auf dies Innere hin. Vor allen
Dingen sei er daher darauf bedacht, den Kopf der Kinder zu öffnen
und ihnen zu anschauenden Erkenntnissen und Begriffen zu ver-
helfen, nicht aber ihr Gedächtniß mit bloßen Sachen und Namen
anzufüllen. Das Erstere entspricht der elementarischen Methode, dies
ist gar keine Methode. Wie es geschieht, davon gleich nachher ein Meh-
reres, und in detaillirter Ausführung seiner Zeit im zweiten Theile.
An jene ersten Erweckungen der Aufmerksamkeit und des Nachdenkens haben sich dann allerhand mechanische Uebungen anzuschließen,
Lesen und Schreiben der Noten, Spielen melodischer und einfacher
harmonischer Tonfolgen, auch wohl kleiner sogenannter Handstücke,
Taktübungen, beim Gesangunterrichte das Treffen verschiedener,
natürlich immer erst der consonirenden Intervalle 2c. Ja, ja, Eure
Kinder können schon recht Viel und Mancherlei von Musik wissen,
noch ehe sie ein Stück von nur irgend einigem Belang zu spielen
oder zu singen vermögen: unterrichtet sie nur planmäßig. Ich habe
Schüler in meiner Anstalt, die erst ein Jahr Unterricht genossen,
und also kaum so viel Fingerfertigkeit haben können, um ein leid-
liches Rondo von Czerny oder Hünten zu spielen; aber einen einfachen Baß und eine einfache Harmonie zu einer gegebenen Melodie richtig auffinden, auf den ersten Blick die Tonart, die Harmonie erkennen und angeben, die in einem Takte oder Satze vor-
herrscht, und welche dergleichen Dinge mehr sind, vermögen sie doch
schon, und die Erfahrneren unter meinen Herren Collegen wissen,
was dazu gehört. Ist jene Stufe erreicht, so macht man dann
den Schüler mit den ihn in dem Bereiche, in welchem er vorzugsweise Musik zu erlernen und zu treiben sich entschlossen hat, zunächst umgebenden Dingen bekannt, also, wenn er z. B. vorzugsweise Clavierspieler werden will, mit den verschiedenen Arten von
Clavieren, nebenbei auch wohl mit den Instrumenten, mit denen zusammen das Clavier oft und am wirksamsten benutzt wird, mit dem
Unterschiede, der unter diesen verschiedenen Instrumenten herrscht,

der Art und musikalischen Bedeutung, auch dem Umfange ihrer
Wirksamkeit, den Sänger mit diesem Allen in Bezug auf die verschiedenen menschlichen Stimmen, der gangbarsten Arten von Tonstücken ꝛc. Unzertrennlich verbunden damit ist natürlich eine stete
naturgemäße Entwickelung der praktischen Fertigkeit und die Aneignung einer Menge, sowohl allgemeiner als besonderer musikwissen-
schaftlicher Kenntnisse. Hiernach suche man hauptsächlich auf Bildung und Läuterung des Geschmacks hinzuwirken, lasse zu dem Ende
den Schüler viel Musik hören und treiben, aus den verschiedensten
Zweigen, Gattungen und Stylen, ohne besondere Absicht auf eigentliche praktische oder technische Ausbildung, und verbinde endlich damit, je nach Bedürfniß des Berufs, ob Musiker ex professo oder
bloßer Dilettant, einen mehr oder weniger ausgedehnten höheren
kunstwissenschaftlichen Unterricht. Das im Allgemeinen der Gang,
den ich bei meinem Unterrichte nehme und ich habe ihn durch lang-
jährige Erfahrung als den einzig richtigen befunden, um in möglichst kürzester Zeit stets und auf sicherste Weise den eigentlichen
Zweck des ganzen Unterrichts zu erreichen. — Die zweite, die Vertheilung der Gegenstände während der Unterrichtszeit anlangend,
so unterliegt dieselbe im Allgemeinen keiner Schwierigkeit. Hält
man nämlich den Grundsatz fest, wie geschehen muß, daß in allem
Unterrichte ein innerer wie äußerer Zusammenhang stattfinden, daher mit jedem Schritte weiter auch die Begegnisse des vorangegangenen, mit dem Letzten auch stets noch das Erste dem Schüler gegenwärtig sein muß, so wird kein gewissenhafter Lehrer eine neue
Stufe auf seiner Leiter besteigen lassen, ohne den Schüler dazu anzuhalten, zugleich einen Blick rückwärts auf alle bisher schon über-
stiegenen zu werfen, ja er wird sogar in jeder einzelnen Lection
eine doppelte Repetition veranstalten, zu Anfang und zu Ende derselben. Zu Anfang wird er das in der vorangegangenen Unterrichtsstunde Vorgetragene und Gelernte wieder ins Gedächtniß zurück-
rufen, dabei zugleich prüfen, wie weit der Schüler durch Privatfleiß sich das Gelernte zu eigen machte und anzuwenden suchte,
kurz ob er die häuslichen Uebungen mit Fleiß und Nutzen fortsetzte,
und im nicht zusagenden Falle ihm Anleitungen geben, wie er
künftig zweckmäßiger und nützlicher seine Uebungen zu betreiben hat.
Unmittelbar daran knüpft er, und zwar mit möglichst logischer Folgerichtigkeit, den neuen Gegenstand, den er aber auch am Ende der
Lection nicht verläßt, ohne das Ganze, was der Schüler während
derselben lernte, noch einmal in einem übersichtlichen Rahmen zu-

sammenzufassen und so demselben gewissermaßen in gleicher Art vor
Augen zu stellen, wie man eine weite große Landschaft, wenigstens
in ihren Hauptparthien, auffaßt in einem kleinen Bilde. Begreiflich darf diese letzte Repetition ungleich weniger Zeit einnehmen als
die erste, wie weit aber der Lehrer darin zu gehen und in welcher
Form er sie anzustellen hat, das ergebe die Natur des Gegenstandes
und die individuellen Zustände des Schülers. — Das mein Plan
im Allgemeinen; sehen wir uns auch noch etwas specieller darin
um. — Zunächst gehört in dieser Beziehung zu einem planmäßigen
Verfahren, daß der Schüler weiß, was er lernen soll und will:
Musik überhaupt und dann das Spiel irgend eines oder mehrerer
Instrumente insbesondere, wozu ich auch hier wieder das Singen
zähle. So mache denn der Lehrer seinen Zögling vor Allem auch
erst mit dem Wesen der Musik überhaupt bekannt, namentlich betreff
ihres höchst bildenden Zwecks, der großen Vortheile, welche es gewährt, darin zu genügenden Kenntnissen und Fertigkeiten gelangt
zu sein. Natürlich darf dies nur in kurzer, kräftiger, leicht verständlicher Darstellung geschehen. Dann gehe er zu den nöthigen
Bemerkungen über Einrichtung und Beschaffenheit des Instruments
über, das der Schüler eben spielen lernen soll. Wer Schneider
werden will, muß vor allen Dingen wissen, was eine Nadel ist
und welche Bedeutung sie für dies Handwerk hat, wie sie anzu-
fassen rc. Meinen Clavierunterricht beginne ich daher damit, daß
ich dem Schüler in allgemeinen Umrissen sage, was ein Clavier ist,
daß ich sage und zeige, durch welche Theile desselben zunächst die
Töne hervorgebracht werden und wie zu dem Ende diese Theile
in Bewegung gesetzt werden müssen. Jetzt stellt das Kind die Finger
auf die Tasten, schlägt so viele von denselben der Reihe nach an, als
es Finger hat. Es überzeugt sich, daß es die Fähigkeit besitzt, Musik auf dem Clavier zu machen. Schon ist die Lust rege, auch alles das weiter zu lernen, was dazu gehört, solche Musik machen
zu können. Der Dinge sind gar mancherlei. Aber das Kind hat
ja schon in seiner Schule erfahren, daß gar Mancherlei dazu gehörte,
stricken, lesen und schreiben zu lernen, und doch kann es jetzt schon
stricken, lesen, schreiben. Der praktische Unterricht beginnt. Natürlich besteht derselbe vorerst nur noch in der Lehre von den musikalischen Zeichen und Tönen. Aber ich trenne auch die Sachen
nicht vom Zeichen, selbst die Sachen nicht, die in unmittelbarer oder
näherer Verbindung mit einander stehen. Das verbietet, wie wir
bereits erfahren, die Didaktik. Sonst würde ich wohl das Gedächt-

niß, niemals indeß aber die Denkkraft und das Gefühlsvermögen des
Kindes üben. Es würde dies eine Menge Namen und Dinge in
den Kopf bekommen, aber dieselben nicht mit Freiheit, mit Selbstthätigkeit anzuwenden lernen. Noten lernen und Noten spielen
muß Hand in Hand gehen, wie das Lernen der Tonnamen und
Angeben der Töne. Das Logier's absonderliche pädagogische Klug-
heit: er läßt Alles praktisch lernen, Alles anschaulich, trennt wirklich nie die Sache vom Zeichen. Was ist wichtiger: zu wissen,
welcher Ton durch eine Note vorgeschrieben wird, oder welcher ihr
Name? — Auf den höchst zufälligen Namen kommt Nichts an,
Alles auf die Sache; jener gehört dieser nur als unterscheidendes
Merkmal für den Verstand. „Spielen lernen“ will das Kind.
Das ganze lange Alphabet von Tönen interessirt es noch nicht.
Lernte es doch durch die Lautirmethode auch weit schneller lesen in
seiner Schule als durch die Buchstabirmethode. Spielen die Töne,
kann es aber auch nur in einer gewissen Zeit: so gehört die Lehre
vom Takt nicht weniger gleich dazu. Natürlich noch in entspre-
chendem Maße. Von Taktarten, ungeraden und geraden Takttheilen, Taktgliedern, Einsätzen, Sätzen, Abschnitten, Perioden der
verschiedenen Tempo's darf man ihm noch Nichts sagen. Nur das
verschiedene Zeitwerth-Verhältniß der Noten gehört dahin. Das
lernt der Schüler ebenfalls gleich mit dem Spiele derselben, ihre
verschiedene Figur weist darauf hin. Das Kind theilt sein Spielen
oder Singen taktmäßig ein. Durch welches Mittel am sichersten?
— lautes Zählen. Aber lautes Zählen vom Lehrer oder Schüler?
— das werden wir auch seiner Zeit erfahren. Hier handelt es
sich nur noch von der Planmäßigkeit des Unterrichts. Diese fordert, daß mit jenen drei Dingen, Kenntniß und Treffen der Noten
und ihrer taktmäßigen Eintheilung der Lehrer sich Anfangs begnügen muß, bis durch längere Uebung, während welcher blos auf
eine gleichmäßige Ausbildung der physischen Mittel, des Mechanismus zu sehen ist und dann noch die Lehre von den Applicaturen,
der Eintheilung unsers Tonsystems, und was dahin gehört, abgehandelt werden mag, Nichts jedoch ohne zugleich sofortige praktische
Anwendung, der Schüler wenigstens zu einiger Fertigkeit gelangt
ist, wo er dann, während er mit den praktischen Uebungen fort-
fährt, in theoretischer Beziehung den Unterricht gleichsam wieder
ganz von vorn anfängt, aber um das früher blos sinnlich, anschaulich darzustellen, auf eine mehr kunstwissenschaftliche Weise entwickelt, indem er zu der Lehre von den Tönen z. B. auch die Lehre

von den Intervallen und verschiedenen Schlüsseln, zu den Takteintheilungen zugleich die Lehre von der rhythmischen Accentuation, den Taktarten ꝛc. fügt, und damit endlich auf dem früheren verlassenen Punkte wieder angelangt, darf er nunmehr kein Zeichen und überhaupt Nichts, bis zu den Verschiedenheiten der Style und Tonbichtungsarten hinauf, mehr in den praktischen Uebungen vorüber gehen lassen, was auf die Schönheit des Vortrags oder den Ausdruck im Spiel irgend einen Einfluß üben kann, ohne seine vollständigste Erklärung, natürlich in successiver Fortschreitung, daran zu knüpfen. Welch' reiche Gelegenheit zu wahrhaft elementarischem Unterrichte! welch' fruchtbarer Boden für wahrhaft naturgemäße Entwickelung und Bildung. Gleich den tausend Bächen, die von den Bergen herabriefeln, um im Thale sich vereinigend den Fluß, den Strom zu bilden, nimmt der Unterricht jetzt Gegenstand um Gegenstand auf, welche Technik, allgemeine Musiklehre, Organologie, Compositionskunst ihm zuführen, um alle in einem Bette sich nach und nach entfalten und entwickeln zu lassen zu einem Strome, der, sich ergießend in Leib, Kopf und Herz des Schülers, nun diesen auch anfüllt, ausstattet, mit vollkommen musikalischer Bildung. Daß das nun Schritt um Schritt geschehen kann, wer könnte zweifeln? — Ich möchte daher nicht den Kummer alle in der Seele tragen, den die Frage, wie jede einzelne Lehrstunde einzurichten, daß sie nicht verloren geht in dem großen Werke der Entwickelung, vielmehr immer einen wesentlichen Zeitmoment in demselben beschreibt? schon manchen gewissenhaften Lehrer bereitet hat. Trachten wir immer zunächst nur, unsern Schülern einen klaren Begriff beizubringen über das, was sie eben thun, oder doch thun sollen, und lehren sie dann, sich selbst zu beurtheilen, so erfolgt die Antwort auf jene Frage von selbst. Fangen wir z. B. mit einem Schüler den Unterricht an, der schon anderweitig Unterweisung erhalten, so lassen wir uns von ihm irgend ein Tonstück, das er bereits erlernt, von ihm vortragen, geben dabei genau auf Alles, was von ihm ausgeht, Acht, und begehren dann von ihm ein Urtheil über das soeben Vorgetragene, sowohl im Ganzen als im Einzelnen. Dadurch lernen wir ihn, seinen Standpunkt kennen, erfahren, wo wir anzufangen, nachzuholen, zu ergänzen und weiter fortzubauen haben. Und ist dann der Unterricht im Gange, und soll ein neues Stück angefangen werden (denn in der Musik läßt sich auch das Abstrakteste, das reinst Wissenschaftliche nur an der Hand der Praxis lehren und erklären, Theorie und Praxis sind nirgends unzertrennlicher), so geschehe es nur nach den hier, in diesem Buche entwickelten Grundsätzen, und ich bin gewiß, wir Alle sind der Sorgen hinsichtlich jener Frage überhoben. Ja schon die bisher entwickelten blos allgemeinen Regeln geben, sorglich und mit Ueberlegung, d. h. alle in Eins gefaßt, befolgt, einen sichern Schild in die Hand gegen jede Planlosigkeit oder Unplanmäßigkeit auch in dieser Beziehung.

Das mein Glaube, meine Leser, hier! — Aber wer fühlte nicht, daß wir nun auch schon mit einem Fuße mitten inne stehen in dem Gebiete des folgenden zweiten Theils, der eigentlichen Methodologie?! Zögern wir sonach keinen Augenblick, den andern nachzusetzen und nun hier uns zu ergehen mit all' der Umsicht, Aufmerksamkeit, Sorglichkeit und erfahrnen Urtheilsreife, deren wir fähig. Das Allgemeine nämlich werden wir da im Besonderen, das Ganze im Einzelnen zu beschauen bekommen: das fordert Schärfung des Blicks, und da des Besondern, Einzelnen in tausendfältiger Zahl vorhanden, so auch größere Stätigkeit, daß kein Glied im ganzen Bau übergangen wird. Die Lehre von der Formation des Berges und Waldes im Ganzen ist vollendet; sie konnte bald geschehen, weil ihr Gesichtspunkt ein ferner, und das Auge in der Weite immer mehr zu fassen und schneller zu überschauen verträgt; jetzt treten wir näher, von Baum zu Baum, von Stamm und Strauch — ihre Lebensgeschichte bei jedem einzelnen entwickelnd, da heißt es bedacht sein, daß keiner übergangen und Nichts vergessen wird, und länger muß daher auch unser Verweilen sein.

Zweiter

specieller Theil,

enthaltend

die Praxis des musikalischen Unterrichts

oder

die eigentliche musikalische Methodologie.

Erstes Capitel.

Erweckung des Interesses am und der Liebe zum Musiklernen durch den Unterricht.

Gern hätte ich die Ueberschrift kürzer gefaßt, aber ich weiß keinen einfachern Namen für das, was in diesem Capitel eigentlich dargethan werden soll. Wir haben uns von dem wesentlichen Einflusse der Musik auf die gesammte Bildung des Menschen, ihrer seltenen, umfassenden Wirksamkeit als Erziehungsmittel und der daraus folgenden Nothwendigkeit des Unterrichts in derselben überzeugt (Einleitung); haben dann auch die Aufgabe dieses, seine verschiedenen Zweige und Richtungen, seine mannigfachen Erfordernisse, so wie die daraus wieder folgende Nothwendigkeit einer vollständigen didaktischen Durchbildung auch für den bloßen Musiklehrer näher kennen gelernt (erstes Capitel des ersten Theils); haben hiernach uns mit den verschiedenen Gegenständen des musikalischen Unterrichts bekannt gemacht und auch nicht etwa blos überhaupt, sondern selbst speciell in Beziehung auf jene verschiedenen Zweige und Richtungen des Unterrichts, also auch hinsichtlich des Umfangs, in welchem dieselben für den Fall gelehrt werden müssen, daß durch den Unterricht entweder wirkliche Künstler oder Musiker von Beruf, oder daß durch denselben bloße sogenannte Dilettanten herangebildet werden sollen, oder daß derselbe auch nur als allgemeines Erziehungsmittel gelten soll (zweites Capitel desselben Theils); und haben uns endlich auch über die beste allgemeine Beschaffenheit des musikalischen Unterrichts zu belehren gestrebt, indem wir dieselbe erforschten sowohl vom Standpunkte des Lehrstoffs, als der Lehrart und als der Form der Mittheilung aus, somit eine förmliche und vollständige Theorie des musikalischen Unterrichts aufstellten (drittes Capitel desselben Theils). Jetzt nun kommt die Frage an die Reihe, nicht blos wie der Unterricht überhaupt — so weit wäre dieselbe schon im Bisherigen beantwortet

11*

— fondern wie derfelbe auch in jedem einzelnen Falle, bei jedem einzelnen von jenen feinen vielfach ver= fchiedenen Gegenständen ertheilt werden muß, wenn er feine erkannte Aufgabe genügend löfen, feinen eigentlichen Zweck vollständig erreichen können foll, und wenn ich die Beantwortung derfelben, aus der fich noch eine umfaffende, wirkliche mufikalifche Methodologie herausgeftalten muß, wie wir noch keine befißen, — wenn ich die Beantwortung diefer Frage mit einer Unterfuchung über die Art und Weife, wie wir am ficherften und fchicklichften unfere Schüler zunächft für unfern Unterricht gewinnen, wie wir die Luft und Liebe zum Mufiklernen bei ihnen rege machen und ftets wach erhalten können, fo bieten mir nicht blos weder die taufendfachen Lectionspläne unferer Schu= len, noch die Inhaltsverzeichniffe der hundert und überhundert Er= ziehungs= und Unterrichts=Lehrbücher (Pädagogiken und Didak= tiken), die wir bereits für andere Fächer befißen, einen eigenen, befondern Namen für diefen methodologifchen Gegenftand dar, fon= dern glaube ich nichts defto weniger damit eine der wichtigften Aufgaben zu berühren, welche jeder Lehrer zu löfen hat und an deren glückliche Löfung er alle feine Kraft feßen muß, eben weil fie die erfte aller Bedingungen enthält, von denen ein glückliches Gelingen feines ganzen Unterrichtswerks abhängt. Vor allen Din= gen müffen wir Luft und Liebe zum Mufiklernen in unfern Schü= lern rege zu machen und ftets rege zu erhalten wiffen: erft dann, wenn wir das verftehen, dürfen wir hoffen, bei fonft guter Me= thode fie auch in der Sache felbft zu Etwas zu bringen; und fo macht eine Unterfuchung über die befte Art und Weife, wie Jenes gefchieht, nothwendig auch den erften Gegenftand aus, den eine wirkliche mufikalifche Methodologie darzuftellen hat.

1. Allgemeine Darftellung.

Beginne ich eine folche, zunächft nur allgemein zu gebende Darftellung, fofort mit einem Vorwurf, fo mögen meine Herren Collegen mir verzeihen; aber wahr ift und bleibt dennoch, daß die Schuld, warum fo unendlich viele Talente nicht zur Entwickelung kommen, warum fo unendlich viele Schüler die Luft und Liebe zum Mufiklernen verlieren, noch ehe das eigentliche Lernen begon= nen, und warum die an deren Stelle getretene Unluft nun ein un= überwindliches Hinderniß bildet, die jede wahre Fruchtbarkeit des

Unterrichts ohnmöglich macht, — wahr ist und bleibt dennoch, daß die Schuld hiervon weit seltener die Schüler, als die Lehrer selbst, ja fast nie die Schüler, sondern fast immer die Lehrer tragen. Die merkwürdigsten Beweise bietet mir die Erfahrung für diese Behauptung. Ich muß wieder von mir selber reden. Eine Menge Schüler sind mir schon zugeführt worden, die, lediglich aus Unlust zur Sache, es bei andern Lehrern zu Nichts bringen wollten und bald zu meinen besseren, fleißigsten, eifrigsten Schülern gehörten. Während der ersten Lectionen konnte man deutlich auf ihrem Gesichte lesen, wie sie auch nur kamen, weil sie mußten; aber nicht lange, so waren sie nicht mehr die Letzten, die erschienen, diejenigen, welche nur langsam zur Thüre hereinschritten und mit einer gewissen Unbehaglichkeit ihre Musikalien auf den Notenpult legten. Eben so habe ich, wie bereits früher einmal bemerkt, Schüler gehabt, die aus diesem oder jenem Grunde meine Anstalt verließen und ihre weitere Ausbildung bei einem andern Lehrer fortsetzen sollten, aber nicht lange, so erschienen sie wieder, mit der Erklärung von Seiten der Eltern, daß sie gar keine so große Lust mehr zur Musik zu haben schienen, und daß man sie somit lieber in meiner Anstalt lassen wolle. Ich will zugeben, daß viel das gesellschaftliche Leben, wozu der gemeinschaftliche Unterricht, der in meiner Anstalt ertheilt wird, Anlaß giebt, dazu beitrug, ja hie und da sogar wohl die einzige Ursache der Erscheinung war; aber im Allgemeinen war es diese gewiß nicht, und halte ich andere Erfahrungen daneben, so will mir im Gegentheil bedünken, daß die Methode selbst einen noch ungleich größeren und wesentlicheren Antheil daran hatte. Nur eine einzige solche sei erwähnt. Vor ohngefähr fünfzehn Jahren erschien bei mir ein Knabe, mit der Bitte, ihn Theil an dem Unterrichte in meiner Anstalt nehmen zu lassen, nannte mir seinen Namen, sagte, daß er bereits so und so lange von dem und dem Lehrer Unterricht im Clavierspiel erhalten habe, daß seine Eltern und er selbst nun aber wünsche, denselben ferner in meiner Anstalt genießen zu können, sein Vater würde selbst mitgekommen sein und ihn angemeldet haben, aber derselbe sei im Augenblicke so krank, daß er nicht ausgehen könne. Ich kannte den Vater, wußte, daß derselbe häufig schwer an der Gicht leidet, glaubte also Alles, was der etwa zwölfjährige Knabe mir da mittheilte, und nahm ihn ohne Arg auf. Der Unterricht dauerte mehrere Monate ungestört fort und der Knabe gehörte zu meinen fleißigeren Schülern. Da empfange ich auf einmal von seinem

Vater ein Schreiben, worin derselbe mir anzeigt, daß der Knabe den Schritt ohne Wissen und Willen der Eltern gethan habe, und daß der Unterricht aufhören müsse. Sofort entließ ich den Knaben mit den gebührenden Verweisen. Nicht lange und es erschien ein Onkel des Letztern bei mir, mit dem Bemerken, daß der Knabe dem Unterrichte, den er zu Hause erhalte, stets nur mit dem größten Widerwillen anwohne, daß die Eltern aber durch Verhältnisse genöthigt seien, ihm nur diesen und keinen andern Lehrer zu geben; der Knabe nun habe ihm, dem Onkel, vertraut, daß ihm bei mir der Unterricht weit leichter, angenehmer vorkomme, und wenn ich nun so gut sein wolle, und demselben Privatunterricht zu ertheilen, da er die Anstalt nicht lange ohne Wissen der Eltern besuchen könne, so wolle er, der Onkel, nicht allein die Kosten tragen, sondern auch übernehmen, seinen Bruder (den Vater des Knaben) mit dem Geschehenen auszusöhnen. Der Wunsch des Onkels ward erfüllt, und wenn dieser Knabe nun, der leider kurz vorher starb, als er die Universität beziehen wollte, einer meiner vorzüglichsten, fleißigsten Schüler ward und blieb, war dann das gesellige Leben des gemeinschaftlichen Unterrichts in meiner Lehranstalt oder war vielmehr nur meine Methode die Ursache davon? —

Wisse Lust und Liebe zum Lernen in dem Schüler rege zu machen, und wisse dann auch dieselbe rege zu erhalten! — Das ist Alles, was wir hier von dem Lehrer fordern, aber es ist mehr als das, was wir in der allgemeinen Theorie des Unterrichts verlangten, wenn wir dort sagten, daß der Lehrer seinen Unterricht auch interessant machen müsse. Hier wollen wir dasselbe zugleich als eine Aufgabe, als eine bestimmte Art und Weise des methodischen Verfahrens angesehen wissen und diese Aufgabe selbst auf methodische Weise lösen.

2. Erwecke vor Allem bei dem Schüler ein warmes Interesse am, Lust und Liebe zum Musiklernen!

Das Erhalten ist leichter als das erste Erzeugen. Haben wir nur erst einmal einen gesunden Keim, die Pflanze zu erziehen, zu pflegen, ist dann lediglich ein Werk der Aufmerksamkeit. Wir dürfen bei keinem Schüler Etwas, was uns zum Vortheil sein könnte, voraussetzen. Ist es da, um so besser; aber hundertmal für einmal wird es nicht da sein, und wir begehen daher mit dem Voraussetzen hundertmal für einmal einen Fehler, während wir durch das entgegengesetzte Verfahren, das Alles erst erzeugen will, nur

einmal für hundertmal etwas Ueberflüssiges thun, das zudem nie Scha-
ben bringen kann. Auch die Luft und Liebe zum Musiklernen dürfen
wir bei keinem unserer Schüler voraussetzen, sondern müssen sie erzeugen, so nah das Recht zu liegen scheint, annehmen zu dürfen, daß Niemand Etwas lernen wollen werde, das zu lernen er keine Luft hat. Namentlich Kinder möchten gern Alles können, Alles lernen, bis sie merken, welche Mühe dies Lernen macht, dann vergeht ihnen die Luft wie
man zu sagen pflegt, aber sie vergeht nicht erst, sondern jener Wunsch,
Etwas zu können oder zu lernen, war noch keine eigentliche Luft zur
Sache. Von dieser läßt sich erst reden, wenn das Kind auch schon
einen Begriff von der Sache erhalten. Ist dies der Fall und gesellt sich dann zu jenem Wunsche ein freies, thätiges Uebernehmen
der Mühe des Lernens, dann können wir von einer Luft und Liebe
dazu reden. Aber da haben wir auch sofort die Lösung des Räth-
sels: lassen wir diese Mühe nie so groß erscheinen, daß auch der
durch Bequemlichkeit verwöhnteste Schüler nicht davor zurückschreckt,
wenigstens nicht im gleichzeitigen Hinblicke auf die großen Vortheile,
die ihm das Ueberwinden der Arbeit gewährt und gewähren muß,
und wir haben das Ziel bereits erreicht. Doch wie das anfangen?
— Nichts ist leichter und Nichts doch zugleich auch schwieriger
und wichtiger. Suche vor Allem deinen Schüler kennen zu lernen,
jeder hat seinen eigenen Charakter, sein rigenes Temperament, wie
seine eigene geistige und leibliche Conftitution; dann, haft du ihn
erkannt, begriffen, so stelle dich sofort auf seinen Standpunkt und
gehe bei Allem, was du mit ihm treibst, nicht über diesen hinaus,
berücksichtige in Allem, im Reden und Handeln, seine Individualität, und indem du ihm dann nichts zumuthen wirst, was er noch nicht
zu fassen oder zu machen im Stande ist, indem Du ihm auch das, was
Du ihm zumuthest, nur zumuthen wirst auf eine Weise, die abermals
seiner ganzen Individualität gemäß ist, indem Du zurückhältst noch mit
all' der Waare, deren Erweckung ihm noch ohnmöglich oder doch eine
im Verhältniß zu ihrem jetzt begreiflichen Werthe zu großen Mühen-
aufwand zu erfordern scheint, indem Du so mit ihm Er bift, scheinbar
nur seinem natürlichen Verlangen dienstbar Dich zeigst und doch dieses
eigentlich leitest, — indem Du so verfährst, kommt ihm Alles, was er
da lernt und lernen soll, gar leicht, kinderleicht vor, blinkt ihm jeder
Gewinn in einem solch' hellen Sonnenlichte entgegen, daß er von selbft
der geringen Mühe, die es ihm'macht, gar nicht achtet, nur sein Auge
auf gewonnene Schätze des Wissens und Könnens richtet, und so
eine Luft an dem Lernen bekommt, die dem frischesten Keime gleicht,

welcher nur gehörig gepflegt zu werden braucht; um zu einer Staude, einem Halme, einem Baume heranzuwachsen, der die schönsten, edelsten, reichsten Früchte trägt. Ein Beispiel, und ich werde besser verstanden werden. Nehmen wir an, es wird uns ein Kind zugeführt, das noch gar keinen Unterricht in der Musik erhalten und Clavierspielen lernen soll. Es möge dasselbe sieben bis acht Jahre alt sein. Die meisten Lehrer verfahren da auf folgende Weise. Sie heißen das Kind sich vor das Instrument setzen und lehren es (hier einerlei noch auf welche Weise) die Tasten kennen, auch wohl schon die verschiedenen Octaven ꝛc. Dann, hat das Kind mit vieler Mühe einige Gewandtheit in dieser Kenntniß erlangt, ziehen sie ein liniirtes Blatt aus der Tasche und schreiben, wenn nicht sämmtliche übliche, doch die zunächst am meisten vorkommenden Noten auf, lesen dieselben mit dem Kinde durch, und heißen nun dieses, solche bis zur nächsten Lection auswendig zu lernen. In dieser nächsten Lection überhören sie, wie man sich auszudrücken pflegt, die Noten, lassen einzelne davon auf dem Claviere anschlagen, beginnen vielleicht gar schon mit dem Leiterspiel und fahren auf diese Weise fort, bis das Kind zu einer ziemlich vollen Fertigkeit in der Noten- und Tastenkenntniß gekommen ist, wo sie dann erst das wirkliche Spiel beginnen, wenn sie aus lauter Gründlichkeitseifer nicht noch mehrere Wochen mit bloßen Fingerbewegungen hinbringen. Dabei fällt mir die einst von mehreren Seiten her als höchst sinnreich angepriesene Methode ein, die Kinder diese Uebungen auf bloßen todten Claviaturen, Claviergestellen ohne Saiten, so lange machen zu lassen, bis die Finger sich gehörig zu bewegen vermögen. Nichts ist verkehrter, geisttödtender, Nichts uninteressanter für ein Kind. Es kommt mir bei einem solchen Verfahren vor, als legten die Herren Lehrer es förmlich darauf an, von vorn herein dem Kinde alle Lust zum Lernen zu nehmen. Ich verfahre in solchem Falle anders. „Also Clavierspielen, liebes Kind! willst Du lernen; gut! Aber dazu gehört gar Mancherlei; Kopf und Hände müssen arbeiten, ja manchmal sogar noch die Arme und Füße! Fürchtest Du Dich nicht davor? Das macht Mühe.“ Das Kind sieht mich betroffen, groß an. „Nun, laß Dir nicht Angst machen; es heißt ja Clavier spielen, nicht Clavier arbeiten; es kann somit auch nur eine Spielerei sein, und spielen — Nichts macht Dir ja mehr Vergnügen. Daß man Manches und Mancherlei lernen und können muß, um dies Spiel treiben und sich daran vergnügen zu können, ist wahr; aber hast Du nicht schreiben

und lesen gelernt? und wie schwer kam Dir das Anfangs vor.
Mehr Mühe macht auch das Clavierspielenlernen nicht, wenn Du
nur immer genau befolgst, was der Lehrer sagt. Komm, setze
Dich." Nun sage ich dem Kinde weiter etwa: sieh, das Clavier ist ein Instrument, wie Du ohne Zweifel schon weißt, das
Töne von sich geben kann, und mit dem man somit Musik
machen kann, wenn man es so behandelt, daß es diese Töne wirklich hören läßt. Das geschieht so: die Töne kommen von den Saiten da her, wenn dieselben in Bewegung gesetzt werden. Dies wird
durch jene kleinen Hämmerchen dort bewirkt, welche an die Saiten
anschlagen, wenn wir vorn diese Hebel da, die man Tasten oder
Claves nennt, niederdrückt. Jede solche Taste hat ein solches Hämmerchen: drücke ich sie nieder, so hebt sich das Hämmerchen in die
Höhe, schlägt an seine Saiten an und — es klingt ein Ton. Sieh
und höre nur einmal." Ich schlage einige Tasten an und lasse das
Kind sofort auch auf die Verschiedenheit der Töne achten, die zum
Vorschein kommen. „Wenn du also die Tasten anschlagen kannst,
so kannst du auch schon Töne auf dem Claviere hervorbringen.
Versuche es." Das Kind schlägt Tasten an. Ich sage ihm, wie
es die Hand und Finger dabei halten muß. Es kommen Töne
zum Vorschein. Man sehe es nur an: es freut sich, es kann schon
Etwas oder meint doch, schon Etwas zu können. „Du hast bemerkt, daß bei jeder andern Taste, die angeschlagen wird, auch ein
anderer Ton erscheint; ja, jede Taste auf dem Claviere hat ihren
eigenen besondern Ton, und man kann also auf jedem Claviere
eben so viele verschiedene Töne hervorbringen, als es Tasten hat.
Das ist nöthig, mein Kind! wenn man wirkliche Musik machen
will. So wie du nur mit Hülfe vieler verschiedener Laute und
Buchstaben sprechen und schreiben kannst, so muß man, um wirkliche Musik machen zu können, auch eine Menge verschiedener Töne
haben. Welches Bild gefällt dir mehr, das einfarbige oder das
bunte?" — „„Das bunte."" „Nun sieh, so werden dir die Töne
auch erst recht gefallen, wenn man mehrere zusammenstellt und zwar
in einer Ordnung, die auf das Ohr dieselbe Wirkung macht, wie
hübsch gewählte Farben auf das Auge." Jetzt lasse ich das Kind
die Hände auf das Clavier setzen, zeige ihm eine kleine melodisch
geordnete Reihe von Tönen, lasse es dieselben nachspielen. Das klingt
so zu sagen schon stückartig in seinem Ohre. Ich erreiche denselben
Zweck, den jene „gründlichen" Fingerübungen haben sollen, und
habe noch mehr erreicht: das Kind weiß und kann schon Etwas.

Das zu lernen ist ihm auch ganz leicht geworden. Vergnügt verläßt es die erste Lection. Hatte es noch keine Lust zum Lernen, so hat es sie schon jetzt bekommen, denn es „kann ja schon Etwas und das war ihm kinderleicht zu lernen." Bedenken wir doch, daß ein Kind, wie hier in Rede, sich noch in dem Alter der Sinnlichkeit befindet, wo seine Denk- und Gefühlskräfte wohl in Thätigkeit gesetzt und geübt werden müssen, um sie zu stärken, aber immer nur auf dem Wege und durch das Mittel sinnlicher Anschauung, wo also all' unser Unterricht noch nicht direct auf das Denk- und Empfindungsvermögen gerichtet sein darf. Das heiße ich, den Schüler erfassen, sich ihm ganz hingeben, sich auf seinen Standpunkt stellen. Wer anders verfährt, macht dem Kinde das Lernen zur Arbeit, mit der Arbeit aber ertödtet er die Lust zum Lernen. In der folgenden Lection dann sage ich dem Kinde, daß, wie die Sprache blos aus Lauten besteht, gleichwohl jeder Laut seinen eigenen Namen hat, so auch jeder Ton der Musik, und knüpfe daran die Unterweisung in den Namen der Tasten, woran sich unmittelbar die Lehre von den Tonzeichen (den Noten) anschließt, aber auch hier mache ich die Lehre nicht etwa zu einem bloßen Gedächtnißkram, sondern zu einem Gegenstande der sinnlichen Anschauung, indem das Kind sofort dabei eigens dazu eingerichtete Tonstückchen spielen lernt. Ich kann nicht oft genug wiederholen: sorgt nur immer, daß die Kinder mit jedem Schritte etwas Neues können, das Wissen läßt sich ja gar nicht davon trennen, sondern nicht zuvor für das Wissen; dann sorgt, daß dieses Können den eben vorhandenen Kräften des Schülers angemessen ist, und Ihr werdet Lust machen zum Lernen, wo noch keine vorhanden war, und Lust erhöhen, wo sie schon vorhanden. Weinend schon sind mir die Schüler in meine Anstalt gebracht worden, wie Kinder, die zum ersten Male in die Schule geführt worden, und heiter und froh haben sie nicht blos gleich die erste Lection verlassen, sondern sie sind auch in die zweite, dritte und alle folgenden wieder gekommen, warum? weil sie aus jeder das Bewußtsein mit fortnahmen, daß sie Etwas konnten und daß ihnen dies zu lernen gar nicht schwer geworden war. Wir, wir Lehrer eigentlich müssen die Arbeit übernehmen, die mit dem Lernen verbunden ist, und unsern Schülern darf Nichts bleiben, als das daran haftende Vergnügen. Vor Lehrern, die anders verfahren, erlaube ich mir, zum Heil ihrer Kinder und Zöglinge, alle Eltern und Erzieher zu warnen. Noch ein Beispiel: es soll uns ein erwachsenerer Schüler zugeführt werden, der schon bei einem andern Lehrer Unterricht hatte, denselben aber aus irgend einem Grunde aufgab. Meist wird da auf folgende Weise verfahren. Man läßt den Schüler Sachen spielen oder singen, die er bereits gelernt hat, beobachtet dabei die Mängel und Vorzüge seiner praktischen Fertigkeit, und unterrichtet sich nun auch durch Fragen oder dergleichen von dem Stande seines Wissens. Die Annahme, daß der frühere Unterricht aus Unzufriedenheit über seinen Mangel an Gründlichkeit oder dergleichen aufgegeben wurde, liegt eben so nahe, als die Neigung, der Reiz, nun auch sofort zu zeigen, um wie viel gründlicher, besser der neue Unterricht ertheilt werden wird. Gleichwohl ist selten Etwas weniger geeignet, die Lust des Schülers für diesen neuen Unterricht rege zu machen, als ein Verfahren, wie eingeschlagen werden muß, wenn man einer solchen Annahme und einer solchen Neigung zu unbedingt Raum gestattet. Da fangen die meisten Lehrer den Unterricht geradezu wieder ganz von vorn an, und mit einer Breite, einer Gründlichkeit, Genauigkeit, Sorglichkeit, daß der Schüler sich auf ein ganz neues Terrain versetzt meint oder doch meinen soll. Nichts aber ist zugleich ermüdender, abschreckender für denselben als ein solches Verfahren. Es kommt ihm vor, als habe er einen Stein bereits bald auf den Berg hinauf gewälzt und nun werde ihm derselbe nicht blos wieder ganz hinunter gerollt, damit er ihn abermals hinaufwälze, sondern werden ihm auch tausenderlei neue Hindernisse dazu in den Weg gelegt. Da vergeht ihm die Lust. Er legt Hand an, aber als er das Letztere bemerkt, zieht er sie wieder zurück, und keine Macht der Erde vermag ihn zu bewegen, den Stein nur wieder dahin zu bringen, wo er ihn schon einmal zu haben meinte. Zwang wenden wir an: nun er wird wälzen und wälzen, aber alle Augenblicke auch wieder die Hände abziehen und den Stein fort und fort wieder herabrollen lassen, da seine Unlust jetzt nur im Nichtgelingen des ganzen Werks eine entsprechende Befriedigung findet. Zugegeben die erste Annahme ist richtig und begründet, so läßt sich ja das Beabsichtigte auf einem weit wirksameren, dem Schüler interessanteren Wege erreichen. Oft genug schon habe ich derlei Schüler bekommen, welche sich bereits tüchtig und muthig auf dem Instrumente herumtummelten, gleichwohl aber nicht einen einzigen Lauf, keine Figur rein und richtig, präcis zu spielen oder zu singen, viel weniger sonst Etwas von der Musik als solcher verstanden. Nun — pflegte ich da zu sagen und ich durfte so reden, da der Schüler sich ja schon in dem Alter befand, wo man ihm mit Vorstellungen zu Leibe gehen darf — nun, das ist Alles recht schön und gut, aufgerichtet und ausgemauert ist das Haus, Zimmermann und Werkmeister sind fertig mit ihrer Arbeit, doch Tischler, Maler, Tapezierer und wie die Leute alle heißen, die für die Verschönerung des Gebäudes, seine wohlgefällige Ausschmückung, Bequemlichkeit, seine eigentliche Bewohnbarmachung zu sorgen haben, kommen jetzt an die Reihe. Unternehmen wir jetzt deren Geschäft und vollbringen wir es auch gleich an dem Hause, das Sie da haben. Ich gehe an die Arbeit, fahre fort, wo meine Vorarbeiter aufgehört; der Schüler fühlt sich nicht zurückversetzt, sondern promovirt in eine höhere Classe, das macht ihm Lust zu dem neuen Unterrichte, und zu dem Ergänzen des mangelnden Wissens und Könnens bietet sich schickliche Gelegenheit genug. Vor allen Dingen aber warne ich dabei vor nachtheiligen Bemerkungen über das Verfahren und die Lehrweise des früheren Lehrers. Man glaubt, dadurch an Ansehen in den Augen des Schülers zu gewinnen und gerade das Gegentheil wird erreicht. Junge Leute fühlen anders, weit richtiger, reiner in dieser Beziehung. Ein natürlicher ethischer Takt leitet sie. Selbst wo man die Entdeckung macht, daß der frühere Lehrer Etwas durchaus falsch gelehrt, gezeigt oder erklärt hat, lasse man sich nicht darüber aus, sondern sage lieber, daß bis daher eine solche Erklärung ꝛc. für den Schüler wohl ausgereicht habe, aber nun wolle ja dieser das Lernen von einem höheren künstlerischen Standpunkte aus betreiben, und da müsse ihm auch Alles von jetzt an nur von diesem Standpunkte aus gezeigt und erklärt werden. Unbewußt fühlt der Schüler das Edle eines solchen Benehmens und wie der rege gemachte Stolz sein Interesse am Lernen vermehrt, so steigert sich durch jene Empfindung seine Achtung vor dem jetzigen Lehrer, die zugleich wieder zu dem kräftigsten Hebel für dieses Interesse wird. Ein merkwürdiges Beispiel in dieser Beziehung ist mir erst in den jüngsten Tagen wieder begegnet. Eine Schülerin von erst 13 Jahren besuchte seit einiger Zeit meine Anstalt, die früher bei einer hiesigen Clavierlehrerin Unterricht hatte. Aus Allem, was das Mädchen, das einem höhern Stande angehört, an Wissen und Können mitbrachte, ging hervor, daß diese Dame wohl zu allem Andern, nur nicht zur Lehrerin der Musik berufen sein mag. Vor wenigen Tagen erst machte ich die Entdeckung, daß das Mädchen Schneller, Doppelschlag, Mordent ꝛc. Alles für ein und dieselbe Figur und Manier zu halten und auf einerlei Weise auszuführen angehalten worden war. Wie falsch! und noch dazu war auch die Art der Ausfüh-

rung eine durchaus unpräcise. Als ich nun vor wenigen Tagen
in der Classe, welche das Mädchen besucht, Gelegenheit nahm, die
verschiedenen Manieren 2c. und deren Zeichen und Ausführung zu
erklären, antwortet mir dasselbe am Schlusse der Erklärung: „aber
da ist ja wieder durchaus falsch gewesen, was mir Mademoiselle ***
immer gesagt hat; bei ihr habe ich den Schneller auch stets so machen
müssen wie den Doppelschlag, und ich habe doch selbst auch immer
gedacht, das könne nicht wohl sein, weil sonst auch die Zeichen sich
wohl gleich sein würden." „Falsch dürfen Sie nicht wohl sagen,"
lautete meine Erwiederung: „viele Musiklehrer pflegen Anfangs die
verschiedenen Figuren und Manieren nicht so genau von einander
zu unterscheiden, wie ich so eben gethan, um den Kindern nicht
zu vielerlei Dinge auf einmal zu lehren und ihnen so das Lernen
nicht zu erschweren. Mademoiselle *** kennt den Unterschied dieser
Manieren gewiß sehr gut, aber wollte Sie nur noch nicht damit
behelligen, weil es bis daher noch zu schwer für Sie gewesen sein
würde, die Sachen alle zu fassen" 2c. Das Mädchen lächelte. Am
Abend erfahre ich von meiner Tochter, welche derselben Lection an=
wohnte, daß es nach dieser geäußert: „es wisse doch nun ganz ge=
wiß, daß Mademoiselle *** keine gute Lehrerin gewesen, aber ich
wolle nur niemals Etwas auf Andere kommen lassen," und daß
meine Schüler, wenn sie kommen und gehen, mir heitern Blicks
die Hand reichen, wie Kinder einem Vater, und daß sie gern kom=
men, gern noch öfter kämen, als der Unterrichtsplan vorschreibt,
bei meinen Erklärungen verlangenden Blickes an meinem Munde
hangen — daran, glaube ich, hat dieses Verfahren, wonach ich
„nur Nichts auf Andere kommen lassen" soll, sicher nicht geringen
Antheil. Es erweckt Vertrauen in dem jungen Herzen und mit
diesem Vertrauen wächst die Lust zum Lernen.

Damit haben wir unsere Aufgabe aber lediglich erst von ihrer
objektiven Seite betrachtet, sie hat auch ihre subjektive Seite. Der
Lehrer soll und muß Eins sein mit seinem Schüler, wenn er dem=
selben Lust machen will zum Lernen, muß ganz Er sein, in Allem
nach Temperament und Charakter, der ganzen Individualität dessel=
ben sich richten, sich ihm hingeben, bis zur scheinbaren Dienstbar=
keit selbst. Das widerspricht nicht jener großen Erziehungsregel:
widerstehe! — Nirgends ist dieselbe schwerer zu verstehen, als wird
sie auf die Methode beim Kunstunterricht übertragen, und nirgends
ist sie gefährlicher, als wird sie hier mißverstanden. Wo es sich
blos darum handelt, einen Schüler an das Gehorchen, an Gehor=

sam zu gewöhnen, mögen wir einfach sagen: man widerstehe ihm, widerstrebe seinen Unbändigkeiten, zügele seine jugendlichen Leidenschaften; aber wo es zugleich darauf ankommt, ihn daran zu gewöhnen, daß er auch mit Lust gehorcht, mit Interesse der gegebenen Unterweisung folgt, da müssen wir hinzusetzen: widerstehe ihm, indem du ihm Raum läßt, sich frei zu bewegen, bis dahin, wo er nicht ohne Schaden zu nehmen fallen kann. Das ist, was von uns Musiklehrern am seltensten, am wenigsten bedacht wird, aber das auch der Grund, warum es so selten uns gelingt, wahrhaft warmes Interesse bei unsern Schülern für unsern Unterricht rege zu machen. Meist wollen wir, daß unsere Schüler Wir seien und für gut halten, was wir für gut halten. Das ist ein Octroyiren von Wissen und Können, kein Unterrichten, kein Lehren; allem Octroyiren aber widerstrebt die freie menschliche Natur und während wir somit Lust machen wollen zum Lernen, erzeugen wir Unlust. Wir widerstehen dann mit der Wirkung, daß auch der Schüler uns widersteht. Widerstehen sollen und müssen wir, d. h. wir dürfen niemals unsern Schülern freien Lauf in ihrem Thun und Lassen gestatten, denn wir wollen und sollen sie ja zu etwas Bestimmtem bilden, gewisse Anlagen in ihnen bis zu einem gewissen Ziele der Fertigkeit und Vollendung entwickeln, aber die Regel für die Art und Weise dieses Widerstandes müssen wir doch auch wieder und lediglich aus dem Naturell, der Individualität, dem eignen Ich der Schüler hernehmen, sonst werden wir das Ziel dieser Bildung und Entwickelung niemals erreichen, weil der Widerstand dann aufhört zugleich Leitung zu sein, vielmehr Nichts als nur Widerstand erzeugt. Da habe ich einen Schüler, dessen weiches, zartes Gemüth wird verletzt, wenn ich ihn hart anrede, er wird erbittert, wenn ich ihn bei jedem Fehler sogleich tadle: ich bin immer freundlich mit ihm, rede so sanft als möglich zu ihm, und selbst wo er einen Tadel verdient, ertheile ich ihm denselben auf solch schonende, freundliche Weise, daß er einem andern mehr als Lob, denn als Tadel erscheinen dürfte; das, diese nothwendig gebotene Rücksicht auf seine Gefühls- und Anschauungsweise, thut ihm wohl, er hält sie für besondere Güte, und unbewußt äußert sich sein Dank in freudiger, froher Befolgung und Auffassung dessen, was ihm gezeigt und gelehrt wird. Da habe ich einen andern Schüler, der in dieser Beziehung gerade das Gegentheil von dem ersten ist, und so verfahre auch ich gerade auf entgegengesetzte Weise mit ihm, ohne indeß vielleicht in jene Härte, Herbheit, Heftigkeit auszuarten,

die abstößt, sondern stets mich auch hier immer noch in den Schranken
wahrer Liebe bewegend. Das weckt Vertrauen und Lust bei dem
Schüler. · Die verschiedenen Abstufungen in dem Verfahren ergeben
sich nach der allgemeinen Regel von selbst. Man zweifle nicht, daß
sich damit zugleich der nöthige allgemeine Ernst beim Unterrichte verbinden lasse, noch weniger glaube man, daß ein solches Eingehen in
die Individualität des Schülers in dieser Beziehung sich wohl
bei dem Einzel=, nicht bei einem gemeinschaftlichen Unterrichte
ermöglichen lasse, als ob hier alle Schüler gleichmäßig behandelt
sein wollten, weil sonst der eine sich für bevorzugt, der andere sich
für nachgesetzt halten und so dieser die Lust am Unterrichte verlieren, während jener zu einem eben so nachtheiligen Uebermuthe ausarten könnte. Keine Ansicht unrichtiger und der Erfahrung zu-
widerlaufender. In diesem Augenblicke unterrichte ich in einer
Classe, welche von fünf Schülerinnen in dem Alter von zwölf und
dreizehn Jahren besucht wird. Bei der einen darf ich keinen Tadel aussprechen, ohne demselben zugleich ein Lob, dem dann das
„aber" folgt, vorauszuschicken. Ja ich muß ihr den Tadel meist
noch zuflüstern. Anders wird das Mädchen so schmerzlich davon
berührt, daß ihm sofort die hellen Thränen über die Wangen rollen
und alle noch übrige Zeit der Lection für es verloren ist. Bei der
zweiten darf ich gerade umgekehrt kein Lob aussprechen, ohne demselben zugleich einen Tadel zuzufügen, sonst meint das Mädchen
sofort, schon mehr als nöthig gethan zu haben, und läßt augenblicklich nach in Aufmerksamkeit und Sorgfältigkeit. Bei der dritten
darf ich Lob und Tadel, wo und wie sie verdient sind, unbedingt
und im vollsten Maße ertheilen, sie haben immer die beste Wirkung. Bei der vierten darf ich — merkwürdig genug! — fast gar
nicht loben, wenn ich das Mädchen in Spannung erhalten will.
Nicht als ob es unempfänglich für ein freundliches Anerkenntniß
seiner Leistungen wäre, sondern das Kind kommt mir vor wie eine
Maschine, die immer getrieben sein will, wenn sie Etwas leisten
soll, dann aber auch Vorzügliches leistet, aber sofort nachläßt in
ihrer Wirksamkeit, wenn die zweite Kraft erlahmt, die sie in Bewegung erhält. Das Kind vermag Viel zu leisten, sobald ich aber
dies anerkenne, wird es unzufrieden, es scheint ihm kaum wahr,
sobald ich dagegen mehr und mehr von ihm verlange, legt es einen
Eifer an den Tag, der kaum zu beschreiben. Bei der fünften endlich, einem in jeder Beziehung ausgezeichneten Mädchen, muß ich
ebenfalls sorglich Maß halten im Lob, weil dies eine solch' er-

freuende Wirkung auf es hat, daß ich andernfalls einen nicht minder schädlichen Uebereifer zu befürchten hätte. Das Mädchen spielt
Clavier so fertig und mit einem solch' graziösen Vortrage, daß es
sich schon in jedem Salon hören lassen kann; daneben zeichnet es
sich auch durch ein bereits reiches theoretisches Wissen aus: man
darf es ihm aber kaum sagen, sonst würde es den ganzen Tag
hindurch vor dem Instrumente und seinem Schreibheftchen sitzen und
arbeiten, was vielleicht eine zu frühe Ermüdung zur Folge haben
könnte. Vor Kurzem brachte mir meine Frau gerade während des
Unterrichts die ersten reifen Birnen: ich nehme die schönste und
setze sie als Preis aus für den, welcher die harmonische Aufgabe,
welche die Kinder eben schriftlich zu lösen hatten, fehlerfrei löse;
alle schauten sogleich aufmerksameren Blickes auf das Papier, nicht
um des Werthes des Preises, sondern um der Ehre willen, letztere
zu gewinnen; die letztere Schülerin indeß am meisten; sie gewann
den Preis; was war die Folge? daß sie mich am Schlusse der
Lection ersuchte, ihr noch einige solche Aufgaben in das Buch zu
schreiben, damit sie dieselben zu Hause ausarbeiten könne; ich thue
es, und am andern Tage schon, wo es gar keine Lection hatte,
kommt das Mädchen und bringt mir die Arbeiten, „weil es so
gern wissen möchte, ob sie auch richtig!" — Welcher Unterschied unter diesen fünf Schülern! wie gar verschieden muß ich sie
behandeln! Vielleicht daß sie lesen, was ich hier von ihnen öffentlich
erzähle, und sie werden gestehen, daß sich keiner von ihnen von mir
bevorzugt, noch irgend einer zurückgesetzt fühlt: gleichwohl mache
ich Allen gleiche Lust zum Lernen; warum? weil ich mich jedem
von ihnen hingebe, weil ich jeden behandle, wie er in Folge seines Charakters, seines Temperaments will, daß er behandelt wird.
Junge Leute, bis zum jüngsten Kinde herab, fühlen so gut als erwachsene, selbstständige, das Recht auf solche Ansprüche, und wer
von uns Lehrern nun ihnen dieses Recht nicht nur nicht streitig
macht, sondern es ihnen vielmehr vollständig angedeihen läßt, der
ist ihr Mann, den haben sie gern, und daß der Schüler den Lehrer gern hat, das ist eine der wesentlichsten Bedingungen von seinem Interesse am Lernen. Bei der erstgenannten Schülerin hatte
ich einmal Etwas ernstlichst zu rügen; gleichwohl überging ich anscheinend den Vorfall ganz und gar während der Lection; erst am
Schlusse derselben, als die Kinder schon das Lehrlokal verlassen
hatten, wußte ich das Mädchen unter dem Vorwande, als habe es
Etwas liegen lassen, in letzteres zurückzurufen, und nun erfolgte

die Rüge: ich vergesse nie den Blick, mit welchem das Kind zu mir aufschaute; die Schonung, daß ich ihr die Rüge, die voll- auf verdient zu haben es wohl fühlte, nicht in Gegenwart der übrigen Schüler ertheilt, that ihm so wohl, daß wahrhaft er- leichternd und erhebend das Versprechen des Nichtwiederthuns, welches augenblicklich und unaufgefordert seiner Brust entquoll, auf es selbst zurückwirkte. Auch die übrigen Schüler merkten nur zu gut, warum ich diese zurückgerufen, wie diese nun gewiß war, daß ich bei ihr nichts Unpassendes oder Unschickliches hingehen lasse, so konnte auch bei jenen nicht der Gedanke wach werden, als werde die Letztere nicht eben so streng als sie selbst von mir behan- delt. Bei der zweiten Schülerin hätte ich dieselbe Rüge wirksamer in Gegenwart der Mitschüler ertheilt. Die menschlichen Naturen sind nicht alle in eine Form gegossen worden, und so dürfen wir auch bei Entwickelung und Ausbildung sie nicht alle in ein und dieselbe Form zwängen wollen. Unterrichten wir auch in subjekti- ver Hinsicht durchaus naturgemäß, so werden frohen, heitern Muthes unsere Schüler unserm Unterrichte anwohnen, werden wir ihnen Lust machen zum Lernen, und diese Rücksicht auf die Neigung, den Charakter, das Temperament, kurz, auf die ganze innere und äußere eigenthümliche Natur des Schülers darf und muß sich um desselben Zwecken willen sogar bis auf die eigent- liche Methode des Unterrichts, die Mittel, welche dieselbe um diesetwillen verwendet, die Wahl der Formen und der Lehrgegen- stände erstrecken. Man fürchte nicht, als könne die Gründlichkeit darunter leiden. Um mit Vortheil gründlich verfahren zu können beim Unterrichte, muß doch der Schüler nothwendig ein warmes Interesse für diesen hegen, so ist und bleibt ja immer das Erste, daß wir dies Interesse rege machen. Viele Lehrer z. B. legen als Mittel, die technische Fertigkeit zu fördern, auf das sogenannte Etuden- und Skalenspiel und das Solfeggirensingen einen bedeu- tenden Werth und mit Recht, aber vor Nichts auch schrecken die meisten Schüler mehr zurück als vor diesen blos mechanischen Ue- bungen. Sie sind ihnen zu langweilig, zu wenig unterhaltend. So verfahre der Lehrer dann ja klug in Anordnung dieser Mittel. Hundert für einmal daß den Schülern gerade dadurch alle Lust zum Lernen, wenn sie je vorhanden war, genommen wurde. Wir ha- ben der sogenannten Unterhaltungsstücke genug, welche zugleich vor- treffliche Schulstücke sind und durch die sich derselbe Zweck erreichen läßt, den jene Etuden ꝛc. haben sollen, und wo sich daher bei

dem Schüler ein gar zu großer Widerwillen gegen diese vor-
findet, da wende man sie nur sparsam an und wähle unter jenen
lieber diejenigen, die der Neigung des Schülers wie dem eben vorliegenden Zwecke des Unterrichts entsprechen. Anders wird der
Erfolg dieses gleich von vorn herein an der Unlust des Schülers
scheitern. Von dem einen Beispiele läßt sich die Anwendung auf
alle sonstigen hieher gehörigen Fälle leicht machen. Wir müssen
jener Neigung auch in dieser Beziehung Rechnung tragen, soll das
ganze Werk des Unterrichts überhaupt gelingen, und brauchen deshalb gegen die allgemeine Regel der Gründlichkeit keineswegs zu
verfehlen. „Ach, Sonaten! — hört man tausendmal für einmal
sagen von den Schülern — aus Opern möchte ich gern Etwas
spielen, da ist meine Freundin, mein Freund so und so, die spielen und singen so hübsche Sachen aus diesen und jenen Opern,
und ich muß immer an Sonaten, Etuden mich abquälen.“ Nun,
merken wir, daß unsere gut gemeinten und gut angelegten Vorstellungen kein williges Gehör finden, so geben wir nach; es giebt
ja dergleichen Arrangements 2c. genug, wodurch der eben vorliegende Zweck des Unterrichts nicht minder erreicht werden kann, und
die Zeit der Erstarkung bleibt nicht aus, kommt gewiß, wo wir
wieder kräftigere Speise unsern Schülern vorsetzen dürfen. Wir
müssen unsern Schülern zu Gefallen sein, damit sie auch uns zu
Gefallen, und ich behaupte, daß es tausendmal für einmal geschehen
kann, ohne von dem eigentlichen Zwecke des Unterrichts in irgend
welcher Beziehung auch nur das Mindeste zu verlieren. Viele unserer Schüler sehen noch gar keinen Nutzen davon ab, wenn wir
diesen oder jenen neuen Zweig unseres Unterrichts berühren. Wenn
auch nicht gerade mit Widerwillen, so wenden sie sich doch mit
gar wenig Interesse und Lust deshalb demselben zu. So z. B.
dem Unterrichte in der Harmonie. Singen, Clavierspielen, Geigen, meinen sie, wollen sie lernen, wozu da die Kenntnisse der
Harmonie?! — Warten wir daher damit, bis sie den Vortheil
solcher Kenntnisse und Fertigkeiten abgesehen haben. Bezüglich der
Harmonie z. B. bis der Schüler einsehen gelernt hat, wie ungleich schneller er die Noten lesen, wie ungleich fertiger er (wie
man sich auszudrücken pflegt) vom Blatte spielen können würde,
wenn er auch den harmonischen Bau der einzelnen Sätze sofort
durchblicken könnte, und nun fange man mit dem Unterrichte
an, und mit Lust und Liebe wird der Schüler demselben anwohnen.
Praktisch gesinnt nämlich sind alle unsere Schüler auch noch, sie

wollen von Allem sofort einen praktischen Nutzen absehen; die höhern geistigen Vortheile begreifen sie erst später, wo sie des praktischen Nutzens schon gewiß sind. Mit Demonstrationen der Art machen wir ihnen daher auch keine Lust, selbst wo wir künftige Künstler zu bilden haben. Wir werden bei solchen Schülern in dieser Beziehung weit mehr ausrichten, wenn wir sie auf das ehrenvolle, bequeme, glänzende Leben vieler schon gemachter Künstler hinweisen, als wenn wir ihnen von der seligen Weise vordeclamiren, welche die Kunst ihren Auserwählten ertheilt. Kinder und junge Leute wollen alles auf dem Butterbrode haben, und wie wir dem Kinde den Wurmsamen nur leicht und sicher beibringen, wenn wir ihn mit Honig oder einer andern süßen Flüssigkeit vermengen, so können und werden wir auch dann nur bei unsern Schülern Lust zur Hinnahme der Speise, die wir ihnen reichen und zu reichen haben, erwecken, wenn wir diese Speise selbst ganz nach ihrem Geschmacke zubereiten. Ich wiederhole: der Sache selbst braucht dadurch nicht im Mindesten geschadet zu werden. Der ist ein schlechter Koch, der nicht ein und dieselbe Speise jeder Zunge genehm machen kann, und der ein schlechter Lehrer, der nicht doch das Rechte und zwar recht lehrt, obschon er sich hinsichtlich der Wahl der Mittel nach der Neigung, nach der eigenthümlichen innern und äußern Natur seines Schülers richtet, und hiedurch nur genügt er der Aufgabe, vor Allem Lust und Liebe zum Lernen bei diesem zu erwecken.

b. Aber nicht blos erwecken müssen wir bei unsern Schülern ein warmes Interesse am, Lust und Liebe zum Musiklernen, sondern wir müssen dasselbe, diese auch zu erhalten verstehen.

Das das zweite. Schon sagte ich: das Erhalten ist leichter als das Erzeugen, gleichwohl erfordert es große Aufmerksamkeit und kluge Sorgsamkeit, reifliche Ueberlegung, ja in vielen Fällen sogar Studium. Jeder Halm, jede Pflanze wächst, wenn der Same einmal zum Keim gediehen ist, wächst sogar von selbst; aber sie kann auch verkrüppeln, verdorren, vor der Reife absterben, wenn ihr nicht die gehörige und nöthige Pflege wird, und welche in allen Fällen die beste, das hat schon viel Nachdenken gemacht und wird noch viel Nachdenken machen, ohne zu einem letzten Resultate zu gelangen, das als ein bleibendes unumstößliches Gesetz dienen kann. Am übelsten ist in dieser Beziehung ohne Zweifel der Musiklehrer daran, denn in letzter Instanz arbeitet er immer auf einem abstrakten, ideellen Gebiete, und wo da ein Gesichtspunkt, der Alle, die er zu leiten hat, stets gleich willig und freudig folgen machen

12*

kann? Unsere Jugend — sagte ich — ist vornämlich praktisch gesinnt und wir brauchen sie daher nur praktisch zu behandeln, um ihnen immer Lust zum Lernen zu machen; aber die praktischen Beziehungen unserer Kunst gränzen sich meist doch auch innerhalb ihres eigenen Bereichs ab, und das Erhalten eines Interesses bedarf nachhaltigere Mittel als sein erstes Erwecken. Lehren wir die Kinder lesen, so brauchen wir ihnen immer nur solche Gegenstände, solche Bücher in die Hand zu geben, deren Inhalt ihrer Denk-, Anschauungs- und Empfindungsweise entspricht, und die Lust am Lesen wird stets rege bleiben. Eben so ist es, lehren wir sie schreiben, rechnen, irgend eine Sprache. Aber der Musiklehrer!? — Bei der größesten Sorgfalt in der Wahl der Gegenstände streift sein Unterricht nicht selten in das Abstrakte über, und wo und wie da die Aufmerksamkeit jugendlicher Gemüther fesseln? — Die Sache ist nicht so schwer, als sie vielleicht Vielen schon geworden, jedenfalls leichter, als daß schon hätte so viele tausendmale das ganze Werk des Unterrichts darüber zu Grunde zu gehen brauchen. Machen wir es, wie die Gärtner. Sie säen und pflanzen und wenn das, was sie gesäet und gepflanzt, zu wachsen beginnt, so beobachten sie sorgfältig, täglich, was ihm schädlich und was seinem Gedeihen förderlich sein kann. Alles was dieses hindert, räumen sie hinweg, und geht es langsam damit, so haben sie Geduld. Nichts wollen sie mit Gewalt erzielen. Entspricht das Wachsthum nicht ganz ihrem Hoffen und Erwarten, ihrem Willen, so suchen sie es durch leitende Mittel nach und nach erst, nicht auf einmal, nach diesem zu fügen. Dabei aber vermeiden sie sorgfältigst jede Verletzung ihres Zöglings, damit er ihnen nicht unter der Hand dahinsterbe, sondern immer frisch und grün sich ihrer Leitung vertraue. Kommt ein zu kalter oder zu heißer Tag, der ihm Schaden bringen könnte, so sind sie eiligst bei der Hand mit heilsamem Schutzwerk und eben so schnell wird dieses wieder entfernt, wenn die freie Luft ihm wieder dienlicher. Verfahren wir so, und unsere Schüler werden auch stets Lust behalten zum Lernen. Versuchen und üben wir ihre Kräfte, aber muthen wir ihnen keine Ueberanstrengung zu. Beobachten wir sie von Lection zu Lection immer genauer, aufmerksamer, und prüfen was am geeignetsten ist, diese zarte Pflanze unserm Willen gemäß zu lenken. Gehen wir bei der Wahl dieser Mittel nie von uns selbst, sondern immer von dem Schüler aus. Brauchen wir niemals Gewalt, und wenn wir einmal in den Fall kommen sollten, damit drohen zu müssen, so bleibe es doch stets bei dieser Drohung. Der Gärtner, der zu tief schneidet mit seinem Messer, veredelt nicht mehr, sondern verdirbt, begiebt sich selbst aller Vortheile. Haben wir Geduld, was heute nicht ist, kann morgen werden. Nachsehen brauchen wir deshalb doch nicht. Nichts hält mehr die Freude am Lernen beim Schüler rege, als geduldiges Folgen seiner Schritte von Seiten des Lehrers, zumal dasselbe niemals ohne Anerkenntniß der gemachten Anstrengung geschehen kann. Das Roß, das wir überjagen, ermüdet und widersteht endlich selbst den blutigsten Spornstößen wie derbsten Peitschenhieben; fordern wir nicht mehr von ihm, als es seiner Natur nach zu leisten vermag, so folgt es dagegen willig unsrer Führung und bleibt selbst nicht stehen, wo es einmal alle seine Kraft aufbieten muß, uns weiter zu tragen. Kommt einmal ein Tag, wo der Schüler — wie man zu sagen pflegt — nicht gelaunt ist zum Lernen, seien wir da recht vorsichtig in seiner Behandlung. Auch die Jugend hat ihre Stimmungen, und wie ein einziger Nachtfrost im Frühjahre alle Mühen und allen Fleiß des Gärtners verderben kann, hat er nicht zeitig genug seine Pflanzen gegen dessen Macht geschützt, so kann ein verkehrtes Benehmen in einer einzigen solchen Stunde alle Zukunft vernichten. Man glaube da nicht, daß eine Stunde verloren, mit einer einzigen solch' scheinbar verlornen Stunde können, weise benutzt, Tage und Wochen gewonnen werden. Nur heißt das nicht, sich der Laune des Schülers immer unbedingt unterwerfen. Es können dieselben auch in einer Neigung zur Trägheit ihren Ursprung haben, und wie sie dann unsittlich sind, so haben wir sie durch geeignete Mittel der Erziehung zu bekämpfen; aber nicht selten sind solche widerstrebende Situationen auch Folgen von geistiger oder leiblicher Abspannung, Erschöpfung oder von disharmonirender Gemüthsstimmung, und dann haben wir ihnen volle Rechnung zu tragen, sonst verleidet dem Schüler der Unterricht. In diesem Augenblicke besuchen mehrere Knaben meine Anstalt, die jedesmal, wenn sie erscheinen, unmittelbar vorher einige Stunden im Gymnasium Unterricht erhalten haben. Ich bin überzeugt, daß sie Lust zum Musiklernen haben und vielleicht auch meine Art zu unterrichten einen großen Antheil von dem Interesse hat, das sie an diesem Lernen nehmen; aber ich würde dasselbe nicht erhalten, nicht steigern, vielmehr unterdrücken, wollte ich nicht Rücksicht auf die Abspannung, Ermüdung nehmen, mit welcher sie bisweilen das Gymnasium verlassen, um nun noch zwei ganze Stunden lang abermals lernend am Clavier zuzubringen.

In solchen Fällen versuche ich sogar erholend zu Werke zu gehen, beschränke den Unterricht etwa auf eine blos gesprächsweise Wiederholung des schon Gelernten, suche die Schüler über einzelne musikalische Gegenstände ebenso zu unterhalten, ja knüpfe diese Unterhaltung vielleicht an den vorangegangenen Unterricht an, vermeide jedenfalls jede neue Anstrengung, und nicht etwa, als ob ich Zeit dadurch verliere, sondern ich·gewinne Zeit, denn nicht blos, daß auch eine solche Unterhaltung· und Repetirung sehr belehrend sein kann, sondern auch der Schüler, der sehr wohl fühlt, wie liebevoll ich mit ihm verfahre, indem ich seine bereits erschlafften Kräfte schone, ist zu anderer Zeit, wo er anders gelaunt, anders gestimmt, von selbst um so aufmerksamer und erträgt um so lieber jetzt die vermehrte Anstrengung, die ich ihm dann zumuthe. Es ist das ein Gesetz der Natur, das auch das Kind schon unbewußt wie jeder ältere Mensch mit Ueberlegung befolgt. Es ist das ein Gesetz der Natur, das in jedem lebenden Geschöpfe waltet. Warum fährt mit ein und denselben Pferden der eine Kutscher besser als der andere? Warum folgen sie jenem jederzeit williger als diesem? warum muß dieser sie auch da noch antreiben, wo sie bei jenem ganz von selbst in den stärksten Trab fallen? weil er sie auch zur Unzeit treibt, nicht das Maß ihrer Kräfte zu jeder Zeit berücksichtigt, und dadurch sie gewissermaßen trotzig gegen sich macht, mit einem Widerwillen gegen alles Laufen erfüllt, zu dem ihnen doch von Natur schon so viel Lust gegeben. Wo sie Schonung bedürfen, wird ihnen keine gewährt, so haben sie auch keine Lust zur Arbeit, wo ihnen keine Schonung von Nöthen. Und wer kommt immer schneller und sicherer zum Ziele, derjenige Kutscher, der stets fort und fort galoppiren lassen will, oder derjenige, der das Bergauf und Bergab von dem Fahren auf Ebenen, jeden Stein, jedes Geleise, jeden Weg wohl bei der Behandlung seiner Thiere berücksichtigt? die Erfahrung schon lehrt — dieser, und der Vergleich, mag er auf den ersten Blick noch so sonderbar erscheinen, trifft zu auch beim Unterrichte: wollen wir die erweckte Lust zum Lernen bei unsern Schülern erhalten, so müssen wir nicht blos beim ersten Erregen der Lust auf die allgemeine, sondern selbst in jeder einzelnen Lection auch auf die momentane Gemüthsstimmung derselben Rücksicht nehmen, und müssen dies thun, mögen die Schüler sich befinden einerlei in welchem Alter und einerlei auf welcher Unterrichtsstufe. Zudem nimmt der Musikunterricht, wie wir seiner Zeit erfahren, zu sehr alle geistigen und meist auch leiblichen Kräfte der Schüler in Anspruch, als daß diese Rücksicht nur einen Augenblick aus den Augen gelassen werden dürfte. Daß dieselbe übrigens nicht bis zu einem Nachsehen unartiger Launen ausarten darf, habe ich bereits bemerkt und versteht sich von selbst. Aber um ihretwillen möchte ich namentlich denjenigen meiner Collegen, die ganz junge Schüler, Kinder zu unterrichten haben, wohlmeinend rathen, die Lectionen nicht in eine Tageszeit zu verlegen, wo die Kinder sich meist mit ihren Jugendspielen beschäftigen. Nichts schmerzt das kleine Mädchen mehr, als wenn es auf einmal die Puppe, mit der es sich kaum ergötzt, aus der Hand legen soll, um nun am Clavier Platz zu nehmen. Nichts den Knaben mehr, als wenn er um gleicher Ursache willen die bleiernen Reiter und Kanoniere, die er eben erst in Schlachtordnung aufgestellt, wieder einpacken, oder Ball oder Reif, mit denen er so eben erst im Kreise froher Gespielen zu jagen angefangen, bei Seite legen soll. Viele Thränen, die schon auf die Tasten oder den Bogen gefallen, hatten nur darin ihren Grund, daß die Eltern, Erzieher oder Lehrer nicht genug Rücksicht auf die zeitweilige Stimmung der Schüler nahmen; Thränen aber erhalten die Lust nicht zum Musiklernen, nur da, wo sie von einer verdienten Strafe ausgepreßt werden, schaden sie nicht, können sie vielmehr heilsam sein, weil hier das natürliche Gefühl der Schuld ihnen die Bitterkeit und damit auch das Erbitterte nimmt. Unterrichten wir solche Kinder lieber Morgens früh oder kurz vor, oder kurz nach Tisch, nie des Abends, wenigstens nicht des Abends spät, und jedenfalls nicht, wenn schon eine Arbeitsunterbrechung vorausgegangen ist und sie somit bereits zum Spielzeug gegriffen haben. Musikunterricht, wenn er nicht gerade Gesangsunterricht ist, der niemals, sowohl aus allgemeinen sanitätischen wie aus Gründen vernünftiger Stimmpflege, unmittelbar nach Tisch ertheilt werden darf, gewährt eben so wohl eine heilsame Motion, als zugleich die nöthige Ruhe, die jeder Körper zu dieser Tageszeit fordert. — Ein weiteres sehr wirksames Mittel zur Erhaltung des rege gemachten Interesses am Musiklernen ist eine weise, d. h. rechtzeitige, das richtige Maß haltende und auch rechtartige Ertheilung von Lob und Tadel. Wir kommen damit nicht eigentlich auf das zurück, was ich bereits oben bei der Lehre von der ersten Erweckung der Lust und Freude am Lernen in dieser Beziehung zu bemerken Gelegenheit hatte. Wie jeden erwachsenen Menschen, mag er treiben welches Geschäft, mag er stehen in welchem Amte, mag er haben welchen Beruf, Nichts mehr reizt zu immer größern Anstrengungen,

zu immer regerem Weiterstreben, als Anerkennung, so auch die
Jugend beim Lernen. Ja, Anerkennung ist die eigentliche Pulsader alles thätigen Lebens, ist Bedürfniß für jeden strebenden Menschen. Es giebt Lehrer, die nie zufrieden sind mit dem, was ihre
Schüler leisten, immer mehr, immer noch Besseres wollen. Sie
meinen, dadurch dem Schüler stets ein höheres Ziel vorzuhalten und
ihn anzufeuern, es ebenfalls zu erstreben; aber unter hundert Malen bewirken sie neunzig Male gerade das Gegentheil. „Man
kann ihm doch auch nie etwas recht machen, und wenn ich mir
noch so viele Mühe gebe und glaube wer weiß was gethan zu
haben, so ist's ihm nicht genug; verzweifeln möchte ich da." Das
die gewöhnliche Klage selbst unserer besten Schüler in solchen Fällen, und was ist die Folge? meist ein allmähliges Vergehen aller
Lust zum Lernen, und glücklich noch müssen wir uns schätzen, wenn
nicht alsbald alles Interesse daran abstirbt. Der Schüler will Anerkennung dessen, was er leistet, und mag dies noch so wenig sein,
so will er doch wissen, daß er Etwas, wenn auch wenig leistet.
Es ist ihm das Bedürfniß, ein Bedürfniß zur Lust und Liebe zum
weiter lernen, wie das tägliche Brot zum weiter leben. Der ewig
unzufriedene Lehrer kann nie eine solche Lust rege erhalten. Machen wir, daß unsere Schüler selbst nie ganz mit sich zufrieden
sind: das ist die rechte Art, sie zu spornen; aber verhehlen wir
ihnen unsere Zufriedenheit, wo und wie wir solche nur irgend
hegen dürfen. Doch seien wir auch vorsichtig in ihrer Aeußerung,
halten wir das rechte Maß, seien wir haushälterisch damit. Ein
guter Haushalter treibt Alles zur rechten Zeit und in rechter Art,
Arbeit und Erholung, Essen und Trinken, Vergnügen und Anstrengung. Immer muß unsere Zufriedenheit noch ein Aber in sich
schließen, Etwas zu wünschen übrig lassen, dann errreichen wir,
was jener ewig Unzufriedene erreichen will, aber stets verfehlt, wir
machen den nach voller Anerkennung verlangenden Schüler unzufrieden mit sich selbst, und das erreicht, darf uns nicht mehr ban-
gen um die Dauer seiner Lust zum Lernen. Die verlangte volle
Anerkennung muß von anderer Seite kommen. Geben wir daher
unsern Schülern hin und wieder Gelegenheit, auch vor Andern,
selbst Fremden, zu zeigen, was sie können und wissen, und wie
die von daher kommende unbedingte Anerkenntniß ihrem Herzen so
wohl thut, es so ganz selig macht, so öffnet unsere bedingte Anerkenntniß ihnen stets eine Aussicht in die Ferne, zu dem, was noch
zu lernen, zu erstreben, und das zusammen feuert sie an, erhält

ihre Luft zum weiter lernen. Eben so verfahre man beim Tadel. Nie ein unbedingter Tadel! Wo getadelt, gestraft werden muß, geschehe es, und walte das tadelnde Wort vor, doch wie der Arzt der Jugend zum bittern Heilmittel stets ein süßeres mischt, damit jenes desto lieber genommen werde, so schließe auch der herbste Tadel nie alle Anerkenntniß aus. Das jugendliche Gemüth will dies, sonst verliert es das nöthige Vertrauen zu seiner Kraft und mit diesem geht nach und nach auch alle Lust zum Lernen verloren. Daß der Grad der Mischung von Lob und Tadel, die zu nehmende Dosis sich nach dem Charakter, nach dem Temperament, der eigenthümlichen Natur des Schülers zu richten hat, habe ich schon oben bemerkt. Es ist dies so nothwendig, wie für unsere Aerzte die Rücksichtsnahme auf die körperliche Constitution des Patienten bei der Mischung ihrer Arzeneien. Wo sie bei dem Einen mit einem Gran ausreichen, müssen sie bei dem Andern eine Drachme nehmen, wenn sie bei Beiden eine gleiche Wirkung davon erzielen wollen. Ueberhaupt gelten die Regeln über Erweckung des Interesses nicht minder hier: auch für die Erhaltung desselben sind sie stets und stets zu befolgen. — Einen ferneren, sehr wohlthätigen Einfluß hierauf übt der Lehrer, wenn er selbst auch stets Freude am Unterrichte hat und diese Freude, dieses Vergnügen an den Tag legt. Kein, auch nicht der geringste Fortschritt des Schülers darf ihm als eine nothwendige, natürliche Folge seiner Arbeit erscheinen, sondern er muß aufrichtige Freude darüber empfinden und äußern, dann freut sich auch der Schüler mit ihm. Doch wie im andern Falle die Art der Aeußerung seiner Unzufriedenheit, selbst wo dieselbe sich bis zum Zorne steigert, eine solche sein muß, daß der Schüler fühlt, wie nur die Liebe des Lehrers zu ihm der Ursprung davon ist und sein kann, so darf und muß er hier seine Freude auch nur in einer Weise äußern, die den Schüler zum Bewußtsein führt, daß sie nur in Liebe zu ihm ihren Ursprung hat. Um des Schülers willen, daß er einen neuen Vortheil errungen, muß der Lehrer sich freuen, nicht um seiner selbst willen, daß er vermocht, die Geschicklichkeit gehabt, den Schüler so weit zu bringen. Bis zum frohen Scherzen darf dann die Freude sich auch wohl steigern. Ich habe bei solchen Gelegenheiten mit meinen eigenen Ohren schon gehört, wie Lehrer diese ihre Freude dadurch äußerten, daß sie Vergleiche zwischen sich und andern Lehrern anstellten und die Schüler aufforderten, Acht zu haben, ob die Schüler anderer Lehrer, die nicht länger Unterricht genossen,

das auch schon können oder wissen. Das ist falsch, von dem
Unsittlichen, Unanständigen eines solchen Verfahrens zu schweigen.
Das nimmt den Schüler gegen den Lehrer ein, und wehe, wenn
dies der Fall, wenn der Schüler nicht mehr volle Achtung vor dem
Lehrer hat, dann ist auch seine Lust zum Lernen bald zu Ende.
Welchen großen Antheil der Lehrer an seinem Können und Wissen
hat, fühlt jeder Schüler von selbst nur zu gut, es bedarf für ihn
keiner Declaration dieserhalb. Ein weit mächtigerer Sporn ist,
wenn der Lehrer dagegen durch seine Freude ihm zum Bewußtsein
bringt, daß er das, was er kann und weiß, blos an der Hand
des Lehrers durch seine eigene Kraft gewonnen, erlernt. Drum
geize der Lehrer auch nicht mit der Zeit und bekümmere sich selbst
näher um die häuslichen Uebungen des Schülers. Ein Viertel-
stündchen, das wir überpflichtig diesem widmen, hat oft mehr Werth
als eine ganze Stunde, die wir pflicht-, so zu sagen contraktgemäß
uns mit ihm beschäftigen. Der Schüler nämlich überzeugt sich
dadurch thatsächlich, daß es dem Lehrer blos darum zu thun ist,
daß er Etwas lerne, um des Schülers, nicht um seine eigenen
Vortheile, und das feuert ihn an, erhält und steigert sein Interesse.
Ich ertheile nur in sehr seltenen Fällen Privatunterricht, gleichwohl lasse ich Schüler, die meine Anstalt besuchen, hie und da
einzeln zu mir auf mein Zimmer kommen, und gehe mit ihnen da
privatim entweder ein schon Gelerntes nochmals durch, zeige ihnen,
wie die häuslichen Uebungen angestellt werden müssen, wenn sie
ganze Früchte tragen sollen, oder bereite sie auch auf einen
kommenden Lehrgegenstand vor; ich wähle dazu nicht etwa blos
die schwächeren Schüler, sondern auch die bessern und besten; bei
jenen ist es eine aufmunternde, erfreuende Nachhülfe, bei diesen
eine nicht anders wirkende Belohnung. Es muß uns um der
Schüler und nur um der Schüler willen Etwas daran gelegen
sein, daß sie Etwas und zwar etwas Tüchtiges lernen, dann ist
ihnen selbst auch Etwas daran gelegen, und um so mehr, als sie
fühlen, daß unser Interesse an der Sache nur in ihnen selbst seinen Grund hat. Ich will und muß erzählen, was jenes mein
Verfahren für Wirkungen thut. Erst gestern sage ich in meiner
Anstalt nach beendigter Lection zu einer Schülerin, sie möge mich
heute, wenn es kein gar gutes Wetter sei, gegen Abend besuchen,
um einmal ein Trio, das wir lange nicht mit einander gespielt,
wieder einmal mit einander zu spielen (an solche Wiederholungen
knüpfen sich immer mancherlei neue Bemerkungen); das Mädchen

nicht vergnügt mit dem Kopfe; aber in demselben Augenblicke sehe ich auch, wie einer andern Schülerin und zwar jener, mit der ich kaum eine halbe Stunde früher hatte ernstlich zauken müssen, Thränen in den Augen stehen: „was weinen Sie, liebes Kind?" — Die Mutter desselben war so eben gekommen, um es abzuholen, und ich nahm von ihrer Gegenwart Anlaß, weiter zu fragen: „vielleicht weil ich vorhin unzufrieden sein mußte?" — „O nein, sondern — ich habe schon so lange nicht mehr zu Ihnen kommen dürfen, und die A. darf schon wieder kommen" — —. „So, das der Grund? nun, hätten Sie mich nur ausreden lassen, als ich Sie ansah, wollte ich Ihnen gerade sagen, daß Sie auch und zwar zu gleicher Zeit kommen möchten, Ihre Betrübniß blos machte, daß ich zuerst nach der Ursache dieser fragte." Ich wollte, meine verehrten Leser hätten das Auge gesehen, mit welchem das Mädchen nun zu mir aufschaute, und sie würden keinen weitern Beweis dafür verlangen, daß ein Verfahren, wie ich hier vorschlage, eins der wirksamsten Mittel ist, die Lernlust bei den Schülern zu erhalten. Es lag anfänglich nicht in meiner Absicht, auch mich mit dieser Schülerin heute außer der eigentlichen Unterrichtszeit zu beschäftigen; aber das große Gewicht, welches das Kind, ein Mädchen von 14 Jahren, darauf legte, indem es meine Liebe zu ihm danach bemaß, bestimmte mich sofort zu einem Andern, und den Balsam, den ich ihm dadurch auf die kurz vorher geschlagene Wunde legte, überzeugt mich nicht blos davon, daß diese alsbald heilen, sondern auch davon, daß sie nicht sobald wieder aufbrechen wird. — Das führt mich auf noch ein anderes Mittel, durch welches wir das Interesse am Lernen bei unsern Schülern wach erhalten können: wir Lehrer müssen auch in unserer äußern Erscheinung Alles fern zu halten suchen, was den Schülern anstößig oder ihnen auch nur nicht angenehm sein könnte. Das Auge der Jugend ist empfindlicher als das des Alters, und ist bei Allem, was sie treibt, das Auge zunächst beschäftigt, so treibt sie auch Nichts mit andauernder Lust, wobei jenes nicht zugleich angenehm berührt wird. Ich denke hierbei noch nicht einmal an ein sich von selbst verstehendes durchaus streng sittliches Benehmen, sondern wirklich nur an den Leib des Lehrers. Immer erscheine er mindestens reinlich, anständig gekleidet, eben so weit von aller Geckenhaftigkeit als Nachlässigkeit entfernt. Jene erregt Spott, diese Ekel bei dem Schüler, und sind beide nicht geeignet, der schuldigen Achtung vor dem Lehrer einen sichern Anhalt zu geben, und sind auch nicht geeignet, das

Interesse am Lernen bei dem Schüler rege zu erhalten. Es kann Jemand der an sich tüchtigste Musiklehrer sein und doch mag kein Schüler gern Unterricht bei ihm haben. Es functionirte einstmals ein junger Mann aus dem Norden als Hülfslehrer an meiner Anstalt, der ein durchbildeter Musiker war, als er viel natürliches Talent zum Unterrichten besaß; gleichwohl wollte keiner der neunzig Schüler, die damals meine Anstalt besuchten, gern von ihm unterrichtet sein, weder die Mädchen, noch die Knaben, weder die Kleinen, noch die Erwachseneren. Warum? sein ganzes äußeres Erscheinen, sein ganzes äußeres Benehmen, obschon durchaus sittlich, widerte sie an. Die oft in Bewegung gesetzte und zu so vielen spöttelnden Bemerkungen Anlaß gebende Schnupftabacksdose wußte ich zu entfernen: der Widerwille blieb. Die größeren Schüler wußten und begriffen, daß er ein guter, gründlicher Lehrer war, wenn er auch den Einen zu barsch, den Andern zu unverständlich vorkam; gleichwohl hatten sie die anderen, minder tüchtigen Hülfslehrer lieber, lagen bei diesen mit ungleich größerem, willigerem Eifer dem Lernen ob. Ich konnte den talentvollen Mann nicht dahin bringen, sich mancherlei dem feineren Lebenstone zuwiderlaufende Manieren und Gebehrden, wie Räuspern 2c., abzugewöhnen, sich stets reinlich, hübsch zu kleiden 2c. Ich mußte ihn entfernen, wie ich auch einmal einen andern entfernen mußte, der im Gegentheile gerade das war, was man im gewöhnlichen Leben einen „Zierbengel" zu nennen pflegt, und der als solcher die Aufmerksamkeit der Schüler auf Dinge lenkte, die mit der eigentlichen Lernlust in gar keiner Verbindung stehen. Sorgen wir in Allem, was an uns ist, daß unsere Schüler uns achten müssen; diese Achtung trägt sich unwillkürlich auch auf die Eltern, Pfleger und übrigen Angehörigen der Schüler über, und unser gewinnende Einfluß auf diese ist gesichert. Richten wir uns in Allem, was wir thun, nach dem Temperament, nach der eigenthümlichen Natur unserer Schüler, aber mögen wir in Folge dessen hier bald milder, sanfter, dort ernster, derber, hier nachsichtsvoll, dort bis zum äußersten Grade streng auftreten müssen, immer geschehe es in der Form, die unsere Schüler überzeugt, sie fühlen läßt, daß nur Liebe zu ihnen uns leitet. Seien wir nie verdrossen, ungeberdig. Jedes Wort, das wir reden, sei überlegt. So werden wir unsern Schülern nie „widerwärtig" erscheinen, und das Interesse, das sie an unserem Unterrichte gewonnen, wird und muß sich erhalten, von Stunde zu Stunde steigern.

Das in Kurzem, was ich im Allgemeinen meinen verehrten

Collegen hinsichtlich der schweren, aber so höchst wichtigen, unerläßlichen Unterrichtsaufgabe, das Interesse der Schüler am Musiklernen rege zu machen und rege zu erhalten, ans Herz legen möchte:
gehen wir nun zu der speciellen Anleitung über, wie nach meinem
Dafürhalten die Aufgabe zu lösen.

2. Specielle Anleitung.

Es kann diese mit auch nur annähernder Genügung gegeben
werden, lediglich in stetem Hinblicke auf die verschiedenen Stufen
und Gegenstände des Unterrichts. Die erste dieser Stufen ist die,
wo der Schüler sich noch in dem Alter der ausschließlichen Sinnlichkeit befindet, und wo sein Unterricht also auch vorzugsweise noch
ein blos anschaulicher sein muß. Die erste Frage hier wäre sonach:

a) wie vermögen wir am sichersten und vortheilhaftesten die
sinnliche Aufmerksamkeit der Schüler rege zu machen und rege
zu erhalten?

Der Gegenstände übrigens, welche der Musikunterricht noch
während der Sinnlichkeits-Periode der Zöglinge zu behandeln hat,
sind häufig schon so viele und mancherlei und so weit hinüber-
reichend in das eigentliche Bereich der Kunst, daß wir auch bei
Beantwortung dieser Frage bereits nicht mehr im ausschließlichen
Hinblicke auf den allererften Elementarunterricht beharren, sondern
unsern Gesichtskreis um Vieles erweitern müssen. Gleichwohl bei
jenem anfangend können wir nicht anders, als zugleich die Methode
in Berührung nehmen, durch welche die musikalischen Anlagen der
Kinder überhaupt am vortheilhaftesten geweckt werden. Keinem
Menschen nämlich vermag ich, wie meine verehrten Leser bereits
aus der Einleitung wissen, all' und jede solche Anlagen abzuspre-
chen, vielmehr geht meine auf Erfahrung und Forschung beruhende
Ueberzeugung dahin, daß ein jeder Mensch in dieser Beziehung sein
Theil von dem himmlischen Vater, der in seiner unerforschlichen
Güte und Weisheit unsere Kunst überhaupt der Menschheit als ein
ausschließliches Eigenthum verliehen, bekommen hat, wie seinen
Theil an Allem, was der Menschheit als solcher eigenthümlich
zugehört, und daß es nur darauf ankommt, dieses Besitzthum
zur rechten Zeit und durch die rechten Mittel urbar, fruchtbar zu
machen, so zu bearbeiten und zu verwenden, daß es fähig ist,
Früchte, seine Zinsen zu tragen.

Jedem andern Unterrichte ist, was die Erweckung der sinnlichen
Aufmerksamkeit betrifft, von Seiten der Erziehung bereits vorge-

arbeitet worden; wenn bisweilen auch noch so wenig, Etwas ist
in der Beziehung geschehen; nur unserm, dem Musikunterrichte ent=
geht in der Regel dieser Vortheil; er setzt seinen Pflug meist auf
eine Haide; sein erster Spatenstich trifft meist einen noch gänzlich
uncultivirten, rohen Boden. Es wäre besser für uns, wenn dem
nicht so wäre; aber es ist ihm so, und so müssen wir Lehrer uns,
wo und wann wir einen neuen Schüler erhalten, der noch gar
keinen Unterricht in der Musik genossen, stets fertig halten zu der
Arbeit, welche vorerst Nichts als eine Urbarmachung des Grund
und Bodens abzweckt. Daß die allererste Erziehung Viel vermöchte
bezüglich der Beseitigung dieser Arbeit, uns in Vielem vorarbeiten
und so möglich machen könnte, daß unser Werk um so viel schneller
von Statten geht, beweisen die Kinder, die aus Häusern kommen,
in denen viel Musik getrieben wird und in denen sie somit Gele=
genheit hatten, ihre Empfänglichkeit für Tonerscheinungen zu üben.
Das Ammenlied, womit die Mutter oder Wärterin den Säugling
einlullt, — schon das kann, ordentlich gesungen, dazu beitragen,
die Hörorgane zu schärfen, feiner zu machen, zu stärken, und die
Trommel, Geige, womit die Kleinen nachher spielen, was vermöch=
ten sie nicht, das natürliche Ton= und Taktgefühl zu wecken und
zu üben, wenn nur die Großen sich herbeilassen wollten oder ver=
ständen, mit ihnen zu spielen. Daß Kinder von zehn, zwölf Jah=
ren oft schon weit mehr leisten, als ungleich ältere, — es hat sel=
tener in dem größeren Talente als in der Art der ersten Kinder=
erziehung ihren Grund. Die sogenannten musikalischen Wunder=
kinder, — was wir Empfindung, Genie bei ihnen nennen, ist meist
erst eine Wirkung ihrer eigenen musikalischen Uebungen und die
Fähigkeit zu diesen entnahmen sie lediglich der Art der Erziehung
und Wartung, die ihnen von Geburt an zu Theil wurde. Nun,
es ist einmal nicht anders; unsere Väter, Mütter, Ammen, Wär=
terinnen denken der Mehrzahl nach noch immer an alles Andere
eher als an die Weckung der musikalischen Anlagen, die das Kind
so gut als all' dieses Andere mit auf die Welt gebracht, und so
müssen wir Lehrer — wie gesagt — uns stets bereit halten, zu
der dahin gehörigen Arbeit. „Das Getrommel, Gegeig, Gepfeif!"
schilt der Vater; „der Singsang!" die Mutter, „man kann sein
eigen Wort nicht hören," die Schwester, der Bruder; „kein Kläp=
pern, Trompeten, Trommeln, Singen auf der Straße!" der Schul=
meister oder gar die wohl= und hochlöbliche Polizei: wir, wir
Musiklehrer sind meist dazu verdammt, wozu kein anderer Lehrer

verdammt ist, hie und da sogar noch ein Ammenamt zu verwalten. Es sei! — Angenommen also, der Schüler wisse und kenne von Musik noch gar Nichts (und wir müssen das in allen Fällen annehmen, wäre es nicht nöthig gewesen, so können wir ja um so schneller zu dem eigentlichen Unterrichte übergehen), so machen wir seine sinnliche Aufmerksamkeit für Tonerscheinungen am sichersten rege, wenn wir damit beginnen, daß wir ein Gespräch mit ihm anknüpfen, welches Töne überhaupt und was die Gehörorgane afficiren kann, zum Gegenstande hat, und daß wir dann ihm auch verschiedene Töne vernehmen lassen, dieselben nebenbei auch wohl nennen, und ihn auf die verschiedenen Merkmale und Eigenschaften, wodurch diese Töne sich von einander unterscheiden, aufmerksam machen. Ist dieses geschehen, so lassen wir ihn selbst verschiedene Töne angeben, einerlei auf welche Weise, durch Gesang oder auf einem Instrumente, und er muß sagen, was er an den angegebenen Tönen beobachtet. Z. B. ich spreche mit dem Schüler zunächst davon, daß Töne der Stoff seien, aus welchen musikalische Kunstwerke angefertigt werden, wie Tuch, Leder, Leinwand ꝛc. der Stoff, aus dem uns die Schneider und Schuster die Kleider verfertigen. Zu einem bloßen Kleidungsstücke aber, und das sei noch lange kein Kunstwerk, wenn es auch schon Schneider gegeben habe, die nicht haben Schneider, sondern Kleiderkünstler genannt sein wollen, — zu einem bloßen Kleidungsstücke schon gehören viele und gar mancherlei Stoffe, wenn es vollständig sein solle, Wolle, Seide, Leinenzwirn ꝛc., wie verschieden und gar mancherlei müssen daher die Töne sein, aus denen ein wirkliches, ein musikalisches Kunstwerk sich fertigen lasse! — „Was meinst du, wodurch Töne sich von einander unterscheiden können?" — Er weiß mir noch gar keine Antwort zu geben oder giebt eine falsche, jedenfalls eine bei Weitem ungenügende. Ich antworte nicht gleich für ihn oder berichtige und ergänze, was er falsch oder mangelhaft geantwortet, sondern fahre fort: „wie viele Sinne hast du und jeder Mensch?" — „fünf" — das hat er schon in der Schule gelernt. „Gut, mit welchem von diesen fünf Sinnen nimmst du Töne, überhaupt Alles, was klingt, wahr?" — „Mit dem Gehör." — „Richtig! nun, so höre einmal." Jetzt gebe ich ihm auf irgend eine Weise verschiedene, Anfangs nur zwei verschiedene Töne an. „Welchen Unterschied nimmst du an den beiden Tönen wahr?" — Er nimmt einen Unterschied wahr, aber weiß ihn mir noch nicht zu sagen, weiß sich nicht darüber auszudrücken. Ich wiederhole; er horcht; ich sehe ihm an, daß er Etwas sagen möchte, aber er kann das rechte Wort nicht finden. So bringe ich ihm jetzt die Begriffe von Höhe und Tiefe bei. Nun weiß er mir zu sagen, daß die beiden Töne sich durch eine verschiedene Klanghöhe von einander unterscheiden, weiß auch, welch' der höhere und welches der tiefere Ton ist. Oeftere Wiederholungen der Uebung machen ihn ganz fest in dem Urtheile, und scheuen wir die Langweiligkeit solcher Wiederholungen nicht, für uns, nicht aber für den angehenden Schüler sind sie langweilig, um so weniger, als er an sich selbst eine Fähigkeit dadurch gewahr wird, von deren Besitz ihn bisher wohl noch Nichts überzeugte. Bei den Wiederholungen wechsele man auch unter den Intervallen ab, nehme bald größere, bald kleinere Tonabstände. „Sollten aber Höhe und Tiefe wohl die einzigen Merkmale sein, durch welche sich die verschiedenen Töne, mit denen man Musik macht, von einander unterscheiden?" — Der Schüler weiß abermals keine Antwort zu geben, oder doch nur eine sehr unvollkommene, wenn nicht ganz unpassende. Ich zähle: eins, zwei, drei, vier in genau gemessenen Schlägen, lasse den Schüler nachzählen; wir zählen Beide mit einander zu gleicher Zeit, bis er nicht mehr das eine Mal schneller, das andere Mal langsamer zählt. Dies Ziel ist bald erreicht. „Jetzt zähle und höre zugleich genau zu." Mit jedem Zählschlage gebe ich auch zwei verschiedene Töne an: „welchen weitern Unterschied bemerkst du jetzt an den beiden Tönen?" — „noch keinen andern, als daß der da höher, der andere tiefer klingt." „Wohl!" — ich wiederhole die Uebung, lasse jetzt aber den einen Ton während jedes Zählschlags zweimal, und den andern dagegen nur einmal erklingen. Alsbald hört der Schüler von selbst auf zu zählen, denn er hat schon einen noch weitern Unterschied bemerkt: „der eine Ton folgt bei den Wiederholungen schneller auf einander, als der andere." „Vortrefflich! und wodurch nun können die Töne sich ferner von einander unterscheiden als durch die Höhe und Tiefe ihres Klanges?" — Er antwortet Etwas, aber genau wird die Antwort auch jetzt noch nur in sehr seltenen Fällen sein. Ich helfe ihm daher nach und belehre ihn über die verschiedene Zeitdauer der Töne. Angenommen eine Secunde, Minute: das eine Mal kann nur ein einziger Ton während derselben erscheinen, das andere Mal zwei, drei, vier und noch mehr Töne, und es können dann diese Töne immer ein und dieselbe Klanghöhe haben oder können die so auf einander folgenden Töne sich wieder durch eine verschiedene Klanghöhe von einander unterscheiden; ja es können sogar während

ein und derselben Zeit auf der einen Seite wenigere und andere und
auf der anderen mehrere und wieder andere Töne zur Erscheinung
kommen. Sofort gehe ich zum Beweise aller dieser Lehren durch
praktische Beispiele über. „Zähle einmal wieder.“ Der Schüler
zählt. „Sieh, indem du zählst, giebst du auch einen Ton von dir,
denn wir können nicht sprechen, ohne zugleich Töne von uns zu geben, wenn sie auch nicht so schön klingen, wie die da, die ich auf
dem Instrumente spiele. Zähle wieder.“ Er zählt und ich zähle
während derselben Zeit acht oder nur zwei und in einem andern
Tone als er. „Was hast du wahrgenommen?“ — Sie haben schneller
(oder langsamer) als ich gezählt und — ja, ja — auch mit einem
anderen (höheren oder tieferen) Tone.“ „Ganz richtig, mein Kind!
sieh, so kann es auch in der Musik sein, da können nicht blos bald
höhere, bald tiefere Töne mit einander abwechseln, sondern es können
die Töne auch bald schneller, bald langsamer auf einander folgen.“
Ich fahre fort in dem Gespräche, bei welchem Lehre aus Lehre von
selbst sich ergiebt, zeige Alles an Beispielen, wiederhole diese, wiederhole sie fort und fort und wo möglich in immer anderer Weise, werde
dessen nicht überdrüssig, denn mein Schüler — ich merke es ihm
deutlich an — hat Freude daran, es ist ihm nicht langweilig, so ist
es mir dies um so weniger. Sein Musiksinn wird wach; seine musikalische Einbildungskraft fängt an zu keimen; er spricht über Musik, wenn auch nur erst über Töne; seine Aufmerksamkeit und zwar
seine sinnliche Aufmerksamkeit ist ganz und gar auf Tonerscheinungen gerichtet, und indem sie dieses ist, fühlt er ein Vermögen sich
in sich regen, dessen er sich bis daher noch gar nicht bewußt war,
ja dessen er sich auch jetzt vielleicht noch nicht bewußt ist, aber dessen
Gährung dennoch aus dem Lichte seiner Augen leuchtet und das
nichts Anderes ist, als das erste Erwachen dessen, was man im gewöhnlichen Leben Talent zur Musik nennt. Täuschen wir uns nicht:
in jedem Kerne schlummert ein Keim, und behandeln wir jenen nur
recht, lassen wir ihn nicht verdorren, so kommt auch dieser zum Vorschein. Ich fahre fort, lasse nicht mehr blos zwei, sondern nach
und nach drei, vier Töne mit einander vergleichen, ja setze mich an
das Instrument, spiele kleine einfache Sätze, und lasse mir von dem
Schüler Alles sagen, was er auf dem Standpunkte, den er nun
schon eingenommen, daran bemerkt. Ueberraschend, ich versichere
Euch, meine Herren Collegen! sind bisweilen die Antworten. Endlich gehe ich noch weiter, zu entfernteren Dingen, kehre aber zu dem
Ende wieder zu blos zwei Tönen zurück, den einen singe ich etwa

13

und absichtlich mit rauher, heiserer Stimme und den andern gebe ich auf einem Instrumente rein und gut an: „den Unterschied, der in Hinsicht der Höhe und Tiefe ihres Klanges, sowie hinsichtlich der Zeitdauer desselben zwischen Tönen herrscht und herrschen kann, kennen wir, — höre nun einmal wieder genau auf diese beiden Töne, und es sollte mich wundern, wenn du nun nicht auch noch andere unterscheidende Merkmale an denselben entdecktest." Ich wiederhole die Töne in besagter Weise, wiederhole sie abermals und zum dritten, vierten Male. Das Kind horcht, prüft. Sind mehrere Schüler zugegen, da entsteht ein wahrer Wetteifer im Hören, das Zeigefingerchen eilt an Kinn, Mund und Nase, und siehe da, dort fährt er schon ganz in die Höhe: „ich weiß noch einen!" „Welchen? sage ihn." „Der, den Sie gesungen, klingt (thut, sagt das Kind gewöhnlich) nicht so schön, als der, den Sie gespielt." „Bravo! aber schön, das ist ein sehr unbestimmter Ausdruck: worin besteht denn seine größere Schönheit?" Sofort kommen mehrere andere Ausdrücke zum Vorschein, die alle aber unwillkührlich eine, wenn auch bald mehr, bald weniger nahe Beziehung zu Tonerscheinungen und deren verschiedene Eigenschaften haben, also nur in den seltensten Fällen ganz unpassend sind, und ich kann von dem Totaleindrucke, den die verschiedenen Töne auf die Kinder gemacht haben, ohne Weiteres zu den mancherlei einzelnen Eigenschaften derselben übergehen, wie da sind: hell, klar, scharf, rauh, heiser, dick, dünn, fein, grob 2c. Natürlich kommen immer erst die auffallendsten Merkmale in dieser Beziehung zur Sprache; aber der Weg zu denen, die ein feineres Wahrnehmungsvermögen erfordern, findet sich von da ganz von selbst, wenn man nur die im ersten allgemeinen Theile vorgeschriebene Ordnung vom Leichtern zum Schwereren, vom Nahen zum Entfernten 2c., also von unmittelbarer sinnlicher Anschauung bis zur geistigen Vorstellung beobachtet. Von den beiden zuerst der Beurtheilung ausgesetzten Tönen klang der eine Anfangs blos schöner als der andere; aus dem Schönen entstand das Helle, Klare, Angenehme; ich fahre fort, Töne anzugeben, und das Kind ist bereits so weit gelangt, die Wirkung der verschiedenen Intervalle zu beurtheilen. Es kennt noch keine Note, keinen Ton, sondern hört blos, und was hat es durch dies bloße Hören schon gelernt!? — Zuletzt habe ich ihm gesagt, daß man den Zusammenklang mehrerer Töne einen Accord nennt, ich schlage irgend einen Accord an: „was bemerkst du an diesem Accorde?" Die Antwort wird sich zunächst auf die Anzahl der Töne beziehen, aus denen er besteht; dann kommen die Klang-

Höhenunterschiede dieser Töne an die Reihe; endlich aber frage ich
auch nach den Klangeigenschaften des Accordes, und die Antworten
sind eben so überraschend und noch überraschender als vorhin. Eine
ganze Reihe neuer Gespräche und Begriffsentwickelungen ließe sich
daran knüpfen. Und das Kind, das nach kaum ein=, zweistündigem
derartigen Beschäftigen mit ihm solche Urtheile über Tonerscheinungen
fällt, sollte keine Anlagen zur Musik haben? — Aber es sollte durch
die Ueberzeugung von der Richtigkeit jener seiner Urtheile nicht auch
Lust bekommen, diese Anlagen weiter zu entwickeln? — Bei jedem
andern Unterrichte pflegte man Uebungen der Art Verstandesübungen
zu nennen: wie soll ich sie hier heißen? — ich dachte mir Schüler, die
noch gar Nichts von Musik gehört oder gelernt haben und wollte blos
deren sinnliche Aufmerksamkeit erst rege machen, und um wie viel rei=
cher erscheint schon ihre Sprache, um wie viel lebendiger ihre Einbil=
dungskraft, um wie viel schärfer ihr Urtheilsvermögen, um wie viel
feiner ihr Gefühl 2c.!? — Scheinbar Nichts und doch unendlich Viel
haben sie bereits gelernt. Nicht blos den Verstand, alle ihre geistigen
Kräfte habe ich geübt, und lediglich auf dem Wege sinnlicher Anschau=
ung. Selbst das Gedächtniß ist nicht leer ausgegangen, indem ich
oft die Frage stellte, ob der Ton oder die Töne, die ich da angebe, bei
unsern Uebungen schon einmal dagewesen? — Anfangs lauteten die
Antworten darauf unsicher oder falsch, bald indessen wurden sie siche=
rer, und zuletzt hatten sich die einzelnen Klangerscheinungen und Ton=
figuren ihrem Gedächtnisse so fest eingeprägt, daß sie mir jedesmal
nicht allein mit Bestimmtheit sagen konnten, ob dieselben überhaupt
schon einmal dagewesen, sondern sogar unwillkürlich zufügten, wie oft
dies der Fall. In einem der folgenden Capitel, wo ich von der Me=
thode zu reden haben werde, die bei Ausbildung des sogenannten mu=
sikalischen Gehörs anzuwenden ist, komme ich auf diesen Gegenstand
wieder zurück, und ich versage mir daher, ihn hier noch weiter auszu=
führen, wenn er gleich noch Stoff genug zu den interessantesten Beob=
achtungen und Ausführungen in sich schließt.

Der eigentliche Unterricht beginnt: wie nun ferner die sinnliche
Aufmerksamkeit und dadurch das Interesse am Lernen rege erhalten?
— Es scheint das schwer und doch ist kaum Etwas leichter, wenn wir
stets nur den Standpunkt fest im Auge behalten, den der Schüler
eben einnimmt, die Entwickelungsstufe, auf welcher er sich eben befin=
det. So lange er in dem eigentlichen Kindesalter weilt, also Alles
auch nur sinnlich auf sinnlichem Wege erfassen will, wende ich mich
in Allem, was ich ihm lehre, nie direct an seinen Verstand, sein Gefühl,

13*

sein Gedächtniß oder welche dergleichen geistige Kraft, sondern mag
die Uebung dieser auch noch sehr in meiner eigentlichen Absicht liegen,
so geschieht sie doch nur mittelbar durch die Sinne. Den Sinn nun,
welchen der Musiklehrer zunächst zu beschäftigen im Stande ist, ist —
wie wir bereits vorhin erfahren — das Gehör und nebenbei auch das
Gesicht und Gefühl. So lasse ich denn das Kind seine praktischen Uebungen auch nur an Compositionen machen, die der Ausbildung seines Gehörs angemessen sind, die es mit seinem Ohre aufzufassen vermag, und knüpfe daran alles Weitere, wobei ich aber bei der Sache
nie stehen bleibe, sondern stets von der Sache sofort zum Zeichen übergehe. Das Kind will denken und behalten, das ist richtig, aber es
will auch nur denken über die Dinge und behalten diejenigen Dinge,
die ihm auf sinnlichem Wege zugeführt worden sind. Alles Abstrakte
liegt seiner Natur nach durchaus ferne. Nicht blos einmal schon
habe ich in meinem Leben Gelegenheit gehabt, mich höchlich wundern
zu müssen, wie Musiklehrer ihre kleinen Zöglinge mit dem Einlernen
von Stückchen abquälen mochten, deren ganzer melodischer und harmonischer Bau dem kindlichen Ohre noch erscheinen mußte als ein böh-
misches Dorf. Da finde ich einmal auf einem Claviere, an dem ein
Kind von acht Jahren Unterricht hatte, leichter arrangirte Auszüge
aus Beethovenschen Sonaten: o du guter Gott! der Lehrer wollte
dem Kinde gleich von vorn herein „einen guten Geschmack einimpfen“,
und was impfte er ihm ein? — einen natürlichen Widerwillen gegen
alles Musiklernen. Das Kind hört anders als wie ältere Leute, wie
es anders fühlt, anders denkt, anders spielt, anders spricht, anders
weint, anders sich freut. Es hat noch keinen Sinn für dergleichen
melodische und harmonische Gestaltungen, und so lassen wir dieselben
klugerweise noch weg, und geben ihm dafür lieber solche Sachen in die
Hand, deren Melodien und Harmonien es mit seinem kindlichen Ohre
aufzufassen im Stande ist. Dieselben können doch so beschaffen sein,
daß sie Gelegenheit geben, einen guten, festen Grund für unsern ganzen ferneren bildenden Bau zu legen. Seiner Zeit werde ich dergleichen Sachen namhaft machen. Halten wir aber, um der sinnlichen
Aufmerksamkeit willen, die wir wegen des dauernden Interesses am
ganzen Unterricht zu wecken und zu fesseln haben, das Kind, sobald
der eigentliche Unterricht begonnen hat, nicht zu lange hin mit bloßen
mechanischen Vorübungen. Das sind keine Dinge, die seinen musikalischen Sinn rege machen. Sie widerstehen seinem Ohre. Wie
das Kind in den Schulen nicht lange sagen will: ba, be, bi, bo, bu,
auch nicht einmal lange mehr: Baum, Haus, Dach rc., sondern

balb sprechen und sagen: der Baum wächst, das Haus hat Fenster
und Thüren, das Dach schützt, weil es denkt und an Alles eine sinnliche Vorstellung knüpft, so will es auch in der Musiklection nicht
lange mit dergleichen blos organischen Uebungen hingehalten sein, sondern dieselben nur im Zusammenhange mit andern Dingen treiben, die
fähig sind oder jene fähig machen, seine sinnliche Aufmerksamkeit zu erregen und zu fesseln. Da sind in neuerer Zeit z. B. mehrere sogenannte
Kinderclavierschulen erschienen: die wenigsten von ihnen werden unsern
Clavierkindern sonderlichen Nutzen bringen; warum? weil der Lehrer,
der nach ihnen verfahren wollte, diese ein ganzes Vierteljahr lang und
noch länger mit Nichts zu beschäftigen hätte als mit Fingerbewegungen auf zwei, höchstens drei Tönen. O, der Gründlichkeit! Aus
lauter Gründlichkeit sind die meisten Lehrer so ungründlich als nur
möglich. Weder das geistige noch das sinnliche Ohr des Kindes kann
dadurch gefesselt werden; dies aber muß geschehen, soll überhaupt das
Interesse des Kindes am Lernen rege gemacht und wach erhalten werden. Unsere gar gelehrt thuenden sogenannten Classiker mögen über
den „Vielschreiber" und „Stückmacher" Carl Czerny in Wien sagen
und urtheilen, was und wie sie wollen, in dieser Beziehung ist er gelehrter als sie alle, ein klügerer Pädagog als sie alle. „Das ist nett!"
— macht, daß Eure Kinder mit einem solchen Frohlocken an das
Lernen eines Musikstücks gehen, und Ihr werdet sehen, wie aufmerksam sie Euren Unterweisungen folgen, mit welchem Interesse sie an dem
Lernen haften. Schließt denn das Nette das Zweckmäßige, Nützliche
aus? so gewiß nicht, als überhaupt das Gute, das Schöne. Ein
Haus kann für das Auge sehr schön in seinen Formen gebaut sein,
aber zum Bewohnen durchaus untauglich, unbequem; aber so wenig
dies eine nothwendige Folge von Form ist, braucht auch ein bequemes,
wohnliches Haus entfernt nicht und gerade deshalb, um dieser Eigenschaft willen, unschön zu sein. Selbst das Theoretische, was sich an
den praktischen Unterricht knüpft, muß, bis zur Harmonielehre hinauf, Kindern auf rein sinnliche Weise gelehrt werden, und darin kann
Logier, ungeachtet seiner vielen Fehler und Mängel, ein wahres Muster für uns Alle sein. Nicht blos, daß er alle Begriffe durch sinnliche Anschauung den Schülern beibringt, sondern den ganzen Regelorganismus unsrer Kunst läßt er sie auf solche Weise erfassen. Mit
der Hand fängt er an und läßt an den fünf Fingern die Kinder sich
das Liniensystem veranschaulichen, und mit der Hand auch hört er
auf, indem sein ganzes Lehrsystem der Harmonie kein anderes ist, als
wonach sich die durch die Wissenschaft aus dem akustischen Verhältnisse

der Töne nach und nach abstrahirten Gesetze dieser an den Fingern abzählen und herrechnen lassen. Kein Wunder, wenn man selbst Kindern auf diese Weise eine Menge von Wissen und Können beibringt,
um dessen Besitz ältere Leute oder andere anders unterrichtete Schüler
sich jahrelang abmühen. Auch bloße Kinder lernen begreifen und behalten unendlich Viel, wenn man es ihnen nur auf die rechte,
das heißt immer die ihrer Natur und dem Grade ihrer Entwickelung angemessene sinnliche Art beibringt, denn sinnlich ist jedes Kind,
und nur, wenn es sinnlich behandelt wird, hat es Aufmerksamkeit
und Interesse für Alles, was man ihm lehrt. Man frage nur unsere erfahrensten und denkendsten Pädagogen, was sie sagen, wenn
sie hören, daß Mütter ihre kaum den Windeln entwachsenen Kleinen
schon durch bloße Vorstellungen erziehen, an das Gute gewöhnen,
es lieben und das Böse hassen lehren wollen. Sie lächeln und sagen: dem Kinde gehört die Ruthe, es braucht diese nicht gerade immer
von Birkenholz zu sein, sondern auch das Wort und manch' anderes
Mittel kann zur Ruthe werden. In unsrer Sprache hier heißt das:
das Kind ist sinnlich, und selbst wo wir zu seinem Geiste reden, darf
und kann dies nur auf sinnliche Weise geschehen, wenn es wirken,
wenn das Kind auf das hören soll. Ich würde mir selbst vorgrei-
fen, wollte ich den Beweis für diesen Lehrsatz vollständig praktisch
ausführen an allen Lehrgegenständen; das hieße unmethodisch in
der Methode selbst sein; hier kommt es nur darauf an, zu zeigen,
daß die Erregung der sinnlichen Aufmerksamkeit das erste wirksamste
Mittel zur Erweckung und Wacherhaltung des Interesses am Musiklernen überhaupt ist, und dann ferner zu zeigen, wie wir uns dieses Mittels vergewissern und wie wir es anzuwenden haben. Für
das Erste noch ein Beispiel. Im vergangenen Frühjahre hatte die
letzte öffentliche Prüfung in meiner Anstalt statt. Ich hatte dabei
Gelegenheit, den Anwesenden eine Anzahl Schüler vorzuführen,
die gerade erst ein Jahr Unterricht genossen. Die Clavierspielenden
trugen Sonaten von Clementi, Variationen von Herz, Rondo's von
Ferdinand Bayer, und eine Schülerin auch das bekannte Trio von
Wilhelm Bach für Clavier, Violine (oder Flöte) und Violoncell
(„der Geburtstag" betitelt) vor. Nachdem stellte ich auch eine Prüfung über theoretische Dinge an. Die Antworten kamen alle fertig
und bestimmt. Ich forderte Jeden unter den anwesenden Zuhörern
auf, ähnliche Fragen an die Schüler zu richten; es trat Niemand
vor; nun so redete ich selbst einen anwesenden Organisten an und
ersuchte ihn, irgend eine Choralmelodie an die Tafel zu schreiben und

dann zu bestimmen, welcher von den Schülern zu derselben eine
Harmonie setzen solle. Er that es und ein Mädchen von zehn Jah-
ren ward an die Tafel geführt, um in weniger als einer Viertelstunde mit der vollkommen richtig ausgefallenen Arbeit fertig zu sein.
Der Herr, der die Aufgabe gestellt, war nun auch so gut, ihre Lösung öffentlich vorzutragen. Alles staunte. Herren und Damen
eilten auf mich zu: „Mein Gott! erst ein Jahr haben die Kinder
Unterricht?! sagen Sie nur, wie fangen Sie das an?" — „Das
Geheimniß, gnädige Frau! kann ich mit zwei Worten verrathen.
Meine Schüler lernen gern, und weil sie gern lernen, lernen sie
auch viel und schnell, sie lernen aber gern, weil ich ihnen den Unterricht angenehm zu machen suche, und ich mache ihnen denselben
angenehm, weil ich ihnen Alles so vortrage und zeige, wie sie als
Kinder und junge Leute es vorgetragen und gezeigt haben wollen."
Hinsichtlich des Zweiten erkannten wir als eine gute, sichere Methode
bereits dasjenige Verfahren, wonach wir immer einen solchen Unter-
richtsstoff wählen, der auch das sinnliche Ohr des Schülers fesselt,
sein Verlangen befriedigt, und wornach wir alles zu Lehrende, was
damit in Verbindung steht, ihm auf sinnliche Weise, durch sinnliche
Vorstellungen rc. beizubringen bemüht sind. — Ist der Schüler
etwas weiter vorangeschritten in seiner Ausbildung, so dürfen zu jenen Mitteln, die sinnliche Aufmerksamkeit und damit das Interesse
am Lernen überhaupt zu wecken und rege zu erhalten, auch ein Vergleichen und Unterscheiden, ein Aufsuchen und Angeben der Gleichheit
und Ungleichheit, der Aehnlichkeit und Verschiedenheit musikalischer
Dinge kommen, und je nach dem Grade der Ausbildung und Entwickelung geht man dabei zunächst von ganz sinnlichen Gegenständen
aus, indem man angeben läßt, welche Merkmale dieselben mit einander gemein haben und welche jedem besonders eigenthümlich sind, und
schreitet fort bis zu den eigentlichen und höchsten Kunstgegenständen,
Synonymen in den Formen rc. Ich muß Beispiele anführen. Fange
ich damit bei den ganz sinnlichen Gegenständen an. Da spielt oder
singt der Schüler, und es kommen Triolen und Sertolen vor. Vergleichen wir sie mit einander. Worin sind sie sich ähnlich, worin
unähnlich? woran erkennt man sogleich, was eine Sertole und
was eine Triole ist? worin ist sich der Vortrag der beiden Figuren
ähnlich·und worin unähnlich? woran hört man daher auch sogleich,
was Sertolen·und was Triolen sind, wenn sie richtig vorgetragen
werden? — Andere Figuren oder Manieren: da ein Triller und da
ein Schneller — was haben sie Aehnliches mit einander, was Un-

ähnliches? was unterscheidet den einen und den andern eigenthümlich.
von jeder andern Manier? — Ein Triller und ein Tremolo: welche
Aehnlichkeit und welche Unähnlichkeit? — giebt es auch mehrere Arten Tremolo, wie es mehrere Arten Triller giebt? — das Tremolo
auf Geigen- und das Tremolo auf Clavierinstrumenten: welcher
Unterschied? worin hat derselben seinen Grund? — Du wünschtest
Dir einen Flügel und hast ein gutes Clavier: sie sind ja ganz gleich,
oder findet ein Unterschied zwischen Beiden statt? welcher? doch worin
sind sie sich ganz gleich? — Ob sich auch wohl ein ligato und stoccato
mit einander vergleichen läßt? welcher Unterschied zwischen Beiden?
gar keine Aehnlichkeit? — aber ein crescendo und decrescendo
und ein Spaziergang, — die können doch Nichts gemein mit einander
haben? denke einmal nach, besinne Dich. Nun Octave und Septime:
was unterscheidet sie, was haben sie mit einander gemein, was charakterisirt sie insbesondere? — O der rein sinnlichen Gegenstände
giebt es in der Kunst unzählige und bei jedem Schritte haben wir
Lehrer Gelegenheit, derlei Vergleiche aufstellen zu lassen. Nichts
aber fesselt die Aufmerksamkeit der Schüler mehr als sie; Nichts
stärkt ihr Gedächtniß, ihre Einbildungskraft, ihr Denk- und Vorstellungsvermögen mehr; Nichts trägt zugleich mehr dazu bei, ihnen
richtige, ganz deutliche Vorstellungen und Begriffe von den einzelnen
Dingen beizubringen, und Nichts vermag dem ganzen Unterrichte
mehr Leben, Unterhaltung und Interesse einzuathmen. Hat man
mehrere Schüler zu gleicher Zeit zu unterrichten, so glaubt man gar
nicht, welche sehr wichtigen Momente sich durch deren verschiedene
Antworten ergeben für Ausführungen von Seiten des Lehrers, die
von den bedeutendsten Folgen auf die ganze Aus- und Durchbildung
der Schüler sein müssen. Und hält der Lehrer nun auch die Regel
„von der Sache sofort zum Zeichen" stets fest im Auge, wornach er
die Ergebnisse der angestellten Vergleiche sogleich zur sinnlichen Wahrnehmung bringt, also z. B. bei den Vergleichen von Triller und
Schneller 2c. augenblicklich die beiden Spiel- oder Singmanieren in
ihren verschiedenen Arten praktisch ausführen läßt, so knüpfen sich
unmittelbar praktische, technische Uebungen daran, die fruchtbarer
sind als alles trockene Etuden- 2c. Spiel, — warum? — weil sie
mit einem Interesse betrieben werden, das eine Frucht erregter sinn-
cher Aufmerksamkeit ist, mit einem Interesse, dessen Vortheile dem
Kinde, dem Schüler vor Augen liegen, während die Vortheile der
Etudenarbeit, wird diese nicht mit großer, tiefer pädagogischer Klugheit betrieben, ihm vordeclamirt werden müssen, und — welcher

Schüler glaubt in solchen Dingen dem Lehrer mehr als sich selbst.
Höhere, eigentliche Kunstgegenstände: dieser Satz da steht im ³/₄,
der vorhergehende stand im ⁶/₈=Takt, welcher Unterschied ist zwischen
diesen beiden Taktarten? — welche Aehnlichkeit haben sie miteinander?
woburch unterscheiden sich beibe jebe für sich von jeder andern Takt=
art? — Wir haben gelernt, baß jeber vollständige Satz, jebe größere
Periode mit einer Cadenz schließt: suche einmal in bem Tonstücke
solche Cadenzen auf; sinb sie alle gleich? woburch unterscheiden sie
sich von einanber? — welche Wirkung hat jebe der verschiedenen Ar=
ten von Cadenzen? — Sollten wohl Cadenz unb Uebergang ober
Mobulation Etwas mit einander gemein haben? — Was unterschei=
bet sie von einanber? — burch welche Accorbe ober Harmonien haupt=
sächlich werben Uebergänge bewirkt? — Suche dergleichen Ueber=
gangsstellen in bem Tonstücke auf! — Welche verschiebene Wirkung
haben die einzelnen verschiebenen Uebergangsaccorbe? — Was haben
sie somit gemein mit einander unb was unterscheidet sie von ein=
anber? — Worin sinb ein Ronbo unb Variationen sich ähnlich?
worin sinb sie sich unähnlich? — Aber ein Ronbo unb eine Fuge?
— eine Sonate unb eine Sinfonie? — lassen sich auch wohl So=
naten unb ein Strauß'scher Walzer mit einander vergleichen? — welche
Aehnlichkeit haben beibe unb welche Unähnlichkeit? — eine Oper unb
ein Volkslied? — aber eine Oper unb eine Drehorgel — biese lassen
sich gewiß nicht mit einander vergleichen, ober boch? — eine Kirchenorgel
unb eine Kinbertrompete? — ein Clavier unb ein Hackebrett (Cymbal)?
ein Fagott unb eine Violine? — Da haben Sie einen Choral com=
ponirt: woburch unterscheidet sich ein Choral von einem Volksliede
unb was haben beibe mit einander gemein? — Welcher Unterschied
zwischen ben verschiebenen Tonarten? — Was in D=Dur stanb,
spielte *** in Es=Dur: welche Gleichheit unb welche Ungleichheit
nun unter ben beiberlei Vorträgen?" — Meine verehrten Leser
sehen, baß sich bieses Mittel bes Vergleichens unb Unterscheibens
zur Weckung unb Regeerhaltung ber sinnlichen Aufmerksamkeit bei
allen Arten unb Richtungen bes Unterrichts vortrefflich anwenben
läßt, mag berselbe eben zum Gegenstanbe haben, was er will. Meine
Beispiele beweisen bas. Ich nahm bieselben beshalb absichtlich aus
allen Bereichen unsrer Werkstätte. — Noch ein vortreffliches Mittel,
namentlich bei vorgerückteren, schon ziemlich herangebilbeten Schülern
die sinnliche Aufmerksamkeit stets wach zu erhalten, besteht barin,
baß wir uns ben innern Zusammenhang, worin die Dinge, die eben
behandelt werben, mit einander stehen, von ihnen entwickeln lassen.

Auch in der Musik ist Nichts ohne Ursache und Wirkung, ohne Grund und Folge, Mittel und Zweck. Daß z. B. der Dominanten-accord stets ein Duraccord sein muß, hat seinen guten Grund, wie er auch seine nothwendige Folge hat. Man lasse Beides von dem Schüler aufsuchen. Er ist zu dem Ende gezwungen, scharf zu hören, genau aufzuhorchen. Daß der untere Hülfston eines Doppelschlags stets der untere halbe Ton von dem Haupttone sein muß, hat seinen guten Grund, so wie es auch seinen guten Grund hat, warum die chromatischen Leitern aufwärts stets durch Erhöhungen der diatoni-schen Tonstufen (durch Kreuze) und abwärts durch Erniedrigungen derselben (durch Bee) gebildet werden. Sie klingen ja aufwärts und abwärts ganz gleich, warum schreibt man sie denn abwärts an-ders als aufwärts? — Warum verlangt der Ton as, als as ge-braucht, nach g, und als gis gebraucht, nach a fortzuschreiten? wann höre ich, auch ohne auf die Noten zu sehen, ob der Ton als as oder als gis gebraucht ist? und warum höre ich alsdann dieses? — warum wohl hat der Componist zu diesem Tonstücke eine Mollton-art und keine Durtonart gewählt? Es ist D-Moll und somit b vor-gezeichnet, gleichwohl steht da gleich im ersten, zweiten Takte ein Auflösungszeichen, ein Bequadrat vor h: warum das? — Warum hat der Componist hier sich des sogenannten Violin- oder G-Schlüs-sels, dort sich des F- oder Baßschlüssels, an einer andern Stelle wieder des Tenor-, an einer noch andern des Alt-Schlüssels bedient? warum hier Staccato-Zeichen und nicht lieber eine kürzere Note mit einer Pause daneben? — warum ist hier der Ton d die None und nicht die Secunde von c? — Warum bedienen Sie sich dieser und keiner an-dern Applicatur? — Warum spielen Sie das a gedeckt auf der d-Saite und nicht lieber offen auf seiner eigenen Saite? — Warum hat der Componist dieses Stück Rondo und nicht Variation betitelt? — Warum hat er hier B- und nicht C-Clarinetten vorgeschrieben? — Warum spielen oder gebrauchen Sie diesen Accord hier in dieser und nicht in einer andern Lage? — Ja, keinen Takt können wir spielen oder singen lassen, Nichts vermögen wir zu treiben bei un-serem Unterrichte, ohne zugleich Gelegenheit zu haben, ein Warum, eine Frage nach Ursache und Wirkung an unsere Schüler zu richten, und welche weitere Erläuterungen, Erörterungen und Uebungen sich noch damit verbinden lassen, die oft wunderbar in jeder Beziehung auf die Ausbildung, das Urtheilsvermögen, die Fertigkeit, Umsicht, Empfindungsweise, selbst das musikalische Gedächtniß unsrer Schüler einwirken, ermißt jeder Verständige von selbst. Ich will nur Eines in dieser Hinsicht noch andeuten. Welche Dinge, welche Lieder, Verse, Sprüche behalten unsere Kinder in den Schulen am leichtesten und sicherstten? — deren Sinn, deren Inhalt sie verstanden. Nun, werden nicht auch unsere Schüler solche Tonreihen und Tonverbindungen ihrem musikalischen Gedächtnisse am leichtesten und sicherstten einprägen, deren Sinn und Inhalt sie begriffen? — Wann und wodurch aber lehren wir sie, diesen begreifen? — lediglich durch jenes Warum. Noch eins: durch dieses Warum ist ihm klar geworden, warum gewisse Tonarten und Harmonien unmittelbar auf einander folgen dürfen, ohne unser Ohr zu beleidigen, ohne ihm es schwer, sehr schwer zu machen, sie aufzufassen, und warum bei andern dieses dagegen nicht der Fall ist; nun schlage ich dem Schüler z. B. eine Reihe von Dreiklängen in dieser Folge an: C, B, A, Es, D, F, G; sie thun seinem Ohre wehe, aber sofort weiß er die Folge auch so zu ändern, daß sie seinem Ohre nicht mehr wehe thun, indem er spielt: C, G, D, A, F, B, Es. Ich bin mit diesen Uebungen bisweilen noch weiter gegangen, und habe eine Reihe von verschiedenen Accorden, die gehörig geordnet in bestem harmonischen Zusammenhange mit einander stehen, ungeordnet, wild durcheinander auf die Tafel, die in meinem Unterrichtslokale aufgestellt ist, geschrieben und es dauerte nicht lange, so hatten die Schüler dieselben Accorde in solcher Ordnung in ihre Notenschreibheftchen abgeschrieben, in welcher ihr eigentlicher Zusammenhang vollkommen hergestellt war. Abgerissene melodische Sätze, vielleicht aus Tonstücken genommen, welche die Schüler schon spielen gelernt hatten, gaben mir Stoff zu ähnlichen Uebungen, und wie sehr bei den Erwachsenen wie bei den Kleinen die sinnliche Aufmerksamkeit und mittelst dieser das ganze nöthige Interesse am Unterricht dadurch wach erhalten wird, kann nur derjenige meiner Herren Collegen begreifen und bezeugen, der sich der Mühe unterziehen will, auf gleiche oder ähnliche Weise zu verfahren. Daß nämlich solche Uebungen und überhaupt das ganze hier beschriebene und empfohlene Verfahren in verschiedener Art angestellt werden kann, versteht sich von selbst. Umstände und Verhältnisse ergeben die beste Art ganz von selbst. Ich selbst stelle jenes Warum nicht immer in gleicher Weise. Um meine Schüler vergleichen und unterscheiden zu lassen und sie auf das Verhältniß von Ursache und Wirkung in allen Dingen aufmerksam zu machen, nehme ich z. B. aus Tonstücken, die sie spielen oder singen gelernt haben, einzelne Sätze und Perioden heraus und lasse mir von ihnen das Verhältniß erklären, in welchem die einzelnen melodischen und harmonischen Theile, aus welchen die=

selben zusammengesetzt sind, zu einander stehen. Wunderbar überraschend waren oft die Bemerkungen, die selbst ganz junge Schüler schon
in dieser Beziehung machten. Sie fanden die einzelnen Einschnitte,
Absätze 2c. heraus, lediglich durch ihr Ohr, ohne vorher auch nur
ein Wort von diesen Dingen gehört zu haben. Sie fühlten die Aehnlichkeit des Verhältnisses von Vorder- und Nachsätzen, und kam ich nun
durch Fragen, die ich an andere, außermusikalische, namentlich sprachliche Gegenstände anknüpfte, diesem ihrem Gefühle zu Hülfe, so fiel
ihnen auch nicht schwer, demselben Ausdruck und Worte zu geben.
Aber wie fruchtbar dadurch der Boden für jeden spätern höhern Unterricht gemacht wird, bedarf keines Beweises, so wie es keines Beweises mehr bedarf, daß nun die Kinder das Gelernte um so lieber
wiederholten und um so leichter ihrem Gedächtnisse einprägten.

Damit aber haben wir auch schon eine andere, höhere Stufe
des Unterrichts betreten, wo wir uns den Schüler nicht mehr in
dem Alter oder in der Entwickelungsperiode ausschließlicher Sinnlichkeit denken dürfen, und wo wir somit zugleich ein anderes besonderes Mittel zur Weckung, Hebung und Erhaltung des Interesses
am Unterrichte anwenden können. Dieses ist:

b. **Die Erregung und Unterhaltung eines höheren geistigen
Vergnügens an der Kunst.**

Wir kommen damit von dem Warum zu dem Wozu. Wie
viele von uns Lehrern sind wohl, die, wenn sie eine Unlust zum
Lernen bei den Schülern bemerkten und diese deshalb zur Rede stellten, solche von denselben nicht schon mit der Frage motiviren hörten: „ach, wozu denn auch Musik lernen? wenn man älter ist, spielt
und singt man ja doch nicht mehr. Vater und Mutter haben auch,
als sie klein waren, Musik gelernt und jetzt rühren sie kein Instrument mehr an, noch singen sie. Musiker will und soll ich ja doch
nicht werden.“ Vorzugsweise pflegen Knaben so oder in ähnlicher
Weise zu reden. Bei den Mädchen unterdrückt in der Regel eine
gewisse Eitelkeit diese Stimme, selbst wo und wenn sie schon
laut werden möchte. Warten wir um Alles in der Welt nicht bis
dergleichen zum Ausbruche kommen. Beugen wir ihnen vor. Lassen wir sie nicht einmal aufsteigen im Kopf und Herzen unsrer
Schüler, viel weniger laut werden. Daß sie dies werden können,
hat die Erfahrung gelehrt; aber diese lehrt zugleich auch, daß, wo
sie einmal Wurzel gefaßt, sie nur sehr schwer wieder auszurotten,
zu vertilgen sind. Lassen wir uns das genug sein, eine mahnende
Warnung, bei Zeiten dafür zu sorgen, daß unsere Schüler sich auch

des großen und unvergänglichen Nutzens dessen, was sie lernen, bewußt werden und so ein wirkliches Vergnügen an dem Kunsttreiben finden. Gelingt uns dieses, so haben wir Vieles, ja fast Alles gewonnen, was ihre Lust und ihr Interesse am Lernen betrifft. Ich rede daher so oft, als sich Gelegenheit dazu darbietet (und dieses ist wahrlich nicht selten der Fall), einmal von dem großen, wesentlichen Nutzen, den die Musik und das musikalische Gebildetsein überhaupt für den Menschen hat, und natürlich thue ich dies immer in einer Weise, welche der Fassungskraft und Anschauungsweise des Schülers angemessen ist. Von der Veredlung unsers Herzens, unsers Charakters, welche von da am unmittelbarsten und wirksamsten ausgeht, rede ich wohl älteren, aber noch keineswegs jüngeren Schülern. Diese würden dergleichen noch nicht begreifen. Dagegen suche ich bei ihnen einen gewissen Ehrgeiz in schabloser Manier aufzustacheln. „Kennst du wohl den und den Knaben?" er soll kaum älter sein als du und hat vor einigen Tagen in einer Gesellschaft gespielt, daß alle anwesenden Herren und Damen ihn belobten, bewunderten, und Niemand ihn mehr als bloßen Knaben behandelte, sondern Jedermann ihn als ein wirkliches Mitglied der Gesellschaft betrachtete. Wenn du fleißig bist, kannst du es alsbald auch so weit bringen, und vielleicht noch weiter, denn Talent besitzest du eben so viel, wenn nicht noch mehr als Jener." „Deine lieben Eltern haben — ich weiß es — eine große Freude darüber, daß du Musik lernst; warte, am Geburtstag deines Vaters oder deiner Mutter sollst du sie mit einem neuen sehr schönen Stück überraschen, das du ihnen vorspielst oder vorsingst, so bald sie aufgestanden: wie werden sie sich dann freuen, wie werden dann deine Weihnachten ausfallen!? aber damit du ihnen und dir diese große Freude wirklich bereiten kannst, mußt du das und das noch fleißig üben, auf das und das noch sehr sorgfältig achten." „Warst du auch bei der Visite, (so sagen die Kinder hier zu Lande gewöhnlich), welche Julchen * * * halten durfte? da haben die kleinen Mädchen sogar getanzt, weil Julchen so hübsch dazu spielen konnte! das mußt du auch können, so bald deine Eltern dir erlauben, auch eine Visite zu halten; nicht wahr? aber dann mußt du auch noch recht aufmerken. Es ist so gar hübsch, wenn Kinder Musik verstehen, spielen und singen können: alle Welt hat diejenigen, die das können, weit lieber, spricht von ihnen, und in der Schule auch sind sie meist die beliebtesten." Bei Erwachsenern schlage man das Gesellschaftsthema nur im Vorbeigehen an. Diese Vortheile kennen sie aus Erfahrung, und eben weil sie sie kennen und schon allerhand Variationen über das Thema zu machen verstehen, legen sie keinen sonderlichen, wenigstens keinen bleibenden, anfeuernden Werth darauf. Hier ziehe man sonach mehr die Beziehungen der Kunst zum ganzen Ich des Menschen in das Bereich der Betrachtungen und belege seine Behauptungen nöthigen Falls mit Beispielen aus dem Leben, die jeder Erfahrene in Menge zur Hand haben wird. Selbst die sittlichenden Wirkungen der Musik, und die Macht, die derselben und nur ihr allein inne wohnt, sich, sein ganzes Inneres vor sich selbst zu offenbaren, darf nicht übergangen werden, und nur die Seiten aufgesucht, auf welchen der Schüler am meisten empfänglich für dergleichen Vorstellungen ist, und man wird ihre Früchte, ihren oft wunderbaren Einfluß auf seinen Fleiß bald bemerken. Ich hatte einmal einen jungen Baron zu unterrichten. Ich erhielt den Schüler, als er schon fünfzehn Jahre alt war. Als der Vater ihn mir zuführte, gestand derselbe mir sofort, daß der „Mensch" eigentlich gar keine Lust, obschon viel Talent zur Musik habe. Es sei zu dem Ende schon Alles mit ihm versucht worden, Belohnung und Bestrafung, aber noch nie habe man ihn dahin bringen können, einmal von selbst das Clavier zu Hause anzurühren. Gleichwohl möge namentlich die Mutter das Talent nicht ganz untergehen lassen, und da man doch auch nicht wissen könne, ob nicht später noch zugleich die Lust wach werde, so wolle man mich ersucht haben, einmal mein Heil mit dem „tollen Jungen" zu versuchen und den Unterricht fortzusetzen. Der „tolle Junge" hatte schon mehrere Lehrer gehabt; seine Unlust, sein unfolgsames, unwilliges, ja sogar trotziges Wesen mochte denselben wohl die Lust zur Arbeit verdorben haben. Ich übernahm diese, versprach mir aber auch gleich nach der ersten Stunde nicht viel. Der „tolle Junge" sollte Soldat werden, bramarbasirte schon als künftiger Held. Ein Onkel von ihm stand damals als Oberst in königlichen Militairdiensten. Derselbe hatte den russischen Feldzug, traurigen und glorreichen Angedenkens, mitgemacht und mochte dem Neffen oftmals von den in demselben erlebten Schicksalen erzählen. Eine darauf bezügliche zufällige Bemerkung während der Lection gab mir Anlaß, ihm auch Mittheilungen über diesen Feldzug und zwar aus dem Leben eines Mannes zu machen, der damals gemeiner Soldat, bei jener Gelegenheit in russische Gefangenschaft gerieth und nachgehends in Petersburg eine glänzende Rolle spielte als — Künstler. Als Gefangener ward dieser Mann fortgeschleppt und vorläufig in ein Landhaus gebracht, wo Aerzte seine Wunden heilten.

Hergestellt dann ging der Transport weiter. Der Leiden sind unendliche. Da findet er Gelegenheit, seine Schmerzen an einem Claviere auszuweinen. Diese Thränen bereiten seiner Bewachung
Freuden, und zum Dank dafür beeifert sich diese, ihm seine Lage
so erträglich als möglich zu machen. Nicht genug: die Kunde von
seiner glänzenden musikalischen Kunstgeschicklichkeit breitet sich aus;
die höchsten Militairs ziehen ihn in ihre Gesellschaften; einer von
diesen übernimmt es, ihn der Gnade des Kaisers zu empfehlen;
sie wird ihm mit der Aufforderung nach Petersburg zu kommen,
und während andere seiner Leidensgenossen elendiglich umkommen, nach
Sibirien wandern oder glücklichen Falls als Bettler sich heim schlep-
pen müssen, gelangt er in eine der glänzendsten freien Stellungen.
Die Geschichte vielleicht etwas bilderreicher als hier erzählt, aber wahr,
traf bei dem „tollen Jungen“ die rechte Saite: sie bebt, und wo eine
Bebung ist, da ist auch der Ton nicht mehr fern. Ich bemerkte das
bald, und bei jeder Gelegenheit fortfahrend in meinen Betrachtungen,
wobei ich einen besonderen Nachdruck namentlich auf den Trost legte,
den die Musik dem Einsamen zu gewähren vermag und von wo
die Hinweisung auf die veredelnde Kraft der Kunst eine von selbst
gebotene war, hatte ich das Glück doch bald zu erleben, „daß der
Mensch auch zu Hause ganz von selbst an das Clavier ging“ und
sich übte mit einer Ausdauer, ja meinen ganzen Unterricht mit einem Eifer, einer Lust, einem Interesse frequentirte, die gewiß noch,
auch was sein Können und Wissen betrifft, die schönsten, reichsten
Früchte getragen haben würden, hätten die Umstände gestattet, denselben nur noch etwas länger als bloß ein Jahr, nach welchem der
Schüler das Königliche Cadetteninstitut bezog, fortzusetzen. Man
treffe nur die rechte Seite, wo die Schüler am empfänglichsten sind
für dergleichen Betrachtungen und Gespräche über den Nutzen und
die Vortheile der Musik und des musikalisch Gebildetseins überhaupt
und man wird immer auch ihre diesseitigen höchst segensreichen
Folgen bemerken; am sichersten aber trifft man jene Seite, wenn
man einmal dabei das Alter und Geschlecht, die Denk- und
Empfindungsweise und dann auch die künftige Bestimmung, den
künftigen Beruf des Schülers berücksichtigt. Einen künftigen Theo-
logen würde ich schwerlich durch jene Soldatengeschichte sonderlich
angespornt haben, aber wenn diesem erzähle, wie mancher Land-
geistliche lediglich durch seine Musik-Uebungen seine Bauern von
dem demoralisirenden Wirthshaussitzen abhält, indem sie ihm
lieber zuhören unter seinem Fenster als hier beim Glase zu toben,

und wie viele berühmt gewordene Prediger sich lediglich durch ihr Musik und namentlich Singen lernen das schöne wohltönende Organ, den hinreißenden Vortrag angeeignet haben, der allsonntäglich ihre Kirchen füllt, alle Seelen für sie einnimmt und die eigentliche Ursache ihrer Berühmtheit geworden ist, so ist das wieder die rechte Art solcher Betrachtungen für ihn. Für eine junge Dame wieder stimmen diese nur dann den rechten Ton an, wenn sie hindeuten auf die Anmuth, die Grazie, die anziehende Wohlgefälligkeit, welche musikalische Bildung über das ganze Wesen eines Menschen auszugießen nicht blos im Stande ist, sondern wirklich ausgießt, wie weit zarter sie fühlen und empfinden macht, wie weit belebter die Einbildungskraft dadurch wird zc; für den künftigen Geschäftsmann, wenn sie darthun, wie selbst der Ordnungssinn dadurch rege und sicherer gemacht wird; für den Cavalier, wenn sie über die Geitung sich ausbreiten, die der musikalisch Gebildete sein ganzes Leben hindurch in den Salons behauptet u. s. w. u. s. w. Kurz der Lehrer stelle sich nur auch bei diesen Betrachtungen und Gesprächen stets auf den Standpunkt des Schülers und nie kann und wird er sein Ziel verfehlen. Aber er wiederhole sich dabei auch nicht zu oft, sonst erscheint er als Declamator oder gar Enthusiast, und das ist eben so gefährlich, als dem Schüler ganz zu überlassen, was er über den Nutzen des Unterrichts beulen will. Auch lasse er bei derlei Betrachtungen oder Gesprächen die eigentliche Absicht, in welchem sie geschehen, nicht zu unmittelbar und deutlich durchblicken: ein directes Lossteuern auf Moralien verfehlt alle Mal seinen Zweck. Und endlich vergesse er nie, niemals, von dem kleinsten Kinde an bis zum ältesten Schüler, natürlich bei jedem in angemessener Weise, den überhaupt veredelnden Zweck des Unterrichts in den Vordergrund zu stellen. Spielen denn auch Papa und Mama nicht mehr, daß sie gute, vortreffliche Menschen sind, die edel denken, edel fühlen, Alles recht machen, läßt sich das Kind gleichwohl nicht nehmen, und daß die musikalische Erziehung, welche sie früher ebenfalls genossen, einen großen Antheil an der Ursache hat, warum sie so vortrefflich sind, glaubt es um so lieber, als ja nun der liebe Papa und die liebe Mama nur um so vortrefflichere Menschen als jene sind, die keine solche Erziehung genossen, oder lernten Papa und Mama nie Musik, so fühlt es sich jetzt um so mehr zu Dank gegen dieselben verpflichtet, daß sie es durch den Musikunterricht zu einem noch edleren Menschen bilden lassen wollen, und findet somit auch ein um so größeres Vergnügen am Lernen.

Ich sage: dergleichen allgemeine Betrachtungen und Unterhaltungen dürfen übrigens nicht zu oft wiederkehren, sonst verlieren sie an Kraft, an Wirksamkeit; dagegen muß die Darlegung des Nutzens und Werths des Lernens nun von dem allgemeinen Standpunkte aus auch auf die einzelnen Lehrgegenstände übergehen, und indem sie dieses thut, hält sie stets zugleich ihr allgemeines großes Dogma vor Augen. Es ist das ein gar wichtiger didaktischer Punkt, auf den ich damit zu reden komme. Nichts dürfen wir unseren Schülern lehren, sie müssen zugleich wissen, woher und wozu. Vielmals liegt ihnen das von selbst vor Augen oder es ist ihnen bereits aus Erfahrung klar, aber weit öfter nicht, und dann müssen wir es ihnen sagen, ergänzen, darthun, erklären. Weiß der Schüler, zu welchem Zwecke, wozu, um welches Vortheiles willen er Etwas lernt, so lernt er es gern, noch einmal so willig, mit um so größerer Freudigkeit, lebendigerem Interesse; aber indem wir ihm bei jedem einzelnen Lehrgegenstande, jedem Dinge diesen Nutzen vor Augen halten, können wir nicht anders, als stets zugleich auf den allgemeinen Zweck und Werth des Musiklernens zurückzukommen. Es ist das eine lebendige Kette, aus der kein Glied hinweggenommen werden kann, ohne das Ganze zu zerreißen, die aber als solches Ganzes auch stets vor Augen schwebt, wendet sich der Blick nur zu einem Gliede. Und welch' eine Menge anderer Dinge man eben dadurch, daß man dem Schüler stets den Zweck und Nutzen seines Lernens vor Augen hält, zu berühren jederzeit gezwungen ist, weiß nur der, welcher schon versucht oder sich angewöhnt hat, die Lust und Liebe zum Lernen bei seinen Schülern auf diese Weise rege zu erhalten. Aber er weiß auch, wie in zweiter Folge die Schüler gerade dadurch auf eine Weise für jeden kommenden Unterricht vorbereitet werden, die die Fruchtbarkeit, das Gedeihen dieses so sicher stellt, wie kein anderes ausdrücklich dazu angewendetes Mittel vermag. Ueberall durchschauen die Schüler dann lichthell das Entstehen und Werden und Fortentwickeln der Dinge; in jedem Augenblicke ist ihnen eigentlich Nichts mehr verborgen; auf welcher Stufe angekommen mit unserer Lehre, sofort wissen sie sich auf derselben zu bewegen und schauen eben so klaren Auges zurück auf die bereits durchwandelte Bahn als vorwärts bis an den Endpunkt derselben und auf alle die Hindernisse, die bis dahin noch zu überwinden. Es ist natürlich, daß die Schüler dabei eine Menge Dinge schon früh richtig beurtheilen oder sich doch eine deutliche Vorstellung davon zu machen lernen müssen, von denen vielen gar groß thuenden Künstlern in ihrem ganzen Le-

14

ben Nichts träumt und die sie doch unbeschadet ihrer Künstlerschaft
ebenfalls sogar leicht hätten lernen können, wenn sie nur so glücklich
gewesen wären, zeitiger mit Sachen als mit Zeichen beschäftigt zu
werden, ja deren Entbehren ihnen eigentlich einen großen Theil des
Rechts, das sie meinen auf künstlerische Geltung zu besitzen, streitig
machen muß, indem gerade wir das unbestrittene und unbestreitbare
Recht haben, von Niemand mehr als von dem Künstler zu verlangen,
daß er in Allem, was zu seiner Kunst gehört, vollkommen bewan=
dert ist, von Allem den Zusammenhang der einzelnen Dinge, ihre
Ursache und Wirkung, so genau kennt, wie der Uhrmacher von dem
Räderwerke seiner Uhr. Mache ich mich abermals durch Beispiele
deutlicher. Ich nehme an, wir haben Schüler zu unterrichten, die
vor allen Dingen Clavierspielen lernen sollen und lernen wollen.
Dies ihre nächste Absicht, ihr nächster Zweck; was damit nicht in
unmittelbarer Verbindung steht, halten sie für überflüssig zu lernen
und lernen sie somit ungern. Gleichwohl gehört so gar mancherlei
Wissen und Können dazu, ein wirklich guter Clavierspieler zu sein
und zu werden, was scheinbar, wenigstens für das Auge des Schü=
lers, nicht in näherer, ja bisweilen sogar in gar keiner Verbindung
damit steht. Wie nun diese Kenntnisse und Fertigkeiten den Schü=
lern beibringen oder — worauf es hier vorerst allein noch ankommt —
ihnen Lust machen, auch sie, diese Kenntnisse und Fertigkeiten sich
anzueignen? — Ich denke an die Lehre von den Intervallen, von
den Con= und Dissonanzen. „Wozu das? wir wollen ja blos Cla=
vier spielen lernen?“ — „Allerdings, meine Lieben! das sollt Ihr
auch; schauet einmal in Eure Notenhefte; wie sind da die Noten
nicht blos an und neben einander gereiht, sondern auch auf und
übereinander gethürmt! Claviermusik ist also eine melodische und
zugleich harmonische Musik, und kann Niemand ein fertiger,
guter Maler werden, der nicht zugleich die Natur der Farben als
der Stoffe, aus denen er schafft, genau kennen lernt, so kann somit
Niemand ein guter Clavierspieler werden, der nicht zugleich auch
die Harmonie, die Kunst des harmonischen Aufbau's der Töne als
einen der beiden wesentlichsten Stoffe, aus denen er schafft, genau
kennen lernt, um dieses aber, sich auch diese Kenntniß erwerben zu
können, ist neben manchem Andern durchaus nothwendig zu erfah=
ren und zu wissen, was Con= und Dissonanzen sind, denn eben
diese Kenntniß öffnet uns eine lichte Aussicht in die innere wie
äußere Natur der verschiedenen Harmonien. Doch ihr wollt noch
näher wissen, wozu Euch, die Ihr eigentlich blos Clavierspieler

werden wollt, eine solche Kenntniß von Nöthen: nun, sagt mir ein=
mal, woher kommt es wohl, daß ein Baumeister, ein Architekt bes=
ser und richtiger den Werth eines Hauses zu beurtheilen versteht,
als jeder andere Mann? warum er besser und richtiger, als diese,
weiß, wo an dem Hause etwas zu verschönern, wie dies geschehen
muß, damit das Ganze nicht darunter leidet, wie es am geschickte=
sten den vorliegenden Bedürfnissen angemessen gemacht wird, und
welche dergleichen Dinge mehr sind? — Ihr sagt, weil er den
Zusammenhang der einzelnen Theile des Hauses und die innere wie
äußere Natur dieser genauer kennt. Wohlan! was ist ein jedes
Claviermusikstück Anderes als ein Tonbau, ein Haus nach gewissen
Regeln zusammengesetzt und aufgebaut aus lauter Tönen? So lerne
ebenfalls die innere wie äußere Natur dieser und die Regeln, nach
denen sie zum Zwecke der Gestaltung eines solchen Tonbau's zu=
sammengefügt werden können und müssen, genau kennen, und wir
werden nicht minder denn jener Baumeister dort geschickter als jeder
andere sein, das Gebäu zu beurtheilen, werden das ganze Tonstück
schneller über= und durchschauen, werden es somit schneller lesen, aber
indem wir den Zusammenhang seiner einzelnen Theile und die ganze
Natur dieser genau kennen, werden wir es auch richtiger und schö=
ner denn jeder Andere vortragen können, und eines der hervortretend=
sten, charakteristischsten Merkmale dieser einzelnen Theile ist, ob sie
consoniren oder dissoniren, denn welches von Beiden der Fall ist,
jedesmal bedingen sie eine andere eigenthümliche und sowohl als
äußere Behandlung, d. h. sowohl was ihre erste Verwendung beim
eigenthümlichen Aufbau des Tonwerks als was nun auch ihre Behand=
lung im Vortrage betrifft. Habt Ihr mich verstanden und wollt Ihr jetzt
Eure ganze Aufmerksamkeit bei der scheinbar trockenen und für Euch ent=
behrlichen Lehre von den Con= und Dissonanzen schenken?" — Ich
möchte wissen, welcher nur einigermaßen gut erzogene Schüler hier=
nach nicht sofort ganz Auge und Ohr wäre, wenn er sich des Un=
terrichts vorher auch für noch so unbedürftig hielt. Weiter! ich be=
ginne den Unterricht oder fahre fort in demselben. Die Schüler ler=
nen, welche Intervallen Con= und welche Dissonanzen sind, lernen
auch die verschiedenen Arten derselben und ihre verschiedene Behandlung
hinsichtlich der Tonfolgen kennen ꝛc. Nun aber gelange ich auf einmal zu
der Frage: warum und in welchem Falle die einen Consonanzen mehr,
die andern weniger consoniren, und warum und in welchem Falle die ei=
nen Dissonanzen mehr, die andern weniger dissoniren? ja zuletzt so=.

gar zu der: wie es wohl zugehen, woher es kommen mag, daß dies, dieser verschiedene Grad des Con= und Dissonirens, unter Umständen selbst bei ein und derselben Con= und bei ein und derselben Dissonanz der Fall sein kann? — und bereits schlagen die Schüler die Augen wieder nieder. Es scheint ihnen das eine für ihren Bedarf doch gar zu große Ausdehnung der Lehre. Sie wollen ja keine Componisten, ja nicht einmal praktische Musiker von Beruf werden, und der Gedanke, ob die Zeit nicht zu Wichtigerem oder Wesentlicherem verwendet werden könnte und sollte, droht schon laut zu werden. Indeß: „gerade für Euch, Ihr Lieben! ist das zu wissen sehr nothwendig, denn ist nicht blos dies der Fall, sondern habt Ihr endlich auch Fertigkeit darin gewonnen, bei Allem, was Ihr spielt, sofort die verschiedenen con= und dissonirenden Tonverhältnisse und ihre Ursachen zu erkennen, so werdet Ihr bei Eurem Spiele niemals in den Fall kommen, z. B. einem Tone einen Accent zu geben, der ihm nicht gebührt, der ganz ausdruckswidrig wäre, werdet also von selbst, ohne jede andere Anleitung oder jedes andere Vormachen, stets und im Ganzen wie im Einzelnen den richtigen Vortrag treffen, und daß auf diesen, auf ein vollkommen ausdrucksvolles, correktes, seelenvolles Spiel Alles bei Euren spätern Musikübungen ankommt, wenn sie wirklich von dem Nutzen für Euch sein sollen, den Ihr von Eurem Musiklernen überhaupt und mit Recht erwartet, das wißt Ihr bereits so gut, als Ihr auch schon wißt, wie die richtige Accentuation den wesentlichsten Antheil daran hat, wie ein und derselbe Satz durch verschiedene Accentuation auch einen ganz verschiedenen Ausdruck, aber nur durch eine gewisse Accentuation auch den einzig richtigen Ausdruck erhalten kann." Ich wette die Schüler schauen augenblicklich wieder auf und folgen dem Unterrichte mit der gespanntesten Aufmerksamkeit bis an sein Ende. Daß unser Unterricht denselben oft so gar langweilig wird, daran tragen seltener sie und der Lehrgegenstand als wir selbst die Schuld. Declariren wir bei Ueberlieferung oder Mittheilung eines jeden einzelnen Gegenstandes auch sofort den Werth, den derselbe und nicht blos überhaupt, sondern für sie, die Schüler, je nach dem Standpunkte, auf welchem sie stehen, oder nach der jedesmaligen eigenthümlichen Richtung, die der Uuterricht bei ihnen zu nehmen angewiesen ist, insbesondere hat, und es wird derselbe stets groß genug sein, die Schüler freudig und willig zur Hinnahme zu bestimmen. Selbst bei rein mechanischen Dingen hat die Regel ihre Geitung. Wiederholt hatte ich Gelegenheit, mein verdammendes Urtheil über

ein unkluges, unpädagogisches, undidaktisches, eifriges Anhalten der
Schüler zu dem sogenannten Etudenspiel oder Solfeggiensingen abzugeben; aber man zeige denselben, wenn man ihnen eine Etude
in die Hand giebt, zugleich den Vortheil, den deren Uebung für sie
haben wird und haben muß, zeige ihnen, wie sie, wenn sie diese
Etude recht spielen können und wie man sagt — in den Fingern
oder welchen andern Spielorganen haben, dann auch jenes von ihnen
lang und heiß ersehnte unterhaltende Musikstück vortrefflich werden
spielen lernen können, da in der Etude gerade dergleichen Spielmanieren,
Applicaturen ꝛc. vorkommen, als der Vortrag dieses Musikstücks erfordert, und wie dieser Vortrag hiernach für sie in jeder Beziehung von
freudigem Nutzen sein werde, und selbst das kleinste Kind — zweifle
ich nicht — wird sich wenigstens für einige Zeit willig der sonst
Lust, Geist und Zeit tödtenden Arbeit unterziehen. Verfährt doch
selbst eine kluge Mutter nicht anders, wenn sie ihre Kleinen Etwas
lehren will. Kaum drei, vier Jahre alt soll die kleine Tochter schon
zu stricken anfangen: sie bannt sie nun nicht blos fest auf den Stuhl,
den Schemel, und giebt ihr Nadeln in die Hand, zeigt ihr die
Maschen ꝛc., sondern gar freundlich flüstert sie ihr auch zu, daß, wenn
sie erst einmal an diesem Bande stricken gelernt, sie sich auch gar
feine Strümpfchen selbst stricken, sich Spitzchen an das Kleid stricken
und was dergleichen mehr könne, was Alles dem Kinde gar vortheilhaft dünkt und es gerne unverdrossen der Stunden ein, zwei,
drei bei der Arbeit ausharren läßt. — Ich habe aber gesagt, daß
ein Verfahren, wie hier vorgeschlagen, auch Gelegenheit zu Erörterungen gebe, die unsere Schüler mit einer Menge von Kenntnissen
anfüllen, von denen sich gar viele groß thuende Künstler Nichts
oder doch nur wenig träumen lassen. Der Beweis! — er folge in
Beispielen. „Was haben Sie da gemacht? die Accordenfolge ist
nicht richtig; warum ist sie nicht richtig?" — In den und den
Accorden schreiten die und die beiden Stimmen in gleichen Quinten
mit einander fort. „Warum darf das nicht sein?" — „Auch die
Musik fordert Correctheit, hat ihre Orthographie." Wohl indeß giebt es
doch auch Leute, die sehr schön und geistreich, gleichwohl aber in-
correct und unorthographisch schreiben. „Nennen Sie mir einmal
solche Leute, solche Schriftsteller." „Was heißt geistreich und was
correct schreiben?" — „In der Musik ist es nicht anders: die geist-
reichsten, seelenvollsten Componisten und Virtuosen sind oft die incor-
rectesten, und umgekehrt die correctesten oft die geistlosesten, seelen-
leersten." Haben Sie schon von Beethoven Etwas gehört oder ge-

spielt? z. B. seine C = Moll = oder seine neunte Sinfonie? — Haben Sie Liszt z. B. Carl Maria von Webers Aufforderung zum Tanz spielen hören? — Sind sie correct in unserem Sinne? — Sind sie geistreich? — Kann man geistreich sein, ohne gerade immer correct zu sein? — Was für eine Schönheit ist die Correctheit? — Wodurch wird sie, wodurch Geist bedingt? — Nennen Sie mir einmal Componisten oder Virtuosen, die stets geistreich und zugleich stets correct sind? — Wieder Andere, die entweder immer oder doch bisweilen nur das eine oder das andere sind? — Wo ist Vollendung? — Kann ein häßlicher, ungeformter Leib einen schönen Geist bewahren? — Kann in einem schönen Leibe ein häßlicher Geist wohnen? — Wo Vollendung? — Was gehört demnach zur Vollendung? — Und wie dürfte ich daher jene Harmoniefolge immerhin nennen, wenn gleich auch ein Beethoven dergleichen gesetzt hat?" — Die Antworten auch herauszusetzen wird nicht nöthig sein; der verehrte Lehrer fühlt, welche selbst gemeinnützigen Kunstkenntnisse sich dem Schüler auf diese Weise mittheilen lassen, ohne weiter von dem eigentlichen Gegenstande abzuschweifen, als nöthig ist, ihm den Werth desselben vollkommen klar zu machen. Steige ich zu einer niedereren Sphäre herab. „Wie vielerlei Taktarten haben wir? — Wodurch unterscheiden sich dieselben von einander? — Was heißt nun vollständig, im Takt, taktmäßig spielen? — Wozu nützt das? — Ob wohl Takt eine bloße Kunst = oder ob er nicht zugleich auch eine Natureigenschaft, kurz Etwas ist, was überall im Leben seine Rechte behauptet? — Sieh einmal auf die Soldaten: wie marschiren sie? — Achte auf deinen eigenen Gang: wie gehst du? — Wie dreschen unsere Bauern? klopfen unsere Schmiede, Küfer 2c.? — Warum wohl thun sie das? — Warum zählen selbst die Knaben, wenn sie Etwas gemeinschaftlich thun wollen, eins, zwei, drei? — Warum singen die Schiffszieher bei ihrer Arbeit? — Warum nun wohl kannst du auf dünnem Eise eher Schlittschuhlaufen als gehen? — Warum sagen die Soldaten, daß mehr Cavallerie zu gleicher Zeit über eine Brücke marschiren dürfe, obwohl Pferd und Reiter weit schwerer sind als ein Mann, denn Infanterie? — Welche ist nun auch wohl die natürlichste Taktart? — Und warum ist durchaus nothwendig, daß du im Takte spielst und singst? — Es versteht sich von selbst, daß die Antworten auf dergleichen Fragen nicht immer ganz richtig oder vollständig erfolgen, vielmehr dem Lehrer immer Vieles zu berichtigen und zu ergänzen bleibt; aber eben dadurch, durch dieses nothwendige Berichtigen und Ergänzen wird ihm Gelegenheit zu gar mancherlei neuen Fragen gegeben und indem dieselben alle eigentlich nur

darauf abzielen, dem Schüler den Werth und die Wichtigkeit des eben
gegenwärtigen Lehrgegenstandes begreiflich zu machen, um ihn empfänglich und aufmerksam dafür zu stimmen, verbreiten sie sich doch
zugleich auch über noch so manche andere Nebendinge, die, eben weil
sie dem Schüler immer etwas Neues bieten, dem ganzen Unterrichte
einen Reiz verleihen, dem zu widerstehen diesem kaum möglich ist.
Man fürchte nicht — ich muß abermals darauf zurückkommen, — Zeit
dadurch zu verlieren: im Gegentheile man gewinnt Zeit, denn das
Interesse des Schülers gewonnen, hat man Alles gewonnen, so wie
man umgekehrt Alles, Zeit und Mühe, kurz Alles verliert, läßt man
dieses verloren gehen. Auch fürchte man nicht die Hauptsache dadurch
in den Augen des Schülers zu einer Nebensache zu machen: verfährt
man recht, so mögen die Strahlen sich noch so weit ausdehnen,
sie concentriren sich alle wieder in einem Punkte, wie sie auch nur
ausgingen von diesem einen Punkte, und wie dasjenige Licht
am weitesten und hellsten leuchtet, unsern Blick fesselt, das die
meisten, weitesten und hellsten Strahlen von sich wirft, so auch der
Unterricht, der den eben gegenwärtigen Hauptgegenstand in die reichste
und weiteste belehrendste Beziehung zu noch anderen Gegenständen zu
bringen weiß. O, wären doch viele unsrer gar gepriesenen Künstler
so unterrichtet worden, sie würden, wie weit fruchtbarer in ihrer Arbeit,
so auch an sich selbst weit nützlichere Mitglieder der allgemeinen Gesellschaft sein! —

Das führt auf ein drittes sehr wirksames besonderes Mittel,
das Interesse der Schüler am Lernen und überhaupt am Unterrichte
zu wecken, zu heben und zu erhalten, nämlich:

c. die stete Hindeutung auf den Zusammenhang unsers Unterrichts mit jedem andern, namentlich aber dem Sprach-
Unterrichte.

Kein Unterricht erscheint der Jugend, wenn sie nicht gerade die
Kunst zu ihrem Berufe gewählt hat, leichter als bloße Nebensache
als der Kunstunterricht. Es rührt das nicht blos davon her, daß
sie, wird ihr derselbe nicht anders vor Augen gelegt, keinen augenblicklichen und zwar praktischen Nutzen davon absieht, keine Lebens-
nothwendigkeit, sondern auch und meistens davon, daß diesem Unterrichte in der Regel die verhältnißmäßige geringste, ja gewöhnlich
blos die überflüssige Zeit gewidmet, und daß er selbst meist in einer
in sich abgeschlossenen Weise, d. h. in einer Art ertheilt wird, wornach der Schüler sich seines wesentlichen Antheils an dem ganzen
Bildungswerke, seines nothwendigen Zusammenhangs mit dem übri-

gen Unterrichte, den er in der Schule oder zu Hause genießt, gar nicht bewußt wird. Ist nun aber Nichts gefährlicher für das ganze Gelingen einer Lehre, als wenn dieselbe in den Augen des Schülers zu einer bloßen Nebensache herabsinkt, und ist namentlich Nichts mehr geeignet, seine Lust und Liebe zu derselben, diese wesentlichsten Träger jedes Unterrichtswerks, zu untergraben, zu vernichten, so haben wir, da sich in der That kein anderer Grund davon absehen läßt, auch dafür zu sorgen, nicht blos, daß sich — wie vorhin bemerkt — bei jedem Schritte der große Vortheil, der daran haftet, unsern Schülern vergegenwärtigt, sondern auch, daß sie sich in jedem Augenblicke überzeugen, wie dieser unser Unterricht in einem nothwendigen steten Zusammenhange steht mit jedem andern Unterrichte, den sie genießen und den sie von selbst als einen unerläßlich wichtigen für ihr ganzes Leben erachten. Dem Schüler nur einmal diese Ueberzeugung beigebracht, und sie haftet, haftet fest; dann sie ihm nur geschickter Weise in Erinnerung gehalten, und wir werden sehen, wie er mit gleicher Liebe, gleichem Interesse unserm Unterrichte, wenn derselbe nur sonst seine didaktischen Bedingungen erfüllt, anwohnt, als jedem andern Unterrichte, dem er von selbst eine volle Lebenswichtigkeit beimißt. Am leichtesten und anschaulichsten läßt sich eine solche Verbindung unsers Unterrichts mit dem Sprachunterrichte bewerkstelligen, und ist nun dieser, der Sprachunterricht, glücklicherweise ein solcher, von dem dem Kinde, wie dem Erwachsenen schon ein natürliches Gefühl sagt, daß sie seiner nicht entbehren können, so erreichen auch wir Musiklehrer jenen Zweck am sichersten, wenn wir, wo und wann sich nur Gelegenheit dazu darbietet, vor jedem andern auf den unmittelbaren Zusammenhang unsers Unterrichts mit dem Sprachunterrichte hindeuten. Schon oft habe ich die Erfahrung gemacht, wie selbst bei ganz jungen Schülern sich ein weit lebhafteres Interesse für unsere Unterweisungen erzielen ließ. „Warum und wozu hast du überhaupt sprechen gelernt? — Es sollte mich wundern, wenn irgend unser Schüler die richtige Antwort auf die Frage schuldig bliebe: „damit ich Andern sagen, mittheilen kann, was ich denke." „Und warum und wozu lernst Du jetzt in Deiner Schule sowohl Deine Muttersprache noch einmal als auch noch andere Sprachen?" — „Damit Du Dich bei solchen Mittheilungen auch auf eine richtige Weise ausdrückst, und damit auch mit Personen aus andern Ländern, wo eine andere Sprache gesprochen wird, verkehren, andere Bücher als blos einheimische lesen ꝛc. kannst." „Aber ob der Mensch wohl blos denkt und ob es wohl blos Gedanken sind, was wir durch unsere Rede ausdrücken?"

Ein Kind schaut mich an, der Herangebildetere ist bald mit der Antwort
fertig, doch auch bei jenem dauert es nicht so lange die richtige Ant=
wort zu finden, wenn wir ihm nur etwas verständigerweise dabei zur
Hülfe kommen. „Also auch Gefühle und Leidenschaften sind es, was
wir mit unserer Rede ausdrücken und Andern mittheilen." Aber sage
mir einmal, welches Redemittel ist es wohl hauptsächlich, durch wel=
ches dieser und ein solcher Ausdruck geschieht?" — „Du weißt das
nicht? o, Du weißt es recht gut. Wonach verlangt Dir zunächst,
wenn Du jetzt nach der Stunde zu Hause angekommen bist? Nach
dem Vesperbrot sagst Du; gut! wer giebt Dir dies Brot? wohl!
wenn Mama zu Hause ist, diese, und wenn sie nicht zu Hause ist, die
Köchin oder Deine ältere Schwester; wie sagst Du, wenn Du das
Brot forderst? zur Mama also: bitte Mama! mein Vesper! und zu
den Andern blos: mein Vesper! gut! das „gieb" läßt Du aus,
jedenfalls aber sagst Du „mein Vesper;" sprichst Du auch blos dieses
Wort zu Beiden auf gleiche Weise? Nein! recht, zur Mutter sprichst
Du es in einem andern Tone als zur Köchin; wußte ich doch, daß
Du recht wohl weißt, was Du nicht zu wissen meintest; denn warum
sprichst Du das Wort zur Mutter in einem andern Tone als zur Kö=
chin?" Die richtige Antwort kann nie ausbleiben. „Und was sind
Liebe und Achtung? sind es Gedanken oder Gefühle? also, was hat
in der Rede den meisten Antheil an dem Ausdrucke der Gefühle?"
„Der Ton, in welchem wir sprechen." Gut, Töne aber sind ja eben
das, womit und woraus man Musik macht, so wie die einzelnen Buch=
staben, Silben, Wörter das sind, woraus und womit man Reden
macht, und hat an dem Ausdrucke der Gedanken dieser hauptsächlich
nur die Stellung, Wahl, Zusammensetzung und Biegung der Wörter,
an dem Ausdrucke der Gefühle und Leidenschaften dagegen vornehm=
lich der Ton Theil, in welchem wir diese Wörter aussprechen, lehrt
ferner der Sprachunterricht hauptsächlich nur die Bedeutung und den
richtigen Gebrauch der Wörter in Hinsicht auf den Gedankenausdruck,
die Musik dagegen die Bedeutung und den richtigen Gebrauch der Töne
in Hinsicht auf den Gefühlsausdruck, so kann und wird Dir auch nicht
mehr schwer werden, zu begreifen, wie der Musikunterricht eben so
wichtig und nothwendig für Dich ist, als der Sprachunterricht, den
Du genießt, und wie Dir alle die Uebungen, die wir da machen, um des
eigentlichen Zwecks des ganzen Unterrichts willen, eben so nothwendig
sind, als die Declinir= und Conjugier=Uebungen, die Du um des
Zwecks des Sprachunterrichts willen in Deiner eigentlichen Schule
treibst. Ja, liebes Kind! ich will Dir bei der Gelegenheit gleich Et=

was sagen, was Du jetzt freilich schwerlich schon einsehen und begreifen, aber später ganz gewiß einsehen und begreifen wirst und das ich Dir daher, wenn wir erst einmal weiter in unserm Lernen sind, auch noch deutlicher darthun werde: unsere Musik ist im Grunde nichts Anderes als eine Sprache, nämlich eine Sprache der Seele, der Gefühle und Leidenschaften, wie das, was Du jetzt noch blos unter Sprache verstehst, eine Sprache des Geistes, der Gedanken, Urtheile ꝛc. ist." Ich will nicht aus meiner Erfahrung reden, sondern fordere Alle, die unterrichten, auf, einmal solche Vergleiche anzustellen, und sie werden sehen, mit welch' erneuerter Lust, ungleich größerem Eifer, weit gespannterer Aufmerksamkeit die Schüler ihren Lehrern folgen. Und wie vielfach, sinnig, und somit anregender lassen sich dergleichen Hindeutungen gestalten, sind die Schüler schon mehr erwachsene und ausgebildetere junge Leute! — Auch die eigentlichen Berufsgeschäfte derselben lassen sich dann in deren Bereich ziehen, und nicht blos daß die Musik überhaupt als solche Gelegenheit dazu darböte, sondern selbst bei den allereinzelnsten unserer Lehrgegenstände sind dergleichen Hindeutungen möglich. Ein Beispiel: ich habe junge Mädchen zu unterrichten, einerlei im Clavierspiel oder Gesange, und bin eben daran, ihnen den Vortrag gewisser Tonverzierungen, etwa der Doppelschläge, Triller, Mordenten ꝛc. zu zeigen und zu lehren; es fällt mir schwer, sie für die nöthige Reinheit, Präcision, Zierlichkeit, Nettigkeit der Ausführung solcher Verzierungen zu gewinnen; sofort erinnere ich, daß kein Auge für Kleiderausschmückungen aufmerksamer ist als das Auge junger Mädchen, und augenblicklich auch deute ich darauf hin, daß alle diese Sachen in der Musik nichts Anderes sind, als die Schleifchen, Bandröschen, Spitzengarnirungen, Falten ꝛc. an den Kleidungsstücken, nichts Anderes als die Dessins in den Stick= und Strickereien: „wenn alle diese Dinge plump gemacht sind, unaccurat, lotterig, uneben, was sagt Ihr dann davon? habt Ihr Wohlgefallen daran? fühlt sich Euer Auge gereizt dadurch? Nein! nun so ist es auch mit jenen Tonverzierungen; führt Ihr sie präcis, rein, nett, richtig aus, so ist auch Euer ganzer Vortrag ein eben so eleganter, das Ohr entzückender, wie das Kleid ein um so eleganteres ist, um so reizender aussieht, je netter, pünktlicher, accurater jene Dinge daran ausgeführt sind, eine Häckel= oder Stickarbeit um so schöner, reizender, je pünktlicher, genauer, zierlicher das Dessin ausgeführt ist," und augenblicklich — ich habe das schon oft erfahren — gehen die Mädchen mit neuer Lust, weit freudigerem Eifer daran, die Verzierungen auszuführen und einzustudiren, wie ich sie

ihnen gelehrt und gezeigt. Ich habe Knaben zu unterrichten und
lehre sie verschiedene Tonarten kennen; die Uebung im Spiel der
verschiedenen Leitern, wie das Behalten der verschiedenen Vorzeich=
nungen ist nothwendiger Weise damit verbunden; das macht ihnen
gar große Mühe und schon fangen sie an, alle Lust daran zu ver=
lieren: „das glaube ich, das Decliniren und Conjugiren in der
Schule macht Euch auch Mühe und doch lernt Ihr es gern, wa=
rum? weil Ihr sonst die Sprache nicht lernen könnt; nun seht, das
Dur und Moll ist ja nichts Anderes als Euer genus, und da habt
Ihr die masculina, feminina und neutra zu lernen, ein Activum und
Passivum, Indicativ und Conjunctiv, die Deponentia, Anomala ꝛc. ꝛc.,
der vielen verschiedenen Zeiten und Endungen nicht zu gedenken, und hier
blos zwei Geschlechter und blos vierundzwanzig ganz bestimmte unwan=
delbare Zeichen! die verschiedenen Leitern sind nichts Anderes als Eure
Declinationen, und Ihr wolltet daran verzagen, während Ihr dort bei
Euerm Latein auf so glänzende Weise beweist, was Alles in Euren
Kopf geht und wie schnell Ihr selbst die schwierigsten und verwickelt=
sten Dinge lernen und behalten könnt?! — Ihr konntet kein Latein
lernen, ohne Euch im Decliniren und Conjugiren Sicherheit zu er=
werben, und Ihr könnt — das werdet Ihr mir doch glauben —
auch die so schöne Musikkunst nicht lernen, wenn Ihr nicht eine
gleiche gewandte Kenntniß und Fertigkeit von und in den Tonarten
und deren Leitern habt: also — hier zudem in einer Stunde ein weit
größerer Schritt zu machen, als dort in einem ganzen Vierteljahre
— also!“ — siehe da, die Lust kommt wieder und ich habe Alles
gewonnen, die Aufmerksamkeit ist wieder gespannt und die Arbeit
geht ungleich schneller von Statten. Es besuchte einmal ein junger
Officierszögling meine Anstalt; als ich ihm die Tonarten oder viel=
mehr deren Vorzeichnungen lehren wollte und dazu den sogenannten
Quinten= und Quartenzirkel als Erleichterungsmittel erklärte, gab
er mir zur Antwort: „aber da muß ich ja immer erst sechs oder
wohl alle zwölf Quinten abzählen, ehe ich die Vorzeichnung einer
Tonart finde, und das kann doch das Behalten der Sache nicht er=
leichtern?“ — „Sagen Sie mir doch einmal, wie der Obermann
oder Corporal es machte, als er Sie exerciren lehrte; mußten Sie
da nicht auch erst; damit Sie nachgehends desto schneller und sicherer
das Gewehr handhaben konnten, alle einzelnen Handgriffe langsam
nach einander machen, wie er sie ihnen vorgemacht und wie er nun
zählte eins, zwei, drei, vier? und wie laden, schießen, präsentiren,
fällen Sie jetzt?“ — Er sah mich großen Auges an und willig

warb der Quintenzirkel eingeübt. — Bedarf es noch mehr Beispiele, zu beweisen, daß das empfohlene Mittel wirklich sehr geeignet ist, die Aufmerksamkeit unsrer Schüler, ihr Interesse am Lernen stets rege, wach zu erhalten; und zugleich darzuthun, wie ich meine, daß das Mittel angewendet werden muß? — Ich glaube kaum, und ein nur einigermaßen geübter, denkender Lehrer wird auch von selbst bald finden, wie keiner unsrer nur irgend denkbaren Lehrgegenstände und auch keine Entwickelungsstufe unsrer Schüler dasselbe von sich ausschließt. Ueberall und immer ist seine Anwendung möglich. Freilich aber setzt diese auch, soll sie wirklich eine nützliche sein, eine gar vielseitige Bildung auf Seiten des Lehrers voraus, und habe ich je Gelegenheit, auf die Nothwendigkeit dieser zurückzukommen, so ist es hier. Ein Musiklehrer, der Nichts weiter weiß, Nichts weiter versteht, als seine Musik und auch diese vielleicht gar dazu noch in sehr eng begränzter Sphäre, dessen Unterricht wird und muß immer ein trockener, einseitiger Unterricht, unter dem auch des Schülers Lust und Liebe zur Sache und damit sein ganzes Talent als nothwendige Folge verdorren, verkrüppeln. Es ist dies eine zarte Pflanze, die vielfach genährt, vielseitig angeregt sein will und genährt und angeregt werden muß, soll sie gedeihen, und wie nun, wenn ihr Gärtner nicht die gehörigen und nöthigen Mittel dazu hat? — Einseitigkeit erschlafft, wie ein und dieselbe Speise, stets gereicht, den Magen entkräftet, und auf dürrem Boden kommt ja nicht einmal ein Grashalm fort. Verlangen wir doch auch, und aus gar triftigen Gründen, von jedem andern Lehrer, daß er nicht blos einseitig, nicht blos in der Kunst oder Wissenschaft, in welcher er eben unterrichtet, gebildet sei, warum sollten wir uns bei dem Musiklehrer damit begnügen dürfen? — Wehe, wer es thut. Allerdings haben wir selten kaum eine andere Wahl. Es ist wahr, die meisten meiner Herren Collegen sind Nichts als Musiker, können, wissen, verstehen nichts Anderes als Musik und — ich muß leider in meinem Vorwurfe noch weiter gehen — auch diese meist nur in sehr dürftiger, wenigstens sehr einseitiger, beschränkter Weise, der Colleginnen nicht zu gedenken; aber ist es weniger wahr, daß eben deshalb auch der Unterricht von einem gewöhnlichen, gleichwohl mehrseitig gebildeten Dorfschullehrer oft weit glänzendere Früchte trägt, als der von einem wirklichen, selbst renommirten Künstler? — Wo wir nur irgend können, vertrauen wir unsre Kinder und Zöglinge nur solchen Lehrern an, denen außer einem guten, gründlichen und umfassenden musikalischen auch noch manch anderes Wissen und Können zu Gebote steht, wirklich und zwar mehrseitig durch und durch gebildeten Lehrern, dann dürfen wir uns vor Allem auch versichert halten, daß denselben die Mittel nicht ausgehen werden, Lust und Liebe zum Lernen bei jenen rege zu erhalten, und somit wenigstens der Erfüllung einer der allererstem und wichtigsten Bedingungen, worauf ein wahrhaft glücklicher Erfolg des ganzen Unterrichts beruht.

Ein viertes solches besonderes Mittel ist:

d) Unterhaltungen über die Schönheiten, Vorzüge und Eigenthümlichkeiten des Instruments oder der Stimme, deren künstlerischer Gebrauch eben gelehrt wird.

Kein Musikunterricht ohne eine gewisse praktische Grundlage, einen gewissen praktischen Anhaltspunkt! erfuhren wir früher bereits. Alle unsere Schüler, mögen wir sie unterrichten, worin wir wollen, entweder lernen sie zugleich singen oder lernen sie irgend ein Instrument spielen, und selbst wo unser Unterricht ein höherer, eigentlich künstlerischer wird, wie z. B. der Unterricht in der Composition, stützt er sich auf jenen praktischen. Wie nothwendig es daher für jeden Musiklernenden ist, sowohl sein Organ insbesondere, als soviel als möglich auch die übrigen Organe (Instrumente) kennen zu lernen, leuchtet ein. Doch kann und soll davon noch nicht hier eigentlich die Rede sein, sondern es fragt sich für jetzt nur, wie daher gehörige Belehrungen zu einem Mittel werden können, die Aufmerksamkeit der Schüler rege zu machen und in Spannung zu erhalten? — Ohne Zweifel. Gestern erschien in meiner Anstalt eine junge Schülerin zum erstenmale wieder, die mehrere Wochen abwesend gewesen war und sich diese Zeit hindurch auf einem Gute eines Onkels an der sogenannten Bergstraße aufgehalten hatte; sie erzählte während einer Unterrichtspause, daß sie dort auch auf einer Orgel und einer Aeoline zu spielen versucht habe, indem ihr Onkel, ein großer Musikfreund, neben einem schönen Flügel auch diese Instrumente besitze und sehr schön spiele. Sofort fragte ich, ob sie die Instrumente auch näher besehen? und als sie diese Frage bejahete, nahm ich Veranlassung, den gegenwärtigen Schülern überhaupt eine kurze Beschreibung von Orgel- und solchen Instrumentengattungen zu geben, zu denen die sogenannte Aeoline gehört. Ich erklärte die innere Einrichtung dieser Art Instrumente, hielt mich dabei besonders bei der Beschreibung des Tonerzeugungsprocesses auf, und folgerte von daher auf die vielen wesentlichen Schönheiten, durch welche sich diese Art Instrumente vor vielen andern auszeichnen; übrigens verschwieg ich auch ihre eben so großen, wenn nicht noch größeren und

wesentlicheren Mängel nicht und stellte, da die Schüler eben im Cla=
vierspiel begriffen waren, in dieser Beziehung namentlich einen Ver=
gleich zwischen ihnen, jenen Instrumentengattungen, und dem Claviere
an. Daß derselbe sehr zum Vortheil des letztern ausfiel, versteht sich
von selbst; aber wenn die Schüler, alle ohne Ausnahme, der ganzen
Beschreibung mit vielem Interesse zugehört hatten, was sich deutlich
durch mehrere Zwischenfragen, die sie an mich richteten, kund gab, so
bemerkte ich doch nicht minder deutlich, wie sie nun auch wieder mit
erneuerter Lust die Hände auf ihr geliebtes Clavier setzten. Rament=
lich war dies bei jener genannten Schülerin der Fall. Ganz entzückt
hatte sich diese über die schönen Klänge der Aeoline geäußert, wenn ihr
Herr Onkel auf derselben gespielt; als ich nun aber die Mängel des
Instrumentes auseinandersetzte, da gestand sie mir, daß sie wohl gleich
Derartiges gedacht habe, nur sich der Sache nicht recht bewußt gewor=
den und nun doch recht froh sei, daß sie Clavierspielen lerne, obschon
sie, sie wolle es gestehen, während ihres Aufenthalts bei ihrem Herrn
Onkel manchmal gewünscht habe, statt des Claviers lieber die Aeoline
spielen lernen zu können. Unsere Schüler kommen oft in den Fall,
Musik auf andern als ihren Instrumenten oder mit anderen als ihren
Singstimmen vortragen zu hören, und wenn dieselbe nun einen beson=
ders wohlgefälligen Eindruck auf sie macht, so sind sie alsbald bei der
Hand, die Ursache davon auf die größere Schönheit und Produktivität
der Organe zu schieben und die Folge davon ist in der Regel, daß sie
fortan weniger Lust mehr zum Spiel ihrer Instrumente haben. Der
Clavierspieler hört in einem Concerte oder sonst wo einen fertigen,
ausdrucksvollen Geiger: „ach, wie schön ist oder war das! wenn Du
doch lieber Violine spielen gelernt hättest, oder noch lerntest!
An die Mängel der Violine gegenüber von seinem Instrumente
und die Vorzüge dieses gegenüber von jenem, denkt er nicht
gleich und kann er auch kaum denken, da er die Geige meist nur
in Gemeinschaft mit andern, dieselbe begleitenden Instrumenten hört,
und der Widerwille gegen sein Clavier ist fast eine nothwendige Folge,
so wie von diesem wieder eine gewisse Unlust zum ferneren Lernen.
Der Geiger hört einen Violoncellisten: die männlicheren, zarteren,
weicheren, schwärmerischeren Töne dieses entsprechen vielleicht mehr
seinem Charakter, seiner Empfindungsweise, er ist entzückt davon und
es geht ihm wie dort dem Clavierspieler. Eine unsrer Schülerin=
nen, die wir singen lehren, hört einen ausdrucksvollen Sänger mit
schöner Bariton= oder Tenorstimme: hingerissen von seinem Vor=
trage drängt sich ihr auch sofort die Meinung auf, als ob nur Män=

ner oder überhaupt Personen mit solchen Stimmen wirklich schön singen lernen könnten, und war sie bisher unsere beste Schülerin, so bemerkten wir gleich in der nächsten Lection eine Abnahme ihres früheren Interesses am Lernen. Dem müssen wir Lehrer vorbeugen und, wo wir dies vergessen haben, abhelfen. Dies aber können wir nur, wenn wir unsere Schüler befähigen, ein richtiges Urtheil über die verschiedenen Organe zu fällen; wenn wir sie neben den Vorzügen auch alle die Mängel derselben leunen lehren, und wenn wir dabei hauptsächlich der Schönheiten und Vorzüge derjenigen Organe das Wort reden, in deren künstlerischem Gebrauch wir sie eben unterrichten. Das Letztere ist durchaus nothwendig, um ihrer Liebe zu diesen Organen stärkende Nahrung zu geben, denn mit dieser Liebe wächst auch ihre Lust zum Lernen. Daß das übrigens nicht etwa durch bloße Expectorationen geschehen darf, versteht sich von selbst. Auch das bloße Kind noch, wie viel mehr der Erwachsene, will überall mit der Wirkung auch die Ursache schauen, allen Dingen bis auf einen gewissen Grund sehen. Ebenso dürfen wir uns in solchen Erklärungen und Betrachtungen auch nicht etwa blos bei den Schönheiten und Vorzügen des eben gegenwärtigen Organs aufhalten: jungen Leuten ist in Dingen der Kunst Niemand lächerlicher als der Enthusiast, und ob wir parteiisch, merlen sie den Augenblick; dann aber, wenn sie uns für parteiisch halten, hoffen wir vergebens auf die Wirkung, die wir mit den Betrachtungen und Erklärungen eigentlich hervorbringen wollten. Das Clavier z. B. ist bis auf die Schlaginstrumente, die in dieser Beziehung noch viel weiter zurückstehen, eines der unproductivsten unter allen Instrumenten: es wäre thöricht, das unsern Schülern zu verschweigen, nicht darzuthun, um so thörichter, als es andererseits so unendlich viele Vorzüge vor allen übrigen unsern Kunstorganen in sich vereinigt, daß es mit Recht als das eigentliche Hausinstrument, als der Träger der gesammten musikalischen Cultur angesehen wird, und daß uns also immerhin noch Raum genug bleibt, bei unsern Schülern eine gewisse Vorliebe zu dem Instrumente rege zu machen und rege zu erhalten. Ich habe bei meinen Clavier spielenden Schülern Fälle, wie oben erwähnt, bereits oft erlebt: es fiel mir nicht ein, bei solchen Gelegenheiten sofort über die Mängel der von ihnen schön befundenen Geige, oder welches andere Instrument es war, herzufallen, sondern recht gerne gab ich ihrem Urtheile recht, ja suchte dasselbe sogar noch mehr zu begründen, indem ich mich über Eigenthümlichkeiten der Geige ausließ, und freute mich, daß der Schüler so viele Empfänglichkeit für die Kunst an den Tag gelegt;

doch kaum hatte ich die Wendung genommen, wornach ich Alles,
was der Schüler gehört, mit einem farbenreichen Gemälde verglich,
in welchem die Violine blos die Stelle der Lichter, der Beleuchtung
vertrete, so kam jener auch schon von selbst darauf, daß sein In=
strument ein Mittel sei, mit dem allein, wenn auch mit weniger
heller, scharfer, ergreifender Beleuchtung, er ein solches Gemälde schaf=
fen könne, und was ich wollte, war erreicht. In seiner Begeiste=
rung für schöne Musik, für jene gehörten schönen Töne ging die
Liebe zu seinem Organe und damit sein Interesse am Erlernen des
Spiels desselben keineswegs unter, vielmehr wurden diese von jener
nur noch mehr gehoben und getragen. Besonders sind junge Mäd=
chen sehr empfänglich für dergleichen Eindrücke. Als die Schwe=
stern Milanollo hier gewesen waren, kamen keine sechs von meinen
Clavier spielenden Schülerinnen zum Unterrichte, von denen nicht
wenigstens vier geäußert hätten, sie möchten kaum noch ein Clavier
anrühren: das Clavier ist ihnen lieb geblieben und wird ihnen lieb
bleiben, nicht einen Augenblick habe ich beharrliche Abnahme der
Luft am Lernen bei ihnen bemerkt. Wie aber dem Clavierlehrer
für sich, so stehen auch dem Sing=, Violinen=, Violoncell= und je=
dem Musiklehrer Mittel genug zu Gebote, auf angegebene Weise
ihre Schüler gewissermaßen zum Lernen zu reizen. Nichts in der
Welt ist vollkommen; so hat auch jedes unsrer Organe seine, zum
Theil großen Mängel, aber auch keines ohne sehr wesentliche Vor=
züge, ohne sehr anziehende Schönheiten, und wissen wir somit nur,
diese gegenüber von jenen in das rechte Licht zu stellen, und immer
wird und muß es uns gelingen, den Schüler mit Liebe zur Sache zu
erfüllen. Der selige Tomaschek in Prag, vielleicht einer der denk=
würdigsten, tüchtigsten Musiklehrer der Neuzeit, besuchte mich vor
nun etwa neun Jahren hier in Stuttgart; wie über manches An=
dere, was entweder unsere Kunst und deren Zustände überhaupt
oder unsern Lehrberuf insbesondere angeht, so sprachen wir auch
mit einander über den hier der Betrachtung vorliegenden Gegen=
stand; nie kann und werde ich vergessen, was der erfahrne Mann
in seiner biederben Weise äußerte: „die Liebe zum Instrumente muß
den Schülern in Fleisch und Blut übergegangen sein, sonst ist es
aus mit allem ordentlichen Lernen, und wer nicht versteht, es da=
hin zu bringen, der soll ja das Unterrichten bleiben lassen, lauter
Stümper nur werden aus seinen Händen hervorgehen. Bei mir
ist und bleibt es immer das Erste, worauf ich sehe. Mit mei=
nen Schülern muß sich das Instrument ganz und gar verwachsen,

so bin ich immer gewiß, daß ſie ſeiner auch Herr werden, wenn anders ſonſt die nöthigen Fähigkeiten dazu nicht fehlen.''

Als letztes Mittel endlich empfehle ich:

e. **Abwechſelung, klugen Wechſel unter den unterrichts-
gegenſtänden,**

und beſonders iſt bei jüngern Schülern ſehr darauf zu achten. Sie haben in Folge ihrer jugendlichen beweglichen Natur keine hinrei- chende Stetigkeit; noch nicht die nöthige Ausdauer, lange bei ein und demſelben Gegenſtande zu beharren, und ſie dazu zwingen wol- len, heißt nicht unterrichten, ſondern ſie peinigen, quälen. Wehe aber, wenn dem Schüler der Unterricht zur Qual wird! — Viele Lehrer glauben, um der Gründlichkeit willen, nicht eher von einem Gegenſtande abgehen und zu einem andern übergehen zu dürfen, bis derſelbe dem Schüler ganz zu eigen geworden. Abermals: o der ungründlichen Gründlichkeit! der Gründlichkeit zur Unzeit! — damit untergraben wir alle Luſt und alles Intereſſe am Lernen, die der Schüler in die Lection vielleicht mitgebracht hat. Es iſt genug, wenn der Schüler die Sache begriffen hat; für das Weitere giebt es weitere Zeit. Dieſe aber iſt verloren, iſt beim Schüler die Luſt zum Lernen verloren. Die Schüler, namentlich aber die jüngeren, wollen Abwechſelung, ſonſt ermüden ſie. Ja, es können Fälle vor- kommen, wo dieſe Ermüdung bereits einzutreten droht, noch ehe der Schüler die Sache ordentlich aufgefaßt: fort dann, zu etwas An- derem, Neuem; das reizt wieder, und zu Jenem zurückzukehren, um das daran noch Fehlende nachzuholen, bietet ſich immer Gelegenheit. Etwas davon iſt zudem ſtets ſitzen geblieben. Wie jede Seelener- regung nur dann von größerer Dauer ſein kann, wenn immer an- dere Regungen hinzutreten, die ſie gewiſſermaßen ſtets friſch erhalten, ſo die Liebe des Schülers zum Lernen. Es iſt mir oft ſchon angſt und bange geworden, wenn ich hören mußte, wie Lehrer ein Kind mit dem Spiel ein und derſelben Figur halbe Stunden lang abquäl- ten, weil es ſie nicht deutlich und präcis genug ausführte und dies doch ſollte. Glaubt Ihr Herren, daß das Kind noch eine halbe Stunde ſo fort geübt, ſie endlich ſpielen können wird? — Verſucht es, ich prophezeihe Euch: mit Nichten. Im Gegentheil, immer ſchlechter wird es gehen, und es wird nun nie beſſer gehen, weil dem Kinde die Sache zum Greuel geworden, zum Greuel durch Euch. Es iſt mir lieber, der Schüler ſpielt oder ſingt ganze Seiten und macht zwanzig Fehler, thut es aber mit Luſt und Liebe zur Sache, als er

15

spielt zwei Takte ohne Fehler, aber mit Unluft. Dort wird den Fehlern bald abgeholfen sein, hier indeß ist auch das scheinbar Fehlerfrei stets fehlerhaft. Allerdings: lehre stets möglichst wenig! aber wir dürfen das nicht quantitativ verstehen, sondern qualitativ, von jeder Sache jedesmal möglichst wenig. Ein Kind selbst vermag quantitativ gar Viel und Vielerlei zu treiben und zu lernen, aber qualitativ kann und will es nur sehr wenig fassen. Ich werde verstanden werden. Nichts bis zur Erschöpfung, sonst erschöpfen wir auch die Lust zur Arbeit. Wo und wann wir Ermüdung bemerken, weiter! so bald die Kräfte wieder frisch geworden, zurück! Lebendiger Wechsel schafft Leben. So wird in einer Stunde mehr geleistet als anders in zehn. Gestehen wir, wie schwer wird es Vielen unter uns, deren Unterricht jedesmal nur eine Stunde dauert, in der ersten zweiten halben Stunde die Aufmerksamkeit des Schülers noch wach zu erhalten! — In meiner Anstalt dauert der Unterricht jedesmal zwei volle Stunden unmittelbar nach einander, und selbst Knaben, die von 2 bis 4 Uhr schon im Gymnasium Unterricht hatten und dann um 4 Uhr zu mir, in meine Anstalt kamen, entfährt oft, wenn die Uhr schlägt oder ich das Ende der Lection anzeige, das staunende Wort: „was, schon 6 Uhr!“ — Schon oft bin ich befragt worden, wie mir das möglich? — durch den Wechsel der Lehrgegenstände. Dieser Wechsel schließt weder Gründlichkeit, noch Planmäßigkeit, noch Beharrlichkeit, noch sonst eine Lehrtugend von sich aus; im Gegentheil wird er gerade dadurch bedingt, und indem er Leben in den Unterricht bringt, erhält er auch den Schüler lebendig. Dient er doch zugleich zu unserer eigenen Frische. Wir selbst ermüden, müssen wir über die Gebühr lange bei ein und demselben Gegenstande beharren, und bei dem Schüler sollte nicht weit früher noch Erschlaffung eintreten? — Jeder, der Etwas lernt, bedarf dazu einer gewissen Zeit, diese ist aber, auch bei der geringsten Einzelheit, immer größer, als daß er ohne Ermüdung, ohne Abnahme des Interesses an der Sache, vermöchte, dieselbe blos mit dem Einen auszufüllen. Achtet doch auf die Kinder in ihren Spielstuben: wie lange dauert es, daß sie ein und dasselbe Spiel treiben? — Hier aber könnt Ihr ihre Natur kennen lernen, und wie das Kind, der Schüler ist, so müssen wir ihn auch beim Unterrichte behandeln. Abwechselung ist ihm Bedürfniß, so befriedigen wir es, und er wird gern lernen. Daß bloße Launen dabei keine Regel für das Verfahren abgeben dürfen, versteht sich von selbst, zumal wir bei allem Wechsel unsre Schüler auch zur Stetigkeit anhalten und gewöhnen müssen. So halte ich z. B. so viel als möglich darauf, daß meine Schüler nicht

eher ein neues Tonstück spielen oder singen zu lernen anfangen, bis sie
die bereits angefangenen fehlerfrei, kurz gut spielen oder singen kön=
nen; allein ich bestehe nicht darauf, so bald ich bemerke, daß die
Lust zum Lernen darunter leiden könnte. Es giebt Fehler, die sich
der Schüler bei diesem einen Stücke doch nicht mehr abgewöhnt, und
eben so giebt es Fehler, welche der Schüler nur macht, eben weil er
kein Vergnügen mehr an dem Spielen oder Singen, kurz an dem
Ueben dieses Tonstücks findet. Wenn nur die Hauptsache erreicht
worden ist, dieselbe besteht aber niemals darin, daß der Schüler gerade
dieses Stück fehlerfrei vortragen kann, wie lange, und es gilt dem
Schüler als veraltet! wenn nur überhaupt sein Können und Wissen
dadurch gefördert, vermehrt worden ist: das ist genug! Mehr wer=
den wir doch nicht erreichen, stirbt seine Liebe zum Lernen darüber ab.
So Wechsel im Kleinen und Großen, im Einzelnen und Ganzen.
Ich lehre z. B. heute meinen Schülern die Intervalle; es ist genug für
diesmal, wenn sie wissen, was man unter Prime, Secunde, Terz,
Quarte 2c. versteht; von den einzelnen Unterschieden, kleinen und gro=
ßen, verminderten und übermäßigen Intervallen nach und nach
später; für heute gehe ich sofort zu einem andern Gegenstande über,
und indem ich denselben zugleich praktisch erweise, knüpft sich daran
wieder eine praktische Uebung: überall Zusammenhang und doch nir=
gends ein langweilender Stillstand. Da kommt einem Schüler in
einem Tonstücke zum erstenmale vor, daß er Triolen gleichzeit zu
vollgültigen gleichartigen Noten zu spielen hat, z. B. Achteltriolen
zu gewöhnlichen Achtelsnoten: weil er bei diesem einen Tonstücke noch
nicht die nöthige Sicherheit und Fertigkeit in dem Vortrage solcher
Taktfüllungen gewonnen hat oder gewinnt, halte ich ihn nicht auf,
seine Kräfte überhaupt an einer andern Composition zu üben, zu stär=
ken; es kommen ja dergleichen Taktfüllungen wieder und noch öfter
vor, und wollte ich dort nicht eher nachlassen, bis das Ziel erreicht ist,
so würde er in seiner Lust zur Sache nachlassen und ich dies Ziel so=
mit niemals erreichen. Auch bei schon vorangeschrittenen Schülern
trifft die Regel zu, und ich kann nicht genug erinnern, sie nie aus
den Augen zu lassen, wie ich überhaupt zum Schluß jedem Lehrer
nochmals ernstlichst ans Herz gelegt haben möchte, vor allen Dingen
darauf bedacht sein, bei seinen Schülern, mögen diese sein, welche
und wie sie wollen, das Interesse am, Lust und Liebe zum Musikler=
nen rege zu machen und stets wach zu erhalten, — thut und vermag
er dieses, dann, aber auch nur dann hat er Alles gewonnen, geht alle
übrige Arbeit gar leicht von Statten. Es ist das Pflügen und Eggen

des Ackers, auf den gesäet werden soll, der eigentliche Bau des Bo-
deus, ohne welchen dieser, sei der Saamen, der auf ihn fällt, an sich
noch so gut und trage er selbst noch so große Culturfähigkeit in sich,
gleichwohl niemals volle wirklich reife, hinreichend lohnende Früchte
tragen kann noch wird.

Zweites Capitel.

Unterricht in den mechanischen Fertigkeiten.

Bei der ersten Anlage des Buchs hatte ich die Absicht, meine
Ansichten über die beste Methode bei dem Unterrichte in den ausschließlich mechanischen Fertigkeiten erst in dem folgenden Capitel
bei Gelegenheit der Lehre von der Methode der Dynamik zu entwickeln. Bildet nämlich — so dachte ich — ein ausreichender Grad
mechanischer Fertigkeit eine der wesentlichsten Bedingungen eines guten Vortrags, so wird auch die Lehre davon, wie wir denselben
unsern Schülern nach meinem Dafürhalten am sichersten und zweckmäßigsten zu eigen machen, am schicklichsten mit der Methodik der
Lehre vom musikalischen Vortrage zusammenfallen und um so schicklicher, als ja beim Unterrichte selbst auch die Unterweisung in der
eigentlichen Technik mit dieser Lehre stets Hand in Hand geht. Der
Schluß war gewiß eben so richtig als durch alle Arten Vorgänge
bereits begründet. Nichtsdestoweniger fand ich mich veranlaßt, bei
Gelegenheit der Aufzählung der einzelnen Gegenstände des musikalischen Unterrichts, im zweiten Capitel des vorangehenden ersten allgemeinen Theils, die technische oder praktische Fertigkeit als einen
besondern solchen Gegenstand zu bezeichnen, und so kann ich conse-
quenter Weise nicht anders, als derselben auch hier, in der eigentlichen Methodologie, ein besonderes Capitel zu widmen, so gewiß
— was sogleich zum Voraus bemerkt sein mag — dort, im nächstfolgenden Capitel, bei angeführter Gelegenheit, Manches zur Sprache
kommen wird und muß, was in dem unmittelbarsten Zusammenhange
mit dem hier Vorgetragenen steht.

Ich halte diese Vorbemerkung für nöthig, um dem Vorwurfe
einer zu großen Vereinzelung oder zu detaillirten Zergliederung meiner Themen, der sich diesem oder jenem verehrten Leser aufdrängen
möchte, sofort abweisend zuvorzukommen; auch um gleich hier an-

zubeuten, daß sich Manches, was hier als zur Vollständigkeit ge-
hörend vermißt werden dürfte, dort im folgenden Capitel finden
wird, so wie sich umgekehrt hier Manches findet, was dort vermißt
werden dürfte. Ich wußte keinen andern Ausweg für die nothwendig gebotene Trennung eines an sich, seinem ursprünglichen Wesen
nach, zu Vereinbarenden, und zu Wiederholungen ein und derselben
Sache fehlt es mir eben so sehr an Raum als meinen verehrten Lesern
vielleicht an Kurzweil. Weiß sich doch der Verständige, Aufmerksame
auch selbst Alles gleich zurecht zu legen.

Was verstehen wir unter mechanischer Fertigkeit? — Jede Kunst
hat ihren Mechanismus. Der Maler muß seine Farben zu reiben,
zu mischen, zu binden, den Pinsel zu führen ꝛc. verstehen; der Bildhauer seinen Meißel ꝛc. Das ist das Mechanische ihrer Kunst, und
je mehr Gewandheit sie darin haben, desto mehr mechanische Fertigkeit besitzen sie. Selbst die Poesie, diese geistigste aller Künste, die
ausschließliche Kunst des Geistes hat ihren Mechanismus, und von
unsrer Kunst, der seelischesten aller Künste, möchte man sagen, daß,
wie sie zur Hälfte Psyche, zur Hälfte Physis ist, so auch zur einen
Hälfte nichts Anderes als purer Mechanismus und zur andern erst
wirkliche Kunst. Es zeugt dies für die Wichtigkeit unseres Gegenstandes. Mag das Mechanische unsrer Kunst auch nur das Mittel
zum Zwecke sein, es giebt keine Wirkung ohne Ursache, und ich kann
keinen Zweck erreichen, wenn ich nicht die Mittel dazu besitze, je reicher dieses aber der Fall, desto vollkommener, vollendeter auch jenes.
Die Noten da auf dem Papiere sind noch keine Musik, blos der todte
Buchstabe, noch nicht das lebendige Wort; daß sie zu Musik werden,
dazu bedarf es noch eines Mediums, und dieses Medium eben ist
der musikalische Mechanismus. Nirgends kann ein musikalisches
Kunstwerk zu wirklich sinnlicher Wahrnehmung kommen, ohne daß
seine Organe in Bewegung gesetzt werden; dieses aber, mögen die
Organe sein, welche und welcher Art sie wollen, kann nur geschehen
durch gewisse Theile unsers Körpers, und je fertiger diese darin sind,
je geschickter sie sind, die musikalischen Organe dergestalt in Bewegung
zu setzen, daß wirklich ein Kunstwerk dadurch zu vollkommen sinnlicher
Wahrnehmung kommt, desto mehr mechanische Fertigkeit besitzen wir,
desto mehr besitzen wir jene Fertigkeit, deren Außerordentlichkeit und
künstlerische Bedeutung nun zunimmt und zuzunehmen hat mit dem
Grade des Tonfarbenspiels und des Figurenreichthums' jenes Kunstwerks. Mögen wir mittelst des Gesanges oder mittelst irgend eines
Instruments Musik machen, es kann das nur geschehen durch Hülfe

gewiſſer Theile unſeres Körpers, und die Gewandheit dieſer in der
Behandlung jener Inſtrumente, daß wirklich Muſik dadurch erzeugt
wird, iſt die mechaniſche Fertigkeit, der muſikaliſche Mechanismus.
Ein Weiteres umfaßt derſelbe nicht, und es iſt wichtig, dieſe Gränze
genau zu beſtimmen, weil ſich von daher allein das Maß der fol=
genden Unterſuchung ergiebt. Alle Kunſt geht von den Menſchen
aus und wie ſie ein ausſchließliches Eigenthum der Menſchheit iſt,
ſo iſt ſie auch ein Gemeingut derſelben. Jeder Menſch hat ſeine
Rechte an dem Kunſtthum; aber das Recht an der Künſtlerſchaft
wird bedingt durch den Beſitz eines hinreichenden Grades gewiſſer
mechaniſcher Fertigkeiten. Ein gewiſſer Grad von Souveränität im
Reiche des Mechanismus macht erſt den eigentlichen Künſtler. Man
hat ſchon geſagt, daß, wie Jean Paul einer der größeſten Dichter
geweſen ſei, ohne je einen eigentlichen Vers geſchrieben zu haben,
ſo auch Jemand ein großer Maler oder Muſiker ſein könne, ohne
zu verſtehen, auch nur den Pinſel gehörig in den Farbentopf zu tun=
ken oder auf irgend einem Inſtrumente einen Ton zu erzeugen.
Man konnte aber ſolche Behauptungen nur im Hinblicke auf den
ausſchließlich geiſtigen Theil der Kunſt aufſtellen, und ich pflichte
ihnen bei, wenn man darunter verſteht, was ich hier die Rechte am
Kunſtthume nenne: das Bürgerrecht im eigentlichen Künſtlerthume
ſetzt mit jenem Rechte zugleich den Beſitz eines hinreichenden mecha=
niſchen Vermögens voraus. Es giebt nichts Kosmopolitiſcheres als
die Kunſt, und gleichwohl entfernt ſich keine Wiſſenſchaft, kein Wiſſen
und Können wieder mehr von dem Kosmopolitismus als die Kunſt.
Sie iſt durchaus ſtaatsrechtlich organiſirt. Wie ſie nämlich zwar
Niemand ihr Gemeinderecht ertheilt, der nicht auch ihr Staatsrecht
beſitzt, ſo erkennt ſie doch Niemand als ihren eigentlichen Bürger an,
der nicht das Gemeinderecht erworben. Das geſchieht durch den
Mechanismus und dieſer iſt ein rein leibliches Vermögen.

Die Frage nun, wie wir am ſicherſten und zweckmäßigſten un=
ſere Schüler in den Stand ſetzen, ſich dieſes Vermögen erwerben zu
können? — und das iſt unſtreitig die Frage, in deren Beantwor=
tung unſere ganze Aufgabe hierorts beſteht — beantworten wir dem=
nach wohl am richtigſten, wenn wir dabei von der Unterſuchung aus=
gehen, welche Körpertheile oder leibliche Organe es ſind, die von dem
durch eine muſikaliſche Kunſterſcheinung bedingten Mechanismus in
Bewegung geſetzt werden? und dieſe Unterſuchung wieder ſtellen wir
am richtigſten an, wenn wir uns zu ihrem Behufe auf den Boden der
eigenthümlichen Natur der verſchiedenen muſikaliſchen Organe oder

Instrumente begeben, denn daß hier, in einer allgemeinen Methodologie, auf den musikalischen Mechanismus in seinem ganzen Umfange Rücksicht genommen werden muß, ist eben so nothwendig durch
die Natur der Sache geboten, als gewiß ist, daß wir nur von jenem
Standpunkte aus diesen, den gesammten musikalischen Mechanismus,
in allen seinen verschiedenen Richtungen und zwar in einer Art erforschen können, die dann von selbst zu den Mitteln führen muß, welche
sich als die zweckmäßigsten zu seiner Entwickelung und Ausbildung
in allen diesen seinen verschiedenen Richtungen ergeben.

Wir machen Musik entweder durch Tasten=, oder durch Bo=
gen=, oder durch Blasinstrumente, oder durch Gesang. Andere musikalische Organe giebt es nicht, außer noch einige Saiteninstrumente, deren tonerzeugende Körper, die Saiten, durch Reißen
oder Schlagen in die zur Tonerzeugung nöthige vibrirende Bewegung gesetzt werden, und die gewöhnlichen Schlaginstrumente, als
Trommel, Triangel 2c. Allein fallen die erstgenannten bei der hier-
örtlichen Untersuchung größtentheils mit den Tasteninstrumenten zusammen, so können die letztgenannten, wie auch die ausschließlich
mechanischen Instrumente, wie Drehorgel, Spieluhren 2c., die durch
keine menschlichen, sondern durch andere Kräfte und Mittel unmittelbar in tongebende Bewegung gesetzt werden, hier gar nicht in Betracht kommen.

Bei den Tasteninstrumenten sind es, außer dem ganzen Kör=
per, dann wieder mehr die Arme und wieder mehr die Hände,
besonders die Finger, die durch deren Behandlung in Bewegung
gesetzt werden. Ebenso sind es diese Körpertheile, die beim Spiel
der Bogeninstrumente sich vorzüglich bethätigen. Bei den Blasinstrumenten treten namentlich die Zunge, die Lippen und die
Athmungswerkzeuge an deren Stelle, zu denen sich bei einigen
auch noch die Finger gesellen. Und beim Gesange werden lediglich
die menschlichen Stimmwerkzeuge in Bewegung gesetzt.

Eine gute Methode wird also zur Erzielung einer möglichst
vollkommenen mechanischen Fertigkeit vor allen Dingen auf Ausbildung dieser Körpertheile bedacht sein, d. h. darauf, sie zu allen
möglichen Bewegungen, welche die Ausführung irgend eines musikalischen Kunstwerks oder die Effektuirung irgend einer Ton= oder
Klangerscheinung erfordern könnte, geschickt zu machen, sie dazu zu
befähigen und zwar bis zu dem Grade zu befähigen, daß ihnen jede
dieser erforderlichen Bewegungen bis zu der beabsichtigten Wirkung
gar nicht mehr schwer fällt. Natürlich beschränkt sich jeder Unterricht

dabei hauptſächlich nur auf diejenigen Körpertheile, welche von dem
Mechanismus ſeiner ſpeciellen Kunſtrichtung vorzugsweiſe in Anſpruch
genommen werden. Der Unterricht im Geſange z. B. hauptſächlich
nur auf eine ſolche Ausbildung der Stimmwerkzeuge, der Unterricht
im Spiel der Blasinſtrumente hauptſächlich nur auf eine ſolche Ausbildung der Lippen, Zunge und Athmungswerkzeuge, und der Unterricht im Spiel der Bogen- und Taſteninſtrumente auf eine ſolche
Ausbildung der Finger ꝛc. Auch nimmt jeder Unterricht dabei wieder beſondere Rückſicht auf den Bedarf für dasjenige Inſtrument, alſo
auf die Natur dieſes, deſſen Spiel er eben und vorzugsweiſe zu
lehren hat. So wird der Clavierunterricht eine weit größere ſolche
Ausbildung der Finger zu erzielen haben, als der Violinunterricht
oder ſelbſt der nah verwandte Orgelunterricht; der Violinunterricht
dagegen wieder eine größere ſolche Ausbildung wenigſtens des rechten Armes und der rechten Hand; der Geſangunterricht eine größere
ſolche Ausbildung der Athmungswerkzeuge als der Unterricht auf
irgend einem Blasinſtrumente ꝛc. Der muſikaliſche Mechanismus
nimmt je nach Natur und Beſchaffenheit ſeines Inſtruments das
eine Mal dieſe, das andere Mal jene Körpertheile mehr in Anſpruch,
d. h. ſeine Ausbildung und Vollkommenheit hängt das eine Mal
mehr von der Beweglichkeit, Bewegungsfähigkeit und Kraft dieſer,
das andere Mal von denen jener Körpertheile ab, und ſo hat auch
der Unterricht in jedem einzelnen Falle ſeine hieher bezügliche Aufmerkſamkeit auf dieſe Theile zu richten, die ſich dann übrigens auch
ganz von ſelbſt ergeben.

Die Mittel dann anlangend, durch welche jene Ausbildung
erzielt wird, ſo zerfallen dieſelben, ſie zuvörderſt im Allgemeinen
und die Körpertheile, von denen der Mechanismus ausgeht, überhaupt betrachtet, in zwei Claſſen, in allgemeine und beſondere.

1. Allgemeine Hülfsmittel zur Erzielung einer möglichſt vollkommenen mechaniſchen Fertigkeit.

Als allgemeine ſolche Hülfsmittel galten ſchon ſeit lange: das
Tonleiternſpiel oder Gammenſpiel und an deſſen Statt beim Geſange
das Skalenſingen, hiernach das ſogenannte Etudenſpiel und an
deſſen Statt beim Geſange das Solfeggienſingen. Betrachten wir
jedes insbeſondere.

a. Das Tonleiter- oder Gammenspiel.

Jedes Instrument hat einen gewissen Tonumfang, d. h. eine gewisse Reihe von Tönen, die es zu erzeugen im Staude und außer welcher es keine andern musikalischen Töne mehr hervorbringen kann. Auf Blasinstrumenten nun bedingt ein jeder dieser Töne seine eigene physische Behandlung, d. h. diejenigen Körpertheile, welche bei seiner Erzeugung thätig sind, bewegen sich bei der Hervorbringung eines jeden einzelnen Tones auch auf ganz besondere Weise, die mit der Bewegung bei Erzeugung eines andern Tones oder aller übrigen Töue, deren das Instrument fähig ist, wohl ähnlich, aber niemals ganz gleich sein kann; und in sofern die sogenannten Gammen die Bewegung vorschreiben, welche jene Körpertheile bei Hervorbringung jedes einzelnen Tones, dessen das Instrument fähig ist, zu machen haben, um den Ton wirklich hervorbringen zu können, ist für diese Art Instrumente, für die Blasinstrumente, das Gammenspiel in der That eine vortreffliche Uebung, ein vortreffliches Mittel zur Erzielung mechanischer Fertigkeit. Es versteht sich von selbst, daß alle Grade der Schnelligkeit bei diesem Spiel durchgangen werden müssen, und daß man, so lange der Schüler eigentlich lernt, mit dem langsamsten Grade anfängt und von diesem aus erst nach und nach zu dem immer schnellern fortschreitet. Eben so versteht sich von selbst, daß man auch bei dem bloßen Gammenspiel die Töne nicht lange in ihrer natürlichen Reihe auf einander folgen lassen darf, sondern ist bei jedem einzelnen Tone die Bewegung jener Körpertheile eine eigenthümliche, so ist eben so wichtig, jede einzelne Bewegung als deren Uebergang in jede andere Art von Bewegung, die von einem andern Tone erfordert wird, bald kennen und bis zur größten Fertigkeit ausführen zu lernen. Warten wir daher nicht so lange, bis wir bei dem Gammenspiel die Töne außer der Reihe und zwar in allen möglichen, denkbaren Zusammensetzungen auf einander folgen lassen. Die Schüler werden dadurch angehalten, jenen ihren Körpertheilen eine Beweglichkeit zu geben, die nachgehends von dem größten Vortheile für ihre ganze praktische Gewandheit sein muß. Es ist nach meinem Dafürhalten immer ein Fehler, wenn man die Schüler gar zu lange bei dem einfachen Gammenspiel verweilen läßt: die Fertigkeit auf Blasinstrumenten beruht — um mich jetzt technisch auszudrücken — nicht blos auf dem Kennen und schnellen Treffen der einzelnen Griffe und Zungen- oder Lippenstöße, sondern auch auf der Gewandheit in der Verbindung aller einzelnen Griffe und Stöße, auf der Gewandheit in dem richtigen Uebergange von jedem einzelnen solchen

Griffe und Stöße zu jedem beliebigen andern, und es muß der
Schüler daher zeitig in Beidem geübt werden und diese beiderseitige
Uebung muß dann auch gleichmäßig mit einander fortschreiten. Daß
der Lehrer dabei stets zugleich auf gute Tonerzeugung, gute, richtige
und reine Intonation zu achten hat, ist eine selbstverstandene Pflicht.
Davon aber weiter unten. Ist endlich durch die letztbezeichnete Uebung
ein gewisser Grad von Fertigkeit erreicht worden und bewegt der
Schüler sich nun schon freier in der Behandlung seines Instruments,
so ist wohl zu rathen, von Zeit zu Zeit immer wieder zu dem ersten
einfachen Gammenspiel zurückzukehren, weil es die beste Gelegenheit
bietet, nun auch die eigentliche Schönheit des Tones zum Gegenstande
der Beobachtung zu machen, was dieselbe bis dahin noch nicht sein
konnte, auch nicht sein durfte. Bei keinerlei Art von Instrumenten
hat der Spieler selbst, seine Art der physischen Behandlung des Instruments, so unmittelbaren und wesentlichen Antheil an der ästhetischen Beschaffenheit, der eigentlichen Färbung des Tones als bei
den Blasinstrumenten; bei allen übrigen Instrumenten hängt dieselbe
um Vieles mehr von der Beschaffenheit, dem akustischen Baue des
Instruments ab; so haben auch wir Lehrer bei keinerlei Art von Instrumenten so sehr und so bald unsere Aufmerksamkeit darauf zu
richten als bei den Blasinstrumenten, und so wenig ich rathen möchte,
sofort von dem Schüler mehr als überhaupt nur eine möglichst reine
Erzeugung des Tones zu verlangen, eben so bestimmt möchte ich
doch auch vor einem längern Warten damit warnen, als bis der
Schüler auf angegebene Weise zu der Fähigkeit gelangt, sich einigermaßen frei auf dem Instrumente zu bewegen. Es sind öfters nur
ganz feine, zarte Nuancirungen in der Thätigkeit der eigentlich spielenden Körpertheile, die den Ton schöner oder häßlicher machen
können: zu solchen Nuancirungen aber sind diese Theile ungleich
mehr befähigt, so lange sie noch die gehörige jugendliche Flexibilität
und Elasticität besitzen, als wenn sie später erst einmal durch Alter
oder Gewöhnung sich an eine gewisse Haltung und Bewegung gefesselt haben, und sie in der Befähigung erhalten, wenn sie dieselbe
errungen haben, kann nie so schwer fallen, so bald man dem Schüler nur begreiflich macht, wie nothwendig es ist, dergleichen Uebungen fort und fort anzustellen, um den betreffenden Körpertheilen die
gehörige Kräftigkeit zu bewahren. Ich kenne ausgezeichnete, weltberühmte Flöten-, Clarinett- und andere Blasinstrumenten-Virtuosen,
welche ungeachtet ihrer bereits errungenen außerordentlich praktischen
Fertigkeit, alle Tage, Jahr aus, Jahr ein, eine Viertelstunde solche

Gammenspiel=Uebungen treiben, lediglich, um sich auch die Schön=
heit des Tones zu erhalten. Es ist dies durch keine andere Uebung
so sehr möglich. Der berühmte Flötist Drouet, jetzt Hofcapellmeister
in Coburg, unbedingt ein Meister seines Instruments, sagte mir ein=
mal: „ich erkenne meinen Mann immer an der Skala," und der ver=
storbene vortreffliche Bärmann, dessen Clarinette viele Sänger sich
hätten zum Muster nehmen dürfen, meinte: so wie der Virtuos fertig
ist, muß wieder mit der Gamme angefangen werden." Was er damit
sagen wollte, kann nach dem Bisherigen kein Räthsel mehr sein: aus
der geschickten Anwendung des Gammenspiels ersteht für alle Blasin=
strumente ein gewandter Mechanismus, aber aus der geschickten An=
wendung des Gammenspiels ersteht auch die Beherrschung der eigentli=
chen Ton= und Klangfähigkeit des ganzen Instruments, und geschickt
ist die Anwendung nach meinem Dafürhalten jedenfalls, wenn sie nie
angegeben gemacht wird, wenn wir also das Gammenspiel nicht blos
stets in der natürlichen Reihenfolge der Töne, sondern alsbald in allen
möglichen Abwechselungen dieser betreiben lassen und dabei Anfangs
von dem langsamsten bis zu dem schnellsten Tempo fortschreiten, hier=
bei stets auf Sicherheit und Ebenmäßigkeit in den Bewegungen hal=
ten, so wie darnach auch unter den verschiedenen Tempi's abwechseln
lassen, und wenn wir endlich, jedoch erst nachdem ein gewisser Grad
von Fertigkeit erzielt worden, wieder zu dem einfachen Gammenspiel
zurückkehren, um nun auch diese Fertigkeit sich mit der Erzeugung schö=
ner Töne verbinden zu lassen. Daß dabei auf den eigenthümlichen
Bau der thätigen Körpertheile stete Rücksicht zu nehmen ist, verdient
wohl kaum besonders erwähnt zu werden, denn jeder nur einigerma=
ßen erfahrene Musiklehrer weiß z. B., daß ein Schüler mit dicken
aufgeworfenen Lippen dieselben zu gleichem Zwecke anders zu bewegen
hat, als jener, dem die Natur dünne, feingeschnittene Lippen gege=
ben, daß dünne, magere oder eckige Finger die Tonlöcher anders zu
bedecken haben, wenn sie fest geschlossen sein sollen, als dicke, flei=
schige, runde Finger oder Finger mit breiten, markigen Kuppen rc.
Und wo er es nicht weiß, da lasse er nur der Natur des Schülers
ihren Lauf: geleitet von dem richtigen Urtheile über die bewirkte
Tonerscheinung wird sie stets von selbst das Rechte, das Passendste
in dieser Beziehung finden. Was aber, wenn die Gammenspiel=
übungen auf angegebene Weise betrieben werden, wo also die Töne
nicht blos, wie gemein üblich, in einfacher Reihenfolge, sondern in
jeder beliebigen Zusammenstellung, jeder nur denkbar möglichen Ver=
bindung und Schnelligkeit erwirkt, für ein glänzendes Resultat in

Hinsicht auf mechanische Fertigkeit durch sie erzielt werden kann, hat unter Andern ein hiesiger Clarinetvirtuos bewiesen. Derselbe war früher Trompeter in dem Musikcorps eines unsrer Cavallerie-Regimenter. Um eine Anstellung in der Königl. Capelle erhalten zu können, übte er sich nebenbei auf der Clarinette. Eigentlichen Unterricht auf derselben erhielt er wenig. Er nahm Gammen zur Hand. Ein wahres musikalisches Genie, kam er dabei auf den Gedanken, dieselben nicht mehr abzuleiern wie das ABC, sondern sie nun auch in allen möglichen Tonzusammenstellungen zu studiren, wie ein Sprachmeister oder Redner auf den Gedanken kommen könnte, zur Bildung seiner Organe sich in der Aussprache aller nur irgend möglichen Lautverbindungen zu üben, und siehe da — — jeder Verständige weiß, daß mancherlei Tonfolgen als unausführbar verbannt sind für die Clarinette und jeder Componist sich zu hüten hat, dergleichen vorzuschreiben, aber unser Virtuos ist auf angegebene Weise dahin gelangt, daß ihm die Erecutirung auch keiner solchen Tonfolge mehr schwer fällt. Er spielt auf seinem Instrumente Alles, was nur irgend in dessem Bereich liegt und sonst nur den Geigeninstrumenten von unsern Componisten zugemuthet wird. Er dürfte in dieser Beziehung jetzt vielleicht der einzige Meister seiner Art sein, dem selbst ein Bärmann einst dies Anerkenntniß nicht versagte.

Auf allen andern Instrumenten außer den Blasinstrumenten können die einzelnen Töne, deren sie fähig sind, nicht blos auf eine, sondern auf verschiedene mechanische Weise effectuirt werden, und indem hier es vorzugsweise die Finger sind, durch deren Thätigkeit (Anschlag oder Griff) diese Effectuirung geschieht, so sind wir Lehrer mit Recht auch, im Hinblick auf die mechanische Fertigkeit, vor Allem auf die Ausbildung der Fingerkraft und Fingerbeweglichkeit bedacht. Unser Ziel dabei ist und soll sein insbesondere, allen zehn Fingern an beiden Händen eine möglichst, d. h. so weit die widerstrebende Natur es zuläßt, gleiche Stärke, Elasticität, Kraft, und dann ihnen allen auch eine möglichst gleiche Selbstständigkeit in der Bewegung und die Fähigkeit, in allen möglichen Arten von Bewegungen, Richtungen und Verbindungen thätig sein zu können, angedeihen zu lassen. Der Mittel, die zu dem Zwecke schon erfunden und erdacht worden, sind unzählige, sinnige und widersinnige. Hier haben wir es vorerst noch blos mit dem allgemeinsten zu thun, und das ist das sogenannte Leiternspiel. Ja, auf das Leiternspiel gründen die Meisten von uns, mögen sie im Spiel der Tasten- oder der Geigeninstrumente unterrichten, den ganzen Bau des nöthigen Mechanismus, und sie haben nicht Unrecht, wenn sie es in rechter Weise thun. Wo dies nicht der Fall, wird über der mangelhaften Grundlage der Bau zusammenstürzen, noch ehe er vollendet ist, wird niemals Etwas daraus entstehen, was auch nur einigermaßen, nur dürftig ausreichte, sich der Vortheile der ganzen Lernarbeit zu vergewissern. So thut man gleich beim Anfange des Unterrichts Unrecht, wenn man unter dem Leiternspiel das Spiel der eigentlichen sogenannten Tonleitern versteht, denn nicht blos, daß dieses Spiel bereits gewisse Kenntnisse aus der allgemeinen Musiklehre voraussetzt, welche der angehende Zögling noch nicht haben kann, sondern, es sogleich vorgenommen, machen wir auch einen Sprung in unsere Bewegungslehre, welcher der Natur widerstreitet. Wer so anfängt, fängt so zu sagen den Prozeß mit der Execution, fängt jedenfalls falsch an. Wir sollen elementarisch, d. h. vor allen Dingen naturgemäß unterrichten, und die Natur zeigt einen andern Weg. Diesem nach haben wir den diesseitigen Unterricht damit zu beginnen, daß wir dem Schüler lehren, die fünf Finger der Hand erst nur einfach, wie sie liegen, also auf fünf nebeneinander liegenden Tönen und zwar je wie das Instrument, dessen Spiel wir lehren wollen, es fordert, zu bewegen, Anfangs der Reihe nach, vor- und rückwärts, dann in verschiedener Abwechselung. Dabei achten wir darauf, daß die Bewegung eines jeden Fingers selbstständig, unabhängig von der Bewegung eines jeden andern Körpertheils, und mit gleichmäßiger Kraft und Elasticität geschieht. Das hängt wesentlich von der richtigen Haltung des ganzen Körpers, der Arme und Hände, so wie auch von der richtigen Stellung der Finger ab. Auf diese muß daher ebenfalls unser Augenmerk gerichtet sein. Welche Stellung und Haltung aber die richtige ist, kann zu zeigen nicht hier meine Aufgabe sein: ich schreibe keine Clavier-, Orgel-, Geigen- oder welche derartige Schule, sondern mein Buch soll eine Unterrichtslehre sein. Bei jener abwechselnden Fingerfolge in der Bewegung gebe man gewissen Fingern auch wohl eine andere Richtung, lasse blos einige und zwar in abwechselnder Folge sich bewegen, während die andern fest ruhen, und wechsele auch dann, so wie in der Richtung des Ruhepunkts ab. Das befördert wesentlich die Selbstständigkeit der Bewegung. Einige Finger besitzen von Natur aus mehr Elasticität, Beweglichkeit und Kraft, als die andern: letztere müssen daher in allen diesen Uebungen besonders berücksichtigt, mehr als jene bethätigt werden, denn unser Mechanismus fordert, soll er ein vollkommener oder wenigstens einigermaßen ausreichender sein, nothwendig eine möglichst gleichmä-

ßige Kraft aller Finger. Ist in dieser und den genannten Beziehungen
ein gewisses Ziel durch das Leiterspiel erreicht, so dehne man nun dasselbe zu gleichem Zwecke, aber auch vorerst nur so weit aus, daß dadurch die Spannkraft der Finger zugleich gefördert wird. Man
überspringe einzelne oder je nach der Lage der Finger mehrere Stufen,
wie man beim Steigen einer Leiter oder Treppe einzelne oder mehrere Sprossen überspringt; lasse das Leiterspiel also nicht mehr blos
auf fünf nebeneinander liegenden Tönen, sondern auf verschiednen weiter auseinander liegenden Tönen geschehen, und weil der kleine, vierte
und dritte Finger von Natur aus keine so große Spannkraft besitzen
als der Daumen und Zeigefinger, so müssen sie ebenfalls dabei besonders bedacht und nach und nach an immer größere Ausspannungen
gewöhnt werden. Der Clavierlehrer wechsele dabei mit Ober= und
Untertasten ab, der Geigenlehrer mit den verschiedenen Saiten seines
Instruments. Das giebt Veranlassung, daß die Finger ihre verschiedenen Bewegungen auch in allen möglich verschiedenen Richtungen
zu machen lernen. Daß fortan auf Kräftigkeit, Selbstständigkeit und
Elasticität jener, wie auf regelrechte Haltung der Hände, Arme wie
des ganzen Körpers zu halten, versteht sich von selbst. Jetzt hat der
Schüler gelernt, die Finger regelrecht zu bewegen und zwar in der
Lage, in der sie ihm von der Natur gegeben worden, doch auch bald
engere, bald weitere Ausdehnung; die fünf Leiterstufen mögen geordnet, wie sie wollen und in welcher Folge bestiegen werden sollen, er
kann sie besteigen und jeder Finger bewegt sich dabei mit gleicher Kraft,
Selbstständigkeit und Elasticität. Mittlerweile wird er ja auch wohl
aus der allgemeinen Musiklehre so viel gelernt haben, daß man nun,
ohne fürchten zu müssen, mit dem Einen oder Andern, dem Wissen oder
Können, zu weit voranzueilen oder zurückzubleiben, was stets von den
nachtheiligsten Folgen begleitet sein muß, — daß man nun getrost in
der ganzen Bewegungslehre fortfahren kann, dahin, wo sie dem
Schüler die Mittel zeigt, durch welche er die fünf Finger scheinbar zu
einer Reihe zu vermehren im Stande ist, die ausreicht, den gesammten
Toninhalt seines Instruments zu beherrschen, also vom ersten einfachen
Leiterspiel übergehen kann zu dem wirklichen Tonleiternspiel, daß, wenn
es recht betrieben wird, alle jene Mittel, die da beim Spiel der Tasteninstrumente bestehen in Unter= und Ueberschlägen, Absetzen und Einsetzen, Abziehen und Ablösen rc. der Finger, Unter= und Ueberschlagen, Unter= und Uebersetzen rc. der Hände, beim Spiel der Geigeninstrumente in dem Fortrücken oder Ueberspringen in die verschiedenen
sogenannten Lagen rc., — daß, sage ich, alle diese Mittel wohl zu

veranschaulichen und in ihrer allfälligen Anwendung sicher und gewandt zu machen im Stande ist, wenn es recht betrieben wird.
„Recht betrieben?!" — Ja, wie das Tonleiternspiel bis jetzt meistens
betrieben wird, vermag ich durchaus kein sonderliches Mittel zur Er-
zielung eines vollkommen ausgebildeten Mechanismus darin abzusehen. Erinnere ich nochmals, daß hier lediglich von dem Spiel der
Tasten= und Geigeninstrumente die Rede sein kann. Die mechanische
Fertigkeit auf diesen Instrumenten hat in den Fingern, Händen und
Armen ihren nächsten Sitz. Sie bedingt eine gleichmäßige Kräftigkeit, Beweglichkeit, Spannkraft und Elasticität dieser Körpertheile.
Alles das läßt sich durch das Leiterspiel erreichen; auch die besonders
Clavierspielern unerläßliche Selbstständigkeit jedes einzelnen Fingers in
seinen Bewegungen läßt sich den Schülern bei gehöriger Aufmerksamkeit
dadurch aneignen; aber Sicherheit auch in den verschiedenen Richtungen
und Zusammenstellungen, in welchen diese Bewegung zu geschehen
hat, niemals, wenn die Tonleitern, wie bisher noch fast immer
und überall geschehen, stets auf ein und dieselbe Weise ausgeführt
werden. Bereits in meinem „Schlüssel zur Claviervirtuosität", den
ich vor einigen Jahren herausgab und in welchem ich die gesammte
Technik der Kunst des Clavierspiels auf sehr einfache, allgemein
gültige, wie überall ausreichende Grundsätze zurückzuführen suchte,
habe ich über diesen Gegenstand gesprochen und zustimmende Erklärungen sind mir von Seiten vieler erfahrner und erprobter denkender Lehrer zugekommen. Unsere Tonleitern sind die tonischen
Vorrathskammern, aus denen die Componisten ihre Lebensbedürfnisse befriedigen; sie sind die Farbenschachtel, aus welcher die musikalischen Maler ihre Stoffe holen, mit und aus denen sie ihre
Bilder schaffen; sind die Steinbrüche, in denen die musikalischen
Bildhauer ihre Marmorblöcke brechen, um mit Meißel und Hammer
dann lebensvolle Gestalten daraus zu formen; kein Tonsatz, dessen
tonischer Inhalt sich nicht in eine einfache Leiterform zurückverlegen
ließe, weil kein Tonsatz, der seinen tonischen Inhalt nicht aus irgend einer oder mehrerer solcher Urformen herausgebildet hätte; ja
viele einzelne Glieder solcher musikalischer Gestalten bewegen sich
sogar noch in dieser ursprünglichen Leiterform: sonach, sollte man
denken, müsse auch der zur Ausführung jedweden Tonsatzes nöthige
Mechanismus sich auf das einfache Leiterspiel zurückführen, sich darauf basiren lassen, und müsse somit durch die Uebung dieses jener
in dem vollkommensten Maße gewonnen werden können!? — Allerdings kann das auch sein, aber nur, wenn wir den bisher in

diesen Uebungen geherrschten Schlendrian aufgeben und das Spiel
der Tonleitern nicht blos immer in ein= und derselben, sondern in
der verschiedensten Weise, d. h. — um sogleich hier das Wort zu
gebrauchen — mit den verschiedensten Applicaturen und in dem ver=
schiedensten Umfange betreiben. So, aber auch nur so vermögen
wir unsern Schülern auch durch das bloße Tonleiterspiel alle jene
Fertigkeit in dem verschiedenartigsten Unter= und Ueberschlagen, Ab=
und Einsetzen ꝛc. der Hände und Finger und wie die mannigfalti=
gen Applicaturmanieren oder vielmehr mechanischen Spielmittel, um
mit den blos fünf Fingern an einer Hand alle nur denkbaren Ton=
verbindungen auf den Clavier= und Geigeninstrumenten ausführen
zu können, aneignen, die nöthig ist, um endlich in den Besitz einer
überall aus= und zureichenden mechanischen Gewandheit zu gelangen.
Ich will an einem Beispiele zeigen, wie ich damit schon seit Jahren
verfahre, und ich habe nur in den seltensten Fällen nöthig gehabt,
zu noch andern Mitteln zu greifen, um gleichwohl ans gewünschte
Ziel zu gelangen. Nehmen wir die Tonleiter von D=Dur. Die ge=
wöhnliche Applicatur derselben beim Clavierspiel ist, daß in der rech=
ten Hand der Daumen auf d und g, in der linken Hand auf d und
a zu stehen kommt. So lasse ich auch Anfangs die Leiter spielen,
dann aber wechsele ich ab. Ich lasse z. B. nicht unter= und überschla=
gen, sondern bei irgend einer Stufe und bald bei dieser, bald bei
jener einen andern Finger einsetzen, das übt im Nachziehen, Ein=
und Absetzen, Fortrücken der Finger, und ich treibe diese Uebung so
weit und mannigfaltig, daß selbst Daumen und kleiner Finger auf
die Obertasten fis und cis zu stehen kommen. Ich nehme die Ue=
bung mit beiden Händen vor. Nun spielen Beide zusammen, aber
die eine Hand fängt etwa mit d, die andere mit fis an, die eine
spielt mit dieser, die andere mit jener Applicatur: die Hände grei=
fen in einander und werden darin geübt. Jetzt lasse ich bloße Theile
der Leiter mit bald diesen, bald jenen Fingern spielen, während die
andern ruhen: eine ungemeine Elasticität erhalten die Finger dadurch.
Ich lasse die Leiter mit blos zwei, dann mit blos drei und bald diesen,
bald jenen Fingern spielen, bald dabei unter= und übersetzen, bald
nachziehen, einsetzen ꝛc.: welche äußerst fruchtbare Uebung! — Im=
mer ist es blos die Leiter D=Dur, welche der Schüler spielt, aber die
Art der Fingerbewegung dabei ist so zahllos mannigfaltig, daß der
Mechanismus der ausgebildetste werden muß. Wer wagt denn auch,
zu behaupten, daß die Töne, welche aus der Leiter D=Dur genommen
sind und unsere Schüler beim Einstudiren eines Tonstücks zu spielen

haben, hier stets so geordnet sind, daß sie mit der gewöhnlichen Applicatur gespielt werden müssen oder auch nur können?! — Wie tausendfach verschieden durch das Vorangehende und Nachkommende! — der
Schüler müßte ja sogar Zweifel in uns selbst setzen, wollten wir ihm
die gewöhnliche Applicatur als bleibende Regel dociren. Unter tausendmal einmal, wo sie zutrifft. Auf die kurz angedeutete Weise verfahre ich aber bei allen Tonleitern, und indem ich dabei stets mit der
leichtern Applicaturart beginne und von da zu immer schwierigeren
Applicaturarten fortschreite, auch die Uebungen in gehörigen Zeitab-
sätzen vornehmen lasse, die von dem Grade der Erstarkung in der
bereits gewonnenen mechanischen Fertigkeit bestimmt werden, habe
ich — wie gesagt, schon Resultate damit erzielt, die die Anwen-
bung jedes andern Mittels, namentlich des vielbeliebten und den
meisten Schülern doch so widerwärtigen Etudenspiels durchaus unnöthig machten. Durch den heutigen Standpunkt der Clavier- und
Geigenmusik gezwungen, beschränke ich das Unter- und Uebersetzen
der Finger bei jenen Uebungen auch nicht mehr blos auf den Daumen und die mittleren drei Finger, sondern meine Schüler müssen
beide Applicaturmanieren für alle Finger sich zu eigen machen, und
deshalb jene Leitern sogar hie und da auch blos mit den mittleren
drei Fingern spielen. Namentlich beim Spiel Liszt'scher und Hen-
selt'scher Sachen habe ich gefunden, wie höchst nothwendig auch solche
Uebungen sind. Der Lehrer im Violin-, Violoncell- 2c. Spiel verfahre nicht anders, und er wird sehen, wie bei gehöriger Aufmerksamkeit auf Haltung und Aufsatz der Finger seine Schüler eine Fertigkeit lediglich durch das Leiterspiel gewinnen, die ausreicht zur
Ausführung selbst der sonst schwierigsten Passagen und Tonverbin-
bungen. Die Tonleitern sind der Stein und Mörtel zu allem musikalischen Gebäu, so können sie auch den Stoff abgeben zur Aufrichtung des vollkommensten Mechanismus, wenn wir nur geschickt
verfahren in ihrer Verwendung dazu. Viele Clavierlehrer haben
sich gewöhnt, ihre Schüler dazu anzuhalten, vor dem Spiel der
eigentlichen Tonstücke jedesmal auch die Tonleitern derjenigen Tonarten, in welchen diese Tonstücke stehen, mehreremale und zwar die
ganze Claviatur hindurch aufwärts und abwärts zu spielen. Es ist
das eine recht löbliche Sitte für bloße Unterrichts- und Uebungsstunden (für andere Gelegenheiten würde sich dieselbe natürlich nicht
eignen): durch Beschäftigungen aller Art, die dem Spiele voraus-
gingen, können die Finger und Hände in den Zustand einer gewissen Erlahmung oder Ersteifung versetzt worden sein, und Nichts ist

16

geeigneter, dieselben daraus zu wecken und gewissermaßen bereit zu machen zu der bevorstehenden, gar viel Leben und Beweglichkeit er- fordernden Arbeit, als jenes Leiternspiel; aber weiter nützt dasselbe hier auch nichts. Vielleicht, daß in den Tonstücken nicht eine ein- zige Stelle vorkommt, bei welcher sich dieselbe Applicatur, mit der jene Leitern gespielt wurden, wieder anwenden ließe, und doch sind die Töne, aus denen die Tonstücke bestehen, zusammengesetzt wurden, zumeist aus diesen Leitern genommen worden. Ich habe die Sache viel und lang überlegt, bedacht, erforscht: mir ist keine Fingerbewe- gung, keinerlei Art von Applicatur bekannt, in der nicht die spielen- den Finger, Hände und Arme geübt, ausgebildet und fertig gemacht werden könnten lediglich durch das Tonleiternspiel, wenn man dies mit den Schülern auf die Weise betreibt, wie vorhin kurz angedeu- tet. Beim Unterricht im Spiel der Geigeninstrumente muß dann auch, sobald ein gewisser Grad von praktischer Fertigkeit erzielt wor- den ist, immer wieder zum einfachen Leiternspiel zurückgekehrt wer- den, und zwar aus demselben Grunde, wie beim Unterrichte im Spiel der Blasinstrumente zu gleicher Zeit zum einfachen Gammen- blasen, nämlich um Raum zu gewinnen, den Schüler auch zur Er- zeugung eines schönen Tones anzuhalten. Auf Tasteninstrumenten hat der Spieler noch weniger Gewalt darüber, indeß werden wir weiter unten erfahren, daß auch hier wesentlich Viel zur Erzielung eines mindestens klangreichen Tones durch den sogenannten Anschlag beigetragen werden kann, außer bei Orgel- und überhaupt denje- nigen Tasteninstrumenten, bei denen Pfeifen die tongebenden Organe sind. Bei diesen und dergleichen Instrumenten hängt die Beschaffen- heit des Tones ausschließlich von der Beschaffenheit des Instruments und seiner einzelnen Theile, ihr Bau, Construction, Material rc., nicht von der Behandlung derselben von Seiten des Spielers ab, so gewiß auch bei den Geigen- und noch mehr bei den eigentlichen Clavierinstrumenten dieselbe den größten Antheil daran hat.

b Das Skalasingen.

Beim Gesangunterrichte ist das Skalasingen dasselbe, was beim Unterrichte im Spiel der Blasinstrumente das Gammenspiel, nur daß mit diesem wohl noch niemals ein solch — ich muß den Ausdruck gebrauchen — unsäglicher Unfug getrieben worden ist als mit jenem. Das Skalasingen ist ein vortreffliches Mittel, sowohl zur Bildung der Stimme für sich, als zur Erzielung einer ausrei- chenden Gesangs- oder, wie man hier eigentlich sagen muß, Kehl- fertigkeit, denn in der Kehle des Menschen oder doch in deren nächster Nähe liegen deffen Stimmwerkzeuge, und auf die Volubilität, Biegsamkeit und Geschmeidigkeit diefer beruht die mechanische Fertigkeit im Gesange. Tagtäglich höre ich Uebungen im Skalasingen anstellen, und keine Schule mehr, wo dergleichen Uebungen nicht vorgenommen werden, ja in den meisten Schulen besteht der vorgeschriebene Singunterricht in nichts Anderem; aber wie höchst selten wird etwas Weiteres noch dadurch erreicht, als daß die Schüler die acht Tonstufen hersingen und einige minder schwierige Intervalle treffen lernen? — Ja, diefes kaum. Worauf wir beim Singunterrichte zunächst zu achten und alle Sorgfalt zu verwenden haben, ist die Tonbildung. Eine gute Tonbildung können wir aber nur erwirken, wenn wir dabei unausnahmlich auf alle diejenigen Körpertheile Rücksicht nehmen, die dadurch in Thätigkeit versetzt werden: Haltung und Lage des ganzen Körpers, dann insbesondere der Zunge, Mundöffnung, Lippenstellung, Gaumenhebung 2c. Dies ist nicht nur möglich beim Skalasingen, sondern es giebt diefes auch eine vortreffliche Gelegenheit dazu ab. So lange nun, als wir es lediglich mit der Tonbildung zu thun haben, kommt Nichts darauf an, mit welchem Sprachlaute wir den Skalagesang verbinden. Doch in diefer Beziehung irgend ein erfreuliches Ziel erreicht, hat derselbe sofort eine andere Richtung zu nehmen, soll dadurch auch mechanische Fertigkeit im Gesange erwirkt, sollen die Stimmenwerkzeuge wirklich dadurch in dem Maße ausgebildet werden, daß jene Fertigkeit ermöglicht wird. Die verständigen, erfahrenen unter meinen Lesern merken schon, worauf ich hindeute, und sie werden mir vielleicht gleich hier entgegenhalten, daß sie recht wohl wissen, was zu einem weitern sogenannt „schulgerechten" Skalasingen gehöre, daß man dasselbe mit der bekannten Solmisations=, Vocedisations=, Damenisations= oder welchen anderen ähnlichen Sylben geschehen lassen müffe, wenn die Stimmwerkzeuge, die Singorgane dadurch geübt, fertig gemacht werden sollen. Ich aber sage und habe für die Richtigkeit meiner Behauptung vielleicht die reichste Erfahrung zur Gewähr: nein, das ist noch lange nicht genug, es ist Etwas, aber bei Weitem noch nicht Alles. Wer von uns kennt nicht Sänger, Sangesmeister, die sich nicht mit Unrecht für vortrefflich geschult halten, auch was die Volubilität der nächsten Stimmorgane betrifft, eine anerkennenswerthe Kehlfertigkeit besitzen, und dennoch keinen Lauf oder gewisse Tonfiguren nicht anders vorzutragen im Staude sind, als nur auf oder vielmehr in Verbindung mit gewissen, diefen oder jenen Sprachlauten? — Vor Jahren lebte hier ein, was Stimm-

mittel, Ausdruck, Biegsamkeit der Organe 2c. anbelangt, ausgezeich=
neter, sehr beliebter Sänger; er hatte auch früher seine sogenannte
Schule mit Skalensingen in den bekannten Solmisationssylben ge=
macht und täglich noch, bis an sein seliges Ende, konnte man ihn
dergleichen Uebungen anstellen hören, gleichwohl vermochte er keine
Rolle, keinen Lauf, namentlich wenn dergleichen Tonfiguren höher
gelegen waren, anders zu singen als in Verbindung mit dem Laute
ö, ü oder i, so daß es nicht selten bis ans Lächerliche streifte,
wenn er in einer Coloratur, die er etwa auf das Wort „wagen“
zu machen hatte, dieses umgestaltete in „wa — — ü — — i — — gen.“
Woher kam das? — Eben daher, woher es kommt, daß er unter
den tausend und abertausend, unter den Millionen singender Indi=
viduen viele, viele Collegen in dergleichen Unsinnskünsten hat, die
wenigstens von denselben eine wirklich vollkommen ausgebildete me=
chanische Fertigkeit besitzen. — Was ist Gesang? Gesangsmusik?
Nicht der gesungene Ton für sich macht dieselbe, sondern erst, wenn
dieser in Verbindung tritt mit dem erläuternden Worte, entsteht wirk=
licher Gesang. So können wir auch nur dann von einer Fertigkeit
im Gesange reden, wenn wir fähig sind, alle Arten von (natürlich
melodischen und stimmgemäßen) Tonverbindungen mit jedweden
Sprachlauten rein, präcis und in dem erforderten Tempo hervorzu=
bringen. Diese Fähigkeit sich anzueignen, bietet das Skalasingen
ein vortreffliches Mittel, aber es bietet dies nach meinem Dafür=
halten auch nur, wenn wir es mit unsern Schülern betreiben, wie
ich in Folgendem zu beschreiben versuchen werde. Anders ver=
mag ich mir keinen sonderlichen Vortheil für die mechanische Fer=
tigkeit davon zu versprechen, ja scheint es mir im Ganzen sogar
eben so wenig zu nützen, wie dem Clavierspieler das Tonleiternspiel,
wenn dasselbe nicht zu Uebungen, wie oben angegeben, umgestaltet
wird. — Gute, schöne Tonbildung ist — wie gesagt — das
Nächste, worauf wir dabei zu achten haben. Sache der sogenann=
ten Gesangschulen ist es, die nähere Anleitung zu geben. Ge=
wöhnlich bedient man sich dazu der Sylbe la, und mit Recht, weil
bei diesem Sprachlaute der Stimmcanal am weitesten geöffnet ist
und so der Tonstrom, der aus der Brust hervorquillt, durch Nichts
gehemmt wird, außer durch seine eigenen Ufer, die sich je nach der
Höhe und Tiefe des gesungenen Tones bald näher zusammendrän=
gen und so jenen Canal verengern, bald weiter auseinander bege=
ben und so jenen Canal erweitern. Nun aber sollen durch das
Skalasingen die Stimmwerkzeuge auch in allen übrigen möglichen

Bewegungen geübt werden, welche nöthig sind, jede denkbare Tonfolge, wie solche in Verbindung mit allen Arten von Sprachlauten möglich, rein und fertig hervorbringen zu können. Bleibe man daher zu dem Ende zunächst bei denjenigen verschiedenen Bewegungen der Stimmwerkzeuge stehen, welche durch Erzeugung der verschiedenen Gesangstöne für sich nothwendig bedingt werden, und gehe damit alle Register der Stimme durch. Die erste und natürlichste solche Verschiedenheit besteht in der bereits erwähnten Verengerung oder Erweiterung des Stimmcanals. Jene tritt bei höheren, diese bei tieferen Tönen ein. Nur dürfen die Canalränder nicht blos geübt werden, sich nach und nach, stufenweis zu verengern oder zu erweitern, sondern auch daß sie Fertigkeit darin besitzen, dies urplötzlich in jedem beliebigen Maße und Grade thun zu können, ohne daß die Reinheit, Egalität, Klangfülle, kurz die Schönheit der Töne darunter leidet. Aus dem Grunde lasse man die Skalen, nachdem sie einige Zeit stufenweis geübt worden, auch bruchstückweise singen und setze bald aus dieser, bald aus jener Stimmregion solche Bruchstücke aneinander, überspringe bald mehr, bald weniger und bald diese, bald jene Stufen. Die Canalränder erhalten dadurch eine ungemeine Beweglichkeit und zugleich werden die Schüler im Treffen der einzelnen Intervalle auf außerordentlich fördernde Weise geübt, um so mehr, je fester wir dabei die verschiedenen Stimmregister und ihre Verbindung im Auge behalten. Eine zweite Verschiedenheit in der Bewegung der Stimmwerkzeuge, die lediglich durch die Art der Tonerscheinung selbst bedingt wird, besteht in dem Verschlossen- und Offenhalten sowohl der Quelle als der Mündung des Stimmstromes und in der Abwechselung unter diesen beiden Formationen. Jene hat bei schwächerem, diese bei stärkerem Tonansatze statt. Drum gesellen wir nun zu jenen Skalaübungen, die wir zu dem Ende wieder von vorn beginnen, auch eine bald schwächere, bald stärkere Tonangabe; wechseln darin Anfangs blos bei verschiedenen Tönen ab und fahren damit in allen Variationen fort, bis wir bei dem einfachen Schnelltone anlangen, der durch alle Register hindurch geübt werden muß und jetzt zugleich im Skalagesange das beste Mittel ist, eine vollendete Verbindung der einzelnen Register zu erwirken. Diese Uebungen, mit Aufmerksamkeit fortgesetzt, werden wir bald bei unsern Schülern eine erfreuliche Zunahme in dem bemerken, was wir Stimmfertigkeit nennen. Bis daher aber war es einerlei, mit welchem Sprachlaute wir die Uebungen zugleich verbanden, ob wir sie auf la oder welcher andern Sylbe vornehmen lie-

ßen, wenn der Ton nur immer richtig, rein, präcis und rasch zum
Vorschein kam. Jetzt dagegen fordern auch diejenigen verschiedenen
Bewegungen der Stimmwerkzeuge sorgfältige Berücksichtigung, welche
durch die Verschiedenheit der Sprachlaute, die mit dem Gesange zu
verbinden sind und verbunden werden müssen, bedingt werden, und
hier ist es hauptsächlich, wo ich mit einem althergebrachten Schlen=
drian zu kämpfen habe. Es ist nicht wahr, daß diese Verschieden=
heit nicht in unmittelbarer Verbindung mit der ersten, rein tonischen
stehe, und daß nicht jene durch diese und diese wieder durch jene
besonders, ganz eigenthümlich modificirt werde. Man trete doch
nur vor einen Spiegel und beobachte hier lediglich die äußerste
Mündung des Stimmcanals; singe dann auf ein und demselben
Tone die Sylbe la und wieder die so nah verwandte Sylbe lo oder
le: welcher bedeutende Unterschied in der Bewegung! — Ist sonach
aber Jenes nicht wahr, so kann es auch für den vorliegenden Zweck
entfernt nicht genügen, daß wir blos unter den acht Tönen einer
Octave eine Abwechselung unter den Gesangssylben treffen, daß
wir beim Skalasingen von Octave zu Octave blos die Solmisations=
sylben ut, re, mi, fa, sol, la, si oder welche denselben substituirte
wiederholen, sondern wir müssen unter Wiederholung der erstbeschrie=
benen Skalaübungen nun auf jedem einzelnen Tone auch mit diesen
Sylben abwechseln und so die Organe gewöhnen, jeden Ton zugleich
mit jedem Sprachlaute deutlich, rein, voll, wohlklingend hervorzu=
bringen. Am unterhaltendsten für den Schüler wird dies bewerk=
stelligt, wenn man gewissermaßen zu der alten und mit Recht veral=
teten Guidonischen Manier zurückkehrt und die Skalen nur bruch=
stückweise singen, dann immer wieder von einer höheren oder tieferen
Stufe an dasselbe Bruchstück und mit denselben Sylben repetiren läßt.
Mit Ueberlegung das veranstaltet, fehlt es nicht, daß die Schüler
z. B. die Töne c, d, e, f, g, a, h nicht blos mit den Sylben ut, re,
mi, fa, sol, la, si, sondern jeden der Töne bald mit dieser, bald
mit jener Sylbe singen müssen. Aber es ist ferner auch nicht wahr,
daß diejenigen Buchstaben, welche wir Consonanten nennen, gar
keinen Laut haben: Mitlaute sind sie, wie der Name richtig sagt,
und als solche äußern sie daher selbst auf die Tonung der Vocale
oder Selbstlaute einen wesentlichen Einfluß. a ist a, e — e, i — i,
o — o, u — u und bleibt es; aber wie schon der Laut sich mobi=
ficirt, so bewegen sich noch mehr meine Stimmorgane ganz anders,
wenn ich singe ut oder tu. So gewiß wir demnach vor Allem dafür
zu sorgen haben, daß die Schüler durch das Skalasingen geübt wer=

ben, jeden einzelnen Ton, einerlei, in welcher Stimmlage oder mit
welcher Klangmodification, mit jedwedem Sprachlaute, worunter ich
zunächst die Vocale verstehe, genau, rein und richtig zu verbinden
und zu dem Zwecke das Skalasingen in beschriebener Weise anstellen
lassen müssen, so gewiß müssen wir doch nun auch darauf denken,
die verschiedenen Vocale in jede mögliche Zusammenstellung mit Consonanten zu bringen, und hierbei immer die bereits durchgemachten
Uebungen wiederholen. Wir müssen — um nur ein Beispiel anzuführen — unsere Schüler die Skalen nicht blos singen lassen, so
daß sie auf jedem einzelnen Tone, ohne Nachtheil für dessen Klang
und ohne daß seine beliebige Verbindung mit andern Tönen darunter leidet, die Sylben ut, re, mi, fa, sol, la, si deutlich aussprechen
lernen, sondern auch die Sylben, etwa tu, er, im, af, los, is. Ich
sage, es soll dies nur ein Beispiel zur Erläuterung des Gesagten
sein: der Sprachlautzusammenstellungen giebt es noch viele tausend-
fältige. Doch kommt es auch nur darauf an, diejenigen in Anwendung zu bringen, durch welche eine besonders merkliche Verschiedenheit in der Bewegung der Organe hervorgerufen wird, und diese
oder solche aufzufinden, kann keinem verständigen, denkenden Lehrer
schwer werden. Die leichteren minder bedeutenden Modificationen
ergeben sich von selbst. Auf der Hand aber liegt, daß ein Skalasingen, auf die hier beschriebene Weise betrieben, die glücklichsten Resultate haben muß, um so mehr als neben der ausschließlich mechanischen Sicherheit im Treffen gute Aussprache zugleich dadurch
befördert wird. Daß zu einem guten Sänger noch ungleich mehr
gehört, versteht sich von selbst; indeß haben wir es ja hier auch lediglich
mit der mechanischen Fertigkeit zu thun, und daß diese durch Uebung
des Skalasingens, wird dieselbe auf angegebene Weise angestellt,
sehr gefördert werden kann, dafür sei mir gestattet, ein Beispiel aus
meinem Leben als Beweis anzuführen. Noch heute ist auf einem benachbarten Hoftheater ein Tenorist thätig, der allgemein, wo er bisher
noch auftrat, hier in Stuttgart, in Cassel, in Wien, Pesth ꝛc., den
größten Beifall errang und von den Gesangskennern namentlich auch
als ein fertiger Sänger geschätzt wird. Dieser Künstler ward mir vor
nun zehn Jahren als ein junger Mensch von 18 Jahren zugeführt,
der eine wunderherrliche Tenorstimme, aber durchaus keine Mittel besitze, sich eine künstlerische Ausbildung zu erwerben. Es war der
Sohn eines armen israelitischen Handelsmannes vom Lande, der diesen seinen Vater beim Hausiren unterstützte. Mit dem Quersack auf
der Schulter war er bis daher im Lande handelnd umhergegangen und

am Sabbath meistens hier in Stuttgart bei den reichen Israeliten ein=
gelehrt, um in deren Gesindestuben Unterkunft und Aufenthalt bis
zum nächsten Geschäftstag zu finden. Durch Jodeln und das Sin=
gen von Volksliedern hatte er da jene Aufmerksamkeit auf sein Ge=
sangstalent gelenkt, und einer dieser hiesigen Israeliten war es auch,
der ihn zu mir führte. Auf dessen Bitten und weil ich wirklich eine
herrliche Tenorstimme bei dem Menschen entdeckte, nahm ich ihn als
Schüler auf. Jene Israeliten sorgten für anständige Kleidung und
Unterhalt. Der junge Mann konnte weder ordentlich schreiben, noch
ordentlich lesen; was er konnte, war Rechnen. Von den Unterleh=
rern in meiner Anstalt ließ ich ihn daher zunächst in Jenem unterrich=
ten. Dann begann ich selbst den eigentlichen musikalischen Unterricht,
der sich natürlich hauptsächlich auf den Unterricht im Singen be=
schränkte. Das Skalasingen in angegebener Weise war die einzige
ausschließlich mechanische Uebung, die ich mit ihm vornahm. Nach
einem halben Jahre bereits konnte ich ihm einige kleinere Tenorrollen
einstudiren. Noch nicht ein Jahr war verflossen, und er sang die
ganze Rolle Othello im Costume auf meinem Zimmer vor einer zahl=
reichen Zuhörerschaft. Alle Fiorituren dieser daran so reichen Parthie
führte er mit einer Fertigkeit, Gewandtheit aus, daß sämmtliche Ge=
genwärtige, worunter mehrere Sachverständige, dadurch ins höchste
Erstaunen versetzt wurden. Seine Uebergänge von einem Tone zum
andern, selbst im getragenen Gesange, waren so rein, gemessen und
richtig, wie nach so kurzer Schulzeit kaum erwartet werden durfte.
Selbst seine Triller waren nicht das mehr, was sie bei den meisten
unsrer selbst berühmtesten Sänger sind, ein Gurgeln oder Zittern der
Stimme; seine Glockentöne ergreifend, seine Coloraturen elastisch, —
und alles das hatte er gelernt lediglich durch das beschriebene Skala=
singen. Ueberall Ebenmaß in seinen Intonationen, mochten diese
geschehen mit welchem Sprachlaute; überall Klang. Kurz darauf
besuchte mich der Musikdirector von jenem Hoftheater, an dem noch
heute mein Künstler angestellt ist. Ich führte ihm den Zögling vor.
Keine acht Tage und es kam von der Intendanz ein Schreiben, worin
dieser eingeladen ward, Probe vor ihr und dem dortigen Capellmeister
abzulegen: die Folge war ein sofortiges glänzendes Engagement. Ich
verkenne die Fehler nicht, die der Künstler besitzt; es sind deren noch
gar viele; aber zumeist sind sie auch nur die Folgen seiner früher ge=
nossenen sehr dürftigen Erziehung, und des Mangels aller eigentlichen
künstlerischen Ausbildung, oder der Nachahmung schlecht gewählter oder
schlecht verstandener Vorbilder aus seiner nächsten Umgebung. In

jener kurzen Schulzeit konnte meine Aufmerksamkeit nur darauf gerich=
tet sein, ihn so schnell als möglich zu einem fertigen, gewandten
Sänger herzurichten, um so mehr, als sein alter Vater alsbald der
Vortheile versichert sein wollte, die man ihm dafür verheißen, daß
man den Sohn seiner bisherigen Carrière entrissen und daß er das
Opfer gebracht, sich der einzigen Stütze in seinen alten Tagen be=
rauben zu lassen. Sie sind ihm geworden, die Vortheile; die 3000
Gulden jährlicher Gehalt, womit der Sohn angestellt ward, wurden
von dem Vater capitalisirt und er sah sich und seine ganze Familie
in einen Reichthum versetzt, dessen Glück er nicht zu fassen ver=
mochte. Ich höre noch den alten guten Mann jauchzen darüber
vor mir, als er die erste Nachricht davon erhalten. Leider lebte er
nicht lange mehr. Ich sage „leider“, doch weiß ich nicht, ob es nicht
bisweilen gut ist, wenn die Väter abgerufen werden von dieser Welt,
ehe sich das Schicksal ihrer Kinder ganz entwickelt. Ich habe we=
nigstens meinen Zögling, dem ich einst täglich mehrere Stunden
Arbeit willig weihete, für den ich lief und rann, um ihm die Exi=
stenzmittel während seiner Schulzeit zu verschaffen, dessen ganze
jetzige so angenehme Stellung eigentlich mein Werk ist, — ich habe
ihn wenigstens seit Jahren nicht mehr gesehen, und mag doch nicht
glauben, daß er mich nicht versteht, sollten ihm diese Zeilen irgend=
wie und wo zu Gesicht kommen. Auch ob er vielleicht jetzt noch
Skalen singt, weiß ich nicht, so gewiß ich weiß, daß das Skalasin=
gen zugleich das beste Mittel auch ist, die Stimmwerkzeuge in der=
jenigen Elasticität und Beweglichkeit zu erhalten, die nöthig ist, sich
der Früchte der dadurch gewonnenen Fertigkeit fortan erfreuen zu
können, aber ebenfalls wieder nur alsdann, wenn es wenigstens von
Zeit zu Zeit auf die beschriebene Weise betrieben wird.

c. Das Etudenspiel und Solfeggiensingen.

Wohl, — werden hier vielleicht viele meiner verehrten Leser sagen
— indeß wenn wir das Gammen= und Leiternspiel und das Skalasingen
auf die hier beschriebene Weise üben lassen, so hört es ja eigentlich
auf, ein bloßes Gammen= und Leiternspiel, ein bloßes Skalasin=
gen zu sein, gestalten wir vielmehr die Gammen, Leitern und Ska=
len geradezu zu eigentlichen Etuden und Solfeggien um? Nun
gut, — antworte ich — nennt die Sache, wie Ihr wollt, auf Na=
men kommt Nichts an; der Stoff, aus dem Ihr schafft, bleibt im=
mer die Leiter, die Skala, und schafft nur, so werdet ihr auch wir=
ken; doch, was Ihr gewöhnlich unter Etuden und Solfeggien ver=

steht, mit dem kann ich mich niemals in dem Maße wie Ihr be-
freunden. — Darüber erstaunt man. Ich muß mich näher erklären.
— Man sage mir einmal offen: was sind der größeren Mehrzahl
nach die Tonstücke, die unter dem Namen „Etuden" nnd „Solfeggien" unsere Literatur uns darbietet? — Man wird mir antworten:
es sind Uebungsstücke, durch welche vorzugsweise die mechanische Fertigkeit gefördert und zugleich auch ein edler Kunstsinn geweckt werden soll. In der That? — Vergleichen wir einmal die Absicht mit der wirklichen Wirkung. Ich sage: es sind zumeist Tonstücke von unzusammenhängendem Zusammenhang, Buchstabirtafeln
ohne Lesübung zu sein, oder Lesübungen ohne Buchstabirtafeln
zu sein. Immer ein Halbes. Ich frage, läßt sich das Eine nicht
erreichen, ohne auch das Andere ganz zu erreichen? und wenn das
nicht: ist es dann nicht besser, man giebt das Eine auf und hält
sich vorerst nur an das Andere? begnügt sich blos mit dem einen
Zweck? — Welcher denkende Sprachlehrer noch lehrt seine Schüler
an Sätzen lesen, die keinen Sinn haben, die nicht zugleich das Denkvermögen der Kinder beschäftigen? — Da lese ich eben in einem
guten Buche von einem Herrn Hilgenfeldt über Sebastian
Bach). Es ist dasselbe erst kürzlich bei Fr. Hofmeister in Leipzig
erschienen, und enthält manch' treffendes Wort über die musikalische
Verflachung in unserer Zeit. Einen großen Theil der Schuld davon schiebt der Herr Verfasser aber auch uns Musiklehrern in die
Schuhe, wenn er sich über das Unheil ausläßt, das daraus erwachsen müsse, daß die andere Kunstlehre eine süßlich ästhetisirende Behandlungsweise selbst des technischen Theils an die Stelle rationel-
ler und so viel als unumgänglich nöthig positiver Disciplin zu
setzen versuche. Bei keiner andern Lehrmethode — sagt er — findet
ein solcher Unsinn statt, nur bei der Musik. Niemandem wird es
einfallen, einem Schüler, der sich die ersten Regeln der Grammatik
zu eigen machen soll, zum Behuf seiner Declinations- und Conjugationsübungen Vorträge über Aesthetik der redenden Künste halten
zu wollen; der angehende Zeichner oder Maler wird erst Nasen, Ohren
und Augen zeichnen lernen müssen, ohne daß sein Lehrer für nöthig erachtet, ihm zu dem Zwecke auch die Aesthetik der zeichnenden Künste in nuce
mit beizubringen. Die Resultate einer solchen Verkehrtheit der Musik
liegen übrigens klar genug vor Augen, und die daraus entsprungene
Ueberschwemmung des Publikums mit musikalischen Nichtsnutzigkeiten
allerorts droht nachgerade zur Sündfluth anzuwachsen. So der
Herr Hilgenfeldt, und auf den ersten Blick werden meine Geg-

ner vielleicht triumphiren ob des naiven Zugeständnisses, das ich
ihnen mit Anführung dieser Worte mache. Indeß betrachte man sie
und was ich hier über das Etudenwesen oder vielmehr Unwesen
sage, näher und man wird finden, daß sie ganz in meinem
Sinne, in meinem Interesse gesprochen und geschrieben worden.
Es fällt mir entfernt nicht ein, gegen alles Etudenspiel und Solfeggiensingen zu sein; aber eine Hauptsache daraus zu machen, wie
viele Musiklehrer thun, und mehr damit erzielen wollen, als blos
mechanische Entwickelung und Ausbildung der spielenden und singen-
genden Organe, zu dem Ende allen jenen Etuden- und Solfeggien-
ballast, den namentlich die neuere und neueste Schule zur Welt gebracht hat, den Schülern aufhalsen zu wollen, halte ich nicht blos
für durchaus nutzlos, sondern sogar für verderblich, weil meist die
Kräfte der Zöglinge jedenfalls ihre Lust und Liebe zur Sache darunter ersticken. Das Schiff erhält eine Ladung dadurch, die nicht
mehr dient blos zu seiner Sicherung in der Segelbahn, sondern die
es versinken macht in den Fluthen. Ich habe in den voranstehenden
Absätzen gezeigt, wie ich meine, daß das Gammen- und Leitern-
spielen und das Skalasingen betrieben werden muß; allerdings sind
es gewissermaßen Etuden, was daraus entsteht, aber es sind auch
die eigentlichen Declinations- und Conjugationsübungen, die wir
anstellen müssen, um unsere Schüler fest zu machen in den Regeln
unsrer Grammatik, und wie nun der verständige Sprachlehrer mit
diesen Uebungen sofort die Anwendung des dadurch Gelernten in
Uebersetzung und Erklärung zusammenhängender, sinnvoller Sätze
verbindet, so haben auch wir zu verfahren, indem wir die durch
jenes Etudenspiel und Skalasingen gewonnene Fertigkeit sofort zur
Anwendung kommen lassen in dem Spiel wirklicher, zusammenhängender, sinnvoller Tonstücke, Kunstwerke. Wo eine Etude mehr ist,
da taugt sie nicht mehr für den Unterricht, wenigstens nicht für die
feine diesseitige Aufgabe, weil sie ästhetisirt zugleich und so bei dem
Schüler Etwas anregt, das, eben weil es nicht ganz befriedigt wird,
ihn ungebehrdig gegen das Ganze machen muß. Schon oft mußte
ich mich höchlich wundern, wenn ich die Massen von Etuden und
Solfeggien ansah, die mir von den hiesigen Musikalienhandlungen
als neue Erscheinungen zugesandt wurden. Nie oder doch nur höchst
selten vermochte ich irgend einen positiven Zweck davon abzusehen,
und oft drängte sich mir der Wunsch auf, daß doch die Herren Componisten von dergleichen Sachen jedesmal in deren Ueberschrift auch
das Wozu bezeichnen möchten. „Etudes!" ich schlage auf, spiele

und finde Nichts als eine Reihe abgeriſſener Gedanken, Flicken, die meiſt alle noch von ein und derſelben Farbe, und die weder zu einer Zuſammenſetzung, um ein ordentliches Kleid daraus zu bilden, noch zur Ausbeſſerung ſchadhafter Gewänder gebraucht werden können. Es ſind weder Buchſtabirtafeln, noch ſind es Leſeübungen, denn jene ſollen alle Leſezeichen und zwar in allen denkbaren Zuſammenſtellungen enthalten, und dieſe durch ihren Inhalt zugleich die Denkkraft des Schülers beſchäftigen, und iſt Jenes nicht in ihnen zu finden, ſo thun ſie dies noch weniger durch ihren Aphorismus. Ich will ſagen, was ſie ſind: Harlekinsjacken, zuſammengeſetzt aus Flickwerk in allen möglichen, ſchiefen und geraden, eckigen und runden, krummen und welchen ſonſtigen Formen und in allen denkbaren, ſüßen und bittern, weichen und harten, grellen und lieblichen, dunkeln und hellen Farben, durch deren Anſchauung aber weder der Geſchmack, noch durch deren Ausführung die mechaniſche Gewandtheit unſrer Schüler gebildet werden kann; eine Speiſe, die zu ſehr gewürzt iſt, um Kindern, und wieder nicht gewürzt genug, um Erwachſeneren zur Nahrung und Stärkung gereicht werden zu können, oder wenigſtens gereicht zu werden verdienen. Aber ſagen will ich nun auch, wie ich meine, daß Etuden und Solfeggien beſchaffen ſein müſſen. Am deutlichſten, verſtändlichſten geſchieht das wohl durch Beiſpiele. Wie die „Collection d'Exercices, Gammes et Passages pour le Pianoforte" von Heinrich Herz (drei Lieferungen), die Clavier-Etuden von Aloys Schmits und jene von dem jüngern Bertini. Das ſind Etuden, durch welche die mechaniſche Fertigkeit der Schüler weſentlich gefördert werden kann, ohne zugleich ihr Gefühl auf eine unklare und ſomit ſtets verderbliche Weiſe zu beſchäftigen. Das ſind wahre Conjugations- und Declinationsübungen, wirkliche Buchſtabirtafeln. Solche und ſolcherlei Etuden und Solfeggien laſſe man die Schüler ſpielen und ſingen, wende dann das dadurch Gelernte ſofort in Einübung wirklicher Tonſtücke an, und man wird ſehen, welche reiche Früchte der ſo geſtreute Saamen trägt. Doch ſchauen wir dieſerartige Etuden und Solfeggien näher an: was ſind ſie? nichts anderes als Uebungen, wie aus meinem oben beſchriebenen Leiternſpiel und Skalageſange von ſelbſt hervorgehen müſſen, wie jeder verſtändige Lehrer ſelbſt ſchaffen kann, wenn er das Leiternſpiel und Skalaſingen auf angegebene Weiſe betreiben läßt. Ich muß einmal wieder von mir ſelbſt reden. Für den Augenblick habe ich meiner Lehranſtalt beſcheidene Gränzen gezogen, weil ich älter werde, mit Gicht- und andern Körperleiden zu käm-

pfen habe, bie mir Schonung gebieten, unb weil ich auch auf mancherlei anbere Weise mit Geschäften überlaben bin; indeß gab es —
wie schon anbern Orts bemerkt — Zeiten, wo dieselbe viele Jahre
hinburch von mehr als neunzig Schülern jebes Alters unb jebes
Geschlechts, jebes Standes unb jeber Fähigkeit frequentirt wurbe;
man kann baraus auf bie große Anzahl berer schließen, bie ich
meine Schüler nennen barf: nie, mit Keinem bin ich anbers verfahren, ja selten sogar, baß ich über Uebungen, wie in ben als Muster angeführten Notenwerken verzeichnet sinb, noch hinauszugehen
für gut ober nothwenbig fanb, gleichwohl glaube ich mir nachrühmen zu bürfen, baß keiner meiner so vielen Schüler meine Anstalt
verlassen hat, ohne einen Grab von Fertigkeit zu besitzen ober wenigstens ben Grunb bazu gelegt zu haben, ber ihn befähigt, bie
Musik in einer Weise zu treiben, aus welcher er auch alle Vortheile,
bie bie musikalische Erziehung haben soll unb haben kann, zu ziehen
im Stanbe ist. Daß ber Eine zu einer glänzenberen Birtuosität gelangte als ber Anbere, — was trüge mehr sein natürliches Recht in
sich selbst? Das Ziel, bas bie Begabung einem Jeben vorgesteckt,
hat er erreicht ober vermochte es wenigstens, wenn er vor ber völligen
Reife ber Schule entzogen wurbe, burch bas Gelernte sicher zu erreichen. Unb ben Herrn Friedrich Wieck in Leipzig — ich habe nicht bie
Ehre, ben Mann näher ober persönlich zu kennen, aber nach bem,
was er an seinen beiben Töchtern geleistet, von benen mir bie ältere,
Clara, jetzige Frau Dr. Schumann, als ein Stern bes reinsten, kry-
stallhellsten Lichtes am Birtuosenhimmel erscheint, schätze ich in ihm
einen erfahrenen, verbienten, benkenben Lehrer — Herrn Wieck frage
ich, ob er anberer Ansicht in vorliegenben Dingen als ich? Von bem
seligen Tomaschek in Prag, biesem Nestor in Allem, was Musikunterricht heißt, unb ber ber Welt so glänzenbe lebenbe Zeugen seiner
Unterrichtskunst hinterlassen, von ihm weiß ich gewiß, baß er gleich
mir über bas Etubenunwesen bachte, unb wenn ich von mehreren seiner
ausgezeichnetsten Schüler richtig berichtet worben, so findet auch Karl
Czerny in Wien nirgenb anbers ben stärksten unb wirksamsten Hebel
für bie mechanische Fertigkeit, als wo ich ihn gefunden, in bem Lei-
tern- unb Etubenspiel, wie hier beschrieben worben.

Eine gewichtige Frage übrigens noch: wann unb wie ist gerathen, ben Hebel zu unterstellen? — Viele Musiklehrer beginnen
ihren praktischen Unterricht mit bem Gammen- unb Leiternspiel unb
bem Skalagesang, unb fahren bamit unter Anschluß sogenannter
Etubenübungen unausgesetzt fort, bis bie Schüler einen gewissen

Grad von mechanischer Fertigkeit erlangt haben. Erst jetzt meinen sie demselben auch die Freude des Erlernens wirklicher Tonstücke, die auch dem Ohre und Gefühle einen Genuß verschaffen, gönnen zu dürfen, und sie meinen dies, weil sie anders glauben, ungründlich zu unterrichten und weniger schnell zum Ziele zu gelangen. Nichts indessen falscher, Nichts ungründlicher, Nichts schleppender. Bei anderer Gelegenheit schon habe ich darauf aufmerksam gemacht, wie gefährlich ein solches Verfahren für das ganze Gelingen des Unterrichts. Wir begeben uns des ersten und wesentlichsten Mittels zu einem solchen Gelingen, der ersten, wesentlichsten Bedingung, von der dasselbe abhängt, indem wir von vorn herein die Lust des Schülers zum Lernen, sein Interesse daran untergraben. Jedes Schülers, mag er singen oder welches Instrument spielen lernen sollen, — jedes Schülers erstes und sehnlichstes Verlangen ist nach einem Stück, und zwar nach einem Stück, an welchem sich sein sinnliches Ohr erfreut (jeden Anfänger müssen wir als noch in der Entwickelungs = Periode der ausschließlichen Sinnlichkeit befindlich betrachten). Allerdings kann dies Verlangen erst befriedigt werden, nachdem er gewisse Kenntnisse und gewisse Fertigkeiten in der Behandlung des Instruments sich erworben hat. Der Clavierspieler muß wissen, daß durch den Niederdruck der Tasten die Töne erzeugt werden und dieselben anschlagen können, auch wohl schon die Tasten und einige Notenzeichen kennen, der Geigenspieler seine Saiten, den Fingeraufsatz, den Bogenstrich rc., der Blasinstrumentist die Art der Erzeugung der Töne auf seinem Instrumente rc. Aber warten wir zu lange mit der Befriedigung, so machen wir nicht allein die Lust zum Lernen nicht rege, sondern ertödten dieselbe auch, wenn sie mit in die Schule gebracht wurde, und dann — haben wir nicht blos Nichts gewonnen, sondern Alles verloren. Giebt es doch der hübschen Stückchen für Anfänger, mögen diese kleine oder große Kinder sein und mag die praktische Fertigkeit, welche wir zu erzielen haben, sein welcher Art sie will, auch genug, in Menge, die im Grunde nichts anderes sind als bloße Uebungsstücke, Leiterbildungen, Etuden, die sich vortrefflich eignen, die spielenden oder singenden Körpertheile in den zu unserm Zwecke nöthigen Bewegungen zu üben, zu stärken, dazu zu befähigen und sie so weit als Anfangs möglich und nöthig fertig darin zu machen. Und wenn man glaubt, durch ein solches Verfahren schneller zum Ziele zu gelangen, so ist der Irrthum so gewaltig, daß kaum ein größerer gedacht werden kann. Ich frage die Herren Sprachlehrer: welcher Weg ist der schnellste, der durch Grammatik zur Sprache, oder der durch Sprache

zu Grammatik? — Die Herren Lehrer an Gymnasien, die in den
todten Sprachen des Lateinischen und Griechischen zu unterrichten haben, wissen das am Besten. Wo und wie nur immer möglich, schlagen sie den letztern Weg ein, weil der erstere gar zu mühsam und lang-
wierig zu steigen, und leider nur gebietet ihnen eben das Abgelebtsein
der Sprachen, ihn wenigstens zum größten Theile zu gehen. Unsere
Kunst ist jedoch nicht blos ebenfalls eine Sprache, sondern zugleich
eine lebende Sprache, und wir können um so unausgesetzter auf dem
letztern bequemeren und somit stets schneller zum Ziele führenden
Wege wandeln, als sie eine Sprache ist, die gesprochen wird gleichmäßig von allen Völkern der civilisirten Welt. Man gewähre den
Anfängern die Freude des „Stücklernens“, wie man den Kindern,
die etwa Französisch lernen sollen, vor Allem die Freude gewährt, zu
lernen, wie diese und jene Dinge im Französischen heißen, oder wie
man Dies oder Jenes auf Französisch sagt. „Bitte, liebe Mutter!
gieb mir ein Stückchen Kuchen!“ Das ist so ein Stückchen; das
Kind meint, schon Etwas zu können, freut sich über sich selbst und
will immer mehr Französisch, immer mehr und lieber Musik lernen.
Und wie wir ihm diese Freude in allen Fällen gleich vom ersten Beginn des Unterrichts an gewähren können, was ich im nächsten Capitel aufs Ueberzeugendste zeigen werde, so läßt sie auch Raum genug, dem Schüler noch daneben nicht blos mancherlei nöthige und
nützliche Kenntnisse nach und nach beizubringen, sondern auch seine
spielenden und singenden Organe auf eine Weise zu beschäftigen, welche
die vollkommenste, gleichmäßigste Ausbildung derselben, was ihre
Kräftigkeit, Biegsamkeit, Elasticität, Beweglichkeit und Sicherheit,
kurz Fertigkeit im Spiel und Gesang betrifft, zur Folge haben muß.
Es ist hier noch nicht der Ort, dahergehörige Tonstücke für die verschiedenen Instrumente und Singstimmen namhaft zu machen, aber
so bald wir einmal an das Capitel über die Specialität des Unterrichts kommen, wird auch dies geschehen. Erst wenn die Schüler
auf diese eben so freudige und erfreuende als sehr lehrreiche Weise
zu einem gewissen Grade von Fertigkeit gelangt sind, erst alsdann
ziehe man auch das beschriebene Leitern- und Etudenspiel oder Skala-
und Solfeggiensingen in den Bereich des Unterrichts, man verfahre
also gerade umgekehrt wie jene erst angeführten Lehrer. Erst wenn
die Schüler wenigstens Etwas sprechen können, wenn sie wissen, was
und wozu sie lernen, gehe man zur strengen Grammatik. Das ist elementarisch, naturgemäß, rationell. Doch so gewiß dieser Schritt
nicht zu spät, jedenfalls noch zu der Zeit gethan werden muß, wo

die auszubildenden spielenden und singenden Körpertheile noch die
Fähigkeit zu einer allseitigen Ausbildung, also die natürliche Biegsamkeit und Elasticität besitzen, eben so gewiß muß er auch alsdann
noch mit größter Vorsicht geschehen, so wie mit der weisesten Berechnung fortgesetzt werden. Der Schüler kann bereits Etwas sprechen, weiß sich schon ziemlich fertig in unserer Sprache auszudrücken
und ist sich der Vortheile bewußt, die ihm dieses Können bereitet;
mit Lust und Liebe geht er daher nun auch an das eigentliche Studium der Grammatik; gleichwohl wäre es nicht minder falsch, wollten wir jetzt Nichts als blos Conjugation und Declination, Construction, und wie die Dinge alle heißen, mit ihm treiben; stets
muß er wissen zugleich, wozu das, will er den Nutzen kennen, den
diese und dergleichen Uebungen für die Sprache überhaupt haben,
stets will er also das Conjugiren, Decliniren 2c. sprechend treiben.
Fangen wir daher nie zu früh, aber nie auch zu spät mit dem
Etudenspiel und Solfeggiengesang an, und lassen wir Beide, einmal angefangen, stets geschehen nur im Zusammenhange mit dem
Erlernen, dem Spielen und Singen wirklicher Tonstücke. So verfahren wir gründlich und für den Schüler interessant zugleich. Man
darf überdem jenen Zusammenhang nicht etwa so verstehen, als sei
immer blos einige Zeit der Lection dem Etudenspiel oder dem Sol-
feggiengesange und die übrige Zeit umbekümmert um diese dem Erlernen zugleich unterhaltender Tonstücke zu widmen. So befördern
wir wiederum die mechanische Fertigkeit nicht oder würde, was auf
der einen Seite in dieser Beziehung gewonnen worden, auf der andern Seite wieder verloren gehen können. Der Zusammenhang
muß vielmehr ein solcher sein, wonach das durch die rein mechanischen Uebungen des Etudenspiels und Solfeggiengesangs Erlernte
sofort in dem Tonstücke selbst zur lebensthätigen Anwendung kommt,
Beide also sich zu einander verhalten wie Ursache und Wirkung,
Mittel und Zweck, Erzeugendes und Erzeugtes. Das der Nutzen,
der dem Schüler stets von seiner Arbeit vor Augen liegt, der ihm
daher Lust macht und lustig erhält, immer mehr und weiter fortzu-
arbeiten; aber das auch die einzige Art und Weise, die ganze Summe
der erworbenen mechanischen Fertigkeit stets als zinsbares und somit
sich selbst vermehrendes Capital in dem praktischen Musikleben, das
der Unterricht entfaltet, zu erhalten. Die Schwierigkeit der Aufgabe, die für den Lehrer hinsichtlich der Wahl der mit seinem Schüler einzuübenden Tonstücke daraus erwächst, verkennt wohl Niemand
weniger als ich; allein sie muß gelöst werden, wenn etwas Rechtes

geleistet werden soll, und wer die Fähigkeit und Umsicht nicht besitzt, welche dazu gehören, sie lösen zu können, sollte eben so wenig sich unterfangen, Unterricht zu ertheilen, als der, welcher die Mühe und Arbeit scheut, die mit ihrer Lösung verbunden sind. Während des ersten halben, nach Umständen auch wohl ganzen Jahres des Unterrichts denke ich nicht daran, meine Schüler mit dem Etuden- und Solfeggienkram zu quälen, doch nun hat ihr Wissen und Können einen Grad erreicht, wo sie sich schon etwas frei bewegen in der Kunst, und sofort nehme ich auch jenen als Mittel auf, sie zu noch freierer, selbstständigerer Bewegung zu stärken und auszurüsten; aber ich lasse auf Anwendung des Mittels sofort auch die Bethätigung desselben im wirklichen Leben folgen, und bin der glücklichen Erreichung des Ziels, wenn sonst keine widerstrebenden und unüberwindlichen Hindernisse vorhanden sind, stets gewiß. Mit jeder neuen Etudenübung erhält die Ausbildung der spielenden oder singenden Organe eine andere Richtung, und jedes neue Tonstück, das ich meinen Schülern zum Spielen oder Singen lernen in die Hand gebe, ist so gewählt, daß mit den bereits durchwanderten Richtungen auch jene neue sich als für das musikalische Leben nothwendig darin darstellt. So begriffen meine Schüler stets von selbst die Etudenübungen als nichts Anderes denn als bloße Vorschule für die eigentliche leben-athmende und lebenvolle technische Kunst, und wie sie in der Freude darüber immer stolzer, in dieser sich bewegen zu können, daher nie vor der Arbeit, die das Durchmachen jener erfordert, zurückschreckten, so wurden sie nun auch wirklich stets der letztern mehr und mehr Herr. Die Amusements, Rondo's, Variationen, Sonaten, Concerte, Lieder, Arien ꝛc. allein thun es nicht, aber die Leitern, Etuden, Capriccio's, Solfeggien allein auch nicht, und wehe, wehe! wenn der Schüler diese sich nicht sofort verwirklichen sieht in jenen, wenn er nicht augenblicklich, wo er sich abmüht in der Zusammensetzung des trocknen Knochengerippes, überzeugt wird, wie dasselbe unter seinen eignen Händen noch auch mit Fleisch und Blut sich umgiebt zu lebensvoller und lebenskräftiger Gestaltung! — Wenn dies der Fall, dann werden wir fertige, virtuose Spieler und Sänger erziehen; aber nicht an der Hand der letztern, sondern an der Hand der erstern.

2. Besondere Hülfsmittel.

Neben jenen, von der Kunst selbst dargebotenen, auch noch andere besondere, außerhalb derselben gelegene Hülfsmittel zur Ausbildung eines möglichst vollkommenen Mechanismus zu erdenken,

17

zu erfinden, sind Sinn und Unsinn schon seit undenklichen Zeiten, man möchte sagen so lange als gesungen und gespielt wird, beschäftigt gewesen. Es ist ohnmöglich, Alles aufzuzählen, zu beschreiben, zu beurtheilen, was dadurch zu Tage gefördert wurde. Der Zweck war und ist immer der eine: den spielenden und singenden Körpertheilen eine größere Geschicklichkeit und Kraft, Ausdauer und Sicherheit in den Bewegungen, welche die höchste Technik der Kunst von ihnen fordert, zu geben oder anzueignen, als ihnen schon von Mutter Natur dazu verliehen worden. Die einen und die meisten der Mittel verfolgten und verfolgen diesen Zweck nur in einer, dieser oder jener bestimmten Richtung, die andern und die wenigsten in seiner Gesammtheit. — Am geschäftigsten war der Erfindungsgeist in dieser Beziehung im Bereiche des Spielmechanismus der Tasteninstrumente. Es ist kaum glaublich, welche Maschinen, Vorrichtungen schon erfunden, welche Mittel und Wege schon erdacht worden sind, lediglich um die Finger elastischer, kräftiger, ebenmäßiger in ihrer Gebrauchsfähigkeit und ausdauernder zu machen, als die Natur sie gestaltet hat. Durch die einen sollen dieselben nebst Arm und Händen an eine gute, kunstgerechte Haltung, durch die andern zugleich an eine größere Selbstständigkeit in der Bewegung, als die gewöhnlichen Beschäftigungen im Leben erheischen und gewöhnlich anerziehen, durch wieder andere nebendem auch an eine größere Kraftentwickelung und diese zugleich ebenmäßig ausgedehnt über alle fünf Finger, durch noch andere an eine weitere Spannkraft 2c. 2c. gewöhnt werden. Ich will nur dasjenige namhaft machen, was die neuere Zeit in dieser Beziehung zu Tage gefördert hat. Kalkbrenner erfand oder erdachte einen sogenannten Handleiter. Es ist dies eine Stange, die an die beiden Seitenwände der Claviatur angeschraubt wird und je nach Bedürfniß bald höher bald tiefer gestellt werden kann, um die Hände, die sich gern zu tief senken beim Spiel, in der richtigern höhern, und jene, die sich gern zu hoch heben, in der richtigern tiefern Lage zu erhalten. Für jene nämlich wird die Stange, die vor der Claviatur hinläuft, so angeschraubt, daß sie darüberher zu liegen kommen und so sich nicht senken können, und für diese dermaßen, daß sie darunter zu liegen kommen und so sich nicht heben können. Zugleich meinte der Erfinder, daß bei dieser stets gleichmäßigen Lage der Hände auch die Finger von selbst gezwungen würden, sich selbstständig, d. h. ein jeder unabhängig von dem andern zu bewegen. Logier erfand seinen Chiroplasten. Es ist dies eine ähnliche Maschine, nur in ihrer Zusammensetzung complicirter, weil für eine weitere, umfassendere Wirkung berechnet. Ein vollständiger Chiroplast (Handbildner) besteht aus zwei Stangen, die mittelst Seitenbrettern an die Seitenwände der Claviatur angeschraubt werden. Die eine Stange läuft wie der Kalkbrennersche Handleiter vor der Claviatur her und kann ebenfalls, wie dieser, je nach Erforderniß tiefer und höher gestellt werden. Die andere Stange liegt in entsprechender Höhe über der Claviatur und an ihr sind zwei sechszinkige Gabeln befestigt, die sich verschieben lassen, um sie jederzeit dahin, über die Gegend der Claviatur stellen zu können, wo die Hände thätig sein sollen. Die breiten Zinken der Gabeln sind abwärts gerichtet, so daß sie mit ihrem äußersten Ende bis vorn auf die Tasten reichen, und sie stehen so weit aus einander, als die Tasten breit sind. In ihre Zwischenräume werden die fünf Finger einer jeden Hand gesteckt, und dieselben dadurch nebst der Hand nicht allein zu einer guten Haltung, sondern, weil kein Finger den andern berühren oder sich mehr als nöthig ist heben kann, auch gezwungen, sich immer einzeln für sich, also selbstständig zu bewegen. Außer den beschriebenen Gabeln endlich laufen von derselben Stange auch zwei schlangenförmig gebogene Drahte aus, welche mit ihren elastischen Enden die Ellenbogen berühren, um so auch die Arme und mittelst dieser den ganzen Körper in einer guten Haltung zu erhalten oder wenigstens sie stets daran zu erinnern. In ihrer Anwendung unterscheiden sich der Kalkbrennersche Handleiter und der Logiersche Handbildner wesentlich dadurch, daß jener bei allem Spiel angewendet, also dem Schüler länger zum Führer dienen kann, dieser aber nur, so lange das Spiel blos auf fünf neben einander liegenden diatonischen Tonstufen geschieht, wo er aber zugleich auch möglich macht, daß der Schüler wirklich spielen und sicher spielen lernen kann, noch ehe er eine Note ordentlich kennt, indem die Noten lediglich mit den Ziffern versehn zu sein brauchen, die die Fingersetzung bezeichnen, und der Schüler seinen Anschlag darnach ordnet. Die richtige Taste muß er treffen. Eine dritte Maschine ist jünger. Sie ward von Heinrich Herz erfunden. Des Namens*), den er ihr gegeben, erinnere ich mich im Augenblicke nicht. Sie besteht aus zehn horizontal gerichteten und an einem Ende an das entsprechende Gestell fest angeschraubten Stahlfedern. An dem andern freiliegenden Ende derselben ist ein Draht befestigt, der abwärts gerichtet ist und unten in einer breiten Schleife ausläuft. In diese

---

*) Sie heißt „Dactylion." Der Corrector.

Schleifen werden die Finger gesteckt, und indem dieselben nun beim
Anschlagen der Tasten gezwungen sind, zugleich die Federn herabzu=
ziehen, müssen sie eine weit größere Kraft anwenden, als nöthig ist,
wenn sie frei spielen, so wie die Feder sie nun auch wieder von selbst
von den Tasten aufhebt und in der richtigen Höhe erhält, während
andere Finger eine gleiche Arbeit verrichten. Der Erfinder meint sich
überzeugt halten zu dürfen, daß die Finger, in der Maschine geübt,
nothwendig bedeutender an Kraft, Elasticität und Selbstständigkeit in
der Bewegung gewinnen werden und müssen, als durch jedes andere Mit=
tel. Eine vierte Maschine, die zu denselben oder doch ähnlichen Zwecken
dienen soll, ist ein stummes Clavier, eine bloße Tastatur ohne Saiten.
Sie soll von einer Berliner Clavier lehrenden Dame herrühren,
die ihre Schüler so lange darauf herumklappern läßt, bis dieselben
sich einen gewissen Grad mechanischer Fertigkeit nebst den dazu ge=
hörigen taktischen und Noten=Kenntnissen angeeignet haben, und erst
dann sie an ein wirkliches Clavier führt. Bedenkt man aber, daß
Alles, wovon die mechanische Fertigkeit des Clavierspiels abhängt,
Kraft, Elasticität, Beweglichkeit, Selbstständigkeit, Sicherheit ꝛc. der
Finger, sich nur durch den erzeugten Ton und Tonklang beurtheilen
läßt, so fällt das — mit Erlaubniß gesagt — Alberne dieser Er=
findung und Methode von selbst, ohne jeden weitern Nachweis in
die Augen. Um die Finger zu weiten Spannungen zu befähigen,
also an eine größere Spannkraft zu gewöhnen, denn die Natur ih=
nen gegeben hat oder die gewöhnlichen Lebensbeschäftigungen von
ihnen fordern, hat man Klammern erfunden, die der Clavier spielen=
den Jugend zwischen die Finger gestellt und immer weiter ausgedehnt
werden können. „Das sind die Daumenschrauben der Unterrichts=
folter gewisser Clavierlehrer" sagte Tomaschek zu mir, als ich mit
ihm einst bei seinem Hiersein über unsern Gegenstand sprach. —
Betreff der Geigeninstumente weiß ich nur von wenigen solchen
Erfindungen, und in der That auch bedingt die Virtuosität auf die=
sen Instrumenten bei weitem keine solch' große Biegsamkeit, Aus=
dehnbarkeit und Elasticität der spielenden Körpertheile als jene auf
den Clavierinstrumenten. Irgendwo las ich einmal von einer Vor=
richtung, die ein Violinmeister erdacht und die in Drahtarmen
bestehen soll, welche dem Schüler an die rechte Seite seines Körpers
angeschnallt werden, um von da aus so weit vorzustehen, daß der
rechte Ellenbogen sich nie zu weit in die Höhe begeben kann und
so stets seine richtige herabhängende Lage bewahren muß; eben so
von einer Art Chiroplast, der an den Hals der Violoncelle ange=

schraubt wird und durch seine Gabeln den Spieler zu derjenigen Ausdehnung der Finger zwingt und ihn darin sicher macht, welche die Applicatur dieser Instrumente erfordert. — Für die Blaseinstrumentisten hatte das Alterthum Masken oder Backenklammern, welche die Verzerrungen des Gesichts, namentlich der Flötenbläser, verbergen oder verhindern sollten. Die sind abgekommen, wie Gottlob so manches andere Alte; aber daß Musiklehrer ihren Schülern Klammern zwischen die Zähne stellen, um die Zunge und Lippen derselben, von deren Beweglichkeit und Elasticität die Virtuosität auf Blasinstrumenten insbesondere abhängt, auf alle Weise darin zu üben und dazu zu befähigen, kommt auch heute wohl noch vor, wo nicht daran gedacht wird, daß diese Bewegung dieser Körpertheile bei allem Blasen stets mit dem Schluß der Zähne correspondirt. — Mit weit mehr Recht wendet man dergleichen Klammern beim Gesangsunterrichte an, und man hat hier in der That verschieden geformte, durch welche unter Umständen bei fehlerhafter Mundstellung, Zungenbewegung ꝛc. an eine rechte, namentlich daran gewöhnt werden kann, daß dem freien Ausströmen der Schallwellen kein Hinderniß durch unrichtige Haltung der Zunge, Backen, Zähne, Lippen in den Weg gelegt wird und so der gesungene Ton selbst an Klang gewinnt.

Welches von den genannten Mitteln wir nun aber näher ins Auge fassen: alle sind Zwangsmittel. So wende man sie auch nur an da, wo Zwang nothwendig, d. h. bei einem entweder von Natur aus fehlerhaften oder durch die außerhalb der Musikschule erhaltene Erziehung vernachlässigten, wenn nicht gar verunstalteten Organismus. In jedem andern Falle werden wir durch Anwendung dieser und solcher Mittel unsern Unterricht zu einer Qual für unsere Schüler machen, die auf anderer Seite ungleich größere Nachtheile zur Folge haben muß, als wir hier, auf der gegenwärtigen Seite Vortheile dadurch erringen. Die von der Kunst selbst uns dargebotenen und eben namhaft gemachten Mittel reichen in den bei Weitem meisten Fällen aus, um bei nur einiger kluger Sorglichkeit und Aufmerksamkeit von unsrer Seite ein immerhin glänzendes, ja das glänzendste Ziel zu erreichen. Die Kunst fordert nie und nirgends Etwas von uns, ihren Gestaltern, wozu die Natur nicht die Kraft, die Fähigkeit verliehen. Hört sie doch, wo sie diese Grenzen überschreitet, auch immer auf, eigentliche Kunst zu sein. Allerdings ist wahr, daß ein ausgebildeter musikalischer Mechanismus in manchen Richtungen körperliche Geschicklichkeiten voraussetzt, zu denen wir blos von Natur aus nicht die nöthige Kraft und Fähigkeit zu besitzen scheinen; aber es scheint dies auch nur so und der scheinbare Mangel hat seinen Grund stets nur darin, daß wir nicht früh oder allseitig genug auf eine Weise beschäftigt wurden, wodurch die uns, unserm Körper inwohnende Kraft und Fähigkeit dergestalt entwickelt werden konnte, daß sie, sobald der Musikunterricht beginnt, nicht mehr als fehlend erscheinen können. Denken wir nur an die Claviervirtuosität: sie fordert eine Fingergeschicklichkeit, zu welcher wir alle, die wir gesund gebaute Hände haben, auch die Fähigkeit besitzen, aber Alles, was wir in unserer Jugend trieben, ist nicht geeignet, diese Fähigkeit zu entwickeln. Da wird bei Allen z. B. hauptsächlich der Daumen, Zeige- und dann der Mittelfinger beschäftigt, weniger der vierte und kleine Finger: natürlich, daß jene auch mehr Kraft, Beweglichkeit, Selbstständigkeit ꝛc. erlangen, diese weniger; aber nicht in der natürlichen Befähigung liegt der Grund davon, sondern nur in der Gewalt der Gewöhnung und Uebung. Fordert nun jener Mechanismus, die Claviervirtuosität, nothwendig wieder eine Ausgleichung, eine Aufhebung dieses Mißverhältnisses, so brauchen wir bei unserm Unterrichte nur auf dessen Grund zurückzugehen und alle mechanischen Uebungen so einzurichten, daß, was dort durch Gewöhnung und Uebung vernachläsigt ward, hier auf demselben Wege nachgeholt wird. Auf einmal ist das nicht geschehen; Zeit und Nachhaltigkeit, Ausdauer gehören dazu; aber erreicht wird es gewiß, sobald es nur hieran und an verständiger Leitung nicht fehlt, und es wird erreicht ohne alle Maschinen oder sonstige Zwangsmittel. Liszt, Thalberg, Dreischock, Clara Wieck sind, was die mechanische Fertigkeit anbelangt, unstreitig jetzt die vollendetsten Virtuosen auf dem Claviere; Ernst, Vieurtemps ꝛc. auf der Violine: man frage sie, wie, durch welche Mittel sie dahin gelangt, daß ihnen kein Glied, kein Organ den Dienst versagt, daß sie Alles in Allem machen können und nie Mangel haben an ausreichender Fertigkeit irgend eines eben spielenden Körpertheils? — Durch Maschinen sicherlich nicht, sondern nur dadurch, daß die künstlerische Beschäftigung wieder eine Ebenmäßigkeit herzustellen bemüht war, wo die natürliche die gewöhnliche Lebens-Beschäftigung aus Gewohnheit oder Mangel an anders wirkender Gelegenheit eine Unebenmäßigkeit nothwendig herbeiführen mußte. Trotz aller Schrauben und Klammern werden wir nie weiter spannen lernen mit unsern Händen und Fingern, als der natürliche Bau derselben zuläßt: beschäftigen wir sie somit nur in einer Weise, durch welche die natürliche Befähigung so ganzes Recht bekommt, und es bedarf weder der Schrauben noch der Klammern, der „Schrauben der Unterrichtsfolter." Dasselbe gilt hinsichtlich der Kraft der Finger. Man sieht, ich bin ein entschiedener Gegner von allen Maschinen; nur die Mittel, welche die Kunst selbst darbietet, will ich als die rechten Virtuositätshebel gelten lassen; gleichwohl kann man in meiner Anstalt sowohl den Kalkbrennerschen Handleiter als den Logierschen Chiroplasten sehen: ich wende sie an als Erleichterungsmittel und Präservativmittel bei Anfängern, und entferne sie, sobald es weder der Erleichterung noch der Sorge um unheilbare Krankheiten bedarf. Die Kunst ist mir Alles, und haßt Nichts mehr alles Maschinenwesen als eben diese Kunst, deshalb halte ich meinen Widerwillen für vollständig begründet. Gottlob sind in der gesammten musikalischen Virtuosenwelt diese letztgenannten beiden Maschinen auch die einzigen, die das Glück haben sollten, zu einer allgemeinen Geltung zu kommen; alle übrigen geriethen eben so schnell wieder in Vergessenheit, als sie Anfangs, bei ihrem ersten Erscheinen, Bedeutung zu gewinnen den Anlauf nahmen. Selbst der sinnigsten darunter, derjenigen von Herz, ist es nicht besser ergangen. Wir haben nicht zu dressiren, wir haben zu erziehen, zu bilden; Dressur fordert Maschine, nicht Erziehung, Bildung. Wir unterrichten vernünftige Wesen, keine blos Instinktbegabten. Nur wo wirklicher Zwang nöthig also, da greife man zu solchen Mitteln, sonst nicht. Kunst wie Erziehung hassen Zwang, wollen Liebe, überall Liebe, und verlangen daher bei ihren Gestaltungen diese erschöpft bis in ihren tiefsten Quell, ehe sie Zwang gestatten, der immer tödtet, während jene erzeugt.

3. **Diejenigen Gegenstände, in denen sich die mechanische Fertigkeit auf den verschiedenen musikalischen Instrumenten oder im Gesange zu erkennen giebt, oder durch welche die gewonnene Ausbildung der Spiel- und Singorgane zur Anschauung kommt.**

Diejenigen besondern Gegenstände nun, in welchen sich die gewonnene mechanische Fertigkeit vorzugsweise darthut, so daß nach ihrer Beschaffenheit der Grad dieser bemessen werden kann und in der Regel auch bemessen zu werden pflegt, sind: bei den Tasteninstrumenten der Anschlag und die Fingersetzung oder Applicatur; bei den Bogeninstrumenten die Intonation oder Tonerzeugung, die Applicatur und die Bogenführung; bei den Blasinstrumenten die Intonation, der Ansatz und die Respiration; bei dem Gesange neben der Intonation, dem Ansatze und der Respiration auch noch die Aussprache (der Textesworte);

und bei allen Instrumenten wie bei dem Gesange gleichmäßig die **Accentuation, Interpunktion und die Ausführung.**

a. Der Anschlag.

Bei allen Tasteninstrumenten hat der Spieler auf die Art der Tonerscheinung gar keinen Einfluß; die Intonation liegt hier nicht in seiner Hand und es kann also die Richtigkeit dieser auch keinen Gegenstand oder Theil seiner praktischen Fertigkeit ausmachen. Sind die Instrumente rein, richtig gestimmt, so ist auch seine Intonation immer eine reine, richtige. Worauf er in dieser Beziehung allenfalls einen Einfluß zu üben im Stande ist, ist die Biegung, die Klangfärbung des Tones, und bei dem einen Tasteninstrumente kann jener Einfluß hierauf ein größerer, wesentlicherer, bemerkbarerer, bei dem andern ein weniger großer, bemerkbarer sein. Bei dem gewöhnlichen Pianoforte z. B. ist dies, bei denjenigen Tasteninstrumenten, wo der Ton durch Reibung entsteht, wie Harmoniechord, Terpodion, Aeolobicon ꝛc., jenes der Fall. Die Orgel versagt dem Spieler auch allen diesen Einfluß. Wo er aber möglich, mehr oder weniger, da wird er bewirkt einzig und allein durch den Anschlag, und wenn man nun erwägt, wie wesentlich der eigentlich künstlerische Ausdruck des Spiels von der Klangfärbung des Tones abhängt, ob derselbe stark oder schwach, hart oder weich, rund oder scharf, mild oder schroff oder wie noch anders zur Wahrnehmung kommt, so leuchtet zugleich von selbst ein, wie wichtig der Theil der mechanischen Fertigkeit für allen Unterricht auf Tasteninstrumenten ist, den wir den Anschlag heißen. Daß derselbe, aus Gründen ihrer verschiedenen Beschaffenheit, Bauart und Touerzeugungsweise, auf den verschiedenen Tasteninstrumenten ein verschiedener ist und sein muß, weiß Jeder, der diese Instrumente und ihre Behandlungsweise kennt. Die Orgel verlangt einen andern Anschlag als das Pianoforte, wenn die mechanische Fertigkeit darauf eine vollkommene sein soll, dieses sogar einen andern als das eigentliche Clavier (das Clavichord), einen andern wieder jene Tasteninstrumente, deren Töne durch Reibungen gewisser Körper an einander erzeugt werden, und wieder einen andern jene, bei welchen die Tonerzeugung durch Stöße eines Körpers an einen andern bewerkstelligt wird. Auch habe ich hier nicht die eigenthümliche Beschaffenheit des Anschlags auf jedem der einzelnen verschiedenen Tasteninstrumente zu lehren, sondern ist das vielmehr Sache der Schulen für diese Instrumente. Was mir hier obliegt, ist lediglich zu zeigen, wie wir unsere Schüler wohl und zwar in allen Fällen an einen guten, richtigen Anschlag gewöhnen, ihnen denselben aneignen. Ich verfahre zu dem Ende auf folgende Weise. Ich lasse meine Schüler hin und wieder ein und dieselbe Taste auf alle mögliche Weise anschlagen, bald stärker, bald schwächer, bald kürzer, bald länger anhaltend, bald drückend, bald abschnellend, bald stoßend, bald ziehend (wobei der Finger den Ton gewissermaßen aus der Taste herauszieht, indem er diese mit entsprechender Bewegung niederdrückt) und auf welche noch weiter andere Art und. Weise, und lasse ihn dann bei einer jeden derselben selbst den Ton beurtheilen, der zur Erscheinung kommt, d. h. nach Maßgabe seiner Klangfärbung. Was er nicht beobachtet, darauf mache ich ihn natürlich aufmerksam; aber gewiß ist, daß durch fortgesetzte derlei Uebungen der Schüler bald selbst herausfindet, welche in allen Fällen die beste und charakteristisch ausdrucksvollste Anschlagsweise ist. Was er insbesondere entdeckt, ist, daß das physische Tongefühl in der vorderen Fingerkuppe seinen Sitz hat, daß ferner aller Anschlag, mag er sonst sich auch einerlei in welcher Weise zu modificiren haben, ein elastischer sein muß, und daß diese Elasticität wieder ihren Sitz hat in der Beweglichkeit jenes Gelenkes, das den Finger an die Hand bindet. Somit kommt es dann, um dem Schüler einen immer guten Anschlag anzueignen, ferner nur darauf an, jenes Tongefühl in den Fingerspitzen weiter auszubilden und diese Elasticität oder freie Beweglichkeit der Finger in ihrem Wurzelgelenke zu fördern. An das Erstere pflegen unsere Musik= und hier inbesondere Clavierlehrer am wenigsten zu denken, und doch ist es so wichtig. Woher kommt es, daß ein und dasselbe Instrument unter den Händen des einen Spielers gar trocken, lebenleer, matt, hölzern, und unter den Händen des andern weit lebenvoller, saftiger, kräftiger, metallener klingt? — Diese besitzen mehr Tongefühl in den Fingern und wissen darnach bei dem Spiel des Instrumentes den Anschlag so zu ordnen, zu modificiren, daß seine ganze Tonfähigkeit in volle Nutzung gesetzt wird. Wer von uns hat nicht schon die Freude zu bemerken Gelegenheit gehabt, mit welcher die Pianofortefabrikanten solchen Spielern mehr zuschauen als zuhören? — Das ist einmal ein Spieler, sagen sie, der weiß den Ton aus dem Instrumente herauszuholen, das ein rechter Virtuos, so muß man spielen, so lobe ich mir's! und ihre Bewunderung findet kaum den rechten Ausdruck, mag der Spieler im Ganzen auch noch so wenig eigentlich anstaunenswerthe Fertigkeit besitzen. Aber sie haben auch Recht, diese praktischen Herren, denn die Kraft des Anschlags ist es bei Weitem nicht, wenigstens bei Weitem nicht allein, die den ganzen Tonkörper der Tasteninstrumente in Bewegung setzt, sondern jenes Tongefühl, welches bewirkt, daß der Anschlag für jede Ausdrucksweise immer der rechte ist und so nun von selbst auch die ganze Klangfähigkeit des Instruments dazu benutzt. Man wasche sich nur die Hände recht, befreie sie namentlich von allem Schweiß, aller Fettigkeit, bewirke durch kaltes Wasser, daß die Haut auf den Fingerkuppen so gespannt als möglich ist, halte auch die Nägel nicht zu lang, damit die Taste blos von dem ganzen fleischigen Kuppentheil des Fingers, selbst beim stärksten Anschlage, berührt wird, entferne ebenso alles Fettige, allen Staub ꝛc. von den Tasten, und nun schlage man einmal eine Taste an und halte sie längere Zeit niedergedrückt: wer keine Handwerkerhaut an den Fingern hat, wird und muß den Ton so zu sagen in seinem Finger vibriren fühlen. Das ist jenes Tongefühl, von dem ich rede. Jetzt verändere man den Anschlag, und man wird bald bemerken, daß bei der einen Art desselben dies Gefühl mehr als bei der andern rege gemacht wird, und diejenige Art, durch welche dies am meisten geschieht, ist stets der beste Anschlag für das Instrument, d. h. derjenige Anschlag, der den klangvollsten Ton zur Folge hat. Damit haben wir aber auch schon die Methode zur Ausbildung des Tongefühls. Ich stelle oft solche Uebungen mit meinen Schülern an, so wie ich gerade um Ausbildung dieses Tongefühls willen stets streng darauf halte, daß die Schüler mit vollkommen reinen Händen ans Clavier kommen, und die Folge ist, daß sie fast alle sich im Vortrage comtabler Sätze auszeichnen, diesem untrüglichsten Prüfsteine eines guten Anschlages. Einmal ausgebildet jenes Gefühl aber macht es seine Rechte stets von selbst und sofort geltend, sobald nur die Hände auf das Clavier kommen. Ich möchte es den Toninstinkt nennen, der dann den Spieler leitet, jederzeit das Instrument mit dem rechten Anschlage zu behandeln. Leider sind unsere Pianoforte so gebaut, daß der anschlagende Finger nach geschehenem Anschlage außer alle unmittelbare Verbindung mit dem eigentlich tonerzeugenden Theile des Instrumtes (der Saite) tritt und daß somit jenes Tongefühl hier mehr nur durch die mittelbaren Bewegungen, die von dem ganzen Instrumentenkörper ausgehen, rege gemacht wird: das hindert, daß bei allen Pianofortespielern, das Gefühl zu seiner ganzen möglichen Ausbildung und Verfeinerung gelangen kann. Glücklicher sind schon diejenigen unter denselben in dieser Beziehung daran, die Gelegenheit hatten oder haben, ihre daher gehörigen Uebungen auf den leider meist veralteten Clavichords zu machen, bei denen jene unmittelbare Verbindung zwischen Finger und Saite auch nach geschehenem Anschlage noch nicht

aufhört, sondern alle Klangbiegungen noch ferner durch diesen bewirkt
werden, und am allerglücklichsten diejenigen, welche Tasteninstrumente
spielen, bei denen die Töne durch Reibungen der tonerzeugenden Körper
entstehen. Hier pflanzt sich die Wirkung der Reibungen so merklich bis
in den spielenden Finger fort, daß jenes Gefühl auf eine Weise afficirt
wird, welche die ganze Klangerscheinung — ich möchte sagen, wahrneh=
men läßt, auch wenn wir sie nicht einmal zu Gehör bekämen. Bei Spie=
lern solcher Instrumente muß das Tongefühl der Finger seine voll=
kommenste, feinste Ausbildung erhalten, und der Beweis dafür liegt
in der Thatsache, daß dergleichen Instrumente auch nur von denje=
nigen Spielern gut gespielt werden, die ein solches vollkommen aus=
gebildetes Tongefühl bereits besitzen und die geübt sind, allein von
daher die Regelung des Anschlags zu nehmen. Uebrigens kann auch
bei den bloßen Pianofortespielern in dieser Beziehung Viel gesche=
hen, wenn der Lehrer nur auf kluge Weise verfährt und jenem Ton=
gefühle die Wichtigkeit beilegt, die es betreff des Anschlags hat. Er
wird dies, wenn er es selbst besitzt und so aus eigener Erfahrung
sich überzeugt hat, daß auch beim Pianofortespiel dieses Gefühl nicht
allein rege gemacht werden kann, sondern, je nach dem Grade seiner
Thätigkeit, einen unmittelbar regelnden Einfluß auf den Anschlag
übt. — Die Elasticität des Letztern zu fördern ist leichter und es
giebt verschiedene Wege, auf denen dies mit dem besten Erfolge ge=
schehen kann. Ihren Sitz hat dieselbe, wie bemerkt, in der Beweg=
lichkeit desjenigen Gelenks, mit welchem die Finger in der Hand
wurzeln. Von da muß aller Anschlag ausgehen, wenn er Wirkung
haben soll, und hier also müssen alle Finger sich elastisch, selbstftän=
dig, frei bewegen, eine freie, selbstständige Thätigkeit entwickeln kön=
nen, wenn sie zu jeder Art von Anschlag, die um des richtigen Aus=
drucks willen nöthig sein kann, fähig sein sollen. Außer den oben
zur allseitigen Ausbildung der spielenden Körpertheile vorgeschlage=
nen Mitteln des Leiternspiels ꝛc. kenne ich noch eines, das, so ge=
wöhnlich und spielerisch es auf den ersten Blick erscheint, doch selten,
ohne den größesten Nutzen zu bringen, dazu angewendet wird. Ich
rathe meinen Schülern, oft die flache Hand dergestalt auf den Tisch
zu legen, daß dieser von allen innern Theilen derselben gleichmäßig
fest berührt wird und die Finger dabei bald ausgespreizt, bald dicht
neben einander, immer aber gerade ausgestreckt gehalten werden, und
nun bald diesen, bald jenen Finger auf und nieder zu bewegen, ohne
daß sich irgend ein anderer Theil der Hand rührt, auch bei diesen
Bewegungen darauf zu halten, daß alle Finger sich möglichst gleich

hoch heben und möglichst gleich stark auf den Tisch niederschlagen. Der Daumen, Zeige- und dritte Finger werden bald Fertigkeit in diesen Bewegungen haben; nicht aber der vierte und noch weniger der kleine Finger, mit diesen müssen daher die Uebungen um so öfter und ernster angestellt werden. Die Finger sind dabei gezwungen, sich blos in dem mehrerwähnten Gelenke zu bewegen. Können die Schüler das „Kunststückchen", als welches ich ihnen die Uebung schildere, machen, haben sie einige Fertigkeit darin gewonnen, so rathe ich ihnen, nun auch die Finger einzuziehen, so daß die Hand blos mit ihrem hintern Ballen fest auf dem Tische aufliegt und die Finger in gebogener, halbkreisförmiger Richtung lediglich mit ihren Spitzen auf denselben aufstoßen, und jetzt dieselbe Uebung in angegebener Weise anzustellen. Die Bewegung der Finger in ihrem Wurzelgelenke beschreibt nunmehr einen größern Umfang, und nicht blos, daß sie an Selbstständigkeit, sondern sie gewinnt auch an Freiheit. Man prüfe einmal den Anschlag derjenigen Spieler, welche diese scheinbaren Spielereien ordentlich machen können, vergleiche ihn mit dem jener, die diese gar nicht oder auch nur nicht so fertig machen können: welcher himmelweite Unterschied, welche Vortrefflichkeit, welche Elasticität dort, und welche Stümperei, Steifheit hier! — Ein anderes Mittel, den Anschlag elastisch zu machen, besteht darin, daß wir namentlich Anfangs beim Unterrichte streng darauf halten, daß alle dazu nöthige Bewegung lediglich von den Flugern ausgeht und Arm und Hand keinen andern Antheil daran nehmen, als welchen die natürliche Verbindung der Körpertheile ihnen unverhinderlich zuschreibt, und daß wir das Aufheben der Finger von den Tasten stets auf eine abziehende Weise, durch ein leichtes Einwärtsbewegen ihres Vordergelenks geschehen lassen. Ich weiß wohl, daß nicht jede von dem beabsichtigten Tonausdrucke bedingte Art des Anschlags diese Bewegungsweise zuläßt, z. B. wo der Ton scharf, spitz, kurz, hinkend hervorkommen soll; aber ich rede ja auch nur von dem Anfange des Unterrichts und hier eine solche Abhebungsweise normal gemacht, gewinnen die Finger an einer Elasticität, die jede andere Anschlagsweise dann um so mehr ermöglicht, erleichtert. Unter allen Umständen aber rathe ich denjenigen unter meinen Herren Collegen, welche Unterricht im Spiel der Tasteninstrumente ertheilen, von vorn herein auf Gewinnung eines guten Anschlags alle Acht zu haben: ohne ihn werden die Schüler nie eine vollkommene und überall ausreichende mechanische Fertigkeit erlangen.

b. Fingersetzung oder Applicatur.

Dasselbe trifft zu hinsichtlich der Fingersetzung oder Applicatur, und hier nicht blos, was die Fertigkeit auf Tasteninstrumenten, sondern auch was die auf Bogeninstrumenten anbelangt, und zwar so weit, daß, bei einer falschen oder auch nur mangelhaften Lehrmethode in diesen Gegenständen, wenn nicht allein, so doch vorzüglich nur hier der Grund gesucht werden darf und zu finden ist, warum Viele, welche dergleichen Instrumente spielen lernen, gar kein Ende der Schule gewinnen, aufhören müssen mit ihren Musikübungen, wenn diese aufhört, oder dieselben doch nur in dem durch diese einmal abgesteckten Beweise anstellen können. Von Nichts hängt die möglichst baldige Absolvirung des diesseitigen Unterrichts wesentlicher ab, als von der richtigen Methode in den Applicaturkünsten, und keine ist in der Regel schlechter als diese. Namentlich wächst unsere Clavier spielende Jugend meist in einer Weise heran, daß sie nie sich ihrer eigenen Kraft bewußt wird, und nie ein Vertrauen zu sich selbst gewinnt, von welchem Selbsthülfe nothwendige Folge werden kann. Der Töne, welche wir in den mannigfaltigsten Combinationen auf den Tasten- und Bogeninstrumenten zu bewältigen haben, um ein Kunstwerk zu lebendiger Anschauung zu bringen, sind bis in die achtzig, auf dem einen Instrumente mehrere, auf dem andern wenigere, und das soll und muß mit den blos fünf Fingern an jeder Hand geschehen: es versteht sich, daß dies nur sein kann, indem wir durch allerhand Abwechselungen, Bewegungen, Ablösungen, Fortsetzungen, Unter- und Ueberstellungen rc. der Finger, den Schein zu gewinnen suchen, als hätten wir gerade eben so viele Finger, als Töne in dem Werke zu Gehör kommen. Das sind die Applicaturkünste, die können sich fast in jedem Tonstücke anders gestalten, und wer sie nicht auszuüben versteht, mit andern Worten: wer nicht die rechte Fingersetzung weiß, kennt, kann auch bei sonst noch so großer mechanischer Fertigkeit das Stück nicht spielen. Woher können wir sie wissen? wie lernen wir sie kennen? — Gestehen wir, die meisten Lehrer verfahren zu dem Ende so, daß sie den Schülern bei jeder einzelnen Stelle sagen oder zeigen, welche die rechte Fingersetzung bei derselben ist oder wie und in welcher Reihenfolge sie die Finger aufzusetzen haben, um die Stelle, den Tonsatz, richtig und fertig spielen zu können, mit welchem Finger jeder einzelne Ton effectuirt werden muß. Gut, die Schüler wissen es nun, machen nach, was ihnen gesagt, gezeigt oder vorgemacht, und sie können den Tonsatz spielen; aber was sind die Folgen von einem solchen Verfahren? — Wenn es ausschließlich

angewendet wird, so kann nicht ausbleiben, daß wir die Schüler we=
nigstens in dieser Beziehung zu bloßen Maschinen unsers Willens er=
ziehen, zu Spielern, die nie im Stande sind, ein neues Tonstück ohne
fremde Leitung einzustudiren, da in jedem solchen Tonstücke Stellen
vorkommen oder doch vorkommen können, die eine ganz besondere Fin=
gersetzung erfordern und welche letztere sie nun nicht durch sich selbst
herauszufinden vermögen, warum? weil der Unterricht, den sie genos=
sen, nicht vermochte oder vergessen hat, ihrem eigenen Urtheile in sol=
chen Dingen durch sichere Anhalts= und Leitpunkte, durch allgemein
gültige Regeln zu Hülfe zu kommen. Da haben wir zugleich die
rechte Methode für die Applicaturlehre. Der Applicaturkünste sind
gar mannigfaltige und fast in jedem andern Tonstücke, bei jedem an=
dern Spiel gestalten dieselben sich anders; gleichwohl lassen sie sich
alle auf allgemeine Principien zurückführen, aus deren Anwendung
und Befolgung sich ihre besonderen Gestaltungen in jedem einzelnen
Falle immer von selbst ergeben, und diese Principien nun zum Haupt=
gegenstande der Lehre gemacht, müssen die Schüler alsbald dahin
gelangen, sich in den Dingen der Applicatur selbst helfen zu können,
keiner fremden Leitung mehr zu bedürfen. Welche sind jene Prin=
cipien? — Die Frage habe ich nicht hier, sondern haben die Cla=
vier=, Violin=, Violoncell=, Harfen= 2c. Schulen zu beantworten.
Gleichwohl erlaube ich mir, zu dem Zwecke auf ein Büchelchen von
mir aufmerksam zu machen, den schon einmal angeführten „Schlüs=
sel zur Clavier=Virtuosität." Was die Applicaturlehre beim Cla=
vierunterrichte oder überhaupt bei dem Unterrichte auf Tasteninstru=
menten betrifft, findet man dieselbe in diesem Buche auf solche Weise,
nach allgemein gültigen Grundsätzen entwickelt, und ich darf hoffen,
zugleich auch in ihrem gesammten Umfange. Wenigstens habe ich
das Buch schon in vieler Lehrer Hände angetroffen und sie alle
versicherten mich, daß sie es mit großem Nutzen angewendet. Leider
bewegen sich auch die meisten sogenannten Schulen, d. h. die Lehr=
bücher des Clavier=, Violin= 2c. Spiels, sobald sie an das Capitel
der eigentlichen Applicaturlehre kommen, noch in demselben Mangel,
in welchem sich die Unterrichts=Praxis hier ergeht. Der Mehrzahl
nach nämlich lehren sie wohl, was das Unter= und Ueberschlagen
der Finger und Hände, Fortrücken in andere Lagen oder Applicatu=
ren, Absetzen, Ablösen, Einsetzen, Nachziehen, Verbinden, Trennen 2c.
der Finger ist und geben Beispiele, an denen sich in allen diesen Appli=
caturkünsten geübt werden kann; aber sie verschweigen das Wo und
Warum, verschweigen, wann und wie diese Künste zur Anwendung

kommen. Nun, vielleicht daß sie dies thun nur im ehrenden Vertrauen zu uns, weil sie meinen, wir Alle tragen die Fähigkeit in
uns, bei unserm Unterrichte ergänzen, nachholen zu können, was sie
versäumt, gut zu machen, was sie schlecht gemacht. Es sei, —
wenn ich mich damit nicht irre, so sollen auch sie sich nicht irren.
Ich frage Euch, Ihr Herren Collegen oder verehrte Colleginnen, die
Ihr bisher die Applicaturlehre auf die oben angedeutete durchaus
unzweckmäßige, fehlerhafte Weise ertheiltet, — ich frage Euch, woher wußtet und kanntet Ihr denn in jedem einzelnen Falle die rechte
Applicatur, die Ihr Euren Schülern zeigtet? — Nun, so fügt doch
fernerhin diesem Zeigen wenigstens Euer eigenes Warum bei, und
es ist ohne Zweifel schon weit mehr, Ersprießlicheres in der Sache
geschehen; sagt und zeigt Euren Schülern fortan nicht blos, mit
welchen Fingern sie die Tasten anzuschlagen und die Saiten zu greifen haben, sondern sagt ihnen zugleich auch, warum mit diesen und
keinen andern Fingern. Ich will einmal wieder weniger Vertrauen
haben und glauben, daß nicht immer und bei Euch Allen ein eigentliches, allgültiges Princip dadurch zu Tage kommt, aber etwas Prin-
cipartiges jedenfalls, und sollte des Schülers Urtheilskraft auch noch
nicht so sehr geübt und geschärft sein, um durch sich selbst jenes daraus abstrahiren zu können, so hört er doch auf, als Maschine zu handeln, und setzen seine Gedanken etwas zusammen, das einer Regel nicht
gar unähnlich sieht und wornach er wenigstens in ähnlichen Fällen
selbstthätig und frei zu handeln im Stande ist. Und laßt Ihr Euch
dann in solchen Fällen auch wohl gar von ihm noch sagen, warum er
so und nicht anders gehandelt, so thut Ihr noch mehr, indem dem
Schüler jetzt Anregung wird, bei allen Dingen der Applicatur nur
denkend zu verfahren, und Viel, unendlich Viel gewonnen, ist dies
gewonnen, denn Gedanken, sind sie einmal rege, finden meist von
selbst den rechten Weg der Entwickelung, den betreten, sie nicht wieder verlassen, bis das Ende dieser erreicht worden, — ein Ende, das
dann aber nie etwas Anderes sein kann als eine allgemeine Wahrheit
oder Unwahrheit, von welchen beiden jene eben so willig entgegen genommen, als diese entschieden gemieden wird. Dabei angekommen,
kann ich nicht umhin, noch vor einem Fehler zu warnen, der häufig
gerade in der Applicaturlehre zum größten Nachtheile des Schülers begangen wird, — dem Fehler zu großer Pedanterie. Wir alle wissen,
daß Vieles mit dieser und jener Fingersetzung ausgeführt werden kann,
ohne daß auch nur eine davon eigentlich falsch wäre. Wo nun in
solchen Fällen die Schüler eine Fingersetzung wählen, die unsrer

Gewöhnung oder unserm üblichen Verfahren nicht entspricht, da dür=
fen wir nicht darauf bestehen wollen, daß sie sich diesem unbedingt un=
terwerfen, sonst verwirren wir sie in ihrem Denken über die Sache,
hindern wir sie in dem durchaus nöthigen Erstreben einer freien
Selbstständigkeit. Es ist genug, wenn wir sie alsdann auch auf die
sonst noch möglichen Applicaturen aufmerksam machen und uns von
ihnen die Gründe für die von ihnen gewählte angeben lassen. Frei=
lich haben wir dabei zugleich die Absicht, diesen oder jenen schwachen
Finger in dieser oder jener Bewegung zu üben, und ist die von den
Schülern gewählte Applicatur eine solche, durch welche dieses nicht
geschehen kann, so haben wir wieder die Pflicht, eine andere mehr
dazu geeignete Applicatur vorzuschreiben, doch darf dies auch alsdann
und um derselben Ursache willen nur unter ausdrücklicher Angabe der
Gründe geschehen und ohne die Schüler in dem Glauben zu lassen,
als sei die von ihnen selbst gewählte Fingersetzung eine geradezu
falsche. Auch das Kind will von Allem, was es thun oder lassen soll,
die Gründe wissen, wenn es es gerne und mit denkendem Eifer thun
oder lassen soll. — Komme ich auf das Vorschreiben der richtigen
Fingersetzung durch Ziffern über die Noten. Bei Anfängern ist das
durchaus nothwendig, um ein Gewöhnen an Fehler, das schwer wie=
der wegzubringen, zu verhüten; aber so bald die Schüler zu nur eini=
ger Fertigkeit gelangt sind, halte ich es nicht mehr für zweckmäßig,
weil dieselben nun auch dazu angehalten werden und Gelegenheit
bekommen müssen, die mittlerweile erfaßten allgemeinen Applicatur=
regeln aus eigenem Urtheile und Ermessen zur Anwendung zu brin=
gen, auf jeden einzelnen gegebenen Fall anwenden zu können.
Nur bei sehr schwierigen oder zweifelhaften Fällen lasse ich mich auch
dann noch herbei, die Fingersetzung ausdrücklich durch Ziffern vor=
zuschreiben, sonst nicht, und ich habe die Beobachtung gemacht, daß
die Schüler gerade dadurch am sichersten gewöhnt werden, sich selbst
ein Urtheil über daher gehörige Dinge zu bilden. Es ist richtig,
daß wir unsern Schülern den Unterricht und das Lernen so leicht und
bequem als möglich machen müssen, aber eben so richtig ist auch, daß
dies nicht auf Kosten der Selbstthätigkeit geschehen darf. Der Schü=
ler muß bei allen Dingen selbstthätig, selbstdenkend sein. Das ist er
nicht, wenn wir ihm die Fingersetzung überall vorschreiben. Selbst
da, wo es zur Verhütung von Fehlern bei den häuslichen Uebungen
geschehen muß, darf es daher auch nur andeutungsweise geschehen,
gewissermaßen wie Winke, Leiter auf den rechten Weg, auf den rechten
Gedanken, also sparsam und nur auf den entscheidenden Punkten. —

Es wird nicht nöthig sein, durch Beispiele das Gesagte zu erläutern: überall in der Applicaturlehre von einer allgemeinen Regel aus- und darauf zurückgegangen, überall Ursache und Wirkung zusammengestellt und dem Schüler klar gemacht das Wo, Wie und Warum, und wir bilden auch hier, richten nicht ab, sondern befähigen den Schüler, bald allein wandern zu können, ohne fremden Führer in dem Irrgarten, dem, oberflächlich, aber auch nur oberflächlich angeschaut, die ganze Applicaturlehre gleicht.

c. Intonation.

Anbelangend das Bogeninstrumentenspiel kommt dazu die Lehre von der Intonation oder richtigen Tonerzeugung, die zugleich einen integrirenden Theil der mechanischen Fertigkeit auf allen andern Instrumenten, ausgenommen die Schlag- und Tasteninstrumente, so wie im Gesange bildet. Bei der Geigen-, wie bei der Blas- und Singekunst ist die reine, richtige Intonation oder Tonerzeugung lediglich Sache des Spielers und Sängers, nicht (wie wir gesehen haben) bei der Clavier- und überhaupt Schlagkunst, die Wichtigkeit ihrer Lehre leuchtet dadurch von selbst ein, so wie sich hieraus wieder von selbst die Nothwendigkeit einer guten Methode in dieser Lehre ergiebt, und es gestaltet sich diese Nothwendigkeit zu einer immer bringenderen, je mehr sich die Intonation zu freier Subjektivität erhebt, wie bei der Fertigkeit auf Blasinstrumenten oder im Gesange, wo sie in dieser Beziehung gewissermaßen ganz an die Stelle der Applicatur tritt. Es scheint ordentlich, als habe sich der Mechanismus der verschiedenen Tonwerkzeuge dadurch gewissermaßen ausgleichen, ebnen wollen hinsichtlich seiner Erfordernisse. Was die mechanische Fertigkeit auf Tasten- und Bogeninstrumenten an Applicaturkünsten mehr fordert gegenüber von der auf allen sonstigen Instrumenten, erläßt sie an Intonationskünsten, und dies in demselben Maße und Grade, wornach sie dort ihre Ansprüche steigert, und umgekehrt was die mechanische Fertigkeit auf Bogen- und Blaseinstrumenten (Gesang) gegenüber von den Tasten- und Schlagwerkzeugen an Intonationskünsten mehr fordert, erläßt sie und zwar nach derselben Gradation an Applicaturkünsten. Den Clavierspieler kümmert die Intonation wenig oder gar nicht, dagegen über Alles und vor Allem die Applicatur; den Geiger zwar diese auch, doch schon weniger und dagegen bereits mehr die Intonation. Die Applicatur der Blaseinstrumente ist immer ein und dieselbe, indem jeder Ton, den diese erzeugen, immer auf ein und dieselbe Weise, durch ein und dieselben Griffe bewirkt wird. Ihre Lehre bietet daher hier

18

durchaus keine Schwierigkeit, ja wird eigentlich schon völlig abgethan mit den weiter oben beschriebenen Gammenübungen. Dagegen gewinnt die Lehre der richtigen Intonation an um so größere Wichtigkeit und dies um so mehr, als letztere hier, bei der Blasmusik und im Gesange, rein subjektiver Natur ist, während sie beim Geigenspiel doch schon mehr einen objektiven Charakter hat. Drücke ich nämlich bei letzterem die Saiten an der rechten Stelle und auf die rechte Weise nieder auf das Griffbrett, so kommt es nur noch auf den geschickten Bogenstrich an, um sofort jeden Ton so rein zu erzeugen, als das Instrument überhaupt seiner fähig ist. Beim Singen und Spiel auf Blaseinstrumenten aber — ich will zugeben, daß auch hier die augenblickliche Situation der Stimmwerkzeuge und der Zustand des Instrumentenkörpers einen wesentlichen Einfluß auf die Intonation üben und üben können, obschon von daher mehr auf die Klangeigenschaften, auf die eigentliche Klangfarbe des Tones eingewirkt wird, immer ist dieselbe hier zunächst ein Werk des Sängers und Bläsers, hängt sie ab von dessen freier künstlerischer Willenskraft. Gleichwohl fällt die Lehre von der besten, zweckmäßigsten Art und Weise, auf welche der Unterricht zu verfahren hat, will er den Schülern eine stets reine, richtige Intonation aneignen, wieder so unmittelbar zusammen einmal mit der Lehre von der Ausbildung dessen, was wir gewöhnlich das musikalische Gehör nennen, und dann mit der Lehre von dem Unterrichte in dem Ansatze und in der Bogenführung, daß wir sie für jenen ihren ersten Theil recht wohl verschieben können bis dahin, im folgenden Capitel, wo die Methodik der Lehre vom musikalischen Vortrage eine directere Gelegenheit zur Betrachtung der Mittel behufs der Ausbildung des Gehörs und der Tonerzeugungsweise (auf den verschiedenen Instrumenten und im Gesange) bietet, und für diesen ihren zweiten Theil eben so geschickt verbinden mit der gleich nachfolgenden Methodik der Lehre vom Ansatze und von der Bogenführung. In allen Fällen nämlich, beim Sänger und Geiger wie beim Blaseinstrumentisten, bedingt eine reine richtige Intonation unmittelbar und zunächst ein gutes musikalisches Ohr; ohne dieses weder im Gesange, noch bei der Geigen=, noch bei der Blasemusik je ein wirklich reiner, musikalischer Ton, eine wahrhaft künstlerische Tonerzeugung; dann hängt dieselbe beim Sänger und Blaseinstrumentisten insbesondere wieder wesentlich und eben so unmittelbar ab von einem richtigen Ansatze, und beim Geiger von einer richtigen, guten Bogenführung.

d. Ansatz und Bogenführung.

„Ohne richtigen, guten Stimmansatz keine Fertigkeit!" — besitzt wohl ziemliche Fertigkeit und auch einen guten Vortrag, aber einen falschen, schlechten Stimmansatz." Das und derlei sind Reden, die wir alle Tage hören können, wenn über Sänger gesprochen wird, und selbst von Leuten, von denen neun unter zehn nicht wissen, was eigentlich unter Stimmansatz zu verstehen. Richtig sind jedenfalls nur Urtheile ersterer Art. Ohne richtigen, guten Stimmansatz in der That keine Fertigkeit im Gesange. Stimmansatz nämlich ist die Art und Weise, wie die Gesangtöne erzeugt, wie sie aus ihrem Borne, den menschlichen Lungen, hervorgeholt werden; er ist das, was man mit andern Worten den Mechanismus der Stimme nennt. Nichts begreiflicher, als daß eine Fehlerhaftigkeit oder Mangelhaftigkeit dieses nie einen auch nur einigermaßen befriedigenden Grad von Fertigkeit zuläßt, so gewiß, als der nie ein fertiger Hornist, Fagottist oder Clarinettist werden kann und werden wird, der einen falschen, schlechten Instrumentenansatz (schlechte Embouchure) hat. Das eigentliche Werkzeug der menschlichen Gesangstimme sind die sogenannten Stimm- oder Stimmritzenbänder, die mit den beiden sogenannten Taschenbändern in Sichelform zwischen den vier Knorpeln liegen, aus denen der Kehlkopf zusammengesetzt ist. Alle diese und noch andere Körpertheile wirken ebenfalls zur Erzeugung des Gesangtones mit, aber nur als Beiwerk, wie beim Pianoforte der Hammer und seine Belederung, der Resonanzboden bis zum ganzen Corpus: das eigentliche Stimmorgan sind dort, wie hier die Saiten, die genannten Bänder. Von ihrer Gestaltung, Beschaffenheit und Bewegung zunächst hängt alle Tonerscheinung ab; aber sie bewirken diese nicht nach Art der Saiten, durch Vibrirung, wie Viele schon behaupten wollten, sondern nach Art der Pfeifen, durch Oeffnen und Schließen. Dies erweitert und verengert die zwischen ihnen liegende Stimmritze, durch die der aus den Lungen hervorquellende Luftstrom tönend hindurchdringt, und je nach dem Grade, in welchem das geschieht, erscheint der Ton höher und tiefer, so wie er dunkler, heller, matter, klarer, sanfter, schärfer, weicher, härter ꝛc. erscheint je nach den Bedingungen, unter welchen es geschieht, d. h. je nach den Bewegungen, welche die Kehlkopfmuskeln und genannte Taschenbänder zugleich dabei machen. Das der Stimmansatz, das aber auch der Beweis, daß dieser unter Umständen ein verschiedener und immer zugleich ein richtiger sein kann. Wir theilen den Umfang aller Singstimmen gewöhnlich in zwei Hauptregister,

die Bruststimme und die Falset- oder Fistelstimme. Jede hat ihren
eigenen Ansatz, weil jede ihren besondern Mechanismus. Das natürlichste Register ist die reine Bruststimme. Bei Bildung oder eigentlicher Anerziehung eines guten Ansatzes kommt es also auch zunächst darauf an, den Schüler an einen richtigen Ansatz der Brusttöne zu gewöhnen. Der Mechanismus dieser ist folgender. Ihre
verschiedene Höhe und Tiefe hängt ab von der verschiedenen Weite
der Stimmritze. Bei den tiefern Tönen nun erweitert sich diese durch
Erweiterung des ganzen Kehlkopfs überhaupt. Zu dem Ende werden
die Aufhebemuskeln dieses erschlafft, seine herabziehenden Muskeln
dagegen angespannt. Der ganze Kehlkopf wird herabgesenkt und
weniger zusammengedrückt, so daß seine Knorpel vermöge ihrer Elasticität sich etwas von einander entfernen und daburch seinen innern
Raum erweitern. Bei den höhern Tönen findet ein gerade umgekehrtes Verfahren statt. Die herunterziehenden Muskeln des Kehlkopfs werden erschlafft und dagegen die aufhebenden angespannt.
Dadurch nämlich werden die Knorpel des Kehlkopfs von allen Seiten zusammengedrückt und so der ganze innere Raum des Letztern
nebst seiner Oeffnung verengert, denn durch die Wirkung dieser Muskeln wird der Kehlkopf nach oben und in die Länge gezogen, jeder
weiche und elastische Kanal aber verengert sich augenblicklich, wenn
er oder seine Ränder in die Länge gezogen werden. Drum strecken
die Sänger auch gerne den Hals, heben den Kopf oder dehnen ihn
vor, wenn sie sehr hohe Töne hervorzubringen haben. Zu dieser
Verengerung und Erweiterung der Stimmbänder tragen übrigens
auch noch andere Muskeln bei, die lediglich auf ihre Bewegung einwirken, nur kann zu einer nähern Beschreibung von deren Thätigkeit nicht hier der Ort sein. Auch genügt das Gesagte zur Kenntniß des Mechanismus der Bruststimme; ein anderer Ansatz für die
Brusttöne ist falsch und muß den Sänger hindern, eine ausdrucks-
volle Fertigkeit zu entwickeln. Wie nun aber lehren wir unsern
Schülern denselben? — Jedenfalls dadurch, daß wir sie anhalten,
Anfangs ihre Töne nur schwach anzusetzen, und daß wir mit unsern
Uebungen uns stets in den Gränzen ihres natürlichsten Stimmre-
gisters bewegen. Jede zu frühe Forcirung, jede noch unvorbereitete
Anstrengung läßt fürchten, daß die jungen Sänger zu fehlerhaften
Bewegungen der Stimmorgane schreiten und dann sich einen falschen
Ansatz überhaupt angewöhnen, während umgekehrt dies nie der Fall
sein wird, wenn wir wie angegeben verfahren, denn der beschriebene
Ansatz ist der natürliche und sind die verschiedenen Stimmorgane erst

einmal in diesen ihren natürlichen Bewegungen erstarkt, so hat es keine Noth mehr, daß sie zu falschen sich verirren. Eine der am häufigsten vorkommenden unter diesen ist das Herunterdrücken der Zungenwurzel, womit der Kehlkopf in Verbindung steht, nach dem Schlunde, wodurch jener durchaus fehlerhafte Stimmansatz erzielt wird, der den widrigen Gaumen= oder Kehlton zur Folge. Das Abgewöhnen solcher Uebel kann nur auf dieselbe Weise geschehen, wie das Anerziehen der ersten rechten Art des Ansatzes, blos daß es mehr Mühe macht, mehr Ausdauer erfordert. Daß viele Gesang= lehrer beim Skalasingen die Töne immer ganz schwach ansetzen, und dann erst nach und nach anschwellen und wieder abschwellen lassen, hat noch einen andern Vortheil, als den der Uebung in dem sogenannten Schwelltone: es sichert den richtigen Stimmansatz. Daß unsere Volksstimmen und die Stimmen der Choristen meist im Kehl= tone erklingen, hat seine Gründe lediglich in einer Ueberbietung der Stimmkraft beim Beginn der Gesangsübungen: Jeder will sich da vor allen Andern hören und hören lassen, und er wird zum Brüller oder Blöcker statt zum Sänger. Auch die Natur will in den Zeiten der Ausbildung gehalten sein auf ihrem Wege, sonst gleitet sie gar leicht aus; doch gehalten einmal und nur etwas erstarkt, steht sie auch für immer fest. Die Falset= oder Fistelstimme hat wieder einen andern Mechanismus und somit auch einen andern Ansatz. Man sagt, daß Nichts schwerer sei im Gesange als der Uebergang aus einem dieser Register in das andere. Es ist das richtig, hat aber seinen natürlichen Grund in der Verschiedenheit des Stimmansatzes. Die Fistelstimme erzeugt ausschließlich höhere und meist noch den Umfang des Brustregisters überragende Töne. Zu dem Ende erfordert sie zu dem Mechanismus dieses noch eine gleichzeitige Ausspannung der Stimmbänder, die durch eigene Mus= keln bewirkt wird. Die Stimmbänder entfernen sich dabei mehr von einander, aber erschlaffen auch ungeachtet der größeren Anspan= nung. Es ist derselbe scheinbar widerspruchsvolle Prozeß, wie bei dem Flageolet der Violinsaiten: ungeachtet der größeren Erschlaf= fung, der tieferen Stimmung der Saite werden höhere Töne er= zeugt, weil die Klangknoten durch die sanftere Berührung derselben verkürzt werden, und dies eben bewirkt dort die gleichzeitige größere Ausspannung der Stimmbänder. Bei den Brusttönen ist diese nie möglich; daher die Schwierigkeit ihrer augenblicklichen Erwirkung beim Uebergange der Bruststimme in die Falsetstimme, und die noch größere Schwierigkeit ihrer augenblicklichen Unterlassung beim Rück=

tritte dieser in jene. Um Alles vermeide daher auch der Lehrer, die
Uebungen sofort mit diesem Uebergange zu beginnen; er wird sonst
nie einen richtigen Ansatz in diesem Register erzielen und der Schüler wird nie lernen, sein Falset fertig und frei zu gebrauchen. Wollen wir die Schüler in diesem unterrichten, so müssen wir Anfangs
diejenigen ihrer Skala, auf denen ein solcher Uebergang statt zu finden hat, durchaus vermeiden, müssen vielmehr unmittelbar im Bereiche des Falsetregisters anfangen, und dürfen erst dann uns jenen
Tönen nähern, wenn auch hier der richtige Stimmansatz gesichert ist.
Doch ist auch dann Anfangs noch große Vorsicht anzuwenden. Der
Uebergang geschehe langsam und mit schwachem Stimmansatze. Der
Schüler muß Zeit haben, die Veränderungen, die in den Bewegungen seiner Stimmorgane vorgehen, förmlich zu fühlen. Dieses Gefühl leitet ihn nämlich nach und nach dahin, jene Bewegungen von
seinem Willen abhängig zu machen. Dahin gelangt, kommen wir
endlich zu den Tönen, die sich sowohl mit dem Brust- als mit dem
Fistelansatze gleich rein, hell und deutlich hervorbringen lassen, und
deren jede Gesangstimme bald mehre, bald wenigere besitzt. Wir
lassen dieselben bald mit diesem, bald mit jenem Ansatze singen,
machen Anfangs bei jedem Wechsel eine Pause, verfahren langsam,
lassen es dann ohne solche Pause geschehen, erst langsam, schwach,
dann immer schneller, stärker, und noch bei allen meinen Schülern
ist mir gelungen, bald das Ziel zu erreichen, wo von jener Schwierigkeit der Verbindung beider Register Nichts mehr gekannt wird.
Ich habe oben bei Gelegenheit der Betrachtung des Skalagesänges
als eines wirksamen Mittels zur Förderung praktischer Fertigkeit von
einem Bühnensänger, einem Tenor gesprochen, der seine Ausbildung
allein durch mich erhalten; ich führe ihn auch hier als Beispiel an:
nicht anders bin ich mit ihm verfahren, und wahrlich hat der ein
gutes Ohr, der mir sagen kann, auf welchem Tone erwähnter Uebergang geschieht, wenn dieser Künstler Läufe singt von dritthalb
bis sogar fast drei Octaven Umfang, hinauf und herunter. Eine
dritte besondere Art des Stimmansatzes erfordert die Mezza voce,
der Gesang mit halber Stimme. Viele meine verehrten Leser werden vielleicht aufschauen bei dieser Behauptung. Sie kennen außer
den fehlerhaften Ansatzweisen nur den Ansatz der Brust- und den der
Falsetstimme als verschiedene Tonerzeugungsweisen. Die Mezza voce
sagen sie, ist — wie schon der Name darthut — blos ein Singen
mit halber Stimme, beruht also nur auf einem geringeren Aufwande
an Stimmkraft, und von einem besonderen Stimmansatze kann hier

somit keine Rede sein. Hätten sie Recht, so hätten auch alle die Sänger Recht, welche die schönste Mezza voce hervorzubringen glauben, wenn sie nur den Mund halb öffnen, so den Ton nach Art der Bauchredner in die Brust zurückdrängen und piepen, singend flüstern, daß zuletzt kaum noch Etwas von Ton übrig. Man höre die bis jetzt ausgezeichnetste Virtuosin im Mezza-voce-Gesang, erbaue sich an den Wundern, die sie dadurch wirkt, an der Gewalt des Ausdrucks, die sie gerade durch den Uebergang aus dieser Gesangsmanier in den reinen vollen Brustgesang entfaltet, ich meine Jeny Lind, und man wird eines Andern belehrt, überzeugt werden. Daß so wenige Sänger Vorzügliches in der Mezza voce leisten, hat seinen Grund lediglich in dem Nichtkennen ihres Ansatzes, so wie theilweise auch in der Schwierigkeit dieses. Man hält es für eine bloße Singmanier und es ist mehr: es ist eine Klangfärbung, die ausschließlich durch einen eigenen Stimmansatz bewerkstelligt wird, mit dem sich allerdings zugleich ein schwächerer Athemfluß als beim gewöhnlichen Gesange verbindet. Bei der Brust- wie bei der Falsetstimme ist die Stimmritze allerdings bald mehr, bald weniger weit geöffnet, ihre Bänder treten bald näher aneinander, bald entfernen sie sich mehr von einander, immer aber ist sie ihrer ganzen Länge nach offen; nicht so bei der Mezza voce — hier ist sie partiell völlig geschlossen und diese theilweise Schließung nimmt bis zur Mitte ihrer Sichelform zu, je vollständiger die Gesangsweise sein und je mehr die Töne durch denjenigen zarten, flötenartigen Schmelz sich auszeichnen sollen, der diese Gesangsweise eigenthümlich charakterisirt. Die Lind entwickelt eine eben so große Virtuosität, sie mag mit blos „halber Stimme" oder voller Brust- und Fistelstimme singen; was vermögen die meisten andern Sänger in dieser Beziehung mit der blos „halben Stimme" zu machen? blutwenig. Woher der Unterschied? weil im Gesange selbst kein anderer Unterschied ist als der des veränderten Stimmansatzes, der dann natürlich auch eine Veränderung in der Klangerscheinung und ihrer Wirkung hervorbringen muß. Ein bloßes pianissimo ist eben so wenig eine Mezza voce als jenes Zurückdrängen der Töne in die Brust. Die ächte Mezza voce läßt die Töne eben so deutlich vernehmbar hervortreten wie die volle Bruststimme, nur daß sie wie aus weiter Ferne zu kommen scheinen und daher — nicht weniger klangvoll, sondern nur weniger kraftvoll, weniger dick an unser Ohr anschlagen. Ich gestehe, ich habe mir bei mehreren meiner Schüler schon alle erdenkliche Mühe gegeben, sie auch im Mezza-voce-Gesang fertig zu machen, und noch niemals ist es mir bis zur eigenen Befriedigung

gelungen. Es will mich diese Erfahrung vermuthen lassen, daß dazu eine eigene Organisation, jedenfalls eine seltene Beweglichkeit und
Elasticität der Stimmwerkzeuge gehört. Womit ich noch am weitesten gelangte, war, daß ich die Schüler darin übte, viele Töne langsam und schwach in einem Athemzuge zu singen. Es schien mir,
als würden sie dadurch gezwungen, auch die Stimmränder theilweis
zu schließen. Ich beginne dergleichen Uebungen zunächst mit ähnlichen Sprechübungen, gehe von diesen zu Singübungen über, und
setze diese stets mit dem Ansatze der Bruststimme fort, dabei natürlich streng auf reine, volle, helle Intonation haltend. Doch lasse ich
die Respiration dabei immer mit der vollen Kraft der Lungen geschehen, da es mir scheinen will, als ob der natürliche Drang des
Luftstromes, der dadurch entsteht, den Sänger ebenfalls zwingt, ihm
den Ausgang so viel als möglich zu verschließen. Die Uebungen
mußten viel und fleißig, auch mit der äußersten Aufmerksamkeit auf
jeden Ton angestellt werden; aber ich habe auf diese Weise schon
manch' Erfreuliches erreicht, wenn auch ganz Befriedigendes — ich
wiederhole es — noch nie. Ich habe mich mit andern und den erfahrensten Lehrern darüber berathen, habe alle älteren und neueren
Gesangschulen studirt, sie konnten mir alle nichts Besseres sagen.
Gleichwohl kann hier der glückliche Zufall nicht allein herrschen,
es muß auf dem Wege der Methode gewirkt werden können. Die
Lind gab mir hinsichtlich des eigenthümlichen Ansatzes bei diesem Gesange Recht, aber über die Methode seiner Erlernung wußte sie mir
auch keine Auskunft zu geben, denn daß sie dieses nicht gewollt, kann
ich nicht annehmen. — Der Ansatz bei den Blaseinstrumenten ist
weit verschiedener als der beim Gesange, und nicht blos in objectiver,
sondern selbst in subjectiver Hinsicht. Nicht blos, daß jedes Instrument seinen eigenthümlichen Ansatz hat, d. h. eine eigenthümliche
Art und Weise erfordert, wie es an den Mund gehalten oder gesetzt
werden und in welche Lage die Lippen, Zähne, Zunge ꝛc. dabei gebracht werden müssen, um den erforderlichen Ton hervorzubringen, und
nicht blos, daß jede besondere Klangfarbe, mit welcher dieser Ton zur
Erscheinung kommen soll, wieder eine eigenthümliche Modification in
jenen Dingen nothwendig machen kann, sondern es kann jeder einzelne Spieler auch durch den eigenthümlichen Bau seiner Lippen,
Zähne, Zunge ꝛc. genöthigt sein, den Ansatz auf eine Weise zu gestalten, wie kein Anderer, der dasselbe Instrument bläst, weiß er nur
auf diese Weise dasselbe in seiner ganzen Schöne zu behandeln, im
Stande ist. Anders ist der Ansatz bei der Flöte, anders bei dem

Fagott, anders bei der Hoboe, anders bei der Clarinette, anders beim Horne, anders bei der Trompete 2c.; anders ist er wieder bei höhern, anders bei tiefern Tönen; anders wieder bei Tönen, die hell, scharf oder ähnlich, und anders bei solchen, die dunkel, stumpf oder wie noch anders klingen sollen; nicht genug: der eine Spieler ein und desselben Instruments muß sich dieses, ein anderer eines ganz andern Ansatzes bedienen, um ein und denselben Ton und diesen in ein und derselben Eigenschaft hervorbringen zu können, — der Bau, die natürliche Beschaffenheit seiner blasenden Organe verlangen es so. Eine für alle Fälle gültige Regel über den Unterricht im Ansatze läßt sich somit nicht wohl aufstellen; jeder Lehrer muß da selbst in jedem einzelnen Falle beurtheilen und entscheiden, was das Zweckmäßigste ist, und auch er wird zehnmal für einmal genöthigt sein, dem Schüler zu überlassen, für sich das Rechte, das Passendste zu finden, indem er lediglich die Wirkung beobachtet, darnach auf die Vollkommenheit oder Unvollkommenheit der Ursache schließt, und hiernach nun mit dem Schüler gemeinschaftlich nach den Mitteln sucht, entweder jene noch zu vergrößern oder diese zu heben. Ueberall richtig, gut, bestens gestaltet muß jedoch der Ansatz sein, sonst wird auch bei keinem Blaseinstrumente von irgend einer erheblichen Fertigkeit die Rede sein können. Nicht nur die Intonation oder reine Ansprache des Tones, sondern dessen ganzer Charakter, seine eigentlichste innere und äußere Natur, seine ganze Güte hängen davon ab, und deshalb hat Jeder, der ein Blaseinstrument spielen erlernen will, mehr als jeder andere Musikschüler darauf zu sehen, daß er bei einem wirklichen Meister seines Instruments seine Schule macht, einem Meister, der zugleich ein reifes, umsichtiges Urtheil über alle die objektiven und subjectiven Bedingungen besitzt, denen ein guter, richtiger Ansatz unterliegt. Das Einzige, was sich in dieser Beziehung hier darüber sagen läßt, ist, was mir der große, weltberühmte Clarinettmeister Bärmann einst vertraute: um des guten Ansatzes willen sollte jeder Lehrer, der im Spiel der Blasinstrumente unterrichtet, darauf halten, daß seine Schüler sich darin üben, die Lippen so fest zu schließen, daß beim Ausathmen nur an einer Stelle, dann an zwei, und endlich wo möglich auch an drei Stellen Luft zwischen denselben hindurchbringen kann, ferner in allen möglichen Bewegungen der Zunge, und endlich in allen möglichen Bewegungen der Lippen, so daß sie jene Schlußformen annehmen können sowohl bei aufgeworfener als bei einziehender Stellung; dies — versicherte mich der genannte erfahrne Meister — sind

Uebungen, welche, oft angestellt, jeden Schüler befähigen, alle Ar=
ten von Ansatz, die ein Ton oder seine Klangfärbungen erfordern,
bewerkstelligen zu können, und dies nicht etwa blos bei dem einen
oder andern, sondern bei allen Blasinstrumenten, da bei allen zu=
nächst von der Thätigkeit und Beweglichkeit der Lippen, die Rich=
tigkeit des Ansatzes ausgeht. — Was bei dem Gesange und den
Blaseinstrumenten der Ansatz, das ist bei den Geigeninstrumenten
die Bogenführung. Nicht in der Applicatur blos ruht hier die Fer=
tigkeit, sondern in der Bogenführung. An dem Bogen erkenne ich
den Meister, und nicht blos den Meister in den virtuosen Künsten,
sondern zugleich im Vortrage überhaupt. Das war es auch, was
einst, vor nun etwa zehn Jahren, den Violinvirtuosen Ole Bull
so glänzen machte, seine Meisterschaft in der Bogenführung, nichts
Anderes. In allen anderen Stücken seiner Kunst ward er von vie=
len und den meisten Geigern seiner Zeit noch weit übertroffen, nicht
aber in der Bogenführung, und das war, was die nicht sachver=
ständige Welt so bestach und sie seinen Vorträgen einen oft solch'
ungemessenen Beifall spenden ließ. Was nun aber bedingt eine
gute Bogenführung? die vollkommenste Herrschaft des rechten At=
mes über den Bogen. Dieser Arm muß fähig sein, den Bogen in
allen Richtungen und Weisen unbedingt zu regieren. Dazu bedarf
er nicht blos Kraft, Elasticität, Beweglichkeit, sondern auch ein
Etwas, das ich, wie oben bei Betracht der Fingerthätigkeit beim
Anschlage, Tongefühl nennen möchte. Die ausgebildetste Muskel=
kraft muß der Geiger in seinem rechten Arme besitzen, und der Leh=
rer darf kein Mittel unangewendet lassen, das dazu beitragen könnte,
solche zu fördern, in dem Ellenbogen und dem Handgelenke die
wirksamste Elasticität, und in den Fingern wieder eine Sicherheit,
Kraft und Biegsamkeit, die ausreichen, den Bogen sowohl in jeder
Richtung und Bewegung zu lenken, als ihm das Maß dieser auf
das Bestimmteste vorzuschreiben; aber zugleich müssen diese Kraft
und Elasticität auch so zarter Natur sein, dürfen sie so wenig eigent=
lich Athletisches haben, daß die Muskeln noch immer einer Empfäng=
lichkeit für die Ton= oder vielmehr Klangvibrationen der Saiten
fähig sind. Das ist keine Hypothese, sondern eine thatsächliche Wahr=
heit. Ernst und Bieurtemps schätze ich unter allen mir be=
kannten Violinvirtuosen als die in jeder Beziehung vollendetsten
Meister jetziger Zeit, Müller in Darmstadt als den fertigsten Con=
trabassisten — man frage sie, ob sie bei ihren Vorträgen nicht Etwas
in ihrem rechten Arme und in den Fingern, mit denen sie den

Bogen führen, empfinden, was dasselbe ist, was ich bei dem Anschlage der Claviertasten das Tongefühl nannte? — Welche Mittel wir daher anwenden, den bogenführenden Arm unsrer Geigenschüler zu stärken, elastisch, biegsam und sicher in seinen Bewegungen zu machen, immer müssen sie so gewählt sein, daß sie nicht zugleich das Gefühl gewissermaßen abhärten, vielmehr dasselbe zarter,
reizbarer machen, den ganzen Muskelbau empfänglicher für jeden
äußern Eindruck. Handarbeiten, zu welchen ich auch das Fechten
hier rechne, vermögen dies nicht, und der Geiger unterlasse sie somit, wenngleich Einige schon haben zu den letzten Uebungen rathen
wollen, weil allerdings der Arm dadurch und der ganze Körper eine
gewisse Stärkung empfängt. Dagegen rathe ich, den Schülern alsbald möglichst schwere Bogen in die Hand zu geben und von vorn
herein darauf zu halten, daß sie die Saiten fest und voll anstreichen.
Auch lasse man sie Anfangs viel dergleichen Bogenstreiche machen,
bei denen sich blos der ganze Unterarm, dann solche, bei denen sich
unter festem Anliegen des Armes am Körper blos die Hand bewegt.
Ich weiß wohl, daß dergleichen Bogenstriche beim eigentlichen Spiele
selten oder nie vorkommen; aber sie üben die Muskelkraft und machen die Gelenke elastisch. Die beste Probe guter Bogenführung
ist das staccato-Spiel. Die meisten Geiger, Violoncellisten und
Contrabassisten vermögen dasselbe nur im Hinaufstrich und Gegen-
strich zu vollbringen: daß sie es aber auch im Herunterstrich und
Ausstrich eben so vollkommen vollbringen können, beweist, ob sie
wirklich Herr über den Bogen sind. Auf die angegebene Weise
lernt man es, nicht anders bis zu gleicher Fertigkeit und Sicherheit:
Ole Bull hat mir dies bewiesen: er konnte oder vermag noch die
fertigsten Passagen auszuführen, ohne daß sich ein anderer Armtheil
weiter dabei bewegt, als die Hand bis zu ihrer Wurzel, oder blos
der Unterarm bis in den Ellenbogen mit Ausschluß jeder eigentlichen Handbewegung. Auch lasse man die Schüler den Bogen nicht
immer mit allen fünf Fingern halten. Man weiß nämlich, daß
die eigentliche Kraft desselben blos vom Zeigefinger ausgeht und
die übrigen drei äußern Finger nur Antheil an der Lenkung haben;
versagen wir nun bald dem Zeigefinger diese Unterstützung oder muthen bald auch den übrigen Fingern zu, jenem einen Theil von
seiner Arbeit abzunehmen, so müssen alle Finger in dem, was ihnen eigentlich beim Spiele obliegt, nothwendig gestärkt und mehr
ausgebildet werden. Das sind Sachen, von denen der Vortrag Nichts
weiß, aber es sind die eigentlichen und besten Etuben für die bogen-

führenden Finger. Alle andern zu gleichem Zwecke vorgeschla-
genen und hie und da auch schon in Anwendung gebrachten Uebungen halte ich für mehr gefährlich als nützlich. Wenn irgendwo hat
die rechte Methode hier ihre Mittel lediglich aus der Kunst selbst
zu holen, wir müssen Kraft im Arme besitzen, um den Bogen recht
führen zu können, aber eine Kraft, die zugleich zart empfindet, und
eine solche Kraft wird blos erzeugt durch verständige Kunstübung.
Wir müssen um gleicher Ursache willen die höchstmögliche Elasticität in allen Muskeln des Armes, der Hand und der Finger besitzen;
aber doch auch eine Elasticität, die weit entfernt ist von der Schnell-
kraft des Athletismus, die vielmehr der Reizbarkeit jeder einzelnen,
auch der geringsten einzelnen Fiber noch Raum läßt, und eine solche
Elasticität kann nur erzeugt werden durch Uebungen, die mit Ausbildung der Muskulatur zugleich die Ausbildung des sinnlichen Gefühls
verbindet, und das können nur Uebungen im Bereiche der Kunst
selbst. Man unterscheidet einen großen und kleinen Bogen oder richtiger eine große und kleine Bogenführung: bilden wir unsere Schüler nur erst in dieser, und wir werden sie auch bald für jene fertig
finden. Auf das Kleine folgt stets das Große, auf das Gemessene,
Bedachte das Kühne, Unternehmende. Niemand wohl führte einen
größern, bis zur Verwegenheit kühnen, kecken Bogen, als Ole Bull,
aber die Kraft dazu hatte er sich lediglich durch die Sicherheit erworben, die er sich im kleinen angeeignet. Beriot pflegt man gewöhnlich als den Meister des kleinen Bogens zu bezeichnen: nun warum
sollte er nicht auch den großen führen können, wenn ihm die Eigenthümlichkeit seines ganzen Kunstcharakters, seiner ganzen Künstlerschaft nicht bei jenem beharren hieße? — Hätte ein Spohr in
seinen Virtuosenjahren ein Beriot sein können, ein Romberg ein
Mar Bohrer? — Nein; aber Beriot und Bohrer könnten Spohr
und Romberg sein. Doch verstehe man mich recht: ich rede hier
blos in Beziehung auf praktische Fertigkeit. Warum vermag Molique nie im Beriotschen, Ernstschen Spiel sich zu bewegen, aber vermögen diese umgekehrt in seinem Spiel sich zu ergehen? Immer vom
kleinen zum großen Bogen; dieser Weg ist möglich zur Erzielung
einer allseitigen Ausbildung in der Bogenführung, der entgegengesetzte nicht, niemals. Wer zuerst an den großen Bogen gewöhnt
wird, kann nie mehr auch den kleinen führen lernen, und in diesem
sicher, stark, gewandt zu machen, ist die vorgeschlagene Methode ohne
Zweifel die beste, wirksamste, weil sie die bei der Bogenführung

thätigen Körpertheile nicht stets blos in ihrem Ganzen, sondern auch einzeln und dann wieder in ihrer Gesammtheit übt.

e) Respiration und Aussprache.

Bei den Blaseinstrumenten und dem Gesange gesellt sich zu dem Ansatze auch noch eine gute, richtige Respiration und bei dem Gesange insbesondere eine deutliche, richtige Aussprache der Textesworte als Theile einer vollkommenen, gut ausgebildeten mechanischen Fertigkeit. — Es ist weder einerlei, wo, noch wie wir da Athem schöpfen, der nöthig ist, das mit Fertigkeit singend oder blasend ausführen zu können, was wir ausführen wollen oder auszuführen haben. Eben so wenig ist es einerlei, wo und wie wir ausathmen. Der denkende Lehrer weiß das. Nicht blos daß durch Fehler in der Respiration ein ganz falscher Ausdruck erwirkt werden kann, sondern auch das ausschließlich Mechanische des Vortrags muß nothwendig darunter leiden. In allen Gesangsschulen und Schulen für Blasinstrumente nimmt daher die Lehre von dem Athemholen ein sehr wichtiges Capitel ein, und einige Tonlehrer haben sich schon bemüßigt gesehen, ganze eigene Abhandlungen und Schriften darüber zu veröffentlichen. Ob dem Uebel, das meist nur eine falsche Respiration in die Gesangs- und Blaskunst bringt, dadurch gesteuert worden? ob es jetzt weniger wahrgenommen wird als ehedem? — ich weiß es nicht, habe aber alle Ursache, es zu bezweifeln. Ton und wieder Ton ist der Gegenstand, auf den die meisten diesseitigen Lehrer meinen achten zu müssen, ein richtiges Athemholen bleibt ihnen gewöhnlich Nebensache, und doch kann ohne dieses niemals in jenem etwas Erhebliches erzielt werden. Erinnern wir fort und fort daran, jede Wahrheit findet immer ein williges Ohr, und wenn Tausende nicht hören, so dürfen wir um so weniger ermüden in der Pflicht, die uns geworden. Daß nur an geeigneten Orten bei Pausen, melodischen oder rhythmischen Ruhepunkten ꝛc. frischer Athem geschöpft werden darf, setze ich als bekannt voraus, wie überhaupt das Wo und Wie der Sache selbst nicht Gegenstand meiner Lehre hier in diesem Buch sein kann. Nun aber können dergleichen Orte so weit von einander abstehn, daß der Sänger oder Bläser eine ziemliche Reihe von Tönen, die ohne ihren eigentlichen Ausdruck zu stören oder gar ganz zu vernichten, nicht von einander getrennt werden können, in einem Athem (wie man zu sagen pflegt) vorzutragen hat: das Erste, was dem Lehrer diesseits obliegt, ist daher, den Schüler an einen langen Athem und ihn daran zu gewöhnen,

daß er jederzeit mit dem geschöpften Luftvorrath haushälterisch umgeht und haushälterisch umzugehen versteht. Es erweitert dies auch
die Lungen und damit die ganze Brust und hiermit ist eine Stärkung derselben unmittelbar verbunden, wenn sonst kein krankhafter
Zustand eine andere Wirkung verursacht. Zu diesem Zwecke meinen
viele Lehrer, den Schüler sofort in einem langen Aushalten einzelner Töne, in dem Aussprechen vieler Wörter, ganzer langer Sätze
in einem Athem üben zu müssen. Das ist falsch und heißt, den
Prozeß mit der Execution anfangen. Nie dürfen dergleichen Uebungen bis zur äußersten Anstrengung getrieben werden, sonst wird gerade der entgegengesetzte Zweck erreicht, werden die Lungen geschwächt
statt gestärkt, zu einer Erschlaffung und Zusammenziehung gereizt,
statt natürlich erweitert. Dies ist nur möglich, wenn wir unsere
Schüler Anfangs Nichts singen oder blasen lassen, was den Blut-
umlauf in den Lungen reger macht, wenn wir sie also niemals mit vol-
lem Athem ansetzen und nie sie erst dann Athem schöpfen lassen,
wenn gar kein Luftvorrath mehr in den Lungen vorhanden ist. So
kommt die Progression von selbst, und bald werden wir bemerken,
daß der Schüler, welcher Anfangs kaum zwei, drei Töne in einem
Athem singen oder blasen konnte, schon fünf, sechs desselben Zeitwerths
und Tempo's in solchem hervorzubringen im Stande ist. Es verhält sich hier umgekehrt gerade so wie bei dem Geigenschüler mit
dem Bogenstrich. Anfangs braucht derselbe zu jedem einzelnen Tone
auch seinen eigenen Strich: wollten wir sofort darauf halten, daß
er denselben langsam vollführt, damit er mehre Töne damit zu effectuiren im Stande ist, so würde sein Arm erlahmen und wir
würden weder in der Bogenführung noch in der Intonation ein
glückliches Ziel erreichen; der Sänger und Blaseinstrumentist will
Anfangs nur wenige Töne mit einem Athem hervorbringen, schon
deshalb weil er mehr Athem dazu braucht als der bereits geübte
Sänger und Spieler, und es darf ihn das keine Anstrengung kosten, weil sonst seine Lungen erschlaffen statt erstarken, Anstrengung
aber kostet es ihn, wenn wir anders als angedeutet verfahren. Immer vom Leichtern zum Schwerern, vom Wenigern zum Mehren,
nie zu Viel, doch auch nie zu Wenig, das ist elementarisch. Ich
habe Sänger gekannt, die Anfangs in jeder Skala drei, viermal Athem
holen mußten, auf angegebene Weise aber bald dahin gelangten,
die ganze Skala in gleichem Tempo mit einem Athem singen zu
können: ein Ziel, das sicherlich niemals würde erreicht worden sein,
hätte der Lehrer nicht darauf gehalten, daß sie niemals mit ganz

gefüllten Lungen ansetzen und niemals mit ganz geleerten Lungen absetzen. Etwas Anderes ist, bezwecken wir insbesondere, unsere Schüler zu gutem Haushalten mit dem Athem zu erziehen. Bei Uebungen,
die insbesondere darauf abzielen, lasse man stets die Lungen ganz anfüllen mit Luft, aber dann auch die ersten Töne nur ganz schwach angeben und erst weiter hin immer mehr Kraft entwickeln. Schwache
Töne können nur mit einem schwachen Athemabfluß erzeugt werden,
und der Schüler ist somit gezwungen, die Luft in den Lungen zurückzu-
halten, was ihn nach und nach daran gewöhnt, hier stets mit dem vorhandenen Luftvorrath so zu hausen, daß er nie mehr daran spendet,
als er eben zur Hervorbringung des beabsichtigten Tones braucht.
Am schwersten sind jüngere Schüler dahin zu bringen; indeß sei der
Lehrer nur beharrlich in derlei Uebungen und er wird immer ein glückliches Ziel erreichen. Hat er aber einmal die Schüler daran gewöhnt,
haushälterisch mit dem geschöpften Athem zu verfahren, und hat er
sie auf angegebene Weise dahin gebracht, daß sie einen guten Luftvorrath in ihren Lungen bergen können, ohne denselben sofort wieder
leeren zu müssen, so braucht er auch keine Sorge mehr wegen des
Wo des Athemholens zu haben, da die Stellen, an welchen ohne
irgend einen Nachtheil für die Schönheit, Richtigkeit und Fertigkeit
des Vortrags Athem geschöpft werden darf, seltene Fälle ausgenommen, nie so weit aus einander liegen, daß der Sänger
oder Bläser nicht im Stande wäre, die dazwischen enthaltene Ton-
oder Notensumme in gehörigem Zusammenhange, also in einem
Athem auszuführen. Dort stärkt die Progression der Uebungen die
Lungen so, daß sie nach und nach allen an sie gestellten Ansprüchen zu genügen vermögen, wie der Reiter sein Roß zum bewun-
derungswürdigen, sichern, behenden Setzer heranbildet, wenn er es,
erst über ganz niedrige und dann immer höhere Barrieren, zuerst
über ganz schmale und dann immer breitere Gräben schreiten läßt und
hier werden sie in dem Kampfe des eigenen Dranges mit der Nothwendigkeit des Bedürfnisses dem Willen des Spielers oder Sängers
dermaßen unterworfen, daß sie sich ungeachtet der gewonnenen Kraft
demselben stets willig und unbedingt fügen. Hinsichtlich des Wie des
Athemholens haben wir Lehrer meist nur für Eins zu sorgen: daß es
stets auf natürliche Weise, nicht schnappend, haschend, schnaufend geschieht. Nichts ist — sage ich es geradezu — ekelhafter an Sängern
und Bläsern als dieses, und nicht selten verwischen dieselben dadurch
allen Eindruck, den ihre Töne und Passagen gemacht haben würden.
Keine Kunstgestaltung darf auch nur entfernt das Zeugniß der Arbeit

und Mühe an sich tragen, die sie ihrem Schöpfer verursacht hat, soll ihre Wirkung eine wirklich schöne, wohlthuende sein; nun vergleiche man aber damit das oft sogar krampfhafte Luftschnappen unsrer Sänger, namentlich Sängerinnen, Fagottisten, Clarinettisten, Flötisten ꝛc., und frage sich, ob dieses Abarbeiten, das nicht selten bis zum Achselzerren und welchen andern Grimassen an den Tag gelegt wird, irgend welche solche Wirkung hervorgebracht? — Die Kunst ist schwer und lang, aber leicht und kurz muß sie nichts destoweniger scheinen. Es kommt mir vor, als wollen namentlich manche Sänger gerade durch die Art und Weise ihres Athemholens die Schwierigkeit des von ihnen Vorgetragenen und damit ihre Kunstfertigkeit documentiren, aber statt Anerkennung zu erndten, die nur aus der Wärme des erregten Gefühls hervorquillt, lassen sie kalt, wenn sie nicht noch Aergeres bewirken. Wir wollen Kunst, keine Arbeit; wollen Musik, keine Handthierung. Halten wir alles Ernstes darauf, daß sich unsere Schüler dergleichen anwidernde Fehler nicht angewöhnen, und wir werden dies verhüten, wenn wir sorgen, daß sie niemals mit dem frischen Athemholen so lange warten, bis ihre Lungen völlig entleert, bis sie ganz erschöpft sind. Thun wir dies, und es käme dennoch jener Fehler vor, so wäre derselbe zugleich eine noch strafbarere, hassenswerthere Lüge, deren sich kein vernünftiger, noch viel weniger gesitteter Mensch schuldig machen wird. Allerdings können Passagen vorkommen, deren richtiger Vortrag einen solchen Luftaufwand erfordert, daß die Lungen dadurch ganz entleert werden und diese nun um so heftiger nach neuer Füllung verlangen; aber halten wir unsere Schüler dazu an, auch in solchen Fällen diesem natürlichen Verlangen nicht zu rasch, nicht mit zu großer Heftigkeit nachzukommen, weil die Lungen sonst in eine Bewegung versetzt werden, die nicht allein ihnen selbst schädlich sein muß, sondern häufig sogar auch die Ausführung des Folgenden erschwert, indem sich mit jener Bewegung gewöhnlich eine Wallung des Blutes verbindet, die zu heftig, allen guten Ansatz und damit jede vollkommen reine Intonation unmöglich macht. Es wird nur auf eine richtige Vorstellung der Dinge ankommen, um den Schüler auch hier auf dem richtigen Wege zu erhalten, d. h. auf dem Wege, den die Idee der Kunst vorschreibt. Selbst wo es sich lediglich um den Mechanismus handelt, darf diese nie aus den Augen gelassen werden. Ich gebe zu, daß man ungeachtet der fehlerhaftesten Art und Weise des Athemholens ein sehr fertiger Sänger und Bläser sein kann, so gewiß dies ohnmöglich ist, erstreckt sich die Fehlerhaftigkeit auch auf die Art des Athemholens; aber man betrachtet dann die Fertigkeit nicht mehr als Mittel der Kunst, als lediglich im

Dienste dieser, sondern ganz außerhalb deren Bereiche. Fertiger und schöner Vortrag sind allerdings zwei verschiedene Dinge, gleichwohl läßt sich keines ohne das andere denken, soll der Vortrag ein wirklich künstlerischer, kunstgemäßer sein. Ein schweres, schnappendes Athemholen verwischt aus der Reihe der Eigenschaften eines künstlerischen Vortrags jene, die eben auf das Angenehme, Wohlthuende der Wirkung abzielt, und es ist somit ein Fehler, den auch der bloße Mechanismus, soll er ein wirklich künstlerisch ausgebildeter sein, nicht zuläßt. — Mit der Aussprache der Texteworte beim Gesange kommen wir auf eine wahre Calamität der heutigen Gesangskunst und des Singunterrichts zu reden. Unter hundert Sängern kaum einer, keine zehn, welche eine gute, reine, richtige, deutliche Aussprache haben, und wenn alle übrigen Kehlsünden nicht der Schule in die Schuhe geschoben werden dürfen, so fällt ihr diese und meistens nur ihr zur Last. Erwägen wir doch, welchen wesentlichen Antheil bei der Vocalmusik das umschreibende Wort an der Wirkung hat, und halten wir daher mit aller Strenge bei unsern Schülern darauf, daß sie bei Allem was sie singen, auch den Text deutlich und rein aussprechen. Sonst singen sie nicht, sondern musiciren, blasen sie blos auf ihrem Kehlinstrumente, wenn es nicht gar zu einem Dudeln oder Heulen herabsinkt. Singen heißt sprechen mit und in musikalischen Tönen; das Sprechen also ist hier das Eine, der Gesangston das Andere. Man nennt den Theil des Singunterrichts, der es mit Bildung der Aussprache zu thun hat, Orthoepik: wie viele Singlehrer sind tüchtige Orthoepiker? — Kein Wunder, wenn die Schüler der meisten auch von der Orthoepie, der richtigen Pronunciation der Sprachlaute Nichts wissen. Gleichwohl ist — wie gesagt — alle vollkommene Gesangbildung bedingt durch Sprach- und Tonbildung. Ohne es in beiden zugleich bis zu einem gewissen Grade von Vollkommenheit gebracht zu haben, kann von keiner eigentlichen Fertigkeit im Gesange, keiner wirklichen Gesangbildung die Rede sein, denn erst durch genaue, haarscharfe, elementarisch schöne Lautirkunst erhält der Gesang Umgränzung und Gestaltung, erst wenn unsere Schüler die Sprache bezwingen und ihre Vortheile benutzen gelernt haben, dürfen wir hoffen, daß sie im wirklichen Gesange etwas Vollkommenes leisten. Man schelte mich nicht, wenn ich behaupte, daß es bei fast allem Singunterrichte noch an der rechten Methode gebricht. Man schaue auf die Bühnen und in die Concertsäle: Kunstsänger treten dort auf, also Leute, welche die Rechte künstlerischer Ausbildung ansprechen, und wie ist der Mehrzahl nach ihre Aussprache beschaffen? Wenn aber selbst der Unterricht in der höheren Gesangskunst sich so mangelhaft in der Beziehung erweist, was dürfen wir von dem allgemeinen Singunterrichte erwarten? — Ich hatte schon eben bei Betracht des Skalensingens als Mittels zur Erzielung mechanischer Fertigkeit im Gesange Gelegenheit, über den hier vorliegenden Gegenstand Bemerkungen zu machen. Aus wie vielen Lauten besteht unsere Sprache? aus dreierlei: Consonanten, Vocalen und Dyphthongen. Die erstern werden auch im Gesange sämmtlich gerade so ausgesprochen wie im guten Reden. Sie können also gar keine Schwierigkeit für die Orthoepik abgeben. Anders verhält es sich mit den Vocalen und Dyphthongen. Bei diesen geht der Sprachton in den Gesangston über, und ihre richtige Aussprache im Gesange, die häufig abweicht und abweichen muß von der im gewöhnlichen Reden, ist daher vornehmlich Gegenstand unsrer Bildung. Der Gesangton ist, wie wir schon oben bei der Lehre vom Ansatze erfahren haben, ein aus den Lungen durch die Stimmritze strömender Luftstrahl, der durch die Brechungen, welche er je nach Gestaltung der Stimmbänder erhält, in Vibration gesetzt und so zum Tönen gebracht wird, wie die Luftsäule in einer Orgelpfeife, wenn sie über den Kern durch die Labien hindurchströmt. Soll nun der Vocal A, dieser klarste und schönste Stimmlaut, auf solche Weise in dem Luftstrahle gehört werden, so muß die Zunge ganz darnieder liegen, der Unterkiefer etwas gesunken und die Mundöffnung mehr weit als breit sein. Bei E hebt sich die Zunge aus der A-Lage, ruht gleichsam auf den Zähnen des Unterkiefers und die Mundstellung ist mehr breit als weit. I erhebt die Zunge aus der E-Lage und lehnt sie in ovaler Form gleichsam an die obern Backenzähne an, so daß sie unter dem Gaumen nur eine kleine längliche Oeffnung läßt, durch welche der Ton abfließt. O drückt die Zungenspitze aus der I-Lage an den Unterkiefer, welcher sich etwas senkt, der hintere Theil der Zunge hebt sich nach dem Gaumen zu, und der Mund wird in eine runde Oeffnung verkleinert. U wird gerade so erzeugt wie O, nur ist die Mundöffnung noch mehr verengt und die Mundform spitzig. Die Vocale ä, ö, ü, sind im Gesange keine Doppellaute, sondern reine, einfache Stimmlaute. Die Mundform ist bei ä gleich der bei a, bei ö gleich der bei o, bei ü gleich der bei u, jedoch geht bei ä die Zunge aus der A-Lage in ovaler Form etwas in die Höhe, bei ö aus der O-Lage mit der Spitze nach dem Rande der Unterzähne, und bei ü aus der U-Lage an die untern Vorderzähne. Daß die

Gestaltung der Mundhöhle bei dem Singen der einzelnen Vocale. Wir sehen, dieselbe wirkt ebenso auf die Klangerscheinung des gesungenen Tones, wie die Gestaltung der Pfeifensäule auf den in ihr durch einen mechanisch erzeugten Luftstrom bewirkten Ton. Daß unsere Schüler diese Mundformationen bei der singenden Aussprache der einzelnen Vocale genau beobachten, ist daher vor Allem unser Augenmerk. Wie halten wir sie am geschicktesten dazu an? — Als bestes Mittel habe ich befunden, wenn wir die Vocale in ihre natürliche Leiter ordnen: u, o, a, e, i, und wir dieselben nun unter Zusammenstellung mit bald diesem bald jenem Consonanten zunächst auf ein und demselben Tone singen lassen, dann damit auch die eben beschriebenen Skalaübungen in Verbindung bringen. Wir werden dabei bald die Entdeckung machen, daß das Ziel, welches wir zu erstrecken haben, bei den wenigsten Schülern so leicht zu erreichen, doch eben so bald auch die, daß der hier vorgeschriebene Weg der einzig sichere und bequemste zu demselben ist. E hat wie in der Sprache so auch im Gesange einen doppelten Laut: einen dunkeln und einen scharfen, hellen. Dasselbe gilt von ee. Dagegen ist das im Reden stumme e im Gesange lautbar. Die größeste Abweichung der Gesangsaussprache von der Redeaussprache findet bei den Dyphthongen oder Doppellauten statt: das au hier wird dort zu a—u, das ei zu a—i, das eu zu a—ü, das ai zu a—i, das äu zu a—ü, das oi zu o—i, das ui zu u—i, wie Laube zu La—ube, einst zu a—inst, Freude zu Fra—üde, Waise zu Wa—ise ꝛc., das scheint auf den ersten Anblick gar wunderlich, und die ungeschickte Art und Weise, wie Anfänger im Gesange die Doppellaute darnach aussprechen, dürfte vielleicht manchen Singlehrer ein Kopfschütteln über die Regel abnöthigen. Gleichwohl ist diese richtig und mögen jene nur darnach verfahren, sie werden bald wahrnehmen, wie sich nach und nach, so und nur so der schöne Wohlklang bildet, der uns bei der Aussprache vollkommen geschulter Sänger oft so tief ergreift. Von allen Doppellauten ist immer der erste an sich oder in seiner Umgestaltung der eigentliche Intonationsvocal, daher auch gemeiniglich lang, während der zweite allemal der kürzere bloße Anbiegungsvocal ist. Auf jenem müssen somit zugleich alle melismatische Verzierungen angebracht werden, nicht auf diesem, von dem die Stimme jedesmal schnell ab und zu den folgenden Buchstaben überspringt. Am meisten fehlen diejenigen unser Singlehrer gegen eine gute Sprachbildung, welche Italien als das Land des Gesanges haben rühmen hören und nun meinen, alsdann ganz be-

19*

stimmt ben vortrefflichsten Unterricht zu ertheilen, wenn sie nach ben
Grundsätzen italienischer Singmeister verfahren. Sie bedenken nicht,
daß die italienische Singmethode auf einer ganz andern sprachlichen
und nationalen Grundlage beruht als die unsrige. Die italienische
Singweise stellt z. B. zwei Hauptregeln auf, welche der deutschen Orthoepie geradezu widerstreben. Sie sagt nämlich, jeder Ton, auf dem
die Stimme verweilen kann, muß als Schnellton behandelt werden.
Was' aber ist mehr geeignet, der beclamatorischen Kunst den Todesstoß
zu geben, als diese Regel? was mehr, wirkliche Deutlichkeit der Aussprache geradezu unmöglich zu machen? — Und ferner sagt sie: die
Consonanten am Ende des Wortes und der Sylben müssen immer so
weich und sanft als nur möglich angegeben werden. Nun ja, die vocal-
reiche italienische Sprache hat wenig oder gar keinen Nachtheil davon,
aber unsere mehr mit Consonanten untermischte deutsche Sprache — ihr
ganzer Genius widerstrebt jeder auch noch so geringen Lautentfärbung.
Und je mehr wir gerade auf deutliche Pronunciation der Consonanten
halten, desto mehr befähigen wir unsere Schüler, viele Wörter nach einander in einem Athem auszusprechen, indem die Consonanten einen weit
geringern Athemabfluß fordern als die Vocale. Beim Recitative,
diesem Prüfsteine guter Aussprache für jeden Sänger, kommt dieser
Vortheil sehr zu statten. Daß der Gesang weniger sonor dadurch
würde, ist eine bis heute noch unerwiesene Behauptung, und zugegeben auch, daß er Etwas an Sonorität verliert, so gewinnt er dies jedenfalls zehnfach wieder an beclamatorischer Kraft. Noch andere ita-
lienisirende Singlehrer sind auf den Gedanken gekommen, diese Rechte
der Consonanten dadurch zu mildern, daß sie den Schülern gestatten,
den Sylben sogenannte freie Biegungsvocale einzuschieben und anzu-
hängen. Die Herren verstehen entweder den Geist unsrer Sprache
nicht oder sie haben gar keinen Sinn für wahre Schönheit. Da
höre man singen z. B. „Dies-e Bil-edniß ist bezaub-e-reneb
schö-ne," und sollte man nicht noch etwas anderes thun als blos
lächeln über solche Verkehrtheit. „Ich komme dadurch der schwer-
fälligen Unbehülflichkeit meines Schülers in der singenden Declamation zu Hülfe," sagt der Andere; aber diese Ansicht ist eine noch
verkehrtere. Beruht jene Schwerfälligkeit nicht auf einer Schlaffigkeit
der Lautirorgane, so benehme man dem Schüler nur den mißverstan-
benen Begriff von Feierlichkeit, Würde, und sie wird sofort gehoben
sein. Eben so steht es mit dem Gepfeife und Gelispel, das man oft
bei der Aussprache hört: entweder hat es seinen Grund in einer falschen Stellung der Zähne und Unförmlichkeit der Zunge oder in einem

falschen Begriffe von Süße der Sprache. Dort kann der Lehrer natürlich nicht helfen; aber hier gewiß durch ein richtig belehrendes
Wort. Daß die richtige Aussprache zugleich einen richtigen Stimmansatz bedingt, versteht sich von selbst: bei Gaumen-, Kehl-, Nasentö-
nen läßt sich kein Buchstabe richtig und rein aussprechen. Wie der
Lehrer dagegen zu kämpfen, gehört aber nicht mehr hierher. Am
schwierigsten fällt den meisten Schülern die Aussprache in den obern
Regionen ihrer Stimme; so hat denn die Sprachbildung auch
hier vornehmlichst ihre Uebungen anzustellen, um so mehr, als in
jedem Gesangstücke die affectvollsten Stellen meist durch die höhern und
höchsten Töne ausgedrückt werden, der Affect aber, wenn nicht total
so doch zur größeren Hälfte verloren geht, wird das Wort nicht deutlich verstanden, denn das Wort vergeistigt den Ton, während dieser
jenes beseelt, und gerade in dieser Vergeistigung der Ton- und Besee-
lung der Wortsprache feiert die Vocalmusik ihre eigentlichsten und
höchsten Triumphe.

f. Accentuation, Interpunktion, Ausführung.

Endlich bezeichnete ich die Accentuation, Interpunktion und Ausführung als solche einzelne Gegenstände der mechanischen Fertigkeit,
nach deren Beschaffenheit sich der Grad dieser überhaupt bemessen
läßt, und zwar als diejenigen Gegenstände derselben, auf deren Ausbildung sie bei allen Instrumenten wie im Gesange, also bei allen
musikalischen Darstellungsorganen gleichmäßig beruht. Wir mögen
spielen oder singen, welches Instrument oder mit welcher Stimme
wir wollen, unsere Ton-Accentuation und Interpunktion und
unsere Ausführung im Ganzen wie im Einzeln muß eine durchaus richtige, vollendete sein, sonst sind wir keine fertigen Spieler
oder Sänger. Gleichwohl findet die Methodik für den Unterricht in
den ersten beiden Gegenständen schicklicher ihren Platz erst in dem
folgenden Capitel, wo von der Lehre des Rhythmus und der musikalischen Bewegung, so wie von der Lehre des Vortrags insbesondere die Rede sein wird, und bleibt somit hier nur noch der letztere,
die Ausführung, zu betrachten übrig. Unter dieser, der Ausführung,
verstehen wir diejenige Darstellung eines Tonstücks oder Tonsatzes,
durch welche die darin enthaltenen Töne ihr eigentliches Leben erst
erhalten, so daß sie nun auch von zweiten, dritten Personen wahrgenommen werden können, also die wirkliche Versinnlichung oder den
für das Gehör sinnlich wahrnehmbar gemachten Ausdruck der nun
entweder schon durch Noten aufgezeichneten oder noch nicht durch

solche aufgezeichneten Töne, die zusammen genommen entweder eine bloße Tonfigur oder schon auch einen förmlichen sinnvollen musikalischen Satz oder endlich gar ein ganzes wirkliches Tonstück, eine Composition, Tongedicht bilden. Die Ausführung ist somit noch nicht das, was wir eigentlich Vortrag heißen, sondern verhält sich zu diesem wie der Theil zu seinem Ganzen. Der Vortrag ist die Declamation der musikalischen Rede, die Ausführung blos deren Hersagen und Lesen, das sich mit der deutlichen Aussprache der einzelnen Buchstaben, Sylben, Wörter (Töne, Sätze, Perioden ꝛc.) begnügt und auf den Ausdruck des eigentlichen Sinnes der Rede noch wenig oder gar nicht achtet. Sie ist derjenige Theil der rein mechanischen Fertigkeit, der es lediglich mit der wirklichen Effektuirung eines jeden Tones, welcher bei dem Vortrage gehört werden soll, in möglich reinster und deutlichster Intonation, der strengsten Zeit- oder Taktmessung und in genügender Leichtigkeit und Rundung zu thun hat. Die Accentuation und Interpunktion der Töne kommt dabei noch nicht in Betracht; diese sind Sache des Vortrags. Man kann ein Tonstück, einzelne Sätze, Passagen, Figuren, Stimmen, Manieren gut, d. h. deutlich, präcis, leicht, in der gehörigen Rundung, Reinheit, Accuratesse und Correktheit ausführen, ohne sie deshalb schon eben so gut vorzutragen; aber nicht umgekehrt. Die gute Ausführung ist das fertige, correkte Lesen und Schreiben, der gute Vortrag, das ausdrucksvolle Declamiren und Markiren der Töne und Tonzeichen. Nicht mit Unrecht sagen Andere dafür auch lieber Executirung, executiren. Im Deutschen bedeutet das Wort nichts Anderes, gleichwohl ist es als technischer Kunstausdruck bezeichnender. Damit habe ich zugleich die Eigenschaften einer guten Ausführung genannt, ihre Tugenden. Ihre Fehler ergeben sich aus diesen von selbst. Was, wann und wie unsere Schüler spielen oder singen, es muß so geschehen, daß alle Töne deutlich gehört werden, nie hinkend, stockend, stolpernd oder wie dem ähnlich sonst, sondern stets in einem nach den Vorschriften der Kunst geregelten Zusammenhange, rund, fließend, rein, nett und auch nach dem einmal angenommenen oder vorgeschriebenen Zeit- und Taktmaße genau gegen einander abgemessen; anders haben sie keine gute Ausführung, und ohne diese auf keinem Instrumente noch im Gesange irgend ein befriedigender Grad von Fertigkeit. Halten wir darauf vom ersten Beginn des Unterrichts an, bis an sein Ende. Aber wann und wie befördert der Unterricht eine solche gute Ausführung? — Einmal gewiß nicht, wenn er den Schüler bei jeder Gelegenheit, bei jedem, auch dem kleinsten Fehler im Spielen oder Singen corrigirend unterbricht. Die größte Mehrzahl meiner Collegen wird bei diesen Worten betroffen an ihr eigenes Verfahren denken; die Meisten von uns machen es so und gleichwohl ist Nichts verderblicher. Aber weil die Folgen hier nicht unmittelbar mit den Ursachen zusammenfallen, so sehen Viele das nicht ab. Es versteht sich von selbst, daß wir darauf halten müssen, daß der Schüler das, was er spielen oder singen lernt, in allen Fällen und im Kleinen, Einzelnen wie im Großen, Ganzen rein, deutlich, mit einem Worte präcis, correkt ausführen lernt; in jedem Augenblicke muß unser Augenmerk darauf gerichtet sein, und so dürfen wir namentlich bei dem ersten Erlernen eines Tonstücks oder Tonsatzes keinen falschen Ton, keinen falschen Anschlag oder Ansatz, keine falsche Applicatur, kurz, nichts Falsches hingehen lassen; aber so bald der Schüler mit dem Erlernen so weit gediehen ist, daß er das Erlernte oder noch zu Erlernende nur einigermaßen im Zusammenhange spielen oder singen kann, dürfen wir ihn auch nicht mehr unterbrechen mit unsern Correcturen, müssen wir vielmehr die gemachten Fehler uns merken und erst am Schlusse des Satzes oder wo der Schüler von selbst ins Stocken gerathet, ihn darauf aufmerksam machen, sonst gewöhnen wir ihn an ein Stottern, Hinken, Holpern, das nie, durch Nichts mehr wegzubringen ist und das doch geradezu allen schönen, selbst nur fertigen Vortrag ohnmöglich werden läßt. Da sind viele Lehrer, die da meinen, um so gewissenhafter zu verfahren, wenn sie sofort jeden, auch den geringsten Fehler, gegen die eine oder andere Regel rügen: wartet damit mindestens bis an den Schluß der Periode, dann sagt dem Schüler, wo und wie er gefehlt, oder noch besser, blos was er an dieser Stelle gemacht hat und laßt ihn selbst darüber urtheilen, ob es recht oder falsch, und nun laßt diese einzelne Stelle herausnehmen aus dem Ganzen, sie besonders üben, bis sie wenigstens einigermaßen richtig ausgeführt wird, und dann laßt augenblicklich das Ganze, die ganze Periode wieder im ungestörten Zusammenhange vortragen. Anders gewöhnt Ihr den Schüler nie an ein fließendes, reines, correktes Spielen oder Singen, und ich wiederhole: es gilt diese Regel bei dem Einzelnen wie bei dem Ganzen. Ich will z. B. nur die Ausführung eines Vorschlags oder Trillers nehmen. Der Schüler spielt oder singt Etwas, worin diese Verzierungsmanieren vorkommen. Er führt sie unrein, undeutlich, holperig aus. Lasse ich ihn sofort Halt machen und den Fehler verbessern, so wird er — man versuche es nur — bei jeder Wieder-

holung des Satzes an dieser Stelle ins Stocken gerathen und nie
mit voller Sicherheit darüber hinweggehen lernen, selbst wenn er
später das ganze Stück auch mit möglichster Fertigkeit überwindet.
Verfahren wir dagegen einmal auf die andere, die angegebene Weise
und eben so bald werden wir auch gerade die umgekehrte Beobachtung machen. Die Lehrer, welche gemeinschaftlichen Unterricht (mehreren Schülern zugleich) ertheilen, befinden sich in dieser Beziehung
in einem bedeutenden Vortheile vor den bloßen Privatlehrern, indem
sie selbst da, wo die gemachten Executionsfehler so groß sind, daß
der Lehrer sich dadurch zur augenblicklichen Correctur gedrungen fühlen muß, noch gezwungen sind, damit bis zur Vollendung wenigstens der Periode zu warten und nun erst jeden einzelnen Schüler
auf den gemachten Fehler aufmerksam zu machen und eine Separat-
verbesserung hierin mit demselben vorzunehmen. Solche Lehrer nämlich können um der übrigen Schüler willen, die zu gleicher Zeit
mitspielen oder mitsingen, nicht bei jeder einzelnen Note inne halten
lassen, wenn der eine oder andere von den eben gegenwärtigen Zöglingen einen Fehler begeht, sonst würde er bei jenen verderben, was
er bei diesem meint gut machen zu müssen, und mag es nun auch
nicht immer eine Folge didaktischer Klugheit sein, gewiß ist, daß
eben deshalb alle Sänger und Spieler, die ihre Schule bei solchen
Lehrern machen, sich weit früher als diejenigen, welche Privatunterricht genießen, an eine correkte, fließende Ausführung aller Dinge
gewöhnen. Ich habe darüber viele Beobachtungen angestellt und
nicht selten die überraschendsten Entdeckungen gemacht. Schüler,
noch Anfänger, sind mir vorgekommen, welche durch das Zusammenspiel eine Gewandheit gewannen, die man sonst nur an den geübten
Ripienisten der Orchester anzutreffen gewöhnt ist. Bei Stellen, in
deren Ausführung sie noch nicht sicher waren, wußten sie eben so
geschickt in ihrem Spiel oder Gesange inne zu halten, als gleich
nach denselben wieder einzusetzen, und war nun der Satz oder das
ganze Stück zu Ende, so bedurfte es nicht einmal der ausdrücklichen
Aufforderung, jene Stellen besonders heraus zu heben und in einem
langsamern Tempo nun so einzeln einzuüben, daß sie dann auch
bei der Wiederholung des Ganzen nicht mehr übergangen zu werden
brauchten. Im Augenblicke habe ich solche Schüler, zehnjährige
Knaben und Mädchen: zu meiner eigenen Verwunderung bewegen
sich bei dergleichen Stellen die Finger über den Tasten und die Bö-
gen über den Saiten fort, bis der geschickte Augenblick kommt, wo
sie wieder wirklich anschlagen und streichen können, und nur wenig

Mühe kostet es, um sie geschickt zu machen, nun auch diese Stellen, die oft nur wenige Noten umfassen, und damit das Ganze rein und deutlich, fließend und correkt ausführen zu können. Ein anderes sehr wirksames Mittel, unseren Schülern eine gute Ausführung anzueignen, besteht darin, daß wir mit allen Zumuthungen, die wir hinsichtlich der mechanischen Fertigkeit ihnen machen, meist noch hinter dem eigentlichen Maß ihrer Kraft zurückbleiben. Ueberbieten wir dies, so wird die Ausführung nie eine vollkommene werden und der Schüler gewöhnt sich an ein Holpern, Stolpern, Stottern, das auch dann nicht ausbleibt, wo er einmal Etwas spielt oder singt, das für das Maß seiner Fertigkeit eigentlich leicht erscheinen sollte. Selbst der vollendete Virtuos muß immer noch einen größeren Vorrath an Fertigkeit besitzen, als er eben braucht, um das, was er spielt oder singt, gut ausführen zu können, wenn sein Vortrag und diese seine Ausführung wirklich jederzeit vollkommen sein sollen. Die Regel gilt auch bei dem noch in der Ausbildung begriffenen Sänger und Spieler. Nur hie und da dürfen wir mit dem, was wir demselben zum Erlernen geben, das ganze Maß seiner Kräfte in Anspruch nehmen, gewissermaßen zur Prüfung, wie weit diese bereits gediehen; darüber hinausgehen dürfen wir niemals. Man glaube ja nicht, als ob das den Schüler aufhalten hieße in der Entwickelung seiner mechanischen Künste. Eine vollendete Ausführung besteht nicht blos in der glücklichen Ueberwindung gebotener Schwierigkeiten, sondern sie will auch, daß diese mit Leichtigkeit geschehe, weil sie anders nie die nöthige Reinheit und Rundung haben kann; mit Leichtigkeit, mit voller Sicherheit aber vollbringt der Mensch eben immer nur das, wozu er nicht das ganze Maß seiner Kraft aufzuwenden braucht, viel weniger das, wozu auch dieses Maß nicht einmal oder doch nur im glücklichsten Zufalle ausreicht. Daß jeder andere Unterricht, selbst die Thierdressur hier den meisten Musikunterricht noch an Methode übertreffen muß! — Die physische wie die geistige Kraft des Menschen wird gestählt nicht blos durch Uebung an und in Möglichem, sondern auch und noch mehr an und in Gewissem. Zeigen dürfen wir unsern Schülern bisweilen, was zu vollbringen sie schon im Stande sind, wenn sie sich ganz zusammen nehmen, ja, wir müssen das sogar thun, so bald wir eine höhere Stufe der Entwickelung mit unserm Unterrichte besteigen, und weil wir dadurch dem Schüler auch Lust zum Weiterlernen machen; aber die Ueberzeugung beigebracht, müssen wir sie nunmehr auch völlig erstarken lassen in dem neu gewonnenen größern Bereiche, und das können und werden wir nur, wenn wir sie

bloß solche mechanische Künste vollbringen laffen, die nicht immer
neue Anspannungen erfordern. Anders ergeht es, wie gesagt, bleiben die Schüler ewig Stümper, Stümper im Kleinen und Stümper im Großen, eignen sie sich niemals eine vollkommen gute Ausführung an, welche die Summe aller Fertigkeit ausmacht. Ich will
deutlicher sein durch ein Beispiel. Da habe ich einem Schüler ein
Tonstück spielen gelehrt, in welchem Dinge, Passagen, Figuren 2c.
vorkommen, deren Ausführung eine glänzende Fertigkeit beurkundet.
Das Lernen hat dem Schüler, mir das Lehren Mühe, viele Mühe
gemacht; indeß fühle ich mich doppelt belohnt: es ist überwunden,
der Schüler kann das Stück, wenn er sich zusammen nimmt, so spielen, ohne erhebliche Mängel, und ich kann als sein Lehrer Parade
mit ihm machen. Jetzt gebe ich ihm ein Tonstück in die Hand, das
noch mehr Schwierigkeiten bietet, denn — schließe ich — wer Jenes leisten kann, kann auch noch etwas mehr leisten. Meine Herren! das ist durchaus falsch. Die Ausführung jenes Tonstücks
schon gelingt dem Schüler nur mit knapper Noth; es ist Viel, was
er damit leistet, aber es kostet ihm auch Arbeit, schwere Arbeit, und
das einemal wird er diese vollbringen können, das anderemal nicht,
einerlei nun aus Mangel an Lust, Ausdauer oder welchem andern
Grunde; er ist schon Stümper dort, um wie viel mehr wird und muß
er es hier werden und sein? — Laßt ihn ausruhen jetzt, das ist Methode. Ruhen zur Zeit und arbeiten zur Zeit macht stark. Gebt
ihm jetzt um Alles in der Welt nicht noch größere Schwierigkeiten zu
überwinden, sondern im Gegentheil sogar leichtere Sachen, damit
er sich auch frei bewegen lernt in der dort gewonnenen Kraft, denn
nur so dürft Ihr hoffen, daß seine Fertigkeit eine solch' sichere wird,
welche Alles, was sie unternimmt, gut, rein, korrekt aus- und durch-
führt. Gerade das Bewußtsein, daß wir noch mehr Kraft besitzen,
als wir eben nöthig haben, daß wir Größeres, Höheres, Wichti-
geres, Schwierigeres ausführen können, — gerade dieses Bewußtsein ermuthigt zu Letzterem, macht kühn, stark, unternehmend und
damit sicher. Frisch gewagt, halb gewonnen: recht verstanden trifft
das alte Sprüchwort auch hier zu. Seht doch auf die Spiele der
Kinder. Dort könnt Ihr die Natur der Jugend recht kennen lernen,
und diese Natur muß überall die Richtschnur der Unterrichtsmethode
sein. Der Knabe spannt das Seil, über das er springen will, so
hoch, als er schon einmal gesprungen; aber darüber hinweg zu kommen, fordert auch den Aufwand all' seiner Kraft; er springt und
springt, schon das Bewußtsein, daß er all' seine Kraft dazu bedarf,

lähmt diese, weil seinen Muth; er verzagt, nur stolpernd gelangt er darüber hinaus. Er spannt das Seil niedriger: darüber hinwegzusetzen ist ihm ein Leichtes; lustig und muthig springt er, unverzagt, springt und springt, höher und höher und am Ende über daßelbe Seil so hoch, als er nicht einmal zu springen nöthig gehabt hätte, um auch über das erste Seil zu gelangen. Dazu springt er jetzt mit Leichtigkeit, gewandt, behende, geschickt, während er dort ungelenk, schwerfällig sich dabei benahm. Seht, so macht es auch beim Unterrichte und Ihr werdet stets eine gute Ausführung erzielen, ohne den Schüler aufzuhalten in der Entwickelung seiner Kräfte. Das ist ein Beispiel aus dem Leben: es paßt vollkommen auf unsere Kunst. Ein drittes, letztes Mittel, den Schülern eine gute Ausführung anzueignen, ist, daß wir niemals, wenigstens so lange, bis die Schüler einen ausreichenden Grad von Fertigkeit und Sicherheit gewonnen haben, das Tempo überbieten, zu schnell wählen. Selbst hinter den Tempoüberschriften, welche die einzelnen Tonsätze tragen, darf und muß der Lehrer noch zurückbleiben, und ich denke hierbei nicht etwa blos an die Zeit des Anfangs; sondern selbst schon an die Zeit, wo der Schüler das zu Erlernende bereits so ziemlich in seiner Gewalt hat. Langsam! das Schnelle kommt von selbst, und es ist besser, langsam aber durchaus gleichmäßig in der Ausführung, als schnell und bald hier, bald dort hinkend. Ein immer gleicher Schritt führt schneller, sicherer und mit ungleich weniger Erschöpfung zum Ziele, als bald Laufen, bald Gehen, bald Hinken oder gar bald Stehenbleiben.

Damit schließe ich meine Methodik für den Unterricht in Dingen der ausschließlich mechanischen Fertigkeit: möchte ich Männer darüber hören, aus deren Schule wahre Virtuosen hervorgegangen sind. Wenn Tomaschek noch lebte: seine edle Biederkeit würde mir ein aufrichtiges wahres Urtheil nicht versagen.

Drittes Capitel.

Der Unterricht in den Gegenständen der allgemeinen Musiklehre.

Wenden wir uns zur Methodik für den Unterricht in den Gegenständen der allgemeinen Musiklehre. Welche diese Gegenstände sind, wissen wir bereits aus dem zweiten Capitel des vorhergehenden ersten Theils: das Tonsystem oder die eigentliche Tonlehre, Rhythmik, Melodik und Harmonik, Dynamik, Formenlehre, Terminologie. Es bilden dieselben oder vielmehr ihre Kenntniß die unveräußerliche Grundlage alles musikalischen Wissens und Könnens, aller wirklich musikalischen Bildung. Nicht ein einziger läßt sich davon hinwegnehmen, ohne daß der ganze Bau dieser in seinen Grundfesten, seinem wesentlichsten Gefüge erschüttert wäre. Daher auch die Unzertrennlichkeit der Gegenstände beim Unterrichte. Die Lehre des einen oder andern, z. B. die Lehre der musikalischen Dichtungsformen, kann und muß auch wohl eine Zeitlang aufgeschoben werden, d. h. braucht oder darf nicht gleichzeitig mit der Lehre aller der übrigen zu beginnen; eben so kann und darf auch wohl die Lehre des einen oder andern, z. B. die Harmonik, eine Zeitlang außer in Verbindung mit der Lehre der übrigen fortgesetzt werden; aber erfolgen muß jene, noch ehe die Lehre der übrigen Gegenstände vollendet ist, und vollendet kann diese nicht werden, ohne zugleich in innigsten Verband mit der Lehre der übrigen Gegenstände zu treten, wenn der ganze Bau ein vollkommen organischer, der Unterricht wirklich ein vollständig bildender sein soll. Es ist dies eine Wahrheit, die wir bei keinem Schritte aus den Augen verlieren dürfen, weil sie den sichersten Wegweiser für die Methode überhaupt darbietet, die bei dem Unterricht in diesen Gegenständen der allgemeinen Musiklehre angewendet werden muß, soll derselbe ein wahrhaft fruchtbringender und eben so sicher als schnell zum Ziele führender sein. Der Unterricht kann hier niemals ausschließlich bei einer Sache stehen bleiben, vielmehr hat die Lehre dieser sich stets aus der Lehre zugleich einer andern Sache zu ergänzen oder hat sie umgekehrt bei der Erklärung einer neuen Sache zu der bereits vorangegangenen Erklärung einer andern noch Etwas nachzutragen. Das einemal geschieht dies in größerem, das anderemal in kleinerem Umfange,

das einemal auf wesentlichere, das anderemal auf unwesentlichere
Weise. Ich kann die Noten nicht lehren, ich muß zugleich auch in
die Rhythmik übergreifen; ich kann den harmonischen Bau eines
Tonstücks nicht zeigen, ich muß zugleich hindeuten auf die Eigenthümlichkeit der Klanggeschlechte; ja ich kann diese dem Schüler nicht
einmal vollständig darthun, ohne ihm zugleich auch wenigstens eine
ferne Aussicht in jenen zu öffnen; ich kann die einzelnen Kunstausdrücke nicht gründlich erklären, ohne mich mitten in die Lehre vom
Vortrage zu stellen, und ich werde in dieser nichts Ergiebiges leisten, wenn ich nicht zugleich auch zurückkehre zur allgemeinen Tonlehre. So gehen die Gegenstände der allgemeinen Musiklehre beim
Unterrichte immer mit und neben einander, und nur der Lehrer darf
sich einer wahrhaft guten Methode rühmen, der mit der zweckmäßigsten Darstellungsweise des Einen und Andern, des Einzelnen,
zugleich die schwere Kunst verbindet, das Auge des Schülers von
diesem Einen, Einzelnen auch auf alles Uebrige, das Ganze offen
zu erhalten. Ich nenne das eine Kunst und noch dazu eine schwere
Kunst: es ist diese, und ich möchte fast behaupten, daß sich das
ganze Lehrgeschick darnach abmißt. Wie der Lehrer die Darstellung
des Einen hier in Zusammenhang mit der Darstellung des Ganzen
bringt, daran erkenne ich den Meister, und ein um so vollendeterer ist
dieser, wenn der Zusammenhang nicht geradezu von ihm gegeben,
sondern von dem Schüler selbst gefunden wird. Es versteht sich von
selbst, daß das nur bei dialogischer oder katechetischer Lehrform geschehen kann, und in der That findet diese auch bei den Dingen der
allgemeinen Musiklehre ihre erste und eigentlichste Anwendung. Aber
eben deshalb halte ich die vielen Lehrbücher, die unter dem Titel „Musiklehre" in bald dick-, bald dünnleibigen Bänden erschienen sind, für
den Schüler eigentlich für total unnütz. Er lernt daraus Viel und
gleichwohl im Grunde nichts, dies wenigstens, wenn er nicht daneben
noch den lebendigen Unterricht eines Lehrers genießt, der ihn durch
seine Darstellungsweise befähigt, den innern und äußern Zusammenhang der Dinge zu begreifen, denn daß dieser nicht zugleich von jenen
Büchern gezeigt wird, das eben ist, was sie für die eigentliche Schul-
bildung unfruchtbar macht. Was dieselben befördern können, ist lediglich ein richtiger Begriff von der einzelnen Sache, und zu dem Ende
möchte ich wenigstens die bessern unter ihnen in den Händen aller
Musiklehrer wissen, da auch solche Begriffsentwickelung nicht immer
deren Sache ist; dem Begriffe aber zugleich auch Leben und Bedeutung zu geben, vermögen die Bücher in ihrer bisherigen Einrich-

tungsweise nicht, dieß bleibt noch stets Sache der Darstellungsweise,
der Methode bei unserm Unterrichte. Ich kann nicht unterlassen, zu
bekennen, daß es scheint, als habe dem Professor Marx in Berlin
bei Herausgabe seiner bei Breitkopf und Härtel in Leipzig erschienenen „Musiklehre" Etwas der Art vorgeschwebt, wenigstens läßt sich
ein Streben des Buchs nach einer Darstellungsweise der Dinge in
ihrem organischen Zusammenhange nicht verkennen; indeß ist eben so
gewiß, daß der Verfasser sich eben so wenig der eigentlichen Aufgabe
als der Mittel, diese zu lösen, recht klar bewußt gewesen sein muß,
denn der Weg der anatomischen Zergliederung der Gegenstände bis —
ich möchte sagen — in ihre kleinsten Atome, den er zu dem Ende ein-
schlägt, ist offenbar wieder der verkehrte, indem der Schüler dadurch
in einen Irrgarten geführt wird, wo er Weg mit Weg, Hecke mit
Hecke sich verschlingen, Alles sich durch einander winden und so in
einem unmittelbaren Zusammenhange befindlich sieht, in dem er sich
aber und gerade um des ewigen Hin und Her, Vor und Zurück,
Rechts und Links willen nicht zurecht zu finden, noch weniger wieder
aus demselben heraus zu finden vermag. Eine „Musiklehre", wie sie
sein soll und muß, wenn sie auch dem Schüler soll mit wahrem Nutzen
in die Hand gegeben werden können, fehlt uns noch. G. W. Finks
„Grammatik" ward von vielen Seiten als eine solche begrüßt, sie ist
aber nichts weniger als das. Wir dürfen mit unsern Darstellungen
niemals blos bei der einen Sache stehen bleiben, sondern müssen dieselbe, weil die Dinge alle in einem engen unzertrennlichen Zusammenhange mit einander stehen, stets auch in ihren verschiedenen Beziehungen zeigen, damit der Schüler sich dieses Zusammenhangs bewußt,
derselbe ihm klar wird; aber weil der Schüler nie im Stande ist
Viel auf einmal zu fassen, so müssen wir den Gegenstand stets nur
bei seinem eigentlichen Kerne erfassen und von da aus blos diejenigen seiner weiteren Strahlen berühren, die gewissermaßen als die
Hauptkanäle der Verbindung gelten, in welcher er mit den übrigen
Gegenständen sich befindet. Bei jedem einzelnen dieser angekommen,
bietet sich Gelegenheit genug dar, die Aussicht neben einer zweiten,
dritten neuen auch in derselben Richtung noch zu erweitern, und das
rechte Maß dabei gehalten, hellt sich so der ganze Musikhimmel dem
Auge des Schülers nach und nach auf eine Weise auf, wornach er
zwar meint, jeden Stern nur einzeln zu betrachten, aber beim letzten
angekommen, völlig überrascht wird von dem Anblick des gesammten
Firmaments. Daß also bei der Lehre der hier in Frage kommenden
Gegenstände Alles auf die Methode ankommt, soll das Werk des

Unterrichts überhaupt und wirklich gelingen, — wer möchte das noch bestreiten? — um so mehr aber kommt darauf an, als damit und nur damit das gesammte Gebäude wahrhafter musikalischer Bildung dergestalt in seinen wesentlichsten Theilen aufgerichtet wird, daß jede weitere Entwickelung dieser nur als eine Erweiterung, Verschönerung, Vervollständigung jenes erscheint. Nicht blos den richtigen Begriff von den einzelnen Gegenständen zu geben, — dazu bieten mehrere der genannten „Musiklehren" ausreichende Mittel — sondern diesen Begriff auch in seine lebendige und lebenvolle Beziehung zu dem Gesammtkörper unsrer Kunst zu bringen, ist unsere Lehraufgabe und das kann nur geschehen durch die besondere Art und Weise, wie wir jenen Begriff entwickeln, durch die Methode des Unterrichts bei den einzelnen Gegenständen, für welche jene Bücher bis heute noch keinerlei sicher zum Ziel führende Richtschnur darbieten, und die eben deshalb — man verzeihe mir — bei den Meisten, die sich Musiklehrer nennen, sehr im Argen liegt. Was die „Musiklehre" enthält, das ist außer der praktischen Fertigkeit meistens Alles, worin der gewöhnliche Musikunterricht sich bewegt, doch auch das, was von all' und jedem Musikunterrichte gefordert wird und gefordert werden muß: man prüfe, wie weit und auf welche Weise von der Mehrzahl der Musiklehrer der Forderung genügt wird! Wo die Schuld des wenig erfreulichen Resultats? — Im Nichtwissen? — ich will hoffen nur zum geringern Theile; zum weit größern Theile im Nichtlehrenkönnen und zum größten Theile im Versehlen gegen die hier bereits gegebene allgemeine Lehrregel.

Ein anderer Zusammenhang, in welchen die Gegenstände der allgemeinen Musiklehre beim Unterrichte stets zu bringen sind, ist der mit der praktischen Fertigkeit. Alle jene Gegenstände sind durchaus theoretischer Natur, aber sofort auch fordern sie praktische Anwendung. Anders sind sie ohne Werth, ohne Leben, ohne Bedeutung. Ja, nur in dieser praktischen Anwendung können die meisten von ihnen recht verstanden werden. Sie aber, die praktische Anwendung, ist im Hinblick auf den allgemeinen bildenden Zweck des Unterrichts nur möglich, wenn dieser in steter Verbindung mit dem Unterrichte in der mechanischen oder — hier gesagt — praktischen Fertigkeit bleibt. So giebt denn auch diese, die praktische Fertigkeit, den einzig richtigen Maßstab für die Fortschreitung in jenem Unterrichte ab. Wie weit unsere Schüler in der praktischen Fertigkeit gediehen sind, davon hängt ab und von nichts Anderem, sowohl welchen neuen Gegenstand der allgemeinen Musiklehre wir weiter in das Bereich unsers Unterrichts hereinzuziehen haben, als wie weit wir die Lehre desselben in seinem innern oder äußeren Associations-kreise ausdehnen dürfen. Es wäre thöricht, bei allererſten Anfän-gern ſchon von Melodie oder Harmonie oder von Vortrag, Kunſt-formen und dergleichen im eigentlichſten Sinne zu ſprechen; aber eben ſo thöricht wäre, dieſe Dinge auch noch unberührt zu laſſen, ſo bald der Schüler dahin gelangt iſt, daß er ſeine praktiſchen Stu-dien an harmoniſch und melodiſch combinirteren und wirklichen Ton-dichtungsformen, als Sonaten, Rondo's 2c., machen kann. Es wäre thöricht, den diesſeitigen Unterricht bei allererſten Anfängern nicht blos auf die Lehre von den Tönen, ihrer Erzeugung, ihren Namen, ihren Abſtufungen, Zeichen 2c. zu beſchränken, doch eben ſo thöricht wäre, auch blos dieſen Unterricht ſchon ſo weit auszudehnen, daß wir ſogar das Hiſtoriſche, Akuſtiſche 2c. ſeiner Gegenſtände mit be-rührten. Wir dürfen den Schüler nicht ohne die Kenntniß der Dinge auch von dieſer Seite her laſſen, aber wir haben damit zu warten, bis derſelbe zugleich in den Beſitz jener Kenntniſſe gelangt iſt, welche von einem rechten Verſtehen und leichten Auffaſſen dort vorausgeſetzt werden und die wiederum ſich nur mittheilen laſſen, wenn der Schüler praktiſch zu einem gewiſſen Grade von Ausbil-dung gelangt iſt. Die Muſiklehre iſt eine Kette von Ringen, die alle von einem einzigen großen Ringe zuſammengehalten werden, und dieſer Ring iſt die praktiſche Gewandheit. An dieſem Ringe hat jeder jener Ringe ſeinen eigenthümlichen Platz, den er nicht verlaſſen kann, ohne das ganze Gefüge zu ſtören oder gar aufzulöſen, und dennoch greifen alle Ringe wieder ſo unmittelbar und eng in einander, daß ſie auch ſelbſt ſich wieder halten zu einer Kette und dieſe jenen großen Ring nur zu umſchlingen ſcheint zu ſeiner eigenen Haltung und Bildung. Ringe und Ring, beide ſcheinen für ſich zu beſtehen und ein ſelbſtſtändiges Ganze zu bilden, beide aber fügen ſich dennoch und zwar an ganz beſtimmten Stellen ſo innig in ein-ander, daß Keines ohne das Andere ſein kann, beide erſt Leben und Bedeutung Jedes durch das Andere erhalten. Führe ich den Satz nicht weiter aus, da ich bei Betrachtung der methodiſchen Mitthei-lung der einzelnen Lehrgegenſtände ohnehin Veranlaſſung habe, auch meine Anſichten darüber kund zu geben, wie weit wir in jedem ein-zelnen Falle darin gehen dürfen, wann damit beginnen, wo und wann aufhören müſſen.

1. Die Lehre des Tonsystems oder allgemeine Tonlehre.

Gegenstände dieser Lehre sind: einmal der Ton an und für sich und seine verschiedenen Combinationen, also Tou und seine Erzeugung, seine Eigenschaften, seine Namen, seine Abstufungen, der Umfang und die Eintheilung des gesammten Tonsystems in Octaven, Bezeichnung dieser, die Intervalle und ihre Namen, Art der Abzählung und ihr verschiedenes Größenverhältniß, ihre Eintheilung in Con- und Diffonanzen, und das Verhältniß, so wie die Behandlungsweise dieser beiden in der Harmonie; dann die musikalische Semiotik oder die Lehre von der Tonschrift, von der Darstellung sämmtlicher Töne unsers Tonsystems in ihren verschiedenen möglichen Verbindungen durch bestimmte sichtbare Zeichen, also die Noten, das Liniensystem, Gestalt, Werth und Geltung der Noten, die verschiedenen Schlüssel und ihre Bedeutung und Anwendung, die Tonnamen der Noten, die verschiedenen Versetzungszeichen, ihre Anwendung und Geltung, die die Stelle der Noten vertretenden Schweigezeichen (Pausen), die Zeichen, welche auf eine Modification des absoluten Zeitwerths der Noten und Pausen Einfluß üben (Punkt, Bindebogen), Anordnung der Noten und ihrer mannigfachen Zeichen auf die Liniensysteme, und die verschiedenen in der Tonschrift vorkommenden Abbreviaturen; hiernach drittens die verschiedenen Ton- oder Klanggeschlechte, das diatonische, chromatische, und enharmonische Tongeschlecht, das Dur- und das Mollgeschlecht; und endlich viertens die Tonarten und Tonleitern, Anzahl und Namen derselben, ihre Unterscheidungsmerkmale, ihre Leitern, ihre Vorzeichnung, der Quinten- und Quartenzirkel, die Classification der Tonarten, ihre Uebereinstimmung, Verwandtschaftsgrade, ihre Erkennungszeichen bei einem Tonsatze, ihre chromatische, enharmonische Gestaltung und ihre Geschichte (alte und moderne Tonarten, Kirchen-Tonarten und profane Tonarten). Das die Gegenstände, deren Erklärung und Mittheilung dem Unterrichte obliegt, so lange sich derselbe noch ausschließlich in der allgemeinen Tonlehre oder der Lehre des Tonsystems bewegt. Es macht diese den Anfang alles wirklichen Musikunterrichts, und gleich hier auch ist es, wo derselbe in der Regel die größten methodischen Fehler begeht, die, wie schon bei andern Gelegenheiten dargethan, von den unheilvollsten Folgen für den gesammten weitern Unterricht sein, dessen wahrhaftes Nutz und Frommen von vorn herein ohnmöglich machen können. Warum und Wie? ist ebenfalls bei denselben Gelegenhei-

ten, z. B. im ersten Capitel dieses Theils schon dargethan worden.
Der gewöhnlichste dieser Fehler besteht darin, daß den Kindern zu Viel
auf einmal und für den Anfang von allen den Dingen gesagt, gezeigt,
und gelehrt, daß nicht das gehörige weise Maaß darin gehalten wird.
Man will gründlich sein und ist aus lauter Gründlichkeit ungründ=
lich. Man glaubt, alle die Dinge sogleich auf allen ihren Seiten und
in allen ihren Beziehungen leunen lehren zu müssen, und der Schüler
hat noch die Fähigkeit, sie so zu erfassen. Seinem Lernmagen wird eine
Speise gereicht, die er noch nicht zu verbauen vermag, oder er wird
überladen mit Speisen, und muß somit durchaus erkranken. Was
krank, kann aber nicht gedeihen. Uebrigens kann ein zu Wenig
nicht minder schaden. Darunter siecht der Leib hin, bleibt ewig
matt und schlaff. Auf zu magerem Boden aber wächst keine vollwich=
tige, ganz gesunde Frucht. Möglichst wenig, jedenfalls nicht zu
Viel! lautete die allgemeine Regel. Ein zweiter Fehler besteht darin,
daß die Gegenstände nicht in der gehörigen Reihenfolge und in der
nöthigen gehörigen Verbindung mit einander gelehrt werden. Dem
Schüler bleibt Alles Stückwerk, er übersieht die Dinge nicht in ih=
rem Zusammenhange, lernt ihren Organismus nicht kennen, und
faßt sie somit, wenn überhaupt je, immer nur sehr schwer und lang=
sam auf. Es ergeht ihm wie Jenem, der den Weg der Geogra=
phie durch die Länder=Völkerkunde machen soll, statt umgekehrt.
Vor lauter Einzelheiten sieht er das Ganze, vor lauter Bäumen
den Wald nicht, und quält sich ab, das Einzelne seinem Gedächt=
nisse einzuprägen, ohne daß es ihm je vollständig gelingt und ohne
zu einem Ueberblicke über das Ganze zu gelangen, während er um=
gekehrt, wo er von der Erkenntniß des Ganzen zu der Erkenntniß
des Einzelnen geführt wird, kaum noch des bloßen Gedächtnisses
bedarf, vielmehr Alles wirklich begreift und somit auch behält, weil
er es in seinem Zusammenhange überschaut, in seinem Organismus
erfaßt. Erst Nasen, Ohren, Mund, Augen, dann ganze Köpfe sagen
zwar unsere Zeichner, aber sie sagen doch auch, daß es Theile an
diesen sind und in welchem Verhältnisse sie dazu stehen. Also immer
zwar vom Nahen zum Entfernten, vom Leichtern zum Schwereren,
aber immer auch elementarisch! lautete die allgemeine Regel. Ein
dritter Fehler endlich wird darin begangen, daß den Kindern auch die
einzelnen Dinge meist nicht auf die rechte, d. h. ihrem Fassungsver=
mögen angemessene Art und durch die Mittel gelehrt werden, die
ihnen die Erkenntniß und Auffassung derselben erleichtert. Hier das
größte Hinderniß für das wahre Gedeihen des Unterrichts, der

Nebelgestalt, welche die meisten Schüler zurückschrecken macht vor der Lernarbeit und so unendlich viele gar fruchtbare Talente untergehen läßt, ohne je auch nur einmal im Leben sich dessen wahrhaft erfreuen zu können, was ihnen der Himmel zur Freude, zur Lust, zur Verschönerung und Veredlung des Daseins gegeben. Ich will nun versuchen, die Methode anschaulich zu machen, durch welche ich meine, daß alle diese und welche vielen Fehler sonst noch beim Unterrichte vermieden werden können, und da — wie gesagt — die allgemeine Tonlehre den Anfang alles eigentlichen Musikunterrichts bildet, dieser in der Regel aber schon begonnen wird, so lange die Kinder sich noch in der Sinnlichkeitsperiode der Entwickelung befinden, so denke ich mir dabei auch lauter Schüler bis zu dem Alter von höchstens zehn Jahren. Ich schließe meine Darstellung unmittelbar an die einzelnen Gegenstände selbst an.

a. ich soll dem Kinde die Töne und diese nicht bloß an und für sich sondern auch in ihren mannigfachen Combinationen lehren!? —

Ich werde Unrecht thun, weil ich ihm damit zu Viel auf einmal zu fassen zumuthe, wenn ich zu dem Ende sofort alle die Töne zeige und lehre, die das Instrument, das es spielen lernen soll, enthält, und wenn ich zugleich von ihm fordere, daß es dieselben, ihre Lage, Namen 2c. behält; aber Unrecht werde ich auch thun, wenn ich ihm nicht sofort sage, womit eigentlich Musik gemacht wird, mit dem ganzen Umfange, der ganzen Summe der Töne, deren das Instrument fähig. Von selbst führt das darauf, ihm zu erklären, was wir unter dem Worte Tonsystem verstehen, und im Allgemeinen ihm jene Tönesummen anzugeben. Ich bin kurz dabei und knüpfe sofort daran, daß zur leichtern, bequemern Uebersicht diese ganze Summe in gewisse Abtheilungen getheilt sei, die man Octaven nenne, weil sie immer von einem bis zum achten Tone (octavus tonus) reichen, und die so eingerichtet sind, daß eine Abtheilung hinsichtlich ihrer ganzen innern und äußern Beschaffenheit gerade so beschaffen sei als jede andere, bis auf den Unterschied des Tonklanges: die Töne der einen Octave klingen blos tiefer oder höher als die Töne einer andern Octave, im Uebrigen, was ihre Namen 2c. anbelangt, sind es dieselben Töne. Du willst, liebes Kind! daß ich Dir dies anschaulich mache. Denke Dir, Du habest mehrere Aepfel geschenkt bekommen, der eine davon sei noch einmal so groß als der andere, ein dritter noch einmal so klein, ein vierter wieder um so viel größer, ein fünfter wieder um so viel kleiner 2c. Alle sind Aepfel, vielleicht von derselben Sorte, nur durch ihre Größe sind sie verschieden von einander. Ebenso verhält es sich mit den Octa-

20 *

ven. Wenn Du somit die in einer Octave enthaltenen Töne kenust, so kenust Du alle Töne des Instruments, denn Du brauchst Dir dazu nur noch die verschiedenen auf diesen enthaltenen Octaven zu merken, und deren sind wenige. Jetzt weiß das Kind schon Etwas und indem ich ihm nun die Töne einer Octave lehre, so wie, daß die verschiedenen Octaven sich normaliter auf dem Tone c abgränzen, ist es bereits orientirt in dem gesammten Systeme. Die Methode für diese Lehre wird bestimmt durch das Instrument, die Beschaffenheit und Einrichtung desselben, dessen Spiel zugleich gelehrt werden soll. Am leichtesten gestaltet sie sich für den Clavierlehrer, schwerer schon für den Sing- und den Lehrer der Blasinstrumente, und am allerschwersten für den Geigenlehrer. Dort nämlich kann dem Gehöre durch Anschauung (der Tasten) zu Hülfe gekommen werden, hier dagegen hat allein das Ohr über die einzelnen Tonabstufungen zu entscheiden. Daß das Kind nun auch schon einen Begriff von Höhe und Tiefe der Töne hat, versteht sich von selbst, und ich brauche ihm nur noch zu sagen, daß die Tonstufen immer von der Tiefe an abgezählt werden, um es sicher in der Auffindung derselben zu machen. Ebenso versteht es sich von selbst, daß sich die Lehre dieser für jetzt noch lediglich auf die natürlichen oder Stamm-Töne c, d, e, f, g, a, h zu beschränken hat, das Hinzuziehen der abgeleiteten Töne cis, des, dis, es ꝛc. kommt erst später. Das Kind weiß genug, um sofort den eigentlichen Spielunterricht beginnen zu können. Daß derselbe zugleich die Lehre von den Tonzeichen (Noten) in sich schließt oder doch in sich schließen muß, werden wir alsbald nachher, in dem folgenden Absatze, erfahren. Und von ihm, von den Fortschritten, die er macht, geht nun fortan auch die Bestimmung aus, wo und wann wir in unserm diesseitigen Unterrichte weiter fortfahren können und dürfen. So gehen wir z. B. zur Lehre jener abgeleiteten Töne erst über, wenn deren Gebrauch im Spiele erstmals vorkommt, und gemeiniglich kann dieselbe dann auch sofort mit der Lehre von den chromatischen, enharmonischen und diatonischen Klanggeschlechten und Leitern verbunden werden, wie natürlich mit der Lehre von den verschiedenen Versetzungszeichen. Nicht genug aber kann ich warnen, ja nicht früher und jedenfalls nicht zu früh damit anzufangen, auch nicht gleich den gesammten Inhalt dieser Lehren erschöpfen zu wollen; wir überhäufen sonst das Kind mit einer Masse von Dingen zum Behalten, die es zurückschreckt vor dem frohen Weiterlernen. Worauf sich dagegen gleich beim Anfang des wirklichen Spiels die Wißbegierde des Kindes richtet, ist die Naturgeschichte des Tones selbst. Es interessirt auch den jugendlichsten Schüler sehr, zu wissen, zu erfahren, wie es zugeht, daß ein und zwar dieser und kein anderer Ton zum Vorschein kommt, wer auf diese Taste drückt oder wenn er die Saite so und so greift und anstreicht oder wenn er das Blaseinstrument so und so angreift und so und so in dasselbe hineinbläst. Man beobachte nur die Spannung des Blicks, womit er auf das Instrument schaut, wenn wir ihm eine dahin zielende Erklärung geben. Daß diese für jetzt nur sehr einfach gehalten werden muß, bedarf wohl kaum der Erinnerung. In eigentlich akustische oder dynamische Betrachtungen dürfen wir uns dabei noch entfernt nicht auslassen. Doch muß die Erklärung auch wieder so befriedigt sein, daß der Schüler damit zugleich wenigstens einige nähere Kenntniß von dem Instrumente und dessen einzelnen Theilen erhält, das er eben spielen lernen soll. Das bleibt ihm für das ganze Leben, und wie es die Grundlage für alle seine weitern spätern organologischen Studien ausmacht, so befördert es nachgehends auch die Lehre vom Vortrage. Kennt nämlich der Schüler von Anfang an die Naturgeschichte seiner Töne, so faßt er später um so leichter die Gründe von deren Behandlung, wenn sie so oder anders zum Vorschein kommen sollen. Die Erweiterung oder Ausdehnung des Spiels über zwei oder mehrere Octaven, welche bei dem Clavierunterrichte in der Regel sofort beim Beginn statt hat, beim Gesang- und jedem andern Unterrichte aber meist erst später und nach und nach eintritt, führt zur Ergänzung der Anfangs nur dürftig gegebenen Lehre des Octavensystems, der Wiederholung der Namen und Bezeichung der einzelnen Octaven, und nebenbei auch wohl zu einigen historischen Bemerkungen über dasselbe. Man halte diese ja nicht für überflüssig oder für einen Verstoß gegen das „Nicht zu Viel", sie haben neben der Vervollständigung der Kenntniß auch den weiteren wesentlichen Zweck, daß sie das Interesse des Schülers neu beleben. Der Schüler muß mit jedem Schritte vorwärts auch etwas Neues zu dem Alten erfahren, sonst vermeint er selbst sich gar leicht in dem Zustande des Stillstands, und dieses Gefühl, dieser Gedanke, diese Meinung darf niemals in ihm wach werden, sonst geht er rückwärts statt vorwärts, läßt sein Eifer nach). In jeder neuen Lection auch etwas Neues und zwar etwas Neues in dem Bereiche des schon Bekannten. In jeder Stunde die Ueberzeugung, daß noch Viel zu lernen übrig, doch auch die Ueberzeugung, daß immer mehr gelernt wird. So bleibt für die diesseitige Betrachtung nur noch die Intervallenlehre übrig, denn auch die Lehre von

den Toneigenschaften fällt von selbst mit dem naturgeschichtlichen Unterrichte des Tones zusammen, indem dieser dem Schüler von selbst
an die Hand giebt, was hohe, tiefe, schwache, starke, helle, dunkle,
scharfe, runde 2c. Töne sind, und woher oder wie sie entstehen. Die
Intervallenlehre hat sofort zu beginnen, wenn das Spiel in harmonischen Tonverbindungen anfängt, doch hat sie sich alsdann auch vorerst mit der Bezeichnung der einfachen und Stamm - Intervalle,
Prime, Secunde, Terz, Quarte, Quinte, Serte, Septime, Octave,
zu begnügen. Zu der Lehre von den Größenverschiedenheiten (klein,
groß, vermindert, übermäßig 2c.), der Mehrfachheit und Umkehrung
derselben, so wie zu der Lehre von den Con- und Dissonanzen, deren
Classification, harmonischen Verhältnissen und Behandlungsweisen
darf sie erst fortschreiten oder vielmehr sich erweitern, wenn die Zeit
gekommen ist, wo es der Vorbereitung zu der Lehre von der Harmonie
überhaupt und deren Begründung bedarf, so gewiß auch jetzt schon
dem Schüler wenigstens ein Begriff von Melodie und Harmonie und
deren Merkmale gegeben werden muß. Daß die Zeit nicht fern, werden wir weiter unten erfahren. Aber wie schwer dann der Unterricht,
wenn nicht auch gleich hier ein richtiger methodischer Weg für denselben gebahnt wird?! — Die meisten Musiklehrer lehren ihre Schüler
die Intervalle kennen, indem sie die Erklärung derselben an ihre Namen anknüpfen und nun die Bedeutung dieser auf die Tonstufen übertragen. Sie sagen: die Quarte ist der vierte Ton von einem angenommenen Tone, wie f von c; die Terz der dritte, wie e von c; die
Serte der sechste, wie a von c 2c. Was ist denn nun fis von c, as
von c 2c.? Man frage das so unterrichtete Kind, und es wird nicht
wissen, was es antworten soll. Einer unausgesetzten Wiederholung
und fortwährenden neuen Erklärungen bedarf der Lehrer bei dieser Methode. Richtiger ist schon die, wornach man die Intervalle in Halb-
tönen, abzählen läßt, aber nicht blos, daß sie sich erst anwenden läßt,
wenn der Unterricht bis zur Lehre der verschiedenen Intervallengrößen
fortgeschritten ist, sondern ihr Widerspruch mit dem eigentlichen Namen des Intervalls und die Verschiedenheit des Tonsitzes der abgeleiteten Tonstufen verwirrt auch den Neuling so sehr, daß in der Regel
der eigentliche Zweck dieses Unterrichts von vorn herein verfehlt wird.
Was ist c — fis und was c — ges? — Man lasse den so unterrichteten Schüler antworten: ich wette, unter zehnmal kommt neunmal eine
falsche Antwort. Warum nicht auch gleich Anfangs die Erklärung
der Intervalle an das Linien - oder überhaupt Notensystem anschließen?
— die Kinder haben ja Noten vor sich und kennen deren Anordnung

auf dem Liniensysteme bereits, wenigstens so ziemlich. Wenn ich ihnen sage, daß Secunde derjenige Ton ist, dessen Note die zweite, Terz, dessen Note die dritte, Quarte, dessen Note die vierte Stufe 2c. auf dem Liniensysteme von einem angenommenen Tone an gerechnet einnimmt, daß die Intervallennamen also übereinstimmen mit der Anzahl der Stufen, welche die Noten der beiden mit einander verglichenen Töne auf dem Liniensysteme von einander entfernt liegen, ohne Rücksicht auf die etwaigen Versetzungszeichen, die von denselben enthalten sein können, so begreifen sie dies nicht allein eben so leicht und können sie mir jederzeit genau, ohne je zu irren, angeben, was für ein Intervall irgend zwei zusammengestellte Töne bilden, sondern brauche ich später, wo ich an die Lehre von den kleinen und großen, alterirten 2c. Intervallen komme, der Erklärung Nichts weiter mehr zuzufügen, als was nöthig ist, um die verschiedene Größe derselben ungeachtet des unveränderten Notensitzes deutlich zu machen. Ich erreiche mein Ziel auf ungleich kürzerem Wege, und nirgends mündet dieser in Seitenwege aus, die zu Verirrungen führen könnten. Die Methode ist die einzig sichere und überall ausreichende. Man frage darnach den Schüler z. B., was c — dis, was e — ges, was c — fis, was c — ges? und die Antwort „Secunde", „Terz", „Quarte", „Quinte" wird und muß stets richtig kommen, wenn er auch noch entfernt Nichts weiß von großen, kleinen, übermäßigen, verminderten Intervallen, und will ich ihm nun auch diese begreiflich machen, so brauche ich nur zu verfahren, wie angedeutet. Für die Lehre von der Mehrfachheit und Umkehrung der Intervalle ist kaum eine unrichtige, zweckwidrige Methode möglich, wenn der Lehrer selbst einen richtigen Begriff von den Sachen hat. Nur erschweren viele Lehrer den Kindern die Auffassung derselben, weil sie sie ihnen nicht anschaulich genug zu machen verstehen. Nichts faßt das Kind leichter als Zahlen, und Zahlen geben hier das beste Mittel zur Versinnlichung ab: immer erhalte ich 10, ob ich schreibe 1, 2, 3, 4, 5, 6, 7, 8, 9 und darunter 9, 8, 7, 6, 5, 4, 3, 2, 1 und beide Reihen zusammen addire, oder ob ich umgekehrt schreibe 9, 8, 7, 6, 5, 4, 3, 2, 1 und darunter 1, 2, 3, 4, 5, 6, 7, 8, 9 und nun beide Reihen zusammenaddire. Von d bis a ist eine Quinte, lasse ich das d bestehen und lege das a eine Octave tiefer oder lasse ich das a bestehen und lege das d eine Octave höher, immer erhalte ich eine Quarte, und Quarte und Quinte zusammen machen eine Octave aus. Dasselbe Resultat bei allen übrigen Intervallen. Nichts faßt der Schüler leichter, und Nichts ist natürlicher,

denn gewohnt geworden, die Tonstufen stets von der Tiefe nach der
Höhe abzuzählen, ist jener schon längst, und leuchtet ihm auch Nichts
deutlicher ein, da ihm das gesammte Liniensystem als nichts Anderes denn als eine Leiter erscheint. Schwerer ist wieder, den Schülern einen richtigen Begriff von den con- und dissonirenden Tonverhältnissen beizubringen, und sind sie auch schon weiter vorangeschritten, wenn diese Lehre an die Reihe kommt, so können sie doch
ohnmöglich schon so weit sein, daß sie die jedenfalls zuverlässigste
und vollständigste akustische Erklärungsweise zu fassen vermöchten.
Es ist diese Lehre nämlich in ihrer Art eine Elementarlehre, die
nicht etwa erst aus andern Begriffen gefolgert wird, sondern die
gelegt werden muß als Grundlage zum Aufbau anderer Kenntnisse
und Fertigkeiten. Uebrigens braucht man auch dem Ohre des Kindes nicht zu sehr zu mißtrauen und deshalb die rein tonische Erklärungsweise auszuschließen. Des Kindes Sinne sind schärfer als
sein Verstand, es hört richtiger und feiner als es denkt. Verkehrt
ist somit jedenfalls, wenn wir, wie ich schon erlebt habe, bei der
Erklärung dieser Gegenstände uns an den Verstand abbressiren und
verlangen, daß der Schüler die verschiedenen consonirenden und dissonirenden Tonverhältnisse nach dem verschiedenen Schwingungsmaaße
der einzelnen mit einander verglichenen Töne beurtheilen lernen soll.
Das heißt, Wasser auf dem Eise kochen wollen, fordern, daß schon
im Winter die Rosen blühen. Haben wir nicht vergessen, das Ohr
des Kindes zu üben, wie wir nicht vergessen durften (siehe weiter
unten), so unterscheidet es bald, was Consonanzen und was Dissonanzen, und an das Urtheil, das es selbst in dieser Beziehung fällt,
muß nun auch der weitere Unterricht in dem harmonischen Regelwerk dieser Tonverhältnisse geknüpft werden. Mit ihrem Ohre fühlen meine Schüler heraus, daß Prime und Octave die vollkommensten, Quinte und Quarte die weniger, und Terz und Serte die noch
weniger vollkommenen Consonanzen sind, und daß somit auch ein
Tonschluß in Melodie und Harmonie um so vollkommener ist, wenn
er in jenen, als wenn er in diesen Intervallen statt hat. Die
Schlußformeln der verschiedenen Sätze und Perioden finden sie darnach
sogar auf. Mit dem Ohre, lediglich mit ihrem Ohre fühlen sie die
Nothwendigkeit der Vorbereitung und Auflösung der Dissonanzen
heraus, und die Tongrammatik, die sie sich auf diese Weise selbst
abfassen, macht ihnen keine Mühe zu behalten, während, wollte ich
ihnen den Regelorganismus derselben gewissermaßen octroyren, ich
gewiß manche Kämpfe bis zu seiner dauernden Aufnahme zu bestehen

haben würde. Jacotots Sprachlehrmethode giebt das beste Beispiel für uns in diesen Dingen ab, und zumal diejenigen von uns,
die mehrere Schüler zu gleicher Zeit zu unterrichten haben, werden,
diese Methode hier in Musik übersetzt, Erfahrungen machen, welche
bei ihnen selbst Staunen erregen müssen über die Resultate, die sie
dadurch bei selbst weniger talentvoll scheinenden Schülern erzielen,
denn gerade das gegenseitige Wahrnehmen, Finden, Entdecken treibt
bei dem Schüler zu immer schärferer Spannung des Gehörsinns.
Uebrigens sage ich ausdrücklich, daß ich hier in vorliegenden Dingen
genannte Methode für die zweckmäßigere, fruchtbarste halte, in vielen andern möchte ich eben so ernstlichst davor warnen.

b, wie lehre ich meinen Schülern am sichersten, schnellsten, kurz zweckmäßigsten die Noten, überhaupt die Tonschrift? —

So fragte sich wohl schon mancher meiner Herren Collegen, ohne
die Schuld der Antwort gehörig und vollständig abzutragen. Bei anderer Gelegenheit bereits bemerkte ich, wie gerade diese Aufgabe des
Unterrichts meist am zweckwidrigsten gelöst zu werden pflegt. Der Töne,
mit welchen die Kunst schafft, sind nicht blos an sich, sondern hinsichtlich
der Bewegungen, die sie im Raume und in der Zeit machen, gar viele,
unzählige, und Alles, sie selbst wie diese ihre Bewegungen, muß in
der Tonschrift für das Auge sichtbar dargestellt werden. Das scheint
diese kaum übersehbar mannigfaltig zu machen; gleichwohl hat sie sich
vereinfacht und ist bereits so einfach, daß alle neuern darauf gerichteten
Weiterbestrebungen gerade das umgekehrte Resultat lieferten und liefern
mußten. Nichts destoweniger enthält sie, unsere Tonschrift, noch immer so viele und mancherlei Zeichen, deren Bedeutung dem Schüler
gelehrt und geläufig gemacht werden muß, daß, nicht die rechte Methode dazu angewendet, unendlich viele Zeit und Mühen dadurch verloren gehen müssen, die, wenn sie das eigentliche Ziel des Unterrichts überhaupt nicht in eine unerreichbare Ferne rücken, jedenfalls doch mit größerem Vortheile hätten aufgewendet werden können. Die schlechteste,
weil unfruchtbarste und ermüdendste Methode ist unbedingt die, wornach
man dem Schüler die Noten, deren Kenntniß er zum Spiel seines Instruments braucht, aufschreibt und nun von ihm verlangt, daß er dieselben nach dem darunter oder darüberstehenden Buchstaben, welche die
durch die Noten vorgestellten Töne bezeichnen, auswendig lernt.
Nichts haßt der nach Bildung verlangende Schüler mehr als bloßen
Gedächtnißkram, und ist das etwas Anderes? Dennoch ist diese Methode die gewöhnlichere üblichste. Sie heißt abrichten, nicht entwickeln.

Wozu dem Schüler mehr geben, als er eben bedarf? — Er braucht die ganze Notenmasse Anfangs nicht, es fehlt ihm ja noch an Stoff und Kraft, sie anzuwenden, und: von der Sache immer sofort zum Zeichen. Fünf, sechs, acht Noten sind es, deren Kenntniß der Schüler gleich Anfangs nöthig hat, mehr nicht; gebt Ihr ihm mehr, so habt Ihr, wenn es überhaupt Euch glückt, ihn bei Lust und Liebe zum Lernen zu erhalten, doch die Mühe, das Mehr ihm noch einmal zu lehren, sobald er es bedarf, denn bis dahin hat er es vergessen. Was will der Schüler? spielen oder singen lernen. Darnach steht sein Verlangen, und dieses Verlangen so bald als nur immer möglich zu befriedigen muß daher und aus noch vielen andern sehr triftigen Gründen unser Bestreben sein. Mein Erstes, was ich beim Beginn des Unterrichts mit dem Schüler vornehme, ist, daß ich ihm das oben beschriebene Nöthige aus der Einrichtung unseres Tonsystems und des Instruments, das er spielen lernen soll, erkläre. Dazu reicht meist eine einzige Lection aus. Er weiß nach dieser, was er zu wissen braucht, um den praktischen Unterricht anfangen zu können. Dies geschieht nun nicht mit Notenlernen, sondern ich sage ihm blos, daß für die einzelnen auch gewisse Tonzeichen erfunden worden sind, die jene für das Auge sichtbar darstellen, und daß die Kunst des Spiels nur darin bestehe, daß man die durch solche Tonzeichen vorgeschriebenen Töne auf dem Instrumente wirklich zu Gehör bringe. Die Vergleichung mit der dem Schüler schon bekannten Redeschrift erleichtert mir die Erklärung und macht diese jenem bald faßlich. Er erinnert sich, daß er auch diese Schrift erst durch die Buchstaben kennen lernte und das ihm auch zu dem Ende nicht alle Buchstaben gleich zumal, sondern Anfangs nur einige davon und auch diese wenigen noch nicht in allen ihren verschiedenen Gestalten, sondern nur in einer Gestalt vorgelegt worden. Er hat durch die Lautirmethode gar schnell lesen gelernt, so wende ich auch hier die Lautirmethode an, denn das Spielen nach Noten — ist es etwas Anderes als blos Lehre mit Tönen? — Sofort lege ich ihm förmliche kleine Tonstückchen vor, deren ganzer melodischer und vielleicht auch harmonischer Inhalt zugleich dem kindlichen Gemüthe entspricht. Sie sind nur aus fünf, sechs, acht Tönen zusammengesetzt. Bestehen aus Noten von blos einerlei Gattung und von Applicaturkünsten kommt auch noch entfernt Nichts darin vor. Ich lasse ihn die Notengestalten, unsere Schriftzeichen, betrachten, lenke seine Aufmerksamkeit zunächst und besonders auf des Liniensystem. Die Fächer und Stufen, welche dasselbe bildet, entsprechen genau der Stufenfolge der Töne in dem Tonsysteme, und was dem Schüler gar anschaulich wird, ist, daß die Töne auf dem Liniensysteme auch räumlich von unten nach oben aufsteigen, während sie dies bei Erklärung des Tonsystems für sich nur zeitlich thaten. Die offene Hand, die ich ihm ausgespreizt vorhalte, macht ihm die Sache noch begreiflicher: die fünf Finger sind die fünf Linien, die leeren Räume dazwischen die Räume zwischen diesen. Um die Schlüssel bekümmere ich mich noch nicht, obschon sie dastehn. Sage ich dem Schüler auch, daß auch diese Figuren eine Bedeutung haben, so verheiße ich ihm deren Erklärung doch erst für später. Eben so wenig bekümmere ich mich um Takt und was dahin gehört. Das kommt ebenfalls später. Die Noten bezeichnen natürlich nur Stammtöne, mit einem Worte: das Stückchen steht in C—Dur. Auch sind sie noch lediglich innerhalb der fünf Hauptlinien des Liniensystems enthalten, bewegen sich noch nicht über oder unter dieselben hinaus. Nun sage ich dem Schüler, welcher Ton durch jede einzelne Note vorgestellt wird, mache ihn dabei auf den Sitz derselben im Liniensysteme aufmerksam, und lasse ihn nun sofort auch jenen Ton auf dem Instrumente effectuiren. Ich fahre damit fort von Note zu Note, wiederhole die Sache, bis der Schüler die Noten von selbst ziemlich geläufig, ohne daß ich bei der einen oder andern noch etwas Besonderes zu erinnern habe, spielt. Jetzt halte ich ihn an, die Töne auch in einer gewissen Zeitfolge zu spielen. Die Noten haben einerlei Gestalt und die Töne werden daher auch in gleichmäßigen Schlägen auf einander folgen. Ich zähle ihm diese vor, er zählt sie nach. Zu dem Ende muß ich ihm wenigstens sagen, was die Taktstriche sind und daß ich von jedem solchen Striche an mein Zählen von vorn anfange. Einmal, zweimal, dreimal, und der Schüler spielt das Stückchen auch schon taktmäßig, ohne noch Etwas von Takt zu wissen. Alles ist in einer Lection geschehen. Freudig verläßt der Schüler dieselbe, denn er hat etwas gelernt, „kann Etwas." Woher weiß er aber, daß er Etwas gelernt hat? blos daher, weil er „Etwas kann," weil er schon ein Stückchen spielen kann. Fünf bis acht Noten sind es, die ich ihm gelehrt habe, aber praktisch gelehrt und ihre Kenntniß ist darum eine festere. Zugleich aber habe ich auch seine mechanische Ausbildung begonnen. Die neue Lection bringt ein neues Stückchen und dieses zu jenen bereits gelernten Noten auch wieder neue. So von Lection zu Lection, und ohne besondere Mühe lernt der Schüler alle Noten, weil er sie „spielend" lernt. Mir ist das Notenlernen eine Hauptsache, ihm aber erscheint es als bloße Nebensache; das Spielen ist ihm Hauptsache und ich erreiche gleichwohl meinen

Zweck. Meine Schüler können schon ganz artige Stückchen spielen, noch ehe sie einmal alle Noten gesehen. Das macht ihnen Lust zu lernen, weil sie die Früchte davon sehen. Mittlerweile kommen auch Stückchen vor, in denen Noten von verschiedener Gestalt enthalten sind. Das führt zu der Erklärung des verschiedenen Zeitwerths oder der verschiedenen Geltung der Noten. Ich beschränke dieselbe aber nicht etwa blos darauf, daß ich sage: das sind (sogenannte) ganze, halbe, Viertels=, Achtels = 2c. Noten; sondern meine Schüler müssen auch denken lernen. Ich sage: wie man beim Sprechen das eine Wort oder die eine Sylbe langsamer, gedehnter ausspricht als andere und zwar aus dem und dem Grunde, so muß häufig auch in der Musik der eine Ton länger oder kürzer ausgehalten und angegeben werden, und wie viel dies, wird einzig und allein durch die Gestalt der Note bestimmt. Ihre Lage und ihr Sitz auf dem Liniensysteme bestimmen den Ton. Sind die Schüler noch jung, so lehrt sich jene verschiedene Geltung am besten durch Vergleiche. Aepfelschnitte dienten mir schon dazu und Kinder von sechs Jahren wußten demnach bald, wie viel Achtel, Sechszehntel 2c. auf eine ganze, halbe oder Viertelnote gehen. Dasselbe gilt hinsichtlich der Versetzungszeichen, Punkte und Ligaturen, die nun ebenfalls bald in den Noten zum Vorschein kommen. Uebrigens hüte man sich, namentlich letztere als blos zufällige oder willkürlich erdachte Zeichen darzustellen. Auch der junge Schüler will von Allem einen Grund absehen. Der absolute Zeitwerth unserer Natur ist ausschließlich ein geradtheiliger, ein immer nur durch hälftige Theilung entstandener: um nun auch einen drei=, fünf=, sieben= 2c. theilige Zeitdauer der Töne in der Notenschrift darstellen zu können, wurden die Punkte und Ligaturen erfunden. Es versteht sich von selbst, daß mit Ausbildung der Kenntniß der Notenschrift auf angegebene praktische Weise, wornach dieselbe in steter Progression mit der Ausbildung der mechanischen Fertigkeit bleibt, auch noch vor Vollendung derselben mit der Lehre von den Tonarten und Tongeschlechten angefangen werden muß: hier vergesse man ja nicht den Schülern den richtigen Begriff von wesentlichen und unwesentlichen oder zufälligen Versetzungszeichen beizubringen. Ich komme zu den Schlüsseln. Es ist dies derjenige Gegenstand des diesseitigen Unterrichts, der in der Regel sehr mangelhaft, am aller dürftigsten abgehandelt wird. Ich habe aber gesagt, daß ich Anfangs deren Erklärung ganz unberücksichtigt lasse, um den Schüler nicht mit zu Vielem auf einmal zu belästigen. Indeß kann es nicht lange dauern, daß Tonstücke vorkommen, in denen auf ein und derselben Linie verschiedene Schlüssel mit einander abwechseln, und nun ist auch die Zeit, den Schüler mit deren Bedeutung bekannt zu machen. Aber hüte man sich, bei der gewöhnlichen Bezeichnungs= weise „Violinschlüssel," „Baßschlüssel," „Discantschlüssel" 2c. stehen zu bleiben: das ist falsch und geht dem Schüler sein ganzes Leben hindurch nach, ihn oft verwirrend in den Begriffen. Mögen wir sagen, daß die Schlüssel gewöhnlich so genannt werden und zwar aus dem und dem Grunde; aber bezeichnen wir selbst die Schlüssel als das, was sie wirklich sind, als Normalzeichen, die einem gewis= sen Tone einen bestimmten Sitz auf dem Liniensysteme anweisen, nach welchem dann der Sitz aller darüber oder darunter liegenden Töne sicher abgezählt werden kann, also als: G=, F=, C=Schlüssel. Bei dieser Erklärungsweise hält es dann später auch nicht schwer, den Schüler im Lesen der Noten nach dem Alt=, Tenor= und Ba= ritonschlüffel geübt· zu machen. Ich nehme mit meinen Schülern dergleichen Uebungen schon bald vor, und ihre Singlehrer in der Schulen sind nicht selten schon überrascht worden, wenn sie die Ent= deckung machten, daß diese Kinder die ihnen vorgelegten Melodien im sogenannten Diskant= und Alt=schlüssel eben so gut lesen konn= ten als die im sogenannten Violinschlüssel. Ein anderer Fehler wird häufig bei Erklärung der kleinen Hülfslinien über und unter dem eigentlichen Liniensysteme begangen. Ich wiederhole: auch das Kind will von Allem den Grund und die Ursache wissen, wenn es willig und leicht auffassen soll. Warum ihm nun nicht sagen, wo= her jene Linien entstanden? — Man halte diese Methode nicht für schwerfällig oder zu weitläufig: eben weil das Kind den Din= gen auf den Grund sieht, faßt es sie weit leichter, schneller und sicherer· auf, und den Fehler zu großer Weitläuftigkeit wird jeder Verständige von selbst vermeiden. Ich schreibe die Noten an die Tafel oder in ein dazu eingerichtetes (linirtes) Heft, das die Kin= der bei sich führen, erweitere das Liniensystem bis aufs doppelte und dreifache, fülle es abermals mit Noten aus, lösche dann die verlängerten Hülfslinien wieder aus, und der Schüler sieht mit eigenen Augen, daß diese Nichts sind als Ueberbleibsel eines entwe= der wirklich oder nur in der Idee bestandenen weit ausgedehnteren Liniensystems, das wegen seiner schweren Ueberschaulichkeit abge= schafft werden mußte. Aber warum bis nur auf fünf Linien ab= geschafft und nicht bis auf vier oder gar blos drei? ·Bei drei Li= nien würden wir zu viele Hülfslinien nöthig haben, und fünf Li= nien zählt das Auge leichter ab als vier, weil eine Mittellinie ihm einen bestimmten Anhaltspunkt bietet. Von dem allen überzeugt sich der Schüler durch eigene Anschauung, und was das Auge sieht, glaubt das Herz." Auch die fünf Linien noch sind sehr wenige; alle Töne auf ihnen darzustellen bedürfen wir gar viele Hülfslinien; diese können unter Umständen nicht minder schwerer zu überschauen sein; da kommt man mit den Schlüsseln zu Hülfe. Abermals die Schlüssel und ihre Erkenntniß muß eine immer vollständigere werden. Auch Abbreviaturen aller Art beseitigen da jede Schwierigkeit. So kommen auch diese an die Reihe mit der Lehre von der Anordnung sämmtlicher Tonschriftzeichen auf dem Liniensysteme, und der ganze Unterricht ist vollendet. Pausen — sagt man — habe ich vergessen: nun, sie werden gelehrt, wie die Noten selbst und will ich nur rathen, nicht zu vergessen, den Schüler auch mit den verschiedenen Gestaltungen einzelner Pausezeichen, z. B. der Viertelspause, bekannt zu machen. Wo möglich habe man bei dem ganzen Unterrichte immer Kreide oder Bleistift in der Hand. Sehen will der Schüler hier alle Dinge, nicht blos hören, und was „das Auge sieht, glaubt das Herz." Ueberhaupt lasse man auch den Schüler oft und viel Noten schreiben; sie prägen sich ihm dadurch immer fester ein. Daß mit der so angestellten Förderung der Noten= oder vielmehr Tonschriftkenntniß die Förderung der Kenntnisse in allen andern Dingen der Allgemeinen Musiklehre, z. B. Rhythmik, Dynamik, Terminologie, Hand in Hand geht, zusammenfällt, bedarf wohl kaum der Bemerkung. Wie derjenige Schreib= und Sprachlehrer, der dem Kinde nach der Lautirmethode lesen lehrt, schon manche andere sprachliche Gegenstände mit in seinen Unterricht hineinzieht, noch ehe das Kind vollständig fertig lesen kann, ja noch ehe es einmal in dem Lesen aller Schriftzeichen der Sprachlaute geübt ist, also jene kennt, so auch hier. Meine Methode im Notenlehren ist keine andere als jene Lautirmethode, aber eben darum schon gewiß auch die beste, wenn selbst nicht noch viele andere sehr triftige Gründe dafür sprächen. Uebrigens hat sie doch auch in der Regel schon längst ihr Ziel erreicht, noch bevor es nöthig wird, den Unterricht über gar viele andere daher gehörige Gegenstände auszudehnen. Auch in diesem Stücke hält meine Methode jeden Vergleich mit der Lautirlesemethode aus, und der Tonstücke, an welchen und durch welche sie sich von Anfang an bis zu ihrem Ende verwirklichen läßt, giebt es genug. Der Lehrer wähle nur mit Umsicht und Ueberlegung, mit sorgfältiger Erwägung dessen, was sein Schüler eben weiter bedarf. Beispielsweise nenne ich für den Clavierlehrer nur die drei Studienhefte von Logier und die drei Hefte hundert Uebungsstücke von Carl Czerny.

c, die Lehre der Ton= oder Klanggeschlechte, Tonarten und Tonleitern.

Jedes Tonstück, jeder Tonsatz steht in einer gewissen Tonart: was ist, was heißt das? — Die Frage wird eben so oft von den Schülern gestellt, als von den Lehrern entweder ganz unbeantwortet gelassen, oder gar kümmerlich, wenn nicht total falsch, meist mit gar naiver Umgehung ihrer eigentlichen Pointe beantwortet. Ja, nehme ich keinen Anstand zu behaupten, daß es nur dieses einen Elementarsatzes bedarf, um sich zu überzeugen, wie schlecht, wie armselig es um die musikalischen Kenntnisse, wenn nicht der meisten, so doch vieler der Musiklehrer selbst steht. Nicht blos, daß mir noch selten einer von ihnen im Leben vorgekommen ist, der den Schülern die Lehre von den Tongeschlechten und Tonarten auf die rechte, d. h. eine für Geist und Sinn fruchtbare Art und Weise beizubringen vermocht hätte, sondern Viele von ihnen verstehen selbst nicht einmal recht, was sie lehren. Wie wird und muß es dann aber erst in der Methode der Rhythmik, Dynamik ⁊c. aussehen? — Vormachen, Nachmachen, das ist hier vor allen andern Dingen, wie aber auch in der Rhythmik, der Unterricht, und nirgends gerade ist dieses maschinenmäßige Verfahren gemeinschädlicher. So bald der praktische Unterricht bis zum Spiel auch in andern Tonarten als C=Dur gediehen ist, heißt es: wir haben zwölf Dur= und zwölf Molltonarten, weil in jeder Octave zwölf verschiedene Töne; die Durtonarten heißen so und so, und in jeder ist das und das vorgezeichnet; die Molltonarten heißen so und so und in jeder ist das und das vorgezeichnet; die Leitern der einzelnen Tonarten lauten so und so und werden so und so gespielt. Jetzt, geduldiges Kind! merke Dir all' den Kram, spiele die Leitern, daß Du Nichts dabei zu denken hast, sondern nur zu merken und zu machen, thut mir leid, aber es ist einmal so, darfst die Mühe nicht scheuen, ohne Mühe ist ja Nichts ⁊c. O, Ihr Pädagogen, Ihr weisen Leute! — Wie unendlich Viel giebt es dabei zu denken, und was lernt das Kind lieber, als wobei auch Kopf und Herz beschäftigt werden! — Ihr unglücklichen Zöglinge, die ihr dem Abrichten verfallen seid! dieser Pein, die selbst ein Thier martert, wie vielmehr den mit Vernunft begabten Menschen! — Das gesammte Tonsystem, d. h. die ganze Masse von Tönen, aus denen die Tonkunst ihre Werke gestaltet, zusammensetzt, wird repräsentirt durch die

Octave: so müssen sich auch alle Töne, aus denen ein Tonsatz oder
Tonstück besteht, wenigstens dem Wesentlichen nach reduciren lassen
auf die Tonreihe einer Octave, und wie nun diese Tonreihe sich
dabei gestaltet, d. h. je nach dem Verhältnisse, in welchem die einzelnen Töne darin auf einander folgen, — das ist das Ton- oder
Klanggeschlecht jenes Tonsatzes oder Tonstückes. So und nicht anders dürfen wir unsern Schülern dieses Geschlecht erklären, sonst erklären wir es ihnen falsch. Folgen die Töne in jener Reihe durch
lauter ganze Töne auf einander, so ist das Tonstück oder der Tonsatz diatonischen Geschlechts, folgen sie durch lauter halbe Töne aufeinander, so ist er chromatischen Geschlechts, und sind dabei die Töne
zugleich in allen ihren möglichen Ableitungen gebraucht worden, so
ist er enharmonischen Geschlechts. In letztern beiden Geschlechtern
können sich nur einzelne melodische Tonreihen bewegen; sie sind daher mehr bloße Leitern als wirkliche Geschlechte; nur das diatonische
Geschlecht vermag zur Grundlage wirklicher Tonwerke zu dienen. Es
charakterisirt sich aber auch nicht durch die Bewegung in lauter ganzen Tönen, sondern enthält in seiner Reihe immer zwei halbe Töne,
und je nach der Lage dieser beiden halben Töne bestimmt sich das
Dur- und das Mollgeschlecht. Kommen die beiden halben Töne
zwischen der dritten und vierten und siebenten und achten Stufe zum
Vorschein, so ist das Geschlecht Dur; kommen sie zwischen der zweiten und dritten und fünften und sechsten Stufe zum Vorschein, so ist
das Geschlecht Moll. Man behalte ja diese beiden technischen Kunst-
bezeichnungen bei; ihre deutsche Uebertragung in „hart" und „weich"
paßt nicht. Die letzte halbe Tonstufe des Mollgeschlechts unterliegt
einer Ausnahme, je nachdem die Tonreihe in blos melodischer oder
harmonischer Beziehung betrachtet wird; dort verlegt sie beim Auf-
wärtsschreiten der Melodie ihren Platz zwischen den siebenten und achten Ton und behält ihn lediglich beim Abwärtsschreiten derselben bei;
warum? werden wir nachher erfahren; hier wechselt sie den Platz
nicht, aber fügt sich noch eine andere halbe Stufe bei, zwischen dem
siebenten und achten Tone, wogegen zur Ausgleichung der sechste
bis zum siebenten einen Schritt von anderthalben Tönen macht;
warum? werden wir ebenfalls weiter unten erfahren. Was nun
eine Tonart? Die Darstellung irgend eines Geschlechts, nämlich
des Dur- oder Mollgeschlechts auf irgend einer Tonstufe, auf
irgend einem Tone, natürlich der Octave, denn nur diese enthält die
wirklich unter sich verschiedenen Töne unsers gesammten Tonsystems.

Deren sind zwölf; so läßt sich auch die Darstellung zwölf verschiedene Male vornehmen, und müssen es zwölf verschiedene Dur- und zwölf verschiedene Molltonarten geben. Durch die Darstellung selbst gelangen wir zu den Leitern dieser Tonarten. So die Sachen erklärt, müssen die Schüler denken, fördern wir zugleich deren Geistes- und Seelenthätigkeit, bilden, erziehen wir sie, richten wir sie nicht blos ab. Nicht minder ergiebt sich dadurch von selbst das beste Mittel, die beste Methode, den Kindern die Tonarten zu lehren. Man lasse sie die Darstellung des Dur- und Mollgeschlechts auf den verschiedenen zwölf Stufen einer Octave vollbringen. Wir begreifen, daß das nicht früher geschehen kann, als bis die Kinder aus der Intervallenlehre wenigstens wissen, was halbe und was ganze Tonstufen sind; aber wenn sie das wissen, so vermögen sie nun auch, selbst jene Darstellung zu vollbringen, und indem sie zu dem Ende genöthigt sind, bald die einen Töne zu erhöhen, bald andere zu erniedrigen, finden sie zugleich selbst auch das, was wir die Vorzeichnung der Tonarten nennen. Noch nie habe ich diese meinen Schülern durch bloßes Vorsagen „eingebläuet", sondern immer haben sie sich dieselbe auf angegebene Weise gewissermaßen selbst lehren müssen, und eben weil ich so ihre Selbstthätigkeit förderte, gelangte ich auch stets schneller und sicherer zum Ziele. Noch mehr: nicht selten habe ich bei diesem Verfahren sogar die Entdeckung gemacht, daß die Schüler lediglich durch sich selbst, ohne weitere directe Anleitung von meiner Seite, zu der Erkenntniß gelangten, warum gerade sowohl in der Durtonleiter als in der Molltonleiter zwischen dem siebenten und achten Tone eine halbe Tonstufe sein muß und auch eine wirkliche kleine Secunde, und nicht etwa eine bloße übermäßige, oder verminderte Prime (ein kleiner halber und nicht ein großer halber Ton). Die Lehre von dem Leittone (dem Subsemitonium modi) ward ihnen so einleuchtend und klar, daß es immer nur weniger Worte bedurfte, ihre Erkenntniß und Auffassung derselben zu vervollständigen. Aber damit hatten sie auch sofort das einzig richtige und nie trügende Kennzeichen der Tonart und des Tongeschlechts eines jeden Tonstücks, ja jeden Satzes desselben. Es ist dieses nämlich nicht die Vorzeichnung und der Schlußton, sondern einzig und allein jener Leitton. Man frage die, welche nicht so, wie hier angedeutet, in der Lehre von den Klanggeschlechten, Tonarten und Tonleitern unterrichtet worden sind, nach der Tonart eines Tonstückes oder Tonsatzes, die nicht in der Tonica endigen (und wie viele kommen deren vor!) und selten wird man die richtige Antwort

21

erhalten; man frage dagegen meine Schüler darnach, und niemals
kann und wird die richtige Antwort ausbleiben. Eben so, aus der
Erkenntniß der Natur des Leittones, wußten nun auch meine Schüler fast von selbst die Gründe anzugeben, warum die chromatischen
Leitern aufwärts immer durch Erhöhungen der Stammtöne und abwärts durch Erniedrigungen derselben gestaltet werden und gestaltet
werden müssen: jeder große Halbton fordert eine aufwärtsgehende
Fortschreitung, leitet der Höhe zu, jeder kleine Halbton umgekehrt,
cis will nach d, des nach c, weil jenes d, dieses c näher liegt, —
eine Thatsache, von der das Ohr sich zwar erst durch die harmonische Zusammenstellung der Töne und namentlich im Dominanten-
accorde überzeugt. Auch die Verwandtschaftsgrade der einzelnen
Tonarten unter einander und ihre Begründung konnte mir bei dieser
Methode nie schwer fallen, den Schülern anschaulich und somit am
begreiflichsten zu machen. Erinnern muß ich aber daran, diese Lehre
nicht in zu weite Ferne zu schieben und auch durchaus nicht blos
oberflächlich zu behandeln: den Schüler darin umsichtig und gewandt
gemacht, hat man nachher bei der Lehre von den Modulationen und
Ausweichungen in der Harmonik ein um so leichteres Spiel. Die
charakteristischen Merkmale des Dur- und Mollgeschlechts ergeben
sich bei dieser Methode von selbst, bedürfen also kaum einer besondern Erwähnung, so wie dem Schüler dabei von selbst einleuchtet,
daß zwar eine Dur- und eine Molltonart ein und dieselbe Vorzeichnung haben können, ja sogar haben müssen, aber nie zwei Tonarten ein und desselben Geschlechts, denn die Darstellung dieses auf
einer andern Tonstufe fordert nothwendig auch andere Tonversetzun-
gen. Zu dem Mittel der Angabe, daß die Paralleltonarten eine
kleine Terz von einander entfernt liegen, habe ich bei deren Lehre
immer nur in den Fällen schwächerer Auffassungskraft zu greifen
brauchen, wenn gleich ich nie vergesse, auf das Verhältniß aufmerksam zu machen, wie auf die Eintheilung der Tonarten in
Stamm- oder natürliche und in abgeleitete oder nachgebildete, oder
in Haupt- und Nebentonarten, obschon diese Eintheilungsweise nach
meiner Methode als das erscheint, was sie wirklich ist, als eine
ungeeignete, rechtlich unbegründete. Jede Darstellung eines Tongeschlechts auf irgend einer Tonstufe oder von irgend einer Tonstufe
angefangen, ist eine vollberechtigte Tonart; eine ist so wesentlich als
die andere; daß die Darstellung von c und a angefangen, blos
lauter Stammtöne berührt, ist rein zufällig. Was für eine Tonart
ist denn C-dur auf der Es-Clarinette, B-Clarinette? — Die Noten

sollen doch wohl nicht entscheiden, sondern die Töne. Doch die Noten? Nun, so sagt mir die Tonart aus der Partitur eines Tonstücks etwa für Militärharmoniemusiken. — Mir ist, die Sachen so dargestellt und den Unterricht auf diese Weise betrieben, nie etwas Anderes mehr übrig geblieben, als auf die rechten Mittel zu denken, die Schüler auch gewandt, fertig und sicher in den dahin gehörigen Kenntnissen zu machen. Viele wenden dazu den sogenannten Quarten- und Quintenzirkel an, und nicht ganz mit Unrecht. Ich that früher dasselbe, und will angeben, auf welche Weise ich dabei den Schülern das Auffassen erleichterte. Eine Quinte höher — sagte ich — ein Kreuz mehr; eine Quarte höher — ein b mehr. Welches Kreuz, welches b mehr aber? Das neu hinzukommende Kreuz tritt in den Durtonarten allemal vor den siebenten, das neu hinzukommende b vor den vierten Ton der Leiter, in den Molltonarten das Kreuz allemal vor den zweiten, das b vor den sechsten Ton der Leiter. Das ist richtig, und meine Schüler mochten von C, der sogenannten „Hauptdurtonart", anfangen und die Durtonarten quinten- und quartenweis abzählen, oder von A, der sogenannten „Hauptmolltonart", anfangen und die Molltonarten quinten- und quartenweis abzählen, immer trafen sie das Rechte und wußten Vorzeichnung ꝛc. genau anzugeben. Indeß habe ich auch bemerkt, daß die Schüler sich dadurch gar leicht an ein maschinenmäßiges Abzählen gewöhnen, und Nichts müssen wir mehr zu vermeiden suchen. Die geistigen und leiblichen Vermögen des Schülers müssen wir überall rege zu machen und in Thätigkeit zu erhalten streben. Sehr richtig war die Bemerkung, die einmal ein neunjähriger Knabe, jetzt Cadett in Wien, machte, als ich in seiner Classe den Gebrauch des Quinten- und Quartenzirkels zur schnelleren Orientirung in Dingen der Tonarten ꝛc. zeigte: „aber da muß man ja immer wenigstens sechs, wenn nicht noch mehr Tonarten abzählen, ehe man die rechte findet, das sollte man doch noch anders lernen können." Erfahrungen in andern Dingen brachten mich nun auch hier auf einen andern Gedanken, und ich habe ihn praktisch bewährt gefunden. Lernen wir Sprachen, Geschichte, was sonst, wann lernen wir am besten? mit der Feder in der Hand. Ein Gelerntes, Gelesenes niederschreiben, Auszüge machen ꝛc., das macht fest in der Kenntniß, bringt Fertigkeit, Sicherheit und ist zugleich die beste Stütze auch für das Gedächtniß, wo dieses ins Spiel kommt. Ich habe aber gezeigt, wie die Schüler die einzelnen Tonarten, deren Vorzeichnung ꝛc. selbst auffinden, herausdenken müssen nach den bestimmt gegebenen

Geschlechtsregeln. Das laſſe ich nun für eine, zwei Tonarten wohl erſt am Inſtrumente geſchehen, dann aber müſſen die Schüler ſofort die Feder in die Hand nehmen und auf dem Papiere die Darſtellung der Tongeſchlechte auf den einzelnen Tonſtufen vollbringen. Die Entfernung vom Inſtrumente nöthigt ſie, ſich die Lage und Folge der Töne in Gedanken zu vergegenwärtigen; ſie erhalten dadurch einen ſeltenen Hellblick im Bereiche des ganzen Tonſyſtems. Wie das Einmal Eins im Rechenbuche wird ihnen die Skala in allen Tonarten geläufig. Haben ſie ſo die Leitern mehrere Male ohne Fehler aufgeſchrieben, ſo müſſen ſie nun auch blos die Vorzeichnungen der einzelnen Tonarten mit Angabe der Tonica zu Papier bringen. Abermals eine vortreffliche Uebung, ſich die ganze Skala derſelben zu vergegenwärtigen. Dann kommen die Leittöne der einzelnen Tonarten, hiernach diejenigen übrigen Töne derſelben an die Reihe, wo durch ſie, jene Tonarten, ſich ſowohl geſchlechtlich als verwandtſchaftlich von einander unterſcheiden. Endlich die Dominanten und Subdominanten derſelben. Ich kann aus reicher Erfahrung beſtätigen, daß die Kinder eine Gewandtheit, Fertigkeit und Sicherheit in den daher gehörigen Kenntniſſen dadurch erlangen, wie durch kein anderes Mittel und zumal ſo bald. Seitdem ich ſo verfahre, brauche ich bei den mechaniſchen Leiterübungen nur die Applicatur anzugeben, mit welcher ich dieſelben angeſtellt haben will, und Alles geht ohne Aufenthalt von Statten. Kommt eine neue ſolche Leiterübung an die Reihe, ſo nennen mir die Schüler die Töne laut beim Namen, welche in derſelben und wie ſie der Reihe nach vorkommen, geben die Töne zugleich auf dem Inſtrumente; dann ſage ich, wie die Leiter nun, mit welcher Fingerſetzung, geſpielt werden ſoll, indem zwei oder drei Töne nenne, auf welche dieſer oder jener Finger jedesmal zu ſtehen kommen ſoll; auf die richtige Tonfolge brauche ich ſelten mehr zu achten, ihrer bin ich durch jene Methode gewiß, ſondern nur auf die Applicatur und den Spielmechanismus überhaupt, und indem auch die Schüler ihre Aufmerkſamkeit nicht mehr ſo ſehr zu theilen haben, geht das ganze Unterrichtswerk trefflich von Statten. — Der Unterricht in den ſogenannten Kirchentonarten gehört natürlich erſt einer gereifteren Zeit an. Er iſt hiſtoriſcher Natur; aber wir thun gut, wenn wir ihn in die Gegenwart hereinziehen und am Spiel der Choräle praktiſch machen. — Vergeſſen habe ich noch die Darſtellung der enharmoniſchen Tonverhältniſſe; ſie iſt einfach, läßt ſich kaum, bei vorausgeſetztem richtigen Begriff davon auf Seiten des Lehrers, in unrichtiger Weiſe ertheilen; aber nothwendig iſt sie, weil sich allein an sie eine für den Schüler fruchtbare Erklärung anknüpfen läßt, warum nicht alle abgeleiteten Töne zum Aufbau wirklicher Tonarten darauf von unserer Praxis aufgenommen worden sind, z. B. kein Dis=Dur, sondern dafür Es=Dur, kein As=Moll, sondern dafür Gis=Moll ꝛc. Die Wendepunkte des Quarten= und Quintenzirkels, Fis=Dur und Ges=Dur oder Dis=Moll und Es=Moll, machen dies am anschaulichsten. Nothwendig ist die Lehre ferner, weil dadurch der späteren Lehre von den Trugschlüssen und den harmonischen Uebergangsvermittlungen wirksam vorarbeitet wird.

2. Die Rhythmik oder die Lehre von der musikalischen Bewegung.

Der Ton ist das eine, Rhythmus das andere Element aller musikalischen Gestaltungen. Andere classificiren anders. Sie betrachten den Ton bereits in seiner räumlichen Entwickelung zu melodischen und harmonischen Bildungsstoffen und sagen: Melodie und Harmonie sind die beiden ersten, Rhythmus das dritte musikalische Kunstelement. Sie haben ebenfalls Recht, und ich selbst vergesse bisweilen, das eigentlich schon Erzeugte von dem erzeugenden Grundstoffe, die bereits gemischte Farbe von der erst zu mischenden zu unterscheiden. Ohne Melodie und Harmonie keine Musik in unserm Sinne, gleichwohl sind Beide eigentlich schon ein künstlerisch Erzeugtes, nicht ein erst Erzeugendes. Dies ist allein der Ton und — der Rhythmus. Zwar sagt man, Melodie und Harmonie umfassen die Bewegungen des Tones im Raume, Rhythmus die Bewegungen desselben in der Zeit, und so stehen auch jene diesem als gleichberechtigte Elementar=Kräfte gegenüber. Indeß kann ein Ton recht wohl ohne räumliche Bewegung auftreten und nichts destoweniger nicht aufhören, ein musikalisches Kunstbild zu sein, einen musikalischen Kunstausdruck zu offenbaren, nicht aber ohne zeitliche Bewegung. Jede künstlerische Tonerscheinung ohne Bewegung des Tones in der Zeit ist ohnmöglich. Der Streit ist unfruchtbar, lassen wir ihn. Mag der Lehrer den Rhythmus das zweite oder dritte Element der Kunst nennen, der Schüler gewinnt und verliert Nichts dabei. Jedenfalls übrigens schließt sich seine Lehre, die Rhythmik, unmittelbar der allgemeinen Tonlehre an, und noch ehe wir unsern Schülern Etwas von den melodischen und harmonischen Tonverhältnissen, kurz aus der Melodik und Harmonik beizubringen haben, müssen wir sie in Dingen des Rhythmus unterrichten, eben weil

ohne Befolgung der daher gehörigen Gesetze schlechterdings keine
Musik. Jene Gegenstände sind: die rhythmische Tonbewegung über-
haupt, ihre verschiedenen Grundformen und deren Anwendung auf
die musikalische Bewegung insbesondere; der Takt, seine Zeichen,
Eintheilung in gute und schlechte Zeiten ꝛc., seine verschiedenen Arten oder Gattungen und seine Bezeichnungsweisen; drittens das
Tempo oder Zeitmaß der musikalischen Bewegung, dessen verschiedene
Grade und seine verschiedenen Bestimmungs= wie Vorzeichnungs=
weisen; und endlich viertens das rhythmische Verhältniß größerer
Tonreihen, die sich eben dadurch in bestimmt erkennbare Sätze und Perioden abrunden, also die Lehre von den rhythmischen Abschnitten
ganzer Tonsätze, der rhythmischen Gliederung vollständiger musikalischer Kunstwerke. Kaum daß es eines näheren Nachweises bedarf,
daß der Unterricht in allen diesen Dingen nur alsdann ein sowohl
für seinen bildenden Gesammtzweck als für seinen eben vorliegenden
praktischen Zweck insbesondere wirklich fruchtbarer sein kann, wenn
er versteht: einmal in dem Schüler das natürliche Taktgefühl zeitig
und mit nachhaltiger Wirkung rege zu machen, dann denselben in
den künstlerischen Rhythmen die Formen des natürlichen Rhythmus
deutlich wieder erkennen zu lassen, und wenn er endlich drittens hiernach die eigentliche Takt= und überhaupt Bewegungslehre selbst
(Lehre vom Takt, Tempo ꝛc.) in rechter Weise behandelt. Kein
Sänger oder Spieler wird je das werden, was man im gewöhnlichen Leben „taktfest“ zu nennen pflegt, wenn nicht das natürliche
Taktgefühl in ihm vollkommen ausgebildet wird oder worden ist.
Niemand wird je einen richtigen Begriff von den daher gehörigen
Kunstgegenständen bekommen und diese daher auch je in richtige,
künstlerisch zweckmäßige Anwendung bringen können, wenn er nicht
ihre natürliche Begründung, ihr Verhältniß zu den unabänderlichen
Bewegungsgesetzen der Natur klar und deutlich zu durchschauen gelernt hat. Und Niemand wird je in irgend einem Bereiche unsrer
Kunst etwas Erhebliches, wirklich Wirksames zu leisten vermögen,
hat er den Unterricht versäumt oder nicht verstanden, ihn endlich auch
in die eigentliche innere und äußere Wesenheit der einzelnen rhythmischen Kunstgestaltungen selbst gehörig einzuweihen. Es sind das
Sätze, so wahr wie jener, dessen Richtigkeit ein Kind begreift, daß
zweimal zwei vier ist. Rhythmus ist nicht blos das zweite, dritte
Element des musikalischen Werdens, er ist die Lebensbedingung des
musikalischen Seyns, das Blut, das in den Tonadern rollt und mit
dessen Erstarren diese sofort vertrocknen, absterben. So hat auch die

Methodik sich hier lediglich wohl auf jene drei Sätze zu beschränken, und sollte es mir gelingen, eine allgenügende Anleitung zu geben, nach welcher die darin gestellten Aufgaben immer richtig und sicher gelöst werden können, so hoffe ich, ja bin ich überzeugt, wird auch in Zukunft wenigstens von denjenigen Musiklehrern, die ich zu meinen Lesern zählen darf, die Lehre vom Rhythmus, dieser so höchst wichtige und wesentliche Theil alles Musikunterrichts, nicht mehr in jener dürftigen, einseitigen, wenn nicht gar ganz verkehrten, unfruchtbaren Weise abgehandelt werden, in welcher man sie heute noch, wenn man Umgang halten will, täglich selbst von sonst renommirten Lehrern abgehandelt hören kann.

a. Erweckung des Taktgefühls.

Es ist das abermals ein Vorwurf, den ich vielen meiner Collegen mache, eine Jeremiade, die ich über den allgemeinen Zustand des Musikunterrichts anstimme; indeß erscheinen sie nicht gerechtfertigt gleich hinsichtlich der Aufgabe des ersten Satzes, die da lautet: mache vor Allem erst das natürliche Taktgefühl in dem Schüler rege!? — Seien wir ehrlich und antworten auf die Frage. Wie viele von uns sind, die nur daran denken, an Erfüllung dieser Pflicht, und wie viele unter den wenigen, die hieran denken, welche gewissenhaft mit sich selbst und Andern zu Rathe gehen über die zweckmäßigsten Mittel dazu? — Ich nenne das Taktgefühl ein natürliches: Nichts in der Welt ohne Leben und Bewegung, und Nichts, bei dem sich diese nicht nach ganz bestimmt gemessenen Momenten ordnete. Das aber nichts Anderes als Takt. Von den großen ewig kreisenden Himmelskörpern herab bis zu den Lebensvibrationen der Atome, überall, in aller Bewegung herrscht Rhythmus, und dieser ist in seiner Darstellung nichts Anderes als Takt. Rhythmus und Takt — sie sollen kein Naturgesetz sein, ein Naturprincip sind sie jedenfalls. Jeder Mensch trägt dieses Princip, trägt Taktgefühl in sich, wie das Thier — wenn ich so sagen darf — einen Taktinstinct. Man höre auf den Gesang der Vögel. Es kommt nur darauf an, daß es gehörig und rechtzeitig geweckt wird. Daß es selbst Virtuosen giebt, denen es an dem fehlt, was wir Takt heißen, — nun, sie sind wirklich nur Virtuosen und keine Künstler, denn der Kunst ist Takt Lebensbedingung, und daß sie diese nicht zu erfüllen vermögen, trägt allein die mangelhafte Ausbildung ihres natürlichen Taktgefühls die Schuld. In der Regel beginnen wir den Unterricht damit, daß wir dem Schüler die Geltung der Noten

lehren, danu durch lautes Vorzählen gewiſſe Normalzeitmomente be=
ſtimmen, nach welchen jene Geltung genau abgemeſſen werden ſoll.
Z. B. wir zählen die Zeitfolge der Viertel vor und verlangen nun,
daß der Schüler auch die ganzen, halben, Achtel= und Sechszehntel= ꝛc.
Noten zeit= oder mit einem Worte taktrichtig darnach vorträgt, ein=
theilt, da er weiß, daß eine ſogenannte ganze Note viermal, eine
halbe doppelt, eine Achtelnote nur halb, ein Sechszehntel nur zum
vierten Theil ſo viel Zeit einnimmt als ein Viertel. Wir zählen
und der Schüler muß auch zählen; wir quälen uns ab und der
Schüler muß ſich doppelt abquälen, indem er genug zu thun hat,
nur die durch die Noten vorgeſchriebenen Töne richtig zu treffen.
Wird das Ziel erreicht? — Nun ja, bisweilen; jedenfalls aber auf
dem längſten, holperigſten, mühſeligſten Wege. Machen wir da=
gegen zuvor das in jedem Menſchen ſchlummernde, von Natur aus
vorhandene Taktgefühl rege und richten wir den Unterricht ſtets ſo
ein, daß daſſelbe fortan rege bleibt, ſo muß das Ziel ungleich
ſchneller, leichter und ſicherer erreicht werden können. Seit dies
mein Grundſatz geworden, theilen meine Schüler von ſelbſt ſchon
nach kurzer Unterrichtszeit die Noten und Accente richtig ein, ſo daß
mir von daher faſt gar keine Schwierigkeit mehr für meine Lehr=
arbeit erwächſt. Ich brauche nur das Tempo anzugeben, in wel=
chem geſpielt oder geſungen werden ſoll, und die Kinder fühlen den
eigentlichen Rhythmus, den Takt ſelbſt heraus. Enſembleſtücke, wie
Quintette, Trios, concertirende Sonaten, ſpielen ſie, was Takt be=
trifft, eben ſo ſicher wie der geübteſte Ripieniſt. Mitglieder der hie=
ſigen Hofcapelle ſind bisweilen ſo gefällig, mich bei dergleichen Ge=
legenheiten zu unterſtützen, und nicht ſelten, daß dieſe erfahrnen
Männer höchlich darob erſtaunten, wie Kinder von neun, zehn Jah=
ren nicht ein einziges Mal gegen das fehlten, was wir Takthalten
heißen. Der Sachverſtändige weiß, was das ſagen will, und es
ſagt noch mehr, wenn ich hinzuſetze, daß dies ſchon bei Kindern der
Fall war, die zum allererſten Male mit Begleitung von andern In=
ſtrumenten ſpielten oder andern Stimmen ſangen. Wie erwecke ich
das Taktgefühl? — Peſtalozzi hat ſehr richtige Fingerzeige dazu
gegeben. All' mein Unterricht iſt von ſeinem erſten Anfange an ein
praktiſcher, d. h. die Kinder müſſen alle Dinge, die zur Kunſt ge=
hören, in der praktiſchen Anwendung kennen lernen. Niemals wende
ich mich ausſchließlich an ihr Auffaſſungsvermögen, ſondern ſtets
ſetze ich ſofort auch das Anſchauungsvermögen in Thätigkeit. Die
Methode iſt nach meinem Dafürhalten unbedingt die beſte, weil die

einzig wahrhaft pädagogisch begründete. Daneben nehme ich hie und da aber bisweilen auch ausschließlich rhythmische Uebungen vor, und zu Anfang des Unterrichts zwar häufiger und anhaltender, später seltener und blos im Vorbeigehen. Die Zeit, wo sie ganz überflüssig, zeigt sich von selbst und alsbald. Die Uebungen sind streng methodisch geordnet. Zuerst betreffen sie ausschließlich den intensiven Rhythmus und ich schreite dabei von den einfachsten und kürzesten Verhältnissen bis zu den combinirtesten und längsten fort. Das einfachste solches rhythmische Verhältniß ist: $\frac{1}{} \_ \mid \frac{1}{} \_ \mid \frac{1}{} \_$ $\frac{1}{} \_ \mid \frac{1}{} \_$. Ich lasse die Kinder in der Art zählen: 1 2 | 1 2 | 1 2. Folgen die Schläge und Accente in rhythmisch genau gemessener Ordnung auf einander, so lasse ich nach Art des Taktschlagens auch entsprechende Handbewegungen dazu machen. Hiernach darf nicht mehr gezählt, sondern müssen die Schläge und Accente durch zwei Töne auf dem Instrumente, etwa die Octav, markirt werden. Nun kommt das schon ausgedehntere rhythmische Verhältniß $\frac{1}{} \_\_ \mid \frac{1}{} \_\_$ $\frac{1}{} \_\_ \mid \frac{1}{} \_\_$ an die Reihe. Die Kinder zählen 1 2 3, accentuiren aber nur 1. Der Accent überragt drei Zeiten. Taktschlagen und Tonangeben tritt abermals nach und nach dazu. Das möglich längste solches Verhältniß ist: $\frac{1}{} \_\_\_ \mid \frac{1}{} \_\_\_ \mid \frac{1}{} \_\_\_$. Ich gehe zu ihm über. Die Kinder zählen 1 2 3 4, accentuiren jedoch fortan nur 1. Taktschlagen, Tonangeben folgen. Sind die Schüler in diesen Uebungen ziemlich fest und fertig geworden, so lasse ich dergleichen auch in Rhythmen mit verschiedenem Accent machen. Es wird nicht nöthig sein, daß ich das Verfahren wieder einzeln beschreibe: es bleibt dem oben beschriebenen vollkommen gleich, nur daß in jeder taktischen Form nicht blos ein und zwar ausschließlich schwerer Accent wiederkehrt, sondern mehrere Accente und zwar von verschiedener Schwere wiederkehren. Ich setze somit blos die derartigen verschiedenen rhythmischen Verhältnisse in der bereits gewählten Weise selbst her, und bemerke, daß der Doppelstrich über den Schlägen den schweren, der einfache Strich den leichtern, der Punkt den ganz leichten Accent bedeutet. Die Zahlen darüber sagen, wie die Schüler, so lange sie zählen, zählen müssen.

```
1 2 3 4 5 6      1 2 3 4 5 6      1 2 3 4 5 6
⏑ ⏑ — — — — |  ⏑ ⏑ — — — — |  ⏑ — — — — —

1 2 3 4 5 6 7 8 9      1 2 3 4 5 6 7 8 9
⏑ ⏑ — — — — — — — |  ⏑ — — — — — — — —

1 2 3 4 5 6 7 8 9 10 11 12      1 2 3 4 5 6 7 8 9 10 11 12
⏑ ⏑ — — — — — — — — — — |  ⏑ — — — — — — — — — — —
```

Begreiflich muß jede einzelne Uebung in jeder Weise oft wieder=
holt werden, bevor die Kinder fest werden in der Accentuation. Die
Bewegungen des Taktschlagens geschehen bei diesen combinirteren
Uebungen immer nur im Momente des Accents. Es tritt also
schon ein verschiedenes Zählen zu einem verschiedenen Taktangeben.
Ich glaube recht gern, daß vielen Lehrern dergleichen Uebungen gar
langweilig erscheinen; dem Kinde sind sie es nicht, und es kann
nicht fehlen, daß man bald bei diesem Etwas lebendig werden sieht,
was nichts Anderes ist·als das Taktgefühl. Gewöhnlich giebt sich
dies dadurch kund, daß der Schüler, sobald er einige Fertigkeit und
Sicherheit in den Uebungen gewonnen hat, die einzelnen Schläge
namentlich beim Tonangeben wie unbewußt trommelartig vermehrt,
und dann ist auch die Zeit gekommen, wo die Uebungen zu den
ertensiven rhythmischen Formen übergehen müssen, d. h. zu den
quantitirten Rhythmen, die sich in der Musik darstellen durch die
Taktfüllungen. Dieselben gestalten sich·unendlich mannigfaltig. Ich
kann daher nur ein Bild davon geben, wonach der Lehrer sie selbst
weiter für seine Uebungen erfinden muß. Bleibe ich zu dem Ende
zunächst bei der obigen ersten natürlichsten qualitativen rhythmischen
Form stehen. Dieselbe kann sich quantitativ gestalten etwa:

```
         ⏞⏑⏐ | ⏞⏑⏐ | ⏞⏑⏐ | ⏞⏑⏐ | ⏞⏑⏐ | ⏞⏑⏐
ober  ⏑⏑— | ⏑⏑— | ⏑⏑— | ⏑⏑— | ⏑⏑— | ⏑⏑—
ober  ⏑—⏑ | ⏑—⏑ | ⏑—⏑ | ⏑—⏑ | ⏑—⏑ | ⏑—⏑
ober  ⏑⏑⏑⏑ | ⏑⏑⏑⏑ | ⏑⏑⏑⏑ | ⏑⏑⏑⏑ | ⏑⏑⏑⏑ | ⏑⏑⏑⏑
```

und wie noch anders. Die außerordentliche Mannigfaltigkeit der
übrigen Formen ergiebt sich daraus von selbst. Die Accente bleiben
bei diesen Uebungen dieselben. Auch wird eben so gezählt wie bei den
blos qualitativen Rhythmen, nur daß man bei den Theilungen der
einzelnen Längen in zwei Kürzen zur Sicherheit des Schülers ein
Biegungs=e an das Zahlwort anhängen läßt, wie:

```
eins zwei—e | eins zwei—e | eins zwei—e | eins zwei—e
—   ⏑ ⏑   | —   ⏑ ⏑   | —   ⏑ ⏑   | —   ⏑ ⏑
ein—e zwei | ein—e zwei | ein—e zwei | ein—e zwei
⏑ ⏑ —   | ⏑ ⏑ —   | ⏑ ⏑ —   | ⏑ ⏑ —
```

Der Schüler fühlt von selbst heraus, daß das ein—e, zwei—e, drei—e, vier—e ꝛc. nicht mehr Zeit einnehmen darf als vorhin eins, zwei, drei, vier ꝛc. Er schlägt daher auch keinen andern Takt als vorhin. „Das sind Spielereien!" — Wohl! aber ich versichere abermals: sehr fruchtbare, sehr heilsame Spielereien, und was Spielereien bei jungen Schülern vermögen, kann der Musiklehrer am besten beurtheilen, namentlich der, welcher Uebungen genannter Art anstellt. Er findet bald diejenigen von seinen Schülern heraus, denen früher eine Trommel, Geige, Zither, Pfeife als Spielwerk in die Hand gegeben worden. Sie sind die ersten, welche fertig in den Uebungen werden und damit eine Lebendigkeit des natürlichen Taktgefühls erlangen, die dann ihr ganzes Leben hindurch nachwirkt, die Wurzel alles dessen ist, was wir unter dem Worte Taktfestigkeit begreifen. Ich sagte vorhin, Pestalozzi habe den Weg zu diesen Uebungen gezeigt, und gestehe ich offen, daß ich ihre Wirksamkeit auch nicht zuerst in meiner Anstalt, sondern in der Schule eines hiesigen Singlehrers wahrnahm, dessen Verfahren kein anderes ist, als ein auf Pestalozzischen Grundsätzen beruhendes, wenn der gute Mann dies auch vielleicht selbst nicht weiß. Ich will über die Früchte jener Schule nicht weiter urtheilen, sie fand einst viele Gegner, indeß was keiner von diesen ihr absprechen konnte, war, daß ihre Schüler rhythmisch wahrhaft tüchtig ausgebildet werden, daß diese eine Taktfestigkeit, eine Sicherheit in der taktischen Eintheilung und taktischen Accentuation besitzen, wie selten bei so jungen Kindern angetroffen wird, und nachdem ich Versuche ähnlicher Art in meiner Anstalt angestellt, habe ich mich überzeugt, daß diese überraschende Erscheinung lediglich in der Erweckung des natürlichen Taktgefühls auf beschriebene Weise ihren Grund hat. Bedeutend erleichtert werden die Uebungen durch den Unterricht mehrerer Schüler zu gleicher Zeit. Immer hat von diesen der eine mehr Taktgefühl als der andere, d. h. es ist schon oder wird schneller wach, und jener wird somit diesen stets mit sich fortreißen, bis er endlich auch in gleicher Bahn zu wandeln im Staube ist. Bei dem Einzelunterrichte hat der Lehrer in diesem Stücke ungleich mehr Arbeit. Doch ermüde er nicht. Er wird stets gewinnen, wenn er mit der Arbeit des gewöhnlichen Verfahrens, den Schüler taktfest zu machen, abrechnet. Jenes führt schnell und immer sicher, dieses nur langsam und nie gewiß zum Ziele. Daß sich an die Uebungen sofort eine Veranschaulichung ihres Inhalts durch Noten anschließt, versteht sich von selbst. Kein verständiger Lehrer wird versäumen, dem Schüler sofort zu zeigen, wie das, was da eben als leere Uebung getrieben wird, nun auch in der wirklichen Musik, bei dem eigentlich praktischen Unterrichte seine Anwendung findet. Indeß davon nachher. Hierorts haben wir es lediglich mit den Mitteln zur Erweckung und Regeerhaltung des Taktgefühls zu thun. — Als ferneres solches Mittel gilt das laute Markiren der Haupttaktzeiten durch Zählen beim Spielen oder Singen. Gut! aber wer soll zählen? der Lehrer oder Schüler? — darüber ist schon viel gestritten worden. Beim Gesangunterrichte kann dies Zählen natürlicher Weise nur vom Lehrer geschehen, denn Singen und Zählen zugleich ist höchstens bei Skalen- oder Solfeg- gienübungen möglich. Aber beim Instrumentalunterrichte? — Viele Anhänger hat die Meinung, daß der Schüler selbst zählen müsse: ich bin nur bedingter Weise dafür und entscheide mich mehr für die, welche dem Lehrer das Zählen zur Pflicht macht. Meine Gründe sind folgende. Verlangen wir von dem Anfänger, dem Ungeübten, daß er zähle, so zersplittern wir seine Aufmerksamkeit, seine Kräfte, und bewirken, daß er nach keiner Seite etwas Rechtes leistet. Es ist richtig, wir sollen ihn stets in Selbstthätigkeit erhalten, diese auf alle Weise fördern; aber dieselbe wird auch schon hinlänglich in An- spruch genommen durch das Notenlesen, das Spielen und das rich- tige Eintheilen der gespielten Noten nach unserm Zählen. Fordern wir noch mehr, fordern, daß der Schüler zugleich auch in einem rhythmisch richtigen Selbstzählen thätig ist, so fordern wir nach meinem Dafürhalten zu viel. Zudem wird diese Selbstthätigkeit stets sich jener ersten unterordnen, während doch das Umgekehrte der Fall sein soll. Anfänger werden niemals spielen wie sie zählen, sondern zählen wie sie spielen, und kann dadurch das Taktgefühl ausgebildet, Taktfestigkeit erzeugt werden? — Gewiß nicht. Es geht in dieser Beziehung den jungen Spielern wie den Spinnerinnen: sie zopfen nicht wie sie treten, sondern sie treten wie sie zopfen. Bei ihnen muß der Lehrer zählen, denn er muß ihnen das Takt- maß stets vor Augen halten, nach welchem die von ihnen erzeugten Töne zugleich gemessen werden sollen. Das Umgekehrte wäre sogar eine pädagogische Verkehrtheit. Es hieße das, den Zögling zum Selbstrichter über sein Thun und Lassen machen. Etwas Anderes ist es bei schon vorangeschrittenen, bei schon rhythmisch wenigstens ziemlich vollkommen ausgebildeten Schülern, und zwar aus gleichen pädagogischen Gründen. Wie der moralisch und religiös heran- gebildete Zögling endlich mehr und mehr sich selbst überlassen wer- den muß, damit sein Wille durch eigenes Urtheil sich festige und erstarke, so ist recht, wenn man den bereits fertigen Spieler nun nicht mehr so streng an ein gegebenes, sondern an ein sich selbst formirtes Taktmaß bindet, und das geschieht am besten durch Selbstzählen des Schülers. Ich gebe dann, anfangs dieser Periode, nur noch das Tempo an und lasse nun den Schüler den Takt selbst markiren entweder durch Zählen oder auf andere Weise. Jetzt kann das auch geschehen, weil die Dinge des Notenlesens ꝛc. nicht mehr das ganze Maß seiner Kräfte in Anspruch nehmen, sondern von diesen immer noch genug übrig bleibt, auch die rhythmische Regel in jedem Augenblicke festzustellen und festzuhalten. Wo der Schüler in dieser Beziehung schwankt, falle ich augenblicklich wieder selbstzählend ein, und fahre damit fort, bis er wieder Sicherheit gewonnen. Uebrigens dauert die Zeit dieser Uebung nicht lange; nunmehr kommt bald die, wo alles laute Zählen gänzlich aufhören darf und muß; und nur versuche ich hie und da, den Schüler auch das Tempo selbst bestimmen zu lassen, in welchem der Tonsatz oder das Tonstück gespielt werden soll und muß. Das kann natürlich erst nach einem mehrmaligen Durchspielen desselben und nach vollbrachter Belehrung über seinen Charakter ꝛc. geschehen; aber es muß geschehen um der nothwendigen Selbstständigkeit willen, welcher wir jetzt den Schüler entgegen zu führen haben. Und wie muß gezählt werden, wenn der eigentliche Zweck dadurch erreicht werden soll? — Bei ersten Anfängern niemals mit Markirung blos der Hauptzeiten des Taktes, sondern stets mit Markirung der kürzeren Takttheile, die in dem Tonstücke vorkommen; Jeder Schüler ist nämlich fähiger, die größere Zeitgeltung nach der kürzern als umgekehrt diese nach jener genau abzumessen. Haben wir z. B. ein Tonstück, das im Viervierteltakte steht und dessen kürzere Noten Achtel sind, so ist immer besser, wir zählen das Taktmaß nach diesen ab als nach etwa den Vierteln oder gar halben Noten, denn der Schüler mißt die Zeitdauer aller vorkommenden Noten weit richtiger und sicherer ab. Ist er schon etwas weiter vorangeschritten, so wählt man am zweckmäßigsten und zwar aus demselben Grunde dazu die Noten von mittlerem Zeitwerthe, also bei Tonstücken mit Vierteln, halben Noten, Achteln und Sechszehnteln oder gar schon Zweiunddreißigsteln wieder die Achtel. Der Schüler gewöhnt sich jetzt, sowohl ein größeres Maß nach einem kürzeren als umgekehrt ein kürzeres nach einem längeren abzumessen, ich möchte lieber sagen abzufühlen. Erst nach erlangter Fertigkeit in der rhythmischen Eintheilung der Noten des verschiedensten Zeitwerths darf und kann das Zählen ein Markiren blos der Hauptzeiten des Taktes sein nach Art des gewöhnlichen Taktschlagens, wornach wir also z. B. beim großen Viervierteltakte, mögen Noten vorkommen, einerlei von welchem Zeitwerthe, blos vier, beim kleinen (Alla breve) blos 2, beim Dreivierteltakte 3, beim Sechsachteltakte 2 ꝛc. zählen. Dann muß das Zählen auch mit genauer Beobachtung der verschiedenen Accentschwere geschehen. Anders erreichen wir nicht damit, was eigentlich bezweckt wird: Bildung des rhythmischen Gefühls. Die guten und schlechten Zeiten, die accentvollen und accentlosen Zeiten und unter jenen die mehr vollen und weniger vollen müssen sich auch beim Zählen bemerkbar machen. Der Schüler muß fühlen dabei, was eigentlich ein Takt ist, eine bestimmte Zeitgröße, die sich durch regelmäßig wiederkehrende Accente erkennbar macht. Er muß fühlen, wo die einzelnen Takte, wie deren einzelne Zeittheile sich abgränzen. Wir dürfen z. B. beim Viervierteltakte oder Dreivierteltakte nicht blos zählen 1 2 3 4 oder 1 2 3, sondern müssen zählen 1 2 3 4, 1 2 3, und wenn wir Achtel zählen, nicht etwa 1 2 3 4 5 6 7 8 oder 1 2 3 4 5 6, sondern 1 2 3 4 5 6 7 8 oder 1 2 3 4 5 6. Das eine Beispiel kann für alle gelten. Dadurch kommt zugleich Leben und Bewegung in diesen Theil des Unterrichts, verliert derselbe jene Flauheit und Mattigkeit, unter welcher meistens aller Eifer bei den Schülern abstirbt. Ein Pulsschlag ist dann das Zählen, daß das Lernblut wärmer rollen macht; ein Sporn, der den Schüler treibt, seine Arbeit darnach zu ordnen, und ein Ruf, der das Gefühl der rhythmischen Gewalt in ihm wach erhält. — Ein drittes noch wirksameres Mittel zu unserm Zweck bietet das Zusammenspiel und namentlich, wenn geübtere und ungeübtere Kräfte dabei zusammentreten. Man sage nicht, daß dies nur im Falle mehrere Schüler zugleich unterrichtet werden, möglich ist: es ist immer möglich, so bald nur mehrere, wenigstens zwei Instrumente vorhanden sind und der Lehrer sich herbeilassen will, mit seinem Schüler zu spielen und dabei zugleich gewissermaßen die Rolle eines Mitschülers zu übernehmen. Wie verstehe ich das? Ich meine, der Lehrer darf bei diesem Mitspiel nicht blos accompagnirend zu Werke gehen, sondern er muß eben das, was der Schüler spielt, spielen, und darf sich, das Tempo ausgenommen, in Nichts nach diesem richten. Wie ein nur geübterer Mitschüler muß er diesen vielmehr mit sich fortzureißen suchen. Das geschieht durch strenges Takthalten, scharfes Markiren der einzelnen Accentnoten, Hervorheben der einzelnen Hauptmomente ꝛc. Daß der Lehrer damit nicht aufhört, Lehrer zu sein, versteht sich von selbst; immer bleibt ihm Raum

genug, selbst unmittelbar während seines Mitspiels, zugleich unter-
weisend zu verfahren. Ist der Schüler schon etwas taktfester, so
mische er in sein Mitspiel auch einige Varianten ein. Es trägt zur
Sicherstellung jenes bei. Wird derselbe nämlich auf diese Weise
daran gewöhnt, auch ungeachtet fremder Töne, die an sein Ohr
schlagen, nicht mehr aus dem ihm vorgezeichneten Geleis zu treten,
so darf man gewiß sein, daß er ein taktfester Spieler oder Sänger
wird. Vortheilhafterer freilich noch ist, wenn dies Zusammenspiel
wirklich von mehreren Schülern geschieht. Es sind diese sich niemals ganz gleich, der eine ist dem andern in diesem, der dritte dem
vierten in jenem vor; aber das Streben Aller nach einem Ziele
ist bei gehöriger Leitung immer ein gleiches, und wie bei einem
Wettlauf Keiner hinter dem Andern zurückbleiben will, so hier. Man
glaubt nicht, was das Beispiel eines wirklichen Mitschülers auch in
blos rhythmischen Dingen wirkt. Der Lehrer vermag viel, aber
nie so viel, weil der Schüler bei ihm immer an das „schon können",
bei dem Mitschüler aber an das „auch erst lernen" denkt. Dieser
reißt jenen immer noch mächtiger mit sich fort als der Lehrer, und
geht es nun auch an, daß der Lehrer noch seine lenkende Hand auf
einem Instrumente hat, um da, wo die Gesammtbewegung vielleicht
in ein Schwanken gerathen sollte, führend einzugreifen oder die rhythmischen Hauptmomente so recht anschaulich hervorzuheben, so erzeugt dies eine Taktfestigkeit, eine Lebendigkeit und Sicherheit des
Taktgefühls, wie auf eine andere Weise zu erreichen, durchaus ohnmöglich. Ich muß einmal wieder von mir selbst reden. Als ich
meiner Anstalt noch die weiteste Ausdehnung gab, hatte ich Classen,
in welchen zehn bis sechszehn Schüler auf einmal Unterricht erhielten, also auch zusammenspielten. Natürlich besaßen dieselben selten
oder nie ein völlig gleiches Maß von Fertigkeit, so wie sie auch nie ganz
gleich befähigt sein konnten, und es kam oft vor, daß ich ein und
dasselbe Tonstück auf zwei, drei, vier verschiedene Weise arrangiren
mußte, mit weniger, mehr und noch mehr Schwierigkeit, um Alle
je nach ihrem subjectiven Standpunkte gleich vortheilhaft zu beschäftigen; aber Alle, die meine Anstalt kennen gelernt haben, selbst meine
Gegner frage ich, ob die Schüler derselben, von den kleinsten, jüngsten bis zu den größesten, ältesten, sich nicht stets durch eine Taktfestigkeit auszeichneten, welche jeden Verständigen in Erstaunen setzen
mußte. Da hatte manches Kind oft nur drei vier Töne aus einem
Laufe zu spielen, den ein anderer fertigerer Schüler vollständiger exe-
cutirte, ein drittes spielte, während ein viertes pausirte, ein fünftes

hatte biefe, ein fechstes jene Töne aus der Harmonie vorzutragen, gleichwohl floß und fließt so rhythmisch wohl geordnet dahin, daß auch nicht ein Gedanke von Zeit fehlte. Das war und ist Folge von der Lebendigkeit des Taktgefühls meiner Schüler, und diese wird bewirkt hauptsächlich durch das Zusammenspiel. Der Beweis! — Wo, in welchem Bereiche unserer Kunst wird die meiste Taktlosigkeit, die größeste Unsicherheit im Takthalten getroffen? — Ich frage jeden Erfahrnen und er wird bestätigen: bei den Clavierspielern oder überhaupt Spielern der Tasten= und diesen ähnlichen Instrumenten. Die Geiger, Flötisten, Clarinettisten ꝛc. sind immer oder doch meist weit taktfester als jene. Woher mag das kommen? — Weil die Lehrer dieser beim Unterrichte fast immer auch ein Instrument in der Haud haben und mit dem Schüler spielen, wenigstens da, wo dieser gegen die rhythmische Anordnung der Töue fehlt oder doch zu fehlen droht. Das unwillkührliche Hervorheben der Schlagmomente, dessen wir uns dabei dienen, wirkt mit elektrischer Kraft auf den Schüler. Nichts setzt den ganzen Menschen mehr in Bewegung als der Rhythmus, der rhythmische Accent, und kein Gefühl wird daher wirksamer von Außen her in dem Menschen erzeugt, als das rhythmische. Sofort ordnet selbst der ungebildetste Soldat, der spielende Knabe vollkommen taktisch seinen Schritt, wenn nur der rhythmische Schall der Trommel an sein Ohr trifft. Viele Clavierlehrer, die Einzelunterricht ertheilen, glauben dasselbe durch das sogenannte vierhändige Spiel zu erreichen: nun ja, es ist Etwas, aber bei Weitem noch nicht Alles und bei Weitem nicht das, was das Zusammenspiel ein und desselben Tonstücks auf zwei verschiedenen Instrumenten. Seine Töne will und muß der Schüler vollkommen rhythmisch geordnet hören, wenn das Streben nach gleicher Ordnung derselben dadurch recht lebhaft in ihm erregt werden soll. Das vierhändige Spiel, wobei die beiden Spieler ganz verschiedene Parthien vortragen, hat seine Vortheile, auch in rein taktischer Beziehung, aber was die eigentliche Erregung des rhythmischen Gefühls betrifft, fruchtet es wenig oder Nichts. Nur den in dieser Beziehung schon ausgebildeten Schüler taktfest zu erhalten und ihn in Sachen des Taktes sicher gegen alle Störung von Außen zu machen, kann es dienen, zu Weiterem hier nicht, ohne damit seine anderseitigen Vortheile auch nur im mindesten zu verkennen. Der Beweis hiefür liegt darin, daß der Schüler seine Parthie immer erst lernen und daß dafür gesorgt werden muß, daß er diese erst taktfest spielen kann, ehe an das eigentliche vierhändige

Spiel gedacht werden darf. Ja, wie oft greift der Lehrer bei dieser
Gelegenheit auf das Instrument und spielt in seinem Bereiche die
Parthie des Schülers mit! warum? zu welchem Zwecke? um dem
Schüler den Rhythmus dieser Stelle sinnlich wahrnehmbar zu ma-
chen, denn diese sinnliche Wahrnehmung ist die beste Leitung für
sein eigenes Gefühl. Das aber ist nichts Anderes als jenes von
mir empfohlene Zusammenspiel, wenn auch erst seiner Idee nach).
So sollten wir unsere Kinder, schon um der so nöthigen rhythmischen
Ausbildung derselben willen, wo möglich nur zu solchen Lehrern in
die Schule schicken, die Gelegenheit haben, auch das Mittel des
Zusammenspiels dazu anzuwenden. Die Königl. Hofpianistin hier
in Stuttgart hat auf ihrem Zimmer zwei Instrumente neben einander stehen; als Grund davon giebt sie mir an, daß es ihr bequemer
sei, beim Unterrichte vor einem andern Instrumente zu sitzen, damit
sie nicht bei jedem Zeigen den Schüler aufstehen lassen müsse: ich
habe gegen diesen persönlichen Grund Nichts, wenn nur der Zweck
erreicht wird, über das Verkennen des Mittels will und mag ich
nicht streiten. Die Schüler dieser Dame — ich muß es gestehen
— sind taktfest, und ihr eigener Sohn, den sie zum Clavierspielen
erzog, giebt den besten Beweis davon, wenn er auch sonst als Virtuos nie zu einer bedeutenden Geltung gelangen wird: gut, daß
die persönliche Bequemlichkeit auf ein vortreffliches und das vortrefflichste Mittel zu einem nicht weniger vortrefflichen Zwecke
verfallen ließ, denn daß das bloße „Zeigen" dieser Dame
ebenfalls gemeiniglich zu einem Mitspiel übergeht, weiß ich eben so
bestimmt.

b. Vergleichung des künstlerischen mit dem natürlichen Rhythmus.

Als zweite Hauptaufgabe des diesseitigen Unterrichts erkannten
wir eben: den Schüler stets in den künstlerischen Rhythmen die
Formen des natürlichen Rhythmus deutlich wieder erkennen zu lassen. Reden wir zunächst von der Nothwendigkeit der Lösung dieser
Aufgabe. Zum Öftern bereits hatte ich Gelegenheit, daran zu erinnern, daß auch das Kind schon, wie vielmehr der erwachsenere,
herangebildetere Schüler von Allem die Ursache wissen will. Gegen
Nichts sträuben die Schüler sich mehr, Nichts macht ihnen den Unterricht uninteressanter, als das bloße Geben der Lehrdinge. Sie wollen
dieselben in ihrem ganzen Zusammenhange, nach Ursache wie nach Wir-

22

kung erkennen; anders faſſen ſie dieſelben nicht blos ſchwer, ſondern auch ungern und undeutlich auf; und merkwürdiger Weiſe tritt dieſes Verlangen bei keinem unſerer Gegenſtände entſchiedener, heftiger und öfterer hervor als bei der Taktlehre. „Warum ſteht denn das Stück im Vierviertel=, warum nicht im Dreivierteltakte?“ Fragen der Art ſind ſchon an mich von den Schülern gerichtet worden, und wohl keiner meiner Collegen, der nicht daſſelbe oder Aehnliches er= fahren hat. Ja, die Fragen werden bisweilen gar naiv, indem ſie die Unterſchiede nah verwandter Taktarten berühren, und man weiß, wie mancher Lehrer ſchon in die größeſte Verlegenheit gerieth, wenn der Schüler ſich etwa mit der Frage an ihn wandte: „warum denn Dreiachtel= und nicht Dreivierteltakt?“ „warum Vierviertel= und nicht Zweiviertel= oder gar Alla breve= und nicht Zweivierteltakt?“ — Wodurch befriedigen wir am zweckmäßigſten dies an ſich durch= aus natürliche Verlangen? ohnſtreitig durch Vergleichung der künſt= leriſchen rhythmiſchen Formen mit denen der natürlichen Rhythmen, indem wir bei allen Erklärungen rhythmiſcher Dinge zugleich den natürlichen Grund davon angeben. Das iſt leicht und — ſchwer; aber geſchieht es, ſo kann nicht fehlen, daß die Schüler eine Ein= ſicht in alle daher gehörigen Dinge erlangen, welche die richtige praktiſche Ausführung in Anwendung derſelben ſo gut als verbürgt. Leicht iſt es, wenn dem Lehrer ſelbſt der Zuſammenhang dieſer Dinge mit den Geſetzen der Natur und namentlich den Bewegungsgeſetzen genau bekannt iſt, wenn er begriffen, daß überall ein Werden, Beſtehen und Vergehen, in keiner Bewegung eine Urplötzlichkeit, überall im Leben ein geregelter Wechſel von Ruhe und Bewegung, Wachſen und Abnehmen, Stärke und Schwäche, Langſamkeit und Schnelligkeit, Acceleration und Ritardation; ſchwer, wenn der Lehrer ein Fremdling hierin, wenn er ſelbſt die Dinge nur als ausſchließ= liche Kunſtgegenſtände anzuſchauen gewöhnt worden iſt. Wann die Auffaſſung auf Seiten des Schülers am leichteſten, ergiebt ſich von ſelbſt: unbedingt dort, nicht wenn dieſes der Fall. Alſo ſogar in den Naturwiſſenſchaften darf der Muſiklehrer nicht unbewandert ſein, wenn er nun die Lehre vom Takt und von den verſchiedenen Takt= formen ſeinen Schülern auf eine wahrhaft bildende, für den beſon= dern wie allgemeinen Zweck des Unterrichts fruchtbare Weiſe bei= bringen können ſoll oder will! Unſere Anforderungen an denſelben ſteigern ſich, werden von Gegenſtand zu Gegenſtand beſtimmter, umfangreicher: wie werden ſie lauten, wenn wir erſt einmal zu den eigentlichen kunſtwiſſenſchaftlichen Gegenſtänden gelangen?! Ich muß

es nochmals sagen: daß die Eltern und Erzieher doch endlich ein=
mal vorsichtiger in der Wahl der Musiklehrer für ihre Kinder und
Zöglinge werden möchten! — Keine rhythmische Form in der Mu=
sik, die nicht ihren vollkommen allgemein natürlichen Grund hätte.
Ueberall in der Natur herrscht Leben und Bewegung und diese re=
gelt sich nach ganz bestimmten Gesetzen, von denen jedes seine ganz
eigenthümliche Wirkung und Bedeutung hat. Bewegungsformen
wie diese — — — — — — — — oder diese ⌣ ⌣ ⌣ ⌣ ⌣ ⌣ ⌣ ⌣
sind völlig undenkbar, unmöglich, weil unnatürlich. Sie kommen
nirgends zur Wahrnehmung, ja nicht einmal die Gewalt des stärk=
sten Willens reicht aus, sie zu effectuiren. Hinsichtlich ihres rhyth=
mischen Inhalts ist die Kunst der Töne ein unmittelbares Kind der
Natur. Der Mensch, dessen Eigenthum sie geworden, und der, sie
zu schaffen, zu bilden, den Stoff nur aus der Natur entnehmen
konnte, hat in dieser Beziehung aus sich selbst Nichts hinzugethan,
als dem, was die Natur ihm darbot, eine bestimmter, deutlicher
erkennbare Form gegeben. Ein anderer Unterschied findet zwischen
dem künstlerischen und natürlichen Rhythmus nicht statt. Daß er
die von ihm erkannten natürlichen rhythmischen Grundformen im
Takt versinnbildete, das ist das einzige künstlerische Verdienst, das
der Mensch sich um die Gestaltungen und das Darstellungsmaterial
der Musik erworben hat. Jede Taktart läßt sich auf eine jener
Grundformen als deren unmittelbares künstlerisches Abbild zurück=
führen, und thun wir dies, so können Fragen, wie oben erwähnt,
gar nicht mehr entstehen, muß vielmehr dem Schüler von selbst
klar werden, wie jede besondere Taktart auch ihren eigenthümlichen
inneren und äußeren Charakter hat, und wie daher die Taktart eines
Tonstücks in keine andere, selbst nicht die verwandteste umgestaltet
werden kann und darf, ohne zugleich den ganzen Charakter des
Tonstücks zu verwischen. In solcher Zurückführung nämlich begreift
der Schüler durch eigene Anschauung die intensiven wie extensiven
Eigenthümlichkeiten jeder Taktart, und muß ihm damit die eigen=
thümliche Ausdrucksweise derselben zugleich einleuchten, so ist auch
die unabweisliche Folge, daß er nicht mehr daran denkt, die Takt=
art eines Tonstücks für etwas blos Willkührliches zu halten. Es
würde die eigentliche Tendenz meines Buchs überschreiten heißen,
wollte ich selbst hier diese Zurückführung aller unsrer rhythmischen
Formen auf jene natürlichen Grundformen vornehmen; doch sei mir
zur Erläuterung der Methode gestattet, dieselbe wenigstens an ciui=
gen Beispielen zu zeigen. Die Form aller Formen, die Urform,

22*

aus der alle andern sich wie die Zweige aus dem Stamme heraus-
bilden, ist diese: ‿‿ | ‿‿ | ‿‿ | ‿‿. Sie ist das treffendste
Bild von den beiden sich unmittelbar einander gegenüber stehenden
Urbegriffen Ruhe und Bewegung, Tod und Leben. Der Accent ist
die Ruhe, die Accentlosigkeit die Bewegung, die wieder zur Ruhe
führt. Da haben wir den Zweivierteltakt. Nun aber treten jene
beiden Momente in der Natur nur in den seltensten Fällen unmittelbar einander gegenüber; meist vielmehr herrscht zwischen ihnen
eine Vermittlung, weil nirgends eine Urplötzlichkeit. Beispiele selbst
aus der äußeren sichtbaren Natur sind leicht aufzufinden. Diese
Vermittelung kann dann eine solche sein, welche unmittelbar zwischen die beiden Momente eine accentvolle Uebergangsstufe einschiebt,
wie hier: ‿‿ ‿ | ‿‿ ‿ | ‿‿ ‿ und dann haben wir die Be-
gründung des Dreivierteltakts; oder eine solche, welche die Schroffheit der Gegensätze mindert, ohne diese selbst aufzuheben, wie hier:
‿‿ | ‿‿ | ‿‿ | ‿‿, und dann haben wir den Alla breve-
Takt; oder eine solche, welche den bewegenden Moment erweitert
und dadurch von selbst den ruhenden verkürzt, wie hier: ‿__ | ‿__
‿__ | ‿__ und dann haben wir den Dreiachteltakt; oder eine
solche, wo der vermittelnde Accent auch wieder nicht so unmittelbar
neben den eigentlichen Accent tritt, wie hier: ‿_ ‿ | ‿_ ‿ |
‿_ ‿ und dann haben wir den Viervierteltakt oder eine solche,
wo sogar die vermittelnden Accente noch mehre Stufen beschreiben,
wie im Sechsachtel-, Neunachtel-, Zwölfachteltakte, Fünfachteltakte
rc., bis sie endlich ganz in einander verschwimmen, sich verschmelzen,
wie in den Formen des crescendo und decrescendo, an die sich
von selbst die Formen der Acceleration und Ritardation unmittelbar
anschließen. Wie gesagt, lassen sich Beispiele für die einzelnen Formen selbst aus der sichtbaren Natur überall leicht auffinden, als:
der Gang der Menschen, der Thiere, der Schlag der Uhren rc. rc.
Aber fragen muß ich: kann wohl bei einem solchen Verfahren der
Schüler auch nur einen Augenblick noch oder in irgend einer Richtung im Zweifel bleiben über Natur und Wesenheit der einzelnen
Taktarten? — Sowohl die unveräußerliche Wichtigkeit und Nothwendigkeit des Taktes an und für sich, als die charakteristische Eigenthümlichkeit einer jeden Form desselben muß ihm einleuchten, muß
ihm klar werden, und dies in einem Maße, wie schwerlich auf irgend
eine andere Weise des Unterrichts. Ich habe zu meiner Darlegung
nur Beispiele rein intensiver Rhythmen gewählt: Beispiele quanti-
tirter oder ertensiver Rhythmen, so wie der Rhythmen ohne Conti-

nuität der Bewegung und der vermischten Rhythmen, d. h. solcher,
in denen Längen und Kürzen, Accente, Pausen 2c. sich vereinen zu
unendlicher Mannigfaltigkeit, findet darnach jeder verständige Leser
selbst. Gut wird der Lehrer dabei thun, wenn er die dem Schüler
auf solche Weise dargelegten Unterschiede unter den einzelnen rhythmischen und taktischen Formen demselben zugleich durch Beispiele
klar macht, und am wirksamsten werden diese angestellt, wenn der
Lehrer die Melodien nimmt, die dem Schüler schon bekannt sind,
und sie in verschiedene Taktarten umsetzt. Wie die Worte: „Nun
danket alle Gott!" immer einen andern Sinn bekommen, je nachdem man den Accent bald auf dieses, bald auf jenes Wort verlegt,
so erhalten auch jene Melodien durch jede andere Taktart einen andern Ausdruck, einen andern Charakter, und der Schüler fühlt,
hört dies so genau, so bestimmt, als überhaupt nur möglich, so bald
der Lehrer selbst die rechte Anordnung trifft, d. h. die Rhythmen gehörig anschaulich macht. Selbst bei der Umsetzung einer viervier-
teltaktigen Melodie in eine zweivierteltaktige, gewiß doch der nächsten Verrückung, oder umgekehrt, wußten meine Schüler stets genau
anzugeben, in welcher Taktart ich die Melodie eben spielte oder sang;
wie vielmehr bei Umsetzungen gerader Taktarten in ungerade oder
umgekehrt!? — Man fürchte auch nie zu weit zu gehen in diesen
Dingen: wo der Unterricht sich unmittelbar ans Leben anknüpft,
da folgt uns der Schüler gern, ist er voller Spannung und Erwartung, gehen wir noch so weit. Will ihm Manches nicht deutlich
genug erscheinen, so faßt er doch das Ganze und die Hauptsache
immer leichter und heller auf, als tragen wir ihm die Dinge in
der gewöhnlichen trockenen dogmatischen Weise vor. Ich gehe bei
solchen Gelegenheiten nicht selten sogar zu Betrachtungen über die
Gewalt des Rhythmus über, natürlich nicht in ästhetischer Form,
sondern indem ich den Kindern Geschichtchen erzähle, in denen sich
lediglich der Rhythmus von mächtiger Wirkung erwiesen hat, z. B.
von jenem bekannten preußischen Grenadiermarsche, dem Manne,
der Spiegel mit seinem Gesange sprengen konnte, dem alten, aber
auf Thatsachen beruhenden Mährchen, wornach die Steine einer
Mauer nach Leiertönen von selbst zusammen getanzt sein sollen, den
Liedern der Schiffszieher und dergl. mehr, und so überflüssig Manchen dergleichen Histörchen für den Augenblick erscheinen mochten,
so habe ich doch immer gefunden, daß nicht allein die Schüler stets
gar großes Wohlgefallen daran fanden, sondern daß von daher
auch ein sehr merklicher Einfluß auf die Aufmerksamkeit ausging,

welche sie nun allen rhythmischen und taktischen Dingen zuwandten, und wie wichtig dies für Vortrag, für Alles, was Musik und musikalischer Unterricht heißt, weiß Jeder. Selbst in der reinsten Naturmusik herrscht Rhythmus, Takt. Hört auf den Kukuk, die Wachtel, die Amsel; sie schlagen so: wer kann mir sagen, was für eine rhythmische Form das ist? und in welcher Taktart finden wir dieselbe in unsrer Kunst wieder? — Die Schnitter auf dem Felde singen; kennt Ihr das Lied? Es lautet so. Die Leute haben nie Musikunterricht gehabt und singen doch vollkommen im Takt: in welcher Taktart steht wohl das Lied? Höre auf die Accente. Welche rhythmische Form liegt ihr zum Grunde? — Das sind Unterhaltungen, welche nicht allein dem Schüler den Gegenstand immer werther, interessanter und wichtiger machen, sondern welche ihn auch die natürliche Begründung desselben immer deutlicher einsehen lassen. Und unmittelbar schließt sich daran auch das einzig richtige Verfahren in der eigentlichen Takt- und Tempolehre insbesondere.

c. Critik des verschiedenen Verfahrens in der Taktlehre.

Ist nämlich durch das Bisherige der sicherste Boden für diese gewonnen, so bedarf es nur, daß der Lehrer selbst die richtigen Begriffe von den daher gehörigen Dingen hat und solche in klarer Weise zu entwickeln versteht, um ein Wissen und Können bei den Schülern zu erzeugen, das überall ausreicht und die Selbstständigkeit dieser aufs kräftigste fördern muß, mag ihre weitere künstlerische oder vielmehr musikalische Ausbildung eine Richtung nehmen, einerlei, welche, eine ausschließlich praktische oder ausschließlich theoretische oder Beide zugleich, mögen sie als Dilettanten oder als wirkliche Künstler, als Virtuosen oder als Componisten, als bloße Consumenten oder als wirkliche Producenten der Kunst ferner angehören sollen. Aber Jenes ist nicht der Fall, wenn die Taktlehre abgethan wird, wie wir tagtäglich hören können.

Die Takt- und Tempolehre schließt sich unmittelbar der Tonlehre an; ja kaum haben wir unseren Schülern die Töne und Noten gelehrt, so müssen wir ihnen auch wenigstens das Nöthigste aus der Takt- und Tempolehre beibringen. Die Schüler wollen und müssen alsbald wissen, was die kleinen senkrechten Striche in dem Liniensysteme bedeuten und warum wir unser Zählen (s. oben) bei jedem solchen Striche aufs Neue beginnen. Da sagen die meisten Lehrer: den Raum von einem jeden solchen Striche bis zum folgenden nennt man einen Takt. Selten schon, daß wenigstens hinzu-

gesetzt wird: und die innerhalb eines solchen Taktes enthaltenen
Noten müssen alle genau in derselben Zeit gespielt oder gesungen
werden, wie die jedes andern Taktes des Tonstücks oder Tonsatzes,
ein Takt nimmt nicht mehr und nicht weniger Zeit ein als jeder
andere. Das ist aber falsch und sowohl der Sache als der Form
nach. Der Sache nach ist diese Erklärungsweise falsch, weil sie das
äußere sichtbare Zeichen mit dem dadurch dargestellten, die Vorstellung
mit dem Vorgestellten, die Schrift mit dem Worte, dem Gedanken, und
das bezeichnende Wort mit dem dadurch bezeichneten Gegenstande verwechselt; und der Form nach ist sie falsch, weil der Schüler dadurch
nicht, wie die elementarische Methode will, von der Ursache zur
Wirkung, sondern umgekehrt von der Wirkung zur Ursache, nie zu
einem rechten Verständniß der Sache, einem rechten Begriffe von
derselben geführt wird. Besser verfahren schon diejenigen Lehrer,
welche die Erklärung an einen Vergleich mit der Uhr anlehnen. Sie
kommen der Sache schon näher, und da allerdings dieser Unterricht
immer so anschaulich als möglich ertheilt werden muß, indem zu
seiner Zeit die Schüler meist noch Kinder sind, wenigstens sich noch
in der Entwickelungsperiode der Sinnlichkeit befinden, so habe ich
in dieser Beziehung schon manches Sinnige gehört. Ich kenne einen
Lehrer, der macht seinen Schülern den Takt auf folgende Weise begreiflich. Du willst wissen, sagt er, was die Fächer da auf dem
Liniensysteme bedeuten. Sieh', diese senkrechten Striche begränzen
eine gewisse Anzahl Noten, die zusammengerechnet immer einen und
denselben Zeitwerth haben, so daß z. B. wenn die Noten in einem
solchen Fache zusammengenommen vier Viertel ausmachen, auch die
Noten jedes andern Faches des ganzen Tonsatzes zusammengenommen
vier Viertel ausmachen. Die Zeit also, welche man auf das Spiel
oder überhaupt den Vortrag der in einem solchen Fache enthaltenen
Noten verwendet, beträgt gerade eben so viel oder muß wenigstens
genau eben so viel betragen, als die Zeit, die man zum Vortrag der
in jedem andern solchen Fache des ganzen Tonsatzes enthaltenen
Noten gebraucht, und diese Zeit nennt man den Takt, wie man die
einzelnen Zeitgrößen eines ganzen Tags Stunden und Minuten
nennt. Sieh nur auf die Uhr. Ihre Scheibe ist auch in verschiedene
Fächer getheilt; jedes dieser Fächer bezeichnet eine Stunde; eine
Stunde dauert gerade so lange als jede andere Stunde, ein Takt
gerade so lange als jeder andere Takt, mag er mit vielen oder mit
wenigen Noten ausgefüllt sein. Ist dieses der Fall, so haben die
einzelnen Noten für sich wieder einen größern, und ist jenes der Fall

einen kürzern Zeitwerth. Es ist das wiederum wie bei der Uhr: mögen die Stundenfächer bald mit Minuten, bald mit Sekunden ausgefüllt sein, sie bleiben immer gleich groß, weil der Zeiger in einer Stunde eben so wohl 60 Minuten als 60 mal 60 Secunden durchschreiten will und muß. Wie gesagt, kommt diese Erklärungsweise der Sache schon näher und um ihrer für ein Kind sehr anziehenden Anschaulichkeit willen ist sie keineswegs unbedingt zu verwerfen; aber warum nicht sofort auch das hinzusetzen, was alle die Zweifel in dem Schüler heben muß, die sie in dieser ihrer Gränze nicht anders kann als nothwendig noch über die eigentliche Sache in ihm zurücklassen? — Die Taktlehre in specie läßt sich schlechterdings nicht von der Tempolehre trennen, denn das Maß der taktischen Zeitgröße hängt unmittelbar von dem allgemeinen Zeitmaße der ganzen tonischen Bewegung ab, und ich sehe nicht ein, warum nicht beide auch in dieser ihrer nothwendigen Verbindung selbst dem jüngsten Schüler sollten auf eine Weise vorgetragen werden können, welche zur vollständigen, gründlichsten Erkenntniß der Dinge für später nur noch wenig zu ergänzen übrig läßt? — Man wird mir antworten: Takt ist doch etwas ganz Anderes als Tempo. Allerdings! Tempo ist nicht der Tag und Takt die Stunde, aber eben deßhalb genügt mir auch jene um ihrer Anschaulichkeit willen so sehr verführerische, reizende Erklärungsweise nicht. Tempo ist der Strom, Takt sein Wellenschlag, und wie ich nun diesen meinem Kinde nicht begreiflich machen kann, bevor es weiß, was ein Strom ist, aber auch diesen wieder es nicht lehren kann, ohne zugleich seine Wellenbewegung zu zeigen, so auch keine rechte Taktlehre ohne zugleich Tempolehre und keine rechte Tempolehre ohne zugleich Taktlehre. Meine Schüler fragen mich: was und wozu die senkrechten Striche auf dem Liniensysteme? — Meine Antwort ist folgende. Euch, liebe Kinder! diese Zeichen und deren Bedeutung zu erklären, muß ich etwas Anderes vorausschicken. Ihr wißt, zu Allem, was der Mensch thut, braucht er eine gewisse Zeit. Selbst den Apfel da kann Niemand von Euch essen, ohne einen gewissen Zeitaufwand. Nichts ist den Kindern klarer. Ich fahre fort: eben so wie in diesen und allen andern Dingen auch in der Musik. Ihr könnt kein Stück spielen, ja nicht einmal einen einzigen Ton angeben, es geschieht innerhalb einer gewissen Zeit, einer Stunde, halben Stunde, Viertelstunde, in zehn, fünf, drei, zwei Minuten. Wie viel Zeit Ihr dazu braucht, das hängt davon ab, ob Ihr schnell oder langsam und wie schnell und wie langsam spielt: Auch das ist den

Kindern vollkommen klar. Ob nun ein Tonstück schnell oder langsam oder wie schnell oder wie langsam vorgetragen werden soll, das ist gewöhnlich durch Worte oder Zeichen, die zu seinem Anfange stehen, vorgeschrieben oder hängt auch von seinem Charakter ab. Doch davon nachher. Jedenfalls wird der Grad der Schnelligkeit oder Langsamkeit, den man für den Vortrag wählt, das Zeitmaß oder in der Kunstsprache das Tempo genannt. Was also verstehen wir unter Zeitmaß oder Tempo? — Die richtige Antwort kann nicht ausbleiben. Ich fahre fort: die ganze Zeit dann, welche man zum Vortrag eines Tonstücks braucht, je nachdem man es langsamer oder schneller vorträgt, zerfällt wieder in einzelne kleinere Zeitgrößen oder Momente, wie der Tag in Stunden, die sich dem Ohre bemerklich machen durch die Wiederkehr gewisser Accente, wie der Verlauf einer Stunde durch den Glockenschlag der Uhr, und diese einzelnen kleineren Zeitgrößen nennt man Takte, von einem lateinischen Worte, das im Deutschen so viel heißt als „berühren": von Takt zu Takt wird das Ohr von gewissen Accenten „berührt". Begreiflich mußten solche einzelne Zeitgrößen, wie der ganze Tonsatz durch Anfang und Ende, auch in der Tonschrift, in den Noten, für das Auge sichtbar dargestellt werden, gleich den Stunden auf dem Zifferblatte der Uhr, und dazu erfand man jene senkrechten Striche, indem man durch dieselben immer diejenigen Noten einschloß, innerhalb deren Vortrags jene Accente, durch welche sich der Takt bemerklich macht, zum Vorschein kommen. Was also ist ein Takt? und was sind jene senkrechten Striche? — Die richtige Antwort kann abermals nicht ausbleiben, und ich fahre aufs Neue fort: ich verglich das Tonstück mit dem Tage und seine Takte mit dessen Stunden; der Vergleich ist vollkommen richtig, denn wenn ich einmal für den Vortrag eines Tonsatzes ein gewisses Zeitmaß festgesetzt habe, so dauert derselbe immer gleich lang, gleich viele Zeit, und ist dasselbe der Fall mit den einzelnen Takten desselben; indeß sind Beide auch wieder sehr verschieden von einander, denn nicht blos, daß ein Tag und eine Stunde immer, unter allen Umständen eben so lange dauert als die andern, und ein Tonstück wie damit seine einzelnen Takte bald länger, bald kürzer dauern können, je nachdem wir jenes langsamer oder schneller vortragen, sondern wenn ich sagte, daß Takt diejenige einzelne Zeitgröße ist, welche sich durch die geregelte Wiederkehr gewisser Accente bemerklich macht, so leuchtet ein, daß diese Zeitgröße eine verschiedene, der Takt ein verschieden großer sein können muß; denn jene Wiederkehr des Accents kann bald schneller, häufiger, bald langsamer, nicht so häufig statt haben. Ich kann eben so wohl zählen 1 $_2$, 1 $_2$, 1 $_2$, als 1 $_{2\,3}$, 1 $_{2\,3}$, 1 $_{2\,3}$, oder 1 $_{2\,3\,4}$, 1 $_{2\,3\,4}$, 1 $_{2\,3\,4}$, oder 1 $_{2\,3\,4\,5\,6}$, 1 $_{2\,3\,4\,5\,6}$, 1 $_{2\,3\,4\,5\,6}$ und wie noch anders. Was schließt Ihr daraus, lieben Kinder? denkt einmal nach! Unter zehnmal wird und muß mindestens neunmal die richtige Antwort erfolgen, daß es, je nachdem der Accent, durch welchen sich ein neuer Takt bemerklich macht, länger oder weniger lang auf seine Wiederkehr warten läßt, verschiedene Arten von Takten geben muß. Jetzt wiederhole ich die ganze Lehre und lege einen besondern Nachdruck auf das Geregelte der Wiederkehr des Accents, wodurch sich der Takt bemerklich macht, und es kann nicht fehlen, daß der Schüler selbst zu dem weitern Schlusse gelangt, daß es zwar verschiedene Arten von Takten giebt und geben muß, aber jeder einzelne abgeschlossene Tonsatz sich immer nur in einer Art davon bewegen kann. Welche diese Art ist, das steht ebenfalls gleich zu Anfang des Tonsatzes bemerkt. Ich komme zu der Taktvorzeichnung, schließe aber für das Mal auch den Unterricht und halte mich in der weitern Erklärung blos an die Taktart des Tonstücks, das der Schüler eben vortragen lernt. Es soll dasselbe im Viervierteltakte stehen: wie schnell ich also die Viertel zähle oder Ihr sie spielt, das ist das Tempo oder Zeitmaß des Tonstücks, und daß ich die Viertel zähle 1 $_{2\,3\,4}$, nach vier immer wieder mit eins anfange und zwar mit demselben Accent wie dort, das ist der Takt des Tonstücks. Gebt genau Acht; theilt die Noten richtig nach ihrer Geltung ein: was bemerkt Ihr! Das 1 fällt allemal auf die erste Note oder den ersten Ton nach einem solchen senkrechten Striche. Welchen Namen würdet Ihr nun wohl für diesen Strich am passendsten halten? Taktstrich. Und für den Raum von einem solchen Striche bis zum andern? Taktfach. In der Schrift sehen diese Fächer verschieden groß aus, weil bald mehr, bald weniger Noten darin Platz haben müssen; aber rechnet den Werth dieser Noten zusammen, spielt sie, ich zähle: nach dem einmal gewählten Tempo dauert nichtsdestoweniger ein Takt genau eben so lange als alle die andern, und auch der Noteninhalt jedes Taktes ist nach seiner Geltung summirt immer derselbe, immer vier Viertel. Wißt Ihr nunmehr, was Takt und was Tempo ist? — Ohne Zweifel. Ein anderes Stück wird in einer andern Taktart stehen. Ich nehme daraus Veranlassung, die Lehre nun auch über die verschiedenen Taktarten auszudehnen, möchte aber hier warnen, dabei die neubeliebte weitläuftige generelle Zergliederung anzuwenden. Dieselbe entbehrt jedes sichern Anhalts-

punktes und führt zu einer Weitschichtigkeit, die den Schüler mehr
verwirrt als belehrt, überhaupt nie eine klare, bestimmte Anschauung
zuläßt. Wozu die zwei=, drei=, vier=, sechs= 2c. gliedrigen Taktarten?
Was können wir und was soll sich der Schüler dabei denken? —
Es ist das ein' eben so großer Irrthum, aus purer Neuerungssucht
entstanden, als jener, in welchem man behauptet, der Zähler des
Bruchs der Taktvorzeichnung bezeichne die Takttheile, der Renner die
Taktglieder, oder der Zähler bezeichne die Taktart und der Renner
die Takttheile. Die alte Eintheilung in gerade, ungerade und ge=
mischte Taktarten ist und bleibt die beste, weil sie einzig und allein
auf einer vollkommen sichern Grundlage beruht. Gerade Taktarten
sind diejenigen, welche eine gerade Anzahl, und ungerade diejenigen,
welche eine ungerade Anzahl von Takttheilen haben. Welche unter
den gemischten zu verstehen, ergiebt sich von selbst. Takttheile sind
die accentschweren Zeiten eines Taktes, und wie viele Takttheile jede
in unsrer Praxis vorkommende Taktart hat, das lernt der Schüler
am sichersten, vollständigsten und klarsten durch die vorhin (im vor=
hergehenden Absatze) beschriebene Methode der Vergleichung des künst=
lerischen mit dem natürlichen Rhythmus. Ich habe auf diesem
Wege mein Ziel nie verfehlt, selbst nicht bei den jüngsten Schülern.
Man frage meine Schüler nach dem Unterschiede zwischen dem Drei=
viertel= und Sechsachtel=, dem Dreiachtel= und Dreiviertel=, dem
Zweiviertel= und Zweizweitel= 2c. Takte: sie wissen ihn aufs ge=
naueste anzugeben; man frage andere danach, auch die, deren Lehrer
an der neubeliebten Gliederungslehre Geschmack gefunden. Ja, man
frage; verschweige aber dann auch die Antworten nicht, die man
erhalten. Es sei mir gestattet, ein kleines Histörchen zu erzählen,
z. B. wie gar dürftig es selbst bei renommirten Musiklehrern hin=
sichtlich der Taktlehre bisweilen aussieht. Vor einigen Jahren noch
lebte hier ein sogenannter Musiklehrer, der durch verwandtschaftliche
Protektion sogar zu Anstellungen gelangt war. Der Mann führte
eine Zeitlang in allen Musikdingen das Wort hier, gab sogar eine
sogenannte musikalische Volkszeitung heraus, maßte sich an, eine
Gesanglehre zu ediren, zu der ihm französische Machwerke den Stoff
leihen mußten, und über Alles, was Musikalisches hier vorging,
sprach er sich in Tagblättern öffentlich aus. Dabei genügte ihm
keine Leistung. Im Theater und Concertsaale mochte aufgeführt
werden einerlei was, die excellente Hofcapelle mochte ihre Kräfte
entfalten in welcher Weise, bald war ihm dies, bald das nicht recht.
Der Königl. Hofcapellmeister hatte am meisten zu leiden, der welt=

bekannte Mann verstand nach der Meinung jenes kaum hier ge-
kannten Weisen gar nichts. Endlich kam die Reihe auch an mich.
Der Unterricht in meiner Anstalt sollte bald an diesem, bald an jenem Mangel leiden. Die armen Schüler! Unser Hofcapellmeister
bewahrte dem Aristarchen gegenüber ein unverbrüchliches Schweigen,
ich auch; doch war ich boshaft genug, ihm eine Lection zu bereiten,
die empfindlicher wirken mußte als jede andere Antwort. Ich veranstaltete eine öffentliche Prüfung in meiner Anstalt und verfehlte
nicht, jenen Herrn insbesondere dazu einzuladen. Er mochte das
für eine Respektsbezeigung halten, und erschien. Der Saal war
voller Menschen, Eltern und Verwandte der Schüler, außerdem auch
mehrere wirkliche Sachverständige, namentlich Mitglieder der Hofcapelle. Die Kinder spielten Dies und Das. Endlich begann das
mündliche Examen in theoretischen Dingen. Nach dessen Verlauf
machte ich den Vorschlag, daß Jemand aus dem Publikum die Güte
haben möchte, eine ähnliche Prüfung mit den Schülern anzustellen,
zum Beweise, daß die vorgekommenen Fragen und Antworten nicht
etwa einexercirt worden seien. Es trat Niemand vor, was ich vorher wußte. So forderte ich denn jenen Herrn ausdrücklich dazu auf.
Musiklehrer an zwei hiesigen öffentlichen Schulen und der städtische
Wortführer in allen musikalischen Dingen konnte er sich nicht wei-
gern, der Einladung Folge zu geben. Ich hatte meinen Vogel längst
an seinen Federn kennen gelernt. Er begann. Zuerst wandte er
sich an die Erwachseneren, sprach des Langen und Breiten viel über
Aufbau der Accorde, über Con- und Dissonanzen ꝛc. Was ich ver-
muthet, traf ein. Gleich die dritte Frage reizte einen meiner Schüler, eine Gegenfrage an den Examinator zu richten, und es brachte
dieselbe diesen in solche Verlegenheit, daß die gegenwärtigen Musiker
kaum sich des lauten Auflachens enthalten konnten. Sie betraf das
Erkennungszeichen der consonirenden und dissonirenden Intervalle in
den Accorden. Nicht genug. Die Reihe kam an die Jüngeren.
Ich ersuchte den Herrn Examinator, die Kinder namentlich in rhythmischen Dingen zu prüfen. Was zum Vorschein kam, erschöpfte
meine Geduld. O, liebes Kind! fiel ich ein, laß Dir doch von
dem Herrn einmal erklären, welcher Unterschied zwischen dem Drei-
viertel- und Sechsachteltakte stattfindet. Der Dummheit fehlt es
stets an Geistesgegenwart. Er antwortete wirklich, aber Was!
O, o, riefen mehrere Kinder, ich weiß, ich weiß, und Dutzende von
Fingern spielten in der Luft. Was, Du kennst einen Unterschied
zwischen dem Sechsachtel- und dem Dreivierteltakte? fragte ich ein

achtjähriges Mädchen. Was ist Dir denn lieber, dreiviertel oder
sechsachtel Pfund Bonbons? — Das ist mir einerlei, lautete die
Antwort, aber Dreivierteltakt ist eine ungerade, Sechsachteltakt dagegen eine gerade Taktart, denn jener hat drei, dieser nur zwei Takttheile. Brav, mein Kind! Du — ich konnte es nicht unterlassen,
dies noch zuzufügen — Du wirst gewiß einmal eine recht Musik-
verständige werden, aber hüte Dich vorlaut zu sein, sprich in Deinem ganzen Leben nicht über Dinge, die Du nicht verstehst; man
hat nicht immer Bücher bei sich, aus denen man sich Weisheit holen
kann, und dann läuft man Gefahr, ausgelacht, beschämt zu werden.
Am gefährlichsten ist, Andern die Goldfedern ausrupfen und sich
damit schmücken wollen. Eine Lüge ist man dann von Kopf bis
zu Fuß. Die Gesellschaft verstand, was ich meinte. Viele ergötz-
ten sich an meiner Bosheit. Die Musiker namentlich. Mein Mann
suchte sich alsbald zu entfernen. Er hat nie wieder gewagt, sich
an mir zu wärmen; verstummte überhaupt seit der Zeit mehr und
mehr, und die letzte badische Revolution, der er zuzog, hat ihn ganz
und gar · verschwinden gemacht. Deshalb auch durfte ich die Geschichte wohl erzählen. Ob sich an andern Orten wohl Aehnliches
erleben ließe? Ich zweifle nicht. — Gut wird der Lehrer um des
hier vorliegenden Zweckes willen thun, wenn er bisweilen alle im
Gebrauch befindlichen Taktarten vornimmt und durch eigenes Spiel
in denselben ihre accentischen und damit generellen Unterschiede den
Schülern gewissermaßen anschaulich macht. Bei jeder neu vorkommenden Taktart lasse ich auch von den Schülern die Glieder derselben zählen und dabei die Accente bemerkbar machen. Es ist dies
eine gleich vortreffliche Uebung wie das Spiel der Leiter der Tonart, in welcher das Tonstück steht, bevor das Spiel dieses selbst beginnt. Der Schüler vergegenwärtigt sich so die Taktart auf eine
Weise, die ein Fehler gegen die taktische Regelung des Spiels kaum
möglich werden läßt. — Bei der Tempolehre insbesondere ist das
Verfahren dasselbe. Wie gesagt aber läßt sich diese von der Taktlehre kaum trennen, und sind die Schüler erst einmal weiter vorangeschritten, so giebt die Verbindung dieser beiden Lehren auch die
vortrefflichste Gelegenheit, denselben wenigstens Einiges über den
ästhetischen Charakter der einzelnen Takt- und Bewegungsarten, so
wie von dem Einflusse der einzelnen Style und musikalischen Dichtungsformen auf Takt und Tempo beizubringen. Der Schüler muß
wissen z. B., warum das Allegro und der Vierviertelakt in kirchlichen Musikstücken immer noch langsamer ist als in Compositionen,

die für den Salon, das Haus oder den Concertsaal bestimmt sind;
warum in einem Rondo, Scherzo ꝛc. die rhythmischen Accente stets
schärfer hervortreten als etwa in einer Sonate ꝛc. Man sieht, der
Unterricht hat jetzt in die Dynamik hinüber zu greifen. Man hüte
sich daher auch, für die bekannten verschiedenen Tempograde bestimmte, allgültige Normalbewegungen festzustellen. Daran gewöhnt
wird sonst der Schüler später selten einen richtigen Griff in der
Wahl der Tempi thun. Sein Gefühl muß hier schon mehr beschäftigt werden, und er muß die einzelnen Charaktere der Tonsätze
verstehen lernen. Von diesen geht eine richtige Wahl in dieser Beziehung aus. Wir können nie zu Viel darin thun, da sich die
Gränzen von selbst ziehen. Und versteht der Schüler auch noch
nicht Alles, so faßt er immer Etwas auf und dies ist genug, die
spätere Erkenntniß zu fördern. Eine Hauptfrage aber ist: ob wir
unsere Schüler von Anfang an dazu anhalten dürfen, sich der mathematischen Tempobestimmung, der Metronom- oder Chronometer-
bezeichnungen zu unterwerfen? Ich rede natürlich hier nicht vom
ersten Lernen eines Tonstücks: kein Schüler wird angehalten werden
können, jedes Tonstück sofort in seinem eigentlichen Zeitmaße vorzutragen; aber wenn er einmal Herr darüber, namentlich über seinen Mechanismus geworden, dürfen oder müssen wir dann von
ihm fordern, daß der Vortrag streng nach den Vorschriften des Metronoms geschehe? — Das Tempo der meisten Tonstücke, Anfangs-
oder bloße Schulstücke abgerechnet, ist jetzt auf diese Weise bezeichnet, und allerdings auch kann die Tonbewegung, in welcher ein
Componist sein Gebilde sich dachte, nicht anders genauer vorgeschrieben werden. Ebenso wird nur derjenige ein Tonstück vollkommen gut vortragen, der zugleich das rechte, d. h. das von dessen
Schöpfer dafür gewollte Tempo dazu wählt. Also Metronom!
Gleichwohl möchte ich niemals rathen, denselben neben den Schüler
zu stellen und nun von diesem zu verlangen, daß er sein Tempo
genau nach dessen Schlägen regelt. Schon in dem Schüler fordert
die individuelle Kunstanschauung, das individuelle Kunstgefühl, seine
Rechte, die Rechte der freien Geltendmachung, und ehren wir diese
Rechte nicht, so hindern wir die freie, selbstständige Ausbildung und
Entwickelung. Wir dürfen damit nicht warten bis zu einer Art
künstlerischer Erstarkung. Im Gegentheil wird diese befördert, wenn
wir nicht damit zu lange warten. Der Gebrauch des Metronoms ist
nützlich, ja in gewisser Beziehung sogar nothwendig; aber lassen wir
das Instrument auch von vorn herein in den Augen des Schülers

nur als das erscheinen, was es wirklich ist, als ein Instrument, das blos die allgemeine Norm der Bewegung veranschaulicht. Stellen wir den Metronom, so bald die Zeit seiner Anwendung gekommen ist, neben den Schüler, lassen denselben vor dem eigentlichen Spiel oder Gesange das Tempo durch seine Schläge angeben, lassen nun den Schüler diese Schläge zählend wiederholen, zählen zur Befestigung des Gefühls in den Rhythmen selbst mit; doch entfernen wir dann auch sofort den Metronom wieder. Jetzt darf er für den Schüler nicht mehr da sein. Dieser hat jetzt das allgemeine Maß für die Bewegung, nun muß ihm auch das werden, was er bedarf, sich selbst, sein eigenes Gefühl zum Ausdruck zu bringen, diejenige Freiheit in der Bewegung, die ihm gestattet, nach Umständen von jenem allgemeinen Maße entweder noch zulegend oder nachlassend abzuweichen. Anders wird er durch die Maschine zur Maschine, und anders wird er auch nie zu genügender Erkenntniß des großen wesentlichen Antheils gelangen, welchen das Tempo an dem Ausdrucke hat. Nie wird er sonst lernen, weder gegebene Tonwerke durch alle ihre einzelnen Theile im richtigen Zeitmaße vorzutragen, noch für etwaige eigene Gedanken das rechte Tempo zu wählen, denn er gewöhnt sich anders nie, die eigentliche Richtschnur dafür in sich selbst, vielmehr dieselbe stets außer sich zu suchen. Der Ausdruck eines Kunstgebildes kann sich nie blos auf ein Gefühl, eine Idee beschränken, immer zieht er noch Verwandtes und selbst Entgegengesetztes in sein Bereich, so gewiß aus diesem Kreise jenes erste eine Gefühl stets als der Hauptlichtpunkt hervorstrahlt, um so glänzender, je mehr er von diesen verwandten und entgegengesetzten Lichtern getragen wird; der Ausdruck musikalischer Kunstgebilde nun haftet wesentlich und unmittelbar an der darin herrschenden Tonbewegung; jedes Gefühl hat seinen Rhythmus wie seinen eigenen Ton; wie kann der Associationskreis, den es durchläuft, zur Wahrnehmung gebracht werden, wenn die Bewegung sich in jedem Augenblicke an ein und dasselbe Maß fesselt? und wie vermögen wir den Schüler dahin zu erziehen, daß er diesen Associationskreis erkennt, und wenn wir ihm nicht im Tempo die Freiheit lassen, die nöthig ist, ihn selbst, in seinem eigenen Innern durchzumachen? — Auf dieser Erkenntniß aber beruht die Wahrheit der Darstellung. Vormachen und Vorsagen nutzt da nichts; der Schüler muß selbst finden, selbst fühlen. Andeutungen können ihn dabei wohl leiten und anregen, aber nie dürfen sie seine eigene Thätigkeit aufheben. Der Metronom so wenig als unser Zählen darf je zur Elle werden, nach der er in jedem Augenblid mißt, sondern nur zur allgemeinen Richtschnur müssen sie ihm dienen, die in den Mittelpunkt gestellt, ihn nun frei selbst die Kreis- bahnen um denselben durchwandern läßt. Was den Unterricht in den accidentalen Tempobezeichnungen betrifft, so fällt derselbe zu- sammen mit der Terminologie, und haben wir daher erst weiter unten davon zu reden. Eben so kann uns hier — wie schon oben angedeutet — die Lehre von der rhythmischen Anordnung größerer Tonreihen zu sogenannten Sätzen und Perioden, welche ebenfalls eigentlich einen Theil der Rhythmik ausmacht, erst nachgehends bei der Melodik und Harmonik beschäftigen, da sich beim Unterrichte diese Dinge nicht von einander trennen lassen, weil die Erkennt- niß in den einen nothwendig bedingt wird von der Erkenntniß in den andern.

3. Melodik und Harmonik.

Es beschränken sich diese nämlich nicht etwa blos auf die Lehre von dem Wesen der Melodie und Harmonie an und für sich, ihren Be- wegungen und Formen als Stimme oder ein Verein von Stimmen, der Figuration und Verzierung dieser, sondern sie haben nothwendig auch die Zergliederung der ganzen musikalischen Rede eines Tonsatzes in ihre einzelnen Bestandtheile, d. h. Perioden, größeren und klei- neren Sätzen darzuthun, und indem sie zu dem Ende mit den Kenn- zeichen dieser bekannt machen, können sie nicht anders als auch das rhythmische Verhältniß derselben zeigen. Ich werde daher auch gleich weiter unten in einem eigenen Absatze über den Unterricht im Pe- riodenbau handeln, und wenn ich überhaupt etwas weitläufiger bei den daher gehörigen Gegenständen verweilen sollte, als Tendenz und Gränzen dieses Buchs zuzulassen oder zu erfordern scheinen, so ver- arge man mir das nicht: wir richten unser Augenmerk hier auf eine Seite des Unterrichts, auf welcher sich derselbe gewöhnlich am allerdürftigsten gestaltet — zum größten Nachtheile des Musik ler- nenden Publikums, zum größten Schaden für das, was eigentlich und sowohl im Allgemeinen als im Besondern durch den Musik- unterricht bezweckt werden soll. Es ist dies um so unbegreiflicher, als nicht allein ohne all' und jede daher gehörige gründliche Kennt- niß keine für den jetzigen Standpunkt der Kunst genügende musika- lische Bildung erzielt werden kann, sondern die bei Weitem größere Mehrzahl unsrer Schüler die Musik in einer Richtung, einer Sphäre lernt und treibt, wo solche Kenntnisse zum unmittelbaren praktischen, zum eigentlichen Lebensbedürfnisse werden. Die wenigsten unsrer Schüler lernen blos singen oder die Musik auf Instrumenten, die nur einer melodischen Gestaltung derselben fähig sind, noch wenigere, ja fast Niemand auf Instrumenten, bei denen das Umgekehrte der Fall ist, die meisten wenn nicht so ziemlich alle auf Instrumenten, deren vollkommen fertige Behandlung die größeste Gewandtheit in der Bewältigung des gesammten melodischen und harmonischen Stoffs nothwendig bedingt, den unsere Kunst zum Aufbau ihrer Werke enthält, und wie eine solche Gewandtheit möglich ohne die gründlichste Kenntniß der Natur und Wesenheit der zu bewältigenden Dinge selbst? — Es ist wohl nicht zu viel behauptet, wenn ich glaube, daß gerade in der Mangelhaftigkeit, welche der Musikunterricht in dieser Beziehung meistens an sich trägt, der Grund zu suchen ist, warum die größere Mehrzahl z. B. unsrer Clavier spielenden Jugend eigentlich ihr ganzes Lebenlang der Schule nicht entwächst; warum sie nie dahin gelangt, sich selbst helfen zu können; warum sie nie ein Tonstück richtig beurtheilen lernt; warum sie so selten — um auf specielle Folgen überzugehen — Fertigkeit im Notenlesen gewinnt; warum daher ihr Vortrag noch weit seltener ein wirklich vollendeter, ein wahrhaft künstlerischer; warum sie nie vermag, etwaige Druckfehler in den Notenwerken selbst zu erkennen; warum sie ohne fremde Führung nie vermag, die Hauptparthien von den Nebenparthien zu unterscheiden und darnach den Vortrag zu modificiren; warum selbst ihre musikalischen Genüsse nie vollständige, wahrhaft geist- und seelenstärkende; und welche dergleichen üblen Folgen noch mehr sind, die alle aus jener Mangelhaftigkeit des Unterrichts unaufhaltsam und unverhinderlich fließen müssen. Ich kann nicht begreifen, wie so viele meiner Collegen das nicht einsehen oder einsehen mögen und, wenn ihnen die zu solchem Unterrichte nöthigen eigenen Kenntnisse und Fertigkeiten noch abgehen, nicht allen Ernstes darnach streben, sich solche nachträglich noch zu erwerben! — Ohne die daher gehörige Unterweisung schafft der Schüler in und mit Dingen, die er nicht versteht, die er nicht kennt: was kann, was muß dabei herauskommen? — Halbheit, wenn nicht geradezu Stümperei; Anderes nicht. Maschinen sind und bleiben sie, wie die Abschreiber, die Bücher copiren in einer Sprache, welche sie nicht verstehen. Es kommt mir vor, als wollte man Blinden zumuthen, malen zu lernen. Kein Unterricht, selbst kein Kunstunterricht ist in der Beziehung so armselig; so durchaus gehaltlos, unbildend als der musikalische. Der Zeichnenlehrer versäumt nicht, den Schüler über die verschiebenen Formen der Linien, den Organismus und Zusammenhang derselben, ihre Darstellungsweise, Anwendung, ihr Verhältniß zu einander ꝛc. zu belehren, denn anders — weiß er — kann dieser kein Zeichner werden. Des Malers Erstes ist, seine Schüler in den Eigenthümlichkeiten der einzelnen Farben, deren Mischungen, den Effecten dieser, ihrer sowohl technischen als künstlerischen Behandlungsweise ꝛc. zu unterrichten, denn anders — weiß er — können dieselben keine Maler werden. Der Handwerksmeister selbst ist von der Nothwendigkeit, die Lehrlinge seines Gewerbes die Natur und Wesenheit seiner Arbeitsstoffe durch und durch kennen zu lehren, so sehr überzeugt, daß er denselben fast keinen Handgriff zeigt, ohne dessen Ursache mit Unterweisungen jener Art in Verbindung zu bringen. Nur wir Musiklehrer meinen, unsern Schülern Melodien und Harmonien gestalten lehren, meinen sie darin arbeiten, sie damit für Geist und Herz nutzbar verkehren lassen zu können, ohne ihnen auch nur einmal etwas Näheres über Natur und Wesenheit der Melodie und Harmonie zu sagen! — Giebts etwas Verkehrteres, Dürftigeres?! — Kann je ein Unterricht mangelhafter ertheilt werden?! — Ist eine Schule ohne Schule möglich?! — Unser Unterricht hört auf, Schule zu sein, unterläßt er ferner, jene Gegenstände mit in sein Bereich zu ziehen. Ich denke dabei noch entfernt nicht an jene Kenntnisse in Dingen der Harmonie und Melodie, welche Jener bedarf, der sich zum wirklichen Producenten, Componisten heranbilden oder zum mindesten doch in der Werkstatt, dem Atelier dieses sich lichtern Kennerauges umschauen können will, sondern nur an die Kenntnisse, die Jeder bedarf, der sich musikalisch gebildet nennen mag, der auch als bloßer Consument oder blos praktischer Musiker und Dilettant denjenigen Nutzen aus der auf das Musiklernen verwandten Zeit und Mühe ziehen will, den sie ihm bringen sollen und müssen, also an diejenigen Kenntnisse, die ausschließlich die allgemeine Musiklehre in dieser Beziehung mitzutheilen hat. Jeder, der Musik lernt, um nachgehends wirklich des Segens musikalischer Bildung theilhaftig zu werden, muß wissen, genau, gründlich wissen, was Melodie, was Harmonie ist; muß deren Bedeutung und ihr Verhältniß zu einander durch und durch kennen; muß wissen, wie sie generell sich gestalten zu Haupt- und Neben-Melodien und Harmonien; muß die verschiedenen Bewegungen der Melodie als Stimme und deren Behandlungs- und Ausdrucksweise (langsam oder schnell, synkopirt, gerückt, gehend, springend ꝛc.), so wie auch die der Stimmen, aus denen die Harmonie zusammengesetzt worden ist, muß, wenn nicht den ganzen Bau, so wenigstens doch die Hauptgrundlagen dieser, ihre con= und dissonirende Natur, die rhythmische Eintheilung der Melodie in Motive, Gänge, Sätze und die harmonischen Kenn= zeichen der verschiedenen Arten der letzteren genau kennen; eben so die Entstehung, Bildung und Bedeutung der verschiedenen rhythmi= schen, melodischen, harmonischen, rhethorischen Figuren, alle Arten von Manieren, der objektiven sowohl als der subjektiven, und welche der daher gehörigen Dinge mehr sind. Anders ist weder eine ge= nügende Auffassung zur Anschauung ausgestellter, noch eine voll= kommene Reproduction gegebener Musikgebilde möglich. Daß wir so selten unter unsern Dilettanten, wie eigentlichen Virtuosen, Sän= gern und Spielern begegnen, welche sich durch einen wahrhaft künst= lerischen Vortrag auszeichnen, — nur in der Mangelhaftigkeit ihrer diesseitigen Ausbildung hat es seinen Grund, und nicht minder kommt es hauptsächlich nur daher, warum der Geschmack derselben so höchst selten eine edlere Richtung genommen. Was meist noch aus dem Bereiche der Melodik und Harmonik gelehrt wird, sind die verschiedenen Figuren und Manieren, aber auch dieses Wenige ge= wöhnlich nur halb und nicht recht, wenn nicht selten sogar total falsch. Wie viele Sänger und Spieler sind, welche Mordenten, Schneller, Doppelschläge und dergleichen Dinge genau von einander zu unterscheiden vermögen? Wie viele, die nur die mancherlei Arten von Trillern gründlich verstehen? Nicht zu gedenken der Fähigkeit, die jeder Spieler und Sänger besitzen muß, das vorzutragende Ton= werk zu seinem eignen zu machen, wenn der Vortrag wirklich ein vollendeter sein können soll, — jener Fähigkeit, vermöge welcher er dasselbe seiner ganzen Individualität angemessen gestaltet, diese darauf überträgt, und die er sich nur erwerben kann, wenn er zu beurtheilen gelernt hat, wo und wie er von der Vorschrift ab= weichen, wo und wie er hinweglassen und hinzuthun darf. Man hat sich heiser geschrien in der Bewunderung über Liszt's Kunst; es für eine Offenbarung des eminentesten Genie's gehalten, wenn er bei Allem, was er spielt, den Componisten ganz und gar vergessen und nur an ihn denken macht, wenn ein und dasselbe Tonstück, heute, morgen, übermorgen von ihm vorgetragen, stets ein neues Gebilde zu sein scheint, das unmittelbar nur seine Finger hervor= zaubern: nun ja, seine unerschöpfliche Genialität mag Theil daran haben, aber mehr noch ist es Folge seiner diesseitigen wahrhaften musikalischen Durchbildung. Andere gestalten auch um, machen, was sie vortragen, sich hand= und mundrecht, kurz streben ein in=

23*

dividuelles Gepräge auf ihre Productionen zu drücken, aber was fördern sie zu Tage? nicht selten die wunderlichsten Gestalten, Gewänder mit verunstaltenden Flecken von den heterogensten Farben, die mehr Jammer als Bewunderung zu erregen geeignet sind. Man kennt die schwere Kunst der Bilder-Restauration: worin besteht sie? Jeder, der als Reproducent in unsrer Kunst thätig ist, erscheint gewissermaßen als ein solcher Restaurator, und die Kenntnisse und Fertigkeiten, die diesem nothwendig und eigen, werden in der Musik gerade zum größern Theile erworben durch den umfassendsten Unterricht in der Melodik und Harmonik. Zugleich aber sind es auch diejenigen Kenntnisse und Fertigkeiten, die selbst derjenige höchst nöthig bedarf, der nicht eigentlich selbstthätig in unsrer Kunst sein, doch auch nicht vor deren Gebilden vorbei wandeln will wie ein Blinder in den Sälen einer Gemäldegallerie. Ich bitte, um des Heils der Musik lernenden Jugend, um der allgemeinen Kunstcultur willen flehe ich meine Herren Collegen, dies endlich doch zu erwägen, und ersuche auch alle die, welche Musikunterricht ertheilen lassen, darauf zu halten, daß derselbe fortan seine Gränzen bis daher ausdehnt. Allerdings habe ich bei diesem Anliegen nur die gebildeteren Stände, überhaupt diejenigen im Auge, die mehr von dem Unterrichte fordern, als derselbe etwa in Volksschulen zu geben und zu leisten im Stande ist; aber ist deren Zahl nicht auch die bei Weitem größeste von denen, an welche ich überhaupt mich in diesem Buche zu adressiren vermag? — Zudem alles Folgende, was der allgemeinen Musiklehre weiter noch abzuhandeln obliegt, die Lehre vom kunstschönen Vortrage, von den verschiedenen musikalischen Kunstformen ꝛc., — es wurzelt unmittelbar in dem diesseitigen Unterrichte und kann nie in genügender, wahrhaft bildender Vollständigkeit und Gründlichkeit entwickelt werden, wenn Etwas in diesem versäumt worden. Also auch in noch anderu sehr wichtigen Kreisen muß alsdann der Unterricht ein sehr dürftiger, niemals ausreichender bleiben, ein Elementar-Unterricht in dem allergewöhnlichsten Sinne des Worts. Welchem Gebildeten genügt der Unterricht seiner Kinder in der kleinsten Filial-Dorfschule? Keinem. Eine solche Schule aber, nicht mehr, wenn nicht noch weniger ist unser Unterricht, macht er an den bezeichneten Gränzen Halt. Die politische Debatte sogar hat sich des Gegenstandes bemächtigt, wenn sie zur Hebung der allgemeinen Civilisation und Volkscultur will, daß der Unterricht in den Volksschulen ein umfassenderer, allgemein bildenderer werde, und wenn sie daher als Entgelt für die bessere ökono-

mische Stellung der Volkslehrer auch höhere Ansprüche betreff der
Kenntnisse und Lehrgewandtheit an diese stellt: verhüten wir, daß
die Reihe ausdrücklich auch an uns kommt und fordere daher Jeder,
der eine Forderung an uns machen darf, daß wir dem Bedürfnisse
von selbst entgegen kommen. Stimmen, die darauf abzielen, sind
schon vielfach laut geworden: sie verhallen nur eine Zeitlang, daß
sie endlich Gehör finden, kann nicht fehlen. Ja, sage ich es gerade
heraus, es wäre eine Wohlthat für die Kunst wie für die Menschheit, wenn der Staat auch unsern Unterricht in seine Obhut zu
nehmen vermöchte; er müßte dann aus seiner bisherigen Armselig-
keit heraus und empor sich arbeiten, von seiner Oberflächlichkeit sich
erheben, aus der Kleinkinderschule heraustreten in das eigentlich
bildende Bereich, und müßte sich dann erstrecken über Alles, was
dieses als sein eigen anspricht. Ich sage „vermöchte": warum
sollte das nicht möglich sein? warum sollte nicht ein Gesetz geschaffen
werden können, wonach nur derjenige Musikunterricht ertheilen darf,
der gleichfalls wie alle anderen Lehrer seine volle Befähigung dazu
durch förmliche Prüfungen dargethan hat? — das mochte beiläufig
gesagt sein: ich schreite jetzt fort zur Entwickelung meiner Ansichten
über die bei dem diesseitigen Unterrichte anzuwendende Methode.

a. Allgemeine Methodologie.

Beginnen kann und darf der Unterricht in den daher gehörigen
Gegenständen natürlich erst, wenn der Schüler bereits einige belang-
reiche Kenntnisse in Dingen der allgemeinen Tonlehre und der Rhythmik, auch schon in irgend einer Beziehung eine wenigstens ziemlich
praktische Gewandtheit erlangt hat. Früher würde jede Saat auf
einen trocknen, harten Acker fallen. Doch ist das der Fall, so darf
man auch keinen Augenblick mehr damit zögern. Die insbesondere
sogenannte allgemeine Tonlehre ist der Pflug, Rhythmik die Egge
für diesen Theil unsrer Aussaat: haben sie ihre Arbeit gethan, dürfen
wir mit dieser nicht zu lange warten, bis der Boden sich wieder härtet.
Nicht einmal das Ebnen desselben darf schon geschehen sein, sondern
in den aufgelockertsten Acker müssen die Körner fallen. Ton- und
Taktarten, Klanggeschlechte, auch wenigstens einiges Nähere aus der
Intervallenlehre und was dahin gehört, müssen die Kinder bereits
inne haben, bevor man zur Melodik und Harmonik fortschreiten
kann, aber alsdann eile man auch damit. Trennen läßt sich der
Unterricht; Melodik und Harmonik bilden ein unzertrennliches Ganze,
das wieder als Einzelheit der Gesammtheit, als ein Glied des uni-

versehen Körpers erscheint, wie der Ober= und Unterarm, obschon
aus zwei Theilen bestehend, doch ein Glied von unserm Leibe aus=
machen, den Arm. Man kann nicht in der einen ohne zugleich in
der andern unterrichten. Deshalb habe ich sie hier auch zum
Gegenstande einer Abhandlung gemacht. Beide unterscheiden sich
nach Wesen und Form sehr weit von einander, weder nach Wesen=
heit noch nach Form aber kann die eine recht verstanden werden,
wenn nicht Wesenheit und Form der andern sofort gegenüber ge=
stellt wird. Diese stete Verbindung der beiderseitigen Gegenstände
sei der erste Gedanke, den der Lehrer bei diesem Unterrichte über=
all festhalten muß. Dann bleibe er vorerst nur bei der allgemeinen
Natur von Melodie und Harmonie stehen und suche den Schülern
an schon bekannten Tonstücken die Bedeutung derselben darzuthun,
gewissermaßen anschaulich zu machen. Was die Schüler am meisten
und von selbst anzieht, ist die Melodie: wir dürfen nicht solch' eng=
herzige oder egoistische Contrapunktisten sein, das Interesse schmälern
oder auch nur einen Augenblick ablenken zu wollen; aber wir dür=
fen auch nicht solch' enthusiastische Sänger sein, daß wir ein gleich
großes Interesse für die Harmonie zu erwecken verabsäumten. Me=
lodie ist die Seele unsrer Kunst, das belebende Blut, das in deren
Adern rollt; doch Harmonie auch ihr Leib. Wie die Seele des
Leibes nicht entbehren kann zum vollen wirksamen Dasein, so auch
die Melodie nicht der Harmonie. Leib ohne Seele allerdings
ist Tod, eine Harmonie nicht belebt von Melodie ein starres Ge=
ripp, von dem kein Leben, keine Bewegung ausgehen kann; aber auch
die Seele allein ohne Leib vermag Nichts zu schaffen in dieser Welt,
eine Melodie ohne Harmonie eine unfruchtbare Idee. Bleiben wir
bei diesem Gleichniß; es trifft überall zu und in jedem Augenblicke
lassen sich Bemerkungen daran knüpfen, welche die Lehre veran=
schaulichen. Der Gedanke, das Gefühl, welche sich in der Melodie
aussprechen, werden vervollständigt, klar gemacht, verdeutlicht, be=
stimmter ausgeprägt durch die Harmonie. Ich möchte sagen, was
im bloßen Gesange das erläuternde Wort, das in der reinen In=
strumentalmusik die Harmonie. Ohne diese hier kein eigentliches
Verständniß. Der Lehrer versuche nur, den Schülern ein und die=
selbe Melodie mit verschiedenen Harmonien vorzuführen, und sie
werden bald den wesentlichen Einfluß, den diese auf den Ausdruck
jener üben, selbst fühlen und damit das Verhältniß vollständigst
begreifen. Dergleichen Uebungen bieten zugleich die beste Gelegen=
heit, den Schülern anschaulich zu machen, wie keine Harmonienreihe

eigentlich ohne alle Melodie sein kann, da dieselbe Nichts ist als ein
gemeinschaftliches Auftreten verschiedener Melodien, die sich näher
beisammen oder entfernter von einander liegenden Tonregionen ergehen. Wo der Grund für einen solchen Verein? — In den menschlichen Stimmen. Jetzt halte sich der Lehrer nur an diese Begründung,
diesen Vergleich, und es werden sich ihm überall und jederzeit Mittel
bieten, dem Schüler klar und anschaulich zu machen, was ihm in
der weitern Entwickelung der Lehre vielleicht schwer zu fassen erscheinen dürfte. Allen Stoff derselben muß der Schüler anschauen,
erfassen als Stimme, das was wir im engern Sinne des Worts
unter Melodie verstehen sowohl als die Bestandtheile der eigentlichen
Harmonie. Das Quasi-Ideelle verkörpert sich ihm dadurch gewissermaßen und wird ihm so begreiflicher, weil wirklich anschaulich. In
diesem Begriffe wird namentlich leicht, dem Schüler die verschiedenen
Bewegungen, die eine Melodie je nach dem für sie beabsichtigten
Ausdrucke machen kann, so wie die grammatisch richtigen Fortschreitungen der Harmonieintervalle zu zeigen, und zwar auf eine Weise
zu zeigen, welche ihm die dafür aufgestellten Gesetze nicht als willkürlich erfundene, sondern als vollkommen natürlich begründete erscheinen läßt. Bei Allem, was ich meinen Schülern aus den diesseitigen Bereichen zu erklären habe, nehme ich nöthigen Falles meine
Zuflucht zu dem Vergleich mit der menschlichen Stimme, und ich
reiche stets damit aus, bin immer sicher, verstanden zu werden und
die Kenntniß gefördert zu haben. Selbst die con- und dissonirenden
Tonverhältnisse und die übrigen geschlechtlichen Unterschiede in der
Harmonie, ob eng oder weit, begleitend oder polyphonisch, Haupt-
oder Nebenharmonie, wie vielmehr die Lehre von der Entstehung
und Bildung der verschiedenen Figuren lassen sich so dem Schüler
am anschaulichsten machen. Ist es doch dann auch nur die Natur,
die uns leitet. In den menschlichen Stimmen hat die Natur die
erste wirklich musikalische Melodie und Harmonie geschaffen, von
dort und nirgend anders her nahm die Kunst ihre Gesetze für Beide,
insbesondere die letztere: warum nun nicht auch beim Unterrichte
gleich von der Quelle ausgehen und jeden Schritt weiter mit stetem
Rückblicke auf diese thun? — Der Schüler kann sich ja dann nie
verirren, weil ihm überall und in jedem Augenblicke ein sicherer
Wegweiser vor Augen steht. Damit habe ich zugleich so ziemlich
den Verlauf angegeben, den der Unterricht in der Melodik und Harmonik zu nehmen hat. Den Schluß desselben bildet stets die Satz-
lehre, und der Lehrer wird gut thun, dieselbe stets als das Resultat

des ganzen Prozesses darzustellen. Wie wir lesen, schreiben, denken lernen, um endlich reden oder Reden auffassen zu können, so auch die Dinge der Melodik und Harmonik, um endlich alle Kunstgebilde blos als wirkliche Seelenreden zu begreifen. Der Geist spricht in Worten, die Seele in Tönen; beide Sprachen aber unterliegen formell denselben Gesetzen; ihr Organismus ist derselbe. Wie Sinn, Gedanken, Sätze, Perioden, Betrachtungen, Abhandlungen in der wirlichen Rede, der Sprache des Geistes, so auch Motiv, Gang, Satz, Periode, Abtheilung, Tonwerk in der Musik, der Sprache der Seele. Die Lehre von den Figuren und Manieren betreffend, so knüpft sich dieselbe unmittelbar an den Unterricht in der praktischen Fertigkeit. Es würde zwecklos sein, wollte der Lehrer früher von Triolen, Sertolen, Vor- und Nachschlägen, Doppelschlägen, Mordenten, Trillern ꝛc. zu seinen Schülern reden, als bis dergleichen in den Tonstücken, die sie singen oder spielen, vorkommen, aber eben so zwecklos würde es auch sein, würde er nun nicht den Unterricht in seiner ganzen Ausdehnung aufnehmen. Ich komme nachgehends in der speciellen Methodologie wieder darauf zurück. Ueberhaupt wenn irgendwo, so halte hier, bei dem Unterrichte in der Melodik und Harmonik, der Lehrer an dem Grundsatze fest: von der Sache sofort zum Zeigen. Bei Allem, was er seinen Schülern vorträgt, zeige er sofort, wie dasselbe sich praktisch gestaltet, und wähle hierzu hauptsächlich solche Musikstücke, die diesem schon bekannt sind. In solchen tritt ihnen Alles heller, lichter in die Augen. Sie fassen Alles schneller und deutlicher auf. Habe ich zu meinen Schülern z. B. von den verschiedenen melodischen Stimmbewegungen gesprochen, sogleich ziehe ich die Tonstücke hervor, welche sie schon spielen oder singen gelernt haben, und lasse sie in denselben dergleichen Bewegungen aufsuchen. Dasselbe thue ich bei allen andern daher gehörigen Lehren. Keine darf vorkommen, sie muß sogleich praktisch erwiesen werden. Man hat den unendlich großen Vortheil davon, daß nicht allein das Neugelernte den Schülern sofort klarer vor das Seelenauge tritt, sondern auch das vermeintlich schon Absolvirte immer heller und mit einem immer erneuerten Interesse vor diesem sich entfaltet, — ein Interesse, das wieder zur Folge hat, daß der Schüler nirgends einen eigentlichen Stillstand gewahr wird, sondern in jedem Augenblicke sein Auge sowohl rück- als vorwärts richtet. Welches Leben kommt dadurch in die ganze Schule! welche Begeisterung bei dem Schüler für Alles, was er treibt! — Allerdings macht das dem Lehrer Arbeit, aber ·hier, grade bei der

Lösung seiner diesseitigen Aufgabe ist auch das Arbeiten an ihm. Alles Leben des Unterrichts muß von ihm ausgehen, die Selbstthätigkeit des Schülers durch seine eigene Thätigkeit erregt werden. Darf er irgendwo anders eine mehr passive Rolle übernehmen, hier nicht, und all' seine pädagogischen, bidaktischen Kräfte sind in Bewegung zu setzen, sein ganzes Lehrtalent aufzubieten. Wir haben gehört, der Lehrer soll nicht schwatzen, aber viel reden: am meisten trifft die Regel hier zu, und ist nur noch zu merken, daß das Reden in einer Weise geschehen muß, welche die Aufmerksamkeit des Schülers reizt. Das geschieht abermals am besten, wenn wir alles zu Lehrende so vortragen, daß nicht allein der Schüler gewissermaßen zu Antworten gespannt wird, sondern auch Aug' und Ohr bei ihm dadurch in Anspruch genommen werden. Wenn es bei allen andern Gegenständen umgangen werden kann, hier muß der Lehrer stets Kreide oder Griffel in der Hand haben, um alles Gelehrte sofort durch Beispiele veranschaulichen zu können. Dann muß er diese Beispiele dem Schüler auch sofort auf irgend einem Instrumente zu Gehör bringen. Wer mehrere Schüler zugleich, wie ich in einem eigens dazu eingerichteten Locale unterrichtet, wird zu dem Ende eine mit Liniensystemen versehene Tafel an der Wand hängen haben. Andern Falls reichen Notenschreibhefte aus. Bei Gelegenheit der Lehre von den Tonarten und Tonleitern bemerkte ich bereits, wie höchst förderlich es für den Unterricht ist, den Schüler dazu anzuhalten, daß er ein Gelerntes nach den gegebenen Regeln sofort selbst durch Aufzeichnung praktisch in Anwendung bringt: hier dürfen wiederum die Schreibheftchen nicht fehlen. Der Schüler muß in der Vorstellung der verschiedenen melodischen und harmonischen Formen geübt werden, und das geschieht am besten, wenn er selbst dergleichen und zwar entfernt von dem Instrumente erfindet, lediglich durch sein geistiges Ohr bildet. Daß dies aber in Thätigkeit und wie es in Thätigkeit ist, beweist am sichersten die zeichnende Feder. Die Schüler müssen Alles an Beispielen lernen, diese Beispiele aber auch selbst ausarbeiten. Das stärkt ihre ganze geistige Kraft und prägt zugleich das Erlernte um so tiefer, um so fester ein. Nachher leite der Lehrer wieder eine Vergleichung des von den Schülern selbst Ausgearbeiteten mit wirklichen Tonwerken ein, und wähle abermals hiezu solche Tonstücke, die den Schülern schon bekannt sind, deren Lesen und Auffassen ihnen also keine besondere Mühe mehr macht. Hat der Schüler z. B. gegebene Beispiele harmonisch ausarbeitet, construirt, so lasse nun der Lehrer die darin vorkommenden Accorde,

Accordverbindungen, Stimmfortschreitungen, Harmoniegattungen rc.
auch in solchen Tonwerken aufsuchen, und die Wirkung wird immer
die bereits beschriebene sein. Ich habe Schüler, die dadurch so fertig im Auffassen der verschiedenen melodischen und harmonischen Gestaltungen geworden sind, daß sie — wie man sich auszudrücken
pflegt — nur mit halbem Auge auf die Noten zu schauen brauchen
und doch dieselben spielend oder singend stets richtig lesen, und daß
ich, wenn und wo sie einen falschen Ton greifen oder angeben, nur
an die Harmonie zu erinnern brauche, um sofort von ihnen selbst
den Fehler verbessert zu hören.

b. Specielle Methodologie.

Von da zu dem Speciellen der hier anzuwendenden Methode
übergehend, wollen wir die einzelnen Lehrgegenstände wieder mehr der
Reihe nach betrachten, obschon sich dieselben — wie gesagt — kaum
in einem Punkte von einander trennen lassen. Und zu dem Ende
zunächst die Melodik ins Auge fassend, möchte ich vor allen
Dingen davor warnen, dem Unterrichte eine Richtung zu geben,
welche auf die Kunst der Erfindung von Melodien abzielt. Die
Melodie ist die Seele der Musik, ein Ewiges. Das zu schaffen,
läßt sich nicht lehren. Ich weiß wohl, daß einige Tonlehrer sich
schon an diese Unendlichkeit gewagt haben, und einen Stolz in dieses Wagniß setzen; aber was war und was konnte der Erfolg immer nur sein? — Die Schüler gewinnen die Meinung, daß sich
auch dieses lehren und lernen lasse, und wenn sie dann bald an
sich selber verspüren (was nicht ausbleiben kann), daß der Unterricht Nichts fruchtet, so suchen und finden sie den Grund davon
nicht in der Sache, sondern in dem Lehrer. Daß er überhaupt
etwas Unmögliches gewollt oder nur versucht, begreifen sie nicht,
aber das begreifen sie, daß er nicht gekonnt, was er gewollt, und
Nichts ist verderblicher für das ganze Gelingen des Unterrichts, als
wenn der Schüler das Vertrauen in die Geschicklichkeit des Lehrers,
einerlei, in welcher Richtung, verliert. Was sich in der Melodik
lehren läßt, sind nur die tonischen (stimmigen), rhythmischen und
generellen Formen der Melodie, Nichts weiter, und es ist besser für
uns wie für den Schüler, das offen einzugestehen, ihm zu erklären,
daß gerade in der Erfindung der Melodie jenes Etwas sich offenbart,
das wir das künstlerische Genie nennen und das dem Menschen angeboren sein muß, wenn er die Kunst zu seinem eigentlichen Berufe
wählen will, als Zeit und Mühe unfruchtbar und zwar auf eine

Weise unfruchtbar verbringen, welche in allen Richtungen die nachtheiligsten Folgen auf den Unterricht überhaupt haben muß. Bleibt
ja zubem noch genug zu lehren und zu lernen übrig, was ordentlich betrieben den eigentlichen Zweck des ganzen Unterrichts verwirk-
licht und was auch in Hinsicht auf die diesseitigen Gegenstände
nicht blos gelehrt und gelernt werden kann, sondern wirklich gelehrt
und gelernt werden muß, um dieser Verwirklichung des gesammten
Unterrichtszwecks gewiß sein zu können. Doch eben so gewiß wir
demnach von dem Unterfangen abzustehen haben, unsern Schülern
die künstlerische Erfindung förmlich lehren zu wollen, eben so gewiß
dürfen wir nicht versäumen, dieselben Versuche darin anstellen zu
lassen. Können wir wissen, welcher Geist in den Zöglingen schlummert? — Auch das größeste Genie bedarf der äußeren Anregung
zum wach werden, und daß diese nicht dem Zufalle überlassen werde,
eben deshalb unterrichten wir ja. Vergessen wir also um Alles in
der Welt nicht, während wir unsern Schülern jene Formen
an bereits vorhandenen Melodien erklären und lehren, dieselben
bisweilen auch selbst Versuche in der Erfindung von Melodien
anstellen zu lassen. Wir werden dabei bald gewahr werden,
daß das am besten geschieht, wenn wir sie dazu anhalten, die
gegebenen Beispiele aufzuschreiben, dann zu spielen und hiernächst
selbst ähnliche Beispiele darnach zu bilden, und wenn wir endlich
von ihnen verlangen, nun auch einmal selbst einen melodischen Satz
in irgend einer jener bestimmt bezeichneten Formen zu gestalten.
Anfangs werden diese Gestaltungen zwar ein gar sonderbares Aussehen haben, aber lassen wir nicht nach, ermüden wir nicht, verwerfen und tadeln wir auch nicht sogleich das ganze Geschaffene, —
wir sind jetzt daran, ein Talent zu wecken ꝛc. und in jedem Menschen schlummert ein Etwas von künstlerischer Begabung. Unsere
Kunst ist ein Eigenthum der Menschheit, an welchem Jeder seine
Rechte hat. Jeder Mensch trägt Melodie in sich, bei dem Einen
tritt sie nur früher, beim Andern später, bei dem Einen in edlerer kräftigerer, bei dem Andern in ärmerer Gestalt ins Dasein. Selbst
Kinder setzen sich, so unterrichtet, an das Instrument und reihen
Töne an Töne: es kommt ein Etwas zum Vorschein, das ihr ganzes Sein beschäftigt. Prüfen wir nur das, knüpfen den eigentlichen Unterricht daran: das Kind fühlt sich glücklich in der Meinung, selbst Etwas geschaffen zu haben, an das sich die Betrachtungen des Lehrers anschließen können, und sogar unaufgefordert
schreitet es jetzt fort auf dem eröffneten Wege. Zu Was derselbe

zu führen vermag, wer kann es ermessen? — In allen Fällen leitet er zu wahrhafter musikalischer Bildung, wenn selbst das Maß eigentlich künstlerischer Produktionskraft nur sparsam zugemessen sein sollte. Ein anderes vortreffliches Mittel zu gleichem Zwecke besteht in dem Wiedergeben vorgesungener oder vorgespielter Melodien, auch in dem Vergleichen ähnlicher melodischer Tonreihen: unwillkürlich wird der Schüler zu einem Zuthun aus seinem eigenen Innern oder Weglassen oder Verändern, Umgestalten gereizt, das nicht selten zu wenigstens scheinbar ganz neuen Gestaltungen führt. Dies ist ebenso der Fall, wenn der Schüler die Aufgabe erhält, durch Hülfs- und Wechselnoten, die er bei der Lehre von der Figuration kennen gelernt hat, gegebene einfache Melodien fließender, zierlicher, lebendiger, schwunghafter zu gestalten. Nicht minder bei der Aufgabe der Zergliederung mehrerer in genauer Verbindung zu einander stehender Accorde, die Anfangs schriftlich und dann am Instrumente gelöst wird. Was das Auge dort übersehen, ergänzt hier das Ohr, und dort reizt der Mangel des Klanges das geistige Ohr, sich den in Noten vorgestellten Ton zu vergegenwärtigen. Daß Uebungen der Art nur progressiv angestellt werden müssen, versteht sich von selbst. Mit Accordzergliederungen fange man an; man zeige, wie viele der glänzendsten Spielfiguren nichts Anderes sind; dann gehe man dazu über, daß der Schüler selbst dergleichen melodische Stimmbewegungen, wie ihm gezeigt worden, finden muß; von hier findet sich endlich selbst der Weg zu Weiterem: der Schüler spielt diese Selbstschöpfungen, er will hören, was er auf dem Papiere gezeichnet hat, und unter hundertmal neun und neunzig mal, daß sich wirklich melodische Formen daran knüpfen. Daß ich jene verschiedenen Bewegungen namhaft mache und erkläre; daß ich auseinandersetze, was unter Motiven, Gängen und Sätzen zu verstehen und wie viele verschiedene Arten es davon giebt; daß ich die verschiedene rhythmische Anordnung der Melodie, wie deren generelle Eintheilung in Haupt- und Nebenmelodie förmlich zeige, erkläre ꝛc., kann nicht meine Aufgabe hier sein. Lehrer, welche noch keine hinlänglichen Kenntnisse in den Dingen haben, schöpfen solche aus den bereits angeführten „Musiklehren", und darf ich zu dem Ende ein Buch von mir selbst empfehlen, es ist dies meine „Musikwissenschaft" (Karlsruhe bei Groos), jenes Werk, das überhaupt jedem Musiklehrer und Musiklernenden von großem Nutzen sein dürfte, indem es von Allem, was ein solcher wissen muß, wie ich glaube selbst sagen zu dürfen, nicht blos eine genügende, gründliche, sondern auch die einzig richtige Erklärung giebt. Es ist mehr als eine Musiklehre im gewöhnlichen Sinne des Worts, ist vielmehr ein Buch, aus dem sich jeder Musiklehrer Raths erholen kann für die richtige Erklärungsweise aller Dinge, die er seinen Schülern zu lehren hat, und wie sehr es gerade betreff der hier zunächst in Betracht kommenden Gegenstände an richtigen Begriffen bei unsern Musiklehrern fehlt, weiß jeder erfahrne Mann von Fach. Ich will z. B. nur an die Synkopien und rhythmischen Rückungen erinnern: man höre, wie dieselben von vielen Musiklehrern erklärt werden, und man wird staunen über die arge Begriffslosigkeit oder Begriffsverwirrung, welche herrscht. Ohne daß der Lehrer selbst aber den richtigen Begriff von den Sachen hat, nutzt alle Methode Nichts. — Anlangend den Unterricht in den harmonischen Dingen, nenne man es nicht Eitelkeit oder Eigenliebe, wenn ich gestehe, daß ich keine bessere Methode kenne als die von Logier — nicht zuerst erfundene (erster Erfinder dieser Methode war Logier nicht), sondern zuerst in eine Art von System gebrachte und dann von mir — ich darf es wohl sagen — praktischer entwickelte, populärer umgestaltete (in meinem Buche „Polyphonomos", von dem 1842 eine zweite verbesserte und vermehrte Auflage erschien). Können doch selbst unsere erklärtesten Gegner nicht anders, als das „Kluge" dieser „Pädagogik" zuzugestehen. Nun, wenn wir nur „klug" bei unserm Unterrichte verfahren, so wollen wir die Weisheit in den Dingen selbst Andern gern überlassen. Sie fruchten damit Nichts, wir aber nützen Andern mit unsrer „Klugheit", und dieses Nützen ist ja unser Beruf. Wir sollen erziehen, das unsere Aufgabe, unsere Kunst, und so kann man uns auch kein größeres Compliment machen, als wenn man eingesteht, daß wir „Klugheit", also Verstand in dieser Kunst besitzen, „kluge" Erzieher sind. Der Verstand kann das rechte Kennen der Dinge nicht ausschließen. Componisten, Tonsetzer, Tondichter haben wir, so lange wir uns im Bereiche der Harmonik bewegen, nicht zu bilden, sondern dem Schüler nur diejenigen Kenntnisse beizubringen, welche nöthig sind, den harmonischen Bau eines Tonstücks oder Tonsatzes durch und durch durchschauen, begreifen, entwickeln, auffassen zu können, und das kann wahrlich auf keine bequemere, sicherere und doch zugleich gründlichere, umfassendere Weise geschehen, als die zuerst von Logier und dann von mir in einem eigenen System entwickelte. Man überzeuge mich vom Gegentheile und recht gerne werde ich mich bescheiden, eines Andern belehren lassen; aber man hat mich nicht allein bis heute noch nicht davon überzeugt, sondern ich habe

die lebendigen Beweise tagtäglich vor mir, daß eine solche Ueberzeugung ohnmöglich. Lege der Lehrer jede andere sogenannte Harmonielehre seinem Unterrichte zum Grunde: nicht allein, daß er diesen verschieben muß, bis es fast zu spät für das ganze Bildungswerk ist, sondern er wird damit auch nie zu Ende kommen, wenn
der Schüler nicht wirklich zum Musiker bestimmt ist und somit den
vornehmsten Theil seiner Zeit auf seine musikalische Ausbildung zu
verwenden hat. Auch wird er nie jene Klarheit der Einsicht, jenes
durchdringende Verständniß der Dinge und jene Fertigkeit im Uebersehen und Durchblicken aller harmonischen Gestalten erreichen, welche
eine Wirkung unsrer Methode von ihrem ersten Beginn an ist. Alle
diese Gestalten wurzeln in ein und demselben Princip, dem akustischen Klangverhältnisse der Töne. Dieses Verhältniß ist kein ide-
elles oder lediglich auf dem Wege künstlerischer Speculation zu fin-
dendes, sondern es ist ein natürliches, mathematisches, das sich
durch Zahlen darstellen läßt. Zahlen aber faßt schon ein Kind auf.
So läßt sich nach unsrer Methode der Unterricht auch schon bei
Kindern anfangen, und man komme und lege zehn-, zwölfjährigen
Schülern meiner Anstalt z. B. eine Melodie vor, — binnen kürzester Frist werden sie dieselbe auf drei, vier verschiedene Weise har-
monisirt haben; oder man lege ihnen ein Tonstück vor und fordere
sie auf, den harmonischen Bau desselben zu analysiren: sie werden
eben so ausführliche und sichere Auskunft über die einzelnen modu-
latorischen Bewegungen, als über die accordischen Mittel geben,
durch welche dieselben und woher und wohin bewerkstelligt worden
sind; sie werden eben so sicher und richtig über die Accordgestaltun-
gen in jedem Takte, als über die Verbindungen derselben urtheilen;
sie werden eben so genau die Haupt- von den Nebenharmonien zu
unterscheiden vermögen, als die durchgehenden und Wechsel-Noten
von den wesentlichen Harmonietönen. Es kann sein, daß man sie
noch nicht fertig und gewandt in der geisttödtenden und so über-
flüssigen Accordnomenclatur findet, aber desto überraschender werden
ihre Zurückführungen aller, selbst der verwickeltsten Gestalten auf die
erste Ur- oder Grundgestalt und ihre Erklärungen sein, durch welchen Verkehrungs-, Umgestaltungs- oder Verbindungsproceß jene
aus diesen entstehen konnten. Die Fertigkeit, Zungengeläufigkeit in
jener Nomenclatur kommt später, und will man sich überzeugen, daß
die Methode auch solche erzielt, so wende man sich an ältere Schüler. Noch mehr: die Kinder lernen dadurch, ohne es eigentlich zu
wissen, zugleich auch das, was wir im engern und eigentlichen

Sinne des Worts Generalbaß heißen. Man lege meinen älteren Schülern Choräle vor: sie spielen dieselben eben so fertig nach blos bezifferten Bässen, als wenn die Harmonie derselben wirklich ausgesetzt ist. Man frage meine Schüler nach den Kennzeichen der Con- und Dissonanzen in einer Harmonie, sie werden weder stumm bleiben, wie selbst viele Musiklehrer heute noch bleiben müssen, wenn die Frage an sie gerichtet wird, noch werden sie so unbestimmte oder weitschweifige Antworten geben, als jene nach anderer Methode Unterrichteten. Sie wissen genau z. B., warum die Quarte im Quartsextenaccorde eine Consonanz, im Quartquintenaccorde aber eine Dissonanz ist; wissen genau, wie dieselbe dort und wie sie hier fortschreiten kann und muß. Der Unterricht nach dieser Methode kann begonnen werden, sobald der Schüler nur die ersten Elemente der eigentlichen Tonlehre und Rhythmik inne hat. Nicht einmal eine vollständige Intervallenkenntniß wird davon vorausgesetzt, vielmehr wird dieselbe gleichzeitig mit dieser gewonnen. Die Schüler lernen zunächst, den Grundbaß zu einer gegebenen Melodie auffinden. Das Schema dazu bildet die Leiter, als die Quelle aller melodischen Gestaltungen. Dann lernen sie Melodie und Baß harmonisch verbinden. Der Dreiklang ist das nächste Mittel dazu. Vier Intervalle sind jetzt, welche die Schüler kennen, die vier consonirendsten. Das geht durch alle Tonarten und Tongeschlechte und Rhythmen. Die Schroffheit, in welcher die Dreiklänge bisweilen neben einander treten, muß gemildert werden. Die Reihe kommt an die Septime und None: sie kennen die drei harmonischen Grundgestalten, tonischer Dreiklang, Hauptseptimen- und Nonenaccord. Septime und None sind Dissonanzen: die Intervallenlehre erweitert und verbreitet sich namentlich über die Eigenthümlichkeit der Con- und Dissonanzen. Die dissonirenden Accorde sind die eigentlichen Bewegungsharmonien; das fühlt der Schüler selbst; so müssen ihre Intervalle auch an bestimmte Fortschreitungen gebunden sein. Es kommt die Lehre von den Fortschreitungen der verschiedenen Stimmen und dem, was damit in Verbindung steht, z. B. die sogenannten falschen Quinten und Octaven, an die Reihe. Die Verkehrung jener harmonischen Grundgestalten führt zur Kenntniß vieler anderer solcher, aber abgeleiteter Gestalten; das Bewegliche der dissonirenden Accorde zu der Modulations- und Uebergangslehre. Sofort greife ich über in die Lehre von den Figuren und Manieren (s. weiter unten) und durch das Hinzutreten von Vorhalten werden abermals neue Harmonien gebildet, so wie durch das Hinzutreten von Durchgangstönen 2c.

die Fortschreitungen der einzelnen harmonischen Stimmen melodischer, reizender, beweglicher gestaltet. Dazu ist Raum erforderlich: die enge Harmonie gestaltet sich zur weiten. Auch werden
wesentliche Harmonietöne dabei berührt: neben der Hauptharmonie
bildet sich eine Nebenharmonie 2c. 2c. So schreitet der Unterricht
vollkommen genetisch fort von seinem ersten Anfang bis an
seinen letzten Ausgang. Er baut förmlich wie der Architekt sein
Haus, legt zuerst den Grundstein zum Gebäude, richtet dann die
Mauer auf demselben auf, auf dieser das Zimmerwerk, mauert solches aus und legt endlich auch die Haub an die Verschönerung 2c.,
das Haus wirklich wohnbar zu machen. Nirgends tritt, wie in
jeder andern Methode, eine Einzelheit der Beschauung entgegen, die
als Einzelheit Nichts nützt, nicht gebraucht, daher auch nur schwer
als Theil des Ganzen begriffen werden kann. Die Methode ana-
tomisirt nicht, sondern erzeugt; aber indem sie den Schülern den
ganzen Entstehungsproceß eines harmonischen Gebäudes vor Augen
legt, begreifen diese dasselbe nicht allein besser, leichter, sondern verstehen sie auch von selbst, es wieder in seine einzelnen Theile zu
zerlegen. Sie ist elementarisch, weil natürlich entwickelnd, aber eben
deshalb auch für alle Jugend passender. Formell quält sie zugleich
die Schüler nicht mit den Namen der Dinge; jene neben diese nur
als Beiwerk mit hin. Daneben geschieht der Unterricht stets mit
der Feder in der Hand und das so selbst Gestaltete vergleichend mit
den in schon bekannten wirklichen Tonwerken vorhandenen Gestalten,
und ich habe noch immer die Freude gehabt, daß die Schüler, wenn
sie der praktischen, technischen Schule so zu sagen entwachsen waren, diese auch als fertige Kenner aller Dinge der Harmonie und
Melodie verließen. Ein vortrefflicher Prüfstein für Jeden in dieser
Beziehung ist, ob er frei, aus sich selbst eine gesungene oder gespielte Melodie auf irgend einem harmoniefähigen Instrumente zu
begleiten vermag: man lege Denen, die ihre Schule vollständig in
meiner Anstalt machten, solche Melodien vor und sie werden eben
so harmonisch richtig, als auch nicht ohne Geschmack accompagniren,
denn genau kennen sie die darin vorkommenden Modulationsnoten und
genau wissen sie, welche Ausweichungen dadurch je nach Umständen
bedingt werden, richtig führen sie ihre Stimmen und eben so richtig machen sie bei den einzelnen Absätzen und Perioden ihre Cäsu-
ren, wie am Schlusse des Ganzen die befriedigenden Cadenzen.
Welcher Gewinn namentlich für die gesellschaftlichen Bedürfnisse
unsrer Dilettanten! Aufforderung genug, von keinem Unterrichte

diese Harmonik auszuschließen, selbst wenn dieselbe keinen weiteren
Vortheil mehr brächte. Doch dieser ist, wie bereits gezeigt, ein
noch weit beträchtlicherer, und meint man, daß die Verbindung
dieses Unterrichts mit dem gewöhnlichen praktischen einen besondern
Aufwand an Zeit erfordere, so irrt man sich sehr: abkürzen vielmehr
thut er diese, indem er jenen, den praktischen Unterricht, besonders
den Unterricht im Clavierspiele wesentlich erleichtert, von Stunde zu
Stunde, von Lection zu Lection stets erfolgreicher erscheinen läßt.
Oder wären wirklich die daher gehörigen Kenntnisse und Fertigkeiten
nicht z. B. das beste Mittel zur Förderung der Fertigkeit im Notenlesen und Tontreffen? ein wesentliches Mittel, dem Schüler einen
guten Vortrag anzueignen, d. h. ihn dahin zu bringen, daß er
Alles, was er spielt oder singt, auch correkt und geschmackvoll
vorträgt? — Wir werden sehen, ob nicht der Schüler lediglich
durch diesen Unterricht überhaupt dahin gebracht werden kann, daß
er sich dereinst und in allen Fällen selbst zu helfen im Stande ist.
— Von den Figuren und Manieren habe ich vorhin bereits gesprochen. Der Unterricht darin ist so wesentlich; nicht selten bilden die
Figuren und Manieren das eigentliche Colorit des ganzen Tongemäldes; sie sind die Träger der Eleganz, des Schmucks, des Reizes, der uns für ein Tonwerk einnehmen soll; daneben haftet nicht
selten noch ein eigenthümlicher psychischer Ausdruck daran. Ein
Verfehlen darin vermag den ganzen Charakter eines Tonwerks zu
verwischen. Aufforderung genug für jeden Lehrer, diesem Theile seines Unterrichts alle Aufmerksamkeit zu schenken. Ueberdem beschäftigt ihn derselbe fast während des ganzen Verlaufs seines Werks.
Mit dem ersten Vorschlage, den wir unsern Schülern zu zeigen
haben, treten wir in das diesseitige Bereich, und wir kommen nicht
wieder heraus, bis der Schüler der gesammten Schule wirklich entwachsen ist. Daß wir dies doch ernstlichst erwägen möchten! Es
ist nicht genug, daß wir unsern Schülern die richtige Ausführung der
einzelnen Figuren und Manieren, der Vorschläge, Triller, Doppelschläge, Mordenten, Triolen, Sextolen ꝛc. ꝛc. lehren und daß wir
darauf halten, daß sie sich dieselbe aneignen; wir müssen sie auch
über die Bedeutung aller dieser Dinge bis selbst zu ihrem ästhetischen
Charakter hinauf unterrichten, nicht zu gedenken, daß dieses nur geschehen kann, wenn sie zugleich einen richtigen, deutlichen Begriff davon gefaßt haben. Ob wir aber auch nur diesen bei allen Musiklehrern
voraussetzen dürfen? — Man höre nur, wie sie in der Regel z. B.
die Triolen, Sextolen und verwandten Figuren erklären. Das

24

wunderlichste Gerede kann man da vernehmen. Ebenso große Fehler werden in der Lehre von den Vorschlägen begangen; selten sogar, daß nur ein Unterschied zwischen langen und kurzen Vorschlägen gemacht wird, und um wie viel seltener, daß die Schüler Kenntniß von der Verschiedenheit der langen Vorschläge erlangen! — Wie mögen wir uns noch wundern, daß wir so sparsam auf Sänger oder Spieler stoßen, welche sich durch einen richtigen Vortrag auszeichnen! Ich übertreibe nicht; schaue der Sachverständige sich um, und er wird meine Klage nur zu sehr begründet finden. Durch Fehler in den hierher gehörigen Dingen werden nicht selten die ausdrucksvollsten Melodien und Harmonien total verunstaltet. Ich muß meine Collegen bitten, sich doch zuvor selbst erst über die hier zu lehrenden Dinge gründlich zu unterrichten, ehe sie dieselben wieder Andere kennen lehren wollen. Ich habe die Quellen genannt, aus welchen sie die daher gehörige Wissenschaft zu schöpfen vermögen. Die meiste Schwierigkeit bieten dem Lehrer immer die rhetorischen Figuren und die unwesentlichen oder willkürlichen Manieren. Nun ja, es mag schwer sein, die ersteren allen Schülern klar verständlich zu machen, aber ohnmöglich ist dies bestimmt nicht, wenn der Lehrer sich nur an den durch sie selbst gebotenen Vergleich der Musik mit der Sprache hält. Wie jene hat auch diese ihre Wiederholung, Steigerung, Doclimar selbst Parenthese, und es treten diese Figuren deutlich genug hervor, um sie sofort dem Schüler erkennen zu machen, wenn wir nur selbst sie recht verstehen. Daß Jenes aber durchaus nöthig, beweist die Eigenthümlichkeit des Vortrags, den dergleichen Figuren erfordern. Wer spricht eine Parenthese so als die Haupttheile des Redesatzes, wer die Wiederholung und Steigerung so als ihren Vorgang, den Gegensatz so als den Vorsatz, und wer darf sie daher auch so spielen oder singen? aber wer wird sie anders spielen, singen, wer wird sie gehörigen Orts anzubringen wissen? doch wohl nur der, der sie zu erkennen und zu beurtheilen vermag, und dieses Erkennen und Beurtheilen lehren wir unsern Schülern am besten, sichersten durch Vergleiche mit den entsprechenden Redetheilen. Sind doch dergleichen Figuren auch weniger ein Werk des Geschmacks als des Vorstellungs- und Gefühlsvermögens, und auf dieses läßt sich immer nur durch Vorstellungen, namentlich durch Vergleiche mit schon bekannten Dingen einwirken. Bekannt aber werden jene Redefiguren dem Schüler ohne Zweifel schon sein, wenn die Reihe an die diesseitige Lehre kommt, weil dies in der Regel erst der Fall ist, wenn die übrige Ausbildung des Schülers bereits einen höhern Entwickelungsgrad erreicht hat, also auch sein gewöhnlicher Schulunterricht bereits ein reiferer ist. Dasselbe trifft bei der Lehre von den unwesentlichen oder willkürlichen Manieren zu. Es sind diese jene Manieren, die nicht von den Componisten vorgeschrieben, sondern von den Spielern oder Sängern zur Verschönerung des Vortrags, zur Erhöhung seiner Wirkung nach eigenem, willkürlichen, freien Ermessen hinzugethan werden. Es können dieselben nun an sich wieder förmlich wesentliche Manieren oder selbst erfundene Figuren, Portamento's, oder welche andere bloße Vortragsgestaltungen sein. Jedenfalls sind sie ebenfalls ein Werk des Gefühls, doch zugleich auch des Geschmacks. Aber eben deshalb werden wir jedenfalls ihre Lehre auch bis dahin zu verschieben haben, wo das Kunstgefühl des Schülers schon ziemlich erstarkt und sein Geschmack bereits mehr ausgebildet ist, und wenn dies der Fall, so werden wir der Lehre eine mehr objektive als subjektive Richtung geben, d. h. wir werden den Schüler anleiten müssen, Anlaß und Stoff zu solchen Manieren nicht lediglich in sich selbst, sondern vorzugsweise in dem vorzutragenden Tonwerke zu suchen und zu finden. Wie so häufig die Klage über Verunstaltung eines Tonwerks durch hinzugethanen Zierrath! Sie ist eben so oft gerecht als falsch motivirt. Nicht die Verzierung überhaupt trägt immer die Schuld der sogenannten Verunstaltung, sondern häufig nur ihre Art. Anders diese und die beabsichtigte Verschönerung würde erreicht sein. Richtig aber ist sie immer, so wie das Urtheil über die Zulässigkeit der Manier überhaupt, wenn der Spieler oder Sänger schon in seiner Schule gelernt hat, den Maßstab dafür nicht aus sich, sondern aus dem vorzutragenden Tonstücke, dessen Charakter, Form ꝛc. zu nehmen. Das beweist zugleich, daß der dahin gehörige Unterricht fast unmittelbar mit der Formenlehre (f. unten) zusammenfällt, ja diese zum großen Theile schon voraussetzt. Alle übrigen Figuren und Manieren zusammen genommen, können dem Lehrer nicht so viel Arbeit, Sorgfalt, Ueberlegung bereiten als die genannten beiden Arten. Die Methode für die Lehre jener ergiebt sich von selbst, so bald nur der Lehrer den rechten Begriff von ihnen hat. Wenn ich weiß, was eine Triole, was ein Triller, was ein Morbent ꝛc. ist, so kann ich kaum anders als den Schüler auch richtig, auf die richtige Weise in den Dingen unterrichten. Auch erklärt sich der Zeitpunkt für diesen Unterricht, ich möchte sagen von selbst, aus dem Bedürfnisse der praktischen Fertigkeit, so wie sich seine jedesmalige Gränze daraus leicht abmessen läßt. Aber bei der wichtigen Lehre

von den rhetorischen Figuren und willkürlichen Manieren habe ich
nicht etwa ein blos Gegebenes vor mir, sondern ich muß sowohl
das Objekt als das Verhältniß der subjektiven Kräfte zu demselben
in Berücksichtigung ziehen, und nicht blos, daß sich somit gar leicht
zu früh damit beginnen läßt, sondern auch das bis dahin für heute
und nicht weiter läßt sich schwerer bestimmen. Auffallend, daß ein
zu später Anfang dieses Unterrichts zu der größten Seltenheit ge=
hört. Es mag das daher kommen, weil fast jeder Schüler eine
gewisse Vorliebe für diese oder jene Figur und Manier, eine Lieb=
haberei daran gewinnt, und nun alsbald meint, seine Melodien oder
Harmonien überall, wo es nur irgend angeht, damit verschönern
zu können und zu müssen. So habe ich im Augenblicke eine Schü=
lerin, welche ein gar großes merkwürdiges Wohlgefallen an Arpeg=
gien und an dem Nachschleppen, Ueberbiegen und Durchziehen der
einzelnen Melodientöne hat. Wenn ich nicht streng darauf halte,
so schlägt sie fast keinen Accord auf dem Claviere an wie er ge=
schrieben steht, mit Gleichzeitigkeit seiner Töne, sondern zieht die Melo=
dientöne der begleitenden Harmonien fast immer nach. Es sind das
nichts Anderes als solche willkürlichen Manieren und die Liebhaberei an
denselben mag von einer gewissen wehmüthigen Stimmung herrühren,
die von Natur aus auf dem Gemüthe des Kindes zu ruhen scheint.
Wenigstens spielt und singt dasselbe Nichts lieber, als wo eine
solche Vortragsweise, die immer etwas Weh= und Schwermüthiges
hat, dem Ausdrucke am angemessensten ist. Und bei dergleichen
Erscheinungen nun, die wohl allen Lehrern vorkommen, meinen Viele,
sofort sich über Natur und Wesenheit der willkürlichen Manieren 2c.
auslassen zu müssen. Im Gegentheil halte man jetzt damit noch
zurück, kämpfe vielmehr gegen jene Liebhaberei alles Ernstes an,
lasse sie nie aufkommen, sonst wird sie zur Manier, was wir im
gewöhnlichen Leben hierunter verstehen, und diese endlich zur Ver=
zerrung, zur Caricatur. Gerade in solchen Fällen müssen wir am
sparsamsten, zurückhaltendsten mit dem Unterrichte sein. Erst müssen
wir unsere Schüler an genaue, vollkommen correkte Ausführung des
Vorgeschriebenen gewöhnen; alsdann, wenn sie darin erstarkt sind,
die Bildung ihres Geschmacks begonnen hat und sie einen tiefern
Blick in die Formen der Tondichtung gewonnen haben, — alsdann
erst dürfen wir versuchen, der eigenen Anschauungs= und Gefühls=
weise auch gebührende Freiheit zu gestatten und zu dem Ende durch
jene Lehre gewissermaßen eine Anleitung geben, wie diese Freiheit
am vortheilhaftesten für Kunst und Künstler benutzt werden kann

und darf. Laſſen wir früher die Zügel in dieſer Richtung ſchießen, ſo muß der Schüler — um mich des Ausdrucks zu bedienen — entarten, weil er noch nicht Kraft genug beſitzt, ſich ſelbſt in dem gewonnenen freien Bereiche zurecht zu finden, aufrecht zu erhalten, ſelbſt wenn der Lehrer ihm ſo zu ſagen, die beſte Karte davon in die Hand gegeben hat. Ich ſagte: die Lehre von den willkürlichen Manieren biete unter allen daher gehörigen Gegenſtänden in der Regel die meiſte Schwierigkeit; man darf ſogar weiter gehen noch und behaupten, daß ſie die ſchwierigſte in allem Muſikunterrichte iſt. Mag mein Gegenſtand eben ſein welcher er will, niemals bin ich ſo ſehr um die zweckmäßigſten Mittel verlegen, ihn meinem Schüler beizubringen, als bei dieſem. Das hat ſeine Gründe in der Selteneit des dazu nöthigen richtigen Verhältniſſes zwiſchen der ſubjektiven Kraft und der objektiven Leiſtung. Ich kann meinem Schüler wohl klar machen, wo und wann dergleichen Manieren angebracht werden dürfen und wie ſie beſchaffen ſein, worin ſie beſtehen müſſen; aber ich habe nichts deſtoweniger keinen ſolchen Anknüpfungspunkt für die Regel, der ihn in allen Fällen befähigt, das Rechte zu treffen, auch wenn er meiner Leitung ermangelt. Zu jenen Bedingungen gebildeten Geſchmacks und ausreichender Formenkenntniß geſellt ſich nämlich auch noch die der Erfahrung. Nur der zugleich erfahrne Spieler oder Sänger wird in dieſen Manieren etwas Vorzügliches leiſten. Abermals Aufforderung genug, mit dem Unterrichte darin nie zu früh anzufangen. Bei keinem andern Gegenſtande tritt uns dieſe Bedingung entgegen. Wie genügen wir derſelben? Bei dem Schüler läßt ſich ſelten oder nie Erfahrung vorausſetzen. Sie kommt meiſt erſt nach der Schule. So werden wir unſere eigne an deren Stelle treten laſſen müſſen, und wir thun dies, wenn wir bei dem Unterrichte alle Gründe angeben, die uns beſtimmen, von dem Schüler dieſe oder jene ſolche Manieren und zwar an der dazu beſtimmten Stelle anbringen zu laſſen. Sie werden immer Gründe nicht blos des Geſchmacks und des Stils, ſondern auch der Erfahrung ſein, und wir erſetzen ſo bei dem Schüler durch Mittheilung, was ſich ſelbſt zu erwerben Zeit und Umſtände ihm noch verſagt haben.

c. Der Unterricht im Periodenbau.

Dieſe Lehre fällt eigentlich unmittelbar mit der Melodik und Harmonik zuſammen; aus bereits oben angeführten Gründen widme ich ihr eine beſondere Betrachtung. Sie fordert nämlich eine ganz eigne Methode, wenn ſie wirklich beabſichtigte Früchte tragen ſoll. Der

Unterricht wird hier faſt ein vollkommen ſprachlicher, tritt aus dem abge=
ſchiedenen Tonkreiſe wenigſtens der Form nach heraus und in den der
Sprache über. Errichtet ſich an das Denkvermögen, und das Gefühls=
vermögen iſt ihm nur Mittel, jenes rege zu erhalten, zu kräftigen, aus=
zubilden. Ziemlich bei · allen andern Gegenſtänden und Aufgaben
unſers Unterrichts iſt das Umgekehrte der Fall. Aber eben darin,
daß dieſes verſchiedene Verhältniß nicht genug in Berückſichtigung
gezogen wird, liegt auch der Grund, warum ſo ſelten in dieſem
Theile etwas Ordentliches geleiſtet wird. Und doch iſt dies ſo noth=
wendig, weil ohne das nie daran gedacht werden darf, dem Schü=
ler z. B. nur einen guten Vortrag anzueignen, wie viel weniger
ihn fertig zu machen in dem Verſtändniß der muſikaliſchen Gebilde
überhaupt. Hier und vorzüglich nur hier liegt der Schlüſſel dazu,
aber man halte Umfrage, wie viele von denen, welche Muſik lernen
und gelernt haben, ihn beſitzen? die Wenigſten; gleichwohl lernen
und lernten ſie Alle eigentlich nur zu dem Zwecke Muſik. Ich will
und mag nicht behaupten, daß in Folge deſſen auch die meiſten von
den Muſiklehrern dieſe Wichtigkeit des Gegenſtandes verkennen. Man
kann viele von ihnen gar Vieles und viel reden hören über Gänge,
Sätze, Perioden, Theile; aber ſie verſtehen nicht oder verabſäumen,
ihren Erklärungen diejenige Form und Richtung zu geben, in welcher
die Schüler ſie wirklich zu faſſen vermögen. Vielleicht auch, daß
ſie die Dinge ſelbſt ſo lernten, und es ihnen ſomit ergangen iſt,
wie es nun ihren eigenen Schülern wieder ergehen muß: ſie haben
keinen rechten Begriff von den Sachen, verſtehen ſie ſelbſt nicht ge=
nau. Wie geſagt hat dies ſeinen vornehmſten Grund darin, daß
der Unterricht vergißt, wie er hier nothwendig auf ein ganz anderes
Gebiet ſich zu begeben hat, als ihm eigentlich als Lehre der Ton=
kunſt angewieſen zu ſein ſcheint. Als ſolche meint er in Folge der
Weſenheit dieſer ſich, wenn nicht ausſchließlich, ſo doch vorzugsweiſe
an das Gefühlsvermögen adreſſiren zu müſſen und bei ſo ziemlich
allen übrigen Gegenſtänden dient ihm auch die Cultur des Denk=
vermögens nur als Mittel zur Cultur jenes und des Begehrungs=
vermögens; aber wer ſo urtheilt, vergißt, daß die Form zwar etwas
Anderes iſt als die Materie, daß gleichwohl aber und namentlich
beim Unterrichte die erſtere an die Stelle der letztern treten muß, um
ſich dieſer zu vergewiſſern. Allerdings iſt die Muſik lediglich eine
Seelenſprache; aber eben deshalb iſt ſie immerhin eine Sprache,
und hat ſie ſomit, wie ſchon in den vorangegangenen Abſätzen an=
gedeutet, hinſichtlich ihrer Darſtellungs= oder Redeformen ſich unmit=

telbar den Gesetzen dieser zu unterwerfen und haben diese Gesetze
ihren Ursprung in den Thätigkeiten des Denkvermögens, so kann
auch wohl kein Schluß richtiger sein, als der, daß wir, wo jene
Formen zum Gegenstande unsers Unterrichts werden, uns am zweckmäßigsten immer unmittelbar an dieses Denkvermögen adressiren
und das Gefühlsvermögen dabei nur so weit berücksichtigen, als die
eigenthümliche seelische Natur des Redestoffes erfordert. Der Unterricht im Periodenbau aber hat es mit nichts Anderem zu thun, als
mit jenen Formen. Darum bemerkte ich schon vorhin, wo ich die
diesseitige Lehre im Allgemeinen berührte und nachgehends von den
rhetorischen Figuren sprach, daß derjenige Lehrer immer am zweckmäßigsten verfahre, am schnellsten und sichersten zum Ziele gelangen
wird, der seinen Unterricht hier unmittelbar an den Sprachunterricht anlehnt, seine Methode aus der Sprachlehre herholt. Daß er
das können muß, versteht sich von selbst; aber kann er das nicht,
so bescheide er sich auch lieber und lasse den Unterricht ganz und
gar. Ein bischen Clavier klimpern oder Geige mag er dann wohl
lehren können, nicht aber Musik, und wäre Euch Eltern, Schulvorstehern, Erziehern, die Ihr Musikunterricht ertheilen laßt, blos
mit Jenem Etwas gedient? wenn Ihr Eure Kinder, Zöglinge lieb
habt? gewiß nicht. Hier wie dort, in der Musik wie in der Sprache
giebt es bloße Gedanken, Sätze und Perioden, und der Sätze und
Perioden können gar mannigfaltige sein, Vor- und Nachsätze, un-
vollständige und vollständige, zusammengezogene und zerstreute ꝛc.;
wodurch sie alle sich aber in der Sprache auszeichnen, dadurch zeichnen sie sich auch in der Musik aus. Daß sie hier zum Theil einen
andern Namen haben, als Motiv, Gang, Einschnitt, Absatz ꝛc.,
thut Nichts zur Sache; ihre Wesenheit ist und bleibt dieselbe, und
meine Aufgabe ist daher nur noch, dem Schüler die melodischen,
rhythmischen und harmonischen Kennzeichen aller der verschiedenen Sätze und Perioden zu lehren, um sofort meine Methode
die beste sein zu lassen, wenn ich im Uebrigen bei dem ganzen Unterrichte verfahre, wie der Sprachlehrer bei diesen Gegenständen.
Dieses das einzig ausschließlich Musikalische bei dem Unterrichte. Von
einer Lehre des Periodenbaues nämlich, wie der Compositionsschüler, der künftige Tonredner von Beruf, bedarf, ist nämlich hier noch
keine Rede und kann hier noch keine Rede sein, sondern nur von
einer solchen Lehre, wie die allgemeine musikalische Bildung und
namentlich die vollkommene praktische Ausübung der Kunst erfordert und wie daher die allgemeine Musiklehre zu geben hat. Auch

der Sprachlehrer in den Schulen hat nicht den künftigen Redner im
Auge, und läßt er auch um seines Zweckes willen von den Schü=
lern selbst solche Sätze 2c. bilden, so darf er dies, weil die Schüler
des darstellenden Stoffes schon mächtig sind, mehr aber, als wir
wollen und sollen, will er eigentlich auch nicht. Unsere Schüler
sind ihres darstellenden Stoffes noch nicht mächtig genug zum Selbst=
bilden, wir müssen daher den Unterricht an schon gegebene Bei=
spiele anknüpfen oder darauf beschränken, aber nichts destoweniger
erreichen wir dasselbe, was der Sprachlehrer erreicht, wenn wir im
Uebrigen nur seine Methode getreu auf unsere Kunst zu übertragen
verstehen. Geschieht doch das von ihm veranlaßte Selbstbilden allerlei
Satzformen von Seiten der Schüler auch nur nach vorangeschickten
Beispielen und Mustern. Bei der Lehre jener ausschließlich musi=
kalischen Kennzeichen dieser Formen ist es, wo wir das Gefühlsver=
mögen wieder zum nähern Verständniß der Dinge herbei zu ziehen
haben. Wer mit ihnen nicht hinlänglich vertraut ist, findet sie in
allen guten Musiklehren und, wie ich glaube selbst bezeugen zu
dürfen, eben so klar und deutlich als vollständig und leicht aufffind=
bar in meiner schon angeführten „Musikwissenschaft" aufgezählt.
Füge ich nur noch einige Worte über die nothwendigen, unaus=
bleiblichen Folgen des so ertheilten Unterrichts hinzu. Der Schüler
hat dadurch nicht allein die einzelnen Sätze und Perioden kennen ge=
lernt, aus welchen ein ganzes Tonstück zusammengesetzt worden ist,
sondern er kennt auch deren innere sprachliche Bedeutung und so=
mit ihr Verhältniß zu einander. Er hat das Alles zugleich auf
die leichteste Art gelernt, indem ihm die Dinge durch Anknüpfung
des Unterrichts an den Sprachunterricht, also durch den natürlichen
Vergleich mit ihm schon bekannten Gegenständen anschaulich gemacht
wurden. Es kann nicht fehlen, daß er von jetzt an überhaupt seine
Kunst überhaupt auffaßt als das, was sie wirklich ist oder doch
sein soll, als eine Sprache und zwar eine Sprache der Seele. Daß
eine Sprache aber es nie blos mit einem leeren Wort= oder Ton=
spiel zu thun haben kann, sondern immer ein gewisses Etwas aus=
brücken und zwar zur Mittheilung für Andere ausbrücken muß, ist
ihm nicht minder klar. So kann ferner nicht fehlen, daß er die
Musik fortan auch nur in diesem ihrem edelsten Sinne treibt. Er
mag als Producent oder als bloßer Consument darin erscheinen,
immer hat er das Eine vor Augen: dort will er geben, hier will
er nehmen, empfangen. Ist das nicht die sicherste Begründung
eines wahrhaft edlen, erhabenen und erhebenden Kunstcharakters? —

Sie ward aber nicht erreicht durch ein direktes Lossteuern auf wirklich ästhetische Kunstanschauung; das würde den Zweck sicher verfehlt haben; sondern ward erreicht lediglich durch die Methode des
Unterrichts. Der Schüler ward sich dieses Zweckes gar nicht bewußt dabei: um so bestimmter gelangte er zu demselben. Genau
betrachtet war es auch nur ein Nebenzweck, und am Ende tritt er
als das Hauptziel in den Vordergrund. Blos um dem Schüler
die Lehre von den Sätzen und Perioden recht klar zu machen, war
es mir zu thun, und nun sehe ich durch das Mittel, das ich
speciell dazu anwandte, sogar das eigentliche Hauptwerk des Unterrichts aufs Wesentliche, um ein Bedeutendes gefördert! — Ich
verschiebe daher auch diesen Unterricht nicht so lange, sondern mache
ihn zu meiner Aufgabe, sobald die Schüler nur einige Kenntniß
und Fertigkeit in der Melodik und Harmonik gewonnen haben.
Früher kann er natürlich nicht begonnen werden, aber später darf
dies auch nicht geschehen, schon um der speciellen Vortheile willen,
die weiter und unmittelbar daraus fließen. Nach ihm nämlich, so
wie hier beschrieben, ertheilt, betrachtet selbst der junge Schüler Alles
was geschieht mit ganz andern Augen als blos denen des Sinnen-
reizes. Ich bringe ihn viel leichter dazu, selbst seine blos technischen Uebungen mit Lust und Liebe an fördernden Stücken, die weniger ins Ohr fallen, zu betreiben, als anders der Fall sein kann.
Der Unterricht selbst gewinnt in seinen Augen an Bedeutung; er
wird ihm wichtiger, bedürftiger für das Leben. Er fühlt das Bildende desselben, wenn er sich dessen auch nicht klar bewußt ist; er
fühlt nämlich das Ergänzende, Vervollständigende, das der Unterricht im Verhältnisse zu seinem übrigen namentlich Schulunterrichte
hat, daß gerade jenes Herbeiziehen des Gefühlsvermögens zu dem
Denkvermögen, welches hier und zwar bei der angedeuteten Methode
so deutlich hervortritt, Gelegenheit zur Beschäftigung aller, auch
jener geistigen Kräfte giebt, die der meiste andere Unterricht unberücksichtigt lassen muß, — und welche fernere ganze lange Kette von
Vortheilen entwickelt sich von da an! — Jeder Verständige wird
ihre Gliederung begreifen. Den unmittelbarsten Einfluß übrigens
hat die so ertheilte Lehre wie bereits gesagt auf den Vortrag. Wie
nur der gut vorzulesen im Stande ist, der nicht allein überhaupt,
dem Sinne nach, versteht, was er da liest, sondern auch den formellen Bau der einzelnen Sätze und Perioden, wie die Bedeutung
und das Verhältniß dieser Formen zu einander genau kennt und
versteht, so kann und wird auch nur der Spieler und Sänger ein

Tonstück wahrhaft gut, correkt, mit der richtigen, ausdrucksvollsten Nuancirung der Accente vortragen, bei dem dasselbe hinsichtlich des musikalischen Satz- und Periodenbaues zutrifft; und wie ich kühn genug bin, zu behaupten, daß dies nur der Fall sein kann und wird, wenn bei seinem Unterrichte darin jene sprachliche Methode beobachtet wurde, so wird Niemand wenigstens in Abrede ziehen, daß wir damit, mit diesem Gedanken, zu einem der wichtigsten und eigenthümlichsten Gegenstände nicht blos unsrer musikalischen Unterrichts-, sondern der gesammten Tonkunst gelangen. Ich meine die

4. Methodik der Lehre vom musikalischen Vortrage oder in der musikalischen Dynamik.

Es ist hier, wo die Musik allen andern Künsten nachzustehen scheint — im Vortrage. Die Werke des Malers, Zeichners, Bildners 2c. stehen für immer da, für jedes Auge, jedes Herz. Sie bedürfen der Dollmetscher nicht, die sie erst fähig machen zur Beschauung. Selbst die erste, nächste Schwester unsrer Kunst, die Poesie, ist in dieser Beziehung besser daran, denn ein verständiger Lehrer bedarf weder der Schauspieler noch der Declamatoren, um die Schönheiten des Gedichts in ihrem ganzen Umfange genießen zu können. Nicht so die Musik; ihre Werke, schon geschaffen, bedingen immer noch eine Reprobuktion, wenn sie wirksam ins lebendige Dasein treten, wenn sie von Jedem sollen angeschaut, empfunden, wahrgenommen, genossen werden können, und diese Reprobuktion ist das, was wir gewöhnlichen Vortrag oder bei größeren combinirteren Tonwerken Aufführung, Darstellung nennen. Freilich ist unsere Kunst um deßwillen auch um so populärer. Die Werke des Malers, Bildners sind nur einmal da im Leben, und wer sie schauen, ihre Schönheiten genießen will, muß hineilen an den Ort ihrer Ausstellung. Die Werke der Tonkunst dagegen gehören nicht einem Punkte blos, sondern der ganzen Welt an, wie der durch die Schrift festgehaltene Gedanke. Ueberall wo sich Jemand befindet, der die Fähigkeit und Kraft zu ihrer Reprobuktion besitzt, können sie zur lebendigen Darstellung und somit zur wirklichen Anschauung gelangen. Es kommt somit nur darauf an, welcher Vortheil am schwersten in die Schale fällt. Malerei und Bildnerei haben diesen Vorrang der Musik und Poesie schon tief empfunden und auf allerhand Mittel zur Vervielfältigung ihrer Schöpfungen gedacht, aber noch keines ausfindig machen können, das auch annähernd dem entspräche, welches wir in dem Vortrage besitzen. Gleichwohl geht aus Allem hervor, daß das ganze und eigentliche Schicksal der Tonschöpfungen zum größten Theile in den Händen ihrer Reproducenten liegt, und die Wichtigkeit der Lehre vom Vortrage für uns Musiklehrer ergiebt sich daraus von selbst. Ein und dasselbe Tonstück kann lediglich durch den Vortrag sowohl zu dem schönsten, wirksamsten, als zu dem häßlichsten, unwirksamsten Gebilde gestaltet werden. Die Componisten, die ersten Schöpfer aller Tonwerke haben von jeher, vom ersten Anfange unserer Kunst her gegen die Gefahr, welcher demnach ihre Leistungen ausgesetzt sind, anzukämpfen gesucht und im Verlaufe der Zeiten allerlei Zeichen erfunden und erdacht, die geeignet sein möchten, überall und immer möglichst genau zu bestimmen, wie der Vortrag beschaffen sein und geschehen muß, wenn das, was sie gewollt, dadurch wirklich zur Erscheinung kommen soll, also Zeichen, die den Reproducenten sicher stellen möchten gegen jedes Verfehlen gegen die erste schöpferische Idee; indeß erreicht haben sie diesen Zweck bis heute noch nicht. Die Zeichen sind bis heute noch durchweg blos accidentaler Natur und werden auch nie zu einer mathematischen Bestimmtheit gelangen können. Immer noch bleibt Vieles in dieser Beziehung dem eignen Ermessen des Vortragenden anheim gegeben, und ist dieser nur in den seltensten Fällen der erste eigentliche Schöpfer des Tonwerks selbst, so begreift sich, welchen wesentlichen Einfluß die gesammte geistige und leibliche Individualität, das ganze künstlerische Sein dessen, der da reproducirt, auf die Erscheinung des Tongebildes zu üben vermag; aber es begreift sich auch, wie es an uns Musiklehrern durchaus ist, unsere Schüler mit allen den Fähigkeiten und Kräften auszurüsten, die nothwendig sind, ein Tonstück gut vorzutragen. Ja, an den offenbaren Kunstverzerrungen, über welche wir uns tagtäglich ärgern können und die nicht selten nicht anders sein könnten, wenn sie absichtliche Caritirungen sein sollten, — nicht diejenigen, welche dergleichen begehen, sind eigentlich Schuld daran, sondern die, bei denen dieselben ihre Schule gemacht. Wären diese besorgter, fleißiger, umsichtiger in jener Ausrüstung gewesen, es würde die Leistung niemals eine solch' durchaus verfehlte sein können. Ein berühmter noch lebender Componist sagte einstmals zu mir: unsere größten Widersacher sind die Musiklehrer, sie sind es, welche die Schuld tragen, daß selbst die Gebilde, welche wir für unsere gelungensten, kostbarsten halten, meist als Sudeleien in Umlauf kommen. Es kommt mir beinahe vor, als ob die Leute neidisch wären auf unsere Ehre, unsern Ruhm, und doch wäre unsere Ehre grade auch die ihre. Da habe ich ein Lied gemacht — fuhr er fort —, es ist lange gesungen worden und kein Mensch hat Etwas daran gefunden, ich hätte mich der Schöpfung fast schämen müssen. Endlich tritt der Sänger *** damit auf, und das Lied hallt wieder auf beiden Hemisphären; *** hat aber auch bei *** seine Schule gemacht; er mußte den Leuten erst zeigen, wie das Lied gesungen werden muß, um mein Lied zu sein; warum wußten das die Uebrigen nicht schon längst? weil sie in ihren Schulen nicht gelernt, Alles, was sie singen, recht zu singen. Der Mann hatte Recht, vollkommen Recht. Allerdings ruht der Ruhm, die Ehre der Componisten in der Hand der Reprobucenten ihrer Werke, jedoch in letzter Instanz nur in der Hand derer, welche diese bilden. Wenn ich nur wüßte — äußerte jener Meister ferner in dem Gespräche — wie die Musiklehrer mit uns aussöhnen?! Ich erinnere mich geantwortet zu haben: sagen Sie nicht Musiklehrer, sondern die Unterrichtskunst; bietet allen Euren Einfluß auf, daß alle die, welche spielen oder singen lernen, nur solchen Lehrern in die Schule gegeben werden, welche verstehen, sie zugleich in der eigentlichen Vortragskunst fertig zu machen, oder sorgt für allgemeine Hebung der Lehrkunst, und was Sie Aussöhnung zu nennen belieben, ist gemacht, vollbracht. Fertiges Spielen oder Singen macht es ja nicht aus, zu einem guten Vortrage gehört noch etwas Anderes; das, was man spielt oder singt, auch wirklich gut vorzutragen, beruht noch auf ganz andern und eigenthümlichern Geschicklichkeiten und Eigenschaften. Diese lassen sich allerdings nicht immer lehren, doch meistens anerziehen und jene jedenfalls immer auch lehren. Als gewissermaßen Antwort auf das mir sehr interessante Gespräch, gab ich vor einigen Jahren eine „Musikalische Dynamik" heraus (Cassel, im Kriegerschen Verlage), in welcher ich mich bemühte, nicht allein jene Geschicklichkeiten und Fertigkeiten bis in's äußerste Detail zu entwickeln, sondern auch anzugeben, wo in jedem einzelnen Falle dieselben und zwar ebenfalls einzeln zur Anwendung kommen müssen, um jedesmal und überall sicher zu sein, den Vortrag ganz im Sinne des Componisten zu gestalten und so durch denselben wirklich zur Anschauung zu bringen, was durch das ganze Tongebilde von seinem ersten Schöpfer zum Ausdruck, zur sinnlichen Wahrnehmung gebracht werden wollte. Das Buch fand Beifall, selbst der Groß- und deutsche Altmeister Spohr versagte ihm seine Anerkennung nicht, so daß er nicht anstand, dieselbe sogar öffentlich auszusprechen; indeß enthält das Buch auch nur die Sachen, nicht zugleich eine Anweisung, wie wir unsere Schüler am besten, d. h. am zweckmäßigsten und sichersten mit den daher gehörigen Kenntnissen, Fertigkeiten und Eigenschaften auszurüsten vermögen. Diese und eine solche Anweisung will ich nun hier geben. Man rühmt hierorts meinen Schülern allseitig, selbst von Seiten meiner Gegner nach, daß sie Alle sich durch einen guten Vortrag dessen, was sie spielen oder singen, auszeichnen. Das ist mein Werk. Allerdings hat auch das Talent des Schülers Antheil daran, denn je mehr Talent er besitzt oder je früher und lebendiger dies rege gemacht worden, desto schöner, ausdrucksvoller immer sein Vortrag und desto schneller gelangt er zu den dazu gehörenden Eigenschaften und Geschicklichkeiten; aber anerzogen und gelehrt müssen ihm diese immerhin werden. Ich will einmal wieder Namen nennen: Molique, jetzt in London, ist gewiß ein großer Geiger, was man nur einen großen Geiger heißen kann; nach dem Vortrag eigener Compositionen läßt sich die Vortragskunst eines Virtuosen nicht bemessen; nun höre man diesen Meister z. B. ein Beethovensches Quartett vortragen und höre dasselbe Quartett von Ernst oder Vieurtemps; wo die größere Vollendung des Vortrags? und warum nicht bei Molique? er ermangelt der dazu nöthigen eigenthümlichen Eigenschaften und Geschicklichkeiten; warum aber ermangelt er derselben? — wahrlich nicht, weil er weniger Talent als Ernst oder Vieurtemps besäße, sondern weil sie ihm nicht anerzogen worden sind oder er versäumte, im Falle mangelnder Schule nachträglich noch durch sich selbst sie sich zu erwerben. Aehnliche Vergleiche könnte ich mehrere anstellen, indeß unterlasse ich es, und fasse lieber meine eigentliche Aufgabe hier bestimmter ins Auge. Dieselbe zu lösen, werde ich am besten thun, wenn ich zunächst die allgemeine Wesenheit der Kunst des Vortrags noch deutlicher zu vergegenwärtigen suche, und wenn ich daran dann die Frage nach den Erfordernissen zu einem guten, wahrhaft künstlerischen Vortrage knüpfe, also jene Kenntnisse, Fertigkeiten, Geschicklichkeiten und Eigenschaften, auf denen alle vollendete Leistungen in dieser Kunst beruhen, selbst näher bezeichne. Sind wir nämlich hierüber mit uns im Reinen, so kann es nicht fehlen, sofort auch zu erkennen, worauf es beim Unterrichte vornehmlichst ankommt, wenn diese Kenntnisse, Fertigkeiten und Eigenschaften den Schülern angeeignet oder anerzogen werden sollen, und bedarf es dann nur noch einer Anleitung zur ausreichenden Erfüllung der hiezu gefundenen Bedingungen.

a. **Wesenheit und Erfordernisse eines guten Vortrags.**

Vortrag überhaupt ist, wie aus dem Voranstehenden schon hervorgeht, die Versinnlichung, Anschaulichmachung eines Tonwerks, einerlei welcher Gattung von Tondichtungsform dasselbe angehört. Er ist diejenige Darstellung einer musikalischen Dichtung, wodurch dieselbe und zwar in allen ihren Theilen nun auch mit dem Gehöre wahrgenommen werden kann. Die todten Zeichen auf dem Papiere, Noten genannt, wodurch der musikalische Dichter seine Gedanken und überhaupt innern Regungen festhält, um sie auch Andern mittheilen zu können oder damit auch Andere sich daran, so zu sagen, erbauen können, haben nur für den Kenner Werth und Sinn, erst die Töne, welche dadurch vorgestellt und die im Vortrage hörbar gemacht werden, versteht Jeder und vermag Jeder aufzufassen in seiner Brust. Vortrag ist die Verlebendigung der musikalischen Dichtungen. Es begreift sich, daß diese Verlebendigung, je nach der besondern Beschaffenheit, innern und äußern Gestalt der Dichtung selbst, immer eine andere und nicht allein sein kann, sondern sogar sein muß. So theilt sich selbst der allgemeine Begriff von Vortrag sofort in mehrere Nebenbegriffe, und in eben so viele solche, als sich jene verschiedenen Tondichtungsformen unter allgemeine Gattungsnormen bringen lassen. In dieser Beziehung kann ein Tonstück größerer combinirterer Art sein, so daß zu jener seiner Versinnlichung viele und unter sich verschiedene Organe und jedes dieser selbstständig nach seiner besondern Natur oder Wesenheit zusammen zu wirken haben; oder kann es auch einfacherer, weniger zusammengesetzter Art sein, so daß bei seiner Versinnlichung nur wenige Organe oder auch blos ein Organ thätig zu sein brauchen; oder kann es endlich auch so beschaffen sein, daß seine volle Versinnlichung nicht blos die Wirkung ausschließlich musikalischer, sondern zugleich auch die noch anderer, eigentlich andern Künsten angehörender Kräfte erfordert, es selbst also sich nicht ausschließlich im musikalischen, sondern zugleich in dem Bereiche noch einer andern Kunst bewegt. Im erstern Falle heißt der Vortrag insbesondere **Aufführung,** und wird dieser Ausdruck namentlich gebraucht von dem Vortrage größerer Orchesterwerke, als Sinfonien, Sertette, auch Quartette, und zumal der Opern, Oratorien, größerer Chöre und dergleichen Dichtungen. Im zweiten Falle gilt der Ausdruck **Vortrag** in speciellen Sinne des Worts, und gebraucht man ihn so z. B. bei allen kleinern sogenannten Kammermusikstücken, als Sonaten, Arien, Concerten ꝛc. Und im letztern Falle wird der Vortrag zur **Darstel-**

lung, wie bei dem Vortrage scenischer Künstler, wo Schauspieler und Sänger zugleich thätig sind. Die Unterscheidung zwischen Vortrag und Ausführung oder Executirung kann hier nicht in Betracht kommen. Welcher Vortrag unter letzterem zu verstehen, haben wir bereits im zweiten Capitel dieses Theils unseres Buchs bei Gelegenheit der Lehre von dem Unterrichte in der technischen Fertigkeit erfahren. Das Alles aber muß der Schüler wissen. Ja, er muß noch mehr wissen, muß auch die Consequenzen kennen, die sich an diese verschiedene Begriffsstellung des Worts knüpfen, denn es kann für ihn selbst von praktischer Bedeutung werden. Der Unterschied zwischen Aufführung und Vortrag (im speciellen Sinne des Worts) nämlich ist nicht blos jener äußere, sondern auch ein innerer, und dieser ein noch weit wesentlicherer als jener. Bei dem Vortrage darf die Individualität des Spielers oder Sängers sich geltend machen; ja es muß dieser sogar seinem Vortrage sein individuelles Gepräge aufdrücken, damit derselbe als sein eigen, die Schöpfung als unmittelbar aus ihm selbst hervorquillend erscheint. Gerade das Gegentheil hat bei der Aufführung statt. Hier muß alle Individualität aufgehen in dem Geiste des aufzuführenden Tonwerks, jede individuelle Anschauung sich unterordnen der Bedeutung des Ganzen, jeder Mitwirkende sich selbst vergessen, um sich mit allen andern wiederzufinden in der Seele des Kunstschöpfers. Aehnlich verhält es sich mit der Darstellung, nur daß hier die Subjektivität wieder ihre Rechte behauptet, welche bei der Aufführung ebenfalls vor der Massenhaftigkeit des Objekts verloren geht. Dem Darsteller ist das Objekt seiner Darstellung gegeben worden, sein ganzes Ich hat sich dem Charakter dieses zu fügen, er muß das Objekt selbst werden; aber so bald er das ist, steht er auch mit allen Rechten der Subjektivität wieder angethan da, erscheint er nirgends mehr abhängig, sondern überall frei, selbstständig. Man kann diesen sehr wesentlichen Unterschied zwischen Vortrag, Darstellung und Aufführung auch noch anders bezeichnen. Der Vortrag hat in seiner Vollendung die Eigenthümlichkeit, daß der Hörer dabei nur den Vortragenden ins Auge faßt, nur an diesen, entfernt nicht an den eigentlichen ersten Schöpfer des Kunstwerks oder doch erst an diesen, wenn die ganze Erscheinung gewissermaßen schon an seinem innern und äußern Auge vorübergegangen; die Darstellung dagegen die Eigenthümlichkeit, daß der Hörer und Schauer dabei nicht für die Person des Darstellenden, sondern ausschließlich für das dargestellte oder doch darzustellende Objekt interessirt wird; und die Aufführung wieder die Eigenthüm-

lichkeit, daß sich Geist und Sinn des Hörers weder auf das aufführende Personal, noch auf den ersten Schöpfer, den Componisten
des aufgeführten Tonwerks, sondern lediglich auf dieses richten, sich
ganz und gar in dessen Geist und Sinn versenken. Ich spreche
natürlich von den drei Dingen hier im Falle ihrer Vollendung und
fasse sie auf blos auf der Seite, wo sie sich von einander unterscheiden.
Daß sie auf andern Seiten wieder sich vollkommen gleich sind, liegt
schon in ihrem Ursprunge. Sie sind die Zweige ein und desselben
Stammes. Als solche Zweige aber stehen sie sich einander gegenüber gewissermaßen wie die Gegensätze eines vollständigen Gedankens.
Und das müssen die Schüler wissen, wie sie wissen müssen, welche
Folgerungen sich weiter hinsichtlich der Verwirklichung der drei Dinge
daran knüpfen. Eine Aufführung fordert einen eigenen Leiter, der
gleichsam das Ganze repräsentirt, und von dem alle die Anordnungen ausgehen, die nöthig sind zur Erfüllung der Bedingungen, auf
denen das ganze Gelingen des Werks beruht. Im Auge des Hörers erscheint er daher gewissermaßen als der eigentlich Vortragende,
während die, welche ihre Intentionen von ihm erhalten, die Aufführrenden sind. Diese fordern ihre Aufgabe von Jenem, und die Stellung derselben sowohl als ihre Lösung hat gleichen Antheil an dem
Ganzen, an der ganzen Leistung. Die Stellung der Aufgabe geschieht in den Proben und geht sogar durch gewisse Canäle, bis sie
in den gesammten Aufführungskörper tritt. Diese Canäle sind die
Orchester= und Chordirectoren, einzelnen Stimmführer und Concertisten.
Der Lehrer hat Gelegenheit, dem Schüler den ganzen Organismus
einer Aufführung zu erklären, und er wird und muß sich freuen
über den ungleich höheren, unmittelbaren Genuß, dem diese nun
demselben bereitet, wenn Ort und Zeit ihm vergönnen, irgend einer
solchen Musikaufführung anzuwohnen. Nicht mehr gleich einem
Blinden tritt er in die Hallen; es sind ihm wenigstens ihrem Aeußern
nach keine fremden Dinge mehr, die da vorgehen, und er vermag
sich um so mehr zu sammeln und seine Aufmerksamkeit auf den einen
Punkt zu richten, das aufgeführte Tonwerk selbst. Auch den Einfluß, den jene Begriffsverschiedenheit zwischen Vortrag, Aufführung
und Darstellung auf die Oertlichkeit ihrer Handlungen übt, wollen
wir nicht unerwähnt lassen. Ein Vortrag kann überall statt haben,
in allen Localen und zu jeder Zeit, denn allein der Vortragende ist
hier Gegenstand des Interesses. Nicht so die Aufführung. Wir haben
Recht, wenn wir fordern, daß sie nur da geschieht, wo Nichts in
der Umgebung störend auf das Interesse einzuwirken vermag, das

hier lediglich an den aufgeführten oder aufzuführenden Tonwerken zu haften hat. Mögen dann diese selbst sein, welche sie wollen, immer werden sie ihre Wirkung nicht verfehlen. Große Säle und Kirchen sind der Ort der Aufführung. Man ist darin schon weiter gegangen und hat verlangen wollen, daß die Localität vollständig mit Sinn und Charakter der Tonwerke harmonire. Es war das recht schön gesagt, indeß nur oberflächlich gedacht. Dann dürfte ein Mailied nur auf junger Trift, ein Liebeslied nur im Boudoir 2c. erschallen. Man verwechselte Aufführung mit Darstellung. Diese soll und kann vollkommen wirksam nur da statt haben, wo die äußere Umgebung so beschaffen ist, daß sie das Interesse, welches hier lediglich auf den dargestellten Gegenstand gerichtet sein soll, mehr und mehr an denselben fesselt. Eine Opernscene im Concert=saale oder Zimmer im Costüme singen, kann man nur versuchsweise berechtigt sein, als wirkliche Darstellung wäre es lächerlich und würde es nur eine verkehrte Wirkung hervorbringen. Das Alles schärft das Urtheil unsrer Schüler und befähigt sie, nicht allein zum Mitsprechen in daher gehörigen Dingen, sondern auch zum eigenen richtigen Handeln, wo und wie sie in den Fall kommen, in einer jener drei Richtungen des Vortrags thätig zu sein. Die lebendige Anschauung muß dem Lehrer zu Hülfe kommen. Es mag nicht gut sein, Kinder zu früh ins Theater gehen zu lassen, aber wo und wie sie sonst Musik hören können, sollten sie sie hören. Sind sie unsere Schüler, so lassen wir uns dann von ihnen erzählen, was sie gehört. Von selbst kommen dabei Bemerkungen über gemachte Beobachtungen zum Vorschein und sie geben die schicklichste Gelegen=heit zur Anknüpfung von Belehrungen, wie hier angedeutet worden. Dieselben dann in richtiger Form ertheilt, faßt sie selbst ein Kind. Eine meiner Schülerinnen, ein ganz junges Mädchen, war im Concerte gewesen; ich ließ mir Alles', was sie da gesehen und gehört, erzählen; es geschah; aber warum — fragt sie mich dabei auf einmal — warum spielte denn der und der immer mit, während die Andern, welche ein eben solches Instrument hatten, dies bisweilen unter den Arm nahmen? — Liebes Kind! war meine Antwort, in einem solchen Concerte, bei solchen Auf=führungen haben nicht Alle, welche mitspielen oder mitsingen, auch wenn sie bei ein und derselben Stimme beschäftigt sind, immer Ein und Dasselbe zu thun; da giebt es sogenannte Solisten und Ripie=nisten, und sofort hatte ich Gelegenheit, ihr selbst über die subjek=tive Verschiedenheit des Vortrags für den Augenblick wenigstens so

25

viele Kenntnisse beizubringen, als nöthig waren, um es ferner nicht
mehr über jene Wahrnehmung staunen zu lassen und um zugleich
einen vortrefflichen Grund für den späteren Unterricht in den daher
gehörigen Dingen zu legen. Kindern schon zu lehren, wodurch sich
der Vortrag des Virtuosen oder Solospielers von dem des Ripienisten oder Accompagnisten, der Vortrag des Bühnen- oder Theater-
sängers von dem des Concertsängers, und der beiden wieder von
dem des Chorsängers unterscheidet, würde ein unfruchtbares Unternehmen sein; aber bei den gereifteren Schülern dürfen wir diesen
Unterricht ebenfalls nicht versäumen. Sie müssen um der Vervollkommnung ihrer eigenen Leistung willen jene Unterschiede genau
kennen, müssen jede der Eigenthümlichkeiten durch und durch verstehen, wodurch sich diese einzelnen Vortragsweisen jede für sich auszuzeichnen haben. Wie dort die Lehre eine objektive Richtung hatte,
so nimmt sie jetzt eine subjektive und zwar abermals in praktischer
Weise. Die Schüler sind nunmehr so weit, daß wir sie getrost an
allen Musikaufführungen Theil nehmen, selbst wenigstens bei verständiger Auswahl der Stücke (Opern) ins Theater gehen lassen
können: der Lehrer reize darum ihre Aufmerksamkeit, mache sie im
Voraus auf da vorkommende Erscheinungen gespannt, lasse sich
dann die gemachten Beobachtungen mittheilen und knüpfe nun nicht
allein hieran die Lehre über jene Verschiedenheiten, sondern bringe
diese selbst auch sofort durch praktische Anwendung zur unmittelbaren Anschauung. Am meisten wird uns der Unterschied zwischen
dem Virtuosen oder Solisten und dem Ripienisten oder Accompagnisten beschäftigen. Wir müssen den Dingen auf den Grund gehen.
Die Schüler müssen in der einen wie in der andern Vortragsweise
fertig werden. Accompagniren wir ihnen und lassen wir wieder sie
uns accompagniren. Tonstücke, die sich dazu eignen, giebt es in
Menge. Am seltensten sind die guten Accompagnisten. Die Schule
trägt die Schuld davon. Gleichwohl ist die Begleitungskunst für
Jeden, der praktisch Musik treibt, so höchst nothwendig. Unser
größter gesellschaftlicher Musikverkehr bleibt dadurch genußleer, weil
wohl Viele als Solisten glänzen können, aber die Wenigsten als
Accompagnisten, und doch jedes Solo mit schlechter Begleitung wir-
kungslos vorübergeht. Machen wir unsern Schülern begreiflich,
daß diese kein Nebenwerk ist: was die Harmonie gegenüber der
Melodie, das die Begleitung, das Accompagnement gegenüber
dem Solo. Unsere Musiker von Profession und namentlich die
Musikdirigenten wissen das. Einem Capellmeister ist ein guter Ri-

pieniſt eben ſo viel werth in ſeiner Capelle als ein guter Soliſt, wenn dieſer auch meiſt beſſer bezahlt und höher geehrt wird als jener. Er kann Beide nicht entbehren und Beide haben ihre Kunſt. Zudem kann ein guter Ripieniſt eher zugleich ein guter Soliſt ſein als umgekehrt ein guter Soliſt zugleich ein guter Ripieniſt. Wenden wir Alles an, unſere Schüler zu Beiden zu erziehen. Sorgfältige, mit Gründen belegte Belehrung über die beiden verſchiedenen Vortragsweiſen und Uebung, wie das Anſchauen guter Vorbilder, thun dabei das Beſte. Unmittelbar daran ſchließt ſich die Lehre von der generellen Verſchiedenheit des Vortrags oder die Lehre von dem leichten und ſchweren und von dem einfachen und verzierten Vortrage. Wir können aber dieſelbe nicht vollbringen, ohne endlich zugleich auch auf die ſtyliſtiſche Verſchiedenheit deſſelben Rückſicht zu nehmen, denn das richtige Urtheil in jener wird meiſt bedingt durch das richtige Urtheil in dieſer. Wir haben in unſerer Kunſt ſowohl temporär, als national, individuell, materiell, local oder conditionell und formell verſchiedene Style. Jeder dieſer Style hat ſeinen beſtimmenden Einfluß auf die Art des Vortrags. Ein Choral — um nur die am meiſten in die Augen fallenden Unterſchiede anzugeben — darf, ganz abgeſehen von der vorgeſchriebenen Verſchiedenheit des Tempo und der Taktart, nicht geſpielt werden wie ein Walzer, ein antikes Tonſtück nicht wie ein anderes, ein franzöſiſches oder italieniſches nicht wie ein deutſches, Mozart und Beethoven fordern einen andern Vortrag als etwa Thalberg oder Roſſini, ein Theaterſtück einen andern als ein bloßes Salonſtück ꝛc. Auch das Alles müſſen unſere Schüler wiſſen, und haben ſie die Unterſchiede zwiſchen leichtem und ſchwerem, einfachem und verziertem Vortrage kennen gelernt, ſo fällt ihnen nun auch deren richtige Anwendung nicht ſchwer. Ich bin damit aber auf einen Gegenſtand zu ſprechen gekommen, der in der Lehre von dem Vortrage in der Regel die wenigſte Berückſichtigung findet. Das beſte Förderungsmittel iſt hier, daß die Schüler die verſchiedenen Style aus eigener Anſchauung kennen lernen. So bald der Unterricht bis dahin gediehen iſt, wo der Lehrer ſein Augenmerk hauptſächlich auf Ausbildung in der Vortragskunſt zu richten hat, ſollte er daher nicht verſäumen, dafür zu ſorgen, daß die Schüler in den Tonſtücken oft wechſeln und bei jedem Wechſel einen andern Styl berückſichtigen. Das geſchieht ſelten, und was iſt die Folge? daß die Meiſten wohl in dieſem oder jenem Genre etwas Ordentliches leiſten, aber in keinem andern. Wer kennt nicht Sänger, die wohl ein Lied recht hübſch vortragen können, aber keine Arie, noch weni-

25*

ger ein Ensemblestück oder gar eine dramatische Scene, und umgekehrt?
Wer kennt nicht Clavierspieler, die wohl ein Rondo, eine Etude
oder einen Variationencyklus gut vortragen können, aber keine Sonate? wohl Etwas von Hünten, Herz, Chopin, Thalberg, Liszt,
aber Nichts von Beethoven, Mozart, Hummel? Wer kennt nicht Geiger,
die ein Tremolo von Beriot ganz vollendet vortragen, aber in einem
Concerte von Lafont oder Spohr Nichts vermögen? — Ich weiß,
Vollendung in Allem ist unmöglich; auch Temperament, Geist- und
Gemüthsrichtung der Schüler entscheiden hier, sind wenigstens von
Einfluß; aber der Einseitigkeit, welcher man gewöhnlich begegnet,
abzuhelfen, ist eben so möglich, wenn man nur will und zeitig genug darauf bedacht ist, eine Allseitigkeit wenigstens so weit als möglich zu erzielen. Ich habe in dieser Beziehung nie im Leben größere Künstler kennen gelernt als Liszt, Clara Wieck (jetzige Frau
Doctor Schumann) und Ernst. Sie mögen spielen, was sie wollen,
ihr Vortrag ist ein vollendeter. Liszt spielt unmittelbar nach einander Webers sogenannte Aufforderung zum Tanz und Beethovens
Cis-Moll-Sonate. Welch' himmelweiter Unterschied! welch' hetero-
gene Dinge! und wer vermöchte Etwas an dem Vortrage auszu-
setzen. Dasselbe ist bei Clara Wieck der Fall, und Ernst — nachdem er seinen „Carneval" gespielt, setzte er den Bogen an zu Beethovens Es-Dur-Quartett! welche Vollendung dort und welche wieder hier! — Ich will auch andere Beispiele anführen. Unser
Pischek ist wahrer Gesangskünstler; aber wo ist gleichwohl sein Vortrag nur von ganzer Wirkung? in den lyrischen, nicht in den dramatischen Formen. Wo der der viel bewunderten Therese Milanollo?
in den elegischen, nicht in den brillanten Formen. Wie und woburch
gewannen jene Künstler diese ihre allseitige Vollendung? Man frage
sie, und sie werden antworten: dadurch daß sie frühzeitig dazu angehalten wurden, — wie man sagt — Alles zu spielen, alle Formen und alle Style. Dadurch nämlich lernten sie nicht allein diese
selbst genau kennen, ihre Eigenthümlichkeiten und deren Einfluß auf
den Vortrag beurtheilen, sondern übte sich auch ihr Geist in der
Auffassung und Aneignung der in den verschiedenen Formen und
Stylen ruhenden Gefühle und Ideen, und ward fertig gemacht, sofort
die Pulsschläge einer jeden Tondichtung in sich selbst wieder zu empfinden und somit auch den Vortrag dieser davon beleben zu machen,
benn — und damit gelangen wir zu dem Hauptpunkte unserer gegenwärtigen Betrachtung — mag der Vortrag sein, was und welcher er will, Aufführung, Vortrag im speciellen Sinne des Worts

ober Darstellung, Solo oder Accompagnement, Bühnen-, Concert-
oder Chorgesang, ein leichter oder schwerer, einfacher oder verzierter
— in Einem bleibt er immer derselbe, in Dem nämlich, daß er
eine wirkliche vollkommene Veranschaulichung, Versinnlichung, gewissermaßen eine Verkörperung, Plastificirung der musikalischen Dichtung sein muß, und diese ist er, wenn alle Gefühle, Leidenschaften und
Gedanken, die der Tonsetzer durch die vorzutragende Composition hat
ausdrücken, veranschaulichen wollen, wirklich auch dadurch und zwar
ihrem Wesen wie ihrer Form nach zum Ausdrucke, zur Wahrnehmung,
Anschauung gelangen, wenn der in dem Tonstücke herrschende Charakter und nicht etwa blos in seiner Universalität, sondern selbst
in seiner Specialität dadurch vor das Seelenauge des Hörers gestellt, die Musik in Wahrheit zu einer Sprache der Empfindung,
des Gefühls, einer Sprache der Seele erhoben wird, und wenn zu
dem Ende der Vortragende nicht blos die Lichtpunkte der ganzen
Dichtung, sondern den gesammten Kreis der in dem Tongemälde
niedergelegten und entwickelten verschiedenen Abstufungen von Licht
und Schatten, Perspektiven, Gegensätzen rc. zu erfassen und auch
wieder so zu einem Ganzen zu verbinden versteht, wie dieselben in
der Seele ihres ersten Schöpfers als ein vollkommenes Ganze vereinigt waren. Das die Aufgabe, die schwere Aufgabe alles Vortrags! das, was wir seinen Ausdruck nennen! — Was gehört dazu, sie zu lösen? — Vor allen Dingen vollkommene Herrschaft über
die technischen Künste, dann Gefühl und Geschmack, womit die Leichtigkeit der Auffassung der einem Tonstücke unterliegenden Ideen und
Gefühle, seinen Intentionen Hand in Hand geht, und endlich
gründliche Kenntniß der stylistischen Verschiedenheit in der äußeren
Formation dieser. Besitzt ein Spieler oder Sänger diese drei Dinge,
so dürfen wir uns für versichert halten, daß sein Vortrag immer
wenigstens kein total verfehlter sein wird, da, was sonst zu dessen
Schönheit oder Correktheit gehört, sich aus dem bereits beschriebenen verschiedenen Wesen des Vortrags von selbst ergiebt. Aber zu
solcher Ueberzeugung gelangt, kann nun auch kein Zweifel darüber
mehr obwalten, worauf des Lehrers Bestreben, nachdem er den
Schüler in jenen wesenhaften Verschiedenheiten des Vortrags an
und für sich hinlänglich unterrichtet hat, — worauf darnach ferner
sein Bestreben gerichtet sein muß, um diesen seinen Lehrling möglichst fertig in der Kunst des Vortrags zu machen: er muß ihn
auszubilden suchen in allen technischen Dingen bis zur höchstmöglichen Vollkommenheit, muß das ästhetische Gefühl in ihm anzu-

fachen und zu entwickeln und seinen Geschmack zu läutern, zu bilden, zu verfeinern streben, und muß endlich auch ihn urtheilsfähig
und umsichtig machen in allen Dingen des Styls oder der musikalischen Darstellungsmanier. Was den ersten Punkt, die technische
Fertigkeit betrifft, so habe ich denselben bereits Gegenstand einer
eigenen Betrachtung sein · lassen (s. das zweite Capitel dieses
Theils unsers Buchs); doch sagte ich auch dort schon, daß wir hier
wieder darauf zurückkommen würden, und wenn ich nun auch die
verschiedenen einzelnen Fertigkeiten, auf welchen die gesammte technische Vollendung beruht, nicht mehr durchzugehen habe, da ich in
dieser Beziehung nur zu bitten brauche, das dort, am angeführten
Orte, Vorgetragene hier noch einmal nachzulesen, so kann ich um
des nöthigen Zusammenhangs willen doch nicht umhin, wenigstens
die Grundbedingungen in besondere Erwägung zu ziehen, auf denen
dieses erste große Erforderniß eines guten Vortrags ursprünglich
basirt, und thue das auch um so lieber, als diese Gegenstände
entweder gar nicht, oder doch nur im Vorbeigehen berührt werden
konnten. Diese Grundbedingungen sind: musikalisches Gehör, Fertigkeit in der Erzeugung schöner, wahrhaft musikalischer, ausdrucksvoller Töne, Fertigkeit im Notenlesen und Tontreffen, und Sinn
für Deutlichkeit und Präcision. Und so sage ich, mit Rückweis auf
den Inhalt des angeführten zweiten Capitels: willst Du Lehrer
Deinen Schüler fertig machen in der Kunst des schönen Vortrags,
so darfst Du bei den entwickelten, begrifflichen, subjektiven und objektiven, generellen Verschiedenheiten desselben nicht stehen bleiben,
sondern Du mußt daneben zugleich sein Gehör auszubilden suchen,
ihn gewandt zu machen streben in der Erzeugung lauter, schöner,
ausdrucksvoller Töne, mußt seine Fertigkeit im Notenlesen und Tontreffen auf alle Weise zu fördern bemüht sein, den Sinn für Deutlichkeit und Präcision überhaupt in ihm anfachen, sein ästhetisches
Gefühl rege machen, schärfen, verfeinern, seinen Geschmack bilden,
veredeln, und endlich auch alle diejenigen Kenntnisse ihm beibringen,
die nöthig sind, um schon nach den Formen und dem Style der
Tonwerke beurtheilen zu können, in welcher Art dieselben vorgetragen
sein wollen und vorgetragen werden müssen. Ich fahre demnach
ort und wie gesagt unter stetem Anschluß an jenes zweite Capitel:

b. Bildung des musikalischen Gehörs.

Ue^ber keinen Gegenstand wird häufig so urtheilslos abgesprochen
als über diesen, und merkwürdiger Weise widmen auch die meisten

meiner Collegen keinem weniger Aufmerksamkeit. Namentlich sind die sogenannten Clavierlehrer mehr als blos nachlässig darin. Mag das daher kommen, daß die Töne ihres Instruments immer bestimmt gegeben sind, und deren reine, richtige Erzeugung weniger von dem Gefühle und Gehöre des Spielers abhängt als von dem richtigen Tastenanschlage. Treffen wir die richtige Taste, so kommt auch der beabsichtigte Ton richtig, und die Reinheit desselben wird bedingt von der Stimmung des Instruments. Gleichwohl ist kein Gegenstand wichtiger, besonders für die Kunst des schönen, ausdrucksvollen Vortrags, und auch der Clavierspieler bedarf um deßwillen des ausgebildetsten musikalischen Gehörs, denn der Ausdruck beruht nicht allein auf der Reinheit und Richtigkeit der Töne, sondern und fast wesentlicher noch auf der Nuancirung, der Färbung des Klanges derselben, und über dieses entscheidet allein jenes Gehör. Bei jedem andern Vortrage, dem Gesange, Geigenspiel ꝛc., wird nun aber auch die bloße Reinheit und Richtigkeit der Töne noch bedingt von der Schärfe des Gehörs. Es kann Niemand — und nicht einmal rein und correkt, wie viel weniger schön singen, geigen, blasen, der kein gutes „musikalisches Ohr" hat, wie man sich gewöhnlich auszudrücken pflegt. Dieses „Ohr" nun, meinen Viele, müsse dem Menschen angeboren, von Natur aus gegeben worden sein, und mir selbst schon sind, wie bereits andern Orts erzählt, sogar öffentlich von Staats wegen angestellte Musiklehrer vorgekommen, welche so urtheilten und welche Kinder, denen dies Ohr fehlte, geradezu für „unmusikalisch", für unfähig zum Musiklernen erklärten. Das ist nicht richtig. Allerdings ist das, was wir insbesondere musikalisches Gehör heißen, eine wesentliche, unerläßliche Bedingung für alle fruchtbarere musikalische Ausbildung, so gewiß als das „Farbenauge" für den Maler; aber eben so gewiß, als — wie andern Orts bereits ausgeführt — kein Mensch ohne alle Anlage zur Musik, ohne alles musikalische Talent auf die Welt kommt, eben so gewiß trägt auch jeder Mensch wenigstens die Fähigkeit zur musikalischen Ausbildung seines Gehörs in sich, und gerade um des unmittelbaren Zusammenhangs willen, in welchem die beiden Dinge mit einander stehen. Allerdings muß das musikalische Gehör angeboren werden, aber es ist auch jedem Menschen angeboren, nur in verschiedenem Grade der Schärfe und daß es sich bei dem Einen früher, bei dem Andern später bemerklich macht. Ganz wie das Talent. Letzteres hat seinen Grund meist nur in der Erziehung oder in dem zufälligen Zusammentreffen von Umständen in der Umgebung, in welcher der

Zögling lebt. Ja, das musikalische Gehör kann und muß anerzogen werden, und wo dies nicht schon früher geschehen, wird es uns Musiklehrern zur besondern Aufgabe. Noch mehr: auch wo es bereits geschehen, ist immer nur der Anfang damit gemacht und haben wir fortan unserm Unterrichte eine Richtung zu geben, durch welche die fernere und weitere Ausbildung des Gehörs gefördert wird. Der Beweis für meine Behauptung liegt in der Natur dieses Gehörs selbst. Es darf dessen Sitz nämlich nicht etwa in der feinen, gesunden Construction der physischen Hörorgane, sondern muß in der gesammten geistigen Organisation des Menschen gesucht werden. Alles aber, was hier seinen Sitz hat, kann anerzogen, an- und ausgebildet werden, natürlich Letzteres bei dem Einen weiter, bis zu einem höheren Grade der Vollendung als bei dem Andern, je nachdem die geistige Organisation selbst eine vollendetere, vollkommnere ist. Aber auch der Beweis, daß das musikalische Gehör nicht dort, sondern nur hier seinen Sitz hat: keiner ist leichter geführt. Es giebt Menschen, deren Hörorgane so fein sind, daß sie auch die schwächsten Schall- oder Klangeindrücke vernehmen, nach denen der, welcher das ausgebildetste musikalische Ohr besitzt, vergebens lauscht, und die nichtsbestoweniger kaum zwei Töne von einander zu unterscheiden vermögen; und wieder giebt es Menschen, welche, wenn nicht ganz, doch halb taub sind und gleichwohl unter musikalischen Klängen die feinsten Unterschiede zu machen wissen. Daß dergleichen Leute wirkliche musikalische Töne auch leichter und deutlicher vernehmen als alle anderen Klänge, mag von der Regelmäßigkeit und Abgemessenheit der Schwingungen jener herrühren. Allerdings empfängt auch das innere musikalische Ohr seine Eindrücke lediglich durch das äußere physische, und je schärfer dieses ist, desto schärfer wird daher auch jenes werden können, aber daß seine Schärfe nicht unbedingt von der Schärfe dieses abhängt, beweisen die Musiker, die mit der Zeit taub wurden und gleichwohl die höchsten Richter in allen Dingen des musikalischen Tones blieben. Erinnere ich nur an den unsterblichen, in dieser Beziehung so unglücklichen Beethoven. Selbst praktische Musiker habe ich gekannt, die noch vollkommen rein und fertig Violine und andere Instrumente, bei denen selbst die bloße Reinheit der erzeugten Töne so wesentlich von dem abhängt, was wir musikalisches Gehör heißen, spielten, nachdem sie schon so taub geworden waren, daß man kaum noch ein Gespräch mit ihnen führen konnte. Bei meinem eigenen zeitweiligen Lehrer im Violinspiele, dem verstorbenen ehrwürdigen ersten Bergmusiker Meier in Clausthal, war dies der Fall. Jedenfalls liegt außer allem Zweifel, daß jeder sonst nur geistig gesunde Mensch die Fähigkeit besitzt, sich das zu erwerben, was wir musikalisches Ohr heißen, sobald nur diese Fähigkeit dazu zeitig genug und auf die rechte Weise geweckt, rege gemacht und dann pädagogisch klug weiter ausgebildet wird. Es liegt das eben so sehr außer allem Zweifel, als daß jeder geistig gesunde Mensch richtig denken lernen kann; aber daß dies auch gelernt sein will, anerzogen werden muß, weiß eben so gewiß jeder erfahrne Pädagoge. Wir Menschen kommen alle als vernunftbegabte Menschen auf die Welt, aber keiner als fertig in der Kunst des Denkens. Wer ein Kind für unfähig zum Musiklernen erklärt, weil es noch nicht fertig musikalisch hören kann, beurkundet, daß er Nichts vom Musiklehren versteht. Welcher Dorfschullehrer würde sich nicht schämen, ein Kind von seinem Schulunterrichte auszuschließen, weil es noch nicht fertig denken kann? — Es ist derselbe Fall. Er soll und will ihm ja das Denken erst lehren, und so sollen und müssen wir unsern Schülern das musikalische Hören erst lehren. Philosophen werden zwar nicht Alle, die denken lernen; aber richtig und fertig denken kann jeder geistig gesund organisirte Mensch lernen. Eben so bei uns. Lauter Akustiker, Chladni's und Frankline, die bekanntlich ein wunderbar feines musikalisches Ohr besaßen, werden wir nicht erziehen, weil nicht alle unsere Schüler dazu gleich reich geistig begabt sind, aber daß sie alle ein reines, richtiges, fertiges musikalisches Ohr erlangen, können wir erzielen, liegt in unsrer Hand, und müssen wir erzielen, schon wenn sie — wie gesagt — je geschickt werden sollen, ein Tonstück gut vorzutragen. Wie? — das die Frage. Eigentlich sollte der darauf gerichtete Unterricht schon früher anfangen, noch ehe die Kinder zu uns in die Schule kommen und in die Schule gegeben werden können. Wenn alle Eltern ihrer Kindererziehung ein System zu Grunde legten, ja nur dieselbe mit Ueberlegung betrieben, so würde es auch geschehen, wenigstens haben die Pädagogen von Beruf es nicht an Erinnerungen fehlen lassen, daß die eigentliche Musikbildung schon lange vor dem eigentlichen Musikunterrichte und zwar durch Gehörbildung begonnen werden müsse. Aber es geschieht nur in den seltensten Fällen; wo es geschehen, bemerken wir Musiklehrer bald, weil der Samen, den wir ausstreuen, dann immer schneller zum Keimen kommt, alle unsere Arbeit dann schneller, fruchtbringender von Statten geht. Die Ammenlieder sind wichtiger als man vielleicht glaubt. Was die Mutter den Kindern vorsingt oder vorspielt, wird die erste fruchtbare Nahrung, wenn jene es versteht, sich zu der Fähigkeit des Kindes herabzulaſſen. Reine Töne müſſen es immer ſein und in einem beſtimmt ausgeprägten Rhythmus, die das kleine Kind zu hören bekommt, wenn ſeine muſikaliſche Hörfähigkeit dadurch angeregt werden ſoll. Das Lächeln des Säuglings in der Wiege bei dem Eia Popeia, ſeine ſpätere Luſt zum Nach= und Mitſingen, ſind die erſten Zeichen von der Wirkung, die wir gemacht. Ja, jene Kreiſe, in denen die Mutter mit den Kindern ſingt, ſind in der Regel die froheſten und namentlich für unſern Zweck ergiebigſten erſten Muſikgeſellſchaften. Es iſt nicht genug zu empfehlen, daß die Kinder ſo früh und ſo fleißig als möglich, aber immer ohne Zwang und ohne ihnen die eigentliche Abſicht zu verrathen, zur Muſik angereizt und angeführt werden. Aber wie geſagt, helle, ſchöne, reine und beſonders hohe Töne, im fühlbaren Abſtande von tieferen und dumpfen, müſſen es immer ſein, die ſie zu hören bekommen, wenn der eigentliche Zweck erreicht werden ſoll. Sie ſind merkwürdig die ſichtbaren Eindrücke von Luſt und Freude, Furcht und Schrecken, die ſelbſt in den erſten Kinderjahren oft dadurch hervorgebracht werden, merkwürdig, weil ſie bekunden, wie ſelbſt das Kind ſchon die einzelnen Gefühlstöne, die Ausdrucksweiſen der verſchiedenen Klänge empfindet, und das ſollte ohne Einfluß auf Bildung deſſen, was wir muſikaliſches Gehör heißen, ſein? Ohnmöglich. Nicht minder wirkſam ſind in der Beziehung die muſikaliſchen Inſtrumentchen, die wir als Spielzeug den Kindern in die Hand geben; aber man muß auch vorſichtig in deren Wahl ſein. Alles was blos Geräuſch macht und keine reinen wirklichen Töne giebt, kann eben ſo ſchädlich ſein. Die kleinen Trompeten, Rappeln, Klappern möchte ich nie meinen Kindern gegeben haben. Beſſer ſind die ſeit einigen Jahren in vielfach verbeſſerter Geſtalt aufgekommenen ſogenannten Mund= oder Handharmonika's, Cymbeln, Geigen und Guitarren. Man führe die Kinder dabei an. Sie eifern ordentlich nach Melodien darauf und ihr Gehörſinn wird auf wunderbare Weiſe wach, wie der Taktſinn, das rhythmiſche Gefühl durch die Trommel. Wenn wir die Geſchichte der Künſtlerwelt durchlaufen, ſo werden uns viele große Meiſter begegnen, die das frühe Erwachen ihres Talents oder Genie's lediglich ſolchem Geſpiel verdanken. Die Geſchwiſter Milanollo ſpielten in der Werkſtatt des Vaters mit den Geigen, die ihm zur Reparatur gegeben worden waren, — ob wohl ohne dieſen Zufall der hohe Genius, der in ihnen ſchlummerte, ſo bald in die Wirklichkeit getreten? ich zweifle, und bin gewiß, daß, wenn es nicht Geigen, ſondern etwa Harfen geweſen wären, mit denen ſie ſpielen konnten, ſie eben

so zeitige und große Harfenistinnen geworden wären. Was aber
die Fähigkeit besitzt, ein Gefühl, eine Anlage zu wecken, das besitzt
auch die Fähigkeit, es zu stärken, es auszubilden, sie zu entwickeln,
zu erziehen. Den Gedanken müssen wir festhalten. Ich sprach bis=
her von der Zeit vor unsrer Schule. Ihre Beschäftigungen können
uns nicht mehr angehen. Doch lehren sie uns, nicht allein daß
wir vom ersten Beginn unsers Unterrichts an unser Augenmerk auf
Weckung und Bildung des Gehörsinns zu richten, sondern auch
welchen Weg wir zu dem Ende einzuschlagen haben. Wir dürfen
nie auf jene Vorarbeit zählen, sie nie als geschehen voraus=
setzen, sondern müssen uns den neuen Schüler in dieser Bezie=
hung immer als so zu sagen vollkommen roh denken. Ist er
es nicht, um so besser, wir gehen dann schneller weiter, ist
er es, so haben wir nachzuholen, was die Erziehung versäumte.
Leider wird er es in den meisten Fällen sein, und dann betrachten
wir ihn, unbekümmert um sein Alter, als musikalisches Kind. Wir
sorgen dafür, daß sein Ohr vorerst nur lauter helle in sehr sangba=
ren, leicht faßlichen, rhythmisch lebendigen Melodien geordnete Töne
zu hören bekommt. Ist eine Begleitung dabei, wie z. B. beim
Clavierspiel immer, so muß dieselbe so consonirend als möglich ge=
staltet sein. Es sind ja ganz fremde Dinge, die der Schüler auf=
fassen soll: versteht sich doch von selbst, daß dieselben so faßlich
als möglich sein müssen. Viele Lehrer wollen nicht dulden, daß
ihre Schüler Gelerntes oder Halbgelerntes auswendig spielen; ich
hingegen möchte rathen, namentlich Anfangs dies zu fördern. Es
herrscht ein wunderbar inniger Zusammenhang zwischen Zunge und
Ohr, was jene thut, will dieses wissen und jene ordnet ihr Thun
gewissermaßen auch nur nach dem Verlangen dieses. Dasselbe Ver=
hältniß findet zwischen dem musikalischen Ohre und unserm musi=
kalischen Treiben statt. So bald ein Kind oder überhaupt ein Schü=
ler auch nur einige Töne, die ihm vorgesungen oder vorgespielt wer=
den oder die es nach Noten zu spielen gelernt hat, frei, ohne die
letztern wiederzugeben im Stande ist, dürfen wir uns der Thätigkeit
des Gehörsinns gewiß halten, und denselben nur erst in Thätigkeit
gesetzt, seine Erstarkung und immer schärfere Perceptionsfähigkeit
kommt dann von selbst. Man sagt, daß das sogenannte Auswen=
digsingen oder Auswendigspielen oder Nachsingen und Nachspielen
nur einen Einfluß auf das musikalische Gedächtniß haben könne,
aber was ist denn dieses? Es giebt kein musikalisches Gedächtniß
ohne musikalisches Gehör, d. h. es kann das eine nicht angeregt

und geſtärkt werden ohne zugleich das andere ebenfalls anzuregen und
zu ſtärken, ja die Thätigkeit des erſtern wird ſogar bedingt durch die
Thätigkeit des letztern, was auf das Gedächtniß wirkt, muß zunächſt
auf das Ohr wirken. Ich widerſpreche mir nicht, wenn ich früher
und bei andern Gelegenheiten rieth, den Schülern allerhand Muſik in
Concertſälen und Opernhäuſern zu hören zu geben, und wenn ich
nun hier wieder davon abrathe: ich rede hier von den erſten Anfängen des Unterrichts, von der erſten Weckung des Gehörſinns.
In dieſer Periode vermögen die Schüler noch nicht, eine combinir-
tere Muſik aufzufaſſen, und es wirkt dieſelbe daher mehr verderblich
als fördernd auf das Ohr, indem ſie daſſelbe gewiſſermaßen verwirrt, unklar geſtaltet. Wie das Kind Anfangs nur einzelne arti-
culirte Laute, dann Sylben und Wörter von ſich geben lernt, bis
es zuſammenhängend reden kann, eben ſo das muſikaliſche Ohr betreff der Tonauffaſſungen. Ich habe in dieſer Beziehung die merk-
würdigſten Erfahrungen an meinen eigenen Kindern gemacht. Mein
älteſter Sohn hat bei Weitem kein ſo gutes muſikaliſches Ohr als
ſeine jüngern Geſchwiſter und ich halte mich für feſt überzeugt, daß
die Schuld davon lediglich der Umſtand trägt, daß ich ihm, als er
noch ein kleines Kind war, erlaubte, um mich zu ſein, während ich
in meiner Anſtalt unterrichtete. Es wirkten in dieſer oft acht bis
zehn Inſtrumente zuſammen oder ward geſungen und geſpielt, und
das war nicht der Art, den Gehörſinn des Kindes zu wecken. Kinder
aber ſind alle unſere Schüler Anfangs, wenigſtens ihrem muſikaliſchen Alter nach. Bemerken wir nach einiger Zeit, daß der Gehörſinn in Thätigkeit getreten, empfänglich geworden iſt für Toneindrücke, ſo iſt ein weiteres vortreffliches Mittel, ihn auszubilden
und zu ſchärfen, wenn wir uns von den Schülern bisweilen die
Töne benennen laſſen, die wir angeben, ohne daß ſie, wenn dies
auf einem Inſtrumente geſchieht, dieſelben ſehen, z. B. auf dem
Claviere die Taſten oder auf der Violine die Saiten und den Fin-
geraufſatz. Hat man mehrere Schüler zugleich zu unterrichten, ſo
gewinnen dergleichen Uebungen ſehr an Intereſſe. Es iſt das Vo-
cabelnlernen beim Sprachunterrichte in den Schulen. Was der eine
Schüler nicht weiß, weiß der andere, aber indem dieſer die richtige
Antwort gibt und ich den Ton noch einmal angebe, ſtrengt ſich auch
das Ohr des erſteren an, ihn richtig aufzufaſſen. Daran ſchließen
ſich ähnliche Uebungen in Intervallen, bei denen man von den einfachſten, faßlichſten zu den combinirteſten, ſchwerſten übergeht. Die
faßlichſten ſind hier aber nicht die Conſonanzen, ſondern die Diſſo-

nanzen. Das Ohr unterscheidet leichter eine Terz als eine Quarte, diese leichter als eine Quinte, und diese leichter als eine Octav, leichter als alle diese Consonanzen aber die Dissonanzen. Der Grund, warum? liegt auf der Hand: schwarz ist von weiß leichter zu unterscheiden als grün von blau oder gar blau von blau. Am wirksamsten für unsern Zweck werden alle dergleichen Uebungen angestellt, wenn die Schüler die angegebenen Töne singend wieder angeben müssen, um jenes engen Bandes willen, das sich um Gehör und Stimme geschlungen hat. Indem das Ohr nämlich dadurch gezwungen wird, zu urtheilen, ob die Tonnachbildung richtig ist, wird es geübt und gestärkt in seiner Urtheilskraft und diese ist nichts Anderes, als was wir unter „musikalisches Gehör" insbesondere begreifen. Auf Schönheit des Tonklanges kommt es dabei nicht an, sondern nur auf Reinheit und Richtigkeit der Tonhöhe. Diese Uebungen sind zugleich der beste und sicherste Maßstab für den Grad der erlangten Gehörbildung. So lange die Schüler noch nicht fertig und sicher sind in jener Tonnachbildung, ist ihr Gehörsinn noch schwach und dürfen wir nicht nachlassen in dessen Uebung, müssen wir aber auch immer noch schonend gegen dieselben verfahren. Ein Kind, dessen Augenlicht noch schwach ist, in die helle Sonne gebracht, lernt nie recht, nie scharf sehen. Erst wenn dasselbe nach und nach erstarkt zur Auffassung und Reflectirung immer hellerer Strahlen, dürfen wir es ohne Nachtheil für seine fernere Entwickelung dem hellen Sonnenlichte aussetzen. Eben so verhält es sich mit dem musikalischen Ohre. Es ist schon Mancher, der an solche Schalleffecte noch nicht gewöhnt war, taub geworden von zu nahem Kanonendonner, und eben so ist schon manches musikalische Ohr verdorben worden dadurch, daß ihm zu früh zu Viel auf einmal aufzufassen zugemuthet wurde. Ueberall vom Leichtern zum Schwereren, von Nahen zum Entfernten! Uebrigens werden wir durch jene Uebungen doch auch bald dahin gelangen, das Ohr unsrer Schüler tiefer in das Wellenmeer der Tonwelt versenken zu dürfen, und nun ist der Augenblick gekommen, wo bis dahin noch ungehörte Musikarten oft wunderähnliche Wirkungen hervorbringen, wie z. B. das Spiel einer Orgel, eines ganzen Orchesters. Es sind dies solch fruchtbare Momente, daß jeder Lehrer sie mehr aufsuchen und befördern als verschleudern sollte; verschleudert aber werden sie namentlich dadurch, wenn der Schüler zu früh oder zu unvorbereitet ihnen ausgesetzt wird; anderfalls müssen sie überaus Großes in Sachen des Tongefühls wirken, wie der erste

Anblick wahrhaft schöner und großer Gemälde auf das Farbenauge eines angehenden und für ein warmes Colorit bereits gestimmten Malers. Daß in der Regel doch in der Ausbildung aller anderer geistigen und leiblichen Kräfte pädagogischer, systematischer verfahren wird als in der Ausbildung des musikalischen Gehörs! — Mit jenen Momenten ist nun auch die Zeit gekommen, das Ohr des Schülers sowohl in der Auffassung größerer Tonmassen als in den feineren Ton- und Klangunterschieden zu üben. Jenes geschieht am vortheilhaftesten durch ein Accordenspiel, wobei wir den Schüler lediglich nach dem Gehöre beurtheilen lassen, welche Accorde und Harmonien es sind, die wir da spielen. Wissen wir, daß sie in Concertsälen, Opernhäusern oder sonst wo Musik gehört haben und kennen die daselbst vorgetragenen Werke, so ist auch gut, wenn wir wie von ohngefähr Etwas daraus spielen und uns sagen lassen, ob der Schüler dergleichen wohl schon gehört. Es kann das natürlich nur auf dem Claviere geschehen, aber gerade die Vergleichung des verschiedenen Tonklangs übt das Ohr außerordentlich, und wenn wir bald bemerken, daß das musikalische Gedächtniß des Schülers seine Erinnerungen vornehmlichst an die Melodien anknüpft, so werden wir doch zugleich auch wahrnehmen, daß diese Anknüpfung mit steter Rücksicht auf die Harmonie geschieht. Eine Melodie mit ein und derselben Harmonie erkennt das Ohr immer weit leichter wieder, als dieselbe Melodie mit veränderter Harmonie. Der Schluß von da auf die Gestaltung und Anordnung der diesseitigen Uebungen macht sich von selbst: man übt das Ohr zunächst in erster und dann in zweiter Weise. Ich habe schon Schüler gehabt, welche so fertig als der erfahrenste, gewandteste Musiker lediglich nach dem Gehöre nicht allein angeben konnten, welcher Tonart und welchem Tongeschlechte ein angeschlagener Accord angehörte, sondern auch genau, aus welchen Tönen derselbe bestand und was für ein Accord es demnach war. Sie waren zu dieser so zu sagen Ohrfertigkeit ausschließlich auf dem bezeichneten Wege gelangt und die zu dem Ende angestellten Uebungen machten ihnen solches Vergnügen, daß sie, wo und wie sie nur Musik hörten, einen Werth darein setzten, sofort zu entscheiden, in welcher Tonart und in welchen Harmonienarten sich dieselbe bewegte. Die Uebungen des Taktsinnes gehen mit diesen Uebungen des Gehörsinnes gemeiniglich Hand in Hand. Zu den Uebungen in den feineren Klang- und Höhenunterschieden ist die Violine das beste Instrument, weil es das zu den daher gehörigen Tonnüancirungen fähigste Instrument ist. Das Clavier ver-

mag in dieser Beziehung bei Weitem nicht so Viel zu leisten.
Wo aus diesen oder jenen Gründen keine Violine angewendet werden kann, da steht dieser zunächst der Gesang und dieser um so
wirksamer, als er in unmittelbare Verbindung mit dem innern Tongefühl tritt. Wo der Lehrer seine Zuflucht auch nicht zum Gesange
zu nehmen im Stande ist, sondern lediglich auf ein Clavier oder ein
anderes akustisches Instrument verwiesen ist, da wird man sich wundern, wenn ich sage, daß, wie bei den ersten Anfängern dergleichen
Instrumente immer so rein als möglich gestimmt sein müssen, damit, um der Gehörbildung willen, das Ohr immer nur die möglich
reinsten Töne zu hören bekommt, hier, jetzt dieselben auch wohl
verstimmter sein dürfen. In der That schadet das jetzt nicht allein
Nichts mehr, sondern kann sogar von großem Vortheile sein, wenn wir
den Umstand dazu benutzen, daß wir von dem Schüler beurtheilen
lassen, einmal ob die verstimmten Töne überhaupt zu hoch oder zu
tief stimmen und dann auch wohl, um wie Viel dies der Fall ist.
Man glaubt gar nicht, wie sehr solche Uebungen das Ohr stärken,
schärfen, wenn man es nicht selbst erfahren hat, obschon es eine
allbekannte Thatsache ist, daß alle Ausbildung der menschlichen
Kräfte hauptsächlich auf der Selbstthätigkeit derselben, d. h. darauf
beruht, daß wir dieselben in Bewegung und immer freiere Bewegung setzen. Daß die Claviere nichts desto weniger alsbald wieder
in reine Stimmung versetzt werden müssen, versteht sich von selbst,
denn sonst könnte sich das Ohr an unreine Töne gewöhnen und
so wieder so zu sagen verrohen, wenn es auch vorher bereits einen
ziemlichen Grad von Ausbildung erlangt hatte, wie der gebildetste
Mensch Gefahr läuft, wieder zu verbauern, wenn er endlich eine
zu geraume Lebenszeit sich unausgesetzt in Bauernkreisen bewegt.
Ich für mein Theil nehme bei jenen Uebungen bisweilen auch die
mathematisch rein eingestimmten Scheiblerschen Stimmgabeln zur
Hand, indem ich die Claviertöne mit den Tönen dieser vergleichen
lasse. Ueberraschend sind nicht selten die Wirkungen dieser Zusammenstellung auf das Ohr selbst der Kinder. Die Gabeln sollte
eigentlich ein jeder Musiklehrer besitzen. Ich weiß nicht, ob man
sie noch, seitdem Scheibler todt ist, in Crefeld haben kann. Sie
wurden damals dort unter dessen Leitung von einem Mechaniker
verfertigt. Ich habe die meinen noch von dem guten seligen und
um die Stimmung der Instrumente so hoch verdienten Scheibler
selbst erhalten. Die Instrumentenmacher Schiedmaier hier haben versucht, sie nach meinem Muster und mit Hülfe der Scheib-

lerschen Schwingungs-Berechnungsmethode nachzubilden, und der Versuch ist ihnen gelungen. Ich habe mir ein eigenes Kästchen mit einer Art Resonanzboden fertigen lassen, auf das ich die Gabein in bald diesen, bald jenen Accorden aufschraube, und wenn die Schüler diese hören und mit denselben auf dem Claviere effectuirten Accorden vergleichen, so muß man ihre Urtheile über die Verschiedenheit der Klänge hören, muß ihnen ins Auge schauen, um zu begreifen, welche Wirkung von da auf das Ohr ausgeht, welche vortreffliche Uebung dies ist, das letztere zu schärfen und namentlich es für die feinsten Tonunterschiede nach Klanghöhe wie nach Klangfärbung empfänglich zu machen. Das Süße, Weiche, Sanfte, ätherisch Verbebende wird gleich dem Reinen, Richtigen, Unreinen, Falschen eben so genau und bestimmt von dem Bittern, Harten, Rauhen, Grellen unterschieden, als nun auch in seinem Zusammenhange mit dem innern Seelenleben gefühlt. Und das der letzte und eigentliche Endzweck alles daher gehörigen Unterrichts. Unsere Schüler nämlich müssen nicht blos ein scharfes Ohr bekommen, d. h. ein Ohr, welches über alle, auch die feinsten Tonunterschiede genau und richtig zu urtheilen vermag und daher die möglichste Reinheit und Tonrichtigkeit des Vortrags fördert, sondern auch ein empfindsames, reizbares Ohr, d. h. jenes Ohr, welches zugleich eine klare, deutliche Vorstellung von den Tönen in die Seele trägt, und das kann nur geschehen, wenn wir es nun auch in der Beurtheilung der verschiedenen Klangfärbungen üben, so wie dieses nothwendig ist, wenn überhaupt von da, von Seiten des Gehörs, ein fruchtbarer Einfluß auf die gesammte musikalische Bildung und namentlich den schönen Vortrag unsrer Schüler geübt werden soll. Wie viele Musiker, Virtuosen sind, die das schärfste Ohr und doch keinen guten, gefühls- und ausdrucksvollen Vortrag besitzen! Woher kommt das? Ihr Ohr ward wohl geübt, die Regelmäßigkeit der Schallbebungen zu erfassen, aber nicht zugleich auch geübt, dieselben in die Seele überzutragen. Dieses aber geschieht und muß geschehen, sobald wir auch das innere Gefühls- und Vorstellungsvermögen bei jenen Uebungen mit in Thätigkeit ziehen. Das Auge sieht Nichts, die Hand will tasten; was jenes verfehlt, verbessert diese und umgekehrt; der Blinde hat keine Augen, warum ist bei ihm der Tastsinn oft so sehr ausgebildet, daß er lediglich durch denselben nicht blos über die äußere Gestalt der Dinge, sondern nicht selten sogar über deren Farbe und innere Beschaffenheit das richtigste Urtheil zu fällen, z. B. Gold von Silber zu unterscheiden

vermag? — Das hat seinen Grund darin, daß bei seinen Tast-
übungen die innere Vorstellung erseßte, was das erblindete Auge,
der ihm geraubte zweite äußere Sinn versagte. Dasselbe Verhältniß, dieselbe Ursache mit derselben Wirkung trifft bei dem Gehör zu.
Es giebt Leute, welche die geringste Unreinheit vernehmen und beurtheilen können, die sich irgend ein Instrument in dem größesten
Orchester zu Schulden kommen läßt, die nichts desto weniger verstummen, wenn wir sie über Sinn und Bedeutung des vorgeführten
Tongemäldes befragen: woher diese Erscheinung? das Ohr ward
nicht befähigt, mit den Klangeindrücken zugleich die innere Vorstellung, das innere Gefühlsvermögen zu beschäftigen. Auch das umgekehrte Verhältniß kann statt haben. Wenn das eine oder andere
sein muß: welches wird vorzuziehen sein? Wenn ich nicht in Beidem zur Vollkommenheit gelangen kann, so ist mir lieber, meine
Schüler haben ein besonders reizbares, empfindsames als blos scharfes Ohr. Ohne alle Schärfe kann jenes zudem nie sein, und wenn
es vorhanden, so bin ich sicher, nicht allein, daß meine Schüler empfänglich sind für alle äußern Musikeindrücke, sondern auch, daß sie
das, was sie, einerlei auf welche Weise, empfangen, treu, d. h. mit
richtigem Ausdrucke wieder zu geben vermögen; ich erlange aber diese
Sicherheit stets, wenn ich die Uebungen des Gehörsinns in leßter Instanz so betreibe, wie angedeutet, also daß ich dabei nicht blos den Gehörsinn für sich, sondern zugleich auch das Gefühls- und Vorstellungsvermögen mit in Thätigkeit verseße. Unmittelbar daran knüpft sich
die Gefühls- und Geschmacksbildung, von der nachgehends (weiter
unten) die Rede sein wird, und frage ich nach einem Merkmale,
woran zu erkennen, ob mein Unterricht zum Ziele entweder schon
gelangt ist oder doch gelangen wird, so ist dieses das, was wir insbesondere das musikalische Gedächtniß heißen. Ich sagte vorhin:
es giebt kein musikalisches Gedächtniß ohne musikalisches Gehör;
das ist richtig, gleichwohl kommt jenes erst dann mit ganzer Kraft
zum Vorschein, wenn die Ausbildung dieses bis dahin gediehen ist,
wo sie mit der Ausübung des Gefühls- und Geschmackvermögens
in Rapport tritt. Das kann in entsprechender Sphäre schon bei
Kindern der Fall sein, und derjenige Schüler, welcher in der Oper
oder im Concerte war und zu Hause auf seinem Instrumente die
Melodien zu wiederholen oder nachzubilden bemüht ist, die er dort
hörte, oder der nur irgend eine zufällig gehörte Weise nachzuahmen
sich bestrebt, von dem darf ich annehmen, daß die Zeit gekommen,
wo ich von den mehr sinnlichen Uebungen zu den mehr seelischen,

26

vom äußern zum innern Ohre übergehen darf. Ich sage: das kann
sich schon bei Kindern ereignen; bei vielen Eltern entscheiden diese
Momente sogar über den Anfang des wirklichen Musikunterrichts,
und wir bekommen daher manchen Schüler, bei dem die Bildung
des äußeren Ohrs fast gar keine besondere Anstrengung und Zeit
mehr in Anspruch nimmt, um so mehr aber müssen wir dann auf
Bildung des innern bedacht sein, und diese fällt, was die ersten
Anfänge betrifft, mit der des äußern zusammen, nur daß wir schneller zu dem Zeitpunkte gelangen, wo die gleichzeitige Beschäftigung
des Vorstellungsvermögens das Uebergewicht über die des eigentlichen Gehörsinns erhält. Daß das Gehör, auf diese Weise gebildet,
Alles dem Schüler bedeutend erleichtert, Auffassung und Selbstzeich-
nung, Imagination und Vortrag ꝛc., und so der gesammte Unterricht im Ganzen wie im Einzeln der Vollendung immer näher geführt wird, bedarf wohl der besondern Ausführung nicht. Es kommt
dann nur noch auf die rechte Geschmacks- und Gefühlsbildung an,
um den Schüler, wenn er sonst die dazu nöthigen Fertigkeiten besitzt, zu befähigen, nicht allein den Charakter und die Intention
eines jeden Tonstücks richtig aufzufassen, letztere in sich aufzunehmen und so sich selbst gewissermaßen in die Stimmung zu versetzen,
in welcher der Tondichter sich befunden haben muß, als er das
Werk schuf, sondern auch alles das so selbst Gefühlte, Empfundene
und Gedachte nun ganz im Sinne dieses wieder zu geben, kurz, um
der wahre Dolmetscher, Reproducent des Letztern zu sein, der eigentliche Plastiker der musikalischen Kunst, denn wie sein so gebildeter
Gehörsinn ihn finden und empfinden läßt, was die Töne enthalten,
so lehrt sein nicht minder gut ausgebildeter Geschmack und sein Gefühl, dasselbe wahrhaft in Tönen zu gestalten.

e. Tonerzeugung und Tonbildung.

Die erste und wichtigste unter jenen praktischen Fertigkeiten ist
die Tonerzeugung, und es drängt sich deren Betrachtung gleich hier
auch um so mehr auf, als ich darunter nicht etwa blos jene mechanische Fertigkeit im Hervorbringen der Töne verstehe, welche auf
Ansatz, Anschlag, Bogenführung ꝛc. beruht und deren Lehre schon
im mehrangeführten zweiten Capitel dieses Theils unsers Buches in
Erwägung gezogen wurde, sondern die Art der schönen Tonbildung,
welche unmittelbar mit der Bildung des Gehörs in Verbindung steht,
wesentlich von dieser bedingt wird und die so gewissermaßen den
Uebergang zu der Lehre vom speciell ausdrucksvollen Vortrage macht.

Es kann Jemand den besten Ansatz, einen vollkommen regelrechten Anschlag, die geschickteste Bogenführung, kurz, einen bedeutenden Grad von mechanischer Fertigkeit besitzen, ohne auch schon in dieser Art der wirklich schönen Tonbildung gleich, ja überhaupt nur fertig zu sein. Obschon dieselbe nämlich auch alle jene Dinge nothwendig voraussetzt, so hängt sie doch zunächst ab zugleich von einem gebildeten Gehöre und zwar jenem Ohre, das nicht nur scharf, sondern bereits geübt ist, die empfangenen Toneindrücke in die Seele überzutragen, jenem wirklich innern musikalischen Gehöre. Reinheit des Klanges reicht dazu nicht aus, sondern ein Etwas noch, das ich den seelischen Reflex desselben nennen möchte. Was wir durch Ansatz, Anschlag, Bogenführung ꝛc. vermögen, ist nur die formale Schönheit des Tones, hier kommt es noch auf die innere, seelische, wesentliche Schönheit desselben an, und diese lernen wir den effectuirten Tönen verleihen, nur wenn wir gelernt haben, dieselben mit den eigenen Regungen des Geistes und Gemüths in Rapport zu setzen, und dies wieder kann nur gelernt werden, wenn das Ohr so ausgebildet worden ist, daß es nicht blos für sich das Urtheil über die Tonerscheinung fällt, sondern zu dem Ende immer das Vorstellungs- und Gefühlsvermögen mit herbeizieht. Da haben wir zugleich die Methode für diesen Theil des Unterrichts. Wir müssen den Schüler daran gewöhnen, bei Allem, was er spielt oder singt, sich Etwas zu denken. Auf den Gedanken folgt von selbst das Gefühl. Ich sage „gewöhnen", weil es für den Anfang noch nicht auf das Was, den Inhalt des Denkens, sondern überhaupt nur darauf ankommt, daß er Etwas denkt. Daß dieses fast immer und zwar von selbst das Rechte sein wird, wenn die erste Gewöhnung auf die rechte Weise geschieht, werden wir alsbald nachher erfahren. Welche diese rechte Weise? — Sobald der Schüler nur zu einiger praktischer Fertigkeit gelangt ist, darf der Mechanismus nicht mehr als blos Mechanismus angeschaut, sondern muß der Schüler hingewiesen werden auf die Zwecke, zu welchen derselbe dient. Ich komme wieder auf meine sprachliche Formation des Unterrichts zurück. Der Schüler hat buchstabiren und mechanisch lesen gelernt. Jetzt sage ich ihm und beweise ihm, daß durch alles Lesen nichts Anderes bezweckt wird, als die Mittheilung gewisser Gedanken, und daß ich somit, da an jedem Gedanken zugleich ein eigenes Gefühl haftet, wenn ich durch das Lesen Anderen diese Gedanken wirklich mittheilen will, dasselbe nothwendig auch in dem Tone geschehen muß, durch welchen sich dieses Gefühl ausprägt. Jedes Gefühl hat seinen

26 *

eigenen Ton, wie seinen eigenen Rhythmus. Man sieht, der Unterricht bekommt eine Art ästhetische Richtung, aber es ist dieselbe bei Weitem noch nicht so wissenschaftlich, daß sie nicht jeder Schüler sollte verfolgen können. Auch das Kind begreift, daß das Ach! und O! immer einen andern Sinn haben, je nachdem ich es ausspreche. Ein einziges Beispiel wenigstens macht ihm die Sache klar. Um das, was wir spielen oder singen nur immer auch mit den rechten Tönen, d. h. mit den rechten Tonnuancirungen und Tonfärbungen spielen oder singen zu können, damit der Hörer wirklich die dadurch ausgedrückten Gefühle und Gedanken wahrnimmt, müssen wir verstehen, den Tönen alle dazu nöthigen Nuancirungen und Färbungen zu geben. Das die diesseitige Tonerzeugung, unsere gegenwärtige Tonbildung. Wie das lernen? — dadurch, daß wir uns bei allem Spiel oder Gesang Etwas denken. Wie das anfangen und Was denken? — Bei dem Singunterrichte fällt die Antwort auf die Frage nicht schwer und hat daher auch der Lehrer ungleich leichtere Arbeit mit dieser Tonbildung. Eben deshalb sollte eigentlich alle musikalische Erziehung mit Singunterricht anfangen. Ich verweise den Schüler auf den Text, lasse ihn denselben lesen, noch einmal lesen, mit den Declamationsaccenten; lasse mir sagen, welche Gedanken dadurch ausgesprochen werden und welche Gefühle wohl diesen Gedanken unterliegen. Der Schüler wird nicht immer von selbst das Rechte treffen, aber die Leitung auf den rechten Weg ist bald vollbracht, so wie sich nun von selbst Betrachtungen darüber daran knüpfen, welche Tonfärbungen ein solcher Gefühlsausdruck erfordert. Während wir davon reden, versetzt sich der Schüler ganz von selbst in die dazu nöthige Stimmung und bei dem wunderbaren Zusammenhange zwischen Seele und Kehle gießt er auch von selbst das entsprechende Colorit über den Gesang aus, so daß nur wenige Pinselstriche unsrer Seits noch dazu gehören, es zu vollenden. Und vollbringen wir diese zugleich mit Angabe ihrer Ursache, so verfehlt der Schüler ein anderes Mal, bei gleichen Umständen, nicht, sie zu beachten. Beim Singunterrichte haben wir daher in diesseitiger Beziehung kaum noch etwas Weiteres zu thun, als den Schüler in allen möglichen Tonnuancirungen zu üben. Am vortheilhaftesten werden diese Uebungen zunächst durch das Ab- und Anschwellen der Töne beim Skalasingen angestellt, und wenn wir dann dem Schüler aufgeben, sich bei den übrigen bloßen Stimmübungen immer eine andere Situation zu denken, z. B. bald als wolle er eine Drohung, dann eine Bitte, ein Flehen, bald ein Kosen, bald Trauer, Hoffen,

Sehnen, Lieben, Trotzen, Schwermuth und was sonst noch aussprechen. Jede dieser Stimmungen fordert ihre eigene Tonfärbung,
und fertig muß der Schüler in dieser Colorirungskunst sein, weil
anders sein Vortrag nie ein ausdrucksvoller sein kann. Wie gesagt
aber fällt dem Singlehrer dieser Unterricht um der angeführten Ursachen willen nicht schwer, zumal die Organe des Schülers, sein
Ansatz ꝛc. schon gebildet sind und es im Gesange auch immer ganz
bestimmte und durch den Text bestimmt vorgeschriebene Gedanken
und Gefühle sind, die zum Ausdrucke kommen sollen. Anders verhält sich dies beim Instrumentalunterrichte. Hier, in der reinen
Instrumentalmusik, sind diese Gedanken und Gefühle stets nur unbestimmte und allgemeine, die je durch die Situation des Hörers
oder Spielers erst ihre nähere Deutung erhalten. Man sollte
glauben, daß eben um dieser Allgemeinheit des Ausdrucks willen
dieser auch um so gewisser und leichter zu erreichen sein würde; aber
in Folge der hinzutretenden Unbestimmtheit ist gerade das Gegentheil der Fall, und daher hier, ausschließlich im Instrumentalunterrichte, auch die Tonbildung desto schwieriger, um so schwieriger, je
weniger Biegsamkeit der Ton des Instruments selbst hat, wie bei
allen krustischen Saiteninstrumenten, zu welchen ich hier auch die
Harfen- und Lauteninstrumente rechne. Das passendste Hülfsmittel
für die Lehrer bei diesem Unterrichte ist unbedingt die Violine als
dasjenige Instrument, das bei geschickter Behandlung aller Arten
von Tonnuancirungen und Klangfärbungen fähig ist. Der Lehrer
streiche einen Ton auf derselben ohne jede weitere Klangbiegung an,
und lasse sich von dem Schüler angeben, was wohl dabei zu denken, zu empfinden? Nichts; es ist ein gerader Strich, ein mo-
notoner Farbenzug, der, wie dieser dem Auge, wohl dem äußern
Ohre in Folge seiner Reinheit und Klangfülle wohlgefällig sein
kann, aber noch Nichts enthält, das sich auch auf die innere Vorstellung übertragen ließe. Das Nachahmen dieses Tones auf dem
Instrumente des Schülers folgt, und wir haben Nichts zu thun,
als darauf zu achten, daß der Ton immer voll, rund und rein zu
Tage tritt, was bekanntlich von dem richtigen Ansatze, Anschlage
und sonstigen Theilen des Mechanismus abhängt. Die Nachahmung darf aber nicht bei der Effectuirung blos einzelner Töne stehen bleiben, vielmehr muß sie in ein förmliches Spiel übergehen,
denn die Anwendung ist bald gemacht, daß auch eine ganze melodische und harmonische Tonreihe ohne Abwechselung in den Klangfärbungen nichts Anderes sein kann als jener einzelne Ton, Nichts

als ein leeres Spiel mit verschiedenen Tönen, das nur auf das äußere, nicht zugleich auch auf das innere Ohr wirkt. Selbst im Falle der größten Fertigkeit ist es Nichts als eine blendende Aeußerlichkeit, wie die glänzende Fläche einer fein polirten Metallfläche. Der Schüler begreift das, denn er weiß sich wirklich Nichts dabei zu denken. Das einzig Anregende ist ihm der Rhythmus oder Takt; aber sofort trennen wir dessen Wirkungen von denen des Tones oder Klanges für sich. Uebrigens ist nicht gut, zu bald diese Uebungen zu verlassen, denn sie befestigen den Schüler in der Erzeugung lauter, klangvoller Töne, sie sind die ersten Strichübungen, die wir mit unsern Schülern in der Kalligraphie und Zeichenkunst anstellen und die dazu dienen, ihrer Hand Festigkeit und Sicherheit zu verleihen. Auch der Zeichnenlehrer sieht hierbei noch nicht auf Schatten und Licht, sondern nur auf Ebenmaaß, Rundung, Gewandtheit; daß die Hand jede Linienform mit Sicherheit bilden kann, gilt ihm Alles. Daß unsere Schüler alle Töne, die sie hervorbringen oder hervorzubringen haben bei dem Spiele, mit Sicherheit, Reinheit und in ganzer Klangfülle hervorbringen, einerlei, durch welches erzeugende Mittel, muß uns jetzt noch Alles gelten. Was diese Punkte oder vielmehr Toneigenschaften betrifft, darf jetzt noch kein Ton dem andern nachstehen. Zunächst muß der Maler lernen, die Farben rein und voll aufzutragen, ehe an ein Schattiren, Verwaschen oder dergleichen gedacht werden darf. Er schafft dadurch kein Gemälde, sondern nur Farbenflächen, die lediglich das Auge ergötzen, aber er soll ja auch noch nicht malen, sondern nur mit Farben umgehen lernen. Der Zeichner begnügt sich lange mit den Umrissen der zu zeichnenden Gegenstände, denn nur dadurch wird das Auge fest und sicher in der Auffassung. Haben wir dieses Ziel erreicht, so greife ich wieder nach meiner Violine oder welchem ähnlichen dazu tauglichen Instrumente. Ich streiche denselben Ton an, aber nur mit lang gezogenem Bogen und anschwellend ihn vom leisesten pianissimo bis zum äußerst möglichen forte und abschwellend wieder von diesem bis zu jenem. Ich wiederhole das. Lasse es alsdann abermals nachahmen von dem Schüler auf seinem Instrumente. Auf den kruſtiſchen und namentlich kruſtiſchen Saiteninſtrumenten, als Clavier, Harfe, Guitarre ꝛc., iſt das bei einem einzelnen Tone nicht möglich, wohl aber bei einer Reihe von Tönen, z. B. bei dem Leiterſpiel. Ich laſſe dies anſtellen und jenes crescendo und decrescendo dabei genau beobachten und nicht etwa blos bei dem Aufwärtsſpiel das crescendo und bei dem Abwärtsſpiel das decrescendo, sondern auch umgekehrt. Ich lasse diese Uebung sich über den gesammten Tonumfang des Instruments ausbreiten. Man sehe nur dem Schüler in die Augen; es regt und bewegt sich Etwas in ihm; er fühlt das Leben, das diese einzige Uebung schon dem Spiele einhaucht. Ich lasse ihn reden, er muß mir sagen, was er denkt, empfindet. Ja er denkt, er empfindet schon Etwas. Das Spiel ist ihm ein Werden und Vergehen, ein Aufleben und Hinsterben, ein Entwickeln von Kraft und Ermatten, ein Hoffen, Sehnen, Ringen und Verzagen, Unterliegen, ein Tagen und Nachten, ein Wechsel von Licht und Schatten, ein wirkliches Malen wenigstens Grau in Grau. Von selbst knüpfen sich Erklärungen daran über das innere Gefühlsleben, wie auch in diesem sich stets die Gesetze des Werdens und Vergehens verwirklichen, über den Ausdruck der tieferen und höheren, helleren und dunkleren, matteren und kräftigeren Töne. Der Schüler hört denselben mit gespanntester Aufmerksamkeit zu, wenn sie in rechter Art gegeben werden. Es ist ihm etwas Neues, das er erfährt. Wir belegen die Erklärungen sofort mit Beispielen. Wenn Du heiter und vergnügt bist, wie redest Du dann zu Vater und Mutter, Geschwistern und Gespielen? und wie, wenn Du traurig oder nur betrübt bist? wie ist Dir's, wenn Du Etwas hoffst, erwartest? und wie, wenn die Hoffnung nicht in Erfüllung geht? wie benimmst Du Dich, wie redest Du dort, und wie hier? — Ich lasse mir darauf antworten von dem Schüler, und nun — sieh, was Deine Redetöne, das auch diese gespielten Töne; wie nothwendig, daß wir Fertigkeit darin erlangen, jeden Ton in jedem Maße, jedem Grade äußerer Kraft hervorzubringen! Die äußere Kraft bedingt die innere des Ausdrucks. Ich wiederhole die Uebungen in allerhand Abwechselungen. Der Schüler setzt sie gern fort, denn nicht allein, daß er den Zweck davon kennt, sondern es gestaltet sich dabei auch schon Etwas, das zugleich seine Seele, seine Vorstellung beschäftigt. Es sind die ersten wirklichen Gegenstände, Blumen, Häuser, Bäume, Köpfe, die der Zeichnenlehrer seinen Schülern als Vorlagen giebt. Sie sind erfreut darüber, nicht allein, weil sie darin einen wesentlichen Fortschritt des Unterrichts erkennen, sondern weil sie nun bei ihren Arbeiten auch schon Etwas zu denken und zu empfinden haben, und wunderbar! ich habe nach diesen Uebungen stets die Bemerkung gemacht, daß meine Schüler, sie mochten spielen, was sie wollten, Nichts mehr ganz kalt vortrugen, sondern mit einem Leben, einer Bewegung, die nicht selten an einen wirklich seelenvollen Ausdruck gränzten. Es fing an zu wogen und zu wehen in dem Spiel. Die Läufe wurden nicht mehr blos rund, rein, nett gemacht, sondern stets mit einer Lebendigkeit, die noch etwas Anderes, Tieferes athmete. Die Melodien traten mehr und mehr hervor. Die Kinder fühlten dieselben jetzt schon und selbst als die eigentlichen Lichter heraus und trafen den Accent, auch wo derselbe nicht besonders vorgeschrieben war. Woher das? sie dachten und empfanden nun schon Etwas bei dem Spiele. Wenn ihnen dasselbe auch nicht immer ganz klar war: sie verlangten nach Leben und Bewegung in dem Vortrage und hatten gelernt, erfahren, durch sich selbst erfahren, wie diese zu erreichen. Was man in der Regel zunächst nach jenen Uebungen in dem Spiele der Schüler bemerken wird, ist eine Neigung, alle nach der Höhe gerichteten Tonfortschreitungen crescendo und die entgegengesetzten decrescendo vorzutragen. Es ist das zumeist richtig und es leitet sie dabei ein ganz natürliches Gefühl; aber wir dürfen es nicht zur Gewohnheit werden lassen, und noch weniger dürfen wir vergessen, daß es hier zunächst auch nur auf Tonbildung oder die Erzeugung aller Töne in allen Nüancirungen und Klangfärbungen ankommt. Wenn wir daher auch schon einige Bemerkungen über den psychischen Ausdruck der einzelnen Tonformen fallen lassen, die den Schüler veranlassen, das Spiel gewissermaßen immer plastischer zu gestalten, es so zu sagen zu individualisiren, so müssen wir den dahin gehörigen Unterricht doch noch verschieben bis dahin, wo wir die Bildung des Gefühls und Geschmacks zum besondern Zwecke haben. Lassen wir deshalb jetzt viele freie Uebungen in allen Tonregionen machen, und sehen darauf, daß die Schüler nicht allein jeden Ton mit jedem Grade von Kraft rein und deutlich anzugeben vermögen, sondern auch in der Zusammenstellung der verschiedenen Abstufungen dieser Grade fest und sicher werden. Wir werden finden, daß sich mit letztern Uebungen unmittelbar jene rhythmische verbindet, welche das Ohr und zugleich das äußere wie innere in der Abmessung der verschiedenen Zeitfolge der Töne übt. Ich meine das accelerando und ritardando. Es ist dies sehr wichtig um des noch regeren Antheils willen, den dadurch das innere Vorstellungs- und Gefühlsvermögen an den Tonerscheinungen nimmt. Jedes Gefühl, jede innere Regung hat nicht blos ihren eigenen Ton, sondern auch ihren eigenen Rhythmus. Haben wir den Schüler erst einmal dahin gebracht, daß er die Töne nicht mehr blos voll und rein, sondern auch in allen Graden der äußeren Kraft und Zeitfolge hervorzubringen im Stande ist, so wird jenes Leben in seinem Vortrage ein unwillkürlich noch

viel regeres, ausdrucksvolleres, wirksameres, denn mit dem verschiedenen
Steigen und Fallen, Wogen und Wehen, Wachsen und Abnehmen
verbindet sich nun von selbst auch ein Eilen und Zögern, und wie
dem Schüler damit zugleich immer klarer wird, was er bei dem
Spiele denkt und fühlt, so vermehrt sich zugleich sein Streben, das=
selbe zur Wahrnehmung zu bringen. Sein Spiel bleibt von selbst
nicht mehr ein Malen von blos Grau in Grau, sondern es wird
zu einem Malen mit wirklichen Farben, dem nur die Kunst der rich=
tigen Vertheilung der Lichter noch fehlt, um zu einem wirklichen
Ausdrucke, einer wirklichen Darstellung zu gelangen. Diese Kunst erfor=
dert wieder eine andere Fertigkeit in der Tonbildung, der Nuancirung
des einzelnen Tones gegenüber von dem andern einzelnen oder die
Unterscheidung der Klangfärbungen im Einzelnen. Bisher lernte
der Schüler diese blos in Massen vertheilen, lernte die Farben im
Großen aufzutragen, die Himmel blau, die Bäume grün zu malen,
mit höchstens ihren Uebergängen zu den weißen, grauen, schwarzen
Wolken oder zu der braunen, rothen, dunkeln oder wie noch anders
gefärbten Erde. Die einzelnen Tinten entgingen noch seinem Pinsel.
Ich nehme meine Zuflucht wiederum zur Violine. Ich spiele die Töne
auf derselben mit den bekannten Bebungen, erst schnell, dann lang=
sam. Unter hundert Malen werde ich neunundneunzig Mal sofort
einen eigenthümlichen Eindruck dieser Art der Tonbildung wahrneh=
men. Sein ganzes Inneres ist bewegt. Es drängt ihn, die Töne
auch so zu bilden. Im Gesange allenfalls und auf Blasinstrumenten
kann er es, nicht aber auf den in dieser Beziehung so mangelhaften,
so unproduktiven Clavierinstrumenten. Indeß ist mein letzter End=
zweck auch ein anderer und der wird hier ebenfalls erreicht. Was
ist, was der Schüler dabei empfindet? Er kann es selbst kaum sagen.
Nur so Viel ist ihm klar, daß das, was er vorhin bei den Tönen
empfand, jetzt einen erregteren Grad erhalten hat. Ich verbinde diese
Uebung mit der vorangegangenen, und erkläre dem Schüler, woher
diese größere Erregung kommt: durch den Kampf, in welchen gleich=
sam der reine Ton mit einem unreinen tritt. Ich erkläre ihm wei=
ter, daß jene Erregung zunehmen muß, je weiter die beiden mit ein=
ander streitenden Tonkräfte von einander ab= und je schroffer sie
einander sich gegenüber stehen. Die Dissonanz will an die Stelle
der Consonanz treten und macht sich daher mit aller Kraft geltend,
doch bleibt dieser der Sieg, weil sie ein natürliches Recht der Gel=
tung hat. Der Schüler bildet nach, er fühlt das Richtige dieser
Erklärungsweise und weiß er nun schon, wie vorausgesetzt werden

darf, in seinem Spiele die Consonanz von der Dissonanz zu unterscheiden, so leitet ihn auch ein solch' natürliches Gefühl zu der richtigen Nuancirung derselben, daß wir selbst überrascht werden von der
neuen ergreifenden Färbung, die sein ganzes Spiel, sein ganzer
Vortrag dadurch erhält. Außer den grammatikalischen Regeln über
deren verschiedene Zeitgeltung habe ich meinen Schülern in Folge dessen
selten noch Etwas über den Vortrag z. B. der Vorhalte, accentuir-
ten und unaccentuirten Durchgangs- und Wechseltöne zu sagen brauchen. Ich nenne das die einzelnen Tinten in dem Tonmalen und
es ist nichts Anderes. In der blos praktischen Uebung stellt es sich
dar durch den Wechsel von schwach und stark in allen ihren verschiedenen Graden unmittelbar auf zwei aufeinander folgenden Tönen.
Es sind dergleichen Uebungen also eigentlich nichts Anderes als verschiedenartige Vorkehrungen jenes crescendo und decrescendo, aber
die Art und Weise, wie ich den Schüler dazu geführt haben will,
giebt denselben zugleich eine wahrhaft künstlerische Bedeutung, verleiht ihnen Sinn. Der Schüler denkt und fühlt so Etwas dabei
und indem er dieses auf sein Spiel überhaupt überträgt, nimmt er
den ersten Anlauf zu einem wahrhaft schönen Vortrage, da dieser
— wie wir nachgehends noch des Näheren erfahren werden — hauptsächlich nur auf der Regsamkeit des eigenen Gefühls- und Ideen-
lebens des Vortragenden beruht. Der Schüler gewöhnt sich dadurch, bei Allem, was er thut und treibt, Etwas zu denken und zu
fühlen, und indem er das, was er bei den einzelnen Tonbildungen
denkt und fühlt, sich wieder vergegenwärtigt, wo diese im Zusammenhange vorkommen, erhält auch das Ganze Leben und Bedeutung,
um so mehr als jenes Einzelne nun von der Idee des Ganzen noch
mehr normirt, modificirt und so verdeutlicht wird. Andere dergleichen
Tontinten sind das staccato und legato, das Abstoßen und Binden, das
Abbrechen und Ueberbiegen, das Vorauseilen und Nachschleppen, das
Ab- und Aufziehen der Töne 2c., und wir müssen unsere Schüler endlich auch darin, in diesen Arten von Tonbildungen üben, aber nicht etwa
blos mechanisch, sondern wiederum im Sinne von Vortragsmitteln,
indem wir ihnen also Etwas zu fühlen und zu denken geben dabei,
indem wir sie über den psychischen Ausdruck dieser Tonfärbungen
belehren und nun sie anhalten, die Uebungen nur in dessen Sinne
anzustellen. Haben wir bei Gelegenheit der blos technischen Fertigkeit alle diese Dinge schon machen gelehrt, so werden wir jetzt einen
merklichen Unterschied in ihrer Ausführung bemerken, weil die Spieler jetzt von einem Gedanken, einem innern Gefühle dabei geleitet

werden und dieses eine ganz andere Eingebung, eine ganz andere Regel hat, als der blos technische Mechanismus. Sie denken sich jetzt z. B. bei dem Abbrechen der Töne den stockenden Athem eines Erschreckten, Beängstigten, bei dem Ueberbiegen derselben das sehnende Verlangen eines Liebetrunkenen, Andächtigen, Entzückten, bei dem Vorauseilen die Hast eines ewig Geschäftigen, bei dem Nachschleppen die Lahmheit eines Trägen oder Unbeweglichkeit eines Weh- und Schwermüthigen, bei dem staccato das Lachen eines Scherzenden oder auch das Trotzen eines Eigensinnigen, bei dem legato die behagliche Wohlgefälligkeit eines Gutmüthigen, und welcher Sinn sich den Dingen all' unterlegen läßt, und je nachdem alle diese oder dergleichen Gedanken, Ideen und Gefühle in ihnen wach sind, machen sie die Sachen auch anders, aber immer machen sie sie besser als vorher, wo ihnen nur die mechanisch richtige und reine Ausführung Aufgabe war, weil sie ihnen jetzt Leben und Bedeutung verleihen. Auch messen sie jetzt je nach der Lebendigkeit, in welcher jene Vorstellungen in ihnen rege sind, und je nach den verwandten weitern Vorstellungen, welche sich von selbst unmittelbar daran knüpfen, die verschiedenen Gradationen der Tinten genau ab, und welches Leben, welches Feuer, welchen Ausdruck diese dadurch erhalten, bedarf für den Verständigen, Erfahrnen keiner Nachweisung. Ein blos mechanisch ein- oder angelerntes staccato, legato, rubato rc. bleibt sich immer gleich, erscheint überall, wo es vorkommt, in derselben Weise; aber wer weiß nicht, daß sie je nach Umständen, je nach dem Charakter des Tonstücks, je nach der Hauptidee, die demselben zum Grunde liegt, immer anders ausgeführt werden müssen? welcher Maler darf seine Tinten in allen seinen Bildern auf gleiche Weise auftragen? — dieses Wie des Was lernt der Schüler jetzt, und er lernt es um so gründlicher, um so richtiger, je mehr wir sein eignes Urtheilsvermögen bei der Lehre beschäftigen. Dies geschieht dadurch, daß wir ihm die Dinge einmal anschaulich machen und dann, wie gesagt, wirklich psychisch begründen. Wohl dem Lehrer abermals, der Fertigkeit genug auf der Violine besitzt, um dieselbe auch hier dazu benützen zu können. Selbst bei dem Lehrer der Blaseinstrumente sollte dies der Fall sein, da mir wenigstens unter diesen keines bekannt ist, auf dem alle denkbaren Biegungen und Färbungen des Tones so klar und anschaulich gemacht werden könnten als auf der Violine. Giebt es ein Instrument, das dieser den Rang in dieser Beziehung streitig machen könnte, so ist dies das Violoncell; aber nicht allein, daß dasselbe weit unbequemer zu handhaben

ist beim Unterrichte, sondern auch da es sich nur in tieferen Regionen
bewegt, so macht es auf das jugendliche Ohr auch nicht den Ein=
druck, den die höheren Töne der Violine niemals verfehlen. Vor
allem aber möchte ich den Lehrern des Clavierspiels rathen, bei ihrem
Unterrichte stets dieses Instrument auch zur Hand zu haben. Das
Clavier versagt ihnen die Mittel, das Gehör des Schülers in der
Weise und in dem Maaße auszubilden, daß sie hoffen dürften, den=
selben auch in der Tonbildung vollkommen fertig zu machen, und
ohne vollkommen ausgebildetes Gehör ist diese Fertigkeit nicht möglich.
Daß die Clavierlehrer außerdem noch alle Mittel des Anschlags
und überhaupt der Instrumentenbehandlung genau kennen und zu
lehren verstehen müssen, die nöthig sind, die auf der Violine an=
schaulich gemachten verschiedenen Tonbildungen auf jenem zu effec=
tuiren, ist eine sich von selbst ergebende Bedingung, und erwägen
wir alles in Betreff des vorliegenden Gegenstandes Vorgetragene,
so gelangen wir abermals zu dem Resultate, daß man nicht vorsich=
tig genug in der Wahl des Lehrers für die Clavier spielende Jugend
sein kann, wenn man bei dieser noch Etwas weiter erzielt haben
will als blos ein wenig Fingerfertigkeit, nämlich Jenes, worauf
alle eigentliche musikalische Bildung fußt.

d. Fertigkeit im Notenlesen und Tontreffen.

Als eine weitere praktische Fertigkeit, worauf das Augenmerk
des Lehrers gerichtet sein muß, wenn er seine Schüler in der Kunst
des schönen Vortrags ausbilden will, erkannten wir die Fertigkeit
im Notenlesen und Tontreffen. Führe ich zunächst aus, was ich
darunter verstehe. Der Begriff vom Notenlesen und sogenannten
Treffen läßt sich nämlich weiter und enger fassen. Ich nehme ihn
hier in seinem weitesten Umfange, und verstehe also darunter nicht
etwa blos die Geschicklichkeit, sofort bei ihrem Anblick zu erkennen,
welcher Ton durch eine Note vorgestellt wird, und in der Gewandt=
heit, sofort nun auch diesen Ton zu Gehör zu bringen, sondern ich
verstehe darunter zugleich auch die Geschicklichkeit, sofort dies mit
vollkommen rhythmischer und dynamischer Genauigkeit zu vermögen.
Was heißt das? — Wer sich rühmen können will, Fertigkeit im
Notenlesen und Treffen zu besitzen, muß Alles, wenigstens Alles,
was das Maaß seiner technischen Fertigkeit nicht übersteigt, sofort,
beim ersten Anblick (prima vista) vortragen können, ohne sich einen
erheblichen Fehler gegen Tempo, Takt und Vollständigkeit wie Cor=
rektheit der Ausführung der einzelnen Tonfiguren 2c. zu Schulden

kommen zu laſſen, muß alſo fertig ſein einmal in der Beſtimmung
des Zeitmaßes eines Tonſtücks, mag daſſelbe ausdrücklich vorge-
ſchrieben ſein oder nicht, dann fertig in der Zeiteintheilung der Töne,
hiernach fertig 'in der Beſtimmung der taktiſchen Accente, viertens
fertig in dem eigentlichen Notenleſen, fünftens fertig in der Ausführung aller möglicher Weiſe vorkommenden Toncombinationen,
Tongruppen, melodiſchen und harmoniſchen Figuren und Manieren,
ſechstens fertig in der rhythmiſchen Eintheilung der einzelnen Sätze
und Perioden oder dem, was wir insbeſondere die Interpunktion
nennen, ſiebentens fertig in der Ausführung wenigſtens der vorgeſchriebenen einzelnen verſchiedenen Tonnuancirungen, und muß endlich achtens auch Gewandtheit genug haben, alle dieſe Fertigkeiten
ſofort zur Geltung, in Wirkſamkeit bringen zu können. Die höheren
Künſte des Vortrags, die eigentlich deſſen Schönheit machen, bleiben
noch davon ausgeſchloſſen. Jene Fertigkeiten ſtehen dieſen nur gewiſſermaßen als unerläßlich zu erfüllende Bedingungen gegenüber.
Ich werde Niemandem Fertigkeit im Notenleſen und Tontreffen ab-
ſprechen können, der ein Tonſtück, das er zum erſten Male ſingt
oder ſpielt, nicht ſofort ſchön vorträgt; aber ich kann ihm auch keine
gerechten Anſprüche darauf geſtatten, wenn dies nicht ſofort wenigſtens im gehörigen Zeitmaße, taktfeſt und mit vollkommen rhythmiſcher und dynamiſcher Reinheit geſchieht. Damit kennen wir zugleich
die Hauptpunkte der daher gehörigen Geſchicklichkeit: Taktfeſtigkeit, Fertigkeit im Notenleſen im engern und eigentlichen Sinne des Worts,
Fertigkeit in der Intonation und überhaupt Ausführung und Gewandtheit im Auffaſſen wenigſtens der Hauptcharaktere einer Tondichtung. Bei der Wichtigkeit · der Gegenſtände für die Lehre vom
Vortrage überhaupt brauche ich mich wohl nicht aufzuhalten. Sie
kann nur der leugnen, welcher von der Kunſt des letztern gar keinen
Begriff hat, und ich kann und darf nicht annehmen, daß ſich ein
Solcher unter meinen Leſern befindet. Gehe ich daher ſofort zur
Methode für den Unterricht in allen den genannten Dingen über.
Ihre Lehre läßt ſich in eine allgemeine und eine beſondere theilen.
Im Allgemeinen dürften ſo ziemlich dieſelben Regeln gelten, welche
ich oben unter 2 dieſes Capitels für Erweckung und Befeſtigung
des Taktgefühls aufſtellte. Sie befördern mit dieſer nothwendig
zugleich die Fertigkeit im Notenleſen und in dem eigentlichen Treffen.
Man kann das Zuſammenſpielen und Zuſammenſingen mit Andern
nicht genug empfehlen. Wo begegnen wir den tüchtigſten vulgo
„Notenfreſſern“? — In den Orcheſtern und Chören. Man geſtatte

mir, einmal wieder von mir selbst zu reden. Ich hatte nie im Leben eine schöne Singstimme, aber schon als Knabe von 10—12 Jahren traf ich Alles, was man mir vorlegte. Wo hatte ich das gelernt? Nicht von meinem Singlehrer, sondern in den Chören, in denen ich mitwirkte. An vielen Gymnasien und Schulen Norddeutschlands befinden sich nämlich noch sogenannte Singchöre, die an gewissen Wochentagen auf den Straßen vor den Häusern Hymnen, Motetten und dergleichen aufführen. In Süddeutschland kenne ich keinen solchen Chor. Lediglich aus Liebhaberei ließ ich mich, so lange ich das Gymnasium besuchte, in einen solchen Chor aufnehmen. An seinen Geldbenefizien nahm ich keinen Theil. Gleichwohl war ich einer der eifrigsten „Choristen" und der Erfolg war der Besagte. Kein größeres Concert in der ganzen Umgegend, zu dem ich nicht gezogen wurde, und immer war ich der Anführer, der „Concertist" des Altes. Mochte dies zum Theil auch die Kräftigkeit meiner Stimme bewirken, den meisten Antheil daran hatte meine Fertigkeit im Treffen und Notenlesen. Nach meiner Mutation trat ich in den Baß über und noch als Student, ja selbst heute noch fühle ich die Früchte von jener frühern Beschäftigung im Chorgesange. Andere mögen eine gleiche Erfahrung gemacht haben. Die tüchtigsten Cantoren und Organisten sind aus diesen Chören hervorgegangen. Mein eigner guter seliger Vater hatte seine Schule darin gemacht und wer ihn gekannt, wird zugeben, daß er bis in sein höchstes Alter eine Fertigkeit in den daher gehörigen Dingen bewahrte, welche ihres Gleichen suchte. Was das Chorsingen bei dem Sänger, dasselbe wirkt hier bei dem Instrumentisten das Orchesterspiel. Schon um vortrefflicher Uebung im Notenlesen und Tontreffen willen, sollte Jeder, der ein Instrument spielen lernt, alle Gelegenheit aufsuchen, in Orchestern mitwirken zu können. Es brauchen diese nicht immer große Orchester, Capellen zu sein; in den kleinern, wo jede einzelne Persönlichkeit mehr hervortritt und mehr Bedeutung hat, wird oft noch mehr gelernt, weil die, sparsame Besetzung der einzelnen Stimmen größere Aufmerksamkeit von Seiten jedes Mitwirkenden fordert. Daß sich viele unsrer jungen Geiger, Cellisten ꝛc. dazu zu gut halten! Nun die Folge ist gemeiniglich, daß sie nirgends gebraucht werden können, als wo sie allein stehen. Als ich in Göttingen studirte, sammelte ich einen kleinen Kreis Befreundeter um mich. Der Eine spielte Geige, der Andere Flöte, der Dritte ein wenig Violoncell ꝛc. Wir kamen alle Woche einmal zusammen und musicirten. Anfangs gingen die Sachen gar holperig, balb aber waren wir durch das Zusammenspiel so eingeschult, daß ich Nichts mehr leichter zu arrangiren brauchte. Alles ging sofort so trefflich von Statten, daß wir nach einer zwei-, dreimaligen Wiederholung unsern Vortrag jeder Kritik aussetzen konnten. Das dauerte ein Semester. Im zweiten Semester konnten wir uns an größere Sachen wagen. Der Verein vermehrte sich. Wo eine Stimme nicht von Mitgliedern desselben besetzt werden konnte, wurden Musiker aus dem Stadtorchester beigezogen. Der Instrumentenmacher Rittmüller stellte uns einen hübschen Flügel. Sänger schlossen sich an und noch war das zweite Semester nicht vorüber, als wir schon öffentlich wirkliche academische Concerte aufführten, deren Ertrag der Armenkasse sehr zu gute kam. Wir wurden dazu durch die Menschenmasse veranlaßt, die sich zur Zeit unsrer Uebungen jedesmal vor unserm Locale versammelte. Die Gelegenheit, in stehenden Orchestern mitzuwirken, findet sich nicht überall, aber Musiker, d. h. Leute, die irgend ein Instrument spielen können, finden sich überall, und merkwürdig genug lernen dieselben sich auch bald kennen. Versäumen wir ja nicht, für unsere Schüler davon zu profitiren. Als der bekannte, berühmte Orgelspieler und durch und durch tüchtige Musiker Zöllner vor einer Reihe von Jahren hier in Stuttgart sich eine längere Zeit aufhielt, bildete sich in meinem Hause ein sogenannter Quartettcirkel, der aber bald zu 10—12 Personen heranwuchs und der sich zur Aufgabe machte, alle neuern Erscheinungen in der musikalischen Literatur sofort in seinem Kreise zu Gehör zu bringen. Ganze Stöße von Musikalien lieferte uns bisweilen die Handlung Zumsteeg, und wir setzten uns, um nicht eher zu spielen aufzuhören, bis die Stöße vollständig durchgemacht waren. Wo hatten wir diese „Notenfresserei" gelernt? — Ich schon in meiner Jugend dadurch, daß ich überall, wo es nur Etwas zu spielen gab, Hand mit ans Werk legte. Mit Vergnügen erinnere ich, daß ich schon als Knabe auf Schützenhöfen den Musikern bald dem die Geige, bald dem andern das Violoncell oder gar auch den Contrabaß, bald dem dritten das Horn aus der Hand nahm und nach den kleinen Notenheftchen, in denen die Tänze verzeichnet waren, mitmachte, als ob ich eine Welt damit zu erobern gehabt hätte. Das Tanzen kümmerte mich nicht, an dem Mitspielen war mir Alles gelegen, und wenn ich einen Ton fehlte, wie beeiferte ich mich, ihn bei der Wiederholung richtiger zu treffen! Das reizt zugleich zum Musiciren überhaupt. Am übelsten sind in dieser Beziehung daran diejenigen, welche blos Clavier spielen. Daher die Thatsache, daß man unter zehn andern

Instrumentisten und Sängern eher neun guten Notenlesern und
Treffern begegnet, als unter eben so vielen Clavierspielern blos
einem. Daß die Sänger und ziemlich alle sonstigen Instrumentisten
meist nur eine Notenreihe zu übersehen haben, während der Clavierspieler immer zwei solcher Reihen und diese meist noch in weit combinirterer Zusammenstellung zugleich zu lesen, das ist nicht die alleinige Ursache davon. Ich will zugeben, daß es um dieses Umstandes willen immer
einen größeren Zeitaufwand erfordert, einen Clavierspieler als einen
Sänger oder jeden andern Instrumentisten zu einem fertigen Noten-
leser heranzubilden; aber die Hauptursache von jener Erscheinung
liegt offenbar darin, daß die Clavierspieler in der Regel weniger
Gelegenheit zu gemeinschaftlicher Thätigkeit haben, zu jener Thätigkeit, welche sie nöthigt, sich an einen schnellen Ueberblick zu gewöhnen. Es kann dieser nur durch Uebung gewonnen werden und so
jedenfalls am ersten und sichersten durch eine Uebung, mit der sich
eine Art Zwang verbindet. Ich sage: eine Art Zwang, denn die
Nöthigung, welche an dem Zusammenspiel haftet, wird verdeckt durch
das Interesse, den Reiz, den dieses zugleich gewährt. Wir thun
Unrecht, großes Unrecht, wenn wir nicht veranstalten, daß auch unsere blos Clavier spielenden Schüler Gelegenheit bekommen, mit
Andern und insbesondere andern Instrumentisten zusammenzuspielen.
Es giebt der Duo's, Trio's, Quatuor's für Clavier und Violine
oder Flöte, Clavier, Violine und Violoncell und welche andere dergleichen Instrumente genug und in allen Gattungen wie von jedem
Grade der Schwierigkeit, nicht zu gedenken der tausend- und aber-
tausendfachen Zusammenstellung von Clavier und Gesang. Die
Schüler erwerben sich dadurch zugleich die Tugenden der Accompagnisten und Ripienisten, lernen deren Obliegenheiten und guten wie
schlechten Eigenschaften kennen, und indem wir sie anhalten, sich der
erstern zu entledigen, gewinnen sie mit der Fertigkeit im Notenlesen
und Tontreffen ein solch' durchaus musikalisches Gepräge, daß die
bedeutsamen Folgen von daher auf ihre gesammte musikalische Ausbildung sich gar nicht berechnen lassen. Ich erhielt meine erste
eigentliche Musikimpfung durch kleine Sonaten für Violine und
Clavier, die mein guter seliger Vater mit mir spielte und die dann
Veranlassung wurden, daß ich mit den Söhnen und Leuten eines
benachbarten Stadtmusikanten oft zusammenkam, um ähnliche dergleichen Sächelchen einzuüben. Auch das vierhändige Spiel gewährt in
diesseitiger Beziehung große Vortheile, doch bei Weitem nicht die,
welche sich an das Zusammenspiel mit andern Instrumenten oder

mit dem Gesange knüpfen. Jedenfalls sollte jenes wenigstens immer von zwei Schülern, nicht dem Lehrer und dem Schüler geschehen, weil der Lehrer gar zu sehr geneigt ist, sich nach diesem zu richten und dieser das weiß, daher gar keine Nöthigung zu besonder● Aufmerksamkeit auf das Notenlesen, Takthalten ꝛc. in sich verspürt. Der Lehrer wartet, wo er inne hält, und folgt, wo er vorauseilt. Wenn aber zwei Schüler zusammen spielen, so findet eine solche Accomodirung meist auch von beiden Seiten nicht statt. Man mache nur den Versuch und man wird sich von der Richtigkeit dieses Urtheils überzeugen. Das Accomodiren aber ist eine der Haupttugenden in den daher gehörenden Fertigkeiten. Im Besondern dann empfehle ich zur Förderung dieser vor allen Dingen das Spielen und Singen von Vielem und Vielerlei. Zum Zwecke des Notenlesen= und Treffen=lernens insbesondere bei den Musikstücken stehen bleiben wollen, welche man zum Zwecke der Förderung der technischen Fertigkeit, oder welchem andern Zwecke, seinen Schülern förmlich einstudirt, hieße Ochsen vor den Schlitten spannen, wo man Rennthiere haben kann, oder zu Fuße gehen, wo Eisenbahnen gelegt sind. Die Schüler können dadurch ebenfalls nach und nach Notenlesen und Treffen lernen, d. h. an Fertigkeit in diesen Künsten gewinnen, aber nur sehr langsam, wenn nicht noch andere Mittel hinzutreten, die insbesondere auf diesen sehr wichtigen Zweck abzielen, und das erste unter diesen Mitteln ist erfahrungsgemäß das genannte. Man lasse die Schüler außer jenen Musikstücken oft auch andere Sachen und zwar sehr verschiedene spielen oder singen, lediglich zum Zwecke des Notenlesens und Treffens, also ohne dieselben zum Gegenstande des eigentlichen Studiums zu machen. Das kann natürlich nicht sogleich zu Anfang des Unterrichts geschehen, sondern erst wenn die Schüler bereits einen gewissen Grad von technischer Fertigkeit gewonnen haben. Eben so versteht sich von selbst, daß der Lehrer bei der Wahl der dazu bestimmten Musikstücke stets mehr oder weniger weit hinter diesem Grade zurückbleiben muß. Aber befolgt der Lehrer diese Regel und verfährt er sonst nur einigermaßen klug bei den daher einschlagenden Uebungen, so sind die Wirkungen, welche diese für unsern speciellen Zweck haben, oft so überraschend und nachhaltig, daß wir sie auch in allen übrigen Theilen des Unterrichts deutlich verspüren. Am vortheilhaftesten ist in dieser Beziehung wieder derjenige Lehrer daran, der mehrere Schüler zugleich an verschiedenen Instrumenten unterrichtet, wie ich in meiner Anstalt. Ich lege meinen Schülern zu dem Ende bisweilen ihnen noch ganz fremde

Tonstücke vor. Dieselben bieten keine größeren Schwierigkeiten, als jene bei nur einiger Aufmerksamkeit sofort zu überwinden im Stande sind. Voraus sende ich Nichts als das Nöthige über Takt- und Tonart. Hiernach bestimme ich das Tempo, in welchem gespielt werden soll, spiele, um dieses den Schülern recht fühlbar zu machen, selbst wenigstens einige Takte vor und zähle dabei die Viertel, Achtel, oder welche Takttheile oder Taktglieder sich am besten dazu eignen, laut. Nun muß sofort das gemeinschaftliche Spiel beginnen; ich spiele selbst mit, gebe nirgend nach; wo der Rhythmus zu schwanken droht, zähle ich die Taktschläge laut; die Schüler sind voller Eifer; es gilt „vom Blatt zu spielen"; das erstemal sind hie und da noch einige Fehler vorgekommen; schon bei der ersten Wiederholung aber geht Alles besser, und bei der zweiten wird bereits auf die einzelnen Vortragsnuancen Rücksicht genommen. Die ersten solche Versuche werden mit ganz leichten und auch rhythmisch leicht auffaßbar gegliederten Tonstücken gemacht; dann schreite ich auch hier zu immer schwierigern Aufgaben fort. Das mein Verfahren bei meinen Clavierschülern und ich darf sagen, daß die Früchte, die es trägt, die erfreulichsten sind. Seine Anwendung auf jede andere Art Unterricht ist leicht gemacht, auch auf den Einzelunterricht. Wer diesen im Gesange, auf der Violine, Flöte, dem Violoncell oder welchem andern Instrumente ertheilt, hat ja zudem seine Stimme und sein Instrument immer mit sich, daß er ganz gleiche Uebungen anstellen kann, und der dazu nöthige Musikalienvorrath findet sich überall, ohne deshalb besondere Ausgaben machen zu müssen. Freilich wird der Singlehrer nicht immer dasselbe singen können, was der Schüler singt; aber dann gibt es leichte Duette und dergleichen genug, was sich mit gleichem Erfolg dazu verwenden läßt, oder muß er es machen, wie der Clavierlehrer, dem nur ein Instrument zu Gebote steht: er muß dem Schüler den Takt angeben, diesen fortan durch lautes Zählen stark markiren und nun den Schüler anhalten, daß er sein Spiel oder seinen Gesang genau darnach ordnet. Wird doch der Singlehrer auch stets dabei accompagniren und das laute Zählen auch schon bei der ersten Wiederholung mehr und mehr aufhören können. Als ein weiteres vortreffliches Mittel zu unserm Zwecke habe ich das Spielen oder Singen aus oder nach Partituren bewährt gefunden. Ich rechne in diesem Falle zu letzteren auch die mancherlei sogenannten Clavierauszüge. Dadurch nämlich erweitert sich der Blick des Schülers; lernt dieser Vieles auf einmal übersehen, und wie nothwendig dies zum fertigen Notenlesen ist, weiß jeder Sachverständige. Man fängt natürlich mit ganz kleinen und leicht übersehbaren Partituren an, z. B. beim Clavierspiele mit den Partituren vierstimmiger Lieder oder sich dazu eignender Instrumentalquartette. Sängern oder andern Instrumentisten theilt man gewisse Parthien aus denselben zu. Ihr Auge hat zwar stets nur diesen zu folgen, aber da die zu lesenden Noten unter andere vertheilt sind, muß es auch letztere mit übersehen, um jene von diesen unterscheiden zu können, und das hat denselben Erfolg. Es kann dieses Mittel begreiflicher Weise erst bei vorangeschrittenen Schülern zur Anwendung kommen, aber besitzen dieselben alsdann auch schon einige Kenntnisse in der Harmonie, so ist die Wirkung eine um so vollständigere, überraschendere. In letzterm Falle möchte ich zugleich rathen, die Schüler öfter die einzelnen Stimmen eines mehrstimmigen Tonstücks, z. B. eines Quartetts oder dergleichen, in Partituren zusammentragen zu lassen. Sie schreiben dabei nicht allein, sondern sie hören auch, und indem sie hören, werden sie dadurch vertrauter mit dem Auf- und Ausbau der Tonwerke, was wiederum unsern gegenwärtigen Zweck wesentlich fördert. Daß bei Geigern, Blaseinstrumentisten und Sängern das Treffen insbesondere ein ausgebildetes Gehör voraussetzt, nehme ich als eine allbekannte Thatsache an; von diesem aber war schon oben unter b die Rede, so wie unter c von der Fertigkeit in der Tonbildung und Tonerzeugung, die ebenfalls damit in engster Verbindung steht. Alle Fertigkeit im Notenlesen an und für sich nützt jenen Musikern Nichts, wenn sie nicht zugleich Fertigkeit im Tontreffen, in der reinen Intonation der Töne besitzen. Daher werden übrigens die beiden streng genommen unter sich sehr verschiedenen Begriffe gewöhnlich auch in einen Begriff zusammengeworfen, indem man unter Treffen zugleich das Notenlesen und unter Diesem zugleich Jenes versteht. Ich selbst folgte hier diesem gewöhnlichen Sprachgebrauche und jeder Lehrer wird auch die beiden Begriffe in sofern nicht von einander trennen können, als er bei Förderung der Fertigkeit im Notenlesen für sich stets zugleich auf das Treffen, d. h. hier die reine Intonirung der Töne halten muß. Dem Clavierlehrer macht diese keine Schwierigkeit: schlägt der Schüler die richtige Taste an, so erscheint auch immer der richtige Ton. Ebenso bei dem Harfenisten und überhaupt Spieler von Lauteninstrumenten. Anders bei dem Geiger, Blaseinstrumentisten und Sänger. Wie gesagt, indessen ist das in dieser Beziehung Nöthige bereits in den voranstehenden beiden Absätzen bemerkt worden.

e. Erweckung des Sinnes für Deutlichkeit und Präcision überhaupt.

Eng in Verbindung damit tritt dagegen wieder die Aufgabe, bei unsern Schülern überhaupt den Sinn für Deutlichkeit und Präcision rege zu machen, denn nicht blos daß dies gar wesentliche Erfordernisse eines guten Vortrags sind, sondern häufig auch beruht die ganze Intonirungskunst, Alles, was wir unter dieser begreifen, lediglich darauf, namentlich bei dem Clavierspiel. Ist dieses deutlich und präcis, so ist es auch immer rein. Häufig ist selbst bei Geigern und Sängern, sowie den Blaseinstrumentisten ein Fehler gegen die reine Intonation, gegen das richtige Tontreffen Nichts als ein Fehler gegen die Präcision und Deutlichkeit. Worin bestehen diese? was ist überhaupt deutlich? — Wir denken deutlich, wenn wir uns des Mannigfaltigen bewußt sind, das ein Begriff in und unter sich faßt. Es giebt demnach eine intensive und eine extensive Deutlichkeit. Jene ist die Deutlichkeit des Inhalts, diese die Deutlichkeit des Umfangs; jene erhält man durch Zergliederung des Begriffs in seine Merkmale, diese durch Zusammenfassung der verschiedenen Nebenbegriffe unter einen Gattungsbegriff. Es ist dies Alles nothwendig in Erwägung zu ziehen, weil so uns nur klar werden kann, worauf es hier beim Unterrichte überhaupt ankommt. Die Deutlichkeit des Vortrags ist immer nur die extensive Deutlichkeit, aber eine unerläßliche Bedingung für diese ist, daß ihr die intensive Deutlichkeit vorausgeht. Wo letztere nicht ist, da ist erstere ganz ohnmöglich. Drücke ich mich verständlicher aus. Wir können Nichts deutlich äußern, weder einen Gedanken, noch eine Vorstellung, noch einen Begriff, noch ein Gefühl, wenn wir es nicht selbst vorher deutlich gedacht, deutlich empfunden, deutlich erkannt haben. Das ist eine Regel, die überall gilt im Leben, so auch in unsrer Kunst; es ist ein unumstößliches Naturgesetz. Was ist die intensive Deutlichkeit des Vortrags? — Sie besteht darin, daß der Spieler oder Sänger sich alles dessen deutlich bewußt ist, was er durch diesen zur Wahrnehmung, zur äußern Erscheinung bringen will, daß er alle die auszudrückenden Gefühle, Vorstellungen, Leidenschaften, Ideen vollkommen in sich aufgenommen, deutlich erkannt und begriffen hat. Was die extensive Deutlichkeit? — daß er nun auch alle die Mittel zur Anwendung bringt, durch welche jener Ausdruck wirklich geschehen kann. Und diese Mittel sind: reine Intonation, vollkommen und sowohl emphatisch, als rhythmisch und logisch richtige Accentuation, hiernach eben solche Interpunktion, beim Ge-

sang und bei der Blasmusik insbesondere ferner ein richtiges Ath=
men und bei jenem speciell auch eine schöne Aussprache der Textes=
worte, und endlich bei allem Vortrage eine vollkommen richtige me=
chanische Ausführung oder Executirung des Einzeln wie des Ganzen.
Auf welche Weise wir unsere Schüler in den Besitz dieser Mittel
setzen, ist bereits im zweiten Capitel dieses Theils unsers Buchs
gesagt worden. So ist hier nur noch die Frage, wie wir sie auch
dahin bringen, daß sie diese Mittel stets zur rechten Anwendung
kommen lassen? — In der Ueberschrift ist bereits die Antwort da=
rauf enthalten: dadurch, daß wir überhaupt den Sinn für Deutlich=
keit und Präcision in ihnen rege machen. Haben wir dieses Ziel
erreicht, so folgt jenes von selbst. Man hat das schon für ohn=
möglich halten wollen, aber wie die Reinlichkeit, jedes sittliche Ge=
fühl dem Kinde anerzogen werden kann, so gewiß auch dem künst=
lerischen Kinde diese Tugend. Nur dürfen wir dabei nicht blos bei
der extensiven Deutlichkeit stehen bleiben wollen, sonst wird der
eigentliche Zweck stets verfehlt; denn eben weil keine extensive Deut=
lichkeit sein kann, ohne daß ihr eine intensive vorausgegangen, so
hat auch die Erziehung zu jener stets auf diese zu fußen, wenn
gleich das Kind selbst sich dieser Grundlage wenigstens Anfangs
nicht recht bewußt wird. Das Wesen der Sache selbst deutet dem=
nach schon auf die einzig richtige Methode hin, und ich habe gewiß
nicht Unrecht, wenn ich behaupte, daß die Ursache von der That=
sache, daß so wenige von den vielen Spielern und Sängern einen
vollkommen deutlichen Vortrag haben, nicht etwa in einem Mangel
frühzeitigen und steten Anhaltens dazu von Seiten ihrer Lehrer,
sondern lediglich darin liegt, daß diese selbst keinen rechten Begriff
von der diesseitigen so wesentlichen Schönheit des Vortrags hatten
und somit auch nicht auf den rechten Weg gelangen konnten, auf
welchem die Schüler einzig und allein in deren Besitz gesetzt werden
können. Reinheit und Präcision in der Ausführung thut es nicht
allein: die Deutlichkeit des Vortrags macht fast den Inbegriff sämmt=
licher Schönheiten desselben aus, so daß, gelingt es mir, den Sinn
dafür in dem Schüler rege zu machen und rege zu erhalten, ich fast
um alles Weitere, was noch daher gehört, unbesorgt sein kann. Es
kann mir das aber nicht gelingen, sehe ich blos auf jene beiden
Dinge, so wenig ich mit täglichem Kämmen, Bürsten, Waschen für
sich schon einen reinlichen Menschen erziehe. Wie dieser zu dem
Ende von der moralischen Bedeutung der Reinlichkeit durchdrungen
sein muß, so hat auch unsere Erziehung zu solch' extensiver Deut=

lichkeit durchweg auf der intensiven Deutlichkeit zu fußen, soll sie ganz
zum Ziele führen. Kämmen, Bürsten, Waschen alle Tage thut es
nicht, das augenblickliche und fortwährende Verbessern jedes Fehlers
gegen die Regel der Deutlichkeit hilft nicht: der Schüler muß diese
Fehler im Grunde seines Herzens hassen, wie das Kind die Lüge,
wenn sie nicht vorkommen und dieses nicht lügen soll; er muß wie
dieses bei der Lüge erröthen, wenn ein solcher Fehler vorkommt und
von selbst sofort zu der Corrigirung bereit sein. Wie impfen wir
dem Kinde den Haß gegen die Lüge ein? Durch ein directes Lossteuern auf die Tugend der Wahrheit und Wahrheitsliebe gewiß
nicht. Gelegentliche Beispiele in unterhaltenden Geschichtchen helfen
schon Etwas, Vergleiche, die das Ehrgefühl rege machen, noch mehr.
Es wird auch bei uns so sein. Die Deutlichkeit, Sauberkeit des
Vortrags, von der hier die Rede, beruht auf einem deutlichen Erkennen, Auffassen und Verstehen der in dem vorzutragenden Tonstücke entwickelten Ideen, Leidenschaften und Gefühle: dazu kann ich
wohl einen ältern Schüler, nicht aber das Kind schon anleiten, und
bei diesem doch muß die Erziehung zu jener Deutlichkeit schon anfangen, soll sie ihr Ziel erreichen, wie bei dem kleinsten Kinde die
Erziehung zur Wahrheit und Reinlichkeit. Gewöhnen ist kein Erziehen, obschon es gut sein mag, wenn jenes zu diesem in das Verhältniß von Wirkung zur Ursache tritt. Ich nehme zu Vergleichen
meine Zuflucht und indem ich dieselben eben sowohl aus der Sinnen-
welt wähle, welcher das Kind noch angehört, als mit Bezug auf
die eigentliche Kunst des Vortrags, erreiche ich fast immer meine
Zwecke. Da macht ein Kind einen Lauf holperig, lückenhaft, unegal, kurz nicht deutlich: ist es ein Mädchen, so ist der Lauf mir
wohl eine Perlenschnur, und an welcher hat es mehr Freude, an
der, bei welcher sich dicht Perle an Perle reihen, oder an der, bei
welcher Lücken die eigentliche Schnur schauen lassen? an der, bei
welcher große und kleine, helle und dunkle Perlen ungeregelt durch
einander aufgezogen sind, oder an der, welche aus lauter gleich
großen, hellen, strahlenden Perlen, vielleicht nur hier und da in geregelter Ordnung von einer größeren Perle unterbrochen, besteht? —
Das Kind selbst entscheidet und sein Lauf muß diese Perlenschnur
werden. Ist es ein Knabe, so ist mir der Lauf wohl eine Soldaten-
reihe, weil diese das Sinnenauge mehr reizt. Da wird ein Triller,
Doppelschlag oder welche andere Figur und Manier gemacht eckig,
schwerfällig, unegal oder wie sonst undeutlich: sie sind wie die
Schleifen, Bänder, Blumen, Besatzungen an den Kleidern, und für

welche dergleichen Zierrathen hat selbst das Kind mehr Auge? für die leichten, gefälligen, zierlichen, netten, accuraten. Die Ausführung wird wiederholt und die Figuren kommen immer deutlicher, leichter, runder zum Vorschein, denn sie sollen sein für das Ohr, was dieser Kleiderschmuck für das Auge. Man glaubt nicht, was solche Vergleiche wirken! Es scheint mir ordentlich, als ob es ein Reflex von einem schon vorhandenen Schönheits= oder Ordnungssinn ist, der sich über das ganze Gehör und das Tongefühl des Schülers ausbreitet. Ich lasse die Vergleiche aber auch persönlich werden, wie der Sittenlehrer, der mehrere Kinder zugleich zu erziehen hat, den Unartigen dem Artigen gegenüberstellt. Nur muß dies mit Vorsicht geschehen, weil eben so leicht Erbitterung, Widerwillen gegen die Sache wie gegen den Lehrer, als Streben, die Dinge besser zu machen, der Sinn für Deutlichkeit dadurch geweckt werden kann. Namentlich sei der Lehrer, welcher gemeinschaftlichen Unterricht ertheilt, behutsam in derlei Vergleichen. Ich vergesse nie im Leben einen daher gehörigen Vorfall, der mir selbst in meiner Praxis begegnet. Zwei junge liebe Mädchen besuchten ein und dieselbe Classe in meiner Anstalt. Sie lernten Clavierspielen. Das eine zeichnete sich durch große Deutlichkeit, Reinlichkeit und Präcision in Allem, was es spielte, aus; das andere legte gar wenig Sinn für diese unerläßlichen Tugenden an den Tag. Es war auch in seinem Aeußern, seinem Anzuge weit unproperer, unordentlicher, sonst ein liebes, liebes Kind, folgsam und voller Lernfreudigkeit. Da stelle ich ihm einstmals jene seine Mitschülerin öffentlich in der Classe als Muster vor. Wohl hatte ich längst bemerkt, daß unter den beiden Mädchen keine gar sonderliche Freundschaft herrschte, aber um so mehr — meinte ich — werde der Vergleich wirken. Das Mädchen fängt bitter zu weinen an. Während der ganzen Lection war Nichts mehr mit ihm anzufangen und fortan trat an Stelle jener Lernfreudigkeit eine Bitterkeit, ein Widerwillen, der die Unterrichtsarbeit so sehr erschwerte, daß ich nicht anders konnte, als mich mit den Eltern in Einvernehmen darüber zu setzen. Da bekam ich den Schlüssel zu dem Räthsel. Jenes Mißverhältniß unter den beiden Schülern war Folge einer Diversion, in der sich schon seit Jahren die beiderseitigen Familien befanden und so hatte der Vergleich gerade mit jener Schülerin so schmerzlich auf das Kind eingewirkt, daß dieses glaubte, sogar eine Absichtlichkeit und eine Kränkung seiner ganzen Familie von meiner Seite darin erblicken zu müssen. Die Eltern gestanden mir, schon Alles aufgeboten zu haben, dieses dem

Kinde wieder auszureden, und daß sie nur mir überlassen könnten, den Schüler wieder mit meinem Unterrichte auszusöhnen. Es gelang mir dieses später, aber die Erfahrung machte mich vorsichtig und ich verfehle nicht, sie hier mitzutheilen. Das eine Kind auch erträgt solche Vergleiche besser als das andere. Auf das eine wirken sie fördernd, auf das andere hindernd, je nach Charakter und Gemüthsstimmung. Der Lehrer bedenke dieses daher wohl, ehe er dazu schreitet, obschon dergleichen Vergleiche immer besser und mehr wirken als bloßes Vormachen von Seiten des Lehrers, da bei dem Schüler zugleich der Gedanke an das Gelernthaben hinzutritt. Wir können durch dieses Vormachen den Schüler wohl dahin bringen, daß er eine Sache gut und deutlich nachspielt und nachsingt, aber den eignen Sinn für Deutlichkeit werden wir niemals dadurch rege machen, und darauf kommt es hier zunächst und überhaupt an, soll der Schüler dahin gebracht werden, daß seine Vortragskunst sich überall und stets durch Deutlichkeit auszeichnet. Sind die Schüler schon gereifter, so nehme ich zu gleichem Zwecke gern sprachliche Vergleiche und ich komme damit der Lösung der eigentlich künstlerischen Aufgabe auch schon näher. Was blos die mechanische Ausführung betrifft, so sind sie nun schon so ziemlich an Deutlichkeit gewöhnt oder vielmehr dazu erzogen worden. Die meisten Undeutlichkeitsfehler werden jetzt in der Accentuation und Interpunktion begangen, natürlich in der emphatischen und logischen Accentuation, weniger in der rhythmischen, da sie in dieser bereits die Taktlehre sicher gemacht hat. Sofort suche ich das, was etwa durch die dergestalt undeutlich vorgetragene Stelle ausgedrückt werden soll, in Worte zu fassen, spreche diese Worte ebenfalls und in der Art des schülerischen Vortrags undeutlich, und lasse nun den Schüler über meinen Redevortrag urtheilen. Wie er falsch accentuirt oder geholpert und gestolpert, genäselt, verschluckt, geeilt, gezögert 2c., so auch ich. Meine Worte sind ihm klar; Sinn und Begriff sind ihm leichter zu fassen als das in den Tönen herrschende unbestimmte Gefühl; so urtheilt er auch richtig, verbessert wirklich meinen Redevortrag; aber damit fühlt er auch den innern Zusammenhang desselben mit seinem Tonvortrag; er fühlt eben so unwillkürlich als unmittelbar, daß wohl so Etwas durch die Töne hat ausgedrückt werden sollen, und indem er nun das Spiel oder den Gesang wiederholt, gestaltet sich auch hier sein Vortrag weit deutlicher, klarer, schöner, ausdrucksvoller. Er empfindet das selbst und diese Empfindung nimmt ihn ein für die Deutlichkeit und Präcision überhaupt. Daß die Anwendung dieses Mittels nicht leicht ist,

leuchtet ein. Sie setzt eben sowohl eine schnelle Auffassungsgabe von Sei=
ten des Lehrers als die Fähigkeit voraus, Gedanken und Gefühle sofort
in passenden Worten zu geben. Aber Beides auch verlange ich von
jedem guten Musiklehrer. Wer das nicht kann, lasse das Unterrich=
ten; er ist kein Lehrer. Demjenigen, welcher im Gesange unterrich=
tet, wird die Aufgabe leichter, indem ihm die Textesworte hinläng=
lich Anhalt zu deren Lösung geben. Jedenfalls aber habe ich das
Mittel allezeit als ein vortreffliches, für den gegenwärtigen Zweck
sehr wirksames befunden, und um so wirksamer, als — wie gesagt
— die Schüler dadurch zugleich angeleitet werden, nach den Ge=
danken, Gefühlen, Vorstellungen, Leidenschaften und Ideen zu for=
schen, die in ihrem Vortrage zum Ausdrucke kommen sollen, und
ist das Werk ihrer Geschmacks= und Gefühlsbildung, von dem gleich
nachher die Rede sein wird, schon etwas vorangeschritten, so kann
die Wahrnehmung nicht ausbleiben, daß sie von jetzt an auch den=
ken über das, was sie spielen oder singen, und haben wir sie erst
einmal dahin gebracht, so ist, wenn nicht Alles, doch schon Vieles,
gar Viel in dem diesseitigen Theile ihrer Ausbildung und Erziehung
erreicht worden, denn von jetzt an geht der extensiven Deutlichkeit
ihres Vortrags wirklich eine intensive voraus, und wenn diese auch
nicht gleich sich in dem Grade der Vollkommenheit darthut wie jene,
so muß man bedenken, daß das, was zur extensiven Deutlichkeit
gehört, ungleich mehr in die Sinne fällt, als das, woran wir
die intensive Deutlichkeit erkennen. Eben deshalb kann die Erzie=
hung zur Deutlichkeit und Präcision überhaupt, obschon sie ihr
Augenmerk nur auf diese als ihr letztes Objekt richtet, doch nur von
jener ausgehen. Das ist naturgemäß. Sie rüstet zunächst mit den
Mitteln zum Zwecke aus, ehe sie Hand an die Erreichung dieses
legt. Ich halte mich und mein Kind selbst erst reinlich, bevor ich
ihm den Werth der Reinlichkeit declarire und es so für diese stimme.
Es muß und darf an sich selbst nichts Anderes kennen als Reinlichkeit,
Sittlichkeit. Die zur Anerziehung dieser allenfalls nöthigen Gegen=
sätze müssen von andern Erscheinungen hergenommen werden. Mein
Schüler muß von Anfang an Alles, was er spielt oder singt, nicht
anders als deutlich singen oder spielen; wo und wie er dagegen
fehlt, bin ich sogleich mit meiner auf das Bessere gerichteten Unter=
weisung da; aber wie diese dort nicht bestehen darf im bloßen Be=
fehl, im bloßen Corrigiren, wenn überhaupt das Ziel der Erziehung
zur Reinlichkeit und Sittlichkeit erreicht werden soll, so auch hier
nicht, vielmehr ordne ich dieselbe in der beschriebenen Weise, damit

dem Schüler zugleich der Sinn dafür, eine wahre Liebe dazu einge=
impft wird. Mit dieser Liebe, einmal erworben, gelangt er dann
gewissermaßen wie von selbst zu dem, was ich eigentlich mit meinem
Werke gewollt. Sie führt ihn, wie die Liebe zur Reinlichkeit und
Sittlichkeit ihn geleitet, zu Anstand und Tugend und mit dieser zur
zeitlichen wie ewigen Glückseligkeit, so auch hier endlich zu derjeni=
gen Schönheit des Vortrags und jener Gewandtheit in der Vor=
tragskunst, welche ihn überall als einen eben so ausdrucksvollen wie
correkten Spieler oder Sänger erscheinen läßt. Also immer Bilder
von Unsauberkeit, Undeutlichkeit, minderer Accuratesse, Fehlerhaftig=
keit dem Schüler vorgehalten, und dann ihn gewöhnt, sich bei Al=
lem, was er treibt, Etwas zu denken, eine Vorstellung zu machen:
das der Schlüssel zu unsrer Kunst hierorts. Ein Spieler oder Sän=
ger z. B., der sich bei einem ritardando, decrescendo oder derglei=
chen das Abnehmen der Kräfte eines Hinsterbenden, Einschlafenden
2c., beim crescendo, accelerando das Anstreben eines muthigen Käm=
pfers, bei diesen oder jenen Rhythmen und Accenten bald das Bild
eines frohlockenden, ausgelassenen, bald das eines sehnsüchtig verlan=
genden, verzweifelnden oder demüthig flehenden, bald das eines behaglich
träumenden, sorglos der süßesten Ruhe pflegenden Menschen 2c. verge=
genwärtigt, wird immer auch correkt, deutlich spielen oder singen,
und daß er sich dergleichen Bilder immer vergegenwärtigt, dazu müs=
sen wir ihn anleiten. Macht ihm doch das den Unterricht zugleich
auch interessant. Der Sauberkeit, Reinheit in der blos mechanischen
Ausführung und Intonation gedachte ich vorhin und bei früheren
Gelegenheiten schon (s. Cap. 2 dieses Theils).

f. Erweckung des ästhetischen Gefühls und Bildung des Geschmacks.

Das führt unmittelbar zu der weitern und vielleicht wichtig=
sten Aufgabe, welche wir zu lösen haben, wollen wir unsere Schü=
ler fertig machen in der Kunst des Vortrags: daß wir das Gefühl
für Schönheit in ihnen rege zu machen, zu entwickeln, und daß wir
ihren Geschmack zu bilden bemüht sind. Gefühl und Geschmack
nämlich ist immer das Erste, das Höchste, was wir von einem mu=
sikalischen Vortrage fordern. Bleiben wir zunächst bei jenem stehen.
„Er singt oder spielt mit Gefühl, mit Ausdruck!“ Was heißt das?
— Ich nehme beide Redeweisen hier als homogen, denn mit Aus=
druck singen oder spielen, heißt nichts Anderes, als mit Gefühl sin=
gen oder spielen, da Ersteres nichts Anderes ist als die Anschaulich=
machung, Wahrnehmbarmachung gewisser innerer Seelenzustände durch

ben Gesang oder das Spiel, und wir eben dies auch unter dem
Worte: „mit Gefühl singen oder spielen,“ begreifen. In welchem
Sinne wir aber das Wort nehmen, immer erscheint es sehr relativ;
— es kann sowohl eine subjektive als eine objektive Bedeutung haben. Subjektiv ist seine Bedeutung, wenn man damit von dem
ausübenden oder vortragenden Musiker fordert, daß er durch eben
diesen seinen Vortrag Zeugniß ablege davon, wie viel oder wie
wenig er selbst fühlt und empfindet, was durch das Tonstück hat
ausgedrückt werden sollen; und objektiv ist seine Bedeutung, wenn
damit auf die Kunst des Vortrags selbst hingedeutet wird, also auf
die Kunst, in dem Vortrage der Töne denjenigen Charakter (Klang,
Tempo, Rhythmus) zu geben, durch welchen in dem Hörer wirklich
auch angeregt wird, was der Componist hat durch die Töne in
demselben anregen wollen. Ob übrigens in subjektivem oder objektivem Sinne, immer setzt das Wort zugleich voraus, einmal, daß
in dem Tonstücke wirklich auch ein Gefühl oder überhaupt ein Inneres zum Ausdrucke enthalten ist, und dann, daß der Vortragende
nicht allein dieses Innere in sich selbst aufgenommen und zu seinem eigenen gemacht hat (denn anders vermag er es überhaupt
nicht in dem Vortrage wieder zu geben, zur Anschauung zu bringen), sondern auch, daß er mit der Gefühlswelt, ihrem Organismus, der Natur und Beschaffenheit der einzelnen Gefühle und Lei-
benschaften und ihren Aeußerungsweisen näher vertraut ist, denn
diese Welt allein oder doch vorzugsweise ist's, aus welcher unsere
Kunst ihre darzustellenden Stoffe nimmt. Dies erkannt aber, in
gehörige Erwägung gezogen, kann kaum noch ein Zweifel über den
Weg übrig bleiben, den wir einzuschlagen haben, wollen wir unser
Ziel erreichen, die Eingangs aufgestellte Aufgabe lösen. Die Welt
der Gefühle, das Leben in uns, der ganze Gehalt unsrer Seele ist
vorherrschender Gegenstand aller musikalischen Darstellung; zu Dar-
stellern eines Innern mit Tönen, zu Redekünstlern in der stumm-
beredten Sprache der Töne, wollen und sollen wir unsere Schüler
bilden: was erscheint somit nothwendiger, als sie bekannt zu machen mit den Gestaltungen jener Welt? — das hier unser Werk.
Indeß bevor wir Hand daran legen, haben wir noch eine andere
Pflicht zu erfüllen: wir müssen sie, unsere Schüler, gewöhnen zuvor, in Allem, was sie spielen oder singen, kurz vortragen, zunächst
nach dem dargestellten Gegenstande zu suchen. Das werden wir,
wenn wir, so bald sie zu nur einiger technischer Fertigkeit und son-
stiger Vollendung in dem Mechanismus gelangt sind, Gespräche

über das eigentliche Wesen der Kunst mit ihnen anstellen und
daran nun unsere Meinung über den in dem eben vorliegenden
Tonwerke dargestellten Gegenstand knüpfen. Fangen wir damit so
früh als möglich an, so weiß der Schüler fortan gar nicht anders,
als daß durch das Gesungene oder Gespielte irgend ein Etwas,
ein Inneres zur äußeren Anschauung kommen soll, und wie er selbst
darnach sucht, so lassen ihn die schon bekannten Gestalten dasselbe
in der Regel auch selbst finden. Dann folgen neue Gespräche über
Natur und Beschaffenheit des Dargestellten oder Darzustellenden.
Sie können, so lange die Schüler noch jung sind, natürlich keine
Psychologie enthalten, gleichwohl haben sie eine psychologische Tendenz. Ich frage meinen Schüler, was er wohl meine, welche innere Seelenzustände durch das eben vorliegende Tonstück haben ausgedrückt werden sollen? Er wird sich in seiner Weise darüber äußern und ich schließe mich in meinen weitern Erklärungen sofort dieser Aeußerung an. Ich fordere ihn auf, sich einmal einen Menschen
mit solchen Seelenstimmungen vorzustellen, und mir zu sagen, was
er glaube, wie derselbe reden und handeln werde. Unmittelbar wird
der Schüler dadurch veranlaßt, jene Stimmungen zu seinen eignen
zu machen. Die gedachte Gestalt verkörpert sich vor seinem Seelenauge und ich gebe ihr Fleisch und Gebein, indem ich Reden
führe ähnlich jenen, die wohl einem Menschen mit solcher Gemüthsstimmung aus dem Munde strömen könnten. Schon jetzt wird sein
Vortrag ein und desselben Tonstücks, wenn er vorher ein blos fertiger war, ein ganz anderer, ein bewegterer, wirklich ausdrucksvoller.
Ich habe nicht einmal nöthig, ihn lange über die Mittel der tönen-
den Darstellung besprochener Seelenstimmungen zu unterhalten: er
merkt sie selbst der Gestalt ab, die vor seiner Seele schwebt. Lasse
ich nun aber, einmal mit dem Unterrichte angefangen, kein Tonstück mehr spielen oder singen, ohne ähnliche Gespräche über dessen
darzustellenden Inhalt anzuknüpfen, so gewöhnt sich der Schüler
von selbst, all' sein Musiktreiben nur von dem ästhetischen Standpunkte aus anzustellen und ist immer ein wahrhaft ästhetisches Gefühl in ihm rege. Der Gedanke, das sind keine Empfindungen,
keine bestimmte Ideen und Vorstellungen mit ihren äußeren Formen
aufs Innigste verschmolzen, werden nicht ganz bestimmte Regungen
der Seele dadurch bis zum deutlichsten Wiederempfinden zum Aus-
brucke gebracht, — daß dann alle Musik nur erscheint als ein leeres
Spiel mit blos schönen Aeußerlichkeiten, — dieser Gedanke bringt
sich ihm bis zur vollsten Ueberzeugung auf, wird ihm zur zweiten

Natur, und alle Musik, die ihm keinen Stoff zu solchen Darstellungen zu bieten scheint, behandelt er auch nur als einen wohlgefälligen Ohrenkitzel. Die Zeit, wann der Schüler diesen Grad der Ausbildung erlangt hat, kündigt sich deutlich durch seinen verschiedenen Vortrag der einzelnen Stellen oder Abschnitte eines Tonstücks an. Diejenigen, in denen stärkere und positivere Gefühle vorherrschen, hebt er heraus und spielt sie mit weit stärkerem, emphatischen und rhythmischen Accent, als jene, in denen der dargestellte Gegenstand dunklerer und allgemeinerer Natur. Damit ist dann der Augenblick gekommen, wo wir beginnen müssen, ihn mit dem Objekte der musikalischen Darstellung näher bekaunt zu machen. Anfangs werden wir uns dabei lediglich auf die Namhaftmachung derselben zu beschränken haben. Wir werden dem Schüler sagen, daß vor allen Dingen die allgemeinsten Regungen in jeder Menschenbrust, Freude und Schmerz mit ihren verschiedenen Abstufungen und Nüancirungen, dahin gehören, dann auch das Gefühl des zuversichtlichen Muthes bis hinauf zur trotzigen Kühnheit, der Zärtlichkeit und ganz erfüllenden Innigkeit bis hinauf zur gotterfülltesten Andacht, der Jubel der Freude bis hinauf zum bachantischen Taumel, der Schmerz von der leisesten Klage an bis da stocken die Pulse und das Mark durchbebend die Seele dahinstirbt im verschwebenden Tremolo. Wir werden ihm sagen, daß die Musik alle diese Objekte nur in ihrer Allgemeinheit auffaßt, nirgends in einer bestimmten, individuellen Beziehung. Weiter werden wir Anfangs nicht gehen. Doch indem wir den Schüler abermals zugleich veranlassen, sich Personen mit dergleichen Gefühlen und Affekten vorzustellen, um den richtigen Ton, Accent und Rhythmus für seine Darstellung zu finden, werden wir auch bald bemerken, daß der Schüler selbst den so objektivirten Idealen unwillkürlich sein subjektives Oh! und Weh! verdeutlichend hinzufügt, und nun haben wir keinen Augenblick mehr zu säumen, ihn auch über die eigentlichste innere und äußere Natur aller dieser Objekte ausführlicher zu belehren. Jedes Gefühl, jeder Affekt, jeder Gedauke hat seinen eigenen Ton und seinen eigenen Rhythmus. Das jetzt der Gegenstand unsrer Lehre. Wir müssen dabei die vollkommensten Psychologen sein, aber wir dürfen — wie gesagt — nicht psychologisch verfahren. Nur bei dem erwachseneren und sonst schon weiter ausgebildeten Schüler wäre dies anwendbar; nicht bei allen andern. Bei diesen nehmen wir wieder unsere Bilder zur Hand und wählen diese möglich aus dem Leben und den Erfahrungen des Schülers selbst. Er hat schon frohe, heitere, scher-

zende, bis zur Ausgelassenheit lustige, wie traurige, wehmüthig ge-
stimmte, bis zur Verzweiflung niedergeschlagene Menschen gesehen;
ebenso Aeußerungen von Muth, Trotz, Innigkeit, Zärtlichkeit, Andacht ꝛc. Solche Bilder nehme ich und lasse die Studien daran
machen. Auch das Kind vermag dann schon diese anzustellen.
Wie bittet es Vater, Mutter; auf welche Weise machen andere Kinder den meisten Eindruck auf dasselbe, wenn sie bitten, trotzig oder eigensinnig sind, wenn sie weinen, traurig sind, wenn der Knabe muthig
kämpft mit seinen Gespielen oder sich herumtummelt auf dem Turn-
platze. Selbst das Kind schon unterscheidet unter diesen Bildern die
schönen, ausdrucksvolleren von den häßlichen, wirkungsloseren, wie
vielmehr der erwachsenere, mehr herangebildete Schüler! und diesem
erst gehört der ganze Unterricht, der ihm aber auch die ganze innere
Lebenswelt dadurch bis zur durchschaulichsten Helle aufzuschließen
vermag, wenn nur der Lehrer versteht, die Bilder recht zu wählen,
sie recht zu deuten und sie dem Schüler recht anschaulich zu machen.
So empfindet dieser deren ganzen Inhalt an sich selbst, ist sein eigenes ästhetisches Gefühl rege, und ist man dahin gelangt, wo dem
Schüler klar wird, daß kein Gefühl, keine Regung einzig und allein
in des Menschen Brust herrscht, sondern immer auch Verwandtes,
ja selbst Entgegengesetztes sich hinzugesellt, daß auch kein Gefühl
urplötzlich entsteht oder vergeht, sondern stets vollkommen rhythmisch
geordnet, so höre man nun seinen Vortrag: zeichnete sich derselbe
vordem aus nur bei einzelnen Stellen, wo das Hauptgefühl seine
Accente fand, so wird er jetzt ausdrucksvoll überall, durchweg, und
mit ergreifender Wirkung wechseln Licht und Schatten mit einander
ab. Eben deshalb möchte ich auch keinem Lehrer rathen, bereits
eingeübte Tonstücke je ganz bei Seite zu legen: ist der Schüler in
den Künsten des Vortrags weiter vorangeschritten, so werden gerade
solche Tonstücke wieder ein ganz neues Interesse für ihn haben, und
sie sind für den diesseitigen Unterricht um so wichtiger, nützlicher,
als ihre technische, mechanische Ausführung dem Schüler gar keine
Schwierigkeiten mehr bietet, vielmehr dieser alle seine Aufmerksamkeit, alle seine Kräfte lediglich auf den schönen Vortrag, auf den
Ausdruck des Spiels oder Gesanges verwenden kann. Zudem kann
daran gerade der Schüler seine Fortschritte bemessen. Recht gut
weiß er noch, wie er vordem die Stücke gespielt, gesungen, und indem er unwillkürlich seinen jetzigen Vortrag damit vergleicht, gewinnt er eine innere Freudigkeit ob seines Lernens, die von unberechenbaren Vortheilen ist. „Es ist doch nett das Stück, früher

wollte es mir gar nicht gefallen:" das so sind gemeiniglich die Reden, durch welche sich selbst bei jüngern Schülern diese Freudigkeit äußert, und wohl dem Lehrer, der dergleichen Reden zu hören bekommt, denn sie sind die sichersten Beweise, daß der Schüler vorwärts gekommen ist in den schweren Künsten des Vortrags, namentlich daß sich ein Gefühl für das Schöne in ihm regt, und daß somit der Unterricht gerade auf der schwierigsten Seite gute Früchte zu tragen verheißt. Ich lasse meine Schüler aus dem Grunde bisweilen Stücke wiederholen, die sie schon vor Jahren gespielt. Nicht selten, daß sie ganz überrascht werden von der jetzigen Gestaltung derselben, und Erinnerungen werden dabei wach, welche der beste Lohn sind für die bis daher auf das Lernen verwandte Mühe und Arbeit, — Erinnerungen, die dann auch dem Lehrer Gelegenheit geben zu den wirksamsten Ermuthigungen für die kommende Zeit.

Schwieriger noch für den Lehrer als die Erweckung des ästhetischen Gefühls ist die Bildung des Geschmacks des Schülers; gleichwohl ist für den guten, wahrhaft künstlerischen Vortrag ein eben so wesentliches Erforderniß, daß er ein geschmackvoller, als daß er ein gefühl= oder ausdrucksvoller sei. Was ist Geschmack? — ein geistiges Vermögen, das sich auf Beurtheilung des Schönen bezieht und das sich namentlich in derjenigen Gestaltung einer Kunstleistung offenbart, die uns diese zugleich angenehm macht, mit einem gewissen Reize zur Anschauung oder Zuhörung auf uns wirkt. Regeln für diesen Geschmack muß es geben, sonst könnte er kein Gegenstand der Bildung sein; aber die Regeln sind nicht so leicht bestimmbar und anzuwenden als ,andere, bei denen es nicht so viel wie hier auf den Eindruck ankommt, den die Kunstgegenstände auf uns machen, und auf die subjektive Empfänglichkeit für diesen Eindruck. Daher die Schwierigkeit der Geschmacksbildung, aber daher auch die vielen Fehler, welche namentlich die Musiklehrer darin begehen. Der Geschmack, sagen die Meisten, ist subjektiv und läßt sich daher anerziehen, anbilden. Das ist nicht wahr. Das Geschmacksurtheil ist subjektiv, aber der Geschmack selbst und sein Gesetz oder Princip sind transcendental oder empirisch. Ihr, die Ihr das Erste urtheilt und daher meint, um den Geschmack Eurer Schüler zu bilden, Alles von denselben ferne halten zu müssen, was dem sogenannten klassischen Geschmacke zuwider ist, Ihr werdet nie den Geschmack jener bilden. Ich selbst kenne Musiklehrer, welche in Folge dieser albernen Meinung ihre Schüler Nichts als Beethoven, Mozart ꝛc. spielen oder singen lassen, aber noch niemals hat Jemand von diesen Etwas

wahrhaft geschmackvoll vortragen hören. Der Geschmack ist trans=
cendental und empirisch, d. h. einmal ist er die ursprüngliche An=
lage zur Beurtheilung des Schönen, und dann ist er die mehr oder
weniger nach Maßgabe der Erfahrung entwickelte Anlage dazu.
Jenen, den transcendentalen Geschmack, besitzt jeder Mensch, der eine
mehr, der andere weniger; dieser, der empirische, ist der, welcher an=
erzogen, welcher ausgebildet werden muß und kann, aber sein Name
auch schon sagt, wie das zu geschehen hat. A priori lassen sich
keine Regeln für den Geschmack aufstellen, sondern nur a posteriori,
d. h. nach solchen bestehenden Werken, Verhältnissen und Leistun=
gen, die allgemein oder wenigstens den meisten gebildeten Menschen
und Völkern gefallen. Jedes Volk hat seinen eigenen Geschmack,
namentlich in der Musik: welcher der beste, ist weder zu beweisen,
noch zu lehren, darüber entscheidet das Geschmacksurtheil und dieses
ist durchaus subjectiv. Wer da behauptet, Beethoven, Mozart 2c.
sei der beste Geschmack, riskirt eben so oft ausgelacht zu werden,
als Jener, der Rossini, Bellini 2c. an deren Stelle setzt. Was giebt
uns ein Recht, den Italienern allen Geschmack in der Kunst abzu=
sprechen, weil sie kein Wohlgefallen an Beethovenscher Musik fin=
den? was ihnen wieder ein Recht, eben so über uns zu urtheilen,
weil unsere sogenannten Classiker Rossini, Bellini 2c. verdammen?
— Was von ganzen Völkern in dieser Beziehung, gilt auch von
dem einzelnen Individuum. Der Geschmack ist empirisch. Immer
wird derjenige Virtuos den geschmackvollsten Vortrag haben, der sich
die meiste Erfahrung von dem sammelte, was an dem musikalischen
Vortrage und in welcher Weise dieser am meisten gefällt, und der
dann das Publikum, vor dem er spielt oder singt, reiflich genug
kennt, um über dessen Geschmacksanforderungen oder Geschmacksre=
geln richtig urtheilen zu können, so wie endlich die Fähigkeit besitzt,
jene gesammelten Erfahrungen in Anwendung zu bringen. Liszt
mag spielen, wo und was er will, Niemand wird seinem Vortrage
Geschmack absprechen, und doch spielt er ein und dasselbe Tonwerk
einmal so, das anderemal anders. Warum? gerade um des Ge=
schmackes willen. Derjenige hat jedesmal den geschmackvollsten Vor=
trag, der diesen so einzurichten weiß, daß er den durch die Erfah=
rung und durch den nationalen Sinn gewissermaßen sanktionirten
Regeln des Geschmacks vollkommen entspricht. Er offenbart
immer einen feinen, zarten, gebildeten Geschmack, während der
Andere einen groben, rohen, schlechten Geschmack hat. Das zeigt
den Weg für wahre Geschmacksbildung. Er ist der gerade entge=

gengeſetzte von jenem, den die Geſchmacksanerzieher meinen einſchlagen zu müſſen, ohne je zum Ziele zu gelangen. Wenn wir den Geſchmack unſrer Schüler bilden wollen, ſo müſſen wir darauf bedacht ſein, daß ſie Erfahrung in den daher gehörigen Dingen erlangen. Das kann nur geſchehen, wenn wir ſie viel und vielerlei ſpielen oder ſingen laſſen, Tonwerke jedes Geſchmacks, franzöſiſche, italieniſche, deutſche, naive, erhabene, einfache, verzierte, ſchwerfällige, elegante ꝛc. Was ſie nicht ſelbſt ſpielen oder ſingen können, müſſen ſie hören. Dabei dürfen wir dann aber auch nicht verſäumen, ihnen klar zu machen, wodurch ſich hinſichtlich des Geſchmacks alle die Tonwerke von einander unterſcheiden. Ob wir zugleich unſer eigenes Geſchmacks= urtheil mit einfließen laſſen wollen oder dürfen, wird von den jedes= maligen Umſtänden abhängen. Ich möchte rathen, damit noch zu= rückzuhalten, bis ſich entſchieden hat, welche Richtung der Geſchmack des Schülers nimmt. Es wird dieſe faſt immer eine andere ſein als die unſers Geſchmacks. Der Altersunterſchied und ſomit die verſchiedene Kunſtanſchauung bringt das ſchon mit ſich. Darüber zu erſchrecken und den Schüler mit Gewalt aufhalten zu wollen auf der Bahn und ihn direct auf eine andere geleiten, wäre abermals ein verkehrtes Verfahren. Alle Mühe in dieſer Beziehung wäre vergebens. Etwaige Verirrungen müſſen anders verbeſſert werden. Bei jenen Darlegungen, wodurch ſich die verſchiedenen Unterſchiede in der Muſik hauptſächlich zu erkennen geben, wird dem Schüler bald klar, daß es nicht die eigentliche Schönheit oder der Aus= druck des Vortrags iſt, worin ſich der Geſchmack offenbart, ſondern faſt ausſchließlich das, was wir Verzierung nennen, alſo die An= wendung und Ausführung aller jener mannigfaltigen Manieren, Figuren ꝛc., welche wir bereits oben bei Betrachtung der Melodik und Harmonik kennen gelernt haben, und die lediglich dazu dienen, dem Tonwerke einen Reiz zu verleihen, der den Hörer dafür ein= nimmt. Und indem wir eben deshalb bei dieſem Unterrichte wieder zurückgreifen müſſen zu der Lehre von dem Weſen, den innern wie äußern Eigenthümlichkeiten dieſer Figuren und Manieren, nament= lich darzuthun haben, in welchem Verhältniſſe dieſelben als äußere Verzierungs= oder Verſchönerungsmittel zu dem ganzen innern und äußern Charakter des Tonwerks ſtehen, bemißt auch der Schüler ihr Verhältniß zu der eigentlichen Schönheit von ſelbſt ſo genau, daß, hat er je Neigung zu Verirrungen in Sachen des Geſchmacks gezeigt, doch nun endlich auch von ſelbſt wieder einlenkt und gleichwohl zu einem geſunden Urtheile gelangt. Als gar wirkſam erſchienen mir bei die=

fem Unterrichte immer Vergleiche mit Darstellungen für das Auge.
Junge Mädchen z. B. wissen genau, welche Farben zu einander
passen und welche nicht. Solche Farben sind mir Inhalt und
Charakter des Tonstücks nebst seinen Vortragsmitteln. Wer wird ein
erhabenes, lauter große, tiefe, ernste, edle Gefühle athmendes Tonwerk
so leicht, zierlich, elegant spielen, als etwa das scherzende Roudo? —
das wäre Ungeschmack, wäre grün in blau, nein es wäre roth zu
schwarz, denn wohl gemerkt: in der Kunst der Töne, wie in der
Plastik, herrscht, was den Geschmack betrifft, gerade das umgekehrte
Verhältniß wie in der Kunst der Farben. Diese müssen stets so gewählt und geordnet sein, daß die eine die andere hebt, also abstechend,
während in der Tonkunst und Plastik der gute, edle, feine Geschmack
ein Verschwimmen der Farbentöne in einander fordert. Gleichwohl
ist mein Vergleich richtig. Denke dir, liebes Kind! zwei Damen,
beide in einem Kleide von gleich schwerem und gleichgefärbtem Seiden-
stoffe, vielleicht Atlas. Das Kleid der einen Dame ist einfach, schön
gemacht, nur hie und da mit einer zierenden Schleife oder Besetzung
von gleichem Stoffe versehen, aber reich in Falten; das der andern
dagegen ist bunt über bunt, überall Spitzchen, Schnüre, Bänder,
Schleifchen: auf welchem Gewande, meinst du, würde dein Auge
wohlgefälliger ruhen? Kinder werden sich sofort für das letzte Kleid
entscheiden, doch erwachsenere Schüler antworten nicht, sie fühlen
vielmehr bereits, daß die Entscheidung noch von einer Vorfrage abhängt, nämlich der Frage nach der Bestimmung der Kleider. In
die Kirche oder überhaupt zu ernsten Feiern möchten sie lieber mit
dem erstern Kleide, zu Bällen mit dem letztern gehen. Sofort ist
die Anwendung auf den vorliegenden Gegenstand gemacht, ohne
auch die Farben der Bänder, Schnüre, Schleifen zu vergessen, womit das letztere Kleid besetzt ist, denn auch die Wahl dieser Farben
hängt von jener Bestimmung ab, so wie das Auge vortrefflich entscheidet, was wohlthuend und was hart, zu scharf abstoßend wirkt.
Für Knaben oder überhaupt Schüler männlichen Geschlechts wird
man die Vergleichsgegenstände aus andern ihnen wieder näher liegenden Kreisen wählen. Daß aber Schüler, so gebildet, niemals
gegen allen guten Geschmack fehlen, Beethovensche Sonaten
wie den „Carneval von Venedig" gleich geschmackvoll vortragen
werden, wenn sie sonst nur die zu deren Vortrage nöthige Fertigkeit
und Ausbildung bereits besitzen, davon bin ich nach einer vieljäh-
rigen Erfahrung fest überzeugt, denn sowohl durch jene allseitige
Kenntniß aller Geschmacksrichtungen, die sie durch eigene Erfahrung

erlangt haben, als durch dieſe Firirung ihres Augenmerks auf die
ſpeziellen Geſchmacksgegenſtände mußte ihr Geſchmacksurtheil ſich
auf eine Weiſe entwickeln und entfalten, die nie das wahrhaft
Schöne aus den Augen kommen laſſen kann. Bei den angedeuteten Vergleichen auch werden wir bald wahrnehmen, welche Richtung der Geſchmack unſrer Schüler vorzugsweiſe dereinſt gewinnen
wird oder doch zu nehmen verſpricht. Da ſagt mir z. B. das eine
Mädchen wohl: ja, mit dem Kleide möchte ich lieber in die Kirche,
mit dem andern auf den Ball gehen, aber — ſetzt es auch ſofort hinzu — dieſes oder jenes gefällt doch immer am beſten.
Ah! wie ſchön! ruft der eine Knabe aus, wenn ich ihm ein ſonſt
ganz einfaches, nur durch eine vortreffliche Politur ausgezeichnetes
Metall, und der andere, wenn ich ihm ein ſolches mit vielerlei
zierlichen Gravuren verſehen zeige. Da verräth ſich die Empfänglichkeit für welche Art der ſchönen Geſtaltung, der Geſchmacksſinn,
und nun mag ich immerhin denſelben in ſeiner Richtung vorzugsweiſe zu cultiviren ſuchen. Ich ſage „nun,‟ nämlich nachdem ich die
allſeitige Ausbildung deſſelben bereits vollendet. Das Geſchmacksurtheil des Schülers hat jetzt ein Princip, eine feſte Regel in ſich
aufgenommen, nach der es verfährt. Es verdammt nicht, was dagegen lautet, wenn es nur ſonſt nicht völlig unſchön iſt, aber weiß
ſich lebhafter bewegt durch das, was damit übereinſtimmt. Damit
beginnt die Entwickelung eines eigenthümlichen Kunſtcharakters, einer
eigenthümlichen Kunſtanſchauung in dem Schüler. Das der Anfang wirklicher Originalität. Finde ich, daß der Geſchmack des
Schülers ſich mehr zum Ernſten, Erhabenen, Einfachen ꝛc. neigt,
ſo laſſe ich ihn jetzt vorzugsweiſe derartige Sachen ſpielen oder
ſingen und ſuche ſeinen Geſchmack in dieſer Richtung noch mehr zu
verfeinern, zu vervollkommnen, zu ſchärfen, zu bilden; finde ich das
Gegentheil, ſo verfahre ich jetzt auch im Gegentheil. Aber von
Haus aus ihm einen beſtimmten Geſchmack ſo zu ſagen anerziehen
wollen, iſt eine pädagogiſche Unklugheit. Jeder Menſch hat ſeinen
eigenen Geſchmack, d. h. ſeine eigenthümliche Anlage zur Beurtheilung des Schönen. Es kann derſelbe wohl ein nationales Gepräge
erhalten oder tragen, aber er ſelbſt, ſein Naturprincip läßt ſich nicht
ändern. Es werden ſich kaum je zwei Menſchen zuſammen finden,
die ein gleich großes Wohlgefallen an ein und derſelben Sache
haben: das macht die individuelle Verſchiedenheit des Geſchmacks.
Unſere Aufgabe kann daher hier zunächſt nur ſein, jenes Naturprincip in unſerm Schüler zu erforſchen. Erſt wenn wir dies er-

28*

fahren, dürfen wir an die Bildung des Geschmacks in einer bestimm=
ten Richtung denken, und es muß diese Richtung auch alsdann je=
nem Princip vollkommen entsprechen, wenn wir anders je wollen
zum Ziele gelangen. Nicht wir, sondern unsere Schüler, d. h.
ihre natürliche Anlagen, haben darüber zu entscheiden. Es ist
eine Albernheit, was mir einmal ein hiesiger Musiklehrer sagte:
wie Einer Beethoven spiele, das sei ihm der Prüfstein für dessen
Kunst. Ich ließ die Worte lächelnd an mir vorübergehen, weil der
Mann wohl nie einen hellen Blick in das Seelenleben des Menschen
gethan. Warum sollte nicht der, welcher Beethoven gar nicht spielt,
dagegen Thalberg, Herz ꝛc. vortrefflich spielt, eben so viel Geschmack
in der Kunst des Vortrags besitzen. Jeder in seiner Art. Etwas
Anderes allerdings ist der in allen Richtungen ausgebildete Geschmack.
Liszt, Clara Wieck, Ernst spielen Beethoven, Mozart eben so ge=
schmackvoll als Sachen eigener Composition oder Sachen von Chopin,
Kalkbrenner, Paganini ꝛc. Wie und wodurch haben sie das ge=
lernt? — Ich kann nicht zweifeln: nur auf dem Wege, den ich
hier gezeigt, indem sie sich durch eigene Anschauung mit allen Ge=
schmacksrichtungen vertraut machten, auf dem Wege der Erfahrung.
Daß sie in allen denselben produktiv wurden, bewirkte ihr Genie:
unsere Schüler sind nicht alle Genie's; wir müssen ihnen dieselbe allseitige
Erfahrung zu geben suchen, aber wenn sich dann herausstellt, daß
sich ihr Geschmack vorzugsweise nur in einer gewissen Richtung aus=
bilden läßt, so haben wir auch nur diese Richtung dabei zu verfol=
gen, ohne damit sagen zu wollen, als dürften wir nun alle sonstigen
Richtungen vernachlässigen, bei Seite lassen. Wissen wir denn, ob
nicht später noch jene Flamme in den Zöglingen sich anfacht, welche
ihr Licht über alle Geschmacksrichtungen ausbreitet? — Doch hat
die Natur selbst uns das vornehmste Ziel gezeigt, und wir müssen
es verfolgen. Strauß spielte seine Walzer mit dem vollendetsten,
feinsten Geschmack; ich wette, sein Vortrag auch nur der einfachsten
Spohrschen Violinpiece würde ein plumper gewesen sein: war er
nicht dessenungeachtet ein gleich großer Künstler, gleich großer Vir=
tuos? — Virtuos in seiner Art, allerdings! in Dingen seines
Geschmacks; aber wenn wir unsere Schüler nur zu solchen Virtuosen
ausbilden, so haben wir viel erreicht, d. h. zu Virtuosen mit einem
geschmackvollen Vortrag solcher Tonwerke, deren ganzer Charakter
der Eigenthümlichkeit ihrer Geschmacksrichtung entspricht. Nicht alle
können Alles und nicht Alles können Alle. Die Frage, ob guter
oder schlechter Geschmack, ist sehr relativ. Ich habe kein Recht von

meinem Schüler Etwas zu verlangen, was seinem ganzen Naturell widerspricht, und wenn dieses kein Baumstamm ist, auf den sich andere Früchte pfropfen lassen, so ist meine Pflicht lediglich, ihm die Früchte abzugewinnen, es dahin zu erziehen, daß er diejenigen Früchte in möglichster Vollkommenheit hervorbringt, die hervorzubringen ihm überhaupt von Gott, dem Schöpfer aller Dinge, die Fähigkeit verliehen worden.

g. Die Lehre von der Verschiedenheit der Style.

Eng in Verbindung mit dieser Art der Geschmacksbildung steht die Art und Weise, wie wir unsere Schüler mit den verschiedenen Stylen, die in der Musik herrschen, vertraut machen müssen, denn eben dadurch, wodurch sich der verschiedene Geschmack in der Musik offenbart, offenbart sich meist auch das, was wir den Styl derselben nennen. Nothwendig sind die daher gehörigen Kenntnisse namentlich wegen des guten Vortrags. Nur der vermag ein Gedicht wahrhaft gut zu recitiren, der auch in die stylistischen Eigenthümlichkeiten seines Dichters vollkommen eingeweiht ist, da dieselben nicht blos eine eigenthümliche Art der Betonung und überhaupt Accentuation, sondern selbst der Interpunktion und Aussprache verlangen können. Eben so in der Musik. Die allseitig geschulten, durchbildeten Sänger wissen das am besten. Nicht blos daß sie ein Lied anders singen als eine Arie, Scene, ein Ensemblestück anders als eine bloße Cantilene, sondern stehen sie auf der Bühne, so ist ihr Vortrag ein anderer als im Concertsaale, und hier wieder ein anderer als im Salon. Ja sie mögen sein wo sie wollen, eine Opernarie tragen sie anders vor als eine bloße Concertarie, und diese wieder anders als eine Arie der Hausmusik. Sie wissen, daß Rossini anders gesungen sein will als Mozart, ein Palästrina anders als Händel, die Arie eines Johann von Paris anders als die eines Titus rc. Anderer Styl, anderer Vortrag! sagen sie. Was aber in dieser Beziehung in der Kunst des Gesanges gilt, gilt auch in jeder andern Sphäre der musikalischen Reproduktion. Es liegt das in der Natur der Sache. Nicht blos jeder Mensch, sondern auch jede Zeit hat ihren eigenthümlichen Charakter, und dieser prägt sich aus und ab in und auf Allem, was sie schaffen. Man hat schon die Kunst als eine Ausnahme von dieser Regel documentiren wollen, indem man versuchte, sie als eine ewige, unveränderliche, in sich immer gleiche hinzustellen. Ihrer Idee nach war der Satz richtig, aber nicht im Hinblick auf ihre Form. Der Gedanke kann derselbe sein, aber seine Aeußerung ist fast immer eine andere, so oft er ausgesprochen wird. Die Niederländische Academie der Künste und Wissenschaften urtheilte vollkommen richtig, als sie vor einigen Jahren einen Preis auf die glücklichste Beantwortung der Frage aussetzte: wie aus der Form einer Tondichtung auf den Charakter der Zeit ihres Ursprungs geschlossen werden könne? — Ob die Frage gerade wörtlich so lautete, weiß ich nicht mehr; jedenfalls aber war ihr Sinn und Zweck kein anderer, als den Beweis zu führen, daß sich der Charakter einer Zeit auch in ihren Kunstwerken und namentlich in ihren Werken der Tonkunst ausprägt. Ob Jemand und Wer den Preis gewonnen, weiß ich ebenfalls nicht, doch will mich bedünken, daß Nichts leichter gewesen wäre. Nicht blos die Mode, die Sprache ꝛc., auch die Kunst trägt ihr Zeitgepräge, und dies Gepräge müssen auch die Reproduktionen derselben nothwendig annehmen, sollen sie sein, was zu sein sie die Pflicht haben, die getreue Wiedergabe der ersten Schöpfung. Ein antikes, classisches Tonwerk will und muß ganz anders vorgetragen werden, als ein modernes, romantisches. Nicht blos die Zeiten übrigens, auch die verschiedenen nationalen Charaktere prägen sich in der Kunst oder vielmehr deren Gestaltungen aus, und so ergiebt sich auch von dieser Seite her eine gleiche Regel für den Vortrag. Wir wissen, daß wir in der Musik gemeinhin dreierlei national verschiedene Style unterscheiden, einen deutschen, französischen und italienischen Styl. Ein jeder birgt seine eigenen Bedingungen auch für den Vortrag, die sich aus seinen Eigenthümlichkeiten von selbst ergeben; denen aber nachgekommen werden muß, soll und will durch jenen nicht dieser eigenthümliche nationale Charakter verwischt werden. Von der individuellen Verschiedenheit des Styls sprach ich schon vorhin. Es kann diese eine sowohl nach einzelnen hervorragenden Kunstcharakteren als nach ganzen Classen von Künstlern geordnete sein. Es giebt Virtuosen und Componisten, die gewissermaßen eine Schule für sich bilden, und wieder sogenannte Schulen, zu deren auszeichnenden Eigenthümlichkeiten sich Viele bekennen, die dann zusammen einen gewissen Styl zu verfolgen und zu cultiviren streben. Man denke nur an die in den dreißiger Jahren so großes Aufsehn erregende sogenannte neuromantische Schule. Haydn und Beethoven, Beide schrieben z. B. viele Quartette, ein Haydnsches Quartett aber will anders gespielt sein als ein Beethovensches. Ein Tonstück von jenen sogenannten Neuromantikern, mag es denselben Namen tragen und seinem Wesen nach auch eine gleichartige Tondichtung sein, will anders gespielt

ober gesungen sein als ein Tonstück von etwa den sogenannten
Classikern. Der verschiedene Styl macht das. Die bis daher angedeuteten verschiedenen Style ergeben sich übrigens bei blos subjektiver Betrachtung des Gegenstandes, objektiv diesen angeschaut vermehren sich dieselben noch bedeutend. Je nach Beschaffenheit des
darstellenden Stoffes kann der Styl ein strenger oder gebundener
und ein freier oder ungebundener sein; je nach dem besondern
Zwecke, zu welchem das Tonstück oder die Tondichtung bestimmt ist,
ein Kirchen-, Kammer- oder Concert- und ein Theater- oder Opern-
styl. Es leuchtet ein, daß unter den verschiedenen Stylen beziehungsweise auch eine Art Mischung statt finden kann. Namentlich vermögen sich die subjektiv verschiedenen Style mit den objektiv verschiedenen zu vereinigen und unter jenen insbesondere wieder die
individuell verschiedenen mit den diesseitig local oder conditional verschiedenen. Dadurch entstehen abermals ganz eigenthümliche Style.
Es sei mir gestattet, nur ein daher gehöriges Beispiel anzuführen.
Wer wüßte nicht, daß des deutschen Nestors Spohr ganze Kunst
ein eigenthümliches individuelles Gepräge trägt? ich möchte es das
der Ueberschwenglichkeit nennen, und indem sich dasselbe auch bei
seinen Opern nicht verkennen läßt, ist auch der dramatische Styl
Spohr's ein ganz anderer als der irgend eines sonstigen Tonmeisters,
welcher für die Bühne arbeitete. Seine Opern unterscheiden sich nicht
blos als Opern von jeder andern Tondichtungsweise, sondern insbesondere durch einen individuell eigenthümlichen Styl vor allen
andern selbst dem Zwecke nach gleichen Tonwerken. Und alles das
müssen unsere Schüler wissen. Sie müssen es auch wissen, nicht
blos, weil von Seiten der Eigenthümlichkeit des Styls ein wesentlicher Einfluß auf die Art des Vortrags ausgeübt wird, sondern
weil es überhaupt zur Begründung einer wahrhaften musikalischen
Durchbildung gehört. Niemand ist fähig, ein nur annähernd richtiges Urtheil über musikalische Dinge zu fällen, der nicht mit den
Eigenthümlichkeiten der verschiedenen in unsrer Kunst herrschenden
Style vertraut ist. Selbst die Empfänglichkeit für alles Schöne
unsrer Kunst hängt davon ab, denn wenn ich weiß, wodurch sich
ein Styl vorzugsweise auszeichnet, so richtet sich auch von selbst
mein Augenmerk hauptsächlich nur darauf, und indem gerade hier
die vornehmsten Ausdrucksmomente zu liegen pflegen, so muß ich
immer weit mehr davon ergriffen werden, als der Fall sein kann,
wenn ich jene Kenntnisse nicht besitze. Es geht hier in der Musik
wie in der Malerei und jeder andern Kunst. Nehmen wir selbst

den allergewöhnlichsten Fall an, daß wir Schüler zu bilden haben, die bereinst blos zur Classe der Dilettanten und sogar nur zu derjenigen Classe von Dilettanten gehören werden, die nicht selbst geben, mittheilen, sondern lediglich empfangen, genießen wollen: wie werden sie dies in ganzem Maaße können, wenn sie nicht mit den stylistischen Eigenthümlichkeiten der Kunst vertraut sind. — Wann nämlich darf z. B. auch der beste Canzelredner nur darauf rechnen, die ganze beabsichtigte Wirkung auf seine Zuhörer hervorzubringen? wenn diese die dazu nöthige andächtige Stimmung mit in die Kirche brachten oder doch hier vor der Predigt noch erlangten. Eine Predigt ist ein Kunstwerk wie jedes andere: wann darf daher auch jeder andere Künstler nur hoffen, durch seine Leistung, seine Produktion die ganze beabsichtigte Wirkung auf seine Zuhörer oder Zuschauer hervorzubringen? wenn diese sich in der dazu nöthigen Gemüths- oder überhaupt Geistesstimmung befinden, und in der Musik nun wie in der Malerei trägt gerade die Kenntniß des Styls jener Leistung wesentlich dazu bei, den Zuhörer in diese Stimmung zu versetzen. Also selbst das bloße Genießen, das bloße Empfangen in der Musik macht, soll es ein ganzes, ein wirklich belebendes, anregendes, wirksames sein, den allseitigsten Unterricht in den daher gehörigen Dingen zur unerläßlichen Bedingung. Erinnere ich an unsere Concerte. Da strömt die Menge herbei und hört den mancherlei Virtuosenkünsten mit Vergnügen zu, klatscht ihnen Beifall, ruft ein Bravo über das andere bei den Entrechats unserer Geiger, Tasten- und Kehlhelden; sobald aber die Reihe an die Sinfonien oder dergl. kommt, entfernt sie sich, findet derartige Tonwerke langweilig, der Eine „zu hoch", „zu unverständlich" für ihn, der Andere — ach! — wohl gar noch als etwas Anderes. Woher diese Erscheinung, die wir selbst bei Solchen machen können, die es uns sehr übel nehmen würden, wollten wir sie unmusikalisch schelten? — Hätten die guten Leute nur eine Idee lediglich von dem Style dieser Tonwerke, sie würden dieselben richtiger beurtheilen, würden sie erfassen als das, was sie sind, würden wissen, daß sich erhabene, große Gedanken nicht in tändelnder, scherzender Weise aussprechen, daß sich Jupiter und Herkules nicht wie ein Cupido und Komus darstellen lassen, und indem sie dieses wüßten, würden sie von selbst auch jenen Werken nur mit derjenigen Stimmung entgegen gehen, die niemals und nimmer dieselben als langweilig oder was sonst dem ähnlich erscheinen lassen kann. Vergeßt nie, Euren Schülern die möglichst vollständigste Kenntniß von den in unsrer Kunst herrschenden mannigfaltigen Stylen beizubringen!

Anders werden sie nie zu dem Segen der musikalischen Erziehung gelangen, den diese über ihr ganzes Sein zu bringen im Staube ist, mögen sie wirkliche Künstler werden sollen oder bloße Dilettanten und einerlei welche diese; anders werden sie je weder ein Tonwerk wahrhaft gut vortragen, noch ein solches richtig beurtheilen lernen. Jeder Styl hat seine Tugenden und seine Fehler. Nichts ist vollkommen, was von Menschen ausgeht, denn er selbst ist unvollkommen. Auch ein vollkommenes Kunstwerk-ist demnach unbenkbar. Wohlgefälliger indeß ruht das Auge immer auf den Vorzügen als auf den Mängeln. Kenne ich daher den Styl eines Tonwerks, so werde ich vortragend jene mehr und mehr hervorheben und diese zu verbessern streben, und blos anschauend, genießend werde ich mehr nun an jenen mich zu erbauen und diese zu vergessen, zu übersehen suchen. Raphael ist groß, ausgezeichnet in der Zeichnung, weniger im Colorit; hier übertrifft ihn Titian, während dieser ihm dort nachsteht: welcher Freund und Kenner der Malerei würde nicht Beide dennoch anbeten? Er würdigt jeden in seinem Style, und nur diejenigen Copien von ihren Werken sind ebenfalls ausgezeichnet, werthvoll, wahrhafte Kunstwerke, die von Malern herrühren, welche eine gleiche Würdigung verstanden. Aber wie unsern Schülern solche Kenntnisse beibringen? — Ohne Zweifel am sichersten auf dieselbe Weise, wie wir ihren Geschmack bilden; durch das Mittel der Erfahrung. Wir müssen sie Viel und Vielerlei spielen und singen lassen, aus allen Schulen, allen Stylen. Sie müssen diese aus eigener Anschauung kennen lernen. Alle Deduktion hilft hier wenig oder nichts. Mag ich meinem Schüler z. B. die Großartigkeit, Gewaltigkeit eines Händel noch so weitläuftig demonstriren, noch so warm ans Herz legen, noch so einzeln zergliedern, er faßt sie nicht, begreift sie nicht, erwägt sie nicht, lasse ich sie ihn nicht selbst empfinden durch eigene Anschauung der Werke des Meisters. Was nützen mir alle und selbst die begeisterungsvollsten Expektorationen über die Schönheit des Belvederschen Apoll: kann ich mein eigenes Auge sich nicht daran weiden lassen, nehme ich sie nicht durch eigene Anschauung in meine Seele auf, so geben mir auch die detaillirtesten Entzifferungen keinen genügenden Begriff davon. Ich spreche mit meinem Schüler von dem Unterschiede zwischen dem Concert- und Opernstyle, lasse mich aus über die Eigenthümlichkeiten derselben: was hilft es? nichts destoweniger wird er nie im Staube sein, z. B. eine Concertarie von einer Opernarie zu unterscheiden und somit jede mit ihrem eigenthümlichen stylistischen Gepräge zu Gehör bringen, hat er dies nicht vorher durch eigene Anschauung kennen gelernt, gewissermaßen selbst abgedrückt in sein Kunstgefühl. Also aus allen Schulen, allen Stylen müssen wir unsere Schüler spielen und singen lassen. Was sie nicht spielen oder singen können, müssen sie hören, und was sie auch nicht hören können, sollten sie wenigstens lesen. Hier ist es, wo ich mich gedrungen sehe, zu mahnen, daß wir Alles aufbieten müssen, den Musiksinn unsrer Schüler so weit auszubilden, daß sie mit dem geistigen Ohre hören, was sie lesen. Daß dabei abermals elementarisch, wahrhaft entwickelnd, ausbildend verfahren werden muß, versteht sich eben sowohl von selbst, als sich von selbst versteht, daß wir an jedes neue Spielen, Singen, Hören oder Lesen aus andern Stylen oder Schulen auch unsere Erklärungen über die Eigenthümlichkeiten dieser anzuknüpfen haben. Diese allein thun es nicht, aber das eigene Anschauen, Prüfen allein auch nicht. Das Gefühl, der Blick des Schülers ist noch zu unsicher, als daß er immer für sich finden könnte, wo der eigentliche Kern der Schale. Daraus erwachsen abermals bedeutende Ansprüche an die Kenntnisse, Erfahrungen, Umsicht, überhaupt Lehrtüchtigkeit des Lehrers: Ich aber sage abermals: wer ihnen nicht zu genügen vermag, lasse das Unterrichten; nie wird er die Zwecke dieses ganz erreichen, und das doch wollet Ihr Eltern, Erzieher und übrigen Alle, die Ihr Musikunterricht ertheilen lasset. Elementarisch verfahren! Es wäre unklug, wollte ich, weil ich mich von der Nothwendigkeit überzeugt habe, meinen Schüler mit den Eigenthümlichkeiten aller Style durch eigene Anschauung vertraut zu machen, — wollte ich deshalb nun bei jedem neuen Tonstücke auch, das ich zum Anhaltspunkte meines Unterrichtes, von dem Einen zum Andern, von Kirche zu Concertsaal, von diesem zum Opernhaus, von Rossini zu Palästrina, von Gluck zu Beethoven, dann zu Bach ꝛc. ꝛc. springen. Das wäre unelementarisch. Auch hier Rhythmus in der pädagogischen Entwickelung, ein Eilen mit Weilen. Alle Anschauung, soll sie deutliche, klare, bleibende Eindrücke von dem Erschauten in der Vorstellung zurücklassen, fordert Dauer und öftere Wiederholung, daher wo sie massenhafte Gegenstände betrifft, auch ein stufenweises Fortschreiten von dem Einheitlichen, Faßlicheren zum immer Zusammengesetzteren bis zu dem, das die größeste Umsicht erfordert. So wird am gerathensten sein, wenn wir den Unterricht mit den objektiv verschiedenen Stylen anfangen und unter diesen vor allen der Unterscheidung des Kirchen-, Kammer- und Theaterstyls den Vorrang lassen. Wir wählen Anfangs solche Tonwerke dazu; bei denen das eigenthümliche stylistische Ge-

präge recht deutlich in die Augen fällt, und gehen erst nach und nach
zu denen über, in welchen sich die verschiedenen Style gewissermaßen
in einander zu vermengen scheinen, wie verwaschene Farben. Daß
ich dergleichen Tonwerke namhaft mache, wird nicht nöthig sein;
jeder halbwegs erfahrne Lehrer hat sie zur Hand. Nur bemerke,
daß man für den Kirchenstyl nicht gerade braucht bei Chorälen stehen zu bleiben und besonders bietet die Gesangsmusik hier eine reiche
Auswahl. Die Clavier spielende Jugend findet solche auch in den
mancherleien Fugen ꝛc. (für die Kirche), so wie sich ihr in der Masse
von Ouverturen und andern Uebertragungen Gelegenheit genug darbietet zur Anschauung des Theaterstyls. Unmittelbar in Verbindung
damit wird die Lehre von dem strengen und freien oder gebundenen
und ungebundenen Style treten, denn in diesem bewegen sich fast
alle Kammer- und Theater-Werke, während in jenem ziemlich ausschließlich die kirchlichen. Das Spiel derselben giebt zugleich Anlaß
zur Vervollständigung der Lehre vom leichten und schweren Vortrage.
Ebenso wird sich am schicklichsten hier die Lehre von der Verzierungskunst ergänzen, und diese bildet dann auch den passendsten Uebergang zu der Lehre von den subjektiv verschiedenen Stylen und unter
diesen zunächst namentlich zu den temporär verschiedenen Stylen.
Ehemals nämlich war die Verzierungskunst ausschließlich Eigenthum
der Virtuosen oder überhaupt des Vortrags. Kein Componist dachte
daran, dergleichen vorzuschreiben. Neuerer Zeit findet das gerade
Gegentheil statt, und der Moment, wo die Componisten anfingen,
auch die einzelnen blos verzierenden Manieren, Figuren, Cadenzen ꝛc. ausdrücklich in Noten oder Zeichen vorzuschreiben, bezeichnet
auch einen ganz eigenen Abschnitt in unsrer Geschichte. An die
temporär verschiedenen Style schließen sich die national verschiedenen:
die Lehre von dem deutschen, französischen, italienischen Style. Dieselbe wird uns vielfach beschäftigen. Sie ist übrigens nicht so
schwierig, als es auf den ersten Blick scheint. Am leichtesten dürften sie dem Singlehrer fallen, weil sich merkwürdiger und wieder
nicht merkwürdiger Weise die verschiedenen nationalen Charaktere
hauptsächlich und am erkennbarsten in der Vocalmusik ausprägen;
am schwersten dagegen dem Clavierlehrer. Dieser wird zu dem Ende
stets seine Zuflucht zu Translationen aus der Vocal- und namentlich aus der Theatermusik nehmen müssen; aber nicht blos, daß
deren genug vorhanden sind, sondern er findet bei ihnen auch immer
die Hülfe, die er sucht. Dabei kreist sich um die ganze Lehre fortan die Lehre vom leichten und schweren Vortrage und von der Ver-

zierungskunst. In dieser nämlich finden sich stets sehr wesentliche Merkmale wenigstens der äußeren Formen jener verschiedenen Style. Hier biedere, ergreifende Einfachheit, dort blendende, anziehende Eleganz, und an der dritten Stelle sinnefesselnde oder empfindelnde Süßigkeit. Man lasse ja den Schüler alles das selbst wahrnehmen, und verbindet man damit die Lehre von dem classischen, romantischen und modernen Style, indem man deren Eigenthümlichkeiten in den verschiedenen nationalen Färbungen zugleich zeigt, so ist dies nicht minder eine vortreffliche praktische Vorschule für den späteren Geschichtsunterricht, wenn unsere Schüler bis zu solchem gedeihen sollten, und gedeihen sie nicht bis dahin, so können sie dadurch wenigstens doch zu einem Begriffe von der genetischen Entwickelung unserer Kunst gelangen, der ihnen nachgehends und namentlich wo sie ein blos genießendes Musikleben führen, sehr zu statten kommt. Ich hatte einmal einen Schüler — er starb leider, noch ehe er das achtzehnte Jahr erreichte —, für den gerade dieser Nebenzweck des Unterrichts einen solch' großen Reiz hatte, daß er selbst mich darum anging, mit ihm praktisch einen förmlichen historischen Cursus durchzumachen. Sein Instrument war das Clavier, und ich darf sagen, daß er lediglich auf diese praktische Weise, durch eigene Anschauung, so bewandert in der Geschichte, namentlich der Claviermusik und des Clavierspiels wurde, wie irgend Einer, und jeder andere Lehrer wird dieses Ziel erreichen, zumal wenn er nicht unterläßt, sofort auch die Lehre von den individuell verschiedenen Stylen oder den eigentlich sogenannten Schulen daran zu knüpfen, so gewiß diese den Schluß des gesammten dahergehörigen Unterrichts machen muß, und wenn er ferner nicht unterläßt, gleichzeitig wenigstens einige, die hauptsächlichsten biographischen Notizen über die einzelnen Tonmeister mitzutheilen. Ueberhaupt ist hier ein gar schicklicher Ort, hie und da wenigstens einige historische Bemerkungen einfließen zu lassen, und ich möchte alle diejenigen unter meinen Collegen, deren Unterricht sich außer der praktischen Fertigkeit nicht weiter als über die Gegenstände der Allgemeinen Musiklehre zu erstrecken hat, ernstlichst mahnen, denselben nicht unbenützt zu lassen. Werden die Bemerkungen in rechter Art gemacht, so haben sie selbst für den jüngsten Schüler einen unbeschreiblichen Reiz, und wie wichtig historische Kenntnisse in allen Dingen, werde ich nicht erst noch zu beweisen nöthig haben. Dieselbe Mahnung wird bei dem folgenden Gegenstande wiederkehren.

5. Unterricht in der Formenlehre.

Es kann kaum anders sein, als daß, sobald der Unterricht in den schönen Künsten des Vortrags bis zu der Lehre von den verschiedenen in der Musik herrschenden Stylen gediehen ist, auch die Lehre von den verschiedenen musikalischen Dichtungsformen wenigstens theilweise mit in denselben hineingezogen wird, denn Styl und Form fallen hier nicht selten als zwei vollkommen identische oder doch zwei Begriffe in einander, die sich gegenüberstehen wie Ursache und Wirkung, Erzeuger und Erzeugtes, von denen das Eine nicht von dem Andern getrennt werden kann. Der Styl einer Sinfonie z. B. wird nicht blos bedingt durch ihren poetischen Inhalt, sondern auch von ihrer Form und umgekehrt. Der Vortrag eines Rondo's ist ein anderer als der einer Sonate, nicht blos aus Gründen des Styls, sondern auch aus Gründen der Form. Jener wie diese nämlich hängen gleich wesentlich ab von der dem Tonwerke unterliegenden poetischen Idee. Also auch von Seiten der bloßen Form eines Tonwerks wird auf den Vortrag desselben influirt. Wir haben diesen nicht blos je nach Natur und Beschaffenheit des Styls, in welchem das Tonstück geschrieben ist, sondern auch je nach Natur und Wesenheit der Form desselben zu modificiren. Behandle ich gleichwohl die Formenlehre hier als einen eigenen für sich abgeschlossenen Gegenstand der Allgemeinen Musiklehre und nicht als Theil der Dynamik, so hat das seinen Grund darin, weil sie nichtsdestoweniger einen weit größeren Umfang beschreibt als diese, d. h. weil aller Musikunterricht die Formenlehre bis zu ihrem Gesammtumfange abzuhandeln hat, während er die Dynamik blos auf das Instrument beschränken darf, das sich der Schüler zu seinen musikalischen Productionen gewählt hat, und weil nun dies Instrument ein solches sein kann, das nicht zur Gestaltung aller Formen fähig ist. Ich will mich deutlicher ausdrücken. Es geschieht wohl am zweckmäßigsten durch ein Beispiel. Nehmen wir an, unser Schüler wollte vornehmlich Geige spielen lernen. Ein Geiger kann wohl in den Fall kommen, in allen Stylen spielen zu müssen, und über deren Beschaffenheit muß sich daher unser Unterricht ausbreiten, wollen wir ihn fertig machen in allen Künsten des Geigenvortrags; aber in Anbetracht z. B. nur der Unfähigkeit der Geige zu einem förmlichen, vollständigen, polyphonischen Spiel kann der Geiger nie in den Fall kommen, auch in allen Formen selbstständig, d. h. ohne Mithülfe Anderer, spielen zu müssen, und würde nun die Formenlehre bei ihm blos einen Theil der Dynamik bilden, so würde der Lehrer zehnmal für einmal Gefahr laufen, dieselbe in einer Unvollständigkeit zu absolviren, wie der Hauptzweck des ganzen Unterrichts, die vollständige musikalische Ausbildung des Schülers, gleichwohl nicht zuläßt. Eine Beschränkung der Dynamik auf die Bedürfnisse des eben in Behandlung begriffenen Instruments schadet diesem Zwecke nicht, ist seiner Erreichung nicht hinderlich; wohl aber jede Beschränkung in der Formenlehre. Unsere Schüler können solche sein, die nie in den Fall kommen, Gesangsvorträge zu halten, so brauchen wir sie auch nicht besonders in der speciellen Gesangsvortragskunst zu unterrichten, einige zur allgemeinen musikalischen Orientirung gehörige Bemerkungen darüber genügen; aber Kenntnisse, volle Kenntnisse von den verschiedenen Gesangsformen oder — besser gesagt — von den verschiedenen Formen der Vocalmusik müssen sie gleichwohl haben, weil sie unzweifelhaft in den Fall kommen werden, Gesangsvorträgen anzuwohnen und ein genügendes Verstehen, ganzes Empfangen und Genießen dieser nothwendig jene und überhaupt solche Kenntnisse bedingt. Es wird nicht nöthig sein, das Beispiel noch weiter auszuführen. Jedenfalls muß von daher einleuchten, daß, einen so wesentlichen Einfluß die Form des Tonwerks auf die Art seines Vortrags übt, die Didaktik dessen ungeachtet die Formenlehre wohl nicht als einen Theil der Dynamik betrachten darf. Das zu meiner Rechtfertigung, wenn ich auch hier dieselbe als einen selbstständigen Gegenstand behandle. Der Dynamiker kann sie nicht entbehren, so wenig als die Stylistik; aber sie ragt von ihrem allgemein musikalischen Standpunkte auch nur hierüber in sein specielles Bereich; wo sie von jenem aus erfaßt werden muß, ist sie nothwendig außerhalb diesem, selbstständig zu betrachten. Damit habe ich zugleich den Umfang angegeben, in welchem der Unterricht in der Formenlehre ertheilt werden muß: es duldet derselbe durchaus keine Beschränkung. Unsere Schüler müssen alle Formen der Tondichtung genau kennen, nach Innen wie nach Außen; ja wir müssen diesen Unterricht sogar so weit ausdehnen, daß ihnen selbst die Richtungen nicht mehr verborgen sind, in welchen zu den bestehenden, durch Zeit und Gebrauch normirten Formen, noch neue geschaffen werden können, ohne überhaupt gegen die Idee der Kunst zu verstoßen. Es ist das durchaus nothwendig zur Bildung ihres Urtheils in musikalischen Dingen. Wir können nicht wissen, zur Betrachtung welcher Formen unsere Schüler noch in ihrem Leben gelangen, und haben sie nicht aus ihrer Schule die Fähigkeit mitgebracht, dieselben

von der rechten Seite, im rechten Lichte anzuschauen, so werden sie
auch keinerlei Vortheil, keinerlei fruchtbare Idee davon mit nach
Hause nehmen. Ich gebe zu, daß der Unterricht, in solchem Umfange ertheilt, bereits in ein höheres, das eigentlich künstlerische Gebiet hinüberstreift; aber er darf das auch. Der Sprachunterricht
in unsern Schulen erweitert sich auch nach und nach bis zur Poetik
und muß sich bis dahin erweitern, ohne deshalb die Bildung oder
Erziehung wirklicher Poeten zu bezwecken. Die ganze Sprachbildung fordert das. Unser Unterricht ist nichts Anderes als ein
Sprachunterricht, der Unterricht in der ausschließlichen Ton-
sprache. Die wirkliche Formenlehre dürfte daher auch bei uns
wohl erst beginnen, wo die Poetik in den Sprachschulen ihren
Anfang hat. Allerlei andere Fertigkeiten und Kenntnisse setzt sie
voraus. Nichts destoweniger dürfen wir nicht versäumen, zeitig
genug wenigstens darauf vorbereitend zu verfahren. Die Schüler
nämlich müssen wissen, was sie spielen oder singen, anders können
sie es nicht recht spielen oder singen. Daß sie dieses aber können,
wird bald von ihnen gefordert, sobald sie nur zu einiger praktischer Fertigkeit gediehen sind. Ich habe vorhin bereits gesagt, daß
die Art des Vortrags wesentlich bedingt wird von der Beschaffenheit der Form des vorzutragenden Tonstücks. So weit dieser Einfluß reicht, haben wir also auch schon früher die Formenlehre in
das Bereich unsers Unterrichts zu ziehen. Ich möchte das die Vorschule zu der eigentlichen Poetik nennen, denn in der That ist unsere Formenlehre nichts Anderes als die eigentlich musikalische Poetik.
Wie der Sprachlehrer, wenn er seine Schüler Briefe, Romanzen,
Oden oder dergleichen lesen läßt, nicht vergißt, denselben auch zu
sagen, was Briefe, Romanzen, Oden 2c. sind, so wie, sobald unsere Schüler angefangen haben, ihre Kräfte an charakteristisch ausgezeichneten Formen, als Sonaten, Variationen, Rondo's 2c. zu
üben. Auf eine Zergliederung derselben, eine Beschreibung ihrer
einzelnen Theile, ihrer besondern innern und äußern Einrichtung
lassen wir uns noch nicht ein, aber ihre generelle Beschaffenheit
anzugeben, dürfen wir eben so wenig unterlassen, denn von hier
aus eben geht der Einfluß aus, den die Formen auf den Vortrag
üben, wie dort von daher der Einfluß, den die dichterische Form auf
die Recitation des Gedichts übt. Alles Weitere bleibt der gereifteren Zeit vorbehalten, doch, ist diese gekommen, so muß es auch
eben so vollständig als deutlich mitgetheilt werden. Warum? —
Ich sagte vorhin bereits: aus Rücksicht auf den Zweck wirklicher

musikalischer Durchbildung, den aller Unterricht zu erreichen eingerichtet und bemüht sein muß, mag seine nächste Aufgabe auch nur
die Erziehung künftiger Dilettanten sein. Welcher gebildete Mensch
möchte gestehen mögen, daß er nicht wisse, was eine Ode, ein Lied,
eine Romanze, ein Sonett, ein Brief, ein Aufsatz, eine Abhandlung? — Welche Vortheile, welchen Genuß dürfte ein Solcher sich
von dem Indiehandnehmen der Werke unsrer großen und kleinen
Dichter versprechen? — Und wenn er nun zudem Ansprüche auf
Sprachbildung, überhaupt literarische Bildung macht, wie ihm dann
auch nur ein Jota von den dahin gehörigen Kenntnissen und Erfahrungen erlassen? — Sein ganzes geistiges Leben in der gegenwärtigen Welt fordert diese in ihrem vollsten Umfange. Wenden
wir das auf die Musik an: das Gleichniß paßt wie alle jene trefflichen Gleichnisse in der heiligen Schrift? — Wer dürfte wagen,
auf musikalische Bildung Anspruch zu machen, wenn er nicht einmal
die Formen der musikalischen Poesie von einander genau zu unterscheiden vermag? — wer hoffen, irgend einen Vortheil aus
den Concert- oder Opernsälen mit heim zu nehmen, wenn er
nicht einmal die Formen verstanden, in denen dort ihm die Kunstwerke zur Schau ausgestellt worden? — Was der in einer Bil-
dergallerie, der weder Landschaft von Geschichte, noch Genre von
Portrait zu unterscheiden vermag? — Er gafft, sein Auge ergötzt
sich an einem bunten Spiel von Farben, aber an seinem Herzen,
seinem Innern gleiten die Eindrücke, wie an dem Auge des Blinden
die Züge der edelsten, ergreifendsten Schrift vorüber. Hier abermals
eine der vornehmsten Ursachen, warum so unendlich viele Musikler-
nende, so unendlich viele Musikfreunde, und doch im Verhältniß
dazu doch so unglaublich wenige Musikkenner! warum so unendlich
vieles Können und im Verhältniß dazu doch so unglaublich wenig
wahrhaftes Genießen in unsrer Kunst! Führt die Kinder, die Zeichnen gelernt haben in den Schulen, später in Bildergallerien: mit
welchen Augen schauen sie sich daselbst um und mit welchen lehren sie
heim, wie wissen sie zu erzählen von dem Gesehenen, zu sprechen
darüber, Tage, Wochen lang bleibt ihnen der empfangene Eindruck
neu, gegenwärtig, — er muß fruchten! — Führt dagegen die Kinder, die Musik gelernt haben jahrelang, später in Concerte, Theater:
wornach späht ihr Auge? nach der Gesellschaft, nach der Handlung
auf der Bühne. Wie kommen sie heim? was wissen sie von dem
Gehörten zu sagen? — Woher diese Erscheinung? — Wahrlich!
jeder, selbst der mittelmäßigste Zeichnen- oder sonstige Lehrer darf sich

nachrühmen, daß seine Schüler Kenntniß, volle Kenntniß auch von den Formen erhalten, in denen sie in seiner Schule gearbeitet; keiner vergißt des bedeutenden Einflusses, den diese Kenntniß auf die Bildung aller inneren und äußeren Sinne hat, die von dem Unterrichte in Bewegung gesetzt werden; nur wir Musiklehrer meinen der Mehrzahl nach, daß ein darauf gerichteter Unterricht zum Höchsten dem künftigen Musiker, Künstler von Beruf gebühre, meinen, daß unser Werk hauptsächlich in dem Lehren des Machenkönnens bestehe! — O, der Kurzsichtigkeit! — Allabendlich fast bewege ich mich zu meiner Erholung in einer Gesellschaft, einer Anzahl angesehener Männer, von denen mehrere früher meine Anstalt besuchten, also meine Schüler. An den Abenden, an welchen Oper= oder Concert= aufführungen statt gefunden, bilden meist zunächst diese den Gegen= stand der Unterhaltung. Dadurch ist mir Gelegenheit gegeben, selbst in einem völlig außerkünstlerischen Kreise zu beobachten, welche Wir= kung es für die allgemeine musikalische Bildung hat, wenn die Schüler auch in den verschiedenen Tondichtungsformen allseitig und gründlich unterrichtet werden. Jene Männer, meine ehemaligen Schüler sind es gemeiniglich, die das Wort in den erwähnten Un= terhaltungen führen, und ihre Urtheile sind in der Regel so rich= tig, daß die ganze übrige Gesellschaft sie gern als Autorität gelten läßt. Woraus aber entspringen solche Urtheile? lediglich· aus einer lebendigen, richtigen Auffassung des Empfangenen oder Dargebote= nen. Und was setzt diese Auffassung wieder nothwendig voraus? allseitige Kenntniß auch der formalen Verhältnisse des Letztern. Das sind Schlüsse, deren Folgerichtigkeit sich nicht ableugnen läßt. Doch wie nun auch — das die vornehmste Frage hier — den Schülern solche Kenntnisse mittheilen? — theoretisch und praktisch.

a. theoretisch.

Bereits vorhin deutete ich an, daß dem eigentlichen Unterrichte in der Formenlehre eine Art Vorschule vorauszugehen hat. Diese wird immer theoretisch und praktisch zugleich sein, indem sie durch die praktischen Uebungen der Schüler veranlaßt wird, an die sich Erklärungen über ihren Gegenstand, d. h. über Idee und Form des eingeübten Tonstücks anschließen. Von daher also bringen die Schüler bereits einen ansehnlichen Schatz hieher gehöriger Kenntnisse und Erfahrungen mit in die diesseitige eigentliche Schule, und wird die Lösung der Aufgabe dieser dadurch wesentlich erleichtert, so er= halten wir zugleich das Recht, dieselbe sofort um Vieles höher zu

stellen. Ich will nun zuvor mich noch etwas weiter darüber aus=
lassen, bis wann ich meine, daß der daher gehörige eigentliche Un=
terricht anzufangen hat. Sein Fortgang und Schluß, seine weitere
Entwickelung bis zur Vollendung, ergiebt sich dann aus der Me=
thode selbst. Ich habe immer gefunden, daß der eigentliche Unter=
richt in der Formenlehre mit wahrem Nutzen erst dann begonnen
werden kann, wenn die Schüler bereits ein ziemliches Maß von
Fertigkeit in den Dingen der Melodik und Harmonik sich angeeig=
net haben. Wollen wir unsere Schüler die verschiedenen Formen
der Tondichtung genau kennen lehren, so müssen wir auch auf die
verschiedene Satzbildung in derselben zu reden kommen, und wenn
wir dann verstanden werden wollen, so muß der Schüler bereits
wissen, was diese Satzbildung ist, muß mit den verschiedenen Sätzen,
Perioden ꝛc. ihrem Sinne und ihrer Form nach bereits vertraut und
in ihrer gesammten Behandlung geübt sein. Anders wird jener
Unterricht, wenn sonst auch noch so gut ertheilt, Nichts fruchten.
Wie der Sprachlehrer, bevor er zur Poetik fortschreitet, den Unter=
richt in der Prosodie absolvirt haben muß, so der Unterricht in
der Melodik und Harmonik, ehe wir zur eigentlichen Formenlehre
fortschreiten können. Der Unterricht in dieser wird also nie so gar
früh anfangen und jedenfalls nur gereifteren Schülern ertheilt wer=
den. Eine um so höhere Richtung darf er nehmen, um so tiefer
eindringend in das Wesen seiner Gegenstände darf er sein. Damit
habe ich zugleich andeuten wollen, daß nicht der Lehrer, sondern nur
der Schüler über den Moment des Anfangs zu entscheiden hat, d. h.
das Maaß seiner bereits erworbenen Kenntnisse und Fertigkeiten,
nicht vielleicht blos das Maaß seiner Erfahrung. Drücke ich mich
deutlicher aus. Ich weiß, daß manche Lehrer glauben, sich über
den hier vorliegenden Gegenstand auslassen zu müssen, sobald der
Schüler allerhand Sonaten, Rondo's ꝛc. gespielt hat. Das ist
falsch. Knüpft man den Unterricht nicht an einem andern Punkte
an, so wird man nie zum Ziele gelangen. An diese blos äußere
Anschauung sich anlehnend, wird die ganze Lehre nicht weiter aus=
gedehnt werden können als bis dahin, was ich vorhin schon als
die Gränze der Vorschule bezeichnete, während er, von meinem
Standpunkte ausgegangen, mit dem vollständigsten Erfolg in seinem
ganzen Umfange ertheilt zu werden vermag, auch wenn die Schüler
noch lange nicht von allen gangbaren Tonformen durch eigene An=
schauung ein Bild in sich aufgenommen haben. Würde doch der
Unterricht eigentlich auch nie oder nur in den seltensten Fällen

beginnen können, wollten wir ihm eine ausschließlich empirische Grundlage geben. Die Meisten von uns ertheilen Clavierunterricht: wie viele Tonformen giebt es, die sich in der Claviermusik gar nicht oder doch nicht bis zu derjenigen Vollkommenheit realisiren lassen, welche vorausgesetzt werden muß, soll die bloße Anschauung zu einem deutlichen, ja nur klaren Begriffe führen! Auf ausschließlich empirischer Grundlage aufgebaut, würde also der Unterricht sich hier lediglich auf die der Claviermusik insbesondere angehörenden Formen zu beschränken haben; aber wir haben gesehen, daß das für seinen Zweck durchaus nicht genügt, und daß dieser erreicht werden muß, haben wir uns nicht minder überzeugt. Noch übler wäre bei solchem Verfahren unter andern der Singlehrer daran, und nächst dem Clavierunterricht ist der Gesangunterricht offenbar der allgemeinste, wenn er jenen nicht noch an äußerer Ausbreitung übertrifft. Ihm böte sich noch weniger Stoff zur Darstellung dar, seine Schüler würden noch ärmer an dahergehörigen Dingen den Unterricht verlassen. Anders, wenn wir den Unterricht auf einer anderen, nämlich jener so zu sagen kunstwissenschaftlichen Grundlage aufbauen. Einiger empirischer Boden vermengt sich immer damit. Es ist das nicht anders möglich; aber dieser allein thut es nicht. Nie ist er ein vollständiger, fester, compakter, daher auch nie fähig, ein vollständiges, durchaus festes, ausgebautes Gebäude zu tragen. Selbst Bruchwerk, vermag sich über ihm nur Bruchwerk zu erheben. Der Sprachlehrer weiß das am besten. Er wartet mit seiner Poetik nicht, bis die Schüler alle möglichen Arten von Gedichten schon gelesen haben. Wollte er das, so würde er dieselbe niemals beginnen können, weil nicht früher die Grundlage eine vollständige und bis dahin der Schüler der Schule längst entwachsen wäre. Er knüpft sie vielmehr unmittelbar an die Sprachwissenschaft an, aber von da ausgehend, setzt er auch alle diejenigen Kenntnisse und Fertigkeiten voraus, die nöthig sind, hier verstanden zu werden und vollständig verfahren zu können. Für unsern Zweck habe ich diese Kenntnisse und Fertigkeiten bereits genannt. Sie sind diejenigen, welche die Melodik und Harmonik mittheilt. Wo diese wieder anknüpfen, ist bereits bei ihrer Betrachtung angedeutet worden. Ueberhaupt bietet der gute Sprachunterricht uns hier das beste methodische Muster. Ich meine nicht blos für das Urtheil über das Wo und Wann des Anfangs, sondern auch für die gesammte Einrichtung und methodische Entwickelung der Lehre. Aus der mehrbezeichneten Vorschule bringen die Schüler zu dieser bereits die Ueberzeugung mit, daß

29*

jedes Tonwerk den Zweck hat, irgend ein Inneres zur äußeren sinn=
lichen Wahrnehmung zu bringen und dies zwar in wohlgefälligster,
schönster Form. So entscheidet über die Gestaltung auch nicht etwa
die Schönheit, Wohlgefälligkeit für sich, sondern zugleich und zwar
in erster Instanz die Beschaffenheit jenes Innern, sei es Gefühl
oder Idee, Gedanke oder was sonst. Dieses das Dogma, welches
die Poetik allen ihren Deductionen voranschickt, und das daher
auch der große Lehrsatz, für welchen wir zunächst unsere Schüler
zu gewinnen haben, ehe wir, nachdem der diesseitige Unterricht wirk=
lich angefangen, zur weitern Darlegung der verschiedenen Formen
selbst übergehen. Dann, ist das geschehen, erscheint es mir weit
elementarischer, wenn wir behufs dieser und insbesondere zu dem
nächsten Zwecke der generellen Eintheilung der verschiedenen Dich=
tungsformen nicht, wie bisher gewöhnlich der Fall, von der Be=
schaffenheit des darstellenden Organs, sondern ebenfalls nur von
jenem Dogma ausgehen. Man werfe mir nicht vor, daß ich in
meinen bisherigen Schriften gleichfalls an dem erstern Eintheilungs=
grunde festgehalten und alle musikalischen Dichtungsformen in Vo=
cal= und Instrumentalmusikstücke habe zerfallen lassen. Kein Den=
ker, den nicht Erfahrung und reiferes Prüfen schon zur Verurtheilung
eigener früherer Grundsätze getrieben haben! — Die Eintheilung
in Vocal= und Instrumentalmusikstücke hat Vieles für sich, aber
nicht blos, daß man unmittelbar den ersten und einzig richtigen Aus=
gangspunkt der ganzen Lehre wieder verläßt und somit dem obersten
Grundsatze alles Unterrichts, dem Grundsatze elementarischer Ent=
wickelung widerspricht, sondern ich habe auch gefunden, daß, dieser
Gang für den weitern Unterricht normirt, die Schüler kalt bleiben,
daß die Flamme, die edle Kunstidee, welche jenes große Dogma in
ihnen angefacht, eben so bald wieder verlöscht, in Alltäglichkeit ver=
sinkt. Warum ist das bei der Poetik guter Sprachlehrer nicht der
Fall? — Ohnstreitig, weil sie elementarischer verfährt, weil sie
auch bei der blos generellen Eintheilung ihrer Dichtungsformen so=
fort bei dem Dogma stehen bleibt, das sie ihrer gesammten Lehre
voranstellt. Das darstellende Mittel bleibt ihr Nebensache oder
giebt nur Anlaß zur Bildung von Unterarten. Auf jenes fußend,
theilt sie ihre Formen ein in lyrische, epische, dramatische 2c. Dich=
tungen. Warum sollten wir nicht eine gleiche oder doch ähnliche
Eintheilung vornehmen können? — Die Welt der Gefühle und
Leidenschaften besonders ist es, aus der die Musik ihre darzustellen=
den Stoffe schöpft: sind dieselben mehrfach oder mehrartig, so

entstehen poliphonische, sind sie einfach oder einartig, so daß sie eine Darstellung nur von verschiedenen Seiten zulassen, so entstehen homophonische Tonwerke. Wir haben darnach nicht so viele und verschiedene allgemeine Formgattungen, als die Poesie, aber auch die Quelle, aus der wir schöpfen, ist mehr das eine allgemeine Innere, und die Stoffe, die wir darstellen, sind mehr allgemeinerer, unbestimmterer Natur. Die Musik an sich ist fast durchaus lyrischer Natur, während die Poesie auch erzählend, episch 2c. sein kann. Jedenfalls ist die Eintheilungsweise zugleich hinsichtlich der Distinction entschiedener als die bisher übliche. Wohin z. B. wollen wir die Quartette, Quintette, Terzette 2c. classificiren, wenn wir bei dieser stehen bleiben, unter Instrumentalmusik oder Vocalmusik? — Dort finden sie ihre ganz bestimmte Stelle, aus der sie nicht verrückt werden können, ohne ihre eigentlichste Natur zu verkennen. Bei jenen beiden allgemeinen Gattungen stehen bleibend, giebt dann die besondere Beschaffenheit des darzustellenden Stoffs wieder Anlaß zur Normirung gewisser Unterarten bis zur Erkenntniß der einzelnen bestimmten Formen. Zu den polyphonischen Formen gehören die Oper, das Oratorium, der Chor, die Sinfonie, alle Ensemblestücke bis herab zur Fuge und zum Canon; zu den homophonischen Formen alle übrigen Tonwerke, bis herab zum einfachsten Lied und Tanz. Was dieselben sonst von einander unterscheidet, sind mir Style oder eben jene besondern Merkmale der einzelnen dargestellten Stoffe. Das darstellende Organ giebt weit weniger Recht zu einer andern Eintheilung: der Formenlehre hat es rein zufällig zu erscheinen. Wohin wollte ich sonst die vielen und mancherleien Clavierstücke placiren? — Die Sonate bleibt Sonate, mag sie ins Leben treten einerlei durch welches Organ, welches Instrument. Sie ist die Ode der musikalischen Poesie und ihr Darstellungsgegenstand erklärt ihre einzelne bestimmte Form. Der Satz paßt auf alle übrigen einzelnen Formen. Ueberhaupt hat es die eigentliche Formenlehre nicht mehr mit den verschiedenen Stylen der Darstellung zu thun, so gewiß sie nebenbei auch in die Dynamik übergreift, indem sie den Einfluß zeigt, den die Form auf den Vortrag zu äußern im Stande ist. Nur geht sie hierbei wieder richtiger zu Werke als die Styllehre und Dynamik selbst. Diese nämlich leiten jenen Einfluß unmittelbar von der Form her, die gute Formenlehre aber zeigt, daß nicht diese eigentlich es ist, von der derselbe ausgeht, sondern ursprünglich die Beschaffenheit des dargestellten oder darzustellenden Stoffs. Sie vergißt nicht, die Form selbst nur als ein Erzeugtes,

Gewordenes anschauen zu lassen, das nur als Mittel weiterer Wirkung dienen kann. Als ein solch' Gewordenes, Erzeugtes sind auch
die einzelnen Formen selbst leicht zu erklären, sobald wir nur von
dem genaue Kenntniß haben, was sie erzeugt, bewirkt hat, also von
dem darzustellenden Stoffe. Es versteht sich von selbst, daß ich solche
Kenntnisse hier voraussetzen muß. Ich habe es nur mit ihrer Methode, nicht mit der Lehre der Formen selbst zu thun. Daß jene
aber jedenfalls die bessere und beste, die fruchtbarste ist, wenn sie
sich nur, vom Allgemeinen ins Einzelne übergehend, durchaus nicht
an die blos äußerlichen, zudem meist nur zufälligen, unterscheidenden Merkmale, sondern immer an die Idee, das Gefühl oder was
sonst hält, das dadurch zur Erscheinung kommen soll, habe ich mich
nun durch eine vieljährige Erfahrung hinlänglich überzeugt. Begreift doch der Mensch alle Erscheinungen im Leben leichter, wenn
ihm zugleich die Ursachen davon klar gemacht werden, warum sollte
die Regel nicht auch in der Kunst gelten? Die Schüler fassen dadurch nicht allein die äußeren Merkmale weit sicherer und schneller
auf, sondern ihre ganze Ansicht von der Kunst, ihr ganzer Kunst-
glaube wird dadurch auch veredelt, ihr Urtheil geschärft, — sie werden
gebildet, nicht abgerichtet. Man fürchte nicht, unverstanden zu bleiben, wenn man so verfährt. Haben wir doch jedenfalls jetzt Schüler vor uns, bei denen wir bereits zum Verstande, wenn nicht gar
zur Vernunft reden dürfen. Was man fürchten darf und muß,
wenn man anders verfährt, ist: verstanden worden zu sein und doch
Nichts gefruchtet zu haben. Ein Beispiel. Was nützt es dem
Schüler, wenn ich ihm sage, daß eine Sonate ein Tonstück ist, das
aus drei, vier verschiedenen Sätzen besteht, die sich durch das Tempo
und somit auch den tonischen Charakter von einander unterscheiden,
zusammen aber erst ein Ganzes ausmachen? — Er wird das verstehen, aber weiß er nun, was eine Sonate ist? vermag er dieselbe
aus allen den vielen andern Tonstücken heraus zu erkennen, die aus
eben so vielen und durch gleiche äußere Merkmale von einander geschiedenen einzelnen Sätzen bestehen? — Nein! die glücklichen Falls
noch zugefügte Erklärung, Verdeutschung des Namens der Form
mag hie und da wohl noch Einiges ergänzen; aber zum ganzen wirklichen Begriff führt sie auch nicht, und um so weniger, als der Name
selbst häufig blos zufälliger Natur ist, wie z. B. gerade bei der
Sonate. Wenn ich meinem Schüler aber sage, daß diese Tonwerk
ist, durch welches stets eine bestimmte Seelensituation, irgend ein
bestimmtes Gefühl, eine Idee und zwar dergestalt ausgedrückt wird,

daß zugleich die verschiedenen Beziehungen, in welche jene Si=
tuation treten kann, damit zur Anschauung kommen, daß diese
Situation immer auch erhabener, edler Natur ist, dann versteht er
dies nicht blos eben so gut, sondern weiß sich zugleich selbst die ein=
zelnen Abtheilungen des Tonwerks zu erklären (sie sind ihm die
Versinnlichung jener Beziehungen) und begreift mit dem eigenthüm=
lichen Charakter des Ganzen nicht minder den des Einzelnen. Sehr
zu Statten kommt dabei, wenn der Lehrer wenigstens einige Kennt=
niß in der Poetik besitzt und so passende Vergleiche unter den Wer=
ken der Musik und Poesie aufstellen kann. Dergleichen sind hier
nicht selten von unbeschreiblich erhellender Wirkung. Auch Bilder
aus dem Leben nutzen in dieser Beziehung sehr. Die Sonate ist
eine Ode; die Sinfonie ein Drama für Instrumente. Die größeren
Abtheilungen sind die verschiedenen Strophen, Acte, Scenen, die
rhythmischen Absätze, die Verse, die Takte, die Füße; wir haben
Jamben, Trochäen, Dactylen 2c. in der Musik wie in der Poesie,
acht= und anderfüßige Verse (Absätze) 2c.; der Chor ist ein Gefühl,
ein Gedanke, von dem ein ganzes Volk beseelt ist und den es ein=
müthig, Jeder nur nach seiner geschlechtlichen und Verstandes=Weise
ausspricht; eine Fuge ein eben solcher Gedanke, bei dem nur ein
Jeder sich beeilt, ihn zuerst oder in gleicher Kraft wie der Vorange=
gangene auszusprechen, so wie dann seine eigenthümlichen, indivi=
duellen Betrachtungen darüber anzustellen 2c. Das und dergleichen
begreifen selbst junge Schüler. Die Beschaffenheit des dargestellten
Gefühls oder Gedankens macht dann den Charakter des Tonwerks,
des Tongedichts. Die Sonate kann bald Muth, Entschlossenheit,
bald tiefe Trauer, Schwermuth und noch Anderes athmen. Immer
sind es erhabene Gedanken, Gefühle, ihren ganzen Associationskreis
durchlaufend; immer sind es Sonaten, nur von verschiedenem Cha=
rakter. Welcher Unterschied zwischen Mozarts schöner D=Dur= und
Beethovens eben so schöner Cis=Moll=Sonate?! — Beides gleich=
wohl Sonaten, und mein Schüler erkennt sie als solche an, trügen
sie auch nicht den Namen. Es erhellt, daß der diesseitige Unter=
richt somit auch Bildung des ästhetischen Gefühls und Geschmacks
voraussetzt. Es ist aber auch besser, ihn nöthigenfalls bis dahin
zu verschieben und dann auf die angedeutete rechte, fruchtbare Weise
zu ertheilen, als ihn früher anzufangen und dann den Saamen nach
dem Boden bemessen zu müssen. Hier sind keine Gränzen, keine
Beschränkungen. Man prüfe meine so unterrichteten Schüler. Man
sende sie in Concerte und verweigere ihnen jedes Programm, gleich=

wohl werden sie genau angeben, nicht allein, welcher allgemeinen
Formgattung jedes einzelne aufgeführte Tonstück angehört, sondern
auch in welcher namentlichen, speciellen Form es sich gestaltet. Sie
werden darnach eben so richtig über die Composition als über den
Vortrag urtheilen, indem sie Alles nach Beschaffenheit der dargestellten und herausgefühlten poetischen Idee bemessen. Wo ihnen
Letzteres, das Herausfühlen dieser Idee, nicht möglich, da begreifen
sie auch das bloße musikalische Spielwerk. Man macht ihnen keine
bloße Variation zur Phantasie, und kein bloßes Rondo zum Concert. Sie begreifen von der Etude bis zur Sinfonie und von der
Solfeggie bis zur Oper und dem Oratorium durch alle Grade und
Stadien hindurch. Und was noch mehr ist: sie begreifen zugleich,
daß die bloße Formation in unsrer Kunst eine unendliche ist und
sein muß, weil die innere Welt, aus der sie schöpft, eine unendliche.
Kann der Unterricht bildender, die allgemeine Kunstkultur fördernder sein? — Ihr erfindungsreichen Componisten! daß die Schöpfungen Eurer Phantasie so oft verdammt werden vor dem Rich-
terstuhle einer althergebrachten Scholastik! — zerbrecht diesen Stuhl
und zwingt die Lehrer, daß sie das Urtheil über die Formen an
nichts Aeußeres mehr fesseln, sondern diese überall nur als ein Erzeugtes, Gewordenes erkennen lassen, das seine Bedingungen in sich
selbst, in der Idee seines Ursprungs trägt, und mit der größeren
Freiheit, die Ihr gewinnt, werden auch Eure Consumenten frei,
wird die Kunst frei. Warum in der Poesie, in der Malerei, in
der Bildnerei den Maßstab für das formale Urtheil anlegen, und
nicht auch in der Musik? — Ist diese weniger freie Kunst als jene
ihre Schwestern? — Ich sollte das Gegentheil glauben. Aus
dem einzigen großen, ewigen, allgemeinen Kunstdogma also die Formenlehre entwickelt, vom Anfang an bis zu ihrem Ende, aus keiner
zufälligen Aeußerlichkeit mehr her! anders kann, anders wird sie nie
zu ihrem eigentlichen Ziele gelangen.

b. praktisch.

Doch wir erinnern: von der Sache auch stets zum Zeichen!
— stets praktisch! — Damit komme ich auf die äußere Einrichtung der Doctrin zu reden. Unser Unterricht soll immer systematisch
geordnet sein: wenn dies überall möglich, so hier kaum, und zwar
um jener Regel willen. Praktisch seie stets, verlangt diese: wenn
ich den Unterricht in der Formenlehre praktisch ertheilen soll, so kann
darunter nur verstanden sein, daß ich denselben sofort und in jedem

Augenblicke an praktische Beispiele knüpfe, seinen Inhalt durch diese belege, anschaulich mache. Das ist eben so schwer als zeitraubend. Schwer ist es, weil es auf Seiten des Schülers entweder schon bedeutende literarische Kenntnisse und Erfahrungen oder die größeste Fertigkeit im Notenlesen, d. h. im verständlichen Lesen der Notenwerke auch ohne Instrument, wie man wohl still in einem Buche liest und dessen Inhalt doch versteht, voraussetzt und weder jene Kenntnisse und Erfahrungen noch diese Fertigkeit meist schon in befriedigendem Maße vorhanden sind, wenn der Unterricht beginnt. Zeitraubend ist es, weil es andernfalls nöthig macht, daß wir dem Schüler auch erst das Tonstück, das wir als Beispiel gewählt haben, praktisch einstudiren. Mögen diese Hindernisse vielleicht die Ursache sein, warum so viele Musiklehrer den Unterricht lieber ganz bei Seite lassen. Ich nehme also an, daß sie die Fähigkeit, ihn zu ertheilen, wohl besitzen. Ich weiß nicht, womit ich mehr anstoßen werde, wenn ich ihnen diese Fähigkeit geradezu abspreche, oder wenn ich ihnen eine zu große Bequemlichkeitsliebe schuld gebe. Auch jene Hindernisse lassen sich überwinden, wenn wir nur wollen. Wir haben bereits erfahren, daß der daher gehörige Unterricht nicht so gar früh anzufangen hat. Bis dahin haben die Schüler schon Manches gespielt oder gesungen, was als Beispiele gebraucht werden kann. Sie sind nicht mehr so arm an Erfahrungen, als es auf den ersten Blick scheint. Zudem hat die Dynamik uns zur Pflicht gemacht, sie aus allen Schulen und Stylen spielen zu lassen. Eine Abwechselung unter den Formen geht damit Hand in Hand. Jetzt theile ich den Unterricht in zwei Curse, einen allgemeinen und einen besondern. Der erstere ist gewissermaßen der theoretische, der zweite der eigentlich praktische. Der erstere nimmt durchaus nicht viel Zeit hinweg. Er kostet mich in der Regel nur wenige Stunden. Ich stelle darin zunächst jenes mehrerwähnte höchste Kunstdogma auf und suche meine Schüler von der Richtigkeit und Heiligkeit desselben zu überzeugen. Das fällt nicht schwer. Die Vorschule hat dafür gesorgt. Nun gehe ich zur generellen Eintheilung der Kunstformen über und gebe endlich den Schülern nur noch eine Uebersicht über die verschiedenen bestehenden Formen, nebst kurzer Charakteristrung derselben. Die praktischen Belege, deren ich dabei benöthigt bin, wähle ich aus der Vergangenheit meiner Zöglinge, aus der bereits von denselben durchgemachten Schule. Die Erinnerung hilft sich schnell zurecht. Es wird Alles klar genug dadurch. Wo diese Schule mich in der Beziehung im Stich

laſſen ſollte, was oft der Fall ſein kann, vertröſte ich auf die Zukunft, bin ich aber auch deſto ausführlicher, genauer, präciſer in
der umſchreibenden Darſtellung. Ueberzeuge ich mich — und dieſe
Ueberzeugung wird am ſicherſten durch wohlgeleitete Geſpräche über
dahergehörige Gegenſtände gewonnen —, daß die Schüler alles
bis daher ihnen Gezeigte, Gelehrte gehörig begriffen und aufgefaßt
haben, ſo ſchließe ich den Unterricht oder vielmehr den allgemeinen,
theoretiſchen Curs deſſelben. Der Schüler mag an eine völlige
Abſolvirung glauben, ich laſſe ihn dabei; mir iſt noch der ſehr
wichtige zweite, ſpecielle, praktiſche Curs übrig; aber für dieſen
nehme ich einen ganz andern Gang, weil ſeine vorhin angedeuteten
Schwierigkeiten ſolchen erfordern. Bei dem bezeichneten theoretiſchen
Unterrichte war es mir eigentlich um Nichts zu thun, als um eine
Ausgleichung der Kenntniſſe und Fertigkeiten des Schülers in Dingen der Formenlehre mit allen ſeinen übrigen bereits erworbenen
Kenntniſſen und Fertigkeiten. Er bewegt ſich nun mit allem Wiſſen und Können auf gleichem Niveau. Die Formenlehre hat ſich
in den allgemeinen Strom des Unterrichts ergoſſen. Hier wird ſie
von ſelbſt praktiſch, denn unſer Unterricht überhaupt iſt vorzugsweiſe
ein praktiſcher, und ich brauche daher nur dafür zu ſorgen, daß ſie
ein integrirender Theil jenes allgemeinen Stromes bleibt, nirgends
mehr ſich daran vereinzelt oder von ſeinem großen Wellenſchlage
lostrennt, um gewiß zu ſein, nicht allein, daß ihr Ziel ganz erreicht wird, ſondern auch, daß ſich dieſer Erreichung faſt gar kein
Hinderniß mehr in den Weg ſtellt. Wie jene Sorge? — Ich laſſe
von jetzt an den Schüler Nichts mehr ſpielen oder ſingen, ohne
auch über deſſen Form das Nöthige mit ihm zu verhandeln. Im
Allgemeinen wird ihm nichts eigentlich Neues mehr dabei vorkommen, aber im Beſondern erhält das Gelernte ſeine ſpecielle praktiſche Anwendung. Das eine Mal wird dieſe zwar als eine bloße
Wiederholung oder Ergänzung ſich geſtalten, da es eine Form ſein kann,
die der Schüler ſchon zu wiederholten Malen ſo zu ſagen unter der
Hand und den Augen hatte; das andere Mal jedoch kann ſie auch
völlig neu ſein, indem die Form eine ſolche iſt, wie der Schüler
noch niemals unter Augen und Händen hatte, und ich werde in
ſolchem Falle um ſo ausführlicher und umſichtiger bei der Beſchauung beharren. Daß ich darauf bedacht bin, dergleichen Fälle her-
beizuführen, verſteht ſich von ſelbſt. Giebt doch jede Form Gelegenheit, den Strom des Unterrichts auch in allen übrigen Richtungen und auf allen ſonſtigen Seiten in gleicher Bewegung zu halten.

Nun habe ich aber bereits oben erwähnt, daß kein Musikunterricht ein solcher ist, bei dem alle musikalischen Dichtungsformen zur praktischen Behandlung kommen. Ist er Instrumentalunterricht, so hat er z. B. nie Gelegenheit, Gesangswerke zum Gegenstande zu haben, und ist er Singunterricht, nie Gelegenheit, seine praktische Formenlehre an Instrumentaltonstücke anzuknüpfen. Die Formen, welche die Vocal- und Instrumentalmusik mit einander gemein haben, sind die wenigsten. Der Clavierspieler kommt sehr selten in den Fall, an sinfonischen und dramatischen Formen seine Uebungen zu machen, der Geigenspieler noch seltener, dergleichen überhaupt an polyphonischen Formen anzustellen 2c. Jene Sorge muß daher eine noch weitere Richtung nehmen. Ich achte auf die Musikaufführungen, denen anzuwohnen meine Schüler Gelegenheit haben. Kommen darin solche Formen vor, die meinem speciellen praktischen Unterrichte fern liegen, so suche ich sie zu veranlassen, dieselben zu besuchen. Ich verhehle ihnen dabei die eigentliche Ursache meiner Aufforderung nicht, und indem ich ihnen solche nicht verhehle, komme ich zugleich auf die Betrachtung jener Formen zurück. Ich ziehe das zu hörende Tonwerk in meinen Unterricht herein. Betrachtungen der Art nach der Aufführung angestellt, würden selten Etwas fruchten. Wir können nämlich alsdann nicht wissen, ob der Schüler dem Tonwerk, auf welches es besonders ankommt, eine solche Aufmerksamkeit geschenkt hat, daß ihm seine formalen Eigenthümlichkeiten noch gegenwärtig sind. Stellen wir dagegen derlei Betrachtungen vor der Aufführung an, so trägt der Schüler von selbst den Reiz in sich, dem Tonwerke unter allen die besonderste Aufmerksamkeit zu schenken, und indem das unmittelbar auch den Inhalt der vorangegangenen Betrachtungen vollkommen vergegenwärtigt, wird das Anhören zum lebendigsten praktischen Beweise für diese. Es kann nicht anders sein. Die Opernaufführungen in unserm Theater und die Concertaufführungen der königlichen Hofcapelle beute ich auf diese Weise eben so fleißig, als ergiebig aus für meinen Unterricht und namentlich den die Formenlehre betreffenden Theil. Schon acht Tage zuvor suche ich mir Kenntniß von dem Inhalte ihres Programms zu verschaffen, und bietet dieses eine Form dar, zu deren völligen Kenntniß meinen Schülern noch die eigene lebendige Anschauung fehlt, so handle ich, wie gesagt. Die Schüler haben den doppelten Vortheil davon, daß sie nicht allein Etwas lernen, sondern überhaupt das Opernhaus oder den Concertsaal so zu sagen weit erbauter als viele Andere verlassen; warum? weil sie sie vorbereiteter betreten. Eine Repetition der vorangeschickten Lehre in einem Examen über das Gehörte und Wahrgenommene folgt. Das macht Mühe und fordert Umsicht; jene aber dürfen wir eben so wenig scheuen, als uns diese fehlen darf, wenn wir rechte Lehrer sein wollen. Wird vielleicht auch außerordentlicher Zeitaufwand dadurch nöthig gemacht: kein rechter Lehrer geizt mit der Zeit. Allerdings ist meist nur die Zeit sein Capital und er muß damit haushalten; aber wegen der Procente darf er nicht markten, wird ihm der rechte Zinsfuß gereicht. In meiner Anstalt erhalten die Schüler statutengemäß sechszehn Stunden Unterricht im Monat: sie mögen selbst zeugen, wie viel mehr Zeit ich bisweilen und unter Umständen zulege, wenn es darauf ankommt, besondere Zwecke zu erreichen, und wo ich mit meinen Schülern zusammentreffe, jeder Verkehr mit ihnen ist auf mein Lehrziel gerichtet, das Spielen- und Singenlassen macht es nicht allein. Daß zu den praktischen Beispielen für die Formenlehre lauter wahrhafte Musterbilder gewählt werden müssen, sollte fast als eine überflüssige Bemerkung erscheinen. Jeder erfahrne Sachverständige weiß, daß nicht Alles wirkliche Sonaten, Phantasien ꝛc. sind, was von den Tonstückmachern so getauft worden. Des wahren Tondichters Gedanken, Ideen, Seelenbilder ergießen sich stets in den rechten Formen. Diese und von diesen wählen wir, nicht jene und von jenen. Doch halten wir die falsche Waare auch neben die ächte. Das Urtheil über diese, ihre Kenntniß wird durch die Kenntniß jener gefördert. Gegensätze sind nicht selten das beste Mittel zur Verdeutlichung dessen, auf dessen Verdeutlichung es besonders ankommt. Die Maler wissen das. Jedes Licht will sein eigenes Dunkel, wenn es recht leuchten soll. Die Wahrheit, Aechtheit der Form bis zu ihren geringsten Eigenthümlichkeiten tritt am Deutlichsten erkennbar neben der Falschheit, Unächtheit derselben hervor.

6. Gewandtheit in der musikalischen Terminologie.

Nach der ersten Anlage meines Buchs wollte ich die methodologischen Bemerkungen über diesen Gegenstand der allgemeinen Musiklehre in zwei Absätze zerfallen lassen, deren ersterer die Nothwendigkeit desselben nachweisen, und deren zweiter die Hülfsmittel angeben sollte, wodurch er, jene Gewandtheit am sichersten zu erreichen. Indeß sind der zu lösenden Aufgaben noch so viele übrig, daß der mir sparsam zugemessene Raum gebietet, von der ersten Nachweisung so viel als möglich oder vielmehr thunlich, Umgang zu nehmen, um so mehr als wohl Niemand sein wird, der zweifelt, wie höchst nothwendig es in jeder Beziehung ist, die Schüler auch gewandt in der musikalischen Terminologie, in der eigenthümlichen musikalischen Kunstredeweise zu machen. Jede Kunst, jedes Gewerbe hat seine eigenen technischen Ausdrücke zur Bezeichnung der Dinge, die darin vorkommen. Die muß Jeder kennen und verstehen, müssen Jedem geläufig sein, der sich darin beschäftigt. Unsere Kunst ist aber um Vieles reicher daran, als jede andere. So können denn auch wir Musiklehrer nicht, wie etwa der Maler, Kaufmann, Handwerksmeister vertrauen, daß dieselben nach und nach durch Uebung und bloßen Gebrauch unsern Schülern geläufig werden, sondern müssen auf eigene Mittel denken, wodurch dies insbesondere bewerkstelligt wird. Wir müssen das um so gewisser, als die meisten Kunstausdrücke fremden Sprachen entlehnt worden sind, und als wir nicht zu berechnen vermögen, ob unser Unterricht eine solche Ausdehnung gewinnen wird, daß durch seine Praxis alle, auch nur die gangbarsten jener Ausdrücke in Anwendung kommen. Man hat zwar schon versucht, den fremden Sprachen entlehnten Kunstausdrücken deutsche Wörter zu substituiren, indeß war und bleibt dies ein vergebliches Bemühen, so vergeblich als jenes, das sich auf die Erfindung einer einfachern und leichter faßlichen Tonschrift richtet. Einmal nämlich ist unsere Kunst eine allgemeine Weltsprache, und eine solche muß auch für ihre eigenthümlichen, selbst blos formellen Dinge eine Bezeichnungsweise haben, die in der gesammten Welt verstanden wird, überall dieselbe ist. So weit unsere Musik, welche die christlich abendländische Musik ist, reicht, und das ist jetzt schon so ziemlich über beide Hemisphären, wird in ihr in ein und derselben Sprache geredet, hat jeder ihrer technischen Ausdrücke seine eine, allgültige, ganz bestimmte Bedeutung; wollte irgend ein Volk oder eine Nation eine Ausnahme davon machen und jenen Ausdrücken gleichbedeutende Wörter aus seiner eigenthümlichen Gesellschaftssprache substituiren, so würde dies eben so viel sein als ein völliges Ausscheiden aus dem allgemeinen musikalischen Weltverkehr. Dann erforderte eine solche Substituirung auch wieder eine neue allgemeine Convention und diese gewissermaßen eine Heiligung durch den Gebrauch, die abermals gar nicht mehr als möglich gedacht werden können. Unsere musikalische Terminologie beruht bereits auf einer und zwar der allgemeinsten Convention, ist sanctionirt durch den Gebrauch von nun vollen achtzehn Jahrhunderten: wozu ändern

daran? — bereichert wird sie von selbst durch neue Erfindungen
und Entdeckungen im Gebiete der Theorie wie der Praxis; aber
anders machen —! — Nun, es wird versucht hie und da, im Einzeln und im Ganzen, und es ist das eine Thatsache, die wir bei
unserm Unterrichte darin nicht aus den Augen verlieren dürfen.
Die gute Methode nämlich räth davon ab, gleich Anfangs beim Unterrichte die Dinge alle mit den terminis technicis, ihren technischen
Namen zu bezeichnen. Die Schüler verstehen diese nicht und- wenn
wir sie ihnen auch erklären, so fassen sie die damit bezeichneten Dinge
schwerer auf. Jetzt ergehe sich der Lehrer noch ausschließlich in der
Muttersprache des Kindes. Aber wie die gute Methode dieses empfiehlt, so räth sie auch an, bald den Ausdrücken und Bezeichnungen in der Muttersprache die technischen Kunstausdrücke zuzufügen
und diese zwar aus so vielerlei Sprachen entlehnt, als sie vorkommen können. Jeder Erfahrne nämlich wird wissen, daß die technischen Namen vieler Dinge in unsrer Kunst verschieden lauten,
bald aus diesen, bald aus jenen Sprachen entnommen. So sagen
auch bei uns in Deutschland Viele z. B. für Ansatz Embouchure
(französisch), für stimmen accordiren (aus dem französischen oder lateinischen) zc. Das Alles müssen die Schüler wissen. Es darf
ihnen in der musikalischen Conversation kein Ausdruck fremd bleiben.
Wir müssen daher, so bald wir anfangen, den Bezeichnungsweisen
in der Muttersprache die technischen Bezeichnungsweisen zuzufügen,
auch auf diese sprachliche Verschiedenheit derselben Rücksicht nehmen
und dabei beharren vom Anfang bis zum Ende des Unterrichts.
Keine Gelegenheit, welche sich dazu, zu solchen Belehrungen, darbietet, dürfen wir unbenützt vorüber gehen lassen. Erst in der Muttersprache, dann aber sofort in der technisch musikalischen Sprache,
und wo diese vorkommt, sofort die Uebersetzung in die Muttersprache.
Ich gehe darin so weit, daß ich meinen Schülern sogar die Tonnamen in den verschiedenen Sprachen lehre, nicht zu gedenken der
verschiedenen sprachlichen Bezeichnungsweise der mancherleien Figuren, Manieren und sonstigen tonischen Gestalten. Auch die verschiedene Bezeichnungsweise der Applicaturen durch Ziffern müssen
sie kennen. In England z. B. wird der Zeigefinger mit 1., der
Daumen dagegen stets durch + angedeutet. Uebrigens sind der
Sprachen auch nicht viele, aus denen die Musik ihre technischen
Ausdrücke entlehnt hat. Eine auffallende Uebereinstimmung herrscht
hierin mit den drei anerkannten nationalen Stylen. Mögen beide
Erscheinungen auf ein und demselben Grunde beruhen. Es sind

die deutsche, französische und italienische Sprache, einige Ueberbleibsel
aus der alten lateinischen und noch wenigere aus der griechischen
ungerechnet. Der Dinge sind aber gar viele und vielerlei, welche
mit eigenthümlichen technischen Namen bald aus dieser, bald aus jener
Sprache entlehnt in unsrer Kunst bezeichnet werden; die musikalische
Kunstsprache ist sehr reich; kaum möglich, daß während unsers Unterrichts alle jene Dinge vorkommen und wir lediglich durch Uebung
und Gebrauch unsere Schüler so zu sagen zungenfertig machen in
der Terminologie! So müssen wir auf noch andere Mittel zu demselben Zwecke denken. Es können diese nur in sogenannten Wörter-
büchern bestehen, aus denen die Schüler, wo sie einem ihnen noch
unbekannten Ausdrucke begegnen, dessen Erklärung zu schöpfen vermögen, und die wir ihnen zu dem Ende in die Hand geben. Solcher Wörterbücher giebt es mehrere und verschiedene, größere und
kleinere, mehr und weniger umfassende, bald so, bald so äußerlich
eingerichtet. Es leuchtet ein, daß dergleichen Wörterbücher, sollen
Schüler sich darin zurecht finden können, alphabetisch abgefaßt sein,
und daß sie, wenn sie zu bezeichnetem Zwecke ausreichen sollen,
neben der größtmöglichen Vollständigkeit zugleich die äußerste Bestimmtheit und Klarheit in den Erklärungen der einzelnen Wörter
und Gegenstände bewahren müssen. Nicht minder haben sie sich, für
den Schulgebrauch bestimmt, in letzter Beziehung durch Kürze und
Bündigkeit auszuzeichnen. Soll ich ein solches Buch nennen, von
dem ich glaube, daß es alle diese Vorzüge und Tugenden an sich
trägt und somit hauptsächlich sich zu unserem Schulgebrauche eignet,
so ist es mein eigenes so betiteltes „Musikalisches Conversations-
Handwörterbuch," das im vergangenen Jahre hier in Stuttgart im
Verlagsbureau in recht handiger Ausstattung erschien. Ich glaube,
daß dasselbe Alles enthält, was der musikalischen Terminologie als
solcher angehört, mit Rücksicht auf alle Sprachquellen, aus denen
dieselbe geschöpft hat. Ja, es ist in dieser Beziehung sogar noch
vollständiger und reicher als mein großes Universallericon der Tonkunst, und was seine Erklärungen betrifft, so habe ich seit der Zeit,
seit welcher ich es meinen Schülern in die Hand gegeben, den besten
Nutzen davon bemerkt. Wie und wann ich ein neues Tonstück mit
denselben vorgenommen habe, wußten sie mir nicht nur Alles, was darin vorkam, sofort mit seinem technischen Namen zu benennen, sondern
kannten auch die Bedeutung der darin enthaltenen Kunstausdrücke
und Zeichen eben so richtig als vollständig. Es ist ihnen nämlich
Aufgabe, das Buch fleißig zu benutzen und nicht erst bei All' und

Jedem auf meine mündliche Erklärung zu warten. Während dieser
kann Anderes gelehrt werden. Man gewinnt durch Einführung eines
solchen Buchs auch an Zeit. Damit soll indeß über andere ähnliche
Werkchen keineswegs abgesprochen sein: wer ein anderes für besser,
brauchbarer,'nützlicher hält, mag dieses einführen, so gewiß ich auch
hier Vorsicht in der Wahl empfehlen muß. Ich kenne Bücher der
Art, die, abgesehen von ihrer Unvollständigkeit, der total verkehrten
oder undeutlichen Erklärungen eben so viele enthalten als der glücklich getroffenen, klaren. Namen mag ich nicht nennen; aber auch
in der Musik giebt es eben solch' schlechte, kaum halbgebildete Sprachmeister, wie für das Lateinische, Griechische, Französische ꝛc. in unsern Schulen. Durchaus nothwendig sind für unsern Zweck dergleichen Bücher, wie in den Schulen für den Sprachunterricht die
Wörterbücher, Lexica: wählen wir die besten, sehen dabei nicht einmal auf den Preis. Ein Paar Groschen mehr können einen Schaden verhüten, der sich gar nicht nach Geld berechnen läßt.

Viertes Capitel.

Unterricht in der Organologie
oder
in der Lehre von den verschiedenen Instrumenten und Stimmen.

Die Musik bedarf zu ihren Darstellungen gewisser Organe,
d. h. Werkzeuge, durch welche die Töne, aus denen die musikalischen
Gebilde zusammengesetzt worden sind, effectuirt zur wirklichen Wahrnehmung gebracht werden. Man theilt dieselben ein in natürliche
und künstliche. Jene sind die menschlichen Singstimmen, diese alle
Arten von Instrumenten im engern Sinne des Worts. Jene können nicht vervielfältigt oder verbessert werden, die Natur hat sich
selbst hier ganz bestimmte Gränzen gesetzt. Der Vermehrung, Vervielfältigung, Verbesserung und Erweiterung dieser aber steht Nichts
im Wege, sobald der menschliche Geist die Tonfähigkeit der äußern
Körperwelt noch weiter, als bisher geschehen, zu musikalischen Zwecken
auszubeuten weiß. Die Wissenschaft, welche dies zugleich zu ermit-
teln bemüht ist, heißt Akustik; die Lehre dagegen, welche sich blos
auf die Beschreibung der vorhandenen, im Gebrauch befindlichen
Instrumente beschränkt, wird Organologie genannt (ein aus dem

Griechischen stammendes Wort. Bereits im zweiten Capitel des ersten Theils, wo von den Gegenständen des musikalischen Unterrichts insbesondere die Rede war, gab ich den Inhalt dieser Lehre, ihre Ausdehnung 2c. näher an (s. S. 64 ff.); hier daher zunächst nur noch einige Worte über die

1. Wichtigkeit des Unterrichts in derselben.

Ohne genaue Kenntniß des Mittels keine sichere Wirkung! der Satz gilt auch bei dieser Frage. Die Instrumente sind das Mittel, mit dem wir Musik schaffen: nie kann diese eine vollkommene sein, war unsere Kenntniß von jenem nicht zuvor eine vollkommene. Allerdings Viele machen Musik, ohne auch nur die mindeste nähere Kunde von der innern und äußern Natur des Organs, durch welches es geschieht, zu haben; aber wenn ihre Leistung wirklich eine bedeutende, wer versichert uns, daß sie nicht eine noch weit bedeutendere sein würde, wenn nicht dies der Fall wäre? — Ich sehe ab von dem alltäglichen Musiktreiben; in ihm waltet selten oder nie ein wahrhaft künstlerischer Geist; es ist musikalische Handthierung: bis dahin vermögen wir unsere Schüler vielleicht ohne Unterricht in der Organologie zu bringen, aber nicht weiter und das eigentliche Ziel unsers ganzen Wirkens liegt gleichwohl noch weit darüber hinaus. Denken wir an die Maler. Welcher von ihnen würde je ein auch nur erträgliches künstlerisches Gebilde zu schaffen vermögen, hätte er nicht die vollste Kenntniß von der innern und äußern Natur der Farben? Alles Talent, alles Genie, die reichste Einbildungskraft, die glänzendste Erfindungsgabe würde Nichts fruchten, die Darstellung erst macht das Bild, und diese hängt ab von der richtigen Wahl, Mischung, Verwendung 2c. der Farben, eben diese aber bedingen jene Kenntniß. Dasselbe der Fall bei uns. Ich will bei der nächsten Anwendung des Beispiels stehen bleiben. Im vorhergehenden Capitel, bei Betracht des Unterrichts in der Kunst des Vortrags, haben wir erfahren und ein Jeder von uns weiß, wie die ganze Schönheit dieses, die Wahrheit, Fülle und Wirksamkeit seines Ausdrucks wesentlich von dem abhängt, was wir die Tonfärbung, die Nüancirung der Töne heißen: wann nur vermag ein Spieler oder Sänger fertig, gewandt hierin zu werden? sicher nur, wenn er die Tonfähigkeit seines Instruments oder überhaupt Organs genau kennt und der Mittel vollkommen Herr ist, durch welche dieselbe in allen ihren Richtungen benutzt werden kann. Das

aber, jene Kenntniß wie diese Herrschaft wird einzig und allein ge=
wonnen durch den rechten Unterricht in der Organologie. Daß
viele Spieler und Sänger einen solch' ausdruckslosen, todten, kalten,
kalkigen Vortrag haben, hat seinen Grund häufig nur in einer man=
gelhaften Kenntniß der innern und äußern Natur ihres Instruments
oder überhaupt Organs. Warum sind die guten Geiger so besorgt
für den Bezug ihrer Instrumente, die richtige Höhe, Stärke und
Stellung der Sattel, Stege, Stimmstöcke ꝛc., so daß sie zehnmal
die Dinge cassiren, ehe sie auch nur einmal sich von denselben befrie=
digt erklären? — Sie wissen, welchen Einfluß die Beschaffenheit
aller dieser Gegenstände auf den Ton, die Klangfarbe ihres Instru=
ments, die Benutzung derselben, ihre ganze Spielweise hat. Und
woher wissen sie dies? — Aus der Organologie. Woher mag es
wohl kommen, daß der eine Clavierspieler ein und demselben In=
strumente ganz andere, markigere, klingendere, singendere, vollere,
weichere ꝛc. Töne entlockt als ein zweiter, dritter? Er hat gründ=
lichere Kenntniß von dem Baue, der Einrichtung des Instruments,
weiß, welchen Antheil die einzelnen Theile desselben an der ganzen
Art der Tonerscheinung haben, und je nach der Beschaffenheit der=
selben richtet sich nun auch seine ganze Behandlung des Instru=
ments, seine ganze Spielweise. Man frage nur die Instrumenten=
macher. An diese Kenntniß knüpft ihr Urtheil über die Virtuosen
an. Bloße Fingerfertigkeit entscheidet für sie am wenigsten. Ein
geringeres Maaß hier und ein desto größeres dort, ist ihnen lieber.
Diesem Meister geben sie weit freudiger ihre Erzeugnisse unter die
Hände, weil sie bei ihm in ihrem ganzen und eigentlichen Werthe
hervortreten. Es ist kaum ein Gegenstand wichtiger für unsern Un=
terricht und gleichwohl wird kaum ein anderer in der Regel so ver=
nachlässigt als dieser, die Organologie. Wir verwundern uns,
warum dieser oder jener Spieler oder Sänger, so lange er allein
steht, sich durch einen ziemlich wirkungsvollen Vortrag auszeichnet,
aber sobald er von Andern begleitet wird oder diese begleitet, mit
Andern zusammen spielt oder singt, fast gar keine Wirkung hervor=
bringt: er kennt vielleicht die Natur des eigenen Organs, aber nicht
auch die der übrigen Organe, und sobald er nun mit diesen gemein=
schaftlich ein ganzes musikalisches Gebilde geben soll, weiß er in
Folge dessen seine Tinten, seine Tonfärbungen nicht so abzumessen,
daß sie mit den andern, fremden, gehörig harmoniren. Die rechte
Organologie nämlich hat es nicht blos mit der äußern Beschaffen=
heit der Instrumente und Stimmen und ihre einzelnen Theile, sondern

auch mit dem eigentlich mufikalifchen, künftlerifchen Charakter der= selben zu thun. Daß so viele unsrer Sänger und Virtuosen wohl ein Solo vortrefflich vorzutragen vermögen, aber jedes, auch das geringste Enfembleftück, bei dem sie mitwirken, so gut als total ver= derben, hat hauptsächlich nur in der Mangelhaftigkeit ihrer daher gehö= rigen Kenntniffe seinen Grund. Ich rufe namentlich die Geiger als Zeugen auf. Wie viele unter ihren Virtuosen sind, welche zugleich als vortreffliche Quartettspieler gelten können? und welche sind diese? — Ich beftreite ja nicht, daß auch noch anderes Wiffen und Können dazu gehört, aber eben so gewiß zugleich ein vollftän= biges organologifches Wiffen. Eine erfte Sängerin, welche diefes befitzt, wird sofort, wo sie mit Alt oder Tenor zufammentritt, die Kraft ihres Vortrags mäßigen, weil sie gelernt hat, daß Natur und Kunft dieser eine gleiche Kraftentwickelung verfagt haben und so sie, beharrte sie bei dem Auftragen der Farben wie beim Sologefang, das Colorit des Ganzen verderben, verzerren würde. Eben so der Geiger, der etwa mit Violoncell, Flöte oder Clavier zufammentritt. Einen ganz andern Bogen führt er hier, als bei seinem Solospiel oder etwa im Zufammenwirken mit der Oboe oder Clarinette. An= ders greift der organologifch gebildete Clavierspieler in die Taften, wenn er Etwas mit Violine, anders, wenn er Etwas mit Flöte, anders, wenn er Etwas mit Horn, anders, wenn er Etwas mit Gefang gemeinfchaftlich, anders, wenn er Etwas allein verträgt, so wie er anders in diefelben greift, wenn er bloßer Accompagnift, und anders, wenn er zugleich Concertift ift. Der größefte Tonmei= fter unfers Jahrhunderts ift ohnftreitig Beethoven. Er ift der Held in dem Kampfe der Cultur, welcher unfrer Kunft erft die Anerken= nung aller ihrer Rechte errang, welcher sie frei machte von allem althergebrachten Regelzwang, sie erlöfete aus den Feffeln, welche eine engherzige Scholaftik ihr angelegt hatte, und welcher sie einfetzte in die Geltung, die sie hat in dem großen ewigen Weltenorganismus: auf welche seiner Werke können wir gleichwohl uns nur ftützen, wenn wir die ganze Gewaltigkeit seines Geiftes, die Weite, Größe seines Ideenschwungs und zugleich den Adel, die Schönheit seiner Formen beweifen wollen? nur auf seine Inftrumental=Werke. Seine Vocalcompofitionen ftehen diefen namentlich in letzterer Beziehung bei Weitem nach. Warum? — Was die Natur der menfchlichen Singftimmen betrifft, befaß Beethoven lange nicht genug die Kennt= niffe, die dazu gehören, auch sie als wahrhaft schön wirkende Organe benutzen zu können. Der Mufiker drückt sich darüber kürzer,

technischer aus. Er sagt: er hatte den Vocalsatz nicht genug studirt.
Der eine Componist schafft für dieses, der andere für jenes Organ vortrefflichere Sachen. Franz Schubert hat wundervolle Gesangswerke
hinterlassen, hätte er ein Clarinettconcert componiren sollen, es würde
vielleicht dürftig genug ausgefallen sein. Bärmann dagegen schrieb
sehr gelungene Clarinettsachen, für die Violine würde er wahrscheinlich
gar Mangelhaftes zu Tage gefördert haben. Woher diese Erscheinung?
— In der eigentlichen Productionskraft der Künstler kann der Grund
davon nicht liegen. Wir müssen ihn suchen, wo wir ihn hauptsächlich finden werden: in der ein- oder doch weniger mehrseitigen,
nicht nach allen Seiten gleich gründlichen organologischen Bildung
selbst dieser und solcher Meister. Wäre Franz Schubert mit der
innern und äußern Natur der Clarinette so vertraut gewesen wie
mit der der menschlichen Singstimme, er würde jenem Instrumente
gleich hinreißende Melodien eingehaucht haben wie diesem. Mein
Nachbar Lindpaintner hier: wo erscheint er wirklich und wahrhaft
-groß? auf dem Felde der Instrumentation; aber er kennt auch die
innere und äußere Natur des Orchesters wie Wenige, um nicht zu
sagen wie Keiner. Wo ruht in praktischer Beziehung Rossini's historische Bedeutung hauptsächlich? in der Singekunst. Kein Componist noch hat der Cultur dieser solch' allgemein wirkende bedeutende
Hebel unterstellt als er, aber Wenige auch, um nicht zu sagen Keine,
haben deren Organismus so allseitig studirt als er. Wie fern liegt
ihm dagegen der Instrumenten=Organismus?! Wo ruht Mozarts
historische Bedeutung? — die Antwort ergiebt sich von selbst. Ihm,
dem Meister in Allem, war Nichts in unsrer gesammten organischen
Welt verborgen. — Kehre ich zu niederer Sphäre zurück. Die
Wenigsten von uns sind in dem Falle, Componisten bilden zu sollen. Die Meisten haben nur Spieler und Sänger zu erziehen, und
auch diese gewöhnlich blos für den Kreis der Dilettanten. Zudem,
daß für den Componisten die Organologie unentbehrlich, wird von
keiner Seite her mehr bestritten. Auf seinem Studienplane nimmt
sie längst einen eigenen Platz ein, wenn bisweilen auch unter anderm Namen, als: Instrumentations= oder Instrumentirungskunst,
und faßt er sie nicht in ihrem ganzen Umfange auf, so erlebt er
die Folgen davon bald an sich selbst. Ganz durchdringen wird er
sie zwar nie, oder doch nur in den seltensten Fällen; aber sie so
vollständig als möglich zu ergründen, für diese Pflicht bedarf es
ihm keines Nachweises mehr. Die Möglichkeit und Nothwendigkeit,
den gesammten musikalischen Apparat in Bewegung setzen zu kön-

nen zur Gestaltung seiner Gebilde, lehren ihm dieselbe schon. Nicht
blos in Fresken, in Oel, in Tusche, mit Kreide oder was sonst will
er ja malen können, sondern Maler sein in aller Weise, und so
muß er auch Herr sein über alle Stoffe, alle Farben. Aber die
Mehrzahl unsrer Schüler! Wozu ihre Organologie? — Nun,
von dem Umfange des Unterrichts in derselben wird weiter unten
die Rede sein; hier kam und kommt es nur darauf an, uns zu
überzeugen, wie der Unterricht darin überhaupt nothwendig und
wichtig. Daß dieser zugleich ein sehr wirksames Mittel abzugeben
vermag, um das Interesse am gesammten Unterrichte zu heben, zu
beleben und rege zu erhalten, habe ich bereits andern Orts nachge=
wiesen, im letzten Capitel des ersten und in dem ersten Capitel dieses
zweiten Theils, wo es sich um die Mittel handelte, den Unterricht
überhaupt interessant zu machen, den Schüler dafür einzunehmen,
zu gewinnen. Wäre doch das auch nur ein Nebenzweck, und hier
habe ich die absolute Nothwendigkeit darzuthun. Nun, meine Her=
ren Collegen, mag das eigentlich musikalische Bildungsziel, das
Ihr ins Auge zu fassen habt, in Folge von Umständen, entweder
aus Rücksicht auf den künftigen Beruf Eures Schülers oder aus
welcher andern Rücksicht, ein noch so begränztes oder beschränktes
sein dürfen, bedenkt doch, daß der daher gehörige Unterricht im
Grunde kein anderer ist, als welchen selbst jeder Handwerksmeister
für einen der ersten und wichtigsten Theile der Unterweisung seines
Lehrlings erachtet! — die Belehrung über Natur und Wesenheit
des Handwerkszeugs und Handwerksstoffs, jene Belehrung, auf
deren ganze Art und Weise sich das Urtheil über Gebrauch und
Anwendung dieser und somit die gesammte Leistung des Zöglings,
der gesammte Erfolg seiner Lernarbeit stützt! — Schmiede und
Schlosser, Gürtler und Flaschner, Alle arbeiten in Metallen, der Eine
aber gebraucht große, der Andere kleine, und das eine Mal so, das
andere Mal anders geformte Hammer, der Eine grobe, der Andere
feine Feilen, das eine Mal wird das Metall so, das andere Mal
anders behandelt ꝛc.: muß nun nicht, wer in Metallen arbeiten
lernen will, auch erfahren, warum dieser Unterschied? und woher die
Unterweisung über dieses Warum nehmen? nirgend anders her, als
aus der innern und äußern Natur und Beschaffenheit des Werk=
zeugs und Werkstoffs. Messing fordert andere Feilen als Eisen,
weil Messing anderer Natur ist als Eisen. Zum Nagelziehen
braucht der Schmied andere Zangen als zum Eisenglühen ꝛc. ꝛc.
Das sagt er Alles seinem Lehrling, setzt sofort die Ursachen hinzu,

erklärt, wie und warum alles Werkzeug so beschaffen ist 2c., und
wenn dieser voraussichtlich auch nur der allergewöhnlichste Dorf-
schmied werden soll und wird, er sagt es ihm, weil dieser es
wissen muß, und wir, wir Lehrer einer Kunst, wir sollten unsere
Schüler nicht ebenfalls so über das Werkzeug dieser zu belehren,
über dessen Beschaffenheit zu unterrichten haben? Unsern Schülern
sollte die Kenntniß dieser in dem Falle unentbehrlich sein können,
da sie nicht wirkliche Musiker werden sollen oder wollen? — Bis
zu einem gewissen Grade kann kein Musiklernender der Organologie
entbehren. Da habe ich einen Schüler, dessen Absicht ist, nur ein
wenig Clavierspielen zu lernen. Sein Instrument ist noch ein älte-
res mit tiefem, leichtem Tastenfall, dünner Beleberung 2c. Er versteht bereits, sich darauf zu bewegen. Da hört er zufällig einen
andern Spieler dieselben Stücke spielen, die er spielt, aber auf einem
andern, neueren Instrumente, mit geringerem und schwererem Tastenfall, stärkerem Bezug, dickerer Beleberung 2c. Der Effekt, die
Wirkung ist eine ganz andere, so sehr anders, daß er fast in Zweifel geräth, ob es auch dieselben Stücke sind. Es sind diese, so kann
die Ursache nur in dem Spieler liegen. Er wird unzufrieden mit
sich und seinem Lehrer. Es steigert sich diese Unzufriedenheit noch
mehr, als er versucht, dieselben Stücke auf demselben Instrumente
zu spielen und wegen des schwerern Tastenfalls desselben 2c. nicht
darauf zurecht kommen kann. Hätte der sich jetzt ganz unglücklich
Fühlende genauere Kenntniß von dem Bau seines Instruments,
wüßte er, welchen Einfluß Bezug, Beleberung, Tastenfall 2c. auf
den Ton 2c. haben, er würde die Ursache der verschiedenen Erscheinung am rechten Orte suchen, würde weder sich noch seinem Lehrer
zürnen, und würde zuvor sich an die Spielweise auf einem solchen
neuern Instrumente gewöhnen, ehe er einen Vergleich zwischen sich
und dem andern Spieler anstellt. Später erfährt er die wahre Ursache: er zürnt aufs Neue seinem Lehrer jetzt, aber warum? aus
andern Gründen, in einer andern Richtung. Da ist Jemand mit
hübscher Stimme, der auch einmal einigen Singunterricht genossen.
Er befindet sich in froher Gesellschaft und wird unmittelbar nach
eingenommenem Mahle aufgefordert, dieselbe durch Gesang zu unterhalten. Er versucht es, muß sich aber ärgern, daß es nicht geht,
die Stimme versagt ihm, und statt die Gesellschaft zu unterhalten,
langweilt er dieselbe. Er fühlt und bemerkt das. Das verdirbt
ihm den ganzen Abend so sehr, daß er sogar abschwört, je wieder
zu singen. O Thor! halt ein mit Deinem Schwure. Hätte Dein

früherer Singlehrer Dir gesagt, welchen Einflüssen die Stimmorgane von Bauch, von Magen, von der ganzen innern und äußern Situation aus ausgesetzt sind, hätte er Dich Dein Instrument auch genauer kennen gelehrt, so würdest Du die Gesellschaft noch einige Zeit haben warten lassen, bevor Du ihrem Verlangen nachkamst, und würdest dann allen diesen Verdruß Dir erspart haben. Singe morgen, übermorgen in anderer Situation, anderer Atmosphäre, und Du wirst wieder Freude haben an Deinem Gesange. Man sieht, ich bin bis in die niederste Sphäre des Musikunterrichts hinabgestiegen, und die Organologie erscheint bis zu einem gewissen Grade wenigstens als unveräußerlicher Gegenstand desselben. Auch denke ich dabei noch keineswegs etwa an diejenigen Instrumentenkenntnisse, die schon von der Gewinnung jeder Art mechanischer oder überhaupt praktischer Fertigkeit bedingt werden, sondern lediglich an solche dergleichen, ohne welche diese Fertigkeit an und für sich recht gut bestehen kann, so gewiß auch jene selten in dem Umfange mitgetheilt werden, in welchem sie aus Rücksicht auf die Verhältnisse, in denen der Schüler lebt oder voraussichtlich dereinst leben wird, immer mitgetheilt werden sollten. So muß z. B. jeder Spieler und Sänger wissen, was zur Pflege seines Instruments und seiner Stimme dienlich und was nicht dienlich ist. Er hat nicht immer Instrumentenmacher oder Musiker in der Nähe, die dafür sorgen können. Jeder Spieler eines Saiteninstruments muß nöthigen Falls dasselbe beziehen, auch stimmen können, muß wissen und lernen also Alles, was dazu gehört. Es steht ihm nicht immer Jemand zur Seite, der das statt seiner zu vollbringen vermag. Jeder Bläser muß sein Instrument zu reinigen verstehen und muß unterrichtet sein über die Temperatureinflüsse auf die Stimmung desselben. Er hat nicht immer einen Sachverständigen da, der ihm sagt: warte noch ein wenig, hauche erst in das Instrument, nimm es in die Hände, es ist noch zu kalt, es ist zu trocken oder zu feucht und dergleichen mehr. Selbst kleine Beschädigungen, Abnutzungen 2c. sollte jeder Spieler selbst verbessern und wieder gut machen können, wie der Clarinettist sein Blatt, der Fagottist und Hoboist seine Röhre, die Belederung der Klappen, der Geiger das Auf- und Richtigstellen des Stegs, Stimmstocks, der Clavierspieler die Erlahmung oder das Klappern der Tasten, also das Füttern der Auffallleisten 2c. Es sind nicht immer Instrumentenmacher oder andere Sachverständige da, die das für sie zu besorgen vermögen, der mancherlei Kostenersparnisse, die dadurch bewirkt werden können, nicht zu gedenken.

2. Beziehungen dieses Unterrichts zu der musikalischen Bildung überhaupt und zu der Vollständigkeit musikalischer Anschauung oder des Genusses musikalischer Productionen.

Uebrigens reichen die Vortheile eines verständigen Unterrichts in Dingen der Organik auch noch weiter, über jene absolute Nothwendigkeit für ein genügendes eigenes Schaffen im Bereiche der Tonkunst, einerlei in welcher Sphäre, weit hinaus, indem sie nämlich unmittelbar zu der von uns jedenfalls zu erzielenden allgemeinen musikalischen Bildung und zu der Vollständigkeit des Genusses musikalischer Productionen in Beziehung treten. Beispiele und Gleichnisse machen überall und immer Alles deutlicher. In der Regel denkt man bei dem Ausdrucke „Kunst" zunächst an die sogenannten bildenden Künste, an Malerei und Bildnerei, Zeichenkunst, Malerkunst, Plastik. Wann heißt ein Freund dieser Künste „gebildet"? — Wahrlich nicht, wenn er blos Freude an deren Werken hat, wenn er blos Vergnügen in der Anschauung dieser findet. Solcher Kunstfreunde giebt es viele. Selbst dem Kinde macht es Vergnügen, in Bilderbüchern zu blättern, und es kann sich stundenlang damit beschäftigen, betrachtet nicht selten mit wahrer Lust und andauernd die einzelnen bildlichen Darstellungen; aber hat es deshalb schon ein Urtheil über den künstlerischen Werth dieser? können wir es deshalb schon kunstgebildet nennen? — Gewiß nicht. Ebenso aber auch den erwachsenen solchen Kunstfreund nicht. In den Räumen unsrer Museen ist er ein Kind, wie das Fritzchen vor seinem „Struwwelpeter." Was gehört dazu, daß er sich auch als ein Kunstgebildeter darin bewegt? — Neben manchem Andern nothwendig auch, daß er mit dem Organismus dieser Künste näher vertraut ist, d. h. hier, daß er versteht z. B. Oel von Aquarel, Fresko von Pastell, Radirungen von Stich, Guß von Meißel 2c. zu unterscheiden, daß er die Mittel kennt, durch welche die mit Freude, mit Vergnügen angeschauten Werke zu Tage gekommen, denn von daher nur vermag er auch ein Urtheil über dieselben zu fällen. Ein Oelgemälde vermag das blos sinnliche Auge weit mehr zu fesseln, als das Freskobild daneben, während möglich ist, daß das Auge des gebildeten Kunstfreundes mit weit größerer Bewunderung auf diesem haftet. Warum? weil dieser in Folge seiner Bekanntschaft mit dem Organismus der Malerkünste weiß, zu beurtheilen versteht, was dort durch Oelfarben und Pinsel und was hier durch Gyps, durch Paste und Kelle ge-

leiftet werben kann. Er braucht beshalb nicht felbst Maler zu fein,
aber die Organe, durch welche die Werke fich 'geftalten, muß er
kennen. Auf das ungebildete Auge macht die gegoffene und nachgehends geglättete Gypsfigur vielleicht benfelben Eindruck wie die
durch Meißel und Schlägel aus einem rohen Blocke herausgebildete
Marmorftatue, nicht aber auf das Auge des gebildeten Kunstfreundes, und wenn Figur und Natur fich in allen Formen und allem
äußern Schein noch fo gleich find. Wer den wefentlichen Unter-
fchied zwifchen Beiden nicht fofort erkennt und empfindet, kann und
barf fich nie kunstgebildet nennen, und worauf beruht dies Erkennen und Empfinden? — die Antwort ift bereits gegeben worden.
Nicht anders in unfrer Kunst der Mufik. Es braucht Jemand nicht
Mufiker zu fein, um Clarinette von Oboe, Alt von Sopran, Bari-
ton von Tenor oder Baß, Violine von Bratfche oder Violoncell 2c.
unterfcheiden zu können, aber von jedem mufikalifch Gebildeten haben
wir das Recht, dies zu fordern, und warum haben wir dies Recht?
weil er auf ein Urtheil in mufikalifchen Dingen Anfpruch macht,
und dies Urtheil, wenn es ein vollbegründetes fein foll, immer zugleich Bekanntfchaft mit den Eigenthümlichkeiten der mufikalifchen
Organe vorausfetzt. Wer diefe nicht befitzt, bleibt in Concertfälen
und Opernhäufern ftets ein Kind vor dem Bilderbuche. Wie das
Intereffe diefes hier nur haftet an der äußern Geftaltung, hie und
da vielleicht gehoben und getragen noch durch die dargeftellte Handlung, fo auch fein Intereffe lediglich an der alleräußerften Er-
fcheinung der Mufikleiftung, blos hie und da vielleicht vermehrt
durch die Perfon, von welcher diefe ausgeht, oder die damit zugleich
verbundene Handlung. Nie vermag er die Leiftung felbft auch als
das zu erfaffen, was fie ift; nie fteht er diefer als ein wirklich Gebildeter gegenüber. Er hört fie an, wie der poetifch Ungebildete ein
Drama, oder wie der literarifch Ungebildete in einer Literaturge-
fchichte lieft. Ein Urtheil kann ihm nie zuftehen, außer von feinem
individuellen Standpunkte, lediglich vom Standpunkte feines Ge-
fchmacks, nie auch in objektiver Beziehung vom Standpunkte der
Kunst felbft aus, möchte er fonft von diefer noch fo hohe, edle Begriffe haben. Bei dem Gedanken angekommen, muß ich weiter greifen. Aesthetiken wurden von unfern Philofophen fchon mannigfache
veröffentlicht und die Natur des Schönen darin nicht felten in glän-
zendfter Weife entwickelt. Lehnten fich diefelben hierbei aber ftets
nur an die Werke der Poefie oder Malerei an, felten oder faft nie
auch an die der Tonkunst, fo vermochten unfere Poeten und Künftler

nur in dem Falle Etwas daraus zu profitiren, wenn sie zugleich gebildet und erfahren genug in diesen Künsten waren. Woher das Mißverhältniß? — Erst kürzlich noch hatte ich Gelegenheit, mit einem der renommirtesten unsrer neueren Aesthetiker darüber zu sprechen. „Ich habe meine Aesthetik — sagte er — an demselben Mangel leiden lassen müssen, weil ich nicht Musiker genug bin." „Indeß — lautete meine Antwort — haben Sie ja schon so begeisterte Apostrophen an mehrere unsrer berühmten Sänger und Virtuosen in alle Welt geschickt, spielen selbst ganz hübsch Clavier und singen sogar, so viel ich weiß." „Wohl, wenn ich mich nichtsdestoweniger aber für nicht musikalisch gebildet genug dazu gehalten, so muß ich bekennen, daß ich von den ausschließlich musikalischen Formen und Organen Nichts verstehe, und möchte auch jene Aufsätze, welche Sie Apostrophen zu nennen belieben, und die ich hie und da in Journale lieferte, als nichts Anderes angesehen wissen, als was sie wirklich sein sollten, blos als Aeußerungen über den Eindruck, den die betreffenden Künstler mit ihrer Leistung auf mich, auf meine Person gemacht, nicht etwa als ein musikalisches Urtheil darüber; ob vom musikalischen Standpunkte aus betrachtet, diese Leistungen nicht hätten vielleicht noch weit vollkommnere sein oder beiläufig gerügte Mängel von diesem Standpunkte aus nicht hätten entschuldigt, vielleicht ganz übersehen werden können, weiß ich nicht, das beurtheilen zu können, muß man Formen= und organische Kenntnisse haben, und diese besitze ich nicht, ich bin nicht Musiker." „Bleiben Sie — fiel ich dem verständigen Manne in die Rede — bleiben Sie lieber bei dem zweiten Ausdrucke stehen und sagen: bin ich nicht musikalisch gebildet genug, denn das musikalisch gebildetsein ist kein Eigenthum, kein Privilegium des musikalischen Amtes oder Berufs." „Niemand — lautete die Antwort — wird Ihnen darin bereitwilliger Recht geben als ich, aber du lieber Gott! — und da bekam ich's — daß wir Laien in der Regel anderer Ansicht als Sie in diesem Stücke sind, daran seid nur Ihr Herren Musiklehrer selbst Schuld; alles Andere habt Ihr eher im Auge, als die wahrhaft musikalische Bildung Eurer Schüler; ich selbst bin das Opfer eines solchen Kunstkostgängers gewesen; daß ich meinen Eltern bald allerhand Variationen und was dergleichen vorklimpern konnte, das ist Alles, was ich von ihm gelernt; von der Musik weiß ich bis zur Stunde Nichts, und der Mann kam wöchentlich zwei und dreimal zu uns ins Haus von meinem achten Jahre an, bis ich die Universität bezog." „Bedanke mich für das Compliment, theuerster

Herr Professor! Indessen kenne ich Ihren Universitätsmusikdirector, wie das, was Sie wissen und können, — nehmen Sie noch nur ein Halbjährchen Unterricht bei ihm, und Sie werden auch in der Formenlehre und Organologie so weit bewandert sein, daß Sie fortan nicht mehr zu gestehen nöthig haben, was Sie mir hier gestanden: Sie besitzen ungeachtet Ihres ziemlich fertigen Clavierspiels keine musikalische Bildung oder wenigstens nicht solche Bildung genug, um auch musikalisch in musikalischen Dingen zu urtheilen; aber mittheilen, warten Sie, wiedersagen werde ich meinen Collegen, wie und was Sie so eben sie gescholten, verrathen — —." „Thun Sie das, Bester! Nichts sollte mich mehr freuen, als wenn die Herren dadurch veranlaßt würden, in Zukunft ihre eigentliche und nächste Aufgabe mehr ins Auge zu fassen, die wirkliche musikalische Bildung ihrer Schüler; gern leiste ich dann auch alle verlangte Satisfaction für den „„Kunstkostgänger,"" früher indeß nicht. Adieu!" — Da stand ich. Hatte der Mann Recht? — Meine Leser mögen es sagen. Daß mir jede zureichende musikalische Bildung ohne Unterweisung in den Dingen der Organologie ohnmöglich dünkt, wissen sie bereits, so ohnmöglich, als mir scheint, es könne eine musikalische Production auch nicht einmal mit dem rechten Auge angeschaut, nie ganz empfunden, ganz empfangen, ganz genossen werden, außer es besitzt der Empfangende, Anschauende, Betrachtende, Genießende auch die daher gehörigen, hinreichenden Kenntnisse von Natur und Beschaffenheit der musikalischen Organe. Es gilt hier nicht der Satz, daß man nicht Koch gewesen sein darf, um recht mit Appetit an einer Wirthstafel zu speisen, sondern der Satz, daß ein rechter Gourmand auch weiß, was er ißt. Er ordnet darnach seine Genüsse, verdaut dann besser, und ist ihm voraus bekannt gewesen, welche Schüsseln ihm geboten werden, so kommt er vorbereitet zur Tafel, wie ein guter Schüler zur Lection. Eine Menge Anekdoten aus dem Erfahrungsschatze meines eigenen Lebens könnte ich erzählen, die alle darthun, welche Verkehrtheiten, ja Albernheiten oft zu Tage kommen, wenn Leute, die sich mit Musik beschäftigen oder durch deren Anhören sich erfreuen wollen, zu wenige oder gar keine Kenntnisse von den Organen derselben haben. Nur eine. Vor nun ohngefähr achtzehn, neunzehn Jahren war die damals noch in ziemlicher Blüthe begriffene bekannte Sängerin Carl hier und setzte das Publikum durch mehrere Parthien, wie Anna Bolena ec., die ihr so recht kehlgerecht waren, in gar enthusiastische Bewegung. Wo man ging und stand, in welche

Gesellschaft man kam, überall ward von der Carl gesprochen. Män=
ner und Frauen, Herren und Damen, Knaben und Mädchen, Alt
und Jung, Alle stimmten in den einen Chor: die Carl! Zu der=
selben Zeit besuchte meine Anstalt ein junger Mann von nahezu
18 Jahren mit recht hübscher Baritonstimme. Daß er somit keine
von den Favoritpiecen der Carl singen konnte, leuchtet ein, denn
diese hatte bekanntlich einen hohen Sopran, obschon auch nach der
Tiefe von bedeutendem Umfange. Nichtsdestoweniger ließ die Mut=
ter jenes Schülers mich ersuchen, diesen doch dergleichen Sachen
singen zu lassen. „Das geht ja nicht, liebster Herr!“ „Dies habe
ich ebenfalls schon meiner Mutter gesagt, aber sie glaubt mir's nicht.“
„Nun, so sagen Sie es ihr in meinem Namen unter den besten
Empfehlungen.“ Da erscheint die Dame selbst. Es ist ohnmög=
lich, sie von der Ohnmöglichkeit zu überzeugen. Sie legt meine
Weigerung als Unart, Ungefälligkeit aus; ihr Sohn muß meine
Anstalt verlassen, ja sie agirt sogar völlig feindselig gegen diese in
ihren Kreisen, und wenn ich mein Haupt noch so devotest vor ihr
entblöste, wo und wann sie mir begegnet, so erwiedert sie kaum den
Gruß, sie, die seit mehreren Jahren fast wöchentlich in mein Haus
gekommen war. Vater und Sohn sogar vermögen Nichts gegen
diese aus so verkehrter Ansicht hervorgegangene Erbitterung, wie
viel mehr muß ich sie austoben lassen! Das Merkwürdigste aber
— die Dame hielt sich und galt bei Vielen als musikalisch gebil=
det! — Ihr Sohn war dies weit mehr als sie. Aehnlichem Un=
sinne, derselben Ursache entspringend, kann man tagtäglich begegnen.
Man bewege sich nur namentlich in den sogenannten Dilettanten=
kreisen. Die schiefsten Urtheile werden hier laut, lediglich aus Man=
gel zureichender organischer Kenntnisse, und alle bekunden eine nur
halbe, wenn nicht total falsche Auffassung der Kunstwerke. Da
bläst ein Flötist eine Geigenstimme: der Geiger hatte mehr Effekt
gemacht, daß dem Flötisten dieser nicht möglich, muß er, nicht sein
Instrument, die Schuld tragen, und doch trägt nur dieses solche.
Wer mit der innern und äußern Natur der einzelnen Organe ver=
traut ist, tritt — möchte ich behaupten — immer schon wenigstens
annähernd mit der rechten Stimmung vor das anzuschauende Kunst=
werk hin. Es geht ihm wie jenem Gastronom, dessen Zunge schon
zuvor sich für die Reize regt, die ihr werden sollen. Er schmatzt bei
jeder Schüssel anders und hat so immer den rechten Geschmack,
den wahren, ganzen Genuß. Auch hält dieser länger an. Daß so
Viele sich bei manchen Productionen langweilen, ihnen nicht noch

einmal anwohnen mögen, Andere dagegen sich nicht daran satt hören können, bei jeder Wiederholung neue Reize, neue Schönheiten
entdecken, — es hat seinen Grund und nicht blos nebenbei, sondern
hauptsächlich auch dort in der Unkenntniß, hier in der Kenntniß der
Organe. Mit dieser lesen wir deutlich in dem Buche des Orchesters, mit jener vermögen wir nicht einmal darin zu buchstabiren.
Recht unterrichtet in der Organologie, gleichen wir jenen Kunst-
freunden, die wieder und wieder vor ein Bild treten und immer
neue Schönheiten oder Mängel darin entdecken, immer neu erbaut
oder belehrt davon sich trennen; anders jenen Kurzsichtigen, deren
Auge alle Gestalten in eine dunkle Masse zusammenschwimmen,
welche ohne alles bestimmte Farbengepräge nirgends einen tiefern
Eindruck zurücklassen kann. Der Beweis liegt in der Natur der
Sache selbst. Jedes Instrument trägt seinen eigenthümlichen Charakter. Unsere Organe sind die bestimmt geschiedenen Farben der
Malerkunst mit Tönen. Kenne ich die Wesenheit derselben, so wird
mein Auge von selbst auch jede in ihrer Eigenthümlichkeit erfassen
und so das ganze daraus gestaltete Gebilde in einer Weise überschauen, welche die Möglichkeit des vollen Genusses der Darstellung
zur Wahrheit werden lassen muß. Es ist dies eben so gewiß und
natürlich, als gewiß und natürlich ist, daß ein Pflanzenkundiger in
einem Lehrbuche der Botanik mit weit größerem Interesse und volle-
rem Verständnisse liest, als ein Pflanzenunkundiger. Derjenige,
welcher mit der Natur und Wesenheit unserer Organe vertraut ist,
fordert und erwartet nicht von denselben, was sie nicht zu leisten vermögen: wie er ihren Productionen jedesmal daher mit der rechten Stimmung entgegentritt, so müssen diese ihn auch, wenn anders sie nicht
durchaus mangelhafte sind, jedesmal weit mehr befriedigen, als den,
welcher jene Kenntnisse nicht besitzt. Sein Genuß muß stets ein
vollkommnerer und richtigerer sein. Ich verstehe wenig oder Nichts
von Botanik, meine Gänge durch die sogenannten Kunstgärten sind
daher bald gemacht, und ob ich durch sie oder einen Wald wandle,
es geschieht gleich schnell, wie mit demselben Interesse. Wie anders, mit welch' andern Gefühlen, welch' anderm Genusse verweilt
der Blumenkenner, Pomolog re., in denselben? Diese Pomologen,
Blumisten re. sind unsere Organologen. Um jenes größeren Genusses willen, um die Freude daran ganz zu genießen, zu empfinden,
schafft jeder verständige Gartenbesitzer sich Gelegenheit, Kenntniß
von den in seinem Gute vorkommenden Pflanzen und deren Cultur
zu bekommen: um des ganzen Genusses musikalischer Productionen

auch schon willen, müssen wir unsern Schülern. Kenntnisse von der Beschaffenheit und Cultur der in unsern Gärten stehenden Pflanzen beizubringen bemüht sein. Paßt der Vergleich nicht? — Die Töne, welche unsere Organe hervorbringen, sind ihre Früchte, Blumen, und sie selbst gewiß auch die Pflanzen unsers Gartens. Doch —

3. in welchem Umfange auch haben wir den Unterricht zu ertheilen? —

Die Frage ist wichtig. Daß wir den Unterricht bei keinem unsrer Schüler ganz umgehen dürfen, haben wir uns überzeugt, aber ein Anderes ist, ob wir denselben allen diesen auch in gleichem Umfange zu ertheilen haben? — Schon die Gründe, aus welchen wir die Nothwendigkeit des Unterrichts herleiten, wollen die Frage verneinen, und gestehe ich somit gleich von vorn herein, daß, wenn vielleicht bei keinem der bisher abgehandelten Gegenstände, so hier, bei diesem, der Einfluß sich geltend macht, den der besondere künftige Beruf unsrer Schüler auf unsern Unterricht überhaupt zu äußern im Staude ist (s. das zweite Capitel des ersten Theils unter 6). Anders ist mein Unterricht in der Organologie, wenn ich künftige Musiker, anders wenn ich bloße Dilettanten heranzubilden habe. Es wäre gut, wenn kein solcher Unterschied statt zu finden brauchte; aber die Dilettanten wollen schneller, in kürzerer und wenigerer Zeit zu ihrem Ziele gelangen, als jene, die wirklichen Künstler, und so muß ich ausscheiden von meinem Stoff, was dieses Ziel nicht durchaus nothwendig, nicht als unveräußerlich fordert. Doch beschränkt sich der Unterschied auch nur auf den Umfang der Behandlung des Stoffs, auf das Maaß seiner Mittheilung, nicht auf etwas Anderes noch, etwa auf diese selbst, ihre Art und Weise. Sogar die specielle künftige Bestimmung meines Schülers, ob er als dereinst wirklicher Musiker im Bereiche der Composition, Kunstwissenschaft und in welcher Richtung dieser oder im Bereiche der blos praktischen Musik seinen Wirkungskreis aufschlagen und ob er als Dilettant dereinst vorzugsweise zu der Classe der gebenden oder vorzugsweise zu der Classe der nehmenden Musikfreunde zählen wird, — sogar diese Frage kann hier von bestimmendem, regelndem Einflusse sein; doch ebenfalls nur in der Richtung auf den Umfang des mitzutheilenden Gegenstandes, in keiner andern Richtung, z. B. nicht etwa auch in Richtung auf die Gründlichkeit. Was ich lehre, muß ich nichtsdestoweniger gleich gründlich lehren. Nur auf das Was kommt es hier an. Das eine

Mal kann mein Gegenstand die allgemeine und zugleich specielle Instrumentenlehre sein müssen, das eine Mal blos jene und nicht diese, das andere Mal diese und nicht jene. Das eine Mal werde ich diese blos auf eine bestimmte Gattung oder Art von Instrumenten beschränken dürfen, alle übrigen Arten nur in allgemeinen Umrissen darstellend, das andere Mal nicht, gerade das Umgekehrte. Das eine Mal wird meine Aufgabe blos in einer so zu sagen meatomischen Zergliederung der Instrumente bestehen können, das andere Mal mehr einer so zu sagen psychologischen Betrachtung zu gleichen haben. Immer ist es nur der Gegenstand an sich, der sich anders darstellt, bald ganz, bald blos theilweis, bald größer, weiter, umfangreicher, bald kleiner, enger, begränzter, bald ausgeführt bis in seine einzelnsten Theile, bald blos in ganz allgemeinen Umrissen, nicht die Darstellung selbst, die sich anders gestaltet. Am angeführten Orte bereits, bei Gelegenheit der Aufzählung der Gegenstände des Musikunterrichts, habe ich den Inhalt der Organologie, so weit wir in den Fall kommen können, dieselbe abzuhandeln, angegeben, brauche mich also hier nicht weiter dabei aufzuhalten. Der künftige Componist, Lehrer, Musikdirector und Theoretiker nun muß alle Instrumente, das gesammte vorräthige Orchester und was damit in Verbindung steht, genau kennen, seinem Innern wie seinem Aeußern nach. Bei ihm also duldet der Unterricht gar keine diesseitige Beschränkung. Es ist die Farbenlehre, die wir hier einem künftigen Maler zu ertheilen haben. Unser Schüler soll und will dereinst selbst schaffen im Bereiche der Kunst, und zwar nicht blos nachbildend, sondern erfindend, nicht blos als Reproducent, sondern als wirklicher erster Producent. Aus welchen Stoffen er vorzugsweise schaffen wird, können wir nicht vorher wissen, läßt sich nicht zum Voraus berechnen; so muß er fertig gemacht werden in der Handhabung aller Stoffe, muß ihm die Fertigkeit verliehen werden, in allen Stoffen zu arbeiten, welche die Kunst als Material zum Aufbau ihrer Werke nur irgend besitzt. Dazu gehört demnach, daß unser Unterricht nicht blos zum Gegenstande nimmt, was sich auf den verschiedenen Instrumenten Alles hervorbringen läßt, die äußere Productionsfähigkeit derselben, ihren Tonumfang ꝛc., sondern auch den ästhetischen Charakter desselben, die Art der Wirkung, welche es sowohl für sich allein als in Verbindung mit jedem andern von andern Instrumenten Hervorgebrachten zu erzeugen im Stande ist. Die gesammte Instrumentenwelt, ihr Inneres wie ihr Aeußeres, muß diesem Schüler erschlossen werden, wie dem künftigen Physiker oder Chemiker die Kräfte der Natur. Akustiker werden wir selten oder nie zu bilden haben, aber der praktische Theil der Akustik muß dennoch mit solchen Schülern vollständig durchstudirt werden. Das ist dann der allgemeine Theil unsrer Lehre. Ihm schließt sich der besondere unmittelbar an. Daß so viele Tonerfindungen sich auf dem Papiere vortrefflich ausnehmen, und verlebendigt gleichwohl wenig oder gar keine Wirkung hervorbringen, hat seinen Grund lediglich darin, daß ihre Schöpfer die Instrumenteneffecte nicht zum Voraus gehörig zu berechnen verstanden, daß sie das Tonfarben-spiel nicht genug kannten, kurz daß sie nicht genug organologische Kenntnisse und Erfahrungen besaßen, denn ein Genug hierin schließt für den Componisten nicht blos die Technik der Organe, sondern auch deren Aesthetik, nicht blos die Anthropologie, sondern auch die Psychologie derselben in sich und beide in ihrem weitesten Umfange, ja diese fast noch mehr als jene. In der That darf der organolo-gische Unterricht für den künftigen Componisten irgendwo abbrechen, so ist es ausschließlich auf der Seite, wo er sich über den äußern Bau der Instrumente erstreckt. An einem andern Orte bereits sagte ich, daß die Componisten und Capellmeister nicht gerade Virtuosen auf jedem Instrumente zu sein brauchen; ebenso ist für ihren eigent-lichen Beruf nicht unmittelbar und durchaus nothwendig, daß sie die äußere formelle Einrichtung und Behandlungsweise, den eigent-lichen Bau aller Instrumente genau kennen, so gewiß diese Kennt-niß nicht mindere Vortheile für sie hat und haben muß, als we-nigstens einige praktische Fertigkeit auf mindestens den wichtigeren Instrumenten des Orchesters. Aber wo der Unterricht den musika-lischen, tonischen und ästhetischen Charakter der Organe zum Ge-genstande hat, kann und darf er Nichts übergehen, noch nur mit weniger Allseitigkeit, Durchdringlichkeit behandeln. Dasselbe ist der Fall bei dem künftigen Theoretiker, nicht aber bei dem künftigen Lehrer, soll und will dieser ein ganzer Mann seines Fachs werden. Er hat Alles zu wissen nöthig, was nur irgend in das Bereich der Organologie gehört, selbst die Geschichte der einzelnen Instrumente wie des ganzen Orchesters nicht ausgenommen. Kann er doch nicht wissen, was für Schüler er in seinem Leben zu unterrichten bekommt, und daß er zu allen und für alle taugt, ist sein eigner Vortheil. Ich bin stolz darauf, daß ich Jedem, der eine daher gehörige Aus-kunft zu haben wünscht, zu dienen vermag, stolz, daß selbst In-strumentenmacher, Orgelbauer und Musiker der hiesigen Capelle nicht selten bei mir erscheinen, um sich Rath über Dieses oder Jenes zu holen.

Ein Lehrer muß immer mehr wiffen, als er eben zu lehren
braucht. Er foll nicht blos die Produktionsfähigkeit eines jeden
Instruments, seine Behandlungsweise und seine Geschichte, fondern
er muß auch den Bau deffelben bis auf feine akuftischen Verhält-
niffe hin kennen. Nicht felten, daß die Schüler fogar ausdrücklich
zu wiffen verlangen, woher es kommt, daß die Töne auf dem einen
Instrumente fo, auf dem andern fo, und auf ein und demfelben
Instrumente unter. Umftänden bald fo, bald anders. Wehe dem
Lehrer, der ihnen dann das Alles nicht und zwar bis ins Einzelnfte
zu erklären vermag. Auch die Saßformen für die verfchiedenen In-
ftrumente und die tonifchen Effekte diefer in ihren verfchieden möglichen Zufammenftellungen muß der Lehrer kennen, wenn diefes Beides auch nicht in dem Maaße und mit folcher Gewandtheit wie der
Componift und Theoretiker. Er rechnet mit diefen ab und nimmt
für fein Theil dagegen mehr Gefchichte und praktifche akuftifche
Kenntniffe. Sie find für ihn wichtiger, während für diefe jene,
ausgenommen er wäre zugleich Componift und Critiker. Diefe erfaffen alle dahergehörigen Dinge auf dem Standpunkte der Ausbildung, auf welchem fie fich eben bewegen, der Lehrer dagegen
ftets von dem Standpunkte ihrer Entwickelung aus, wozu ich auch
ihre innere Naturgefchichte und fo zu fagen Naturlehre zähle. Man
hat dies fchon für eine zu große, zu hohe Forderung an den Lehrer
ausgeben wollen. Aber es mag als Gegenbeweis nur ein Beifpiel
genügen, indem ich frage: was für ein Lehrer ift der, der feinem
Schüler nicht einmal zu fagen und mit Gründen zu belegen weiß,
z. B. welche Art desjenigen Inftruments, das diefer eben fpielen
lernt, die beffere, werthvollere ift, wie diefelbe gepflegt werden muß;
warum der Stimmftock da und nicht dort ftehen muß; warum diefe
Geige einen dünneren Bezug, eine andere einen ftärkeren erfordert;
welche die für den Klang vortheilhaftere Temperatur und fonftige
locale Einrichtung ift, und welche dergleichen ähnliche Dinge mehr
find? — Oder muß der Schüler vielleicht nicht dergleichen Dinge
wiffen? oder gehören diefelben etwa nicht in das bezeichnete Bereich?
— Bei dem zukünftigen Lehrer kennt der Unterricht in der Organologie
kaum eine Gränze, jedenfalls noch weniger als bei dem künftigen Com-
poniften und Theoretiker. Alle ihre Gegenftände hat er und zwar
bis zu vollftändigfter Erfchöpfung zu lehren. Ein anderes Verhältniß findet in diefer Beziehung wieder im Hinblick auf den künftigen
praktifchen Mufiker ftatt. Diefen kümmert vorzugsweife fein In-
ftrument, jedes andere nur fo weit, als es mit diefem in Berührung

kommen kann. So darf sich bei ihm die Organologie auch lediglich auf dieses sein Instrument beschränken, und braucht die übrigen
Organe nur so weit zu berühren, als zur allgemeinen Orchester-
kenntniß und zur um so vollständigeren Kenntniß jenes einen Organs nothwendig ist. Was nämlich der besondere Zweck des Unterrichts jetzt der Lehre an Zahl der Gegenstände erläßt, das ersetzt
er wieder an Vollständigkeit und Allseitigkeit derselben in Beziehung
auf den einen Gegenstand. Der Componist ꝛc. mußte die Produktionsfähigkeit eines jeden Organs und was daraus folgt gleich sehr
genau kennen; die Behandlungsweise, der Bau und die Geschichte
der einzelnen Instrumente kümmerte ihn dagegen weniger. Umgekehrt bei dem ausschließlich praktischen Musiker. Dieser muß mit
der Behandlungsweise, dem Baue, der Geschichte seines Instruments
so vollkommen als nur immer möglich vertraut gemacht werden,
von allen übrigen Instrumenten und Organen braucht er in dieser
Beziehung nur so viel zu wissen, als das deutlichere Begreifen der
Stellung und Bedeutung seines Organs in der gesammten Orchester-
welt dadurch bedingt wird. Nehme ich z. B. an, ich unterrichte
einen künftigen Geiger, so genügt nicht, daß ich demselben lehre,
was sich Alles auf seinem Instrumente, der Geige, hervorbringen
läßt und welche tonische Bedeutung diese Erzeugnisse in ihrer Zusammenstellung mit den Erzeugnissen aller andern Instrumente und
Organe haben, sondern — während dies dem Componisten genügt,
der überall nur Ursache und Wirkung, das Was der Productivität
und den Effekt dieser zu kennen braucht — muß ich ihn auch noch
mit dem besondern Baue des Instruments und der Geschichte desselben und zwar so weit bekannt machen, daß er nicht blos die Namen und die Beschaffenheit aller einzelnen Theile, aus welchen es zusammengesetzt ist, weiß, sondern sogar ein allseitiges gründliches Urtheil
darüber besitzt. Ein schlechter Geiger, der nicht selbst über die akustischen Verhältnisse seines Instruments gründlich zu urtheilen versteht, der es nicht stimmen und den rechten Bezug dafür wählen,
dem Instrumentenmacher angeben kann, wo nachzuhelfen, zu ändern,
abzunehmen ist, damit das Instrument die ganze Klangschönheit
offenbart, deren es fähig ist; der nicht weiß, ob der Stimmstock an
der rechten Stelle steht, ob der Steg oder Sattel im Verhältniß zu der Beschaffenheit der übrigen Theile zu hoch oder zu niedrig,
zu dick oder zu dünn, der Bezug zu stark oder zu schwach, das Griff
zu wenig oder zu viel gerundet, zu kurz oder zu lang, der Hals zu
dick oder dünn, und was dergleichen mehr, das daher gehört, ist;

der nicht mindestens auch die berühmteren Meister in der Kunst des Geigenbau's aus allen Zeiten her kennt, und weiß, durch welche Vorzüge und Eigenschaften sich die Fabrikate derselben auszeichnen; der nicht auf den ersten Blick eine deutsche von einer italienischen Geige, eine Straduari von einer Amati, eine Albani von einer Wachsmuth zu unterscheiden vermag. Und was ich hier von einem Geiger insbesondere fordere, gilt nicht minder von jedem andern Musiker, dem Clarinettisten wie dem Oboisten, dem Fagottisten wie dem Flötisten, dem Hornisten wie dem Posaunisten 2c., selbst dem Sänger. Sogar selbst Hand anlegen muß der praktische Musiker können, etwaigen Mängeln an seinem Instrumente abzuhelfen. Der Clarinettist muß sich seine Blätter, der Fagottist und Oboist seine Rohre, der Flötist die Fütterungen seiner Klappen, der Hornist seine Dämpfer 2c. selbst fertigen können, denn die Beschaffenheit dieser wird nicht selten bedingt durch individuelle Einflüsse und diese beurtheilen kann nur der Spieler, nicht der Instrumentenmacher. Wo aber soll jener alles das lernen, wenn nicht gleich von vorn herein in seiner Schule? und wie lehrt ihm diese das Alles? indem sie ihren organologischen Theil recht behandelt. Ich habe den Clavierspieler nicht erwähnt und dieser gehört zu der zahlreichsten Classe unsrer Schüler. Bei ihm trifft dasselbe zu, was ich hinsichtlich des Geigers ausführte. Auch er muß außer der eigentlich tonischen Natur und Wesenheit desselben den Bau und die Geschichte seines Instruments aufs vollständigste kennen; von allen sonstigen Organen bedarf er nur eine allgemeine Uebersicht, so gewiß diese sich nicht blos auf die generelle Eintheilung, sondern auch auf die künstlerische Verwendung und Bedeutung derselben zu erstrecken hat. Und damit komme ich auf das organologische Bedürfniß des künftigen Dilettanten. Es wird den meisten andern Lehrern ergehen wie mir, daß die Mehrzahl ihrer Schüler dereinst dem Dilettantismus angehört. Es würde gefährlich sein, voraus zu entscheiden, ob dieser ein gebender oder blos empfangender sein wird. Ist er doch in der Regel Beides, oder wird er dies doch wenigstens eine geraume Zeit hindurch bleiben, bis dahin, wo die eigentliche Lebensbestimmung sich fester abschließt. Der gebende, mittheilende Dilettant aber gehört hinsichtlich der vorliegenden Frage mit dem praktischen Musiker in ein und dieselbe Cathegorie. So möchte ich auch nie rathen, dem Unterrichte in der Organologie, den wir überhaupt unsern Dilettanten ertheilen, einen andern Umfang zu geben, als jenem, den wir dem künftigen wirklichen praktischen Musiker ertheilen. Ich will angeben, was ich Alles in diesen Unterricht einschließe, und ich habe mich durch dreißig Jahre hindurch überzeugt, nicht blos daß das hinreicht für den eigentlichen und ganzen Zweck des Unterrichts, sondern auch daß das Alles durchaus nothwendig ist, wenn dieser Zweck wirklich erreicht werden soll. Zunächst lehre ich meinen Schülern überhaupt, was Instrumente sind, und wie vielerlei Arten Instrumente oder Organe wir haben. Dann gehe ich sofort zu ihrem besondern Instrumente oder Organe über, und lehre sie dasselbe auch nicht etwa blos im Allgemeinen, sondern nach und nach selbst bis ins einzelnste Detail kennen. Dabei bleibe ich vornehmlich bei denjenigen Theilen stehen, welche den unmittelbarsten Einfluß auf die Tonerscheinung haben, also beim Claviere z. B. bei den Saiten, der sogenannten Mechanik und dem Resonnanzboden, und zeige, wie von der Beschaffenheit dieser vorzugsweise die Art der Tonerscheinung, kurz die Beschaffenheit des Tones und Klanges abhängt, ohne zu vergessen, zugleich die Ursachen dieser Einwirkung anzugeben, und ohne zu vergessen, den Schüler mit den technischen Namen der einzelnen Gegenstände bekannt zu machen. Nun kennt der Schüler sein Instrument. Jetzt ziehe ich auch die verschiedenen Gattungsarten desselben in das Bereich des Unterrichts. Der Clavierspieler z. B. wird mit allen sonstigen Arten von Clavieren oder überhaupt Tasteninstrumenten, der Violinist mit allen sonstigen Arten von Geigen- oder überhaupt Bogeninstrumenten, der Sänger mit allen sonstigen Stimmgattungen bekannt gemacht 2c. Es versteht sich, daß dies geschieht, zugleich mit Angabe der unterscheidenden Merkmale, der Mängel und Vorzüge, der Tonproductivität, der tonischen Bedeutung und Verwendung 2c. der einzelnen Arten. Damit kennt der Schüler neben seinem besondern Instrumente zugleich die allgemeine Gattung desselben, und kann Nichts mehr aus dieser ihm vorkommen, was ihm völlig neu wäre, so hat das seinen guten Grund darin, weil die letztere Lehre zugleich Gelegenheit gab, Erklärungen auch aus der allgemeinen Instrumentenlehre oder sogenannten praktischen Akustik einfließen zu lassen, indem anders nicht möglich war, den Schülern begreiflich zu machen z. B. wie es zugeht, daß die Orgel einen andern Ton hat als das Pianoforte, obschon beide Tasteninstrumente sind, die Aeoline wieder einen andern Ton 2c. Hiernach kommt die Zeit zur Geschichte des Instruments. Allerdings dehne ich dieselbe nicht zu weit aus, indeß müssen die Schüler wenigstens die Hauptentwickelungsmomente desselben und diejenigen Personen kennen lernen, welche die vorzüglichsten Erfindungen in seinem Be-

reiche machten. Der Clavierspieler erfährt das Nöthige über Clavi=
chorb, den alten Kielflügel, Pantalon bis herauf zu dem jetzt allge=
mein gebräuchlichen Pianoforte. Hier ist der Gegenstand auch der
reichhaltigste, weniger reichhaltig schon bei den Blaseinstrumenten,
und am bäldesten abgethan bei den Geigen. Bei den Sängern
wird dieser Unterricht zur Erklärung über die historisch verschiedene
Benutzung der einzelnen Stimmen. Das vollbracht, lehre ich end=
lich wieder zu dem allgemeinen Instrumentenchor zurück. Daß es
außer ihrer besondern Instrumentengattung auch noch andere Arten
von Instrumenten giebt, wissen meine Schüler bereits. So gehe ich
nunmehr zu der Beschreibung derselben über. Doch gebe ich. diese
blos im Allgemeinen, indem ich Schülern nur den tonischen Cha=
rakter der verschiedenen einzelnen andern Instrumente erkläre, ihren
Umfang, nebenbei ihren Tonerzeugungsprozeß und die Stellung,
welche sie im gesammten Orchester einnehmen. Dabei kommen
natürlich mancherlei Dinge vor, die zur allgemeinen Orientirung in
der Instrumentenwelt nothwendig sind, doch werde ich nur da wie=
der ausführlicher und detaillirter, wo es auf den Zusammenhang
ankommt, in welchen diese Instrumente oder Organe mit dem be=
sondern des Schülers treten können. So kann der Clavierspieler
oft in den Fall kommen, mit Violine, Violoncell, Flöte, auch wohl
Horn zusammen spielen zu müssen; den tonischen und ästhetischen
Charakter, so wie die allgemeine Beschaffenheit dieser Instrumente
muß er also stets genauer kennen lernen, als etwa den der Trompete,
der Pauke, des Contrabasses, des Fagotts ꝛc., mit denen er nie oder doch
nur höchst selten in Berührung kommen dürfte; der Sänger, außer
den übrigen Singstimmen, die. er so gut als seine eigene kennen
muß, aus denselben Gründen mehr mit dem Charakter und der Be=
schaffenheit des Claviers, der Harfe, der Guitarre, als mit der der
Orgel ꝛc. — Das der Umfang des daher gehörigen Unterrichts:
wie nun aber —

4. feine Methode? —

Ich möchte fast behaupten, daß sich dieselbe schon aus dem
Umfange wenigstens für jeden Sachverständigen von selbst ergiebt.
So bedingt die Wichtigkeit, welche demnach der Unterricht für den
künftigen Componisten, Lehrer und Theoretiker hat, und die beson=
dere Ausführlichkeit, in welcher er dieserartigen Schülern ertheilt
werden muß, gewissermaßen von selbst, daß er auf dem Lections=

ober Studienplane dieser eine ganz eigene Stelle einzunehmen hat. Unterrichte ich blos künftige praktische Musiker oder Dilettanten, so kann ich die Organologie als scheinbares, immerhin indeß sehr interessantes Nebenwerk in unmittelbarer Verbindung mit jeder übrigen Unterweisung belassen; unterrichte ich aber künftige Componisten, Lehrer und Theoretiker, wozu hier auch die Leiter von Orchestern, Capellmeister, Musikdirectoren, sogenannte Concertmeister zu zählen sind, so bin ich gezwungen, sie davon zu trennen, ihr eine eigene Zeit zu widmen, und sie als einen ganz besondern Gegenstand meines Bildungswerks zu betrachten. Das hat zugleich ein verschiedenes Verfahren bei dem Unterrichte je nach der Bestimmung meines Zöglings zur Folge. Anders meine Methode beim Unterrichte des künftigen Componisten 2c. in der Organologie, anders wieder dieselbe beim Unterrichte des künftigen praktischen Musikers und Dilettanten in gleichem Gegenstande. Bleibe ich zunächst bei der ersteren stehen. Ich habe bereits gesagt, daß die Organologie hier eine völlig eigenthümliche, für sich bestehende, in sich abgeschlossene Aufgabe des Unterrichts ausmacht, die wohl in engster Verbindung mit andern Aufgaben desselben stehen kann, doch sich nur losgetrennt von diesen vollständig lösen läßt. Ich wüßte nicht, wie anders diese Lösung möglich. Auch scheint hinsichtlich dieser Frage kein Zwiespalt unter den erfahrensten und tüchtigsten unsrer Lehrer in der Compositionskunst zu herrschen. Wenigstens handeln sie alle, so weit mir bekannt, die Kunst der Instrumentation oder Instrumentirung als einen besondern, selbstständigen Gegenstand ab, und indem sie das thun, können sie auch nicht anders, als die eigentliche Organologie als solchen zu behandeln, denn nur diese ist, auf welche jene sich unmittelbar stützt. Was ich hier unter Organologie verstehe, ist die eigentliche Vorschule zu der Kunst der Instrumentirung insbesondere. Diese kann nie ohne jene sein, so wie jene stets diese zur Folge haben muß. Derjenige Compositions-Schüler, der jene vollständig und gründlich durchgemacht, — was braucht er noch, um sofort auch in dieser fertig zu werden? Wenig mehr als ein bischen Uebung und Erfahrung. Kein verständiger Lehrer wird bei Schülern dieser Art den Unterricht in der Organologie früher anfangen, als bis dieselben hinlängliche Kenntnisse und Gewandtheiten in allen übrigen Dingen ihrer Kunst schon erworben haben. Ein früheres Beginnen hieße ihnen Materialmassen in die Werkstätte werfen, die nicht anders denn nur sie hindern könnten in der Aneignung des eben nothwendigen. Die Schüler bedürfen der da-

her gehörigen Kenntniſſe nicht früher. Was ſie allenfalls davon
bedürfen, bringen ſie ſchon aus der allgemeinen und namentlich
praktiſchen Muſikſchule mit, und einen Schüler mit mehr belaſten,
als er eben zu weiterem Fortkommen bedarf, iſt immer falſch, unme-
thodiſch, unelementariſch. Wer läßt, noch ehe die Wände des neuen
Hauſes ausgemauert worden ſind, ſchon den Tapezirer kommen? —
der Vergleich paßt. Noch ehe unſere Schüler dahin gelangt ſind,
für einzelne beſtimmte Organe zu arbeiten, iſt die Organologie ihnen
noch unnütz. Allerdings werden ſie ihre Studien in allen übrigen
Dingen an Beiſpielen machen, deren Ausführung gewiſſe Organe
erfordern. Keine Muſik ohne organiſche Erzeugung. Aber das
Organ an und für ſich bleibt hier doch nur Nebenſache, und ſo
weit und ſo viel es in Berückſichtigung gezogen werden muß, bringt
der Schüler Kenntniſſe aus der vorausgegangenen allgemeinen Muſikſchule mit, indem dieſe, wie wir nachgehends erfahren werden, nie
ohne alle Organologie ſein kann. Hier iſt dagegen von den umfaſ-
ſenderen höheren organologiſchen Kenntniſſen die Rede. Ja ſelbſt jene
Berückſichtigung wird nur höchſt ſelten zur Nothwendigkeit werden.
Die Kunſt des Satzes, der Bau der Dichtungsformen, Alles kann
ſtudirt werden, unbekümmert um Orgel oder Clavier, unbekümmert
um die eigenthümliche Natur der Organe, für welche die geſchaffe-
nen oder zum Beleg herbeigezogenen Beiſpiele beſtimmt ſind. Selbſt
die erſten Anfänge in der eigenen Erfindung geſchehen meiſt nur
für Clavier oder Geſang und dieſe kennt der Schüler ſchon aus
bezeichneter Zeit her. Daſſelbe iſt der Fall, faſſen wir den ausſchließlich künftigen Theoretiker oder Lehrer ins Auge. Erſt Muſik,
dann ihr Organ! — Man verſteht mich, hoffe ich, recht. Keine
Muſik ohne organiſche Erzeugung, gleichwohl hat der Unterricht hier
zunächſt den Zweck und dann erſt das Mittel zu demſelben als beſondern Gegenſtand ins Auge zu faſſen. Nicht umgekehrt, ſo viel
auch der entgegengeſetzte Weg auf den erſten Blick für ſich zu haben ſcheint. Das Umgekehrte würde ſo viel ſein, als den Braten
vor der Suppe auf den Tiſch ſtellen: er wird kalt, bis die Reihe
an ihn kommt. Macht es doch auch jede andere Kunſtſchule nicht
anders. Zuvor lehrt der Maler malen, Bilder machen, ehe er ſich
zu der Lehre von der Beleuchtung wendet, welche unter Umſtänden
jedes Bild erfordert, um zur ganzen Wirkung zu gelangen. Oder
noch beſſer: zuvor lehrt der Maler zeichnen, ehe er ſich zur Colo-
rirungskunſt wendet. Das Gleichniß wird beſſer paſſen. Unſere
Organologie iſt nichts Anderes als die Lehre vom Colorit in der

Malerkunst. Nicht früher, jedoch auch nicht später. Und wenn die Zeit gekommen, so werden wir wohl am besten thun, wenn wir auch verfahren wie die Maler bei der erwähnten Lehre. Zunächst lehren sie ihre Schüler die verschiedenen Farben überhaupt, deren Gewinnungsproceß rc. kennen, und fangen dabei mit den drei, vier Grundfarben an, aus deren Mischung alle übrigen entstehen. Lehren wir sonach unsern Schülern auch zunächst nur die verschiedenen Arten von Organen kennen, welche die Musik zur Gestaltung ihrer Gebilde besitzt, und legen zu dem Ende allen sonstigen Unterrichts- apparat bei Seite. Wir werden das am zweckmäßigsten in der Form von Vorträgen vermögen. Es dürfen sich diese aber nicht etwa blos auf die äußere formale Verschiedenheit der Gattungen beschränken, sondern sie müssen sich zugleich und sofort auch über die damit als nothwendige Folge in engster Verbindung stehende Verschiedenheit des Tonfarbenspiels derselben erstrecken. Die An- haltspunkte für diese Eintheilung entnehmen wir aus der allgemei- nen Instrumentenlehre oder praktischen Akustik. Kennen demnach die Schüler die einzelnen allgemeinen Instrumentengattungen für sich nach Form und Charakter, so gehen wir zu der Lehre von den verschiedenen Arten der Mischung derselben über. Jede jener Gat- tungen zeichnet sich durch einen eigenthümlichen Ton- oder vielmehr Klangcharakter aus. Das ist die Grundfarbe. Durch die Mischung der verschiedenen Charaktere entstehen neue Farben. Es ist nicht einerlei, ob Rohrinstrumente mit Blech- oder Bogeninstrumenten, oder mit Schlaginstrumenten zusammentreten. Jede andere Mischung hat auch einen andern Klangeffekt. Rohrwerke für sich wirken so, die Geigenwerke so, die Metallwerke so, die Schlagwerke wieder anders. Das müssen die Schüler zunächst wissen, nachdem sie die einzelnen Werke an sich näher kennen gelernt haben. Man beginnt diesen Unterricht ganz richtig mit den Geigenwerken, dem sogenannten Quartett, als von der Basis des gesammten Orchesters aus. Dann aber wirken Geigenwerke mit Rohrwerken zusammen oder welche andere Mischungen wieder anders. Auch diese Lehre wird daher einen eigenen Abschnitt des Unterrichts ausmachen, um so mehr als hier das eigentliche, das Haupt-Moment, auf welchem die ge- sammte Kunst der Instrumentirung beruht. Auf die rechte Wahl und Zusammenstellung der verschiedenen Instrumentengattungen kommt bei dieser Alles an, und kann solche nur die Folge einer genauen Kenntniß der verschiedenen Lichteffekte (um mich so auszudrücken) derselben sein, so dürfen auch wir Lehrer nicht versäumen, unsern

hier ins Auge gefaßten Schülern diese Kenntniß in der möglich
weiteften Ausdehnung mitzutheilen. Wie der Maler seine ganze
Kraft darauf richtet, seine Schüler fertig zu machen in der Voraus-
berechnung der Lichteffekte, der verschiedenen Farbenmischungen und
Farbennebeneinanderstellungen, so auch wir. Die ganze Zukunft, der
Erfolg unsers gesammten dahergehörigen Unterrichts hängt davon
ab. Deshalb reichen denn auch bloße Deduktionen, bloße theoretische, mündliche Schilderungen, und wären sie noch so klar, noch
so durchsichtig und begreiflich, hier nie aus; vielmehr sofort auch
hier von der Sache zum Zeichen, von der Vorstellung zur Anschauung! Keine Gelegenheit dürfen wir unbenützt vorübergehen laßen,
bei welcher unsere Schüler sich von der Wahrheit der vorgetragenen
Lehre durch eigene Anschauung zu überzeugen vermögen. Diese
allein kann jene ergänzen, vervollständigen, verdeutlichen, und sie
wird dies um so mehr, je unmittelbarer sie unter Leitung des Lehrers statt hat. Erfahrung — werde ich nachgehends noch ausführlicher darzuthun haben — ist die beste Schule für die Kunst des
Instrumentirens, und die Regel gilt gleich hier. Doch darf jene
eigene Anschauung noch nicht etwa im bloßen Lesen in Partituren
bestehen, sondern muß sie das Anhören mehrstimmiger Werke sein.
Hier nämlich kommt es lediglich noch auf bloße Beurtheilung der
verschiedenen Instrumentaleffekte, der verschiedenen Tonfarbenlichter
der einzelnen Instrumentengattungen an, und eine solche Beurtheilung kann nicht vom Auge, sondern blos vom Ohre ausgehen,
außer die Schüler hätten bereits eine solche Fertigkeit im Notenlesen
erlangt, daß sie zugleich hören, was sie lesen, daß bei ihnen bereits
das lauschende Ohr dem Auge zu Hülfe kommt, wie die tastende
Hand zu thun pflegt bei jedem Schauwerke, was aber kaum je anzunehmen. Ebenso muß die Anschauung nur an den wirklichen
Organen, nicht etwa an diesen substituirten vorgenommen werden.
Den tonischen Ausbau eines Werks vermag ich wohl aus einem
Clavierauszuge wahrzunehmen, nicht aber seinen organischen. Die
Zeichnung vergegenwärtigt mir diesen sammt allen ihren Formen,
aber nicht das lebendige Colorit. Er ist Nichts als die lithogra-
phische Copie von einem Gemälde. Die Farben dieses in ihren
Ursachen und Wirkungen laßen sich nicht daran studiren, und die
musikalische Farbenlehre nur ist die gegenwärtige Lehre. Von dem
Allgemeinen danu schreite ich zu dem Einzelnen fort. Die Grundfarben sammt denen, die aus ihren verschiedenen möglichen Mischungen entstehen, kennt der Schüler: nun zu den einzelnen sogenann-

ten Farbentönen. Ich wende mich zu den einzelnen Arten der allgemeinen Gattungen, nehme von den Bogeninstrumenten zunächst die Violine, dann die Viola, hiernach das Violoncell, endlich den Contrabaß; von den Holzblaseinstrumenten zunächst die Flöte, dann die Oboe, hiernach die Clarinette und das Baßethorn, darauf den Fagott, endlich den Serpent; von den Blaseinstrumenten das Horn, die Trompete, die Posaune, die Ophicleide; von den Schlaginstrumenten die Trommel, Pauke, den Triangel, die Becken ec.; zeige, in wie vielerlei Arten oder Größen alle diese Instrumente im Orchester verwendet werden; lehre ihre Stimmung, ihren Umfang, ihre gesammte Produktionsfähigkeit; zeige, in welchem Tonbereiche diese am wirksamsten ist, was daher jedem einzelnen Instrumente zugemuthet werden darf und was nicht; lehre daraus folgernd die Schreib- oder Satzweise für jedes einzelne Instrument, und sofort schließe ich daran nun auch die nöthigen Betrachtungen über die Ausdrucksfähigkeit sowohl jedes einzelnen für sich, als auch desselben in seiner Verbindung mit irgend welchem andern Instrumente. Der Unterricht wird speciell organologisch und ästhetisch zugleich; aber er bleibt auch nicht etwa blos theoretisch, sondern wird wie oben sofort zugleich praktisch, und es beschränkt sich die Anschauung jetzt auch nicht etwa mehr blos auf die durch das Gehör, sondern ich nehme nicht minder die durch das Auge zu Hülfe. Jetzt müssen die Schüler auch Partituren lesen, um das Gelernte in der Erfahrung bestätigt zu finden. Ich fange mit einfacheren, übersichtlicheren an, und schreite von da zu stets combinirteren fort. Natürlich wähle ich nur Partituren von solchen Tonsetzern hiezu, die anerkannte Meister in der Instrumentirung waren oder noch sind. Die eigenen Versuche, welche die Schüler früher in der musikalischen Erfindung oder Composition machten, werden wieder hervorgeholt und jetzt in eine Orchestersprache übersetzt. Der bisherige Zeichner legt seinen Stift bei Seite und greift zum Pinsel, um dem bereits geschaffenen Bilde auch durch Farben jetzt Leben und Bewegung zu verleihen. Ist es möglich, so muß er selbst wahrnehmen, was er geschaffen, das zu Grelle oder zu Matte selbst beurtheilen. Das Selbstempfinden schützt am meisten vor zu starkem oder zu schwachem Auftragen, so wie vor fehlerhafter Vertheilung der Tinten. Das erfordert Zeit, aber Nichts in unsrer Kunst bedarf auch so sehr der Erfahrung, der eigenen Erfahrung und Uebung als die Instrumentirungskunst. Jenes Partiturenlesen giebt Gelegenheit, den Schüler nebenbei auch mit der verschiedenen Einrichtung der

Partituren vertraut zu machen. Es giebt dafür keine grammatische Regel, sondern nur eine Gewohnheitsnorm. Man wird finden, daß der äußere Bau der einzelnen Instrumente kaum zum Gegenstande des Unterrichts wird, dagegen mehr der tonische und ästhetische Charakter derselben. Indessen kann ich jenen nicht ganz unberücksichtigt lassen, namentlich wo ich von der aus diesem Charakter hergeleiteten verschiedenen Schreib- oder Satzweise für die einzelnen Instrumente und von den Gränzen ihrer Ausdrucksfähigkeit handle. Vielfach nämlich werden diese bedingt gerade durch die äußere Einrichtung des Instruments und indem ich Nichts lehren darf, ohne zugleich den Grund davon anzugeben, so verfehle ich auch hier nicht, das Nöthige in dieser Beziehung zu bemerken, so gewiß die Organologie für den bis daher im Auge gehabten Schüler eine ungleich höhere, künstlerischere Richtung zu nehmen hat, als die, von welcher gleich nachgehends die Rede sein wird. Nicht oft genug übrigens kann ich dabei wiederholen: Beispiele, Muster! Von der Sache stets sofort zum Zeichen! von der Vorstellung zur wirklichen Anschauung! — Diese Erfahrungen machen hier, wenn nicht Alles, doch das Meiste, und ich gestehe: das Wesentlichste. Alle Methode hier muß empirisch werden; anders wird sie nie etwas Rechtes fruchten. Dadurch auch wird sie von selbst sicher gestellt, daß sie die ihr gebührenden Gränzen nicht überschreitet. Das geschieht leicht nach der historischen Seite hin, und doch geht diese weniger die Organologie für sich, als die Compositionslehre überhaupt an. Ist der Schüler endlich Herr über das gewöhnliche Orchester, so wende ich mich schließlich auch noch zu den außerorchestrischen, d. h. zu denjenigen Organen, denen bis heute noch keine bleibende Stelle in unsern Orchestern angewiesen worden ist, wie der Orgel ꝛc. Ich knüpfe zu dem Ende abermals an den Lehrsatz an, den die praktische Akustik für die Instrumentenbildung überhaupt aufstellt, nämlich den Lehrsatz, daß jeder Ton das Erzeugniß bestimmt gemessener Schwingungen, diese Schwingungen aber auf die verschiedenste Weise, durch Reiben, Schlagen, Stoßen ꝛc. bewirkt werden können, und die Beschaffenheit des schwingenden oder die Schwingungen erregenden Körpers nun Einfluß auf die Beschaffenheit des Tonklanges hat. Da ergiebt sich dann von selbst die Kenntnißnahme von jenem großen Heere außerorchestrischer Instrumente, das namentlich von der neueren Zeit so sehr in Bewegung gesetzt worden ist, von den verschiedenen Orgel-, Lauten-, Clavier- und welchen andern Instrumenten. Es ist mir dieser Theil der Lehre immer nur

gewiſſermaßen ein Anhang zu der Hauptlehre geweſen, und ich habe
mich dabei gut geſtanden. Dort mußte ich ſtets praktiſch ſein, hier
kann ich dagegen ausſchließlich theoretiſch verfahren, und ſo kehre
ich jetzt auch wieder zu dem Punkte zurück, von dem ich Anfangs
der ganzen Lehre ausging. Es kommt Einheit in das ganze Werk.
Aus der Naturlehre unſrer Organe ward eine Naturgeſchichte derſelben; dieſe vollbracht, ſchaue ich noch einmal auf den Zuſammenhang beider zurück, und indem ich das thue, werde ich zugleich veranlaßt, dieſe wieder in jene überzutragen und ſo nicht blos aus
der Wirklichkeit die Lehre von den akuſtiſchen Naturgeſetzen zu ver-
vollſtändigen, ſondern durch dieſe vollſtändigere Lehre auch die Kenntniß der Wirklichkeit zu erweitern. Ich will deutlicher ſein. Indem
ich nun, um die Schüler auch die übrigen, außerorcheſtriſchen Inſtrumente kennen zu lehren, wieder zu der allgemeinen Inſtrumenten-
lehre zurückkehre, geben mir die akuſtiſchen Grundſätze, auf welchen
ſich dieſelbe aufbaut, zugleich Gelegenheit, auch die äußere Beſchaffenheit aller einzelnen Inſtrumente, ſo weit dieſelbe nämlich von jenen
Grundſätzen bedingt wird, noch das Nähere zu betrachten und ſo
gewiſſermaßen jetzt am Schluſſe nachzuholen, was der beſchriebene
Unterricht vielleicht zu verſäumen ſchien. Meine Anſtalt ward noch
nicht von gar vielen Schülern beſucht, deren künftige Beſtimmung
oder ausdrückliches Verlangen einen ſolch' höher und weitergreifen-
den Unterricht in der Organologie nöthig gemacht hätte; doch bei
den Wenigen, denen ich dieſen zu ertheilen hatte, habe ich meine
Methode vollkommen bewährt gefunden. In der Einleitung erwähnte ich einen meiner ehemaligen Schüler; er gehörte unter andern zu dieſen wenigen, nicht weil er dereinſt Tonſetzer oder
was dergleichen werden wollte oder ſollte, ſondern weil ſich
in ihm nach und nach ein ſolch' hohes, lebhaftes Intereſſe
an der Kunſt überhaupt entwickelte, daß ich Vergnügen fand,
ihm dieſelbe von allen Seiten zu erſchließen und ſo ihn auch in
der Organologie in angegebenem Maße unterwies. Er lebt jetzt
in meiner Nähe; er componirt nicht für die Oeffentlichkeit, aber wenn
er ſelbſt über die meiſterhafte Inſtrumentation des Händelſchen „Ju-
das Maccabäus" von Lindpaintner Urtheile fällte, die dieſen über-
raſchen machten, und wenn er, als ich mit ihm die mechaniſchen Inſtrumente des Akuſtikers Kaufmann aus Dresden beſuchte, die Geheimniſſe von deſſen Harmonichord und Trompetenwerke bald errieth,
ſo daß dieſer Mann nicht mehr anſtehen konnte, uns als Nichtlaien
Alles zu offenbaren, was er in ſeinen Schränken und Käſtchen ver-

borgen hatte, so, meine ich, ist das Beweis genug, daß er voll=
kommen zu Hause ist in der Welt der Instrumente und zwar zu
Hause hier, wie vielleicht Viele sich nicht rühmen dürfen, die von
Monat zu Monat neue „Werke" von sich in die Welt schicken.
Wozu ich indeß vor Allem ermahnen möchte, ist, die Schüler mit
den Eigenthümlichkeiten der verschiedenen Singstimmen vertraut zu
machen. Sind sie der Boden, aus welchem die gesammten poly=
phonischen Formen unsrer Kunst erwuchsen, so sind sie auch der Boden,
auf welchem das ganze übrige Orchester sich nur als mannigfache
Nachgestaltung bewegt. Sie bilden den besten Anhaltspunkt für
alle sonstigen Erklärungen, und wer in ihrer so zu sagen instru=
mentalischen Handhabung fest ist, dem kann und muß es ein Leich=
tes sein, auch in solcher Handhabung aller übrigen Organe fest zu
werden. Der Lehrer darf zu dem Ende sein Augenmerk vorzugs=
weise nur auf die Productions=, auf die Tonfähigkeit und auf den
psychischen Charakter der einzelnen Instrumente richten. Ja dieser,
der tonische und psychische Charakter der Organe, muß die Krone
des ganzen daher gehörigen Unterrichts bilden. Ohne seine genaueste
Kenntniß hilft alle übrige Kenntniß nichts. Ob ich weiß z. B.,
aus welchen Theilen eine Clarinette besteht, wie diese Theile be=
schaffen sind und sein müssen, wie groß und weit die Bohrung,
wie groß und weit die Tonlöcher, wie der Schnabel sammt seinem
Blatt, daß es B=, C=, Es=Clarinetten giebt, wie sie stimmen, welche
besondere Schreibweise sie bei ihrer Vereinigung mit andern In=
strumenten erfordern, welche Töne und Tonfolgen ihnen eigenthüm=
lich und welche nicht, — ob ich das Alles und was mehr noch
auch gar gründlich und vollständig weiß, ich werde nichtsdestoweniger
weder als Componist die Clarinette recht, d. h. wahrhaft wirkungs=
voll gebrauchen, noch als Lehrer sie meinem Schüler recht verstehen
lehren, noch als Theoretiker sie recht beurtheilen können, wenn ich
nicht auch eben so vollständig unterrichtet bin von ihrem eigentlichen
tonischen und psychischen Charakter, wenn ich nicht zugleich genau
weiß, welche Lichter von ihr in dem orchestrischen Tongebilde aus=
gehen und auszugehen vermögen, welche Stelle sie einnimmt auf
der Palette, von der unser Pinsel die Farben nimmt, mit denen er
malt, kurz in welchen Beziehungen sie als musikalisches Organ zu
der Psyche steht, die nur in Tönen sich aushaucht. Wehe der Com=
position, von der man sagen kann, was die Maler von Gemälden
verfehlten Colorits zu sagen pflegen: sie schmeckt nach der Palette.
Eines Jeden, dem der Unterricht in der Organologie ertheilt wor=

ben ift, wie ich hier will, eines jeden Solchen Werk, Darstellung, Urtheil kann nicht — wage ich zu behaupten — nach der Palette schmecken. — Bei Schülern, die künftig blos praktische Musiker oder Dilettanten sein werden, gebietet der Zweck des Unterrichts ein gerade umgekehrtes Verfahren. Dort fing ich beim Allgemeinen an und gelangte von da aus nach und nach zu jeder Einzelnheit, hier habe ich umgekehrt bei dem Einzelnen zu beginnen und von da zu dem Allgemeinen fortzuschreiten. Das widerspricht weder der Planmäßigkeit noch der elementarischen Entwickelung. Dort war das Instrument, das einzelne Organ der einige Begriff, hier ist dieser das Orchester. Der praktische Musiker und Dilettant, haben wir erfahren, braucht nicht alle Organe in gleicher Ausdehnung und Gründlichkeit zu kennen, wie der Componist, Lehrer, Theoretiker; ihm genügt für die Specialität sein Organ, sein Instrument. So aber bildet dies auch den Ausgang seines organologischen Unterrichts, und das Orchester dessen Ende, während umgekehrt, aus gleicher Grundfolge, bei diesem, dem künftigen Componisten 2c., solcher Unterricht vom Orchester auszugehen und in dem einzelnen Organe zu enden hatte. Eben deshalb, weil somit der Unterricht jetzt eine ganz andere Richtung und einen ganz andern Umfang hat, warte ich auch sofort mit seinem Beginn einmal, bis der Schüler in irgend welcher andern Fertigkeit oder Kenntniß weiter vorangeschritten ist, sondern verbinde diesen unmittelbar mit dem Anfang des ganzen Unterrichts. Andern Orts bereits habe ich ausgeführt, welch' vortreffliches Mittel Unterhaltungen über Beschaffenheit und Werth des Instruments, das die Schüler eben spielen lernen wollen, abgeben können, die Lust zum Lernen, das Interesse am Unterrichte überhaupt bei diesen rege zu machen; doch ist es das nicht allein, was mich bewegt, einen so frühen Anfang mit der Organologie hier ausdrücklich zu empfehlen, sondern mehr die erste aller didaktischen Regeln, wornach die Schüler wissen müssen, was sie treiben, vor allen Dingen das Material kennen müssen, mit und aus dem sie schaffen. Lag doch in derselben Regel auch der Grund, warum ich bei dem künftigen Componisten den Unterricht in seiner Organologie so weit hinaus verlegen durfte. Dieser schafft zunächst in und aus anderm Material als die Organe für sich abgeben, der künftige praktische Musiker und Dilettant dagegen zunächst mit diesem. Das Kind, das Clavier spielen lernen soll, muß vor allen Dingen wissen, wie die Hand auf die Tasten legen, die Finger darauf setzen, damit Töne zum Vorschein kommen. Es wird das immer um so beſſer begreifen, wenn es zugleich den ganzen Tonerzeugungsprozeß des Inſtruments erfährt. Wie anders aber vermögen wir ihm dieſen zu lehren, als dadurch, daß wir es die Theile des Inſtruments kennen lehren, durch deren Bewegung die Töne bewirkt werden? und indem wir dies thun, fangen wir auch den organologiſchen Unterricht an. Daſſelbe iſt der Fall bei dem Flötiſten, bei dem Geiger, bei dem Clarinettiſten ꝛc. Sie müſſen wiſſen, wie das Inſtrument anfaſſen, wie die vornehmſten tonerzeugenden Theile deſſelben in Bewegung ſetzen, damit wirklich Töne erſcheinen, und richtig und gründlich können wir ihnen das Alles nur lehren und zeigen, wenn wir zugleich Erklärungen über den Zuſammenhang zufügen, in welchem die Art der Tonerſcheinung mit der Beſchaffenheit jener Theile ſowohl an und für ſich als mit der ihrer Bewegung insbeſondere ſteht. Damit aber wird der Unterricht vollkommen organologiſch. Daß ſich jene Erklärungen vorerſt noch blos auf das Nothwendigſte und Anſchaulichſte zu beſchränken haben, verſteht ſich von ſelbſt; aber ganz fehlen dürfen ſie nie, ſonſt gleicht der Schüler einem Sehenden, der im Dunkeln Farben kennen lernen ſoll. Ich will Alles an einem Beiſpiele zeigen und wähle dazu den Clavierunterricht, da dieſer immer doch der häufigſte iſt, den wir zu ertheilen haben. Der Unterricht hat begonnen: ſofort ſage und zeige ich dem Schüler diejenigen Theile des Inſtruments, von denen unmittelbar die Tonerſcheinung ausgeht, alſo Saiten, Hämmer, Taſten. Ich kann nicht unterlaſſen, ihn dabei zugleich mit dem Zuſammenhange bekannt zu machen, in welchem die Dinge mit einander ſtehen: indem ich die Taſte niederbrücke, greift hinten auf derſelben ein Heber oder Stößer unter den Hammer, der in Folge deſſen an die Saiten ſchlägt, und indem dieſe dadurch in eine zitternde Bewegung verſetzt werden, entſteht der Ton, denn — wohlgemerkt — jeder Ton oder Klang iſt Folge von der Schwingung eines Körpers, der überhaupt Klänge zu erzeugen im Stande iſt. Ohne ſolche Bewegung giebt kein, auch der klangfähigſte Körper einen Ton von ſich. Darnach dann begreift das Kind auch leicht, warum, wenn ich die Taſte leiſe niederbrücke, auch der Ton nur ſchwach zum Vorſchein kommt, und warum, wenn ich Jenes ſtärker thue, auch dieſer immer ſtärker wird. Wie die Urſache, ſo die Wirkung. Ich meine damit vorerſt genug von den daher gehörenden Dingen geſagt zu haben; indeß das Kind ſelbſt fordert noch mehr. Während es die Schwingungen der Saiten beobachtet, die es durch ſein Anſchlagen der Taſten bewirkt, um ſich das Gelernte zu veranſchaulichen, fällt ihm auf, daß die einen Saiten

länger als die andern sind. So muß ich ihm auch noch sagen,
daß durch die Weite und den größeren Umfang der Schwingungen
die Höhe der Töne bestimmt wird: die längeren und dickeren Saiten geben die tieferen Töne, je kürzer und dünner dieselben werden,
desto höher auch ihr Ton. Ja, ich muß ihm noch mehr sagen.
Es fällt ihm nämlich zugleich auch auf, daß, wenn es die Taste sich
wieder heben läßt, sofort der Ton aufhört. Ich komme zur Erklärung der Dämpfung, und dabei erfährt das Kind, daß die Dauer
der Töne von der Dauer der Schwingungen des tonerzeugenden
Körpers abhängt. Nunmehr übrigens weiß der Schüler für den
Anfang genug. Es reicht dies hin für sein Schaffen, daß er weiß,
wie das entsteht, was er schafft. Höchstens, daß noch Einiges über
die Chöre des Bezugs folgte. Das Beispiel auf Blasinstrumente
übertragen kennt der Schüler damit die Ursachen und Wirkungen
der Tonlöcher, des heftigeren oder weniger heftigen Luftstoßes, des
stärkeren oder minderen Zusammendrückens der Lippen ꝛc.; auf Geigeninstrumente übertragen die Ursachen und Wirkungen des verschiedenen Bogenstrichs, des Niederdrückens der Saiten auf dem Griff-
brette ꝛc. Er schafft in dem, was er schafft, wenn gleich es noch
sehr wenig ist, doch schon als so zu sagen Sachverständiger. Das
fühlt er selbst, und indem er es fühlt, freut es ihn. Aber es erleichtert dies auch allen sonstigen Unterricht, indem der Schüler
Alles besser begreift. Er macht nicht blos nach, was ihm vorgemacht
wird, sondern indem er wenigstens die hauptsächlichsten Ursachen
von den vornehmsten Tonerscheinungen kennt, denkt er auch bei
Allem, und daß die Schüler denken bei dem, was sie thun, das
immer unser erstes Augenmerk. Natürlich hat der Schüler mit
den Dingen selbst auch die technischen Namen derselben erfahren.
Wann ich weiter gehen darf in dem Unterrichte, bestimmen seine
übrigen Fortschritte und namentlich in der technischen oder sogenannten mechanischen Fertigkeit. An diese hat sich von Anfang an der
Unterricht in der Organologie angeknüpft und mit ihr auch hält er
fortan gleichen Schritt, indem er von den geeigneten neuen Erscheinungen in ihr Anlaß zu seiner weitern Ausdehnung nimmt. Da
ist das Instrument verstimmt z. B. oder muß wegen des Zusammen-
spielens mit andern Instrumenten anders gestimmt werden: sofort
nehme ich von daher Veranlassung, alle Dinge an dem Instrumente
zu erklären, welche auf die Stimmung desselben Bezug haben; bei
Saiteninstrumenten auch, warum die höher zu stimmenden Saiten
nicht blos kürzer und dünner, sondern auch straffer angespannt sein

müßen; bei Rohrinstrumenten, woher es kommt, daß durch das weitere Ausziehen ihrer einzelnen Theile, namentlich der Mittelstücke, der Ton allgemein vertieft wird; an der Flöte die Pfropfschraube und deren Einfluß auf Ton und Stimmung 2c. 2c. Da bleibt eine Taste stecken oder spricht überhaupt, einerlei auf welchem Instrumente, ein Ton nicht gut an: es giebt mir Gelegenheit, den Schüler sofort mit der sogenannten Mechanik näher bekannt zu machen, nach Ursache und Wirkung, dahin gehören bei Clavieren alle Theile und deren Construction und Zusammenhang, welche den Anschlag des Hammers bei Niederdruck der Taste vermitteln, bei Hoboen und Fagotten die Rohre und Klappen, bei Clarinette und Baßethorn die Blätter und Klappen, bei der Flöte das Mundloch und die Klappen, bei den Geigeninstrumenten der Bogenbezug, Steg 2c. 2c. Von der Beschaffenheit dieser Dinge hängt die wahrgenommene Erscheinung ab, und so erfährt der Schüler nicht allein, in welchem Zustande sich alle diese Dinge stets befinden müssen, sondern welche Erscheinungen alle im Klange 2c. hervorgerufen werden, je nachdem sie sich in einem andern Zustande befinden. Wieder ein anderesmal spielt oder singt der Schüler in einem andern Locale, in einer andern Umgebung, einer andern Luft, und sein Instrument, seine Stimme scheint ihm auch anders zu klingen. „Da spielt oder singt sich's gut (oder schlecht)", „da klingt es sehr gut (oder gar nicht)", — das so sind so ohngefähr die gewöhnlichen Redensarten, durch welche sich Wahrnehmungen der Art ankündigen: ich lasse sie nicht unbenützt vorübergehen, sondern knüpfe sofort Betrachtungen über die Einflüsse daran, denen der Ton von Seiten der ihn umgebenden Körper ausgesetzt ist und sein kann, es mögen ihn diese unmittelbar, wie die Luft, oder mittelbar, wie die Einrichtungen des Locals, in welchem er erscheint, berühren. In kalter, trockener Luft klingt jedes Organ stets mehr und besser als in warmer, feuchter. Viel dabei kommt auch darauf an, daß die Luft in dem Instrumente eben so beschaffen ist, als jene, welche es während des Spielens oder Singens umgiebt. Ein Sänger, welcher aus einem warmen Zimmer tritt, um sofort in einem kalten Etwas vorzutragen, oder umgekehrt, wird niemals für den Zuhörer jene Klangfülle entwickeln, deren andernfalls seine Stimme fähig ist. Dasselbe trifft bei Instrumenten zu. Warum stimmen die Blaseinstrumente und namentlich die Rohrinstrumente in den kalten Orchestern unsrer Theater erst nach und nach mit den Geigenwerken reiner zusammen? — die Antwort auf die Frage liegt in jenem Umstande. In einem größeren, geräumigeren

32

Locale, das nicht viel mit Teppichen, Vorhängen ꝛc. verziert ist, feste, glatte Wände hat und ziemlich hoch ist, klingt alle Musik stets besser als in einem anders eingerichteten. Je voller der Saal, desto weniger Ton. Das Alles erkläre ich jetzt dem Schüler, und ich erkläre es ihm nach Ursache und Wirkung. Eine wahre Diät seines Instruments entwickelt sich dadurch nach und nach. Er lernt, er weiß es zu pflegen. Wir bemerken, daß das Alles nicht Gegenstand des organologischen Unterrichts war, den wir dem künftigen Componisten ꝛc. zu ertheilen hatten. Aber es wird dieser auch den diesseitigen Unterricht genossen haben, da er immer erst eine praktische Schule durchmachen mußte, ehe er sich zu jenem Berufe bestimmen konute. Jetzt kommt dem Schüler ein Instrument vor, das dem äußern Ansehn nach eben so gebaut ist als das seine, gleichwohl aber einen — wie man sich gewöhnlich auszudrücken pflegt — einen ganz andern Ton hat. Es ist ihm das ein Räthsel. Er vergleicht die einzelnen Theile mit denen seines Instruments; sie scheinen ihm ebenso, — um so weniger vermag er sich jenes zu erklären. Ich komme ihm zu Hülfe. Nicht blos die bisher in Betracht gezogenen unmittelbar tonerzeugenden Theile des Instruments haben Einfluß auf die Beschaffenheit des Klanges desselben, sondern es influirt auf diese sein ganzer Bau, Alles, was an und in ihm ist, selbst die Beschaffenheit des Materials, aus welchem es gefertigt worden ist. Nicht blos von dem Bau und der Beschaffenheit seiner eigentlichen Stimmwerkzeuge hängt der Klang der Stimme eines Sängers ab, sondern von seiner gesammten geistigen und leiblichen Situation. Ich führe das aus, beweise es zugleich durch eigene Anschauung. Kann doch eben deshalb kein Instrumentenmacher vorher sagen, wie das Instrument, das er eben in Arbeit hat, in dieser Beziehung ausfallen· wird. Auf ein und dieselbe Weise, nach ein und derselben Mensur bis ins Einzelnste verfertigt, können zwei Instrumente einerlei Art ·aus ein und derselben Fabrik sehr verschieden im Klange sein. Es hat das in der Molecule des Materials seinen .Grund. Ueber diese vermag auch der erfahrenste Meister nur im Allgemeinen, niemals im Einzelnen zu urtheilen. Zwei Resonanzböden aus Brettern, ·von ein und demselben Baume gebaut, können sehr verschieden hinsichtlich der Molecule sein. Wer weiß das vorher? Der Resonanzboden ·aber, der mehr und festere Molecule besitzt, wird immer einen stärkern Ton erzeugen als jeder andere. Rohrinstrumente mit nur ein wenig stärkeren Wänden geben immer einen dickeren, düstereren, wolligeren Ton als jene mit nur ein wenig dünneren Wänden, und um so mehr, je weniger Molecule dieselben zugleich besitzen. Sie sprechen auch stets schwerer an als diese. Man sollte glauben, je größer, umfangreicher der ganze Instrumenten= körper, desto größer, voller, umfangreicher auch der Klang seiner Töne; gleichwohl kann das gerade Gegentheil der Fall sein. Wa= rum hat die kleine Geige einen viel weiter tragenden, durchdringen= deren Ton als der colossalste Flügel? Die fast kleinere Oboe einen eben solchen als die so nah verwandte Flöte? — Doch bleibe ich bei einer Gattung und Art stehen: warum haben die neuerdings in Mode gekommenen kleineren, oft kaum den Raum eines tafelförmi= gen Fortepiano's einnehmenden Flügel nicht selten einen weit groß= artigeren, dickeren und klangreicheren Ton als die älteren um ganze mehrere Schuh größeren und höheren? Die Ursache liegt wo an= ders und ich erkläre sie jetzt meinem Schüler. Damit danu aber kennt derselbe sein Organ nun auch ganz, d. h. so weit er dasselbe vor sich hat. Ich habe mich natürlich bei Allem nur an dies sein Organ gehalten, bei dem Geiger an die Geige, bei dem Clavier= spieler an das Clavier, bei dem Sänger an die Singstimme. Von andern Organen als blos dem seinigen weiß er noch so viel als Nichts. Er mag von deren Existenz im Allgemeinen bereits erfah= ren haben, aber Gegenstand des bis dahin beschriebenen Unterrichts waren sie nicht, sondern dies war nur das eine Organ, dessen Ge= brauch der Schüler eben lernt. Uebrigens kennt er es auch nur nach Außen, wie der Chirurg, der Anatomie studirt hat, den menschlichen Körper und kennt es blos von dem Standpunkte aus, auf welchem sich die Cultur des Orchesters eben befindet, wie der Schneiderlehr= ling die Moden, in denen eben in seiner Werkstatt gearbeitet wird. Freilich mußten im Verlaufe des Unterrichts nebenbei auch einige historische und Bemerkungen über den psychischen oder ästhetischen Charakter des Instruments fallen; es konute das nicht anders sein. Auch der Anatom hat sich hie und da über Heilmittel organischer Fehler oder über den Einfluß dieser auf die Zustände des Geistes auszulassen, obschon seine nächste Aufgabe nur ist, den Heilkunst= studirenden den Bau des menschlichen Körpers bis ins Einzelnste zu zeigen. Nichts desto weniger weiß der Schüler sowohl von der Geschichte seines Instruments als von dessen künstlerischer Bedeutung oder Stel= lung im Orchester eigentlich so viel als noch Nichts. So hat die Reihe nunmehr daran zu kommen. Woran zuerst? — Jedenfalls an die Geschichte des Organs, weil diese sich ebenfalls unmittelbat an den eigentlich praktischen oder mechanischen Unterricht anknüpfen ·läßt.

Es bringt dieser Compositionen aus älterer Zeit zur Uebung. Der Schüler entdeckt bald und meist von selbst, daß dieselben weniger reich an gewissen Dingen sind oder gar gänzlichen Mangel daran leiden, die in neueren Werken für ein und dasselbe Organ häufig vorkommen, fast in keiner Zeile fehlen. Bei Blasinstrumenten bestehen jene Dinge meist in einzelnen Tönen und Tonverbindungen, bei Clavier- und den übrigen Instrumenten in eigenen Vortragsmanieren und Beschränkungen des Spielraums. Woher und warum der Unterschied? — früher war das Instrument noch nicht so eingerichtet, daß diese Dinge darauf ausgeführt werden konnten, es war noch nicht so tönereich, als es jetzt ist, war weit einfacher gebaut und seine ganze Productivität ungleich beschränkter, ärmer. Von selbst schließt sich eine förmliche Geschichte des Instruments daran. Es ist dies keine Geschichte der Musik, sondern nur eine Geschichte des eben gegenwärtigen Organs. Es kann dieselbe von größtem Interesse für den Schüler sein, wenn sie recht gelehrt wird. Dies wird sie, wenn sie sich blos auf die Hauptmomente der Entwickelung beschränkt und wenn sie zugleich den Einfluß zeigt, der von daher auf die Kunst sowohl überhaupt als die des Organs insbesondere geübt wurde. Am glücklichsten ist in dieser Beziehung der Clavierlehrer daran, weil die Geschichte seines Instruments am fruchtbarsten ist für Darstellungen der Art. Kein anderes Instrument ist so reich an Anhaltspunkten dazu. Dem Clavierlehrer zunächst stehen die Lehrer der Blech-Blaseinstrumente, Horn, Trompete, Posaune; hiernach folgen die Lehrer der übrigen Blaseinstrumente und die des Orgelspiels. Den wenigsten Stoff dazu haben die Geigenlehrer, weil ihre Instrumente schon seit Jahrhunderten in ihrer jetzigen Ausbildung verblieben sind und wahrscheinlich auch für immer verbleiben werden. Gleiches Schicksal theilen die Lehrer der Schlaginstrumente, Trommel, Triangel, Paulen. Ich habe die Lehrer der Lauteninstrumente, Harfe, Guitarre ꝛc., vergessen: auch sie haben einen ziemlich reichen Stoff zu dergleichen historischen Unterhaltungen mit ihren Schülern lediglich über das Instrument. Daß diese Unterhaltungen nicht mit einem Male abgethan werden, kann kaum anders sein. Der Schüler lernt sein Instrument erst nach und nach kennen und da die Geschichte desselben nicht selten blos einzelne Theile betrifft, so werde ich auch am schicklichsten wohl eben so damit verfahren, wie dort bei so zu sagen der Anthropologie des Instruments. Ich will das an einem Beispiele aus dem Clavierunterrichte zeigen. Mein Schüler spielt Sachen von Mozart, eine Sonate etwa oder was dergleichen: es fällt ihm auf, daß er damit kaum über das dreigestrichene f—g und über Contra-g hinauskommt, während er kurz vorher, wo er ein Stück der allerneuesten Claviercomposition spielte, fast noch zwei ganze Octaven der Claviatur mehr in Bewegung zu setzen hatte. Ich nehme von da Veranlassung, ihm einige historische Kenntnisse von seinem Instrumente beizubringen, aber ich bleibe damit auch vorerst nur bei dem Umfange dieses stehen. Mehr wäre zu viel für das Mal. So wenig als möglich auf einmal, Nichts zu viel! — Nebenbei spreche ich auch wohl über das Alter des Instruments, aber die allmählige Ausdehnung des Umfangs desselben, der Claviatur, ist und bleibt der vornehmste Gegenstand des Unterrichts. Es ist dieser Folge einer gemachten Beobachtung: diese daher auch seine Grundlage. Ich spreche von dem Umfange des Instruments zu Zeiten Mozarts, und von da an gehe ich noch weiter rück- und vorwärts. Ich bleibe nicht blos allgemein, sondern ich werde unter Umständen sogar sehr speciell, so daß ich sogar diejenigen Fabriken oder Instrumentenmacher namhaft mache, welche zunächst und vorzugsweise auf die Ausdehnung des Umfangs hinwirkten, aber einen andern Gegenstand als diesen berühre ich wenigstens in vorderster Reihe gleichwohl nicht. Bin ich gezwungen, zugleich auf die Bedingungen hinzuweisen, von deren Erfüllung eine Ausdehnung des Umfangs abhing und noch abhängt, und damit darzuthun, warum diese nur nach und nach, in der That so sehr langsam vor sich ging und vor sich gehen konnte, so verändert das den Standpunkt nicht; ich bleibe nichtsdestoweniger bei dem Umfange stehen, und dieser Theil der Geschichte genügt für diesmal. Ein andermal macht mein Schüler die Bemerkung, daß und vielleicht in derselben Composition nicht ein einziges Mal etwa eine Pedalvorzeichnung vorkommt, während er in einer neueren, die er kurz zuvor spielte, dergleichen jeden Augenblick begegnete, und ich nehme nun auch meinen historisch-organologischen Unterricht wieder auf, und komme jetzt erst mehr auf den innern Bau des Instruments darin zu reden. Das Clavier war nicht immer so beschaffen, wie es jetzt ist; das Pianoforte ist erst so und so alt; vor ihm war an seiner Stelle das Clavichord oder. Clavier im engern Sinne des Worts; dasselbe war so und so gebaut, hatte ein Alter von so und so vielen Jahrhunderten, scheint Anfangs nur so und so beschaffen gewesen zu sein, bis es gegen Ende des vorigen und Anfang dieses Jahrhunderts zu der und der Ausbildung gelangt war; doch litt es auch in dieser noch

an mancherleien Mängeln, als denen und denen, so gewiß es auch
manche Vorzüge hatte, wie die und die; jenen abzuhelfen erfand der
und der zu der und der Zeit das Pianoforte; die nächste Veranlassung gab der und der Umstand; bei seiner Geburt war es übri-
geus auch noch nicht so beschaffen, wie jetzt, namentlich hatte es
keine Dämpfung und somit auch kein Pedal; das erschwerte Anfangs seine allgemeinere Einführung, bis der und der dem Uebel
abhalf und man nun das rechte Prinzip für den ganzen Bau gefunden hatte. Dieses Princip ist das und das und bis heute so
unveränderlich, daß alle weitern Erfindungen, von denen Du (oder
Sie) zu anderer Zeit auch noch das Nähere erfahren sollst, sich blos
auf die Art der Anwendung oder Ausführung desselben beziehen.
Ich erkläre Pedal und gebe damit zugleich eine Uebersicht über die
gesammte eigentliche Geschichte des Instruments, d. h. seines wesentlichen Organismus. Das kann in einer Zeit von weniger als
einer Stunde geschehen und der Unterricht ist damit abermals vorerst abgethan. Zur Rückkehr dazu, um in die einzelnen Details
einzugehen, bietet sich später wiederum eine gleich schickliche Gelegenheit. Ich erinnere nur an das a una chorda: wie sehr passend
knüpfen sich an dessen Erklärung historische Bemerkungen über die
einzelnen sogenannten Veränderungen, mit denen nach und nach das
Pianoforte belastet wurde, um Gottlob neuerer Zeit wieder davon
befreit zu werden. Mit jeuem historischen Abrisse, zu dem vielleicht
nur das kleine Ped. Gelegenheit gab, steht der ganze Stammbaum
des Instruments in übersichtlichster Gestalt vor den Augen des Schülers, und damit hat er jetzt wiederum vollkommen genug. Zeit und
Gelegenheit machen die Genesis zur wirklichen Geschichte. Doch
halten wir die Zeit, welche wir darauf verwenden, auch ja nicht
für verloren für den eigentlichen Zweck des Unterrichts. In einer
Stunde, so zugebracht, lernt der Schüler oft mehr als in zehn andern, die blos mit Wiederholungen der Uebungsstücke ausgefüllt
werden. Es kann nämlich nicht anders sein, als daß ein guter
Lehrer mit der Geschichte des Instruments auch wenigstens andeutungsweise eine Geschichte der Kunst desselben überhaupt verbindet,
denn die Vervollkommnung des Organs influirt unmittelbar auf die
Art und Weise der künstlerischen Verwendung desselben, die Geschichte der Clavierspielkunst z. B., die Cultur dieser, steht im unmittelbaren Zusammenhange mit der Geschichte des Claviers für
sich, mit der Cultur des Clavierinstrumentenbaues, und welche Förderung der allgemeinen musikalischen Bildung des Schülers sowohl,

als seiner Einsicht in das, was er eben praktisch treibt, seiner Spiel-
kunst, Spielgewandtheit insbesondere kann von da ausgehen! —
Kein Ueben vermag in dieser Beziehung auf einmal so Viel zu bewirken, als eine Viertelstunde auf solche Weise recht verwendet.
Wie manche eigenthümliche Spielfigur oder Spielmanier z. B., An-
schlags-, Ansatz-, Intonirungsweise rc. wird dem Schüler allein dadurch klar, recht begreiflich! — Ich habe als Beispiel hier blos das
Clavier gewählt, aber was didaktisch in Beziehung auf dieses gilt,
gilt auch in Beziehung auf jedes andere Organ, und es würde ein
gar zu geringes Vertrauen auf die Einsicht meiner Herren Collegen
verrathen, wollte ich auch nur einen Augenblick zweifeln, daß sie
das Beispiel anzuwenden verstehen, mögen sie unterrichten einerlei
auf welchem Instrumente. — Darnach das Letzte: die Belehrung
über psychischen oder ästhetischen Charakter des Organs, über die
Stellung, welche dasselbe in dem gesammten Orchester einnimmt,
seine Produktivität. Die Methode wird keine andere sein. Auch
dieser hat sich unmittelbar an den praktischen oder den Unterricht in
der mechanischen Fertigkeit anzuschließen, d. h. seine Anknüpfungs-
punkte aus diesem herzunehmen, und so sich stets nur in der Richtung zu ergehen und auszudehnen, welche diese Punkte angingen.
Vollständig muß der Unterricht sein, gleichwohl muß er stets Maß
halten, weises Maß in seinen Mittheilungen, anders riskirt er unfruchtbar, weil langweilig und unverständlich zu werden, und daß er
dieses Maß halte, sichert ihm allein jener Anschluß. So werde ich
mich nur über diesen noch näher zu erklären haben. Am gewöhn-
lichsten und erfolgreichsten wird er vermittelt durch die Dinge, die
sich vorzugsweise auf den Vortrag beziehen. Auf keiner andern
Seite ist er so leicht, wenigstens auf keiner andern so elementarisch
möglich. Daß wir aber elementarisch in allen Stücken unterrichten,
haben wir als eine der unerläßlichsten Pflichten kennen gelernt. Ist
doch der Vortrag auch eben das, wodurch sich die Gränzen der
Productionsfähigkeit aller Organe am anschaulichsten offenbaren.
So lasse ich denn kein Vortragszeichen vorübergehen, ohne sofort
darzuthun, wie weit diese Fähigkeit des Instruments zuläßt, die Bedeutung desselben zu erfüllen. Daß damit stets eine Umschreibung
der allgemeinen Natur, des innern Charakters des Organs verbunden sein muß, liegt auf der Hand, denn nur von diesem wird' jenes
Maß der Erfüllung der erhaltenen Vorschrift bedingt. Doch gebe
ich auch solche allgemeine Charakterisirung jedesmal nur in der Richtung dieser Vorschrift, weil sonst gar leicht ermüdende Wiederholun-

gen entstehen. Man befürchte dabei keine Unvollständigkeit! alle
Theile zusammen machen immer ein Ganzes, und der der Vortragskunst angehörenden einzelnen Gegenstände sind so viele, daß die gegenwärtige Lehre aufs vollständigste dadurch erschöpft wird. Entsteht doch alles Menschenwerk nur nach und nach, indem Einzelnes
zu Einzelnem sich fügt. Kein Bau tritt fertig aus der Erde hervor; gegliedert will er Glied um Glied geschaffen werden. Das
Wichtigste aber: durch dieses Verfahren wird zugleich die Lösung
jener hohen Aufgabe des diesseitigen Unterrichts, dem Schüler endlich auch Kenntnisse von dem gesammten Orchester beizubringen,
wesentlich erleichtert. Ist mir nämlich ohnmöglich, den Charakter
des eben gegenwärtigen Instruments auf diese Weise ins rechte
Licht zu stellen, recht anschaulich zu machen, ohne dies mit seinen
Eigenthümlichkeiten neben die Eigenthümlichkeiten der übrigen Instrumente oder überhaupt Organe zu halten, so leuchtet ein, daß
sich eine Beschreibung dieser Organe nicht davon trennen läßt und
zwar eine Beschreibung, wie eben für den organologischen Unterricht des künftigen praktischen Musikers oder Dilettanten vollkommen
genügt, da dieser alle übrigen Organe außer dem seinen nur in ihren Conthuren, nicht wie dieses bis zu ihrer einzelnsten Gliederung
zu kennen braucht. Das scheint Viel verlangt und fast eine Un-
methode in der Methode. Ich soll, während ich meinen Schüler
über den Charakter seines Instruments aufkläre, denselben auch über
den eigenthümlichen Charakter aller übrigen Instrumente und zwar
dergestalt vergleichend aufklären, daß ich jenes allen diesen stets
gegenüberhalte! Während ich also meinem Schüler z. B. lehre,
was sein Clavier, von künstlerischer Seite betrachtet, für ein Instrument ist, was sich darauf und dadurch musikalisch gestalten läßt
und was nicht, soll ich demselben zugleich auch sagen, was Flöte,
Horn, Violine ꝛc. für Instrumente sind, was sich gegenüber von
jenem auf diesen und durch diese gestalten läßt und was nicht! —
So, meine Herren! ist es nicht gemeint. Da würde die Tugend
zum Fehler. Auch hier zeigt gerade der Punkt, an welchen sich der
diesseitige Unterricht anknüpft, den rechten Weg und das rechte
Maß, wenn Ihr nur versteht, die Weisung zu benützen, und Ihr
werdet diese verstehen, sobald Ihr als Lehrer den Anforderungen zu
entsprechen vermögt, die gerade die Organologie an Euch stellt, so
bald Ihr selbst in dieser gebildet seid, wie eben bei Betracht des
Unterrichts für künftige Lehrer angegeben worden. Nicht allen, nur
dem eben zweckmäßigen andern Organe stelle ich das gegenwärtige

vergleichend gegenüber. Ueberall Beispiele. Ich unterrichte einen Schüler im Clavierspiele. Da fordert der Vortrag einen Schnellton. Dessen ist das Clavier fast gar nicht fähig, und doch kann derselbe von so außerordentlicher Wirkung sein. Welches andere Organ vermag denselben vollkommen und am vollkommensten zu gestalten? die menschliche Singstimme, dieser zunächst bis zu einem gewissen Grade manches Blasinstrument und dann die Geige. So ist' es auch jene Stimme vornehmlich, welche ich hier vergleichend mit in Betracht ziehe und indem ich die Ursachen angebe, warum das Clavier von solchen in diesem Stücke bei Weitem übertroffen wird, lernt der Schüler Beider Charakter um so genauer keunen. Ein andermal kommt ein Staccato vor. Das Clavier ist abermals sehr beschränkt in dessen Ausführung, und doch hat fast jede Nuancirung desselben einen ganz eigenen Ausdruck. Welches Instrument ist aller der verschiedenen Staccato-Arten am fähigsten? — die Geige. Nun, so kommt auch die vergleichende Betrachtung der Geige jetzt an die Reihe. Das ligato, tenuato ꝛc. giebt Gelegenheit zu solcher Betrachtung der Blasinstrumente, besonders des Horns; das tremolo zu der mehrerer Schlaginstrumente ꝛc. ꝛc. So richtet sich das ganze orchestrische Gebäude nicht auf einmal· vor den Augen des Schülers auf, sondern entwickelt sich nach und nach. Ich bleibe elementarisch fortan und überall, vom ersten Anfange des Unterrichts bis an sein Ende. Die Ursachen jener Verschiedenheit der andern Instrumente von dem gegenwärtigen liegen in ihrer organischen Einrichtung: so erklärt sich auch diese von selbst und mit ihr so ziemlich alles Uebrige, was der Schüler davon zu wissen nöthig hat. Eine Eigenthümlichkeit bewahrt jedes Instrument, die ihm einen Vorzug vor allen andern verleiht: sie müssen wir kennen, und so wird uns auch die Wahl nicht schwer, welches Instrument eben in Vergleich ziehen. Die Eigenthümlichkeit des eben gegenwärtigen Instruments nimmt selbstverstanden unser Augenmerk besonders in Anspruch, und daraus ergiebt sich die Stellung, die dasselbe im Orchester einnimmt. Was Frosch, Steg, Wandel, Stimmstock an der Geige sind, braucht eigentlich der Clavierspieler, Hornist, Clarinettist ꝛc. nicht zu wissen; aber was Geigen sind, welchen Umfang sie haben, wodurch sie sich von ihren Instrumenten unterscheiden, in welcher Musikweise sie sich vorzugsweise auszeichnen, was ihnen eigenthümlich ꝛc.; das Alles muß er wissen, und er lernt das Alles nach meiner Ueberzeugung am sichersten, gründlichsten, anschaulichsten auf angegebene Weise. Der Geiger steht umgekehrt in dem-

selben Verhältnisse zu den Clavieren, Hörnern, Clarinetten ꝛc. Ich
kann nicht unterlassen, noch zu bemerken, daß die verschiedenen Ar=
ten, welche von dem Instrumente existiren, das der Schüler eben
spielen lernt, bei dem gesammten Unterrichte namentlich in Betracht
zu ziehen sind. Der Clavierspieler hat alle die verschiedenen Flügel,
Pianino's, Clavichords ꝛc., die sogenannt englischen und deutschen
Mechaniken mit sämmtlichen älteren und neueren Einrichtungen ebenso
genau zu kennen, als das tafelförmige Fortepiano, auf dem ihm gerade
der Unterricht ertheilt wird; der Hornist alle Arten von Inventions=,
Ventil= und gewöhnlichen Waldhörnern eben so genau wie das Exem=
plar, auf dem er gerade blasen lernt; der Orgelspieler alle Größen und
Zusammenstellungen von Registern; der Harfenist alle Arten von
Pedal= und Hacken=Harfen; der Posaunist sein Instrument in allen
Dimensionen und Formen ꝛc. ꝛc.

5. Literarische Hülfsmittel.

Ueberschauen wir die ganze Aufgabe des Unterrichts, so ist
nicht zu leugnen, daß die rechte Lösung derselben eine Menge Kennt=
nisse und Erfahrungen auf Seiten des Lehrers voraussetzt, welche
wohl nur in den seltensten Fällen als wirklich vorhanden angenommen
werden dürfen. Warum? die wenigsten Lehrer wurden selbst in der
Organologie so unterrichtet, wie ich hier fordere und wie wir als
durchaus nothwendig erkannt haben, und noch wenigere vielleicht
hatten nachgehends Gelegenheit, durch eigene Anschauung, Erfah=
rung, Fleiß, Studium nachzuholen, was die erste Ausbildung ver=
säumt. Nicht alle sind in dieser Beziehung so glücklich als ich schon
in meiner Jugend war. Ich stamme aus einer durchaus musika=
lischen Familie. Mein Großvater und Urgroßvater waren Orga=
nisten und anerkannte Meister ihres Fachs. Mein guter seliger
Vater war zwar nicht Musiker von Beruf, aber er spielte fertig
Orgel und Clavier, Violine, Contrabaß, blies auch Flöte und
Horn, und sang einen hübschen Baß bis in seine ältesten Tage.
Natürlich versuchte auch ich mich bald auf allen diesen Instru=
menten, schon um meinem Vater Dies und Jenes nachzumachen.
Ich hatte keinen Bruder, aber Schwestern: die trieben es ebenso,
namentlich sangen sie und spielten Clavier. Wir lebten auf einem
Dorfe; da wurden nicht selten des Abends ganze Concertchen von
uns Kindern unter Leitung des Vaters veranstaltet. Das brachte
unser Haus in die lebhafteste Berührung mit allen musikalischen
Kräften der Umgegend. Mit allen Stadt= und Amtsmusikanten

dieſer, bis auf weit hin, waren wir bekannt, und Alles, was nur irgend Muſik trieb, kehrte in unſerm Hauſe ein. Ein aufgeweckter Junge, der ſich für alles Muſikaliſche ſehr intereſſirte, lernte ich auf dieſe Weiſe ſchon ſehr früh ziemlich alle gangbaren Inſtrumente kennen. Der Eine zeigte mir dies, der Andere das, Muſiker und Inſtrumentenmacher. Wo und wann ich in das benachbarte Städtchen kam, beſuchte ich Beide und trieb mich am liebſten in ihren Werkſtätten um, ſelbſt Hand anlegend, wo es nur irgend ging. Einem Orgelbauer, der contraktmäßig von Zeit zu Zeit erſcheinen mußte, um die Kirchenorgel des Orts zu ſtimmen, durchzuſehen und zu repariren, wo es Etwas zu repariren gab, diente ich bei der Gelegenheit als der eifrigſte Lehrling. Gewiſſermaßen zur Belohnung dafür, erklärte mir der alte verſtändige Mann auch Alles, was ich wiſſen wollte oder was eben zur Beſchauung kam, ſo ausführlich und gründlich, als vielleicht kaum einem wirklichen Lehrlinge. Noch nicht zehn Jahre alt, ſtimmte ich allein in der Woche vor dem Reformationsfeſte die ganze Orgel, weil der Orgelbauer nicht kam und mein Vater bieſe, die ſehr verſtimmt war, an jenem Feſte doch in einem beſſern Zuſtande wiſſen wollte; half heulenden Tönen und andern Fehlern ab. Der bekannte H i e r l i n g kam mit ſeiner Glasglockenharmonika in den Ort; das Inſtrument war mir noch ganz neu; er zeigte es mir und ſpielte darauf, ich — ein Knabe — quälte mich die ganze Nacht ab, wenigſtens zu lernen, wie man den Gläſern die Töne abgewinnt. Ich kam auf das Gymnaſium einer entfernteren Stadt. Der Muſikdirector daſelbſt war ein Jugendfreund von meinem Vater. Durch ihn ward ich bald mit Allem, was Muſik heißt, in der Stadt bekannt, namentlich auch dem Stabshorniſten des daſelbſt garniſonirenden Jägercorps. Eine Menge anderer, namentlich Blasinſtrumente kamen mir in die Hand, und Jeder unterwies mich abermals gern in deren Behandlung und eigenthümlichen Beſchaffenheit. Ich fing an, Dies und Jenes für den ſtädtiſchen wie für den militäriſchen Muſikchor zu arrangiren. Dazu mußte ich die Produktionsfähigkeit ſämmtlicher Inſtrumente derſelben kennen. Von manchen war mir dieſelbe ſchon bekannt, von andern noch nicht, beſonders nicht von den verſchieden intonirten Klappen- und andern Hörnern des militäriſchen Muſikchors. Der Stabshorniſt machte mir recht gerne ſogenannte Gammen; dafür unterrichtete ich ihn, der vierzehnjährige Knabe den dreißigjährigen Mann, im Clavier- und Orgelſpiel, worin er ſich gern noch aus Fürſorge für ſeine alten Tage vervollkommnen wollte. Ich vergeſſe nie die Ohrfeige,

welche ich einst von dem Rector des Gymnasiums dafür bekam,
daß ich, während ein Anderer aus Julius Cäsar übersetzte, heim=
lich eine solche Horngamme aus der Mappe hervorgezogen hatte,
um dieselbe sogar in der Schule auswendig zu lernen. „Mein
Gymnasium ist keine Musikantenschule!“ donnerte mir der heftige
Mann entgegen: ich bin gleichwohl so ein halber Musiker gewor=
den. Er kannte mein Musiktreiben und konnte es nicht ausstehen;
seine Frau und Töchter hatten mich eben deshalb um so lieber,
gleich vielen andern Leuten der Stadt. In der Nachbarschaft ereig=
nete sich ein Brandunglück; da kam der Apotheker des Orts, in
dessen Haus ich viel verkehrte, auf den hübschen Gedanken, ein
Concert zum Besten der Verunglückten zu veranstalten; ich arran=
girte dasselbe; Alles half mir, dem Knaben, bereitwilligst; studirte
mit Sängern aus dem Singchor des Gymnasiums Einiges ein;
spielte selbst in dem Concerte mit 2c.; am Concerttage hatte ich so
viel zu thun, daß ich an keine Schule denken konnte; ich bat den
Herrn Rector um Erlaubniß, sie versäumen zu dürfen; es ward mir
diese abgeschlagen: „Gymnasiasten dürfen und können keine Musiker
sein!“ so gab ich mir selbst aus eigener Machtvollkommenheit Ur=
laub; es ging ein hübsches Geld am Abend für die Abgebrannten
ein, und ich war bis in den dritten Himmel selig über die Triumphe,
die ich feierte; aber am andern Tage, als ich in die Classe komme,
empfangen mich Rector und Famulus und dieser muß mich — auf
den „Olymp“ führen, wie wir den Carcer nannten, zu Wasser und
Brot, wenn mir Frau Rectorin selbst nicht hätte Chokolade und
allerhand Backwerk durch die Frau des Famulus zustecken lassen.
Zwei Instrumentenmacher lebten in der Stadt, der eine verfertigte
Claviere, der andere Blasinstrumente, mit Geigenreparaturen gab
sich ein Mitglied des städtischen Musikchors ab und er war so ge=
schickt in seiner Arbeit, daß er von weit und breit Aufträge erhielt.
Er war ein Mainzer von Geburt und hatte besonders für alte In=
strumente ein gar kundiges Auge. Einer alten Geige, die er aus
einer Rumpelkammer für einen Thaler gekauft, zerbrach er Hals
und mehrere andere Stücke, stellte sie dann wieder her und verkaufte
sie für 50 Thaler. Auch in den Werkstätten dieser Leute brachte
ich alle meine freie Zeit zu und weil ich ihnen überall hülfreich zur
Hand ging, so zeigten und lehrten sie mir auch Alles gern. Ich
komme in der Vacanz nach Hause und mein Vater, der mir sein
Clavier gegeben hatte und ein anderes haben mußte, erzählt mir
von einem solchen, das da und da zu kaufen, aber total verdorben

sei, zu einem neuen habe er im Augenblicke nicht Geld genug, auch
müsse man neue Claviere zu weit herkommen lassen und wisse dann
nicht, was man bekomme, und wenn ich einmal von einem feilen
höre, so möge ich es ihm sagen, ein Pianoforte übrigens wolle er
für seine alten Tage nicht mehr, er habe das Clavichord von Jugend auf gar lieb gewonnen ꝛc. An einem Nachmittage gehe ich
dahin, wo jenes Clavier zu haben war, eine Stunde von meinem
Orte. Auf den ersten Blick erkenne ich, daß es ein Krämersches
Clavier ist. Die Krämersche Clavierfabrik zu Göttingen hatte einst
einen bedeutenden Ruf. Ich prüfe das Instrument näher, es war
in einem fürchterlichen Zustande, total ruinirt. Gleichviel! ich kaufe
es für 15 Thaler, sorge sofort für zwei Träger und nehme es auf
der Stelle mit nach Hause. Als ich mit dem Claviere ankomme
und meinem Vater sage, daß er 15 Thaler dafür zu bezahlen habe,
wird derselbe über alle Maßen böse. Nicht viel fehlt und er greift
zum Stock, um den Käufer, aber nicht den Verkäufer zu bezahlen.
Er will den „Rumpelkasten" nicht, der für einen Thaler zu theuer.
Die Träger will er belohnen, aber das Instrument sollen sie wieder
mitnehmen und abliefern, wo sie es geholt, was ein funfzehnjäh-
riger Bube auf Vaters Credit gekauft, braucht dieser nicht anzunehmen. Ich bitte, ich flehe unter heißen Thränen; meine Mutter bittet und fleht, — endlich gelingt es ihr, den Vater zur Annahme
zu bewegen, „weil man sich ja sonst vor den Leuten blamire." Aber
der Vater sieht das Instrument nicht an, es muß hinauf auf eine
Kammer gebracht werden, er will Nichts weiter davon wissen.
Ich — ich schreibe an den Instrumentenmacher in der Stadt, wo
ich auf dem Gymnasium war, lasse mir von demselben so und so
viel Saiten von den und den Sorten schicken, auch Blech zu neuen
Tangenten. Der nächste Bote bringt das Bestellte. Bis dahin habe
ich das Clavier ganz auseinander genommen und gereinigt, alle
Saiten heruntergerissen; mit Hülfe eines Schreiners befestige ich
Leisten, die losgegangen, und füttere die Stiftlöcher in den Tasten
aus, um dem Geklapper ein Ende zu machen, fütterte hinten die
Auffallleiste mit neuem Flanell, und setze auch neue Laufkiele hinten
in die Tasten. Nun kommen jene Sachen. Mein Erstes ist, neue
Tangenten in die Tasten zu schlagen, deren Mensurberechnung ich
kenne. Dann beziehe ich das Instrument ganz neu, betuche es ebenso.
Nun muß der Schreiner mir helfen, mittelst Bimstein den Kasten von
seinem Schmuz zu befreien und denselben innen und außen mit einer
neuen Lackfarbe ganz in der Art zu überziehen, wie die Krämerschen

Claviere gewöhnlich zu haben pflegten. Endlich gehe ich ans Stimmen und helfe bei der Gelegenheit noch einzelnen Mängeln, die sich hie und da im Tastengange kund geben, ab. Die ganze Arbeit dauerte gegen 14 Tage und hatte meiner Mutter noch eine Extraausgabe von etwa zwei Thalern verursacht. Mein Vater wußte darum, aber sah nie nach, was ich eigentlich trieb. Er wollte einmal von dem Instrumente Nichts wissen und forderte meine Mutter mehr als einmal auf, es zu Brennholz zusammenschlagen zu lassen, denn zu etwas Besserem werde es doch nicht kommen. Diese hatte indeß mehr Vertrauen in meine Geschicklichkeit; ich sprach ihr zu zuversichtlich davon. Ich bin fertig. Tage dauert es, ehe ich meinen Vater bewegen kann, doch nur einmal herauf zu kommen und das Instrument anzusehen. Der Postmeister des Orts, ein recht musikalischer Mann, ist der Erste, der es sieht und spielt. Ich klage ihm, daß mein Vater noch immer nicht auszusöhnen sei mit dem Instrumente. Meine Mutter klagt. Um so besser, antwortet der Mann, so wird das Clavier zu haben sein. Er geht und nicht eine Stunde ist vorüber, als mein Vater ein Billet mit zehn Friedrichsd'or beschwert von ihm erhält, die er bereit sei, für das Instrument zu zahlen, wenn man ihm erlaube, es sogleich abholen zu lassen. Nun, das macht den lieben Papa denn doch stutzen; jetzt kommt er, sieht, spielt, prüft, und lächelnd giebt er den Befehl, das Clavier in sein Zimmer, die zehn Friedrichsd'or aber dem Herrn Postmeister wieder zu bringen. Noch heute besitzt einer meiner Schwäger das Instrument. Auf der Universität nachgehends erhielt dieser mein unmittelbarer Verkehr mit Instrumenten aller Art und der Instrumentenbaukunst jeder Branche eine fast noch größere Ausdehnung. Jedenfalls ward er noch gehoben durch ein wissenschaftliches Interesse, das nun auch daran zu nehmen meine Kenntnisse mich vermochten. In den Häusern Rittmüller, Streitwolf und Krämer zu Göttingen und in ähnlichen zu Halle habe ich viel gesehen und gelernt. Besondern Dank auch bin ich einem Herrn Hübner in Göttingen schuldig. Ich weiß nicht, ob der vielseitig gebildete Mann noch lebt. Wenn, so wird er sich gewiß auch meiner noch freundlich erinnern. Er besaß eine Musikalienhandlung, verbunden mit einer Musikalien-Leihanstalt und Instrumentenhandlung. Mit der größten Bereitwilligkeit und ohne je irgend welche Vergütung dafür zu verlangen, überließ der Mann mir wochen- und monatelang Alles, was er an dahergehörigen Schätzen besaß und war nicht selten im Besitz von werthvollen und älteren, im

gewöhnlichen Leben jetzt gar nicht mehr vorkommenden Instrumenten, hatte daneben selbst keine gewöhnlichen organologischen und
überhaupt muſikaliſchen Kenntniſſe, die mir ſehr zu Statten kamen,
wo ich Auskunft bedurfte. Ich habe auf dieſe Weiſe unſer geſamm-
tes Orcheſter ſo zu ſagen praktiſch kennen gelernt, und mußte dieſe
praktiſche, unmittelbare Lebenserfahrung nothwendig auch den Reiz
zur Folge haben, nicht minder in die Wiſſenſchaft der Gegenſtände
nach und nach tiefer einzubringen, ſo darf ich für mein Theil wohl
ſagen, daß ich, als ich anfing, in das eigentliche öffentliche Lehrer-
leben einzutreten, auch gewiſſermaßen ſchon fertig war als Organo-
log. Nicht alle meine Collegen aber verleben oder verlebten — wie
geſagt — in dieſer Beziehung eine ſolch' glückliche Jugend. Vielen
iſt die praktiſche Anſchauung wie die Möglichkeit, auf andere Weiſe
zu den dahergehörigen Kenntniſſen zu gelangen, verſagt, und ſie bedürfen daher andere Quellen, die Kräfte zu ſchöpfen, die nöthig ſind,
einen dieſſeitigen Unterricht mit wenigſtens einigem Vortheile zu ertheilen. Dieſe Quellen können nur literariſcher Natur ſein, Bücher,
welche Beſchreibungen von allen den daher gehörigen Dingen enthalten.
Auch für Solche, die nicht Gelegenheit haben, ihre Schule bei Lehrern zu machen, welche zugleich tüchtige Organologen ſind, erſcheinen
dergleichen Werke nothwendig zum Selbſtunterricht. Wenn nirgends
ſonſt, ſo iſt zu dem eine Autodarie in dieſem Gebiete unſrer Kunſt leicht
möglich. Ich will nun dergleichen Werke nennen, und zwar ſolche,
die ich ſelbſt geprüft habe und ſomit aus eigener Kenntniß als in
der einen oder andern Richtung vortheilhaft empfehlen kann. Dabei
muß ich indeß bekennen, daß mir eine eigene, in ſich abgeſchloſſene
vollſtändige Organologie, wie für den dieſſeitigen Unterricht nöthig
wäre, nicht bekannt iſt. Es ſcheint gar kein ſolches Buch zu exi-
ſtiren. Was man dafür zu halten geneigt ſein könnte, ſind meiſt
Lehrbücher der Inſtrumentirungskunſt. Iſt aber dieſe auch mit jener
ſo nah verwandt, daß ſie als eine unmittelbare Folge davon ange-
ſehen werden muß, ſo hat ſie doch andere Zwecke und lediglich dieſe
verfolgend pflegt ſie ſich ſomit auch meiſtens loszulöſen von ihrem
Urſprunge, ſich ſelbſt nicht als Wirkung, ſondern als Mittel zu betrachten und ſonach vorauszuſetzen, auf was ſie fußt und mit dem
zuſammen ſie erſt eine vollſtändige Organologie ausmachen würde.
Die Lehrbücher der Inſtrumentirungskunſt, welche wir beſitzen und
von denen ich glaube namentlich das von Dr. Kaſtner in Paris in
franzöſiſcher Sprache abgefaßte, auch im dortigen Conſervatorium
eingeführte empfehlen zu dürfen, ſind durch die Bank Organologien,

die sich wohl für den künftigen Componisten, aber für keine andere
musikalische Schule eignen, denn eben das, was wir oben als die
Vorschule dieser Art Zöglinge leunen lernten und von dem wir sag=
ten, daß es aus der früher durchgemachten praktischen Schule mit=
gebracht werde und werden müsse, — eben das enthalten auch sie
nicht und mit diesem doch erst würden sie den Begriff einer wirk=
lichen, vollständigen Organologie erfüllen. Somit haben wir die
daher gehörigen Kenntnisse wieder aus andern Werken zu schöpfen,
und unter diesen weiß ich keine besseren, als die größeren lericogra=
phischen, wie mein „Universallericon der Tonkunst" (unter den ein=
zelnen die Organe betreffenden Artikeln), Kochs „musikalisches
Lericon", die mit Beschreibung der Gestalt und Bauart der ein=
zelnen Instrumente sich zugleich auf die Beschreibung der tonischen
und ästhetischen Natur und Geschichte derselben einlassen. Ueberdem
sind dies Werke, welche jeder Musiklehrer besitzen sollte. Aus jenem
meinem „Universallericon der Tonkunst" hat der Verleger vor eini=
ger Zeit einen Auszug fertigen lassen. Ich will nicht darüber ur=
theilen, aber diejenigen Artikel darin, die ich hier allein im Auge
haben kann, genügen jedenfalls nicht. Gammen von den einzelnen
Instrumenten sind auch gut, wenigstens den Tonumfang derselben
kennen zu lernen. Die sogenannten Schulen für die einzelnen Instru=
mente enthalten ebenfalls meist eine Beschreibung der äußern und in=
nern Gestalt derselben; aber Niemand kann sie alle besitzen; dagegen
sind sie in ziemlich allen Musikalien=Leihanstalten zu haben, und
wer sich nun in der Nähe einer solchen befindet, wird gut thun, die
geringen Kosten des Abonnements nicht zu scheuen und sich nach
und nach diese Werke geben zu lassen, um auch aus ihnen zu schö=
pfen, was daraus für die nähere Kenntniß ihres Organs zu holen.
Für den Handgebrauch erinnere ich noch eines sehr praktischen Bü=
chelchens von einem Berliner Musiker, Namens Schneider. Ich
weiß seinen Titel im Augenblicke nicht genau, ob: Instrumenten=
lehre oder Lehrbuch der Instrumentation? Ich besaß es einst selbst;
es ist mir aber abhanden gekommen. Gar alt ist es noch nicht
und ich erinnere, daß ich es nicht selten mit Vortheil bei meinem
Unterrichte benutzte. Es paßt recht für die Hand der Schüler. Es
war ein nicht ganz fingerdickes Heft in Quart. Wem es blos um
eine Charakteristik, eine Schilderung der ästhetischen Natur der In=
strumente zu thun ist, der findet dahin zielende interessante Bemer=
kungen in Gretry's Essay sur la Musique (Thl. 1, pag. 237 ff.),
Böcklin's Fragmenten zur höheren Musik (pag. 33 ff.), in Schubart's

Ideen zu einer Aesthetik der Tonkunst, in meiner Aesthetik der Ton=
kunst, in mehreren Aufsätzen der ehemaligen Berliner und Leipziger
allgemeinen musikalischen Zeitung von Reichard und Horstig, und
endlich auch in Junkers „Tonkunst." Für die allgemeine Instru=
mentenlehre erlaube ich mir meine vor nur ohngefähr einem Jahre
erschienene „Akustik oder Lehre vom Klange" zu empfehlen. Wie
in dem Vorworte zu dem Buche gesagt, ist dasselbe eigentlich Nichts
als ein Versuch, die Akustik **Bindseil's** als das Resultat aller bisher
angestellten akustischen Forschungen zu popularisiren oder eigentlich
aufs wirkliche Tonleben anzuwenden. Ob der Versuch gelungen,
kann natürlich nicht ich beurtheilen; aber davon glaube ich lebhaft
überzeugt sein zu dürfen, daß das Buch sich in den Händen jedes
Tonlehrers als sehr nützlich erweisen wird und namentlich in orga=
nologischer Beziehung. Man hat zu dem Ende früher Chladni's
Akustik stets sehr gepriesen; aber nicht allein, daß der in die Wis=
senschaft Eingeweihete die vielen Irrthümer derselben kennt, sondern
ich möchte auch zweifeln, daß die darin enthaltenen Darstellungen
von allen Musiklehrern gehörig verstanden werden, und das ist doch
vor allen Dingen nothwendig, wenn ein Buch als Quelle für den
Unterricht gelten soll. In meinem Buche meine ich das ganze
Geheimniß der verschiedenen Tonerscheinungen so klar aufgedeckt zu
haben, daß darnach Niemand mehr, der nicht völlig Laie in Dingen
unsrer Kunst ist, über den natürlichen Zusammenhang desselben in
Zweifel bleiben kann und wird. Man lasse sich das Buch nur
einmal zur Ansicht geben und man wird finden, daß, in seine
Lehren eingeweiht, sich alle Gegenstände unsers Unterrichts klarer,
durchsichtiger vor unserm Auge gestalten. Es sind diese Gegen=
stände meist empirisch gegeben, aber alle haben einen ganz natür=
lichen Grund, und so weit sie nun in das eigentliche Bereich des
Klanges gehören, kann es nur die Akustik sein, welche diesen Grund
offenbart. An ihrer Hand, möchte ich daher behaupten, ist ganz
und gar ohnmöglich, daß ein Lehrer irgend einen Gegenstand der
Allgemeinen Musiklehre (s. das vorhergehende Capitel) und der
Organologie noch falsch oder auch nur so unklar darstellt, daß er
nicht sofort von dem Schüler begriffen würde, denn wann — ha=
ben wir gelernt — faßt der Lehrling am festesten, leichtesten und
sichersten? wenn ihm mit den zu fassenden Dingen auch immer
die Gründe davon anschaulich gemacht werden. Die wahren Gründe
von allen musikalischen Dingen können aber nur auf akustischem
Wege gefunden werden. Ich will nur ein und zwar hieher gehö=

33

riges Beispiel anführen. Da ist ein akustisch durchaus ungebildeter Geigenlehrer und ein anderer auch akustisch gebildeter; Beide erklären ihren Schülern das Flageolet: welcher von Beiden wird am ehesten verstanden werden und wessen Schüler von Beiden wird die Spielweise am ehesten und vollendetsten vollbringen lernen? — Ich wette: der letztere und nur des Letztern Schüler. Bei des Clarinettisten Chalumeau wird es eben so gehen. Wir sagen unsern Geigenschülern, daß man vor dem Spiele immer das Instrument einige Zeit der Temperatur des Lokals aussetzen muß; sie merken sich das und machen pflichtschuldigst vor allem Spiel einige Minuten früher den Violinkasten auf; sind wir akustisch gebildet, so setzen wir auch den Grund von der Regel hinzu, und unsere Schüler sind nun keine Maschinen mehr, sondern werden in den Stand gesetzt, selbst zu urtheilen über die Anwendung der Regel je nach den besondern Verhältnissen und Umständen des Locals; sind wir nicht akustisch gebildet, so können wir auch selbst nicht den Grund davon und selbst Maschinen treiben wir Maschinen. Es ist das Buch von mir und seine warme Empfehlung aus meinem eigenen Munde dürfte vielleicht Manchem, der mich nicht kennt, verdächtig vorkommen; aber riskire ich nicht ungleich mehr, wenn sich die Empfehlung nicht bewähren sollte, als ich zu gewinnen im Stande bin, wenn sie sich bewährt? Man wäge ab, ehe man urtheilt. Eingenommen von dem Buche, weil es mein Erzeugniß, kann ich auch wohl nicht bis dahin sein, daß die Vorliebe mich blind machte für seine Mängel, denn das Verdienst seines Daseins schreibe ich nicht mir, sondern dem Herrn Bindseil, dem Verfasser jenes Lehrbuchs der Akustik zu, das für die Herren Physiker bestimmt ist. Ich habe und will kein anders Verdienst daran haben, als die Arbeit der Umgestaltung für die Zwecke des Musikers, und ob diese Arbeit gelungen und wie weit, überlasse ich ja jedem selbst zu beurtheilen.

Fünftes Capitel.

Universalität des Unterrichts.

Universalität des Unterrichts? — Ich stelle nicht ohne besondere Absicht die Frage. Wir müssen uns vor allen Dingen darüber verständigen, was darunter zu verstehen oder wenigstens was ich hier darunter verstehe. Denken wir zurück an die Tabelle der Gegenstände des musikalischen Unterrichts: in dem Bisherigen haben wir alle diejenigen davon in Betrachtung gezogen, deren sich kein Unterricht, soll er ein wahrhaft bildender sein, zu entschlagen vermag. Die noch übrig, sind allein Gegenstände der Compositionslehre. Unterricht in der Kunst der Composition indeß erscheint nicht durchaus nothwendig, um gleichwohl das zu erzielen, was der Unterricht erzielen soll, musikalische Durchbildung und was damit in Verbindung steht. Dagegen erfordert diese irgend einen zureichenden Grad mechanischer Fertigkeit und zwar in irgend einer Weise (s. zweites Capitel), gründliche Kenntnisse und Fertigkeiten in den Dingen der Allgemeinen Musiklehre (s. drittes Capitel), und endlich auch Bewandertheit in dem Organismus unsrer Kunst (s. das vorhergehende Capitel), und alle diese Gegenstände lagen bereits zur Beschauung vor, d. h. zur Beschauung behufs Beantwortung der Frage, wie sie gelehrt werden müssen? Uebrigens konnte diese Beschauung auch nur einzeln vorgenommen werden. Um letztere Frage genügend zu beantworten, mußte jeder einzelne Gegenstand einer besondern Untersuchung unterworfen werden, denn die Methode richtet sich nach der Natur des Unterrichts-Gegenstandes, und Was wir lehren, so Vielerlei, Nichts ist dem Andern gleich, wenn auch noch so nah verwandt. Nichtsdestoweniger aber können wir nie in den Fall kommen, auch beim wirklichen Unterrichte irgend einen der beschauten Gegenstände ganz abzuhandeln, ohne zugleich den einen oder andern weitern, selbst mehrere weitere, ja vielleicht alle übrigen mit in Betrachtung zu ziehen. Die Methodik vermochte das, nicht aber vermag es die Methode. Deutete ich doch auch in jener schon bei mehreren Gelegenheiten darauf hin, und das, was ich die Universalität nenne. Wenn gleich scheinbar bei blos einem Gegenstande beharrend, ist dieser in jenem Augenblicke bei seiner Entwickelung ein allumfassender. Die Entwickelung der Kräfte des Schülers, wie die Natur der einzelnen Lehrgegenstände bringen das mit sich. Wie die Pflanzen mit jedem neuen Jahre neue Zweige ansetzen, die weitere Nahrung erfordern, daß sie gedeihen und sich entwickeln gleich den älteren, so jene. Fast in jeder neuen Lektion giebt sich eine neue Saite in der Seele unsrer Zöglinge kund, und wir müssen sie klingen machen, daß sie nicht erschlafft oder verrostet. Das erfordert stets neuen Stoff. Ebenso sind diese wohl tausenderlei und tausendfach verschieden, indeß alle Glieder nur eines Körpers, von denen

33*

keines einzeln für sich Leben und Bewegung zu athmen vermag,
sondern solche empfängt lediglich von dem Ganzen, von denen jedes nur zu wachsen und auszubilden vermag, indem das Ganze
wächst und sich ausbildet. Abgelöst von diesem stirbt es dahin,
verdorrt, bleibt fruchtlos. Kein Unterricht hat in dieser Beziehung
eine so schwierige Aufgabe zu lösen als der Musikunterricht, keinem
Lehrer legt die Methodik in dieser Beziehung so große und schwer
zu erfüllende Pflichten auf als dem Musiklehrer. Jeder andere
Lehrer, mag er im Schreiben, Rechnen, Lesen, Geschichte, Geographie, Sprachen oder was sonst unterrichten, kann weit steter und
unverrückter bei seinem Gegenstande beharren, ohne sich um irgend
welche andere Lerngegenstände des Zöglings zu kümmern, ruhig
verfolgt er die Entwickelung dieses in seiner Bahn, kaum ein Auge
wendend nach den noch übrigen Bahnen derselben. Diese sind andern Lenkern anvertraut. Er kann überall speciell, braucht nirgends
universell zu sein. Nicht so der Musiklehrer. Einem Strome gleicht
der Musikunterricht, der von seiner Quelle an mit jedem Schritte
weiter ein neues Bächlein aufnimmt, das seine Waffer zwar bald
mehr bald weniger lange besonders gefärbt erhält in dem gemeinschaftlichen Bette, doch nach und nach mit jenem auch immer mehr
bis zuletzt ganz und gar vermischt, um endlich sich mit gewaltiger
Fluth zu ergießen in das allgemeine Meer der Bildung. Da entsteht für den Lehrer, den Lenker des Stroms, die sehr gewichtige
Frage, wann, zu welcher Zeit stets einen Gegenstand mehr in den
Unterricht hereinziehen? wie denselben nun neben den übrigen schon
vorhandenen hier behandeln, bis er nach und nach aufgeht in der
allgemeinen Masse? und wie endlich diese leiten, treiben, daß auch
nicht der geringste Theil davon zurückbleibt in der Entwickelung? —
das sind Fragen, welche sich kein anderer Lehrer zu stellen hat, und
Fragen, die beantwortet werden müssen, soll der Unterricht überhaupt gedeihen. Die beste Methode im Einzelnen nämlich nutzt Nichts,
wird die Methode im Ganzen verfehlt. Unser Unterricht ist nur
scheinbar und nur für Augenblicke ein specieller, im Ganzen angeschaut immer ein universeller. Kein anderer Lehrer kann sich in dieser
Beziehung mit uns vergleichen. Wollen wir einen Vergleich, so eignen
sich dazu allein jene Erzieher, welche die gesammte Ausbildung junger Leute zu überwachen und zu leiten haben, jene Vorsteher ganzer Schulen, die den Organismus dieser repräsentiren. Sie bestimmen über den Moment, wann der Unterricht in dem Einen und
Andern anzufangen hat, so wie über die Arte und Weise, wie der-

selbe dann im Verhältniß zu den übrigen Unterrichtszweigen betrieben werden muß; nicht thun das die Einzelnen, welchen die Cultur dieser Zweige anheim gegeben worden. Wir sind Lehrer und Pädagogen zugleich. Es kann Jemand aufs Vortrefflichste verstehen, in dem Einen oder Andern zu unterrichten, die vortrefflichste Methode für einzelne Gegenstände besitzen, gleichwohl nützt sein gesammter Unterricht so viel als Nichts. Was trägt die Schuld? er weiß den Obliegenheiten nicht zu genügen, die ihm das Gesetz der Universalität des Unterrichts auferlegt. Hier in meiner Nähe lebt ein Singlehrer, der äußerst geschickt ist, die Schüler in allen Dingen des Rhythmus zu unterrichten. Seine Zöglinge sind so taktfest wie selten ein Sänger; auch treffen sie mit bewundernswerther Fertigkeit und Sicherheit; nichtsdestoweniger ist noch kein Sänger, viel weniger ein wirklich musikalisch Gebildeter aus seiner Schule hervorgegangen. Nicht als ob er nicht wüßte, was weiter dazu gehört; und als ob er in diesen Dingen nicht selbst unterrichtet wäre; im Gegentheile wird Jedermann, der ihn näher kennt, einen vielseitig und gründlich gebildeten Musiker in ihm schätzen, aber den Strom des gesammten Unterrichts, das Ganze des Bildungswerks weiß er nicht zu lenken. Er ist z. B. mit der Rhythmik schon fertig, wo er kaum damit anfangen sollte, und seine Schüler können Notenreihen absingen, ohne zu wissen, was sie singen: das erzeugt Wirrwarr, lauter Stückwerk, nichts Ganzes. Alle Gegenstände des Unterrichts müssen in gehöriger Verbindung mit einander und in naturgemäßer Folge auf einander, auch gehörig vertheilt nach Ordnung und Zeit abgehandelt werden. Das die Universalität des Unterrichts. Ohne sie kein Gedeihen des letztern. Gleich neben jenem Singlehrer wirkt ein Anderer, dem ich, wo es blos auf Ausbildung in den besondern Künsten des Vortrags ankommt, jeden Schüler anvertrauen möchte, aber niemals die ganze musikalische Erziehung desselben. Diese, von ihm geleitet, würde stets eine verfehlte sein. Fertig darin muß aber Jeder von uns sein. Wir können nicht fordern, daß die Eltern unsrer Zöglinge für jeden Zweig des Musikunterrichts einen besondern Lehrer anstellen, einen, der fertig ist in der Tonlehre, einen andern, der fertig ist in der Rhythmik rc.; fehlte doch zu dem immer auch noch der Oberlenker des ganzen Werks, der jedem Einzeln sagte: bis dahin, nicht weiter, bevor auch der Andere da angelangt, und so und so, nicht anders, bevor auch der zweite, dritte es anders macht. Es kann Jemand der vortrefflichste Lehrer der Geschichte, der Sprachen rc., gleichwohl aber der schlechteste Rektor eines

Gymnasiums sein, und ein Gymnasium mit den tüchtigsten Lehrern aber schlechtem Rektor wird nie ganz reife Jünglinge auf die Universität liefern. Wir haben die tüchtigsten Lehrer im Einzelnen, wie die geschicktesten Lenker des Ganzen zugleich zu sein. Die Forderung — habe ich schon gesagt — ist groß; aber unser Beruf und die einmal obwaltenden Umstände stellen sie an uns und wir müssen ihr genügen; anders sind wir nicht, was wir sein wollen und sollen, und werden alle Mühen, die wir aufwenden, im Hinblick auf den eigentlichen und ganzen Zweck unsers Unterrichts Nichts nützen. Ich muß wiederholen; wir lehren nicht blos rechnen, schreiben, lesen oder was dergl., haben es nicht blos mit einem Theile der Ausbildung unsrer Zöglinge zu thun, sondern mit derselben überhaupt, mit dem Ganzen derselben. Nehmen wir an, jeder andere Unterricht habe die Entwickelung der geistigen Kräfte des Zöglings, der Musikunterricht dagegen die Entwickelung der seelischen Kräfte desselben zum Zweck, so verfolgt jeder andere Unterricht diesen seinen Zweck in einer besondern Richtung, der Musikunterricht aber gleichzeitig in allen Richtungen, die dazu führen, und auch nicht etwa so wie dort, daß die verschiedenen Unterrichtszweige sich erst in dem allgemeinen Hauptzwecke mit einander vereinen, sondern so, daß diese Vereinigung schon vor dem nach und nach in gewissen Momenten statt hat. Wir sind nicht bloß Lehrer, sondern Erzieher zugleich. — Darnach, sollte ich meinen dürfen, werden meine verehrten Leser verstehen, was ich unter Universalität des Unterrichts begreife, so wie sie darnach auch schon bemessen werden, welche didaktische Regeln sich dieses Capitel zu entwickeln vorgesetzt hat. Einmal will ich darzuthun mich bemühen, daß es ganz und gar ohnmöglich ist, bei unserm Unterrichte einen der bisher betrachteten Lehrgegenstände einzeln, ohne Herbeiziehung auch der anderen Gegenstände vollständig abzuhandeln, also die Nothwendigkeit der Verbindung sämmtlicher Zweige unsers Unterrichts in einem. Doch so nothwendig diese Verbindung auch erscheinen wird, die Natur der zu verbindenden Gegenstände selbst wird zugleich beweisen, daß sie keine unbedingte sein kann und sein darf, und so werde ich mit dieser ihrer Nothwendigkeit sofort auch ihre Gränze näher zu bestimmen haben. Aus dieser Begränzung dann werden wir ersehen, daß sich, wie bereits angedeutet, nicht alle Gegenstände auf einmal und von Anfang an mit einander verbinden lassen, diese Verbindung sich vielmehr nur nach und nach, in einer gewissen Gliederung zu gestalten hat, und so führt diese Betrachtung in zweiter Linie auf die

Reihenfolge der Gegenstände oder auf nähere Bestimmung der Art und Weise jener Gliederung. Die Verbindung ist nothwendig, aber begränzt; diese Begränzung stellt sich dar in einer stufenweisen Aneinanderkettung der Dinge, wie stufenweisen Erweiterung derselben: so hat die Didaktik auch anzugeben, welche und wie diese Dinge sich der Reihe nach aneinander ketten. Die Bestimmungsgründe dafür — werden wir erfahren — liegen aber nicht blos in der Natur der Dinge oder Gegenstände selbst, sondern auch außerhalb derselben. Nicht blos die Beschaffenheit des Lehrgegenstandes, sondern auch andere und zwar äußere Umstände influiren auf jene Reihenfolge. Es kann diese nicht blos eine genetische, sondern auch eine von didaktischer oder pädagogischer Klugheit abhängige sein. Uebrigens vermag sich dieser Einfluß doch auch nur auf eine richtige Vertheilung der Lehrgegenstände nach Zeit und Ordnung zu beziehen, nicht eigentlich auf das naturgemäße stufenweise Zusammentreten derselben, um nach und nach einen gesammten musikalischen Unterrichtskörper zu gestalten, und so giebt denn diese Vertheilung der Dinge den Vorwurf zu einer dritten kommenden besondern Betrachtung ab. Mit derselben kennen wir die ganze Gliederung oder Verkettung: wie dieselbe beschaffen sein mag, eine Regel — werden wir finden — herrscht über alle, bleibt unveränderlich, umfaßt und durchdringt den ganzen Bau, wie ein Ring die Kette, die Regel der steten Verbindung von Theorie und Praxis, der Unablösbarkeit des Zeichens von der Sache und umgekehrt, und so schließt denn diese Regel auch die gesammte Reihe der Untersuchungen, welche wir anzustellen haben, um uns die Obliegenheiten, welche aus seinem Gesetze der Universalität für unsern Unterricht erwachsen, uns zu vergegenwärtigen.

1. Nothwendigkeit und Gränze der Verbindung sämmtlicher Zweige des musikalischen Unterrichts in einem.

Die erste Frage also lautet: ist nothwendig, daß wir alle Zweige unsers Unterrichts in einen Hauptzweig vereinen? daß wir alle Gegenstände desselben gemeinschaftlich und gleichzeitig abhandeln? — Ich habe in dem Bisherigen, wo mir oblag, darzuthun, was ich unter der überschriftlich verzeichneten Universalität des Unterrichts verstehe und verstanden haben will, diese Nothwendigkeit vorausgesetzt, jetzt kommt es darauf an, sie auch zu beweisen. Wohl kaum etwas schwerer! Man nenne mir welchen Gegenstand man will, und ich werde fragen: kann er gelehrt werden, ohne daß der Schüler auch schon von diesem oder jenem andern Gegenstande genügende Kenntniß hat? kann er gelehrt werden, ohne zugleich diesen oder jenen andern Gegenstand mit in die Lehre hereinzuziehen? kann er gelehrt werden, ohne zugleich den Blick auf diesen oder jenen andern scheinbar noch sehr weit ferne liegenden Gegenstand zu richten? kann der Schüler ihn machen, ausführen lernen, wenn er nicht auch schon dieses und jedes Andere auszuführen die Fertigkeit besitzt? und kann er ihn weiter ausführen lernen, als seine Fertigkeit gestattet, auch dieses oder jenes Andere sofort auszuführen zu lernen?— Einer unauflösbaren Kette gleich scheinen alle Gegenstände unsers Unterrichts in einander verflochten, ohne übrigens eine Selbstständigkeit aufzugeben, die bei dem ersten Anschauen deutlicher ins Auge fallen will, als jener unauflösbare Zusammenhang. Das auch gerade die schwere Kunst unsers Unterrichts, daß wir den Schüler in dem Glauben an diese Selbstständigkeit belassen und gleichwohl unser Verfahren nach jenem innern und äußern Zusammenhange aller Dinge ordnen, wodurch dies zu einem Verfahren wird, das dem Schüler stets den Weg, den er gewandert, vor Augen erhält, wie den Weg ahnen läßt, den er noch zu wandern hat, so daß ihn eigentlich Nichts mehr überrascht, was ihm noch auf demselben begegnet, so gewiß er um jenes Glaubens willen alle Dinge nur einzeln ins Auge faßt. Ich darf nicht beim Allgemeinen stehen bleiben. Nehmen wir an, wir lehren unsern Schülern nur erst die Töne: ist ein ganzer Erfolg des Unterrichts möglich, ohne zugleich auch in die Rhythmik hinüber zu greifen, und vermögen wir aus dieser das nöthige Hülfsmaterial herbeizuholen, ohne zugleich einen Griff in die Terminologie zu thun? Nein! selbst der Organologie bedarfst Du sogar noch, oder es liegt Dir falscher Weise Nichts daran, daß der Schüler auch weiß, wie die Töne, die Du ihm lehrst, entstehen, erzeugt werden. Nehmen wir an, wir lehren unsern Schülern die Tonarten; ist ein ganzer, ein rechter Erfolg des Unterrichts möglich ohne Hülfe der Melodik und Harmonik und vermagst Du diese Hülfe gehörig zu benutzen, wenn Du sie dir nicht zugleich auch von der Formenlehre zuführen läßt? Nein, und so gewiß nicht, als mir Niemand beweisen wird, daß er anders seinem Schüler schon beizubringen im Stande war, was das heißt: „das Stück geht aus der oder der, oder steht in der und der Tonart;" als mir Niemand zu beweisen im Stande sein wird, daß sich anders den Schülern nur die rechten Kennzeichen der Ton-

arten und Tongeschlechte der Tonstücke lehren laffen. Die Vorzeichnungen und Schlußtöne sind diese nicht, sondern sie liegen in
der Harmonie und sind also nur mit Hülfe dieser wahrzunehmen.
Sie sind die Leittöne. Nehmen wir an, wir haben unsern Schülern den Triller oder eine andere Spielmanier zu lehren: müssen sie
nicht schon den Grad von mechanischer Fertigkeit durch andere Dinge
gewonnen haben, der dazu gehört, solche Verzierungen auszuführen
und ist ein ganzer Erfolg des Unterrichts möglich, wenn wir nicht
sofort auch Gegenstände der Dynamik, als Deutlichkeit, Präcision
rc., Gegenstände der Semiotik, Terminologie rc. mit in denselben hin-
einziehen? — Nehmen wir an, unsere Schüler sollen jene unter
dem Namen Triolen, Sertolen, Quintolen rc. bekannten Figuren
kennen und ausführen lernen: müssen wir nicht zu dem Ende sowohl
zurück zu der Lehre des Tonsystems schreiten als vorwärts in das
Bereich der Rhythmik und Dynamik? Kann diese, die Dynamik
überhaupt, wieder Etwas leisten ohne Melodik und Harmonik,
Rhythmik, Formenlehre, Terminologie und Organologie? Nein! und
so gewiß nicht, als die Darstellungslehre des Malers nicht ohne
Lehre der Perspektive, der Farben rc. Selbst das Einzelnste steht in
Beziehung zum Ganzen, und nicht etwa blos organisch, sondern —
was hier uns allein angeht — selbst didaktisch. Denke ich z. B.
nur an das Arpeggio: wie ist mir möglich, dem Schüler den rechten Begriff davon beizubringen und ihm seine richtige Ausführung
zu lehren, wenn ich ihm nicht sage, woher das Wort kommt, warum
es von da entlehnt worden, an welchem Zeichen diese Vortragsweise zu erkennen, welche rhythmische Veränderung mit den Tönen
in dieser vorgeht rc., kurz, wenn ich nicht gleichzeitig auf den Boden der Semiotik, Rhythmik, Harmonik, Dynamik und Organologie mich stelle? — Auch auf den Boden der Organologie? —
Allerdings; denn anschaulich soll ich unterrichten und wie kann ich
dies anders, als wenn ich dem Schüler durch Andeutungen über
die Beschaffenheit der Harfe den Sinn von dem „nach Harfenart"
klar in die Augen fallend mache? Es mögen das nur Andeutungen, allgemeine Winke sein, jedenfalls sind sie organologischer Natur, entspringen sie dem Boden der Organologie. Selbst die allerersten mechanischen Uebungen, die ich mit dem Anfänger anstelle,
haben eine weit allgemeinere musikalische Beziehung, als vielleicht
Viele glauben, und ich muß sie in dieser Beziehung anstellen, will
ich sie recht anstellen, wenn gleich der Schüler sich dessen noch nicht
bewußt wird, sondern in der Meinung beharrt, als handle es sich

lebiglich um bie eine Sache, bie er ba eben betreibt. Z. B. ben=
ken wir uns einen erften Anfänger im Clavierspiele. Ich laffe ben=
felben bie fünf Finger auf bie Taften fetzen unb fünf neben einan=
ber liegende Taften ber Reihe nach anfchlagen. Damit er weiß, was
er thut unb nicht einer tobten Mafchine gleich vor bem Juftrumente
fitzt, mußte ich ihm zuvor fagen, was bie Taften find unb wie es
zugeht, baß burch ben Nieberbruck berfelben Töne entftehen. Er
fpielt bie fünf Töue; kaum hält er bie Hand unb Finger etwas
orbentlich, fo verlange ich auch fchon, baß er fie in einer gewiffen
genau gemeffenen Ordnung fpielt: ich zähle unb er fpielt bie Töne
rhythmifch, taktmäßig. Wie lange ber einzelne Finger babei auf
feiner Tafte verweilte, war mir noch Nebenfache; nun aber halte
ich ihn auch an, baß er keinen Finger früher aufhebt, bis ber fol=
genbe niebergefetzt wirb; ich muß ihm zugleich bie Urfache bavon
fagen: fobalb ber Finger von ber Tafte, hört auch ber Ton auf,
hebe ich ben Finger nun früher auf als wie gefagt worben, fo er=
fcheinen bie Töne vereinzelt, getrennt, wie eine Perlenfchnur mit
lauter leeren Stellen zwifchen je zwei Perlen, hebe ich ihn aber
nicht früher auf als gefagt worben, fo fchließt fich auch Ton unmit=
telbar an Ton an, fließen bie Töne gewiffermaßen in einanber, wie
an einer lückenlofen Perlenfchnur Perle in Perle zu verfchwimmen
fcheint; was aber ift bas anbers als fchon ein Stückchen aus ber
Vortragslehre, als bas A B C bes staccato unb ligato? — ber
Schüler glaubt, baß Alles, was ich ihm fage, nur ben Zweck habe,
ihn bie fünf Töne recht fpielen zu lehren; ift fich nicht bewußt,
ahnet kaum, mit welch' unb wie vielen anbern fehr wichtigen Din=
gen bas Alles in unmittelbarem Zufammenhange fteht; er fühlt
· wohl Etwas ber Art, namentlich bei ben erften organologifchen unb
nachgehends taktifchen Bemerkungen, aber vermag fich keine Rechen=
fchaft bavon, von bem was er fühlt, zu geben; ich bagegen weiß
beftimmt, in welchem Bereiche ber Clavierkunft ich mich bereits be=
wege, weiß beftimmt, baß ich fchon mehrere Zweige meines Unter=
richts in ber Hand habe, um fie zufammenzuwinden nach unb nach
in einen, unb inbem ich bas weiß, bie Zweige überbem alle genau
kenne, berechne ich auch genau nach bibaktifchen Regeln, wie weit
unb auf welche Weife ich bie Zweige in bie Hand zu nehmen habe,
um fie bergeftalt zufammenzuwinden, baß mir bas Werk ihrer progrefj=
fiven Verfchmelzung in einen Hauptftamm vollftänbig gelingt. Uebri=
gens war bann, als ich mit bem Schüler blos jene allererfte mecha=
nifche Uebung vornahm, auch fchon nothwenbig, baß ich bas zu=

gleich dabei bemerkte und bewerkstelligte, welches mir jetzt ein Recht giebt, einen Zusammenhang derselben mit Rhythmik, Dynamik, Orga-nologie ꝛc. zu behaupten? — Ich frage nicht so und vielleicht fragen auch die meisten meiner Collegen nicht mehr so; dennoch könnte sein, daß bei dem einen oder andern meiner verehrten Leser ein Ge-danke der Art rege würde. Ich antworte ihnen: versuchet, ob Ihr anders zu etwas Ordentlichem gelangt. Die in Ueberschrift genannte Nothwendigkeit ist eine Thatsache, welche sich nicht wegleugnen läßt, mögen wir uns stellen, auf welchen Standpunkt wir wollen, und mögen wir uns bewegen einerlei in welcher Sphäre des Unterrichts. Es gleicht dieser in Betracht seiner Gegenstände einer Kette, aus der kein Glied hinweggenommen werden kann und darf, ohne das Ganze zu zerstören; einer Kette, zusammengesetzt aus den unter sich ver-schiedenartigsten Dingen, die aber alle zur Gesammtheit durchaus nothwendig sind. Keines dieser Dinge kann für sich und ohne alle die andern Etwas nützen, aber sie alle auch können und werden Nichts nützen, wenn sie blos neben einander und nicht so aufgestellt sind, daß sie unmittelbar in einander greifen zu einem unauflösbaren Ver-bande. In Betracht seiner Gegenstände hat man unsern Unterricht schon mit einem Blumenkranze verglichen, prangend im tausendfälti-gen harmonisch wohlgeordneten Farbenspiel, aber man hätte auch hinzusetzen sollen: gewunden blos mit Einem Bande, das, aufge-löst an irgend einer Stelle, den gesammten Kranz zusammenfallen läßt zu einem kein Auge mehr erfreuendes Blumenchaos. Doch unser Unterricht gleicht in Betracht seiner Gegenstände auch einer Kette, in der jedes Glied seine ihm eigenthümliche Stelle hat, aus der es nicht verrückt werden darf, ohne ebenfalls das Ganze zu zerstören, einem Blumengewinde, in dem keine Blumen fehlen, aber keine auch eine andere Stelle einnehmen darf, wenn die Harmonie des Ganzen nicht aufgelöst werden und dieses seine volle wohl-thuende Wirkung behalten soll. Das führt auf die Gränze jener Verbindung. So nothwendig diese, die Verbindung sämmtlicher Zweige unsers Unterrichts in einem, ist, so hat sie doch auch ihre bestimmt gemessenen Gränzen. Ich verstand unter jener Verbindung die Universalität des Unterrichts, aber es schließt diese nicht etwa den Begriff des willkürlichen Zusammenschüttelns und Zusammen-würfelns aller Gegenstände des Unterrichts in eine compakte Masse in sich, sondern wie alle Dinge dessen, was wir gewöhnlich das Universum nennen, wohl geordnet sind nach einem sie alle durch-lebenden und durchbebenden System, nach System, von dem eben ihr Dasein bedingt wird, so auch in Ansehung der Gegenstände unsers Unterrichts. Es ist richtig, daß wir diese nicht alle einzeln und selbstständig abzuhandeln vermögen, sondern sie erfassen müssen nach einem gemeinschaftlichen Verbande; aber dieses Band kann sich auch nicht willkürlich um sie alle schlingen, sondern nur nach einem gewissen didaktischen System, und das die Gränze jener Verbindung. Es ist diese nicht unbegränzt, sondern eine bedingte. Wenn ich sage, daß ich keinen Gegenstand ordentlich zu lehren im Stande bin, ohne auch, wenn nicht alle, doch die meisten übrigen Lehrgegenstände mit in den Unterricht hineinzuziehen, so ist damit nicht auch zugleich gesagt, daß, so bald ich einen Gegenstand zur Aufgabe meines Unterrichts gemacht habe, sich alle übrigen bis zu gleicher Wichtigkeit damit vereinen, alle in demselben Momente zu gleicher Aufgabe werden; ja es ist auch noch nicht einmal damit gesagt, daß diese Aufgabe zugleich wirklich sämmtliche übrige Gegenstände mit umschließt. Es können deren bald mehrere, bald wenigere sein, und es treten von diesen bald mehrere, bald wenigere in den Vordergrund, während die übrigen sich dahinter gruppiren in vollkommen perspektivischer Ordnung. Die Verbindung muß eine völlig systematische sein. Es gleicht in dieser Beziehung unser Unterricht einem Drama. Von den zu dessen Handlung gehörenden Personen kann keine weggelassen werden, soll das Ganze nicht gestört werden, die Darstellung eine vollständige sein; alle Personen auch sind das ganze Drama hindurch in fortwährender Thätigkeit, wenn auch das eine Mal mehr activ, das andere Mal mehr passiv; aber niemals stehen alle Personen mit gleicher Bedeutung, mit gleichem Antheile an der Handlung auf der Bühne, vielmehr je nach Beschaffenheit der Scene und nach dem Momente der Entwickelung der Haupthandlung bald diese bald andere mehr im Vordergrunde, während die übrigen sich um diese blos so weit und in solcher Ordnung gruppiren, als nothwendig ist, um ihre Handlung, ihren Charakter und deren Beziehung zu der Haupthandlung und damit selbst diese zu verdeutlichen, recht verständlich zu machen, ins rechte und immer hellere Licht zu stellen. Der Vergleich trifft vollkommen zu, ja so vollkommen als der Vergleich eines Eies mit einem andern. Ich habe oben gesagt, unser Unterricht sei in gegenständlicher Beziehung ein Strom, der nach und nach wachse, einen Bach nach dem andern aufnähme und endlich alle seine Gewässer in einem Bette vereinigt ergieße in das allgemeine Meerbecken, wo Nichts mehr sie scheide, weder Farbe noch Geschmack, als besondere Einzelnheit. Das ist richtig. Gegenstand nach Gegenstand fließt unserm Unterrichte zu, um endlich mit allen übrigen, die dazu gehören, sich zu vereinen und so gemeinschaftlich mit diesen in dem Ziele vollkommener musikalischer Durchbildung die Bahn zu vollenden. Kein Strom empfängt sofort aus seiner ersten Quelle die Wassermasse, mit der er sich ergießt in einen andern oder in das allgemeine Weltmeer. Erst durch die Aufnahme noch vieler anderer Quellen und Nebenflüsse wird solche nach und nach gebildet. Doch ist wieder der Unterschied, daß hier der Zufluß ein blos zufälliger sein kann, jedenfalls nicht von dem Hauptstrome abhängt, während dort, bei unserm Unterrichte, die didaktische Kunst und der Hauptgegenstand darüber nach Maß und Ort entscheidet. Ich wiederhole: nach Maß und Ort. Es ist weder einerlei, wo wir die verschiedenen Gegenstände mit einander verknüpfen und auf welcher Seite, noch wie weit dies in dem Augenblicke geschieht. Die Verbindung ist, wenn an sich auch noch so nothwendig, doch immer begränzt, bedingt; sie muß eine systematische, eine nach ganz bestimmten Regeln bestimmt geordnete sein. Um die Gränze zu erfahren, bis zu welcher die Verbindung zu geschehen hat, wird es also nun auf Erforschung dieser Regeln ankommen. Woher dieselben nehmen? — Woher entlehnt sie der Chemiker, Physiker für seine Mischungen? — Der Schauspieler für seine scenischen Darstellungen? — Den Vergleich unsers Unterrichts mit einem Drama in seinem diesseitigen Betracht fand ich so passend: nach welcher Regel ordnet sich die scenische Gruppirung und Handlung? nach der Beschaffenheit des eben darzustellenden Hauptgegenstandes. Nehmen wir unsere Regel eben daher, und die allgemeinen Regeln der Unterrichtskunst (s. den ersten Theil) über Lehrart, Lehrform und Wahl des Lehrstoffs überhaupt im Auge, werden wir nie fehlen weder in dem Wo noch in dem Wie der Verbindung der Gegenstände. Unter Beidem verstehe ich hier zugleich die Zahl und Wahl der zu verbindenden Lehrgegenstände. Giebt doch die Natur der Dinge immer den sichersten und rechtesten Maßstab für die Behandlung derselben, mag diese sein, welcher Art sie will, didaktisch oder welcher Art sonst. Welcher in jedem Augenblicke unser Hauptlehrgegenstand ist, können wir nie im Zweifel sein. Wer noch von solchen Zweifeln gequält wird, der lasse das Unterrichten, er ist noch kein Lehrer und wird auch wohl niemals einer werden. Wissen wir aber den Hauptgegenstand und kennen die innere und äußere Natur desselben, so wissen wir auch die Beziehungen, in welchen derselbe zu noch sonstigen von allen unsern Lehrgegenständen steht, und diese Beziehungen bezeichnen deutlich und aufs genaueste, welche von diesen weiter mit demselben in Verbindung gebracht werden müssen, oder doch in Verbindung gebracht werden können. Damit haben wir das Eine: wir werden auch das Andere und Dritte finden. Welche von diesen weitern Gegenständen dann gerade in dem Augenblicke damit in Verbindung gebracht werden müssen, entscheidet die Richtung, in welcher eben der Hauptgegenstand gelehrt wird. Ebenso entscheidet diese sowohl über das Maß als drittens über die Art und Weise dieser Verbindung. Der Hauptgegenstand ist die Haupthandlung; er steht also immer und überall im Vordergrunde; auf ihn fällt der Blick zunächst; alle übrigen damit in Verbindung zu bringenden Gegenstände gruppiren sich nun um ihn, wie die Lichter, die zu seiner Beleuchtung nothwendig sind, und wie das zu geschehen hat, kommt auf die Handlung selbst an. Ein und dieselbe Person kann in verschiedenen Richtungen thätig sein, diese Richtung entscheidet, von welcher Seite sie hauptsächlich dem Auge des Beschauers ausgesetzt sein soll. Ein und dieselbe Handlung läßt eine verschiedenartige Betrachtung zu, wie diese angestellt wird, entscheidet, welche weitern Handlungen und in wie weit dieselben dabei zugleich in Berührung kommen. Da kann es geschehen, daß das eine Mal ein und derselbe Nebengegenstand blos angedeutet, blos im Vorbeigehen erwähnt oder doch noch in entfernterer dunkler Betrachtung gelassen, das andere Mal schon zu näherer, hellerer, deutlicherer Mitbeschauung herbeigezogen wird. Darüber entscheidet die Richtung, in welcher das Licht auf den Hauptgegenstand fällt, die eben vorherrschende Art seiner Beleuchtung. Eben so kann es da geschehen, daß mit ein und demselben Hauptgegenstande das eine Mal mehr, das andere Mal wenigere Nebendinge in Verbindung treten. Die Ursache ist dieselbe. Auch können aus demselben Grunde das eine Mal mehrere, das andere Mal wenigere Nebengegenstände dem Vordergrunde, in welchem der Hauptgegenstand steht, sich näheren, ein drittes Mal vermag dieser wohl da ganz allein verweilen, während alle übrigen nur aus tiefem Hintergrunde hervorschauen. Es drängt mich, um der Wichtigkeit der Sache willen, zuvor noch zu einem Gleichnisse, ehe ich zu Beispielen übergehe. Ich darf Nichts versäumen, was zu deutlichem, klarem Verständniß meiner Ansichten in diesen Dingen beitragen kann. Wir haben schon oft die Musik eine Sprache genannt und musikalische Produktionen Redevorträge: knüpfe ich das Gleichniß hier an. Angenommen, ein Prediger spricht zu seiner Gemeinde über das große Werk der Erlösung; es hat dieses eine

Vergangenheit und eine Zukunft; jene liegt in der Versöhnung
Gottes mit dem Menschen durch den Opfertod Christi, diese in der
dadurch bewirkten Heiligung des Menschen; beide Gedanken lassen
sich nicht von einander trennen; es ist ohnmöglich, das ganze große
Werk der Erlösung ohne Verbindung der beiden Gedanken zu begreifen oder begreiflich zu machen, zu lehren; gleichwohl hat auch
diese Verbindung wieder ihre Gränzen; es ist eben so ohnmöglich,
beide Gedanken in einen zusammenzufassen; der Prediger wird und
muß sie einzeln zum Thema seines Vortrags oder seiner Vorträge
machen, d. h. dergestalt einzeln, daß er das eine Mal diesen, das
andere Mal jenen in den Vordergrund stellt, während der andere,
weil eine gänzliche Trennung ohnmöglich, den in den Vordergrund
gestellten umgiebt wie ein erleuchtender Stern oder wie ein Stern,
der nothwendig sein Licht von da empfängt, und dies um so mehr,
um so lebendiger, um so strahlender, je mehr sich der Vortrag von
dem Einzelnen zur Betrachtung des Ganzen hinneigt oder je näher
er dem Uebergange von der einen Sonderheit zur andern rückt, auch
je mehr ihm noch Aufgabe ist, die Scheidung des gesammten Werks
nach jenen beiden Richtungen darzuthun. Nun ein Paar Beispiele,
die Alles noch deutlicher machen werden, zumal wenn ich dieselben aus
dem eigentlichen praktischen Unterricht entlehne. Es kommt in einem
Tonstücke, das mein Schüler spielt, ein Doppelschlag vor. Es hieße
nicht unterrichten, sondern abrichten, wollte ich ihm die Ausführung desselben nur einfach zeigen und dann die Manier von ihm nachmachen lassen.
Um zu unterrichten, muß ich ihm vielmehr sofort sagen, was überhaupt ein Doppelschlag ist, wodurch er sich von den übrigen ähnlichen Manieren unterscheidet, also auch diese sammt ihren Zeichen
daneben halten, muß den Zweck solcher Manieren überhaupt darthun, muß ferner den Vortrag derselben lehren, muß, damit der
Schüler in allen Fällen, wo ein Doppelschlagszeichen vorkommt,
weiß, welche Töne er zu dessen Ausführung zu nehmen hat, lehren,
daß der obere Ton desselben stets ein Leitereigener, der untere aber der
Leitton des Haupttones ist, muß die rhythmische Eintheilung solcher
Manieren im Verhältniß zu den dadurch verzierten Hauptnoten beweisen, ja muß endlich sogar auf den unterschieblichen Vortrag derselben je nach Beschaffenheit des Organs zu reden kommen, und
muß so eine Menge Dinge aus der Semiotik, Rhythmik, Dynamik,
Harmonik, Melodik, Organologie rc. zugleich berühren; aber unter
allen bleibt der Doppelschlag doch die Hauptsache; ich ziehe alle jene
Dinge nur so weit mit in den Unterricht herein, als nöthig ist, die

Lehre vom Doppelschlage zu vervollständigen, die Natur und Wesenheit dieses dem Schüler recht anschaulich und begreiflich zu machen. Unrecht, zu Viel würde ich thun, wollte ich in diesem Augenblicke jene Lehrbereiche noch weiter mit einander verschmelzen,
wollte ich Dinge aus denselben mit in Betrachtung ziehen, die sich
nicht dergestalt um den eben gegenwärtigen Hauptlehrgegenstand
gruppiren lassen, daß der Charakter, die Wesenheit desselben dadurch
in ein um so helleres Licht gestellt wird. Andere Gegenstände zu
Hauptgegenständen gemacht, wird Gelegenheit genug, auch noch andere, mit dem Doppelschlage in keiner näheren Verbindung stehenden Dinge daraus zu berühren, und umgekehrt werden Dinge dieser
jetzigen Nebenbereiche, zu Hauptlehrgegenständen geworden, auch Gelegenheit geben, die Lehre von dem Doppelschlage und den übrigen
Manieren wieder als erhellende, erläuternde Staffelei mit in Betrachtung zu ziehen, so daß alle Gegenstände didaktisch gewissermaßen in einer Wechselbeziehung zu einander stehen. Z. B. in der
Lehre von der Kunst des Vortrags bei der leichten und verzierten
Vortragsweise angelangt, kommt der Doppelschlag sammt allen übrigen Figuren und Manieren wieder dergestalt als den Hauptlehrgegenstand ergänzend, erklärend, vervollständigend in Betracht, wie
dort diese Lehre nur dazu diente, das Wesen des Doppelschlags als
des Hauptlehrgegenstandes in ein um so helleres Licht zu stellen.
Ich lehre meinem Schüler die Tonarten; bei den Molltonarten und
deren Leitern angekommen, kann ich nicht umhin, ihm auch zu sagen,
daß viele Tonlehrer auch die blos melodische Gestalt dieser Leitern
sowohl auf- als abwärts durch die kleine Serte und große Septime
ausgeführt haben wollen, während andere hiefür aufwärts die große
Serte und große Septime, abwärts dagegen die kleine Serte und
kleine Septime vorschreiben; die Unnatürlichkeit des melodischen
Schrittes von der kleinen Serte zur großen Septime fühlt der Schüler; die Abweichung von der Bewegung der Durtonleitern würde
ihm unerklärlich, unbegreiflich bleiben, wollte ich nicht sofort zur
Harmonik meine Zuflucht nehmen und aus dieser ihm die Nothwendigkeit der Erscheinung des Leittons bei allem melodischen Auf-
wärtsfortschreiten der Töne vor der Tonica darthun; einen ganzen
harmonischen Apparat muß ich also herbeiholen, um ihm die Moll-
tonleitern bilden zu lehren und ihn nicht in deren Gestaltung blos
abzurichten; aber ich thue das auch nur so weit als nöthig ist, dem
Schüler den Hauptlehrgegenstand, die Gestalt der Molltonleiter,
begreiflich zu machen; alles Weitere in dem Bereiche der Harmonik

kümmert mich jetzt noch nicht; der Dinge, welche zur Herbeiziehung auch dieses Weiteren Veranlassung geben, treten nach und nach noch genug in den Vordergrund des Unterrichts, wenn ich nur warten will, so wie, sobald ich einmal förmlichen Unterricht in der Harmonie ertheile, auch da wieder Gegenstände vorkommen werden, zu deren Erhellung nothwendig ist, zur Lehre von den Tonarten zurückzukehren und bies zwar um so mehr, um so weiter ausführlicher, je mehr von daher das rechte Licht für den eben aufzuhellenden Hauptgegenstand zu erwarten ist. Das die Gränze der Verbindung sämmtlicher Zweige unsers Unterrichts in einem. Jetzt glaube ich hoffen zu dürfen, verstanden worden zu sein. Nothwendig ist diese Verbindung; keinen Augenblick, bei keinem Schritte vorwärts können wir ihr entgehen, wollen wir wirklich unterrichten, bilden, erziehen, und nicht abrichten, dressiren; aber sie hat auch ihre bestimmt gemessene Gränze, und die Richtschnur für dieses Maß giebt die Natur und Beschaffenheit, der Umfang und Inhalt des eben vorliegenden Hauptlehrgegenstandes ab. Ich setze ausdrücklich hinzu: Umfang und Inhalt! Kein Gegenstand kann und darf Anfängern schon in dem Umfange gelehrt werden als bereits Vorangeschritteneren, und so wird und muß bei jenen auch diese Verbindung des Hauptlehrgegenstandes mit andern Nebenlehrgegenständen eine weit beschränktere, enger begränzte sein müssen als bei diesen. Das gebieten schon die allgemeinen Regeln der Unterrichtskunst und sagte ich auch deshalb bereits oben, daß an der Hand dieser im ersten Theile dieses Buchs niedergelegten Regeln der Maßstab für jene Verbindung in der Natur des eben vorhandenen Hauptlehrgegenstandes von selbst gefunden werde.

2. Folge der Gegenstände.

Was zugleich daraus, aus dieser Begränzung oder Bedingtheit der mehrerwähnten Verbindung hervorgeht, ist, daß ungeachtet dieser, der Verbindung sämmtlicher Zweige unsers Unterrichts in einen, doch auch eine gewisse Stufenfolge der Lehrgegenstände dabei statt hat, und so gewiß statt haben muß, als kein Bau auf einmal in allen seinen Theilen in Angriff genommen und vollendet wird und werden kann, sondern derselbe nur entsteht und entstehen kann durch Anfügung von Theil an Theil, Glied an Glied. Ich komme damit auf den ersten Vergleich unsers Unterrichtswerks mit einem Strome zurück, der nach und nach Bach um Bach, Fluß um Fluß in sein Bett aufnimmt, um endlich mit allen ihm gehörenden Was-

34

fern sich zu ergießen in das allgemeine Weltmeer, hier die Gesammt=
ausbildung des Zöglings. „Unterrichte planmäßig!" lautete die
allgemeine Regel. Das ist, was hier im Speciellen zur Sprache
kommt, aber die Planmäßigkeit der Methodologie ist noch eine an=
dere als die der allgemeinen Didaktik. Sie fordert ein Namhaft=
machen der einzelnen Lehrgegenstände in der Reihe, in welcher die
gute Methode sie auf einander folgen zu lassen hat, sowie der
Gründe, auf welche diese die Classificirung baut. Wir haben uns
überzeugt, daß es ohnmöglich ist, jeden einzelnen Lehrgegenstand
vollständig und abgeschlossen für sich abzuhandeln, ehe man zu
einem andern fortschreitet. Es herrscht Universalität in unserm
Unterrichte. Bei jedem Schritte vorwärts, den wir thun, ist noth=
wendig, daß wir zugleich rechts und links schauen und Stoff auch
aus andern Bereichen hernehmen, um in dem Bereiche, in welchem
wir eben arbeiten, mit wahrhaftem Vortheile, in Absicht auf die
Totalbildung des Zöglings fortarbeiten können. Wie kein anderer
Lehrer sind wir gezwungen, alle Dinge, welche auf die musikalische
Ausbildung dieses abzielen und deren Können oder Wissen dazu
gehört, gemeinschaftlich, in steter Verbindung mit einander zu be=
handeln. Doch eben so ohnmöglich ist, diese Verbindung gleich vom
ersten Beginn des Unterrichts an dergestalt eintreten zu lassen, daß
sie sämmtliche Gegenstände dieses gleichmäßig umschließt und fortan
bei der weiteren Entwickelung der Lehre auch stets gleichmäßig um=
schlossen hält, bis letztere angelangt ist am Ziele der Vollendung.
Vielmehr bildet sich dieselbe nur nach und nach, je nach dem Gedeihen
des gesammten Unterrichtswerks. Von einer Einheit geht dieses aus
und gelangt erst nach und nach durch Aufnahme immer weiterer und
mehr Stoffe zu jener seiner gesetzlichen Totalität. Ungeachtet seiner
Universalität ist unser Unterricht doch durchaus auch organischer Natur.
Keinen Schritt vorwärts kann er qualitativ thun, ohne sich auch quantita=
tiv nach allen Seiten hin mehr auszubreiten, aber er wächst auch in dieser
Beziehung wie Alles wächst in der sichtbaren und unsichtbaren Welt.
Die Ausbreitung ist nicht auf einmal, gleich mit dem ersten Schritte
eine totale durch alle Bereiche unsere Kunst, sondern sie geschieht
progressiv. Wie die Zweige des Baumes sich alle vereinen in dem
einen Stamme, so die Zweige unsers Unterrichts, aber wie dieselben
sich auch nach und nach erst demselben ansetzen, bis sie sich abschlie=
ßen in der Krone, so auch diese Zweige, so hat auch unser Unter=
richt der Hauptsache nach Gegenstand an Gegenstand zu reihen,
Stoff an Stoff. Das zu zeigen, näher darzuthun, meine Aufgabe

hier. Es widerspricht diese demnach der Ueberschrift des ganzen
Capitels nicht, sondern macht einen wesentlichen Theil seines Inhalts aus. Bereits bei der Methodik der einzelnen Lehrzweige habe
ich in der Regel zwar angedeutet, wo und wann dieselben erstmals
hervorzutreten und wie sie sich dann weiter im Verein mit den
übrigen Zweigen zu entwickeln haben, indem ich angab, welche
Kenntnisse und Fertigkeiten der betreffende Unterricht schon voraussetzt und zu welchen andern Kenntnissen und Fertigkeiten er unmittelbar oder mittelbar zu führen hat. Doch das genügt nicht.
Eine wirkliche Methodologie hat auch eine förmliche Genesis ihres
Unterrichts zu enthalten. Dieselbe hätte schon früher aufgestellt
jedenfalls der Methodik der einzelnen Lehrgegenstände vorangeschickt
werden sollen, werden Einige sagen, aber nach meinem Dafürhalten
mit Unrecht. Zwar gelangt man gemeiniglich erst von der Klarheit
zur Deutlichkeit, aber die Regel kann nur auf die Aufgabe meines
ganzen Buchs angewendet werden, nicht auf einen Theil derselben.
Erst das Allgemeine, dann das Besondere! diese Logik habe ich befolgt, indem ich der speciellen Methodologie die allgemeine Didaktik
vorangehen ließ. Nun aber konnten in jener erst die einzelnen
Lehrgegenstände jeder für sich zur Betrachtung kommen, und erst
dann, wenn man nach derselben und durch dieselben entdeckte, daß
diese alle in einem unmittelbaren, unzertrennlichen Zusammenhange
mit einander stehen, konnte die Frage nach dem organischen Verhältnisse desselben sich aufdrängen. Es ist dieß meiner Ansicht nach
so richtig, wie die Beschauung und Erforschung keines sichtbaren
Gegenstandes anders angestellt wird. Ich betrachte ein Haus zuvor, vor Allem in seiner Totalität, nach seinen allgemeinen Umrissen und Formen. Es entgeht mir dabei nicht, daß es aus einzelnen Theilen zusammengesetzt worden. So schreite ich nun auch
sofort zur Betrachtung dieser einzelnen Theile für sich. Dabei entgeht mir nicht, daß dieselben in einem unmittelbaren Zusammenhange mit einander stehen, der nicht aufgelöst werden kann und
darf, ohne das Ganze zu zerstören, der so eng ist, daß nicht einer
davon ohne Nachtheil für das Ganze hinweggenommen werden kann,
und daß ich von keinem eine volle, genügende Kenntniß zu erhalten vermag, wenn ich nicht sofort auch bald den einen oder andern,
bald alle übrigen Theile mit in Betrachtung ziehe. So kommt
denn nun auch erst die Reihe an die Untersuchung, wie die einzelnen Theile alle in einander greifen, sich nach und nach an einander
reihen, um endlich zusammengenommen das ganze Haus zu bil-

34*

den, kurz an die Untersuchung, die ich eben hier in Beziehung auf
die musikalische Unterrichtskunst anzustellen vorhabe. Ich meine somit, daß sie ihren rechtesten Platz hat, im rechten Augenblicke angestellt
wird, wie denn nach allem Vorangeschickten über ihre Nothwendigkeit, Unabweislichkeit hierorts kein Zweifel mehr obwalten kann.
Universalität unsers Unterrichts stellt sich als ein nicht zu umgehen-
des Gebot seiner Methode dar; doch erschien die sich daraus fol-
gernde Verbindung sämmtlicher seiner Zweige in einen nur als eine
begränzte, bedingte; daraus wieder ergab sich, daß die Begränzung
zugleich eine Succession der Lehrgegenstände in sich schließt: was
kann unmittelbarer folgen als die Frage nach dem Wie dieser Succession? — Nichts, und somit zur Antwort auf die Frage. Sie
meine Aufgabe hier. — Aller Musikunterricht fußt auf einer gewissen praktischen Fertigkeit. Niemand kann Musik überhaupt, einerlei in welcher Richtung oder Beziehung lernen, ohne vor Allem
eine praktische Schule durchzumachen, d. h. bestimmter und deutlicher
mich ausgedrückt, ohne sich auf irgend eine Weise, auf irgend einem Organe (Instrumente) irgend welche mechanische Fertigkeit anzueignen. Diese, die mechanische Fertigkeit, daher der Stamm alles Unterrichts, an den sich alle übrigen Gegenstände nach und
nach anschließen, den sie umranken oder aus dem sie hervorsprossen,
wie die Zweige und Aeste eines Baumes an, um und aus dem
Stamm dieses, das Grund- oder Urbett des gesammten Lehrstromes,
in das sich alle andern Gegenstände nach und nach ergießen, wie
die Bäche und Nebenflüsse in das Hauptbett eines wirklichen Flus-
ses. Jeder Stamm übrigens hat seine Wurzel, der er entkeimt, jeder
Fluß seine erste Quelle, aus der er entsprungen: wo unsere Wurzel, unsere Quelle? — Wir werden sie finden. Die mechanische
Fertigkeit entkeimt zunächst der Kenntniß des Organs, auf dem sie
erworben werden soll, und der Art der Tonerzeugung auf demselben.
Wer brauchte noch zu suchen nach den uranfänglichen Gegenständen? — Die nächsten, die sich damit vereinen, daran anschließen,
sind die Dinge der Semiotik und die ersten der eigentlichen Tonlehre, aus denen wieder die Bildung des musikalischen Gehörs und
die Förderung der Fertigkeit im Notenlesen und Tontreffen empor-
schießen wie die ersten Ausschläge einer Pflanzenwurzel. Daß von
Allem nicht zu viel auf einmal und nur das zur Hauptsache Gehörige gelehrt wird, gebieten schon die allgemeinen didaktischen Regeln, wie die oben entwickelten über die Begränzung der Zweigver-
verbindung. Vorangeschritten in der mechanischen Fertigkeit führen

die Mittel, welche wir dazu anwenden, von selbst zu der Lehre von den Tonarten und Tongeschlechten, und diese erschließt wieder der Intervallenlehre ihre ersten Setzlinge, so wie die Mittel, welche wir zur Förderung des Notenlesens und Tontreffens anwenden, den unmittelbarsten Uebergang bilden zur Lehre vom Takt. Damit haben wir aber auch schon vier verschiedene Nebenbereiche unsers Unterrichts betreten: das Bereich der speziellen Tonlehre (der Lehre vom Tonsystem), der Rhythmik, Dynamik und Organologie. Wie die vier Hauptschläge erscheinen sie, mit denen der zunächst zu bildende und zu erziehende Stamm, die mechanische Fertigkeit, in seinem Boden wurzelt, wie die vier Himmelsgegenden, nach denen unser Auge gerichtet ist, um uns in dem Bereiche, in welchem wir uns eben und vorzugsweise bewegen, jederzeit zurecht finden zu können. Lassen wir uns das vor der Hand genügen. Hat die junge Pflanze einmal Holz angesetzt, so trifft vorerst nur die Erziehung des Stammes die Sorge des guten Gärtners. Was ihm schaden kann, wird weggeschnitten, und was ihn fördern kann, hinzugethan. Seien wir gute Gärtner. Hier angelangt haben wir unser Augenmerk vorzugsweise nur auf schulgerechte Entwickelung der mechanischen Fertigkeit zu richten. Sie unser Stamm. Nichts dürfen wir verabsäumen, was sie fördern und Nichts sich einschleichen lassen in die Schule, was ihrer Entwickelung nachtheilig sein kann. Wir müssen sie pflegen, wie jener Gärtner sein Bäumchen, müssen sie biegen, lenken, drehen, selbst fesseln, wenn kein anderes Mittel helfen will, ihr die rechte Richtung zu geben, doch müssen wir ihr auch stärkende Nahrung geben. Der gute Gärtner beschneidet sein Bäumchen nicht blos, stützt und bindet es, sondern er begießt es auch, lockert und düngt den Boden, in welchem es steht. Mit Erstarkung und Ausbildung des Stammes erweitern sich dann auch die Wurzeln, werden umfangreicher, tiefer eingreifend. Es geht mit unserm Stamme in der That so. Ich habe oft und viel darüber nachgedacht: wir sind in dieser Beziehung wirklich mit Niemand passender zu vergleichen als mit dem Gärtner. Während wir vorzugsweise bemüht sind, die mechanische Fertigkeit unsers Schülers auszubilden, können wir nicht anders, als auch jene Kenntnisse erweitern, in denen dieselbe fußt, wie der Stamm in seiner Wurzel. Die Tonlehre haftet nicht mehr blos bei den einzelnen Tönen, deren Namen und Zeichen, bei der Eintheilung des gesammten Tonsystems in Octaven, der einfachen Darstellung der Klanggeschlechte und Tonarten, sondern sie nimmt auch

die Intervallenlehre auf in ihr Bereich und dehnt sich in Beziehung
auf jene Gegenstände immer weiter aus, so daß sie sich dem Schü=
ler nach und nach von allen ihren Seiten, bis zur Erschauung ih=
rer gesammten Wesenheit darstellen; die Rhythmik wird zur förm=
lichen Taktlehre; die Dynamik faßt die Bildung des Gefühls und
Geschmacks ins Auge, hält auf Deutlichkeit und Präcision und
bringt auch schon etwas von dem, was wir Styl nennen, und die
Organologie legt die innere und äußere Natur des eben in Behand=
lung begriffenen Instruments immer deutlicher, durchsichtiger vor
Augen, ohne zu vergessen, dabei auch schon auf das übrige Orchester
vergleichende Rücksicht zu nehmen. Doch nicht blos aus seiner
Wurzel, aus seinem Boden erhält der Stamm Nahrung und Leben,
Licht, Luft und Wärme führen ihm nicht minder Mittel zum Ge=
deihen zu. Seine Aeste, Zweige, Blüthen, Blätter, Poren sind die
Canäle, durch welche ihm dieselben zufließen, die Lungen, durch
welche er sie einathmet. Nicht so bald daher und der Gärtner be=
läßt dem Stamme einen Zweig, den dieser schießt, und widmet
demselben kaum weniger sorgliche Pflege. Zu dem ersten gesellt
sich ein zweiter, dritter. Welche von unsern Gegenständen werden
diesen Zweigen gleichen? — dem ersten ohnstreitig die Termino=
logie, dem zweiten die Melodik und Harmonik, dem dritten
die Formenlehre. Ja, kaum werden unsere Schüler etwas er=
starkt sein in den mechanischen Künsten, so müssen wir auch schon
darauf bedacht sein, ihre Zunge nach und nach fertig zu machen in
der ausschließlich musikalischen Sprache, und die Uebungen darin
schreiten fort mit dem Unterrichte überhaupt. Eben so wird es nicht
lange dauern, daß wir sie um Förderung der mechanischen Fertigkeit
willen mit den melodischen und harmonischen, so wie mit den formellen
Verhältnissen der von ihnen durch diese dargestellten Tondichtungen
bekanut machen müssen, und wir können das nicht anders, als daß
wir den Unterricht in diesen Dingen überhaupt mit dem ersten
Stammunterrichte verbinden. Allerdings wird derselbe vorerst nur
in specieller Beziehung zu dlesem betrieben, doch erhält er neben=
bei auch schon eine allgemeine selbstständigere Richtung. — Der
Stamm keines Baumes reicht bis zu der letzten Spitze dieses;
die Zweige nur bilden seine Krone. Das weiß abermals jeder gute
Gärtner. Eine andere Richtung giebt er den Zweigen, eine andere
dem Stamme. Zwar wird jene geraume Zeit lediglich durch diese
bestimmt, doch nach derselben bewegt sie sich frei, geordnet lediglich
durch das Ziel schöner Gesammt=Baumbildung. Man sagt gewöhn=

lich: wie die Pflanze über der Erde, so auch in der Erde. Die Regel hat ihre Ausnahmen, doch nicht, wenn wir sie vergleichs= weise auf unser Erziehungswerk anwenden. Wir können weder die Terminologie, noch die Melodik und Harmonik, noch die Formen= lehre in den Unterricht aufnehmen, ohne daß sich auch die Ton= lehre, Rhythmik, Dynamik und Organologie abermals erweitern, und dies zwar in demselben Maße, in welchem jene sich entwickeln. Besonders ist dies der Fall, so lange jene vorzugsweise in directer Beziehung auf den eigentlichen Lehrstamm, die mechanische Fertig= keit, betrieben werden. Namentlich erhalten nun die Intervallenlehre und die Lehre vom intensiven und periodischen Rhythmus, die Accen= tuationslehre und die Lehre von den verschiedenen Stylen eine größere Ausdehnung. Auch greift die besondere Instrumentenlehre jetzt mehr und mehr über in die allgemeine. Der Stamm keines Baumes aber — sagte ich — reicht bis zu dessen Gipfel; immer findet er früher, weiter unten sein Ende und in diesen laufen lediglich die Zweige aus. Dieselbe Erscheinung bei uns. Das Ziel, was wir zu er= reichen streben müssen, liegt nicht am Ende des erkannten Lehr= stammes, sondern am Ende seiner Zweige. Wie die Gärtner daher in einem gewissen Momente das System ihrer Baumerziehung um= kehren, so nicht minder wir. Bis zu diesem Momente war der Stamm ihnen Hauptsache, jetzt, wo es darauf ankommt, die eigent= lichen Früchte zu ärndten, werden diese die Zweige. Ebenso bei uns. Unser Unterricht ist noch lange nicht zu Ende, wo sich unser Hauptaugenmerk von dem Stamme, der blos mechanischen Fertigkeit, ab= und den genannten Lehrzweigen zuzuwenden hat. Ich sage: Hauptaugenmerk, denn ganz sich selbst überlassen wird diese auch jetzt noch keineswegs, ja eigentlich nie, bis zum Schlusse des ge= sammten Werks, aber wie die Cultur der Zweige bis daher betrie= ben wurde hauptsächlich nur in Bezug auf die Cultur des Stam= mes, so tritt jetzt das umgekehrte Verfahren ein: die Cultur des Stammes wird nur noch betrieben in Beziehung auf die Cultur der Zweige. Diese wird Hauptsache und jene Nebensache. Wir bemer= ken, daß wir uns damit dem Schlusse des ganzen Unterrichtswerks nähern, und daß dies der Moment in unsrer Erziehung ist, wo die Gegenstände ihrer Kunst in ihre eigentlichsten Rechte verwiesen wer= den. Die Schüler erfahren jetzt unmittelbar durch die gegenständ= liche Richtung, welche der Unterricht nimmt, daß das, was bisher erstrebt wurde, nur das Mittel war zum eigentlichen Zweck, und daß das, was Jenem gewissermaßen als Mittel zu dienen schien,

der wirkliche Zweck der ganzen Schule ist, das, aus dem unmittelbar die Früchte entspringen, welche diese verheißen. Ich wende das
Blatt: Tonlehre, Rhythmik, Melodik und Harmonik, Dynamik,
Formenlehre, Terminologie, Organologie sammt allen in ihr Bereich
gehörenden Gegenständen werden mir nunmehr Hauptsache, mechanische Fertigkeit Nebensache. Dort nämlich auf jenen Dingen ruht
vornehmlich das, was ich zu erzielen habe bei meinem Schüler, musikalische Bildung, und diese ist ihrem eigentlichsten Wesen nach nur
der Träger, der Vermittler derselben. Es kann nicht fehlen, daß durch
diese besondere Cultur der Zweige auch der Stamm an sich wieder
gewinnt, aber seine Pflege geschieht nur nebenbei noch, oder wo sie
besonders hervortritt, lediglich in Absicht auf desto größeres frucht-
bareres Gedeihen jener, wie z. B. bei den seiner Zeit empfohlenen
Mitteln zur Bildung des Geschmacks und in den verschiedenen Stylen, wo diese die Hauptsache ist, doch nebenbei auch die mechanische
Fertigkeit Gelegenheit bekommt, sich mehr zu entfalten. Was in den
genannten Gebieten noch zu erforschen oder zu erhellen ist, wird
jetzt erforscht oder erhellt, unbekümmert ob es in unmittelbarem oder
nur entfernterem Zusammenhange mit der mechanischen Fertigkeit
steht. Es hat eine direkte Richtung auf das eigentliche Ziel der
Schule, und dieses muß jetzt, wie es sich deutlicher vor dem Auge
des Schülers darstellt, auch in graderer Weise verfolgt werden.
Daß das nicht stückweise, vereinzelt, sondern mit gemeinschaftlicher
Kraftaufbietung, in gleichmäßiger Entwickelung geschieht, gebietet
schon das allgemeine Gesetz der Universalität des Unterrichts. Alle
Wasser, die in das Stromgebiet gehören, haben sich jetzt vereinigt
in einem Bette, vereinigt zu einem Geschmacke, einer Farbe, einer
Schwere und rollen somit auch gleichmäßig ihrem letzten Endziele
zu. — Das die Folge der Gegenstände im Verlaufe unsers Unterrichts. Wir sehen: so gewiß dieser jederzeit ein universeller zu sein hat,
entwickelt er sich vollkommen organisch, liegt der Verbindung sämmtlicher seiner Zweige in einen immer ein bestimmtes System zum Grunde.
Die Vergleiche auch, die ich anstellte, — es scheint mir, daß sie passen;
und warum ich sie besonders gern wählte? auch diese Frage wird
jeder meiner verehrten Leser sich jetzt leicht selbst beantworten: sie enthalten zugleich den Beweis, nicht blos daß unser Unterricht bis zu
einer gewissen Gränze stets ein universeller zu sein hat und daß in
Folge jener Gränze ungeachtet aller dieser Universalität eine gewisse
systematische Folge der Gegenstände dabei zu beobachten ist, sondern
auch daß — wenigstens nach meinem Dafürhalten — das für diese

Folge hier niedergelegte Schema als das einzig richtige erachtet wer= den muß. Mein Glaube hieran ist so unwandelbar und fest als die Erfahrung lang und reich, auf welche er sich zugleich stützt. Wir sollen elementarisch unterrichten und planmäßig; das war eine der Hauptregeln; überlegen wir nun noch einmal, was das heißt: ele= mentarisch, planmäßig unterrichten, und ich sehe getrost jeder Aus= stellung an dem hier von mir entworfenen so zu sagen Schulplane entgegen.

3. Vertheilung der Gegenstände nach Ordnung und Zeit.

Indeß ist derselbe noch nicht vollendet. Wir haben erfah= ren, wie die Gegenstände, in welcher Reihe sie (ungeachtet ih= rer nothwendigen Verbindung in einen Hauptlehrgegenstand) auf einander zu folgen haben. Das war blos die Lehre von der räum= lichen Bewegung des Unterrichts. Jede Bewegung nun fordert auch ihre Zeit, und so kommt es· zur Vollendung des ganzen Un= terrichtsplanes noch darauf an, auch zu untersuchen, nach welcher Zeitordnung sich die Gegenstände in bezeichneter räumlicher Folge vertheilen? Es ist nicht zu viel· gesagt, wenn ich behaupte, daß dies wo nicht die allerschwierigste, so jedenfalls doch eine der schwie= rigsten Fragen ist, die dem Methodologen vorgelegt werden kann und vorgelegt werden muß; aber es ist auch nicht zu viel gesagt, wenn ich behaupte, daß für den erfahrnen, tüchtigen, durchbildeten Lehrer sich dieselbe fast von selbst beantwortet. Einen anderen An= haltspunkt hiefür als die Erfahrung nämlich giebt es nicht, wenig= stens keinen sicheren. Es handelt sich nicht um die zweckmäßige Verwendung der Zeit der einzelnen Lection; davon wird im folgen= den Capitel die Rede sein; sondern es handelt sich von dem Zeit= quantum, das der Lehrer auf jeden einzelnen Gegenstand verwenden darf und muß, bevor er zu dem folgenden fortschreitet, es ist die Frage, in welchem Zeitraume nach dem vorhin entworfenen Unter= richtsplane sowohl die ganze Schule, als — wenn wir die darauf bemerkten einzelnen gegenständlichen Abschnitte als Classen betrach= ten — die einzelnen Classen derselben durchlaufen werden sollen, können und müssen? — Alle unsere Schulen haben eine gewisse Zeitregel, wornach ihr Bildungswerk vollbracht sein soll. Es ist dieselbe eine Folge der Methode, der Berechnung und Arbeitsver= theilung des letztern. Das hiesige Gymnasium z. B. hat zehn Classen; seine Aufgabe ist eine ganz bestimmte; ein gewisser Grad von Ausbildung ist festgesetzt, bis zu welchem seine Schüler gelangen sollen; die dazu nöthigen Lehrgegenstände sind methodisch vertheilt über die zehn Classen, d. h. sie folgen in methodischer Ordnung auf einander von der ersten bis zur zehnten Classe (s. vorher unter 2); nun gilt auch als allgemeine Regel, daß jeder Schüler ein Jahr in jeder Classe zu verweilen hat, also auf jeden einzelnen Lehrgegenstand ein Jahr Unterrichtszeit zu verwenden ist und somit nach zehn Jahren das gesammte Bildungswerk, welches das Gymnasium sich zur Aufgabe gestellt hat, vollkommen vollendet dasteht. In jeder andern Schule herrscht eine gleiche oder doch ähnliche Regel, selbst der Privatunterricht in allen andern Dingen wird darnach geordnet. Man frage nur die verschiedenen sogenannten Hauslehrer oder Hofmeister, d. h. jene, welche wirklich etwas von der Unterrichtskunst verstehen. Das geht bei uns nicht, werden viele meiner Herrn Collegen sagen; man kann doch nicht früher von einem Gegenstande zum andern fortschreiten, als bis jener dem Schüler zum vollen Eigenthume geworden und in welcher Zeit dies Ziel erreicht wird, hängt gar zu sehr von Talent, Fleiß, Fassungskraft und welchen andern mehr oder weniger zufälligen Dingen ab, als daß sich eine allgemeine Regel dafür feststellen ließe; bei dem einen Schüler gebrauchen wir ein Jahr, bei dem andern zwei, drei Jahr, um zu ein und demselben Ziele zu gelangen 2c. 2c. Das klingt sehr richtig, meine Herren! aber ist nichtsdestoweniger unrichtig. — Ich sage: allerdings geht es. Sprach=, Geschichts=, kurz jeder andere Unterricht hängt, was seinen Erfolg anbelangt, nicht minder als unser Unterricht von Talent, Fassungskraft, Fleiß und welchen andern daher gehörigen Dingen ab, gleichwohl ist sein Plan zugleich nach einer gewissen Zeitregel entworfen, warum sollte das nun nicht auch in Beziehung auf unsern, den Musik=Unterricht geschehen können? Ich sehe kein Hinderniß ab. Wird denn mit Aufstellung einer solchen allgemeinen Regel gesagt, daß sie gar keiner Ausnahme unterworfen sei? — Auch in den Schulen kommt vor, daß der besonders fleißige, talentvolle Knabe den Cursus derselben weit schneller durchläuft als alle die Andern, von denen sie frequentirt wird. Kann es aus diesen oder jenen Gründen nicht quantitativ geschehen, so geschieht es qualitativ; ich will damit sagen: kann es nicht in kürzerer Zeit geschehen, so geschieht es mit desto größerem Gewinn an Kenntnissen und Fertigkeiten. Ebenso kommt dort vor, daß unfleißige, weniger talentvolle Schüler auch einmal noch ein Jahr länger in dieser oder jener Classe sitzen bleiben müssen, also mehr

Zeit gebrauchen als alle die andern Schüler, um zu ein und dem=
selben Ziele zu gelangen. Dessenungeachtet besteht für den gesamm=
ten Unterrichtsplan eine gewisse bestimmt gemessene Zeitordnung,
von welcher nicht abgewichen wird, auch nicht abgewichen zu wer=
den braucht, außer in solchen letztbemerkten selteneren Ausnahms=
fällen. Fälle dieser Art sind auch bei uns möglich, können auch
in unsrer Schule vorkommen, doch stoßen sie deshalb eben so wenig
hier als dort die allgemeine Regel um, noch können sie Anlaß ge=
ben, von dieser von vorn herein abzusehen. Thun wir das, so
sind wir keine Pädagogen, und daß wir solche sein müssen, haben
wir uns ja schon längst überzeugt. Wir müssen Pädagogen sein im
ganzen Sinne des Worts, in Beziehung auf den vorliegenden Ge=
genstand sogar mehr, als der bloße Classenlehrer an Gymnasien
oder derartigen Schulen, denn nicht dieser trägt die Verantwortung
für den gesammten Lehrplan seiner Schule, wohl aber haben wir
letztern für unsere Schule ganz allein zu entwerfen. Wir sind die
Lehrer und Erzieher zugleich. Damit möchte ich zugleich angedeu=
tet haben, daß jene Zeitregel weniger einen objektiven als subjekti=
ven Grund hat. Wer sie lediglich im Hinblick auf den Schüler
und Lehrgegenstand bemessen will, der wird freilich sie von vorn
herein für ohnmöglich halten müssen; wer sie aber aus pädagogischen
und didaktischen Grundsätzen und zwar jenen von diesen hervorgehen
sieht, welche vorzugsweise der Erfahrung entnommen sind, der kann
nicht anders als sofort sie für eben so möglich als nothwendig er=
achten. Aus der Sache selbst wissen unsere Studienlenker, daß,
wenn ein Jüngling in dem Gymnasium diejenige Ausbildung er=
werben können soll, welche er nothwendig mit auf die Universität
bringen muß, soll das Leben auf dieser von wahrhaftem Erfolg
für ihn sein, die Lehrgegenstände jenes die und die sein, und aus
der Sache selbst auch, daß diese Gegenstände so und so auf einan=
der folgen müssen; aus der Erfahrung dann aber und der Natur
der vorausgesetzten Lehrmethode wissen sie, daß auf den Unterricht
in diesen Gegenständen die und die Zeit und zwar nach der und
der Einzelordnung verwendet werden muß, soll angenommen wer=
den können, daß bei gewöhnlichem Fleiße und gewöhnlichen Anla=
gen auf Seiten der Schüler derselbe sicher jenes Ziel zu erreichen
im Staude ist. Dasselbe gilt in Beziehung auf unsere Schule, und
ich will nun versuchen, den hier in gegenwärtigem Capitel zu ent=
werfenden Lehrplan nach denselben Grundsätzen auch in rein zeit=
licher Beziehung wie folgt zu vervollständigen. — Schauen wir

auf die in dem voranstehenden Absatze entworfene gegenständliche
Lehrtafel zurück, so werden wir finden, daß unser gesammtes Unterrichtswerk hinsichtlich seines Entwickelungsgangs in zwei Hauptabschnitte zerfällt. Der erste von diesen ist der, wo die Ausbildung
der technischen oder mechanischen Kraft des Schülers den Hauptgegenstand unsrer Erziehung ausmacht, und alle übrigen damit in
Verbindung tretenden Lehrgegenstände nur als Hülfsmaterial erscheinen, das vorgehaltene Ziel dieser in der größtmöglichen Vollkommenheit und Bälde zu erreichen; und der zweite ist der, wo die Rollen
wechseln, die technische Ausbildung den von ihr bisher innegehabten
Platz im Vordergrunde des ganzen Drama's den übrigen Gegenständen einräumt und nun keine anderen Rechte mehr anspricht, als welche
ihr die Idee, der Begriff und die Wesenheit der Kunst überhaupt zu-
theilt. Mit dem Sprachunterrichte verglichen läßt sich der erste Ent-
wickelungsmoment auch wohl als die Zeit der Grammatik und der zweite
als die Zeit der Rhetorik darstellen, und mit der gewöhnlichen Einrichtung öffentlicher Schulen der erste als das untere und der zweite
als das obere Gymnasium umfassend. Dieses wie jenes hat wieder seine
besondern Classenabtheilungen; Grammatik zerfällt in bloße Formenlehre und Syntax, und Rhetorik in bloße Rede- und Rednerkunst;
eben so jeder jener beiden Hauptmomente. Doch fassen wir vorerst
nur diese ins Auge. Ich will, vielleicht ganz treffend, den ersten
Moment die bloße Spielschule, und den zweiten die wirkliche Musikschule heißen. Der ungleich größeren Langsamkeit wegen, womit
wir Menschen uns körperliche und geistige Geschicklichkeiten und
Fertigkeiten aneignen, wenn jene nicht unmittelbar ins praktische
Leben eingreifen oder schon von diesem vorbereitet werden, nimmt
die Spielschule stets einen weit größeren Zeitaufwand in Anspruch
als die eigentliche oder wirkliche Musikschule. Indeß habe ich gefunden, daß sich dieser Aufwand durch geschickte Methode und sorgfältige, kluge Ueberwachung und Leitung der Privatübungen doch
auch bedeutend vermindern läßt, wie der erste blos grammatikalische
Unterricht in den Sprachschulen. Ich bedarf jetzt nie mehr, als
vier, höchstens fünf Jahre dazu. Diese Regel unterliegt jedoch gewissen Bedingungen. Die erste von diesen ist, daß der Unterricht
nicht zu früh und auch nicht zu spät angefangen wird. Ein Knabe,
den ich zu früh in das Gymnasium schicke, wird immer länger in
den Classen der Grammatik verweilen müssen, als jener, den ich zu
rechter Zeit, im rechtesten Alter in dasselbe schicke, denn einmal ist
er gleich Anfangs noch nicht fähig, den eigentlichen Gymnasialunterricht

recht zu benützen, zu faſſen, und dann wird er jedenfalls auch nicht
früher als die übrigen älteren Schüler für die Claſſen der Rhetorik
reif. Das Umgekehrte hat die entgegengeſetzten, aber für den eigentlichen Zweck des Unterrichts nicht weniger nachtheiligen Folgen. Ich
habe andern Orts bereits meine Anſichten darüber, in welchem Alter
der Kinder der Muſikunterricht mit wahrem Erfolg angefangen werden ſoll und kann, ausgeſprochen (im erſten Capitel des erſten
Theils). Die zweite jener Bedingungen iſt, daß der Unterricht un-
ausgeſetzt, ohne weſentliche Unterbrechungen ertheilt wird: eine Bedingung, deren Erfüllung die Zeitregel jeder Schule, jedes Unterrichts vorausſetzt, ſoll ſie inne gehalten werden können. Viele, öftere und geraume Verſäumniſſe laſſen nie zum Ziele kommen, mag die
Zeit dazu bemeſſen oder gegeben ſein wie lang. Sie ſchaden in
jeder Beziehung, und Eltern, die ihren Kindern darin nachſehen,
thun beſſer, den Unterricht ganz aufzugeben, denn ſie ſchaden dieſen
mehr als ſie ihnen nützen, geben Geld aus, ohne Etwas damit
fruchten, ſo wie Lehrer, welche dergleichen ſäumige Schüler haben,
beſſer thun, dieſelben ganz zu entlaſſen, denn ſie werden nie damit
vorwärts kommen und ſo durch längeres Behalten ihrem eigenen
Rufe mehr ſchaden als etwa pecuniären Vortheil davon haben.
Weiter kein Wort darüber. Die dritte jener Bedingungen iſt, daß
die einzelnen Lectionen auch nicht zu ſparſam ſtatt haben. Gewöhnlich wird der Muſikunterricht zwei Stunden die Woche hindurch ertheilt. Es iſt das zu viel, um gar nicht zum Ziele gelangen und zu wenig, um daſſelbe in möglichſter, angegebenen Bälde
erlangen zu können. Warum begnügen wir uns nicht mit blos
zwei Stunden Franzöſiſch, Lateiniſch und Griechiſch die Woche?
und ſchicken doch unſere Kinder acht und zehn Jahre lang in die
Schulen, in denen dieſe Sprachen gelehrt werden? Meint man,
der Muſikunterricht bedürfe um ſo viel weniger Zeit, weniger ſtetes
Gegenwärtig-Erhalten ſeiner Lehren und Gegenſtände vor den Augen, dem Gedächtniſſe, kurz dem ganzen Ich des Schülers? —
Kein Irrthum kann größer ſein. Zwei Stunden Unterricht blos
in der Woche iſt der Zeitraum von einer Lection zur andern viel
zu lang, als daß jener in der ſo nöthigen ewigen Bewegung erhalten werden könnte. Es iſt das zu wenig, namentlich für jüngere
Schüler, für Anfänger; und den häuslichen Privat-Uebungen
vertrauen, heißt viel zu viel vertrauen. Es ſind dieſe Nichts,
wenn ihnen nicht vom Unterricht aus immer Stoff und Reiz genug
gegeben wird. Das aber kann, wo die einzelne Lection nur eine

Stunde dauert, nicht geschehen durch blos zwei Lectionen in der
Woche. Drei Stunden Unterricht sollten und müssen unsere Schüler, wenigstens so lange sie der Spielclasse angehören, mindestens
in der Woche haben; können es vier sein, desto besser, der Schüler soll und muß von Lection zu Lection in steter Lernbewegung
erhalten werden. Das kann nur geschehen, wenn ihm die Lehrgegenstände stets, von Lection zu Lection, gegenwärtig sind, und dies
ist nur möglich entweder, wenn die einzelnen Unterrichtsstunden
so häufig und schnell auf einander folgen, daß der Schüler das
in einer solchen Stunde Gelehrte und Gelernte bis zur folgenden
zu vergessen gar nicht im Stande ist, oder wenn die einzelne Lection so viel Zeit mehr einnimmt, daß sie Raum genug läßt, sowohl zu den zu jenem Behufe nöthigen Repetitionen als zur Dar-
reichung neuer, frischer Nahrung. Anders sinken die meisten Unterrichtsstunden zu bloßen Uebungsstunden herab und dann bedürfen wir freilich acht und zehn Jahre, wo wir sonst mit vier und
fünf auszureichen im Stande sind, wenn wir überhaupt nur je fertig
werden. Die vierte und letzte jener Bedingungen ist — gute Methode, welche Methode ich, sowohl im Allgemeinen als im Besondern,
für die beste halte, hat auseinander zu setzen dies ganze Buch zur Aufgabe.
Insofern könnte ich mich mit Anführung der Sache begnügen. Doch
macht der besondere Gegenstand selbst noch einige Bemerkungen
nöthig. Es wird vielen meiner verehrten Leser, namentlich wenn
sie das Clavier-, Violin-, Violoncell- und überhaupt das Spiel
der eigentlichen Concertinstrumente ins Auge fassen, fast ohnmöglich
dünken, auch bei bester Methode in vier, höchstens 5 Jahren mit
dem, was ich hier Spielschule heiße, fertig werden zu können. Nun
ja, wenn sie an den vollendeten Virtuosen dabei denken, so haben
sie recht; aber sie haben unrecht, wenn sie daran denken, welches
allein die eigentliche Aufgabe der genannten wie überhaupt der
Schule ist. Es kann und darf von dieser nie gefordert werden,
daß sie unmittelbar für und fertige Virtuosen in die Welt stellt, sondern ihre Aufgabe ist lediglich, die Schüler mit denjenigen Kräften
auszurüsten, durch welche dieselben befähigt werden, sich nun selbst,
ohne fremde Leitung und Hülfe, zu wirklichen Virtuosen auszubilden. Hat die Schule dieses Ziel erreicht, so ist ihr auch der Schüler entwachsen. Ihn weiter noch in derselben beharren lassen zu wollen, hieße ihn wieder schwächen, weil seine Individualität und Originalität beeinträchtigen. Es wäre vergeblicher Zeit- und Geld-
aufwand. Noch hat keine Universität unmittelbare Gelehrte in die

Welt gesendet. Diese sind ihre Zöglinge nachgehends, später geworden, wenn dort ihnen die nöthige entwickelnde Kraft dazu eingeimpft und von der Mutter Natur die geistige Anlage dazu verliehen worden war. Das ist es gerade, was bei dem meisten Unterrichte gar kein Ende absehen läßt, weil seine Methode ein Ausstaffiren des Zöglings mit Virtuosenkünsten und kein Erziehen, kein Bilden, kein Ausrüsten desselben mit der Kraft und Fähigkeit ist, endlich selbst sich dieselben mit Sicherheit erwerben zu können. Jedes Kind entwächst in einem gewissen Alter der väterlichen Ruthe und Leitung, wird ein wahrhaft freier, selbstständiger Bürger der Gesellschaft; alle Erziehung hat lediglich die Aufgabe, den Zögling mit der sittlichen und scientivischen Kraft auszurüsten, sich weiter in dieser als ein nützliches geachtetes Glied derselben ausbilden zu können, und unser Unterricht sollte ein anderes Ziel zu verfolgen haben? — Jede Methode, die nach etwas Anderem strebt, ist eine falsche Methode. Nehmen wir welchen Unterricht wir wollen, er ist meist pädagogisch richtiger in seinen Bestrebungen als der Musikunterricht. Kein Kaufmann entläßt den fertigen, tüchtigen Geschäftsmann aus seiner Lehre, sondern nur einen Solchen, der die Kraft und Fähigkeit besitzt, selbst sich mit Hülfe der in jener gewonnenen Kenntnisse, Fertigkeiten und Erfahrungen durch eigene weitere freie Thätigkeit zu einem tüchtigen Handelsmann auszubilden. In keiner andern Richtung der menschlichen Berufserziehung ist es anders und es darf auch bei uns nicht anders sein. Dies Ziel indeß läßt sich in der angegebenen Frist sehr wohl erreichen, mag das Instrument sein, welches es will, auf einigen weniger produktiven Organen, wie die Lauten=, Schlag= und mehrere Blasinstrumente sind, sogar noch weit früher. Den Guitarre=Lehrer z. B. möchte ich einen schlechten Lehrer heißen, welcher seinen Schüler nicht schon nach blos zwei Jahren aus der bloßen Spielschule in die eigentliche Musikschule avanciren zu lassen vermag. In meiner Anstalt wird gegenwärtig, weil ich seit einigen Jahren körperlich leidend bin und keine zu anhaltenden Anstrengungen mehr ertragen kann, hauptsächlich nur Clavier= und Singunterricht ertheilt: seltenere Fälle ausgenommen, die in unbezwingbarem Unfleiß oder übergroßem Mangel an Naturanlagen ihren Grund haben, habe ich noch immer und nunmehr seit bereits zwanzig Jahren, welche hindurch ich der Anstalt mit kurzer Unterbrechung vorstehe, das Vergnügen gehabt, nach vier, allerhöchstens fünf Jahren die eigentliche Spielschule als absolvirt betrachten und deren Schüler in die eigentliche

Muſikſchule übertreten laſſen zu dürfen. Giebt doch dieſe, wie ſchon
im vorhergehenden Abſatze angeführt, zugleich auch noch Gelegenheit
genug, die blos mechaniſche Kraft des Schülers ſich weiter unter
ſorgfältiger Leitung entwickeln zu laſſen. Vornehmſter Gegenſtand
des Unterrichts in derſelben iſt z. B. die Formen- und Styllehre,
Bildung des Geſchmacks ꝛc., und ſchauen wir nun nur einmal
zurück auf die Mittel, welche ich als die beſten zu deren methodi-
ſcher Betreibung empfahl: was müſſen da die Schüler nicht Alles
durch eigene Anſchauung kennen lernen, alſo ſpielen, ſingen, leſen,
und kann der Lehrer dabei anders, als zugleich auch die weitere
Entwickelung der mechaniſchen Fertigkeit ſorglich überwachen? —
Ohnmöglich; ſo iſt dann aber auch für die Spielſchule an ſich
Nichts weiter nöthig als angegeben, und — wie geſagt — nur die
rechte Methode, es iſt nicht ſelten zu verwundern, wie frei, ſelbſt-
helfend, ſelbſtthätig und ſelbſturtheilend ſich jetzt ſchon, wo ſie kaum
in die eigentliche Muſikſchule übergetreten ſind, nach vier Jahren,
die Schüler in den vorzugsweiſe mechaniſchen Dingen bewegen. In
dieſem Augenblicke habe ich eine Schülerin — ſie beſucht erſt ſeit
zwei Jahren meine Anſtalt, trat ohne alles muſikaliſche Wiſſen und
Können in dieſelbe, aller Unterricht wird ihr noch lediglich in Abſicht auf Ausbildung ihrer mechaniſchen oder techniſchen Fertigkeit
ertheilt, ſie iſt alſo noch Mitglied der ausſchließlichen Spielſchule,
gleichwohl iſt ſie ſchon fähig, ein Tonſtück, das ihre Fingergewandt-
heit nicht überſteigt, ganz und gar für ſich einzuſtudiren; Proben
der Art hat ſie ſchon mehrere abgelegt; es bedarf dazu weder der
Bezeichnung der Applicatur durch Ziffern über den Noten, noch Erklärungen über Rhythmus, Tempo, Vortrag oder was dergleichen;
ſie kennt die Dinge und Zeichen alle ſchon: iſt das nicht eben das,
was dazu gehört, den Schüler bald ſelbſtſtändig zu machen? und
braucht der Schüler mehr als die Befähigung zu ſelbſtſtändiger Bewegung? — Vielleicht kann ich die Schülerin bereits im nächſten
Jahre in die eigentliche Muſikſchule übertreten laſſen, denn ſie bedarf dazu Nichts weiter als nur noch ein wenig mehr Finger-
gewandtheit, um unbekümmerter um dieſe die einzuſtudirenden Tonſtücke in Abſicht auf ihre Geſchmacks- und ſonſtige allgemein muſikaliſche Bildung wählen zu können, und dieſe Gewandtheit erreicht
ſie bei dem Fleiße, mit dem ſie die darauf abzielenden Uebungen
betreibt, ohne allen Zweifel bald. Für die eigentliche Muſikſchule
dann habe ich unter gleichen Bedingungen wie oben niemals mehr
als zwei, allerhöchſtens drei Jahre bedurft, ſo daß ich alſo Schüler,

welche mit ihrem achten oder neunten Jahre in meine Anstalt traten, mit ihrem fünfzehnten, höchstens sechszehnten als vollkommen musikalisch durchbildet aus derselben wieder entlassen konnte, und zwar dergestalt, daß sie nicht nur von jetzt an keinerlei Unterricht mehr bedurften, sondern viele von denselben jetzt selbst sogar ganz vortrefflichen Unterricht jüngern Geschwistern oder auch Andern zu ertheilen vermochten. Ja, es leben sowohl hier als auswärts, selbst in London und Paris renommirte Musiklehrer, die ihre eigene Schule nirgend' anders denn nur in meiner Anstalt machten, und noch nie habe ich die Erfahrung gemacht, daß Schüler, welche die Classen meiner Anstalt durchlaufen, je in den Fall ·gekommen wären, später auch noch fremde Hülfe bei ihren Musikübungen ansprechen zu müssen. Wenn dieselben ausdrücklich noch in meinem Unterrichte verbleiben wollten, so konnte ich diesem jetzt eine höhere, wirklich künstlerische Richtung geben, indem ich zugleich wenigstens diejenigen Gegenstände aus der eigentlichen Compositionslehre, wie Aesthetik und Geschichte der Musik, in sein Bereich zog, die in näherer Beziehung zu der allgemeinen Bildung stehen. So war ich früher einmal längere Zeit genöthigt, eine eigene Classe für derartige Schüler zu unterhalten. Es waren junge Damen und Herren von siebzehn und achtzehn Jahren. Sie alle waren Dilettanten. Dennoch befand sich unter ersteren gerade jene, von der ich früher erzählt, daß sie gegenwärtig in London als Lehrerin der Musik in den glänzendsten Verhältnissen lebt, und unter den letztern der, welcher einmal, als Knabe noch von vierzehn Jahren, zu einem neu angestellten Hülfslehrer der Anstalt die verwegene Aeußerung that, daß dieser, wenn er etwa ein Jahr unter meiner Leitung gearbeitet, vielleicht noch unterrichten lernen werde, für den Augenblick aber nichts weniger als dieses könne. Damit erinnere ich an erfreuliche Resultate meiner Wirksamkeit: ich habe natürlich auch so gut und so viel wie jeder andere Lehrer meine Lehrerleiden gehabt, d. h. Schüler, die ich nach den sechs bis sieben Jahren ungeachtet aller auf sie verwendeten Mühe noch nicht absolviren konnte oder entlassen mußte als fortan nur halbgebildet oder ewige Stümper. Es bestehen nicht Alle, die ein und dasselbe Gymnasium besuchen, also ein und denselben Unterricht genossen, wenn es darauf ankommt, Beweise der Reife abzulegen. Es waren sogar Solche darunter, denen es wahrlich an Anlagen, an Talent nicht fehlte. Meine Methode hat ihre Rechtfertigung dadurch gefunden, daß andere nachgehends noch gesuchte Hülfe noch weniger anschlug. Heute noch begegne ich oft in

35

Gesellschaften einem meiner ehemaligen Schüler, der zu dieser, Gott
sei's gedankt! indeß nur geringen Zahl zählte: er ist aufrichtig genug, jetzt selbst kein Hehl daraus zu machen, woran es gelegen,
daß er Nichts gelernt. Die Eltern, Schulvorsteher müssen dem
Lehrer hülfreiche Hand leisten, in seinem Sinne mitarbeiten an dem
Werke der Bildung, anders bringen weder Zeit noch Methode dies
zur Vollendung. — Grammatik zerfällt in Formenlehre und Syn-
tar, Rhetorik in Rede- und Rednerkunst, sagte ich weiter oben: so
zerfallen nun auch jene beiden Hauptabtheilungen der allgemeinen
Musikschule wieder in Unterabtheilungen. Die bloße Spielschule
hat ihre besonderen Classen und wieder die eigentliche Musikschule.
Wo der Anhaltspunkt für die Zeitordnung dieser Classen? — Ich
finde denselben in den allgemeinen Entwickelungsstufen des Schülers.
Die Schüler der Spielschule werden sich in der Regel auf den ersten
beiden dieser Stufen, die der Musikschule auf den letzten bewegen.
Darnach ordne ich die Gegenstände, so wie ich die Lehrweise derselben
darnach einrichte. Nur läßt sich schwer genau im Voraus bestimmen,
wann der Fortschritt von einer Stufe zur andern, die Fortrückung
aus einer solchen Classe in die höhere statt zu haben hat. Darüber
entscheidet der Schüler, aber selbst in der Spielschule weniger durch
den Grad seiner mechanischen Fertigkeit, als durch den Grad seiner
Bildung, seiner Perceptionsfähigkeit überhaupt. So lange ich merke,
daß ich ihm alle Dinge sinnlich darstellen muß, wenn er sie fassen
können soll, bleiben ihm auch die Gegenstände der folgenden Classe
fern, möchte seine ausschließlich mechanische Fertigkeit auch die der
Schüler dieser Classe sogar noch übersteigen. Es giebt schwere und
leichte, verschlossene und offene Köpfe, jene können eben so wohl
von einem gewandten als diese von einem ungewandten Rumpfe
getragen werden. Es sind dies zwar schon Ausnahmsfälle, aber
solche, die öfter vorkommen. Der Kopf entscheidet hier, wann ich
weiter gehen darf und muß. Indeß läßt sich allgemeinhin annehmen, daß man schon nach dem zweiten Jahre Unterricht anfangen
darf, mit seinen Darstellungen sich mehr an das Vorstellungsvermögen, an den Verstand, als blos an die Sinne zu wenden,
außer das Kind ist uns gar frühzeitig in die Schule geschickt worden. In diesem Falle können wohl ganze drei Jahre darüber vergehen, ehe wir diejenigen Dinge mit in den Unterricht verflechten
dürfen, durch welche schon mehr der Verstand als die Sinneskraft
beschäftigt wird. Daß diese Dinge mehr die Art der Darstellung
als den eigentlichen Lehrgegenstand selbst angehen, haben wir schon

früher erfahren. Eben deshalb aber bedarf auch in der Regel in
dem Falle, wo das Verweilen in der erſten Claſſe ſo viel Zeit erfordert, das Verweilen in der zweiten Claſſe weit weniger Zeit, ſo
daß bei beiderlei Schülern, ſowohl bei denen, die aus dieſen oder
jenen Gründen länger, ja ungewöhnlich lang in der erſten Claſſe
verweilen hatten, als bei denen, die ungleich früher in die zweite
Claſſe übertreten konnten, das Ende der Spielſchule immer ſo ziemlich zu gleicher Zeit erreicht zu werden pflegt. Dieſelben Regeln
gelten in Beziehung auf die Claſſen der eigentlichen Muſikſchule,
und ſie treffen zu, mag der Unterricht ein privativer oder öffentlicher, Einzel- oder wirklicher Schulunterricht ſein, ſo bald nur dieſelben Bedingungen erfüllt werden, von denen ich vorhin bereits
die Innehaltung der Zeitregel in Beziehung auf die beiden Hauptentwickelungsmomente unſers geſammten Erziehungswerks, auf die
Spiel- und Muſikſchule überhaupt abhängig machte.

4. Stete Verbindung der Praxis und Theorie.

Als die Marime aller Marimen endlich, welche aus dem von
der Natur der Sache gebotenen Geſetze der Univerſalität des muſikaliſchen Unterrichts hervorgehen, bezeichnete ich in der Einleitung
zu dem Capitel die ſtete Verbindung von Theorie und Praxis, und
in der That auch — faſt möchte ich behaupten, daß hier eigentlich
der Schlüſſel zu dem ganzen Geheimniſſe der Methode, ja zu dem
Geheimniſſe unſrer ganzen Unterrichtskunſt zu ſuchen. Faſt alle jene
allgemeine Regeln, die wir für dieſe überhaupt aufſtellten, „beför-
dere die Denkkraft des Schülers,“ „laſſe ihn Alles finden,“ „von
der Sache ſtets zum Zeichen,“ „erhalte ihn immer ſelbſtthätig,“ 2c.
2c. — ſie alle faſt erhalten hier ihre praktiſche Bedeutung; und
welche methodiſchen Mittel und Wege wir bei jedem einzelnen Lehr-
gegenſtande als die beſten erkennen mußten, ſicher zum Ziele zu gelangen, — ſie vereinen ſich faſt alle, gehen faſt alle auf in der
einen Regel: verbinde die Praxis ſtets mit Theorie und dieſe ſtets
mit jener, und es gilt die Regel, wir mögen die Begriffe der beiden Dinge faſſen wie wir wollen, enger oder weiter, in Beziehung
auf blos den einen eben gegenwärtigen Lehrgegenſtand oder in Beziehung auf das Werk des Unterrichts überhaupt. Bleiben wir zunächſt bei der erſten Faſſung ſtehen. Schon hier hebt ein Verſeh-
len gegen unſern faſt jeden Begriff von Unterricht auf. Die Sorge,
daß der Schüler die Dinge machen kann, iſt ein Abrichten, kein Un-

35*

terrichten, ein Dreſſiren, kein Bilden, Erziehen. Jenes iſt des Menſchen unwürdig, wollen wir den Thierbändigern überlaſſen. Daß freilich noch ſo viele Lehrer Nichts als Handwerksgenoſſen von dieſen ſind! — Es iſt ein Jammer, ein Elend! — Vielleicht, daß darin auch der Grund liegt, warum die meiſten andern Lehrer, bis zum gewöhnlichſten Schreibmeiſter herab, der wahrhaftig ſelbſt im beſten Falle der bloßen Abrichtekunſt am nächſten ſteht, in der Regel ſo vornehm, ſo geringſchätzend auf den bloßen Muſiklehrer herniederſchauen. Sie ſind ſich des Jammers bewußt, der am Unterrichte dieſes meiſtens klebt. Sie haben in den Anſtalten, in welchen ſie zu Lehrern erzogen wurden, gelernt, was es heißt, unterrichten, und dieſer hat vielleicht Alles in ſeiner Kunſt gelernt, nur nicht das Lehren. Allerdings haben wir es und zumal — ich darf mich jetzt ſchon ſo ausdrücken — in der bloßen Spielſchule meiſt nur damit zu thun, unſern Schülern gewiſſe körperliche Geſchicklichkeiten anzueignen, aber wir unterrichten nicht, wenn unſere Sorge nicht zugleich auch darauf gerichtet iſt, daß ſie wiſſen, verſtehen, was ſie machen, daß ſie Urſache und Wirkung von Allem ſofort einſehen und erfahren. Mit Ausbildung der leiblichen haben wir zugleich die geiſtigen Kräfte unſrer Schüler ſtets und zwar in vollkommen harmoniſcher Uebereinſtimmung zu entwickeln. Das kann nur geſchehen durch ein unverrückbares Feſthalten an dem Bande, das Theorie und Praxis zugleich umſchlingt. Selbſt bei dem allereinzelnſten Gegenſtande, der wie die Monas der geſaminten Muſikkunſt erſcheint, muß ſich das Geſetz der Univerſalität des Unterrichts wenigſtens in dieſer Verbindung offenbaren. Nichts, Nichts dürfen wir unſern Schülern zeigen, ohne es ihnen zugleich zu lehren, d. h. ohne einen theoretiſchen Lehrſatz daran zu knüpfen. Ich werde nicht zu ſagen brauchen, was unter dieſem zu verſtehen. Was Theorie und was Praxis? wiſſen hoffentlich alle meine Herren Collegen und geehrte Colleginnen. Handeln wir anders, ſo beſchäftigen wir nicht zugleich das Denkvermögen des Schülers, und dieſes in Ruhe gelaſſen, nützt aller Unterricht ſo viel als Nichts. Sogar in der Zeit, wo unſer Unterricht vorzugsweiſe noch Anſchauungsunterricht zu ſein hat, alſo wo unſere Schüler ſich noch in der Sinnlichkeitsperiode der Entwickelung befinden und wir ihnen Alles ad oculos zu bemonſtriren haben, müſſen wir doch bemonſtriren, ihnen die Sachen nicht blos zeigen, ſondern auch erklären, in einen allgemeinen und beſondern theoretiſchen Lehrſatz faſſen. Ja, dieſe das Denkvermögen des Kindes beſchäftigende Erklärung muß ſogar dem Zeigen

der Sache vorausgehen, anders faßt es diese nicht recht und lernt
sie nie recht nachbilden. „Von der Sache stets zum Zeichen, aber
auch von der Sache zum Zeichen, nicht von dem Zeichen zur Sache!"
lautete die allgemeine Regel. Ich will Beispiele anführen und zwar
aus den niederen wie höheren Bereichen der Kunst. Ich lasse die
Schüler Tonleitern spielen in nächster Absicht lediglich zur Förderung ihrer harmonischen Fertigkeit. Man versuche es, spiele den
Kindern die Leitern blos vor und gebiete ihnen nun, sie so, mit der
gezeigten Applicatur ꝛc., nachzuspielen: man wird bald finden, nicht
nur daß die Schüler alle Augenblicke gegen die Applicatur ꝛc. fehlen, sondern auch, daß sie nicht lange bei der Uebung beharren mögen. Es eckelt sie dies Maschinenmäßige an. Dagegen stelle man
die Uebung nach dem Inhalte der gegenwärtigen Unterrichtsregel
an, erkläre den Schülern, warum die Applicatur so und nicht anders, gebe für diese eine allgemeine Regel, erläutere ihnen, daß die
Töne, aus welchen ein ihnen wohlgefälligeres Tonstück zusammengesetzt ist, alle aus dieser oder einer gewissen Tonleiter entnommen
sind, daher sich auch wieder auf dieselbe zurückführen lassen, daß
man somit, habe man Fertigkeit im Spiel der Leiter gewonnen, um
so leichter auch das Tonstück werde spielen können und was weiter
dahin gehört, und man wird eben so gewiß bald finden, nicht allein,
wie ungleich richtiger das Spiel von statten geht, wie weit aufmerksamer es betrieben wird, sondern auch wie weit lieber, ausdauernder der Schüler bei der Uebung beharrt. Warum? weil jetzt nicht
blos sein Leib, sondern auch sein Geist, nicht blos die Hände und
Finger oder die Kehle, sondern auch Kopf und Herz dabei beschäftigt sind. Ich lehre meinem Schüler die Noten: gebe ich ihm die
Notentafel hin und verlange, daß er dem Gedächtnisse einprägt,
was das Auge sieht, so wird er zehnmal mehr Zeit und Mühe
brauchen, die Noten zu lernen, als wenn ich gemäß unsrer Regel
ihm zuvor erkläre, was die Noten sind, die Schriftzeichen der Ton-
sprache, und erkläre, woher und wozu das Liniensystem, die Hülfslinien über und unter demselben, und was mehr dahin gehört.
Ich lehre meinem Schüler die Intervalle: zeige ich ihm blos
was Secunden, Terzen, Quarten ꝛc., er wird es schwer fassen
und nie sicher und fertig werden im Urtheile über die Dinge, aber
erkläre ich ihm zuvor richtig, sowohl was überhaupt ein Intervall und
wornach nun die verschiedenen Intervalle zu bemessen, so reichen
wenige Uebungen hin, ihn sicher und fertig in jenem Urtheile zu
machen, mögen die Begränzungen der Intervalle, einerlei von wel-

chen Tönen geschehen. Da kommt in einem Tonstücke, das der
Schüler spielen lernt, ein piano, forte, forzando und dergleichen vor,
zeige ich dem Schüler blos deren Bedeutung und Ausführung, er
wird hundertmal dagegen fehlen, ehe er auch nur einmal letztere
recht trifft, erkläre ich ihm aber diese Vortragszeichen ordentlich, sage
ihm etwa, daß sie dasselbe sind, was die Betonungen in der wirklichen Rede, spreche ihm vielleicht Redesätze mit verschiedenen Betonungen vor, lasse ihn auf diese achten, und stelle nun einen Vergleich
zwischen jenen und diesen Accenten an, so wird er ebenso hundertmal die Dinge recht ausführen, ehe einmal unrichtig. In der Harmonik werden wir veranlaßt werden, dem Schüler zu lehren, daß auch in
der Molltonart die Dominantenharmonie stets eine Durharmonie ist,
fügen wir nicht sogleich auch den Grund hinzu, warum dies, daß
die die Durharmonie charakterisirende große Terz immer der Leitton
der Tonica ist ꝛc., so wird er zehnmal für einmal gegen die Regel
fehlen, während er umgekehrt sie stets fest, wenigstens fester im
Auge behält. Und woher diese verschiedene Erscheinung? Die vortheilhaftere lediglich daher, weil durch das Verfahren nach der gegebenen Regel der zugleich begreift und vollkommen weiß, was er
thut, weil bei seinen Handlungen nicht blos eine, die Kraft seines
Leibes, seiner Sinne, sondern beide Kräfte, die er besitzt, die leibliche und geistige, wirken. Man prüfe nur, was ich da sage, thatsächlich, im Leben selbst, und ich fürchte nicht, daß Jemand behaupten werde, ich habe unrecht. Doch die gewählten Beispiele haben
blos die Richtung: nie Praxis ohne Theorie! Die Regel gilt auch
umgekehrt: nie Theorie ohne Praxis! — Was ich meinem Schüler lehre, muß ich ihm sofort auch aus dem praktischen Musikleben
zur Anschauung bringen, anders faßt er Jenes ebenfalls nicht recht,
nicht bestimmt, deutlich, sicher genug. Es bleibt ihm sonst zu Vieles unverständlich, wie uns die Beschreibung einer Landschaft in
fernen Gegenden, wenn sie auch in Walter Scott'scher ausführlicher
Manier gegeben sein sollte. Die Praxis ist die Illustration zu der
Geschichte, die wir unsern Schülern erzählen. Alle Lehrsätze erhalten dadurch erst das eigentliche Leben, die Schärfe, sich dem Innern
des Schülers auf- und einzuprägen. Sie ist das Bilderbuch zu
unsrer Naturgeschichte. Wenn ich dem Schüler lehre, was Con-
und Dissonanzen, so hilft alle Bestimmtheit, Klarheit und Deutlichkeit in meiner Ausdrucksweise nicht, ihn ganz vertraut mit der Natur
und Wesenheit der Dinge zu machen, lasse ich ihn diese nicht auch
sofort durch sein eigenes Ohr praktisch wahrnehmen. Ich mag eine

noch so vortreffliche Lehre von den verschiedenen Figuren und Manieren dem Schüler vortragen, er wird die Dinge nur alsdann vollkommen kennen, genau von einander unterscheiden und richtig ausführen lernen, wenn ich sie ihm auch sofort praktisch zeige. „Sofort
von der Sache zum Zeichen!" heißt es. Wenn ich meinem
Schüler auch noch so vortreffliche, klare, ja handgreifliche Be-
schreibungen von den Eigenthümlichkeiten der in unsrer Kunst herrschenden Style gebe, sie werden jenen Schilderungen von Land-
schaften und Gegenden gleichen, die wir nicht sehen, wenn ich ihn
diese Eigenthümlichkeiten nicht sofort auch an und in den Werken
wahrnehmen lasse, in denen sie sich vorzugsweise ausprägen, jenen
Geschichten aus einer Vergangenheit, der wir längst entrückt sind,
und deren Anschauungs-, Glaubens- und Denkweise wir nicht kennen, und die uns daher stets im Dunkeln und Unklaren über die
Sache selbst lassen. Das die Anwendung der Regel aufs Einzelne,
auf den einzelnen Gegenstand; sie behauptet aber ihre Geltung auch
im Ganzen, in Beziehung auf das Ganze unsers Unterrichtswerks.
Es ist dieser, unser Unterricht, ein universeller, vor Allem in Betracht der steten Verbindung von Theorie und Praxis. Ich sage:
steter Verbindung. Es muß diese vom Anfang des Unterrichts an
statt haben bis zu seinem Ende. Ich weiß, ungeachtet der Masse
von Unberufenen, Stümpern, Halbwissern, Maschinentreibern, die
sich in unser Amt gedrängt, giebt es unter meinen Collegen doch
auch Viele, welche mit mir der festen Ueberzeugung leben, daß ohne
ein gleichmäßiges Ausrüsten des Schülers mit Wissen alles Können,
womit man denselben vielleicht auszustaffiren im Stande ist, für
seine eigentliche Bildung Nichts genützt wird, daß überhaupt auch in
der Musik alle leibliche Geschicklichkeit von einem wirklichen Verstehen,
einem geistigen Durchschauen der Dinge unterstützt und somit der
praktische Unterricht von einem theoretischen, der das, was jener den
Sinnen, auch dem Geiste, dem Verstande zuführt, begleitet sein
muß; allein die meisten von diesen huldigen zugleich der Ansicht,
daß dieser theoretische Unterricht gleichwohl nicht zu früh, jedenfalls
nicht vom Anbeginn des ganzen Unterrichts an, vielmehr erst, nachdem der Schüler praktisch einen gewissen Grad der Erstarkung erreicht, kurz, etwa erst alsdann sich dem praktischen Unterrichte anzuschließen habe, wo dieser, der Schüler, da angekommen, wo ich im
vorhergehenden Absatze den Schluß der von mir sogenannten Spielschule bezeichnete, und zu dieser Ansicht vermag ich mich, und wie
ich glaube aus sehr triftigen pädagogischen und didaktischen Grün-

ben, durchaus nicht zu bekennen. So lange — sagen jene Herren — wir es hauptsächlich nur mit der praktischen Ausbildung des Schülers, seiner Ausrüstung mit praktischen Fertigkeiten zu thun haben, geht uns aus der sogenannten Theorie unsrer Kunst Nichts etwas an als der Apparat, den sie zur Ermöglichung und Vervollständigung jener Ausrüstung liefert. Nun ja, meine Herren! ich könnte Ihnen darin sofort vollkommen recht geben, wenn wir nur über den Umfang dieses Apparats einerlei Meinung wären, da wir dies aber nicht sind, so behaupte ich: wir müssen auch während der von mir sogenannten Spielschule und zwar von deren ersten Beginn an unsern Schülern einen Unterricht ertheilen, der nach und nach das gesammte Bereich unsrer Kunst ihrem Wissen erschließt und der somit kein anderer ist, als ein vollkommen theoretischer. Warum? weil wir nicht anders das Denkvermögen unsrer Schüler, und zwar ausschließlich auf musikalische Dinge gerichtet, beschäftigen und schärfen können; weil alles Wissen, wenn es auch nicht in unmittelbarer Beziehung dazu zu stehen scheint, das Können wesentlich fördert, weil mit dem musikalisch aufgeweckten Kopfe auch das Herz musikalisch angeregt wird und von diesen Beiden nur die belebende Kraft und der stärkende Wille in die spielenden oder singenden Organe strömt; weil in der That aber auch Alles, was ich hier unter Theorie verstehe, in unmittelbarer Beziehung zur Förderung der praktischen Fertigkeit steht; ja, weil sich jener Grad von diesen, den Sie, meine Herren! als den Anfang des eigentlichen theoretischen Unterrichts bezeichnen, fast gar nicht anders erreichen läßt; und weil endlich ein anderes Verfahren dem nie ungestraft zu verletzenden großen pädagogischen und didaktischen Gesetze der gleichmäßig harmonischen Ausbildung aller geistigen und leiblichen Kräfte des Schülers durch den Unterricht widersprechen würde. Am meisten divergiren unsere Ansichten in Betracht der letztangeführten Gründe. Die ersten enthalten solch' allgemeine Wahrheiten, daß selbst der Laie ihre Triftigkeit begreifen wird und muß. Sprechen wir daher vorzüglich über die letztern noch einige Worte. Ihr könnt nicht zugeben, daß Alles, was hier in das Bereich der Theorie gehört, in unmittelbarer Beziehung zur Förderung der praktischen Fertigkeit steht, namentlich führt Ihr an Harmonik und Melodik, so wie die Dinge, auf deren Lehre diese vorzugsweise beruhen, auch Formenlehre und Organologie. Aber Ihr werdet doch zugeben z. B., daß jene Fertigkeit Hand in Hand mit der Fertigkeit im Notenlesen und Tontreffen geht, und wodurch, sagt mir, wodurch kann diese weſentlicher gefördert werden als durch Kenntniſſe des melodiſchen und harmoniſchen Tonbaues? Wollt Ihr ſie lediglich ein Reſultat der Uebung ſein laſſen, ſo bedürfte er zum mindeſten noch einmal ſo viel Zeit dazu, als macht Ihr ſie zugleich zu einem Reſultate des Wiſſens und Könnens der vorgeſchriebenen Dinge. Welche Sätze lieſt das Kind in der ABC=Schule am fertigſten und rich= tigſten? deren Sinn und Inhalt es verſteht. Es iſt hier, bei uns, nicht anders. Ueberlegt, überdenkt nur die Sache recht, und Ihr werdet mir, dem im Unterrichte nun bald grau gewordenen Manne, glauben. Ihr werdet doch zugeben, daß das, was wir unter prak= tiſcher oder mechaniſcher Fertigkeit begreifen, weſentlich abhängt von richtiger und ſchöner Tonerzeugung, von der Herrſchaft des Spie= lers oder Sängers über die Tonfähigkeit ſeines Organs, und nun frage ich, wo ein ſicherer Bürge, eine kräftigere Stütze für dieſe Herr= ſchaft als in der vollen, gründlichen Kenntniß des Organs, ſeines Baues, ſeiner Conſtruktion, des Verhältniſſes ſeiner Theile zu ein= ander ꝛc.? — Ich muß wiederholen: ja, es läßt ſich ohne den daher gehörigen Unterricht gar nicht einmal derjenige Grad von praktiſcher Fertigkeit völlig erreichen, den Ihr für deſſen Anfang als nothwendig vorausſetzt. Doch angenommen, er könnte erreicht werden, wem gleicht alsdann bei Eurem Verfahren jedenfalls der Unterricht? — einem Prozeſſe, der, nachdem er ſchon bis zur Execution gediehen, durch irgend eine Chikane oder irgend einen Zufall wieder in den vorigen Zu= ſtand verſetzt wird und alle deſſen Beſchwerden, Aerger und Verdrieß= lichkeiten nun beide Parteien, die ſchuldige wie die unſchuldige, noch einmal durchzumachen haben und ſomit jedenfalls auf Koſten wel= cher Partei? — der unſchuldigen, denn bleibt dieſer auch ihr ma= terielles Recht, ſo verliert ſie unwiederbringlich an Zeit, Muth, Zufriedenheit, Lebensglück und Lebensfriſche. Euer Unterricht gleicht einem Hauſe, das zunächſt auf dem Zimmerplatze wie zur Probe einmal zuſammengeſetzt, dann aber wieder abgebrochen wird, um auf der rechten Stelle abermals aufgebaut zu werden. Es iſt ein ſtückweiſes Zuſammenſetzen, kein harmoniſches Entwickeln. Was aber der Unterricht ſchafft, muß wie jedes Erziehungswerk aus und in einem Guſſe geſchaffen werden. Ein zelt= oder theilweiſes Er= kalten der Maſſe tödtet, weil es die Symmetrie und Harmonie des Ganzen ſtört. Wir ſollen Coloſſe erzeugen, aber nicht etwa wie die Erzgießer Stück um Stück, Theil um Theil, ſondern wie die Bildhauer ſie nach und nach formen aus einem Stücke. Da wird zunächſt im Rohen gearbeitet, doch immer im Hinblicke auf das

Ganze; dann im Feinen und wieder in solchem Hinblicke. Das ganze Werk entwickelt sich harmonisch; Ihr seid Erzieher, die nach gegebenen Formen arbeiten, wir sind die Künstler, die nach und aus gegebenen Ideen schaffen. Wo das meiste Leben, die belebendste Wärme? — Von Anfang an die Theorie mit der Praxis verbinden, heißt, das musikalische Blut durch unmittelbaren Einguß rollen machen in allen Adern, Arterien und Venen des Zöglings; erst das Eine und dann das Andere nehmen aber heißt, den Leib bespritzen mit jenem Blute und verlangen, daß, wenn es glücklicher Weise nicht sofort auf der Oberfläche gerinnt, die Häute es dann einsaugen. Von welcher Methode läßt allein sich wahres Leben erwarten, hoffen? — Diese bringt dem Leibe keine Nahrung, giebt ihm den Schein des Lebens, aber ein wirkliches Leben kann es ihm nicht geben. Die rechte Erziehung beharrt nicht erst bei der Pflege des Körpers und läßt diesen auswachsen, bevor sie auch Hand an die Pflege des Geistes legt, sonst hat sie es ewig mit Kindern zu thun; sondern der Vortheil des Zöglings nöthigt sie, sofort Geist und Leib gleichmäßig zu pflegen, daß sie Beide gedeihen in harmonischer Entwickelung, und wenn der Körper ausgewachsen, kann sie zwar vorzugsweise ihr Augenmerk richten auf die weitere Pflege des Geistes, aber wie sie es thut mit steter Rücksicht auf die weitere Erstarkung und Erhaltung des Körpers, so thut sie es nun auch in einer Richtung, welche ihren Ausgangspunkt lediglich von jener gleichmäßigen Entwickelung des Geistes und Leibes vom ersten Augenblicke des Daseins an zu nehmen im Stande ist. Das Gleichniß paßt, wie ich es anschaue, auf unsern Gegenstand vollkommen. Allerdings kommt einmal die Zeit, und es ist dies schon in den voranstehenden Absätzen deutlich genug dargethan worden, wo die Theorie zum vornehmsten Gegenstande unsers Unterrichts wird und werden muß, aber es geschieht dies dann auch nicht allein ohne sie loszulösen von aller Praxis, sondern zugleich in einer Richtung, wo sie nicht mehr als die bloße Dienerin dieser, *sondern* diese als ihre Dienerin im steten Geleite erscheint, also von dem Punkte aus, wo sie all' des Apparats, den sie zur Ausrüstung des Schülers mit praktischen Fertigkeiten zu liefern hat und zu *liefern* im Stande ist, sich schon vollständig begeben hat. Ich will mich deutlicher ausdrücken. Auch meine Methode will, daß, haben die Schüler einmal einen gewissen Grad von praktischer Fertigkeit erlangt, ein vorzugsweise theoretischer Unterricht mit denselben begonnen werden soll, aber sie versteht unter diesem nicht etwa erst ein

Hereinziehen ſämmtlicher oder der einen und andern neuen theoretiſchen Gegenſtände in den Unterricht, ſondern nur eine weitere ſo
zu ſagen kunſtwiſſenſchaftlichere Ausdehnung und Verfolgung der
Lehre derſelben, als möglich war, ſo lange noch der Unterricht
in den techniſchen Künſten prävalirte. Neu iſt dem Schüler ſchon
jetzt von alle den daher gehörigen Gegenſtänden keiner mehr, und
durfte ihm auch keiner unbekannt bleiben, um des ganzen Zwecks
und der guten Methode des Unterrichts willen, aber wurden viele
oder mehrere davon bis daher nur obenhin oder nur ſo weit beſchaut,
als etwa die möglichſte Vervollkommnung in den techniſchen Künſten oder das Geſetz der gleichmäßigen Ausbildung des ſo zu ſagen
muſikaliſchen Kopfes und Herzens nothwendig machte, ſo werden
dieſelben jetzt ganz beſonders ins Licht gezogen und die gewonnene
Ausbildung namentlich in den techniſchen Künſten dient dazu, ihre
Weſenheit jetzt auch aufs Vollkommenſte zu durchſchauen, um ſo
endlich abermals völlig harmoniſch entwickelnd an das letzte End-
ziel des Unterrichts zu gelangen. Es iſt gewiſſermaßen ein päda-
gogiſch-didaktiſcher Quarten- und Quintenzirkel, den wir durchlaufen: wir ſchreiten das eine Mal durch lauter Quarten fort, aber
die Quinten gehen daneben gleichmäßig Schritt für Schritt mit,
bis wir, bei dem Wendepunkte der Enharmonie angelangt, in die
Straße der Quinten einlenken und nun die Quarten eben ſo gleichmäßig daneben einherſchreiten, um endlich mit beiden Wegen an ein
und demſelben Ziele auszumünden.

Damit ſchließe ich die Betrachtung. Das ganze Capitel gehört nicht zu den umfangreichſten, aber zu den wichtigſten Abſchnit-
ten meines Buchs. Es iſt die Methodik der Methoden, oder ſollte
es wenigſtens ſein, der eigentliche Führer auf der Reiſe, die wir
lehrend zu machen haben. Alle vorangegangenen Capitel, wenigſtens dieſes zweiten Theils des Buchs, enthielten gewiſſermaßen nur
die Monographien der Unterrichtslehre, hier war nun auch eine
Topographie derſelben aufzuſtellen, da wir niemals mit dem Einzeln
für ſich, ſondern immer zugleich mit noch einem Andern zu thun
haben, unſer Unterricht nicht das einzelne Dorf, Haus, der einzelne
Wald, Acker, Fluß, ſondern immer eine ganze Gegend iſt, in welcher Dörfer, Städte, Häuſer, Wälder, Aecker, Flüſſe ꝛc. neben und
durcheinander liegen und die das Lehrauge ſtets in ihrer Geſammtheit aufzufaſſen hat. Für die Didaktik war daher auch kaum etwas
ſchwieriger als die Löſung der Aufgabe dieſes Capitels, ſo unab-

weislich sich dieselbe aufdrängte. Mögen wir uns stellen, auf welchen Höhepunkt, dem Auge entgeht gar leicht Etwas in der Auffassung einer ganzen Gegend, zumal soll diese sich durch den Entwurf einer topographischen Karte darstellen. Mögen wir wieder zu dem Ende bereisen und beschauen, vermessen alle einzelnen Punkte, die Täuschung über den eigentlichen Zusammenhang derselben ist eben so leicht als groß. Ich glaube mir das Zeugniß geben zu dürfen, daß ich alle Kraft auf den Gegenstand verwendet. Was ich darüber gesagt, ich schrieb es nieder erst nach reiflichster Ueberlegung und nachdem ich den schärfsten Blick auf meine lange Lehrervergangenheit geworfen. Möchte ich nur überall auch recht verstanden werden! — Es galt, den Gang, den unser Unterricht im Ganzen zu nehmen hat, zu entfalten, nachdem dies in Beziehung auf die einzelnen Lehrgegenstände geschehen, auch eine Methodik für den Unterricht überhaupt zu entwerfen, einen förmlichen Plan für die Gesammtbildung unsrer Zöglinge. Ist das das Schwierigste für jede Schule, so mußte es namentlich hier schwierig sein, weil die Begriffe von jener Bildung so verschieden sind und dieselbe sich noch nirgends in einer Leistung präsentirt hat. Jeder andere Didaktiker wäre glücklicher in dieser Beziehung gewesen, da die Kenntniß nur einiger vortrefflicher Lehranstalten und deren Lehrplane sein Auge erhellt und auf das Rechte geleitet haben würde. Ich stand allein. Es sollte mich freuen, von erfahrnen und denkenden Lehrern einmal zu hören, namentlich welchen Eindruck dieses Capitel des Buchs auf sie gemacht. Es ist voller Gleichnisse und Bilder, aber diese machen das Verständniß einer Sache oft leichter und deutlicher als weitläuftige Umschreibungen, die nicht das Verwandte, schon Bekanntere, sondern nur das Eine, noch Dunkle in ihr Bereich ziehen.

Sechstes Capitel.

Specialität des Unterrichts.

Dem Allgemeinen steht das Besondere entgegen, dem Universellen das Specielle: man wird daher, wenn ich dieses Capitel „Specialität des Unterrichts" überschreibe, vielleicht den unmittelbaren Gegensatz von dem Inhalte des vorhergehenden Capitels darin erwarten; man wird sich nicht gänzlich täuschen, doch ist seine Aufgabe genau genommen eine andere. Im vorhergehenden Capitel

war biefe, einen förmlichen Schulplan für unser gesammtes Unter=
richtswerk aufzustellen, und daneben zu zeigen, daß bieses nie im
Einzelnen, Stück für Stück, sondern wie die Marmorstatue immer
nur aus einem Stücke, immer als ein Ganzes sich entwickelt, der=
gestalt, daß gleich vom Beginn des Werkes an gewissermaßen alle
Theile desselben in Angriff genommen werden und biese nun sich
herausgestalten nach und nach aus dem Ganzen in dem Maaße,
wie bieses wächst. Wenn ich bas die Universalität des Unterrichts
nannte, so begriff genau genommen die Specialität besselben die
Beschreibung dieser Herausgestaltung der einzelnen Theile aus bem
Ganzen in sich, mit anderen Worten die Methodik der einzelnen
Lehrgegenstände. Dort, im vorhergehenden Capitel, faßte ich ben
Unterricht in seinem Ganzen, als unsere Schule überhaupt auf: ber
natürlichste, unmittelbarste Gegensatz bavon würde sein, baß ich ihn
hier in seinem Einzelnen erfaßte, gewissermaßen einen Gang burch bie
einzelnen Classen ber Schule machte und lehrte, wie der Unterricht
in einer jeden berselben je nach Maßgabe des eben vorliegenden be=
sondern Gegenstandes ertheilt werden müsse. Damit aber würde ich
wieder zurückkommen zu bem, was schon die früheren, das zweite,
britte und vierte Capitel bieses Theils enthalten. Ich bemerkte be=
reits im vorhergehenden Capitel, baß ber innere Organismus meiner
Betrachtungen vielleicht Gegner finden werbe, boch nach meinem
Dafürhalten mit Unrecht. Zunächst konnte mein Auge nur auf bem
Allgemeinen, ber allgemeinen Wesen= und Beschaffenheit ber Kunst
bes Unterrichts ruhen, ehe ich zu ber Betrachtung ber einzelnen Eigen=
thümlichkeiten berselben fortzuschreiten vermochte; boch jene Beschau=
ung vollendet, konnte es mit biesem Fortschritte auch keinen Augen=
blick mehr weilen, und waren es babei die einzelnen Lehrgegenstände
selbst, die es zur Erforschung ihrer Methode fesselten, so konnte die
Betrachtung bes organischen Lehrverhältnisses, in welchem bieselben
zu einander stehen, erst nachfolgen. Sie bann, biese Betrachtung,
war es, die mich im vorhergehenden Capitel beschäftigte, und über=
schrieb ich basselbe „Universalität des Unterrichts", so, meine ich,
bürfte ber Inhalt die Wahl bieses Titels vollkommen rechtfertigen.
Dem Universellen aber muß immer ein Specielles gegenüber stehen,
nur barf man, nach bem Vorangegangenen, hier nicht eine Metho=
bologie für bie einzelnen Lehrgegenstände und Lehrklassen barunter
erwarten, sondern nachdem solche bereits gegeben worden, wird man
in bieser Specialität nichts Anderes erkennen können, als was auch
bie meisten andern Dibaktiken ober Methobologien barunter begreifen:

ein Aufzählen der einzelnen Lehrmittel, welche der Reihe nach zur Erzielung des Gesammtzwecks angewendet werden müssen, so wie eine
Anleitung über die gleichergestalt zweckmäßigste Verwendung der einzelnen dem Unterrichte gewidmeten Zeit. Liegen doch diese Betrachtungen auch gar nicht so weit abseits von dem unmittelbaren Ge-
gensatze der im vorhergehenden Capitel enthaltenen. Ich sprach in
diesem von der Nothwendigkeit der Verbindung sämmtlicher Zweige
unsers Unterrichts in einen, ungeachtet dieser so nothwendigen Verbindung ergab sich eine gewisse genetische Folge der Gegenstände:
ist es nun so ungereimt, dieser Folge unter dem Begriffe der Specialität des Unterrichts eine Betrachtung über die einzelnen Mittel
gegenüber zu stellen, an denen und durch welche sich dieselbe verwirklichen läßt? — Ich sprach in jenem Capitel von der Vertheilung der Lehrgegenstände nach einer gewissen Zeitordnung, es geschah im Großen, Ganzen, im Hinblick auf die Hauptentwickelungs-
perioden: lassen sich diesen Betrachtungen nun nicht solche über die
zweckmäßigste Verwendung der dem Lehrer und Lerner gewidmeten
und innerhalb dieser Perioden liegenden einzelnen Zeitmomente unter
genanntem Begriffe gegenüber stellen? — Gewiß, und so wenig
demnach auf den ersten Blick der Inhalt des gegenwärtigen Capitels dem Revers von dem Inhalte des vorhergehenden zu gleichen
scheint, wie er nach dem Begriffe der beiderseitigen Titel eigentlich
sollte, so kann der letztere von diesen doch nicht als durchaus unpassend gewählt betrachtet werden. Oder sage man mir einen, der
sich dem gewählten als zutreffender substituiren ließe. Ich weiß
keinen. — Damit übrigens wissen wir bereits auch, welchen Betrachtungen wir in dem gegenwärtigen Capitel begegnen werden. Die
erste wird die Wahl und Folge der Lehrmittel betreffen. Letztere
sind in allem Unterrichte die Lehrbücher, wie z. B. beim Sprachunterrichte die Grammatiken und verschiedenen Uebersetzungs- und
Lehrbücher, also bei uns die zum Zwecke des Unterrichts zu benützen-
den Musikalien (Compositionen). Die Betrachtung wird eine zweifache sein müssen, eine allgemeine und eine besondere. Jene wird
die allgemeinen pädagogischen und didaktischen Grundsätze zu entwickeln haben, die hinsichtlich der Wahl und Folge der einzelnen
einzustudirenden oder überhaupt beim Unterrichte zu verwendenden
Musikalien zu befolgen sind, soll dieser, der Unterricht, unter Beobachtung seiner übrigen, bereits entwickelten Regeln von dem rechten
Erfolge begleitet sein; und diese dann diejenigen Musikalien und
zwar in der Reihenfolge wirklich namhaft zu machen, die sich und

in welcher diefelben fich nach meinem wo möglich zugleich motivir-
ten Dafürhalten am meiften dazu eignen. Die zweite Betrachtung
dann kann nichts Anderes als die zweckmäßigfte Verwendung der
dem Lehrer und Lerner gewidmeten Zeit zum Gegenftande haben.
Dem Lehrer und Lerner zugleich gehört die Unterrichtsftunde. So
folgt, daß wir zunächft zu unterfuchen haben, wie diefe jedesmal
am vortheilhafteften für den allgemeinen Unterrichtszweck verwendet
wird. Dem Lerner allein gehört die Zeit der Uebung. So wendet
fich zum Schluffe dann diefelbe Frage auch der Selbftübung zu. Es
werden die einzelnen Betrachtungen zu ganzer Verftändigung einige
Nebenerinnerungen nöthig machen: es mögen diefelben indeß nicht
fchon hier, fondern zweckmäßiger bei ihnen felbft Platz finden.

1. Wahl und Folge der beim Unterrichte zu verwendenden Mufikftücke.

a. im Allgemeinen.

Kaum ift Etwas wichtiger für die gute Methode als die Wahl
der Mufikftücke, welche der Lehrer bei feinem Unterrichte anwendet,
fo wie die Reihenfolge, in welcher er fie verwendet. Ich möchte
faft behaupten, daß ein unmittelbarer leitender Einfluß von da auf
den ganzen Gang, die ganze Art und Weife und fomit auch den
gefammten Erfolg des Unterrichts geübt wird. Ob die Fähigkeiten
des Schülers fich mehr oder weniger richtig, naturgemäß und päda-
gogifch, ob fie langfamer oder fchneller, fruchtbarer oder unfrucht-
barer, auch in welchem Umfange und welcher Ausdehnung, welcher
Kraft fie fich entwickeln, — es hängt wefentlich davon ab. Aller
Mufikunterricht nämlich fammt der Bildung, die er bezweckt, hat
eine praktifche Bafis und diefe kann nur gewonnen werden durch
Uebung der Kräfte an fchon vorhandenem Material. Wie die
Grundlage aber, fo auch das Gebäude, das darauf aufgerichtet ift,
und wie das Material, aus dem fie gefchaffen worden, fo ift fie
felbft. Ift diefes locker, unbauerhaft, nicht überall feft ftützend und
das Gleichgewicht nach allen Seiten haltend, fo auch Alles, was
darauf beruht. Die Mufikftücke, an denen wir unfern Schülern
fpielen oder fingen und überhaupt Mufik lehren, find die Milch,
die wir den Kindern reichen: ift fie ungefund, fo wird auch ihr
Leib nie erftarken, nie gefunden, und mit dem fiechen Leibe wird
und muß auch der ftärkfte Geift nach und nach erfchlaffen. Sie
find — wie fchon vorhin gefagt — die Lehrbücher, welche dazu

dienen sollen, den Schülern die musikalische Sprache zu lehren, — welcher Schulmeister wüßte nicht, wie Viel bezüglich des ganzen Erfolgs seines Unterrichts auf Beschaffenheit, Anordnung und Folge der Lehrbücher ankommt, die in seiner Schule im Gebrauche sind!? — Von der ersten Fibel an bis zum letzten, vielleicht poetischen Lese= buche, bis zur Sprachbibel ist sein ganzes Augenmerk darauf gerichtet. Musikalisch buchstabiren, lesen, denken, hören, sehen, schmecken, füh= len, bilden und erfinden sollen unsere Schüler daran lernen, ihre gesammte geistige und leibliche Ausbildung fundirt hier! Welche Aufforderung, die größeste Sorgfalt darauf zu verwenden! — Doch wo die Richtschnur, nach welcher die Wahl zu treffen und die rich= tige Folge zu bemessen? — Sie ist eine objektive und eine subjektive. Jene liefert uns der Unterrichtsgegenstand, diese der Schüler oder vielmehr der Grad seiner Ausbildung und seiner Bildungsfähigkeit. Aber es lassen sich beide wiederum nicht dergestalt von einander trennen, daß wir das einemal nach dieser, das anderemal nach jener verfahren, sondern wir müssen stets beide zugleich im Auge haben, obschon hier sich meist nur aus jeder einzeln die leitenden Grund= sätze entwickeln lassen. Ich bemerke dies im Voraus, damit ich nie und nirgends mißverstanden werde, ja ich wiederhole: bei der Wahl der zu verwendenden Tonstücke in der Bestimmung über ihre Folge auf einander, müssen wir sowohl den Schüler als den zu lehrenden Gegenstand stets fest im Auge behalten, wenn gleich hier, in der Methodologie, die leitenden Grundsätze bald von dieser bald von jener Seite hergenommen erscheinen. Bei dem Unterrichte selbst lassen sich die beiden Gesichtspunkte nicht von einander trennen, wie in einem Fernrohre, mit dem wir einen entlegenen Gegenstand suchen und erforschen, die beiden einander sich gegenüber stehenden Gläser. Ohne das eine oder andere von denselben werden und können wir jenen nie finden: blos den Schüler oder blos den zu lehrenden Gegenstand ins Auge gefaßt, werden wir auch in unsrer Angelegenheit nie das Rechte treffen.

Forschen wir zunächst nach den aus dem subjektiven Ge= sichtspunkte sich ergebenden Grundsätzen. Die erste Regel nach die= ser Seite wird lauten: wähle stets solche Musikstücke, die dem Grade des Wissens und Könnens des Schülers gemäß sind. Es ist diese Regel keine andere als jene allgemeine: lehre Nichts, was der Schüler noch nicht faßt, auf unsern beson= dern Gegenstand angewandt. Man sollte meinen, daß, was die Regel gebietet, sich von selbst versteht; kein Lehrer wird Musikstücke für seinen Schüler wählen, die zu spielen oder zu singen dieser noch nicht Fertigkeit genug besitzt; gleichwohl wird fast gegen keine Regel mehr gefehlt. Wie wir gleich nachher erfahren werden, tritt nämlich eine andere Regel, die vorschreibt, daß die Stücke stets so gewählt werden sollen, daß Fertigkeit und Wissen dadurch gefördert wird, scheinbar damit in Collision, und in Folge dieser Regel glauben viele und die meisten Lehrer von Stück zu Stück zu immer Schwererem fortschreiten zu müssen. Das aber ist falsch; es heißt das weder die Fertigkeit und das Wissen des Schülers fördern, noch dem Grade desselben gemäß handeln. Die Schüler müssen auch erstarken in dem, was sie können und wissen, und diese Erstarkung wird nur durch ein rechtzeitiges Ruhen gewonnen. Ein ununterbrochenes Steigen erschlafft und ermüdet die Kräfte, mattet ab, steift und erlahmt. Ich wähle recht, wenn ich den Grad der Fertigkeit und des Wissens meines Schülers extensiv nie übersteige. Nicht, was ihm möglich, entscheidet in dieser Beziehung, sondern was ihm gewiß. Es ist richtig, daß hie und da auch einmal versucht werden muß, was wohl dem Schüler schon möglich ist. Es muß hie und da seine geistige und leibliche Kraft recht auf die Probe gestellt werden. Gelingt die Probe, so macht sie zudem Muth, fördert die Ausdauer und Spielfrische; gelingt sie nicht, nun so erfährt doch der Schüler durch eigene Anschauung, wo es ihm noch fehlt, was ihm noch gebricht, und eine rechte Leitung wird ihn dann zu ermuntern wissen, nach dieser Seite vorzugsweise sein Augenmerk zu richten. Zur Regel aber dürfen dergleichen Proben nicht werden, und sie sind sofort Regel, wenn ich immer nur wähle nach dem Maße, das zu erreichen dem Schüler möglich ist, und nicht vorzugsweise nach dem, das zu erreichen ihm immer gewiß ist. Das Wissen und Können hat seine qualitative und quantitative Seite. Wir dürfen nicht fürchten, daß wir es bei unsern Schülern nicht auch quantitativ fördern, wenn wir es scheinbar blos qualitativ fördern. Die beiden Seiten sind unzertrennlich von einander. Sie sind der Avers und Revers der Münze. Qualitativ aber werden wir es nur fördern, wenn wir bei der Wahl der Musikstücke obige Regel fest im Auge behalten. Daß der Schüler Dinge, die nach Seiten ihrer Schwierigkeit mit einander verglichen sich völlig gleich sind, mit immer größerer Sicherheit, Leichtigkeit und Präcision spielen lernt, fördert sein eigentliches Können im Allgemeinen mehr als das Abarbeiten an immer größeren Schwierigkeiten. Es ist dieses das Erstarken seiner Kraft, und soll doch jeder Spieler, jeder Künstler

36

immer und in allen Fällen noch mehr Fertigkeit und Kraft besitzen, als er eben braucht, das Auszuführende wirklich auszuführen, denn anders wird diese Ausführung zur Arbeit, und das darf nie werden, nie auch nur scheinen. Ein anderer Grund, warum gegen besagte, so gebieterische Regel so häufig gefehlt wird, liegt darin, daß die äußere Stellung der meisten Musiklehrer zu gebieten scheint, mit dem Wissen und Können ihrer Schüler zu brilliren, zu documentiren, was sie wissen und können. Da meinen Viele, eilen zu müssen, daß der Schüler einen schätzenswerthen Grad von Fertigkeit an den Tag zu legen im Stande ist, und es wird nicht geruht und nicht gerastet, von Stunde zu Stunde, von Stück zu Stück ein neues mechanisches Wagniß vorgenommen, bis — ich will sogleich die Folgen verrathen — endlich eine totale Ermüdung eintritt und nun die guten Eltern, Erzieher und Vormünder die Freude, welche sie über das scheinbare große Fortschreiten ihres Kindes hegten, damit theuer bezahlen müssen, daß sie wahrnehmen, wie dieses im Grunde eigentlich Nichts recht kann und weiß. Wahres Mitleiden habe ich manchmal schon empfunden mit den Kleinen, wenn ich sah, wie sie sich abquälen mußten an dem, was der Lehrer ihnen da gebracht hatte und dieses das äußerste Maß ihrer Kraft sogar noch überstieg; und mit diesem Lehrer, wenn ich zugleich sah, wie ihm der Angstschweiß im Gesichte perlte, daß dem Kinde doch ja die Ausführung glücken möge, und mir doch sagen mußte, daß an der beiderseitigen Qual Nichts als seine pädagogische Unklugheit schuld war. Um Alles in der Welt lasse man die Schüler nie spielen oder singen, wozu sie vielleicht erst in einem Viertel- oder Halbenjahre weitern Unterrichts und weiterer Uebung die nöthige Kraft haben werden; thun wir es, so werden wir die Erfahrung machen, daß dies Viertel- oder Halbejahr gleichwohl herumgeht, ohne daß sie auch jetzt nur die Kraft dazu besitzen, also ohne daß überhaupt nur ein Fortschritt im Lernen gemacht worden ist, aber wahrlich nicht ohne, daß die Zeit in anderer, nämlich nachtheiliger Beziehung Vieles, sehr Vieles gewirkt hat. Lieber noch zurückbleiben hinter dem vorhandenen Maße der Kraft, als es überschreiten. Immer wird durch Dieses weit mehr geschadet als durch Jenes verloren gehen kann, und immer wird durch Jenes noch mehr gewonnen als durch Dieses zu erreichen möglich ist. Man erlaube mir, abermals ein Gleichniß anzuführen. Wir Erwachsenen, die wir schon fertig sind im Laufen, Gehen und namentlich Treppensteigen, thun dies ohne Anstoß und sonderliche Anstrengung, noch mehr ohne alle Gefahr, wenn wir Schritt um Schritt, Fuß

um Fuß eine Stufe weiter steigen; das Kind aber, das erst Treppensteigen lernt, setzt auf jeder Stufe erst beide Füße neben einander
und sichert seine Haltung durch einen Augenblick Ruhe, bevor es
wagt, den Fuß wieder auf eine höhere Stufe zu heben. Halten
wir das Bild fest; es lehrt gar anschaulich, was unsere Regel will:
nie ein anderes Tonstück, als dem der Schüler vollkommen gewach-
sen ist. Eine neue Stufe erstiegen, muß Ruhe eintreten; diese Ruhe
schafft die Kraft zum Weitersteigen; und hat sie solche geschaffen,
so verfehlen wir auch gegen die Regel nicht, wenn wir nun ein
Tonstück wählen, in dem sich dieselbe zu verwirklichen, zu bethätigen
vermag, denn es entspricht ja nur dieses dem vorhandenen Grade
des Könnens und Wissens. Ich sage ausdrücklich noch einmal:
dem vorhandenen Grade des Könnens und Wissens. Alles bis
daher Vorgetragene nämlich scheint sich nur auf das Maß der mechanischen Fertigkeit zu beziehen, und nun wird wohl Jeder schon
die Erfahrung gemacht haben, daß Vieles, was blos nach Seiten
seiner Ansprüche an mechanische Fertigkeit betrachtet, durchaus nicht
mehr zu schwer für den Schüler zu sein scheint, doch den vorhandenen Grad der Kraft desselben überhaupt noch weit überschreitet,
und das eben will ich durch das „Wissen" andeuten. Um nicht
gegen unsere Regel zu fehlen, haben wir nicht blos zu beurtheilen,
ob das neu zu wählende Tonstück keine höheren Ansprüche an mechanische Fertigkeiten macht, als der Schüler zu befriedigen im Stande
ist, sondern auch ob dasselbe Nichts enthält, sein Vortrag Nichts erfordert, was das Maß des künstlerischen Wissens und ich setze hier
noch hinzu Empfindens des Schülers noch übersteigt. Mein Schüler spielt die Ouverture zu Webers „Oberon", von diesem selbst für
das Clavier arrangirt, vollkommen fertig, ja sogar sehr gut; Jedermann weiß, daß, was bloße Fertigkeit anbelangt, dazu fast noch
mehr gehört als zum Spiel von etwa Beethovens Cis-Moll-Sonate;
aber welche weit höhere und weitere Ausbildung des Geschmacks
und des ästhetischen Gefühls, welche gereiftern Kenntnisse und tiefere Empfindungsweise in Dingen des Rhythmus, der Melodik und
Harmonik erfordert dagegen der richtige Vortrag dieser! Wenn nun
mein Schüler diese Ausbildung noch nicht besitzt, so wäre es, ungeachtet er mechanisch fertig genug dazu ist, doch thöricht und pädagogisch unklug, wollte ich ihm nach jener Ouverture oder wohl gar
noch vor derselben diese Sonate als gewissermaßen Schulbuch in die
Hand geben. Das Wissen ist hier eben so scharf ins Auge zu
fassen als das Können und ein Ueberbieten oder auch nur Ueber-

reizen der Kräfte nach jener Seite ist von denselben übeln Folgen
begleitet und muß davon begleitet sein als ein Ueberbieten oder
Ueberreizen der Kräfte nach dieser Seite. Und indem ich zu diesem
Wissen nicht blos die Kenntniß der in dem Tonstücke und behufs
des Spiels desselben nothwendig zur Betrachtung kommenden Dinge
aus der Allgemeinen Musiklehre, Organologie ꝛc., sondern — wie
gesagt — auch das musikalische Empfinden, als namentlich der
Grad der Ausbildung des ästhetischen Gefühls, Geschmacks, musikalischen Gehörs ꝛc. zähle, folgt von selbst daraus die zweite Regel:
wähle immer auch nur solche Tonstücke, die dem musikalischen Interesse des Schülers, seinem musikalischen Fassungsvermögen angemessen sind, dasselbe
reizen, kräftigen, heben. Vor allen möchte ich denjenigen
unter meinen Herren Collegen, welche jüngere Schüler, Anfänger
zu unterrichten haben, diese Regel stets vor Augen halten. Es ist
richtig, die ersten Tonstücke, die wir bei unserem Unterrichte anwenden, sind die musikalische Milch, die wir den Kunstkindern reichen,
die erste Speise, die namentlich den Geschmack des Schülers erhält,
welche von Einfluß sein und bleiben kann auf sein ganzes Leben,
und nicht die gehörige Vorsicht in dieser Beziehung darauf verwendet, können wir die gerechteste Ursache zu dem Vorwurfe geben, der
uns schon hat treffen sollen, daß wir, wir Musiklehrer, den größten
Theil der Schuld von der vielfachen Geschmacksverderbniß tragen,
die unter dem musikalischen Publicum „gegenwärtig mehr als je“
herrschen soll (nebenbei bemerkt indeß nach dem Zeugniß aller Ge-
schichtsschreiber zu allen Zeiten geherrscht hat, d. h. gemäß dem Urtheile der eigentlichen Künstler dieser Zeiten). Doch eben so richtig
auch ist, daß Kindern keine andere Speise gereicht werden darf, als
welche sie zu verdauen vermögen. Gesunde Milch müssen sie haben,
aber Milch oder etwas dieser Aehnliches muß es immerhin sein,
sonst vergiften wir sie noch tödtlicher, noch unheilbarer, als blos
ungesunde Milch vermag. Die Schüler müssen verstehen können,
was sie spielen oder singen, anders werden sie wenig oder Nichts
dabei lernen. Das Musikstück muß stets so beschaffen sein, daß die
Schüler es nach Seiten seiner Melodien wie nach Seiten seiner Harmonien zu fassen vermögen. Junge Schüler nun, Kinder, vermögen
nur das zu fassen, was namentlich dem sinnlichen Ohre wohlgefällig erscheint. Sie nämlich befinden sich alle noch in der Entwickelungsperiode der Sinnlichkeit und dies nicht bei Allem, vorzugsweise aber hier bedacht, verfehlen wir stets den Zweck. Das sinnliche

Ohr aber vermag auch nicht blos das zu fassen, was einen wohlgefälligen Eindruck auf es macht, sondern auch nur das, was sowohl in seinem Ganzen als in seinen einzelnen Theilen keinen zu
großen Umfang hat. Ein kindliches Ohr kann nicht gar Viel
auf einmal fassen, wie der Magen des Kindes nicht zu Viel auf
einmal verdauen kann. Die Tonstücke für Anfänger müssen daher
nicht blos wohlgefällig, ein kindliches Ohr ansprechend, sondern auch
kurz sein und kurz nach seinem Ganzen, wie nach seinen einzelnen Theilen,
Perioden und Sätzen. Ob und wann wir eine andere, kräftigere
Speise reichen dürfen, giebt sich bald und in allen Entwickelungsperioden von selbst kund. Ein sicheres Zeichen, ob wir in dieser
Beziehung recht gewählt haben, ist immer, wenn der Schüler bald
bemerkbar macht, daß er den wesentlichsten Inhalt des Tonstücks
auswendig zu behalten vermag. Das sind immer die passendsten
Lesebücher für die Jugend, deren Inhalt sie aus dem Gedächtnisse
wieder zu erzählen vermögen. Kein vernünftiger Erzieher und Lehrer giebt seinen Zöglingen andere Lesebücher in die Hand. Sie
enthalten lauter kurze Geschichten, Betrachtungen und dergleichen in
einer dem Kinde gefälligen Sprache. Was sie enthalten kann nichts
desto weniger so beschaffen sein, daß Kopf und Herz nach allen
Seiten hin dadurch ausgebildet, gestärkt, genährt, erbaut werden.
Die Zeit, wo der Schüler auch Umfangreicheres, Ernsteres, tiefer
Gedachtes und tiefer Gefühltes behält, giebt sich von selbst kund.
Eins der gepriesensten und mit Recht beliebtesten deutschen Lesebücher ist gegenwärtig das von Wackernagel. Es zerfällt in so
viele Abtheilungen, als die Pädagogik Entwickelungsperioden in der
menschlichen Ausbildung anerkennt. Wodurch zeichnet es sich aus?
Das, wodurch dieses Buch in seinen verschiedenen Abtheilungen
sich vorzugsweise auszeichnet, das muß uns auch bei der Wahl
der Lesebücher für unsere Schüler leiten. In der That sind
unsere Musikstücke nichts Anderes als solche Lesebücher, und in
Wahrheit giebt das Behalten des Gelesenen ein sicheres Zeichen für
ihre richtige Wahl auf jeder Bildungsstufe ab. Ein anderes solches
sicheres Zeichen besteht darin, ob die Schüler wenigstens die Haupt-
sätze des Tonstücks bald zusammenhängend vortragen. Anfänglich
bei dem ersten Einüben werden zwar alle Tonstücke nur hergestam-
melt werden, geht das Spielen oder Singen nur stotternd, unzu-
sammenhängend von Statten, aber giebt sich das nicht bald, so dürfen wir auch fest annehmen, daß wir nicht recht gewählt, daß das
Tonstück, wenn auch in mechanischem Betracht durchaus nicht mehr

zu schwer für den Schüler, doch ein solches ist, welches für diesen
noch nicht paßt, weil ein solches, dessen Inhalt er noch nicht zu
fassen vermag, und daß ein solches noch nicht für-ihn paßt, beweist gerade die Thatsache, daß er es nie in gehörigem Zusammenhange vorzutragen im Stande sein wird, nie dies lernen wird.
Was aber wird alsdann dabei und dadurch gelernt? — Nichts! —
Man sage nicht, daß diese Erscheinung auch einen andern Grund,
namentlich den. haben kann, daß der Schüler überhaupt noch an
kein zusammenhängendes Spielen oder Singen gewöhnt worden,
denn das ist ja, wogegen ich eben eifere. Befolgen wir obige Regel, so muß der Schüler auch vom ersten Anfange des Unterrichts
an an einen solchen Vortrag gewöhnt werden, und auf welcher
Stufe der Ausbildung er sich alsdann befinden mag, trifft das Zeichen für die richtige Wahl des Tonstücks in Beziehung auf gegenwärtige Regel zu. Ich weiß wohl, daß es nicht so leicht ist, immer
im Voraus darnach jene zu berechnen, und selbst dem erfahrensten
Lehrer kann es geschehen, daß er sich in dieser Beziehung so zu
sagen vergreift. Weit leichter ist die Befolgung der ersten Regel,
und namentlich weil beide Regeln so leicht mit einander collibiren,
ist es schwer, im Voraus genau zu bemessen, ob beide gleichmäßig
beobachtet werden. In meiner Anstalt selbst hat sich in diesem
Augenblicke ein solcher Fall ereignet. Vor ohngefähr vier Wochen
wählte ich für eine Schülerin von dreizehn Jahren ein neues Tonstück. Zu schwer war dasselbe für sie wahrlich nicht; ja sie besitzt
schon viel Fertigkeit, daß ich ihr recht wohl noch schwerere Sachen
in die Hand geben könnte; auch besitzt sie Wissen genug, um das,
was in dem Tonstücke vorkommt, begreifen und verstehen zu lernen;
siehe da aber, nach einigen Lectionen schon bemerke ich, daß das
Mädchen selbst bei Stellen noch stottert, welche zu den mechanisch
leichtesten im ganzen Stücke zählen. Wo kann der Grund davon
liegen? — Ohnfehlbar nur darin, daß der ganze harmonische und
melodische Bau des Tonstücks dem musikalischen Fassungsvermögen
des Kindes noch nicht entspricht, nicht Reiz genug für dasselbe hat,
es nicht genug interessirt. Das Mädchen gehört weder zu den unfleißigen, noch zu den ungescheiten, noch zu den unachtsamen oder
talentlosen Schülern: gleichwohl vermochte es auch nach mehreren
Lectionen noch bei keinem Takte die Augen von den Noten ab und etwa
auf die Finger zu wenden. Offenbar eignet sich das Tonstück noch
nicht für diesen Schüler. Was zu thun? Es ist gewählt, gekauft,
der Unterricht damit schon eine Zeit lang fortgesetzt worden! Indeß

liegt auf der Hand, daß, setze ich diesen auch noch so lange fort, Alles, alle Zeit und alle Mühe, verloren sein wird. Das Kind wird das Stück nie ordentlich spielen lernen, und nicht allein daß die Zeit, welche nutzlos darauf verwendet wird, anderweitig weit nützlicher verwendet, weit fruchtbarer gemacht werden kann, sondern ich laufe sogar auch Gefahr, daß das Kind sich durch eben dieses Tonstück ein Stottern, Stammeln, Hinken, Unsicherthun und was dergleichen mehr angewöhnt, das nie oder doch nur sehr schwer wieder zu beseitigen ist, laufe Gefahr, daß das Kind die Lust zu allem Lernen dabei verliert, daß ich vielleicht Zwang anwenden muß und dadurch die Zuneigung, die Liebe des Kindes zur Kunst wie zu mir selbst untergrabe, daß das Kind das Vertrauen zu seiner eignen Kraft verliert, verdrossen wird 2c. 2c. Was zu thun? — Fort wieder mit dem Stücke! — Recht gern will ich bekennen, daß ich zwar keinen „kühnen", aber falschen Griff gethan, denn gerade das Gegentheil von eben dem, dessen ich durch längeres Beibehalten Gefahr laufe, erreiche ich dadurch und zwar in erhöhtem Maße. Es giebt ja noch Tonstücke genug, durch welche sich dasselbe eigentliche Schulziel erreichen läßt, das ich durch jenes Stück erreichen wollte, und die gleichwohl dem Interesse des Schülers, seinem Fassungsvermögen mehr zusagen. Das Kind, der Schüler ist herzensfroh, daß ich ihm diese Arbeit abnehme; er weiß es mir Dank, tausend Dank, daß ich auch seinem eigenen Wohlgefallen an dem Lernen so Rechnung trage und bethätigt diesen Dank durch einen desto größeren Fleiß, bei geschickter gewählten Tonstücken. Aber ich warte auch nicht so lange, bis ich den Entschluß fasse, damit es nicht zu spät ist, d. h. zu spät, der geschilderten Gefahr noch glücklich zu entgehen. Was, um bis dahin zu gelangen, wahrzunehmen war, ist bald wahrgenommen. Erwächst dem Schüler oder dessen Eltern ein pecuniärer Schaden durch den Wechsel, so nehme ich denselben natürlich auf meine Rechnung; aber er wird in der Regel leicht zu tragen sein, da die Musikalienhändler gern dergleichen Sachen gegen andere eintauschen, und da ein vernünftiger, umsichtiger Lehrer nie früher zu dem festen Ankaufe eines Tonstücks rathen wird, bis er über dessen Geeignetheit entschieden hat. Eine Ausnahme von der Regel machen natürlich diejenigen Tonstücke, die ausschließlich zur Förderung der mechanischen Fertigkeit dienen sollen, wie die sogenannten Etuden, Solfeggien, Gammen, Leitern 2c. Abgesehen davon übrigens, daß dieselben eigentlich auch gar nicht einmal in die Kathegorie derjenigen Tonstücke gehören, welche hier in Betracht kommen können, erfetzt bei denselben auch das Bewußtsein des Zwecks jenes Interesse, jenen Reiz, welche andernfalls der Schüler um seiner Ausbildung willen ein Recht hat von den Werken zu fordern, die ihm zur Uebung gegeben werden, und namentlich ist dies der Fall, wenn wir den Schüler nicht blos über den allgemeinen, sondern auch den speciellen Zweck eines jeden solchen bloßen Uebungsstücks durch pädagogisch kluge Vorstellungen belehren. Ich werde dies nicht weiter auszuführen nöthig haben, zumal ich nachgehends wieder darauf zurückkommen muß, und schreite unverweilt zu

denjenigen Grundsätzen betreff der Wahl und Folge der bei dem Unterrichte anzuwendenden Tonstücke fort, die sich vom objektiven Gesichtspunkte aus als maßgebend dafür ergeben. Da wird die erste Regel lauten müssen: wähle vor allen Dingen so, daß dadurch die praktische Fertigkeit gefördert wird. Indeß ist der Begriff sehr relativ. Das zweite Capitel dieses Theils, das vom Unterricht in der mechanischen Fertigkeit handelt, lehrt uns, wenn wir es noch wissen, was dieselbe Alles in sich schließt: in welcher Richtung nun soll die Fertigkeit gefördert werden? — die Antwort wird selbstverstanden lauten: in allen und wo möglich gleichmäßig in allen. Jetzt aber nenne mir Jemand, sei es für welches Instrument es wolle, Tonstücke, welche den Gedanken verwirklichen lassen! — Ich weiß keines. Immer vielmehr kann die mechanische Fertigkeit nur nach einer Richtung gefördert werden; fassen wir die dazu tauglichsten Schulstücke ins Auge, — wir werden finden, daß jedes von demselben nur zu einem einzelnen bestimmten Zwecke in dieser Beziehung sich eignet, und Angesichts jener Regel fragt es sich somit auch noch: wie, in welcher Ordnung habe ich dabei zugleich die verschiedenen Seiten oder Richtungen der praktischen Fertigkeit zu verfolgen? Diejenigen Tonstücke, welche eigens dazu bestimmt sind, die praktische Fertigkeit zu fördern und keinen andern Zweck, wie z. B. den der Unterhaltung, Geschmacksbildung rc., daneben noch verfolgen, heißen meist Etuden, Solfeggien. Hie und da tragen sie auch wohl andere Namen, als Capriccio oder dergleichen, aber der Lehrer erkennt auf den ersten Blick, daß sie in keine andere Kathegorie gehören. Es soll durch diese Tonstücke namentlich, oder vielmehr deren Uebung, die praktische Fertigkeit des Schülers ausgebildet werden, aber selbst die gelungensten unter diesen Tonstücken vermögen das nicht auf eine so zu sagen allseitige Weise. Keine Etude z. B. für das Clavier, welche neben der Beschäftigung aller Finger und

zwar in der Art, daß dieselben alle eine gleichmäßige Kraft und
Beweglichkeit dadurch erlangen, zugleich auch Gelegenheit böte, dieselben alle in allen möglichen Applicaturweisen, allen Arten des Anschlags, der Interpunktion, Accentuation ꝛc. zu üben. Ebenso keine
solche Etude für irgend welches sonstige Instrument. Tonstücke solcher
Art sind nicht möglich. Eine gewisse Stufenfolge muß daher in
der Erzielung aller derjenigen Kräfte statt haben, die dazu gehören,
eine vollkommen ausgebildete mechanische Fertigkeit zu begründen,
und nirgends macht dieselbe sich mehr geltend als bei der Wahl derjenigen Tonstücke, durch deren Uebung letztere nach und nach erreicht werden soll. Wo nun anfangen und wie gestaltet sich dann
jene Stufenfolge weiter? — Es liegt in der Natur der Sache, daß
das Augenmerk dabei zunächst auf die Bildung und zwar Totalbildung derjenigen Organe oder Körpertheile gerichtet sein muß, in
denen je nach Beschaffenheit des Instruments die mechanische Fertigkeit ihren vornehmsten Sitz hat, also bei Clavierspielern auf Bildung der Hände und Finger, bei Blaseinstrumentisten auf Bildung
der Lippen, Zunge und Athmungswerkzeuge, bei Geigern auf die
der Arme, Hände und Finger, bei Sängern auf die der Singorgane ꝛc. Doch auch hier in diesen Stücken kann nicht Alles auf
einmal geschehen. Ich werde auch schon hier stufenweis zu verfahren haben. Erst das Allgemeine, dann das Besondere. So
wähle ich für die Anfänger im Clavierspiele zunächst nur solche Tonstücke, durch deren Spiel dieselben in einer guten Haltung der Hand,
der Arme und des ganzen Körpers geübt werden. Alles Andere,
wovon die mechanische Fertigkeit abhängt, selbst das Geringste unter
den mancherlei Applicaturkünsten kümmert mich noch nicht. Nebenbei
nur verfolge ich auch den Zweck des richtigen und gleich starken Anschlags aller fünf Finger an beiden Händen, und wähle zu dem
Ende jene Tonstücke auch so, daß sie in dieser Beziehung alle diese
Finger möglichst gleich sehr beschäftigen. Ich will das Beispiel
beibehalten, um so lieber als der Clavierunterricht der häufigste ist,
den wir zu ertheilen haben, und die Anwendung der sich dabei ergebenden Regeln auf jeden andern Unterricht leicht von selbst macht.
Habe ich besagten Zweck erreicht, halten die Kinder die Hände ꝛc.
im Allgemeinen gut und bewegen sie ebenso die Finger richtig und
gleichmäßig kräftig, so wendet sich mein Augenmerk auf die verschiedenen besondern Applicaturkünste und ich schreite dabei, wie auch
schon die allgemeine Unterrichtsregel will, von den leichteren zu andern immer schwierigeren, von den einfacheren zu den immer zu-

sammengesetzteren fort. Daneben achte ich genau darauf, welche der Körpertheile, also hier welche der Finger besonders Uebung bedürfen, um in diesen Künsten eben so sehr als die übrigen fertig gemacht zu werden, auch in welchen dieser Künste sie noch die meiste Nachhülfe bedürfen, und das Resultat dieser Beobachtung dient mir als specielle Richtschnur bei der im Uebrigen nach jener allgemeinen Lehrregel zu treffenden Tonstückswahl. In jedem neuen Tonstücke muß eine neue Applicaturweise vorkommen, doch in jedem auch Gelegenheit geboten werden, diejenigen der Finger besonders zu üben, die vorzugsweise Uebung bedürfen, und zwar in der Weise, in welcher sie diese hauptsächlich bedürfen. Es ist nicht zu umgehen, daß sich mit dieser Rücksichtnahme auch die auf die einzelnen Spiel= und Vortragsmanieren verbindet, denn mit Erweiterung der Fingerfertigkeit an sich erweitert sich selbstverstanden auch das musikalische Wissen des Schülers, und so sorge ich denn auch, daß mit jedem neuen Tonstücke nicht minder in dieser Beziehung etwas Neues vorkommt. Was hinsichtlich der mechanischen Fertigkeit für sich namentlich dadurch gefördert wird, ist die Fertigkeit in den verschiedenen Anschlagsweisen, Accentuationen und Interpunktionen. So verfahre ich also in diesen Dingen vollkommen elementarisch, wende selbst auf die Wahl der Tonstücke nach oben vorangestelltem Grundsatze die allgemeine Lehrregel an: unterrichte stets elementarisch. Daß jener Grundsatz besonders so lange nicht außer Acht zu lassen ist, als der Schüler sich noch in der von mir oben (s. das vorhergehende Capitel unter 2 und 3) sogenannten Spielschule befindet, versteht sich von selbst. Ist er erst einmal in die wirkliche Musikschule (s. ebendaselbst) vorgerückt, so kommen mehr die folgenden leitenden Grundsätze in Betracht. Ehe ich indeß zu derselben übergehe noch einige Worte über den gegenwärtigen Gegenstand. Ich habe vorhin bereits angedeutet, daß es meist eigene Schulstücke sind, die zur Erzielung einer vollkommen und allseitig ausgebildeten mechanischen Fertigkeit nach und nach zur Anwendung kommen müssen. Die Erfordernisse einer solchen Fertigkeit sind ganz bestimmte. Kein Instrument, bei dem sich nicht genau angeben ließe, was den Virtuosen auf demselben ausmacht. Wir wissen genau, welche Applicaturkünste, welche verschiedenen Anschlagsweisen, Bogenführungen, Ansatzweisen, Respirationsfertigkeiten 2c. dazu gehören, denn alle diese beruhen auf gewissen Thätigkeiten und Beweglichkeiten der spielenden oder singenden Organe, die sich genau in allgemeine Rubriken zusammenstellen lassen. Jene Schulstücke besitzen wir in allen Formen und werden tagtäglich noch in allen Formen und unter allerlei Titeln neu geschaffen. Wie sehr nun würden die Componisten derselben uns Lehrern die Arbeit, namentlich die Wahl solcher Stücke erleichtern, wenn sie sofort auch auf deren Titel bemerkten, in welcher Richtung, nach welcher Seite hin diese Stücke die Förderung der mechanischen Fertigkeiten abzwecken!? — Nicht genug: wie manchem Mißgriffe von Seiten unkundiger Lehrer würde dadurch auch vorgebeugt und wie würde so die Unterrichtskunst selbst wesentlich dadurch gefördert werden?! — Schadete denn das an der Form? — Ohnmöglich. Die Componisten sind sich dessen, was sie eigentlich mit dem Stücke wollen, vollkommen bewußt; unter uns Lehrern dagegen werden viele über Nebendinge den eigentlichen Hauptzweck ganz und gar verkennen. Wie manche durchaus nutzlose Unterhaltungsstücke würden alsdann auch nicht mehr wahrhafte Schulstücke aus dem Unterrichte verdrängen. Jene sind um anderer Absichten willen wohl nöthig, aber diese unentbehrlich. Das Unentbehrliche steht selbst dem Nöthigsten überall und in allen Dingen voran. Der Grad der Fertigkeit, die Entwickelungsstufe, auf welcher das Tonstück anzuwenden, ließe sich freilich nicht zugleich daneben bemerken; aber nach der Regel, welche diese für die Wahl der anzuwendenden Tonstücke abgibt, ist auch immer leichter, das Rechte zu treffen als nach der diesseitigen, um so mehr, als wir, würde mein Vorschlag befolgt, etwa nur unter einem Dutzend zu wählen hätten, während wir jetzt unter Hunderten zu wählen haben. Merkwürdig indeß, daß wir nichtsdestoweniger auf den Titeln solcher Stücke häufiger gesagt finden, für wie weit ausgebildete Schüler dieselben bestimmt sein sollen, als für welche Art und Richtung der Ausbildung. Daß doch so gern das Unnöthige mit dem Nöthigen, das Zwecklose mit dem Zweckmäßigen verwechselt wird! — Da lesen wir: „für Anfänger,“ „für vorangeschrittene Schüler,“ „für junge Virtuosen“ (also zur letzten Ausbildung) und dergleichen mehr, — wenn wir doch statt dessen lesen würden: „zur Uebung in der und der Applicaturweise,“ „im Vortrage der und der Spielmanier“ ꝛc.! — Das dem Clavierunterrichte entlehnte Beispiel auf jeden andern Unterricht anzuwenden — sagte ich weiter vorhin — werde Jeder schon verstehen: nun, was bei dem Clavierspiel der Anschlag, das ist bei dem Spiel der Blasinstrumente und beim Gesange der Ansatz, bei dem Geigen die Bogenführung; die Applicaturen beim Clavierspiel sind dort die Respirationen, Aussprache ꝛc.; das elementarische Verfahren bleibt dasselbe. Auch hinsichtlich der Ausführung oder Executirung, die noch einen wesentlichen Theil der mechanischen Fertigkeit ausmacht, werde ich es beobachten, indem ich Anfangs solche Tonstücke wähle, in denen die Notengruppen sich einfacher und überschaulicher gestalten, und dann nach und nach solche, in denen diese stets combinirter und umfangreicher hervortreten. — Die zweite Regel wird lauten: wähle auch immer so, daß das Ton- und Taktgefühl des Schülers stets mehr und vollkommen ausgebildet wird. Was verstehe ich darunter? — Die Schüler müssen alle Tongeschlechte und Tonarten, so wie alle Taktarten praktisch kennen lernen, aber auch nicht blos kennen lernen, sondern in deren Spiel, im Spiel aller Töne und Rhythmen gleich fertig werden. So gewiß sich diese Regel von selbst versteht und die Nothwendigkeit ihres Gebots so zu sagen auf der Hand liegt, wird sie nichtsdestoweniger gar häufig verabsäumt. Mir fällt dabei ein Erlebniß in meiner Jugend ein. Schon als Knabe fand ich viel Vergnügen am sogenannten Phantasiren. Ich konnte stundenlang vor dem Claviere sitzen, ohne eine eigentliche Composition zu spielen, sondern um lediglich mich in meinen eigenen musikalischen Einfällen zu ergehen. Ich kannte frühzeitig alle Ton- und Taktarten und hatte auch so viele Kenntnisse in Dingen der Harmonie, daß mir die Verbindungen der ersteren, die Modulationen und Uebergänge, in den Fingern lagen, wie einem Confirmanden das Vaterunser oder die Glaubensartikel auf der Zunge. Man belobte mich dieser Fertigkeiten wegen, und wie es Kinder machen — ich trug sie nun auch zur Schau, wo ich nur konnte. Da hörte mich aber einmal auch ein Musiker in einer Gesellschaft. Es mochte den Mann vielleicht etwas Anderes an mir verdrießen, aber ich weiß es ihm noch heute aufrichtig Dank, daß er den Verdruß in dieser Weise ausließ: „Warum verweilen Sie denn nicht — unterbrach er mich in meinem Tastengange — auch etwas in dem Fis- und Des-Dur, das Sie immer nur so im Vorbeigehen berühren und kehren sofort wieder nach dem C- und G-Dur zurück? Spazieren Sie doch auch einmal ein Bischen in Moll herum. Aber man hört, Sie haben auch noch nicht viel etwas Anderes gespielt als C- und G-Dur." Wollte der Mann mich demüthigen vor der Gesellschaft, so empfand ich wirklich Etwas der Art, aber daß seine Bitterkeit mir sehr, sehr viel genützt, daran dachte er vielleicht entfernt nicht. Von Stund an spielte ich zu Hause Nichts als Stücke in Tonarten mit der reichsten Vorzeichnung und vorzugsweise zwar des Mollgeschlechts. Nicht lange und ich sehnte mich ordentlich, dem Manne wieder zu

begegnen, um mit ihm nun einen Spaziergang durch Fis= und
Des=Dur, Es=Moll, Cis=Moll oder welche andere ähnliche Ton=
art zu machen, daß er selbst darob hätte ermüden sollen. Der
Mann hatte recht. Wir Lehrer müssen darnach streben, daß die
Tonart das Wenigste ist, vor dem unsere Schüler beim Beginn
eines Tonstücks zurückschrecken. Es muß ihnen einerlei sein, in
welcher Tonart sie spielen oder singen. Keine darf ihnen größere
Schwierigkeiten darbieten. Diese Fertigkeit aber, die auf einer voll=
kommenen Ausbildung des Tongefühls beruht, kann nur erreicht
werden durch Uebung, und diese kann lediglich durch die in solcher
Absicht getroffene Wahl der Tonstücke gewährt werden. Natürlich
fangen wir mit den sogenannten Stammtonarten oder denjenigen
Tonarten an, die dem Instrumente am angemessensten sind, und
schreiten von da entwickelnd fort durch alle Grade der Verwandt=
schaft bis zu den entferntest stehenden; aber da einmal angelangt,
wählen wir die Tonstücke auch immer so, daß der Schüler eine
gleiche Festigkeit und Fertigkeit in allen Tonarten und Tongeschlech=
ten bekommen muß. Welche sehr wesentlichen Vortheile ein solches
Verfahren in Absicht auf den letzten Endzweck des gesammten Bil=
dungswerks, wie in Absicht auf den glücklichen Verlauf dieses ge=
währt, brauche ich wohl nicht erst besonders auseinander zu setzen.
Dasselbe ist der Fall mit den Rhythmen. Auch in allen Taktarten,
überhaupt rhythmischen Tonbewegungen müssen unsere Schüler gleich
fest werden. Seiner Zeit (drittes Capitel 2) habe ich die Mittel
angegeben, welche ich für die geeignetsten halte, den Schüler takt=
fest zu machen und ihm Sicherheit im rhythmischen Gefühl zu ver=
leihen: es gehört ferner Uebung dazu, und diese kann dem Schüler
nur werden, wenn wir die Tonstücke, die er spielen oder singen
lernen soll, so wählen, daß er eben so oft in jeder andern Taktart
und in jedem andern Rhythmus, als etwa im Vierivierteltakt oder
in der natürlichsten rhythmischen Bewegung zu spielen hat, und
dies sowohl einzeln als in Verbindung mehrerer Rhythmen in ein
und derselben Taktart, wie z. B. bei der Verbindung von Triolen
oder ähnlichen Figuren mit Tonbewegungen in gleichartigen Noten
von gewöhnlichem Zeitverhalt. Das rhythmische Gefühl erhält da=
durch eine Sicherheit und Festigkeit, die von unberechenbarem Vor=
theile für die Gesammtbildung des Schülers sein muß. Daß so
viele Lehrer das nicht gehörig bedenken! — Da lebt in meiner
Nähe ein Clavierspieler, der eine sehr schätzenswerthe Fingerfertig=
keit besitzt und auch ziemlich taktfest ist, aber sobald sich in dem

Vortrage etwa Achtelstriolen mit gewöhnlichen Achteln verbinden
oder Synkopien vorkommen, wird derselbe so hinkend, so lahm, daß
man ihn einen Stümper zu nennen versucht wird. Woher das? —
er hat nicht Uebung genug gehabt in diesen Arten rhythmischer Bewegung, und warum hat er nicht Uebung genug darin gehabt? weil sein
Lehrer versäumte, bei der Wahl seiner Schulstücke auch hierauf Rücksicht zu nehmen. Machen wir es um keinen Preis ebenso. Vom Leichteren allerdings stets zum Schwereren, aber unsere Regel hier auch
im Auge gehabt vom ersten Anfange des Unterrichts an. Daß
diejenigen Tonarten, Tongeschlechte, Taktarten und Rhythmen,
welche der Ausführung mehr Schwierigkeiten bieten, auch mehr geübt werden müssen als diejenigen, bei denen dies nicht der Fall ist,
versteht sich ebensowohl von selbst, als daß in der Schule ein Gleiches mit denjenigen Tonarten ꝛc. statt haben muß, die später im
gewöhnlichen Musikleben seltener vorkommen. Es ist falsch, um
dieses seltenen Gebrauchs willen sie auch von der Schule, wenn
nicht auszuschließen, so doch in derselben ebenfalls nur selten, so
blos nebenbei zu berühren: gerade jenes seltenere Vorkommen derselben im gewöhnlichen Musikleben legt dieser, der Schule, die Pflicht
auf, den Schüler um so fertiger darin zu machen, damit ihm nicht
die Kraft ausgeht, wenn er im gewöhnlichen Leben einmal darauf
stößt. Alle anderen können sogar mit weniger Sorgfalt behandelt
werden, eben weil das gewöhnliche Leben schon Gelegenheit genug
zur Uebung darin bietet. — Die dritte Regel ist: fasse bei der
Wahl der Musikstücke auch die Lehraufgabe der Ge-
schmacks- und Gefühlsbildung ins Auge. Kehren wir
zurück zu dem, was betreff dieser schon im dritten Capitel unter 4
gesagt wurde. Was zunächst für hier daraus hervorgeht, ist, daß
die Regel erst dann in Anwendung zu bringen sein wird, wenn
der Unterricht überhaupt bei der Aufgabe der Gefühls- und Geschmacksbildung angelangt ist. Dulden alle die übrigen Regeln
keinen solchen Aufschub, so erscheint hier derselbe von der Sache
selbst geboten. Dann geht zugleich auch daraus hervor, auf welche
Weise die Regel in Anwendung gebracht werden muß. Nicht blos
von einem oder wenigen Meistern dürfen unsere Schüler um dieser
willen zu spielen oder zu singen bekommen, sondern wo möglich von
allen, von vielen, aus allen Schulen, allen Stylen. Die Styl-
und Formenlehre nämlich steht damit in engster Verbindung. Jeder
Componist hat seine besondere Manier, so sehr, daß, wenn man
auch schon ein schwereres Tonstück zu spielen oder zu singen im

Staube ist, doch ein im Grunde leichteres von einem andern Componisten noch nicht zu spielen oder zu singen vermag. Man denke
an unsere Opernsänger. Sie wissen die Entrechats, die ein Rossini,
Bellini, Donizetti 2c. den Kehlen zumuthet, bisweilen vortrefflich
zu schlagen, ohne die weit einfacheren Weisen eines Mozart, Gluck
2c. auch nur erträglich singen zu können. Das hat allerdings noch
manche andere sehr trifftigen Gründe, doch ein wesentlicher Grund
davon liegt auch darin, daß ihre Schule versäumte, ihren Geschmack
in allen Richtungen zu bilden und zu dem Ende wieder versäumte,
sie eben so fleißig Werke von diesen und der Art Meistern als von
jenen singen zu lassen. Die Schule hat dafür zu sorgen, daß die
Ausbildung und Fertigkeit des Zöglings einen allgemeinen Charakter bekommt, der für alle Fälle passend erscheint. Das kann sie nur
durch Mannigfaltigkeit erzielen, und es ist diese daher hier so nothwendig, wie nur irgendwo in der Kunst überhaupt. Die Schule
darf nie einseitig sein. Sie hat der Individualität des Schülers
Rechnung zu tragen, aber es prägt sich diese doch eigentlich erst aus,
wo jene ihr Werk schon vollendet haben muß. Es läßt sich den
Schülern kein bestimmter Geschmack einimpfen, wir mögen uns zu
dem Ende anstellen, wie wir wollen. Der Geschmack ist etwas
Individuelles, aber herausgebildet kann dieses Individuelle nur werden durch sein Versetzen in eine Totalität. Es ist falsch, wenn
wir glauben, weil unser Schüler in irgend einer bestimmten Manier,
in irgend einer bestimmten Form oder einem bestimmten Style etwas
Vorzügliches zu leisten verspricht, denselben nun auch blos an Werken dieser Manier, dieser Form, dieses Styls groß werden lassen
zu müssen. Er wird vielleicht groß werden, ja, aber wie eine Treib-
hauspflanze, die verwelkt, hinstirbt, so bald nur ein kräftiger, frischer Wind darüber hinweht. Erstarken wird er nie. Die Richtung
seines Geschmacks bleibt etwas Angewöhntes, wird nie ein aus ihm
selbst Hervorgegangenes. Dies kann nur geschehen, wenn er zuvor
alle Geschmacksrichtungen, alle Schulen, Formen und Style in seinem Innern gewissermaßen verarbeitet hat. Das aber kann wiederum nur geschehen, wenn wir ihm durch die Wahl der Tonstücke
Gelegenheit geben, die Eigenthümlichkeiten aller jener Style 2c. aus
eigener Anschauung und Empfindung kennen zu lernen. Nur so
verspürt er nach und nach, welche oder welcher von denselben den
lautesten Wiederhall in seinem Innern findet, mit seiner eigenen Ge-
fühlsweise am meisten harmonirt, und nur so wird dann auch diese
mit einem vollkommen individuellen und originellen Gepräge später

in Allem, was er thut, was er spielt und singt, hervortreten. Erinnern wir doch, wie die Maler es machen. Keiner läßt seinen
Zögling blos in einer sogenannten Schule oder in einem Style arbeiten, sondern damit er ein wirklicher, vollkommener Historien- oder
Landschafts- oder welcher andere Maler dereinst werde, muß er in
allen Schulen, allen Stylen arbeiten. Selbst die Studien der An-
tiken hält er für den modernen Meißel oder Pinsel durchaus nothwendig. Wir dürfen es nicht anders machen, und ich denke dabei
noch nicht einmal an die Nothwendigkeit, welche sich aus der allgemeinen musikalischen Durchbildung, die wir erzielen wollen und erzielen sollen, ja müssen, hiefür ergiebt, sondern denke nur an das
Eine der Geschmacksbildung für sich. Franz Liszt, der viel be-
wunderte, gefeierte, ist in dieser Beziehung weder ein Bach, noch
ein Skarlatti, noch ein Field, noch ein Clementi, noch ein Mozart,
noch ein Hummel, noch einer der Heroen der historisch gewordenen
sogenannten Wiener Schule, sicher aber wäre er nicht der gerade
als geschmackvoller, geistvoller Spieler so weltberühmte Franz Liszt,
wenn er nicht seine Studien an allen diesen Meistern gemacht hätte.
Dasselbe läßt sich von Clara Wieck (Frau Schumann), von Ernst,
ja sogar von Paganini, dem originellsten der Originale seit Jahrhunderten sagen. Wenigstens versicherte mich der letzte selbst einmal, daß man sich sehr irre, wenn man glaube, sein Bogen sei
ihm vom Himmel in die Hand gefallen, und so wenig er dazu gestimmt sei, mir seine ganze Lebensgeschichte erzählen, so dürfe ich
doch Jedermann vertrauen, daß er seine Schule an allen Schulen
gemacht habe und nur auf diese Weise, durch diese Arbeit dahin gelangt sei, wo er jetzt stehe. Unterhält doch ein solches Verfahren
den Schüler zugleich auch, vergnügt ihn, giebt Gelegenheit zu sehr
nützlichen Vergleichen, zur Mittheilung von Kenntnissen und Erfahrungen, die den Gesichtskreis nothwendig erweitern müssen, und die bei
einem andern Verfahren fast nirgends einen schicklichen Anknüpfungspunkt finden. Ich erwähne in der Beziehung nur die so sehr lehr-
reichen Bemerkungen über das Leben und Wirken, den Charakter
wenigstens der hervorragendsten Meister. Meine Schüler sind bei
solchen Mittheilungen stets ganz Ohr; es werden dies auch die anderen Leser sein. Aber wie läßt sich die Gallerie solcher Bilder
anders vervollständigen, als wenn wir unsere Schüler auch in das
Atelier wenigstens der meisten der Meister führen? und daß sie so
viel als möglich vervollständigt werde, fordert ihr speciell historischer
Zweck. — Eine vierte Regel heißt: wähle zugleich stets so,

daß das speciell musikalische Wissen des Schülers befördert, erweitert wird, und die Regel will wieder beobachtet sein vom ersten Beginn des Unterrichts an bis an sein Ende. Jedes neue Stück muß auch etwas Neues in dieser Beziehung enthalten, das entspricht zugleich der allgemeinen Lehrregel, wornach wir keine Stufe der Entwickelung verlassen dürfen, bis der Schüler vollkommen fest und sicher darauf steht, doch auf jeder Stufe mit dem Blicke rückwärts auch einen Blick vorwärts werfen müssen. Der Schüler muß in jedem Augenblicke wissen, daß noch Vieles zu lernen übrig, ohne deshalb seine Freude über das bereits Gelernte zu schmälern; aber indem wir zu dem Ende seine Lernbegierde wecken, müssen wir dieselbe auch befriedigen, und praktische Gelegenheit zu solcher Befriedigung, durch gegenwärtige Regel gegeben, ist immer die beste. Wir werden unsern Schülern kein Stück in die Hand geben können, das nicht Veranlassung zu wirksamer Wiederholung des schon Gelehrten und Gelernten darböte, aber wir dürfen ihm auch keines in die Hand geben, das nicht zugleich Veranlassung zur Erweiterung ihres Wissens biete. Es kann vorkommen, daß die Stücke Manches in dieser Beziehung enthalten, das dem Schüler noch gar nicht recht gelehrt werden kann, weil sein Verständniß anderweitige Kenntnisse voraussetzt, die dieser noch nicht besitzt. Darauf aufmerksam machen müssen wir den Schüler gleichwohl, weil dadurch seine Aufmerksamkeit gespannt und seiner Wißbegierde wenigstens eine neue Thür erschlossen wird, die sie nie wieder ganz zugehen läßt. In der That ist es merkwürdig, wie die Schüler gerade dem, welches wir ihnen kaum zur Hälfte noch erklären können, das meiste Interesse zuzuwenden pflegen. Da kommt in einem Geigenstückchen zufällig ein Flageoletton vor; mein Schüler ist noch nicht so weit, daß ich ihm das Flageoletspiel gehöriger Weise lehren kann; er besitzt noch nicht die dazu nöthige Bogenfertigkeit, noch die ebenfalls dazu nöthigen organologischen, um nicht zu sagen akustischen Vorkenntnisse; ich lasse ihn den Ton daher für jetzt noch in natürlicher, völlig gedeckter Weise spielen; gleichwohl muß ich ihm sagen, was das flautando oder Flageoletzeichen bedeutet, muß die Violine in die Hand nehmen und den Ton unter allgemeinen Erklärungen der Sache im Flageolet angeben, und siehe da — auf fast Nichts ist fortan mehr seine Aufmerksamkeit gerichtet als auf das Flageoletspiel, er möchte es gar zu gern schon können und verstehen. Es läßt sich das nur aus dem Reiz erklären, den alles Geheimnißvolle und Unbekannte für den Menschen hat. Doch sind dergleichen Gegen-

37

stände nicht die, auf welche es hier zunächst ankommt. Nach unserer Regel muß vielmehr jedes neue Tonstück solche Gegenstände
enthalten, die einen wirklichen Fortschritt in dem Wissen des Schülers, nicht blos Andeutungen über noch bevorstehende oder demnächst
zu vollziehende Fortschritte begründen; es muß etwas Neues darin
vorkommen, das in die Reihe der wirklichen Lehrgegenstände gezogen werden kann. Es beweist dies, mit welch' großer Vor- und Umsicht die Wahl anzustellen ist, wie so zu sagen elementarisch scharf
wir dabei zu schauen und zu prüfen haben. Es ist nicht einerlei,
welches Neue in den neuen Tonstücken vorkommt; vielmehr muß
dasselbe in einem völlig organischen Zusammenhange mit dem ganzen Entwickelungsgange des Unterrichts stehen. Es muß ein solches Neues sein, das diesem zum Stoffe zu dienen vermag, unmittelbar da weiter fortbauen, wo er eben zu bauen im Begriffe steht.
Wenn ich z. B. eben in der Entwickelung der Lehre vom einfachen
und verzierten, schweren und leichten Vortrage begriffen bin, so sind
neue Harmonieverbindungen, Uebergangs- und Schlußarten ɩc. nicht
das rechte Neue, das vorkommen soll, sondern nur von dem Schüler noch gar nicht oder doch noch nicht ihrer Natur und Wesenheit
nach vollständig gekannte Figuren, Manieren, Verzierungs-, überhaupt Vortragsweisen; bin ich dagegen etwa in der Entwickelung der
Lehre von dem harmonischen Bau der Tonstücke oder welchen ähnlichen Begriffen, so sind jene Gegenstände wieder das rechte Neue,
und sie sind dieses um so mehr, je mehr sie die wirklich elementarische Entwickelung der Lehre praktisch unterstützen, denn auch das
Wissen des Schülers kann wie sein Können nur stufenweis gefördert werden. Ungeachtet des universellen Charakters unsers Unterrichts läßt sich dasselbe doch nicht auf verschiedenen Punkten zugleich
anknüpfen und in verschiedenen Richtungen zugleich verfolgen, sondern es haben diese stets in einer engeren und näheren Beziehung
zu einander zu stehen, d. h. sie haben alle auf den einen Hauptlehrgegenstand hinzudeuten, und war es doch auch nur dieses, was
ich unter der Universalität des Unterrichts begriff. Insofern nun
aber, wie wir ebenfalls uns überzeugt haben, all' unser theoretischer
Unterricht zugleich auch ein praktischer zu sein hat, und dieser sich
nur an der Einübung gewisser Tonstücke realisirt, so leuchtet ein,
wie wesentlich die Wahl der letztern auch in der gegenwärtigen
Beziehung darauf influirt. — Uebrigens triff endlich deine Wahl
auch immer so, daß sie auf eine gleichmäßige Ausbildung der sowohl geistigen als körperlichen (mechani-

schen) Kräfte des Schülers abzweckt. Nicht erst das Eine und dann das Andere, sondern immer Beides zugleich. Nicht etwa erst das Können und dann das Wissen oder umgekehrt, sondern stets Können und Wissen zugleich. Keine der für die Wahl der beim Unterrichte anzuwendenden Tonstücke gegebenen Regeln ist für sich allein ins Auge zu fassen, sondern bei jeder neuen Wahl fallen sie alle mit gleichem Gewicht in die Schale. Es dürfte dies die schwerste dießseitige Regel sein, um so weniger ist zu verwundern, daß am häufigsten gerade gegen sie gefehlt wird, selbst von sonst sehr verständigen Lehrern. Gewöhnlich hat man vorerst nur das Können im Auge, an das Wissen wird lange nicht gedacht. Da geschieht es denn, daß der Schüler auf einmal auf einem Punkte des Könnens anlangt, von dem er nicht weiter kann, weil es ihm an dem zum Fortschreiten nöthigen Wissen gebricht. Jetzt, meinen dann die Lehrer, sei die Zeit gekommen, wo die Wahl auch im Hinblick auf Förderung dieses getroffen werden müsse; aber wollen und sollen sie dabei ebenso elementarisch verfahren, wie sie dort verfuhren, so sind sie nun auch gezwungen, sofort wieder einen weiten langen Schritt rückwärts zu machen. Weil sie nicht weiter können, müssen sie das Lied wieder von vorn anfangen. Ich will nicht des kostbaren Schatzes an Zeit gedenken, der dadurch unwiederbringlich verloren gehen muß, sondern nur der übeln Folgen, welche diese Methode unmittelbar auf den Schüler selbst und das Werk seiner Ausbildung zu äußern pflegt. Man glaube ja nicht, daß derselbe nicht merke, welche Wandlung vorgeht. Sie aber verdrießt ihn. Er dünkt sich bereits etwas Rechtes, und der Stoß, den dieser sein Stolz erhält, verletzt ihn bis ins Innerste der Seele. Das Vertrauen zu sich selbst verliert er am wenigsten, aber das Vertrauen zu dem Lehrer. Er hält die Sachen, die ihm jetzt dieser bringt und bringen muß, für seine Kraft gar nicht angemessen, denn immer hat er nur das mechanische, seine bisherige Schule im Auge. Der Wahn, als sei er somit zum mindesten schon an der Schwelle der Meisterschaft angelangt, über welche der Lehrer selbst keinen Fuß zu setzen vermöge, ist nicht mehr ferne, er wird wach und alle Vorstellungen helfen in der Regel nicht, ihn wieder zu verbannen. Damit aber schwindet alles Interesse am Unterrichte und mit diesem alle Hoffnung auf das Gelingen des letztern. Ich habe schon mehre so erzogene Schüler bekommen und könnte von den seltsamsten Erfahrungen erzählen, die ich in dieser Beziehung gemacht. Sie sind meistens die Früchte der ausschließlichen Etuden-Schule ober jener, in welcher die sogenannten Unterhaltungsstücke vorwalten. Man nehme einmal einen solcher Weise gebildeten Spieler und lege ihm eine seiner mechanischen Fertigkeit angemessene Sonate vor: er spielt sie, aber wie? — wahrlich nicht als Sonate. Ich bin genöthigt, ihm zuvor zu lehren, was eine Sonate ist; die vorliegende ist eine schon zu combinirte Composition, als daß sie zur praktischen Grundlage der Lehre dienen könnte. Ich muß dazu kürzere, kleinere und somit auch weit leichtere Sonaten wählen. Du lieber Gott aber, mit welchen Augen schaut der Schüler diese an! „Das soll ich noch spielen?! Da gebe ich lieber allen Unterricht auf." Das die Folgen, meine Herren! die Ihr die Wahl der Tonstücke nicht von Anfang an so trefft, daß durch deren Einstubiren eine gleichmäßige Ausbildung des Wissens und Könnens des Schülers erzielt werden kann. Das umgekehrte Verfahren hat dieselben Folgen, nur umgekehrt. Erst die Hälfte des Wegs zurückgelegt, erschlaffen Lust und Kraft und man gelangt nie zum Ziele. Man treffe die Wahl dagegen nach meiner Regel und verfahre im Unterrichte überhaupt dann nur didaktisch verständig, — Muth und Kraft zum Weiterschreiten gehen nie aus, weil kein Schritt doppelt gemacht wird und weil nicht unter der Ueberreichung des Einen, des Geistes oder Leibes, das Andere abstirbt. Jedes neue Stück bringe etwas Neues, aber nicht blos etwas Neues zur Entwickelung neuer mechanischer Kräfte, sondern auch etwas Neues zur Anfüllung des Kopfes mit neuen Kenntnissen, und wiederum stehe dieses und jenes Neue in einer solch' harmonischen Wechselbeziehung zu einander, daß auf jeder Stufe der Entwickelung, auf welcher der Schüler anlangt, derselbe vollkommen Herr ist alles dessen, was die Gesammtbildung auf dieser Stufe sowohl an theoretischen Kenntnissen als an mechanischem Können mit einander vereinigt. Es wird niemals der ein ganzer tüchtiger Maler, dem ich fort und fort die Farben reibe und mische und den ich nun nur in dem verschiedenen Auftragen derselben nach gegebenen Mustern sich üben lasse; aber niemals auch der, den ich fort und fort Farben reiben und Bilder blos componiren lasse. Beides muß fort und fort mit einander und zwar Stufe zu Stufe verbunden sein, und der Stoff, den ich ihm gebe, daß seine Kraft und sein Talent sich daran üben, erproben, entwickeln, muß so beschaffen sein, daß diese Verbindung möglich ist. Sprach- und Denkübungen müssen gleicher Zeit angestellt werden und in steter fortschreitender Verbindung mit einander bleiben, — das weiß schon jeder Dorfschullehrer. Nicht anders ist es bei uns, und sind die

Musikstücke, welche wir in unsrer Schule anwenden, die fast einzigen Mittel, an welchen und durch welche wir unsere Sprach- und Denkübungen anstellen lassen, so trifft die Regel auch die Wahl derselben.

Nun zum Schlusse nur noch einige Worte über den Widerspruch, der zwischen einigen der zum Zwecke dieser Wahl gegebenen Regeln zu herrschen scheint. Besonders ist dies der Fall zwischen denen, welche vom subjektiven, und den letztern, welche vom objektiven Standpunkte aus sich ergaben. Ich sprach schon oben davon. Doch ist der Widerspruch auch nur ein scheinbarer, kein wirklicher. Die Regeln in subjektivem Betracht der Sache enthalten gewissermaßen das Princip der Ruhe, die in objektivem Betracht der Sache das der steten Bewegung. Lassen sich beide Principe mit einander vereinigen? — Gewiß! Es giebt eine äußere und innere Ruhe, eine äußere und innere Bewegung; die äußere Ruhe schließt nicht die innere Bewegung, und die äußere Bewegung nicht die innere Ruhe von sich aus. Wenn die Regeln vom subjektiven Standpunkte aus Ruhe fordern, so kann damit nur eine äußere Ruhe, ein zeitweiliges Beharren bei dem vorgelegten Lehrgegenstande oder auf der damit erreichten Entwickelungsstufe gemeint sein, ein Beharren aber, das immer mit jener Bewegung verbunden sein muß, die eine Erweiterung, Befestigung, Hebung der geistigen und leiblichen Kräfte auf dieser Stufe zum Zwecke hat; und wenn die Regeln vom objektiven Standpunkte aus stete Bewegung fordern, so kann damit nicht jene Bewegung gemeint sein, die unverweilend von Gegenstand zu Gegenstand fortschreitet, sondern mehr jene Bewegung, welche zugleich so viel äußere Ruhe in sich verbindet, als nöthig ist, um keinen Gegenstand früher zu verlassen, als bis derselbe in die volle Herrschaft des Lernenden übergegangen. Jedes neue Stück soll etwas Neues für das Können und Wissen des Schülers bringen: das schließt weder aus, daß es auch alles das, was diesem schon bekannt ist, noch daneben enthält, noch schließt es aus, daß das Neue in einem Gegenstande besteht, durch welchen nur eine innere Erweiterung der schon vorhandenen Kenntnisse und Fertigkeiten bezweckt werden kann. Eben deshalb trat zu den Regeln die ausdrückliche Weisung, daß bei der Wahl der Tonstücke nicht etwa blos eine oder wenige davon, sondern sie alle gleichmäßig ins Auge gefaßt werden müssen, daß sie dabei alle gleich schwer in die Wagschale fallen. Es darf niemals auch nur eine davon außer Acht gelassen werden. An eine Collision ist nicht zu denken, sobald man nur den Sinn der Regeln recht begreift. Damit, sollte ich meinen, auch dieſe Sache für deutlich genug halten zu dürfen, als daß noch Weiteres zuzufügen nöthig wäre.

b. im Beſonderen.

Von da daher ſofort zu der ſpeciellen Lehre von der Wahl und Folge der beim Unterrichte anzuwendenden einzelnen Muſikſtücke übergehend, muß ich, ſo ſtark ich mich auch ſonſt — was die verehrten Leſer längſt bemerkt haben werden — in allen Dingen der Unterrichtskunſt fühle, doch ein Bekenntniß der Schwäche ablegen. „Non omnia possumus omnes!“ iſt ein alter Spruch, der auf gut deutſch lautet: kein Menſch der Erde kann und weiß Alles, nicht einmal in Dem, was er zu ſeinem eigentlichen Lebensberufe gemacht, das die Beſtimmung ſeines Lebens geworden. Er könnte mich tröſten darob, indeß vermehrt er nur den Schmerz, den mir das Bewußtſein jener Schwäche bereitet. Kann ich nämlich keine andere Abſicht hier haben, als nun an der Hand des oben gegebenen allgemeinen Wahlgeſetzes auch die einzelnen Tonſtücke und zwar für jedes einzelne wenigſtens der gangbarſten Inſtrumente namhaft zu machen, von denen ich glaube, daß ſie die zweckmäßigſt zu verwendenden und dies zwar wieder in der und der Reihenfolge ſind, ſo wälzt ſich mir nicht allein eine ſolch’ unüberſehbare Maſſe der verſchiedenartigſten Muſikalien zur Auswahl entgegen, daß es ganz und gar ohnmöglich erſcheinen muß, ſie alle zu kennen, recht zu beurtheilen, zu überwinden und didaktiſch zu ordnen, ſondern es erheben ſich von der Löſung der Aufgabe auch noch viele andere, kaum überſteigbare, nicht zu beſeitigende, unzubewältigende Hinderniſſe, und gleichwohl will jene, die Löſung der geſtellten Aufgabe, ſich wieder als unerläßlich geſtalten für eine vollſtändige Didaktik. Unerläßlich und doch — wenn überhaupt je — kaum möglich! Wenn nicht Jenes, ich fände Troſt in dem Spruche, denn was überhaupt nicht möglich, wird auch kein Vernünftiger von mir verlangen; ſo aber jenes und dieſes — — wer kann mir einen Ausweg ſagen, wer das von den beiden Uebeln bezeichnen, bei dem ich und mein Buch am wenigſten verlieren, wenn wir uns ihm unterwerfen? — Ich will nur einige von den letztern Hinderniſſen namhaft machen. Das erſte beſteht in den verſchiedenen Anſichten, welche ſelbſt über die anerkannteſten Schulſtücke unter den Muſiklehrern herrſchen. Viele von jenen bewegen ſich auf ein und derſelben Bildungsſtufe, d. h. eignen ſich gleichmäßig zur Anwendung auf dieſer. Der Eine nun zieht dieſes, der Andere jenes von ihnen vor, und hören wir die Gründe ſeiner Wahl, ſo läßt ſich häufig kaum Etwas dagegen einwenden. Er

hat Recht. Wo und wie da nun aber, selbst vorausgesetzt, es sei
mir möglich oder dürfe von mir gefordert werden, all' und jede vorhandenen und sich für die Schule eignenden Tonstücke zu kennen,
eine methodische Tafel aufstellen, wie hier Aufgabe ist, die Allen als
regelnde Norm dienen kann? Oder sollte, den vorausgesetzten Fall angenommen, die Tafel auch alle möglichen Aequivalente enthalten, so
würde sie einen Umfang erhalten müssen, wie kaum mir für das gesammte Buch gestattet worden. Ein anderes solches Hinderniß besteht
in dem verschiedenen Bedürfnisse der Schüler. Ich habe acht Schüler,
die sich auf gleicher Bildungsstufe befinden, hinsichtlich der Fertigkeit
der Kenntnisse sich, allgemeinhin geschätzt, völlig gleich stehen, nichts
destoweniger hat der Eine dieses, der Andere wieder ein anderes Bedürfniß, das bei der nächsten Tonstückwahl befriedigt werden muß,
und wie nun da abermals die erwähnte Tafel so ordnen und anfüllen, daß jedem solchen möglichen Bedürfnisse Rechnung getragen
wird? — Es können die letztern in der Individualität des Schülers begründet sein: wie läßt sich diese berechnen, nach Classen ordnen?! — Ein drittes Hinderniß: wir sind frei in diesem Stücke,
rufen Viele, wir haben nicht blos auf die Bildungsbedürfnisse unsrer Schüler, sondern auf noch manche andere Verhältnisse und Umstände derselben Rücksicht zu nehmen. Da befindet sich in dem
Hause des einen bereits ein ansehnlicher Musikalienvorrath; um
Kosten zu sparen, verlangen die Eltern, daß wir aus diesen wählen, und wir können ihnen nicht entgegen sein, obschon gerade die,
welche Ihre Tafel namhaft macht, sich nicht darunter befinden.
Andere Eltern stellen andere, von diesen ebenfalls bedeutend abwei-
chende Verlangen; sie rühren meist aus gesellschaftlichen Gründen
her; Vorstellungen dagegen helfen wohl hie und da, aber wir dürfen sie nicht immer machen, wenn nicht geradezu Unsinniges und
Zweckwidriges gefordert wird. Wir sind nicht frei in diesem Stücke
und Ihre Tafel paßt schlechterdings auf unsere Stellung, die bei
weitem eine andere ist als die der Lehrer an öffentlichen Schulen.
Diese vermögen die Lehrbücher der Schüler unbedingt vorzuschreiben,
wir nicht. Der Rücksichten, die wir dabei zu nehmen haben, sind
tausenderlei, unendliche. Ein viertes Hinderniß: haben Sie auch
wohl in Erwägung gezogen, daß zwei Schüler, die, was das speciell musikalische Wissen und Können anbelangt, ganz gleich auf
ein und derselben Bildungsstufe sich bewegen, hinsichtlich der allgemeinen Entwickelungsperioden sehr weit von einander entfernt stehen
können? — Da habe ich zwei Schüler, der eine ist fünfzehn, der

andere noch nicht volle zehn Jahre alt, Beide besitzen gleich große
Fertigkeit auf dem Claviere und Beide wissen gleich Viel in allen
musikalischen Dingen, die Tonstücke aber, die ich bei jenem anwen=
den darf, kann ich gleichwohl noch nicht bei diesem anwenden, weil
er sich ausschließlich noch in der Sinnlichkeitsperiode befindet, wäh=
rend jener bereits weit darüber hinaus ist: wie nun nach Ihrer
Tafel für Beide wählen? — Ein fünftes, sechstes, siebentes, ach=
tes Hinderniß, — wollte ich alle aufzählen, ganze Bogen könnte
ich damit füllen. Dazu die unleugbare Unmöglichkeit, den ganzen
Berg von Musikalien zu überwältigen und zu durchgraben, der sich
zu dem Ende der Erforschung ausstellt! Wie manche höchst brauch=
bare Werke können da unerwähnt bleiben, während andere selbst
minder brauchbare, minder zweckmäßige eine Stelle finden! — Ich
gestehe, — bevor ich an Abfassung dieses Capitels ging, habe ich
mich mit mehreren anerkannt tüchtigen Lehrern hiesigen Orts wie
der Nachbarschaft über seinen Gegenstand berathen, weil keiner mir
so wichtig dünkt, auch die Ansichten Anderer darüber zu vernehmen,
als dieser, und ich will wörtlich hersetzen, wie einer der älteren,
verständigsten und erfahrensten derselben sich dabei gegen mich äußerte.
Die Absicht — sagte er — ist sehr gut, und wäre sie auch nur
halbwegs zu erreichen, so würde unendlich viel dadurch für das
gesammte musikalische Unterrichtswesen geschehen sein; aber eben daß
sie gar nicht zu erreichen ist, bin ich lebhaft überzeugt. Alles An=
dere bei Seite gelassen, macht die Individualität des Schülers hier
Alles. Sie allein entscheidet und mit ihr der eben vorliegende be=
sondere augenblickliche Zweck des Unterrichts, welches und was für
ein Tonstück ich gerade nehmen muß, und wie tausendfach verschie=
den können und müssen Beide von dem Momente sein, den der
Verfasser einer solchen Tafel im Auge hat. Wer sagt und bürgt
dafür, daß ich nicht ein weit zweckmäßigeres Tonstück für meinen
Schüler in der Hand habe, als da auf der Tafel verzeichnet steht?!
Wer möchte behaupten, daß ein und dieselben Tonstücke, die sich
für seinen Schüler eignen, sich auch für meinen Schüler eignen
müssen, zugegeben selbst, daß Beide auf gleicher Bildungsstufe stehen?!
Einerlei Art können in diesem Falle wohl die Tonstücke sein, ja
müssen sie in gewisser Beziehung sogar sein, aber ein und dieselben
brauchen sie allein nicht zu sein, sondern können sie fast nie sein.
Ich vertraute dem Manne hierauf, welche allgemeine Grundsätze
ich für die Wahl der Tonstücke aufzustellen gedenke. Das ist ge=
nug — rief er darnach — hinreichend und mehr als je in der Be=

ziehung geleistet worden, ja es ist Alles, was in der Sache geschehen kann. An diesen Grundsätzen festgehalten, — welcher Lehrer vermag da noch einen wirklichen Fehlgriff zu thun? — Geben
Sie mehr, versicherte er mich unter lebhaftem Händedruck, so fehlen Sie gegen Ihre eigene in der ersten Lieferung Ihres Buchs
aufgestellte, so weise Unterrichtsregel, Sie geben zu viel. Es kann
uns in dieser Beziehung nichts Specielles vorgeschrieben werden.
Da hat vor Kurzem ein Herr Julius Knorr den Versuch gemacht,
für die Clavierlehrer insbesondere eine solche Tafel aufzustellen
(„Methodischer Leitfaden für Clavierlehrer“); es mag das gut gemeint sein, aber Umgang möchte ich halten und fragen, wie viele
von den Clavierlehrern schon darnach gewählt haben, ja wie viele
von ihnen nur darnach wählen können? — Diejenigen, die nach
den von Ihnen soeben entwickelten allgemeinen Grundsätzen dabei
verfahren, brauchen die Tafel entfernt nicht und denjenigen, welche
nicht darnach verfahren, wird auch durch eine solche Tafel Nichts
genützt. Ich gebe alle Tage ein Paar Clavierlectionen und ich
glaube mir nachrühmen zu dürfen, methodisch, aber von allen den
Werken, welche Knorr in seinem Leitfaden empfiehlt, befinden sich
keine zwei in meinem Gebrauch. Es dürfte bei andern Lehrern
dasselbe der Fall sein. Wir müssen uns hinsichtlich der Wahl und
Folge der Tonstücke nach unserm Schüler und dem eben vorliegenden besondern Unterrichtszweck richten, die unzuberechnende Verschie-
benheit dieser aber läßt nicht zu, eine noch speciellere Regel dafür
aufzustellen. Läßt sich doch auch in allen andern Unterrichtsdingen
ein und derselbe Zweck durch ganz verschiedene Lehrbücher erreichen.
In dieser Schule ist diese, in jener jene Grammatik im Gebrauch,
die Schüler beider Schulen aber lernen gleich viel Latein. Wenn
das Buch überhaupt nur den Anforderungen entspricht, welche der Unterricht, sein Zweck und sein Gegenstand, sein Objekt und sein Subjekt
daran zu machen ein Recht hat, so ist es schon gut. Das meine Ansicht
von der Sache und jedenfalls versichere ich Sie, daß, mit so großem
Interesse ich ihre allgemeine Regeln für diese noch einmal durchlesen und
überdenken werde, ich heute doch noch nicht weiß, ob ich die speciellen darnach auch nur durchblättern werde. So der Mann. Ob
er Recht hat? — Ich habe — ich darf es wohl sagen — Tage
und Nächte darüber gedacht. Gestehen muß ich mir, daß ich selbst
noch nie ein und dieselben Tonstücke und noch dazu in ein und
derselben Reihenfolge in Gebrauch brachte. Meine Anstalt zerfiel
früher in fünf, gegenwärtig besteht sie aus drei streng von einan-

der geschiedenen Claſſen. Der Unterricht in jeder Claſſe hat ſeinen
beſtimmt gemeſſenen Anfang, wie ſein ebenſo gemeſſenes Ende; es
ſind ihm ganz beſtimmte Lehrgegenſtände zugetheilt worden, ſo wie
der Umfang genau abgegränzt iſt, in welchem er dieſelben zu behandeln hat. Gleichwohl habe ich ſelbſt in ein und derſelben Claſſe
nicht immer noch ein und dieſelben Tonſtücke und zugleich zwar in
ein und derſelben Reihenfolge angewendet. Häufig vielmehr iſt
ſchon vorgekommen·, daß, wenn andere Schüler in die Claſſe vor-
rückten, denſelben ganz andere Tonſtücke in die Hand gegeben wurden,
als diejenigen waren, an denen den Schülern, welche vordem in der
Claſſe geweſen und nun dieſelbe verlaſſen hatten, der Unterricht ertheilt worden war. Ich ſelbſt alſo halte mich, was· die Wahl und
Folge der einzelnen zu verwendenden Tonſtücke betrifft, nur an die
allgemeinen oben gegebenen Regeln und kenne keine feſtſtehende ſpecielle Norm dafür. Wie kann ich ſomit anders, als dem Manne Recht
geben, und — wie ich weiter die Sache überlege — er hat in der That
Recht. Nichtsdeſtoweniger muß und ſoll ich ſchon um der Vollſtändigkeit des Buchs willen der Aufgabe genügen! Wo das Mittel,
der augenſcheinlichen Unmöglichkeit dort und der eben ſo klar vorliegenden Nothwendigkeit hier gerecht zu werden? wo der Weg, auf
dem ich erreichen kann, was dieſe will, ohne jener geradezu auszu-
weichen? kurz der Weg, auf dem ich mir nicht anmaße, etwas geradezu Unmögliches zu erringen, und doch auch nicht unterlaſſe, etwas Gebotenes zu leiſten? — Ohne Zweifel iſt es der Weg, den mir die
Nützlichkeit und Anwendbarkeit dieſes zeigt, und der ſich von ſelbſt
ergiebt, wenn ich dort aus den Grenzen der Unmöglichkeit in die der
Möglichkeit zurücktrete. Unmöglich herzuſtellen iſt die gebotene Tafel,
wenn ich ſie begreife als ein Verzeichniß aller derjenigen Compoſitionen,
die beim Unterrichte in Anwendung kommen können oder dürfen,
und zwar geordnet in der Reihenfolge, in welcher dies zu geſchehen
hat; möglich dagegen iſt ſie, wenn ich ſie begreife nur als eine
ſummariſche Ueberſicht aller derjenigen Compoſitionen, die ſich erfahrungsgemäß am meiſten dazu eignen; als unnütz haben wir die
Tafel in ihrer erſten Ausdehnung erkannt, in letzterer Beſchränkung
vermag ſie ſich immerhin noch als ſehr nützlich zu erweiſen, und
läßt ſich von einer Unterrichtslehre nicht anders erwarten, als daß
ihre Aufgaben zugleich den Begriff des Möglichen und Nützlichen
in ſich ſchließen, wie jedes Gebot, jedes Geſetz nur nach dem Nutzen
beurtheilt werden darf, den es für die Geſellſchaft überhaupt zu
ſtiften im Stande iſt, ſo haben wir von ſelbſt, was hier gegeben

und vernünftigerweife erwartet werden kann: einmal befchränke ich
mein Verzeichniß nur auf die wirklichen fogenannten Schulſtücke,
und dann nenne ich in demſelben nur diejenigen Componiſten, von
denen dergleichen Stücke vorliegen, unter allgemeiner Angabe derje=
nigen Bildungsſtufe, auf welcher dieſelben am vortheilhafteſten ver=
wendet werden. So und nicht anders werde ich am ſicherſten mich
in den Gränzen des Möglichen bewahren, und ſo und nicht anders
eine Tafel ſchaffen, welche den Muſiklehrern das Auffinden der rech=
ten, paſſendſten Compoſitionen an der Hand der allgemeinen darüber
gegebenen Regeln immerhin noch erleichtert, alſo außer und neben
dieſen allgemeinen Regeln immerhin noch Nutzen zu ſtiften im
Stande iſt. Um des bequemern Zurechtfindens willen verfahre ich
dabei natürlich organologiſch, d. h. gebe eine ſolche Tafel für jedes
einzelne Organ=Inſtrument.

Geſang. Beim Geſange anfangend muß zunächſt unterſchie=
den werden, ob der Unterricht blos ein allgemeiner Schulunterricht iſt,
der lediglich die Ausbildung und Veredlung des Volksgeſangs zum
Zwecke hat, oder ob er in der Heranziehung ſogenannter Geſangs=
dilettanten für die Bedürfniſſe gebildeter Geſellſchaftskreiſe bereits
eine höhere, wenigſtens annähernd künſtleriſche Richtung nimmt, oder
ob er endlich den Zweck hat, wirkliche, wahrhafte Sangesmeiſter,
Geſangsvirtuoſen, Geſangskünſtler zu bilden. Im erſtern Falle
giebt unbedingt das Lied und zwar das Volkslied, das geiſtliche
wie das weltliche, das fruchtbarſte Bildungsmittel ab. Es iſt die
der Natur zunächſt entlehnte Kunſtform, in der, neben dem behufs
Förderung im Tontreffen und der Stimmbildung für ſich angeſtell=
ten und ſeiner Zeit beſchriebenen Skalaſingen, geübt ein daher ge=
höriger Unterricht ſein Ziel im vollſten Maaße erreichen kann.
Solche Lieder beſitzen wir in Menge, ſowohl in Sammlungen der=
jenigen, die bereits und längſt im Munde des Volkes leben, als
einzeln neu geſchaffen, und ſowohl einſtimmige als für jedwede Art
des Schulgeſanges mehrſtimmig geſetzt. Beſonders fleißig in derlei
Sammlungen bewieſen ſich in neuerer Zeit Greef und Erk, und
gewiß haben ihre Schöpfungen, die für alle möglichen Schulzwecke
berechnet ſind, für den erſten Kinderunterricht bis zu dem gereifteſten
Schulalter, auch ſchon vielfachen Eingang in die Schulen gefunden.
Daneben iſt Silcher mit ſeinen dem Volkstone ſo trefflich an=
gemeſſenen Melodien und Harmonien zu nennen, ſo wie ſich deſſen
Schulliederhefte auch durch eine auf die Textwahl verwendete große
Sorgfalt auszeichnen. Ich möchte kaum andere Liederbücher in den

Schulen wissen. Bei der Wahl von wirklichen Chorälen für den eigentlichen Singunterricht muß man vorsichtig sein, wegen der alten sogenannten Kirchentonarten, die nicht selten Intervallengänge haben, welche schon eine gewisse Fertigkeit im Treffen voraussetzen. Lehrbücher für den Volksschulgesang nenne ich nicht, ohne jedoch zu verschweigen, daß ich für meinen Theil das von dem Domcapellmeister (oder Domorganisten) Hahn in Breslau für das zweckmäßigste unter allen daher gehörigen Lehrbüchern halte. Methfessel, Reissiger, Nägeli u. A. sind ebenfalls nicht zu übersehen, doch gehört das Beste, was Erstere in der Beziehung lieferten, schon mehr jenem Volksgesangsunterrichte an, der die Zeit der eigentlichen Schule schon hinter sich hat und vorzugsweise in den mancherlei Sängergesellschaften, wie Liederkränzen, öffentlichen Singchören, Singakademien ꝛc. fortlebt, und es schließt sich somit der Masse von vortrefflichen Schulwerken an, welcher diese, die bald in den Formen des allgemeinen, bald auch blos in der des Männer- oder Frauenchors sich bewegen, zu schöpfen vermögen. Da giebt es Motetten, Chöre, selbstständige oder aus Oratorien, Opern ꝛc. entlehnte, mehrstimmige Lieder ꝛc. ohnzählig. Kreuzer, Weber, Reichardt gehören zu den empfehlenswerthesten Namen. Dabei wiederhole ich ausdrücklich, daß ich nur an solche Stücke denke, mit denen sich vorzugsweise Lehr-, Unterrichtszwecke verbinden lassen. Ziemlich gleich damit steht der Volksgesangsunterricht, der in den sogenannten höheren Töchterschulen, Gymnasien, Real-, Gewerbe-, Kunst- und polytechnischen Schulen ertheilt wird, indem sich hier zu dem Kindes- meist auch ein gereifteres Alter und ein höherer und allgemeiner Bildungsgrad gesellt. Uebrigens kann ich nicht glauben, daß es pädagogisch klug gehandelt ist, wenn die Singlehrer an solchen Anstalten ihren Stückbedarf meist aus den Ensembles der Opern, Cantaten, Oratorien ꝛc. wählen. Sie sagen, daß ihnen dadurch ermöglicht werde, auch auf die Stimmbildung der Mittel- und tieferen Stimmen gleichmäßige Rücksicht zu nehmen, da in solchen Compositionen die einzelnen Stimmen meist selbstständig melodisch einherschreiten; allein wird dieser Vortheil nicht meist nur für Wenige auf Kosten der ungleich größeren Mehrzahl gewonnen? die Hauptform wird auch hier stets das Lied und der Chor für die eigentlichen Unterrichtszwecke zu bleiben haben, und wir besitzen ja dieselbe für jeden nur irgend denkbaren Bedarf berechnet aus älterer wie neuerer Zeit. Ich sage ausdrücklich „älterer wie neuerer Zeit," weil hier der Schulsingunterricht auch auf etwas Weiteres noch denn

blos Stimmbildung ꝛc. Rückſicht zu nehmen hat, nämlich auf Bildung des äſthetiſchen Gefühls und Geſchmacks im ganzen Umfange
des Worts. Was die Stimmbildung für ſich anbelangt, darf auch
wohl als Regel angenommen werden, daß die Zöglinge ſolcher Anſtalten, ſobald ſie nur ein wenig fruchtbares Geſangstalent offenbaren, nach vollbrachter Mutation noch beſondere und zwar einen
ſolchen Singunterricht erhalten, der in der höheren künſtleriſchen
Richtung, die er nimmt, ſie mehr den geſellſchaftlichen Kunſtbedürf-
niſſen entgegenführt, und zu dem auch in Sachen der Stimmbildung für ſich der Chorgeſang in der öffentlichen Schule, recht betrieben, die vortrefflichſte Vorſchule ausmacht. Hier kommen dann,
neben erweiterten Skala- und Solfeggienübungen, wozu faſt jede
Geſangſchule Stoff genug darbietet, wenn der Lehrer dieſelben nicht
ſelbſt zu erfinden vermag, wohl zunächſt jene geiſtbelebteren, den Volks-
ton mehr und mehr überragenden Lieder an die Reihe, in denen nach
meinem Dafürhalten Franz Schubert das bis heute noch Un-
übertroffenſte geliefert hat, und woran jede Stimmgattung ſo ſehr
reich iſt. Vom Liede wird man am vortheilhafteſten zu den En-
ſembleſtücken übergehen und von dieſen erſt zur Arie. Der umgekehrte Weg iſt ſicher auch der verkehrte, denn· der richtige Vortrag
der letztern ſetzt Fertigkeiten und Kenntniſſe voraus, welche das Lied,
Duett, Terzett ꝛc. weit überragen, und es wäre ſomit ein Sprung,
der wieder einen großen Schritt rückwärts nöthig machte, wollte
man vom Liede ſofort zur Arie übergehen. Das Recitativ ſteht unter
allen Geſangsformen der wirklichen Rede am nächſten, dennoch werden Tonſtücke der Art die letzten ſein, an denen wir den Schüler
ſeine Studien machen laſſen, weil gerade die Verbindung der Rede
mit der Geſangsform, dieſes Heraustreten aus der ausſchließlichen,
einen Geſangſphäre mit ſo vielen Schwierigkeiten verbunden iſt, daß
wohl erſt alle Kraft in dieſer entwickelt und geſtählt werden muß,
ehe daran gedacht werden darf, ſie auch über weiteres und zwar
ſo heterogenes Gebiet auszudehnen, daß die Verbindung nur durch eine
künſtleriſche Modification der Eigenthümlichkeiten beider Sphären
erwirkt werden kann. Der Unterricht künftiger wirklicher Kunſt-
ſänger nimmt keinen andern Gang, nur wird er ſich bei der Arie
ſteigern bis zur möglichſt höchſten Bravour, wie er bei den Skala- und
Solfeggienübungen um der Gründlichkeit und Allſeitigkeit der organi-
ſchen Ausbildung deſto länger verweilt. Arien, welche ſich hauptſächlich
für die Schule eignen, liegen in Menge vor und bieten überdem

die Opern, Oratorien, Cantaten in Menge dar. Wirkliche Schul=
recitative wird man am sichersten aus Oratorien wählen.

Clavier oder Pianoforte. Kein Instrument ist so reich
an wirklichen Schulstücken wie das Clavier. Für erste Anfänger
hat Carl Czerny, der vielverkannte aber gewiß als Pädagog
einer der offenbar tüchtigsten, manch' Vortreffliches geliefert, was
eben sowohl den Anforderungen der eigentlichen Schule als der er=
ziehenden Rücksicht auf das Gemüth des Schülers entspricht. Wie
Schulstücke für ganz kleine Kinder beschaffen sein müssen, hat Rei=
ser in seiner von mir bevorworteten „Kinder=Clavierschule" glücklich
gezeigt. Ihnen schließen sich Sonatinen von Clementi und
Cramer sehr geschickt an. Es mögen die andern Orts bereits em=
pfohlenen Fingerübungen von Herz, die Etuden von Aloys
Schmitt und Bertini dem jüngern folgen. Daß zugleich Unter=
haltung gewährt werde, haben wieder Czerny, Franz Hünten,
und neuerer Zeit Ferdinand Beyer gesorgt. Der mechanischen
Fertigkeit kommen jetzt Field, Moscheles, Hummel, Kalk=
brenner zu Hülfe. Mit Beethoven wird man noch vorsichtig
sein müssen. Erst wenn der Schüler so gereift ist, daß mehr auf
Nahrung seines Geistes als seines sinnlichen Ohrs Bedacht genom=
men werden muß, kommt er passend an die Reihe, und auch erst
da, wo der Austritt aus der älteren in die neuere Schule vorzube=
reiten ist. Vorher sind Mozart, Bach, Weber und solche Mei=
ster, Dussek, Wölffl, Berger, weit glücklicher in die Schule
zu bringen, auch Müller. Durch Beethoven wird man besser zu
Chopin, Mayer, und endlich Thalberg, Liszt gelangen,
so weit diese in gewisser Beziehung noch hinter demselben zu stehen
scheinen. Am reichsten ist die Clavierliteratur an sogenannten Unter=
haltungs= oder Salonstücken. Wir haben dergleichen in allen Graden
der Schwierigkeiten und müssen sie unsern Schülern so zu sagen unter
die Finger geben; seien wir aber vorsichtig, sehen darauf, daß im=
mer doch wenigstens ein bedeutender Schulzweck damit verbunden
werden kann. Von den sogenannten Translationen, Clavierauszü=
gen, Arrangements bin ich in Absicht auf die eigentliche Schule
gar kein Freund. Sie nützen dieser selten Etwas, und gehören
meist nur an ihr Ende, wo sie die Bildung in den verschiedenen
Stylen, Formen und im Geschmacke zum vornehmsten Zwecke hat.
Ein eben so geschickter als fleißiger Translateur für junge Schüler,
wenn man denselben durch dergleichen Stückchen Lust und Muth
machen will, war Diabelli, und neuerer Zeit scheint ein gewisser

Cramer, ich glaube, er ist von hier, aber lebt in Frankfurt, in deſſen Fußtapfen treten zu wollen. Von älteren nicht zu überſehenden
Schulſachen nenne ich noch Giuſeppe Scarlatti, und will
man noch weiter zurückſteigen, Ph. Em. Bach, den Vater der heutigen Clavierſpielkunſt, Domenico Scarlatti, Francesco, Gas-
parini, den ausgezeichnetſten Schüler Pasquini's. Ueberhaupt
muß man ältere gute Clavierſchulſachen mehr bei den Italienern
als bei den deutſchen Organiſten ſuchen. Was Mozart und Clementi von den Bachs lernten und auf Haydn, Hummel und alle
die übrigen hiſtoriſch merkwürdigen Claviermeiſter forterbten, war
den Bachs nur von den Italienern überliefert worden. Unter den
neueren und neueſten Sachen möchte ich warnen, diejenigen als
wirkliche Schulſtücke zu beſtimmen, die vor einigen Jahren einmal
längere Zeit in Mode waren und in Nichts beſtehen als in einer
Reihe mit Harpeggien aller Art umgebenen ſentimentalen Melodien.
Mag der Schüler auch nebenbei darin geübt werden, damit er
alle Schreibarten kennen lerne, wirkliche Claviermuſik ſind ſie nicht
und zu eigentlichen Schulſtücken dürfen ſie daher nie erhoben
werden.

Geigeninſtrumente. Dieſe ſind die Violine, das Violoncell und der Contrabaß. Die erſten beiden ſind nächſt dem
Claviere die gangbarſten ſogenannten Concertinſtrumente, diejenigen,
welche am meiſten geübt werden. Gleichwohl ſind auch ſchon ſie
bei Weitem ärmer an wirklichen Schulſtücken, als das Clavier.
Außer was die Schulen in dieſer Beziehung enthalten, beſitzen wir
verhältnißmäßig nur wenige eigentliche Etuden dafür. Dagegen
ſind ſie ungleich reicher an ſogenannten Enſemble- oder Begleitungs-
ſtücken und nehmen dieſe hier auch vorzugsweiſe eine Stelle in der
Schule ein. Schon nachdem die erſten Skala- und Streichübungen,
die in der Regel der Lehrer ſelbſt für jeden ſeiner Schüler zurecht
macht, vorüber ſind, wird meiſt mit kleinen Duetten und dergleichen
angefangen. Vortreffliche Sachen dieſer Art für junge Violiniſten
findet man namentlich bei Pleyel. Die Schule tritt ins Orcheſter
und von da zurück zum Solo. Vortreffliche Uebungsſtücke in den
verſchiedenen Applicaturlagen gab Barnbeck vor einigen Jahren
heraus in Heften, die zu ſeiner von mir bevorworteten „Violin-
ſchule für Dilettanten" gehören. Für etwas Vorangeſchrittene und
Fertige lieferten Kreutzer, Piris, Mayſeder, Baillot allerhand Brauchbares. Dieſe Sachen erfordern meiſt einen ſogenannt kleinen Bogen, deſſen Virtuoſität ihren Gipfel in Beriot

erreichte. Ich habe früher gesagt: vom kleinen zum großen Bogen. Eine gute Schule für diesen eröffnete Rode, auf welchen Lafont folgt, so wie auf diesen Spohr, der seinen geschichtlichen Vorgang in Viotti findet. Mit den neueren Meistern Ernst, Vieurtemps, Prume 2c. beschreibt sich eine eigene Epoche in der Violinschule, die sich durch ein Gemisch von kleinem und großem Bogen charakterisirt. Sie werden daher am schicklichsten zuletzt an die Reihe kommen. Die Einzel-Charaktere, wie in ältern Zeiten Tartini und in neueren Paganini können der Schule als solche nicht angehören, sondern sind Originale, die ihre Abbilder in sich selbst finden müssen. Dagegen sind aus älterer Zeit noch Leopold Mozart (der Vater Wolfgangs), Pugnanie und Berthaume zu nennen, und aus noch älterer Corelli, Geminiani, Vivaldi und Nardini. Auf den Pulten der Anfänger findet man neuerer Zeit auch Sachen von Schön. Ich kann keinen absonderlichen pädagogischen Werth daran erkennen. Translationen von Liedern, wie wir neuerdings viele bekommen haben, finde ich an deren Statt noch viel passender, wenn mit der Schule durchaus im Solospiel nach neuerem Geschmacke fortgefahren werden soll. Aber man bedenke doch, daß die Schule eben so ihre Geschichte hat wie der Geschmack, und daß ein Festhalten an dieser Geschichte immer das sicherste ist, wenn man elementarisch verfahren will. Das Ensemble festigt Bogen, Ton und Applicatur: durch das Ensemble daher immer der gerathenste Weg zum Solo.

Der Violoncellunterricht pflegt einen ähnlichen Gang zu nehmen: von den Skala- und Streichübungen sofort zum Ensemble, und von diesem erst wieder zum Solo. Die Uebungen in den verschiedenen Applicaturlagen verbinden sich damit von selbst. Empfehlenswerthe Schulstücke für Anfänger liegen von Dotzauer vor. Ueberhaupt hat dieser Name nach Romberg eine bedeutende Geltung in der Violoncellschule. Für alle Grade der Entwickelung hat sein Träger sehr praktische Werke geliefert. Vor ihm der ältere Duport (Jean Pierre). Das Violoncell ist bei Weitem nicht so alt als die Violine: daher auch seine Schule eine weit jüngere und die Geschichte derselben eine kürzere. Am zweckmäßigsten wird man immer mit Dotzauer anfangen: er ist ein kurzer, sicherer Bogen. Duport bereitet die Cantilene und dadurch den großen langen Bogen vor, der durch Baudiot in Romberg seine Vollendung erhält. Von den neuesten Sachen eignen sich von Müller noch zur Schule; jene von Max Bohrer als reine Geschmackssachen wohl weniger.

Danzi, Lamarre, Reicha. — Den Contrebaß werde ich übergehen dürfen. Er ist kein Concertinstrument. Wer Auskunft betreff seiner bedarf, findet sie bei dem Darmstädter Müller.

Harfe. Wir haben eine Hacken- und Pedalharfe. Jene ist die ältere, diese eine Erfindung der neueren Zeit. Man wird dem Schüler zunächst jene in die Hand geben mit Uebungsstücken, für welche die Auswahl nicht groß ist. Meist arrangiren die Lehrer deren selbst nach vorhandenen Claviersachen. Außerdem gab uns Backofen gute Schulstücke. Für die Pedalharfe waren seit ihrem Erfinder oder Verbesserer Nadermann, der bekannte Bochsa, Labarre und Parish-Alvars die fleißigsten Componisten und man findet unter ihren Werken Alles, was nur irgend zur Schule gehören kann, von den ersten Anfängen derselben bis, alle Stufen der Entwickelung hindurch, zu ihrem Ende.

Flöte. Die Geschichte unsrer heutigen Flöte datirt wohl erst von dem Meister Quanz an: unter den Compositionen seit den Zeiten dieses haben sich daher auch unsere jetzigen Lehrer der Flöte umzusehen, wenn sie nicht vergebens nach passenden Schulstücken suchen wollen. Trommlitz, Berbiguier, Gabrielsky, Kuhlau, Toulou, Doulon, Gyrowetz, Drouet, Fürstenau Böhm, werden sie dabei nie im Stiche lassen, und namentlich haben die letzern Beiden viel Vortreffliches für alle Stufen der Schule geliefert, ohne damit die Verdienste noch mancher anderer Flötenmeister zu verkennen. Drouet schrieb besonders sehr anwendbare Uebungen für die Doppelzunge, Fürstenau mehr in methodischer Weise.

Clarinette und Bassethon. Das letztere Instrument ist eine Abart oder vielmehr eine erweiterte und anders gefärbte Gattung des erstern. Beide Instrumente sind mit einander verwandt wie Violine und Bratsche. Die Schule des erstern kann zugleich auch als Schule des letztern gelten. Die Clarinettsachen vor Lefebre's Zeiten taugen gar nicht mehr für die heutige Schule, und haben seit jenem fast alle Instrumentalcomponisten für das Instrument gearbeitet, so dürfte der letztern doch zu rathen sein, stets im Auge zu behalten, daß die jetzige Clarinettkunst sogar kaum weiter noch zurückgeht als bis auf Carl Maria von Weber, der vorzugsweise für den Meister Bärmann schrieb und so auch diesen zu den besten Schulcomponisten stempelte. Eine Menge Sachen liegen von ihm vor, die dies thatsächlich beweisen. Iwan Müller, Hermstädt, Backofen, Vanderhagen.

Fagott. Bis vor wenigen Jahren noch war Ozi, der eigentliche Stifter der heutigen Fagottschule, der Einzige, zu welchem diese mit Vertrauen ihre Zuflucht nehmen konnte. Jetzt ist an seine Stelle Neukirchner getreten, und was Uebungsstücke anbelangt, Almenräder. Auch von Backofen findet man dergleichen sehr brauchbare, Krommer, Kummer, Schneider.

Horn. Hier nenne ich Hampel, Törrschmidt, die Schunke, Levi, Domnich, Duvernoy, Fröhlich, Gugel, Risie, Stölzl, Reicha, aus neuester Zeit Bivier; bei Trompete Wögel, Weidinger, Levi, Frescobaldi; bei Posaune Mayer, Deppe, Belcke, Seeger; bei Hoboe und englisch Horn Scriwaneck, Secchi, Sellner, Jäckel, Teimer, Forreith Czerwenka, le Brun.

Orgel. Bei den letztgenannten Instrumenten konnte ich mich kurz fassen. Außer den eigentlichen sogenannten Schulen liegen verhältnißmäßig wenige wahre Schulstücke dafür vor. Die meisten Compositionen für dieselben sind mehr Concert- als eigentliche Schulsachen. Reicher an diesen und fast reicher als jedes andere Organ ist endlich wieder die Orgel, jenes majestätische Instrument, jener organische Coloß, der so ziemlich unsere gesammte organische Welt, das ganze Orchester in sich vereinigt. Wohl kein verständiger Orgelmeister, der für seinen Schüler nicht zunächst nach den Werken von Rink griffe. Sie sind eben so zweckmäßig als junge Gemüther ansprechend. Dann kommen Knecht und Kittel an die Reihe, und durch Häsler, Umbreit, Vierling, Vogel wird der Weg genommen zu dem Meister aller Meister, Sebastian Bach. Dann diesen studirt, mag der Schüler sich auch ergehen an neueren Werken von Schneider, Köhler, Hesse, um endlich sich ganz, zu seiner vollen Ausbildung, sich zu versenken in dem Meere lauter trefflicher Sachen, womit namentlich die deutschen Organistenschulen der früheren Jahrhunderte die gesammte Nachwelt der Orgelkunst überschwemmt haben, in jeder Form und jeder Weise. Einen besondern Theil der Orgelschule wird das sogenannte Generalbaßspiel bilden müssen. Es setzt dasselbe nicht bloß Kenntniß der sogenannten Baßbezifferung, sondern auch des harmonischen Tonbaues überhaupt voraus. Wie diese Kenntnisse am passendsten erworben werden, gehört nicht mehr hierher; sehr zweckmäßige Uebungen im Generalbaßspiel bieten dagegen fast alle älteren Choralbücher, indem dieselben fast durchgängig der ausgesetzten Harmonie entbehren, sondern nur aus Melodie und beziffertem Baß bestehen.

Erst nach diesem Choralspiel kann die Reihe an das Spiel nach blos beziffertem Baß ohne Melodie kommen. Die Registrirungs=kunst muß praktisch erlernt werden. Jede Orgel hat ihre eigene Disposition. Der Lehrer kann nur allgemeine Regeln dafür ange=ben, die in der Beschreibung der einzelnen Stimmen ihren Grund haben; dann muß Uebung und Kenntnißnahme von möglichst ver=schiedenen Orgelwerken zu der Fertigkeit führen, sie auf jeden Ein=zelfall anwenden zu können.

So viel über Wahl und Folge der beim Unterrichte anzuwen=denden Musikstücke; was nun —

2. das Einstudiren der Musikstücke oder vielmehr die rechte Nutzung der einzelnen Lectionszeit

betrifft, so komme ich damit auf einen Gegenstand zu reden, der gewiß schon manchen meiner Herren Kollegen gar große Sorge ge=macht hat, ich meine nämlich die berufsgetreuen, die ehrlichen dar=unter. Die Wenigsten von uns werden Capitalisten sein, d. h. Capitalisten im gewöhnlichen Sinne des Worts; nichtsdestoweniger besitzen wir ein Capital, mit dem wir zu hausen, zu geizen haben mehr als ein Rothschild mit seinen Millionen, und jedenfalls wie jener gerechte Haushalter in der Bibel. Es ist das die Zeit. Das unser Capital. Die Zinsen davon kommen zwar nur unsern Schülern zu gut, aber daß sie die höchstmöglichen sind, ist unsere Sorge, denn wir haben Rechenschaft dereinst abzulegen, wie wir als Pfleger das Capital, das uns zum Besten dieser anvertraut worden, verwaltet. Kein Augenblick der Zeit, d. h. der Unterrichts=zeit darf nutzlos für den Schüler vorübergehen. Selbst Neben=bemerkungen dürfen keine gemacht werden, außer sie stehen wenig=stens in indirecter Beziehung zu dem eigentlichen Lehrgegenstande. Ich scherze gern namentlich mit meinen jüngern Schülern, sie sind um so lebendiger beim Werke; aber die Hunderte, die schon meine Anstalt besucht haben, rufe ich zum Zeugen, ob je ein anderer Scherz, ja nur ein anderes Wort über meine Lippen kommt, als welches in unmittelbarer oder mittelbarer Beziehung zum eigentlichen Lehr=gegenstande steht. Alles nicht auf den eigentlichen Zweck des Un=terrichts Abzielende, jedes solches Gespräch, jede solche Bemerkung gehört auch nicht in die Unterrichtszeit, und die Regel gilt im Ganzen wie im Einzeln, bis auf die einzelne Lection herab. Wer schon so lange unterrichtet, wie ich, von dem läßt sich wohl anneh=

38*

men, daß er sich in jedem Augenblicke seiner Aufgabe bewußt ist;
nichtsdestoweniger kann und darf ich vor aller Welt das Bekenntniß ablegen, daß ich keine Lection, auch nicht die für die gewöhn-
lichsten Anfänger, unvorbereitet, ohne vorher genau überlegt, über-
dacht und bemessen zu haben, was darin geschehen soll, ertheile,
und auf die zu lehrenden oder mindestens zu berührenden Gegenstände ist nun auch jedes Wort, jede Handlung in derselben gerichtet. Die Zeit, welche dem Unterrichte gewidmet wird, gewöhnlich
jedesmal nur eine Stunde, ist zu kurz, als daß wir nicht alle
Ursache hätten, sie auf jede mögliche Weise auszubeuten und zu
überlegen, wie sie am nutzbarsten zu machen? — Wie das? —
dies die Frage. Es ist so Vieles und Mancherlei zu lehren, zu
zeigen und zu erklären, und das wirkliche sogenannte Einstudiren
der einzelnen Musikstücke nimmt an sich schon einen so bedeutenden
Zeitaufwand in Anspruch. Hält man den allgemeinen didaktischen
Grundsatz fest, daß in allem Unterrichte ein innerer wie äußerer
Zusammenhang statt finden muß, so ist die Frage bald beantwortet.
Jede Lection muß sich unmittelbar an die ihr vorausgegangene anschließen, so wie einen Anknüpfungspunkt für die ihr nachfolgende
gestalten. Also auch hier, in diesem Stücke, wie überall element-
tarisch, entwickelnd. Als ein Erzeugtes von dem, was ihr voran-
gegangen, muß jede Lection erscheinen, und zugleich als ein Erzeugendes von dem, was ihr nachfolgt. Wie das zu verstehen? —
Wir haben gelernt, daß nach den Grundsätzen elementarischer Entwickelung kein Schritt vorwärts in dem Unterrichte geschehen darf,
ohne dem Schüler zugleich die Begegnisse des zuvor geschehenen,
ohne mit dem Letzten ihm auch stets noch das Erste gegenwärtig
zu halten, so wie daß nach denselben Grundsätzen dem Schüler bei
dem Verweilen auf jeder Stufe zugleich eine Aussicht auf die immer
höhere eröffnet werden muß, damit er sich des Lebens und der
thätigen Bewegung, die in aller Methode zu herrschen hat, wirklich bewußt werde und zwar auf eine Weise bewußt werde, welche
den Reiz zum Weiterstreben zur Folge hat. Die Regel auf unsern
Gegenstand angewandt, wie sie namentlich darauf angewendet werdet werden muß, leuchtet ein, daß, soll sie oder vielmehr ihre Zeit
recht benutzt werden, keine Lection statt haben kann ohne eine zweifache
Repetition, eine zu ihrem Anfange und eine an ihrem Ende. In
der ersten ruft der Lehrer das in der vorangegangenen Unterrichtsstunde Vorgetragene und Gelernte wieder ins Gedächtniß zurück
und prüft dabei zugleich, wie weit sich der Schüler das Gelernte

burch Privatfleiß anzueignen strebte. Es ist der Augenblick, wo der
Lehrer sich überzeugt, ob er fortfahren, einen weitern Schritt vor=
wärts thun darf, oder ob er auf der betretenen Stelle noch länger
verweilen muß, daß der Schüler Kraft und Fertigkeit genug erlange,
sich frei und ungehindert darauf zu bewegen. Das schon Gespielte
oder Gesungene wird abermals und im Zusammenhange gespielt, die
damit in Verbindung stehenden theoretischen Gegenstände werden
summarisch durchgegangen, aber nicht der Lehrer darf es sein, der
hier spricht, sondern lediglich der Schüler. Jener hat nur die zu
dem Ende nöthigen Fragen zu stellen, indem er die Gegenstände
berührt, über welche der Schüler sich erklärend auslassen soll.
Was zu thun ist, wenn die Ueberzeugung in letzter Richtung ge=
wonnen wird, ergiebt sich von selbst: das schon Gespielte und Ge=
sungene bleibt fortan Gegenstand der praktischen Uebung, und falsche
oder auch nur mangelhafte Auffassungen der damit in Verbindung
stehenden theoretischen Gegenstände erhalten ihre Berichtigung oder
Ergänzung. Nehmen wir daher lieber die erste Art der Ueberzeu=
gung an: der Lehrer darf fortfahren, einen Schritt weiter vorwärts
thuu. Es muß dies mit möglichst vollkommen logischer Folgerich=
tigkeit geschehen, d. h. der Lehrer darf das so eben Repetirte nun
nicht gewissermaßen als eine abgethane Sache bei Seite legen, son=
dern er muß das, was folgt, so gut als nur immer möglich daraus
abstrahiren. Die meiste Schwierigkeit in dieser Beziehung wird
immer der praktische Theil des Unterrichts darbieten, nichtsdesto=
weniger dürfte sie nur selten von der Art sein, daß sie sich nicht
durch ein sehr einfaches Verfahren überwinden ließe. „So, das
geht ja so ziemlich", heißt es da gewöhnlich, „jetzt wollen wir wei=
ter spielen (oder singen), drum weiter!" — der Schüler hüpft,
statt daß er geht; aber nicht hüpfen, sondern gehen, das ist elemen=
tarisch. Warum nicht statt dessen lieber auf die Beschaffenheit der
eingelernten Tonfiguren, Tongruppen, Passagen ꝛc. hindeuten und
von da vergleichend auf die jenen aufmerksam machen, die noch
einzustudiren sind, um das ganze Tonstück ordentlich spielen zu kön=
nen. „Nur, wenn das geht, so wird auch das und das, was
folgt, bald gehen, denn diese Passagen ꝛc. unterscheiden sich von
jenen nur durch Dies oder Jenes." Das ist eine weit didaktischere
Redensart und das die Logik in diesem Stücke; hinsichtlich des
theoretischen Theils des Unterrichts ergiebt sie sich von selbst, indem
es meist nur eine Besonderheit sein wird, die unter einen schon
gegebenen allgemeinen Regel= oder Lehrsatz zu bringen ist, oder eine

völlig neue Lehre, die indeß an die schon gegebene sich unmittelbar
anschließt. Und hier ist es, wo weniger der Schüler als vielmehr
der Lehrer spricht, wo jener Anfangs sogar nur hört und dann blos so
weit spricht, als nöthig ist, um Rechenschaft zu bekommen, ob er
das Gehörte auch recht verstanden. Jene Folgerichtigkeit betreff sogar eines ganz neuen Lehrsatzes ist selbst eine äußere, indem das
Ausstehen dieses sich eben durch den Anknüpfungspunkt kund thut,
den, wie bereits vorhin gesagt, auch jede einzelne Lection für die
ihr nachfolgende zu gestalten hat. Doch davon nachgehends. Mit
der ersten Repetition und der Abhandlung der neuen Lehrgegenstände
werden etwa drei Vierteltheile bis fünf Sechstheile der ganzen Lec-
tionszeit hingegangen sein: nun sofort zum Schluß derselben, zur
zweiten Repetition. Diese faßt das Neugelernte noch einmal in einen übersichtlichen Rahmen zusammen und stellt es vor Augen etwa
wie man eine weite große Landschaft in ihren Hauptparthien auffaßt in einem kleinen Bilde. Der Zusammenhang des Neuen mit
dem Aeltern kann dabei nicht umgangen werden, aber was die wichtigste
Aufgabe dieser Repetition ist, besteht gerade in dem Andeuten dessen, was da kommen wird und kommen muß, wenn nun auch dieses Neue gleich dem Aeltern in das Eigenthum des Schülers übergegangen sein wird. Hier der Augenblick der Verheißung, der
Moment, wo dem Schüler ein Blick gestattet wird in das noch zu
durchwandelnde Reich. Ich sage: ein Blick, denn ein zu Viel,
zu Weit in dieser Beziehung würde gerade die entgegengesetzte Wirkung von dem haben, was wir uns von dem rechten Maaße versprechen dürfen, Abschreckung, Erschlaffung, Ermüdung statt Auf-
munterung, Reiz, Selbstvertrauen. Zudem spreche ich hier nur
von den einzelnen Lektionen, und es dürfte sich somit wohl von
selbst verstehen, daß unter diesem Blicke nur ein Hindeuten auf das
zunächst Bevorstehende gemeint sein kann. Gleichwohl läßt sich ein
bestimmtes Maaß dafür nicht angeben, sondern muß sich dieß aus
den jedesmaligen Umständen ergeben und der Klugheit des Lehrers
überlassen bleiben, so wie diesem auch die eigentliche Form der letzten Repetition anheim steht. Dagegen liegt dem Lehrer in dieser
zugleich noch ob, dem Schüler Anleitung zu geben, wie er das
Neugelernte nun bei der häuslichen Uebung in Anwendung zu
bringen hat.

3. Selbstübung.

Wir kommen damit auf den letzten und einen sehr wichtigen hierher gehörigen Gegenstand zu reden — die Selbstübung. Es giebt für unsere Schüler kaum etwas Schwereres als diese, wenn sie gut, wenn sie zweckmäßig sein soll, und gleichwohl meinen viele Lehrer, in Beziehung darauf mit einem bloßen Empfehlen genug zu thun, ja meinen sogar, daß der Lehrer in dieser Beziehung nicht mehr zu thun vermöge, da mit der Unterrichtsstunde auch sein Wirkungskreis sich abgränze. Das ist falsch. Im Gegentheil möchte ich sogar behaupten, daß schon an der Art und Weise, wie Musikschüler sich zu Hause üben (wenn anders sie nicht zu den durchaus Unfleißigen und Unfolgsamen gehören), sich erkennen läßt, welcher Art, wie viel oder wie wenig werth der Unterricht, den sie genießen. Was meine Schüler in und außerhalb der Lektion Musikalisches treiben und wie sie es treiben, ist mein. Ihr ganzes musikalisches Leben liegt in meiner Hand. Wer das bezweifelt, dem gebricht es zum mindesten noch an jeder Lehrererfahrung. Spricht man von Schwierigkeiten, die sich zudem aus häuslichen Verhältnissen dem Lehrer entgegenstellen können, so bin ich kühn genug, solche durchweg abzuleugnen. Von der Nothwendigkeit der Selbstübung Eltern und Schüler zu überzeugen, kann keinem Lehrer schwer fallen. Vermögen unsere Töchter doch nicht einmal ordentlich stricken zu lernen, wenn sie sich nicht darin üben. Alles, was auf irgend einer Art mechanischer Fertigkeit beruht, fordert Uebung. Und ob diese nun recht oder nicht recht angestellt wird, sollte darüber nicht ihre Wirkung bald belehren? — Sie kann recht und nicht recht angestellt werden. Wie sie der Art sein kann, daß die Fortschritte dadurch wesentlich gefördert werden, so kann sie auch der Art sein, daß sie diese geradezu hindert oder wenigstens aufhält. Wem steht das Urtheil darüber zu und von Wem anders kann und muß die Anleitung dazu ausgehen, als von dem Lehrer? — Wäre doch andernfalls auch kein Schüler übler berathen daran als eben der Musikschüler. Denken wir nur an den, mit dem dieser in solcher Beziehung zunächst in Vergleich gestellt werden kann. Die Maler, Bildhauer stellen ihren Schülern behufs der Selbstübung sichtbare Vorbilder auf, und indem diese letztern stets vor Augen bleiben, sind sie leicht im Stande, die Copie mit dem Originale zu vergleichen und so selbst den Erfolg und die Nützlichkeit ihrer Uebung zu beurtheilen; unsern Schülern aber schwebt bei ihren Uebungen kein anderes

Vorbild vor, als welches sie in ihrem Gedächtnisse, ihrer Einbildungs=
kraft oder in ihrem Gefühle tragen, und wie demnach nur die deut=
lichste, faßlichste Darstellung des zu Lernenden, so wie die Steige=
rung der Einbildungskraft, des Gefühls und der Aufmerksamkeit
eine wahrhaft gute Selbstübung hervorzubringen vermag, diese Dar=
stellung und diese Steigerung aber ausschließlich Sache des Lehrers
sind, so liegt auf der Hand, daß nicht minder auch das rechte An=
stellen der häuslichen Uebung nur seine Sache ist. Wann geschieht
diese recht? „Fleißiges Ueben macht Alles!“ Allerdings ist Fleiß
zu allen Dingen nütze, aber der Begriff ist sehr relativ. Nehmet
den Schülern und ihren häuslichen Erziehern um Alles in der
Welt die irrige Meinung, als müsse das fleißige Ueben quantitativ
verstanden werden. Auf die Qualität der Uebung kommt Alles
an. Eine Viertelstunde wahrhaft zweckmäßig dazu angewendet, nützt
mehr als eine ganze Stunde bloß mechanischer, gedankenloser Spie=
lerei. „Die Schüler müssen sich alle Tage ein Paar Stunden
tüchtig üben, wenn sie erhebliche Fortschritte machen sollen!“
Wir können Behauptungen der Art jeden Augenblick aus dem
Munde renommirter Lehrer hören. Nun sie klingen eben so schön
als sie ein bequemes Mittel sind, die Schuld von sich abzuwälzen,
wenn die Schüler nichts lernen. „Sie üben sich nicht genug“ —
heißt es da. Allerdings Uebung macht den Meister, aber sich täg=
lich mehrere Stunden, ja halbe Tage üben, kann nur solchen from=
men, die aus Mangel besserer Einsicht oder verständiger Leitung
blos durch unaufhörliches Versuchen und Wiederholen zuletzt noch
das Wahre finden müssen. Andern Schülern wird und muß das
mehr schaden als nützen, schaden, weil es ermüdet, die Kräfte, die
geistigen wie die leiblichen, abstumpft, und weniger nützen als
schaden, weil im glücklichsten Falle dadurch bewirkt wird, daß das
Können das Wissen überflügelt und so von da eine Störung in die
durchaus und in aller Erziehung so nothwendige harmonische Aus=
bildung aller leiblichen und geistigen Kräfte des Zöglings gebracht,
somit immerhin ein Nachtheil bewirkt wird, der durch den gewon=
nenen Vortheil nie aufgewogen werden kann. Ich wiederhole: nicht
auf das viele, sondern auf das rechte Ueben kommt es an,
und dieses nun besteht darin, einmal daß überhaupt Etwas gethan,
Etwas gemacht wird, einerlei noch ob gut ob schlecht; dann daß
es immer besser gemacht und endlich drittens, daß es zuletzt ganz
gut gemacht wird. Es sind bies die Gründe, auf denen alle stu=
fenweise Entwickelung, und stufenweises Entwickeln ist eine der ober=

ſten Regeln aller Erziehung, alles Unterrichts. Daß der Schüler
dieſe drei Punkte zum Grundſatze aller ſeiner Selbſtübungen macht,
— darauf müſſen wir halten, dann werden letztere ſtets recht angeſtellt und müſſen und werden ſie auch bei ganz geringem Zeitauf-
wande ſtets von unberechenbarem Vortheile für den Fortgang des
ganzen Unterrichts ſein. Wie vermögen wir darauf zu halten? — Wir müſſen befähigen, das Schlechte, weniger Schlechte
und Gute deutlich zu erkennen und genau von einander zu unterſcheiden. Wie vermögen wir das wieder? — Nur dadurch, daß
wir ſtets, in jedem Augenblicke, darauf bedacht ſind, den Sinn für
Deutlichkeit und Präciſion in ihm wach, ſein äſthetiſches Gefühl
rege und ſeinen Geſchmack lebendig zu erhalten, daß wir ſein muſikaliſches Gehör und das Tongefühl in ihm ausbilden, ſein Taktgefühl befeſtigen (man ſehe das dritte Capitel dieſes Theils unter
2 und 4), und daß wir endlich in jeder Lektion ihm auch anſchau-
lich zu machen nicht unterlaſſen, nicht allein was er noch ſchlecht
macht, ſondern auch wie daſſelbe ſich in einem beſſern und zuletzt
ganz gutem Zuſtande geſtaltet. Wo kann dieſes geſchehen? —
Vorzugsweiſe in den Repetitionen während der Unterrichtsſtunde,
von denen ich oben unter zwei ſprach. Hier iſt es, wo wir unſern
Schülern zugleich zu lehren haben, wie die Selbſtübung anzuſtellen,
indem wir ſie aufmerkſam machen nicht blos auf das, was ſie noch
ſchlecht machen, ſondern auch darauf, wie dies immer beſſer gemacht
werden muß. Es braucht dies nicht immer durch Vormachen zu
geſchehen, ja es darf nicht einmal blos dadurch geſchehen, ſondern
dadurch, daß wir die Schüler ſelbſt über die Mängel ihres Thuns
ſo wie darüber urtheilen laſſen, wodurch dies ſich ſowohl im Ganzen als im Einzeln noch weiter auszuzeichnen hat, wenn es ſich
als vollkommen gut geſtalten ſoll. Dieſes unter unſrer Leitung ge-
fällte Urtheil, womit jene Weckung des Sinnes für Deutlichkeit und
Präciſion, jene Bildung des Gefühls, Geſchmacks, Gehörs ꝛc.
in unmittelbarer Verbindung ſteht, trägt ſich unwillführlich auf die
Selbſtübung über und erſetzt ſomit gewiſſermaßen das Original,
von dem ich oben als jedem andern Kunſtſchüler bei ſeinen Uebungen
ſtets leitend gegenwärtig ſprach. Verſuchen wir es einmal und
laſſen unſere Schüler einmal eine Zeitlang nie eine Lektion verlaſſen, ohne daß ſie ſolcher Weiſe wiſſen, nicht allein was, ſondern
auch wie ſie dies zu üben haben, und wir werden bald die Erfahrung machen nicht blos wie ganz anders ſie jetzt in jeder neuen
Lection wieder erſcheinen, ſondern auch daß wahrlich nicht mehrere

Stunden des Tags, noch weniger halbe Tage der Uebung gewidmet zu werden brauchen, um gleichwohl innerhalb einem Zeitraume
zu einer Fertigkeit im Können und Wissen zu gelangen, die eben
so überraschend, achtungswerth, als jener ungewöhnlich kurz ist.
Alles was dies mein Buch enthält, habe ich aus eigner Erfahrung
geschöpft, selbst die Lehren, die auf den ersten Blick nicht empirischer
Natur zu sein scheinen, haben sich mir mindestens doch zuvor durch
die Erfahrung bestätigen müssen, ehe ich sie hier vortragen mochte:
es kann mir also nicht übel gedeutet werden, wenn ich auch die
Beweise für ihre Richtigkeit aus eigener Erfahrung herhole. Meine
Anstalt wird vorzugsweise von künftigen Dilettanten frequentirt;
es haben diese wegen des sonstigen Unterrichts, den sie genießen,
selten mehr Zeit als eine halbe, höchstens eine ganze Stunde täglich und nicht einmal regelmäßig täglich zu ihren musikalischen Uebungen übrig; gleichwohl sind viele, abgesehen von der darin gewonnenen vollkommen musikalischen Durchbildung, als solch' vollendete Spieler aus derselben getreten, daß sie nicht Anstand zu
nehmen brauchten, sogar in eigentlich künstlerischen Kreisen sich zu
bewegen, und in welch' kurzer Zeit dies Ziel errungen ward, hatte
ich schon andern Orts Gelegenheit zu erzählen. Nur in der Methode
der Uebung kann der Grund von dieser Erscheinung liegen. In
diesem Augenblicke habe ich eine Schülerin, die Zeit genug hat, alle
Tage zwei, drei Stunden der Selbstübung zu widmen, und sie thut
dies in der Regel auch, nichtsdestoweniger macht das Mädchen bei
Weitem nicht die Fortschritte, welche eine ihrer Mitschülerin macht,
welche froh ist, wenn sie nur ein halbes Stündchen täglich für die
Selbstübung gewinnen kann. Wo der Grund von diesem Miß-
verhältnisse? — An Talent steht jene Schülerin dieser wahrlich
nicht nach. Der Grund liegt lediglich darin, daß mir immer noch
noch nicht gelingen wollte, das leichte, flatterhafte Wesen des Kindes soweit zu besiegen, daß die Uebungen auch angestellt werden,
wie sie angestellt werden müssen, und wie ich ihm in jeder Lection sage,
zeige und lehre, daß sie angestellt werden müssen, während zu der andern
Schülerin von mir kein Wort in dieser wie in jeder andern Beziehung
vergebens gesprochen wird. Die erste Schülerin hat schon ein Jahr
länger Unterricht als die zweite und doch spielt diese weit fertiger
und weiß Alles bestimmter, genauer, gründlicher, vollkommener.
Jene übt sich mehr als diese, dennoch übt sich jene nicht, und diese
übt sich, nämlich recht. Eine andere Frage in Sachen der Selbstübung betrifft die Regelmäßigkeit derselben. „Es muß alle Tage

geübt werden!" Das ist schon recht. Die Uebungen unsrer Schüler zielen meist nur auf mechanische Fertigkeit ab, und diese beruht
auf der Beweglichkeit gewisser Körpertheile, die allerdings wesentlich gefördert wird und gefördert werden muß, wenn letztere mit so
wenigen Unterbrechungen als möglich darin erhalten werden. Aber
zu welcher Tageszeit die Uebungen? Darf man sie an gewisse
Tagesstunden binden? — O, thue man nur das nicht. Eine
Uebung mit widerstrebender Stimmung vorgenommen nützt nie Etwas, ja schadet vielmehr immer. Ein Schüler kann zehnmal mit
Unlust in die wirkliche Lection kommen, ohne daß ein Nachtheil
für das Unterrichtswerk überhaupt daraus erwächst, als einmal
Selbstübungen damit anstellen zu müssen. Dort tritt die Unlust in
Kampf mit der Lust des Lehrers und wird fast immer von dieser
überwältigt, hier schaltet sie frei. Wir müssen Ordnung auch in
den häuslichen Beschäftigungen, somit namentlich in den Uebungen
halten, aber wir dürfen diese Ordnung nicht bis zur Pedanterie
treiben. Der Augenblick, welchen das Kind aus freiem Antriebe
zum Clavier eilt, trägt goldene Früchte, es an dasselbe geführt und
eine bestimmt gemessene Zeit hindurch gefesselt, trocknet der Acker
aus. Halten wir auf Ordnung, aber tragen wir der momentanen
Stimmung des Schülers auch Rechnung. Um 2 Uhr kann derselbe
Lust haben zur Uebung, nicht um 6 Uhr: lassen wir ihn sich um
2 Uhr üben, und verlangen nicht, daß es um 6 Uhr geschehe.
Unsere größten Widersacher in dieser Beziehung sind Gouvernanten
und Hofmeister. Da ist ein Stundenplan für alle Tage der Woche
gefertigt und die Zeit der Musikübung eben so pünktlich darauf ein-
getragen als die Zeit des Spazierengehens: warum ändert Ihr
diese, wenn es schlechtes Wetter ist, ja unterlaßt den Spaziergang
ganz und gar? Macht es doch mit der Uebung auch so, wenn bei
dem Schüler sich schlechtes Wetter dafür zeigt. Da werden Sophie,
Georg und wie sie heißen ohn' Erbarmen herbeigerufen, von ihren
Gespielen hinweg, weil die Stunde der Uebung schlägt: o, der
Uebung, die nun angestellt wird! aber noch mehr: o, der klugen
Pädagogik! — Man bemerkt, daß ich von Kindern rede; bei erwachsenern Schülern, bei denen der Verstand in allem leitet, läßt
sich eher eine solche Regelmäßigkeit und Ordnung erzielen, bei jenen
sie erzwingen wollen, schadet immer. Und damit zu dem wesentlichsten Vortheile, den die recht angestellte Selbstübung gewährt: sie
ist das beste Mittel, den Schüler bald dahin zu bringen, wo er
sich selbst zu helfen im Stande, und ist dies eine Stufe der Bil-

bung, welche jeder Unterricht sich zum nächsten Entzwecke zu setzen
hat, so entsteht daraus für uns eine abermalige und um so bringen-
dere Aufforderung, die Leitung der Selbstübung unsrer Schüler auf
jede nur mögliche Weise in die Hand zu nehmen. Es darf uns
in der Beziehung keine Arbeit, keine Mühe zu viel sein. Sie lohnt
sich an sich schon und doppelt in der Erleichterung des eigentlichen
Unterrichtswerks, welche aus der rechten Selbstübung von selbst erwächst. Ueberrasche Deine Schüler so oft Du kannst bei ihren
Uebungen und werde mitübender Lehrer. Lasse sie unter Deinen
Augen sich üben, unterrichte nicht dabei, sondern übe selbst mit,
wenn sie es nicht recht treiben. Das kann sogar sehr unterhaltend
für den Schüler werden, so daß ein andermal das empfundene
Vergnügen ihn zu einem bessern Betreiben der Sache leitet. Lasse
mehrere Schüler gemeinschaftlich sich üben und geselle dabei solche,
welche die Uebungen nicht recht aufstellen, zu solchen, welche sie recht
anstellen. Diese gebehrden sich alsbald als Uebungslehrer. Der
Mittel und Wege giebt es viele, versäume keines und lasse keinen
unbetreten, der Gewinn lohnt tausendfach die Arbeit.

Siebentes Capitel.

Der Unterricht in der Compositionskunst.

Warum dieses Capitel erst hier? — Im fünften Capitel schon
resumirte ich und faßte, unter dem Vorgeben, daß die Methode aller
seiner einzelnen Zweige bereits entwickelt worden sei, den Unterricht
noch einmal in seinem Ganzen auf, so wie ich im sechsten dann
auch seinen gesammten Haushalt schon ordnete, und hier nun abermals ein Gegenstand, der nichts Anderes ist als ein besonderer
Zweig des Unterrichts überhaupt! — Allerdings! gleichwohl glaubte
ich denselben nicht früher in Betrachtung ziehen zu dürfen, und
zwar aus folgenden Gründen. Welche die Aufgabe und Bestimmung der Compositionslehre ist, werden wir gleich nachgehends des
Näheren erfahren, jedenfalls liegt sie außerhalb der eigentlichen
Musiklehre, über deren Grenze hinaus, behandelt oder betrifft einen
Gegenstand, der nicht mehr als unabweisbares Bedürfniß erscheint,
so bald als das Ziel des Unterrichts überhaupt nur musikalische
Durchbildung erfassen. Wir haben um Erreichung dieses Zieles
willen nicht nöthig, unsern Schülern zugleich auch Unterricht in der

Kunſt der Compoſition zu ertheilen. Man braucht kein Componiſt zu ſein, und kann gleichwohl ſich im Beſitze der vollkommenſten muſikaliſchen Bildung befinden. Was dieſe fordert, ward in den erſten vier Capiteln dieſes Theils in Betracht gezogen, und ſo durfte ich denn auch nicht blos, ſondern mußte ſogar ſofort im fünften ein Bild von dem Gange des Unterrichts in ſeinem Ganzen geben, ſo wie dieſem dann nichts Andres unmittelbar folgen konnte als ein Bild von dem, was ich ſpeciell den Lehrhaushalt nennen möchte. Was die voranſtehenden ſechs Capitel enthalten, iſt zudem vollendet, wo ſich der Anfang der eigentlichen Compoſitionslehre beſchreibt, oder muß doch als bereits vollendet gedacht werden. Der Schüler hat die Spiel= wie die Muſikſchule bereits durchlaufen, wenn er nicht mehr mit Noten, ſondern mit der Schreibmappe unter dem Arm in dem Colleg der Compoſitionslehre erſcheint. Gründe über Gründe, der Metho= dik dieſer auch erſt hier einen Platz anzuweiſen. Ein anderer würde mehr ſtörend als verbindend in den Gang unſrer Betrachtungen eingegriffen haben. Das aber mußte ich vermeiden, um ſo noth= wendiger, als die Wenigſten von uns in dem Falle ſein werden, auch wirklichen Compoſitionsunterricht ertheilen zu müſſen. Geſtehe ich, daß mir ſcheint, als wollte dieſe Thatſache mich zugleich auf= fordern, mich bei Entwickelung jener Methodik auch ſo kurz als möglich zu faſſen. Den Meiſten von uns genügt, was bisher über die Kunſt unſers Unterrichts geſagt wurde, die bei weitem Wenig= ſten werden in dem Buche auch nach einer Methodologie der Com= poſitionslehre ſuchen, und ſo darf ich wohl nicht das Intereſſe dieſer dadurch auf Koſten jener wahren, daß ich um ihretwillen mein Buch noch bedeutend verſtärke und ſomit um eben ſo viel koſtſpieliger mache. Unter hunderten meiner Leſer dürfte kaum einer ſein, für welchen dieſes Capitel beſondern Werth hätte; neunundneunzig aber zählen mehr als eins. Keiner dagegen vermag darunter zu ſein, welcher auch nur eine Seite von .dem Vorangegangenen über= ſchlagen darf, will er das Buch recht verſtehen und recht benützen. Ueberdies — und ich weiß dies aus Erfahrung — fragen unter allen Muſiklehrern gerade die Compoſitionslehrer am wenigſten nach einer Methodik. Jeder hat nach dem Standpunkte ſeines Wiſſens und Könnens ſeine eigene Methode und er nimmt dieſe aus ſich ſelbſt, ſeiner Gewöhnung, ſeinem Bildungsgange, oder aus der Natur des Gegenſtandes. Ich will nicht ſagen, daß ſie es machen, wie viele Profeſſoren der Univerſitäten, die ſich mehr als Gelehrte denn als wirkliche Lehrer betrachtet wiſ=

fen wollen und an eine Unfehlbarkeit glauben, wie kaum der absoluteste Monarch an die Unverletzlichkeit seiner Person, und daß sie somit sich nicht einmal mehr für eigentliche Musiklehrer, sondern für Professoren der Kunst erachten (obschon es auf viele Fälle zutreffen dürfte, wollte ich mit solchen Behauptungen auftreten); gleichwohl geht es hier, in diesem Stücke, bei uns wie meist bei dem Sprachunterrichte: während die eigentlichen Sprachlehrer Nichts unbeachtet lassen und unbeachtet lassen zu dürfen glauben, was sich auf die Methode ihres Unterrichts bezieht, meinen die Poetiker sich um dergleichen gar nicht mehr bekümmern zu müssen. Ihr Gegenstand ist ihnen theils ein so freier, theils ein so erhabener und alles Regelzwanges baarer, daß er, wie sie glauben, seine Methode nur in sich selbst tragen kann, und haben sie damit auch recht, so haben sie doch nicht recht, wenn sie den Satz so verstehen, als lasse nun derselbe auch durchaus nur eine Methode zu und wäre somit jede Methodik, die nach der rechten Art dieser forscht, von vorn herein unnütz, vergeblich. Zwar wäre der Gegenstand an sich ein so reicher, daß sich ein eignes ganzes Buch darüber schreiben ließe, indeß es heißt einmal: „wir haben es weder mehr mit dem Nachmachen noch mit dem bloßen Behalten, wir haben es vielmehr mit dem Selbstschaffen, nicht mehr mit dem bloßen Reproduciren, sondern mit dem wirklichen Produciren zu thun; dort mag sich über die rechte und zweckmäßigste Methode streiten lassen, hier nicht mehr; die Gesetze der Kunst sind ewige, unwandelbare, weil der Natur des darstellenden Stoffes dieser selbst entnommen; sie entfalten wir von unserm eignen Standpunkte aus vor den Augen des Schülers und von seinem Standpunkte aus führt dieser dann dieselben frei schaffend ins Leben; eine Methodik dafür, einerlei woher demonstriren, hieße über ein Ewiges, Unwandelbares streiten wollen," — und so bleibe ich auch bei meinem Vorsatze, unterlasse, die Herren daran zu erinnern oder gar davon zu überzeugen zu suchen, daß sie nicht minder wie jeder andere Musiklehrer nur mit einem Wissen und Können es zu thun haben und daß somit die Frage, wie dies dem Schüler am geschicktesten, bequemsten, leichtesten, vollkommensten, fruchtbarsten angeeignet werden kann? eine der wichtigsten ist, die auch sie sich in jedem Augenblicke vorzulegen haben, beschränke meine Bemerkungen über den Gegenstand blos auf das, was der ungleich größeren Mehrzahl meiner Leser und Collegen vollkommen genügen wird, einmal auf Angabe der Bestimmung der Compositionslehre überhaupt, dann auf die Bedingungen, welche dieselbe sowohl auf Seiten des Lehrers als auf Seiten des Schülers voraussetzt, hiernach auf den Umfang und die Form der Lehre, auf die Bedeutung der Regeln und Gesetze derselben, auf die Art und Weise, wie ich glaube, daß diese überhaupt angeschaut am besten in den Besitz des Schülers gebracht werden können, und endlich auf die Hülfsliteratur der ganzen Lehre, also auf das Allgemeine und dehne die zu gebende Methodologie sonach keineswegs auch bis dahin aus, wo sie sich speciell auch, wie oben bei der Methodik der Allgemeinen Musiklehre, über jeden einzelnen Gegenstand der Compositionskunst, wie Contrapunkt, Instrumentation, gebundener und ungebundener Satz zc. zc. erstrecken würde.

1. Aufgabe und Bestimmung der Compositionslehre.

Das Ziel der Compositionslehre ist mit einem Worte, den Schüler nicht blos zu einem verständigen, nützlichen Bürger der Kunstwelt, sondern zu einem wirklichen Herrn und Herrscher in derselben heranzubilden. Da abermals der Beweis, daß die Compositionslehre nicht eigentlich mehr zu den Gegenständen desjenigen Unterrichts zählt, der neben einer gewissen praktischen Tüchtigkeit überhaupt nur musikalische Durchbildung zum Zwecke hat. Mögen wir diese auffassen in welch' weitem Umfange, welch' tiefem Sinne, die Bestimmung der eigentlichen Compositionslehre liegt immer außerhalb ihrem Bereiche oder besser gesagt noch darüber hinaus. Wir können nämlich nie zu der letzteren gelangen, ohne zuvor auch die erstere erreicht zu haben. Die Aufgabe der Compositionslehre ist eine ganz andere als die der Allgemeinen Musiklehre, gleichwohl setzt ihre Lösung die Lösung dieser voraus. Diese will den Schüler mit den Fertigkeiten und Kenntnissen ausrüsten, welche nöthig sind, sich mit Geschick, Urtheil und zu anderer wie zu eigenem Vortheile in der Kunstwelt bewegen zu können, d. h. in der Kunstwelt mit ihren vorhandenen Gestalten; jene aber will denselben zugleich befähigen, diese Welt mit noch weitern neuen Gestalten zu bereichern, und wir begreifen, daß das nur geschehen kann, indem sie ihn, den Schüler, aus den schon vorhandenen Gestalten die dazu nöthigen Kräfte gewinnen läßt. So ist das Ziel der Compositionslehre zwar immer ein so zu sagen ideales, der Weg dahin aber nichtsdestoweniger ein wenigstens zunächst praktischer. Die Compositionslehre will Componisten, Tonsetzer bilden, d. h.

Künstler, die unmittelbar aus der ersten Quelle der Kunst, der Ideenwelt, schöpfen und nun die Gebilde, welche sie dort empfangen, je nach der Natur ihres darstellenden Stoffs ins sinnliche Leben fördern: „sie kann das zwar nur, wenn sie ihren Jüngern diese Ideenwelt unmittelbar erschließt, aber sie kann es doch auch nur und sogar dieser letzte Erschluß ist nur möglich, wenn sie ihnen zuvor an den bereits hervorgerufenen Gestaltungen lehrt einmal, welche Gebilde dort geschöpft werden können und dürfen, und dann wie dieselben nach der Natur des darstellenden Stoffs zur sinnlichen Anschauung gebracht werden müssen. Alles was die Allgemeine Musiklehre enthält und die damit in nächster Verbindung stehende Formen=lehre, Terminologie und Organologie muß der Schüler zuvor und zwar im weitesten Umfange und mit genauester Erforschung der Dinge durch= und sich zu eigen gemacht haben, ehe an die eigentliche Composi= tionslehre gedacht werden darf, und dann lehrt diese ebenfalls zu= nächst an den vorhandenen Kunstgestalten den Aufbau derselben von den einfachsten Gestaltungen an bis nach und nach zu den combi= nirtesten, von der kleinsten bis zu der größesten, von der einfachsten melodischen Figur und Accordfügung an bis zum letzten größten melismatischen oder polyphonischen Satze, bevor sie gestattet oder dahin führt, selbst Hand an das eigentliche Kunstschöpfungswerk zu legen, lehrt auch noch die Natur der darstellenden Mittel, sowohl einzeln als wie dieselbe sich modificirt, je nach der Verbindung die= ser, damit die Gestalt nicht mit der Idee in Conflikt trete, und bleibt somit praktisch bis zu dem Augenblicke, wo die eigentliche Schöpfungskraft in dem Schüler sich regt und dieser von Innen gedrängt wird, sie frei und wirksam ins Leben treten zu lassen. Nun erst, ist derselbe ihr noch nicht erwachsen, verläßt sie den aus= schließlich praktischen Boden und wird gewissermaßen zur Wissenschaft, zur Kunstwissenschaft, indem sie das, was sie unter Berufung auf das einem Jeden innewohnende Kunstgefühl und Kunstbewußtsein auf empirischem und praktischem Wege gefunden, auch tiefer, auf speculative, ja selbst philosophische Weise zu begründen und zu rechtfertigen sucht. Ich kann mich darüber hier noch nicht weiter auslassen; es würde schon zu der Lehre von dem Umfange und der Form, so wie zu den von dem methodischen Gange des Composi= tionsunterrichts führen, und davon ist erst weiter unten die Rede. Jedenfalls haben wir als Zweck der eigentlichen Compositionslehre die Offenbarung aller jener so zu sagen Geheimnisse zu erfassen, auf denen die Möglichkeit beruht, musikalische Kunstwerke nicht etwa blos nachzubilden, sondern wirklich zu schaffen, den Aufschluß der gesammten Tonkunst im engern und engsten Sinne des Worts. In der Nachbildung, der Reproduktion (Vortrag) kann Jemand Meister sein, ohne jemals auch nur einen Blick in die eigentliche Compositionskunst gethan zu haben und ohne somit auch nur die allereinfachste musikalische Kunstgestalt aus sich selbst ins Leben rufen zu können; ebenso vermag Jemand der größeste, fruchtbarste, meisterlichste Tonschöpfer zu sein, ohne in jener Reproduktion auch nur etwas einigermaßen Erträgliches leisten zu können. Fälle letzterer Art sind zwar weit seltener als die ersteren, aber sie sind möglich. Es sind zwei ganz verschiedene Dinge componiren und reproduciren, so verschieden wie das Befehlen und Gehorchen, das Schaffen und das Erhalten. Zu letzterem gehört stets die vollste Kenntniß der Natur und Wesenheit des Geschaffenen, so wie der Mittel, durch welche es vollkommen erhalten, gefördert und noch weiter entwickelt werden kann, zu ersterem aber noch etwas Anderes, ja Etwas, was der letztern Kenntniß in mancher Beziehung sogar entbehren kann. Das Componiren in der Musik ist das Erfinden in der Malerkunst und zugleich die Fähigkeit, das Erfundene durch die passendsten Farbengebilde für die fremde Anschauung festzuhalten. Die Compositionslehre will ihren Schüler zum Gebieter, zum Erfinder und Darsteller in unsrer Kunst erziehen. Kein tüchtiger, vollkommen durchbildeter Schauspieler ohne die gründlichsten und umfassendsten Kenntnisse in der Poetik; aber der genialste Poet braucht deshalb nicht umgekehrt auch guter Schauspieler oder nur Kenner der Schauspielkunst zu sein. Schiller versuchte sich als Beides, was war er hier, was ward er dort?! — Ich führe dies abermals an zum Beweise, daß die Compositionslehre eine ganz eigene Branche des Musikunterrichts bildet, die ihre Stelle erst da findet, wo dieser im Allgemeinen als schon vollendet gedacht werden muß, und daß ihre Methodik somit auch hier erst und nicht etwa bereits vor den letzten beiden Capiteln ihren Platz finden konnte. Die Compositionslehre will Tonpoeten erziehen, dazu müssen ihr bereits vollkommen musikalisch Durchbildete in die Schule geschickt werden. Der Compositionsunterricht ist das letzte höchste Stadium der Musikschule überhaupt. Er hat es mit der Kunst der Erfindung und Darstellung im eigentlichsten Sinne des Worts, nicht mehr mit dem blos Sachlichen zu thun. Kann er die Geheimnisse derselben auch nur mit Hülfe des letztern, des schon Vorhandenen erschließen, so ist ihm die Lehre dieses doch nur Mittel, nicht Zweck mehr.

39

Die Compositionslehre ist die Poetik des musikalischen Sprachunterrichts. Ihre Bestimmung ist, den Schüler mit den Kräften auszurüsten, die nöthig sind, die gewonnene Sprachgewandtheit und Sprachkenntniß nun auch auf die Gestaltung wahrhafter ausdrucksvoller Kunstwerke und zwar in einer ihrem Inhalte angemessenen Form anwenden zu können. Sie muß zu dem Ende an vorhandenen Gestaltungen alle möglichen Kunstformen lehren, aber ihre nächste und eigentlichste Aufgabe bleibt dennoch, den Jünger in die Kunst der musikalischen Erfindung und der Darstellung des Erfundenen durch melodische und harmonische, vocale und instrumentale Tonverbindungen einzuführen.

2. Bedingung der Compositionslehre.

Daß die Erreichung dieses Ziels, die Lösung dieser Aufgabe von der Erfüllung ganz eigener, besonderer Bedingungen sowohl auf Seiten des Lehrers als auf Seiten des Schülers abhängt, — wer möchte daran zweifeln? — Bereits im ersten Capitel des ersten Theils sprach ich davon, was dazu gehört, Musik lehren und Musik lernen zu können; es handelt sich aber jetzt und hier nicht mehr von dem, von Musik überhaupt, sondern von einem Gegenstande, der — wie wir gesehen haben — ganz außerhalb des allgemeinen Gesichtskreises derselben liegt. Es kann Jemand der vortrefflichste Musiklehrer sein, und doch nicht die Eigenschaften besitzen, die unerläßlich nothwendig sind, um nur mit einigem Erfolg Unterricht in der Composition ertheilen zu können; ebenso kann Jemand das hervorragendste musikalische Talent haben, so daß er zu allen, zu den glänzendsten Hoffnungen in der Kunst berechtigt, und doch müht der Compositionslehrer sich vergebens bei ihm ab, wird er nie zu dem, wozu dieser ihn zu erziehen die nächste Aufgabe hat. Der Componist wurzelt in einem ganz eigenen Boden, und dieser fordert, eben um seiner Eigenthümlichkeit willen, eine ganz eigene Behandlung und Pflege, soll wirklich Frucht auf ihm gedeihen. Der Componist ist der Poet in der musikalischen Redekunst. Es kann Jemand der gewandteste, kräftigste, wirksamste Redner und tüchtigste, gründlichste Sprach= und Literaturkenner sein, ohne zu vermögen, auch nur die geringste wirklich ansprechende Dichtung ins Leben zu rufen. Das Umgekehrte ist eben sowohl möglich, und nicht blos möglich, sondern sogar häufig in Wirklichkeit der Fall. Und Poeten erziehen ist ebenfalls etwas ganz Anderes als Redner,

Sprach= und Literaturkenner bilden. Es kann Jemand zu Beidem sich eignen, aber eben so gut auch blos zu dem Einen oder Andern die nöthige Kraft besitzen. Es liegt darin schon, daß ich den Com=positionsunterricht von einem andern Standpunkte aus und in einem andern Umfange begreife, als gewöhnlich zu geschehen pflegt. Be=zweckt er Nichts, als dem Schüler diejenigen Kenntnisse von dem Bau, Auf= und Ausbau der Tonwerke beizubringen, welche zum richtigen Verständniß, zur richtigen Auffassung dieser 2c. nöthig sind, so ist er mir noch kein eigentlicher Compositionsunterricht, sondern die Compositionslehre nichts Anderes, als was ich oben bereits bei Betracht des Unterrichts in den Gegenständen der allgemeinen Mu=siklehre schon unter Melodik, Harmonik, Formenlehre 2c. begriff. Indeß davon erst nachgehends, bleiben wir hier zuvor ausschließlich noch bei den besondern Bedingungen stehen, von deren Erfüllung ein ganzer Erfolg der Compositionslehre abhängt.

a. Auf Seiten des Lehrers.

Auf Seiten des Lehrers zunächst bestehen dieselben nicht etwa in dem Vorhandensein blos der zur Compositionskunst nöthigen Kenntnisse und Fertigkeiten und des damit in Verbindung stehenden didaktischen Geschicks, sondern der Compositionslehrer muß außer=dem auch noch mit einer besonders scharfen Urtheilskraft, einem fei=nen und zugleich immer klaren Gefühle und einer lebendigen Auf=fassungs= und Darstellungsgabe begabt sein, ungerechnet die un=gleich höhere, selbst wissenschaftliche, vielseitige Bildung, die von ihm gegenüber von jedem andern Musik=, ja Lehrer überhaupt ge=fordert werden darf, selbst gefordert werden muß. Daß der Com=positionslehrer selbst ausgezeichneter Componist zugleich sei, ist nicht durchaus nothwendig. Ja, das Genie vermag oft am wenigsten ein Genie gut zu erziehen. Vogler z. B. war einer unserer tüch=tigsten Compositionslehrer, daß er als Componist nicht in gleich rühmlichem Andenken steht, weiß Jedermann. Alles was dazu ge=hört, ein Tonwerk aufzubauen, muß der Compositionslehrer verste=hen, daneben muß er mit dem schärfsten Kennerblick begabt sein, der die Effekte eben so genau zu berechnen als auf ihre Ursachen zu=rückzuführen weiß: daß ein Solcher immer auch selbst Etwas schaf=fen kann und nie etwas ganz Schlechtes schaffen wird, versteht sich von selbst; indeß ist nicht durchaus nothwendig, daß er auch die weitere Eigenschaft besitzt, worauf das dichterische Schaffen in der Kunst vorzugsweise beruht, das Talent künstlerischer Erfindung.

Von dem Poeten fordere ich Inspiration, Begeisterung, nicht von dem Poetiker. Imaginationskraft muß auch der Compositionslehrer haben, aber es braucht dieselbe keine ursprüngliche, sondern nur eine von außen anregbare zu sein. Dem Tondichter gehört schöpferisches Genie, dem Dichtungslehrer ist es entbehrlich. Es dürfte vielleicht gut sein, wenn er sich jederzeit auch in dessen Besitz befände, aber merkwürdig genug hört er in solchem Falle meist auch auf, ein trefflicher Pädagog zu sein. Ich will nicht darüber streiten, wo die Ursache von dieser Erscheinung liegt, gleichwohl scheint sie mir in der Schwierigkeit zu bestehen, womit sich jenes Genie gewöhnlich mit der weitern und besondern wissenschaftlichen Durchbildung befreundet, durch die ein Compositionslehrer sich unerläßlich auszuzeichnen hat. Man mißverstehe mich nicht. Auch das Genie für sich, Natur und Instinkt allein können nie etwas wahrhaft Vollendetes schaffen; nur getragen auf den Flügeln der Wissenschaft vermögen sie sich zum Ungemeinen aufzuschwingen. Nichtsdestoweniger erkennen sie niemals oder doch nur selten in dieser einen Beruf, ein System, während sie dem Compositionslehrer dieses in jedem Augenblicke sein muß. Es sind schon ganze Bücher über die Kunst der *poetischen* Erfindung geschrieben worden; ich bleibe gleichwohl dabei, daß sich das eigentliche künstlerische Erfinden nicht lehren läßt; dies ist das Angeborne, das, wodurch sich das Sprichwort rechtfertigt, welches fordert, daß der Künstler schon als Künstler geboren werde; was der Unterricht in der Beziehung vermag, ist blos *ein Anregen* durch Urtheil über bereits Erfundenes, und dies Urtheil nun kann blos an der Hand der Kunstwissenschaft gefällt werden. Der Compositionslehrer braucht nicht Künstler, aber er muß Kunstgelehrter im ganzen Sinne des Worts sein. Es ist nicht nothwendig, daß sich in ihm das Wissen zugleich mit dem Genius verbinde, aber es ist nothwendig, daß er jenes in seinem ganzen Umfange beherrscht. Scheint doch das Wort „genialer Lehrer", will damit nicht eine ausgezeichnete Lehrergeschicklichkeit bezeichnet werden, auch einen Widerspruch in sich zu bergen. Carl Maria von Weber, Voglers trefflichster Schüler, wollte diesen so heißen, lassen wir sein Verlangen als einen Ausdruck seltener dankbarer Pietät gelten. Unter dem Kunstgelehrten übrigens dürfen wir hier auch nicht etwa blos Jenen verstehen, der das musikalisch kanonische Recht Wort für Wort auswendig weiß und dessen Satzungen nun als die allein selig machenden Regeln predigt. Ein solcher vermag wohl tüchtige, fertige Contrapunktisten, aber keine Componisten, keine Tondichter zu bil-

ben. Die Kunst der Fuge, sagte Spontini einmal, liegt nicht in
der Fuge selbst, sondern in ihrem Thema, und er hatte Recht.
Kunstgelehrte im letztern Sinne werden geschickte Fugenbauer erziehen können, aber nie wird von denselben auch eine fruchtbare
Anregung zur Erfindung bedeutungsvoller Fugenthemen ausgehen.
Der Kunstgelehrte in meinem Sinne trägt auch dem künstlerischen
Bewußtsein des Schülers Rechnung; ja es steht ihm dies sogar
höher als sein kanonisches Recht, denn er ist Historiker und Philo-
soph, Kunstphilosoph zugleich. Die ganze innere Seelenwelt, die
in der Kunst zur sinnlichen Anschauung kommen soll, ist ihm klar,
und was sein Schüler schafft, schauet er nicht nur mit kanonischem
oder contrapunktischem, sondern zugleich und hauptsächlich mit ästhe-
tischem Auge an, so wie er mit seinen Rechtsvorträgen über den
Tonbau immer zugleich auch Vorträge über die eigentliche Bestimmung dieses, nicht minder über die tonische und ästhetische Ursache
der gelehrten Baugesetze verbindet. Es ist das mehr, unermeßlich
mehr, als was wir von dem Musiklehrer im gewöhnlichen und
allgemeinen Sinne des Worts zu fordern ein Recht haben, aber es
ist auch noch etwas ganz Anderes, als woran man gemeiniglich
denkt, wenn im gewöhnlichen Leben von Compositionslehre die Rede
ist. Hier versteht man in der Regel darunter nur die systematische
Unterweisung in allen denjenigen ausschließlich musikalischen Regeln und Gesetzen, nach welchen die Töne aneinandergereiht und
über einander aufgebaut werden müssen, um wirkliche Tonwerke in
diesen oder jenen Formen zu construiren; das aber ist nicht meine,
ist keine wirkliche Compositionslehre, ist allenfalls das, was die Dichter ihre Verskunst nennen, indeß noch lange keine eigentliche Poetik. Es verhält sich das zu der eigentlichen, wirklichen Compositionslehre wie ein Theil zum Ganzen, steht zu diesem in demselben Verhältnisse wie die Rhythmik, Metrik und Prosodie zur Poetik, ist diese
noch lange nicht selbst. Eine solche Compositionslehre vermag wohl
von jedem mit den Künsten des Contrapunkts vertrauten bloßen
Musiker auszugehen, aber wirklicher Compositionsunterricht in meinem und dem eigentlichen Sinne des Worts setzt außerdem vollkommen
wissenschaftliche, wenigstens kunstwissenschaftliche Durchbildung voraus, denn er darf nicht bloß praktisch, sondern muß zugleich auch
poetisch, wissenschaftlich sein. Sieht man es doch eben deshalb
auch meist den Werken jüngerer Componisten an, weß Geistes Kind
ihr Lehrer war, welche Schule sie gemacht. Ausgezeichnet oft in
contrapunktischer Hinsicht sind sie Nichts sagend in der eigentlich

künstlerischen oder umgekehrt. Hier haben wir meist Naturalisten vor uns, dort Schüler von Compositionslehrern im gewöhnlichen Style. Beide kommen selten zum Ziele, diese noch eher, wenn Natur oder ein glücklicher allgemeiner Bildungsgang ihnen die Mittel und Kräfte verliehen hat, durch sich selbst nachzuholen, was die Schule versäumte. Soll ich Namen nennen, so giebt in letzterer Beziehung aus neuester Zeit Richard Wagner ein merkwürdiges Beispiel ab, während des musikalisch durch und durch tüchtigen Molique's Werke beweisen, welche Charactere erzeugt werden, wenn die Compositionsschule ihren Zöglingen Nichts als contrapunktische Nahrung reicht. Ich will öffentlich bekennen, daß ich kein Freund von dem Professor Marx in Berlin bin, dennoch gestehe ich mit Freuden, daß er der erste Verfasser eines Compositionslehrbuchs ist, der diese Verhältnisse richtig erkannt und somit begriffen hat, was dazu gehört, Compositionslehrer zu sein. Scheint es auch, daß er erst im Verlaufe der Ausarbeitung seines nun vier Bände stark gewordenen Buchs zu der Ueberzeugung gelangte, daß zur Bildung künftiger Componisten mehr gehört als blos die Unterweisung in den verschiedenen musikalischen Darstellungsformen und contrapunktischen Künsten, und suchen wir auch selbst in seinem Buche noch vergebens nach dem Schlüssel zu jenen philosophischen, historischen und sonstigen Kunstgeheimnissen, die dem Jünger von Seiten des Lehrers offenbart werden müssen, soll seine ganze in ihm schlummernde Kraft zu schaffender Wirksamkeit im wahren, ächten Sinne der Kunst angeregt werden, so muß doch zugegeben werden, daß es das erste Buch seiner Art ist, das von dem Standpunkte eines wirklichen Compositionslehrers aus abgefaßt wurde. Ob Herr Marx deshalb auch selbst ein tüchtiger Compositionslehrer ist, weiß ich nicht. Ich habe einen Mann gekannt, der eine Pädagogik schrieb, die ihn weltberühmt machte und die immer, so lange die Welt steht, eine eigene Epoche in der Geschichte der Erziehungskunst beschreiben wird, und nach meinem Dafürhalten hätte sich dieser Mann gleichwohl am wenigsten zu einem wirklichen Jugendlehrer geeignet. Jedenfalls war er dazu zu elegant und zu — pedantisch. Das Letzte wird Niemand glauben, der sein Buch gelesen, und doch war er es. Ehrfurcht vor dem großen Todten verbietet mir, seinen Namen zu nennen. Das Wissen aber und eine glückliche praktische Anwendung desselben ist immer Zweierlei. Der wirkliche, lebendige Lehrer kann das Geschick, die Kunst bei letzterm nie entbehren.

b. Auf Seiten des Schülers.

Ein gleich großer Abstand wie zwischen dem gewöhnlichen Musiklehrer und dem Compositionslehrer insbesondere hinsichtlich der Erfordernisse zum glücklichen Gelingen des ganzen Unterrichtswerks findet in derselben Hinsicht zwischen dem Musikschüler überhaupt und dem Compositionsschüler insbesondere statt. Die Fähigkeit, in irgend einer Weise Musik zu lernen, wenigstens bis zu dem Grade zu lernen, den die allgemeine gesellschaftliche Bildung fordert, — diese Fähigkeit kann ich Niemand absprechen. Man lese das am oben angeführten Orte darüber Gesagte. Ja, ich will noch weiter gehen, bin kühn genug, zu behaupten, daß ein jeder des Denkens und musikalischer Vorstellungen fähige Mensch durch gehörigen Unterricht sogar dahin gebracht werden kann, musikalische Formen, Tonstücke aller Art zu verfertigen. Ich selbst entlasse fast keinen Schüler aus meiner Anstalt, der nicht im Staube wäre, wenigstens eine Variation oder was dergleichen über dieses oder jenes Thema zu gestalten. Eine solche Fertigkeit erweitert und schärft den musikalischen Blick, macht heller im Kopfe und reger im Herzen, den ganzen Menschen musikalischer. Suchen wir um deßwillen auch jeden unsrer Schüler in solchen Staub zu setzen. Aber es kann das auch schon durch den rechten Unterricht in den Gegenständen der allgemeinen Musiklehre geschehen, wirklichen Compositionsunterricht braucht der Schüler deshalb nicht zu erhalten, zum Componiren, zum Tondichten gehört mehr; um darin Unterricht mit wahrem Vortheile erhalten zu können, muß der Schüler das besitzen, was die Hand der Vorsehung nur sparsam ausgetheilt zu haben scheint bei der Schöpfung, oder wenn sie es Jedem giebt, doch nur verleiht mit einem eigenthümlichen Gepräge, jenes Etwas, nach dem wir auch wohl den Beruf oder die Bestimmung des Menschen abmessen, das wir im höchsten Maaße Genie, im mindern Talent heißen, für das es eigentlich aber gar keinen passenden Namen giebt, indem es in einer Kraft, einer schöpferischen Kraft besteht, die fast niemals ihre Richtung verfehlt und deren der Mensch sich selbst gewöhnlich erst bewußt wird, nachdem sie schon in Wirksamkeit getreten. Der Compositionsschüler muß besitzen, was jeder andere Musikschüler nicht durchaus nothwendig zu besitzen braucht, um gleichwohl zu einem erklecklichen Ziele in der Kunst zu gelangen, besonders wahrhaftes musikalisches Talent, Genie. Er muß den Beruf zum Componisten in sich tragen. Anders wird und kann ihm der Unterricht nur wenig nützen, wird er wenigstens niemals zu dem eigent-

lichen Ziele desselben gelangen. Der Compositionsschüler muß, soll
unsere Arbeit volle Früchte tragen, zum Tondichter geboren, bestimmt
sein. Es muß ein tondichterischer Genius ihm inne wohnen. Dann
reden wir kein Wort zu ihm vergebens, ja trifft und weiß er Alles
im rechten Augenblicke und in rechter Weise, ohne daß es ihm zu
sagen nur nothwendig ist. Nur der Winke von uns bedarf er
dann, um sich alsbald selbst zurecht zu finden in dem Irrgarten des
musikalisch kanonischen Rechts. Nur den Schlüssel zu den Geheim-
nissen der Kunst brauchen wir ihm dann zu reichen, um sofort dieselben selbst erschließen und offenbaren zu können in fruchtbarster,
ergreifendster Weise. Doch woran erkennen, ob der Schüler diesen
Beruf in sich trägt? Das Compositionstalent namentlich äußert
sich zunächst und vor Allem in einem unwiderstehlichen Triebe zur
Sache. Nun hat freilich aber das Talent seine verschiedenen Abstufungen und mehr als eine Seite; es läßt bald eine geringere
bald eine größere, bald eine mehr- bald eine minderseitige Ausbildung zu, und zu welchen Erfolgen, ob zu mehr oder weniger
glücklichen diese führt, läßt sich ebenfalls niemals vorausbestimmen,
weder von dem Schüler, noch von dem Lehrer, noch von einem
Dritten. Somit kommt es immer erst noch auf den Versuch an.
Während der Entwickelung selbst bewährt sich erst die eigentliche
Kraft, das Maaß des Talents. Eitelkeit oder vorübergehende Ge-
lüste spiegeln uns oft früher ein Talent weit bedeutender vor, als
es eigentlich ist. Gleichwohl und ungeachtet dieser Täuschungen,
von denen wir zudem bald befreit werden, bleibt der Satz bestehen,
daß Jedem, der Trieb zur Sache hat, in der Regel auch ein stärkeres Talent innewohnt, als er selbst weiß oder vorher glaubt, und
daß jedes Talent einer höhern Ausbildung und Kräftigung fähig
ist, als voraus gewußt werden kann; denn es ist natürlich, daß
der Mensch, ohne Leitung beginnend, sein Talent meistens und
namentlich wenn ihm ein höherer, lebhafterer Trieb inwohnt, Aufgaben zuwendet, zu denen ihm noch die nöthigen Voraussetzungen,
die volle Anschauung und Vorbildung fehlen, und daß in solchen
meist Begabtere treffenden Fällen dann das Mißlingen leicht zu
kleinmüthigen Zweifeln an den Naturanlagen führt, weil der Mensch
in diesem Augenblicke noch nicht zu erwägen vermag, wie weit diese
Anlagen durch Ausbildung gesteigert und gekräftigt werden können.
So urtheilt Marx in seinem angeführten Werke über den Gegenstand, und er hat nach meiner innigsten Ueberzeugung Recht. Wer
also einen lebhaften Trieb dazu in sich verspürt, der nehme mit

Zuversicht Unterricht in der Composition und wählt er den rechten
Lehrer, so wird dieser oder er selbst bald entdecken, wie weit er auf
Erfolg seiner Arbeit rechnen darf. In der Regel entspricht dieser,
bei gehörigem Fleiße, dem Maaße des Triebes nicht blos, sondern
übertrifft dasselbe noch weit. Umgekehrt mag aber auch der Begabteste
versichert sein, daß ohne Lehre und Bildung selbst das größte
Genie unentwickelt und thatlos bleiben muß. Die sogenannten Naturalisten haben auch in unsrer Kunst noch nie etwas Sonderliches
geleistet. Dem glücklichsten Genie wird's kaum einmal gelingen,
sich durch Natur und durch Instinkt allein zum Ungemeinen aufzuschwingen; die Kunst bleibt Kunst; wer sie nicht durchgedacht, der
darf sich keinen Künstler nennen, — sagt Göthe, und die Meister
aller Zeiten, aller Völker und aller Arten waren auch nicht blos
hochbegabte, sondern stets nach Maßgabe ihrer Zeit und ihres Staub-
punktes vollkommen durchbildete Künstler. Wer an der Unerläßlich-
keit der Schule zweifelt, sagt Marx, der versuche sich nur ohne
dieselbe an einer größern Aufgabe, und erwäge, wie viel Zeit und
Anstrengung ihm selbst die Lösung einer kleinern kostet im Vergleich
zu dem leichten Wirken des geschulten Meisters. Man täusche sich
dabei nicht durch den Einwand, als komme es nicht auf die Quantität, sondern auf die Qualität der Leistungen an. In Sachen der
Kunst und namentlich der Ton= und Dichtkunst ist nach alter Erfahrung und aus ganz natürlichen Gründen vieles und schnelles
Arbeiten eine Hauptbedingung des Gelingens. Eine andere Bedingung außer dem Talente, dem offenbaren Berufe zur Sache ist
daher für den Compositionsschüler auch unausgesetzter Fleiß im
freien Selbstschaffen. Von keinem andern unsrer Schüler können
und dürfen wir einen solchen Fleiß fordern. Die Compositionslehre
ist eine Kunstlehre, die uns das Können, die That, und zwar die
freie, aus uns selbst entsprungene That, nicht blos ein Wissen und
Nachmachen überantwortet. Fleiß hierin ist jedem unsrer Schüler
nothwendig, jener Fleiß aber nur dem Compositionsschüler. Es darf
sich dieser nicht daran genügen lassen, das während des Unterrichts
Vorgetragene zu wissen und durch gegebene Beispiele seinem Gedächtniß und Verständniß einzuprägen, er muß nothwendig selbst
hervorbringen und zwar mit vollkommener Sicherheit und Geläufig-
keit hervorbringen können. Der Weg dazu aber ist unabläßiges
freies Selbstbilden und Selbstschaffen, Selbsterfinden, und diese Thätigkeit muß sich nach und nach unter gehöriger Leitung der Lehre über
alle Formen der Kunst ausdehnen, selbst wenn auch eine besondere

Neigung noch zu gewiſſen Formen vorzugsweiſe hinzöge und andere dagegen weniger zuſagen wollten. Es gilt hier dieſelbe Regel wie bei Bildung des Geſchmacks. Erſt aus der Fertigkeit in Allem geſtaltet ſich nach und nach die Vollendung im Einzelnen. Kann doch auch Niemand vorher wiſſen, welche ſpecielle Richtung ſein Compoſitionstalent nehmen wird. Sich von vorn herein vornehmen wollen, dramatiſcher Componiſt zu werden und nun nur in der Compoſition dramatiſcher Formen thätig ſein wollen, wäre eben ſo thöricht, als wollte ein Vater ſein Kind gleich bei der Geburt zu dieſem oder jenem Lebensberufe beſtimmen. Die Geſammtentwickelung erſt tritt in dieſer Beziehung entſcheidend ein. Auch wäre es unelementariſch. Sämmtliche Formen unſrer Kunſt ſtehen in einem ſolch' unmittelbaren Zuſammenhange, daß die eine aus der andern gewiſſermaaßen zu erwachſen ſcheint, und nie kann in der einen oder andern etwas Vollendetes hervorgebracht werden, wenn nicht vorher Fertigkeit in allen gewonnen wurde. Wer dieſe Treue und Folgſamkeit gegen die Lehre ſelbſt verſäumt — ſetzt Marr bei dieſem Gedanken angekommen hinzu, wer etwa in dilettantiſcher Wähligkeit und Kunſtſchmeckerei über die einfachen und allerdings ſchon oft gebrauchten und gehörten Anfänge, oder über ſpätere, vielleicht eben heute nicht moderne Kunſtformen hinwegſchlüpft, um nur raſch zu dem zu gelangen, was ihm intereſſanter, neuer, eigenthümlicher dünkt, der wird nie in den vollen Beſitz ſeiner Kunſt kommen und ſelbſt das, wornach er ſtrebt, gerade verfehlen. Manier oder Schlendrian mag wohl daraus entſtehen, nie kann Styl oder Charakter oder Geſchmack daraus erwachſen: Daß ein Compoſitionsſchüler ſchon die eigentliche Muſikſchule und welche Bildungszweige damit in Verbindung ſtehen abſolvirt haben muß, verſteht ſich von ſelbſt und ward ſchon weiter oben im Beſondern berührt, wo von dem Anfang der Compoſitionslehre die Rede war. Ebenſo verſteht ſich von ſelbſt, daß er alle übrigen Tugenden eines Schülers, wie Folgſamkeit ꝛc., zu theilen hat.

3. Umfang und Form der Lehre.

Was den Umfang der Compoſitionslehre betrifft, ſo dürfte es beſonders hier ſein, wo ich bis jetzt mit meinen didaktiſchen Anſichten allein ſtehe. Wenigſtens iſt mir kein Lehrbuch der betreffenden Kunſt bekannt, das ſich in den von mir dafür geförderten Gränzen bewegte. Gleichwohl ſcheinen mir für die Vollendung der Lehre

die letzteren unumgänglich nothwendig. Ich werde dies zu beweisen suchen. Nach der gewöhnlichen Stoffeintheilung umfaßt die
Compositionslehre einmal die Rhythmik oder die Lehre von der
Bewegung der Töne, dann die Melodik oder die Lehre von den
ausschließlich melodischen Ton-Gestaltungen, hiernach die Harmonik
oder die Lehre von dem harmonischen Ausbau eines tonischen Kunstwerks, viertens den Contrapunkt oder die Lehre von der Bildung und
Verknüpfung mehrerer Stimmen (Melodien) zu einem Ganzen, zu
gleichzeitiger wirksamer Thätigkeit, fünftens die Lehre von den verschiedenen Kunstformen und Kunst- oder Darstellungsstylen, sech-
stens die Lehre vom Instrumentalsatze, und endlich siebentens die
Lehre von dem Vocalsatze. Die Compositionslehre im gemeinen
Sinne setzt also bei dem Schüler nur gewöhnliches elementarisches
Wissen und Können, wie dies so ziemlich in allen Musikschulen
mehr oder weniger richtig und gründlich gewonnen wird, voraus,
und was weiter dazu gehört, in oder mit Tönen zu dichten, Gebilde
der Seele in Tönen darzustellen, überläßt sie noch anderer weiterer
Unterweisung oder stellt sie das als Hülfskenntnisse dem Selbststudium anheim. Wie ich aber und zwar aus sehr triftigen, dem
eigentlichen und obersten Endzwecke alles Musikunterrichts entlehnten
Gründen schon der Musiklehre an und für sich einen ungleich größeren und bedeutungsvolleren Umfang anwies, als derselben meistens gestattet zu werden pflegt, so fasse ich auch, wie bereits dargethan, die Compositionslehre von einem ungleich höheren Standpunkte auf und muß ihr somit zugleich die Ausdehnung gewähren,
die sich auf diesem dem Auge eröffnet. Meine Gründe dafür liegen ebenfalls in dem eigentlichen und obersten Zwecke der ganzen Lehre. Was will, was soll diese? — Ich sagte es oben
bereits, Componisten, Tondichter bilden. Dazu gehört nothwendig mehr als blos ein Fertigmachen in den verschiedenen Künsten
des Contrapunkts, in der Construirung der verschiedenen Formen,
und in der kunst- und naturgemäßen Behandlung der verschiedenen
Organe. Aber es setzt auch schon mehr voraus, als blos ein
Bewandertsein in den ersten Elementen der Kunst. Ohne das erste
Mehr muß die Poetik unsrer Kunst nur als gewissermaßen die
Metrik derselben erscheinen, und ohne das letzte Mehr nothwendig
noch als ein Theil der bloßen Grammatik erscheinen. In keinem
von beiden Fällen ist sie, was sie sein soll. Aus einer Schule, in
welcher Nichts als das Angegebene gelehrt wird, können niemals
schon wahre, wirkliche Componisten, Tondichter hervorgehen, sondern

nur erst zum Studium der Compositionskunst Vorbereitete. Ebenso werden die, welche noch eines praktischen Unterrichts in der Rhythmik, Melodik und Harmonik bedürfen, niemals schon eine wirkliche Compositionsschule mit Nutzen besuchen können. Es hieße das einen Sekundaner oder gar noch Tertianer schon auf die Universität senden. Ist es doch der Unterricht in diesen Dingen auch erst, durch welchen jenes Etwas in dem Schüler angeregt wird, an dem wir dessen Beruf zum künftigen Componisten erkennen, und wodurch er daher die nöthige Reife für die Compositionsschule erhält. Allerdings zählt auch die Compositionslehre Rhythmik, Melodik und Harmonik wieder zu ihren Gegenständen, aber in einer andern als der blos praktischen Auffassung. In der Bedeutung, in welcher dieselben in der obigen Reihe stehen und in welcher sie gewöhnlich in unsern Compositionslehrbüchern abgehandelt werden, muß der Schüler sie schon absolvirt haben, ehe wir einen wirklichen Compositionsunterricht mit ihm beginnen können, und wie gesagt erfahren wir meist auch erst durch die Art und Weise dieser Absolvirung, ob der Schüler die nöthigen Erfordernisse zu diesem Unterrichte besitzt. Nach meinem Dafürhalten muß eine wirkliche vollständige Compositionslehre in drei Theile zerfallen, einen praktischen, theoretischen oder poetischen und einen historischen. Der praktische Theil hat die ausschließlich musikalischen zur Compositionskunst nöthigen Gegenstände zu umfassen, den Schüler also mit denjenigen Kenntnissen und Fertigkeiten auszurüsten, die insbesondere dazu gehören, überhaupt aus Tönen, aus musikalischen Stoffen Kunstwerke zu bilden. Solche Kenntnisse und Fertigkeiten werden einzig und allein die verschiedenen contrapunktischen Künste, die Construktion oder den mechanischen Auf= uns Ausbau der verschiedenen einzelnen Tondichtungsformen, und die naturgemäße Behandlung der verschiedenen einzelnen musikalischen Organe dazu betreffen. In der allgemeinen Musikschule, wie ich sie will (s. oben das dritte Capitel besonders unter 2, 3, 4 und 5, und das vierte Capitel), die musikalischen Darstellungsmittel alle (Ton, Rhythmus, Melodie, Harmonie) schon kennen gelernt, so wie die Formen, in welchen die Darstellung meist zu geschehen pflegt, und die Organe, durch welche sie geschieht. Um so mehr sich sein Blick in allen den Dingen erhellt, je fertiger er wird, sie bei seinen bisherigen bloßen Nachbildungen natur= und kunstgemäß zu behandeln, desto mehr drängt es ihn, sie nun auch zur Darstellung eigener freier sich in seinem Innern gestaltender Gebilde benutzen zu können. Es bekundet sich dieser

Drang in selbst, ohne besondere äußere Veranlassung angestellten Compositionsversuchen. Diese begründen die Hoffnung, die ich auf das Compositionstalent des Schülers setze. Ich nehme ihn in die Compositionsschule auf. Daß jener sein Drang Befriedigung erhalte, muß er nun zunächst Anlaß bekommen, seine in der Rhythmif, Melodif und Harmonif gewonnene Kenntniß dahin zu erweitern, daß er die in der letzten kennen gelernten einzelnen Stimmen, aus welchen sich ein musikalisches Kunstwerk aufbaut, frei zu bilden und in ihrer verschiedenen möglichen Verknüpfung zu einem Ganzen kunstgemäß zu behandeln vermag. Das geschieht durch den Unterricht in den Künsten des Contrapunkts. Ist dieser vollendet, so lehre ich zu der Formenlehre zurück, aber ich behandle dieselbe nicht mehr wie in der allgemeinen Musikschule als bloße Be= und Umschreibung der Gestalt und Bedeutung der verschiedenen musikalischen Kunstformen, sondern in Absicht auf ihre Erzeugung durch die in der Schule des Contrapunkts bereits gewonnenen Fertigkeiten und Kenntnisse in der produktiven Behandlung der musikalischen Darstellungsmittel. Hiernach endlich nehme ich auch die Organologie wieder auf, aber sie wird zur wirklichen Instrumentationslehre. Damit ist der erste praktische Theil der Compositionslehre vollendet. Er ist die Farbenlehre unsrer Malerkunst, unsere Naturlehre und Naturgeschichte. Der Schüler kennt alle darstellenden Stoffe und weiß sie je nach Bedarf kunstgemäß zu behandeln und zu verwenden. Jetzt kommt es auf das Wann, Wozu und Wie dieser Verwendung an. Das lehrt nun der zweite theoretische oder vielmehr poetische Theil meiner Compositionslehre. Es ist dieser somit die auf Musik angewandte Aesthetik, die Philosophie unsrer Kunst. Zuerst kommt darin die Frage zur Beantwortung, was Alles Gegenstand musikalischer Darstellung sein kann? Die Vorwürfe der Compositionskunst oder Tondichtung werden untersucht. Der Schüler lernt nun seine Objekte kennen, wie er im ersten Theile seine Subjekte kennen lernte. Es offenbaren sich ihm darnach die verschiedenen Tondichtungsgattungen oder Dichtungsstyle. Die ganze Welt, aus der er als Tondichter seine Vorwürfe zu schöpfen hat, erschließt sich ihm. Er lernt erfinden, bilden. Jenes Wann und Wozu erhält seine Erledigung. Dann die Frage, wie die Darstellung der erkannten Gegenstände zu geschehen? — Er lernt componiren nach dem Sinne der Maler im engern und engsten Verstande des Worts. Die produktive Natur der Darstellungsmittel und Formen im Einzelnen wie im Ganzen thut sich vor seinem Auge auf, und hier ist es daher auch besonders, wo Rhythmik, Melodik und Harmonik wieder in den Unterricht aufgenommen werden, aber nicht in praktischer, sondern in ästhetischer Richtung. Was er, der Schüler, früher schaffte, hatte nur die correcte Behandlung jener Mittel und Formen zum Zweck, jetzt lernt er dieselben auch zu ganz bestimmten Ausdrücken verwenden. Er tritt aus dem Bereiche der Musik in das der wirklichen Kunst. Er lernt das Erfundene wirklich gestalten. Er weiß, was er will, und lernt nun auch, den Willen auszuführen. Er wird Künstler, der Contrapunktist zum wirklichen Tondichter. Nun kann der Darstellungsgegenstand aber auch ein solcher sein, dessen Gestaltung nach Form und Inhalt sowohl der Zeit als der Nationalität des Schülers weit entrückt ist, er muß Geschichte studiren, damit er bei seinen Darstellungen auch den Anforderungen gerecht werde, welche diese Beiden an jedes Kunstprodukt stellen. Es geschieht dies durch den dritten Theil der Compositionslehre, der somit aber nicht blos den äußern Entwickelungsgang unserer Kunst vor dem Auge des Schülers entfaltet, sondern auch den innern und zugleich diesen in Zusammenhang mit der allgemeinen Culturgeschichte der einzelnen Völker und Hauptzeitperioden bringt. Jedes Kunstwerk, auch das musikalische, muß das Gepräge des Charakters der Zeit und der Nation an sich tragen, in welcher es geschaffen wird oder als in welcher geschaffen es doch gedacht werden soll. Thut es das nicht, so ist es kein ächtes wahres Kunstwerk, kann es wohl ein Gestalten mit künstlerischen Darstellungsmitteln, aber kein kunstgemäßes Schaffen sein. Und dieses Gepräge seinen Werken zugleich aufzudrücken lernt der Schüler nur durch ein solch historisches Studium. Damit dann aber hat die Compositionslehre auch gethan, was sie in Beziehung auf Bildung und Erziehung eines künftigen Tondichters thun kann. Alles Wissen und Können, was diesem sonst noch nothwendig, wie Sprachkenntnisse rc., liegt außerhalb dem Bereiche der Musik für sich und muß somit selbstverstanden auf andere Weise, durch einen anderweitigen Unterricht gewonnen werden; doch was innerhalb dieses Bereichs zu dem Ende lag, mußte sie um ihres Zweckes willen unerläßlich enthalten, und daß ich nichts Anderes in ihren Umfang hereinzog, bedürfte das noch eines besondern Nachweises? —

Hinsichtlich der Form der Compositionslehre theilen Viele diese in eine reine und in eine angewandte. Unter der ersteren verstehen sie den gesammten Inhalt der Lehre ohne Rücksicht noch auf irgend welches Organ oder irgend welchen besondern Zweck der Darstellung, und unter der letztern dann diejenige Lehre, die nun auch auf diese, auf Organ und Zweck der Darstellung, Rücksicht nimmt, also den Instrumental= und Vocalsatz und die verschiedenen eigenthümlichen sogenannten Schreibarten (eigentlich Darstellungsarten), je nachdem das zu componirende Tonstück zu häuslichen, Concert=, kirchlichen oder Theater=Zwecken bestimmt ist, zum besondern Gegenstande hat. Marx geht in seinem angeführten Werke noch weiter, indem er auch die reine wie die angewandte Compositionslehre formell wieder in gewisse Unterabtheilungen zerfallen läßt. Uns indessen kann eine solche Eintheilungsweise hier begreiflich nicht kümmern. Wenn wir von der Form der Compositionslehre reden, so geht schon aus dem Zwecke des ganzen Buchs hervor, daß wir darunter nur die Form der Mittheilung bei derselben verstehen. Diese wird im Gegensatz zu der früher für den Unterricht überhaupt gegebenen Regel vorzugsweise eine akroamatische sein müssen, doch mit steter Festhaltung an dem allgemeinen Lehrgesetze: von der Sache sofort zum Zeichen. Wenn ich und zwar aus sehr triftigen Gründen wollte, daß überall die katechetische Lehrform vorwalte, so scheint mir dies hier doch kaum möglich. Die Compositionslehre hat es fast durchweg mit ganz bestimmten Kunst= und Naturgesetzen oder durch wissenschaftliche und empirische Forschungen aufgefundenen Wahrheiten zu thun: solche lassen sich nur vortragen, nur in den seltensten Fällen aus dem Schüler heraus katechisiren. Selbst wo der Unterricht das Ansehen gewissermaßen einer kunstphilosophischen Speculation anzunehmen gezwungen ist, wird es kaum einmal ihm möglich sein, durch katechetische Anregung solche von dem Schüler selbst anstellen zu lassen, so nah hier auch der Reiz dazu liegt. Er muß sie mit dem Schüler gemeinschaftlich anstellen und er kann dies nur, indem er die ganze Kette der Folgerungen, woraus die Speculation besteht, dem Urtheile dieses vorlegt, indem er also akroamatisch verfährt. Katechetisch werden wir nur da verfahren können, wo es darauf ankommt, sich Gewißheit zu verschaffen, ob der Schüler das Vorgetragene auch recht begriffen und deutlich und bestimmt aufgefaßt hat. Bei jedem andern Unterrichte vermag das umgekehrte Verhältniß obzuwalten und nicht genug kann ich meine Herren Collegen daran erinnern, daß es bei dem Allgemeinen Musikunterrichte obwalten muß: hier, bei der Compositionslehre, ist — wie gesagt — nach meinem Dafürhalten das nicht möglich. Elementarisch vermögen wir nichts destoweniger zu unterrichten. Der zusammenhängende Vertrag, die akroamatische Lehrform schließt keineswegs die

elementarische aus. Es ward dies schon andern Orts von mir
dargethan. Entwickeln, elementarisch entwickeln müssen wir immerhin die einzelnen Gegenstände wie die gesammte Lehre überhaupt.
Von der einfachsten Gestaltung gehen wir aus und bauen von da
an fort und fort, Glied an Glied, Gegenstand an Gegenstand, in
durchaus natürlichem Gefüge, bis zur Vollendung des Ganzen.
Ueberall ein Verhältniß des Erzeugens und Erzeugten, des Seins
und Werdens. Aus der Harmonik weiß der Schüler, daß aller
Tonbau aus einem Gefüge von Stimmen besteht. Eine von diesen ist Haupt-, andere Grund-, dritte, vierte ꝛc. Mittel- und Füll-
stimme; eine Haupt- andere Nebenstimme. Daß das einfachste
Gefüge, aus welchem die einfachsten Formen des Tonsatzes sich
entwickeln, natürlich unter Zuziehung der Melodik und Rhythmik.
Das der einfachste Contrapunkt. Nun kann jede Stimme aber auch
an Bedeutung gewinnen, selbstständig werden: aus dem homophonen Satze entwickelt sich der polyphone, der Contrapunkt wird schon
combinirter und entstehen die figurirten Formen. Die Selbstständigkeit der einzelnen Stimmen nimmt zu, keine Stimme ist mehr
eigentlich Hauptstimme, jede kann an die Stelle der Oberstimme
treten: es entsteht der doppelte Contrapunkt; jede kann bald diese
bald jene Stelle einnehmen: der drei-, vierfache Contrapunkt
entsteht und daraus entwickeln sich alle größeren Formen. Der
polyphone Satz verbindet sich wieder mit dem homophonen: alle
Formen erweitern sich und der Schüler ist endlich Herr seines Stoffs
geworden, so daß er ihn verwenden und behandeln kann je nach
Bedarf und Belieben. Im poetischen oder vielmehr ästhetischen und
historischen Theile verfahre ich nicht anders. Ueberall dasselbe Verhältniß. Von Lection zu Lection muß der Schüler ordentlich ein
Schwellen seiner Kräfte empfinden, nirgends ein Ansetzen von Wissen an Wissen, von Können an Können, sondern überall ein Er-
weitern, ein Ausdehnen, ein Wachsen von Innen heraus. Sein
Wissen und Können muß uns eine Pflanze sein, kein Gestein.
Alle unsere Vorträge müssen wir so einrichten, daß sie es elementarisch entwickeln, nicht in ihn hineintragen. Die akroamatische
Form hindert nicht daran. Aber von der Sache auch stets zum
Zeichen: keine neue Lehre darf gefunden werden, ohne ihre Wahrheit sofort zu belegen durch Beispiele und zwar Beispiele aus dem
Leben, und ohne sie sofort auch selbst praktisch in Anwendung zu
bringen. „Beispiele aus dem Leben!“ Ich meine Belege aus anerkannten Meisterwerken mit Vorführung zur eigenen Anschauung.

Kein Lehrer hat darauf so sorglich Bedacht zu nehmen als der Compositionslehrer. Der Beweis, der praktische, lebendige Beweis darf ihm nie fehlen. Fehlt es ihm an dem nöthigen literarischen oder organischen Apparat dazu, so muß er ihn herbeizuschaffen suchen. Wir müssen verzichten auf eigene Auctorität. Die Ueberzeugung des Schülers durch eigene Anschauung muß uns Alles gelten. Ist sie doch auch die beste Stütze für jene. Habe ich die Meister für mich, so bin ich erst selbst Meister — in den Augen des Schülers. Doch auch Vorsicht in diesem Stücke! Vieles, was ein Meister wagen darf, muß dem Schüler noch untersagt werden. Halten wir ihn an, daß er mit Hülfe des Gelernten seinen Gesichts- und Gefühlskreis durch das Studium wirklicher Meisterwerke erweitere, daß er sich durch das Hören oder Lesen dieser von der Wahrheit der gefundenen Lehre überzeuge, aber hüten wir uns, daß die poetischen Licenzen mancher Meister ihn zu Zweifeln gelangen lassen. Die Auctorität, geglaubte Unfehlbarkeit eines Beethoven z. B. hat schon manche Compositionsschule über den Haufen geworfen, schon manches herrliche Talent verwildern oder doch unentwickelt gelassen. Warum? weil der Lehrer nicht verstand, den rechten Gebrauch von den Beispielen zu machen oder die rechten Beispiele zu wählen. Namentlich so lange nur Correctheit des Satzes in unsrer Absicht liegen kann, ist hier Vorsicht vor allen Dingen nöthig. Der ästhetische und historische Unterricht beseitigt schon mehr daher gehörige Bedenken. Das Genie darf im freien Schaffen sich erlauben, was die Schule versagen muß. Es ist in aller Erziehung so. Der gewissenhafte Pädagog muß Vieles an dem Kinde als Unart strafen, was ihm als Glied der Gesellschaft in ganz auderm Lichte erscheint. Er hat nämlich noch Charaktere zu schaffen. Gestaltet diese gebührt ihnen erst Freiheit in der Bewegung. Warum gehören Kinder nicht in jede Gesellschaft von Erwachsenen? — Nicht alle Meisterwerke sind als Belege gut für die Schule. Auf der sofortigen eigenen praktischen Anwendung des Gelernten dann beruht die Fertigkeit im eignen Schaffen. Ein Compositionsschüler muß immer die Feder in der Hand haben und wenigstens zur Seite eines Instruments sitzen. Das Auge kann oft täuschen, das Ohr fast nie, namentlich in Dingen der Composition, der Tondichtung, wo bei Vielem nur die Wirkung entscheidet, ob es gut oder schlecht, recht oder falsch, schön oder häßlich.

40

4. Bedeutung der kanonischen Regeln und Gesetze.

Es führt dies zur Frage nach der Bedeutung der kanonischen Regeln und Gesetze. Ich gebrauche das Wort „kanonisch" hier nämlich nicht etwa als abgeleitet von der bekannten, Kanon getauften Kunstform, sondern in seinem ursprünglichen, eigentlich sprachlichen Sinne. Kanonische Gesetze und Regeln sind alle jene, die von der Compositionslehre als durchaus giltig und leitend für alles Schaffen im Gebiete ihrer Kunst aufgestellt werden. Es thut dies aber nur die bloße Grammatik derselben, nicht ihr eigentlich künstlerischer Theil, und dort nur vermag wohl das Auge für sich, weil es blos noch auf eine grammatikalische Correctheit ankommt, nicht hier mehr der competente Richter zu sein. Hier muß vielmehr derjenige Sinn dazu gewählt werden, welcher sich zum wirklichen Vermittler zwischen der innern Gefühls=, überhaupt geistigen Welt und einer äußern tonischen Erscheinung eignet, und das ist das Ohr. Die Kunstlehre hat etwas Höheres und Wahrhafteres zur Aufgabe, als nach irgend welchen Gesetzen Einiges als absolut falsch zu verbieten und Anderes als absolut wahr und gut zu gebieten: sie geht, wie die Kunst selbst, vielmehr von der Ueberzeugung aus, daß schlechthin Nichts absolut falsch oder absolut richtig genannt werden kann, sondern Alles nur an seinem Orte, zu seiner Zeit, zu seinem Zwecke recht und nothwendig, sonst überall aber falsch und unzulässig ist. Die eigentliche Kunstlehre setzt als Maßstab für die Gültigkeit und Bedeutung jener Regeln und Gesetze nur die Umstände der Darstellung, die Natur ihres Objekts, den beabsichtigten Ausdruck fest. Nach diesem Maßstab kann Manches vollkommen gut und richtig erscheinen, was die Grammatik der Tonsetzkunst geradezu als falsch verbietet. Daher vorhin meine Warnung, ohne Wahl den Jüngern die Werke anerkannter Meister in die Hand zu geben, und daher noch früher mein Verlangen, die Compositionslehre in einem ungleich weitern Umfange aufzufassen und zu verstehen, als bisher meist geschehen. Bleiben wir bei dem bisherigen Umfange stehen, so lehren wir unsern Schülern blos das Dekliniren und Conjugiren, die Genera ꝛc., kurz die Grammatik der Tonsetzkunst, lehren sie blos musikalisch zeichnen, nicht malen. Wer nun aber wüßte nicht, daß die wahrhaft schöne Malerkunst oft geradezu gegen die Gesetze der ihre eigentlichste Vorschule bildenden Zeichenkunst fehlen muß — um ihres Zweckes, um der Umstände ihrer Darstellung und um der eigenthümlichen Natur ihrer Darstel=

lungsobjekte willen? wer wüßte nicht, daß, so lange der Maler=
jünger blos noch in die Zeichenschule geht, seinen Blicken noch man=
ches Meisterwerk entzogen werden muß, damit er nicht auf Grund
der Auctorität des Schöpfers desselben Mißtrauen gegen das ganze
Regelsystem seiner Schule faßt.. Ich will nur an die viel bespro=
chenen Regeln von den sogenannten falschen Quinten= und Octaven=
folgen und Querständen erinnern: Melodik, Harmonik und die
Lehre vom Contrapunkt verbieten dieselben unbedingt, und gleich=
wohl können wir dergleichen Dingen in den Werken der größesten
Meister bis zu Beethoven hinauf haufenweise begegnen, und treten
dieselben hier nicht selten mit der ergreifendsten Wirkung auf. Was
folgt? die Compositionslehre darf keine ihrer Regeln und Gesetze
in absoluter Bedeutung aufstellen. Sobald der Schüler fertig ist
in deren Anwendung, muß sie vielmehr hinzufügen, daß unter Um=
ständen die Regeln auch Ausnahmen erleiden können, daß sie nur
als in den meisten Fällen als gültig zu betrachten sind. Von je=
der möglichen Tongestaltung darf sie am letzten Ende nur behaup=
ten, wenn sie wahr reden will, daß dieselbe nur an dieser Stelle,
unter diesen Umständen, für diesen Zweck die rechte sei oder nicht.
Das rechte Kunsturtheil nämlich kann nur aus einer Prüfung der
jedesmal obwaltenden Umstände und Verhältnisse, aus der Unter=
suchung hervorgehen, was die eben zu beurtheilende Tongestalt be=
sagen und enthalten soll und was sie wirklich besagt und enthält,
was der Idee des gesammten Kunstwerks am angemessensten ist.
Wo aber vermögen wir die Urtheilskraft unsrer Schüler in solcher
Richtung zu entwickeln? wahrlich nicht in dem oben unter 3 beschrie=
benen ersten Theile der Compositionslehre, sondern erst im zweiten
und dritten Theile derselben. Die bloße Lehre vom Contrapunkt,
selbst mit Einschluß der Rhythmik, Melodik und Harmonik und der
Lehre vom Vocal= und Instrumentalsatze kann keine Gelegenheit
dazu geben, sondern lediglich die wirkliche Tonpoetik in Begleitung
von der Geschichte ihrer Kunst. Und was folgt daraus weiter?
daß es somit abermals durchaus falsch ist, mit den Gegenständen
jenes ersten Theils derselben eine eigentliche Compositionslehre schon
für vollendet zu betrachten. Selbst die Bedeutung, die sich vernünf=
tiger Weise nur den darin aufgestellten kanonischen Gesetzen und
Regeln beilegen läßt, beweist, daß zum Höchsten und im glücklich=
sten Falle blos correcte Zeichner, keine Maler, bloße Orthographen,
keine Redner, noch weniger Dichter dadurch erzogen werden können.
Man hat Beethoven als denjenigen Helden im Kampfe der Kunst

40*

mit der Wissenschaft gepriesen, welchem zuerst es gelang, jene aus den Fesseln eines alt hergebrachten Regelzwangs zu befreien und in ihre eigentlichsten Rechte einzusetzen, und nach meinem Dafürhalten war dies auch das erste rechte Wort, das dem unsterblichen Meister seine rechteste Stelle in unsrer Geschichte anwies; aber die Compositionslehre hätte seitdem auch aufhören sollen, fortan das Talent und Genie ihrer Jünger wieder und blos in jene Fesseln zu legen. Allerdings ohne Grammatik keine schöne Redekunst, keine schöne Sprache, und auch die Grammatik unsrer Compositionslehre enthält manche Regeln und Gesetze, die nicht unbeachtet gelassen und übertreten werden können, ohne gegen die Regeln der musikalischen Redekunst überhaupt zu fehlen, aber ihre eigentlichste Bedeutung erhalten alle dieselben gleichwohl erst in unsrer Rhetorik und Poetik. Man sehe doch auch nur die Werke jener Tonsetzer an, die keinen andern Compositionsunterricht empfangen haben, als welcher sich in den Gränzen der Harmonik und des Contrapunkts bewegt: was sind sie? glücklichsten Falls correkte wohlgefällige Zeichnungen, dennoch aber tobte, kalkige Bildwerke ohne Leben und Bewegung. Namen geziemt sich nicht zu nennen, andernfalls könnte ein ganzer Catalog aufgestellt werden. Kürzlich las ich eine Vorrede zu einem Hefte Orgelcompositionen, erinnere ich mich im Augenblicke recht von Markull: es ward darin der Stab über die bisher meist übliche Form dieser Art Compositionen gebrochen, mit Recht, aber es hätte auch untersucht werden sollen, wo der Grund von der Steifheit, Leb- und Seelenlosigkeit derselben eigentlich liegt. Nur darin, daß die Schöpfer derselben nicht schon in ihrer Compositionsschule lernten, die Bedeutung der kanonischen Regeln und Gesetze gehörig zu ermessen und zu beurtheilen. Der Ausdruck, die beabsichtigte Darstellung erst heiligt gewissermaßen dieselben oder giebt an, wo und in wie weit man sie übertreten, von ihnen abweichen, sie modificiren darf. Unverletzlich ist Nichts oder nur das von ihnen, was sich auf die Natur des darstellenden Stoffs, des Tones und Klanges, gründet; für alles Uebrige giebt erst die eigenthümliche Beschaffenheit des darzustellenden Objekts, der Idee und des Gefühls, der Leidenschaft und des Gedankens, die regelnde Norm. Man kennt z. B. die grammatische Regel von der Vorbereitung und Auflösung der Dissonanzen; wo hat dieselbe ihren Grund? in der ästhetischen Natur dieser; aber lassen sich nicht auch darzustellende Gefühlssituationen denken, welche um der Wahrheit und Deutlichkeit und Wirksamkeit der Darstellung willen geradezu fordern, daß die Dissonanz

sich unvorbereitet und unaufgelöst hören läßt? — Gewiß! wie
Mancher stirbt dahin urplötzlich mit Toben in der Brust. Wo dann
bleibt jene Regel? wo alle Gelahrtheit blos in Dingen der Harmonik und des Contrapunkts. Sie mußten die Regel als allgemein gültig aufstellen, um der Sache, um der Grammatik und Correktheit willen, doch die Poetik, die höhere eigentliche Kunstlehre
wieder lehrt, wie diese nur zu dienen hat ihren Zwecken, wie der
Componist, in Besitz seines Sprachschatzes gelangt, nun diesen von
einem höheren Standpunkte aus frei verwenden und nutzbar machen
und daher das ganze Regelwerk seinen jetzigen Absichten unterordnen, darnach bemessen muß. Es ist dasselbe Verhältniß wie beim
Maler: sobald er den Pinsel in die Hand nimmt, ein erschautes
Seelengebilde zur äußern · sinnlichen Wahrnehmung auf die Leinwand zu tragen, modificiren sich alle in der Farben = und Zeichenschule erlernten Regeln und Gesetze nach der Natur der seinem
Seelenauge vorschwebenden darzustellenden poetischen Idee. An
sich, d. h. nach der Beschaffenheit des sie angehenden Stoffs, waren jene richtig, ihre künstlerische Bedeutung aber erhalten sie erst hier.

5. Methode der Compositionslehre.

Unmittelbar daran schließen sich noch nähere Erörterungen über
die eigentliche Methode der Compositionslehre. Marr läßt sich in
seinem oben angeführten Buche darüber wie folgt aus. Der Gang
der Lehre — sagt er — ist, von der ersten Gestaltung an den
Sinn jedes wesentlichen Gebildes aufzuweisen, dann die Folgen
aus dieser Betrachtung für das künstlerische Schaffen zu ziehen.
Bei jedem neu hinzutretenden Gebilde wird nach der Betrachtung
seines Wesens zuerst die Rückwirkung auf frühere Bildungssphären,
dann die Fortwirkung zu erwägen sein (das soll wohl in unserm
Deutsch so viel heißen als: der Zusammenhang mit der eben verlassenen und nächst kommenden Entwickelungsstufe, und ist somit eine
didaktische Regel, die überallhin, auf jede Art des Unterrichts paßt,
denn „nirgends Sprünge, überall elementarisch entwickelnd,“ haben
wir längst gelehrt). Bei den zusammengesetzten Formungen wird
für den nicht durchgebildeten Musiker oft die Unmöglichkeit einleuchtend, alle Verhältnisse und Bedingungen zugleich zu fassen. Da
nun muß die Lehre erleichternde oder anbahnende Maximen an
die Haud geben, deren an manchen Orten gar nicht zu entbehren
sind, die aber noch weniger als die einstweiligen Kunstregeln als

absolute Gesetze angesehen sein wollen. So viel Marr über den Gegenstand, was er weiter zufügt, bezieht sich mehr auf die Arbeit des Lernens, als auf die des Unterrichts. Ob das eine Methodik der Compositionslehre? — Ich will die Antwort hierauf meinen verehrlichen Lesern überlassen; aber Recht hatte ich gewiß, wenn ich weiter oben schon behauptete, daß dem Herrn Professor Marr erst im Verlaufe der Arbeit klar geworden sein müsse, was man heute von einer Compositionslehre zu fordern genöthigt ist. Als er die Feder zur Ausarbeitung seines so betitelten Buchs ansetzte, war er ohnmöglich schon darüber mit sich vollkommen im Reinen, anders würde er von vorn herein den methodischen Gang der Lehre klarer ins Licht gestellt haben. Daß die ganze Lehre sich von den einfachsten Gebilden und Gestaltungen nach und nach bis zu den größesten combinirtesten und zwar vollkommen elementarisch zu entwickeln hat, versteht sich von selbst und wird schon von einer der unverletzlichen Grundregeln alles Unterrichts gefordert. Nirgends eine Lücke, sagt diese, Alles von Lehrsatz zu Lehrsatz muß sich verhalten wie ein Erzeuger zu dem Erzeugten und umgekehrt. Das ganze Lehrgebäude muß einer Kette gleichen, die zuletzt ein einiger großer Ring schließt, an dem der Zusammenhang vom ersten bis zum letzten Glied zu erkennen. Eine andere wichtigere, weil besondere Frage, die hier aufgeworfen werden muß, dagegen ist: ob auch bei dem Compositionsunterrichte insbesondere eine gleiche Universalität statt zu finden hat, wie sich oben im fünften Capitel für den allgemeinen Musikunterricht als unabweisliche Regel ergab? — Nein und Ja. Nein: die drei Theile, Curse oder Classen, in welche nach meinen Ansichten eine vollständige Compositionslehre zerfällt, bewegen sich jeder auf einem solch' eigenthümlichen Terrain, gehen von so verschiedenen Stand- und Gesichtspunkten aus, daß gar nicht abgesehen werden kann, wie eine Vereinigung derselben a priori bewerkstelligt werden sollte. Alle drei Theil zusammen bilden zwar erst ein vollkommenes Ganze, aber sie verhalten sich auch zu einander wie die drei Seiten eines Dreiecks, von denen immer erst die eine festgestellt sein muß, ehe die zweite geformt werden kann, und von denen nun die dritte, endlich hinzutretend, erst das Ganze und zwar charakteristisch bestimmend schließt. Der Vergleich paßt, ja scheint mir der beste. Ich ziehe eine Linie. Hiernach weiß ich noch nicht, welche geometrische Figur zum Vorschein kommen soll. Ein Dreieck, aber was für ein Dreieck? Ich ziehe eine zweite Linie und setze sie in Verbindung mit der ersten: nun erst wird mir mit der gan-

zen Figur auch die eigenthümliche Natur derselben schon klar, so daß
die letzte Linie, welche die beiden Außenwinkel der ersten beiden mit
einander verbindet, nur als die sichtbare Verwirklichung dessen erscheint, was in meiner Vorstellung schon klar war. Nicht anders in
der Compositionslehre. Zunächst muß dieselbe eine rein praktische
Tendenz verfolgen, muß nur darnach streben den Schüler fertig zu machen in allen Künsten des Contrapunkts und vollkommen vertraut mit
den Eigenthümlichkeiten aller Organe und Dichtungsformen. Daß das
bereits durch eigene Compositionen des Schülers geschehe, ist nicht
nothwendig, einzelne Beispiele, wenn nur so gewählt, daß sie eine Fertigkeit im Allgemeinen begründen, die dann auch für jeden einzelnen
besondern Fall ausreicht, sind genügend. Auch Partiturkenntniß
gehört daher. Der Schüler weiß Partituren zu lesen und zu schreiben, weiß die Sätze zu construiren, zu entziffern, jede einzelne Gestalt grammatikalisch zu erklären, aufzulösen und auszulegen. Bis
dahin gelten alle aufgestellten Lehrsätze auch absolut. Gegen kein
Ge- oder Verbot der Tonsetzkunst im engern Sinne des Worts darf
bei der praktischen Anwendung in kleinern oder größern Beispielen
gefehlt werden. Damit ist der Schüler der ersten Person der großen Trias Herr geworden. Er, der Baumeister werden will, ist bereits
zum Werkmeister vorgerückt. Die erste Linie, die Grundlinie des
Dreiecks ist gezogen. Nun das Ja der Universalität des Unterrichts:
wir schreiten fort zum zweiten poetischen Theile der Lehre. Die
Aufgabe dieses (s. oben unter 3) kann dagegen, während der erste
sich ausschließlich nur im Praktischen bewegen konnte und durfte, nicht
gelöst werden ohne unmittelbaren und steten Anschluß an die Lehrsätze
des ersten Theils. Wir gelangen zur Erforschung des poetischen Sinnes, der wirklich künstlerischen Bedeutung der einzelnen Formen und
Gestalten. Diese modificirt dann auch das für den Mechanismus
derselben aufgestellte Regelwerk. Alle im ersten Theile gelehrten
Gesetze und Regeln geben das Absolute ihrer Geltung auf und erhalten ihre Bedeutung erst von dem Sinne und Zwecke der Gestaltung überhaupt. Der elementarische Entwickelungsgang bleibt
derselbe, aber er wird auf einem andern Terrain, in einem andern
Gesichtspunkte geführt. Der Zeichner hat, als solcher fertig, Feder,
Griffel, Kreide von sich geworfen und zu Pinsel und Farbe gegriffen.
Nicht Licht und Schatten blos unterliegen daher jetzt andern Bedingungen, sondern auch die einzelnen Gestaltungen selbst. Dort
waren es blos die Umrisse und Hauptgliederungen derselben, die
zur Betrachtung und Verwirklichung kamen, jetzt tritt auch noch Fleisch

und Blut hinzu und mit deren Darstellung ändern sich auch die
Bildungen der Umrisse und Glieder. Wir haben diese stets wieder
zu geben, aber mit Leben und Wirksamkeit. Darnach dann ordnen
sich auch die Gesetze für jene. Das Zeichnen von Skeletten ist ein
anderes, als das Malen lebender Körper. Die Regeln für dort
werden hier nicht aufgehoben, aber modificirt durch das das Ge-
rippe umströmende, Leben athmende Fleisch und Blut. Der Schüler fängt an, wirkliche lebende Bilder zu schaffen, wirklich zu componiren. Das Material dazu handzuhaben hat er im ersten Theile
gelernt, ihm Leben, wirklichen Ausdruck einzuhauchen, lernt er jetzt;
er arbeitet, schafft in allen Formen und Gestalten, fängt bei den
einfachsten, kleinsten an; die Bedeutung, der Sinn und Zweck ist
ihm Alles, und aus diesem entwickeln sich dann nach und nach auch
immer größere Gestalten, bis zu den größten und großartigsten.
Ideen erzeugen Ideen. Dabei kann und wird ein kluger Lehrer
nicht unterlassen, den Schüler auch schon darauf aufmerksam zu
machen, wie die Gestalten je nach dem Grade erweiterter Kunstauf-
fassung nach und nach das geworden, was sie jetzt sind: ein Blick
in den dritten Theil der ganzen Lehre wird bereits eröffnet und
damit in dem Schüler die Darstellung von der letzten schließenden
Seite unsers Dreiecks erweckt. Wie die erste Seite sich unmittelbar an die Grundlinie anschloß und von da sich nach und nach immer von derselben entfernte, ohne sie jedoch je ganz aus dem Gesichts-
kreise fallen zu lassen, so der zweite Theil, und nun derselbe in
gleicher Richtung wieder mit dem Endpunkte des ersten angekommen,
fügt sich von selbst, beide abermals vereinend, der historische Unterricht hinzu. Jetzt wird die ganze Lehre wirklich eine universelle,
und indem der historische Unterricht sich nicht etwa blos auf die
Geschichte des Mechanismus und des äußern Gefüges der einzelnen
Formen und Gestalten beschränkt, sondern dieselben in steter Verbindung mit der Darlegung und Entwickelung der allgemeinen Cultur
der Völker erhält, also alle seine Vorträge als Ergebnisse der Kunstanschauung der einzelnen Zeiten der Nationen darstellt, bekommt
der Schüler dadurch eine Weite des Gesichtskreises und eine eigene
innere Kunstbelebung, so groß, energisch und treibend, daß er nun
wirklich blos in rein künstlerischem Geiste arbeitet. In der Compositionslehre machen wir demnach den Weg zu einem und demselben Ziele
dreimal, nur jedesmal in andrer Weise, ohne beim zweiten und drit-
tenmale das aus dem Auge zu lassen, was schon bei der ersten und
zweiten Wanderung auf demselben entdeckt wurde, aber ohne das erste-

mal uns um etwas Weiteres zu bekümmern, als lediglich um das
Materielle, die Richtungen, Gränzen, Biegungen, Aus- und Einmün-
dungen des Wegs, und das, glaube ich, ist auch das einzig richtige
Verfahren, wenn wir endlich am Ziele selbst unsern Schüler mit dem
Bewußtsein verlassen wollen, daß er Kraft, Gewandtheit und Erfahrung genug hat, um nun dort selbstständig als Diener der Kunst zu
deren Vortheile und aller Welt Beseligung wirken zu können. Wer
eine bessere fruchtbarere Methode kennt, der veröffentliche sie; er wird
mich und alle meine Collegen, ja nicht blos uns, sondern die gesammte Kunstwelt zu ewigem Danke verpflichten.

6. Literatur der Compositionslehre.

Aus diesem Umfange und dieser Methode, welche ich hiernach
für eine vollständige Compositionslehre als durchaus nothwendig erachte, geht nun aber auch hervor, daß unter allen Werken, die bis
heute für dieselbe, sei es in welcher Form oder in welcher Absicht,
entweder als blos leitende Handbücher beim wirklich mündlichen
Unterrichte oder als eigentliche ganze Compositionslehrbücher, erschienen sind, mir keines als vollkommen genügend erscheinen kann.
Kein Zweig unserer gesammten Literatur, d. h. die wirklichen Tonwerke oder Compositionen ausgenommen, ist reicher, so ausgebreitet,
als der welcher die Tonsetzkunst in irgend einer Weise zum Gegenstand
hat. Sobald überhaupt nur eine solche existirte, fing man auch
schon an, die Gestaltungen derselben in ein gewisses Regelsystem zu
bringen, und dies als Lehrbuch der Composition zu veröffentlichen.
Sollten alle daher gehörigen Werke vom Anbeginn der Literatur
an aufgezählt werden, ein Catalog viele Bogen stark würde entstehen, zumal hätte derselbe sich auch über jene Bücher auszubreiten, in denen blos einzelne Gegenstände oder Formen der Tonsetzkunst,
wie Harmonie, einfacher und doppelter Contrapunkt, Fuge 2c. abgehandelt werden, oder die durch die Streitigkeiten, welche früher
nicht selten und oft lange Zeit mit der größten Heftigkeit und
Bitterkeit über dies oder jenes Lehrsystem, diese oder jene harmonische
Gestaltung, Formation 2c. geführt werden sollten, hervorgerufen würden. Lag doch der Reiz, die Kunst der Composition in ein Lehrsystem zu bringen, auch immer zu nahe, und mußte jede neue von
irgend einem Genie erfundene oder aufgefundene Gestaltung neuen
Anlaß, dem Reize zu genügen, geben, besonders so lange, als die
Kunst sich vorzugsweise im Dienste der Kirche oder doch der Reli-

gion befand und von da aus die wissenschaftliche Speculation glaubte ein Recht auch auf ihren Besitz wie auf den Besitz alles dessen zu haben, was zur Cultur der Menschheit in irgend einer näheren Beziehung stand. Damals entstand die eigentliche Schule für die Tonsetzkunst, und ihr Gesetz blieb regelnder Canon für Alles, was nur irgend wie künstlerische Erfindung aussah. Aenderungen, welche die Zeit hervorrief, betrafen weniger die Sache als hauptsächlich nur das Lehrsystem, und auch dies blieb bis zu unsern Tagen herauf so durchaus scholastischer Natur, daß das Auge des Uneingeweihten nicht anders darauf ruhen konnte, denn wie auf einer Art sibyllinischer Bücher. Begreiflich fehlt es hier sowohl an Raum wie an eigentlichem Anlaß, nur die Namen aller Derer aufzuzählen, welche durch Werke solcher Art nicht selten den blendendsten Nimbus hoher Weisheit, ja sogar einer räthselhaften Kraft in Erforschung und Offenbarung tiefer Geheimnisse um sich verbreiteten. Ein Cantor: der unter diesem oder jenem Titel eine Art Harmonielehre geschrieben, galt für einen grundgelehrten Mann. Nun, die Cantoren damaliger Zeit hatten meist auch weit mehr gelernt als ihre heutigen Nachfolger. Hätte es doch ein solcher Mann z. B. für eine Schande gehalten, wenn er sein Buch nicht zum mindesten auch in lateinischer Sprache hätte schreiben können. Gegen Ende des siebenzehnten und noch mehr im achtzehnten Jahrhunderte hörte das auf. Indeß blieb die Tongelahrtheit noch lange Eigenthum einer Art von Kaste, und es wußte diese dasselbe auch so gut zu bewahren, daß wenige entgegenstrebende Versuche ausgenommen auch jetzt noch kein daher gehöriges Buch erschien, das zu seinem Verständniß nicht die Bedingung des schon Vertrautseins mit der Sache vorausgesetzt hätte. Damals galten alle sogenannten Harmonie- und Generalbaßlehren, Lehrbücher des „reinen Satzes" und dergleichen für Compositionslehrbücher, und die Werke von Marpurg, Mattheson, Türk, Vogler, Koch, Kirnberger und nach diesen von Albrechtsberger waren es besonders, die in dem Rufe tiefer Gründlichkeit standen und daher auch beim Unterrichte vorzugsweise angewendet wurden; aber abgesehen noch davon, daß sie dem heutigen von Beethoven sich her datirenden Standpunkte der Tonsetzkunst gar nicht mehr entsprechen, nehme sie ein Kunstjünger in die Hand und hat er nicht den lebendigen Interpreten stets neben sich, so wird er darin lesen und studiren, ohne auch nur einen einzigen Lehrsatz recht zu begreifen. Reicha trat auf mit seinem Buche; von ihm, dem Meister, der so viele tüchtige Componisten erzogen, erwartete alle

Welt und mit Recht etwas Vollenbeteres, für die Schule Brauch-
bareres: ob sie sich getäuscht? ich will die Frage nicht beantworten,
doch wenn ich einmal eine mufikalische Literaturgeschichte schreiben
sollte, so wird das Buch eben sowohl wie das von Ebhardt und die
auch ins Deutsche überfetzte Fugenlehre von Cherubini seinen Platz
nothwendig doch noch in der Vorbeethovenschen Periode finden müssen, wenn schon sein Erstehen in eine jüngere Zeit fällt. Dasselbe
gilt von dem großen Werke des Italieners Asioli, das meines
Wissens in Deutschland noch keinen Eingang gefunden. Mit Beethoven — es kann und wird dies kein Sachkundiger leugnen — hat
die Compositionskunst einen völlig neuen, ungleich höhern, freiern
Standpunkt errungen, wie seit der ersten französischen Revolution
die gesammte menschliche Cultur und Civilisation. Was nach Innen oder Außen einer frühern Periode angehört, läßt sich heute
gar nicht mehr für die Schule verwenden. Es hieße das das Recht
blos nach dem Sachsenspiegel oder dem Corpus juris studiren. Was
diese an ewigen Wahrheiten enthalten, wird auch in alle neuern
Lehrbücher des gemeinen Rechts übergehen müssen, aber doch zugleich
auch nur in seinem Verhältnisse und in seiner Beziehung zu den
heute geltenden Rechtszuständen. Es fällt mir nicht ein zu behaupten, daß alle jene Lehrbücher Nichts enthielten, was nicht auch in
die heutige, durch Beethoven und seine Nachfolger errungene Kunst-
zeit herüberreichte. Es giebt auch in der Kunst Formen und Lehrsätze, die auf einer ewigen Wahrheit beruhen; aber in sofern sie
dieselben nicht in Beziehung bringen zu der heutigen Kunstcultur,
eignen sie sich auch wohl noch für den historischen, überhaupt wissenschaftlichen Forscher, aber nicht mehr für die Schule. Diese for-
bert Anderes und Mehr jetzt von ihren Lehrbüchern, erstens nämlich,
daß dieselben sich jener althergebrachten scholastischen Geheimnißthuerei
entschlagen und in einer Sprache und Form abgefaßt sind, welche dem
natürlichen Verlangen elementarischer Entwickelung entsprechen und
so ermöglichen lassen, daß auch die Wissenschaft der Kunst zu einem Gemeingut für die gesammte gebildete Welt werde, wie die
Kunst selbst zu einem solchen geworden; zweitens daß dieselben alle
ihre Regeln und Gesetze nicht mehr in grammatisch absoluter Geltung aufstellen, sondern solche nur vortragen in steter Beziehung
zu dem obersten und jetzt, d. h. seit der letzten Kunstperiode in das
allgemeine Bewußtsein gedrungenen Zwecke aller Kunstbarstellung,
welcher ist, ein Inneres, ein erschautes Seelengebilde, die höchste
Schönheit mit Freiheit zur äußern, vollkommen sinnlichen Wahr-

nehmung zu bringen; und endlich drittens, daß dieselben somit sich auch weit erheben über den frühern Standpunkt bloßer Grammatiken der Tonsetzkunst, oder vielmehr des Tonsatzes, dagegen zu wahren Kunstlehren werden, die neben der speciellen Bildung wirklicher Tondichter zugleich, wie jede wahre Wissenschaft, die weitere Absicht verfolgen, Ideen in das Leben zu fördern, welche eine mehr oder minder bestimmte Richtung haben auf die weitere Entwickelung und Fortbildung der Menschheit oder des eigentlich Menschlichen in dem Menschen. Was den ersten Punkt, die erste Forderung betrifft, so war es, wenigstens was den harmonischen Ausbau der Tonwerke betrifft, zunächst Logier, der den Weg zu ihrer Genügung zeigte, und nach diesem im gesammten Umfange der eigentlichen Compositionskunst Gottfried Weber. Das bekannte, daher gehörige Werk dieses für unsere Kunst sehr thätigen und tief fühlenden Mannes hat von Sachverständigen, den eigentlichen Tongelehrten gar mancherlei und nicht selten bittere Anfechtungen erfahren, und geleugnet kann auch nicht werden, daß es die Spuren dilettantischen Ursprungs in gar reicher Zahl, fast auf jeder Seite an sich trägt, nichtsdestoweniger müssen wir mit Dank anerkennen, daß es das erste Buch seiner Art war, welches die Compositionslehre in einer allgemein verständlichen Sprache und in einem wirklich systematischen Zusammenhange vortrug und entwickelte, und haben wir in diesem immerhin sehr wesentlichen Verdienste auch allein wohl den Grund davon zu suchen, wie das Buch das Glück haben konnte, in ganz kurzer Zeit mehrere verschiedene Auflagen zu erleben, so beweist letztere Thatsache zugleich, wie sehr das Heraustreten der Compositionslehre aus den Fesseln kastischer Wissenschaft zum Bedürfniß der Zeit geworden war. Was Weber gefehlt, wollte Hofrath Andre in Offenbach wieder gut machen oder ersetzen, aber indem er nicht zugleich auch die Tugenden der Darstellungsweise jenes damit verband, blieb sein großartig angelegtes Werk wiederum nur Eigenthum der Gelehrtenwelt, ohne vielleicht auch nur in einem Exemplare in die eigentliche Schule zu gelangen. Wie es gewöhnlich im Leben der Menschen zu geschehen pflegt, daß aus der Befriedigung eines Bedürfnisses immer zugleich ein zweites erwächst, so ward man sich nun, nachdem der ersten Forderung so ziemlich genügt worden war, sofort auch des Rechts auf die zweite bewußt. Weber selbst mochte dazu beitragen, indem er mehr als einmal in seinem Werke den Anlauf nimmt, die Lehre selbst der gewonnenen Kunstfreiheit und der eigentlichen Kunstidee anzupassen, aber gelingt es ihm nicht, den eigentlichen Sprung

zu thun, so mußte er sich auch mit der Anregung begnügen. Was
die Folge? je klarer jenes Recht in das Bewußtsein trat, desto mehr
ward sein Buch vergessen, so sehr, daß bis zur schnöden Herab-
schauung darauf, auf das so eben noch so viel gepriesene und viel
geliebte, bisweilen nur noch eine Spanne sein mochte. Marr
trat auf mit seinem vierbändigen Lehrbuche der musikalischen Composition. Es läßt sich nicht leugnen, — was da fehlte und Bedürfniß war, hatte der Mann erkannt; eben so wenig läßt sich ihm
ein eifriges Bestreben absprechen, das letztere zu befriedigen. Das
Buch mußte Eingang in die Schule finden, und wenn je eines,
ich gestehe das gerne zu, so ist es dieses Buch, das wir heute unsern Compositionsschülern mit Hoffnung auf Erfolg in die Hand
geben können, ja in die Hand geben müssen; indeß entspricht es
schon ganz den Forderungen der Zeit und der heutigen Kunst an
ein solches Lehrbuch? — Ich sehe ab von der in seiner Darstellungsweise überall herrschenden Unsicherheit, die ganz geeignet ist, den
Schüler mit eben so vielen Zweifeln als Ueberzeugungen anzufüllen,
ihn nie zu einer festen, kräftigen Pinselführung kommen lassen
kann; sehe ab von der weiten und breiten Gliederung der Gegenstände, die das Auge des Schülers mehr verwirren als ihm eine
klare, durchdringende Einsicht in die Natur der Dinge gewähren
muß; sehe ab von allen sonstigen, noch vielen, vielen andern Fehlern und Mängeln und sage dennoch — Nein! — Warum? —
Man merkt, Marr ahnete wohl, was der errungenen Zeit fehlt,
aber er besaß nicht Kraft, vielleicht auch nicht Erfahrung und eigene Schule genug, es ihr zu geben. Seine Compositionslehre ist
noch bei Weitem keine Compositionskunstlehre. Ich will zugeben,
daß sie der zweiten obigen Forderung schon mehr genügt als das
Weber'sche Buch, aber die dritte sucht ebenfalls noch vergebens darin
nach Befriedigung. Bis dahin sich zugleich aufzuschwingen war ihr
nicht gestattet. Es kann dies Urtheil nicht als eine Minderung
des Werths des Werks gegenüber von andern in der Neuzeit ebenfalls
erschienenen mehr oder weniger brauchbaren, zum größten Theil aber
auch nur für Dilettanten bestimmten Compositionslehrbüchern angesehen werden: bis heute wollte es noch keinem auch unter diesen gelingen, einen solchen Aufschwung zu nehmen. Es mag sein, daß ein
wahrhaft vollkommenes Werk der Art noch nicht zu erringen ist, jedenfalls aber steht unsere Literatur noch weit entfernt von einem schönen
wirklich erreichbaren Ziele, und daß ein Streben darnach Bedürfniß
der Zeit ist, — wer möchte daran zweifeln?! — Alles ihm so noth-

wendige ästhetische und historische Können und Wissen sind unsere
Schüler gezwungen, noch aus andern Büchern zu schöpfen. Es
liegen solche von Forkel, Busby, Kiesewetter, Hand, mir
selbst und Andern vor, aber indem dieselben ihre Gegenstände nur
einzeln, getrennt für sich behandeln, fehlt dem Schüler das ihm
so nothwendige Medium, sie in unmittelbare Verbindung mit seinen
wiederum nur einseitig betriebenen tonsetzerischen Studien zu bringen, und dies Mittel würde und kann ihm nun gereicht werden,
wenn die Compositionsschule selbst jene Gegenstände unmittelbar in
ihr Bereich zieht, kurz wenn sie ihre Grenzen absteckt, wie oben unter 3, und nach einer Methode verfährt, wie vorhin unter 5 beschrieben worden. Nur eine Compositionslehre solcher Art trägt nach
meinem Dafürhalten das Gepräge unsers heutigen Zeit- und Kunst-
verlangens, und nur eine Compositionslehre solcher Art wird auch
hoffen dürfen, Geltung zu behalten, so lange überhaupt der menschliche Geist in Dingen unserer Kunst thätig, wird hoffen dürfen, den
großen Abstand wieder zu vermitteln, auszufüllen, auszugleichen, der
seit Beethovens ewig denkwürdigem zwischen die Compositionskunst
selbst und ihre Wissenschaft oder vielmehr ihre Schule getreten. Nirgends in unsrer gesammten Kunst ein so großes Mißverhältniß zwischen
Theorie und Praxis als hier: während erstere sonst meist die letztere zu
überflügeln pflegt, namentlich in akustischen Dingen, hat hier letztere
die erstere weit überragt! — Wo und Wer der Geweihete, der Auser-
wählte, der wieder eine Vermählung, eine Aussöhnung Beider zu bewirken im Stande sein wird?! — Ein Genie wird es sein müssen im
Selbstschaffen und Selbstlehren, ein Genie, von welchem bis heute
die Geschichte noch nicht erzählt, wenn nicht Vogler für seine Zeit
als solches gelten darf.

Anhang.

Rathschläge für Musiklehrer und Solche, welche Musikunterricht ertheilen lassen, in Beziehung auf die verschiedenen Verhältnisse, in welchen Beide zu einander stehen.

Das Verhältniß zwischen uns Musiklehrern und den Eltern, Pflegern oder Erziehern unsrer Schüler ist meist ein ganz anderes, als in welchem alle sonstigen Lehrer dieser, namentlich wenn sie an öffentlichen Schulen angestellt sind, zu jenen stehen, ja in Erwägung der eigenthümlichen Natur unsrer Lehrgegenstände und des gewöhnlichen Betriebs unsers Unterrichts ist es so eigener, nämlich delicater, schwieriger Art, daß es von beiden Seiten die rücksichtsvollste Behandlung verdient. Kein Lehrer scheint dem Hause, der Familie, dem eigentlichen Erziehungskreise des Schülers ferner zu stehen als der Musiklehrer, und doch hat, wie wir seiner Zeit gesehen haben, keiner einen solch unmittelbaren und umfassenden, Alles durchbringenden Einfluß auf das ganze Bildungswerk desselben, als eben dieser. Keinem wird in der Regel weniger Werth beigelegt und doch ist fast keiner von größerer Wichtigkeit. Kein Lehrer auch pflegt sich meist ferner von den Dingen der eigentlichen Erziehung des Schülers zu halten als der Musiklehrer und doch greift keiner unmittelbarer in den Gang derselben ein. Die wenigsten auf beiden Seiten kennen selbst das Verhältniß genau, in welchem sie sich zu einander befinden, und wenn das ganze Gelingen des Unterrichtswerks offenbar auch wesentlich von der rechten Erkenntniß in dieser Beziehung abhängt, so liegt Grund genug vor, zum Schluß auch dem bezeichneten Gegenstande noch einige Aufmerksamkeit zu schenken. Ich fordere von meinen verehrten Lesern diese für „Rathschläge," die ich in Beziehung auf das bezeichnete Verhältniß beiden Theilen ertheilen will. Sie werden sagen, daß, wenn das Verhältniß zwischen diesen beiden Partheien wirklich so eigenthümlicher, schwieriger Art sei, es Vorsicht und Klugheit des Benehmens fordere und somit zwar mehr noch und entschiedener als in allen zumal zusammengesetzten Dingen des Lebens nothwendig, daß sich eine solche Vorsicht und Klugheit aber besser aus Erfahrung als durch Regeln lernen lasse, da der gesunde Menschenverstand und namentlich in dergleichen Einzelfällen oft weiter und sicherer führe als alle Rathgeber, die leicht unrichtig oder ohne vollständige Kenntnisse aller Umstände urtheilen können. Indeß möchte ich und namentlich in Beziehung auf unsern Gegenstand doch auf die große Gefahr aufmerksam machen, welche Jeder läuft, der erst eigene Erfahrungen abwarten will, und können nicht auch die Resultate fremder Erfahrungen die Stelle eigener ersetzen? — Ihr Eltern, Pfleger und Erzieher macht diese meist nur auf Kosten eurer Kinder, Pfleg- und Zöglinge, und wir, meine Herren Collegen! wann fragen wir gemeiniglich erst, wie wir es hätten besser machen sollen und können? wenn es zu spät ist, post eventum, nachdem Nichts mehr zu ändern. Von dem Unterrichte an sich ist hier nicht mehr die Rede, sondern von dem gesellschaftlichen Verhältnisse, in welchem beide Theile sich bewegen. Die rechte Art des Benehmens hier ist für das Gelingen des Werks kaum weniger wichtig als das rechte Verfahren dort, so gewiß die Untersuchung darüber nicht mehr in die eigentliche Didaktik gehörte, sondern nur nebenbei, anhangsweise von derselben angestellt werden kann. Höret sonach auch in diesem Betreff die Stimme eines im Unterrichte alt und grau gewordenen Mannes und eines Mannes zugleich, der das Glück hat, Leute aus allen Ständen, von den höchsten bis zu den niedersten, zu seinen Schülern zu zählen, und der seit länger denn dreißig Jahren auch Unterricht in jeder Weise, öffentlich und privatim, bei sich in seinem eigenen Hause und in dem Hause der Schüler, unter den Augen der Eltern, Erzieher ꝛc. ertheilte. Hat es doch auch schon einen großen Werth, wenn man zum mindesten das vor der Arbeit kennen lernt, was nothwendig in Beziehung darauf vermieden werden muß, soll sie selbst mit ganzem Nutzen von Statten gehen, wäre wirklich auch das, was am weisesten in gleicher Beziehung zu thun ist, nur durch eigenes Nachdenken, nach Maßgabe der Lage der besonderen Umstände, zu erforschen. Schon und blos aus diesem Gesichtspunkte angesehen, müssen Rathschläge bezeichneter Art für den, der sie mit eigenem Nachdenken verbindet, von unberechenbarem Nutzen sein. In welcher Richtung aber sind dieselben zu ertheilen? — Sie sollen sich auf das Benehmen beider genannter Partheien in ihrem bezeichneten Verhältnisse zu einander beziehen. Da werde ich sie in zwei Gruppen theilen müssen, einmal wo sie das Benehmen der einen oder andern Parthei für ſich, und dann wo ſie das Benehmen beider Partheien zugleich berühren. In erſterer Hinſicht würden zunächſt betreff derer, welche Unterricht ertheilen laſſen, die Wahl zwiſchen mehreren Lehrern und deren Beſtimmungs- gründen, dann betreff des Lehrers ſelbſt, die Bedingungen der Unterrichts- arbeit Gegenſtände der Unterſuchung ſein müſſen; in zweiter Hin- ſicht hiernach die Umgangsverhältniſſe zwiſchen Lehrer, Eltern und Zögling; darauf wieder betreff des Lehrers ſeine Sorge für ſich ſelbſt, und endlich ſeine Einwirkung auf die äſthetiſche Bildung der Familie des Zöglings überhaupt. Damit, meine ich, Alles in Er- wägung gezogen zu haben, was hier noch zur Vollſtändigkeit des ganzen Buchs zu erwägen iſt und erwogen werden kann.

1. Ueber die Wahl zwiſchen mehreren Lehrern und deren Beſtimmungsgründe.

Noch ehe man den Unterricht eigentlich beginnen läßt, iſt Nichts mehr als Vorſicht und Klugheit zu empfehlen, denn ſo bald man nur einigermaßen im Stande iſt, zwiſchen mehreren Lehrern zu wählen und das Beſſere abwarten zu können, muß die Wahl auch nach den vernünftigſten Gründen angeſtellt werden. In die- ſen Fall werden zwar hauptſächlich nur diejenigen Eltern, Pfleger oder Erzieher kommen, die in größern Städten leben; Familien auf dem Lande iſt ſelten eine ſolche Wahl gelaſſen, ſie müſſen meiſt nehmen, was Umſtände und Verhältniſſe ihnen darbieten, ſo gewiß ſie — ich habe dies ſchon andern Orts dargethan — mit ihrem Dorflehrer häufig beſſer daran ſind, wie die Städter mit dem weit galanteren Muſiklehrer ex profeſſo; aber jene werden auch zu der Mehrzahl derer gehören, die überhaupt hier in Betracht kommen können. Alſo: wer unter mehreren Muſiklehrern wählen kann, ſtelle die Wahl ſtets nach den vernünftigſten Gründen an! Welche ſind dieſe? Schwerlich diejenigen, die bloß von gewiſſen äußeren Rück- ſichten hergenommen werden. Wenigſtens würde ich alle Eltern und Erzieher ſehr bedauern, welche dergleichen allein bei ſich gelten laſſen. Es können Gründe dieſer Art vieles für ſich haben, aber nur wenn ſie in Verbindung mit wichtigeren treten. Allein für ſich dürfen ſie nie beſtimmend ſein. Es wird nachher noch weiter davon geredet werden. Hier zunächſt die Frage überhaupt, welche Beſtimmungsgründe bei der Wahl des Muſiklehrers in Anſchlag kommen können? — Im Allgemeinen werden ſich dieſelben in drei

41

Claſſen bringen laſſen; es können ſein: ganz ungültige, bedingt
gültige und abſolut entſcheidende.

Bleiben wir zuvörderſt bei den erſten, den ganz ungültigen
ſtehen. Zu dieſen gehört vor allen Dingen die Rückſicht auf Wohl-
feilheit und Willfährigkeit. Am meiſten kommt es bei Jenen, die
ihren Kindern oder Zöglingen erſtmals Unterricht in der Muſik ertheilen laſſen, vor, daß ſie ſich durch dieſen Grund bei der Wahl
beſtimmen laſſen. Für den erſten Anfang, meinen ſie, ſei ſchon
jeder Lehrer recht, und da nehmen wir lieber den, der am
wohlfeilſten iſt und ſich ſowohl hinſichtlich der Zeit als hinſichtlich
der Art des Unterrichts auch mehr nach uns richtet. Wollen wir
doch zunächſt auch nur ſehen, ob das Kind überhaupt Talent zur
Muſik hat, und wenn dies der Fall, ſo können wir es ja immer
noch zu einem tüchtigeren Meiſter in die Schule ſchicken.“ Kein
Urtheil iſt unvernünftiger und daher auch kein Grund verwerflicher.
Gerade Anfängern thut der beſte Unterricht ſehr von Nöthen. Daß
ſo viele Talente untergehen, unentwickelt bleiben, verwildern, kaum
halb zum Ziele gelangen: was iſt Schuld daran? nichts Anderes als die Aermlichkeit, Verkehrtheit, Untüchtigkeit des Unterrichts, den ſie gleich zu Anfang empfingen. Weit weniger Gefahr
läuft der bereits vorangeſchrittene Zögling, das ſchon ziemlich ausgebildete Talent in mittelmäßiger Schule als der Anfänger, das
erſt noch zu erweckende und zu entwickelnde Talent. Wer ſagt Euch
denn, daß Euer Kind oder Zögling wirklich kein Talent zur Muſik
beſitzt, wenn es in ſchlechter Schule Nichts lernt? Woher wißt
ihr, daß, wenn ein anderer tüchtigerer Lehrer ſeine Kunſt an ihm geübt
hätte, nicht ein Talent in ihm wach geworden wäre, ſo fruchtbar
wie je eines? Und wenn ihr endlich wirklich Talent an ihm wahr-
nehmt, wer und was bürgt euch dafür, daß ein ſpäterer guter Unterricht es wieder von der verderblichen Bahn ablenken können wird,
auf die der anfängliche ſchlechte Unterricht es geleitet? — Es ſind
noch keine zwei Monate her, daß abermals verſuchsweiſe eine Schülerin in meine Anſtalt gebracht wurde, die früher, vor Jahr und
Tag, ſchon einmal Unterricht empfangen, ſolchen aber hatte aufgeben müſſen, weil ſie weder Luſt noch Talent zum Muſiklernen
an den Tag gelegt, und das Kind zeigt einen Eifer, eine Freude,
eine Luſt und Liebe zum Lernen, macht auch Fortſchritte, daß ſogar
die eigene Muſikverſtändige Mutter ihr Staunen darüber nicht
bergen kann. Erſt vor wenigen Monden noch mußte ich Eltern
bitten, mir einen Sohn wieder abzunehmen, den ſie mir etwa ein

halbes Jahr früher zugeführt, weil alle Mittel und Künste sich vergebens gezeigt, ihn zu etwas Ordentlichem zu bringen. Der Schüler, ein Jüngling von fünfzehn Jahren, besitzt das beneidenswer-
theste, ein wahrhaft glänzendes Talent, aber es ist dies bereits so
verwildert, daß keine Kraft mehr ausreicht, ihm richtig leitende
Zügel anzulegen. Von seinem achten Jahre an haben ihn die
Eltern Unterricht ertheilen lassen: von Wem? einem Winkellehrer,
der für wenige Kreuzer zu jeder Zeit, wo man es verlangt, in das
Haus kommt; als der Knabe zwölf Jahr alt war, sollte eine hiesige
renommirte Musiklehrerin ihr Heil mit ihm versuchen, — vergebens;
da ward er mir gebracht — vergebens. Hunderte von Gulden haben die Eltern nicht besser als zum Fenster hinausgeworfen, lediglich aus Sparsamkeit am unrechten Orte und zur Unzeit, und dazu
ein schönes Talent ihres Kindes total verkümmern lassen! Wenige
Gulden gleich Anfangs mehr aufgewendet und den Knaben in eine gute
Schule geschickt, welche glänzenden Früchte hätte das an Zeit und Geld
angewendete Capital tragen müssen! — Jetzt sehen die Eltern dies
Alles ein, nun es zu spät ist, und bei der Wahl des Musiklehrers
für ihre jüngern Kinder haben sie sich von andern Gründen bestimmen lassen. Jede Pflanze bedarf, so lange sie jung, in der ersten
Entwickelung begriffen ist, die klügste, sorgsamste Pflege, soll sie
wirklich gedeihen. Da spart kein verständiger Gärtner, weder an
Zeit, Mühe, noch sonstigem Aufwand. — Ein kaum weniger verwerflicher, jedenfalls durchaus ungültiger Bestimmungsgrund ist die
Rücksicht auf die Mode. Ich sage „Mode." In der That, wir
Musik- und auch die Sprachlehrer haben nicht selten das Glück, eine
bloße Modewaare zu sein. Da öffnet das und das aus diesem oder jenem
Grunde in der Stadt vielgeltende Haus einem Lehrer seinen Salon
und flugs wird er wahrhaft zur Mode, alle andern Familien meinen ihn auch zum Lehrer haben zu müssen. Ob tüchtig oder nicht
tüchtig, darnach wird wenig gefragt, es gehört einmal zum „guten
Ton", von diesem Lehrer den Kindern den Unterricht ertheilen zu
lassen. Wie unvernünftig, eine solch' rein äußere Rücksicht gelten
zu lassen. Was kommt meist dabei heraus? was bei allen blinden Modehuldigungen herauskommt: man giebt viel Geld aus,
opfert Zeit und Mühe, und hat doch nichts Rechtes; ist der Sclave
fremder Einbildungen, Leidenschaften und Neigungen und trägt für
sich Nichts davon als das peinliche Bewußtsein freiwilliger Ver-
zichtung auf sich selbst. Vor mehreren Jahren lebte hier ein junger
Handlungscommis. Er spielte recht hübsch Clavier und besaß dazu

ein einnehmendes Aeußere, d. h. nicht jenes abgeschmackte Laden-
tenu, sondern eine wirklich geistige Belebung in Allem, was er
sprach und that, neben Wohlgefälligkeit aller seiner Formen, auch
die vortheilhafte Gabe, „Etwas aus sich machen" und insbesondere
über Kunst schwatzen zu können. Durch diese glücklichen Eigenschaften gelangte er bald in bessere Gesellschaften und wie es gewöhnlich zu geschehen pflegt, ward er hier namentlich der Liebling
einiger tonangebender, für Musik enthusiasmirter Damen. Man
fordert ihn auf, Clavierunterricht zu geben; er thut es; bald ist
seine ganze Zeit in Anspruch genommen; er quittirt seinen Commis-
dienst und habilitirt sich förmlich als Musiklehrer. Der junge
Mann besaß so wenig didaktische Kunstgeschicklichkeit als ein Blinder Fähigkeit zum Malen. Darüber waren die Sachverständigen
bald einig. Gleichviel, er machte Glück, ward Mode, durfte sich
seine Unterrichtsarbeit aufs enormste honoriren lassen, wie kaum je
hier geschehen. Nach wenigen Jahren freilich entdeckt man, daß
aus seiner Schule nicht ein einziger auch nur leidlicher Dilettant
hervorgeht, und man fängt schon an, ins Klare über seinen eigentlichen Beruf zu kommen. Leider nur er selbst nicht mehr: ver-
hätschelt von der eleganten Welt ist er seiner Sinne nicht mehr
mächtig, und diejenigen, welche von seinem ersten Auftreten an viel
Anlage zum närrisch werden in ihm vermutheten, hatten recht gesehen. Sich zur Modewaare hergeben, ist eben so unklug, als der
Mode huldigen. Das Glück, welches man als jene macht, geht
eben so schnell vorüber, als es gekommen, und der Genuß, den dieses verschafft, ist abgesehen von seiner Zweideutigkeit immer nur ein
äußerer und ein solch' kostspieliger, weil durchaus nutzloser, daß
sich nicht begreifen läßt, wie vernünftige Menschen sich davon reizen lassen mögen. — Ein dritter durchaus ungültiger Bestimmungsgrund ist die Rücksicht auf die persönlichen, gesellschaftlichen oder
amtlichen Verhältnisse des Lehrers. Es können diese in verschiedener
Weise von Einfluß auf seine Wahl sein, aber es ist dem letztern
stets zu widerstehen, wenn er nicht in Begleitung von noch andern
wichtigeren und zwar zulässigen Gründen geübt wird. Ich will
nur das gewöhnlicher in der Beziehung Vorkommende andeuten.
Selten, daß wir Musiklehrer mit irdischen Gütern überladen sind,
ja viele von uns dürfen sich wohl geradezu Kinder der Noth nennen.
Da geschieht es nun häufig, daß lediglich der Wohlthätigkeitssinn
bei Vater, Mutter oder Wem sonst, der darüber zu entscheiden hat,
unter uns die Wahl trifft. „Nehmen wir den oder den, um des

lieben Brodes willen muß er Unterricht geben, und er soll noch wenig beschäftigt sein, sich in gar ärmlichen Umständen befinden, wir
thun zugleich ein gutes Werk." Nun ja, wohlthätig sein, ist eine
große Tugend, und wer sie verständig übt, sichert sich ohne Zweifel
ein Plätzchen zur Rechten des Gerechtesten, der da einst belohnen
wird alles Gute und bestrafen alles Böse; aber heißt es wohl,
sie verständig üben, wenn man sie auf Kosten sogar des geistigen
Wohls der eignen Pflegbefohlnen übt? — Seid wohlthätig im
reichsten Maaße, Ihr Eltern und Erzieher, auf Eure eigne Kosten,
auf Rechnung Eures Vermögens an Geld, Macht und Arbeits-
kräften, aber nicht auf Kosten Eurer Kinder und Zöglinge, auf Rechnung ihres geistigen und leiblichen Vermögens, das Euch anvertraut
ward, damit Ihr es verwaltet zum reichsten Zinsenertrag! Wohl-
thätigkeit solcher Art ist Verschwendung und diese stets ein Laster,
eine Untugend. Sie für sich darf nie einen Bestimmungsgrund
bei der Wahl des Lehrers abgeben. Wie, wenn dieser als Lehrer
nicht der Wohlthat werth ist, entzieht ihr Eurem eigenen Kinde
oder Zögling nicht eines der kräftigsten und wesentlichsten Mittel
der Erziehung und Ausbildung zum wahrhaft guten Menschen? —
Seid wohlthätig auch gegen diese Art Leute, aber wahrhaft wohlthätig werdet Ihr nur gegen sie sein, wenn Ihr ihnen durch eine
Arbeit Verdienst verschafft, die sie ohne Nachtheil für Andere vollbringen können. Wer nicht zum Lehrer taugt, soll auch nicht Lehrer sein wollen und verdient jedenfalls nicht als solcher unterstützt
zu werden. Das ist nicht unchristlich, sondern vollkommen christlich
gedacht. In einer anderu Richtung betrifft jene Rücksicht mehr die
socialen und amtlichen Verhältnisse des Lehrers. Es giebt Leute,
welche auch in dieser Beziehung Werth auf die persönlichen Umstände dieses legen, und gemeiniglich pflegen dieselben den angesehe-
neren, begüterten oder höheren Ständen anzugehören. Eine um
so höhere gesellschaftliche Stellung der Lehrer einnimmt, desto mehr,
meinen sie, eigne sich derselbe auch für ihre Kinder und Zöglinge,
der Stand und gute Ton verlange es so. Da ist der Hofpianist,
Hofconcertmeister, Prinzenlehrer meist auch der Lehrer des gesammten Adels; der begüterte Bürger glaubt zum mindesten einen Musikdirector, Hoforganist, Doktor oder dergleichen für seine Kinder
wählen zu müssen. In der Regel lassen sich diese Leute mehr für
das bezahlen, was sie heißen, als was sie leisten. Ich gestehe,
fast alle Schüler meiner Anstalt gehören den höheren Ständen, dem
ersten hiesigen Adel an; woher das kommt, weiß ich nicht; sie

steht Allen, die Musik lernen wollen, offen, und früher ward sie auch von Vielen aus den niederen Ständen, selbst Solchen, denen der Unterricht unentgeltlich ertheilt werden mußte, besucht; meine persönliche, gesellschaftliche Stellung kann nicht Ursache davon sein, denn so mancherlei Ehrentitel ich anzusprechen ein Recht habe, so lasse ich mich von meinen Schülern doch nicht damit benennen; ich bin ihnen in dieser Beziehung Nichts als „der Herr Schilling," als einen Andern kennen sie mich nicht und dürfen sie mich nicht kennen; mögen andere Gründe dabei obwalten, — einerlei, entscheidend darf die gesellschaftliche oder amtliche Stellung des Lehrers an und für sich nie für seine Wahl sein. Etwas Anderes die anständige äußere persönliche Erscheinung desselben. Diese ist aus andern, gehörigen Orts erwähnten triftigen Gründen stets sehr dabei in Erwägung zu ziehen, d. h. neben der Hauptfrage nach seiner Lehrtüchtigkeit. Verwandtschaftliche Verhältnisse gehören ebenfalls daher; auch sie dürfen nicht über die Wahl entscheiden. Ich ließe meine Kinder gern von dem und dem tüchtigeren Lehrmeister unterrichten, aber es würde der und der übel nehmen, ich kann nicht wohl aus Rücksicht auf die Familie. Das sind Reden, die wir täglich hören können. O, Ihr guten Kinder, die Ihr unter deren Albernheit leiden müßt! Als ob sich die Hintansetzung der wesentlichsten Vortheile durch eine zudem gar zu unmännliche Familienanhänglichkeit entschuldigen ließe! Von selbst versteht sich dabei nun aber freilich, daß hier die Sache nur in abstracto betrachtet werden kann, und daß in concreten Fällen allerdings auch die persönlichen Verhältnisse es den vernünftigsten Eltern und Erziehern zur Pflicht machen können, dem Drange der Umstände nachzugeben und mehr die äußere Nothwendigkeit als eine eigne Wahl und Ueberzeugung gelten zu lassen. So lebe ich selbst z. B. in Umständen, die mich durchaus nöthigen, meinen Kindern französischen Sprachunterricht von einem Lehrer ertheilen zu lassen, den ich unter andern Verhältnissen nicht dazu wählen würde. Viele Eltern dürften sich auch in Beziehung auf den Musiklehrer ihrer Kinder in gleichen oder ähnlichen Verhältnissen befinden.

Anders verhält es sich mit den bedingt gültigen Bestimmungsgründen, wohin wohl zunächst zu rechnen sind: vortheilhafte Honorarbedingungen bei sonst empfehlenden Eigenschaften des Lehrers. Das Geld spielt einmal eine wichtige Rolle im Leben, hat zur Erreichung wichtiger Zwecke einen bedeutenden Werth. Niemand, der es nicht bei allen Unternehmungen in Anschlag zu

bringen hätte. Zudem bedürfen unsere Kinder und Zöglinge außer
dem Musikunterrichte noch manchen andern, und jeder kostet Geld,
ungerechnet der weitere Aufwand, den ihr Unterhalt und ihre Erziehung erfordern, und der sich steigert, einen je höheren Standpunkt die Familie in der Gesellschaft einnimmt. Die Honorarbedingungen werden also stets in Betracht kommen, doch werden sie
auch nur alsdann entscheidend auf die Wahl einwirken dürfen,
wenn der in Frage stehende Lehrer durch sonstige gute Eigenschaften sich empfiehlt, und jedenfalls oder doch in dem meisten Fällen
werden selbst die größeren Kosten den geringeren vorzuziehen sein,
wenn die nachgehends in Betracht kommenden ungleich wichtigeren
Bestimmungsgründe den Ausschlag geben. Ein anderer bedingt
gültiger Bestimmungsgrund ist die sichere Aussicht auf schnellere
Beförderung des Unterrichtswerks, die frühere Gelangung zum Ziele
dieses. Von manchen Lehrern ist bekannt, daß sie eine Methode
besitzen, welche die Schüler bald fertig macht. Sie werden allen
andern vorgezogen und häufig auch mit Recht. Selbst ein höheres
Honorar kann nicht davon abhalten. Wenn ich in fünf, sechs
Jahren Etwas erreichen kann, wozu ich bei Andern acht und zehn
Jahre gebrauche, so gebe ich lieber fünf, sechs Jahre lang jährlich
50 Gulden aus, als acht, zehn Jahre lang jährlich etwa nur 40
Gulden. Indeß darf doch auch nicht vergessen werden, daß es mit
der Sicherheit jener Aussicht oft nicht so bestellt ist, wie man sich
einbildet. Sie kann von einer Menge gar zufälliger Umstände abhängen, z. B. dem besondern Talente des Kindes. Jene Lehrer
können das Glück gehabt haben, bei ihrem bisherigen Wirken lauter
sehr talentvolle Schüler zu bekommen; diese wären auch wohl in
der Schule jedes andern Lehrers schnell zum Ziele gelangt; an einem weniger talentvollen haben sich ihre Kräfte noch nicht erprobt;
andere verstehen vielleicht ungleich besser mit solchen umzugehen.
Auch das sogenannte Fertigmachen der Schüler ist sehr relativ. Es
kann ein höchst einseitiges sein, und man wird dann immer verlieren, wo man zu gewinnen gedenkt, und zwar an der viel werth-
volleren Sache viel verlieren, während man nur Etwas an Zeit
und Geld gewinnt. Ob der Unterricht zugleich ein gründlicher, die
allgemeine musikalische Durchbildung fördernder, ist daher ebenfalls
noch dabei sehr in Erwägung zu ziehen. Noch ein Bedenken: zu
Lehrern bezeichneter Art die Kinder in die Schule gebracht, hemmt jene
Sicherheit gar leicht auch den so nöthigen häuslichen Fleiß derselben.
Bei dem Lehrer kann es gar nicht fehlen, da muß man etwas ler-

nen, meinen sie, und so das ohnfehlbare Ziel vor sich sehend unterlassen sie, durch eignen Fleiß dazu beizutragen, daß dasselbe auch
erreicht wird, und kommt endlich der Lehrer daran, diesen ernstlich zu
fordern, so fängt das frühere Vertrauen wieder an, zu schwinden. Ich
habe das ein Bedenken geheißen, will nicht sagen, daß der Fall oft
vorkommt, aber er kann vorkommen, und überlegt, bedacht will Alles sein, wo es sich darum handelt, das äußere und innere Heil
der uns von Gott zur Pflege Anvertrauten zu fördern. Einen
dritten bedingten Bestimmungsgrund bildet der Ort, das Local des
Unterrichts. Viele Eltern haben Gründe zu wünschen, daß der Unterricht ihrer Kinder so viel als möglich unter ihren Augen ertheilt
werde, andere, daß das Gegentheil geschehe. Was zweckmäßiger
ist, ob der Unterricht in Gegenwart von Mama oder Papa oder
Gouvernante oder Hofmeister, oder ob er ohne jede weitere Gesellschaft und Aufsicht ertheilt werde, soll hier nicht in Frage kommen,
so gewiß ich — nebenbei bemerkt — von dem Letztern überzeugt
bin; aber Eltern, die einen Lehrer zu wählen im Begriffe stehen,
der nur in seiner Wohnung Unterricht ertheilt, oder die den Unterricht nicht bei sich im Hause ertheilt haben wollen, haben Recht,
wenn sie zugleich darauf sehen, daß das dazu bestimmte Local ein
anständiges und ein solches ist, welches nichts enthält, was die
Schüler gegen den Unterricht einnehmen oder ihre Aufmerksamkeit
davon abwenden könnte. Ist das Local nicht so beschaffen, so ist
wohl zu überlegen, ob nicht lieber eine andere Wahl zu treffen und
vernünftige Eltern und Erzieher werden dann den ungleich wichtigeren Entscheidungsgründen gern jene ihre Wünsche unterordnen.
Die Schüler meiner Anstalt z. B. genießen den Unterricht nur in
dem eigens dazu bestimmten und eingerichteten Locale. Es befanden sich oft schon solche darunter, die keinerlei andern Unterricht
außer ihrem Hause empfingen; sie wurden von ihren Gouvernanten oder Hofmeistern begleitet; es mochte das diesen unbequem sein,
die Schüler frequentirten gleichwohl Jahre lang die Anstalt. Als
sonstige weitere bedingt gültige Bestimmungsgründe endlich können
alle jene vorhin als ungültig bezeichneten angesehen werden, wenn
dieselben in Verbindung mit

den absolut entscheidenden Bestimmungsgründen treten.
Da ist der erste: hat man die Wahl unter mehreren Lehrern, so
wähle man den, der am besten zu unterrichten versteht und selbst
die ausgebreitetsten musikalischen Kenntnisse besitzt. Auf mechanisch
Fertigkeit, bloße Virtuosität kommt es nicht so sehr an. Die grö-

ßesten Virtuosen sind nicht selten die schlechtesten Lehrer ihrer Kunst. Das Unterrichten können ist die Hauptsache. Hierin muß der Lehrer Virtuos, wahrhafter Künstler sein. Dazu ist das umfassendste, gründlichste musikalische Wissen durchaus nöthig. Man erkundige sich zu dem Ende zuvor nach den pädagogischen Leistungen des Lehrers und erwäge dabei genau das, was man selbst fordert, mit dem ab, was die Personen, bei denen man sich erkundigt, von musikalischer Erziehung fordern. Daduch erfährt man, welches Gewicht man auf das Urtheil derselben legen darf. Sind dieselben selbst musikalisch durchbildet, so ist ihnen in der Regel mehr zu trauen, als im entgegengesetzten Falle. Immer wenigstens sollten die Erkundigungen bei Solchen eingezogen werden, die Etwas von der Kunst des Unterrichtens und des Erziehens verstehen. Ich bin stolz darauf, wenn die Prüfungen in meiner Anstalt selbst von den Vorstehern anderer öffentlichen Schulen der Stadt besucht werden. Sie sind keine Musiklehrer, aber sie wissen über Unterrichtsmaximen zu urtheilen. Ich darf sagen: man erkundige sich bei ihnen über meine Leistungen. Daneben bringe man den Ton des Benehmens des Lehrers in Anschlag und überlege, ob derselbe, wenn gleich Kenntnisse genug, auch Feinheit und Ausbildung der Sitten genug besitze, um zum Lehrer und zeitweisen Erzieher der ihm anzuvertrauenden Schüler, kurz um in eine Lage zu passen, worin darauf nicht selten eben so sehr als auf jene gesehen werden muß. Fände man das nicht, so wähle man lieber anders. Man läuft Gefahr, daß der Schüler nicht Achtung genug vor dem Lehrer besitzt und damit geht alles Interesse am Unterrichte und mit diesem wieder alles Gelingen desselben verloren. Ein Musikant im gewöhnlichen Sinne des Worts mag wohl für Kinder aus einem für den gebildeten Ton weniger gestimmten Hause sich eignen, aber, auch beim vollkommensten Können und Wissen, nicht für Schüler, die in dem sogenannt hohen Tone erzogen worden sind. Hat der Lehrer selbst Kinder, so sehe man in dieser Beziehung auf sie, sie sind die besten Zeugen für den Stand der Sitten des Vaters. Man bedenke, daß der Musikunterricht ein innigeres Band um Lehrer und Zögling zu schlingen im Stande ist, als jeder andere Unterricht, und daß, je fester sich dieses Band schlingt, auch der bildende Einfluß des Unterrichts auf Herz und Kopf des Schülers ein um so größerer, daß somit aber dieser letzte so nothwendige Einfluß niemals geübt werden kann, wenn Schüler und Lehrer hinsichtlich ihrer Sittenausbildung so entfernt von einander stehen, daß ein Band

wie das besagte nie zu Stande kommen kann. Man erwäge, daß
der Unterricht ungeachtet alles Wissens und Könnens auf Seiten
des Lehrers nur dann ein wahrhaft gedeihlicher sein und werden kann, wenn der Lehrer wenigstens während der Unterrichtszeit dem Schüler nicht blos Präceptor, sondern zugleich Vater,
Mutter, kurz Alles, was der Schüler liebt und ehrt und dem er
gern in allen Dingen folgt, sein kann und sein darf. Wo das
nicht möglich oder mit Besorgniß gewagt werden muß, da lasse
man die Wahl. Ein solcher Lehrer vermag eher in allem Andern
zu unterrichten, als in Musik, die das Gemüthsleben des Schülers
so sehr anregt. Gouvernanten und Hofmeister gewähren nicht Schutz
genug gegen die Gefahr, die man andernfalls läuft. Nie daher
über alle Kunstfertigkeit und Sittenausbildung hinaus für erwachsenere Töchter jüngere Männer, für erwachsenere Söhne Damen
zu Musiklehrern. Der Unterricht von letzteren hat mir noch nie
gefallen und kann mir nicht gefallen, doch dürfen wir in letzteren
Beziehungen immer weniger Bedenken dagegen hegen. Dann wähle
man auch immer einen solchen Lehrer, vor dessen Charakter, Bildung, Wissen und Weltanschauung überhaupt man selbst Hochach-
tung haben kann und muß, und von dem man daher hoffen darf, daß
durch seinen Geist, seine Art des Verkehrs mit dem Schüler dieser
nicht blos in speciell musikalischer, sondern in überhaupt bildender
Hinsicht gewinnen und man somit in seinem eigenen Erziehungs-
geschäfte dadurch eine gewisse Erleichterung erübrigen wird. Jedem
Vater, jeder Mutter, jedem Erzieher muß Alles daran liegen, daß
ihre Kinder und Zöglinge zumal bei einer so innigen, so tief in
das Gemüthsleben eingreifenden Verbindung, wie durch den Musikunterricht so leicht erzielt wird, nur in Berührung mit einem Manne
kommen, durch den sie an eigener Charakterbildung gewinnen und
sich in Allem, was wahrhaft gut und edel ist, befestigen können.
Ich meine hier etwas Anderes, als so eben angedeutet wurde. Der
Musiklehrer muß zugleich ein Mann sein, mit dem die Eltern sich
überhaupt über Alles, was dem Schüler fehlt und was er hat,
nicht blos berathen können, sondern auch berathen mögen. Er hat
bei seinem Unterrichte Gelegenheit, Blicke in die tiefsten Falten des
innern Gemüthslebens des Zöglings zu werfen, wohin keines andern Lehrers, selbst der Eltern Auge nicht zu reichen vermag, hat
Gelegenheit, Beobachtungen über die Empfindungs- und Denkungsweise, kurz, den ganzen Charakter des Schülers anzustellen; zu
welchem jedem Andern der rechte Anlaß fehlt und die oft von ent-

scheidender Wichtigkeit für die ganze Erziehung desselben sein können. Sonach muß er auch ein Mann sein, nicht allein der solche Beobach= tungen anzustellen vermag, sondern auch den die Eltern im Uebrigen für würdig erachten, einen Platz mit in ihrem Erziehungsrathe einzu= nehmen und von dem der Schüler dies wissen darf. Wo möglich daher nie einen bloßen Musiker zum Lehrer, nehme er als solcher eine Stelle ein, welche er will, sondern einen Mann, der sich neben seinem musikalischen Wissen und Können auch sonst durch eine gei= stige Durchbildung auszeichnet, der nicht blos Lehrgeschicklichkeit be= sitzt, sondern im Bewußtsein seines Berufs auch darnach gestrebt hat oder noch strebt, sich Unterrichts= und Erziehungswissenschaft anzu= eignen. Es führt dies auf den letzten entscheidenden Bestimmungs= grund; man wähle stets einen solchen Lehrer, von dem man die Ueberzeugung hegen darf, daß er den Musikunterricht nicht blos in Absicht auf den nächsten Endzweck desselben, die ausschließ= lich musikalische Durchbildung, sondern stets auch in Hinblick auf den Antheil betreibt, den dieser Unterricht an dem gesammten Er= ziehungs= und Bildungswerke in geistiger und leiblicher Beziehung zu nehmen hat. Durch einen andern Lehrer werden unsere Kinder wohl zu fertigen Spielern oder Sängern und Musikkennern erzogen werden können, aber wird der eigentliche und vorzüglichste pädago= gische Zweck des Unterrichts, Bildung von Geist und Gemüth, Leib und Seele, stets verfehlt werden. Daß ein Lehrer zu= gleich diesen Zweck unverrückt im Auge behält und darnach seine Methode ordnet, läßt sich fast immer mit Wahrscheinlichkeit annehmen, wenn derselbe überhaupt ein Mann von Kenntnissen und wo nicht ein Gelehrter, doch ein gebildeter Mann im eigent= lichsten Sinne des Worts ist, wenn derselbe stets einen gewählten Umgang unterhält und außer der Unterrichtszeit sich gern mit wis= senschaftlichen Dingen beschäftigt, wenn man weiß, daß er die Un= terrichtskunst und Unterrichtswissenschaft zu einem wirklichen Stu= dium sich erhoben hat, und wenn Schüler jedes Alters sich gern in seiner Nähe bewegen. Letzteres nämlich ist fast immer nur dann der Fall, wenn die Schüler die Gewißheit erlangt haben, daß hier ihre natürliche Wißbegierde und ihr Verlangen nach belehrender Unterhaltung, mag sich dasselbe äußern einerlei in welcher Richtung, genügende Befriedigung erhält, und dies kann wiederum nur der Fall sein, wenn der Lehrer ein vielseitig unterrichteter, vielseitig ge= bildeter, belesener und kunstgeübter Mann ist. Ich bin stolz darauf, daß die Schüler, welche in den späteren Nachmittagsstunden meine

Anstalt besuchen, nach vollendetem Unterrichte in derselben oft sitzen
bleiben, um hier unter meiner Aufsicht sofort auch ihre Aufgaben für
das Gymnasium auszuarbeiten, und daß ihre Eltern das gerne sehen;
bin stolz darauf, daß selbst erwachsenere Schülerinnen aus den ersten
Ständen sich freuen, wenn ich gestatte, daß sie sich auf Spazier=
gängen, welche ich mit meinen Kindern bisweilen in Waid oder Thal
mache, diesen anschließen und die Unterhaltung theilen, welche ich
mit denselben darauf führe, daß sie selbst ihre Eltern um Erlaub=
niß dazu bitten und diese ihnen auch gern gewährt wird; bin stolz
darauf, daß dieselben Eltern, wenn Gesellschaften, Bälle, Lustfahr=
ten oder dergleichen sie von Haus entfernen, ohne die Söhne oder
Töchter mitnehmen zu können, diese sammt Gouvernanten und Hof=
meistern auffordern, die Zeit ihrer Abwesenheit in meinem Hause,
im Kreise meiner Familie zuzubringen, und daß die Kinder in sol=
chen Fällen der Aufforderung gern früher noch folgen, als eigent=
lich der Wille der Eltern ist. Ein Musiklehrer soll und muß mehr
wissen und können als blos Musik, wenn er seine Aufgabe ganz
zu lösen im Stande sein soll, wenn die Schüler Interesse an sei=
nem Unterrichte haben, sich gern in seiner Nähe bewegen und aus
seinem Umgange den Gewinn ziehen können sollen, zu dem die viel=
seitigen Beziehungen der Tonkunst sie berechtigen. Aber trifft das
Alles bei einem Musiklehrer zu, so setze man auch jede andere Rück=
sicht bei Seite. Lassen sich noch andere Vortheile damit verbinden
und erreichen, um so besser, aber zunächst müssen obige Umstände
in die Wage der Wahl geworfen werden. Keine Mehrkosten sind
dann zu viel; das Mehr des Honorars gegenüber von anderen
Lehrern wird tausendfach aufgewogen durch den größeren Nutzen,
den ein solcher Lehrer stiftet; kleine Unbequemlichkeiten, daß die
Schüler vielleicht zu dem Lehrer gehen müssen, statt daß dieser zu ih=
nen kommt, daß der Lehrer vielleicht auch seines Werthes sich voll=
ständig bewußt ist und Ansprüche auf eine Behandlung von Seiten
der Familie der Schüler macht, die das Maaß, welches in dieser
Beziehung sonst wohl dem „Schulmeister" gewährt zu werden pflegt,
übersteigen, können nicht in Betracht kommen zu dem, was durch den
Unterricht eines solchen Mannes erreicht wird.

2. Bedingungen der Unterrichtsarbeit.

Aber, meine theuersten Herren Collegen! übertreiben wir auch,
selbst im höchsten Bewußtsein unsers Werthes, in letzter Beziehung

unsere Forderungen nicht. Haben wir es mit gebildeten Leuten zu thun, so dürfen wir fest darauf rechnen, daß sie von selbst unsere Verdienste zu würdigen wissen und ein Zurückhalten mit unsern Ansprüchen, sind diese auch noch so gerechte, eher mit Entgegenkommen und doppelter Befriedigung als mit Marken belohnen. Ich spreche hier blos noch von den Bedingungen unsrer Unterrichtsarbeit, keineswegs schon von unsrer gesellschaftlichen Stellung zu den Schülern und deren Eltern oder übrigen Angehörigen. Jeder Arbeiter ist seines Lohnes werth, ist ein altes wahres Wort, aber fordern den Lohn, wo er von selbst gewährt wird, oder nach seinem Maaße die Arbeit bemessen, stößt ab und schadet uns selbst mehr, als es nützt. Ich meine jenes Fordern und Bemessen im weitesten Sinne des Worts. Dürfen wir auf Billigkeit, edle Behandlung und einen gewissen liberalen Geist rechnen, so empfiehlt es uns von vorn herein, wenn wir ein gewisses Zutrauen zeigen. Wenn uns Schüler zugeführt werden, und wir antworten sofort mit den Honorarbedingungen, unter welchen wir unterrichten, so erregt dies nothwendig den Verdacht, daß es uns nur um das Geld zu thun sei, und ein Lehrer, dessen Gedanken beim Unterrichte zunächst darauf gerichtet sind, kann kein Vertrauen verdienen. Es ist zum mindesten kleinlich, und wehe uns gegenüber von unsern Schülern, wenn diese eine kleinliche Denkungsart bei uns entdecken. Dürfen wir doch auch annehmen, daß diejenigen, welche uns Schüler zuführen, sich anderwärts, bei andern unsren Schülern bereits nach den Honorarbedingungen, unter welchen wir Unterricht ertheilen, erkundigt haben, und wäre das wirklich nicht der Fall und würden wir sogar direct darum befragt, so seien wir ja vorsichtig in unsern Antworten. Es macht immer einen weit günstigeren Eindruck, wenn wir durch ein gänzliches Ueberlassen der Sache eine vortheilhafte Idee von dem richtigen Gefühle und Takte der Eltern an den Tag legen, als wenn wir sofort die Bedingungen alle herzählen, unter welchen wir den gemachten Antrag anzunehmen bereit sind. Thue man einmal das Eine und ein andermal das Andere und beobachte jedesmal dabei genau das Mienenspiel der betreffenden Personen: den Unterschied des Eindrucks wird man eben so gewiß bemerken als deutlich unterscheiden, welches Benehmen den günstigsten macht. Anstalten wie die meine freilich können nur nach regelnden Statuten bestehen, die sich über Alles, was Ordnung und Gesetz in derselben gilt, auslassen, also auch die nöthigen Bestimmungen betreff des Unterrichtshonorars enthalten. Das ist wie bei allen öffentlichen Schulen. Doch sind in biesem Falle bergleichen Statuten meist allgemein bekannt ober werben ben Eltern ober Erziehern in gedruckten Formularen zugesandt, so daß es hier gar keiner Unterredung oder Unterhandlung bieserhalb bedarf. Für am allergefährlichsten halte ich das Mahnen um Honorarrückstände. Berührt nämlich alles Mahnen an sich schon peinlich, so fühlt sich hier namentlich der unschulbige Schüler so sehr dadurch verletzt, daß er fortan nur mit der größten Bangigkeit, mit einem Mißbehagen sich dem Lehrer naht, welches alles frühere Interesse am Unterrichte und damit das ganze Gelingen bieses untergraben muß. Ein Lehrer, der einmal gemahnt hat, bünkt dem Schüler ein Waarenkrämer. Unwillkührlich zweifelt er an bessen Lust zur Arbeit, und biesem Zweifel folgt bie eigene Unlust daran auf dem Fuße nach. Halten wir stets nur richtige Rechnungsbücher, · in irgend einer Weise: daß wir einen Verlust zu beklagen hätten, wirb unter hundert Malen kaum ein Mal vorkommen. Lassen wir uns auch für keine Lection bezahlen, bie wir nicht ertheilt haben; es ehrt uns bies selbst und von der andern Seite wird bedeutendes Gewicht auf solche genaue Begründung der Ansprüche gelegt. Bei Anstalten wie die meine können einzelne Versäumnisse der Schüler aus ganz natürlichen Gründen zwar nicht in Anrechnung kommen, aber bei jedem Privatunterrichte. Allerdings meinen viele Lehrer, daß sie nicht für verpflichtet erachtet werden können, unter Versäumnissen der Schüler pecuniär zu leiben, sondern nur für diejenigen Lectionen keine Bezahlung forbern zu bürfen, welche durch ihre eigene Schuld ausgesetzt worden sind. Privatrechtlich mag bie Ansicht Vieles für sich haben, aber wie nach demselben Rechtsgrundsatze, auf welchen sich biese Ansicht stützt, auch der Schüler Schadenersatz für die ihm nicht gewordene Lehre zu fordern berechtigt wäre und wir ihm solchen gleichwohl nicht leisten, ebenso können und bürfen wir billiger·Weise auch keinen Schadenersatz für eine dem Schüler unfruchtbar gewidmete Zeit verlangen. Ueberhaupt seien wir mäßig, billig, bescheiden in unsern Forderungen: was wir etwa baburch verlieren, kommt auf anderer Seite hundertfältig wieder ein. Weisen wir baher auch keinen Schüler, der Vertrauen zu uns hat, um des geringeren Honorars willen, bas er zu zahlen im Stande ist, zurück. Mir ist oft vorgekommen, daß Eltern durch dritte, vierte Hand mir zur Kenntniß bringen ließen, wie gern sie ihre Kinder in meine Anstalt schicken würden, wenn nur ihre Vermögensumstände zuließen, so und so viel jährlich allein auf den Musikunterricht der

Kinder zu verwenden: sofort erhielten die Eltern von mir die Einladung, die Kinder zu schicken und weder die Statuten der Anstalt,
worin vom Honorar die Rede, noch sonst Etwas der Art ward denselben behändigt. Es ist das eine Wohlthat, die wir uns selbst
erzeigen, weil die Wirkungen davon nur auf uns selbst zurück-
fallen. Mehrere von solchen meinen Schülern, die Jahrelang
meine Anstalt gratis· besuchten, verschaffen sich jetzt selbst durch Musikunterricht ihren Lebensunterhalt. Auf Dank darf man freilich in
dergleichen Fällen nicht immer rechnen. Andere Eltern kamen wohl selbst
zu mir und gestanden mir geradezu, daß sie wohl die Hälfte oder
zwei Drittheile des Honorars aufzubringen im Stande seien, doch
nicht das ganze. Ein freundlicher Bückling und ein zutrauliches
Wort an den Schüler war stets die Antwort darauf, und daß ich
solchen Beneficiaten nicht weniger Fleiß und Aufmerksamkeit gewidmet, — der liebe Gott hat mich vor dieser Sünde stets bewahrt,
so wie ich denn auch gestehen muß, daß manche derselben mir
schon manche herzliche innige Freude bereiteten, und wenn andere
reichere Familien, namentlich zur Zeit, wo ich nebenbei auch wohl Privatunterricht ertheilte, weil ich ihnen die Feststellung der Honorarbedingungen ganz und gar überlassen hatte, meine Arbeit doppelt und
dreifach höher lohnten, als ich nach Statut und Ortssitte zu fordern oder nur zu erwarten ein Recht hatte, so schrieb ich dieses
Mehr gern auf Rechnung der ärmeren. Der Einzige, in betreff
dessen wir vor Beginn des Unterrichts ein festes Uebereinkommen
treffen dürfen und müssen, ist die Zeit, die dem Unterrichte gewidmet
werden soll. In Beziehung darauf müssen wir unsere Bedingungen
machen. Das Gelingen unsers Werks, somit unsere Ehre hängt wesentlich davon ab. Es giebt Eltern oder Erzieher, die ihre Kinder und
Zöglinge gerne in Musik unterrichten lassen möchten und zwar von
den vortrefflichsten Lehrern, aber — aus diesem oder jenem Grunde
— die Kosten scheuen. Sie nun meinen dies letztere Opfer dadurch
zu mindern, daß sie auch an der Zeit abbrechen. Sie mögen nicht
sagen, daß das bekannte Honorar ihre Mittel übersteigt, und so
bitten sie lieber um eine Stunde alle Woche oder gar alle vierzehn
Tage. Daß ein solch selten, so sparsam ertheilter Unterricht Nichts
fruchten kann, ward bereits andern Orts dargethan und weiß jeder
erfahrne Lehrer.· An unsern Früchten aber erkennt man uns, und
so fordert unsere eigne Ehre, unser Ruf, unser Fortkommen, Ansinnen der Art unbedingt zurückzuweisen. Wir müssen bestimmen,
daß so und so viel Zeit dem Unterrichte gewidmet werde, und be-

merken wir den eigentlichen Grund von Ansinnen angedeuteter Art,
so ist besser, wir setzen sofort hinzu, daß sonstigen andertheiligen
Wünschen, wenn man ein besonderes Vertrauen zu uns habe, recht
gern willfahrt werden solle, nur in dieser Beziehung auf unseren
Bestimmungen um das Gedeihen des ganzen Unterrichtswerks willen bestanden werden müsse. Der Unterricht in Gegenständen der
Compositionskunst allein mag wohl ohne sonderlichen Nachtheil so
sparsam ertheilt werden können, jedem anderu Musikunterrichte müssen wöchentlich mindestens drei Stunden gewidmet sein. Die üblichen zwei Stunden wöchentlich sind mir aus gar triftigen Gründen schon zu wenig. Auch giebt es Eltern oder Erzieher, welche
aus Gründen der Sparsamkeit meinen, hie und da eine Lection
von einem tüchtigen und somit meist auch theuerern Lehrer sei genug,
wenn während der übrigen Zeit von einem weniger geschickten und wohl-
feilern der Unterricht unterhalten werde. Lassen wir uns auch darauf
nicht ein. Unser Einfluß auf den Schüler in solchen Fällen reicht
oft kaum hin, das wieder gut zu machen, was der Gehülfe
schlecht gemacht hat, und für unseren Schüler wird am Ende
doch der Zögling ausgegeben. Was unser Werk sein soll,
muß auch unser Werk sein. „Viele Köche verderben den Brei.“
Es kommt nie Etwas dabei heraus, daß aber bei unserem Unterrichte Etwas heraus kommt, fordert unser eigen Wohl. Ich
vergesse nie ein daher gehöriges Vorkommniß in meiner eignen Praxis.
Es mögen jetzt ohngefähr funfzehn Jahre her sein, als eine Dame
von hier mit ihrer damals etwa vierzehnjährigen Tochter bei mir
erschien, und den Wunsch äußerte, daß diese, welche sie zur Erzieherin
ausbilden wolle, alle Woche oder alle vierzehn Tage einmal meine
Anstalt besuchen dürfe. Die Dame war die unbemittelte Wittwe
eines hohen Staatsbeamten, die allgemein wegen ihrer vielseitigen
Bildung in hoher Achtung stand, aber zu stolz war, Unterstützungen
von Andern anzunehmen und deshalb sich damit abgab, Töchtern
aus vornehmeren Häusern Unterricht in weiblichen Arbeiten zu geben, auch solche von auswärts, welche hiesige Lehranstalten besuchen
wollten, in Pension zu nehmen. Ich erklärte der Dame, daß das
durchaus nicht angehe und zwar aus den und den Gründen, der
Vortheil des Kindes selbst erheische, daß es die Anstalt entweder
ganz oder gar nicht besuche 2c. Es war nicht zu verkennen, daß
sie das Alles vollständigst billigte; indeß blieb sie bei ihrem Wunsche.
Von einer Erzieherin, meinte sie, verlange man jetzt nothwendig
auch musikalische Kenntnisse und Fertigkeiten, und nun unterrichte

sie zwar die Tochter selbst im Clavierspielen, aber damit dieselbe doch auch sonst eine gewisse musikalische Durchbildung erhalte, so sei ihr sehr daran gelegen, daß sie hie und da wenigstens auch Antheil an dem Unterrichte in meiner Anstalt nehmen dürfe. Die eigentliche Ursache dieses „Hie und Da" leuchtete mir bald ein. Ich bemerkte wohl, daß die Dame recht gern gesehen hätte, ihre Tochter erhalte den musikalischen Unterricht fortan ganz und gar in meiner Anstalt, nur waren ihr die Honorarbedingungen derselben zu hoch. Der Anstand, die Achtung vor der Frau verbot mir, ihr geradezu Anträge dieserhalb zu machen. Ihr, die zu stolz war, von den Höchsten Unterstützungen anzunehmen, konnte ich kein Wohlthun anbieten. Ich legte ihr nah genug, von mir zu fordern, was ich ihr so gern hätte gewähren mögen. Sie verstand mich und ich las den Kampf in ihrem Innern auf ihrem Gesichte. Sie blieb bei ihrem Verlangen, ich bei meiner Weigerung, und wir schieden. Dem Kinde stand eine Thräne im Auge. Ich wartete eine Weile und erkundigte mich, ob ein anderer Lehrer den Unterricht überkommen. Nein. So ging ich nun zu der Dame. Meine älteste Tochter war damals zwar noch klein, indeß besuchte sie doch schon die Schulen. Ich stellte der Dame vor, daß ich wohl wisse, wie sie nur Kindern aus vornehmen Häusern Unterricht in weiblichen Arbeiten ertheile, daß ich es aber eben deshalb auch als ein um so größeres Glück zu schätzen wissen werde, wenn sie nicht verschmähe und gegenüber von ihren andern Schülerinnen es möglich machen könne, auch meine Kleine in den Kreis derselben aufzunehmen, doch zugleich auch nicht verhehlen dürfe, wie wahrscheinlich die Honorarbedingungen ihrer Schule meinen Einkünften nicht angemessen sein dürften, und ich daher ihr stets zu Dank verpflichtet bleiben würde, wenn sie eine Ausgleichung dahin genehmige, daß ihre Tochter dagegen meine Anstalt frequentire. Die Dame verstand mich; mit wehmüthigem Lächeln reichte sie mir die Hand; sie ist schon mehrere Jahre todt; ihre Tochter, vier Jahre lang eine meiner fleißigsten liebsten Schülerinnen, lebt jetzt in England als Erzieherin und giebt nicht selten Zeugniß davon, daß sie des einst mit ihrer seligen Mutter geschlossenen Vertrags noch immer freundlich gedenkt. Wegen des Honorars um Alles in der Welt kein Markten, aber betreff der Unterrichtszeit feste, unwandelbare Bedingungen von vorn herein! — Das über die Bedingungen der Unterrichtsarbeit.

3. **Verhältniß des Lehrers zu Eltern und Zögling, überhaupt zu der Familie dieses.**

Unsere oben erwähnten Ansprüche reichen aber noch weiter, indem sie nämlich auch eine gesellschaftliche Richtung nehmen. Zu unsern Schülern wie zu deren Eltern, überhaupt ihrer ganzen Familie, stehen wir Musiklehrer in einem ganz eigenthümlichen Verhältnisse, das von beiden Seiten die höchste, mit Würde gepaarte Klugheit des Benehmens bedingt. Betrachten wir zunächst das Verhältniß zwischen Lehrer und Eltern oder Erzieher der Zöglinge und erwägen hier namentlich zuvor jene Ansprüche der ersteren. Ein genaues Maß dafür anzugeben, ist übrigens sehr schwer; Personen und Umstände können da ungemein viel ändern. Etwas Anderes ist es, wenn der Lehrer ein junger unerfahrner Mann ist, der noch keinerlei Beweise pädagogischen Verstandes für sich hat, und wieder etwas Anderes, wenn derselbe, in der Kunst des Unterrichts geübt und erfahren, überhaupt ein einsichtsvoller, vielseitig gebildeter Mann ist, der zugleich durch Weltumgang sich alle die Eigenschaften erworben hat, welche Achtung und Vertrauen einflößen. Jener darf sich nicht wundern, wenn ihm eine gewisse Entferntheit des Umgangs zu Theil wird und möge er sich auch wohl hüten, unaufgefordert sich um etwas Weiteres noch im Hause der Zöglinge zu bekümmern, als was unmittelbar seinen Unterricht angeht. Es würde ihm als Anmaßung und Zudringlichkeit ausgelegt und mit einem abweisenden Begegnen gelohnt werden. Dieser dagegen hat andere Ansprüche und nicht allein, daß er sie machen darf, sondern gebildete, kluge Eltern kommen ihm mit deren Gewährung zuvor. Sie haben dem Musiklehrer einen Theil von dem wichtigsten Amte in ihrem Hause, von der Erziehung ihrer Kinder, anvertraut, und wie ihnen daher die Klugheit gebietet, dort Vorsicht und eine gewisse Zurückhaltung im Umgange obwalten zu lassen, bis sie den Lehrer einmal durch eigene Beobachtung näher kennen gelernt haben, so werden sie aus gleichen Gründen hier gerne und sofort jedem Einflusse Eingang gestatten und dem Lehrer sogar Gelegenheit geben, von allem seinem namentlich pädagogischen Wissen und Können in Beziehung auf die Zöglinge Gebrauch machen zu können. Es braucht keine sociale Vertrautheit, keine sogenannte Cordialität daraus zu entstehen, im Gegentheil ist beiden Theilen stets ein gewisses Fernbleiben im persönlichen Verkehr sehr zu empfehlen, aber im Kreise der pädagogischen Wirksamkeit muß sich eine gewisse Gemeinsamkeit der Absichten, Zwecke, Mittel und Ansichten bilden, die ein gleich=

mäßiges Arbeiten am Werke zur Folge hat. Auch die Beschaffenheit der Eltern nämlich kann eine sehr verschiedene sein. Wir können ebensowohl in den Fall kommen, von Eltern zur Beihülfe an ihrem Erziehungswerke berufen zu werden, bei denen uns dies nur zur Ehre gereicht, vor deren Bildung, Erfahrung, Staub, Kenntnisse wir also stets die tiefste Ehrfurcht hegen müssen, als vor Eltern, deren Unwissenheit, Ungebildetheit, Rohheit, Libertinage oder dummer Stolz uns nur Verlegenheiten über Verlegenheiten bereiten. Ist dort ein eignes Zurückhalten, so ist hier ein fester Sinn mit anständiger Biegsamkeit wohl der Klugheit am angemessensten. Daher setze man nie die äußere Achtung, die man Personen eines höhern Standes, eines höhern Alters, einer längern Erfahrung schuldig ist, aus den Augen, selbst dann nicht, wenn die innere Achtung, die sich auf wahre geistige oder sittliche Vollkommenheit gründet, nicht sehr groß sein kann. Ja, man verletze die daraus hervorgehenden Regeln des Anstandes nicht, sollten sogar die Eltern solcher Art selbst mit einer gewissen Fraternität entgegenkommen. Unter den Eltern meiner Schüler haben sich schon die höchsten Personen befunden, von denen manche mir nicht anders denn als Freunde dem Freunde begegneten, die auf offener Straße mir mit dargebotener Hand entgegenzueilen pflegten, mich besuchten, in ihre Gesellschaften zogen, — nie anders denn als einen Ausdruck des Wohlwollens und der Anerkennung meiner Arbeit habe ich das Alles angesehen, nie mich zu einer gewissen Familiarität des Benehmens dadurch hinreißen lassen, stets habe ich dessenungeachtet alle Formen der Unterthänigkeit bewahrt, und ich bin überzeugt, daß die Achtung und Aufmerksamkeit, welche mir fortan von solchen Häusern zu Theil ward, nur eine Folge gerade dieses meines Benehmens war, anders würde ich mir dieselben sicher bald verscherzt haben. Leute von Verdienst, Stand, Rang mögen diese wohl selbst verleugnen und gefallen sich sogar häufig in dieser Verleugnung, aber daß Andere sie auch vergessen, verkennen, können sie nicht ertragen, nicht vergessen. Je gewissenhafter in der Form des Benehmens, desto aufrichtiger dürfen wir auch als Lehrer ihrer Kinder gegen solche Personen sein, und dies um so mehr, je mehr wir den Eltern zugleich die Ueberzeugung beibringen, d. h. nicht durch Worte blos, sondern durch Thaten, daß wir bei Allem nur das Interesse ihrer Kinder im Auge haben, und je mehr wir ihnen selbst in allem unserm Thun und Lassen discret erscheinen. Haben alle Lehrer sich wohl zu hüten, Schwächen Anderer zum Gegenstande ihres Geredes, einerlei, in welcher Form

42*

zu machen, so gilt dies von uns Musiklehrern insbesondere, da uns
kein decretirtes Amt vor Nichtachtung und Schaden in jeder Beziehung schützt. Jeder Mensch hat seine Fehler und Schwächen,
auch unter den Eltern unsrer Schüler werden manche sein, die nicht
so gar leicht daran tragen, aber vermeiden wir um Alles, davon
nur zu erwähnen, thun wir gar nicht, als ob wir sie nur bemerken,
suchen wir ihren Einfluß auf unsere Schüler nach Kräften zu verhüten, aber lassen wir nie uns darüber aus, weder tadelnd, noch
spottend, noch sonst. Namentlich seien wir dieserhalb in Gegenwart
der Schüler auf unserer Hut. Was Vater und Mutter thun, muß
im Auge des Kindes immer recht sein; selbst wenn es unsern Ansichten und bestgemeinten Zwecken geradezu widerstrebt, müssen wir
lieber auf andere Weise, durch andere Mittel diese geltend zu machen suchen als durch Tadel der Eltern. Ein natürliches Gefühl
leitet das Kind schon aufs wahrhaft Rechte, aber es drängt sich
dasselbe nicht auf Kosten der kindlichen Pietät vor. Dieser Rechnung
tragen heißt uns dem Kinde werth machen, und je werther wir diesem, desto werther auch den Eltern. Ungeachtet jenes Anstandes
und jener Discretion übrigens bleiben wir eben so weit auch von
Schmeichelei, ekelhafter Speichelleckerei und Wohldienerei entfernt
und lassen uns nie zu erniedrigenden Dienstleistungen gebrauchen.
Wir sind Gehülfen der Eltern bei dem Werke der Erziehung ihrer
Kinder, dessen müssen und dürfen wir stets eingedenk sein, und was
unter der Würde eines solchen Gehülfen ist, das auch unter unserer
Würde. Lassen wir das die Eltern fühlen, es schadet uns nicht,
im Gegentheil gewinnen wir nur dadurch. Sie haben selbst gern,
daß der, welcher mit ihren Kindern umgeht, einen gewissen Stolz
bewahrt und tragen willig demselben Rechnung, wenn er ihnen nur
in rechter Weise gezeigt wird. Es giebt Eltern, welche glauben,
daß der Musiklehrer ihrer Kinder nebenbei auch den eigentlichen Mu-
sikanten des Hauses abgeben, und wo sie einen solchen bedürfen zu
Tanz oder Schmaus mit Violine unter dem Arm, Harfe oder am
Clavier erscheinen müsse. Wer sich aber wirklich dazu gebrauchen
läßt, ist selbst schuld, und schuld, wenn von da an das ganze Haus
noch geringschätzender auf ihn herabsieht. Natürlich macht die Leitung von mit musikalischen Feiern verbundenen Familienfesten eine
Ausnahme davon. Erfreuen dürfen wir die Gesellschaft des Hauses mit dem, was wir mit unsern Schülern treiben, aber dieselbe
musikantisch belustigen, ist unter unsrer Würde. Auch fällt das weg,
wo wir als wirkliche Mitglieder der Gesellschaft etwa aufgefordert

werden, Etwas zur Unterhaltung derselben beizutragen. Warten
wir in solchem Falle nicht einmal die Aufforderung ab. Ich selbst
schon habe meinen Schülern zum Tanze gespielt, aber daß man
mich dazu aufgefordert, hätte man nicht gewagt, so gewiß ich es
auch nicht gethan haben würde, wäre es nicht in Familiengesellschaf-
ten gewesen, bei deren Anordnung entfernt noch nicht ans Tanzen
gedacht worden. Meist sind nur wir Lehrer selbst schuld, wenn auch
die unverständigsten, von dummer Hoffart aufgeblasensten Eltern
uns unter unsrer Würde behandeln. Mit der größten, anspruchlo-
sesten Bescheidenheit verbinde man nur das zarteste Ehrgefühl und
lasse die Eltern von Anfang an bemerken, daß man eine feine, edle
Behandlung mehr als jedwedes Honorar und Geschenk schätze und
daß man ganz und gar unfähig sei, dem bloßen Eigennutz, pecuniären Vortheil irgend welches Opfer der Ehre zu bringen, und man
wird selten oder nie sich über das Benehmen der Eltern zu beklagen haben. Ließe Mangel an Bildung sie für einen Augenblick auch
über solche Ansprüche stutzen, die Achtung würde bald folgen und
damit zugleich die vollste Gewährung der letztern. Dann aber —
ich muß noch einmal darauf zurückkommen — halte man sich auch
bei der fortgesetzten gütigsten, auszeichnendsten Behandlung stets in
einem gewissen Abstande. Familiarität legt leicht den Grund zu
Erkaltung und Mißverständnissen, und daß der Musiklehrer sich zu
viel herausnehme, wird am Ende doch entdeckt. Namentlich gegenüber von der Mutter oder erwachsenen Schwester erreiche man selbst
bei gesuchter Annäherung, bei einem Drängen in die eignen Geheimnisse immer weise einen Schritt zurück, sollte dieser endlich auch zur
gänzlichen Flucht werden müssen. Ein Fehler gegen diese Regel hat
noch immer den eignen Untergang zur Folge gehabt. Hat man
das Glück, Eltern gegenüber zu stehen, die bedeutende, umfassende
musikalische Fertigkeiten und Kenntnisse besitzen, so suche man sich
so viel als möglich in ihrer Nähe zu bewegen und aus ihren gereifteren Erfahrungen, ihrem Rath 2c. allen möglichen Nutzen zu
ziehen. So unterrichtete ich als Student eine Zeitlang die damals
jungen Knaben des Musikdirectors Naue in Halle, lediglich um
einen nähern musikalischen Verkehr mit dem Manne unterhalten zu
können, und ich gestehe, daß ich dadurch Vieles gelernt habe. Namentlich kam mir die damals reiche Bibliothek des Mannes sehr zu
statten. Mißverständnisse können in jeder Verbindung entstehen:
man säume ja nie, sich darüber zu behelligen und sie somit zu beseitigen. Glauben wir bei den Eltern Kälte oder gar eine gewisse

Unzufriedenheit mit unserm Unterrichte zu bemerken, so thun wir immer beffer, offen nach dem Grunde davon zu fragen und eine Verständigung darüber einzuleiten, als wieder kalt zu thun oder sich darüber zu kümmern. Dies erbittert nur noch mehr, versalzt uns und dem Schüler die Lehr- und Lernarbeit. Sind die Eltern uns oder der Art unsers Wirkens durchaus entgegen, und haben wir ausreichende vernünftige didaktische, pädagogische Gründe, von unsrer Methode nicht abzuweichen, vermögen dagegen jene nicht von der Richtigkeit dieser zu überzeugen, so ist am gerathensten, wir geben den Unterricht auf, denn wir werden nie damit zu einem Ziele gelangen. Noch Eins: unterlaffen wir alles Politisiren. Auch die Kunst hat ihre Politik im gewöhnlichen Sinne des Worts, aber sie gehört nicht in den Unterricht, und es kann nicht anders sein, als daß wir nach der einen oder andern Seite uns dadurch verdächtig machen, verdächtig bei den Eltern, verdächtig bei den Schülern, in irgend einer Beziehung. Der Musiklehrer vor allen hat sich fern zu halten von aller politischen Partheiung. — Nun das Verhältniß zwischen Lehrer und Zögling. Alter, Persönlichkeit und Geschlecht bestimmen auch hier Vieles näher, doch giebt es auch allgemeine Gesetze, die unter keinen Umständen verletzt werden dürfen, wenn jenes ein heilvolles, segenbringendes sein soll. Dahin gehört in Beziehung auf den Lehrer in summa, daß er sich Achtung und Vertrauen bei den Schülern zu gründen und zu erhalten wiffe. Darauf beruht alle gute Erziehung und die Fruchtbarkeit alles Unterrichts, weil das Ansehn des Lehrers und die Lernluft des Schülers. Die Achtung kann durch äußere und innere Vorzüge hervorgerufen werden. Im erstern Falle bewirkt sie ein blos äußerliches, im letztern ein moralisches Ansehn. Das erstere, das Amtsansehen verleihen uns die Eltern oder Erzieher, indem sie den Schülern ankündigen, daß nun auch wir ihre Lehrer seien. Wehe uns aber, wenn wir uns einbilden, damit nun sei auch unser Ansehn gesichert und sei zu dem Ende nur noch erforderlich, daß wir den Schüler oft daran erinnern, wer wir ihm gegenüber sind und was wir in Folge dieses von ihm zu fordern ein Recht haben. Höchstens Furcht können wir dadurch erwecken; diese aber können wir Musiklehrer um der Natur unsers Lehrgegenstandes willen bei unsern Schülern am allerwenigsten brauchen; wir bedürfen einer Achtung, die sich mit Liebe paart, aus einer inneren Autorität entspringt, und solche können nur wir selbst uns erwerben. Woburch? Dadurch, daß wir stets und unter allen Umständen mit jenen Voll-

kommenheiten des Geistes und Herzens vor unsern Schülern erscheinen, die nicht anders als mit Achtung bemerkt werden können
und von selbst eine gewisse Zuneigung, Vertrauen und Anhänglichkeit
erwecken. Nie darf uns der Schüler auf einer Unwissenheit ertappen,
am allerwenigsten natürlich in Dingen, die mit der Musik in näherer
oder entfernterer Berührung stehen. Da hilft keine Großsprecherei,
Großthuerei, Anmaßung, sie zu verbergen: sie wird bemerkt und
um so schlimmer nun fällt sie auf und um so weniger nun wird
sie verziehen. Wissen oder verstehen wir wirklich etwas nicht, so
ist besser, wir gestehen es ein, als verstecken wir uns aus falscher
Scham hinter diesem oder jenem Verdeckungsmittel. Es schadet
dies eben so sehr als unzeitige Prahlerei mit einer gewissen All-
gelehrsamkeit oder Polyhistorie, die zumal den Charakter verdächtig
und namentlich junge Leute erst recht geneigt macht, Blößen aufzufinden. In Folge meines Bildungsganges habe ich mir mancherlei
Kenntnisse erwerben müssen, die nicht unmittelbar mit meinem Berufe als Musiklehrer in Verbindung stehen; es fällt mir nicht ein,
bei meinem Unterrichte mir etwas darauf zu Gute zu thun, so sehr
sie mir in vieler Beziehung dabei zu statten kommen; aber fügt
das Gespräch mit den Schülern einmal, daß ich ihnen auch aus
andern Wissenschaften und Künsten Manches erklären kann, was
nicht gerade nach Musik schmeckt, so habe ich immer auch bemerkt,
daß das Vertrauen der Schüler zu mir überhaupt dadurch sehr gefördert wird. Auch ertappe uns der Schüler nie auf einer Schwäche
des Urtheils. Sie verräth sich meist durch unüberlegtes Absprechen,
Aburtheilen über Dinge und Menschen, die wir nicht kennen. Können wir denn wissen, ob der Schüler nicht über dieselben Dinge
und Menschen andere Urtheile und zwar von ihm darin weit gültiger erscheinenden Richtern entweder schon gehört hat oder noch hören
wird, und wehe uns dann — mit seiner uns nothwendigen Achtung
ist es aus. Am nachtheiligsten wirkt in dieser Beziehung, wie andern Orts bereits bemerkt, das Urtheil über Personen und namentlich
Collegen. Wehe, wer es da wagt, eine Musterung anzustellen! Es
verräth stets eine niedrige Denkungsart, und daß der Mann stets
edlen Charakters erscheine, dem ein großer Theil der Bildung des
Charakters anvertraut ist, — wie nothwendig!? — Aechte Humanität
muß der Schüler in Allem, was wir reden und thun, an uns wahrnehmen, dann liebt, dann achtet er uns, hat er Vertrauen zu uns,
und können wir damit auch ein angenehmes Aeußere verbinden, um
so besser. Jeder andere Weg dazu führt irre. Von dem eignen

lebhaften Interesse am Unterrichte ward andern Orts schon gesprochen.
Das Vertrauen des Schülers besteht in der Ueberzeugung, daß
man mit Allem, was man lehrt, thut, unterläßt, nur sein Bestes will,
daß selbst Zorn und Strenge nur Ausbrücke der Liebe zu ihm sind.
Durch schwache Nachgiebigkeit in allen entschieden unrechten oder
schädlichen Dingen, oder die Erschleichung seiner Gunst auf Unkosten
Anderer, ein zu ängstliches Bewerben um die Zufriedenheit der Eltern,
Weichlichkeit, wo es auf Abschlagen, Feststehen, Durchgreifen, Beharren ankommt, zu gehäufte Versicherungen von Liebe und Freundschaft, Gutmeinen, Verhätschelung führen nicht dazu, sondern reges
bethätigtes Interesse an dem wahren Wohl, ein Merken auf Alles,
was den Schüler angeht, die unbestechlichste Gerechtigkeit in allen
Dingen, Uneigennützigkeit, wohlwollende Gleichmüthigkeit, die jüngern
und ältern Schülern stets lieber ist als alle enthusiastische Freundschaft heute und üble Laune morgen, Billigkeit in der Beurtheilung
der Schwächen und Fehler, väterlicher Sinn bei Vergehungen, als
Unfleiß rc. und Beförderung der Vergnügungen und Erholungen
der Schüler. Das Alles sind Mittel und die rechten Mittel, uns
die Liebe, die Achtung und das Vertrauen dieser zu erwerben und
zu erhalten. „Beförderung der Vergnügungen und Erholungen
der Schüler?" — Allerdings! natürlich mit weisem Maaße, und
kein Lehrer hat dazu so schickliche, für ihn selbst so fruchtbare Gelegenheit als der Musiklehrer. Ich denke dabei nicht blos an kleine
Concerte, die er mit den Schülern veranstalten und nach denen er
diese zu irgend einer frohen Gesellschaft, zu Spielen, Tänzen rc. bei
einander behalten kann, sondern auch an allem übrigen geselligen
Verkehr. Haben wir es dahin gebracht, daß die Eltern ihre Kinder gerne in unsrer Gesellschaft wissen, so machen wir an freien
Tagen Touren mit denselben, auf welchen belehrende Gespräche mit
unterhaltenden Spielen abwechseln. Das läßt ohne alle mündliche
Versicherung das lebhafte Interesse empfinden, das wir an dem
ganzen Sein des Schülers nehmen und erfüllt diesen unwillkührlich mit immer größerer Zuneigung zu uns. Ich habe selbst Kinder jedes Alters: wo und wann ich mit denselben irgend einen
Spaziergang mache, sorge ich dafür, daß sich die einen oder andern
meiner Schüler ihnen anschließen, und kommt das Gespräch auf
musikalische Dinge, so habe ich schon bemerkt, daß die Kinder bei
einem solchen Vergnügen oft mehr lernen, als in einer wirklichen
Lection. Mit Kosten brauchen ja dergleichen Ausflüge nicht immer
verbunden zu sein. Hier auch hat der Lehrer die beste Gelegenheit,

seine väterliche Gesinnung gegen die Schüler diesen recht kund zu
geben. „Ich weiß nicht, wie sie das machen, sagte, bei der ohn-
längst in meiner Anstalt abgehaltenen jährlichen öffentlichen Prüfung, eine Dame, die Mutter einer meiner Schülerinnen zu mir,
daß die Kinder alle so gerne zu Ihnen gehen und sich alle freuen,
wenn sie nur um den Herrn Schilling sein können; alle Welt weiß
doch, daß Sie streng sind und sogar heftig werden können?" —
Allerdings, gnädige Frau! war meine Antwort, aber ich bin nur
streng mit meinen Schülern und kann sogar in Zorn gegen sie gerathen, weil ich sie lieb habe, bin Beides, streng und heftig, nie
ohne Ursache, und es scheint, die Kinder fühlen das, und wenn sie
fleißig und brav sind, so — wissen sie — sorgen auch kaum Vater
und Mutter mehr für ihre Erheiterung und Erholung als ich. Wir
dürfen uns nicht blos um das musikalische Treiben unsrer Schüler,
namentlich der jüngeren, sondern wir müssen uns um Alles bekümmern, was sie an- und von ihnen ausgeht. So viel Antheil wir
an allen ihren Freuden und kindlichen Leiden nehmen, eben so viel
Liebe und Achtung schenken sie uns zum Dank. Bei erwachseneren
Schülern wird sich derselbe freilich meist nur auf das musikalische
oder überhaupt Kunst-Treiben zu beschränken haben, doch bei jüngern
nicht. Unserem Amtsansehn und unsrer männlichen Würde brauchen
wir dabei nichts zu vergeben, und überhaupt laufen diese nicht so
leicht Gefahr, wenn wir sie nur in rechter Weise besitzen und wenn
wir nur in rechter Weise mit unsern Schülern verkehren. Es heißt
mich dies noch einige Worte über den rechten Ton gegen unsere
Zöglinge zufügen. Es darf derselbe, selbst bei kleineren Kindern,
wie viel mehr bei Erwachseneren, Nichts enthalten, was mit den
Gesetzen des Anständigen und mit derjenigen Wohlgezogenheit stritte,
zu der ja die Schüler selbst gewöhnt werden sollen; Nichts von
niedrigen oder niedrig spaßenden Ausdrücken; Nichts von Gemein-
heit, welche auch den Zögling gemein macht und zu einer Dreistig-
keit aufmuntert, die sich nicht geziemt; behandeln wir vielmehr
alle unsere Schüler edel, dem Adel unsers Lehrgegenstandes angemessen, und lehren sie dadurch sich selbst achten und auch Anderen
in edler Weise zu begegnen. Ob wir Du oder Sie zu ihnen sagen,
darauf wird im Ganzen wenig ankommen; doch rathe ich zu letzterem,
es erhält besser die größere Ferne zwischen Lehrer und Schüler.
Ich rede alle meine Schüler ohne Ausnahme mit Sie an, die kleinsten wie die größten, die aus den vornehmsten wie die aus den
niedersten Ständen. Jedenfalls muß sich der Ton nach dem Alter

modificiren und nach dem Betragen. Zu erwachseneren Jünglingen rede ich als Freund, zu jungen Damen stets im Toue jener Verehrung, die wir dem weiblichen Geschlechte schulden, zu allen jüngeren Schülern im Tone eines Vaters, und ich habe gefunden, daß dieß der beste Ton ist, jener Ton, der Vertrauen und Liebe erweckt. Es darf auch kein Unterschied in diesem Tone sein, mögen wir uns mit den Schülern allein oder in Gegenwart Anderer befinden. Meine jüngern Schüler sind mir stets meine „lieben Kinder." Was sich durch Milde erreichen läßt, dazu bedarf es keiner Härte. Hat man vornehmer Leute Kinder zu unterrichten, so enthalte man sich des Complimententons eben so sehr, als man sich hüte, in der Conversation mit den Eltern dagegen irgend zu verfehlen. Während wir dort unsere Lehrerwürde bewahren, erfährt der Schüler hier, daß wir nichtsdestoweniger auch dem Stande sein Recht lassen. Es ist Jenes eben so nothwendig als Dieses. Sind dergleichen Schüler bereits erwachsen, so müssen wir ihnen im gewöhnlichen Leben mit allen ihrem Range und ihrem Stande gebührenden Höflichkeiten begegnen, doch während des Unterrichts selbst scheint es mir unsrer Würde mehr zu entsprechen, wenn wir wenigstens alle Titulaturen weglassen. Man erzählt sich allerhand lustige Geschichtchen von einem gegentheiligen Verfahren. Der Lehrer begeht andernfalls gar zu leicht Lächerlichkeiten, die nicht geeignet sind, ihm die Achtung des Schülers zu bewahren. Selbst Hoheiten, Durch- und Erlauchte, Hoch- und Hochwohlgeborne habe ich von jeher während des Unterrichts nur mit einfachem Sie angeredet, ohne je einer Gnade oder Unterthänigkeit zu gedenken, und es hat stets den rechten Eindruck hervorgebracht. Daß ich dennoch wußte, was sich gebührt und schickt, erfuhren die Schüler bald aus anderm Verkehr mit ihnen, so wie mit den zu ihrem Hause oder zu ihrer Familie gehörenden Personen. Unter diesen sind besonders die Gouvernanten und Hofmeister zu erwähnen. Es ist nicht selten ein ganz eigenes Verhältniß, in welchem der Musiklehrer zu denselben steht. Man hüte sich von Anfang an, von diesen Leuten blos als Gehülfe betrachtet zu werden. Sie wollen dann meist die Wächter und Aufseher des Unterrichts spielen. Unsere und ihre Geschäfte und Bestimmungen sind sich so ähnlich, wir müssen daher darnach streben, so viel als nur immer möglich in einer gewissen Harmonie mit ihnen zu leben, aber eben so wenig als diese Harmonie in eine Harmonie der Empfindungen ausarten darf, eben so wenig darf sie dadurch herbeigeführt werden, daß wir uns als ihnen untergeordnet betrachten. Im Verhältniß zu Schüler und dessen Eltern stehen wir mit diesen Leuten auf einem gleichen Punkte; wir sind Collegen an der Erziehungsanstalt, in welcher die erstern gebildet werden; als solche müssen wir ihnen begegnen, so werden sie auch uns als solche entgegenkommen. Manche Musiklehrer dürften auf Grund ihres Künstlerthums sich um Gouvernanten oder Hofmeister wenig kümmern wollen. Das ist falsch, es bringt die Leute gegen sie auf und bewirkt nur, daß sie die Schüler ihrem Einflusse so viel als möglich entziehen. Unsere Verdienste außerhalb des Lehrberufs mögen uns ein Recht auf welches höhere Ansehn geben, als Lehrer kann der Hofmeister oder die Gouvernante ein gleiches und noch mehr Verdienst haben als wir. In der Regel kennen sie den Schüler auch schon näher, wissen, was demselben heilsam, was nicht heilsam ist; setzen wir uns darüber ins Vernehmen mit ihnen, und wie wir uns so als Collegen nähern, ohne uns in ihre speciellen Geschäfte zu mengen, so werden sie ein Gleiches thun. Unter einer Disharmonie hier leidet immer nur der Schüler. In meine Anstalt werden fast täglich Schüler von Gouvernanten oder Hofmeistern begleitet; nach einigem Gespräch über die Erziehung der Kinder betreffende Gegenstände entfernen sie sich stets, um bei meiner Familie den Schluß des Unterrichts abzuwarten. Wo diese Leute sich zum Wächter des Unterrichts aufwerfen, ist der Lehrer selbst schuld, und dem möchte ich nie mein Kind anvertrauen, bei dem eine solche Bewachung nothwendig ist. Eben so sehr schuld ist aber der Musiklehrer auch selbst, wenn durch den Einfluß dieser Leute bewirkt wird, daß die Schüler sich seiner Leitung nie mit ganzem Vertrauen hingeben. Ein Ueberheben ist eben so falsch als ein Unterordnen. Selbst gegen die Dienerschaft des Hauses unsrer Schüler müssen wir uns immer freundlich und bescheiden benehmen, ohne unsrer Würde Etwas zu vergeben. Familiarität mit ihr wäre ebenso nachtheilig, als würden wir durch stolzes, hochfahrendes Wesen sie gegen uns aufbringen. Lassen wir uns mit ihr nie in ein Gespräch über Eltern oder Kinder, das Leben im Hause, die Erziehungsweise ꝛc. ein, suchen wir nie durch sie Geheimnisse der Familie zu erschleichen. Zu große Vertraulichkeit hier straft sich immer schwer. Wir müssen der Dienerschaft so fern als möglich bleiben, ohne je ihr unfreundlich zu begegnen. Unwillkührlich pflanzt sich die Achtung, in die wir uns bei diesen Angehörigen des Hauses unsrer Zöglinge setzen, auf diese und deren Eltern selbst fort, denn es fühlen diese nur zu gut, wie das Auge jener oft ungleich schärfer sieht, als ihr eigenes, und haben wir die Achtung, die ganze Achtung des gesammten Hauses und der Familie, dann kann auch nicht fehlen, daß wir

4. einen wesentlichen Einfluß auf die mindestens ästhetische Bildung der gesammten Familie zu üben vermögen.

Anfangs lag in meinem Plane, dies durch eine kleine Erzählung aus dem Leben darzuthun; bei näherer Erwägung der Umstände weiß ich indeß nicht, ob ich wagen darf, die Personen und Verhältnisse, über welche jene sich zu verbreiten hätte, hier vor aller Welt, wenn auch nicht ganz, zu offenbaren, so doch näher zu berühren. Allerdings ist ein solcher Einfluß nicht immer möglich, weil er wesentlich auf der Bedingung der Geselligkeit beruht, und es eben sowohl Familien giebt, in welchen an gar keine eigentliche Gelegenheit zu denken ist, als Familien, welche bei allem Hange zur Geselligkeit doch zum mindesten den Musiklehrer meinen davon ausschließen zu müssen. Indeß ist Letzteres wohl auch nur der Fall, wenn die Geselligkeit nicht rechter Art und der Lehrer nicht im Besitze der oben erwähnten rechten Achtung des Hauses ist. Letzteres Hinderniß beseitigt, steht es in keines Menschen Macht mehr und so sehr, dem bildsamen Geiste der Familie eine bessere Nahrung, als die gewöhnlichen Gesellschaftscirkel gewähren, zu geben, als gerade in der des Musiklehrers. Ja, nicht selten, daß er unter allen in dem Hause Verkehrenden der Einzige ist, der eine schöne Thätigkeit in dieser Beziehung zu entwickeln vermag und vor dessen Einflusse schon Karten, Würfel und was sonst Unedles der Art früher wohl der Hebel des gesellschaftlichen Lebens in dem Hause gewesen sein mochte, gewichen sind auf immer, um nie wieder angerührt zu werden, in gänzliche Vergessenheit zu gerathen. Wie? — Es giebt kein trefflicheres Mittel, geschäftsleere Stunden auszufüllen, als Musik, und wenn in einem Hause nur einiger Sinn dafür vorhanden ist, so stiftet sie, gewöhnlich mit Hülfe noch anderer Freunde desselben, die ebenfalls Geschmack daran finden, gar leicht häusliche Harmonien, die, eben weil sie häuslich sind, in der Regel noch einen weit größeren, wirksameren Genuß gewähren, als manche öffentliche Gesellschaften dieses Namens oder sogenannte Academien, Concerte. Aber wie können wir Musiklehrer dazu beitragen, wenn wir nicht ausdrücklich dazu aufgefordert werden? höre ich fragen. Allerdings wenn sehr viele Neigung zu solchen Unterhaltungen im Hause vorhanden ist, so stellen wir uns als die passendsten Leiter davon dar, und Vater oder Mutter werden uns ersuchen, das Amt zu übernehmen; aber wenn das auch nicht der Fall, wenn auch weniger Neigung dazu vorhanden und wir nicht zu dergleichen Veranstaltungen ausdrücklich aufgefordert werden, haben wir Gelegenheit genug, ebensowohl erstere zu wecken und zu steigern, als letztere gewisserma-

— 663 —

ßen wie von selbst erstehen zu lassen. Ich frage abermals: wie? und will
die Frage abschließend an einen Vorgang in meinem eignen Leben beantworten. Da unterrichte ich die Tochter eines Hauses, in welchem bisher wenig an Musik, überhaupt edlere, Geist und Gemüth bildende
Unterhaltung gedacht wurde. Karten, Würfel, Fraubasereien über
Küche und Keller-, Stadtklatschereien und dergleichen machten bis jetzt
das einzige Medium seiner Gesellschaften aus. Die Tochter besitzt
bereits einige Fertigkeit sowohl im Singen als Clavierspielen; ich
lasse sie nun einige hübsche Lieder oder Arien, auch wohl ein Duett,
und auf dem Claviere Etwas mit Begleitung von zwei, drei andern
Instrumenten einüben. Der Geburtstag von Papa oder Mama ist vor
der Thür. Das Wiegenfest soll damit verherrlicht werden. Der Gedanke schon macht der Tochter im Voraus große Freude. Sie weiß zu
Hause die nöthigen Vorbereitungen und Zurichtungen im Zimmer dazu
zu treffen. Papa und Mama erfahren Nichts davon. Ich habe, wo
es nöthig ist, ein Paar Musiker gebeten, die Begleitungsstimmen zu
übernehmen. Sie thun es gern, weil auch ich ihnen gefällig sein kann.
Wir erscheinen im Hause und ich bitte Papa oder Mama, die musikalische Gratulation, welche die Tochter jetzt noch darzubringen im Begriff stehe, eben so freundlich aufzunehmen als die am frühen Morgen
schon in den süßesten Kindesworten zugeflüsterte. Man ist voller Erwartung. Wir fangen an und tragen unsere Stücke vor. Die natürliche Aufregung des Tags bewirkt, daß die Ueberraschung, die Freude
darüber noch eine weit größere ist, als erwartet oder nur gehofft werden durfte. „Liebes Kind! das ist ja herrlich! daß du schon so Etwas
kannst, hätten wir uns nicht träumen lassen. Ach, wenn doch auch
Großmama, Großpapa, Tante, Onkel (oder wer sonst) das gehört hätten! Ja, sie müssen es noch hören; schicken wir sogleich hin, und lassen sie bitten. Nicht wahr, meine Herren! sie sind so gütig, und verweilen noch ein Stündchen bei uns?“ — „Recht gern, gnädige Frau!
indeß Großpapa, Großmama, Onkel, Tante 2c. möchten gerade heute
und in zumal diesem Augenblicke nicht erscheinen können, gestatten sie
mir daher, einen andern Vorschlag zu machen: laden gnädige Frau
die Gesellschaft auf einen andern Tag ein, einen Tag, der Ihnen zudem wohl genehmer dazu ist, und wir sind gern bereit, wieder zu
kommen.“ „Sie sind zu gut, ich möchte nicht wagen, sie zweimal zu
belästigen, nehme jetzt aber ihr Anerbieten dankbar an.“ „Vielleicht,
daß sich dann, wenn sie uns ein Paar Tage dazu übrig lassen, auch
noch etwas Anderes damit verbinden läßt, um wenigstens eine oder
zwei Stunden so auszufüllen.“ „Herrlich, herrlich! ach liebes Kind!

wie uns das freut!" Tag und Stunde der abermaligen Zusammen=
kunft werden verabredet. Die Eltern sind entzückt; das ganze Haus
ist in Aufregung; selbst die Dienerschaft, die vor der Thür gestanden
und gelauscht hat, trägt ganz verklärte Gesichter, und grüßt weit
devoter und freundlicher denn früher, als ich scheide. Ich bin auf ein=
mal eine Hauptperson im Hause geworden. Gnädige Frau hat es be=
quem gefunden, den Abend, an welchem sie doch ihr nächstes Kränz=
chen oder wie dergleichen Gesellschaften genannt werden, hätte halten
müssen, zu dem neuen „Concert" anzusetzen. So können doch auch
noch andere Leute als blos Onkel, Tante ꝛc. ihre Tochter hören,
und braucht sie nicht doppelt serviren zu lassen. Sie gefällt sich
überaus in dem Beifalle, welcher der letztern werde gezollt werden.
Mittlerweile erinnert man sich auch, daß man der Musiker nicht wieder
bedarf; dort ist Jemand in der Bekanntschaft, welcher Viole, Harfe,
oder welches Instrument sonst eben nöthig ist, spielt, hier ein Anderer,
der recht hübsch singt: sie werden eingeladen, und ich übernehme es,
mit denselben die fraglichen Parthieen durchzugehen. Der Kränz=
chenstag kommt heran. Statt der drei, vier Spieltische, zwischen
denen die Gesellschaft sich früher hindurchwinden mußte, erblickt sie
einen aufgestellten Flügel und mehrere Notenpulte. Erwartung aber=
mals. Es wird ein Kränzchen, wie man in diesem Hause und
vielleicht in der ganzen Gesellschaft noch keines erlebt. Auf die
Mutter besonders macht der Beifall, den Tochter oder Sohn
ärndten, einen gar seltsamen, tiefen Eindruck. So etwas hat sie
noch nie empfunden. Papa wird mit fortgerissen. Die Kinder werden
in Zukunft Mitglieder aller Gesellschaften des Hauses, ja wohl gar
zum Mittelpunkte der Unterhaltung. Ohne meine Hülfe kann das
nicht geschehen; ich werde ebenfalls hinzugezogen. „Bald wieder
ein solches Kränzchen!" Ich erkundige mich nach den Fähigkeiten
und Talenten der Mitglieder desselben; spreche zu der gnädigen Frau
von schönen Melodramen, die ich kenne, von hübschen Ensemblestücken,
Diesem und Jenem; die Rollen werden vertheilt; alle gute Gesell=
schaft drängt sich nach dem Hause, und kein Jahr ist verflossen,
als schon Spieltische und Markenschachteln bestaubt in den Polter=
kammern herumfahren und, wenn man Stadtneuigkeiten wissen oder
verbreiten will, man andere Häuser aufsuchen muß. Die weitere
Wirkung von da auf Geist und Gemüth der gesammten Gesell=
schaft des gesammten Hauses erläßt man mir zu beschreiben; sie
kann nicht ausbleiben; unsere Kunst verfehlt nie ihre Zwecke; sie
steuert nicht direct darauf los, aber erreicht sie um so sicherer. Das

Alles das Werk eines Abends, mein Werk. Mit einem Geburtstag fing es an, und wie neu geboren auch erscheint dadurch der ganze Ton des Hauses. Ich möchte wissen, ob nicht jeder tüchtige, gebildete Musiklehrer Gelegenheit hätte, einen ähnlichen Einfluß zu üben, ein ähnliches Werk zu stiften? Ich ward nicht dazu aufgefordert, es machte sich Alles von selbst. Man bedenke doch, daß, sobald Eltern ihren Kindern Musikunterricht ertheilen lassen, in Folge des Verhältnisses, in welchem diese zu dem ganzen Hause stehen, dem Einflusse unsrer Kunst darauf von selbst alle Thoren und Thüren geöffnet sind, und daß, haben wir nur das rechte Geschick dazu, sich mit unsrer Kunst, wie mit keiner andern, gesellschaftliche Vergnügungen verbinden lassen, die überaus bildend auf Kopf und Herz wirken müssen und deren Leitung dann gar keiner andern Hand mehr als der unseren anvertraut werden kann. Namentlich möchte ich die Musiklehrer auf dem Lande, wo gebildete Familien oft jeder andern Unterhaltung entrückt sind, an die Wunder der Bildung und Sittlichung erinnern, zu denen der liebe Gott ihnen Mittel und Gelegenheit verliehen. Mein guter seliger Vater wohnte in der Nähe eines einzeln gelegenen Staatsguts, auf welchem ein Königlicher Beamter residirte. Derselbe hielt seinen Kindern Gouvernante und Hofmeister, mein Vater mußte den Musikunterricht im Hause (Schlosse) ertheilen. Wie oft hatten ich und meine Schwestern ihn dahin zu begleiten, weil bald diese bald jene kleine Cantate, dieses oder jenes Bruchstück aus Opern, dieses oder jenes kleine Oratorium ꝛc. dort unter Clavierbegleitung aufgeführt ward und wir dabei mitzuwirken hatten. Theaterstücke wurden unter seiner Leitung gelesen, Quartette, Quintette gespielt, und nicht allein, daß die Kinder, als sie später in die größere Gesellschaft traten, sich als vielseitig und durchaus edel gebildete Mitglieder in derselben zu bewegen verstanden, sondern in dem ganzen Hause auch herrschte ein Ton, der zu seinem Vortheile weit von dem abstach, den ich auf einem andern ähnlichen Gute zu bemerken Gelegenheit hatte, wo aber Jagd, Hundedressur, Karten-, Kegel-, Würfelspiel oder die Weinflasche die Mittel abgaben, die Stunden nach den Amtsgeschäften nicht in todter Ruhe zuzubringen. Gouvernante und Hofmeister reichten meinem Vater dabei hülfreichst die Hand und namentlich traten sie bei den dramatischen Vorlesungen, bei denen zuletzt sogar wenigstens einige äußere Decorationen angebracht wurden, gern in den Vordergrund. Freilich fordern Bestrebungen der Art nicht selten keine unbedeutenden Opfer an Zeit, Mühen, selbst Geld, und wir Musiklehrer befinden uns meist in den Umständen, daß wir endlich

5. auch der Pflicht der Sorge für uns selbst

nicht vergessen dürfen. Indeß lernen wir nicht selbst auch dadurch? bilden wir uns nicht selbst dadurch? und daß, was die letzte Art des Opfers betrifft, ein kluger Mann mehr thue, als er kann, als er als guter Haushalter darf, läßt sich nicht wohl annehmen. Bei allem unsern Wirken haben wir allerdings stets zugleich daran zu denken, daß wir und die Unsrigen leben wollen und leben müssen, und haben darnach immer zuvor die Früchte zu bemessen, die unsere Arbeiten tragen, ehe wir diesen uns unterziehen; allein nicht bloß, daß diese Früchte nicht stets unmittelbar pekuniäre zu sein brauchen, um gleichwohl in zweiter Linie zu pekuniären zu werden, sondern alle Mühe, Zeit und Arbeit, die wir auf Bestrebungen genannter Art verwenden, lohnen sich meist auch in beider Weise vollkommen. Einem Musiklehrer, der sich durch ein solches Wirken auszeichnet, kann und wird es nie an der ergiebigsten Gelegenheit zum Unterrichte fehlen; er wird gesucht von allen Kreisen und Häusern, honorirt wie kein anderer; wird geachtet, geliebt, geschätzt allgemein, und indem sich seine eigene Bildung dadurch verfeinert, erhöht, sein Gesichtskreis erweitert, muß auch seine Lehrkunst gewinnen an innerer und äußerer Kraft, — ein Gewinn, welchem wohl Niemand auch diejenige Fruchtbarkeit absprechen wird, die der in der Ueberschrift genannten Sorge entspricht. Und so schließe ich mein Buch mit der Bitte zu Gott, daß es überall recht verstanden werde und so den Segen über unsern Beruf bringen möchte, den damit zu stiften ich einzig und allein seine Arbeit unternahm. Habe ich mich geirrt wo oder in Diesem und Jenem — weß Menschen Sinnen und Denken ist vollkommen von Irrthum frei? Was ich in einer länger als dreißigjährigen weit ausgebreiteten Lehrpraxis erfahren, geprüft, als gut erkannt, das habe ich jedenfalls darin offenbart.

Druck von **Friedrich Klöppel** in Eisleben.